बाल्यावस्था एवं वृद्धि-उन्मुख बालक
(Childhood and Growing Up)

एस.के. मंगल

प्राचार्य एवं प्रोफेसर (सेवानिवृत)
सी.आर. कॉलेज ऑफ एजूकेशन
रोहतक, हरियाणा

शुभ्रा मंगल

प्राचार्य एवं प्रोफेसर
सी.आर.एस. कॉलेज ऑफ एजूकेशन
नौएडा

PHI Learning Private Limited

Delhi-110092
2025

In fond memory of ***Shri Asoke K. Ghosh*** *(October 1942 – February 2024), Founder Chairman and Managing Director of PHI Learning, whose vision endlessly inspires.*

The Legacy Continues....

Published by Pushpita Ghosh, PHI Learning Private Limited, Rimjhim House, 111, Patparganj Industrial Estate, Delhi-110092 and Printed by Syndicate Binders, A-20, Hosiery Complex, Noida, Phase-II Extension, Noida-201305 (N.C.R. Delhi).

₹1095.00

बाल्यावस्था एवं वृद्धि-उन्मुख बालक (Childhood and Growing Up)

एस. के. मंगल एवं शुभ्रा मंगल

ISBN-978-93-88028-55-4 (Print Book)
ISBN-978-93-88028-56-1 (e-Book)

The export rights of the book are vested solely with the publisher.

विषय-सूची

प्रस्तावना

बाल्यावस्था तथा सम्बन्धित विकासात्मक वर्षों को मानव जीवन का स्वर्णिम काल कहा जाता है। इस समय विशेष में बालकों और किशोरों में जिस प्रकार का विकास, अधिगम और समायोजन देखने को मिलता है उसी पर उनके जीवन की सारी प्रगति और खुशहाली टिकी रहती है। आज के बालक कल के होने वाले वे जिम्मेदार नागरिक हैं जिन पर किसी भी समाज या राष्ट्र का भविष्य निर्भर रहता है। बालकों का समुचित विकास और समायोजन न केवल उनके स्वयं के लिये ही मूल्यवान सिद्ध होता है बल्कि समाज या राष्ट्र विशेष की प्रगति में भी उसका उल्लेखनीय योगदान रहता है। लेकिन जो कुछ भी हम भविष्य में वृद्धि को प्राप्त हो रहे अपने बालकों से चाहते हैं वह तभी अच्छी तरह संभव है जब हम उनके विकास अधिगम एवं समायोजन पर शुरू से ही उचित एवं अपेक्षित ध्यान दें। इस कार्य हेतु हम सभी माता-पिताओं, अध्यापकों, समाज के उत्तरदायी सदस्यों तथा प्रशासनिक अधिकारियों को यह सामूहिक जिम्मेदारी बनती है कि हम उन सभी आवश्यक बातों की जानकारी लेने का प्रयत्न करें जो हमें अपने बालकों के विकास और हित चिन्तन हेतु चाहिये।

यह कार्य उतना सरल नहीं जैसा कि ऊपर से देखने में लगता है। इसके लिये एक ओर हमें ऐसा करने के प्रति पूरी तरह लगनशील होने की जरूरत है तो दूसरी ओर बहुत सी आवश्यक बातों की जानकारी और समझ भी हमें होनी चाहिये जैसे (i) विकासशील बालकों के विकास के विभिन्न आयु वर्षों तथा अवस्थाओं में होने वाली वृद्धि एवं विकास प्रक्रिया की प्रकृति, (ii) उनकी विकासात्मक आवश्यकतायें तथा विशेषतायें, (iii) उनमें पाये जाने वाले वैयक्तिक भेद एवं विभिन्नतायें, (iv) आयु एवं अवस्थाजन्य व्यवहारगत समस्यायें, समायोजन तथा मानसिक स्वास्थ्य, (v) बुद्धि, सृजनात्मक एवं व्यक्तित्व विशेषताओं से सम्बन्धित योग्यताओं एवं क्षमताओं का विकास, (vi) बालक और किशोरों के पालन-पोषण के तरीकों तथा उनकी व्यवहारजन्य समस्याओं, समायोजन तथा तनावपूर्ण स्थितियों से निपटना आदि। इस सम्बन्ध में आगे इस बात पर भी ध्यान दिया जाना चाहिये कि हमारे द्वारा बालकों के विकास और हित चिन्तन हेतु जो भी तरीके अपनाये जायें, वे सभी उनके सामाजिक-सांस्कृतिक परिवेश में जो कुछ भी चल रहा है उसके अनुकूल ही होने चाहिये और इसीलिये हमें अपने समाज में तेजी से हो रहे सामाजिक-सांस्कृतिक परिवर्तनों, समाज में व्याप्त भेदभाव, विभिन्न प्रकार के वंचन, पार्श्वीकरण, रूढ़िवद्धता तथा बालकों के हित चिन्तन हेतु उपलब्ध बाल-अधिकारों, समता और समेकेतीकरण आदि सम्बन्धित बातों का समुचित ज्ञान होना चाहिये।

इस संदर्भ में विद्यालयों में कार्यरत अध्यापकों पर ही ज्यादा जिम्मेदारी आती हे और इसीलिये उन्हें किसी भी राष्ट्र का भाग्य विधाता कहा जाता है। उनसे ही यह अपेक्षा की जाती है कि वे एक ओर तो अपने विद्यार्थियों को वृद्धि और विकास की उच्चतर सीमा प्राप्ति में मदद करें तो दूसरी ओर उनमें अपने समाज और राष्ट्र के प्रति समर्पित रहने के भाव उत्पन्न करें। परन्तु अब यहाँ यह प्रश्न उठता है कि तेजी से परिवर्तित होते हुये इस औद्योगिक, वैश्विक, शहरीकरण, आधुनिकीकरण तथा आर्थिक परिवर्तनों के परिदृश्य में अध्यापकों को उन सभी बातों से समुचित रूप से अवगत कब और कैसे कराया जाए जो विकासशील बालकों को उनके विकास में भलीभाँति सहायता करने के लिये जरूरी हों। निश्चित ही ऐसा एक सुनहरा पहला अवसर विद्यालय, अध्यापकों को तब प्राप्त हो सकता है जब वे सेवापूर्व किये जाने वाले अध्यापकीय प्रशिक्षण

कोर्स जैसे बी.एड., बी.एल.एड. से गुजर रहे होते हैं। माध्यमिक कक्षाओं के विद्यार्थियों के लिये उनके बी.एड. पाठ्यक्रम में इस तरह का कोई अध्ययन कोर्स अवश्य ही शामिल रहना चाहिये जो इस कार्य को ठीक अंजाम दे सके। इसी दिशा में राष्ट्रीय अध्यापक शिक्षा परिषद (NCTE) ने बी.एड. पाठ्यक्रम में बाल्यकाल एवं वृद्धि-उन्मुख बालक (childhood and growing up) अध्ययन कोर्स को अनिवार्य पेपर के रूप में रखे जाने के दिशा निर्देश सभी विश्वविद्यालयों तथा अध्यापक शिक्षा संस्थानों को जारी किये हैं। प्रस्तुत पुस्तक इसी अध्ययन कोर्स की आवश्यकता पूर्ति हेतु लिखी गई है।

अपने इस उद्देश्य की पूर्ति हेतु पाठ्य पुस्तक की विषयवस्तु को तीस विभिन्न अध्यायों में विभाजित किया गया है। इस दिशा में पहल प्रथम अध्याय में बालकों की वृद्धि एवं विकास की अवधारणा, प्रनियम तथा कारकों की चर्चा करके की गई है। इसके पश्चात् पुस्तक के द्वितीय एवं तृतीय अध्याय में इसी बात को आगे बढ़ाते हुये बालकों के शारीरिक, गामक, मानसिक, सामाजिक, संवेगात्मक, नैतिक तथा भाषागत विकास और उनसे सम्बन्धित विकास सिद्धान्तों को विस्तार में वर्णन किया गया है। अब चूंकि बालकों के वृद्धि एवं विकास का उनके वंशानुक्रम तथा वातावरण से जुड़ा हुआ माना जाता है इसलिये पुस्तक के चौथे अध्याय में वंशानुक्रम एवं वातावरण सम्बन्धी प्रक्रियाओं की बालक की वृद्धि एवं विकास के संदर्भ में विस्तार से चर्चा की गई है और इसके पश्चात् पाँचवें अध्याय में परिपक्वन की प्रक्रिया तथा विकासशील बालकों की वृद्धि एवं विकास पर पड़ने वाले उसके प्रभाव की आवश्यक चर्चा की गई है।

यह बात सही है कि बालकों से अपनी विकास आयु के अनुरूप ही कार्य करने की आशा की जा सकती है। आयु विशेष में किये जाने इन कार्यों को विकासात्मक कार्यों की संज्ञा दी जाती हे ओर इस प्रकार के कार्यों का उचित रूप में संपादन किया जाना ही बालकों को उनके उचित विकास क्रम की ओर अग्रसर कर सकता है। इसी आवश्यकता को ध्यान में रखते हुये पुस्तक के छटे अध्याय में बालकों द्वारा किये जाने इन विकासात्मक कार्यों की उनके शैक्षिक निहितार्थों संहित विस्तार से चर्चा की गई है। तदुपरान्त पुस्तक के सातवें अध्याय में वृद्धि को प्राप्त हो रहे बालकों में पाये जाने वाले अनेक प्रकार के वैयक्तिक भेदों का विस्तार से वर्णन किया है।

चूंकि बढ़ते हुये बालकों को अच्छी तरह जानने और समझने के लिये उनके व्यवहार का अध्ययन करने में सहायक विभिन्न प्रकार की विधियों और तकनीकों की जानकारी होना काफी आवश्यक होता है अतः इस उद्देश्य की पूर्ति हेतु अध्याय के आठवें अध्याय में इन सभी सम्बन्धित विधियों और तकनीकों की आवश्यक जानकारी देने का उचित प्रबन्ध किया गया है। बालकों के विकास के सम्बन्ध में उनकी किशोरावस्था को काफी महत्त्वपूर्ण समय माना जाता है। इसे बहुत अधिक तनाव और दबाव का काल भी कहा जाता है। बदलते हुये सामाजिक-सांस्कृतिक वातावरण और आधुनिकीकरण के इस दौर में किशोरों के लिये नयी प्रकार की तनावपूर्ण परिस्थितियों जैसे बढ़ता हुआ एकांकीपन, एकल ओर बिखरते परिवार तथा मनचाही स्वच्छन्दता को जन्म दिया है। पुस्तक के नौवें अध्याय में किशोरावस्था और उससे जुड़ी हुई इस प्रकार की बातों पर ही प्रकाश डालने का प्रयत्न किया गया है।

बालकों में होने वाले वृद्धि एवं विकास की परिणिति बहुत से उपयोगी प्रारूपों में होती है। विभिन्न प्रकार की संज्ञानात्मक क्षमताओं (जिसमें सामान्य तथा संवेगात्मकता वृद्धियों का विकास भी शामिल है) का विकास इसी तरह की एक बात है। पुस्तक के दसवें और ग्यारहवें अध्यायों में सामान्य तथा संवेगात्मक बुद्धियों सम्बन्धी अवधारणाओं विकास तथा मापन के बारे में आवश्यक चर्चा की गई है।

आगे के अध्याय बारह में मानव व्यक्तित्व की एक अनूठी विशेषता सृजनात्मकता की अवधारणा, पहचान, सिद्धान्त तथा इसके विकास से सम्बन्धित तरीकों एवं तकनीकों का वर्णन किया गया है। अगले अध्याय तेरह में वंशक्रम और वातावरण के संयोग से बालकों में विकसित होने वाले एक महत्त्वपूर्ण प्रतिफल जिसे व्यक्तित्व की संज्ञा दी जाती है उसकी अवधारणा, प्रकृति तथा अन्तर्निहित सिद्धान्तों की विस्तार से चर्चा की गई है। इससे आगे के अध्याय चौदह में हमारे विद्यालयों के समेकेती कक्षा व्यवस्था में मौजूद विभिन्न प्रकार के विशिष्ट बालकों के बारे में आवश्यक जानकारी देने का प्रयत्न किया गया है।

जो कुछ भी विकासशील बालकों के विकास तथा कल्याण हेतु किया जाता है, वह अपने कई रूपों में उनका अपने स्वयं तथा वातावरण के साथ समायोजन करने में मददगार सिद्ध होता हुआ पाया जाता है। इस प्रकार का समायोजन केवल

उनकी उचित प्रगति में सहायक नहीं होता बल्कि उनके अच्छे मानसिक स्वास्थ्य के संरक्षण और उन्नयन में भी काफी प्रभावी भूमिका निभाता है। अपने स्वयं तथा वातावरण के साथ अच्छी तरह समायोजित न होना विकासशील बालकों में विभिन्न प्रकार की व्यवहारजन्य समस्याओं को जन्म देने तथा फलने-फूलने के अवसर प्रदान करता हुआ पाया जाता है। इसलिये इस पुस्तक के पंद्रह से लेकर सत्तरह अध्याय बालकों के समायोजन, व्यवहारगत समस्याओं तथा मानसिक स्वास्थ्य सम्बन्धी पहलुओं के वर्णन हेतु सुरक्षित रखे गये हैं। इस सम्बन्ध में जहाँ समायोजन का मनोविज्ञान नामक पंद्रहवें अध्याय में समायोजन के अर्थ, प्रकृति और समायोजित होने सम्बन्धी विधियों की चर्चा की गई है और सोहलवें अध्याय में विकासशील बालकों की सामाजिक मनोवैज्ञानिक आवश्यकताओं तथा व्यवहारगत समस्याओं के रूप में हम उम्र साथियों के साथ सम्बन्ध और आक्रामक, प्रताड़ित करना तथा नशीले पदार्थों की लत सम्बन्धी व्यवहार समस्याओं के बारे में जानकारी प्रदान की गई है वही सत्रहवें अध्याय में मानसिक स्वास्थ्य से सम्बन्धित विभिन्न पहलुओं पर आवश्यक प्रकाश डाला गया है।

आगे के अध्याय अठारह में माता-पिता द्वारा अपने लालन-पालन हेतु काम में लाये जाने वाले विभिन्न तरीकों या शैलियों की चर्चा की गई है। इन तरीकों या शैलियों की जानकारी माता-पिता तथा अन्य गुरुजनों को बालकों की उचित देखभाल, सर्वांगीण विकास तथा हित चिन्तन में उपयोगी रूप से लाभप्रद सिद्ध होती है। इसके पश्चात आगे के उन्नीस से लेकर उन्तीस अध्यायों में पूरी तरह से उन बातों का वर्णन किया गया है जो बालकों के विकास ओर कल्याण में सामाजिक-सांस्कृतिक वातावरण तथा सम्बन्धित कारकों के प्रभाव और योगदान को प्रकाश में लाती हैं। इस सम्बन्ध में शुरूआत उन्नीसवें अध्याय में बालकों द्वारा अपने विकास ओर समायोजन के संदर्भ में झेले जाने वाले वंचनों की प्रकृति और प्रभावों की चर्चा करके की गई है। इस प्रकार की कठिनाईयों से सम्बन्धित बातों की चर्चा फिर दुबारा अध्याय इक्कीस और छब्बीस में की गई है। अध्याय इक्कीस में जहाँ तेजी से होने वाले वैश्वीकरण, शहरीकरण, प्रौढ़ संस्कृति तथा आर्थिक परिवर्तनों तथा बालकों के विकास और कल्याण पर होने वाले प्रभाव की चर्चा की गई है वही अध्याय छब्बीस में सामाजिक भेदभाव, अलगाव तथा रुढ़िबद्धता के कारण झेले जाने वाले पाश्वीकरण की प्रकृति और प्रभाव के ऊपर प्रकाश डाला गया है।

इनके बीच के बीस से लेकर पच्चीसवें अध्यायों में बालकों के विकास ओर हित चिन्तन से सम्बन्धित जिन बातों पर प्रकाश डाला गया है, वे हैं (i) विद्यालयी शिक्षा तथा विद्यालय वातावरण में उपलब्ध साथी विद्यार्थियों, विद्यालय संस्कृति, अध्यापकों के साथ होने वाली अन्तःक्रिया तथा अध्यापकों की विद्यार्थियों से अपेक्षायें बढ़ती हुई उम्र के अधिगम कर्त्ता आदि की चर्चा, (ii) माँ-बाप का अलग हो जाने, सशस्त्र संघर्ष में माता-पिता को खो देने तथा बलात्कार या यौन अत्याचारों से पीड़ित होने सम्बन्धी तनावपूर्ण परिस्थितियों, (iii) सामाजीकरण तथा सम्बन्धित संस्थाओं और बालकों पर पड़ने वाला उनका प्रभाव तथा (iv) विकासशील बालकों पर जनमाध्य का प्रभाव। इसके पश्चात अध्याय सत्ताईस से लेकर उन्नीस तक बाल अधिकारों का संरक्षण, समता सम्बन्धी मामले और समेकेतीकरण तथा बाल-मौटापे जैसे बालकों के विकास और कल्याण में सहायक काफी महत्त्वपूर्ण प्रकरणों को अध्ययन का विषय बनाया गया है।

अंतिम तीसवें अध्याय में वृद्धि उन्मुख विकासशील बालकों की भलाई और हित चिन्तन के संप्रत्यय उससे सम्बन्धित आयामों तथा उसे प्रभावित करने वाले कारकों पर समुचित प्रकाश डाला गया है और ऐसा करना जरूरी भी था क्योंकि बालकों के विकास और कल्याण के सम्बन्ध में जितने भी प्रयास जिस रूप में भी किये जाते हैं, उन सबका एक मात्र उद्देश्य बालकों का सभी तरह से भला चाहना ही होता है।

इस प्रकार से अपने उपरोक्त प्रारूप में संगठित विषयवस्तु सम्बन्धित व्यक्तियों को बांछित ज्ञान, सूचना सामग्री तथा कौशलों से इस तरह सुसज्जित करने का प्रयास कही जा सकती है कि वे बालकों को अपने समुचित विकास, समायोजन तथा प्रगति के पथ पर ठीक तरह से अग्रसर रख सकें। पाठ्यपुस्तक के विभिन्न प्रकरणों के उचित स्पष्टीकरण एवं बोध हेतु इसमें आवश्यक उदाहरणों, आरेखों, आकृतियों तथा तालिकाओं को स्थान दिया गया है। अध्याय विशेष में जो चर्चा की गई है, उसके संक्षिप्त अबबोधीकरण हेतु अध्याय के अंत में आवश्यक सार-संक्षेप प्रदन किया गया है और विषय में अधिक गहराई से जाने हेतु संदर्भ एवं सहायक ग्रन्थों की सार-संक्षेप के पश्चात पाठ के बिल्कुल अन्त में दी गई है ताकि पाठक वर्ग इच्छित रूप में लाभान्वित हो सकें।

लेखक द्वय उन सभी मनीषियों, चिन्तकों तथा लेखकगण के आभारी हैं जिनके विचारों तथा ग्रन्थों का इस पुस्तक के लेखन में आवश्यकतानुसार उपयोग किया गया है। पुस्तक में जो कुछ कहा गया है वह अपने अधिकांश रूप में उन अनुभवों एवं अन्तःक्रियाओं का प्रतिफल है जो उन्हें अपने विद्यार्थियों तथा साथी शिक्षकों के सानिध्य में प्राप्त होते रहे हैं। लेखक उन सभी के प्रति अपना आभार प्रकट करते हैं जिन्होंने प्रत्यक्ष और परोक्ष रूप से इस पुस्तक की विषय सामग्री के संयोजन हेतु आवश्यक ज्ञान और विचार श्रंखला प्रदान की है। लेखक इस पुस्तक के प्रकाशक पी.एच.आई. लर्निंग और विशेषकर संपादक मंडल तथा प्रोडक्शन विभाग के भी आभारी हैं जिन्होंने पुस्तक को अपने इस रूप में आपके सामने लाने में प्रशंनीय भूमिका निभाई है।

उपरोक्त निवेदन के साथ लेखक द्वय का यह असीम विश्वास है कि पुस्तक प्रशंसनीय रूप में उन सभी के लिये उपयोगी सिद्ध होगी जिनके हितार्थ इसकी रचना हुई है। परन्तु कोई भी रचना कभी भी अपने आपमें पूर्ण और अद्वितीय नहीं होती उसमें सुधार और अधिकतर बेहतर बनने की सदैव गुंजाइश रहती है और इस दृष्टि से पाठकों से हमारा विनम्र अनुरोध रहेगा कि वे अपने अमूल्य सुझावों से हमें अवगत करते रहें ताकि आगामी संस्करण में इस पुस्तक के कलेवर में अपेक्षित रुप से परिवर्तन लाया जा सके।

पाठकों के लिये शुभ कामनाओं सहित।

एस.के. मंगल
शुभ्रा मंगल

वृद्धि एवं विकास—अवधारणा, सामान्य सिद्धान्त एवं कारक (Growth and Development—Concept, General Principles and Factors)

विषय प्रवेश (Introduction)

शिक्षा का एकमात्र उद्देश्य शिक्षार्थी के व्यक्तित्व का सर्वांगीण विकास करना है। शिक्षा मनोविज्ञान को शिक्षा का विज्ञान और तकनीकी शास्त्र होने के नाते इस उद्देश्य को पाने की दिशा में भरसक सहायता करनी चाहिये। हमारी जीवनलीला जैसा कि बताया जा चुका है–गर्भाधान के समय से ही प्रारम्भ हो जाती है। कितनी विचित्र सी बात लगती है कि एक छोटे से निषेचित अंडे (Fertilized ovum) से धीरे-धीरे बढ़ते हुये हम आज की अवस्था को प्राप्त हो गये हैं। निश्चय ही यह सब वंशानुक्रम और वातावरण संबंधी शक्तियों के परस्पर सहयोग का फल है। शिक्षा चाहे वह औपचारिक (Formal) हो या अनौपचारिक (Informal) इस वृद्धि और विकास के मार्ग में बच्चे का भलीभाँति पथ-प्रदर्शन कर सकती है। परन्तु शिक्षा द्वारा यह सब कुछ कर सकने के लिये हम अध्यापकों को वृद्धि और विकास के सभी पहलुओं से परिचित होना अति आवश्यक है। इस प्रकार के ज्ञान द्वारा ही हम विद्यार्थियों की आवश्यक निर्देशन और उपयुक्त शिक्षा देकर उनके व्यक्तित्व का सर्वांगीण विकास करने में पूरी-पूरी सहायता कर सकते हैं। इसी दृष्टिकोण को लेकर आगे की पंक्तियों में हम वृद्धि और विकास के संप्रत्यय (अवधारणा) तथा उनकी प्रक्रिया से सम्बन्धित कुछ सामान्य सिद्धान्तों की चर्चा करना चाहेंगे।

वृद्धि एवं विकास की अवधारणा (The Concept of Growth and Development)

वृद्धि एवं विकास—अर्थ एवं अंतर (Growth and development—meanings and distinction)—वृद्धि एवं विकास के संप्रत्यय यानी अवधारणा को स्पष्ट करने के लिए हम उससे सम्बन्धित निम्न चार पक्षों को लेकर चलना चाहेंगे:

– वृद्धि एवं विकास संप्रत्ययों के अर्थ एवं उनके निहित अंतर
– वृद्धि एवं विकास की अवस्थायें (Stages)
– वृद्धि एवं विकास के विभिन्न आयाम (Aspects of dimensions)
– वृद्धि एवं विकास को प्रभावित करने वाले कारक (Factors)

वृद्धि एवं विकास का अर्थ (Meaning of Growth and Development)

वृद्धि एवं विकास ये दोनों शब्द प्रायः बिना कोई भेदभाव किये पर्यायवाची रूप में काम में लाये जाते हैं। ये दोनों शब्द यह प्रकट करते हैं कि गर्भाधान के समय से किसी विशेष समय तक किसी प्राणी में कितना कुछ परिवर्तन आया है। इस परिवर्तन की प्रक्रिया में वातावरण की शक्तियों और शिक्षा का बहुत हाथ है। इनकी कृपा से हमारे व्यक्तित्व के सभी पहलुओं–शारीरिक, मानसिक, सामाजिक, संवेगात्मक, नैतिक आदि का सब ओर से वृद्धि एवं विकास होता है। इस तरह

से वृद्धि और विकास दोनों शब्दों का प्रयोग बालक में आयु बढ़ने के साथ-साथ होने वाले परिवर्तनों के लिये किया जाता है और इसलिये यह आवश्यक रूप से वंशानुक्रम और वातावरण की उपज कही जाती है। परन्तु अगर कुछ बारीकी से देखा जाए तो वृद्धि और विकास दोनों के बीच बहुत कुछ अन्तर दिखलायी पड़ सकता है। इस अन्तर को हम निम्न प्रकार से व्यक्त कर सकते हैं:

वृद्धि (Growth)	विकास (Development)
1. वृद्धि शब्द तादात या परिमाण संबंधी परिवर्तनों (Quantitative changes) के लिये प्रयुक्त होता है। जैसे बच्चे के बड़े होने के साथ-साथ आकार, लम्बाई, ऊँचाई और भार आदि में होने वाले परिवर्तन को वृद्धि कह कर पुकारते हैं।	1. विकास शब्द वृद्धि की तरह केवल परिमाण संबंधी परिवर्तनों को व्यक्त न कर ऐसे सभी परिवर्तनों के लिये प्रयुक्त होता है जिससे बालक की कार्यक्षमता, कार्यकुशलता और व्यवहार में प्रगति होती है।
2. वृद्धि एक तरह से सम्पूर्ण विकास प्रक्रिया का एक चरण है। विकास के परिमाण और तादात संबंधी पक्ष के परिवर्तनों को वृद्धि कहा जाता है।	2. विकास शब्द अपने आप में एक विस्तृत अर्थ रखता है। वृद्धि इसका ही एक भाग है। यह व्यक्ति में होने वाले सभी परिवर्तनों को प्रकट करता है।
3. वृद्धि शब्द व्यक्ति के शरीर के किसी भी अवयव तथा व्यवहार के किसी भी पहलू में होने वाले परिवर्तनों को प्रकट कर सकता है।	3. विकास किसी एक अंग-प्रत्यंग में अथवा व्यवहार के किसी एक पहलू में होने वाले परिवर्तनों को नहीं बल्कि व्यक्ति में आने वाले सम्पूर्ण परिवर्तनों को इकट्ठे रूप में व्यक्त करता है।
4. वृद्धि की क्रिया आजीवन नहीं चलती। बालक द्वारा परिपक्वता (Maturity) ग्रहण करने के साथ-साथ यह समाप्त हो जाती है।	4. विकास एक सतत् प्रक्रिया (Continuous process) है। वृद्धि की तरह बालक के परिपक्व होने पर समाप्त न होकर यह आजीवन चलती है।
5. वृद्धि के फलस्वरूप होने वाले परिवर्तन बिना कोई विशेष प्रयास किये दृष्टिगोचर हो सकते हैं। साथ ही इन्हें भलीभाँति मापा भी जा सकता है।	5. विकास शब्द कार्यक्षमता, कार्यकुशलता और व्यवहार में आने वाले गुणात्मक परिवर्तनों (Qualitative changes) को भी प्रकट करता है। इन परिवर्तनों को प्रत्यक्ष रूप में मापना कठिन है। इन्हें केवल अप्रत्यक्ष तरीकों जैसे व्यवहार करते हुये बालक का निरीक्षण करना आदि से ही मापा जा सकता है।
6. वृद्धि के साथ-साथ सदैव विकास होना भी आवश्यक नहीं है। मोटापे के कारण एक बालक के भार में वृद्धि हो सकती है परन्तु इस वृद्धि से उसकी कार्यक्षमता एवं कार्यकुशलता में कोई वृद्धि नहीं होती और इस तरह से उसकी वृद्धि एवं विकास को साथ लेकर नहीं चलती है।	6. दूसरी ओर विकास भी वृद्धि के बिना संभव हो सकता है। कई बार यह देखा जाता है कि कुछ बच्चों की ऊँचाई, आकार एवं भार में समय गुज़रने के साथ-साथ कोई विशेष परिवर्तन नहीं दिखाई देता परन्तु उनकी कार्यक्षमता तथा शारीरिक, मानसिक, संवेगात्मक और सामाजिक योग्यता में बराबर प्रगति होती रहती है।

इस तरह से बारीकी से देखने पर वृद्धि और विकास दोनों प्रक्रियाओं में पर्याप्त अन्तर दिखाई पड़ सकता है। परन्तु मोटे तौर पर व्यक्ति विशेष में होने वाले सभी परिवर्तनों को व्यक्त करने के लिए हम दोनों का बिना कोई भेदभाव किए प्रयोग करते रहते हैं। मानव जीवन के सामाजिक, शारीरिक, संवेगात्मक, बौद्धिक आदि पहलुओं से संबंधित ये सभी परिवर्तन जैसा कि **श्रीमती हरलॉक** (1956) का विचार है, निम्नांकित 4 प्रमुख वर्गों में रखे जा सकते हैं:

1. आकार में परिवर्तन (Changes in size)
2. अनुपात में परिवर्तन (Changes in proportion)
3. पुराने लक्षण लुप्त होना (Disappearance of old features)
4. नये लक्षण प्रकट होना (Acquisition of new features)

इन सभी प्रकार के परिवर्तनों के परिमाणात्मक और गुणात्मक (Quantitative or qualitative) दोनों ही पहलू हैं। इसलिए सामान्यतया वृद्धि और विकास की प्रक्रिया लगभग साथ-साथ चलती हैं और यही कारण है कि ये दोनों शब्द समानार्थक रूप में प्रयुक्त होते हैं। गर्भाधान के पश्चात् बालक में जो कुछ भी शारीरिक और व्यवहार संबंधी परिवर्तन होते हैं उन्हें व्यक्त करने के लिए इन दोनों को सम्मिलित रूप से प्रयोग में लाया जाता है। हम भी इस पुस्तक में सुविधा के दृष्टिकोण से इन दोनों शब्दों को सम्मिलित रूप में ही प्रयोग करना चाहेंगे।

वृद्धि एवं विकास की अवस्थायें (Stages of Growth and Development)

बच्चे की जीवन यात्रा और वृद्धि एवं विकास की कहानी मां के गर्भ में आने के साथ-साथ ही शुरू हो जाती है। वह भी मां के गर्भ में एक पौधे की तरह छोटे से अंकुर के रूप में अपना जीवन प्रारम्भ करता है तथा धीरे-धीरे वृद्धि और विकास को प्राप्त होता रहता है। इस वृद्धि और विकास की मंज़िल में जैसे-जैसे उसकी उम्र बढ़ती है उसमें विभिन्न सामाजिक, मानसिक, शारीरिक, संवेगात्मक और नैतिक परिवर्तन आते रहते हैं। इन सब के आधार पर उसे क्रमशः शिशु, बालक, किशोर, प्रौढ़ तथा वृद्ध आदि कहकर पुकारा जाता है। ये सभी नाम बच्चों की वृद्धि और विकास की उन सभी अवस्थाओं के द्योतक हैं जिनमें से होकर उन्हें अपनी जीवन यात्रा पूरी करनी होती है। संक्षेप में, इन सभी अवस्थाओं को संबंधित जीवन अवधि के साथ अच्छी प्रकार से निम्न रूप में दिखाया जा सकता है:

विकास की अवस्था	जीवन अवधि
1. गर्भकाल या गर्भावस्था (Pre-natal stage)	गर्भाधान से लेकर जन्म तक
2. शिशुकाल और शैशवावस्था (Stage of infancy)	जन्म से लेकर 3 वर्ष की आयु तक
3. बाल्यकाल या बाल्यावस्था (Childhood stage)	चौथे वर्ष से लेकर 12 वर्ष तक (अथवा बिलकुल निश्चित रूप में वीर्य या रज की उत्पत्ति प्रारम्भ होने तक)
(a) पूर्व-बाल्यावस्था (Pre-childhood stage)	चौथे वर्ष से 6 वर्ष तक
(b) उत्तर-बाल्यावस्था (Post-childhood stage)	सातवें वर्ष से 12 वर्ष तक (अथवा बिलकुल निश्चित रूप में वीर्य या रज की उत्पत्ति प्रारम्भ होने तक)
4. किशोरावस्था (Adolescence)	सामान्यतया 13 से लेकर 19 वर्ष तक (निश्चित अर्थों में वीर्य या रज की उत्पत्ति प्रारम्भ होने से लेकर परिपक्वता (Maturity) ग्रहण करने तक)
5. प्रौढ़ावस्था (Adulthood)	20वें वर्ष से लेकर या दूसरे शब्दों में परिपक्वता ग्रहण करने के समय से लेकर मृत्यु को प्राप्त होने तक

निश्चित रूप से यहां यह दावा नहीं किया जा सकता कि प्रत्येक अवस्था में हर बालक के जीवन काल को आयु के हिसाब से ऊपर सुझाये गये तरीके से विभाजित किया जा सकता है। व्यक्तिगत भेदों (Individual differences) की कोई सीमा नहीं है। कौन बालक किस आयु में वृद्धि और विकास के किस स्तर को स्पर्श करेगा, इसके लिये कोई सार्वभौमिक (Universal) नियम नहीं है। अतः वृद्धि और विकास की कोई विशेष अवस्था कितनी आयु और अवधि में मानी जाये इस संदर्भ में काफी-कुछ मतभेद देखने को मिल सकते हैं।

उपरोक्त सभी अवस्थाओं को अगर विद्यालय शिक्षा के दृष्टिकोण से देखा जाये तो पहली और अंतिम अवस्था का अध्यापक से कोई प्रत्यक्ष संबंध नज़र नहीं आता। इसलिये इस पुस्तक में शेष तीन अवस्थाओं को ही हम अपनी चर्चा का विषय बनायेंगे। परन्तु इन अवस्थाओं की प्रमुख विशेषताओं का वर्णन करने से पहले हम वृद्धि और विकास के विभिन्न पहलुओं (Aspects of Growth and Development) से परिचित होना चाहेंगे।

वृद्धि एवं विकास के विभिन्न आयाम (Various aspects of Growth and Development)

अगर वृद्धि और विकास को हम समान अर्थों में प्रयुक्त करें तो बच्चे के व्यक्तित्व का सर्वांगीण विकास हमें निम्न रूपों अथवा पहलुओं में गति करता हुआ दिखलाई पड़ता है :

(a) शारीरिक विकास (Physical development)
(b) गामक विकास (Motor development)
(c) ज्ञानात्मक विकास (Cognitive development)
(d) संवेगात्मक विकास (Emotional development)
(e) नैतिक अथवा चारित्रिक विकास (Moral or character development)
(f) सामाजिक विकास (Social development)
(g) भाषात्मक विकास (Language development)

विकास के इन विभिन्न आयामों का संक्षिप्त परिचय हम नीचे दे रहे हैं:

(a) **शारीरिक विकास** (Physical development)–व्यक्ति के शारीरिक विकास में उसके शरीर के बाह्य एवं आंतरिक अवयवों का विकास शामिल होता है।

(b) **गामक विकास** (Motor development)–इस प्रकार के विकास में बालक की गामक या गत्यात्मक शक्तियों तथा क्षमताओं का विकास शामिल रहता है।

(c) **बौद्धिक या मानसिक विकास** (Intellectual or mental development)—इसमें सभी प्रकार की मानसिक शक्तियों जैसे–सोचने-विचारने की शक्ति, कल्पना शक्ति, निरीक्षण शक्ति, स्मरण शक्ति तथा एकाग्रता (Concentration), सृजनात्मकता (Creativity), संवेदना (Sensation), प्रत्यक्षीकरण (Perception) और सामान्यीकरण (Generalization) आदि से संबंधित शक्तियों का विकास सम्मिलित होता है।

(d) **संवेगात्मक विकास** (Emotional development)–इसमें विभिन्न संवेगों (Emotions) की उत्पत्ति, उनका विकास तथा इन संवेगों के आधार पर संवेगात्मक व्यवहार का विकास सम्मिलित होता है।

(e) **नैतिक अथवा चारित्रिक विकास** (Moral or character development)–इसके अंतर्गत नैतिक भावनाओं, मूल्यों तथा चरित्र संबंधी विशेषताओं का विकास सम्मिलित होता है।

(f) **सामाजिक विकास** (Social development)–बच्चा प्रारम्भ में एक असामाजिक प्राणी होता है। उसमें उचित सामाजिक गुणों का विकास कर समाज के मूल्यों एवं मान्यताओं के अनुसार व्यवहार करना सिखाना सामाजिक विकास के अंतर्गत आता है।

(g) **भाषात्मक विकास** (Language development)–भाषात्मक विकास में बालक के अपने विचारों की अभिव्यक्ति के लिये भाषा का जानना और उसके प्रयोग से संबंधित योग्यताओं का विकास शामिल होता है।

वृद्धि एवं विकास के सिद्धान्त (Principles of Growth and Development)

व्यक्ति विशेष में वृद्धि और विकास की प्रक्रिया के फलस्वरूप होने वाले परिवर्तन कुछ विशेष सिद्धान्तों पर ढले हुए प्रतीत होते हैं। इन सिद्धान्तों को वृद्धि एवं विकास के सिद्धान्त कहा जाता है। अग्रलिखित पंक्तियों में हम इन्हीं सिद्धान्तों की चर्चा करने जा रहे हैं:

1. **निरन्तरता का सिद्धान्त** (Principle of continuity)—यह सिद्धान्त बताता है कि विकास एक न रुकने वाली प्रक्रिया है। माँ के गर्भ से ही यह प्रारम्भ हो जाती है तथा मृत्यु पर्यन्त निरन्तर चलती ही रहती है। एक छोटे से नगण्य आकार से अपना जीवन प्रारम्भ करके हम सबके व्यक्तित्व के सभी पक्षों–शारीरिक, मानसिक, सामाजिक आदि का सम्पूर्ण विकास इसी निरन्तरता के गुण के कारण भलीभाँति सम्पन्न होता रहता है।

2. **वृद्धि और विकास की गति की दर एक-सी नहीं रहती** (Rate of growth and development is not uniform)—यद्यपि विकास बराबर होता रहता है, परन्तु इसकी गति सब अवस्थाओं में एक जैसी नहीं रहती। शैशवावस्था के शुरू के वर्षों में यह गति कुछ तीव्र होती है, परन्तु बाद के वर्षों में यह मन्द पड़ जाती है। पुनः किशोरावस्था के प्रारम्भ में इस गति में तेज़ी से वृद्धि होती है परन्तु यह अधिक समय तक नहीं बनी रहती। इस प्रकार वृद्धि और विकास की गति में उतार-चढ़ाव आते ही रहते हैं। किसी भी अवस्था में यह एक जैसी नहीं रह पाती।

3. **वैयक्तिक अन्तर का सिद्धान्त** (Principle of individual differences)—इस सिद्धान्त के अनुसार बालकों का विकास और वृद्धि उनकी अपनी वैयक्तिकता (Individuality) के अनुरूप होती है। वे अपनी स्वाभाविक गति से ही वृद्धि और विकास के विभिन्न क्षेत्रों में आगे बढ़ते रहते हैं और इसी कारण उनमें पर्याप्त विभिन्नताएँ देखने को मिलती हैं। कोई भी एक बालक वृद्धि और विकास की दृष्टि से किसी अन्य बालक के समरूप नहीं होता।

4. **विकास क्रम की एकरूपता** (Uniformity of pattern)—विकास की गति एक जैसी न होने तथा पर्याप्त वैयक्तिक अन्तर पाए जाने पर भी विकास क्रम में कुछ एकरूपता के दर्शन होते हैं। इस क्रम में एक ही जाति विशेष के सभी सदस्यों में कुछ एक जैसी विशेषताएँ देखने को मिलती हैं। उदाहरण के लिए, मनुष्य जाति के सभी बालकों की वृद्धि सिर की ओर से प्रारम्भ होती है। इसी तरह बालकों के गत्यात्मक और भाषा विकास में भी एक निश्चित प्रतिमान (pattern) और क्रम के दर्शन किए जा सकते हैं।

5. **विकास सामान्य से विशेष की ओर चलता है** (Development proceeds from general to specific responses)—विकास और वृद्धि की सभी दिशाओं में विशिष्ट क्रियाओं से पहले उनके सामान्य रूप के दर्शन होते हैं। उदाहरण के लिए, अपने हाथों से कुछ चीज़ पकड़ने से पहले बालक इधर-उधर यूँ ही हाथ मारने या फैलाने की चेष्टा करता है। इसी तरह शुरू में एक नवजात शिशु के रोने और चिल्लाने में उसके सभी अंग-प्रत्यंग भाग लेते हैं परन्तु बाद में वृद्धि और विकास की प्रक्रिया के फलस्वरूप यह क्रियाएँ उसकी आंखों और वाक् तंत्र तक सीमित हो जाती हैं। भाषा विकास में भी बालक विशेष शब्दों से पहले सामान्य शब्द ही सीखता है। पहले वह सभी व्यक्तियों को 'पापा' कह कर ही संबोधित करता है, इसके पश्चात् ही वह केवल अपने पिता को 'पापा' कह कर संबोधित करना सीखता है।

6. **एकीकरण का सिद्धान्त** (Principle of integration)—विकास की प्रक्रिया एकीकरण के सिद्धान्त का पालन करती है। इसके अनुसार बालक अपने सम्पूर्ण अंग को और फिर अंग के भागों को चलाना सीखता है। इसके बाद वह उन भागों में एकीकरण करना सीखता है। सामान्य से विशेष की ओर बदलते हुए विशेष प्रतिक्रियाओं तथा चेष्टाओं को इकट्ठे रूप में प्रयोग में लाना सीखता है। उदाहरण के लिए, एक बालक पहले पूरे हाथ को, फिर उंगलियों को और फिर हाथ एवं उंगलियों को एक साथ चलाना सीखता है।

7. **परस्पर संबंध का सिद्धान्त** (Principle of interrelation)—विकास की सभी दशाएँ–शारीरिक, मानसिक, सामाजिक, संवेगात्मक आदि एक-दूसरे से परस्पर संबंधित हैं। इनमें से किसी भी एक दिशा में होने वाला विकास अन्य सभी दिशाओं में होने वाले विकास को पूरी तरह प्रभावित करने की क्षमता रखता है। उदाहरण के लिए, जिन बच्चों में औसत से अधिक बुद्धि होती है, वे शारीरिक और सामाजिक विकास की दृष्टि से भी काफी आगे बढ़े हुए पाए जाते हैं। दूसरी ओर एक क्षेत्र में पाई जाने वाली न्यूनता दूसरे क्षेत्र में हो रही प्रगति में बाधक सिद्ध होती है। यही कारण है कि शारीरिक विकास की दृष्टि से पिछड़े बालक संवेगात्मक, सामाजिक और बौद्धिक विकास में भी उतने ही पीछे रह जाते हैं।

8. **विकास की भविष्यवाणी की जा सकती है** (Development is predictable)—एक बालक की अपनी वृद्धि और विकास की गति को ध्यान में रखकर उसके आगे बढ़ने की दिशा और स्वरूप के बारे में भविष्यवाणी की जा सकती है। उदाहरण

के लिए, एक बालक की कलाई की हड्डियों का एक्स किरणों (x-ray) से लिया जाने वाला चित्र यह बता सकता है कि उसका आकार प्रकार आगे जाकर किस प्रकार का होगा। इसी तरह बालक की इस समय की मानसिक योग्यताओं के ज्ञान के सहारे उसके आगे के मानसिक विकास के बारे में पूर्वानुमान लगाया जा सकता है।

9. **विकास की दिशा का सिद्धान्त** (Principle of developmental direction)—इस सिद्धान्त के अनुसार विकास की प्रक्रिया पूर्व निश्चित दिशा में आगे बढ़ती है। कुप्पूस्वामी ने इसकी व्याख्या करते हुए लिखा है कि विकास सिफेलो-कॉडल (Cephalo-caudal) और प्रोक्सिमो डिस्टल (Proximo-distal) क्रम में होता है।

Cephalo-caudal क्रम का विकास लम्बवत् रूप में (longitudinal direction) सिर से पैर की ओर होता है। सबसे पहले बालक अपने सिर और भुजाओं की गति पर नियंत्रण करना सीखता है और उसके बाद फिर टाँगों को। इसके बाद ही वह अच्छी तरह बिना सहारे खड़ा होना और चलना सीखता है।

Proximo-distal क्रम के अनुसार विकास का क्रम केन्द्र से प्रारम्भ होता है, फिर बाहरी विकास होता है और इसके बाद सम्पूर्ण विकास। उदाहरण के लिए, पहले रीढ़ की हड्डी का विकास होता है और उसके बाद भुजाओं, हाथ तथा हाथ की उँगलियों का तथा तत्पश्चात् इन सबका पूर्ण रूप से संयुक्त विकास होता है।

10. **विकास लम्बवत् सीधा न होकर वर्तुलाकार होता है** (Development is spiral and not linear)—बालक का विकास लम्बवत् सीधा (Linear) न होकर वर्तुलाकार (Spiral) होता है। वह एक-सी गति से सीधा चल कर विकास को प्राप्त नहीं होता, बल्कि बढ़ते हुए पीछे हटकर अपने विकास को परिपक्व और स्थायी बनाते हुए (वर्तुलाकार आकृति की तरह) आगे बढ़ता है। किसी एक अवस्था में वह तेज़ी से आगे बढ़ते हुए उसी गति से आगे नहीं जाता, बल्कि अपनी विकास की गति को धीमा करते हुए आगे के वर्षों में विश्राम लेता हुआ प्रतीत होता है ताकि प्राप्त वृद्धि और विकास को स्थायी रूप दिया जा सके। यह सब करने के पश्चात् ही वह आगामी वर्षों में फिर कुछ आगे बढ़ने की चेष्टा करता है। विकास की इस वर्तुलाकार गति को चित्र 1.1 द्वारा समझा जा सकता है।

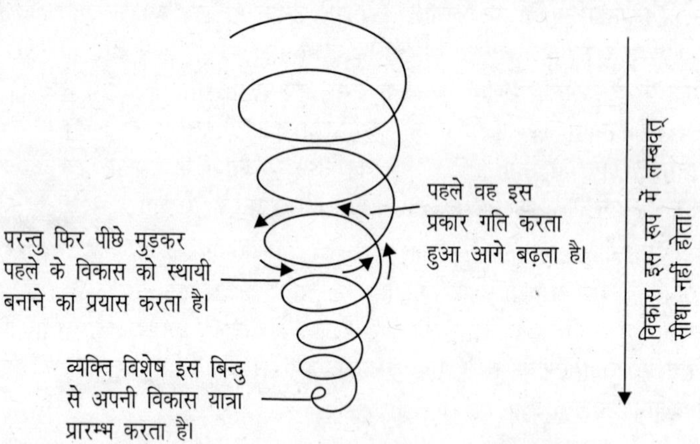

चित्र 1.1 बालक के विकास की दशा

11. **वृद्धि और विकास की क्रिया वंशानुक्रम और वातावरण का संयुक्त परिणाम है** (Growth and development is a joint product of both heredity and environment)—बालक की वृद्धि और विकास को किसी स्तर पर वंशानुक्रम और वातावरण की संयुक्त देन माना जाता है। दूसरे शब्दों में वृद्धि और विकास की प्रक्रिया में वंशानुक्रम जहां बुनियाद का कार्य करता है वहां वातावरण इस बुनियाद पर बनाए जाने वाले व्यक्तित्व संबंधी भवन के लिए आवश्यक सामग्री एवं वातावरण जुटाने में सहयोग देता है। अतः वृद्धि और विकास की प्रक्रियाओं में इन दोनों को समान महत्त्व दिया जाना आवश्यक हो जाता है।

वृद्धि एवं विकास के सिद्धान्तों का शैक्षिक महत्त्व (Educational Implications of the Principles of Growth and Development)

वृद्धि और विकास के उपरोक्त सिद्धान्तों का शैक्षणिक दृष्टि से काफी महत्त्वपूर्ण स्थान है जो निम्न वर्णन द्वारा स्पष्ट हो सकता है :

1. इनसे हमें पता चलता है कि वृद्धि और विकास की गति और मात्रा सभी बालकों में एक जैसी नहीं पाई जाती। अतः व्यक्तिगत अन्तरों (Individual differences) को ध्यान में रखकर हमें सभी बालकों से एक जैसी वृद्धि और विकास की आशा नहीं करनी चाहिए।
2. बालकों की वृद्धि और विकास की भविष्य में होने वाली प्रगति का अनुमान लगा लेने के कारण हमें यह लाभ हो सकता है कि हम उनसे आवश्यकता से अधिक या कम आशाएं न लगा बैठें। जो बालक आगे जाकर जैसा बन सकता है उसी को ध्यान में रखकर हम अपने प्रयत्न कर सकते हैं और इस तरह अनावश्यक परिश्रम और निराशाओं से अपने आपको मुक्त रख सकते हैं।
3. वृद्धि और विकास की दिशा और परिणाम संबंधी सिद्धान्त हमें यह बताते हैं कि एक ही जाति के सदस्यों में वृद्धि और विकास से संबंधित कुछ समानता पाई जाती है। इस दिशा में जिस रूप में विकास या वृद्धि होनी चाहिए, उस तरह बालक की वृद्धि और विकास उस विशेष अवस्था या आयु में हो रहा है या नहीं, इस बात का हम ध्यान रखने की चेष्टा करते हैं। इसी आधार पर हम बालकों में सामान्यता या असामान्यता (Abnormality) की मात्रा का अनुमान लगा कर उनकी उचित वृद्धि और विकास में सहयोग प्रदान कर सकते हैं।
4. वृद्धि और विकास की सभी दिशाएँ अर्थात् विभिन्न पहलू (Different aspects) जैसे—मानसिक विकास, शारीरिक विकास, संवेगात्मक और सामाजिक विकास आदि परस्पर एक-दूसरे से संबंधित हैं। इस बात का ज्ञान हमें बालक के सर्वांगीण विकास पर ध्यान देने के लिए प्रेरित करता है। किसी एक पहलू पर ध्यान न देने से दूसरे सभी पहलुओं में हो रही प्रगति में बाधा पड़ती है। इस बात का ज्ञान हमें परस्पर संबंध के सिद्धान्त द्वारा होता है।
5. बाद में आने वाले समय में वृद्धि और विकास को ध्यान में रखते हुए क्या-क्या विशेष परिवर्तन होंगे, इस बात का ज्ञान भी इन सिद्धांतों के आधार पर हो सकता है। यह ज्ञान न केवल माता-पिता तथा अध्यापकों को विशेष रूप से तैयार होने के लिए आधार देता है बल्कि इससे भी आने वाली समस्याओं तथा परिवर्तनों के लिए स्वयं को तैयार करने में समर्थ हो जाते हैं।
6. वंशानुक्रम तथा वातावरण दोनों मिल कर बालक की वृद्धि और विकास के लिए उत्तरदायी हैं, कोई एक नहीं। इनमें से किसी की भी उपेक्षा नहीं की जा सकती। इस बात का ज्ञान हमें वातावरण में आवश्यक सुधार लाकर बालकों को अधिक से अधिक कल्याण करने के लिए प्रेरित करता है।

इस प्रकार की वृद्धि और विकास संबंधी सिद्धान्त बालकों की वृद्धि और विकास को उचित दिशा और मात्रा में बनाए रखने के लिए हमें बहुत कुछ आधार-भूमि और परामर्श प्रदान करते हैं।

वृद्धि और विकास को प्रभावित करने वाले कारक (Factors Influencing Growth and Development)

मां के गर्भ में जीवन लीला प्रारम्भ होने के साथ-साथ बालक की बुद्धि और विकास को प्रभावित करने वाले तत्त्व अथवा कारक अपना कार्य शुरू कर देते हैं। आंतरिक तथा बाह्य कारकों के रूप में इन्हें दो मुख्य भागों में बांटा जा सकता है। आंतरिक तथा बाह्य कारकों के नाम से जाने वाले बुद्धि एवं विकास को प्रभावित करने वाले तत्त्वों का संक्षिप्त परिचय आगे दिया जा रहा है।

आंतरिक कारक (Internal Factors)

ऐसे सभी कारक जो व्यक्ति में निहित होते हैं, आंतरिक कारक कहलाते हैं। आंतरिक कारकों के इस वर्ग में प्रायः निम्न मुख्य कारकों का समावेश होता है:

1. वंशानुगत कारक (Hereditary factors)
2. जैविक संरचनात्मक कारक (Biological constitiutional factors)
3. बुद्धि (Intelligence)
4. संवेगात्मक कारक (Emotional factors)
5. सागाजिक प्रकृति (Social nature)

आइये, अब इन सभी आंतरिक कारकों द्वारा बुद्धि और विकास को प्रभावित करने के बारे में चर्चा की जाए।

1. **वंशानुगत कारक** (Hereditary factors)—वंशानुगत कारक अपना प्रभाव मां के गर्भ में बच्चे की जीवन लीला शुरू होने अर्थात् गर्भाधान के समय छोड़ते हैं। मां बाप अपने-अपने गुण सूत्र (Chromosomes) तथा पित्र्येक (Genes) के माध्यम से वंशानुगत संबंधी विशेषताओं का बालक में स्थानान्तरण करते हैं। फलस्वरूप बालक को वृद्धि एवं विकास के लिए एक सुनिश्चित आधार प्राप्त हो जाता है। जिसके ऊपर आगे चलकर व्यक्तित्व रूपी भवन का निर्माण होता है। जितनी सुदृढ़ बुनियाद होती है इमारत भी उतनी ही आलीशान बनाई जा सकती है। इस दृष्टि से वंशानुक्रम विशेषताओं के रूप में जो कुछ भी बालक को गर्भाधान के समय अपनी जीवन लीला प्रारम्भ करने के लिए मिलता है उसका अति विशिष्ट महत्त्व होता है। वंशक्रम की यह विरासत में मिलने वाली पूंजी जितनी अधिक और अच्छी होती है, वृद्धि और विकास की एक अपेक्षित सीमा तक प्रगति करने के लिए वातावरण की शक्तियों को उतनी ही कम मेहनत करनी होती है। इसके विपरीत यह पूंजी जितनी कम होती है, बुद्धि दोषपूर्ण होती है तथा बौद्धिक योग्यताओं में कमी होती है, इस प्रकार की कमी को वातावरण की शक्तियों द्वारा पूरा करके आगे निश्चित सीमा तक वृद्धि और विकास के स्तर तक पहुंचाना बड़ी टेढ़ी खीर होता है। अतः वंशक्रम की देन द्वारा व्यक्ति की वृद्धि एवं विकास प्रक्रिया में बड़ी महत्त्वपूर्ण भूमिका निभाई जाती है। चमड़ी का रंग, आंखों का रंग, बालों की प्रकृति और रंग, स्नायु संस्थान, मस्तिष्क, शारीरिक गठन, ऊंचाई, भार, नलिकाविहीन ग्रंथियों की कार्य प्रणाली आदि बहुत सी बातें ऐसी हैं जिनमें वंशानुगत कारक अपना ऐसा स्थायी प्रभाव छोड़ते हैं जिन पर भविष्य संबंधी सभी प्रकार की वृद्धि एवं विकास की प्रक्रिया कई तरह से निर्भर करती है जिसका अनुमान आपको आगे के पृष्ठों में दिए हुए विवरण से हो जाएगा।

2. **जैविक एवं संरचनात्मक कारक** (Biological and consitutional factors)—व्यक्ति की अपनी शारीरिक बनावट, डीलडौल, रंगरूप, स्नायु संस्थान, शारीरिक अवयव, विभिन्न शारीरिक संस्थान, शरीर रसायन, नलिका विहीन ग्रान्थियां, आदि के रूप में जो कुछ भी उसके पास हर समय रहता है ऐसी व्यक्तिगत पूंजी आगे के सभी प्रकार के जीवन व्यवहार को कैसे प्रभावित करने की क्षमता रखती है इसका परिचय नीचे दिया जा रहा है:

(i) जो बालक जन्म से ही दुबले पतले, कमज़ोर, बीमार तथा किसी न किसी शारीरिक बाधा से पीड़ित होते हैं उनसे सामान्य स्वास्थ्य तथा शारीरिक वृद्धि एवं विकास के सामान्य स्तर पर पहुंच जाने की आशाएं काफी कम ही होती हैं। उनकी इस प्रकार की कमियां उनके शारीरिक स्वास्थ्य तथा वृद्धि एवं विकास को ही प्रभावित नहीं करतीं बल्कि, मानसिक, संवेगात्मक तथा सामाजिक विकास में भी बाधक सिद्ध होती हैं।

(ii) स्नायु संस्थान के रूप में व्यक्ति के पास जो कुछ हर समय रहता है, वह व्यक्ति के ज्ञानात्मक व्यवहार एवं विकास को प्रभावित करने की पूरी क्षमता रखता है। रीढ़ की हड्डी अथवा मस्तिष्क पर पहुंचा छोटा आघात भी बालक को मानसिक दृष्टि से विकलांग बना सकता है। इस तरह स्नायु संस्थान बालक के समस्त अंगों के सही विकास में सकारात्मक भूमिका निभाता है।

(iii) नलिका विहीन ग्रन्थियां (Ductless glands) शुरू से ही मानव वृद्धि एवं विकास की प्रक्रिया में अपनी भूमिका निभाना प्रारम्भ कर देती हैं। इन ग्रन्थियों से उत्पन्न हारमोन्स (Hormones) रक्त में घुले होने के कारण शरीर

के कोने-कोने में पहुंचते हैं और इसलिए न केवल शारीरिक विकास बल्कि हमारे विचारों, भावनाओं आदि की जिस प्रकार की प्रक्रिया होती है, व्यक्ति के शारीरिक, मानसिक, संवेगात्मक, सामाजिक तथा भौतिक विकास की धारा भी उसी तरह मुड़ जाती है। अगर ग्रन्थियों से निकलने वाले हारमोन की मात्रा काफ़ी अधिक कम या अधिक हो जाए तो ग्रन्थियों की अत्यधिक सक्रियता या निष्क्रियता दोनों ही व्यक्ति के संतुलित विकास के लिए घातक सिद्ध हो सकती है। उदाहरण के लिए पीयूष ग्रन्थि (Pituitary gland) अगर निष्क्रिय रहे तो आदमी बौना या नाटा रह जाता है या शरीर के भागों में बिना किसी अनुपात में अस्वाभाविक वृद्धि हो जाती है जिससे व्यक्ति भद्दा और कुरूप लगने लगता है।

शारीरिक रूप से अधिक कमज़ोर अधिक दुबली पतली काया, बेडौल और संतुलित शारीरिक विकास, अधिक मोटापा, कुरूप चेहरा, किसी भी तरह की शारीरिक विकलांगता, अधिक या बहुत कम ऊंचाई आदि जितनी भी शारीरिक दृष्टि से शरीर की विकास संबंधी कमियां एवं त्रुटियां हैं और वे चाहे जन्मजात हों या दुर्घटना तथा रोगवश, व्यक्ति के सभी तरह के विकास में आड़े आती हैं। इन न्यूनताओं की कमियों से ग्रस्त व्यक्ति एक तरफ तो अन्य सामान्य व्यक्तियों की तरह कार्य करने एवं व्यवहार करने में पीछे रहता है, दूसरी ओर वह विभिन्न प्रकार की हीन भावनाओं से भी ग्रस्त हो जाता है जिससे वह बुद्धि और विकास के विभिन्न आयामों में आगे बढ़ने में अपना आत्मविश्वास ही खो बैठता है और फलस्वरूप विकास की दौड़ में पीछे ही रह जाता है।

3. **बुद्धि** (Intelligence)—बुद्धि को सीखने संबंधी योग्यता, समायोजन योग्यता तथा समयानुसार ठीक निर्णय ले सकने की योग्यता के रूप में परिभाषित किया जाता है। स्पष्ट है कि इस प्रकार के व्यवहार में सहायक, बुद्धि, बालक ही हर प्रकार की वृद्धि एवं विकास में अपनी महत्त्वपूर्ण भूमिका निभायेगी ही। एक बुद्धिमान व्यक्ति से अपने संवेगों को अच्छी तरह नियंत्रण में रखकर पूर्ण संयमित एवं संतुलित व्यवहार की अपेक्षा की जाती है वह अपने और दूसरों के साथ तालमेल बनाकर चलना और व्यवहार करना अच्छी तरह जानता है और फलस्वरूप उसका सामाजिक विकास एवं नैतिक विकास अल्प बुद्धि युक्त बालकों से सदैव ही अच्छी तरह संपन्न होता है। क्या खाना चाहिए, कब खाना चाहिए तथा किस प्रकार का स्वास्थ्य संबंधी नियमों का पालन किया जाना चाहिए, यह जानकारी तथा उस पर अमल करने की बुद्धि से जुड़ा रहता है। मानसिक विकास तो पूरी तरह बुद्धि पर आश्रित होता ही है। जितनी मानसिक क्षमताएं, चाहे वे साधारण स्तर की हों या रचनात्मक, सृजनात्मक और समस्या समाधान योग्यताओं की तरह उच्च स्तर की, सब में बुद्धि के तत्त्वों का ही बोलबाला रहता है। इस तरह व्यक्ति की वृद्धि एवं विकास के समस्त पहलुओं में बुद्धि की प्रधान भूमिका रहती है।

4. **संवेगात्मक कारक** (Emotional factors)—बालक की वृद्धि एवं विकास को प्रभावित करने में बालक के संवेगात्मक विकास के जुड़े हुए विभिन्न कारक जैसे संवेगात्मक परिपक्वता तथा संवेगात्मक समायोजन क्षमता आदि भी महत्त्वपूर्ण भूमिका निभाते हैं। बालक में जिस प्रकार के संवेगों का जिस रूप में विकास होगा वह उसके सामाजिक, मानसिक, नैतिक, शारीरिक तथा भाषा संबंधी विकास को पूरी तरह प्रभावित करने की क्षमता रखता है। जो बालक अत्यधिक क्रोधी होते हैं, भयभीत रहते हैं, जिनमें ईर्ष्या, वैमनस्य आदि नकारात्मक संवेगों की अधिकता रहती है उनकी विकास प्रक्रिया पर भी विपरीत असर पड़ता है। इस प्रकार का व्यवहार उनके शारीरिक और मानसिक दोनों प्रकार के स्वास्थ्य के लिए हानिकारक सिद्ध होता है। संवेगात्मक रूप से असंतुलित बालक पढ़ाई में या किसी अन्य गंभीर कार्यों में ध्यान नहीं दे पाते, फलस्वरूप उनका मानसिक विकास भी प्रभावित होता है। इसके विपरीत जो बालक संवेगात्मक दृष्टि से संतुलित पाए जाते हैं वे वृद्धि एवं विकास के सभी आयामों में संतोषप्रद ढंग से प्रगति करते हैं।

5. **सामाजिक प्रकृति**—बच्चा जितना अधिक सामाजिक रूप से संतुलित होगा उसका प्रभाव उसके शारीरिक, मानसिक, संवेगामक, भौतिक तथा भाषा संबंधी विकास पर भी उतना ही अनुकूल पड़ेगा। सामाजिक दृष्टि से कुशल बालक अपने वातावरण से दूसरों की अपेक्षा अधिक सीखता है, तथा अधिक अच्छे ढंग से अपना समायोजन कर सकता है। अतः वृद्धि और विकास के सभी आयामों में ठीक ढंग से प्रगति करने की संभावना ऐसे बच्चों में ही दूसरों की अपेक्षा ज्यादा पाई जाती है।

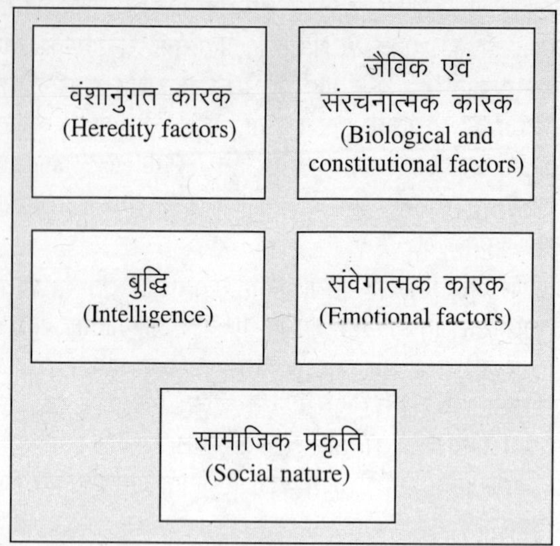

चित्र 1.2 विकास को प्रभावित करने वाले आंतरिक कारक (Factors influencing development)

बाह्य कारक (External Factors)

वृद्धि एवं विकास को प्रभावित करने वाले सभी कारक जो व्यक्ति में निहित न होकर उसके वातावरण में निहित होते हैं वे बाह्य कारक कहलाते हैं। ये कारक बालक के गर्भाधान के तुरन्त बाद ही उसकी वृद्धि एवं विकास को प्रभावित करना प्रारम्भ कर देते हैं और इस दृष्टि से उन्हें निम्न रूपों में वर्गीकृत किया जा सकता है।

मां के गर्भ में मिलने वाला वातावरण (The Environment available in the Womb of the Mother)

बालक को गर्भाधान के समय से लेकर उसके जन्म तक (लगभग 9 माह की अवधि) जो कुछ भी मां के गर्भ में उसके पालन-पोषण के लिए प्राप्त होता है वृद्धि एवं विकास की दृष्टि से उसका काफी अधिक महत्त्व है। ये केवल उसकी शारीरिक वृद्धि में ही अपना योगदान नहीं देता बल्कि सभी तरह का आगामी विकास इसी को आधार बनाकर चलता है। उदाहरण के लिए, बालक के संवेगात्मक तथा मानसिक व्यवहार के पीछे भी जिस प्रकार का व्यवहार जहां उसकी मां द्वारा उसके पोषण में किया जाता है और जिस तरह का मानसिक एवं शारीरिक स्वास्थ्य मां का होता है, ये सभी बातें मूलरूप से सहायक मानी जाती हैं। चिन्ता, भय एवं संवेगात्मक रूप से असंतुलित माताओं के गर्भ में स्थित बच्चों पर भी प्रतिकूल प्रभाव पड़ने की बात कोई काल्पनिक बात नहीं परन्तु वास्तविक सच्चाई है। मां को गर्भावस्था में अच्छा मानसिक एवं शारीरिक स्वास्थ्य बनाए रखने की सलाह इसीलिए दी जाती है कि उससे न केवल गर्भ के अंदर बालक के विकास पर असर पड़ता है बल्कि आगे के विकास की बुनियाद भी मजबूत होती है। इस वातावरण से जुड़े हुए विभिन्न कारकों को निम्न प्रकार लिपिबद्ध किया जा सकता है:

- गर्भावस्था के दौरान मां का शारीरिक और मानसिक स्वास्थ्य
- गर्भ में पलने वाले बालकों की संख्या
- मां के गर्भ में बालक को मिलने वाले पोषण की प्रकृति
- किसी एक्स-रे तथा रेडियेशन, रेडियोधर्मिता, क्षतिकारक किरणों तथा वायु प्रदूषण आदि का घातक प्रभाव
- सामान्य अथवा असामान्य जन्म प्रक्रिया
- बालक को गर्भाशय में प्राप्त कोई चोट अथवा दुर्घटना संबंधी दुष्परिणाम।

जन्म के बाद मिलने वाला वातावरण (The Environment Available after Birth)

जन्म के समय से ही बालक को जिन हालतों से गुजरना होता है तथा जो कुछ भी उसे अपने भौतिक, सामाजिक तथा सांस्कृतिक वातावरण से प्राप्त होता है वह उसके सभी प्रकार की वृद्धि एवं विकास को पूरी तरह प्रभावित एवं नियंत्रित करता है। इस प्रकार के वातावरण में शामिल प्रमुख कारकों को निम्न प्रकार से लिपिबद्ध किया जा सकता है:

1. **जीवन की घटनाएं एवं दुर्घटनाएं** (Accidents and Incidents of life)—जीवन में घटनाओं एवं दुर्घटनाओं के रूप में व्यक्ति के साथ जो कुछ भी घटित होता है वह उसकी वृद्धि एवं विकास के सभी आयामों को पूरी तरह प्रभावित करता है। एक बालक जिसने अपनी मां का साथ किसी दुर्घटनावश जन्म लेते ही या उसके बाद छोड़ दिया हो, इससे सभी तरह के विकास की कहानी ही अब बदल जाएगी। एक छोटी सी प्रेरणादायक घटना जहां बालक के विकास को उन्नति का मार्ग दिखा सकती है वहां अनजाने में की गई भूल, अकस्मात घटने वाली घटना या दुर्घटना उसे अवनति के गर्त में भी धकेल सकती है। सिर में हुई कोई छोटी-सी चोट उसके स्नायु पर ऐसा आघात पहुंचा सकती है कि उसका मानसिक विकास ही अवरुद्ध हो जाए अथवा वह सदा के लिए अपना संवेगात्मक संतुलन ही खो बैठे। इस तरह घटनाओं और दुर्घटनाओं का व्यक्ति की आगामी विकास प्रक्रिया पर गहरा असर पड़ता है।

चित्र 1.3 विकास को प्रभावित करने वाले बाह्य कारक (External factors influencing development)

2. **शारीरिक स्वास्थ्य एवं पोषण से जुड़ा हुआ भौतिक वातावरण** (The quality of physical environment, medical care and nourishment)—व्यक्ति को अपने पोषण एवं शारीरिक स्वास्थ्य के लिए जिस प्रकार का भौतिक वातावरण मिलता है उसका उसके शारीरिक एवं मानसिक स्वास्थ्य, संवेगात्मक तथा सामाजिक व्यवहार समायोजन तथा कार्य करने के अपने ढंग पर वैसा ही अनुकूल या प्रतिकूल प्रभाव पड़ता है। स्वच्छ एवं स्वस्थ्य जलवायु, प्रदूषण विहीन वातावरण, स्वच्छ एवं स्वस्थ जल एवं खाद्य पदार्थ, संतुलित भोजन, रहने और कार्य करने संबंधी उपयुक्त भौतिक सुविधाएं एवं वातावरण, उपयुक्त चिकित्सा सुविधाएं आदि का वृद्धि एवं विकास पर सदैव ही अनुकूल प्रभाव पड़ता है जबकि इस प्रकार के भौतिक वातावरण की कमियां उसके विकास के लिए महंगी सिद्ध होती हैं।

3. **सामाजिक एवं सांस्कृतिक वातावरण से प्राप्त सुविधाएं एवं अवसर** (The quality of the facilities and opportunities provided by one's social and cultural environment)—व्यक्ति को अपने जन्म के समय से ही जो कुछ प्राप्त होता है वह उसकी वृद्धि एवं विकास के सभी आयामों को पूरी तरह प्रभावित करता है। इस प्रकार के वातावरण से जुड़े हुए विभिन्न तत्त्व/कारक तथा परिस्थितियां निम्न प्रकार हो सकती हैं:

- मां बाप तथा परिवार द्वारा बालक की होने वाली देखभाल।
- मां बाप तथा परिवार की आर्थिक और सामाजिक स्थिति।
- पास-पड़ोस एवं मुहल्ले का वातावरण।
- बालक को विद्यालय या उसके बाद मिलने वाली शिक्षा का स्तर तथा वहां मिलने वाला वातावरण।
- बालक के विकास के लिए उपलब्ध सामाजिक एवं सांस्कृतिक वातावरण का स्तर एवं सुविधाएं।
- बालक तथा उसके परिवार को उसकी जाति, धर्म, प्रान्तीयता तथा नागरिकता के आधार पर समाज से मिलने वाला व्यवहार।
- बालक को अपने विकास के लिए मिलने वाले विभिन्न शैक्षिक तथा व्यावसायिक अवसर एवं सुविधाएं।
- मनोरंजन तथा रुचियों के पोषण के लिए मिलने वाली सुविधाएं।
- बालक, उस समाज तथा राष्ट्र का अपना सम्मान या स्थान जिसमें बालक विकसित हो रहा है तथा उस समाज या राष्ट्र में स्थापित कानून तथा शासन का स्वरूप।

सार-संक्षेप (Summary)

1. बालक विशेष की जीवन यात्रा अपनी माँ के गर्भ में गर्भाधान की क्रिया के तत्काल बाद शुरू हो जाती है। धीरे-धीरे निषेचित अण्डे (अंकुरित बीज की तरह) से वृद्धि और विकास की प्रक्रिया के परिणामस्वरूप विकास को प्राप्त होता हुआ वह एक पूर्णरूप से विकसित (एक विकसित पौधे या वृक्ष की तरह) मानव बन जाता है। वृद्धि एवं विकास प्रक्रिया से जुड़े हुए दोनों पद "वृद्धि" तथा "विकास" यद्यपि साथ-साथ प्रयुक्त होने के कारण समानार्थी दिखाई देते हैं। परन्तु अर्थ एवं प्रयोग की दृष्टि से इनमें पर्याप्त अन्तर पाया जाता है।
2. वृद्धि की तुलना में विकास शब्द अपने आप में काफी अधिक व्यापक और विस्तृत अर्थ रखता है। विकास में परिमाणात्मक तथा गुणात्मक दोनों प्रकार के परिवर्तन शामिल होते हैं जबकि वृद्धि शब्द केवल मात्र परिमाण या तादात सम्बन्धी परिवर्तनों (जैसे आकार, लम्बाई, ऊँचाई और भार में होने वाले परिवर्तनों, शब्द भण्डार में वृद्धि आदि) के लिये ही प्रयुक्त हो सकता है। इसके अतिरिक्त जहाँ वृद्धि में परिपक्वता ग्रहण करने के पश्चात् विराम लग जाता है वहाँ विकास की प्रक्रिया गर्भाधान की प्रक्रिया से प्रारम्भ होकर मृत्यु पर्यन्त चलती रहती है।
3. वृद्धि और विकास की प्रक्रिया के परिणामस्वरूप गर्भाधान के समय से लेकर मृत्यु तक समय विशेष पर व्यक्ति विशेष में कुछ विशिष्ट परिवर्तन होते हैं और इन परिवर्तनों के आधार पर उसे कुछ विभिन्न नामों जैसे शिशु, बालक, किशोर, प्रौढ़ तथा वृद्ध से पुकारा जाता है। ये सभी नाम उसकी वृद्धि और विकास की विशेष अवस्थाओं

के द्योतक हैं। मानव वृद्धि और विकास की इन सभी अवस्थाओं का एक निश्चित कार्यकाल होता है और एक निश्चित प्रकार के व्यवहार, व्यक्तित्व, गुणों और विकास स्तर का प्रदर्शन इन सभी अवस्थाओं में देखने को मिलता है।

4. व्यक्तित्व के जिन पक्षों या आयामों में हमें वृद्धि और विकास की प्रक्रिया के परिणामस्वरूप अन्तर दिखाई देते हैं जैसे—शारीरिक, मानसिक, सामाजिक, संवेगात्मक, नैतिक तथा भाषागत आयाम आदि। इन्हें ही हम दूसरे शब्दों में वृद्धि एवं विकास के विभिन्न आयामों की संज्ञा देते हैं और अपने शैक्षिक प्रयासों द्वारा इन्हीं आयामों में अधिक से अधिक विकास को प्राप्त होने में हम बालकों की भरसक सहायता करते हैं।
5. बालक की वृद्धि एक विकास को प्रभावित करने वाले तत्व अथवा कारकों को हम मुख्य रूप से दो वर्गों—आन्तरिक तथा बाह्य कारकों में विभक्त कर सकते हैं। आन्तरिक कारकों में वंशानुगत प्रभाव, जैविक संरचना, बुद्धि, संवेगात्मक कारक तथा सामाजिक प्रकृति को शामिल किया जा सकता है। बाह्य कारकों में वातावरण सम्बन्धी सभी परिस्थितियाँ जैसे—माँ के गर्भ में मिलने वाला वातावरण तथा जन्म के बाद मिलने वाला वातावरण से सम्बन्धित सभी प्रमुख बातों को शामिल किया जाता है जो बालक की वृद्धि एवं विकास को प्रभावित करते हैं।
6. वृद्धि एवं विकास की प्रक्रिया कुछ निश्चित सिद्धान्तों का अनुसरण करती है जिन्हें वृद्धि एवं विकास का सिद्धान्त कहा जाता है। इस सिद्धान्त से हमें विकास के स्वरूप और निरन्तरता, वैयक्तिक अन्तर, विकासक्रम की एकरूपता, वृद्धि और विकास की गति का एक-सा न रहना, विकास का सामान्य से विशेष की ओर चलना, विकास में एकीकरण तथा परस्पर सम्बन्ध बने रहना, विकास की एक निश्चित दिशा होना तथा इसका लम्बवत् न होकर वर्तुलाकार होना विकास में वंशक्रम एवं वातावरण दोनों का ही संयुक्त योगदान रहना आदि महत्त्वपूर्ण बातों का पता चलता है।
7. वृद्धि एवं विकास से सम्बन्धित इन सिद्धान्तों का ज्ञान अध्यापकों और माता-पिता के लिए अपने बालकों की उचित सर्वांगीण विकास प्रक्रिया में काफी सहयोगी सिद्ध हो सकता है। उदाहरण के लिए, बालकों के वृद्धि और विकास से सम्बन्धित निश्चत दिशा और पहलुओं का ज्ञान उन्हें यह समझने में सहायता करता है कि किस आयु विशेष में बालकों से किस प्रकार के विकास की अपेक्षा की जा सकती है। इस दृष्टि से उनमें अपने बालकों के विकास को लेकर अनावश्यक उतावलापन या लापरवाही की भावना नहीं आती। इसी तरह से व्यक्तिगत अन्तर सम्बन्धी सिद्धान्त के ज्ञान से उन्हें यह ध्यान रहता है कि सभी बालकों में एक जैसी वृद्धि और विकास की आशा नहीं की जा सकती।

संदर्भित एवं विशेष अध्ययन ग्रन्थ (References and Suggested Readings)

Carmichael, L. (Ed.), *Manual of Child Psychology*, John Wiley, New York, 1946.

Crow, L.D. and Crow, Alice, *Educational Psychology*, Eurasia Publishing House, New Delhi, 1973.

Hurlock, E.B., *Child Development*, *Asian Students,* 3rd ed., McGraw-Hill, Tokyo, 1956.

Kuppuswamy, B., *An Introduction to Social Psychology*, Asia Publishing House, Bombay, 1971.

Levin, H.J., *Psychology: A Biographical Approach*, McGraw-Hill, New York, 1978.

Mangal, S.K., *Advanced Educational Psychology*, PHI Learning, Delhi, 2002.

व्यक्तिगत विकास के आयाम (Dimensions of Individual Development)

विषय प्रवेश (Introduction)

जैसा कि हम जानते हैं कि हमारी जीवन प्रक्रिया हमारे जन्म से लगभग 9 माह पूर्व ही गर्भाधान की प्रक्रिया के साथ ही हमारी मां के गर्भ में शुरू हो जाती है। इस तरह जहां तक मानव विकास का प्रश्न है, उससे सम्बन्धित प्रक्रिया की शुरुआत मां के गर्भ में ही हो जाती है। 9 माह का यह विकास काल, गर्भ काल या गर्भावस्था (Pre-natal stage) के नाम से जाना जाता है। जन्म के पश्चात् जो विकास होता है, उसे जन्म के उपरान्त के विकास (Post-natal development) का नाम दिया जाता है। यह विकास प्रक्रिया बालक के व्यक्तित्व के सभी आयामों–शारीरिक, बौद्धिक या मानसिक, संवेगात्मक, सामाजिक, आध्यात्मिक या चारित्रिक में व्यक्ति की सभी वय अवस्थाओं–शैशव, बाल्यकाल, किशोरावस्था, युवावस्था, प्रौढ़ावस्था तथा वृद्धावस्था में अनवरत रूप से चलती रहती है। परन्तु जहाँ तक विद्यालीय शैक्षणिक प्रयोजन का सम्बंध है, गर्भावस्था, युवावस्था, प्रौढ़ावस्था एवं बृद्धावस्था में होने वाले विकास के अध्ययन से इसका कोई सरोकार नहीं होता है। इस दृष्टि से प्रस्तुत अध्याय में हम शैशव, बाल्यकाल तथा किशोरावस्था में होने वाले बहु-आयामी विकास की ही चर्चा करना चाहेंगे। इसके लिये शुरुआत अब हम शारीरिक विकास से कर रहे हैं।

शारीरिक विकास (Physical Development)

शारीरिक विकास से अभिप्राय (Meaning of the Physical Development)

हमारे शारीरिक ढांचे और आंतरिक तथा बाह्य अवयवों में जन्म से लेकर मृत्यु तक कुछ न कुछ परिवर्तन आते रहते हैं। इन परिवर्तनों की इस प्रक्रिया को ही शारीरिक वृद्धि और विकास का नाम दिया जाता है। सामान्यतया इस प्रकार के परिवर्तन निम्नलिखित दिशाओं में देखने को मिलते हैं:

1. **डीलडौल एवं बाह्य ढाँचे से सम्बन्धित परिवर्तन** (Change in gross physical structure or physique)—इस प्रकार के परिवर्तनों में ऊँचाई, भार, शारीरिक अनुपात आदि ऊपरी दिखाई देने वाले सभी प्रकार के परिवर्तन शामिल किए जा सकते हैं।

2. **आंतरिक अवयवों में होने वाले परिवर्तन** (Changes in internal organs)—इसके अन्तर्गत शरीर के सभी महत्त्वपूर्ण संस्थानों जैसे स्नायु संस्थान, श्वसन संस्थान, पाचन संस्थान, रक्त संस्थान, उत्सर्जन और उत्पादक आदि महत्त्वपूर्ण संस्थानों तथा विभिन्न ग्रन्थियों की कार्यप्रणाली और क्षमता से सम्बन्धित सभी प्रकार के परिवर्तन शामिल किए जा सकते हैं।

शारीरिक वृद्धि और विकास की प्रक्रिया व्यक्तित्व के उचित समायोजन और विकास के मार्ग में एक महत्त्वपूर्ण भूमिका निभाती है। प्रारम्भ में शिशु सब तरह से दूसरे की कृपा पर निर्भर करता रहता है। उसे अपनी सभी प्रकार की शारीरिक आवश्यकताओं की पूर्ति के लिए माँ-बाप तथा परिवार के सदस्यों पर आश्रित रहना पड़ता है। शारीरिक वृद्धि और विकास

की प्रक्रिया के फलस्वरूप आए हुए परिवर्तनों के माध्यम से धीरे-धीरे वह अपनी शारीरिक आवश्यकताओं को पूरा करने में समर्थ बन जाता है। इस क्षेत्र में आई हुई आत्म-निर्भरता उसे अपने व्यक्तित्व के अन्य पक्षों में भी पर्याप्त स्वावलम्बी बनने में सहायता करती है और इस तरह वह धीरे-धीरे पूर्ण परिपक्वता (Maturity) की ओर अग्रसर होता चला जाता है।

बालकों की शारीरिक वृद्धि और विकास का सामान्य रूप (The General Pattern of Physical Growth and Development of Children)

बालकों में व्यक्तिगत भेदों की कोई सीमा नहीं और इस कारण उसके वृद्धि और विकास के किसी भी पहलू में एकरूपता की बात भी कुछ अटपटी-सी लगती है, परन्तु फिर भी शारीरिक वृद्धि और विकास की सामान्य अवस्थाओं के अन्तर्गत सामान्य बच्चों में होने वाले विभिन्न शारीरिक परिवर्तनों के बारे में कुछ अच्छी जानकारी एकत्रित की जा सकती है। नीचे की तालिका में संक्षिप्त रूप से यही सब कुछ करने का प्रयत्न किया जा रहा है:

आयु	औसत ऊँचाई (से.मी. में)		औसत भार (कि.ग्रा. में)	
	लड़कियाँ	लड़के	लड़कियाँ	लड़के
जन्म के समय	49.9	50.5	3.2	3.3
3 महीना	60.2	61.1	5.4	6.0
6 महीना	66.6	67.8	7.2	7.8
9 महीना	71.1	72.3	8.6	9.2
1 वर्ष	75.0	76.1	9.5	10.2
2 वर्ष	84.5	85.6	11.8	12.3
3 वर्ष	93.9	94.9	14.1	14.6
4 वर्ष	101.6	102.9	16.0	16.7
5 वर्ष	108.4	109.9	17.7	18.7
6 वर्ष	114.6	116.1	19.5	20.7
7 वर्ष	120.6	121.7	21.8	22.9
8 वर्ष	126.4	127.0	24.8	25.3
9 वर्ष	132.2	132.2	28.5	28.1
10 वर्ष	138.3	137.5	32.5	31.4
11 वर्ष	142.0	140.0	33.7	32.2
12 वर्ष	148.0	147.0	38.7	37.0
13 वर्ष	150.0	153.0	44.0	40.9
14 वर्ष	155.0	160.0	48.0	47.0
15 वर्ष	161.0	166.0	51.5	52.6
16 वर्ष	162.0	171.0	53.0	58.0
17 वर्ष	163.0	175.0	54.0	62.7
18 वर्ष	164.0	177.0	54.4	65.0

(*Source:* Nutrient Requirements and Recommended Dietary Allowances for Indians, I.C.M.R., 1990).

1. ऊँचाई और भार में वृद्धि का सामान्य रूप (Normal growth in terms of height and weight)—जन्म के समय बच्चे की ऊँचाई 19 या 20 इंच तथा भार 7 या 8 पौंड के लगभग होता है। उस समय लड़के लड़कियों की अपेक्षा भार और ऊँचाई दोनों में ही आगे होते हैं। पहले दो वर्षों में दोनों की ही ऊँचाई और भार में तेजी से वृद्धि होती है। तीसरे वर्ष से वृद्धि की यह गति कुछ कम हो जाती है और पूर्व बाल्यावस्था तक यही हाल रहता है। पाँच वर्ष तक एक सामान्य बालक की ऊँचाई उसके जन्म के समय की ऊँचाई की लगभग दो गुनी तथा भार लगभग पाँच गुना हो जाता है। किशोरावस्था के आगमन के साथ-साथ एक बार फिर शैशवावस्था की तरह भार और ऊँचाई दोनों की वृद्धि में तीव्रता आती है। लड़कियाँ, लड़कों की अपेक्षा किशोरावस्था में जल्दी प्रवेश करती हैं, अतः 10 और 12 वर्ष के बीच ऊँचाई और भार दोनों में ही लड़कियाँ अपनी आयु के लड़कों से अधिक आगे निकली होती हैं लेकिन इस मुकाबले में वे बहुत समय तक आगे नहीं रह पातीं तथा किशोरावस्था की समाप्ति होते-होते लड़के लड़कियों से बाज़ी मार लेते हैं। सामान्यतया यह अनुमान लगाया जाता है कि लड़के और लड़कियाँ दोनों ही किशोरावस्था की समाप्ति तक अपने अधिक से अधिक भार और ऊँचाई की सीमा तक पहुँच जाते हैं, परन्तु भार के बारे में निश्चित रूप में कुछ नहीं कहा जा सकता क्योंकि इसमें बहुत अधिक घटा-बढ़ी होती रहती है।

बालक के वज़न के बारे में यह कहा जा सकता है कि यह जन्म के बाद के पहले वर्षों में तेजी से बढ़ता है। 4 वर्ष की आयु तक बालक का वजन अपने पूरे वज़न का 30% हो जाता है। 8 वर्ष की आयु तक उसके वज़न में कुल 10% भाग और शामिल हो जाता है तथा लगभग 9 वर्ष तक उसका जितना भी वज़न होना होता है, हो लेता है।

विभिन्न आयु वर्ग के लड़के तथा लड़कियों में ऊँचाई तथा भार में औसतन वृद्धि किस प्रकार होती है इसका बहुत कुछ अनुमान पीछे तालिका द्वारा लगाया जा सकता है।

2. शारीरिक अनुपात में परिवर्तन (Change in body proportion)—अपने आकार में वृद्धि होने के साथ-साथ बच्चों के शारीरिक अवयवों के अनुपात में भी उल्लेखनीय परिवर्तन दृष्टिगोचर होते हैं। उदाहरण के लिए, जन्म के समय बच्चे का सिर उसके शरीर की सम्पूर्ण लम्बाई का 1/4 भाग होता है और यह आकार में हाथ पैरों की तुलना में अधिक बड़ा दिखाई देता है, परन्तु जैसे-जैसे बच्चा बड़ा होता चला जाता है उसका सिर अपने अनुपात में छोटा होता चला जाता है और किशोरावस्था की समाप्ति तक यह शारीरिक लम्बाई के 1/8 भाग के बराबर ही रह जाता है। सिर के अतिरिक्त टाँगें, बाजू तथा शरीर के अन्य अवयवों के अनुपात में भी तेजी से परिवर्तन आते चले जाते हैं (चित्र 2.1)।

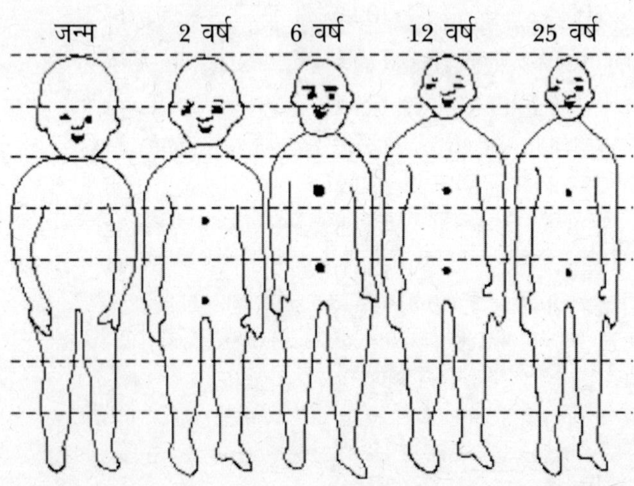

चित्र 2.1 जन्म से लेकर 25 वर्ष तक की आयु तक शरीर के अनुपात में परिवर्तन

3. **आंतरिक अंगों में वृद्धि और विकास** (Growth and development of internal organs)—जन्म के बाद से ही शरीर के समस्त आंतरिक अवयवों में वृद्धि और विकास की प्रक्रिया प्रारम्भ हो जाती है जिसके फलस्वरूप बच्चा अपनी बढ़ती हुई आवश्यकताओं को पूरा करने में पर्याप्त स्वावलम्बी बनता जाता है। नीचे कुछ महत्त्वपूर्ण अंगों की वृद्धि और विकास का संक्षिप्त रूप से वर्णन किया जा रहा है।

(i) **स्नायु संस्थान** (Nervous system)—माँ के गर्भ और जीवन के प्रथम चार वर्षों में स्नायु संस्थान तेजी से विकसित होता है। इस विकास के फलस्वरूप जन्म से पूर्व ही स्नायु कोशिकाओं की संख्या और आकार में पर्याप्त वृद्धि हो जाती है। जन्म के बाद वर्षों में नवीन कोशिकाओं का निर्माण नहीं होता, अपितु कोशिकाओं में जो कुछ अपरिपक्वता रह जाती है, उसे पूरा करने के लिए ही विकास कार्य चलता रहता है। चार वर्ष के बाद स्नायु संस्थान से सम्बन्धित विकास की प्रक्रिया धीमी गति से चलती रहती है।

(ii) **मांसपेशी संस्थान** (Muscular system)—यद्यपि जन्म के पश्चात् मांसपेशी तन्तुओं का निर्माण नहीं होता, फिर भी उसका समुचित रूप से विकास होता रहता है। बच्चे की मांसपेशियों हड्डियों से भलीभाँति नहीं जुड़ी रहतीं और प्रोढ़ों की अपेक्षा वे अधिक नाजुक भी होती हैं, परन्तु धीरे-धीरे उनकी आकृति, आकार एवं संरचना में अन्तर आता चला जाता है और वे अधिक से अधिक दृढ़ और शक्तिशाली होती जाती हैं।

(iii) **रक्त परिभ्रमण और श्वसन संस्थान** (Circulatory and respiratory systems)—जीवन के प्रारम्भिक वर्षों में फेफड़े और हृदय दोनों ही आकार में बहुत छोटे होते हैं। आयु के साथ-साथ उनका आकार और वजन बढ़ता चला जाता है और किशोरावस्था की समाप्ति तक उनका पर्याप्त विकास हो जाता है। आकार, वज़न आदि बढ़ने के साथ-साथ उनकी कार्यक्षमता में भी यथेष्ट वृद्धि हो जाती है। रक्त वाहिनी शिराओं और धमनियों (Veins and arteries) में वृद्धि फेफड़ों और हृदय की तरह नहीं होती। जहाँ किशोरावस्था से पहले उनका विकास तेजी से होता है वहाँ किशोरावस्था के पश्चात् विकास की यह गति बहुत कम हो जाती है।

(iv) **पाचन संस्थान** (Digestive system)—प्रौढ़ों की तुलना में बच्चों के पेट का आकार बहुत छोटा होता है। जहाँ प्रौढ़ों का पेट थैले (Bag) जैसी आकृति का होता है वहाँ बच्चे का पेट नली जैसी आकृति (Tubular shape) का होता है। इसी कारण बच्चों के पेट में एक साथ न केवल कम भोजन समा सकता है, बल्कि वह प्रौढ़ों की अपेक्षा खाली भी जल्दी हो जाता है। इसी कारण बच्चों को प्रौढ़ों की अपेक्षा अधिक बार भोजन ग्रहण करने की आवश्यकता होती है। अधिक भोजन ग्रहण करने के अतिरिक्त उन्हें अपने विकास की तीव्र गति को यथावत् बनाए रखने के लिए अधिक सन्तुलित और शक्तिजन्य आहार की आवश्यकता होती है।

(v) **लिम्फटिक संस्थान (Lymphatic system)**—इस संस्थान का कार्य अनावश्यक पदार्थों जैसे—पसीना, मल-मूत्र इत्यादि को बाहर निकालना और शरीर के अन्दर पैदा होने वाले रोगाणुओं का विनाश करना है। जन्म के बाद से ही इस संस्थान का पर्याप्त विकास होने लगता है और 11–12 वर्ष की अवस्था तक यह अपने शिखर पर पहुँच जाता है। इसी कारण इन्हीं वर्षों में मृत्यु दर (Death rate) सबसे कम देखने को मिलती है। 12 वर्ष के पश्चात् इस संस्थान के विकास की गति में क्रमशः गिरावट आने लगती है।

(vi) **प्रजनन संस्थान** (Reproductive system)—प्रजनन अंगों का विकास शरीर के अन्य अवयवों की अपेक्षा न होकर एक अलग ही रूप में होता है। बाल्यावस्था में इनकी वृद्धि और विकास की गति बहुत धीमी होती है। धीरे-धीरे इसमें वृद्धि होती जाती है, परन्तु किशोरावस्था के आगमन के साथ-साथ यह पर्याप्त गति पकड़ लेती है तथा किशोरावस्था के अन्त तक जो कुछ भी वृद्धि और विकास होना होता है, हो जाता है।

अगर शारीरिक वृद्धि और विकास के उपरोक्त खाते का ठीक प्रकार से अवलोकन किया जाए तो हमें निष्कर्ष रूप में निम्न बातें मिलती हैं:

(a) पहले दो या तीन वर्षों में शारीरिक वृद्धि और विकास की गति बहुत तीव्र होती है।

(b) इसके पश्चात् के वर्षों में किशोरावस्था के शुरू होने तक यह मन्द गति से आगे बढ़ता रहता है।

(c) किशोरावस्था के पहले तीन वर्षों में इस गति में शैशवावस्था की तरह की तीव्रता देखने को मिलती है।

(d) बाद के वर्षों में परिपक्वता (Maturity) ग्रहण करने तक वृद्धि और विकास की गति में पुनः गिरावट आने लगती है।

शारीरिक वृद्धि और विकास को प्रभावित करने वाले कारक (Factors Affecting the Physical Growth and Development)

शारीरिक वृद्धि और विकास के मार्ग में वंशानुक्रम एवं वातावरण दोनों ही संयुक्त रूप से पर्याप्त सहायक सिद्ध होते हैं। ऐसे वंशानुक्रम तथा वातावरण सम्बन्धी कुछ महत्त्वपूर्ण तत्त्वों या कारकों का उल्लेख नीचे किया जा रहा है:

1. गर्भाधान के समय वंशानुक्रम द्वारा ग्रहण की गई पैतृक विशेषताएँ और गुण।
2. अकेले एक बच्चे का अथवा एक साथ कई बच्चों का जन्म।
3. गर्भकाल में माता की शारीरिक और मानसिक अवस्था।
4. गर्भावस्था में माता के माध्यम से बच्चे को प्राप्त होने वाली पोषक सामग्री।
5. माता के द्वारा बच्चों को सामान्य अथवा असामान्य रूप से जन्म देना।
6. जन्म देने के समय माता का स्वास्थ्य और उसकी देखभाल।
7. जन्म के बाद शिशु और माता की देखभाल।
8. जन्म के पश्चात् के वर्षों में शिशु का पोषण।
9. शारीरिक दोषों एवं न्यूनता की उपस्थिति अथवा अनुपस्थिति।
10. शारीरिक, सामाजिक और सांस्कृतिक परिस्थितियाँ तथा वातावरण।
11. आत्माभिव्यक्ति और खेल-कूद, व्यायाम तथा मनोरंजन के अवसर।
12. बालक का संवेगात्मक और सामाजिक समायोजन।
13. पर्याप्त अथवा अपर्याप्त निद्रा एवं विश्राम।
14. पर्याप्त अथवा अपर्याप्त चिकित्सा सुविधायें।

शारीरिक वृद्धि और विकास का महत्त्व और उसकी शैक्षिक उपयोगिता (Importance of Physical Growth and Development and its Educational Significance)

वृद्धि और विकास के शारीरिक, मानसिक, संवेगात्मक, सामाजिक और नैतिक पहलू एक-दूसरे से बहुत अधिक सम्बन्धित हैं। अतः किसी के पहलू से सम्बन्धित वृद्धि और विकास को पर्याप्त मात्रा में प्रभावित करते हैं। शारीरिक वृद्धि और विकास के सम्बन्ध में भी यह बात पूरी तरह ठीक है। इस दिशा में होने वाली वृद्धि और विकास, वृद्धि और विकास के अन्य पक्षों को पूरी तरह प्रभावित करती है। उदाहरण के रूप में स्नायु संस्थान में होने वाली वृद्धि और विकास मानसिक शक्तियों के विकास में सहायक होते हैं। संवेगात्मक और सामाजिक समायोजन भी एक सीमा तक शारीरिक वृद्धि और विकास के ऊपर आधारित होता है। शारीरिक रूप से स्वस्थ और सामान्य बालकों को प्रायः उनकी मित्र मण्डली या वय-समूह में समुचित स्थान मिल जाता है जबकि ऐसे बच्चे जो बहुत पतले, मोटे, लम्बे, कुरूप और विकलांग आदि होते हैं उनकी खिल्ली उड़ाई जाती है तथा उनके साथी उन्हें अपने मित्र के रूप में स्वीकार करने में कन्नी काटते हैं। परिणामस्वरूप वे कई प्रकार की संवेगात्मक और सामाजिक समायोजन सम्बन्धी समस्याओं के शिकार हो जाते हैं। दूसरी ओर देखा जाए तो शरीर के सभी अन्तरंग और बाह्य अवयवों की सन्तुलित वृद्धि और विकास को वृद्धि और विकास के सभी पहलुओं और मानव-व्यवहार के सभी पक्षों को प्रभावित करता हुआ देखा गया है।

इस प्रकार से शारीरिक विकास व्यक्तित्व के सभी पक्षों के विकास में अपनी महत्त्वपूर्ण भूमिका निभाता है। अतः इस पर पूरा-पूरा ध्यान दिया जाना आवश्यक है। बच्चों के व्यक्तित्व का सर्वांगीण विकास करना शिक्षा का एक महत्त्वपूर्ण उद्देश्य है। बच्चों की शारीरिक वृद्धि और विकास अध्यापक को इस उद्देश्य की पूर्ति में पूरा सहयोग दे सकते हैं। इसलिए अध्यापक को शारीरिक वृद्धि और विकास की प्रक्रिया से अपने आपको परिचित करना अत्यन्त आवश्यक हो जाता है। विशेष तौर पर इस प्रकार का ज्ञान उसे निम्न रूप में सहायक सिद्ध हो सकता है :

1. शारीरिक रूप से असामान्य बच्चों से वह परिचित हो सकता है। उनके मनोविज्ञान और समायोजन सम्बन्धी समस्याओं से भी वह अवगत हो सकता है। इस प्रकार के ज्ञान द्वारा वह ऐसे बच्चों को उचित सामाजिक एवं संवेगात्मक समायोजन तथा शिक्षा ग्रहण करने में सहायता कर सकता है।
2. बालकों के समुचित विकास के लिए उनके शारीरिक स्वास्थ्य और विकास का ध्यान रखना भी अध्यापक का परम कर्त्तव्य होता है। शारीरिक वृद्धि और विकास की प्रक्रिया से परिचित होने से उसे इस कार्य में सहायता मिल सकती है।
3. बच्चों की रुचियाँ, आवश्यकताएँ, इच्छाएँ, दृष्टिकोण और एक तरह से उसका सम्पूर्ण व्यवहार शारीरिक वृद्धि और विकास पर निर्भर करता है। इस दृष्टिकोण से एक बच्चा वृद्धि और विकास की विभिन्न अवस्थाओं के किसी भी वर्ग विशेष में किस प्रकार का व्यवहार करेगा, इसका अनुमान लगाया जा सकता है। उदाहरण के लिए, बाल्यावस्था में होने वाले शारीरिक विकास से परिचित हो जाने के बाद उनकी शारीरिक, संवेगात्मक और सामाजिक आवश्यकताओं को समझने में बहुत सहायता मिलती है। इस प्रकार के ज्ञान द्वारा अध्यापकों के लिए बालकों को उनके भलीभाँति समायोजित होने, उनकी समस्याओं को सुलझाने और आवश्यकताओं को पूरा करने में आसानी हो सकती है।
4. बच्चों की शारीरिक वृद्धि और विकास के सामान्य ढाँचे से परिचित होकर अध्यापक यह जान सकता है कि एक विशेष आयु स्तर पर बच्चों से क्या आशा की जा सकती है? इस प्रकार के ज्ञान द्वारा अध्यापक को विद्यालय की पाठान्तर क्रियाओं, समय विभाग चक्र, पढ़ाने की विधियों, पाठ्यपुस्तक, सहायक सामग्री और पढ़ने के लिए उपयुक्त स्थान, फर्नीचर और वातावरण आदि का चुनाव करने में पर्याप्त सहायता मिल सकती है।

इस प्रकार से शारीरिक वृद्धि और विकास की प्रक्रिया का ज्ञान अध्यापक को अपने उद्देश्यों की पूर्ति में बहुत अधिक सहयोग दे सकता है। इस ज्ञान द्वारा न केवल वह अपने कार्य को विद्यार्थियों की आवश्यकता के अनुसार ढाल सकता है बल्कि वह उन्हें अपने स्वास्थ्य को बनाए रखने और शारीरिक योग्यताओं और क्षमताओं को पर्याप्त विकसित करने में भी भरपूर सहयोग दे सकता है।

गामक या गत्यात्मक विकास (Motor Development)

गामक विकास का अर्थ (Meaning of Motor Development)

गामक या गत्यात्मक विकास का सामान्य रूप से अर्थ होता है—व्यक्ति की गामक या गत्यात्मक शक्तियों, क्षमताओं या योग्यताओं का विकास। प्रश्न उठता है कि व्यक्ति की ये गामक या गत्यात्मक शक्तियाँ, योग्यतायें या क्षमतायें क्या होती हैं? इस पर प्रकाश डालते हुए क्रो एवं क्रो (Crow and Crow, 1953 : 34) ने अपनी पुस्तक *बाल विकास एवं समायोजन* (*Child Development and Adjustment*) में लिखा है:

गामक योग्यताओं तथा क्षमताओं से तात्पर्य उन विभिन्न प्रकार की शारीरिक गतियों अथवा क्रियाओं से है जिनके संपादन की कुँजी नाड़ियों और माँसपेशियों की गतिविधियों के संयोजन के हाथ में होती है।

(Motor capacities and abilities stand for the various kinds of bodily movements that are made possible through the coordination of nerves and muscles activity.)

इस प्रकार की शारीरिक क्रियाओं अथवा गतियों के उदाहरण के रूप में हम मानव व्यवहार के क्रियात्मक पक्ष से जुड़ी हुई अनेक गतिविधियों जैसे—चलना-फिरना, घूमना-दौड़ना, कूदना, पकड़ना, फेंकना, लिखना-पढ़ना, तैरना, टाइप करना, विभिन्न प्रकार के औजारों तथा यंत्रों का संचालन करना आदि के नाम गिना सकते हैं। हम यह भी अच्छी तरह जानते हैं कि एक नवजात शिशु तथा छोटा बालक इन सभी क्रियात्मक या गामक योग्यताओं के प्रदर्शन में किस प्रकार असहाय तथा असमर्थ होता है।

- वह देख तो सकता है, परन्तु किसी एक विशेष वस्तु पर अपनी दृष्टि बराबर टिकाये नहीं रख सकता।
- वह जमीन पर लेटा रह सकता है, परन्तु रेंगकर आगे नहीं बढ़ पाता और न खड़ा होकर चल-फिर सकता है।
- वह वस्तुओं को अपने हाथ में नहीं संभाल सकता और न किसी औजार या उपकरण को हाथ से पकड़ कर काम में ला सकता है।
- वह शारीरिक या क्रियात्मक कार्यों से जुड़े हुए कोई व्यक्तिगत या सामूहिक खेल नहीं खेल सकता।
- वह शारीरिक क्षमताओं तथा गतिविधियों की दृष्टि से इतना अधिक असहाय हो सकता है कि वह अपने आप खा-पी नहीं सकता, अपने कपड़े अपने आप नहीं पहन सकता और न शरीर सम्बन्धी अन्य आवश्यक कार्य जैसे—मल-मूत्र विसर्जन, शरीर के अंगों की सफाई, आग, पानी, कीड़े-मकोड़ों तथा पशु-पक्षियों से अपनी रक्षा नहीं कर सकता है।

परन्तु उसकी यह उपरोक्त असहाय अवस्था एवं अक्षमता बहुत अधिक लम्बे समय तक नहीं रह पाती। जैसे-जैसे वह शिशु से बालक तथा फिर किशोर बनने की ओर उन्मुख होता है उसे अपने स्नायु एवं माँसपेशी संस्थान की गतिविधियों पर नियन्त्रण स्थापित करने में सफलता मिलने लगती है। परिपक्वन तथा अधिगम के संयुक्त परिणामों के माध्यम से वह विचित्र प्रकार की शारीरिक एवं क्रियात्मक गतिविधियों को सम्पन्न करने में सक्षम बनता चला जाता है। वह अपनी गामक तथा क्रियात्मक योग्यताओं तथा क्षमताओं को इतना अधिक विकसित कर लेता है कि अपने परिवेश की माँग के अनुरूप जटिल से जटिल गामक एवं क्रियात्मक क्रियाओं को भलीभाँति सम्पन्न कर सके। अब वह असहाय तथा असमर्थ नहीं दिखाई देता, बल्कि सभी प्रकार के गामक तथा शारीरिक क्रियाकलापों को करने हेतु उसमें आवश्यक आत्मविश्वास पैदा हो जाता है। बालक में गामक तथा क्रियात्मक योग्यताओं एवं क्षमताओं को उपयोग में लाने से सम्बन्धित इस प्रकार का जो परिवर्तन दिखाई देता है उसका श्रेय जिस विकासात्मक प्रक्रिया को दिया जा सकता है उसी को गामक या गत्यात्मक विकास का नाम दिया जाता है।

इस तरह गामक या गत्यात्मक विकास पद का सामान्य रूप से प्रयोग बालक में गामक या गत्यामक क्रियाओं के ऐसे क्रमिक विकास के लिये किया जाता है जिसमें बालक अपनी शारीरिक गतिविधियों पर नियन्त्रण प्राप्त करने में लगातार प्रगति के मार्ग पर आगे बढ़ता हुआ दिखाई दे। इस नियन्त्रण के मूल में एक तरह से स्नायु एवं माँसपेशी संस्थानों का संपूर्ण सहयोग तथा समुचित समन्वयन कार्य करता है और इसी कारण जैसा कि श्रीमती हरलॉक (Hurlock, 1987: 138) ने अपनी पुस्तक बालक विकास (Child Development) में लिखा है—*गामक या क्रियात्मक विकास से तात्पर्य नाड़ी केन्द्र, नाड़ियों तथा माँसपेशियों के समन्वित तथा संयोजित प्रयास द्वारा शारीरिक गतिविधियों पर नियन्त्रण स्थापित करने की योग्यता तथा क्षमता का विकास है। (Motor Development may be defined as development of control over bodily movements through the coordinated activity of the nerve centres, the nerves and the muscles.)*

इस तरह गामक या गत्यात्मक विकास सम्बन्धी अवधारणा में निम्न बातों का समावेश पाया जाता है:

- इसमें केवल बालक की गामक या गत्यात्मक योग्यताओं तथा शक्तियों के विकास को ही शामिल किया जाता है।
- इन शक्तियों के विकास से बालक अपनी शारीरिक गतिविधियों पर उचित नियन्त्रण स्थापित करने में सक्षम से सक्षम बनता चला जाता है।

– शारीरिक गतिविधियों पर नियन्त्रण स्थापित करने में बालक के स्नायु या नाड़ी संस्थान (Nervous system) तथा माँसपेशी संस्थान (Muscular system) की प्रधान भूमिका रहती है। जितना सुन्दर एवं प्रभावपूर्ण इन दोनों संस्थानों की गतिविधियों में तालमेल रहता है उतनी ही अच्छी तरह से बालक अपनी शारीरिक गतिविधियों पर नियंत्रण स्थापित करने में सक्षम बनता चला जाता है।

– नियन्त्रण स्थापित करने में यह सक्षमता बालक में आयु के साथ-साथ परिपक्वन तथा अनुभवों के मिले-जुले प्रभाव के फलस्वरूप आती जाती है। इस प्रकार की सक्षमता के क्रमिक विकास सम्बन्धी प्रक्रिया को ही मनोविज्ञान तथा शरीर विज्ञान की भाषा में गामक या गत्यात्मक विकास का नाम दिया जाता है।

प्रश्न उठता है कि आयु के साथ-साथ बालक में इस प्रकार के गामक विकास की प्रक्रिया किस तरह आगे बढ़ती है? इस प्रकार के विकास सम्बन्धी मुख्य प्रवृत्तियाँ तथा उनके लिये निर्धारित सिद्धान्तों का सामान्य स्वरूप क्या होता है? और यह गामक विकास बालक विशेष तथा समाज के लिये किस प्रकार उपयोगी सिद्ध होता है? इस प्रकार के प्रश्नों के उचित उत्तर प्राप्त करने का प्रयत्न हम आगे करना चाहेंगे। इस दिशा में पहलें हम यहाँ गामक विकास के महत्त्व एवं योगदान पर चर्चा करना चाहेंगे।

गामक विकास का महत्त्व या योगदान (Importance or Contribution of Motor Development)

बालक के लिये अपनी गामक तथा गत्यात्मक क्षमताओं एवं योग्यताओं का विकास तथा इसके परिणामस्वरूप विभिन्न गत्यात्मक एवं शारीरिक कौशलों का अर्जन करना व्यक्तिगत तथा सामाजिक दृष्टि से काफी महत्त्व रखता है जिसे निम्न वर्णन द्वारा अच्छी तरह जाना जा सकता है:

1. **शारीरिक रूप से विकसित होने एवं स्वस्थ रहने में सहायक** (Helpful in physical development and physical health)—बालक में गामक या गत्यात्मक विकास अगर उचित रूप से होता रहे तो उसे एक ऐसा सशक्त आधार मिलता चला जाता है जिसके बलबूते पर वह उन सभी ऐसी विभिन्न शारीरिक गतिविधियों को सम्पन्न करने में समर्थ बना रहे जिनके ऊपर उचित शारीरिक विकास तथा शारीरिक स्वास्थ्य निर्भर करता है। विपरीत परिस्थितियों में विपरीत परिणाम ही निकल सकते हैं। अगर कोई बालक अपने समूह या आयु के अन्य बालकों की तुलना में गामक तथा गत्यात्मक विकास में पीछे रह जाता है तो यह निश्चित है कि गामक तथा गत्यात्मक योग्यताओं से जुड़ी हुई किसी भी शारीरिक क्रिया, कार्य अनुभव तथा खेल-कूद में वह अवश्य ही सबसे अलग-थलग पड़ जायेगा। गत्यात्मक रूप से अक्षमता धीरे-धीरे उसे शारीरिक रूप से कमजोर तथा अक्षम बनाती जाती है और ऐसे अक्षम तथा निष्क्रिय बालक को गत्यात्मक क्रियाओं तथा खेलकूद में कौन सहयोगी बनाना चाहेगा। परिणाम यह होगा कि उस बालक की रुचि क्रियात्मक तथा शारीरिक कामों, खेलकूद एवं कार्य अनुभव में कम होती जायेगी और अवसर तथा अभ्यास के अवसरों की कमी उसे अधिक से अधिक अक्षम तथा निष्क्रिय बनाती जायेगी। इससे उसके शारीरिक स्वास्थ्य पर भी प्रतिकूल असर पड़ेगा। यही कारण है कि जिन बच्चों के गामक या गत्यात्मक विकास में किसी प्रकार की कमी या बाधा आती जाती है उनको शारीरिक स्वास्थ्य तथा शारीरिक विकास के संदर्भ में भी प्रतिकूल परिणाम झेलने पड़ते हैं।

2. **उचित मानसिक विकास में सहायक** (Helpful in proper mental development)—गामक या गत्यात्मक विकास बालक को अपने मस्तिष्क, स्नायु संस्थान, नाड़ियों तथा माँसपेशियों की गतिविधियों में उचित समन्वय तथा उनकी कार्यक्षमता में वृद्धि करने में सहायक होता है। इसका प्रत्यक्ष प्रभाव बालक की मानसिक तथा बौद्धिक क्रियाओं पर पड़ता है और परिणामस्वरूप उसकी मानसिक तथा बौद्धिक क्षमताओं में उसी अनुपात में बढ़ोतरी होने लगती है। ज्ञानेन्द्रियों को ज्ञान प्राप्ति का द्वार कहा जाता है। उचित गामक तथा क्रियात्मक विकास इन इन्द्रियों (आंख, कान, नाक, जीभ तथा त्वचा) की कार्यात्मक एवं बोधात्मक क्षमता में वृद्धि कर देता है जिसके परिणामस्वरूप बालक अधिक अच्छे ढंग से ज्ञान की प्राप्ति कर पाने में समर्थ बनते जाते हैं। इसी तरह गामक और गत्यात्मक विकास उनके स्नायु संस्थान, मस्तिष्क तथा ज्ञानवाहिनी

नाड़ियों के उचित विकास एवं तालमेल में भी उचित रूप से सहायक सिद्ध होता है जिसका सीधा प्रभाव बालकों की बौद्धिक क्षमता तथा मानसिक शक्तियों के उचित विकास पर पड़ता जाता है। गामक तथा गत्यात्मक विकास की सहायता से बालक को अपने उचित शारीरिक विकास तथा अच्छे शारीरिक स्वास्थ्य को अर्जित करने सम्बन्धी जो लाभ प्राप्त होते हैं उनका भी प्रत्यक्ष और अप्रत्यक्ष प्रभाव उनकी मानसिक शक्तियों के विकास पर अवश्य ही पड़ता है। उचित शारीरिक विकास और अच्छा स्वास्थ्य बालक के बौद्धिक एवं मानसिक संयंत्र (Mental apparatus) को भी स्वस्थ, सरल एवं सक्षम बनाये रखने में सहायक सिद्ध होता है, उसकी मानसिक शक्तियाँ नियन्त्रण में रह कर सही ढंग से अपना कार्य करने में सक्षम रहती हैं और परिणामस्वरूप वह मानसिक तथा बौद्धिक विकास के मार्ग पर आगे बढ़ता रहता है।

3. **अच्छे मानसिक स्वास्थ्य की प्राप्ति में सहायक** (Helpful in acquiring good mental health)—बालक का उचित गामक या गत्यात्मक विकास उसे अच्छे मानसिक स्वास्थ्य की प्राप्ति में भलीभाँति सहायक सिद्ध हो सकता है। सामान्य रूप से इसके मूल में निम्न बातें रहती हैं:

- गामक विकास के द्वारा बालक में ऐसी कार्यक्षमताओं तथा योग्यताओं के विकास का मार्ग खुल जाता है जिनसे बालक को उचित शारीरिक विकास तथा अच्छे शारीरिक स्वास्थ्य को अर्जित करने में पूरी-पूरी मदद मिल सके। सबल एवं स्वस्थ शरीर का स्वामी बन जाने पर स्वाभाविक रूप से वह मन से भी सबल एवं सक्षम बनता जाता है और मन की यह सबलता एवं सक्षमता उसे अच्छे मानसिक स्वास्थ्य का स्वामी बनने में मदद करती है।
- बालक की गत्यात्मक एवं क्रियात्मक गतिविधियाँ, गामक विकास के परिणामस्वरूप परिणाम एवं गुणात्मक दृष्टि से काफी विकसित हो जाती हैं। परिणामस्वरूप उसके द्वारा की जाने वाली खेल क्रियाओं तथा व्यायाम आदि में पर्याप्त रूप से वृद्धि हो जाती है। वह इनमें पर्याप्त रुचि लेता है और इससे उसे पर्याप्त संतुष्टि भी मिलती है। खेलकूद, व्यायाम तथा रुचिकर कार्यों से सम्बन्धित ये शारीरिक क्रियायें उसकी अतिरिक्त शक्ति (Surplus energy), दमित एवं कुंठित भावनाओं, संवेगों आदि के उचित प्रशासन मार्गान्तरीकरण (Redirection) तथा शुद्धिकरण (Sublimation) आदि का उचित माध्यम भी सिद्ध होती हैं। कुंठाओं, चिन्ताओं तथा भग्नाशाओं (Frustration) से बालक को शिकार होने से बचाने में इस प्रकार की क्रियाओं का काफी महत्त्वपूर्ण योगदान रहता है। परिणामस्वरूप बालकों में मानसिक विकृति तथा मानसिक अस्वस्थता घर नहीं कर पाती और वे सामान्य मानसिक स्वास्थ्य बनाये रखने में समर्थ रहते हैं।

4. **उचित सामाजीकरण एवं सामाजिक विकास में सहायक** (Helpful in proper socialization and social development)—बालकों के उचित रूप से सामाजीकरण करने और उनका सामान्य रूप से सामाजिक विकास करने में उनके गामक या गत्यात्मक विकास से पूरी-पूरी सहायता मिलती है। बालक जब चलने-फिरने, खेलने-कूदने से सम्बन्धित क्रियाओं को करने में समर्थ हो जाता है तभी उसे खेलने-कूदने तथा अन्य क्रियाओं में भाग लेने के लिये ठीक प्रकार से साथी मिलते हैं। सामान्य रूप से जितनी योग्यता एवं क्षमता उसमें सामाजिक क्रियाओं, खेल-कूद तथा भागदौड़ के रूप में होगी उसी रूप में साथी बालक उसे उतना ही महत्व देंगे तथा खेलकूद तथा सहभागी क्रियाओं में उसे साथी बनाना चाहेंगे। परिणामस्वरूप उसका सामाजीकरण तथा सामाजिक विकास उसी गति से आगे बढ़ता चला जायेगा। दूसरी ओर अगर उसमें खेलकूद, सामाजिक क्रियाओं, कार्य-अनुभव तथा अन्य सीखने-पढ़ने सम्बन्धी क्रियाओं को करने हेतु उचित क्रियात्मक बातों का अभाव होगा तो उसे उसी रूप में उपेक्षा तथा तिरस्कार का सामना करना पड़ेगा। सभी उसे अपना सहभागी या साथी बनाने से कतरायेंगे, फलस्वरूप उसके अपेक्षित सामाजीकरण एवं सामाजिक विकास में अवरोध उत्पन्न होते जायेंगे।

5. **स्वावलम्बी एवं आत्मनिर्भर बनाने में सहायक** (Helpful in gaining independence and self-reliance)—गामक या गत्यात्मक विकास के माध्यम से बालकों को अपने स्नायु तन्त्र एवं माँसपेशियों पर उचित नियन्त्रण स्थापित रखने में पूरी मदद मिलती है तथा वह आवश्यक गामक तथा क्रियात्मक कौशलों को अर्जित करने में सफल हो जाता है। प्रारम्भ के वर्षों में शिशु रूप में वह जितना असहाय तथा असमर्थ गामक तथा शारीरिक क्रियाओं के संपादन में अपने को पाता है, गामक विकास के माध्यम से इसमें उल्लेखनीय परिवर्तन आने लगते हैं। उठना, बैठना, चलना, फिरना, मुड़ना, लेटना, वस्तुओं को

पकड़ना, शरीर का संतुलन बनाये रखना आदि सब उसके लिये सहज होता चला जाता है। जिन कार्यों को करने हेतु उसे अपने माँ-बाप तथा अन्य बड़ों की मदद लेनी होती थी, अब वह उन्हें अपने आप अच्छी तरह करने लग जाता है। स्वयं खाने-पीने, कपड़े पहनने, नहाने-धोने, मल-मूत्र विसर्जन करने, दिन-प्रतिदिन के कार्यों को करने, खेलने-कूदने, सामाजिक गतिविधियों में भाग लेने तथा परिवार के कार्यों में हाथ बंटाने आदि जैसे कार्य कुशलता से करने लायक बन जाता है। ऐसी सभी बातें उसे धीरे-धीरे स्वावलम्बन तथा आत्मनिर्भरता का पाठ पढ़ाने लगती हैं और जटिल गामक तथा क्रियात्मक कौशलों के अर्जन से अब वह बड़े व्यक्तियों की तरह कार्य करने तथा रोजी-रोटी कमाने में सक्षम बनता चला जाता है। स्वावलम्बी एवं आत्मनिर्भर जीवन बिताने में इस तरह गामक विकास बालकों को सदैव ही उज्ज्वल राह दिखाता रहता है।

6. **स्वयं अपना मनोरंजन करने में सहायक** (Helpful in getting self-entertainment)—गामक या गत्यात्मक विकास द्वारा बालकों में ऐसी क्षमताओं, योग्यताओं तथा कुशलताओं का क्रमिक विकास होता चला जाता है कि वे किसी भी परिस्थिति में अपने नीरसता एवं निष्क्रियता का शिकार होने से बचा पाने में समर्थ हो जाते हैं। किसी बालक को दूसरे बालकों का साथ मिल जाए तो अच्छी बात है, अगर न भी मिले तो वह अपने आपको स्वयं ऐसी गत्यात्मक, खेलकूद, मनोरंजक, उत्पादक तथा सृजनात्मक क्रियाओं में खपा सकता है जिनसे उसे मनोरंजन प्राप्त होने के साथ-साथ और अन्य प्रकार के लाभ भी प्राप्त होते चले जायें। परन्तु यह तभी संभव है जबकि उसमें इन क्रियाओं के उचित संपादन हेतु पर्याप्त गामक विकास या गामक तथा क्रियात्मक कुशलतायें विकसित हो जायें। भाँतिभाँति के खिलौनों से खेलना, तरह-तरह की वस्तुओं का निर्माण करना, चित्र बनाना, फोटोग्राफी करना, संगीत सम्बन्धी साजों को बजाना, बागवानी करना, गृहसज्जा करना तथा टेलीविज़न, वीडियो, शिक्षण मशीन, कम्प्यूटर, स्लाइड, प्रोजेक्टर्स, टेपरिकार्डर, वीडियो गेम्स, शिक्षाप्रद खिलौने तथा अन्य खेलकूद मनोरंजक एवं शिक्षण उपकरणों का प्रयोग करने की बात उसके उचित गामक विकास द्वारा भलीभाँति संभव हो सकती है और इस प्रकार के सभी उपयोग तथा प्रयास उसे अपने प्रयत्नों द्वारा अपने स्वयं का मनोरंजन करने के बहुमूल्य अवसर प्रदान कर सकते हैं।

7. **आत्मविश्वास अर्जित करने एवं आत्म-संप्रत्यय ग्रहण करने में सहायक** (Helpful in getting self-confidence and acquiring self-concept)—जैसी कि पहले चर्चा की जा चुकी है–गामक या गत्यात्मक विकास के माध्यम से बालक धीरे-धीरे अपने अंग-प्रत्यंगों, नाड़ी संस्थान तथा माँसपेशियों पर उचित नियंत्रण स्थापित करने तथा विभिन्न प्रकार की गत्यात्मक क्रियाओं तथा शारीरिक कुशलताओं के अर्जन में समर्थ बनता चला जाता है। इस प्रकार का विकास जैसे-जैसे अपने वातावरण के साथ उचित समायोजन कराने में आत्मनिर्भर एवं स्वावलम्बी बनाता जाता है वैसे-वैसे उसमें अपनी योग्यताओं, क्षमताओं तथा शक्तियों के प्रति उचित आत्मविश्वास आने लगता है ओर उसमें अपने 'स्व' तथा 'आत्म' की एक पहचान बनने लगती है। धीरे-धीरे जैसे उसकी शारीरिक क्षमताओं तथा क्रियात्मक योग्यताओं में वृद्धि होती है उसमें सामाजिक, सांस्कृतिक, शैक्षणिक एवं व्यावसायिक दुनिया से सम्बन्धित गत्यात्मक कौशलों का समुचित विकास हो जाता है। अब वह मौखिक दुनिया की आपदाओं से अपनी सुरक्षा करने का विश्वास अर्जित कर लेता है। सामाजिकता उसे समाज में समायोजित होने का विश्वास दे देती है, शैक्षणिक एवं व्यावसायिक जगत् में सफलता मिलते रहने की भी आशा उसमें जगती रहती है और इस प्रकार की सभी बातें तथा इनसे अर्जित आत्मविश्वास उसमें अपेक्षित मनोवैज्ञानिक सुरक्षा की 'भावना' भरने में पूरी तरह सहायक होता है। वह अब अपने 'स्व' का सम्मान करना सीख जाता है तथा इस 'स्व' की प्रतिष्ठा हेतु ऐसे प्रयत्नों में रत रहने की इच्छा उसमें जाग्रत हो जाती है जिसमें उसके स्वयं का तथा समाज का कल्याण सभी तरह से निहित रहता है।

गामक विकास की सामान्य प्रवृत्तियाँ और सिद्धान्त
(General Trends and Principles of Motor Development)

बालकों के गामक विकास से सम्बन्धित किये जाने वाले विभिन्न अनुसंधानों एवं अध्ययनों के द्वारा यह जानने में मदद मिली है कि बालकों का गामक विकास आमतौर पर अपने विकास के दौरान कुछ सामान्य सिद्धान्तों तथा कुछ सामान्य प्रवृत्तियों को अपनाता हुआ पाया जाता हैं संक्षेप में हम इसका निम्न रूप में वर्णन कर सकते हैं:

1. **सर्व से विशिष्ट की ओर जाने की प्रवृत्ति** (Mass to specific trend)—बालकों में गामक योग्यताएं, क्षमताओं के विकास में एक विशेष प्रवृत्ति दिखाई देती है जिसे गामक विकास के प्रमुख सिद्धान्त "सर्व या सब कुछ से विशिष्ट" (Mass to specific) का अनुगमन करते पाया जाता है। क्रो एवं क्रो (Crow and Crow 1953 : 35) ने इसकी पुष्टि करते हुये लिखा है कि–*बालकों में गामक योग्यताओं के विकास की प्रवृत्ति कुछ सामान्य एवं सामंजस्यपूर्ण गामक व्यवहार से प्रारम्भ होकर बहुत-से विशिष्ट प्रकार के गामक या गत्यात्मक व्यवहारों में बदलने की होती है।* (*The trend of development in motor abilities is from general coordinated movement to many more specific kinds of motor behaviour.*)

यही कारण है कि प्रारम्भ में एक नवजात शिशु अथवा नन्हे बालक की गत्यात्मक गतिविधियाँ बहुत कुछ सीमा तक पूरी तरह "समन्वित और सामान्य" (Coordinated and general) किस्म की ही होती हैं यानी वे इकट्ठे रूप में एक जैसी तरह से अपनी माँसपेशियों तथा अंगों को प्रयोग करते हैं जैसे एक नवजात शिशु द्वारा अपने रोने या चिल्लाने में अपनी सभी अंग-प्रत्यंगों को काम में लाना तथा एक शिशु द्वारा कोई वस्तु पकड़ने के लिये चाहे वह छोटी कैसी भी हो पूरे हाथ का प्रयोग करना। परन्तु जैसे-जैसे बालक बड़े होने लगते हैं तो वह अपने गामक व्यवहार में परिस्थिति अनुसार अलग-अलग विशिष्ट प्रकार की गत्यात्मक अनुक्रियाओं का प्रदर्शन करने लगते हैं। इस प्रकार की विकास प्रवृत्ति और उसके परिणामों पर प्रकाश डालते हुये थोम्पसन (1979 : 226) ने लिखा है:

शुरू-शुरू में बालक अपने चलने, बोलने तथा वस्तुओं को काम में लाने हेतु अपने सारे शरीर का प्रयोग करते हैं। किंडरगार्टन स्तर के किसी बालक का जब लिखना सिखाने हेतु अक्षरों से परिचय कराया जाता है तो वह इन्हें लिखने हेतु अपनी अंगुलियों, कलाई तथा कंधे का सामंजस्यपूर्ण ढंग से उपयोग करने हेतु अपने पैरों, टाँगों, होठों, जीभ तथा धड़ को भी एक निश्चित रूप में मोड़ता हुआ दिखाई देता है। संपूर्ण शरीर के ऐसे उपयोग के स्थान पर दो वर्ष बाद ही वह लिखने हेतु एक विशिष्ट प्रकार के गामक व्यवहार (अँगुली, कलाई तथा बाजूयुक्त गतिविधि) को अपनाने लगता है। इसी तरह के उदाहरण गामक विकास के उच्च क्षेत्रों में भी दिये जा सकते है। इस तरह गामक कौशलों के शिक्षण में 'सर्व या सब कुछ से विशिष्ट की ओर जाने की प्रवृत्ति' का शैक्षिक महत्त्व अपने आप ही आगे आ जाता है।

2. **बड़ी से छोटी माँसपेशियों के उपयोग की प्रवृत्ति** (Trend from large to small muscles)—यह देखा जा सकता है कि बालक अपने गामक विकास के दौरान पहले अच्छी तरह से अपनी बड़ी माँसपेशियों पर नियन्त्रण स्थापित करने में सफल होते हैं और फिर छोटी माँसपेशियों के संचालन में। उदाहरणार्थ, जब हम यह पाते हैं कि बालकों में गेंद से खेलने सम्बन्धी गामक योग्यता पहले आती है और हारमोनियम, गिटार आदि बजाने से सम्बन्धित गामक योग्यता देर से आती है और इसे अर्जित करने में उन्हें काफी प्रयास और अभ्यास भी करना पड़ता है तो हमें बालकों के गामक विकास में पहले बड़ी और फिर छोटी माँसपेशियों का उपयोग करने सम्बन्धी प्रवृत्ति की बात अच्छी तरह समझ में आ सकती है। गेंद से खेलने में बड़ी माँसपेशियों (Large muscles) का उपयोग होता है। इनके उपयोग सम्बन्धी क्षमता पहले आ जाने के कारण बालक जल्दी ही आसानी से गेंद से खेलने लगते हैं। हारमोनियम तथा गिटार बजाने जैसी गामक क्रियाओं में छोटी-छोटी माँसपेशियों की बड़े ही सामंजस्यपूर्ण ढंग से प्रयोग करने की बात आती है। अतः इन कार्यों के संपादन में बालकों को तब तक इन्तजार करना पड़ता है जब तक कि वे उन छोटी मांसपेशियों के गामक व्यवहार सम्बन्धी कुशलता का समुचित विकास न हो जाये।

3. **सिफेलो-कॉडल क्रम के अनुसरण की प्रवृत्ति** (Cephalo-caudal trend)—बालकों के गामक विकास में सिफेलो कॉडल (Cephalo-caudal) क्रम के अनुसरण की बात देखी जा सकती है। सिफेलो कॉडल क्रम में विकास की दिशा ऊपर से नीचे यानी सिर से पैर की ओर होती है और इस तरह विकास के इस क्रम का अनुसरण करते हुये बालकों में सिर से सम्बन्धित गामक क्षमताओं का विकास पहले होता है और फिर धीरे-धीरे यह विकास एक निश्चित क्रम में आगे के अंग प्रत्यंगों में होता हुआ पैरों तक पहुँचता है। इस प्रकार के क्रमिक गामक विकास के बारे में स्पष्टीकरण देते हुये **श्रीमती हरलॉक** (1956 : 137) ने लिखा है:

नियन्त्रण पहले सिर का शुरू होता है फिर भुजाओं, हाथों तथा धड़ के ऊपरी हिस्से का; इसके बाद धड़ के निचले हिस्से का और अंत में टाँगों तथा पैरों का।

(Control occurs first in the head, then in the arms, hands and upper part of the trunk; later in the lower part of the trunk; and finally in the legs and feet.)

4. **प्रोक्सीमो-डिस्टल क्रम के अनुसरण की प्रवृत्ति** (Proximo-distal trend)—बढ़ते हुये बालक (विशेषकर अपनी शैशवावस्था में) अपनी गामक क्षमताओं के विकास के संदर्भ में प्रोक्सीमो डिस्टल विकास क्रम का अनुसरण करते हुये पाये जाते हैं। इस क्रम के अनुसार विकास का क्रम शरीर के केन्द्र से प्रारम्भ होता है, फिर बाहरी विकास होता है और इसके बाद संपूर्ण विकास। उदाहरण के लिये शरीर के केन्द्र में स्थित रीढ़ की हड्डी का पहले विकास होता है और उसके बाद केन्द्र से क्रमशः बढ़ती दूरी के हिसाब से भुजाओं, हाथ तथा हाथ की अँगुलियों का तथा बाद में इन सबका पूर्णरूप में संयुक्त विकास होता है। इसी तरह शरीर के केन्द्र के निकट स्थित धड़ और सिर का गत्यात्मक विकास पहले होता है तथा अपेक्षाकृत दूर स्थित भुजाओं तथा टाँगों से सम्बन्धित गामक विकास बाद में। इसी क्रम में भुजाओं तथा टाँगों से सम्बंधित माँसपेशियों पर नियन्त्रण बालकों में पहले होता है और उसके बाद ही वे अंगुलियों तथा पंजों से सम्बन्धित गामक क्रियायें कर पाते हैं। बालकों में गामक विकास में प्रोक्सीमो-डिस्टल क्रम के अनुसरण की प्रवृत्ति की पुष्टि करते हुये **हालवर्सन** (Halverson, 1933) ने लिखा है:

शुरुआत के कम से कम 40 सप्ताहों में नवजात बालकों के कंधे (जो शरीर के केन्द्रीय भाग के अधिक पास होते हैं) उनकी कोहनियों, कलाईयों तथा अँगुलियों (जो क्रमशः केन्द्र से दूर होते जाते हैं) की अपेक्षा वस्तुओं तक पहुँचने (reaching) सम्बन्धी उनके गत्यात्मक व्यवहार में अधिक उपयोगी एवं क्रियाशील पाये जाते हैं।

(For atleast the first forty weeks of life, the shoulder (closest to the torso) function more effectively in reaching than the elbow, wrist or digits (lying at the farthest distance gradually from the torso.)

5. **द्विपार्श्व से एकल पार्श्व में परिवर्तित होने की प्रवृत्ति** (Bilateral to unilateral trend)—थोम्पसन (1979 : 227) के अनुसार नवजात शिशु बहुत कुछ सीमा तक अपने शरीर के ढाँचे, शरीर विज्ञान तथा क्रियात्मकता के संदर्भ में आवश्यक रूप से एवं समरूप प्राणी (Symmetrical organism) के रूप में ही नजर आते हैं। इसलिये अपनी क्रियात्मक समरूपता (functional symmetry) के फलस्वरूप अपने गामक विकास के प्रारम्भ में उन्हें आवश्यक रूप से अपनी द्विपार्श्व प्रवृत्ति (bilateral tendency) का प्रदर्शन करते हुये देखा जा सकता है। लेकिन जैसे-जैसे बड़े होकर परिपक्वता की ओर कदम बढ़ाते हैं तथा सामाजिक-सांस्कृतिक अन्तःक्रिया में से गुजरते हैं, उनकी वाइलेटरल क्रियात्मकता एकल पार्श्व (Unilateral) क्रियात्मकता में परिवर्तित होने लगती है उदाहरण के लिये अगर हम हाथ से काम करने सम्बन्धी कौशल में बालकों द्वारा बांये या दांये हाथ के प्रयोग को प्राथमिकता देने की बात करें तो प्रारम्भ में बालकों को दोनों हाथों को ही इच्छानुसार भलीभाँति काम में लाते हुये देखा जा सकता है परन्तु जैसे-जैसे बड़े होते हैं वे किसी एक हाथ (बायें या दायें) से काम करने को प्राथमिकता देना शुरू कर देते हैं और परिणामस्वरूप बांये हाथ वाले (Left handers) या दाँये हाथ वाले (Right handers) के रूप में उन्हें सम्बोधित करने का सिलसिला शुरू हो जाता है।

6. **माँसपेशियों को अधिकाधिक से कम-से-कम प्रयोग करने की प्रवृत्ति** (Maximum toward minimum muscular involvement trend)—गामक विकास के प्रारम्भिक स्तर पर बालकों को किसी नई बात को सीखने तथा किसी नये गामक कौशल को काम में लाने हेतु अपनी माँसपेशियों का काफी बड़े पैमाने पर प्रयोग कर अपनी काफी ज्यादा शक्ति लगाते हुये देखा जा सकता है। परन्तु जैसे-जैसे बड़े होते हैं तो वे एक कुशल अधिगमकर्त्ता तथा कारीगर की तरह कम शक्ति लगाकर वांछित कार्य संपादन करना सीख जाते हैं और फलस्वरूप अब वे वैसे ही कार्य करने के लिये अपनी माँसपेशियों का न्यूनतम स्तर पर (जितनी कम-से-कम माँसपेशियों सम्बन्धी शक्ति को लगाने की आवश्यकता हो) प्रयोग करने में सिद्धहस्त होते जाते हैं। बालकों के गामक विकास की इस प्रवृत्ति का शैक्षिक संदर्भ में स्पष्टीकरण देते हुये **थोम्पसन** (1979 : 129) ने लिखा है:

जब एक शिशु बड़े बेढंगे तथा अटपटे तरीके से अपने पहले कदम रखता है, विद्यालय जाने से पूर्व की आयु का एक बालक चलने या नाचने का पहला प्रयास करता है तथा प्राइमरी विद्यालय का एक बालक कुछ लिखने के लिये आगे बढ़ता है तो इसके पीछे कुछ सीमा तक बालकों में पाई जाने वाली एक विशेष प्रवृत्ति कम-से-कम माँसपेशियों का उपयोग करने की जगह ज्यादा से ज्यादा माँसपेशियों का प्रयोग करना होता है। बालकों में पायी जाने वाली इस प्रकार की प्रवृत्ति इस बात की सूचक है कि छोटे बालकों द्वारा नये कौशलों को सीखने हेतु जो प्रारम्भिक प्रयास किये जाते हैं उनके सम्बन्ध में उनमें कितनी अनिर्णयता की स्थिति तथा बैचेनी पाई जाती है।

(Apart of the apparent awkwardness and clumisiness of the infiant's first steps, the preschool-aged child's first efforts at writing can be attributed to maximal rather than minimal muscular involvement. The considerable "fidgetting" and "restlessness" of small children who are directing their efforts towards mastering new skills can be explained on the basis of this trend.)

7. **गामक विकास के पूरे रूप से उसके सूक्ष्म रूप की ओर जाने की प्रवृत्ति** (Gross to fine motor development trend)—गामक विकास के अपने प्रारम्भिक दौर में बालकों में ऐसे गामक कौशलों का विकास होता है जिनका सम्बन्ध उनके शरीर के बड़े माँसपेशी समूहों (जैसे भुजायें, टाँगे तथा धड़) की गामक क्रियाओं के समन्वयन से होता है। इन्हें अपने आप में पूर्ण गामक कौशल (Gross motor skills) का नाम दिया जाता है। इस प्रकार के कौशलों के उदाहरणों के रूप में हम बैठना, चलना, लुढ़कना, खड़ा होना, चढ़ना, उतरना कूदना, फेंकना, दौड़ना आदि का नाम ले सकते हैं। गामक विकास के अपने दूसरे दौर में बालकों में ऐसे गामक कौशलों का विकास होता है जिनका सम्बन्ध उनके शरीर के छोटे माँसपेशी समूह (जैसे हाथ, पैर, चेहरे आदि) की गामक क्रियाओं में समन्वयन से होता है। इन्हें सूक्ष्म गामक कौशल (Fine motor skills) का नाम दिया जाता है। छोटी-छोटी वस्तुओं को चुनना या उठाना, लिखने के लिये पेन्सिल पकड़ना, कमीज़ के बटन बंद करना पुस्तक के पृष्ठ उलटना, जूते के फीते बाँधना, टाइप करना, चित्रकारी करना और ऐसे अन्य कार्य करना जिनमें उंगलियों, हाथों तथा कलाइयों का प्रयोग करके काफी छोटे-छोटे, सूक्ष्म, कलात्मक एवं कारीगरी के कार्य किये जाते हैं। इस तरह गामक विकास में बालक अपने शरीर के प्रमुख अंगों की गामक गतिविधियों के सम्बन्ध में पहले पूर्ण गामक विकास की मंजिलें (Milestones of gross motor development) तय करते हैं और इसके लिये उनमें पूर्ण गामक कौशलों (Gross motor skills) का विकास भी पहले ही होता है। इसके पश्चात् बालकों में जैसे-जैसे वे बड़े होते हैं उत्तम कोटि के सूक्ष्म गामक कौशलों (Fine motor skills) का अर्जन होता है और वे अपने सूक्ष्म गामक विकास की मंजिलें (Milestones of fine motor development) भी इन्हीं कौशलों के आधार पर तय करते जाते हैं। इसी अध्याय में आगे हम बालकों में इन दोनों प्रकार के कौशलों के विकास की विस्तार से चर्चा करेंगे।

बढ़ते हुये बालकों का गामक विकास कैसे होता है? (How does Motor Development take Place in the Growing Children?)

अपने नन्हे-नन्हे शिशुओं को पहला कदम रखने की बात माता-पिता तथा अन्य परिजनों के लिये एक ऐसा महत्त्वपूर्ण समय और घटना होती है जो भुलाये नहीं भूलती और जिसे वे बड़े गर्व से कहते फिरते है कि "देखो मेरी अनिता ने तीन दिन पहले अपना पहला कदम रखा।" वे ऐसा क्यों न कहें सचमुच ही बालक का पहला कदम रखना उसके गामक विकास का काफी महत्त्वपूर्ण मुकाम (Significant milestone) होता है। इस तरह के अन्य बहुत-से महत्त्वपूर्ण मुकाम बालक के गामक विकास सम्बन्धी सफर में आते रहते हैं जो माँ-बाप के लिये आनन्ददायी सिद्ध होने के अतिरिक्त बालक के स्वयं के जीवन यापन, समायोजन, कल्याण और प्रगति के लिये काफी आवश्यक होते हैं। गामक विकास इस तरह से एक ऐसी सार्वभौमिक प्रक्रिया है जिसमें से प्रत्येक बालक को (अपने वंशक्रम और वातावरणजन्य कारकों से प्रभावित होते हुये) अवश्य ही गुजरना पड़ता है। यद्यपि वैयक्तिक-भेदों के फलस्वरूप हर बालक अपनी-अपनी तरह से गामक विकास की मंजिलें तय करता है परन्तु फिर भी बालकों की आयु विशेष के स्तरों को ध्यान में रखते हुये यह अच्छी तरह सोचा जा सकता है कि वृद्धि और विकास की किसी विशेष आयु या स्तर पर बालक से किस प्रकार के गामक विकास और उससे

जुड़ी हुई पूर्ण तथा सूक्ष्म गामक कौशलों (Gross and fine motor skills) के अर्जन कीं अपेक्षा की जा सकती है। इस दृष्टि से आगे हम शैशवकाल, बाल्यावस्था तथा किशोरावस्था में होने वाले गामक विकास की चर्चा करना चाहेंगे।

शैशवकाल (जन्म से 2 वर्ष तक) में गामक विकास (Motor Development in Infiancy—From Birth to 2 Years)

शैशवकाल में जन्म के तुरन्त बाद बालक में बहुत-से महत्त्वपूर्ण गामक कौशलों के लक्षण उभरने शुरू हो जाते हैं। गामक विकास के एक महत्त्वपूर्ण नियम तथा प्रवृत्ति "ऊपर से नीचे" (Head to foot) का अनुगमन करते हुये शिशुओं का गामक विकास क्रमशः सिर से धड़, भुजाओं, हाथों, टाँगों तथा पैरों की ओर यात्रा करता हुआ पाया जाता है। इस दृष्टि से हम शिशुओं में इस गामक विकास का उसके इन अंग-प्रत्यंगों की गामक गतिविधियों के विकास के सम्बन्ध में ही चर्चा करनी चाहेंगे।

सिर से सम्बन्धित गामक गतिविधियां तथा गामक विकास (Motor Development and Activities in the Region of Head)

1. **आँखों की गामक गतिविधियों** (Motor movements of eyes)—जन्म के तुरन्त बाद बालक की आँखों में किसी भी प्रकार की कोई विशेष गामक गतिविधियाँ लक्षित नहीं होतीं। उसकी दृष्टि किसी वस्तु विशेष पर नहीं टिक पाती। परन्तु कुछ ही महीनों में उसमें विविध प्रकार की गामक क्षमतायें दिखाई देने लग जाती हैं जैसे अपने नेत्रों को स्थिर वस्तुओं पर जमाये रखना और चलती हुई वस्तुओं पर अपनी दृष्टि घुमाना आदि।

2. **सिर की गतिविधियाँ और नियन्त्रण** (Control and movements of head)

- जन्म के एक माह तक शिशुओं को अपने सिर को सीधा संभाले रखना कठिन होता है, उनको उठाते बिठाते ही उनका सिर एक ओर को लटक जाता है। इसलिये यह आवश्यक हो जाता है कि जब भी ऐसे शिशु को उठाया जाये तो उठाने से पहले अपना एक हाथ शिशु के सिर के पीछे लगाया जाये ताकि उसके सिर को ठीक तरह संभाले रखा जा सके।
- 1–3 माह की आयु के शिशु लिटाने पर अपने सिर को कुछ ऊपर उठाने के काबिल हो जाते हैं। जैसे-जैसे वे बड़े होते है, अपने सिर को काफी लम्बे समय तक ऊपर उठाये रखने में सक्षम बनते चले जाते हैं।
- तीन माह के शिशु को बिठाने पर उसका सिर अब भी इधर-उधर डोलता है, परन्तु यहाँ अब अपने सिर को सीधा स्थिर बनाये रखने सम्बन्धी कौशल का उसमें विकास होने लगता है। 3–4 माह का शिशु पेट के बल लिटाने पर अपने सिर तथा सीने को चटाई या गद्दे से ऊपर तथा अपने वजन को अपनी हथेलियों पर लेता हुआ दिखाई दे सकता है।

धड़ से सम्बन्धित गामक गतिविधियां और विकास (Development and Activities of Trunk)

- जब शिशु 4 या 5 माह का होता है तब वह पहली बार पेट के बल लेटता हुआ कमर के बल लेटने के लिये पल्टी मारता हुआ देखा जाता है। इसलिये इस समय पर चेतावनी दी जाती है कि बालक को कभी भी किसी मेज या चारपाई पर अकेला न छोड़ा जाये। अगर इस आयु के शिशु को कमर के बल लिटाया जाये तो वह जल्दी ही पलटी मार कर पेट के बल लेटता हुआ नजर आ सकता है और फिर अपने सिर और घुटनों को इस तरह की स्थिति में लाने की कोशिश करता है जैसे रेंगने के लिये तैयार हो। अपनी कमर के बल लेटते हुये वह अपने सिर और कंधों को भी ऐसे ऊपर उठाने की कोशिश कर सकता है जिससे यह प्रतीत हो कि वह बैठने के लिये आतुर है।

- 5–8 माह का शिशु जब हम अपने हाथ आगे बढ़ाकर उसे उठायें तो उठते हुये अपनी बैठने की स्थिति लेने का प्रयास करता है और अगर संभाले रखा जाए तो 30 मिनट तक बैठ सकता है। हाँ कुछ मोटे और असंतुलित शिशु दूसरों की अपेक्षा कुछ और लम्बे समय तक अपनी कमर के बल लेटे हुये पाये जा सकते हैं और ऐसे बालक 7 माह के बाद ही अपने आप बैठने का प्रयास करते पाये जाते हैं।
- 9–10 माह के शिशु पेट के बल लेटे हुये हाथों और घुटनों के सहारे रेंगना प्रारम्भ कर देते हैं।
- 9–12 माह के शिशु अब हाथों के बल रेंगकर ही नहीं बल्कि अपने पूरे शरीर का प्रयोग कर अपने परिवेश के इधर-उधर घूमने लगते हैं। अब वे बैठ सकते हैं, अपनी कमर के बल लेट सकते हैं और फिर दुबारा अपने आप बैठ सकते हैं। इस आयु के अधिकतर बालक बिना दूसरों की मदद के अपने आप खड़ा होना भी प्रारम्भ कर देते हैं। जहां शुरू-शुरू में ऐसा हो सकता है कि वे खड़े तो हो जायें परन्तु फिर उनको बैठना न आये।

भुजाओं तथा हाथों की गामक गतिविधियाँ तथा विकास (Development and Activities of the Arms and Hands)

- तीन माह का शिशु अपने हाथों से ऐसे खेलता है जैसे वह किसी खिलौने से खेल रहा हो। चार-माह का शिशु अपने दोनों हाथों को एक साथ अपने सामने ला सकता है तथा इससे पहले ही अंगूठा पीने में लगा दिखाई दे सकता है।
- 3–4 माह के शिशु में यद्यपि भुजाओं तथा हाथों से सम्बन्धित आवश्यक गतिविधियाँ नजर आने लगती हैं परन्तु इस आयु के बालक से अभी वस्तुओं तक पहुँचने तथा उन्हें पकड़ने सम्बन्धी क्रियाओं की अपेक्षा नहीं की जा सकती क्योंकि उनमें भुजाओं तथा हाथों की गतिविधियों द्वारा इस प्रकार के काम करने हेतु आवश्यक नेत्र-हस्त समन्वयन (Eye-hand coordination) क्षमता का अभाव होता है।
- 6 माह का शिशु वस्तुओं तक पहुँचने, उन्हें पकड़ने तथा फिर इन्हें अपने मुँह में रखने में समर्थ हो जाता है।
- 6–7 माह के शिशु में एक हाथ से दूसरे हाथ में वस्तुओं को लेने देने की योग्यता आ जाती है। अब वह किसी वस्तु को पकड़ सकता है, इसे अपने दूसरे हाथ में स्थानान्तरण कर अच्छी तरह थामे रख सकता है।
- शुरू-शुरू में शिशु पूरे हाथ से किसी वस्तु को पकड़ते हैं (इसे पाल्मर पकड़ कहा जाता है) बाद में 8–9 माह में शिशु में छोटी वस्तुओं को अँगूठे तथा तर्जनी (index finger) की सहायता से पकड़ने की योग्यता विकसित हो जाती है। (इसे पिन्सर पकड़ कहा जाता है)। अब वह दोनों हाथों को एक साथ काम में लाना (जैसे एक हाथ से बिस्कुट खाना तथा दूसरे हाथ से किसी प्लेट को थामना या खिलौने से खेलते रहना) सीख जाता है।
- 9–12 माह का शिशु अपने हाथों तथा अँगुलियों से विभिन्न गामक गतिविधियों का संपादन सीख जाता है जैसे इशारा करना, छूना, उठाना, निचोड़ना, ऐंठना, घूसा मारना, थप्पड़ लगाना, वस्तुओं को उठाना, गिराना आदि।
- 12–15 माह का शिशु अब अन्य प्रकार की ऐसी गामक क्रियाओं को करने में समर्थ हो जाता है जो उसे किसी तरह के मनोरंजन तथा खेल क्रियाओं में सहायक हों जैसे इस आयु के किसी शिशु को किसी बोतल तथा बाक्स में भरी हुई वस्तुओं को बाहर निकालने में बहुत आनन्द आता है, इसी तरह किसी शिशु को लगातार किसी मैगज़ीन के या चित्र पुस्तिका के पन्ने पलटते हुये, ब्लॉक तथा खिलौनों से खेलते हुये देखना भी इस आयु में आम बात है। अब वह अपने आप कपड़े पहनने और उतारने की कोशिशों में भी लगा दिखाई दे सकता है यद्यपि ऐसा करने में उसे जरूरत से काफी ज्यादा देर लग सकती है।
- 18 माह का शिशु बिना किसी दूसरे की सहायता से खा सकता है, कप से दूध पी सकता है, चम्मच का प्रयोग कर सकता है और घर के कामकाज में हाथ बँटाने की जिद कर सकता है।
- दो वर्ष का होने पर शिशु काफी नाजुक कार्य जिनके लिये सूक्ष्म प्रकार के गामक कौशलों की जरूरत होती है (जैसे पुस्तक के पृष्ठ सही तरह से पलटना) करने में समर्थ हो जाते हैं। इस आयु में अब वे शौचादि, नहाने, दाँतों को ब्रुश करने आदि नित्यप्रति के कार्य भी करने योग्य हो जाते हैं।

टाँगों एवं पैरों की गामक गतिविधियाँ तथा विकास
(Development and Motor Activities of Legs and Feet)

जब एक शिशु सहारे या उसके बिना खड़े होने लग जाये तो यह समझा जाना चाहिये कि अब वह चलने सम्बन्धी गामक कौशल के अर्जन की तैयारी में है। टाँगों तथा पैरों की सहायता से जो गामक गतिविधियाँ जैसे-जैसे वह आगे करता जाता है उससे सम्बन्धित बातों को संक्षिप्त रूप में आगे लिपिबद्ध किया जा सकता है।

(i) एक 9 से 11 माह का शिशु जब अपने चलने की शुरुआत करता है तो उसे एक हाथ से किसी सहारे की जरूरत पड़ती है। उसके कदम लड़खड़ाते हैं तथा संतुलन बिगड़ने का डर रहता हे। बालक की इस प्रकार की शुरुआत के संदर्भ में अपनी राय व्यक्त करते हुये श्रीमती हैरलाक (1956 : 147) ने लिखा है:

शुरू में संतुलन ठीक नहीं होता। अपना संतुलन बनाये रखने के लिये शिशु अपनी भुजाओं को या तो दोनों ओर (दाँये-बाँये) फैलाता है (जैसा कि किसी रस्से पर चलने वाला कोई नट करता है) या शरीर से चिपकाता है। उसके पैर बाहर की ओर मुड़ जाते हैं तथा टाँगे सख्त हो जाती हैं। दोनों पैर बारी-बारी से एक लय में आगे उठते हैं। सिर थोड़ा आगे निकला होता है तथा नीचे फर्श पर देखने की बजाय शिशु अपने सीधे आगे देखता है। संतुलन बनाये रखने के लिये यह जरूरी है ऐसा करते हुये भी वह बहुधा गिरता रहता है।

(At first balance is poor. As an aid to maintaining equilibrium, the baby's arms are held outright, much like those of a tightrope walker or are pulled up the body. The feet are turned outward and the legs are stiff. A rhythmic alteration of the two legs occurs. The head is held slightly forward and the baby looks straight ahead of him, instead of at the floor. This is necessary if balance is to be maintained, though it usually results in many falls.)

(ii) अपने पहले जन्म दिन तक अधिकांश शिशु किसी सहारे के या बिना किसी सहारे के चलना सीख जाते हैं और 14 माह के शिशुओं को तो ठीक तरह से स्वतन्त्रतापूर्वक आत्मविश्वास के साथ चलते हुये पाया जा सकता है।

(iii) 14–18 माह तक के बालकों की टाँगों एवं पैरों की गामक क्रिया संबन्धी गतिविधियाँ इतने अच्छे स्तर पर पहुँच जाती हैं कि

- वे चलने की बजाय दौड़ना शुरू कर देते हैं। ऐसा लगता है कि वे एक कमरे से दूसरे कमरे में अपने पर कोई ब्रेक लगाए बिना दौड़ते ही रहते हैं।
- इस प्रकार दौड़ते रहने के अतिरिक्त वे आपका हाथ पकड़े हुये कुर्सी, मेज़ों, सोफों आदि पर चढ़ते उतरते रहते हैं। यह भी देखा जा सकता है कि बालक पहले सीढ़ियों पर चढ़ना सीखते हैं परन्तु बिना किसी सहारे के उतरना उनके लिये कठिन होता है।
- यह भी देखा जा सकता है कि फर्श पर खिलौनों से खेलते हुये अपने पैरों पर उकड़ू (Squat position) बैठने में वे इस तरह के अपने संतुलन बनाने की क्षमता का परिचय देते हैं।
- पैरों सम्बन्धी अपने इस प्रकार की संतुलन क्षमता का परिचय वे उल्टा चलने, बिना संतुलन खोये पंजों पर चलने, बिना गिरे बॉल में किक लगाने, खड़े होकर बॉल को फेंकने तथा अपने स्थान पर कूदते रहने जैसी गामक गतिविधियों के द्वारा भी देने का प्रयत्न करते हैं।

(iv) बाद में अपने दूसरे जन्म दिन तक बालक पूरी तरह स्वतन्त्र रूप से सीढ़ियों से चढ़ना-उतरना तथा किसी ऊँचाई या फिसलन पट्टी (sliders) से ऊपर चढ़ना-उतरना सीख जाते हैं।

(v) दो वर्ष के बालक अच्छी तरह से दौड़ना, गेंद फेंकना और वस्तुओं को इधर-उधर बिखेरना सीख लेते हैं।

(vi) अपने शैशवकाल की समाप्ति पर बालकों को आत्मनिर्भरता और दूसरों पर निर्भरता इन दोनों के बीच झूलता हुआ पाया जाता है। वे अपनी ओर से चलने, चढ़ने, दरवाज़ा खोलने, अपने कपड़े पहनने, अपने आप खाना खाने आदि गामक कार्यों को स्वयं ही करने के सभी प्रयत्न करते हुये दिखाई देते हैं परन्तु ऐसा करने में

उन्हें सदैव यह जरूरत रहती है कि वे जिन सीढ़ियों से चढ़ कर ऊपर पहुँच गये हैं वहाँ से उतरने में उनकी मदद की जाये, दुर्घटनाओं से उनका बचाव किया जाये तथा कोहनी पर खरोंच लगने पर उनकी मरहम पट्टी की जाये।

शैशवकाल के गामक विकास सम्बन्धी महत्त्वपूर्ण मुकाम (Major Milestones of the Motor Development in Infancy)

गामक कौशल (Motor skills)	सीखने की औसत आयु (Average age of learning)	आयु सीमा जिसमें 90% शिशु सीख लेते है (Age limit in which 90% child learns)
(i) सीधे ऊपर उठाने पर अपने सिर को सीधे तथा स्थिर रखता है।	6 सप्ताह	3 सप्ताह – 4 माह
(ii) लेटे रहने की अवस्था में अपने आपको बाजुओं से ऊपर उठाने का प्रयत्न करता है।	2 माह	3 सप्ताह – 4 माह
(iii) बगल से पीठ की ओर पलटी लेता है।	2 माह	3 सप्ताह – 5 माह
(iv) क्यूब (cube) को पकड़ता है।	3 माह, 3 सप्ताह	2 – 7 माह
(v) पीठ की ओर से बगल की ओर पलटी लेता है।	4½ माह	2 – 7 माह
(vi) अकेला बैठ जाता है।	7 माह	5 – 9 माह
(vii) रेंगता है।	7 माह	5 – 11 माह
(viii) खड़े होने के लिये ऊपर जोर लगाता है।	8 माह	5 – 12 माह
(ix) हाथ पर हाथ रखने सम्बन्धी खेल किया करता है।	9 माह, 3 सप्ताह	7 – 15 माह
(x) अकेले खड़ा हो जाता है।	11 माह	9 – 16 माह
(xi) अकेले चलता है।	11 माह, 3 सप्ताह	9 – 17 माह
(xii) दो क्यूबों (cubes) की मीनार (Tower) बना लेता है।	13 माह, 3 सप्ताह	10 – 19 माह
(xiii) तेज़ी से इधर-उधर वस्तुयें बिखेरता है।	14 माह	10 – 21 माह
(xiv) सहायता लेते हुये सीढ़ियों पर चढ़ता है।	16 माह	12 – 23 माह
(xv) एक स्थान पर कूदता है।	23 माह, 2 सप्ताह	17 – 30 माह
(xvi) पंजों पर चलता है।	25 माह	16 – 30 माह

स्रोतः (वेयले—1993 से उद्घृत)

नोटः ऊपर दिये गये गामक विकास सम्बन्धी तथ्य शैशवकाल की सामान्य प्रवृत्ति के हिसाब से हैं। व्यक्तिगत भेदों की उपस्थिति के कारण ज्यादातर बालकों के लिये यह सही हो सकते हैं सबके लिए नहीं।

बाल्यावस्था (3–12 वर्ष) में गामक विकास (Motor Development in Childhood 3–12 Years)

अपनी शैशवावस्था के गामक विकास के फलस्वरूप बालकों में ऐसी गत्यात्मक योग्यता विकसित हो जाती है जिनके बलबूते पर वे बाल्यावस्था में होने वाले गामक विकास में सक्रिय रूप से अपनी भागीदारी निभा सकें। बाल्यावस्था में वर्ष-प्रति वर्ष होने वाली इस गामक विकास प्रक्रिया को संक्षेप में निम्न प्रकार लिपिबद्ध किया जा सकता है:

1. **बाल्यावस्था के 2 से लेकर 3 वर्ष** (During 2–3 years)
   (i) बहुत ही हड़बड़ाहट में बड़े ही आत्मविश्वास और लय से उन्हें जल्दी-जल्दी चलते हुये या दौड़ते हुये (कभी-कभी आगे-पीछे चलते और दौड़ते हुये भी) देखा जा सकता है।
   (ii) उन्हें सरल गामक गतिविधियों जैसे कूदने-फाँदने, फेंकने-पकड़ने (प्रायः अपने शरीर के ऊपरी भाग को प्रयोग करते हुये) में लिप्त होता हुआ पाया जा सकता है। वे ऐसा करके प्रायः अपने आपको काफी गौरवान्वित अनुभव करते हैं।
   (iii) पैर से तीन पहियों की साईकल या सवारी खिलौने को धकेलते हैं। इस अवस्था में स्टीयरिंग या पैडल को काम में लाने की आदत उन्हें कम ही होती है।
   (iv) अपने अँगूठे तथा तर्जनी की मदद से छोटी-छोटी वस्तुओं को पकड़ने की योग्यता भी उनमें थोड़ी बहुत आ जाती है परन्तु ऐसा वे ठीक ढंग से नहीं कर पाते।
   (v) वे ब्लॉक (Block) की सहायता से कई बार काफी बड़ी मीनार (Tower) बना लेते हैं परन्तु ज्यादातर वे इसे एक सीध में नहीं बना पाते।
   (vi) फोर्म बोर्ड और अन्य सरल समस्यात्मक (Puzzles) खेलों को खेलने सम्बन्धी कुशलतायें अभी उनमें ठीक तरह विकसित नहीं हो पातीं।
2. **बाल्यावस्था के 3 से लेकर 4 वर्ष** (During 3–4 years)
   (i) इससे पहले के गामक विकास द्वारा बालक सीढ़ियों पर (एक पैर को कुछ समय तक एक ही सीढ़ी पर रखकर) चढ़ना तो सीख लेते हैं परन्तु उस समय उन्हें बिना किसी की सहायता के उतरना नहीं आता। परन्तु इस समय के गामक विकास के फलस्वरूप वे जिस क्रम से चढ़े थे वैसे ही अपने आप उतरने में भी सफल हो जाते हैं।
   (ii) शरीर के ऊपरी भाग को काम में लाते हुये वे एक स्थान पर कूदते, फाँदते रहने तथा वृत्ताकार घूमने जैसी गामक गतिविधियों का प्रदर्शन करते हैं।
   (iii) अपने शरीर के ऊपरी भाग को काम में लाते हुये वस्तुओं को फेंकने की शुरूआत अब उनमें देखी जा सकती है। गेंद को वे हाथों में ठीक तरह से नहीं लपक पाते, दोनों हाथों से पकड़कर सीने से चिपकाकर वे इसे थाम पाते हैं।
   (iv) वे अपनी तीन पहियों की साईकल स्टीयरिंग तथा पैडलों का उपयोग करके अब अच्छी तरह चला सकते हैं।
   (v) अपनी छोटी माँसपेशियों के समन्वयन से अब वे काफी नाजुक और सूक्ष्म गामक क्रियायें करने का प्रयत्न करते दिखाई दे सकते हैं।
   (vi) अपने उतावलेपन और जल्दबाजी की वजह से ब्लाक की सहायता से ऊँची-ऊँची मीनार (Tower) खड़ी करने में उन्हें अभी कठिनाई होती है।
3. **बाल्यावस्था के 4 से लेकर 5 वर्ष** (During 4–5 years)
   (i) अब वे दोनों पैरों को बारी-बारी से एक-एक सीढ़ी पर रखते हुये चलने लगते हैं तथा ज़मीन पर अच्छी तरह भागने लगते हैं।
   (ii) वे एक पैर पर कूदने-फाँदने लगते हैं।
   (iii) शरीर को घुमाकर तथा उसके वजन को पैरों पर लेकर वे इच्छानुसार दिशा में गेंद फेंक सकते हैं तथा उसे हाथों में लपक सकते हैं।
   (iv) अपनी तीन पहियों की साईकल को पैडल तथा स्टीयरिंग का प्रयोग कर बहुत तेज़ भगाने में अब समर्थ बन जाते हैं। तेज़ भगाने के किसी मोड़ पर रुकावट की परवाह नहीं करने से उन्हें चोट लगने की आशंका भी यहाँ अब काफी बढ़ जाती है।

(v) अब हाथ, भुजाओं तथा अँगुलियों के संचालन में वे अच्छी कुशलता अर्जित कर लेते हैं तथा नेत्रों के नेतृत्व में इन कुशलताओं के प्रयोग से वे उच्च कोटि की सूक्ष्म गामक क्रियाओं के संपादन में भी रुचि दिखाने लगते हैं।

(vi) वे बिना किसी की सहायता के अपने कपड़े पहनना तथा बाल सँवारना आदि कार्य कर सकते हैं।

4. **बाल्यावस्था के 5 से लेकर 6 वर्ष** (During 5–6 years)

(i) अब वे ज्यादा तेज दौड़ सकते हैं तथा दूसरों (माता-पिता भी) के साथ दौड़ की शर्त लगाना अब उन्हें अच्छा लगता है।

(ii) अब वे अच्छी तरह कूद-फाँद सकते हैं। रस्सी कूदने तथा छलांग लगाने जैसे कार्यों में रत रहते हुये अब उन्हें अच्छी तरह देखा जा सकता है।

(iii) अपने पूरे शरीर को प्रयोग में लाते हुये अब उन्हें काफी कुशलता से गेंद या अन्य वस्तुएं फेंकते और लपकते हुये देखा जा सकता है। फेंकने की गति और क्षमता भी अब उनकी काफी बढ़ी दिखाई देती है।

(iv) अब वे दो पहियों वाली साईकल (छोटी या प्रशिक्षण पहिये वाली) चलाना प्रारम्भ कर देते हैं।

(v) गामक समन्वयन क्षमता का अच्छा विकास होने के कारण अब बालक अपने हाथों को उचित साधन या औजारों की तरह प्रयोग करने लगते हैं। 6 वर्ष का एक बालक अब कील ठोक सकता है, जूते के फीते बाँध सकता है, अपनी बेल्ट लगा सकता है तथा वस्त्रों की डोरियों को कसकर ठीक तरह पहन सकता है। अभी वह ठीक तरह लिखने में समर्थ नहीं बन पाता क्योंकि न तो उसके हाथों और उँगलियों को नियंत्रित करने वाली छोटी माँसपेशियों का अभी ठीक विकास हो पाता है और न उसके हाथ-नेत्र समन्वयन सम्बन्धी क्षमता ठीक तरह विकसित हो पाती है। निस्संदेह उचित लेखन कार्य हेतु अभी अपने गामक विकास को लेकर कुछ और इन्तजार करना होता है।

5. **बाल्यावस्था के 7 से लेकर 12 वर्ष** (During 7–12 years)

(i) अब बालकों का अपने शरीर पर काफी कुछ नियन्त्रण हो जाता है और इसलिये अब वे ज्यादा समय तक बैठे रहकर अपने कार्यों में लगे रह सकते हैं। परन्तु अभी उन्हें ऐसा करने में जल्दी थकान हो जाती है क्योंकि वे शारीरिक रूप से अभी ठीक प्रकार परिपक्व नहीं होते।

(ii) अब उनकी दौड़ने की रफ्तार काफी बढ़ जाती है और वे अधिक ध्यान और रुचि विविध प्रकार की गामक क्रियाओं जैसे दौड़ना, लगातार रस्सी कूदना, ऊँचाई पर चढ़ना-उतरना, साईकल चलाना आदि पर केन्द्रित करते हैं। इसके अतिरिक्त अन्य गामक कौशलों जैसे फेंकना, लपकना, किक लगाना, बल्लेबाजी करना, हाकी की गेंद पर नियंत्रण करते हुये आगे बढ़ना, छड़ पर अपना संतुलन बनाये रखना आदि में शारीरिक नियन्त्रण, तकनीक, दूरी तथा गति की दृष्टि से बहुत कुछ प्रगति हो जाती है।

(iii) छोटी माँसपेशियों के नियन्त्रण और समन्वयन सम्बन्धी सूक्ष्म गामक कौशलों (Fine motor skills) की गुणवत्ता में भी अब काफी वृद्धि होती जाती है। उदाहरण के लिये जहाँ 4 वर्ष के शिशु से किसी ब्लाक को अपनी पूरी हथेली पर थोड़ी देर ही सँभाले रखने की आशा की जा सकती है वहीं 8 और 9 वर्ष का बालक अपने अंगूठे और तर्जनी (fore-finger) से वस्तुओं को संभालने का उत्तम कौशल अर्जित कर लेता है।

(iv) 7 वर्ष तक बालकों के हाथों में स्थिरता और मजबूती आ जाती है और अब वे क्रेयन (Crayon) की जगह पेन्सिल के उपयोग को प्राथमिकता देने लगते हैं। लिखने में अब वह अच्छी तरह ध्यान देने लगता है, पेन्सिल को मजबूती से पकड़ता है और इसे लिखने की जगह (Point) के बिल्कुल पास से पकड़ने लगता है। जैसे ही वह 8 वर्ष का होता है उसके हस्त-नेत्र समन्वयन (hand-eye coordination) तथा हाथ और अँगुलियों की छोटी माँसपेशियों से सम्बन्धित गामक क्षमताओं का काफी विकास हो जाता है। फलस्वरूप अब वह बड़ी आसानी से ठीक प्रकार से लिख सकता है।

(v) 10–12 वर्ष के बालक अपने गामक विकास के उस मुकाम पर पहुँच जाते हैं जबकि वे हाथों से सम्बन्धित गामक क्रियाओं के संपादन में वयस्क व्यक्तियों की तरह अपनी कुशलता का प्रदर्शन करते हैं। अब वे छोटे से छोटे आकार में सही तरह से लिख सकते हैं, बाह्य यंत्रों पर सुरीले तान छेड़ सकते हैं तथा उत्तम कोटि की क्राफ्ट सामग्री का निर्माण कर सकते हैं।

बाल्यकाल के गामक विकास सम्बन्धी महत्त्वपूर्ण मुकाम (Major Milestones of the Motor Development in Childhood)

आयु (Age)	संपूर्ण गामक कौशल (Gross motor skills)	सूक्ष्म गामक कौशल
2–3 वर्ष	1. पूरी लय और आत्म-विश्वास से चलता है। चलने में अपनी जल्दी और हड़बड़ाहट प्रदर्शित करता है तथा धीरे-धीरे भागता है। 2. अपने शरीर के ऊपरी भाग को कड़ा रखते हुये सरल गामक क्रियाओं जैसे उछल-कूद, फेंकना, लपकना आदि का संपादन कर सकता है और ऐसा करने में काफी खुशी का इजहार करता है। 3. बिना स्टीयरिंग तथा पैडल के तीन पहिया-साईकल या खिलौना सवारी को धक्का दे सकता है।	1. अपने अँगूठे तथा तर्जनी से छोटी-छोटी वस्तुओं को उठा सकता है। 2. ब्लाकों से ऊँजी मीनारें बना सकता है परन्तु वे पूरी तरह सीधी ऊँचाई की नहीं होतीं। 3. बोर्ड या सरल समस्यात्मक खेल (Puzzles) के साथ खेलते हुये टुकड़ों को ठीक ढंग से नहीं रख पाता।
3–4 वर्ष	1. सिर्फ एक के बाद दूसरे पैर को हर एक सीढ़ी पर रखते हुये सीढ़ियाँ चढ़ता है और इसी तरह उतरने की कोशिश करता है। 2. अपने शरीर के ऊपरी भाग की सहायता से उछल-कूद करता है। 3. अपने शरीर के ऊपरी भाग को काम में लाते हुये वस्तुओं को फेंकता है तथा छाती से सटाते हुये वस्तुओं को लपकने का प्रयत्न करता है। 4. स्टीयरिंग तथा पैडलों का प्रयोग करके तीन पहिया साईकल चलाता है।	1. अपनी जल्दबाजी और हड़बड़ाहट के कारण ब्लाकों से ऊँची मीनारें बनाने में कठिनाई का अनुभव करता है। 2. छोटी मांसपेशियों के नियन्त्रण और समन्वयन सम्बन्धी गामक क्रियाओं के संपादन में अधिक कुशलता का प्रदर्शन करता है।
4–5 वर्ष	1. दोनो पैरों को बारी-बारी से हर एक सीढ़ी पर रखते हुये सीढ़ियों पर चलता है तथा अच्छी तरह से दौड़ता है। 2. एक पैर से छलांग लगाने तथा कूदने में अपनी योग्यता दिखाता है। 3. शरीर को अच्छी तरह घुमाकर गेंद फेंक सकता है तथा हाथ में गेंद लपक सकता है। 4. तीन पहिया साईकल को पैडल और स्टीयरिंग का प्रयोग करके बहुत तेज़ चलाता है और ऐसा करने में मोड़ ओर बाधाओं की भी परवाह नहीं करता।	1. नेत्रों के नेतृत्व में उसके हाथ भुजायें तथा अँगुलियां समन्वित ढंग से गतियां करती हैं। 2. दूसरों की सहायता लिये बिना स्वयं कपड़े पहनना सीख जाता है। 3. अक्षरों को लिखना क्रेयन्स (Crayons) से रंग करना, स्केच बनाना, नृत्य करना, दूसरों की नकल उतारना, बाद्य यंत्रों को बजाना तथा तैरना आदि गामक क्रियाओं का संपादन अपनी रुचि अनुसार बालक सीख जाते हैं।

(क्रमशः)

आयु (Age)	संपूर्ण गामक कौशल (Gross motor skills)	सूक्ष्म गामक कौशल
5–6 वर्ष	1. अब अच्छी तरह तेज और ज्यादा दूर तक दौड़ सकता है तथा दूसरों (माता-पिता भी) के साथ दौड़ की प्रतियोगिता में रुचि दिखाता है। 2. अच्छी तरह कूद-फाँद सकता है। रस्सी कूदने तथा छलांग लगाने में रुचि दिखाता है। 3. फेंकने और लपकने के कौशल में बढ़ोत्तरी का प्रदर्शन करता है। 4. साईकल (छोटी या प्रशिक्षण पहिये युक्त) चलाना शुरू कर देता है।	1. अपने हाथों को औज़ारों के रूप में इस्तेमाल करना सीख जाता है। 2. हथोड़ा चलाना, जूते के फीते बांधना, बेल्ट बाँधना सीख जाता है। 3. लिखने, चित्रकारी करने, नाचने, बाद्य यंत्र बजाने, तैरने तथा अभिनय करने में अपने विकसित गामक कौशलों का परिचय देता है।
7–12 वर्ष	1. अपने शरीर पर अब अधिक नियन्त्रण स्थापित कर सकता है। अधिक समय तक बैठे रहने तथा किये जाने वाले कार्यों पर अधिक ध्यान देने में समर्थ हो जाता है। 2. दौड़ने की क्षमता में वृद्धि हो जाती है। अब वह विभिन्न प्रकार की गामक क्रियाओं जैसे दौड़ना, रस्सी कूदना, सीढ़ियों पर चढ़ने-उतरने, कूदने, तैरने तथा साईकल चलाने आदि को ज्यादा थकावट अनुभव किये बिना अच्छी तरह संपादित कर सकता है। 3. फेंकने, लपकने, बैटिंग, किकिंग, हॉकी की गेंद को नियंत्रित कर आगे बढ़ाने, छड़ों पर अपना संतुलन बनाये रखने आदि गामक कौशलों में अपनी बढ़ी हुई क्षमता का प्रदर्शन करता है।	1. केवल अंगूठे तथा तर्जनी के सहारे वस्तुओं का उचित कौशलात्मक तरीके से प्रयोग करना सीख जाता है। 2. हस्त-नेत्र समन्वयन (hand eye coordination) में बढ़ी हुई क्षमता का प्रदर्शन करता है। 3. अपने हाथों और अँगुलियों की छोटी माँसपेशियों के उचित तालमेल के द्वारा सूक्ष्म गामक क्रियाओं के संपादन में अपनी योग्यता का प्रदर्शन करते हैं। 4. अब वे वयस्कों की तरह ही ऐसी सभी गामक गतिविधियों के संपादन में सिद्धहस्त हो जाते हैं जिनमें सूक्ष्म गामक कौशलों (fine motor skills) की जरूरत पड़ती है।

किशोरावस्था तथा वयस्क अवस्था में गामक विकास (Motor Development in Adolescence and Adulthood)

किशोरावस्था को वृद्धि और विकास की दृष्टि से स्वर्णिम काल कहा जाता है। इस अवस्था में वृद्धि और विकास से सभी आयामों (जिसमें गामक विकास भी शामिल है) में बालक अपनी ऊँचाइयों को छूता हुआ पाया जाता है। फलस्वरूप किशोरावस्था के अंत तक या उसके कुछ साल के अन्तराल में (प्रायः 19 से लेकर 25 वर्ष तक) अपने गामक विकास के शिखर पर आसीन हो जाते हैं। यह बात सामान्य रूप से सभी वयस्क व्यक्तियों (जिनमें एथलीट तथा खेल जगत् के सितारे भी शामिल हैं) पर लागू होती है। इसके बाद प्रौढ़ावस्था (वयस्क अवस्था) के उत्तरार्ध में गामक क्षमताओं तथा कौशलों में उतार या गिरावट का दौर शुरू हो जाता है। वृद्धावस्था तक पहुँचते-पहुँचते अब वे अपनी विभिन्न प्रकार की संपूर्ण गामक

गतिविधियाँ जैसे चलने-फिरने, दौड़ने, संतुलन बनाये रखने, कूदने-फांदने तथा छोटी माँसपेशियों के समन्वयन और संचालन द्वारा संपन्न सूक्ष्म गामक विधियों के संपादन में अक्षमता तथा गिरावट आने के पूरे-पूरे प्रमाण देने लगते हैं।

बालकों में विभिन्न हाथ तथा पैरों के कौशलों का विकास (Development of Various Hand Skills and Legs Skills Among Children)

अपने विकासकाल (Development period) में जिन गामक कौशलों का सामान्य रूप से विकास तथा अर्जन बालकों द्वारा किया जाता है उन्हें मुख्य रूप से निम्न दो भागों—हाथ के कौशल (Hand skills) तथा पैर के कौशल (Leg skills) में बाँट कर अच्छी तरह समझा जा सकता है।

हाथ के कौशल (Hand skills) बालकों द्वारा हाथ के कौशलों का अर्जन पैर के कौशलों के अर्जन की अपेक्षा पहले संपन्न होता है। इसका कारण यह है कि हाथ सम्बन्धी गामक विकास पैर सम्बन्धी गामक विकास से पहले सम्पन्न होता है। हाथ, उँगलियों और भुजाओं से सम्बन्धित माँसपेशियों तथा नाड़ियों पर बालक पैर, पंजे तथा टखने आदि की माँसपेशियों तथा नाड़ियों की अपेक्षा पहले नियन्त्रण तथा समन्वयन सम्बन्धी समर्थता अर्जित कर लेता है। दूसरी यह बात भी है कि हाथ के कौशलों की आवश्यकता उसे अपनी रोजमर्रा की जिन्दगी में अपने वातावरण के साथ समायोजन करने में पैर के कौशलों की अपेक्षा अधिक जल्दी अनुभव होती है। अतः आवश्यकता आविष्कार की जननी है—इस कहावत को चरितार्थ करते हुये प्रायः सभी बालक हाथ के कौशलों के अर्जन में पैर के कौशलों की अपेक्षा कुछ अधिक ही आगे बढ़े हुए पाये जाते हैं।

हाथ के जिन महत्त्वपूर्ण कौशलों का बालकों द्वारा सामान्य रूप से अर्जन होता है उनमें मुख्य रूप से जिन कौशलों के विकास का अध्ययन मनोवैज्ञानिकों द्वारा विशेष रूप से किया गया है, वे निम्न हैं:

1. अपने आप खाना खाने सम्बन्धी कौशल (Self-feeding skill)
2. अपने आप नहाने-धोने एवं स्वच्छता सम्बन्धी कौशल (Self bathing or cleaning skill)
3. अपने आप कपड़े पहनने सम्बन्धी कौशल (Self dressing skill)
4. अपने आप बाल संवारने सम्बन्धी कौशल (Self combing or grooming skill)
5. गेंद फेंकने और लपकने सम्बन्धी कौशल (Ball throwing and catching skills)
6. लिखने सम्बन्धी कौशल (Writing skill)
7. कॉपी करने सम्बन्धी कौशल (Copying skill)
8. ब्लाक बिल्डिंग तथा सृजनात्मक कौशल (Block building and creating skill)

आइये, बालकों में इन कौशलों के विकास के बारे में मनोवैज्ञानिकों की आम राय जानने का प्रयत्न किया जाए।

अपने आप खाना खाने सम्बन्धी कौशल का विकास (Development of Self Feeding Skill)

शुरू के वर्षों में शैशवावस्था में बालक अपने आप खाने और पीने में काफी असमर्थता एवं अक्षमता का अनुभव करता है। उसे माँ स्तन से अपने ही प्रयत्नों से दूध पिलाती है अथवा दूध की बोतल के निपल को उसके मुँह से लगाने का प्रयत्न करती है। धीरे-धीरे 8–9 माह के बालक में माँ के स्तन से स्वयं दूध पीने या फीडिंग बोतल को स्वयं संभालने की क्षमता विकसित होने लगती है। कुछ समय बाद बालक इस बोतल को इच्छानुसार मुँह में रखने तथा निकालने के योग्य बन जाता है। अभी उसमें अन्य खाद्य या पेय पदार्थों को स्वयं लेने की क्षमता नहीं आ पाती। 1 साल का होते-होते अब वह कप, प्लेट या तस्तरी में रखे भोज्य तथा पेय पदार्थों को अपने आप ग्रहण करने का प्रयत्न करता दिखाई देने लगता है। परन्तु ऐसा करने में अभी वह वस्तुओं को फैला देता है तथा अपने आपको, अपने वस्त्रों को तथा आसपास की सभी चीज़ों को गंदा भी कर देता है। इस बात से घबराकर उसके निजी प्रयत्नों पर कोई अंकुश लगा देना अच्छा नहीं होता। असफल प्रयत्नों के बाद ही सफलता हाथ लगती है। इसी श्रृंखला में आगे बढ़ते-बढ़ते जब बालक शैशवावस्था को पार

कर बाल्यावस्था में प्रवेश करता है तो उसमें स्वयं खाने तथा पीने सम्बन्धी आवश्यक कौशलों का तेजी से विकास होना शुरू हो जाता है। तीन या चार वर्ष की आयु तक अब बालक अपने खाने या पीने की चीजों को ठीक तरह खाने-पीने में समर्थ होते देखे जा सकते हैं। नींबू निचोड़ना, फल काटकर या छील कर खाना, चम्मच, छुरी, काँटे आदि का उपयोग करना आदि बातों में 5 वर्ष तक बालक आवश्यक कुशलता अर्जित कर लेते हैं। 8–9 वर्ष की आयु का होते-होते अब वे खाने-पीने में उतनी ही समर्थता एवं योग्यता अर्जित कर लेते हैं जितनी कि परिपक्वता ग्रहण करने के बाद वयस्क (Adults) में पायी जाती है।

अपने आप नहाने-धोने एवं स्वच्छता सम्बन्धी कौशल (Self-bathing or Cleaning Skill)

शुरू के वर्षों में, जैसा कि हम देखते हैं, बालकों में अपने आप नहाने-धोने, अपने अंग-प्रत्यंगों की सफाई करने सम्बन्धी योग्यता तथा कुशलताओं का बिल्कुल अभाव ही पाया जाता है। वे सभी कामों में अपने माँ-बाप तथा अन्य बड़ों के ऊपर ही आश्रित होते हैं। यहाँ तक कि उनके मल-मूत्र विसर्जन से सम्बन्धित सफाई का उत्तरदायित्व भी बड़ों को ही संभालना होता है। परन्तु जैसे-जैसे वह बड़े होते हैं उनको इन बातों की पर्याप्त समझ आने लगती है और उनके गामक विकास से अर्जित हस्त कौशल उन्हें अपने आप नहाने-धोने, अपने अंगों की सफाई करने तथा मल-मूत्र विसर्जन इत्यादि से सम्बन्धित गामक क्रियाओं को ठीक प्रकार से करने में पूरी तरह समर्थ बनाते जाते हैं।

अपने आप कपड़े पहनने सम्बन्धी कौशल (Self-dressing Skills)

शुरू के वर्षों में माँ-बाप तथा बड़ों का बहुत कुछ समय बालकों को आवश्यकतानुसार कपड़े पहनाने तथा बदलने इत्यादि में व्यतीत होता है, परन्तु जैसे-जैसे वे शैशवावस्था को पार करते हैं उनमें अपने आप कपड़े पहनने, उतारने तथा इच्छानुसार बदलने इत्यादि से सम्बन्धित समझ तथा कौशलों का विकास हो जाता है। प्रायः यह देखा जाता है कि लड़कियों में इस प्रकार के कौशल का विकास लड़कों की अपेक्षा जल्दी और अधिक अच्छी तरह होता है। इसका कारण यह होता है कि एक तो उनका गामक समन्वय लड़कों की अपेक्षा अधिक उपयुक्त होता है और दूसरे उनके पहनने की पोशाक इत्यादि भी लड़कों से सरल होती है। सामान्यतया एक बालक, चाहे वह लड़का हो या लड़की, पाँच वर्ष की अवस्था तक इतनी कुशलता अर्जित कर लेता है कि वह अपनी निकर, कमीज, फ्रॉक, स्वेटर, बनियान, मौजे, जूते इत्यादि ठीक तरह से पहन सके। इसे परिधान जैसे—धोती बाँधना, पगड़ी बाँधना, टाई की गाँठ लगाना आदि के लिए उन्हें थोड़ा इन्तज़ार करना पड़ता है; परन्तु किशोरावस्था को पार करते-करते उनमें इस प्रकार के कौशलों का विकास भी देखने को मिल जाता है।

अपने आप बाल सँवारने सम्बन्धी कौशल (Self-combing or Grooming Skill)

इस प्रकार के कौशल का विकास हाथ तथा आँख की माँसपेशियों तथा गामक क्रियाओं के उचित समन्वय पर निर्भर करता है शिशुकाल में ही बालक अनुकरण की प्रक्रिया के फलस्वरूप कंघी लेकर अपने बाल संवारने के प्रयत्न करते देखे जाते हैं, परन्तु उचित गामक विकास के अभाव में अभी उन्हें असफलता ही हाथ लगती है; परन्तु धीरे-धीरे उनमें इस कार्य से सम्बन्धित उचित नियन्त्रण एवं कुशलता का विकास होने लगता है। तीन या चार साल का बालक दर्पण में अपना चेहरा देखकर कँघे या ब्रश से अपने बाल संवारने में सामान्य-सी सफलता अर्जित कर लेता है। पूर्ण सफलता प्राप्त करने हेतु उसे दो-तीन वर्ष और इन्तजार करना होता है। इस कार्य में लड़के, लड़कियों या बालिकाओं की अपेक्षा ज्यादा आगे बढ़ जाते हैं। इसके पीछे यही कारण होता है कि उनके बालों के संवारने में ज्यादा कुशलता तथा परिश्रम की आवश्यकता नहीं रहती। लड़कियों को इसमें दिक्कत आती है और उन्हें अपने बालों को सुलझाने, काढ़ने तथा संवारने (विशेषकर जबकि उनके बाल लम्बे या कोई विशेष साज-सज्जा के हों) में प्रायः दूसरों का सहारा लेते रहना पड़ता है।

गेंद फेंकने और लपकने सम्बन्धी कौशल (Ball Throwing and Catching Skill)

गेंद फेंकने और लपकने सम्बन्धी कौशल का विकास बालक से यह अपेक्षा करता है कि उसमें स्थिर तथा गतिशील अवस्था में अपने शरीर का संतुलन बनाये रख सकने की क्षमता विकसित हो जाये, आँख और हाथों की उँगलियों तथा माँसपेशियों के संचालन में समन्वय करने की योग्यता आ जाये, अपनी उँगलियों, भुजाओं, कलाइयों, सिर, धड़ और पैर आदि के संचालन में समन्वय तथा नियन्त्रण करने की क्षमता विकसित हो जाए तथा सही समय पर सही प्रकार से गेंद फेंकने तथा लपकने की कुशलता का अर्जन हो जाये। इन सभी कार्यों को ठीक प्रकार से संचालित करने में बालकों को उचित परिपक्वता, अनुभव, प्रशिक्षण, अभ्यास तथा परिश्रम की आवश्यकता होती है। शुरू के वर्षों में उचित गामक क्रियाओं तथा कौशलों के अभाव में वह गेंद या अन्य खेल और दिन-प्रतिदिन की वस्तुओं के प्रयोग में काफी कठिनाई अनुभव करता है। उसमें वस्तुओं सम्बन्धी पकड़, फेंक तथा संभालने सम्बन्धी योग्यता तथा कार्यक्षमता का पूरी तरह अभाव ही पाया जाता है। परन्तु जैसे-जैसे वह शिशु-अवस्था को पार करके आगे आता है उसमें वस्तुओं को ठीक प्रकार पकड़ने, संभालने तथा प्रयोग में लाने की योग्यता तथा क्षमता का विकास होने लगता है। गेंद से खेलने में उसे फेंकने सम्बन्धी कौशल का विकास पकड़ने से पहले होता है। इसका कारण यही है कि पकड़ना फेंकने की अपेक्षा कठिन होता है। इन कौशलों को अर्जित करने में बालक पहले तो इनसे सम्बन्धित क्रियाओं में अपने पूरे शरीर का इस्तेमाल करते देखे जाते हैं। फिर इसके बाद क्रमिक रूप में भुजा (Arms), कुहनियों (Elbows), कलाई, हथेलियों तथा उँगलियों की गतियों के उपयोग की दिशा में आगे बढ़ते रहते हैं। इस तरह फेंकने तथा पकड़ने में कलाई, हथेली तथा उँगलियों में उचित नियन्त्रण एवं समन्वय सम्बन्धी गामक कौशल के अर्जन में बालक को कुछ इन्तज़ार ही करना पड़ता है। सामान्यतया लगभग 6 वर्ष के बालक में गेंद फेंकने तथा पकड़ने आदि से सम्बन्धित कौशल का आवश्यक विकास एवं अर्जन भलीभाँति हो जाता है। आगे विशेष दक्षता अर्जित करने में अब उसे विशेष प्रशिक्षण, अवसर, अभ्यास तथा परिश्रम की ही आवश्यकता होती है।

लिखने सम्बन्धी कौशल (Writing Skill)

लिखने सम्बन्धी कौशल में हाथों के अंगूठे तथा उसके पास की दो उंगलियों द्वारा लेखनी की सही पकड़ तथा कलाई की गति आदि के तालमेल और उन पर उचित नियन्त्रण स्थापित करने की कुशलता का उपयोग होता है। बालक में इस प्रकार की योग्यता तथा क्षमता का विकास शिशुकाल के बाद से ही सामान्य रूप से प्रारम्भ हो जाता है। 3–4 वर्ष का बालक लेखनी को पकड़ कर लिखने सम्बन्धी ठीक प्रयत्न करता हुआ देखा जा सकता है। प्रारम्भ में उसके द्वारा लिखे हुए अक्षरों का आकार बड़ा होता है तथा उसकी लिखाई एक पंक्ति में सीधी नहीं होती। अक्षरों की बनावट भी एक जैसी संतुलित और संयमित नहीं होती। उसमें क्रमिकता का भी अभाव होता है, परन्तु जैसे-जैसे वह बड़ा होता है, परपिक्वन तथा अभ्यास उसकी लेखन सम्बन्धी आवश्यक माँसपेशियों, नाड़ियों तथा अंग-प्रत्यंगों के समन्वय, नियन्त्रण तथा कार्यक्षमता में उचित रूप से प्रगति ला देता है, साथ ही अनुभव, प्रशिक्षण, अभ्यास और अवसर भी उसके इस कौशल के अर्जन में सहायता करते जाते हैं और फलस्वरूप वह लेखन सम्बन्धी कौशल के विकास तथा अर्जन में निरन्तर प्रगति करता जाता है।

आकृति बनाने या कॉपी करने सम्बन्धी कौशल (Copying Skill)

किसी दी हुई आकृति, आकार या वस्तु का हाथों से प्रतिरूप, अनुकृति या नकल बनाने के कौशल में हाथों की माँसपेशियों तथा नाड़ियों के समन्वयन, नियन्त्रण तथा कार्यात्मक क्षमता के अतिरिक्त, वस्तुओं की प्रत्यक्षीकरण योजना और इस प्रत्यक्षीकरण का अनुकरणात्मक योग्यता से तालमेल बनाने की आवश्यकता होती है। बालकों में जैसे-जैसे ये योग्यताएँ तथा क्षमताएँ आती जाती हैं वैसे-वैसे ही उनसे सम्बन्धित कौशल का विकास सामान्य ढंग से होने लगता है। चार-पाँच वर्ष का बालक इस प्रकार के कौशल का सामान्य रूप से प्रदर्शन करता हुआ देखा जा सकता है, परन्तु एक शिशु से हमें इस प्रकार के कौशल के विकास की अपेक्षा नहीं करनी चाहिए, अतः ज्यामिति, रेखाचित्र, मॉडल निर्माण आदि कार्यों के संपादन के लिये हमें थोड़ा इन्तजार करके इसे 4–5 वर्ष की आयु से ही प्रारम्भ करना चाहिये। यद्यपि शुरू-शुरू में बालक अपने कापी करने सम्बन्धी प्रयासों में अधिक त्रुटि करते पाये जाते हैं परन्तु प्रयास, प्रशिक्षण और अभ्यास द्वारा उनकी यह कमी दूर होने लगती है और वे कॉपी करने सम्बन्धी कौशल के विकास में अच्छी तरह आगे बढ़ते हुए पाये जा सकते हैं।

ब्लाक बिल्डिंग तथा सृजनात्मक कौशल (Block Building and Creative Skill)

छोटे-छोटे बालकों को प्रायः तरह-तरह के ब्लाकों से कई प्रकार की आकृतियों का निर्माण करते हुए देखा जा सकता है। घरौंदे बनाना, गीली मिट्टी को अच्छी तरह से भिन्न-भिन्न आकार देना, तरह-तरह की बिखरी हुई चीजों से कुछ नव-निर्माण करना आदि ऐसी कुशलतायें हैं जिनका विकास बालकों में उम्र के साथ-साथ प्रगति करता हुआ दिखाई देता है। विकास की इस प्रगति में बालक के गामक विकास तथा सम्बन्धित कौशलों के अर्जन की विशेष भूमिका रहती है। जब तक बालक ब्लाकों को हाथ से भलीभाँति पकड़ नहीं पायेगा, उन्हें ठीक प्रकार संभाल कर मनचाही जगह उचित रूप से रख नहीं पायेगा तथा इस प्रकार के रखने में अपनी रचनात्मक शक्ति, कल्पना, अनुकरण आदि का उपयोग करते हुए आंख तथा हाथों की क्रियाओं में परस्पर तालमेल नहीं बना पायेगा। वह ब्लाक बिल्डिंग तथा अन्य सृजन या निर्माण प्रक्रिया के लिये आवश्यक कुशलता का विकास नहीं कर पायेगा। शिशुकाल में पर्याप्त गामक तथा बौद्धिक विकास के अभाव में इस प्रकार की कुशलता बालकों में विकसित नहीं हो पाती। इसके बाद के कुछ वर्षों के बालक भी दिये हुये ब्लाकों या सामग्री से निर्माण करने की अपेक्षा उनसे खेलने या उन्हें इधर-उधर करने में ही अपना समय व्यतीत करते देखे जाते हैं, परन्तु 4–5 वर्ष के बालक में इनके निर्माणात्मक तथा सृजनात्मक उपयोग का कौशल विकसित होने लगता है तथा फिर समय के साथ उसमें इस प्रकार के निर्माणात्मक तथा सृजनात्मक कौशल का अभ्यास, अवसर और प्रशिक्षण के प्रभाव से भलीभाँति विकास तथा अर्जन हो जाता है।

पैरों के कौशलों का विकास (Develpment of Leg Skills)

बालकों में पैरों के कौशल के विकास का उनकी पैरों से गति करने सम्बन्धी क्रियाओं जैसे चलने, दौड़ने, उछलने, कूदने, सीढ़ियाँ चढ़ने-उतरने, थिरकने, आदि से गहरा सम्बन्ध होता है। सामान्यतया बाल्यावस्था के बालक में जिन पैर सम्बन्धी कौशलों का विकास होता है उसमें से कुछ उल्लेखनीय कौशल निम्न कहे जा सकते हैं:

1. दौड़ना (Running)
2. कूदना, उछलना तथा छलाँग लगाना (Jumping, skipping and hopping)
3. सीढ़ियाँ चढ़ना (Climbing)
4. साईकल चलाना (Cycling)
5. नृत्य करना तथा तैरना (Dancing and swimming)

आइये, अब इन कौशलों के विकास का सामान्य परिचय प्राप्त किया जाये।

दौड़ना (Running)

बालक में जब बिना किसी सहारे खड़ा होने तथा भलीभाँति चलने-फिरने की क्षमता विकसित हो जाती है तब उसका आगामी विकास भागने-दौड़ने सम्बन्धी गामक कौशल के विकास के रूप में होता पाया जाता है। शिशु अवस्था में इस प्रकार के कौशल का विकास नहीं हो पाता। इसका कारण—बालकों में पैरों सम्बन्धी आवश्यक गामक क्षमता तथा परिपक्वता का विकास नहीं हो पाना। तीन-चार वर्ष की अवस्था से बालक में दौड़ने सम्बन्धी कौशल के विकास हेतु आवश्यक गत्यात्मक क्षमता आ जाती है। शुरू-शुरू में उसे दौड़ते समय शारीरिक संतुलन बनाये रखने, सिर को सीधा रखकर आगे की वस्तुओं तथा जमीन को देखते रहने आदि बातों में कुछ कठिनाई आती है और वह दौड़ते समय प्रायः गिरता रहता है, परन्तु जैसे-जैसे उसकी पैर से सम्बन्धी नाड़ियों एवं माँसपेशियों में उम्र के साथ-साथ ताकत आती जाती है तथा प्रत्यक्षीकरण और गत्यात्मक क्रियाओं में उचित तालमेल बैठने लगता है उसकी दौड़ने सम्बन्धी कुशलता में प्रगति आती जाती है। धीरे-धीरे वह दौड़ने सम्बन्धी विशेष कुशलताओं जैसे—इच्छानुसार कम या अधिक गति से दौड़ना, दौड़ते-दौड़ते अचानक रुक जाने, मुड़ जाने, कूदने, फाँदने आदि क्रियाओं को करने में भी समर्थ बनता जाता है तथा किशोरावस्था के आगमन और समाप्ति तक एक कुशल धावक बनने की क्षमता अर्जित कर लेता है।

कूदना, उछलना तथा छलाँग लगाना (Jumping, Skipping and Hopping)

किसी विशेष ऊँचाई तक उछलना, किसी विशेष दूरी को कूदकर या छलाँग लगाकर तय करना आदि गामक क्रियाओं से सम्बन्धित कौशलों का विकास भी बालक में पैरों सम्बन्धी आवश्यक गामक क्रियाओं के उचित विकास के पश्चात् ही होता है। अतः इन बातों की एक शिशु से विशेष अपेक्षा नहीं की जा सकती। हाँ, इस दिशा में वे कुछ प्रयत्न करते हुए (अनुकरण के आधार पर) अवश्य देखे जा सकते हैं जिनमें सामान्य रूप से उन्हें असफलता ही हाथ लगती है तथा वे अनावश्यक रूप से किसी चोट तथा दुर्घटना के भी शिकार होते पाये जाते हैं। कुछ छोटे बालकों के साथ भी ऐसा ही घटित होता पाया जाता है। कूदने, उछलने तथा छलाँग लगाने में जहाँ इन क्रियाओं को अच्छी तरह से करने का ज्ञान और अभ्यास आवश्यक है वहाँ शरीर सम्बन्धी सामर्थ्य तथा आवश्यक एवम् गामक विकास की भी अत्यधिक आवश्यकता होती है। इसलिये प्रायः 4 वर्ष की आयु से ही कूदने, छलाँग लगाने सम्बन्धी कुशलताओं के विकास का रास्ता बालकों में ठीक प्रकार से खुल पाता है। 6–7 वर्ष के बालक इन सभी क्रियाओं के कुशल संपादन हेतु उचित कौशलों का अर्जन करते हुए देखे जा सकते हैं। इसके साथ उन्हें जितने अभ्यास और प्रशिक्षण के अवसर मिलते हैं उसी के अनुकूल वे अच्छे एथलीट तथा प्रोफेसनल बन जाते हैं।

सीढ़ी चढ़ना (Climbing)

बालक में शिशु अवस्था से ही इस कौशल का विकास प्रारम्भ हो जाता है। खड़ा होना सीखने से पहले ही बालक जब रेंग या घिसट कर चल रहे होते हैं तब ही वे सीढ़ियों पर भी इसी रूप में चढ़ना प्रारम्भ कर देते हैं। हाँ, इस अवस्था में उनका उतरना मुश्किल हो जाता है। रेंग कर हाथों के बल चढ़ते हुए बालक क्रमशः अपने हाथों को ऊँची सीढ़ी पर तत्पश्चात् किसी एक टाँग तथा घुटने को उससे नीचे की सीढ़ी पर तथा दूसरी टाँग को उससे निचली सीढ़ी पर रखते हुए चढ़ने की कोशिश करते हैं। खड़ा होकर चलने की अवस्था में आने पर अब वे सीढ़ियाँ चढ़ने के लिये रेलिंग का सहारा लेना प्रारम्भ करते हैं या किसी अपने से बड़े की सहायता लेकर पहले एक पैर आगे की सीढ़ी पर जमाते हैं तथा फिर दूसरे पैर को उठाकर उसी सीढ़ी पर ले आते हैं। जब दोनों पैर सीढ़ी पर आ जाते हैं तो फिर आगे उसी क्रम से पहला और दूसरा पैर उठाते जाते हैं, जिसका प्रयोग उनके द्वारा पहली सीढ़ी चढ़ने के लिये किया जाता है। थोड़ा और बड़ा हो जाने पर सीढ़ियाँ चढ़ने में अब उन्हें किसी सहारे की आवश्यकता नहीं रहती और अब वे सीढ़ियाँ चढ़ने में अपने पैरों का इस्तेमाल उसी तरह शीघ्रता से करने लग जाते हैं जिस प्रकार पैदल चलने में होता है। उतरने के कौशल में भी इसी ढंग से क्रमशः विकास होता है। प्रारम्भिक अवस्था में वे उल्टा उतरते हैं यानी उतरते समय उनका मुँह सीढ़ियों से ऊपर की ओर रहता है और वे नीचे की ओर पहले एक टाँग तथा फिर दूसरी टाँग को नीचे लटकाते हैं। परन्तु जैसे ही कुछ बड़े होते हैं, उल्टे उतरने के स्थान पर सीधे उतरने लगते हैं।

एक के बाद दूसरे पैर को वे वैसे ही उतरने में रखने लगते हैं जैसे कि वे इनका प्रयोग चढ़ने में करते हैं। लगभग 5–6 वर्ष का बालक धीरे-धीरे अपने इस कौशल का विकास करता हुआ वयस्कों की भाँति ठीक प्रकार से चढ़ता-उतरता देखा जा सकता है।

साईकल चलाना (Cycling)

जब बालक खड़े होने तथा चलने की सामर्थ्य अर्जित कर लेता है तब वह पहले तीन पहिये वाली साईकल (Tricycle) चलाने का प्रयत्न करने के काबिल बन जाता है। इस अवस्था में शुरूआत में बालक किसी बड़े की मदद से ही इस प्रकार की साईकल पर बैठकर उसे इधर-उधर हिलाने का प्रयत्न करते हैं तथा धीरे-धीरे पैडल मारकर उसे आगे-पीछे करते रहते हैं। थोड़ा बड़ा होने पर अब वे उस पर अपने आप सवार होकर उसे पैडलों की सहायता से कुशलतापूर्वक चलाना सीख जाते हैं। 3–4 वर्ष के बालकों में तीन पहियों की साईकल चलाने सम्बन्धी पर्याप्त कुशलता आ जाती है। इच्छानुसार रोकना, मुड़ना, भगाना इत्यादि सभी प्रकार की क्रियाओं को करने की उनमें योग्यता तथा क्षमता आ जाती है। अब आगे वे अपने से छोटे बालकों को भी पीछे बिठाकर घुमाना शुरू कर देते हैं।

दो पहियों वाली साईकल (Bicycle) चलाना बालक प्रायः देर से ही सीखते हैं। इसका कारण यही है कि इस प्रकार के कौशल का विकास बालकों से कई प्रकार की विकसित शारीरिक क्षमताओं तथा गामक कुशलताओं की माँग करता है। सीट पर बैठे हुए या पैडल पर खड़े-खड़े साईकिल को आगे ले जाने में उन्हें हैन्डल को भलीभाँति साधने की आवश्यकता होती है। शरीर का संतुलन बनाये रखते हुए आंख तथा साईकिल की गति में समन्वय रखने में उसे प्रारम्भ में काफी कठिनाई होती है, परन्तु धीरे-धीरे वह इस पर सफलता प्राप्त कर लेता है और लगभग 7–8 वर्ष तक पहुँचते-पहुँचते वह पहले पैडल पर खड़े होकर कैंची चलाता हुआ और फिर प्रयास तथा अभ्यास द्वारा बड़े व्यक्तियों की तरह साईकल चलाने में प्रवीणता अर्जित कर लेता है।

नृत्य करना तथा तैरना (Dancing and Swimming)

पैर के कौशलों में नृत्य करने तथा तैरने सम्बन्धी कौशलों का काफी महत्त्वपूर्ण स्थान है। बच्चा जब अपने पैरों पर खड़ा होना सीख जाता है तभी से उसके पैरों में नृत्य की थिरकनें होने लगती हैं। दो वर्ष का बालक भी दूसरों को देखकर सिखाने पर या टी.वी. तथा फिल्म में दूसरों का अनुकरण करते नृत्य के सरल कदम एवं थिरकन दिखाने में सक्षम हो जाता है। शुरू-शुरू में ऐसा करने पर उसके पैर संतुलित एवं संयमित ढंग से नहीं पड़ते, परन्तु अभ्यास द्वारा फिर सब कुछ सहज होता जाता है। एक 6–7 वर्ष के बालक से काफी अच्छी तरह नृत्य करने की अपेक्षा की जा सकती है बशर्ते उसे इस कार्य हेतु उचित प्रशिक्षण एवं अभ्यास के अवसर प्रदान किये जाएँ तथा उसमें इसके प्रति पूरी रुचि तथा लगन हो।

तैरने का कौशल भी इसी तरह बालक से उचित अभ्यास एवं प्रशिक्षण की माँग करता है। छोटे बालक तब तक तैरने में प्रशिक्षण लेने के काबिल नहीं हो सकते जब तक कि उनके हाथ और पैरों में गामक विकास सम्बन्धी पर्याप्त क्षमतायें जैसे नाड़ियों और माँसपेशियों का उचित समन्वय, साँस पर नियन्त्रण करने का अभ्यास तथा तैरने सम्बन्धी निर्देशों पर अमल करने की मानसिक योग्यता विकसित नहीं हो जाती। अतः तैरने में प्रशिक्षण का काल शिशुकाल के बाद ही ठीक से प्रारम्भ हो सकता है। उचित अभ्यास एवं प्रशिक्षण द्वारा 4–5 वर्ष का बालक सामान्य रूप से तैरने में सक्षम सिद्ध हो सकता है तथा आगे के 2–3 वर्षों में इस दिशा में काफी प्रवीणता अर्जित कर सकता है।

देरी से होने वाला या विलम्बित विकास (Delayed Motor Development)

अपने विकासात्मक अवधि के दौरान सभी बालकों से एक निश्चित पैटर्न के तहत अपने गामक विकास सम्बन्धी मुकाम या मंजिलें तय करने की अपेक्षा की जाती है। परन्तु वैयक्तिक भेदों की उपस्थिति के कारण अपवाद (Exceptions) तो रहेंगे ही। इसलिये अपने गामक विकास तथा गामक कौशलों के अर्जन के परिप्रेक्ष में कुछ बालक सामान्य से काफी आगे तथा पिछड़े हुये नजर आ सकते हैं। अगर यह अंतर सीमा के अंदर ही रहता है तब तो ठीक है परन्तु इसकी अतिशयता समस्या पैदा कर सकती है विशेषकर उस अवस्था में जब बालकों को अपनी आयु तथा अवस्था की दृष्टि से गामक क्षमताओं के विकास में काफी पिछड़ा हुआ पाया जाता है। उनमें या तो इन क्षमताओं की अनुपस्थिति पाई जाती है अथवा उनमें इनका विकास निश्चित आयु तथा अवस्था के गुजरने के काफी बाद होता हुआ पाया जाता है। इस तरह वे गामक विकास (संपूर्ण तथा सूक्ष्म गामक कौशलों के अर्जन) सम्बन्धी महत्त्वपूर्ण मुकामों (Significant milestones of motor development) पर पहुँचने में सामान्य बालकों की तुलना में काफी देरी कर देते हैं। उनकी अपने गामक विकास सम्बन्धी यह देरी उनके लिये कई तरह से घातक और हानिप्रद सिद्ध हो सकती है, जैसे–

(i) इसके फलस्वरूप बालक स्वतन्त्र रूप से ऐसी गामक गतिविधियों को करने में अपने आपको असमर्थ अनुभव कर सकता है जिनकी किसी विशेष आयु तथा वृद्धि एवं विकास की अवस्था में उससे अपेक्षा की जाती है।

(ii) इससे उनकी शारीरिक वृद्धि एवं विकास की सामान्य प्रक्रिया प्रभावित होती है और वे इस क्षेत्र में भी पिछड़ जाते हैं।

(iii) इससे उनकी अपने साथियों के साथ उचित अंतःक्रिया नकारात्मक रूप से प्रभावित होती है और उनका सामान्य रूप से सामाजिक विकास नहीं हो पाता।

(iv) गामक कौशलों-संपूर्ण तथा सूक्ष्म (Gross and fine) के समय पर विकास न होने से उनके मानसिक विकास के मार्ग में रोड़े आ जाते हैं और इस तरह उनका सामान्य रूप से मानसिक विकास नहीं हो पाता और वे अपनी आयु तथा अवस्था के लिये अपेक्षित मानसिक कार्य करने में अपने को असमर्थ पाते हैं।

(v) इससे उनका सामाजिक-संवेगात्मक व्यवहार नकारात्मक रूप से प्रभावित होता है। इस सम्बन्ध में अपनी बात कहते हुये श्रीमती हरलॉक (1956 : 167) ने लिखा है:

गामक नियन्त्रण के विकास में पिछड़ जाने के कारण, बहुत से युवा बालकों में हीनता की भावना घर कर जाती है जिससे वे सामाजिक समूह में भाग लेने से कतराने लगते हैं और इससे उनमें असामाजिक दृष्टिकोण तथा व्यवहार को पनपने का रास्ता खुल जाता है।

(Because as a result of the early backwardness in the development of motor control, many young children develop feelings of inferiority which cause them to withdraw from the social group and this lays the foundation for unsocial attitudes and behaviour.)

बालकों में होने वाले विलम्बित विकास के कारण
(Causes of Delayed Motor Development in Children)

बालकों में गामक विकास अपने समय पर न होकर देरी से होने के पीछे जो कारण कार्य कर सकते हैं उन्हें संक्षेप में निम्न प्रकार लिपिबद्ध किया जा सकता है।

1. माँ के गर्भ में बालक की वृद्धि और विकास हेतु मिलने वाला अनुपयुक्त वातावरण तथा उससे मिलने वाला अपर्याप्त पोषण।
2. बीमारी, कुपोषण, ग्रन्थि दोष, रासायनिक असंतुलन तथा गड़बड़ी और इसी तरह की अन्य बातों की वजह से बालक का खराब शारीरिक स्वास्थ्य।
3. बालक का अनुपयुक्त एवं असामान्य शारीरिक आकार, बनावट तथा शारीरिक अनुपात।
4. निम्न बुद्धि स्तर।
5. माँसपेशियों के नियन्त्रण सम्बन्धी गामक विकास की अनुपयुक्तता और अपर्याप्तता जिसके मूल में कुछ निम्न परिवेशजन्य कारक उपस्थित हो सकते हैं:
   - गामक क्रियाओं हेतु पर्याप्त जगह की कमी।
   - खेलने, व्यायाम करने तथा अन्य गामक गतिविधियों को संपादित करने हेतु उचित सुविधाओं का अभाव।
   - प्रोत्साहन का अभाव।
   - उचित वातावरणजन्य अनुभवों, अवलोकन तथा अनुकरण करने लायक उचित मॉडलों का उपलब्ध न होना तथा समयानुसार उचित प्रशिक्षण सुविधाओं का अभाव।
6. तंग वस्त्र या जूते पहनने के अनुचित प्रभाव।
7. गामक कौशल के सीखने या प्रशिक्षण तथा परिपक्वन स्तर में परस्पर तालमेल का अभाव।
8. गामक गतिविधियों/कार्यों के संपादन हेतु बालक को इस सीमा तक मजबूर करना कि या तो उसमें ऐसे कार्यों को करने के प्रति डर घर कर जाये या फिर वे इन्हें न करने के लिए विद्रोह पर उतारू हो जायें।

गामक विकास सम्बन्धी ज्ञान की शैक्षिक उपयोगिता एवं महत्त्व (Importance and Educational Implications of the Knowledge of Motor Development)

बालकों के गामक या क्रियात्मक विकास के स्वरूप तथा उसकी प्रक्रिया की जानकारी शिक्षकों को अपने शिक्षण कार्य में जिस रूप में सहायक सिद्ध हो सकती है उसका निम्न रूप में वर्णन किया जा सकता है:

1. गामक विकास के स्वरूप तथा उसकी प्रक्रिया के ज्ञान द्वारा अध्यापक को यह पता चल जाता है कि बालक के गामक विकास का कार्य धीरे-धीरे विभिन्न आयु की अवस्थाओं में से गुजरता हुआ किस प्रकार आगे बढ़ता है। किस आयु वर्ग के बालक में किस प्रकार की गामक क्षमतायें तथा कुशलतायें किस स्तर तक या किस रूप में सामान्य तौर पर विकसित होती हैं, इसका पूर्वानुमान भी वह इस जानकारी के आधार पर लगा सकता है। बालक से इन आयु अवस्थाओं में किस प्रकार की गामक क्रियाओं तथा कुशलताओं की अपेक्षा की जा सकती है इस बात का ज्ञान माता, पिता या अध्यापकों को बालकों का अपने पर्यावरण से ठीक प्रकार समायोजन करा सकने में काफी सहायक सिद्ध होता है। बच्चा अभी रेंगने या घुटनों के बल चलने के ही काबिल है, अभी उससे खड़ा होने, चलने या दौड़ने इत्यादि की आशा नहीं की जा सकती। अगर ऐसे प्रयत्न किये भी जाएँ तो यह बालक के लिये काफी अहितकर सिद्ध हो सकते हैं। कब उससे इन सभी क्रियाओं में आत्मनिर्भरता की आशा की जा सकती है, उस समय का इन्तजार करना ही चाहिए। इस तरह की बात का ज्ञान एक अध्यापक को अपनी शिक्षण गतिविधियों के ठीक प्रकार के आयोजन में बहुत सहायता कर सकता है यथा:

- बालकों में लेखन कौशल का विकास उनकी हाथ से लिखने सम्बन्धी गामक क्षमताओं तथा योग्यताओं के विकास से बहुत कुछ सम्बन्धित होता है। बालक को किस ढंग से लेखनी अच्छी प्रकार पकड़नी चाहिए—यह उसकी उंगलियों की बनावट, माँसपेशियों तथा नाड़ियों की क्षमता तथा उनके द्वारा बनाये जाने वाले संतुलन तथा समन्वयन पर बहुत कुछ निर्भर करता है। अध्यापक को बालक विशेषों की इस प्रकार की क्षमताओं को आधार बनाकर उन्हें लेखन कौशल में आगे बढ़ाने का प्रयत्न करना चाहिए।
- बालकों द्वारा जो भी प्रयोगात्मक कार्य किये जाते हैं तथा कार्य अनुभव सम्बन्धी क्रियायें की जाती हैं उनमें उन्हें भलीभाँति प्रशिक्षित करने तथा अभ्यास कराने के लिये भी उनके व्यक्तिगत गामक विकास को ध्यान में रखा जाना चाहिये। बालकों से किसी आयु विशेष या अवस्था विशेष में उन्हीं क्रियाओं के संपादन की तथा वस्तुओं, साज-सामान या उदाहरणों के ठीक तरह उपयोग में लाने की आशा की जानी चाहिए जिनके लिये उनका गामक विकास अनुमति देता हो।
- शारीरिक शिक्षा तथा क्रीड़ा प्रशिक्षक, योग अध्यापक आदि को तो विशेष रूप से बालकों के गामक विकास को ध्यान में रखकर ही अपने प्रशिक्षण कार्यक्रमों का आयोजन करना चाहिये। जिन क्रियाओं तथा अभ्यास के संपादन की बालकों से जिस आयु तथा अवस्था विशेष में आशा की जा सकती हो उसी के अनुरूप उन्हें अपना कार्यक्रम तैयार करना चाहिये।

2. गामक विकास के स्वरूप तथा प्रक्रिया का अध्ययन अध्यापकों को अपने बालकों के व्यक्तिगत भेदों के संदर्भ में उनकी सामान्यतया तथा सामान्य से अधिक या कम होने की क्षमता या सामर्थ्य से भी परिचय करा सकता है। किस बालक का गामक विकास कितना है उसकी यह सामान्यता, अतिसामान्यता तथा अपसामान्यता को ध्यान में रखकर वह उसके लिये व्यक्तिगत निर्देशन तथा परामर्श की व्यवस्था कर सकता है और उसे अपने ढंग से अपने भौतिक, सामाजिक तथा शैक्षणिक वातावरण से समायोजित होने में मदद कर सकता है। इस दृष्टि से उसके द्वारा निम्न प्रयत्न किये जा सकते हैं:

- जिन बालकों का गामक विकास सामान्य है, उन्हें शिक्षित करने तथा उनके व्यक्तित्व का सर्वांगीण विकास करने के प्रयास सामूहिक रूप से अन्य सामान्य बालकों के साथ में लाकर किये जा सकते हैं।

– जिन बालकों का गामक विकास सामान्य से अच्छा और अधिक गति वाला है उन्हें अपने उसी गति से आगे बढ़ने के पर्याप्त अवसर प्रदान किये जाने चाहिये। कुशल नर्तक, कुशल तैराक, कुशल खिलाड़ी, कुशल मैकेनिक बनने में उनकी पर्याप्त सहायता उनकी गामक योग्यता सम्बन्धी प्रतिभा के आधार पर भलीभाँति की जानी चाहिए।

– जिन बालकों में गामक विकास या गामक कौशलों को ग्रहण करने सम्बन्धी क्षमतायें सामान्य से नीचे पाई जाती हैं उनके समायोजन और विकास हेतु विशेष उपाय किये जाने चाहिए। इस दिशा में निरोधात्मक, उपचारात्मक तथा समायोजनात्मक–तीनों तरह के कार्य किये जाने चाहिए। पहले तो उन सभी विषम, प्रतिकूल तथा हानिकारक परिस्थितियों तथा कारणों का पता लगाया जाना चाहिये जिनके द्वारा बालकों के गामक विकास का मार्ग अवरुद्ध होता है; इसके पश्चात् प्रयत्न होना चाहिये कि बालक के मार्ग में इस प्रकार की बाधायें कम-से-कम आयें। अगर बालक में गामक क्षमताओं से सम्बन्धित कमियाँ तथा दोष आ ही गये हैं तो अब उनके भलीभाँति समायोजन के सभी संभव उपाय किये जाने चाहिए। उनके हिसाब से अब विकास, समायोजन तथा शैक्षणिक कार्यक्रमों का आयोजन किया जाना चाहिए तथा उन्हें उनकी सामर्थ्य के अनुसार आगे बढ़ाने के प्रयत्न किये जाने चाहिए।

3. बालकों का जिस आयु विशेष या अवस्था विशेष में जिस प्रकार का भी गामक विकास है उसके अनुरूप उन्हें सभी उपयुक्त गामक कौशलों के अर्जन में पूरी सहायता की जानी चाहिए। स्पष्ट है कि यह सहायता उसी अध्यापक द्वारा अच्छी तरह दी जा सकती है जो बालकों के गामक विकास की दशा, दिशा, स्वरूप तथा प्रक्रिया से भलीभाँति परिचित हो। इस गामक विकास और गामक कौशल के अर्जन का लाभ फिर अध्यापक को उनके कल्याण हेतु अवश्य उठाना चाहिये। इस कार्य हेतु विद्यालयों में बालकों से उपयुक्त गामक क्रियाएँ अवश्य करवाई जानी चाहिए। इनमें खेलकूद, व्यायाम, योग कार्य–अनुभव आदि से सम्बन्धित ऐसी क्रियाएँ हो सकती हैं जिन्हें बालक अपने गामक विकास के आधार पर करने में समर्थ हों। इन क्रियाओं के आयोजन से सभी प्रकार के अन्य लाभ जैसे–शारीरिक विकास तथा स्वास्थ्य की प्राप्ति, मानसिक विकास तथा स्वास्थ्य की प्राप्ति, सामाजिक विकास तथा नैतिक विकास आदि भी समुचित रूप से प्राप्त होते रहें, इस बात का भी ध्यान रखा जाना चाहिए।
इस प्रकार यह भलीभाँति अनुमान लगाया जा सकता है कि अगर अध्यापकों को गामक विकास के स्वरूप तथा प्रक्रिया से परिचित होने के लिये उपयुक्त सुविधायें एवं अवसर मिलें तो वह अपनी इस जानकारी का उपयोग बालकों के समुचित विकास करने तथा उनके समायोजन में उनकी सहायता करने हेतु अच्छी तरह कर सकते हैं। इस तरह बालकों के गामक विकास का अध्ययन एक अध्यापक को सभी तरह से अपने कर्त्तव्य निर्वाह में भलीभाँति सहायता करता हुआ पाया जा सकता है।

संज्ञानात्मक अथवा मानसिक विकास (Cognitive or Mental Devlopment)

संज्ञानात्मक अथवा मानसिक विकास का अर्थ (Meaning of Cognitive or Mental Development)

पहले अध्याय में हम देख चुके हैं कि किस प्रकार शारीरिक वृद्धि और विकास के फलस्वरूप बालकों की शारीरिक क्षमताओं, योग्यताओं और सामर्थ्य में पर्याप्त वृद्धि के दृष्टिकोण से सभी आन्तरिक और शारीरिक बाह्य अवयवों में निरन्तर परिवर्तन होते रहते हैं। इस प्रकार की वृद्धि और विकास के परिणामस्वरूप वे ऐसे-ऐसे परिश्रम सम्बन्धी कार्य कर सकते हैं अथवा ऐसे खेल खेल सकते हैं जिन्हें खेलने में अपनी शैशवावस्था या छोटी अवस्था में वे अपने आपको असमर्थ पाते थे। उसी प्रकार बच्चा अपने शैशव या बाल्यकाल में ऐसे कार्य भी नहीं कर सकता जिन्हें करने के लिए अधिक विकसित मानसिक शक्तियों की आवश्यकता होती है। जैसे-जैसे बच्चा बड़ा होता है वैसे-वैसे उसकी मानसिक योग्यतायें और क्षमतायें बढ़ती जाती हैं और वह ऐसी समस्याओं को जिन्हें वह बचपन में नहीं सुलझा पाता था, आसानी से सुलझाने लगता है। *इस प्रकार से संज्ञानात्मक अथवा मानसिक विकास से तात्पर्य बालक की उन सभी मानसिक योग्यताओं और क्षमताओं में वृद्धि और विकास से है जिसके परिणामस्वरूप वह अपने निरन्तर बदलते हुए वातावरण में ठीक प्रकार समायोजन*

करता है और बड़ी-बड़ी कठिन तथा उलझनपूर्ण समस्याओं को सुलझाने में अपनी मानसिक शक्तियों को पूरी तरह समर्थ पाता है।

वास्तव में संवेदना (Sensation), प्रत्यक्षीकरण (Perception), कल्पना (Imagination), स्मरण शक्ति एवं तर्क शक्ति, विचार शक्ति, निरीक्षण, परीक्षण तथा सामान्यीकरण शक्ति, बुद्धि और भाषा सम्बन्धी योग्यता, समस्या समाधान योग्यता (Problem solving ability) और निर्णय लेने की क्षमता आदि सभी प्रकार की संज्ञानात्मक, मानसिक और बौद्धिक शक्तियाँ, योग्यताएं और क्षमताएँ हमारी मानसिक वृद्धि और विकास की प्रक्रिया द्वारा ही नियन्त्रित होती हैं। ये सभी मानसिक शक्तियाँ अथवा योग्यतायें एक-दूसरे से बहुत सम्बन्धित हैं। इनमें से किसी का भी अपने आप में अकेले होने या किसी दूसरे को प्रभावित किए बिना विकसित होना सम्भव नहीं है। इसलिए जब भी किसी स्तर पर किसी बालक के मानसिक विकास की बात करते हैं तो उस समय हमारा तात्पर्य इन सभी योग्यताओं, क्षमताओं और शक्तियों के समन्वित विकास से ही होता है।

संज्ञानात्मक या मानसिक विकास के विभिन्न क्षेत्रों या पहलुओं में होने वाला विकास (Development in Various Areas and Aspects of Congnitive or Mental Development)

जैसा कि ऊपर कहा जा चुका है कि बालक के मानसिक अथवा संज्ञानात्मक क्षेत्र के अन्तर्गत उसकी समस्त मानसिक योग्यताएँ और शक्तियाँ सम्मिलित होती हैं। इन योग्यताओं अथवा शक्तियों का विकास बच्चे में धीरे-धीरे ही होता है। जन्म के पश्चात् ये किस प्रकार पनपती हैं, यह जानकारी बहुत ही रोचक एवं उपयोगी सिद्ध हो सकती है। यद्यपि मानसिक शक्तियों और योग्यताओं के क्षेत्र में बच्चा समान रूप से आगे रहता है, परन्तु किसी आयु अथवा अवस्था विशेष में इन योग्यताओं और शक्तियों में विकास की गति कम अथवा अधिक होती रहती है।

वृद्धि और विकास की विभिन्न अवस्थाओं में होने वाली मानसिक वृद्धि और विकास को ध्यान में रखकर आगे के पृष्ठों में मानसिक विकास के विभिन्न पहलुओं या दूसरे शब्दों में विभिन्न महत्त्वपूर्ण मानसिक योग्यताओं और शक्तियों के क्षेत्र में बच्चा अपनी आयु के साथ-साथ किस प्रकार आगे बढ़ता है, इस बात की चर्चा की जाएगी।

1. **संवेदना और प्रत्यक्षीकरण** (Sensation and Perception)—संवेदना और प्रत्यक्षीकरण दोनों ही मानसिक विकास के महत्त्वपूर्ण पहलू माने जाते हैं। आंख, कान, नाक, जीभ और त्वचा आदि ज्ञानेन्द्रियों के द्वारा हमें जो कुछ भी अनुभूति होती है उसे संवेदना (Sensation) कहा जाता है। जब संवेदनाओं से कोई निश्चित अर्थ निकालने की चेष्टा की जाती है तो वे प्रत्यक्षीकरण (Perception) का रूप धारण कर लेती है। प्रारम्भ में बच्चा संवदेना और प्रत्यक्षीकरण दोनों में ही बहुत पिछड़ा हुआ होता है। उसकी ज्ञानेन्द्रियाँ इतनी अधिक विकसित नहीं होतीं। फलस्वरूप न तो वह वस्तुओं की पहचान कर सकता है और न उनसे कोई विशेष अर्थ ग्रहण कर पाता है। बच्चे की दृष्टि भी पहले-पहले स्थिर नहीं रहती। दीपक की लौ तथा अन्य रंग-बिरंगी वस्तुओं की ओर अपनी दृष्टि जमाए रहना संवेदना के विकसित होने की प्रारम्भिक अवस्था मानी जा सकती है। इसके पश्चात् वह व्यक्तियों और वस्तुओं के अन्तर को समझने और उन्हें पहचानने लग जाता है। अब वह परिचित तथा अपरिचित में भी भेद कर सकता है। इस प्रकार से धीरे-धीरे वह अपने वातावरण से परिचित होने लगता है और उससे निहित वस्तुओं और व्यक्तियों को पहचान कर उनको भलीभाँति जानने, अर्थ ग्रहण करने तथा प्रयोजन सिद्ध करने की चेष्टा करने लगता है। धीरे-धीरे वस्तुओं के प्रत्यक्ष सम्पर्क में आकर उनके नाम या कोई ध्वनि विशेष के माध्यम से ही अपनी प्रतिक्रिया व्यक्त करना प्रारम्भ कर देता है।

इस प्रकार से जब वह अपनी ज्ञानेन्द्रियों का उपयोग करना प्रारम्भ कर देता है तो उसकी अपनी चारों ओर के वातावरण के विषय में अधिक-से-अधिक जानने की जिज्ञासा भी बहुत बढ़ जाती है। वह प्रत्येक घटना या वस्तु को क्यों, क्या और कौन जैसे प्रश्नों में जोड़कर अनगिनत प्रश्न पूछने का प्रयास करता है। प्रारम्भ में बच्चों में समय, स्थान, आकार, गति और दूरी से सम्बन्धित प्रत्यक्षीकरण विकसित नहीं होते। इसी कारण उसे दूर जाती हुई वास्तविक रेलगाड़ी अपनी

खिलौना रेलगाड़ी जैसी दिखाई देती है। दूरी के बारे में प्रत्यक्षीकरण योग्यता के अभाव में जब वह मेज पर प्लेट इत्यादि वस्तुएँ रखना चाहता है तो उन्हें वह मेज की दूरी या ऊँचाई से नीचे या इधर-उधर छोड़ देने की भूल कर बैठता है। धीरे-धीरे उसकी प्रत्यक्षीकरण योग्यता विकसित होने लगती है। जैसे-जैसे वह किशोरावस्था की ओर पग बढ़ाता है, ज्ञानेन्द्रियों की कार्यकुशलता और क्षमता अपने शिखर पर पहुँच जाती है और उसके प्रत्यक्षीकरण का ढंग सुव्यवस्थित और विवेकपूर्ण बन जाता है। अब उसके प्रत्यक्षीकरण (Perception) अनुभव अधिक निश्चित, अर्थपूर्ण एवं विस्तृत हो जाते हैं तथा उनके ऊपर उसकी आवश्यकताओं, रुचियों और मानसिक तैयारी के अतिरिक्त उसके विश्वासों, विचारों तथा आदर्शों इत्यादि की गहरी छाप पड़नी प्रारम्भ हो जाती है इसके अतिरिक्त अब प्रत्यक्षीकरणों को निश्चित रूप से स्थूल वस्तुओं से सम्बन्धित करने की आवश्यकता नहीं पड़ती।.

2. **सम्बोध या संप्रत्यय निर्माण** (Concept formation)—बच्चों में सम्बोधों या संप्रत्ययों का निर्माण होना भी उनके मानसिक विकास का एक महत्त्वपूर्ण पहलू है। सम्बोध या संप्रत्यय एक प्रकार से ऐसे सामान्यीकृत विचार हैं जो एक व्यक्ति द्वारा विभिन्न प्रत्यक्षीकरण अथवा प्रत्यक्ष अनुभवों के माध्यम से आगमनात्मक तर्क प्रणाली का प्रयोग करते हुए विभिन्न व्यक्तियों तथा प्रक्रियाओं के बारे में बना लिए जाते हैं।

संप्रत्यय निर्माण में विभेदीकरण (Discrimination) और सामान्यीकरण (Generalisation) से सम्बन्धित दोनों प्रकार की योग्यताओं का उपयोग होता है। वस्तुओं अथवा मनुष्यों को पहचान कर विभेदीकरण कर सकने की योग्यता बच्चे में बहुत शीघ्र विकसित होने लगती है। बाद में जब वह अपने प्रत्यक्षीकरण सम्बन्धी अनुभवों के आधार पर सामान्य निष्कर्ष निकालने का प्रयत्न करना प्रारम्भ कर देता है तब संप्रत्यय निर्माण की प्रक्रिया प्रारम्भ हो जाती है। संप्रत्यय निर्माण में वास्तविक वस्तुओं के द्वारा ग्रहण किए गए स्थूल अनुभव बहुत सहयोग देते हैं। इनकी सहायता से बच्चे के अन्दर विभिन्न संप्रत्ययों का निर्माण हो जाता है।

जब बच्चा कुछ और बड़ा हो जाता है तो उसमें स्थूल तथा प्रत्यक्ष अनुभवों के द्वारा भी संप्रत्ययों का निर्माण होने लगता है। अब वह किसी वस्तु या किसी व्यक्ति या प्रक्रिया के बारे में पुस्तकों से पढ़कर या अपने अध्यापक द्वारा सुनकर अथवा चित्र या फोटोग्राफ में देखकर ही निश्चित धारणा बनाना प्रारम्भ कर देता है। बाद के वर्षों में बालकों में केवल नए-नए संप्रत्ययों का निर्माण होता है, बल्कि उसके अन्दर पहले से ही विद्यमान पुराने संप्रत्ययों को भी नवीन रूप मिलता रहता है। नवीन अनुभवों का कसौटी पर खरा न उतरने के कारण त्याग भी करना पड़ता है।

सामान्यतया संप्रत्ययों के विकसित होने की प्रक्रिया में स्थूल में सूक्ष्म की ओर, अस्पष्टता एवं अनिश्चित से निश्चित की ओर चला जाता है। इसी कारण बच्चों के संप्रत्यय अस्पष्टता, अनिश्चितता और अपर्याप्तता से युक्त होते हैं। उदाहरण के तौर पर बच्चे में समय सम्बन्धी संप्रत्यय का सर्वथा अभाव होता है। क्रो व क्रो (Crow and Crow) ने इसके बारे में विचार व्यक्त करते हुए लिखा है—*समय अपने इस रूप में जैसा कि समझा जाता है बच्चों के लिए कुछ भी महत्त्व नहीं रखता। उसे 'आज', 'कल' और अगले सप्ताह में कोई अन्तर दिखाई नहीं देता। समय की अवधि के सूचक वे सभी शब्द उसे शब्द मात्र ही प्रतीत होते हैं।* उसी प्रकार बच्चे में स्थिति, दूरी, गहराई आदि से सम्बन्धित संप्रत्यय भी बहुत अस्पष्ट एवं अल्प-विकसित अवस्था में होते हैं, परन्तु जैसे-जैसे वह बड़ा होता जाता है, परिपक्वता ग्रहण करने के फलस्वरूप वे अधिक से अधिक स्पष्ट, विशिष्ट और निश्चित होते चले जाते हैं।

3. **भाषा विकास** (Language development)—व्यक्ति की मानसिक वृद्धि और विकास में भाषा का विकास भी महत्त्वपूर्ण योगदान देता है। भाषा विकास के प्रारम्भिक चरण में बच्चे बोलना सीखने का प्रयत्न करते हैं। शुरू-शुरू में रोने, किलकारी भरने, चिल्लाने आदि से सम्बन्धित ध्वनियों द्वारा उनकी यह इच्छा व्यक्त होती है। प्रथम वर्ष में वह केवल कुछ शब्दों का उच्चारण ही सीख पाता है, परन्तु उसके पश्चात् बोलने सम्बन्धी शब्दकोश में बहुत तेजी से वृद्धि होती है। अनुकरण की प्रक्रिया इस कार्य में सहायता करती है। बच्चा अपने परिवेश में अपने से बड़ों तथा साथियों का अनुकरण कर शीघ्रता से बोलना सीखता है। बोलने और सीखने की इस प्रक्रिया में बच्चों में तुतलापन, हकलाहट और रुक-रुक कर बोलने जैसे दोष भी उत्पन्न हो सकते हैं। अतः माता-पिता और अध्यापकों को इस समय के बोलने के प्रयत्नों पर पूरा-पूरा ध्यान देना चाहिए।

जहाँ तब भाषा सम्बन्धी शब्दकोश का प्रश्न है, इसकी उपस्थिति बचपन में बहुत सीमित मात्रा में होती है। जैसे-जैसे आयु बढ़ती है वैसे-वैसे परिपक्वन और औपचारिक तथा अनौपचारिक शिक्षा के माध्यम से इसके कलेवर में निरन्तर वृद्धि होती रहती है।

अगर पढ़ने सम्बन्धी रुचियों और आदतों को ठीक प्रकार से बनाए रखा जाए तो व्यक्ति न केवल युवा और प्रौढ़ावस्था में बल्कि वृद्धावस्था में भी अपने शब्द भण्डार में यथेष्ट वृद्धि करने में सक्षम हो सकता है।

शब्दकोश में वृद्धि और बोलना सीखने के साथ-साथ वाक्य निर्माण और भावों द्वारा अपने भावों की अभिव्यक्ति करने के ढंग में भी पर्याप्त कुशलता आने लगती है। बाल्यावस्था के प्रारम्भ में बच्चे प्रश्नों का उत्तर केवल एक शब्द में देने का प्रयत्न करते हैं। उस समय उनकी भाषा में संज्ञा शब्दों की भरमार होती है। कुछ समय पश्चात् धीरे-धीरे वे विशेषण, सर्वनाम, क्रिया विशेषण आदि अन्य विन्यासों का प्रयोग भी अच्छी तरह सीख लेते हैं और उनके उत्तर अब भाषा रचना की दृष्टि से संक्षिप्त और अधूरे होने की अपेक्षा लम्बे, गूढ़ और सशक्त होने लगते हैं।

4. **स्मरण-शक्ति का विकास** (Development of memory)—मानसिक विकास का एक अन्य महत्त्वपूर्ण पहलू स्मरण-शक्ति है। जन्म के समय बच्चों में स्मरण-शक्ति कितनी मात्रा में होती है, इसके बारे में निश्चित रूप से कुछ कहा नहीं जा सकता। आयु में वृद्धि होने पर परिपक्वता और अनुभवों के माध्यम से इसका धीरे-धीरे विकास होने लगता है। **हरलॉक** (Hurlock) और **श्वाट्र्ज** (Schwartz) ने विकास की इस प्रक्रिया पर टिप्पणी करते हुए लिखा है—*शुरू के छः महीने के बच्चे जो बातें उन पर गहरा प्रभाव छोड़ती हैं, केवल उन्हीं को स्मरण रखते हैं, परन्तु साल के अन्त तक उनमें वास्तविक स्मरण-शक्ति विकसित होने के लक्षण प्रकट होने लगते हैं। प्रथम वर्ष में तो वे प्रत्यक्ष वस्तुओं के सम्पर्क में आने पर उनसे सम्बन्धित बातों को याद रख सकते हैं। बोलना आ जाने के बाद, प्रायः दो वर्ष के पश्चात् वे विचारों के रूप में भी बहुत कुछ स्मरण रख सकते हैं। प्रथम दो वर्षों में परिस्थितियों की अपेक्षा व्यक्ति और वस्तुओं से सम्बन्धित स्मरण-शक्ति ही अधिक अच्छी पाई जाती है। बाल्यकाल के शुरू में तीन से लेकर छः वर्ष तक बच्चे की स्मरण-शक्ति में परिस्थितियों और घटनाओं का स्थान बहुत बढ़ जाता है। अनुभूतियों से जुड़े हुए संवेग अब स्मरण-शक्ति को प्रभावित करने लगते हैं। तीन वर्ष की आयु तक बच्चे अपनी स्मरण-शक्ति के आधार पर कुछ दिन पहले सुनी हुई कहानी अथवा अपने पूर्व अनुभवों को सुनाने में समर्थ हो जाते हैं।*

इस प्रकार से बाल्यावस्था के प्रारम्भ से ही बच्चों में स्मरण-शक्ति के चिह्न स्पष्ट दिखाई देने लग जाते हैं, परन्तु छोटी अवस्था में बच्चों की स्मरण-शक्ति रट्टू तोते की तरह होती है। वे किसी भी चीज को बिना सोचे-समझे बार-बार दोहरा कर अथवा रट कर याद करने का प्रयत्न करते हैं बाल्यावस्था के बाद के वर्षों और किशोरावस्था में स्मरण-शक्ति धीरे-धीरे तर्क और सूक्ष-बूझ पर निर्भर होने लगती है और प्रौढ़ावस्था के अन्तिम वर्षों में, स्मरण-शक्ति कम होना प्रारम्भ कर देती है। किस विशेष आयु से ऐसा होना प्रारम्भ होता है, यह बात निश्चित रूप से नहीं कही जा सकती। आयु और स्वास्थ्य के अतिरिक्त घटनाएँ, परिस्थितियाँ और संवेगात्मक कारक भी स्मरण-शक्ति को खो बैठने या इसमें कमी आ जाने के लिए उत्तरदायी ठहराए जा सकते हैं।

5. **समस्या समाधान योग्यता का विकास** (Development of problem solving ability)—समस्या समाधान करने की योग्यता भी मानसिक विकास का एक महत्त्वपर्णू पहलू है। व्यक्ति के सामने किसी-न-किसी रूप में अनगिनत समस्याएँ रहती हैं। उनका समाधान करने के लिए इस प्रकार की योग्यता की आवश्यकता होती है। सोचने-विचारने और तर्क करने दोनों ही प्रकार की शक्तियाँ समस्या के समाधान में सहायक सिद्ध होती हैं इसलिए समस्या-समाधान योग्यता, सोचने-विचारने और तर्क करने की शक्ति पर निर्भर करती है। सोचने-विचारने और तर्क करने की शक्ति 2½ और 3 वर्ष की आयु से ही विकसित होनी प्रारम्भ हो जाती है, परन्तु इस आयु में बच्चे की विचार-शक्ति अधिक सूक्ष्म नहीं होती। वह अमूर्त विचारों (Abstract ideas) का चिन्तन करने में प्रायः असमर्थ होता है। ऐसी पेचीदा समस्याओं को, जिनमें सूक्ष्म विचार-शक्ति, कल्पना-शक्ति और अधिक संगठित तर्क-शक्ति की आवश्यकता होती है, सुलझा सकने की आशा उससे नहीं की जा सकती। लेकिन धीरे-धीरे आयु बढ़ने के साथ-साथ उसमें अमूर्त विचारों का चिन्तन करने और सूक्ष्म के साथ सम्बन्ध

बनाने की योग्यता आने लगती है। अब वह मौलिक तथा अमूर्त विचारों, काल्पनिक चित्रों, सूत्रों तथा संकेतों की सहायता से विभिन्न समस्याओं को सुलझाने में समर्थ बन जाता है।

इस विवेचन से यह स्पष्ट हो जाता है कि प्रारम्भिक अवस्था में बच्चों के सामने हल करने के लिए ऐसी सरल और उपयोगी समस्याएँ प्रस्तुत की जानी चाहिए जो उनके वातावरण से सम्बन्धित हों तथा जिनके हल के लिए काल्पनिक या अमूर्त विचार चिन्तन तथा सूक्ष्म पर्यवेक्षण की कम-से-कम आवश्यकता पड़ती हो। फिर जैसे-जैसे उनकी उम्र बढ़ती जाए उनके सामने कठिन और कठिनतर समस्याएँ रखी जानी चाहिए। इस प्रकार से बच्चों में धीरे-धीरे समस्या समाधान योग्यता विकसित की जानी चाहिए।

उपरोक्त पहलुओं के अतिरिक्त मानसिक विकास और वृद्धि की दिशा में ध्यान (Attention), कल्पना शक्ति, निष्कर्ष निकालने और निर्णय लेने की क्षमता आदि का भी अपना एक विशेष महत्त्व है। बच्चों में ये विशेष शक्तियाँ और योग्यता भी जैसे-जैसे उसकी आयु बढ़ती जाती है, ऊपर वर्णन की गई मानसिक योग्यताओं की तरह परिपक्वन और शिक्षा के माध्यम से धीरे-धीरे पनपती रहती हैं।

मानसिक या संज्ञानात्मक विकास को प्रभावित करने वाले कारक (Factors Affecting Mental or Cognitive Development)

वंशानुक्रम और वातावरण दोनों ही मानसिक वृद्धि और विकास को अधिक से अधिक प्रभावित करने की चेष्टा करते हैं। जीवन की किसी भी अवस्था में एक व्यक्ति का मानसिक विकास उसके वंशानुक्रम और वातावरण की सम्मिलित देन कहा जा सकता है। गर्भाधान के समय अपने माता-पिता के माध्यम से मानसिक विशेषताओं और गुणों के रूप में जो कुछ भी वंशानुगत पूंजी उसे प्राप्त होती है वह भविष्य में उसकी मानसिक वृद्धि और विकास की दिशा में एक ठोस आधार का कार्य करती है। इस आधार के ऊपर अपनी आयु में वृद्धि के साथ-साथ बच्चा अपने भौतिक, सामाजिक और शैक्षिक वातावरण के सहारे मानसिक वृद्धि और विकास रूप भव्य प्रासाद के निर्माण में संलग्न रहता है।

वास्तव में देखा जाए तो परिपक्वन (Maturation) और सीखना (Learning) दोनों ही मानसिक वृद्धि और विकास को नियन्त्रित करने में महत्त्वपूर्ण भूमिका निभाते हैं। परिपक्वन द्वारा शारीरिक वृद्धि और विकास में होने वाली वह वृद्धि मानसिक वृद्धि और विकास को काफी प्रभावित करती है। जन्म के समय मस्तिष्क और स्नायु संस्थान दोनों ही बहुत अविकसित होते हैं। जन्म के पश्चात् इनमें तेज़ी से वृद्धि और विकास प्रारम्भ हो जाता है और जैसे-जैसे इनमें परिपक्वता आती जाती है, वैसे-वैसे बच्चे की मानसिक शक्तियां और योग्यताएं बढ़ती जाती हैं। इस प्रकार से स्नायु संस्थान मानसिक विकास को एक निश्चित दिशा प्रदान करने में पूरी तरह से सहायक सिद्ध होता है।

सीखने की प्रक्रिया भी, चाहे वह औपचारिक शिक्षा के माध्यम से हो या वह अनौपचारिक शिक्षा अथवा व्यक्तिगत अनुभवों के ऊपर आधारित हो, स्वाभाविक रूप से परिपक्वन के परिणामस्वरूप होने वाली मानसिक वृद्धि और विकास को अपनी चरम सीमा तक पहुंचने में पूरी तरह सहायक सिद्ध होती है। मानसिक वृद्धि और विकास में इसकी भूमिका की तुलना शारीरिक वृद्धि और विकास की दिशा में शारीरिक व्यायाम द्वारा उठाए जाने वाले लाभ से की जा सकती है। जैसा कि सोरेन्सन (Sorenson, 1948 : 32) ने लिखा है—*एक बच्चे की टांगें, भुजाएं और शरीर स्वास्थ्यप्रद खेल द्वारा सशक्त बन जाता है। हम यह परिणाम निकाल सकते हैं कि मस्तिष्क और स्नायु संस्थान दोनों ही पढ़ने, गणना करने, स्मरण रखने, बोलने, कल्पना करने और अन्य मानसिक क्रियाओं को करते रहने में होने वाले अभ्यास और मानसिक व्यायाम द्वारा उन्नत और अधिक सक्षम बन जाते हैं।*

(A child's legs, arms and body are made stronger by healthful play. We can deduce that the mind with its organic counter-part, the nervous system, improves and becomes better equipped because of use and exercise in the form of reading, calculating, memorizing, speaking, imagining and other mental activities.)

मानसिक या संज्ञानात्मक विकास की जानकारी के शैक्षिक निहितार्थ (Educational Implications of the Knowledge of Mental or Cognitive Development)

विभिन्न अवस्थाओं में मानसिक वृद्धि और विकास के स्वरूप का लाभ और मानसिक योग्यताओं और क्षमताओं में आयु के साथ-साथ होने वाले परिवर्तनों की अमूल्य जानकारी अध्यापक के लिए बहुत ही उपयोगी सिद्ध हो सकती है। इस उपयोगिता को संक्षिप्त रूप में निम्न प्रकार व्यक्त किया जा सकता है:

1. विभिन्न आयु स्तरों पर पाठ्यक्रम सम्बन्धी और सहगामी क्रियाओं तथा अनुभवों के चयन और नियोजन में इससे सहायता मिल सकती है।
2. किस विधि और तरीके से पढ़ाया जाए, सहायक सामग्री तथा शिक्षण साधन किस प्रकार प्रयोग में लाए जाएं, शैक्षणिक वातावरण किस प्रकार का हो, यह सब निश्चित करने में भी अध्यापक को इससे सहायता मिलती है।
3. विभिन्न अवस्थाओं और आयु-स्तर पर बच्चों की मानसिक वृद्धि और विकास को ध्यान में रखते हुए उपयुक्त पाठ्यपुस्तकें तैयार करने में भी इससे सहायता मिल सकती है।
4. इसकी सहायता से अध्यापक को यह ज्ञात हो जाता है कि एक विशेष प्रकार की पढ़ाई और कार्य जिन्हें करने के लिए कुछ विशेष विकसित मानसिक शक्तियों की आवश्यकता होती है, उपयुक्त समय पर उन शक्तियों के विकसित होने पर ही प्रारम्भ कराने चाहिए। अनावश्यक शीघ्रता और देरी, दोनों ही इस अवस्था में हानिकारक सिद्ध हो सकते हैं।
5. इस प्रकार के ज्ञान द्वारा अध्यापक अपने शिष्यों की मानसिक शक्तियों और क्षमताओं के पूर्ण विकास में पूर्ण सहयोग प्रदान कर सकता है। वह उन्हें समाधान और सृजनात्मक अभिव्यक्ति के लिए पर्याप्त प्रशिक्षण दे सकता है। बिना सोचे समझे तोते की तरह रटने और अन्धों की तरह इधर-उधर हाथ मार कर कार्य में सफल होने के लिए प्रयास करने की अपेक्षा तर्क शक्तियों तथा सूझ-बूझ के आधार पर याद रखने और अन्य कार्य सम्पन्न करने में भी वह उनकी सहायता कर सकता है। उनके निरीक्षण, प्रत्यक्षीकरण, सामान्यीकरण सम्बन्धी योग्यता को विकसित करने में भी उनकी मानसिक शक्तियों की वृद्धि और विकास के स्तर को ध्यान में रखते हुए वह उनकी पूरी मदद कर सकता है। इस तरह से एक अध्यापक मानसिक वृद्धि और विकास के सभी पहलुओं और उनके विभिन्न स्तरों पर होने वाले सामान्य और विशिष्ट परिवर्तन को ध्यान में रखते हुए अपने शिष्यों को मानसिक शक्तियों और योग्यताओं के विकास में ही सहायता करता है, बल्कि उन्हें इन शक्तियों और योग्यताओं का उसके स्वयं और समाज के लाभ को ध्यान में रखते हुए विवेक और बुद्धिमत्तापूर्ण उपयोग करने में भी समर्थ बना सकता है।

संवेगात्मक विकास (Emotional Development)

संवेगात्मक विकास की अवधारणा (The Concept of Emotional Development)

संवेगात्मक विकास मानव वृद्धि और विकास का एक महत्त्वपूर्ण पहलू है। प्रेम, क्रोध, भय, घृणा आदि संवेग बच्चे के व्यक्तित्व और विकास में महत्त्वपूर्ण भूमिका निभाते हैं। व्यक्ति का संवेगात्मक व्यवहार केवल उसकी शारीरिक वृद्धि और विकास को ही प्रभावित नहीं करता बल्कि बौद्धिक, सामाजिक, नैतिक और सौन्दर्यबोध के विकास पर भी यथेष्ट प्रभाव डालता है। संवेगों की मानव जीवन में इस बहुमुखी उपयोगिता के कारण उनके बारे में पूरी तरह जानना अति आवश्यक हो जाता है। संवेग क्या है? इनका उद्‌गम (Origin) क्या है? इनका विकास कैसे होता है? व्यक्ति को ये किस प्रकार प्रभावित करते हैं? संवेगात्मक विकास को कौन-कौन से महत्त्वपूर्ण कारक प्रभावित करते हैं? संवेगों को किस प्रकार ठीक तरह प्रशिक्षित किया जा सकता है? इस प्रकार के कुछ प्रश्नों के उत्तरों के माध्यम से ही हम संवेगात्मक विकास की अवधारणा से परिचित होना चाहेंगे।

संवेग क्या हैं? —संवेग का अर्थ (What are Emotions? —Meaning of Emotion)

संवेग शब्द अंग्रेजी के इमोशन (Emotion) शब्द का हिन्दी रूपान्तर है। शब्द व्युत्पत्ति के अनुसार Emotion शब्द की उत्पत्ति लैटिन भाषा के शब्द Emovere से मानी जाती है जो 'उत्तेजित करने', 'हलचल मचाने', 'उथल-पुथल' या 'क्रान्ति उत्पन्न करने' जैसे अर्थों में प्रयुक्त होता है।

1. **वुडवर्थ** (Woodworth) ने इन अर्थों से प्रेरणा ग्रहण करके Emotion अर्थात् संवेग को निम्न शब्दों में परिभाषित करने का प्रयत्न किया है :

संवेग किसी प्राणी की गतिमान और हलचलपूर्ण अवस्था है। व्यक्ति को स्वयं यह अपनी भावनाओं को उत्तेजनापूर्ण स्थिति प्रतीत होती है। दूसरे व्यक्ति को यह उत्तेजित अथवा अशांत मांसपेशियों और ग्रन्थियों की एक क्रिया के रूप में दिखाई देती है। (1945, p. 410)

2. **क्रो व क्रो** (Crow and Crow) ने संवेगों की परिभाषा इस प्रकार से दी है :

संवेग वह भावात्मक अनुभूति है जो व्यक्ति की मानसिक और शारीरिक उत्तेजनापूर्ण अवस्था तथा सामान्यीकृत आंतरिक समायोजन के साथ जुड़ी होती है और जिसकी अभिव्यक्ति ऊपरी व्यवहार के द्वारा होती है। (1973, p. 83)

3. **मॅकडूगल** (McDugall, 1949) ने मूल प्रवृत्तियों (Instincts) को जन्मजात प्रवृत्तियाँ मानते हुए उन्हें सभी प्रकार के संवेगों को जन्म देने वाला कहा है। उनके अनुसार मूलप्रवृत्तिजन्य व्यवहार के तीन पक्ष होते हैं :

(a) ज्ञानात्मक पक्ष (Cognitive aspect)
(b) भावात्मक पक्ष (Affective aspect)
(c) क्रियात्मक पक्ष (Conative aspect)

उदाहरण के रूप में जब बच्चा किसी साँड को अपनी ओर आता हुआ देखता है तब उसके मूलप्रवृत्तिजन्य व्यवहार में उपरोक्त तीनों पक्ष देखने को मिलते हैं। पहले तो वह साँड का प्रत्यक्षीकरण करता है। यह जानकर कि यह साँड है, उसे भय नामक संवेग की अनुभूति होती है। इस अनुभूति के परिणामस्वरूप वह भाग कर अपनी प्राण-रक्षा करने का प्रयत्न करता है। इस प्रकार के उदाहरणों के आधार पर मकडूगल ने यह निष्कर्ष निकाला कि मूलप्रवृत्तिजन्य उत्तेजना के समय होने वाली भावात्मक अनुभूति को ही संवेग कहा जाता है। उसने मुख्य रूप से 14 मूलप्रवृत्तियों की चर्चा की और स्पष्ट रूप से संवेगों को इन मूलप्रवृत्तियों से विकसित होते हुए दिखाया। कौन-से संवेग के साथ कौन-सी मूलप्रवृत्तियाँ जुड़ी हैं, इसका ज्ञान निम्न तालिका से हो सकता है:

क्रमांक S.No.	**मूलप्रवृत्ति** (Instinct)	**सम्बन्धित संवेग** (Emotion accompanying it)
1	पलायन या भागना (Escape)	भय (Fear)
2	युयुत्सा, युद्धप्रियता (Combat)	क्रोध (Anger)
3	निवृत्ति (Repulsion)	घृणा (Disgust)
4	जिज्ञासा (Curiosity)	आश्चर्य (Wonder)
5	शिशुरक्षा (Parental)	वात्सल्य, स्नेह (Tender emotion, love)
6	शरणागति (Appeal)	विषाद (Distress)
7	रचनात्मकता (Construction)	संरचनात्मक भावना (Feeling of creativeness)
8	संचयप्रवृत्ति (Acquisition)	स्वामित्व की भावना (Feeling of ownership)
9	सामूहिकता (Gregariousness)	एकाकीपन (Feeling of loneliness)
10	काम (Scx, Mating)	कामुकता (Lust)

(क्रमशः)

क्रमांक S.No.	मूलप्रवृत्ति (Instinct)	सम्बन्धित संवेग (Emotion accompanying it)
11	आत्मगौरव (Self-assertion)	श्रेष्ठता की भावना (Positive self-feeling or elation)
12	दैन्य (Submission)	आत्महीनता (Negative self-feeling)
13	भोजनान्वेषण (Food-seeking)	भूख (Appetite)
14	हास (Laughter)	आमोद (Amusement)

उपरोक्त परिभाषाओं और संवेगों की उत्पत्ति सम्बन्धी व्याख्या के माध्यम से हमें संवेगों की विशेषताओं के बारे में कुछ निम्न प्रकार का ज्ञान हो सकता है:

1. **संवेगात्मक अनुभूतियों के साथ कोई न कोई मूल प्रवृत्ति अथवा मूलभूत आवश्यकता जुड़ी रहती है** (The emotional experiences are associated with some instincts or biological drives)—जब मूलभूत आवश्यकताओं की सन्तुष्टि होती है अथवा उसकी सन्तुष्टि में बाधा पड़ती है तो उस समय संवेग अपना-अपना कार्य प्रारम्भ कर देते हैं।

2. **सामान्य रूप से संवेग की उत्पत्ति प्रत्यक्षीकरण के माध्यम से ही होती है**–किसी भी संवेगात्मक अनुभूति के लिए पदार्थ या परिस्थिति के रूप में किसी सशक्त उद्दीपक (Strong stimulus) की आवश्यकता होती है। शरीर में होने वाले सभी प्रकार के अनुकूल या प्रतिकूल परिवर्तनों द्वारा संवेगों की मात्रा और गति दोनों में ही तीव्रता आती है।

3. **किसी भी संवेग के जाग्रत होने के लिए भावनाओं** (Feelings) **का होना आवश्यक है**–भावनाओं का उफान ही उत्तेजनापूर्ण स्थिति पैदा करके व्यक्ति को कुछ करने के लिए मजबूर करता है। भावनाएँ जब इतनी अधिक बलवती हो जाती हैं कि वे व्यक्ति के मस्तिष्क को बेचैन कर उसे तत्काल कार्यवाही करने के लिए पूरी तरह उत्तेजित कर दें तब वे संवेग का रूप धारण कर लेती हैं। इस तरह कुछ-न-कुछ करने की वेगवती इच्छा संवेगात्मक अनुभवों की एक मुख्य विशेषता मानी जाती है।

4. **प्रत्येक संवेगात्मक अनुभूति व्यक्ति में कई प्रकार के शारीरिक परिवर्तनों को जन्म देती हैं**–इनमें से कुछ को जिनकी अभिव्यक्ति बाह्य व्यवहार के माध्यम से होती है, आसानी से देखा जा सकता है। आँख की पुतलियों का फैलना, उनके डोरे लाल होना, चेहरा लाल होना, आँसू बहाना, हृदय और नाड़ी की गति धीमी अथवा तेज होना, गला रुँध जाना, शरीर के रोंगटे खड़े हो जाना, थर-थर काँपना, भागने का प्रयत्न करना अथवा संवेग जागृत करने के लिए उत्तरदायी व्यक्तियों या वस्तुओं पर आक्रमण करना आदि सभी इस प्रकार के परिवर्तन हैं। दूसरे प्रकार के वे परिवर्तन हैं जिन्हें आसानी से देखा नहीं जा सकता और जो शरीर के भीतर घटित होते हैं। रक्त संचार, पाचन, श्वसन आदि संस्थानों और ग्रन्थियों (Glands) की कार्यप्रणाली और क्षमता में अन्तर आ जाना इस प्रकार के परिवर्तनों के कुछ उदाहरण हैं। इस प्रकार के परिवर्तनों के माध्यम से यह पहचानना कि कौन व्यक्ति क्रोधित है, भयभीत है अथवा किसी अन्य संवेग का शिकार है, आसान होता है।

इन विशेषताओं के अतिरिक्त संवेगों के सम्बन्ध में कुछ और महत्त्वपूर्ण बातें कही जा सकती हैं जो निम्न हैं:

(i) प्रत्येक जीवित प्राणी को संवेगों की अनुभूति होती है।

(ii) व्यक्ति को अपनी वृद्धि और विकास की हर अवस्था में इनकी अनुभूति होती है।

(iii) सभी व्यक्ति संवेगात्मक रूप से एक जैसे नहीं होते। संवेगों की मात्रा और अभिव्यक्ति के ढंग में पर्याप्त अन्तर पाया जाता है।

(iv) एक ही संवेग विभिन्न प्रकार के उद्दीपन, चेष्टाओं, वस्तुओं और क्रियाओं के द्वारा जाग्रत किया जा सकता है।

(v) संवेग तुरन्त ही जागृत हो जाते हैं परन्तु उनका अन्त धीरे-धीरे होता है। कोई भी संवेग एक बार जागृत होने पर काफी समय तक बना रहता है और जाते-जाते अपना प्रभाव संवेगात्मक मूड (Emotional mood) के रूप में छोड़ जाता है।

(vi) संवेगों में स्थानान्तरणता (Transferability) का गुण भी पाया जाता है। अपने अफसर से बिना अपराध झिड़की या डाँट-फटकार खाने पर उत्पन्न क्रोध घर में बच्चों या पत्नी के साथ बुरा व्यवहार करने के रूप में अभिव्यक्त होता है।

(vii) एक संवेग अपनी तरह के कई संवेगों को जन्म दे सकता है।

(viii) संवेगों के जागृत होने और बुद्धि में ऋणात्मक सह-सम्बन्ध (Negative correlation) पाया जाता है। तीक्षण और कुशाग्र बुद्धि संवेगों की आँधी को रोकने का प्रयास करती है तो दूसरी ओर संवेगों का बहाव, बुद्धि सम्बन्धी दीवार को ढहाकर मनुष्य को कर्त्तव्यविमूढ़ तथा विवेकशून्य बना देता है।

संवेगों के प्रकार (Kinds of Emotions)

अगर हम विभिन्न संवेगों द्वारा व्यक्ति विशेष पर पड़ने वाले प्रभावों का विश्लेषण करें तो हम यह निष्कर्ष निकाल सकते हैं कि वे अनुकूल और प्रतिकूल दोनों प्रकार का ही प्रभाव छोड़ सकते हैं। कोई एक संवेग व्यक्ति के लिए कितना लाभदायक अथवा हानिकारक सिद्ध हो सकता है, यह कुछ निम्न बातों पर निर्भर करता है:

(i) संवेगात्मक अनुभवों की आवृत्ति (Frequency) और तीव्रता (Intensity)।

(ii) संवेग जागृत करने वाले उद्दीपन (Stimulus) की प्रकृति और सम्बन्धित परिस्थितियाँ तथा अवसर।

(iii) संवेगात्मक अनुभव या संवेग विशेष की प्रकृति अथवा प्रकार जैसे घटक का संवेगात्मक अनुभूति की दिशा में काफी महत्त्व है। सभी प्रकार के संवेगों को मोटे तौर पर दो भागों में बाँटा जा सकता है। इनमें से एक को सकारात्मक संवेग (Positive emotions) तथा दूसरे को नकारात्मक संवेग (Negative emotions) का नाम दिया जाता है।

भय, क्रोध, ईर्ष्या आदि विषादयुक्त संवेग जो व्यक्ति और समाज के लिए अहितकर सिद्ध होते हैं, नकारात्मक संवेग (Negative emotions) कहलाते हैं जबकि प्रेम, आमोद, सृजनात्मकता आदि मन को आल्हादित करने वाले संवेग जो व्यक्ति और समाज दोनों के लिए हितकर तथा उपयोगी सिद्ध होते हैं, सकारात्मक संवेग (Positive emotions) कहलाते हैं। दोनों प्रकार के संवेगों के सकारात्मक और नकारात्मक नामकरण से यह नहीं सोच लिया जाना चाहिए कि सकारात्मक संवेग हर अवस्था में अच्छे ही होते हैं और नकारात्मक संवेग बुरे। संवेगों के प्रभाव का मूल्यांकन करते समय उनकी तीव्रता, आवृत्ति, उद्दीपक की प्रकृति और सम्बन्धित परिस्थितियों के ऊपर भी पूरा-पूरा ध्यान देने की आवश्कयता है। अति सदैव ही बुरी होती है। संवेग चाहे वे सकारात्मक हों या नकारात्मक, उनकी अधिक तीव्रता अथवा अत्यधिक आवृत्ति अहितकर ही सिद्ध होती है। दूसरी ओर बुरे समझे जाने वाले नकारात्मक संवेग (Negative emotions) बहुत ही उपयोगी तथा हितकर सिद्ध हो सकते हैं। उदाहरण के तौर पर संवेग द्वारा व्यक्ति अपने आपको आने वाले खतरे का सामना करने के लिए तैयार कर सकता है। एक बच्चा, जिसमें भय का संवेग ठीक प्रकार से विकसित नहीं होता, साँप को पकड़ने, कुत्ते के मुँह में अंगुली डालने, छत से छलांग लगाने आदि दुःसाहसपूर्ण कार्यों से अपने जीवन को खतरे में डालता रहता है।

विकास की विभिन्न अवस्थाओं में संवेगात्मक विकास (Emotional Development During Different Stages of Development)

विकास अपने सामान्य रूप में आयु बढ़ने के साथ-साथ होने वाले परिवर्तनों का ही दूसरा नाम है। इस दृष्टिकोण से संवेगात्मक विकास में निम्न प्रकार के परिवर्तन देखने को मिलते हैं:

(a) जन्म के पश्चात् बच्चे में धीरे-धीरे विभिन्न संवेगों का जन्म होता रहता है।

(b) बचपन में संवेगों को जागृत करने वाले उद्दीपक (Stimulus) की प्रवृत्ति में भी बाद में पर्याप्त अन्तर आता चला जाता है।

(c) संवेगों को अभिव्यक्त करने का ढंग भी परिवर्तित हो जाता है।

इन सब परिवर्तनों को ध्यान में रखते हुए विभिन्न अवस्थाओं में होने वाले संवेगात्मक विकास का निम्नलिखित रूप में वर्णन किया जा सकता है।

शैशवावस्था में संवेगात्मक विकास (Emotional Development During Infancy)

1. अपने जन्म के समय से ही अपनी चीख-पुकार और हाथ-पैर चलाने के द्वारा बच्चा अपने अन्दर संवेगों की उपस्थिति का आभास देता है। परन्तु इस अवस्था में उसमें कौन-कौन से संवेग विद्यमान रहते हैं, इस बात के कोई निश्चित प्रमाण नहीं मिलते।
2. वास्तव में अगर देखा जाए तो जैसा कि श्रीमती हरलाक (Hurlock) लिखती हैं—*जन्म के समय और उससे कुछ देर बाद संवेगात्मक व्यवहार के प्रथम दर्शन शक्तिशाली उद्दीपकों के प्रति सामान्य उत्तेजना के रूप में होते हैं। इस समय शिशु में कोई ऐसे स्पष्ट निश्चित संवेगात्मक पैटर्न (Emotional Patterns) का पता नहीं चलता जिन्हें विशेष संवेगात्मक अवस्थाओं के रूप में पहचाना और जाना जा सकता हो।* (1959, p. 216)
   इस तरह से प्रारम्भिक अवस्था में बच्चा किसी भी उद्दीपक के प्रति बिना उसको जाने पहचाने सामान्य उत्तेजना के रूप में अपनी संवेगात्मक अभिव्यक्ति करता है।
3. सामान्य उत्तेजना व्यक्त करने की यह अन्धावस्था कुछ समय पश्चात् समाप्त हो जाती है। अब शिशु की सामान्य उत्तेजना के द्वारा उसके हर्ष और विषाद का अनुमान लगाया जा सकता है। अचानक होने वाली ज़ोर की आवाज और शोरगुल, गीला बिछौना, अधिक ठंडी और गर्म चीजों का स्पर्श, भूख आदि उद्दीपकों के प्रति शिशु की प्रतिक्रिया विषादयुक्त होती है। दूसरी ओर प्यार से थपथपाना, गोदी में लेकर प्यार करना और माँ द्वारा स्तन पान कराना आदि उद्दीपकों के प्रति उसकी क्रिया आनन्दमय चेष्टाओं के रूप में प्रकट होती है।
4. स्पिट्ज (Spitz) के अनुसार सामान्य उत्तेजना की आनन्ददायक तथा विषादमय दो प्रकार की अलग-अलग अनुक्रियाओं (Responses) की अभिव्यक्ति निम्न प्रकार से होती है :
   पहले दो मास में शारीरिक उद्दीपकों द्वारा हर्ष और विषाद की उत्पत्ति होती है। तीसरे माह में बड़ों के हंसने और उनसे खेलने के परिणामस्वरूप वह मुस्कुराने का प्रयास करता है और इस तरह मनोवैज्ञानिक उद्दीपन के फलस्वरूप उसमें आनन्दमयी अनुक्रिया (Pleasant response) होती है। कुछ समय बाद यह देखा जाता है कि अगर शिशु को अकेला छोड़ दिया जाए तो वह बहुत दुःखी होकर रोने लग जाता है और इस तरह से मनोवैज्ञानिक उद्दीपकों के माध्यम से उसमें विषाद की उत्पत्ति होने लगती है। (Hurlock, E.B. 1959, p. 217)
5. जैसा कि ऊपर कहा गया है, छः मास की अवस्था तक संवेगात्मक व्यवहार आनन्द और विषादयुक्त अनुक्रियाओं तथा चेष्टाओं के माध्यम से व्यक्त होता है। इस तरह से शिशु में इस अवस्था तक हर्ष और विषाद नामक दो संवेगों का ही अस्तित्व पाया जाता है। जब शिशु छः माह का हो जाता है तब वह नकारात्मक संवेग ग्रहण करता है। फलस्वरूप आने वाले महीनों में भय, घृणा, ईर्ष्या आदि संवेग उसमें अपना घर बना लेते हैं। 10 और 12 माह के शिशु में प्रेम, सहानुभूति, आमोद, आत्म-गौरव आदि सकारात्मक संवेग उत्पन्न हो जाते हैं। 2 वर्ष तक शिशु में जैसा कि 1931 में ब्रिज (Bridge) द्वारा किए गए अध्ययन से पता चलता है, प्रायः सभी सकारात्मक और नकारात्मक संवेग अपना घर बना लेते हैं तथा उन्हें अच्छी तरह से पहचाना जा सकता है।
6. शैशवावस्था में संवेगों की अभिव्यक्ति में भी निरन्तर निखार आता रहता है। शुरू-शुरू में मुखमुद्रा और शारीरिक चेष्टाओं के माध्यम से यह पहचान नहीं की जा सकती कि शिशु किस संवेग को अभिव्यक्त कर रहा है। केवल माता ही अपने बच्चे के रोने और चिल्लाने का प्रयोजन समझ सकती है। बाद में धीरे-धीरे बच्चों द्वारा अभिव्यक्त संवेगों को बाह्य लक्षणों से पहचाना जा सकता है। इसके अतिरिक्त शैशवावस्था के प्रारम्भिक महीनों में संवेगात्मक रूप से उत्तेजित करने वाली परिस्थितियों में शिशु अपनी प्रतिक्रिया तेजी से व्यक्त करता है। लेकिन जैसे-जैसे वह बाल्यावस्था की ओर बढ़ता है उसका चीखना-चिल्लाना और हाथ पैर चलाना कम होता जाता है। धीरे-धीरे आयु के बढ़ने के साथ-साथ वह अपने संवेगों की अभिव्यक्ति गत्यात्मक क्रियाओं के माध्यम से न कर भाषा के द्वारा करने लगता है।

बाल्यावस्था में संवेगात्मक विकास (Emotional Development During Childhood)

जैसा कि ऊपर बताया गया है बाल्यावस्था के प्रारम्भ काल तक बच्चे में प्रायः सभी संवेगों का जन्म हो चुका होता है। अतः बाल्यावस्था में कोई नवीन संवेगों की उत्पत्ति न होकर संवेग जागृत करने वाली परिस्थितियों और उद्दीपकों की प्रकृति और संवेगों को अभिव्यक्त करने के ढंग में परिवर्तन होते रहते हैं। इस दृष्टिकोण से बाल्यकाल में बच्चे में निम्न परिवर्तन दिखाई देते हैं :

1. शैशवावस्था में बच्चा बहुत स्वार्थी होता है। वह अपनी ही हित साधना में लीन रहता है। अतः इस अवस्था में बच्चे के संवेग प्रायः भूख, प्यास, नींद, माँ-बाप का स्नेह, खिलौनों की इच्छा आदि तत्काल आवश्यकताओं द्वारा ही संचालित होते हैं। लेकिन जैसे-जैसे वह बड़ा होता चला जाता है उसकी दुनिया भी बड़ी होती जाती है और अब उसके संवेग अनेक प्रकार के उद्दीपकों और परिस्थितियों द्वारा जागृत होना प्रारम्भ कर देते हैं। बालक के संवेगात्मक व्यवहार को स्कूल या वातावरण, हमजोलियों के साथ उसका सम्बन्ध और अन्य वातावरण सम्बन्धी कारक प्रभावित करते हैं। उसकी रुचियों और अनुभवों का क्षेत्र भी विस्तृत हो जाता है और इन नवीन रुचियों और अनुभवों से उसके संवेगात्मक व्यवहार को एक नई दिशा मिलती है। एक ओर जहाँ उसके संवेग नवीन उद्दीपकों से जुड़ जाते हैं वहीं दूसरी ओर कुछ पुराने उद्दीपकों द्वारा संवेगों को जागृत करने की क्षमता प्रायः समाप्त हो जाती है। अब वह कपड़े पहनना अथवा स्नान करने में, हाथ-पैर पटकने जैसी चेष्टाएं नहीं करता और न अब उसे अपरिचितों से भय ही लगता है।
2. इस अवस्था में संवेगों की अभिव्यक्ति के ढंग में भी पर्याप्त परिवर्तन दिखाई देता है। शैशवावस्था में संवेगात्मक व्यवहार में आंधी और तूफान की सी गति होती है और यह प्रायः चीखने-चिल्लाने, हाथ-पटकने आदि गत्यात्मक क्रियाओं द्वारा व्यक्त होता है। लेकिन बाल्यावस्था और विशेष रूप से उसके आखिरी वर्षों में बालक अपने संवेगों की अभिव्यक्ति उचित माध्यम से करने का प्रयास करता है। संवेगात्मक रूप से अब उसमें कुछ स्थिरता एवं गम्भीरता आने लगती है। परिवर्तनों के मूल में कई कारण हैं, प्रथम तो बाल्यावस्था में बालक को अपनी भावनाओं के प्रकाशन के लिए भाषा का माध्यम मिल जाता है, दूसरे अब वह अधिक सामाजिक हो जाता है और यह अनुभव करने लगता है कि अब उसे डरना या बातचीत में रोना अथवा गुस्सा होना शोभा नहीं देता। तीसरे, उसमें बुद्धि का पर्याप्त विकास हो जाने के कारण अब वह अपने संवेगात्मक उफान पर नियन्त्रण स्थापित करने में समर्थ बन जाता है।

इस प्रकार से बच्चा बाल्यकाल में पदार्पण करने के साथ संवेगात्मक स्थिरता और परिपक्वता की ओर बढ़ना प्रारम्भ करता है और बाल्यकाल की समाप्ति तक अपने इस ध्येय में बहुत कुछ सफलता प्राप्त कर लेता है।

किशोरावस्था में संवेगात्मक विकास (Emotional Development During Adolescence)

किशोरावस्था में एक बार फिर संवेगात्मक सन्तुलन बिगड़ जाता है। इस समय संवेगों में आँधी और तूफान की सी गति और प्रचण्डता होती है। इसलिए किशोरावस्था को प्रायः तूफान और तनाव का समय माना जाता है। जीवन की किसी अन्य अवस्था में संवेगात्मक शक्ति का प्रवाह इतना भीषण नहीं होता जितना कि इस अवस्था में पाया जाता है। एक किशोर के लिए अपने संवेगों पर नियन्त्रण रखना बहुत कठिन होता है। यौनि-ग्रन्थियों के तेजी से क्रियान्वित होने और शारीरिक शक्ति में पर्याप्त वृद्धि हो जाने के कारण बाल्यावस्था में पाई जाने वाली संवेगात्मक स्थिरता और शान्ति भंग हो जाती है। वे संवेगात्मक दृष्टिकोण से बहुत चंचल और अस्थिर हो जाते हैं। शिशु की तरह किशोर क्षण में रुष्ट और क्षण में तुष्ट दिखाई देते हैं। जरा-जरा सी बात पर बिगड़ पड़ना, उत्तेजित हो जाना, निराश होकर आत्महत्या पर उतारू हो जाना, प्रथम दृष्टि में एक-दूसरे को दिल दे बैठना आदि किशोरों के संवेगात्मक व्यवहार की सामान्य विशेषताएँ हैं।

इन सब बातों को देखते हुए इस अवस्था में संवेगों को ठीक प्रकार प्रशिक्षित करने और संवेगात्मक शक्तियों को अनुकूल दिशा में प्रवाहित करने की अत्यन्त आवश्यकता है। हैडो रिपोर्ट (Hadow Report) ने इस आवश्यकता को निम्नलिखित शब्दों में व्यक्त करने का प्रयत्न किया है:

युवाओं की धमनियों में 11–12 वर्ष की अवस्था से ही एक ज्वार उमड़ना प्रारम्भ हो जाता है, इसे किशोरावस्था के नाम से पुकारा जाता है। यह ज्वार बाढ़ का रूप धारण कर सकता है परन्तु अगर इस प्रचण्ड जल प्रवाह को पूरी शक्ति के साथ अनुकूल दिशा में प्रवाहित किया जाए तो यह अपने निश्चित लक्ष्य पर पहुँच सकता है। (Ross, 1951, p. 153)

प्रौढ़ावस्था में संवेगात्मक विकास (Emotional Development During Adulthood)

प्रौढ़ावस्था में संवेगात्मक विकास अपनी चरम सीमा पर पहुँच जाता है। इस अवस्था में प्रायः सभी व्यक्तियों में संवेगात्मक रूप से परिपक्वता आ जाती है। संवेगात्मक परिपक्वता क्या है, यह जानने का प्रयत्न नीचे किया जा रहा है।

संवेगात्मक परिपक्वता का अर्थ (Meaning of Emotional Maturity)

संक्षिप्त रूप में उस व्यक्ति को संवेगात्मक रूप से परिपक्व कहा जा सकता है जो अपने संवेगों पर उचित अंकुश रखते हुए उन्हें भलीभाँति अभिव्यक्त कर सके। ऐसे व्यक्ति में कुछ विशेषतायें पाई जाती हैं जो अग्रांकित हैं:

(i) उसके व्यवहार में प्रायः सभी संवेगों के दर्शन हो सकते हैं और उनके द्वारा कब किस संवेग की अभिव्यक्ति हो रही है, इसका ज्ञान भी भलीभाँति हो सकता है।

(ii) संवेगों की अभिव्यक्ति में भी पर्याप्त सुधार हो जाता है। अब वह अपने संवेगों की अभिव्यक्ति समाज के नियम और आचरण संहिता का ध्यान रख कर करने लगता है।

(iii) वह अपने संवेगों पर अंकुश रख सकता है। अब वह व्यर्थ में ही नहीं उफन पड़ता। उसमें अपनी भावनाओं को छुपाने और संवेगात्मक उफान को नियन्त्रित करने की क्षमता आ जाती है।

(iv) अब वह कोरी आदर्शवादिता के चक्कर में न पड़ कर अपना दृष्टिकोण अधिक से अधिक यथार्थवादी बनाने का प्रयत्न करता है। अपने स्वप्न संसार में न खो कर अब वह वास्तविक जीवन की कठिनाइयों का सामना करना चाहता है।

(v) भावनाओं और संवेगों के प्रवाह में न बहकर अब वह अपनी बौद्धिक और मानसिक शक्तियों का ठीक प्रयोग करने लगता है।

(vi) अब वह अपने गलत व्यवहार पर पर्दा डालने का प्रयत्न नहीं करता। न वह इसके लिए कोई तर्क या जिरह करता है और न दूसरों को इसके लिए उत्तरदायी ठहराना चाहता है।

(vii) उसमें पर्याप्त आत्मसम्मान और स्वाभिमान होता है। वह कोई भी ऐसा कार्य नहीं करना चाहता जिससे उसके स्वाभिमान को ठेस लगे या आत्म-सम्मान पर आँच आए।

(viii) वह मात्र अपने ही हित साधन में संलग्न नहीं रहता। वह दूसरों का ध्यान रखता है और सामाजिक सम्बन्धों को बनाए रखने का प्रयत्न करता है। समाज के नियमों और आचार संहिता के अनुकूल चलने का प्रयास करता है।

(ix) वह अपने संवेगों को समय और स्थिति के अनुरूप ठीक प्रकार से व्यक्त करने में पूरी तरह समर्थ होता है। अगर उसके आत्म-सम्मान पर आँच आती है अथवा किसी निर्दोष व्यक्ति पर अत्याचार होता है तब समय की पुकार सुनकर उसमें क्रोधित होने का सामर्थ्य भी होता है। दूसरी ओर अगर उसे अपनी असावधानी और गलती के परिणामस्वरूप अपने से बड़ों से डांट-फटकार सुननी पड़ती है तब उसमें अपने क्रोध को काबू में रखने की भी यथेष्ट शक्ति पाई जाती है। परिपक्व संवेगात्मक व्यवहार में अधिक से अधिक स्थायीपन पाया जाता है। ऐसा व्यक्ति एक क्षण में कुछ तथा दूसरे क्षण में कुछ इस प्रकार का व्यवहार करता हुआ नहीं पाया जाता।

संवेगात्मक परिपक्वता का और अधिक पूर्ण अर्थ समझने के दृष्टिकोण से हम यहाँ आर्थर टी. जरसिल्ड (Arthur T. Jersild) को उद्धृत करना चाहेंगे। उनके अनुसार संवेगात्मक परिपक्वता का अर्थ मात्र प्रतिबन्ध या अंकुश लगाना नहीं है। विस्तृत अर्थ की ओर लक्ष्य करके वे लिखते हैं—*संवेगात्मक परिपक्वता द्वारा शक्तियों के विकास और उनकी अच्छी तरह उपयोग में ला सकने की बात कहनी चाहिए। अपने विस्तृत अर्थ में संवेगात्मक परिपक्वता यह संकेत करती है कि किस सीमा तक व्यक्ति ने अच्छी तरह जीने के लिए अपनी शक्तियों और योग्यताओं को पहचान कर उन्हें विभिन्न वस्तुओं का उपभोग कर सकने तथा दूसरों के साथ प्रेम और सहानुभूति दिखाने या सुख-दुःख बाँटने आदि कार्यों में ठीक प्रकार से प्रयोग में लाना सीखा है। दुःख और विषाद के अवसर पर वह उपयुक्त शोक संवेदना व्यक्त कर सके और बिना किसी झूठमूठ बहाने का आश्रय लिए हुए भयभीत होने के समय अपनी डर की भावना को खुले रूप में व्यक्त कर सके, इस प्रकार की क्षमताओं का विकसित होना संवेगात्मक परिपक्वता का चिह्न है।* (Skinner, C.E., 1968, p. 281)

बालकों और प्रौढ़ों के संवेगात्मक व्यवहार की तुलना (Comparison between the Emotionality in Childhood and Adulthood)

बालकों और प्रौढ़ों के संवेगात्मक व्यवहार में काफी अन्तर पाया जाता है। इस अन्तर को कुछ मुख्य विशेषताओं के आधार पर आगे स्पष्ट किया जा रहा है :

1. **संवेगों की तीव्रता** (Intensity of emotions)—बालकों के संवेगों में आँधी, तूफान की सी तीव्रता पाई जाती है। संवेगात्मक अवस्था में उनका अपने ऊपर नियन्त्रण नहीं रहता। वे जब रोते हैं तो फूट-फूट कर रोते हैं, तथा जब क्रोधित होते हैं तो पूरी तरह से अपने होश हवाश खो बैठते हैं। बालकों की तुलना में प्रौढ़ों के संवेगात्मक व्यवहार में काफी संयम पाया जाता है। वे ज्वालामुखी पर्वतों की भाँति अचानक नहीं फट पड़ते।

2. **संवेगों की संक्षिप्तता** (Briefness of the emotions)—आँधी, तूफान अकस्मात् जितनी तेजी से आते हैं उतनी ही तेजी से समाप्त भी हो जाते हैं। ठीक यही बात बालकों के संवेगों की है। वे किसी भी संवेग के लम्बे समय तक शिकार नहीं होते हैं। उनके संवेग क्षणिक (Momentary) और संक्षिप्त (Brief) होते हैं। जबकि प्रौढ़ों के संवेग एक बार उनकी अनुभूति होने पर काफी लम्बे समय तक चलते हैं और जाते-जाते भी वे अपना प्रभाव विशेष प्रकार के मूड (Mood) में छोड़ जाते हैं।

3. **संवेगों की परिवर्तनशीलता** (Transitoriness of emotions)—बच्चों के संवेग अस्थिर होते हैं और उनमें परिवर्तनशीलता का गुण भी पाया जाता है। उनके व्यवहार का एक प्रकार के संवेगात्मक व्यवहार से दूसरे में परिवर्तित हो जाना बहुत ही स्वाभाविक और सहज बात है। वे एक क्षण में रुष्ट और दूसरे में तुष्ट हो जाते हैं। आँसू बहाते हुए और फूट-फूट कर रोते हुए बच्चे को केवल एक टॉफी देकर अथवा गोदी में लेकर पुचकारने से ही हंसते हुए देखा जा सकता है। थोड़ी देर में ही उनका क्रोध प्रेम में, ईर्ष्या सहयोग या मेल में और हंसी विषाद या रोने में परिवर्तित हो सकती है। बालकों की तुलना में प्रौढ़ों के संवेगों में पर्याप्त स्थिरता पाई जाती है। उनके संवेगात्मक व्यवहार में इतनी शीघ्रता से परिवर्तन नहीं आते।

4. **संवेगों की आवृत्ति** (Frequency of emotions)—अगर यह देखा जाए कि एक दिन में अथवा एक निश्चित अवधि में बच्चे अथवा प्रौढ़ व्यक्ति कितने प्रकार के संवेगों का शिकार होते हैं अथवा उनमें एक विशेष संवेग की पुनरावृत्ति कितनी बार होती है तो यह आसानी से पता चल सकता है कि अपने संवेगात्मक अस्थिरता, परिवर्तनशीलता और संक्षिप्तता के गुणों के फलस्वरूप बालक अपने व्यवहार में संवेगों की संख्या और उनकी आवृत्ति के दृष्टिकोण से प्रौढ़ों से काफी आगे होते हैं। परन्तु जैसे-जैसे वे बड़े होते हैं वे समायोजन की दिशा में कदम बढ़ाते हैं और उनके व्यवहार में संवेगों की असंयमित बाढ़ कम दिखाई देती है और उनमें अब बात-बात में रोना, झगड़ना, क्रोध करना, किलकारियाँ भरना आदि कम होता चला जाता है।

5. **संवेगात्मक अवस्था का पता लगाना** (Detection of emotionality)—बालक भोले और निष्कपट होते हैं। प्रौढ़ों की तरह अपनी भावनाओं और संवेगों को छुपाने का हुनर इन्हें नहीं आता। अतः उनकी चेष्टाओं, मुद्रा तथा हाव-भाव से उनकी संवेगात्मक अवस्था का आसानी से पता लगाया जा सकता है। भीतर से क्रोध में जलते रहने पर भी मुस्कराहट बिखेर लेना, ईर्ष्या होने पर भी प्रेम प्रदर्शित करना, रोने पर भी हर्ष व्यक्त करना बालकों की अपेक्षा प्रौढ़ों को ही अधिक आता है। इस तरह प्रौढ़ों की संवेगात्मक अवस्था का पता लगाना टेढ़ी खीर होता है।

6. **संवेगात्मक अभिव्यक्ति में अन्तर** (Difference in emotional expression)—जैसा कि पहले बताया जा चुका है एक शिशु को अपने संवेगों के उग्र और भीषण प्रवाह को नियंत्रित करना बहुत ही कठिन होता है। इस अवस्था में प्रायः संवेगों की अभिव्यक्ति चीखने, चिल्लाने, वस्तुओं को फेंकने, तोड़फोड़ करने, मारने, पीटने, भागने आदि गामिक क्रियाओं (Motor activities) के माध्यम से ही होती है। जैसे-जैसे वह बड़ा होता जाता है संवेगों की अभिव्यक्ति में पर्याप्त सुधार आता है। सामाजिक सम्पर्क और प्रशिक्षण से उसका संवेगात्मक व्यवहार संतुलित, संयमित और सामाजिक होता चला जाता है। परिपक्वता ग्रहण करने पर संवेगों की अभिव्यक्ति के लिए वह भावनाओं की बाढ़ में न बह कर बुद्धि और अनुभव का सहारा लेना अधिक पसंद करता है। इसलिए अधिकतर प्रौढ़ अपने संवेगों को नियन्त्रण में रख कर किसी दूसरे उपयुक्त समय के लिए सुरक्षित भी रख सकते हैं और इस प्रकार से वे बालकों की अपेक्षा अपने संवेगों को ठीक प्रकार से ठीक समय पर व्यक्त करने में अधिक प्रवीण होते हैं।

संवेगात्मक विकास को प्रभावित करने वाले कारक (Factors Influencing Emotional Development)

बच्चों का संवेगात्मक विकास अनेक कारकों द्वारा प्रभावित होता है। इनमें से कुछ मुख्य कारक नीचे दिये जा रहे हैं:

1. **स्वास्थ्य एवं शारीरिक विकास** (Health and physical development)–शारीरिक विकास एवं स्वास्थ्य का संवेगात्मक विकास के साथ बहुत गहरा सम्बन्ध है। आंतरिक और बाह्य दोनों प्रकार की शारीरिक न्यूनताएँ कई प्रकार की संवेगात्मक समस्याओं को जन्म दे सकती हैं। स्वस्थ्य एवं हृष्ट-पुष्ट बच्चों की अपेक्षा प्रायः कमजोर अथवा बीमार बच्चे संवेगात्मक रूप से अधिक असंतुलित एवं असमायोजित पाए जाते हैं। संतुलित संवेगात्मक विकास के लिए विभिन्न ग्रन्थियों का ठीक प्रकार काम करना अत्यन्त आवश्यक है जो केवल स्वस्थ एवं ठीक ढंग से विकसित होते हुए शरीर में ही सम्भव हो सकता है। इस प्रकार से शारीरिक विकास की दशा और उसके स्वास्थ्य का बच्चे के संवेगात्मक विकास पर गहरा प्रभाव पड़ता है।

2. **बुद्धि** (Intelligence)–समायोजन करने की योग्यता के रूप में बालक के संवेगात्मक समायोजन और स्थिरता की दिशा में बुद्धि महत्त्वपूर्ण भूमिका निभाती है। इस सम्बन्ध में मेल्टजर (Meltzer) ने अपने विचार प्रकट करते हुए लिखा है–*सामान्य रूप से अपनी ही उम्र के कुशाग्र बालकों की अपेक्षा निम्न बुद्धि स्तर के बालकों में कम संवेगात्मक संयम पाया जाता है। विचार शक्ति, तर्क शक्ति आदि बौद्धिक शक्तियों के सहारे ही व्यक्ति अपने संवेगों पर अंकुश लगा कर उनको अनुकूल दिशा देने में सफल हो सकता है। अतः प्रारम्भ से ही बच्चों की बौद्धिक शक्तियाँ, बच्चों के संवेगात्मक विकास को दिशा प्रदान करने में लगी रहती हैं।*

3. **पारिवारिक वातावरण और आपसी सम्बन्ध** (Family atmosphere and relationship)–परिवार के वातावरण और आपसी सम्बन्धों का भी बच्चे के संवेगात्मक विकास के साथ गहरा सम्बन्ध है जो कुछ बड़े करते हैं उसकी छाप बच्चों पर अवश्य पड़ती है।

अतः परिवार में बड़ों का जैसा संवेगात्मक व्यवहार होता है बच्चे भी उसी तरह का व्यवहार करना सीख जाते हैं। अशांतिमय कलह, लड़ाई-झगड़े से युक्त पारिवारिक वातावरण, क्रोध, भय, चिन्ता, ईर्ष्या आदि कलुषित संवेगों को ही जन्म दे सकते हैं जबकि प्रेम, दया, सहानुभूति और आत्मसम्मान से भरपूर वातावरण द्वारा बच्चे में उचित और अनुकूल संवेग अपनी जड़ जमाते हैं। माता-पिता तथा अन्य परिजनों के द्वारा उसके साथ किया जाने वाला व्यवहार भी उसके संवेगात्मक विकास को प्रभावित करता है। यहाँ तक कि परिवार में बच्चों अथवा भाई-बहनों की संख्या, उसकी पहली, दूसरी या

आखिरी सन्तान होना, परिवार की सामाजिक और आर्थिक स्थिति, माता-पिता द्वारा उसकी उपेक्षा या आवश्यकता से अधिक देखभाल और लाड़-दुलार आदि बातें भी बच्चे के संवेगात्मक विकास को बहुत अधिक प्रभावित करती हैं।

4. **विद्यालय का वातावरण और अध्यापक** (School atmosphere and teacher)–विद्यालय का वातावरण भी बालकों के संवेगात्मक विकास पर पूरा-पूरा प्रभाव डालता है। स्वस्थ और अनुकूल वातावरण के द्वारा बच्चों को अपना संवेगात्मक संतुलन बनाये रखने और अपना उचित समायोजन करने में बहुत आसानी होती है। विद्यालय के वातावरण में व्याप्त सभी बातें, जैसे विद्यालय की स्थिति, उसका प्राकृतिक एवं सामाजिक परिवेश, अध्यापन का स्तर, पाठान्तर क्रियाओं और सामाजिक कार्यों की व्यवस्था, मुख्याध्यापक एवं अध्यापकों के पारस्परिक सम्बन्ध और अध्यापकों का स्वयं का संवेगात्मक व्यवहार आदि बालकों के संवेगात्मक विकास को पर्याप्त रूप से प्रभावित करती हैं।

5. **सामाजिक विकास और हमजोलियों के साथ सम्बन्ध** (Social development and peer-group relationship)–सामाजिक विकास और संवेगात्मक विकास का भी आपस में गहरा सम्बन्ध है। बच्चा जितना अधिक सामाजिक होगा, संवेगात्मक रूप से वह उतना ही परिपक्व और संयमशील बनेगा। सामाजिक रूप से अविकसित अथवा उपेक्षित बच्चों को अपने संवेगात्मक समायोजन में बहुत कठिनाइयों का सामना करना पड़ता है। सामाजीकरण की प्रक्रिया (Process of socialisation) में बच्चों का ठीक-ठीक संवेगात्मक विकास और संवेगात्मक व्यवहार अपेक्षित है। उसका पोषण बच्चे में उचित सामाजिक गुणों के विकास पर भी निर्भर करता है और इस दृष्टि से सामाजिक विकास संवेगात्मक विकास को प्रभावित करने में पूरी-पूरी भूमिका निभाता है।

6. **पास-पड़ोस, समुदाय और समाज** (Neighbourhood, the community and the society)–परिवार और विद्यालय के अतिरिक्त बच्चों का अपना पड़ोस, समुदाय और समाज जिसमें वह रहता है, उसके संवेगात्मक विकास को बहुत प्रभावित करता है। अपने संवेगात्मक व्यवहार से सम्बन्धित सभी अच्छे-बुरे संवेग और आदतों को वह इन्हीं सामाजिक संस्थाओं के माध्यम से ग्रहण करता है। एक साहसी और निर्भय जाति या समुदाय में पैदा होने वाले अथवा ऐसे वातावरण में पलने वाले बच्चे में भी साहस और निर्भयता के गुण आ जाना स्वाभाविक ही है। जिस समाज में बड़े लोग शीघ्र ही उत्तेजित होकर गाली-गलौज और मारपीट करते रहते हैं उनके बच्चे भी अनायास ऐसी ही संवेगात्मक कमजोरियों के शिकार हो जाते हैं। भय, ईर्ष्या, घृणा, क्रोध, प्रेम, सहानुभूति, दया आदि सभी तरह के अच्छे और बुरे संवेगात्मक गुण अच्छे और बुरे सामाजिक परिवेश के ही परिणाम होते हैं।

इस प्रकार के संवेगात्मक विकास को प्रभावित करने वाले कारकों को दो मुख्य श्रेणियों में विभाजित किया जा सकता है। पहली श्रेणी में शारीरिक, मानसिक और सामाजिक विकास जैसे कारक हैं जिन्हें पूरे तौर से व्यक्तिगत माना जा सकता है। दूसरी श्रेणी में माता-पिता, परिवार, विद्यालय, पास-पड़ोस, समुदाय और समाज जैसे महत्त्वपूर्ण सामाजिक कारक आते हैं। व्यक्तिगत और सामाजिक, दोनों ही प्रकार के कारक बच्चे के संवेगात्मक विकास को प्रभावित करने में कोई कसर नहीं छोड़ते। इसलिए बच्चे के संवेगात्मक विकास को यथाविधि बनाए रखने में माता-पिता और अध्यापकों द्वारा दोनों ही प्रकार के कारकों का पूरा-पूरा ध्यान रखा जाना चाहिए।

संवेगों को प्रशिक्षित करने की विधियाँ (Methods for the Training of Emotions)

संवेग बालकों के व्यक्तित्व के विकास में महत्त्वपूर्ण भूमिका निभाते हैं। उनका शारीरिक, मानसिक, सामाजिक तथा नैतिक, सभी प्रकार का विकास और व्यवहार उनके संवेगों द्वारा प्रभावित होता है। पूर्व-अनुभव और प्रशिक्षण के अभाव में संवेग अपने उन्मुक्त रूप में व्यक्ति और समाज, दोनों के लिए अहितकर सिद्ध हो सकते हैं। इन्हें समाज और व्यक्ति दोनों के लिए उपयोगी बनाने के लिए इनको भलीभाँति प्रशिक्षित किया जाना आवश्यक है। साधारण तौर पर इस कार्य के लिए कुछ निम्न विधियाँ अपनाई जाती हैं:

1. **दमन या विरोध** (Repression or inhibition)–इस विधि में बच्चे के अवांछित संवेगात्मक व्यवहार की रोकथाम और उसमें परिवर्तन लाने के लिए दंड और कठोर नियन्त्रण का प्रयोग किया जाता है। संवेगों की असामाजिक और असंयमित

अभिव्यक्ति पर प्रतिबन्ध लगाए जाते हैं। इन प्रतिबन्धों को तोड़ने पर डांट फटकार, दण्ड और अन्य दमनात्मक तरीकों को काम में लाया जाता है। यह विधि बच्चे को अपनी भावनाओं को दबाकर संवेगात्मक अनुभूति की अनुचित अभिव्यक्ति पर रोक लगाने में समर्थ बनाती है। परन्तु इनका अत्यधिक और अनियंत्रित प्रयोग बच्चों के व्यक्तित्व को ठीक प्रकार से उभरने नहीं देता। अतः इनका प्रयोग बहुत सोच समझ कर किया जाना चाहिए।

2. **परिश्रमशीलता या मानसिक व्यस्तता** (Industriousness or mental occupation)—खाली दिमाग शैतान का घर माना जाता है। बेकार बैठे हुए, मन, गलत रास्तों पर भटकता है। अतः किसी उपयोगी कार्य में लगे रहकर शारीरिक या मानसिक रूप से व्यस्त रहना संवेगों को नियंत्रित और संयमित करने का एक अच्छा साधन बन सकता है।

इस विधि में इसी बात का ध्यान रख कर बालकों को घर और विद्यालय में रचनात्मक और उपयोगी कार्यों में व्यस्त रखा जाता है।

3. **मार्गान्तरीकरण और शोधन** (Redirection and sublimation)—मार्गान्तरीकरण और शोधन के द्वारा संवेगात्मक शक्ति के प्रबल प्रवाह को अनुकूल दिशा में मोड़ने का प्रशंसनीय कार्य किया जाता है। इन दोनों प्रक्रियाओं में साधारण सा अंतर है। जहाँ मार्गान्तीकरण में संवेगों की प्रकृति में कोई परिवर्तन नहीं होता, केवल संवेगों की अभिव्यक्ति में ही अन्तर आता है, वहाँ शोधन द्वारा संवेगों की अपनी प्रकृति और स्वभाव बदल कर नवीन रूप धारण कर लेते हैं और उनकी अभिव्यक्ति की दिशा भी बदल जाती है। तुलसी और कालिदास की कामुकता का भक्तिभाव में परिवर्तित होने की प्रक्रिया शोधन का एक बहुत अच्छा उदाहरण है। संवेगात्मक प्रशिक्षण की सभी विधियों में मार्गान्तरीकरण और शोधन विधि ही सर्वश्रेष्ठ मानी जाती है क्योंकि इस विधि द्वारा बच्चे के व्यक्तित्व को बिना कोई हानि पहुँचाये उसकी संवेगात्मक शक्तियों को एक उचित रचनात्मक मोड़ प्रदान किया जा सकता है। किसी भी उग्र स्वभाव के उद्दंड बच्चे की संवेगात्मक शक्ति को कमजोर बच्चों की रक्षक बना कर या समाज और राष्ट्र के शत्रुओं से जूझने के लिए प्रेरित कर एक अनुकूल मोड़ प्रदान किया जा सकता है। इस तरह से भय, ईर्ष्या, कामुकता आदि संवेगात्मक अनुभूतियों को भी उचित रूप में मोड़ा जा सकता है।

4. **रेचन** (Catharsis)—इस विधि में संवेगात्मक शक्ति पर प्रतिबन्ध या अंकुश न लगाकर उसे स्वतन्त्र अभिव्यक्ति के उपयुक्त अवसर प्रदान किये जाते हैं। जब तक बच्चे को स्वतंत्र अभिव्यक्ति का अवसर नहीं मिलता उसमें विभिन्न संवेग, घटाओं की भाँति उमड़ते-घुमड़ते रहते हैं। स्वतंत्र अभिव्यक्ति के माध्यम से बच्चे अपने संवेगों का प्रकाशन कर अपनी सहज और स्वाभाविक अवस्था को प्राप्त हो जाते हैं। परिणामस्वरूप उनमें कोई मनोविकार और अनावश्यक मनोग्रन्थियां जन्म नहीं लेतीं और वे मानसिक रूप में घटित अनावश्क तनाव तथा संघर्ष से बच जाते हैं। विद्यालय में की जाने वाली विभिन्न पाठान्तर क्रियाएं तथा उपयोगी रोचक कार्य, त्योहार, सामाजिक उत्सव तथा मेले इस दिशा में काफी मूल्यवान् सिद्ध हो सकते हैं। इसके अतिरिक्त पठन-पाठन और अपने कार्यों को करने में बच्चों को पर्याप्त स्वतंत्रता देकर भी बालकों का संवेगात्मक अभिरेचन किया जा सकता है तथा उनके संवेगों को ठीक मोड़ प्रदान किया जा सकता है।

बच्चों के संवेगात्मक विकास के लिए अध्यापक क्या करें? (What can the Teachers do in Bringing Balanced Emotional Development of Children?)

संवेगात्मक विकास को प्रभावित करने वाले व्यक्तिगत और सामाजिक—दोनों प्रकार के कारकों की चर्चा हम पहले कर चुके हैं। अगर इन कारकों का भलीभाँति ध्यान रखा जाए तो अध्यापक वर्ग बालकों के सन्तुलित संवेगात्मक विकास में अपनी भूमिका अच्छी तरह निभा सकता है। अध्यापकों द्वारा अपना उत्तरदायित्व कैसे निभाया जाए, इसकी चर्चा निम्न पंक्तियों में की जा रही है:

1. संवेगात्मक विकास के लिए जैसा कि पहले कहा जा चुका है, स्वास्थ्य और शारीरिक विकास पर पूरा-पूरा ध्यान देने की आवश्यकता है। स्वस्थ और निरोग कैसे रहा जाए, इस बात का बच्चों को भलीभाँति ज्ञान कराया जाना चाहिए।

माता-पिता और राज्याधिकारियों के सहयोग से बच्चों के संतुलित आहार और खान-पान की उचित व्यवस्था की जानी चाहिए। अध्यापकों को अभिभावकों के साथ सम्पर्क स्थापित कर उन्हें उनके बच्चों की शारीरिक कमजोरियों, न्यूनताओं, बीमारियों आदि से अवगत कराना चाहिए तथा उनके निराकरण के लिए घर, विद्यालय और चिकित्सालयों द्वारा उचित प्रबन्ध की व्यवस्था होनी चाहिए।

2. बच्चों के संवेगात्मक विकास पर पारिवारिक वातावरण भी बहुत प्रभाव डालता है। अतः अध्यापकों को उन्हें अनुकूल पारिवारिक वातावरण प्रदान कराने का पूरा-पूरा प्रयत्न करना चाहिए। बच्चों के अधिक निकट आकर अध्यापकों को उनके संवेगात्मक व्यवहार को ध्यान में रखते हुए उनके माता-पिता तथा अभिभावक वर्ग को उनके बच्चों के कल्याण के लिए उचित परामर्श देने का प्रयत्न करना चाहिए तथा अपने स्वयं के व्यवहार के द्वारा भी उन्हें संवेगात्मक संतुलन बनाने में पूरी सहायता देनी चाहिए।
3. विद्यालय के परिवेश और क्रियाकलापों को उचित प्रकार से संगठित कर अध्यापक बच्चों के संवेगात्मक विकास में भरपूर योगदान दे सकते हैं। इसके लिए उसे निम्न बातों को ध्यान में रखना चाहिएः
   (i) बच्चों की संवेगात्मक शक्तियों के उचित प्रकाशन और अभिव्यक्ति के लिए उन्हें पाठान्तर क्रियाओं तथा रोचक क्रियाओं (Hobbies) के माध्यम से उचित अवसर प्रदान किये जाने चाहिए।
   (ii) पाठ्यक्रम और अध्यापन विधियां यथेष्ट रूप में परिवर्तनशील, प्रगतिशील और बाल केन्द्रित होनी चाहिए।
   (iii) बालकों को अपने अध्यापकों से पर्याप्त स्नेह और सहयोग मिलना चाहिए। प्रत्येक अवस्था में बालकों के स्वाभिमान का ध्यान रखा जाना चाहिए तथा भूल कर भी उनका अपमान एवं अवज्ञा नहीं की जानी चाहिए। जहाँ तक हो सके अध्यापकों को बच्चे की सभी प्रकार की संवेगात्मक आवश्यकताओं की पूर्ति के लिए पूरा-पूरा प्रयत्न करना चाहिए।
   (iv) बालकों के संवेगों को संयमित एवं प्रशिक्षित करने के लिए अध्यापक द्वारा उपयुक्त विधियों का प्रयोग किया जाना चाहिए। जैसे भी हो बच्चे के संवेगात्मक तनाव को समाप्त करने की चेष्टा की जानी चाहिए तथा उसके अन्दर किसी भी प्रकार की अनावश्यक मानसिक ग्रन्थियों और विकारों को पनपने का अवसर नहीं दिया जाना चाहिए।
   (v) धार्मिक और नैतिक शिक्षा को विद्यालय कार्यक्रम में महत्त्वपूर्ण स्थान दिया जाना चाहिए। जहाँ तक हो सके 'सादा जीवन उच्च विचार' को बच्चों के जीवन का एक मूल-मंत्र बनाया जाना चाहिए।
   (vi) अध्यापक बच्चों के लिए आदर्श होते हैं। वे उनके हर आचरण का अनुकरण करने का प्रयत्न करते हैं। अतः अध्यापक को स्वयं अपना उदाहरण प्रस्तुत कर बालकों को संवेगात्मक रूप से अधिक संतुलित और संयमित बनाने का प्रयत्न करना चाहिए।
   (vii) बच्चों के संतुलित सामाजिक विकास की ओर भी पूरा-पूरा ध्यान दिया जाना चाहिए। उन्हें अपनी मित्र-मण्डली, वय-समूह तथा सामाजिक परिवेश में उचित स्थान मिलना चाहिए।
   (viii) अध्यापकों द्वारा बालकों का संवेगात्मक व्यवहार सामान्य है या असामान्य है, इस बात का अच्छी तरह से अध्ययन किया जाना चाहिए। अगर उन्हें उसमें कुछ असामान्यता का आभास हो तो समय से पहले योग्य व्यक्तियों की सहायता लेकर उसके निराकरण और रोकथाम के लिए पूरा प्रयत्न करना चाहिए।
   (ix) सीखने की प्रक्रिया में संवेगों की रचनात्मक भूमिका की ओर भी अध्यापक का ध्यान रहना आवश्यक है। संतुलित और संयमित संवेगात्मक व्यवहार और भावनाएँ न केवल शारीरिक विकास के लिए एक अमूल्य टॉनिक का कार्य करती हैं बल्कि ज्ञान और कौशल अर्जित करने के लिए भी उचित वातावरण का निर्माण करती हैं। अतः अध्यापकों को विद्यार्थियों को शिक्षा ग्रहण कराने में संवेगात्मक रूप से सक्रिय सांझीदार बनाने का प्रयत्न करना चाहिए।

सामाजिक विकास (Social Development)

सामाजिक विकास क्या है? (What is Social Development?)

मानव को अपनी एक अपूर्व विशेषता के कारण अन्य वर्ग से भिन्न माना जाता है। वह विशेषता यह है कि वह एक सामाजिक प्राणी है। समाज उसके लिए जल, वायु तथा भोजन की तरह ही एक आवश्यक वस्तु है। वह समाज में रह कर जीना चाहता है और सामाजिक बन्धनों को बनाने तथा दूसरों के साथ समायोजन करने की चेष्टा करता है। लेकिन इसका यह अर्थ नहीं है कि मानव शिशु में इस प्रकार के सामाजिक गुण और व्यावहारिक विशेषताएं जन्मजात होती हैं। वृद्धि और विकास के अन्य पहलुओं की तरह सामाजिक गुण भी बच्चे में धीरे-धीरे पनपते हैं। इन गुणों के विकास की प्रक्रिया जो बच्चे के सामाजिक व्यवहार में वांछनीय परिवर्तन लाने का कार्य सम्पन्न करती है, सामाजिक विकास अथवा समाजीकरण के नाम से जानी जाती है। सामाजिक विकास या समाजीकरण मानव वृद्धि और विकास की सम्पूर्ण प्रक्रिया में महत्त्वपूर्ण स्थान रखता है, यहाँ तक कि हम किसी को व्यक्ति (Person) कह कर तभी पुकारते हैं जब वह सामाजिक विकास या समाजीकरण की प्रक्रिया से होकर गुजर चुका हो।

सामाजिक विकास या समाजीकरण के अर्थ को स्पष्ट रूप से समझने के लिए हमें कुछ अग्रलिखित परिभाषाओं से और अधिक सहायता मिल सकती है:

1. **सोरेन्सन** (Sorenson)—*सामाजिक वृद्धि और विकास से हमारा तात्पर्य अपने साथ और दूसरों के साथ भलीभाँति चले चलने (समायोजित करने) की बढ़ती हुई योग्यता से है।*

(By social growth and development we mean increasing ability to get along well with oneself and others. — Sorenson, 1948, p. 50)

इस प्रकार से सोरेन्सन यह स्पष्ट करते हैं कि सामाजिक विकास की प्रक्रिया के दौरान व्यक्ति की सामाजिक योग्यताओं और कौशल में बढ़ोतरी होती है। इन बढ़ी हुई योग्यताओं और क्षमताओं के सहारे वह सामाजिक सम्बन्धों को अच्छी तरह निभाने में कुशल बनता चला जाता है। वह अपने व्यवहार में वांछित परिवर्तन लाने की चेष्टा करता है तथा दूसरों के साथ समायोजन करने और हिल-मिल कर प्रेम से रहने की लालसा रखता है।

2. **फ्रीमैन एवं शौवल** (Freeman and Showel)—*सामाजिक विकास सीखने की वह प्रक्रिया है जो समूह के स्तर, परम्पराओं तथा रीति-रिवाजों के अनुकूल अपने आप को ढालने तथा एकता, मेलजोल और पारस्परिक सहयोग की भावना भरने में सहायक होती है।*

(Social development is the process of learning to conform to group standards, mores and traditions and becoming imbued with a sense of oneness, inter-communication and co-operation.—Hurlock, E.B., 1959, p. 257)

यह परिभाषा निम्न बातों पर जोर देती है:

(i) सामाजिक विकास वह प्रक्रिया है जिसके द्वारा एक व्यक्ति अपने समूह विशेष में अपना ठीक प्रकार से समायोजन करने के लिए सभी प्रकार के आवश्यक ज्ञान, कौशल और अभिवृत्तियों को अर्जित कर पाता है।

(ii) सामाजिक विकास के फलस्वरूप समूह के प्रति भक्ति-भाव और आस्था को जन्म मिलता है और पारस्परिक निर्भरता, सहयोग और एकता के बन्धन मजबूत होते हैं।

(iii) सामाजिक विकास की प्रक्रिया व्यक्ति को सामाजिक मान्यताओं, रीति-रिवाज और परम्पराओं के अनुकूल आचरण करने में पूरी-पूरी सहायता करती है। इस तरह से उसे अपने सामाजिक परिवेश में ठीक प्रकार से समायोजित होने में समर्थ बनाती है।

3. **श्रीमती हरलॉक** (Mrs. Hurlock)—*सामाजिक विकास से अभिप्राय सामाजिक सम्बन्धों में परिपक्वता प्राप्त करने से है।*

(Social development means the attaining of maturity in social relationship.—Hurlock, 1959, p. 257)

इस छोटी-सी परिभाषा में गहरा अर्थ छिपा हुआ है। यह संकेत करती है कि जैसे संवेगात्मक विकास के फलस्वरूप संवेगात्मक परिपक्वता ग्रहण करना अन्तिम लक्ष्य होता है, उसी प्रकार सामाजिक विकास का लक्ष्य भी बच्चे में सामाजिक परिपक्वता लाना होना चाहिए। एक व्यक्ति को अपने सामाजिक व्यवहार को सुधारने और उसमें प्रगति लाने के लिए सभी प्रकार के अवसर उपलब्ध होने चाहिए ताकि वह सामाजिक सम्बन्धों को ठीक प्रकार से बनाए रख सके और अपने सामाजिक परिवेश में अपना समायोजन कर सके।

उपरोक्त विचारों के आधार पर हम इस निष्कर्ष पर पहुँचते हैं कि सामाजिक विकास और समाजीकरण वह प्रक्रिया है:

(i) जो शिशु के पहले पहल दूसरे व्यक्तियों के सम्पर्क में आने के साथ-साथ ही शुरू हो जाती है और जीवन-पर्यन्त चलती रहती है।

(ii) जिसमें सामाजिक परिवेश से सम्बन्धित शक्तियां व्यक्ति के सामाजिक व्यवहार के अनुकूल परिवर्तन लाती रहती हैं।

(iii) जो व्यक्ति को विभिन्न सामाजिक गुणों और विशेषताओं को सीखने तथा अर्जित करने में सहायता करती हैं।

(iv) जो इस प्रकार के सीखने और अर्जन द्वारा व्यक्ति को अपने सामाजिक परिवेश में ठीक प्रकार से समायोजित होने तथा सामाजिक सम्बन्धों को भलीभाँति निभा सकने में पूर्ण सक्षम बनाती है।

विकास की विभिन्न अवस्थाओं में सामाजिक विकास (Social Development During Different Stages of Development)

शैशवास्था में सामाजिक विकास (Social Development in Infancy)

जन्म के समय शिशु का व्यवहार सामाजिकता से काफी दूर होता है। वह अत्यधिक स्वार्थी होता है। उसे केवल अपनी शारीरिक आवश्यकताओं की पूर्ति करने की लौ लगी रहती है तथा दूसरों के हित चिन्तन की वह कुछ भी परवाह नहीं करता। वह इस आयु में गुड्डे-गुड्डियों, खिलौने, मूर्ति आदि निर्जीव पदार्थों तथा पशु-पक्षी, मनुष्य आदि सजीव प्राणियों में कोई अन्तर नहीं समझ पाता।

आयु की अवधि (Duration of age)	सामाजिक व्यवहार का रूप (Pattern of social behaviour)
पहले माह की अवधि में	बालक ध्वनि और अन्य ध्वनियों में अन्तर समझने में समर्थ होता है।
दूसरे माह की अवधि में	बालक-ध्वनि या आवाज को पहचानने लगता है और व्यक्तियों का मुस्कान के साथ स्वागत करता है।
तीसरे माह में	अपनी माता को पहचानता है और उससे अलग होने पर दुखी होता है।
चौथे माह में	व्यक्तियों के चेहरों को अलग-अलग रूप से पहचान कर ध्यान देना शुरू करता है। उसे व्यक्तियों का साथ अच्छा लगता है।
पाँचवें माह में	हँसने और डाँट-फटकार पर अलग-अलग प्रक्रिया करता है और प्यार तथा क्रोध की आवाज समझने लगता है।
छठे और सातवें माह में	परिचितों का मुस्कान के साथ स्वागत करता है जबकि अपरिचितों को देखकर भय की अनुभूति दिखाता है।
आठवें और नौवें माह में	दूसरों की बोली, हावभाव, मुद्रा तथा अंग संचालन की नकल करने का प्रयत्न करता है।
दसवें और ग्यारहवें माह में	अपनी छाया के साथ क्रीड़ा करता है, यहाँ तक कि उसका इस प्रकार चुम्बन करता है जैसे कि वह कोई दूसरा शिशु हो।
बारहवें माह में	न-न कहने अथवा किसी तरह से मना करने पर किसी कार्य को न करने के लिए मान जाता है।
दूसरे वर्ष की अवधि में	बड़ों के दिन-प्रतिदिन के कार्यों में हाथ बंटाने का प्रयत्न करता है तथा धीरे-धीरे परिवार का एक सक्रिय सदस्य बन जाने का प्रयास करता है।

बच्चों में सामाजिक व्यवहार के प्रथम लक्षण उस समय प्रकट होते हैं जब वह वस्तुओं और व्यक्तियों में अन्तर करने लगता है। इस अवस्था में वह अपनी मूल आवश्यकताओं की पूर्ति के लिए प्रौढ़ व्यक्तियों पर निर्भर करता है। इसलिए साधारणतया बच्चे का सामाजिक सम्पर्क पहले पहल प्रौढ़ व्यक्तियों के साथ ही जुड़ता है। श्रीमती हरलॉक (Mrs. Hurlock) ने अपनी पुस्तक 'बाल मनोविज्ञान' (Child Psychology) में प्रौढ़ों के सम्पर्क के फलस्वरूप प्रथम दो वर्ष में होने वाले सामाजिक विकास की प्रक्रिया को बड़े अच्छे ढंग से प्रस्तुत किया है। उनके विचारों का सार हम नीचे दे रहे हैं:

अन्य शिशुओं तथा बालकों के साथ सम्पर्क में आने के फलस्वरूप शिशुओं का सामाजिक विकास (Social Development of Infants as a Result of Contact with Other Infants and Children)

शिशुओं के सामाजिक व्यवहार का अध्ययन करने पर पता चलता है कि उनका प्रारम्भिक व्यवहार बहुत ही स्वार्थ और अहं से भरा हुआ है। वे अपने खिलौनों से दूसरों को खेलते हुए नहीं देख सकते। वे चाहते हैं कि जो कुछ भी हो सब उन्हीं के लिए है। किसी अन्य शिशु या बालक का हस्तक्षेप पसंद नहीं करते। परन्तु लगभग 13वें माह से लेकर 18वें माह के बीच शिशु का ध्यान खेलने वाले साथियों की ओर उन्मुख हो जाता है। अब खिलौनों के लिए लड़ना कम हो जाता है और मिलजुल कर खेलने की भावना जोर पकड़ने लगती है। 3 वर्ष का बच्चा अपने पास जो कुछ है उसमें से दूसरों को बांटना या मिलजुल कर खेलना, खाना इत्यादि सीख लेता है। अब वह सामाजिक और संगठित खेलों में रुचि लेने लगता है। 6 वर्ष की आयु तक बालक और बालिकाएँ बिना किसी लैंगिक भेदभाव के एक-दूसरे के साथ हिलमिल कर खेलते रहते हैं।

संवेगों की भाँति सामाजिक व्यवहार की प्रारम्भिक अवस्था में शिशुओं में नकारात्मक सामाजिक गुणों (Negative social qualities) का समावेश पाया जाता है। प्रथम दो वर्ष में अनुकरण, दब्बूपन, लज्जाशीलता, प्रतिद्वन्द्विता, ईर्ष्या और संग्रह सम्बन्धी लालच, ये सभी प्रवृत्तियाँ हावी रहती हैं। धीर-धीरे सकारात्मक और नकारात्मक–दोनों ही प्रकार के सामाजिक गुणों का प्रभाव बच्चों में अच्छी तरह देखा जा सकता है।

बाल्यावस्था में सामाजिक विकास (Social Development During Childhood)

शिशुओं के सामाजिक सम्पर्क का दायरा बहुत ही सीमित होता है। अतः सामाजिक विकास के दृष्टिकोण से उनसे बहुत अधिक आशा नहीं की जा सकती। बाल्यावस्था में प्रवेश करने के साथ-साथ अधिकांश बच्चे विद्यालय में जाना प्रारम्भ कर देते हैं और अब उनका सामाजिक दायरा बहुत विस्तृत बनता चला जाता है। इस अवस्था में उनके सामाजिक व्यवहार में कुछ निम्न परिवर्तन दृष्टिगत होते हैं:

1. इस अवस्था में बालकों में सामाजिक चेतना का यथेष्ट विकास हो जाता है। उनकी सामाजिक दुनिया बड़ी और विस्तृत हो जाती है। दूसरों के साथ समायोजन के लिए आवश्यक सामाजिक गुण भी उनमें पनपने लगते हैं।
2. अब वह अपने माता-पिता तथा अन्य बड़ों की छत्रछाया से अपने आपको मुक्त कर स्वतन्त्र होने की कामना करता है और उनके साथ कम से कम समय बिताना चाहता है। वास्तव में अब उनके साथ खेलने-कूदने में कोई आनन्द नहीं आता। उसे अपनी आयु के बच्चों के साथ खेलना अधिक अच्छा लगता है।
3. अब वह अपनी अवस्था के बच्चों के किसी न किसी गिरोह (Gang) का सक्रिय सदस्य बन जाता है। इस गिरोह की गतिविधियों का बालक पर गहरा प्रभाव पड़ता है। इसके आदर्श और मान्यताएँ उसके लिए बहुत ही प्रिय होते हैं तथा वह हर प्रकार से इस गिरोह में अपना एक गौरवपूर्ण स्थान बनाना चाहता है।
4. अपने समूह या गिरोह विशेष के प्रति बालकों में गहरी आस्था या भक्ति-भाव पाया जाता है। दूसरी पीढ़ियों के दृष्टिकोण तथा विचारों में अन्तर के कारण माता-पिता तथा गुरुजनों की मान्यताओं का बालकों की टोली या गिरोह की मान्यताओं तथा आदर्शों से प्रायः टकराव होता रहता है। अतः बालकों के सामने समायोजन सम्बन्धी नवीन समस्याएँ उत्पन्न हो जाती हैं।

5. इस आयु में बालक और बालिकाओं में एक-दूसरे से अलग-अलग रहने की प्रवृत्ति पाई जाती है। आदतों, रुचियों और अभिरुचियों में पर्याप्त अन्तर होने के कारण दोनों ही अपने अलग-अलग समूह बनाकर खेलना-कूदना पसन्द करते हैं।
6. बाल्यकाल की अन्तिम अवस्था में अर्थात् 11वें और 12वें वर्ष की आयु में बालक गिरोहावस्था (Gang age) के शिखर (Peak) पर पहुँच जाता है। अब उसमें अपनी टोली, समूह या गिरोह विशेष के प्रति अन्ध-भक्ति पैदा हो जाती है। परिणामस्वरूप वह अन्य गिरोह या समूहों, यहाँ तक कि अपने माता-पिता और गुरुजनों के साथ संघर्षरत दिखलाई पड़ता है। यह विशेष टोली या गिरोह उसमें विभिन्न प्रकार के अच्छे और बुरे सामाजिक गुणों को विकसित करता है।

किशोरावस्था में सामाजिक विकास (Social Development During Adolescence)

किशोरावस्था तीव्र परिवर्तन और समायोजन की अवस्था है। सामाजिक विकास के दृष्टिकोण से इस अवस्था के बच्चे में बहुत कुछ परिवर्तन और विशेषताएँ दिखाई पड़ती हैं। इसमें से कुछ की चर्चा नीचे की जा रही है:

1. किशोरावस्था में लिंग सम्बन्धी चेतना (Sex consciousness) तीव्र हो जाती है। फलस्वरूप लड़के और लड़कियां एक-दूसरे के प्रति आकर्षण का अनुभव करते हैं। तरह-तरह की वेशभूषा, केश विन्यास, हाव-भाव द्वारा वे विपरीत लिंग के सदस्यों का ध्यान अपनी ओर आकर्षित करने का प्रयास करते दिखलाई पड़ते हैं। उनके मन में एक दूसरे के निकट आने, मित्र बनाने यहाँ तक कि यौन सम्बन्ध स्थापित करने की लालसा उत्पन्न होने लगती है। इस अवस्था में इस तरह सामाजिक व्यवहार की कुंजी प्रायः यौन सम्बन्धी आवश्यकताओं और अभिलाषाओं के हाथ में चली जाती है।
2. इस आयु में अधिकतर किशोर और किशोरियां अपने वय-समूह (Peer group) के सक्रिय सदस्य होते हैं। उनमें समूह के प्रति असीम भक्ति और आस्था पाई जाती है। वे अपने समूह के विचार, व्यवहार के ढंग, आदतें और दृष्टिकोण अपनाने का प्रयत्न करते हैं। वे अपने दल या समूह के लिए हर प्रकार का त्याग करने को उद्यत रहते हैं। समूह के प्रति श्रद्धा के कारण प्रायः उनका अपने माता-पिता या गुरुजनों के साथ संघर्ष भी छिड़ा रहता है।
3. समूह के प्रति उत्पन्न भक्ति भावना अब केवल टोली या गिरोह विशेष तक ही सीमित नहीं रहती बल्कि यह विद्यालय, समुदाय, प्रान्त और राष्ट्र तक व्यापक बन जाती है। सहानुभूति, सहयोग, सद्भावना, परोपकार और त्याग का अद्भुत सामंजस्य इस अवस्था में देखने को मिलता है और इसके लिए किशोरावस्था को अधिकांश शहीद और देशभक्तों को उत्पन्न करने का श्रेय मिलता है।
4. किशोरावस्था में मैत्री सम्बन्धों में भी अत्यधिक वृद्धि दिखलाई पड़ती है। बाल्यावस्था की मित्रता से जो केवल खेलकूद की दुनिया तक ही सीमित होती है, यह मित्रता कुछ अधिक व्यापक और स्थिर होती है। कभी-कभी तो यह मित्रता जीवन भर के लिए आत्मीय सम्बन्धों में बदल जाती है।
5. किशोरावस्था संवेगों की तीव्र अभिव्यक्ति की अवस्था है। किशोरों का सामाजिक व्यवहार, उनके संवेगों के अधीन होता है। किशोर स्वभाव से ही संवेदनशील, कल्पना और आदर्शों की दुनिया में विचरण करने वाला, भावुक तथा समाज सुधारक होता है। वह पीड़ितों और शक्तिहीनों के प्रति पूरी सहानुभूति रखता है और उसके लिए कुछ चाहता है। यही कारण है कि सामाजिक बुराइयों और अन्याय का प्रतिकार करने के लिए किशोर लड़के और लड़कियाँ ही प्रायः क्रान्ति के कर्णधार बनते हुए दिखाई देते हैं।
6. किशोरावस्था में विशिष्ट रुचियों और सामाजिक सम्पर्क का क्षेत्र भी अत्यधिक विस्तृत होता है। वैयक्तिक विशेषताओं के अतिरिक्त संस्कृति, परिवार की सामाजिक और आर्थिक स्थिति, यौन सम्बन्धी स्वतन्त्रता और जानकारी इत्यादि उनकी सामाजिक रुचियों और सामाजिक सम्बन्धों को प्रभावित करती है। किशोरों में रुचियों और सामाजिकता के दृष्टिकोण से वैयक्तिकता भी बहुत अधिक देखने को मिलती है। कुछ तो अधिक मिलनसार

और सामाजिक होते हैं जबकि कुछ को सामाजिक सम्पर्क से दूर भागते हुए अधिक से अधिक एकान्त का इच्छुक पाया जाता है।

अन्त में यह कहा जा सकता है कि किशोरावस्था अत्यधिक सामाजिक चेतना, बढ़ते हुए सामाजिक सम्बन्धों और प्रगाढ़ मित्रता की अवस्था है। इस अवस्था में व्यक्ति को सामाजिक समायोजन तथा सामाजिक गुणों का अर्जन करने के लिए पर्याप्त अवसर तथा रुचियों एवं अभिरुचियों का विशाल क्षेत्र मिलता है। इस अवस्था के दौरान व्यक्ति अपने आपको अपने सामाजिक जीवन में एक उत्तरदायित्वपूर्ण प्रौढ़ व्यक्ति की भूमिका निभाने के लिए पूरी तरह तैयार करता है। इस अवस्था के अन्त तक प्रायः बालक सामाजिक रूप से परिपक्व (Socially mature) हो जाता है।

सामाजिक विकास को प्रभावित करने वाले कारक (Factors Affecting Social Development)

बच्चे को सामाजिक रूप से अच्छी तरह विकसित होने में किस प्रकार सहायता की जाए, यह एक विचारणीय प्रश्न है। इसके लिए यह सोचना अधिक उपयोगी है कि ऐसे कौन से तत्त्व या कारक हैं जो बच्चे के सामाजिक विकास को प्रभावित अथवा नियन्त्रित करते हैं। इन सभी कारकों या तत्त्वों में से कुछ तो व्यक्तिगत हैं और कुछ वातावरण से सम्बन्धित हैं। ये कारक क्या हैं और किस प्रकार ये सामाजिक विकास को प्रभावित करते हैं, इसकी चर्चा नीचे की जा सकती है।

व्यक्तिगत कारक (Personal Factors)

1. **शारीरिक ढाँचा और स्वास्थ्य** (Bodily structure and health)—सामाजिक व्यवहार व्यक्ति के अपने शारीरिक ढाँचे और स्वास्थ्य पर बहुत कुछ निर्भर करता है। एक स्वस्थ और सामान्य डीलडौल वाले बच्चे में आत्म-विश्वास होता है और वह आत्म-गौरव से युक्त होता है। उसमें कठिन से कठिन सामाजिक परिस्थितियों में अपने आप को समायोजित करने की पूरी योग्यता और क्षमता होती है। वह सहयोगी प्रवृत्ति का होता है तथा हर अवस्था में खुश रहने का प्रयत्न करता है। दूसरों के साथ मिलकर कार्य करने में उसे कोई असुविधा नहीं होती। इसके विपरीत एक बीमार, शक्तिहीन अथवा किसी प्रकार के शारीरिक दोषों या न्यूनताओं से ग्रस्त बच्चा हीन भावना का शिकार होने के कारण अपने सामाजिक समायोजन में कठिनाई अनुभव करता है। इसलिए सामाजिक विकास के लिए यह आवश्यक हो जाता है कि बच्चों के शारीरिक विकास की ओर शुरू से ही यथेष्ट ध्यान दिया जाए।

2. **बुद्धि** (Intelligence)—बुद्धि की परिभाषा उचित समय पर उचित निर्णय लेने और नवीन परिस्थितियों में ठीक प्रकार अपना समायोजन कर सकने की योग्यता और क्षमता के रूप में दी जाती है। इस प्रकार की योग्यता और क्षमता कुशल सामाजिक व्यवहार के लिए अत्यन्त आवश्यक होती है। अतः बौद्धिक विकास का सामाजिक विकास से बहुत निकट का सम्बन्ध है। कोई व्यक्ति जितना अधिक बुद्धिमान होता है, वह उतना ही सफलतापूर्वक सामाजिक परिवेश में अपने आप को समायोजित कर अधिक सामाजिक सिद्ध होता है।

3. **संवेगात्मक विकास** (Emotional development)—बच्चे के संवेगात्मक और सामाजिक विकास में भी धनात्मक सह-सम्बन्ध (Positive correlation) पाया जाता है। संवेगात्मक समायोजन और परिपक्वता को सामाजिक परिपक्वता का एक बहुत ही महत्त्वपूर्ण अंग माना जाता है। जो व्यक्ति अपने संवेगों को समय का विचार करते हुए ठीक मात्रा में व्यक्त करने की क्षमता रखते हैं वे सामाजिक रूप से अधिक स्वस्थ एवं कुशल पाए जाते हैं। इसके विपरीत संवेगात्मक रूप से जिन व्यक्तियों का समायोजन ठीक प्रकार नहीं हो पाता वे सामाजिक बुराइयों और दोषों से ग्रस्त रहते हैं। अतः बच्चों के संवेगों को उचित प्रशिक्षण देने तथा उनके संवेगात्मक विकास को उचित दिशा प्रदान करने का हर सम्भव प्रयत्न किया जाना चाहिए ताकि वे अपने सामाजिक विकास में कोई कठिनाई अनुभव न करें।

वातावरण सम्बन्धी कारक (Environmental Factors)

1. **परिवार का वातावरण** (Family environment)—बच्चे के समाजीकरण में परिवार सबसे अधिक महत्त्वपूर्ण भूमिका निभाते हैं। घर का वातावरण और आपसी पारिवारिक सम्बन्ध बच्चे के सामाजिक विकास पर गहरा प्रभाव डालते हैं।

बच्चा अपने माता-पिता तथा परिवार के अन्य सदस्यों से सामाजिकता का प्रारम्भिक पाठ पढ़ता है। जाने अनजाने वह उनके व्यवहार का अनुकरण करता है और इस तरह अच्छे या बुरे सामाजिक गुणों और आदतों को ग्रहण करता है जो उसके साथ कभी-कभी जीवन-पर्यन्त चलती रहती हैं। घर में बच्चों की संख्या, परिवार के आपसी सम्बन्ध, माता-पिता और परिवार के सदस्यों के बच्चे के प्रति किया जाने वाला व्यवहार, परिवार की आर्थिक और सामाजिक स्थिति, पारिवारिक मूल्य, परम्पराएं और मान्यताएं आदि सभी बातें बच्चे के विकास पर प्रभाव डालती हैं।

ऐसे परिवार में जहाँ बच्चे को स्वस्थ सामाजिक वातावरण मिलता है और जहाँ बच्चे की मूलभूत आवश्यकताओं की पूर्ति होती रहती है, सामाजिक रूप से स्वस्थ एवं संतुलित बच्चों को जन्म मिलता है। लेकिन ऐसे घरों में जहाँ पारिवारिक सम्बन्धों में कटुता और खिंचाव प्राया जाता है तथा परिवार के बड़े लोगों में सामाजिक कुसंस्कार और बुराइयाँ व्याप्त होती हैं, वहाँ बच्चों में भी अवांछित सामाजिक बुराइयाँ और दोष घर कर जाते हैं। इसलिए बच्चों के उचित सामाजिक विकास के लिए यह आवश्यक हो जाता है कि स्वस्थ एवं सुन्दर पारिवारिक वातावरण प्रदान करने के लिए उनके माता-पिता का अधिक सहयोग प्राप्त किया जाए।

2. **विद्यालय और उसका वातावरण** (The school and its environment)—बच्चों का सामाजिक विकास विद्यालय किस प्रकार करता है और बच्चे को किस प्रकार का सामाजिक परिवेश वहाँ मिल पाता है, इस बात पर भी निर्भर करता है। विद्यालय में अध्यापकगण और विद्यार्थियों के पारस्परिक सम्बन्ध, उनके द्वारा संचालित क्रियाएँ और विभिन्न कार्यक्रम, उनके आदर्श, सिद्धान्त तथा मान्यताएँ, अध्यापक और साथ में पढ़ने वाले विद्यार्थियों का सामाजिक व्यवहार और गुण-दोष आदि सभी बातें बच्चे के सामाजिक विकास को प्रभावित करती हैं। स्वस्थ सामाजिक और प्रजातांत्रिक वातावरण से युक्त विद्यालय विद्यार्थियों में स्वस्थ एवं उपयोगी सामाजिक गुणों का विकास करता है जबकि अस्वस्थ एवं सामाजिक बुराइयों से ग्रस्त विद्यालय का वातावरण विद्यार्थियों को समाज का कोढ़ बना देता है। अतः अध्यापकों और सम्बन्धित अधिकारियों को बच्चे के उचित सामाजिक विकास के लिए विद्यालय के वातावरण को अधिक से अधिक स्वस्थ एवं प्रेरणादायक बनाने का प्रयत्न करना चाहिए। उन्हें अपने स्वयं के व्यवहार के द्वारा सामाजिक गुणों और विशेषताओं से युक्त आदर्श बच्चों के सामने रखने चाहिए तथा पाठान्तर क्रियाओं, उचित शिक्षण विधियों और व्यक्तिगत सम्पर्क के माध्यम से बच्चों को उनके उचित सामाजिक विकास में भरपूर सहायता देनी चाहिए।

3. **वय-समूह या मित्र-मण्डली का प्रभाव** (Influence of the peer group or friend circle)—सामाजिकता विकसित करने के दृष्टिकोण से बच्चों के अपने वय-समूह या मित्र-मण्डली का भी बहुत महत्त्व है। संगति का असर पड़े बिना नहीं रहता। जैसे जिसके साथी होते हैं वह वैसा ही बन जाता है। वय-समूह या मित्र-मण्डली के जो आदर्श होते हैं और समूह के सदस्यों का जैसा व्यवहार है, वैसे ही गुण और आदर्श बच्चा अपनाने के लिए बाध्य हो जाता है। विभिन्न प्रकार के सामाजिक गुण और अवगुणों को अर्जित करने में मित्र-मण्डली या वय-समूह महत्त्वपूर्ण भूमिका निभाता है। सहयोग, त्याग, सद्‌भावना, सहानुभूति, समूह भक्ति, सामूहिक हित का ध्यान रखने, नेतृत्व करने और किसी को नेता मानकर उसके पीछे चलने तथा कर्त्तव्य और अधिकार का पारस्परिक सम्बन्ध समझने आदि बहुमूल्य सामाजिक गुणों को विकसित करने में वय-समूह या टोली बहुत सहायता करती है। अतः अध्यापक और माता-पिता को बच्चों के मित्रों और साथियों पर नजर रखकर उन्हें बुरी संगति से बचाने का प्रयत्न करना चाहिए। बच्चों के वय-समूह और मित्र-मण्डली को ऊँचे आदर्शों की ओर उन्मुख कर सामाजिक बुराइयों और दोषों से ग्रस्त होने से बचाने का भी प्रयत्न होना चाहिए। प्रत्येक बच्चा जिस वय-समूह या टोली का सदस्य है, उसमें उसको उचित स्थान या सम्मान मिल रहा है या नहीं, इसके ऊपर भी ध्यान देने की आवश्यकता है। इसके अतिरिक्त बच्चों को अपने मित्रों, साथियों तथा सहपाठियों के साथ कार्य करने के अवसर देकर सामाजिक रूप से समायोजित होने में पूरी-पूरी सहायता की जानी चाहिए।

4. **पास-पड़ोस और समुदाय** (Neighbourhood and the community)—जैसे-जैसे बच्चा बड़ा होता है वह घर के आंगन को लांघ कर पड़ोस और जिस समुदाय में वह पैदा हुआ है उसके सम्पर्क में आता है। पड़ोसियों की रुचियों, आदतों और गुण तथा अवगुणों का बच्चे के सामाजिक जीवन पर प्रत्यक्ष और अप्रत्यक्ष रूप से गहरा प्रभाव पड़ता है। प्रत्येक समुदाय और समाज में अपने रहन-सहन, खाने-पीने, बोलने-चालने और अन्य सांस्कृतिक क्रियाकलापों को करने का एक विशेष

ढंग होता है जिसको बच्चा अनायास ही ग्रहण कर लेता है और वह उसी तरह से व्यवहार करने लगता है। इस प्रकार से बच्चों के सामाजिक व्यवहार को दिशा प्रदान करने में पड़ोस, समुदाय तथा समाज एक महत्त्वपूर्ण भूमिका निभाते हैं।

5. **धार्मिक संस्थायें और क्लब इत्यादि** (Religious institutions and clubs etc.)—विभिन्न धार्मिक संस्थाएँ जैसे मन्दिर, मस्जिद, गिरजाघर और सामाजिक क्लब इत्यादि बच्चों के सामाजिक विकास को प्रभावित करते हैं। समाज के सदस्यों के इकट्ठे होकर विचार विनिमय करने, एक दूसरे के सम्पर्क में आने तथा पारस्परिक सम्बन्धों को बढ़ाने के दृष्टिकोण से इन स्थानों का बहुत महत्त्व है। इन धार्मिक और सामाजिक स्थानों में जिस तरह का वातावरण होता है और इन संस्थाओं के जो आदर्श, परम्पराएँ और मान्यताएँ होती हैं उनका व्यक्तियों के सामाजिक व्यवहार को उचित और अनुचित दिशा प्रदान करने में बहुत हाथ रहता है।

6. **सूचना और मनोरंजन प्रदान करने वाले साधन** (Means of information and entertainment)—समाचारपत्र एवं पत्रिकाओं, पुस्तकों, रेडियो, सिनेमा, टेलीविजन आदि सूचना और मनोरंजन प्रदान करने वाले साधनों का बच्चे के सामाजिक विकास के दृष्टिकोण से काफी महत्त्व है। सूचना देने वाले साधन अपने पाठक अथवा श्रोताओं को सामाजिक संरचना तथा मूल्यों और मान्यताओं में होने वाले परिवर्तनों से परिचित कराते रहते हैं। ये जनमानस में सामाजिक कुरीतियों, बुराइयों और कुसंस्कारों के प्रति घृणा पैदा कर उनका उन्मूलन करने का प्रयास भी करते हैं और इस तरह व्यक्तियों के सामाजिक व्यवहार को वांछित दिशा प्रदान करने में भरपूर सहयोग देते हैं। जनसमूह का मनोरंजन करने वाले साधन जैसे रेडियो, सिनेमा, टेलीविजन इत्यादि भी समाज के सदस्यों के व्यवहार एवं आचरण पर गहरा प्रभाव डालते हैं। सिनेमा के पर्दे पर जो कुछ नायक और नायिका करते हैं, उनका अनुकरण नई पीढ़ी बहुत शीघ्रता से कर लेती है। इस तरह इन साधनों द्वारा जीवन मूल्यों, आदर्शों, रहन-सहन, खान-पान तथा बोलचाल के तरीकों एवं सामाजिक व्यवहार के अन्य पहलुओं में महत्त्वपूर्ण परिवर्तन लाने का कार्य निरन्तर चलता रहता है। जनसमूह को अत्यधिक प्रभावित करने वाले इन साधनों को मनमाने ढंग से कार्य करने की छूट देना किसी भी अवस्था में उचित नहीं ठहराया जा सकता। इनके द्वारा किसी भी प्रकार का अवांछनीय प्रभाव बच्चों और युवकों पर न पड़े, इस बात का पूरा-पूरा ध्यान रखा जाना चाहिए तथा प्रत्यक्ष अथवा अप्रत्यक्ष रूप से सभी प्रकार से इन साधनों को बहुमूल्य प्रजातान्त्रिक मूल्यों और सामाजिक गुणों को ग्रहण करने का साधन बनाया जाना चाहिए।

भाषा विकास (Language Development)

भाषा का अर्थ (Meaning of Language)

भाषा एक ऐसा सांकेतिक साधन है जिसके द्वारा विचारों तथा भावों का संप्रेषण, अभिव्यक्ति और आदान-प्रदान अच्छी तरह किया जा सकता है। भाषा का यह अर्थ काफी व्यापक है। इसमें मुखात्मक अभिव्यक्ति, हाव-भाव, संकेतों का प्रयोग तथा कलात्मक अभिव्यक्तियाँ आदि सभी शामिल हैं। इस तरह इशारों से अपनी बात करना, हाथ-पैर, आँख-नाक, सिर, भौं इत्यादि के संचालन से अपने विचारों एवं भावों का प्रकाशन करना सभी बातें भाषा के ही विभिन्न रूप कहे जा सकते हैं। परन्तु अगर वास्तविकता में भाषा का सही सटीक अर्थ समझा जाए तो वह इतना अधिक विस्तृत न होकर संक्षिप्त और सरल ही होता है। इस अर्थ में भाषा शारीरिक, आंगिक तथा क्रियात्मक संकेत न रहकर मात्र ध्वन्यात्मक संकेत रह जाती है। इस दृष्टि से भाषा को शब्दों एवं ध्वनियों का ऐसा सार्थक समूह माना जा सकता है जिसके द्वारा विचारों एवं भावों की अभिव्यक्ति तथा संप्रेषण में अधिक से अधिक सहायता मिलती है।

बालकों में भाषा का विकास (Language Development among Children)

भाषा को अन्य कौशलों की तरह अर्जित किया जाता है। यह अर्जन बालक के जन्म के बाद प्रारम्भ हो जाता है। अनुकरण, वातावरण के साथ अनुक्रिया तथा शारीरिक, सामाजिक एवं मनोविज्ञानिक आवश्यकताओं की पूर्ति की मांग इसमें विशेष भूमिका निभाती है। यह विकास धीरे-धीरे परन्तु एक निश्चित क्रम में होता है जिसे समझने के लिए यहाँ निम्न वर्णन प्रस्तुत किया जा रहा है।

वास्तविक भाषा विकास से पहले की अवस्था (The Stage Prior to Actual Language Development)

इस अवस्था में एक तरह से बालक ध्वन्यात्मक संकेतों से युक्त भाषा को समझने और प्रयोग करने के लिए अपने आपको तैयार करता हुआ प्रतीत होता है जिसकी अभिव्यक्ति उसकी निम्न प्रकार की चेष्टाओं तथा क्रियाओं के रूप में होती है।

(i) सबसे पहले चरण के रूप में जन्म लेते ही वह रोने, चिल्लाने तथा क्रन्दन करने की क्रियाएँ एवं चेष्टा करने लगता है।

(ii) इस रोने चिल्लाने के साथ-साथ ही शनैः-शनैः अन्य ध्वनियाँ भी निकलती हैं जो जम्भाई लेना, सरसराना, घरघराना तथा साँसों के आने-जाने के रूप में प्रस्फुटित होती हैं। ये ध्वनियाँ पूर्णतः स्वाभाविक, स्वचलित एवं नैसर्गिक होती हैं इन्हें सीखा नहीं जाता।

(iii) इसके पश्चात् बालकों में बड़बड़ाने (Babbling) की क्रियाएँ तथा चेष्टाएँ शुरू हो जाती हैं। दो-तीन माह के बालकों को भी इस प्रकार के व्यवहार में समर्थ पाया जाता है। इस बड़बड़ाने के माध्यम से बालक स्वर (Vowels) तथा व्यंजन (Consonant) ध्वनियों के अभ्यास का अवसर पाते हैं। वे जो कुछ दूसरों से सुनते हैं तथा जैसा उनकी समझ में आता है उसी रूप में वे उन्हीं ध्वनियों को किसी न किसी रूप में दोहराते हैं। इनके द्वारा स्वरों जैसे अ, ई, उ, ऐ को व्यंजनों, त, म, क, न आदि से पहले उच्चारित किया जाता है। इन स्वर तथा व्यंजन ध्वनियों को वे दुहरा-दुहरा कर बोलते हैं और उसी को बालक का बड़बड़ाना कहा जाता है। जैसे–आ-आ, ऊ-ऊ, मा-मा, दा-दा, पा-पा, ना-ना, गी-गी आदि का उच्चारण। उनके इस बड़बड़ाने के बड़े विशेष अर्थ होते हैं। कई बार उनकी बड़बड़ाहट की ये ध्वनियाँ किसी शब्दकोश में नहीं मिलतीं परन्तु माँ-बाप तथा निकट के लोग वह समझ जाते हैं जो बच्चा कह रहा होता है।

(iv) हाव-भाव तथा इशारों की भाषा (Gestures) बड़बड़ाने तथा ध्वनि संकेतों की सहायता लेने का प्रयत्न करने के साथ-साथ ही बालकों को हाव-भाव, संकेतों तथा इशारों में अपनी बात कहने का प्रयत्न करता हुआ भी पाया जाता है। "गूंगे की बात गूंगा ही जाने या उसके घर वाले" इस कहावत को चरितार्थ करते हुए बालक जो भी हाव-भाव तथा इशारे करते हैं उसके माँ-बाप तथा घनिष्ठ उसे समझने का प्रयास कर लेते हैं। इस तरह भूख लगने, भूख की सन्तुष्टि होने, गोदी में उठाने, उसके पास आने आदि बातों को कहने हेतु वे निश्चित प्रकार के हाव-भाव तथा संकेतों का प्रयोग करते हुए देखे जाते हैं। यह उनकी वह अवस्था होती है जिसमें उन्हें शब्दों या भाषा का बोलना नहीं आता अथवा बोलने से सम्बन्धित उनकी शुरूआत होती है। अतः इस अवस्था में वे प्रायः एक दो स्वर-व्यंजन ध्वनियाँ निकाल कर उसकी पूर्ति अपने हाव-भाव तथा चेष्टाओं से करते दिखाई देते हैं।

वास्तविक भाषा विकास की अवस्था (The Stage Related to Actual Language Development)

तैयारी की अवस्था से गुजरने के बाद बालकों में वास्तविक भाषा विकास (जिसमें ध्वनियुक्त भाषा का बोलना तथा समझना आदि सम्मलित होता है) का कार्य प्रारम्भ हो जाता है। यह अवस्था एक वर्ष के हो जाने अथवा उससे एक-दो माह पहले ही शुरू हो जाती है। पहले बालक में मौखिक अभिव्यक्ति के रूप में भाषा का विकास होता है। वह शब्दों, वाक्यों तथा इनमे बनी भाषा को बोलना तथा समझना सीखता है, उसके मौखिक शब्द भंडार में वृद्धि होती है तथा उसमें मौखिक अभिव्यक्ति के विभिन्न साधनों पर अधिकार जमाने की योग्यताओं और कुशलताओं में वृद्धि होती रहती है। विद्यालय में प्रवेश करने तथा लिखित भाषा की शिक्षा ग्रहण करने के फलस्वरूप उसमें लिखने, पढ़ने सम्बन्धी विभिन्न कुशलताओं का विकास भी प्रारम्भ हो जाता है। इस तरह भाषा के मौखिक एवं लिखित रूपों से सम्बन्धित विभिन्न कौशलों के अर्जन तथा विकास में धीरे-धीर उसके कदम बढ़ते जाते हैं और वह भाषा को विचार विनियम का साधन ही नहीं बल्कि ज्ञान प्राप्त करने तथा शिक्षा ग्रहण करने का माध्यम बनाकर अपना सर्वांगीण विकास करने में पूरी तरह समर्थ हो जाता है। बालक

के भाषा विकास की उसकी विभिन्न आयु अवधियों में किस प्रकार की प्रगति होती है इस बात को समझने के लिए हम उनके भाषा सम्बन्धी विकास को निम्न प्रमुख आयामों के अन्तर्गत अध्ययन करना चाहेंगे।

(i) मौखिक शब्दावली का विकास (Development of oral vocabulary)
(ii) मौखिक अभिव्यक्ति या वाक् शक्ति का विकास (Development of oral expression or speech power)
(iii) पढ़ने सम्बन्धी योग्यता या अभिव्यक्ति का विकास (Development of reading ability or written expression)
(iv) लिखने सम्बन्धी योग्यता या अभिव्यक्ति का विकास (Development of writing ability or written expression)

मौखिक शब्दावली या शब्द भण्डार का विकास (Development of Oral Vocabulary)

बालक के भाषा विकास में उस भाषा से सम्बन्धित शब्द उनके भण्डार का बड़ा ही महत्त्वपूर्ण योगदान होता है। शब्दों के संयोग से ही वाक्य बनते हैं और वाक्यों से भाषा के उस रूप का निर्माण होता है जिसे विचार तथा भावों के संप्रेषण और विनियम के लिए काम में लाया जा सकता है। भाषा के इस शब्द भण्डार का विकास बालक में धीरे-धीरे ही होता है। जन्म के पश्चात् जैसे ही वह ध्वनियों का उच्चारण करने तथा उनके अर्थ को समझने योग्य हो जाता है, उसमें शब्दों को ग्रहण करने तथा उच्चारण करने की क्षमता आने लगती है। प्रत्येक नया शब्द जो वह ग्रहण या उच्चारण करता है, वह उसके किसी न किसी प्रयोग तथा आवश्यकता की पूर्ति का साधन बनता जाता है और यही बात उसे उचित रूप में पुनर्वलन (Reinforcement) प्रदान करती रहती है। फलस्वरूप वह नए-नए शब्द समझता और उच्चारित करता जाता है और उसके शब्द भण्डार में वृद्धि होती चली जाताी है।

बालकों के शब्द भण्डार में शनैः शनैः किस तरह वृद्धि होती है, इस प्रक्रिया का कई मनोवैज्ञानिक तथा भाषा शास्त्रियों द्वारा अध्ययन किया गया है। यहाँ हम प्रसिद्ध मनोवैज्ञानिक **स्मिथ** (Smith, 1950), **थोमसन** (Thomson 1962) तथा लिपसिट (Lipsit, 1966) के अनुसन्धानों से सम्बन्धित शब्द विकास आंकड़ों को प्रस्तुत कर रहे हैं जो बालक की आयु में वृद्धि के साथ-साथ उस की शब्दावली के विकास को भी दर्शाते हैं।

इस प्रकार हम देखते हैं कि बालक जैसे ही 5 वर्ष की अवस्था के बाद विद्यालय जाने की आयु में प्रवेश करता है तथा विद्यालय की शिक्षा ग्रहण करता है उसके शब्द भण्डार में तेजी से वृद्धि होने लगती है। शब्द भण्डार की यह वृद्धि बालकों के मानसिक तथा सामाजिक विकास और सीखने के लिए मिलने वाले उपयुक्त वातावरण तथा अवसरों पर बहुत कुछ निर्भर करती है बालकों का शब्द भण्डार उसी हिसाब से शीघ्रता से बढ़ता रहता है।

बालकों की आयु	बालकों का शब्द भण्डार
जन्म से 8 माह तक	0
9 माह से 12 माह तक	तीन या चार शब्द
1½ वर्ष	10 से 12 शब्द
2 वर्ष	272 शब्द
2½ वर्ष	450 शब्द
3 वर्ष	1 हजार शब्द
3½ वर्ष	1250 शब्द
4 वर्ष	1600 शब्द
5 वर्ष	2100 शब्द
11 वर्ष	5000 शब्द
14 वर्ष	80000 शब्द
16 वर्ष	1 लाख से अधिक

शब्दों की संख्या में वृद्धि होने के साथ-साथ बालकों के शब्द भण्डार के विकास में निम्न और मुख्य विशेषताएँ देखने को मिलती हैं:

1. बालकों के शब्द भण्डार में दो प्रकार के शब्दों का संकलन होता है, एक तो वे शब्द जिन्हें बालक सक्रिय रूप में प्रयोग में लाता है तथा उनके अर्थ को भलीभाँति समझता है तथा दूसरे वे शब्द जिनका प्रयोग वह स्वयं तो नहीं करता परन्तु जब वे दूसरों द्वारा बोले जाते हैं तो उनका मतलब वह समझ लेता है। प्रत्येक स्तर पर इन दूसरे प्रकार के शब्दों की ही बहुतायत बालक के शब्दकोश में ज्यादा रहती है।
2. बालकों के शब्द भण्डार को शब्दों के प्रयोग के महत्त्व को ध्यान में रखते हुए दो मुख्य वर्गों में बाँटा जा सकता है—सामान्य शब्द भण्डार (General vocabulary) तथा विशिष्ट शब्द भण्डार (Special vocabulary)। पहले वर्ग में ऐसे शब्द शामिल होते हैं जिन्हें उनके द्वारा सभी सामान्य परिस्थितियों में प्रयोग में लाया जाता है तथा दूसरे वर्ग में वे शब्द आते हैं जिनका प्रयोग बालकों द्वारा विशिष्ट परिस्थितियों या अवसरों पर किया जाता है। सामान्य शब्द भण्डार की वृद्धि करते समय बालक में पहले संज्ञाओं से सम्बन्धित शब्दों का विकास होता है उसके बाद क्रियाओं, विशेषणों, सर्वनाम आदि अन्य व्याकरण शब्द उसकी शब्दावली में आते हैं। विशिष्ट शब्द भण्डार के विकास में आयु के साथ-साथ वृद्धि होती है। उसके अतिरिक्त जिस बालक को अपने वातावरण के साथ अधिक क्रिया करने और अनुभव करने के जिस प्रकार के अवसर मिलते हैं, उसकी जैसी शिक्षा-दीक्षा तथा लालन-पालन होता है, उसी के हिसाब से उसे विशेष शब्दों को सीखने का ज्यादा अवसर मिलता है। बालकों की विशिष्ट शब्दों से युक्त शब्दावली में मुख्यतया निम्न शब्द देखने को मिल सकते हैं:

   (i) रंगों से सम्बन्धित शब्द (ii) समय से सम्बन्धित शब्द जैसे कल, आज, परसों, सुबह, शाम, जाड़ा, गर्मी, बरसात, दिन, रात आदि (iii) पशु पक्षियों, साग सब्जियों तथा फलों के नाम (iv) शरीर के विभिन्न भागों जैसे आँख, कान, नाक, हाथ, पैर आदि (v) रुपये पैसों से सम्बन्धित शब्द (vi) नाप-तौल से सम्बन्धित शब्द (vii) अशिष्ट गन्दे और गाली-गलौज से सम्बन्धित शब्द (viii) शिष्टाचार से सम्बन्धित शब्द जैसे धन्यवाद, श्रीमान्, आप, जी आदि (ix) वाहनों तथा मनोरंजन के साधनों, टी.वी. और फिल्मी दुनियाँ से सम्बन्धित शब्द (x) गुप्त शब्द भण्डार जिसमें उसकी गुप्त भाषा के शब्द, हाव-भाव तथा संकेत शामिल होते हैं जिनकी सहायता से वह अपने हम उम्रों तथा साथियों से गुप्त मन्त्रणा या मनोरंजन करता है।
3. बालकों के शब्दकोश में पहले वे शब्द आते हैं जो उसकी शारीरिक आवश्यकताओं को पूरा करें तथा बाद में वे आते हैं जो उसकी तात्कालिक मनोवैज्ञानिक आवश्यकताओं को पूरा करें। इन शब्दों का दायरा पहले माँ-बाप, भाई-बहन तथा परिवार के वातावरण तक ही सीमित रहता है। बाद में जैसे-जैसे बालक बड़ा होता है तथा अन्य लोगों के संपर्क में आता है, विद्यालय जाना शुरू करता है तथा अन्य शैक्षिक एवं सामाजिक क्रियाओं में भाग लेता है। उसका यह शब्द भण्डार अपने और अपने परिवार तक ही सीमित न रहकर काफी विस्तृत होता चला जाता है। पुस्तकों को पढ़ने, पत्र-पत्रिकाओं, रेडियो, टेलीविजन, फिल्म आदि साधनों का उपयोग करने तथा भ्रमण आदि से उसके शब्द भण्डार में तेजी से वृद्धि होती हुई देखी जा सकती है।

मौखिक अभिव्यक्ति या वाक्-शक्ति का विकास (Development of Oral Expression or Speech Power)

बालक की मौखिक अभिव्यक्ति तथा भाषा सम्बन्धी वाक्-शक्ति के विकास में ध्वनियों का उच्चारण, ध्वनियुक्त शब्दों का उच्चारण, उनके अर्थों या मतलब को समझना आदि बातें आधार का कार्य करती हैं। बचपन में जन्म से ही इस बारे में प्रयत्न शुरू हो जाते हैं। ध्वनियों के अस्पष्ट तथा सार रहित उच्चारण की प्रक्रिया के पश्चात् बालकों के शब्द विकास की प्रक्रिया प्रारम्भ हो जाती है। साथ ही वे दूसरों के द्वारा की गई ध्वनियों तथा शब्दों का अर्थ भी ग्रहण करने लग जाते हैं। इस प्रकार के शब्द ग्रहण करने को बालक की भाषा सम्बन्धी आकलन योग्यता (Comprehension ability) का नाम दिया जाता है। इस प्रकार की योग्यता का विकास होना वाक्-शक्ति तथा मौखिक अभिव्यक्ति में बालकों को बहुत मदद

करता है। अतः यह स्थिति बालकों में पहले ही आती है और उसी वजह से बालक शब्दों के अर्थ को उन्हें बोलने से पहले ही समझना शुरू कर देता है। पानी लो, मुन्ने के लिए दूध लाओ, उसका खिलौना कहाँ है आदि शब्दों तथा वाक्यों को सुनते ही उनके कान खड़े हो जाते हैं और वे उसका अर्थ समझकर प्रतिक्रिया व्यक्त करने का प्रयत्न करते देखे जाते हैं। इस तरह हाव-भाव और आवाजों के माध्यम से उनका अर्थ समझ जाना, वाक्-शक्ति एवं मौखिक अभिव्यक्ति के विकास का पहला ठोस चरण माना जा सकता है।

ध्वनियों, संकेतों, हाव-भाव, शब्दों तथा वाक्यों आदि का अस्पष्ट तथा स्पष्ट अर्थ समझने और अनुमान लगाकार उनके प्रति अनुक्रिया व्यक्त करने के पश्चात् वाक्-शक्ति के विकास में दूसरा बड़ा कदम शब्दावली का विकास तथा उसका उच्चारण करना है। उच्चारण की प्रक्रिया अस्पष्ट ध्वनियों से प्रारम्भ होती है। आठ माह के बाद बच्चा एक या दो शब्दों से युक्त सरल ध्वनियों के उच्चारण का उचित प्रयत्न करने लगता है। धीरे-धीरे उसके शब्द भण्डार में भी वृद्धि होने लगती है और उनका सही उच्चारण भी करने लगता है। प्रारम्भिक वर्षों में प्रयत्न करते हुए भी ध्वनियों तथा शब्दों का ठीक उच्चारण नहीं कर पाता। अपूर्ण तथा अस्पष्ट उच्चारण जिसे वह तोतली भाषा में बोलता है, शुरू में अच्छा ही लगता है परन्तु यह स्थिति ज्यादा देर तक नहीं रहनी चाहिए। उसके उपयुक्त सुधार में प्रयत्न करने में ही भलाई रहती है अन्यथा बच्चों में हकलाना, तुतलाना तथा गलत उच्चारण का दोष रह जाता है।

प्रारम्भिक अवस्था में बच्चों से जितने शब्द आते हैं उनका जल्दी-जल्दी उच्चारण करने में उन्हें काफी आनन्द आता है। उच्चारण की यह प्रक्रिया पहले निरर्थक ध्वनियों तथा बड़बड़ाहट से प्रारम्भ होती है। छः माह का बालक जब इस प्रकार की भाषा बोल रहा होता है तो उसकी इस विशिष्ट भाषा को समझना काफी टेढ़ी खीर होता है। यही अटपटी तथा अर्थहीन भाषा उसकी वास्तविक तथा सार्थक भाषा और सही उच्चारण की आधारशिला होती है। माँ-बाप तथा अन्य परिवार के निकटतम सदस्यों द्वारा जब इस प्रकार की अटपटी भाषा शब्द और ध्वनियों को सुना जाता है तो वे बालक को पर्याप्त प्रेरणा और प्रोत्साहन देते हैं, उसके सामने शब्दों को बोलते हैं तथा शब्दों के अर्थ से सम्बन्धित क्रियाएँ एवं भाव व चेष्टाओं का प्रदर्शन करते हैं। इस प्रकार के प्रयत्नों से बालकों में शब्द ग्रहण करने और उन्हें उच्चारण करने की योग्यता का विकास होता है।

शुरुआत पूरे वाक्य के स्थान पर एक शब्द बोलने से होती है। उदाहरण के लिए, बालक यह कहने के स्थान पर कि उसे पानी पीना है, या प्यास लगी है सिर्फ पानी या मम शब्द का उच्चारण करता है। धीरे-धीरे वह दो शब्दों को जोड़कर बोलना सीखता है और दो वर्ष की आयु की समाप्ति तक वह तीन शब्दों तक वाक्यों जैसे दूध दे दो, मम दे दो, अम्मा पास चो, आदि कहना सीख जाता है। इसके बाद जैसे-जैसे उसकी आयु बढ़ती जाती है तथा उसकी शब्दावली में जो शब्द आते हैं वह विभिन्न शब्दों का उच्चारण कर सरल वाक्य बोलना सीख जाता है। शुरू में वाक्य काफी छोटे तथा अपूर्ण होते हैं। पाँच वर्ष की आयु तक इसमें काफी सुधार हो जाता है और विद्यालय जाने से पूर्व ही वह मिश्रित और संयुक्त वाक्यों का प्रयोग करने लगता है।

विद्यालय जाने के पश्चात् उसकी मौखिक अभिव्यक्ति तथा वाक्-शक्ति में तेजी से विकास होना प्रारम्भ हो जाता है। इसका कारण यही होता है कि यहाँ उसके अनुभवों का दायरा काफी विस्तृत हो जाता है। परिणामस्वरूप उसको मौखिक अभिव्यक्ति तथा आपसी वार्तालाप व विचार विनियम के अवसर भी बहुत मिलते हैं। भाषा शिक्षण के लिए गम्भीर प्रयत्न भी पाठ्यक्रम सम्बन्धी विषयों तथा क्रियाओं के माध्यम से होने लगते हैं और परिणामस्वरूप बालकों की मौखिक अभिव्यक्ति या बोलने सम्बन्धी योग्यताओं में पर्याप्त वृद्धि होती पाई जाती है। इस प्रकार की वृद्धि सभी बालकों में समान हो ऐसी बात नहीं है। व्यक्तिगत भेदों के अलावा, उनका जिस तरह लालन-पालन होता है, ऐसे विद्यालयों में वे पढ़ते हैं, जिन बच्चों के साथ वह खेलते, रहते या पढ़ते लिखते हैं, जिस तरह के अनुभव उन्हें अपने वातावरण या शिक्षा के द्वारा प्रदान किए जाते हैं वे उसी अनुपात के वाक्-शक्ति या मौखिक अभिव्यक्ति के धनी बनते हैं।

पढ़ने सम्बन्धी योग्यता का विकास (Development of Reading Ability)

पढ़ने सम्बन्धी या पाठन योग्यता से तात्पर्य बालक की उस भाषा सम्बन्धी योग्यता और क्षमता से है जिसके माध्यम से वह लिखे हुए (Written) तथा मुद्रित (Printed) भाषा संकेतों, शब्दों तथा वाक्यों आदि को ठीक प्रकार पहचान कर उनके

अर्थों को शीघ्रतापूर्वक भलीभाँति ग्रहण कर लेता है। इस तरह लिखित और मुद्रित सामग्री के द्वारा निहित तथा भावों को ग्रहण करने की क्षमता पढ़ने सम्बन्धी योग्यता कहलाती है।

बालकों में पढ़ने सम्बन्धी योग्यता का विकास उस समय से ही सम्भव है जब उनकी इन्द्रियाँ ज्ञान ग्रहण करने में सक्षम होने लगती हैं। वस्तुओं की पहचान कर सकने की क्षमता उन्हें अक्षरों की पहचान और बोध कराने में सहायक होती है। अक्षर ज्ञान कराना यानी उन्हें पहचान कर निश्चित नाम देना पढ़ने सम्बन्धी योग्यता ग्रहण करने का पहला चरण कहा जा सकता है। प्रायः तीन वर्ष के बालक में इस प्रकार की क्षमता का विकास हो जाता है कि वह अनार, अमरूद या आम के चित्र को देखकर और फिर उसे 'अ' अक्षर से अनुबन्धित करके छोटे 'अ' से अनार या अमरूद के रूप में पहचानने और सम्बोधित करना प्रारम्भ कर देता है।

इस तरह अक्षर ज्ञान बालक के पढ़ने सम्बन्धी योग्यता का पहला चरण है जिसे प्रयास एवं प्रशिक्षण द्वारा बालक 3–4 वर्ष की अवस्था में पूरा कर सकते हैं। पूरी वर्णमाला को सीखते-सीखते बालक को 1–2 वर्ष और लग सकते हैं। यह सब इस बात पर निर्भर करता है कि उसे अक्षर ज्ञान कब से शुरू कराया जाता है, उसके लिए इसके साथ कितना परिश्रम किया जाता है तथा उसकी मानसिक क्षमताएँ उसे कितना आगे बढ़ने देती हैं।

अक्षर ज्ञान के बाद शब्द बोध का नम्बर आता है। जो बालक अक्षर ज्ञान जितना पहले कर लेते हैं शब्द बोध में पहल उन्ही के द्वारा होती है। सबसे पहले ये बालक मात्रा रहित दो अक्षरों या वर्णों से बनने वाले शब्दों को पढ़ना सीखते हैं जैसे घर, चल, कर आदि। इसके पश्चात् मात्रायुक्त शब्दों और दो से अधिक अक्षरों वाले शब्दों को और उसके बाद संयुक्त अक्षरों या वर्णों वाले शब्दों को पढ़ना सीख जाते हैं। उन्हें ठीक तरह पढ़ना सीखने के साथ-साथ वे उनका अर्थ भी ग्रहण करने लगते हैं।

अक्षर ज्ञान तथा शब्द बोध के बाद वाक्यों को पढ़ने की बारी आती है। इस कार्य में पहले वे छोटे और सरल वाक्यों को पढ़ना सीखते हैं और तत्पश्चात् अभ्यास के अनुसार कठिन तथा लम्बे वाक्यों को पढ़ना और उनका अर्थ ग्रहण करना सीखते हैं। इस कार्य में कक्षा में कराए गए सस्वर वाचन की प्रमुख भूमिका रहती है। प्रायः दूसरी कक्षा में पढ़ रहे बालकों में जिनकी औसत आयु लगभग 7 वर्ष होती है इस प्रकार योग्यता का विकास हो जाता है।

वाक्यों को पढ़ना सीखने के पश्चात् उनमें पुस्तक आदि में वर्णित बातों को उचित गति से पढ़ने की योग्यता होने लगती है। धीरे-धीरे वे स्वतन्त्र रूप में पढ़ते हुए पढ़ी हुई बातों को अर्थ ग्रहण करने में सक्षम बनते जाते हैं। इनकी यह सक्षमता बहुत बातों जैसे अभ्यास, प्रशिक्षण, रुचि और अभिप्रेरणा, मानसिक योग्यता, शब्द भण्डार आदि पर निर्भर करती है। सामान्यतया इस प्रकार की योग्यता चौथी-पाँचवीं कक्षा के बालकों (औसत आयु 10 वर्ष) में विकसित हो जाती है।

इसके पश्चात् जैसे-जैसे पढ़ने के अवसर मिलते जाते हैं उनकी पढ़ने की योग्यता में वृद्धि होती चली जाती है। निर्वाध गति से पढ़ने और उसका अर्थ समझने के साथ-साथ उनका दृष्टि विराम (Eye span) भी विस्तृत हो जाता है। अब वे विराम चिह्नों पर पूरा ध्यान देते हैं, गूढ़ार्थ एवं भावार्थों को ग्रहण करते हैं तथा अपरिचित शब्दों के अर्थ को भी अनुमान से मालूम करके लिखित भाषा को पूरी तरह समझ लेने का प्रमाण देने लगते हैं।

लिखने सम्बन्धी योग्यता या अभिव्यक्ति का विकास
(Development of Writing Ability or Written Expression)

लिखने सम्बन्धी योग्यता या अभिव्यक्ति से तात्पर्य बालक की उस भाषा सम्बन्धी योग्यता और क्षमता से है जिसके माध्यम से वह अपने भावों एवं विचारों को लिपिबद्ध कर सकने में सक्षम बनता है तथा मौखिक अभिव्यक्ति के स्थान पर उन्हें किसी सांकेतिक लिपि, अक्षरों, वर्णों और इन वर्णों से बनने वाले वाक्यों के रूप में लिखकर प्रकट करता है।

लिखने सम्बन्धी इस योग्यता का विकास बालकों में भाषा सम्बन्धी वाचन तथा पठन योग्यता के बाद होता है। लिखने की क्रिया, पढ़ने की क्रिया से कठिन होती है क्योंकि इसमें अक्षरों, वर्णों तथा शब्दों की आकृति की पहचान के साथ-साथ इन आकृतियों को ज्यों की त्यों बनाने का कौशल भी आना चाहिए। इस कौशल के अर्जन में समय लगता है, इसके लिए विशेष प्रयास भी करना पड़ता है तथा इस प्रयास में सफलता भी तभी मिलती है जब तक कि बालकों में लिखने के लिए आवश्यक उनके हाथ की अंगुलियों की मांसपेशियों का उचित सन्तुलन बनाए रखने की क्षमता न विकसित हो जाए।

कलम, चाक, पेन, पेंसिल किसी भी लेखन सामग्री के प्रयोग बिना लेखन सम्भव नहीं और इन वस्तुओं का प्रयोग बालकों के उचित शारीरिक विकास तथा शारीरिक क्षमता की मांग करता है। उचित ध्यान तथा मानसिक शक्तियों, समझ बूझ आदि पर भी वह निर्भर करता है और यही कारण है कि शैशव अवस्था में बालकों को लेखन क्रिया का अभ्यास कराने की बात नहीं सोची जाती।

बालकों में लिखने सम्बन्धी योग्यता को विकसित होने का प्रथम चरण एक तरह से उन्हें लिखित सामग्री को पढ़ना सिखाने से ही प्रारम्भ हो जाता है। लिखे हुए अक्षर तथा वर्णों की पहचान कर उन्हें ध्वन्यात्मक संकेतों द्वारा अभिव्यक्ति देकर वे जब पढ़ना तथा बोलना प्रारम्भ कर देते हैं तो उनका लिखित भाषा के प्रति आकर्षण बढ़ जाता है। लिखे शब्द संकेतों का अर्थ ग्रहण करना आने से उनमें उन शब्दों तथा वाक्यों के प्रति रुचि तथा निकटता बढ़ जाती है। वे अक्षरों तथा शब्दों की बनावट पर ध्यान देने लगते हैं। यही समय होता है जब उनमें लिखित भाषा की अक्षर आकृतियों को उसी रूप में चित्रित करने के लिए पैदा किया जाए। इस तरह बालकों की लिखने सम्बन्धी योग्यता की शुरुआत उनकी लिपि संकेतों–अक्षरों–शब्दों आदि की आकृतियों की पहचान और उनके प्रति रुचि तथा आकर्षण पैदा होने के रूप में होती है।

लिखने सम्बन्धी योग्यता के वास्तविक विकास की शुरुआत का सिलसिला बालक में जब प्रारम्भ होता है तब उसकी हाथ की अंगुलियों की मांसपेशियों में इतनी शक्ति तथा सन्तुलन आ जाता है कि वे सामग्री को ठीक तरह सम्भालकर आवश्यक आकृतियों की रचना में समर्थ बन जाए। 3–4 वर्ष का बालक इस योग्यता का हो जाता है कि उससे कलम या पेंसिल पकड़वा कर अक्षर बनवाया जा सके।

बालक का हाथ पकड़वा कर लिखना सिखाने के पश्चात् उसे अपने आप लिखने सम्बन्धी क्षमता के विकास की बारी आती है। अध्यापकों या माता-पिता के द्वारा पेंसिल से कागज पर जो अक्षर लिखे जाते हैं अथवा जिस रूप में अक्षर आकृतियाँ बनाई जाती हैं बालक इनका अनुकरण कर लिखना प्रारम्भ करते हैं। इस दिशा में बालकों में अक्षर या वर्णमाला के वर्णों को लिखना सीखने की पहले बारी आती है। इन अक्षरों को एक-एक कर वे लिखना सीखते हैं और इस कार्य को प्रायः 5 वर्ष की अवस्था तक वे कर लेते हैं।

एकाकी अक्षरों की रचना सीख लेने के पश्चात् उनमें संयुक्त अक्षरों तथा इन अक्षरों के वाक्यों को लिखने सम्बन्धी योग्यता का विकास होता है। पढ़ने की तरह ही वे पहले एक-एक अक्षर से लिखना सीखते हैं और फिर दो तथा तीन अक्षरों से बनने वाले सरल शब्दों तथा इन शब्दों से बनने वाले वाक्यों को लिखने का अभ्यास करते हैं। इस प्रकार के लेखन का अभ्यास कराने में प्रायः अनुलिपि की सहायता ली जाती है। अनुलिपि से तात्पर्य बालकों द्वारा अध्यापक या सिखाने वाले व्यक्ति के लेखन का ज्यों का त्यों अनुकरण करने से होता है। पहली कक्षा में पढ़ने वाले बालक इस कार्य में ठीक तरह समर्थ हो जाते हैं।

आगे की कक्षाओं में वे प्रतिलिपि तथा श्रुतलिपि दोनों की ही सहायता से लेखन शक्ति का विकास करते हैं। पुस्तकों में लिखी हुई रचना की नकल करके लिखते हैं। अध्यापक द्वारा श्यामपट्ट पर जो लिखा तथा बोला जाता है उसकी नकल करके लिखते हैं तथा अध्यापक द्वारा उन्हें धीरे-धीरे बोलकर जो बात लिखाई जाती है उसे लिखने का प्रयत्न करते हैं। इस रूप में लिखने सम्बन्धी योग्यता का विकास बालकों में दूसरी, तीसरी कक्षा तक हो ही जाता है।

लेखन योग्यता के विकास का अगला चरण स्वतन्त्र रूप में लिखकर अपनी भावनाओं तथा विचारों के प्रकाशन से सम्बन्ध रखता है। निबन्ध लिखना, पत्र लिखना, कहानी, नाटक, वृतांत, कविता, आलोचना, समालोचना आदि के रूप में लिखित अभिव्यक्ति करना इसी चरण में आता है। बालकों में यह योग्यता का विकास तीसरी चौथी कक्षा में प्रारम्भ हो जाता है परन्तु पहले की उनकी रचनाओं में नकल की ही प्रवृत्ति ज्यादा दिखाई देती है मौलिक रचनाओं की बात उनकी मानसिक शक्तियों तथा अनुभवों का दायरा बढ़ने के बाद ही आती है। हाँ बालक में जब इस प्रकार की मौलिकता या सृजनात्मकता आ जाती है तौ उसकी लेखन योग्यता के विकसित होने का यह सर्वोच्च चरण होता है। किशोरावस्था के समाप्त होते होते प्रायः बालकों में इस प्रकार की योग्यता का विकास हो जाता है। परन्तु इसका अच्छा स्तर होना बालक की अपनी प्रकृति और उसे मिलने वाले अभिव्यक्ति अवसरों पर निर्भर करता है।

भाषा विकास को प्रभावित करने वाले तत्व या कारक
(Factors Influencing Language Development)

जैसे कि पहले के पृष्ठों में चर्चा की जा चुकी है बालक में भाषा का विकास उसके जन्म के पश्चात् ही शुरू होता है इस दृष्टि से भाषा के विकास में आनुवांशिकता (Heredity) की कोई विशेष भूमिका नहीं प्रतीत होती। होता भी ऐसा ही है, भाषा जन्म-जात नहीं होती उसका अर्जन होता है। गुणसूत्रों (Chromosomes) तथा जीन्स के माध्यम से भाषागत योग्यताओं का एक पीढ़ी से दूसरी में हस्तांतरण नहीं होता। परन्तु आनुवांशिकता की कोई भी भूमिका भाषा विकास के कार्य में न हो यह बात पूरी ठीक नहीं है। शारीरिक और मानसिक क्षमताओं के रूप में बालकों को बहुत सी बातें अपने वंशक्रम तथा आनुवांशिकता से प्राप्त होती हैं, इन क्षमताओं का सामान्य, सामान्य से नीचे तथा ऊपर होना बालक को ऐसा आधार प्रदान करता है जिसके ऊपर उसके भाषा विकास की आगे नींव जाती है। अगर बालक के स्वर यंत्र, फेफड़े, होंठ, जीभ, दाँत में कोई खराबी जन्मजात होती है अथवा वह जन्म से ही शारीरिक या मानसिक रूप में विकलांग होता है तो उसका प्रभाव भाषा विकास पर अवश्य ही पड़ता है। इस प्रकार की बात किसी के वश की बात नहीं है। कुछ बालकों का जन्म से ही ऐसा होना स्वाभाविक सी बात है। अतः उनमें भाषागत योग्यताओं के उचित और सामान्य विकास की अपेक्षा भी नहीं की जानी चाहिए तथा जैसे भी हो उनके उचित संवेगात्मक विकास तथा समायोजन की ही चेष्टा की जानी चाहिए।

जन्म के पहले के कारण आनुवांशिकता को अगर एक दृष्टि से अलग कर दिया जाए तो बालक के भाषा के विकास में उसके अपने व्यक्तित्त्व, लालन-पालन, शिक्षा-दीक्षा तथा वातावरण सम्बन्धी कारकों की सामग्री को अच्छी तरह देखा तथा समझा जा सकता है। बालक के भाषा विकास को प्रभावित करने वाले इन विभिन्न कारकों की भूमिका को निम्न रूप में चित्रित किया जा सकता है।

1. **शारीरिक स्वास्थ्य** (Physical health)—बालक के भाषा विकास को उसका शारीरिक स्वास्थ्य काफी प्रभावित करता है। शारीरिक रूप से स्वस्थ बालक भाषा अर्जित करने में शक्ति लगा सकते हैं जबकि अस्वस्थ एवं बीमार बालकों को भाषा सीखने की सुविधा से काफी वंचित रहना पड़ता है। शारीरिक स्वास्थ्य बालक का जितना ठीक तथा सामान्य होगा उसके शारीरिक अंग तथा अवयव उतनी ही अच्छी तरह से कार्य करेंगे। विशेषकर स्वर यन्त्र, होंठ, जीभ, दाँत, मस्तिष्क, स्नायु संस्थान आदि का सबल, स्वस्थ एवं सामान्य होना भाषा विकास में विशेष भूमिका निभाता है और यह सभी अच्छे शारीरिक स्वास्थ्य के द्वारा ही सम्भव हो सकता है।

2. **मानसिक स्वास्थ्य** (Mental health)—बच्चे की भाषा के उचित विकास के लिए उसकी सामान्य मनोस्थिति का होना आवश्यक है। जो बच्चे मानसिक रूप से स्वस्थ्य होते हैं उन्हें भाषा के अर्जन में समस्याओं का सामना नहीं करना पड़ता है। चिन्ता, परेशानी, तनाव तथा संघर्ष से गुजर रहे बच्चों की भाषा के विकास में काफी दिक्कत रहती है और प्रायः उनकी मानसिक अवस्था उनमें वाणी तथा भाषा सम्बन्धी कई प्रकार की विकृतियों जैसे तुतलाना, हकलाना, अभद्र एवं अश्लील भाषा का प्रयोग करना आदि को जन्म दे सकती है।

3. **परिपक्वता** (Maturation)—भाषा का विकास आयु की वृद्धि तथा इस वृद्धि से नैसर्गिक रूप में प्राप्त शारीरिक परिपक्वता पर बहुत निर्भर करना है। बोलने, पढ़ने तथा लिखने के लिए बालकों के शारीरिक अंगों, उनकी क्षमताओं तथा मानसिक विकास को एक विशेष स्तर पर पहुँचने की आवश्यकता होती है। परिपक्वता के इस स्तर पर पहुँचकर ही वे भलीभाँति भाषा अर्जन में सफल हो सकते हैं। यही कारण है कि 8–10 महीने से पहले कितना भी प्रयास क्यों न किया जाए बालक को बोलना नहीं सिखाया जा सकता। इसी प्रकार जब तक बालक में अंगुलियों की मांसपेशियों सम्बन्धी उचित नियन्त्रण क्षमता न आ जाए उसे लिखना सीखना कठिन ही होता है।

4. **बुद्धि एवं मानसिक विकास** (Intelligence and mental development)—भाषा के अर्जन का बालकों की मानसिक क्षमताओं, योग्यताओं तथा उनके विकास से गहरा सम्बन्ध है। बुद्धि तथा मानसिक क्षमताओं का सामान्य से कम होना भाषा विकास में रोड़ा पैदा कर सकता है तो दूसरी ओर बुद्धि एवं मानसिक विकास की गति सामान्य होने से बालक को भाषा विकास में काफी सहायता मिलती है। अधिक प्रखर बुद्धि वाले मेघावी बालकों में भाषा सम्बन्धी योग्यता का विकास

काफी तेज गति से होता देखा जा सकता है। वे मौखिक, वाक्य तथा लेखन सम्बन्धी भाषाई योग्यता में काफी आगे बढ़े हुए रहते हैं।

5. **सामाजिक विकास** (Social development)—बालक में सामाजिक विकास तथा उसकी सामाजिक सामायोजन क्षमता पर भी उसकी भाषा का विकास काफी निर्भर करता है। जो बच्चे, शर्मीले अलग-थलग हैं तथा जिन्हें मिलने-जुलने के सामाजिक अवसर कम उपलब्ध होते हैं वे अपने अन्य साथियों की तुलना में भाषा विकास में पीछे रह जाते हैं।

6. **संवेगात्मक विकास** (Emotional development)—संवेगों की अभिव्यक्ति-भावनाओं तथा विचारों की अभिव्यक्ति से जुड़ी रहती है। भाषा भी इसी प्रकार की अभिव्यक्ति का साधन है। अतः संवेगात्मक विकास तथा भाषात्मक विकास का काफी गहरा सम्बन्ध होता है। जो बच्चे अपने संवेगात्मक विकास की दृष्टि से आगे और समायोजित होते रहते हैं भाषा अर्जन में भी उन्हें आगे निकलता हुआ पाया जाता है। उसके विपरीत संवेगात्मक रूप से अविकसित एवं कुसमायोजित बालक भाषा सम्बन्धी अनेक समस्याओं, दोषों तथा विकारों के शिकार बन जाते हैं। उदाहरण के लिए, क्रोधी और जल्दवाज बालक उच्चारण तथा लेखन सम्बन्धी गलतियाँ अधिक करते पाए जाते हैं जबकि शांत, संयमित बालकों में इसी प्रकार की गलतियों की सम्भावना कम रहती है।

7. **पारिवारिक वातावरण** (Family environment)—भाषा अनुकरण से सीखी जाती है और इस दृष्टि से बालक की माता भाषा सिखाने में उसकी पहली गुरू होती है। परिवार में बालक के निकट रहने वाले बड़े भाई, बहन, पिता, सम्बन्धियों आदि की भूमिका भी बालक के भाषा विकास में जल्दी ही शुरू हो जाती है। बालक जिन अस्पष्ट तथा निरर्थक वर्णों का पहले-पहले उच्चारण करता है अथवा द, म, ब, कुछ भी इस प्रकार की ध्वनि करता है उसी रूप में वह बोलने में प्रगति करता दिखाई पड़ता है। बड़ों के होठों को हिलते हुए, ध्वनि करते हुए तथा वस्तु एवं क्रियाओं के साथ-साथ जिन ध्वनि तथा नामों का उच्चारण वह सुनता है उसके द्वारा उन्हीं की नकल की जाती है। अब अगर उसे शुद्ध उच्चारण सुनने के अवसर परिवार में मिलते हैं तो उसका उच्चारण भी शुद्ध बनने लगता है। इसी तरह परिवार में जितने शिक्षित और भाषा को अच्छी तरह जानने वाले व्यक्ति होते हैं वे जिस ढंग से बालक के संपर्क में आते हैं बालक की भाषा भी उसी रूप में समृद्ध, सुसंस्कृत एवं शिष्ट बन जाती है। विपरीत अवस्था में उसकी भाषा में भी विपरीत गुणों का समावेश हो जाता है। पारिवारिक वातावरण एक दूसरे ढंग से भी बालक में भाषा विकास को प्रभावित कर सकता है। बालक के शारीरिक, मानसिक, संवेगात्मक तथा सामाजिक विकास और समायोजन का, परिवार ही आधार भूमि है। उसकी मूलभूत आवश्यकताएँ भी यहीं से पूरी होती हैं। उचित विकास तथा समायोजन यहाँ उसे भाषा विकास के लिए अपेक्षित स्तर एवं व्यक्तित्व सम्बन्धी विशेषताओं को ग्रहण करने में मदद करता है। वहीं विपरीत बातें उनके भाषा सम्बन्धी विकास के मार्ग में बाधाएँ खड़ी कर सकती हैं। उसके अतिरिक्त परिवार का उचित वातावरण, भाषा अधिगम तथा अनुभवों को अर्जित करने में भी सहायक होता है। उचित प्रेरणा, प्रशंसा तथा प्रोत्साहन बालक में भाषा विकास को काफी सहायता पहुँचा सकते हैं। इसके विपरीत परिवार के अशान्तिपूर्ण कलह, आपसी झगड़े तथा अन्य बातों से घिरे हुए अस्वथ एवं नकारात्मक वातावरण में बालक को अधिगम के उचित अवसर प्राप्त नहीं हो पाते और परिणामस्वरूप भाषा में ऐसे बच्चे भी पीछे देखे जा सकते हैं।

8. **सामाजिक-आर्थिक स्तर** (Social-economic status)—भाषा विकास पर बालकों के सामाजिक आर्थिक स्तर का भी प्रभाव पड़ता है। उच्च सामाजिक आर्थिक स्तर के बालकों को इसी कारण सभी आयु वर्गों में निम्न सामाजिक-आर्थिक स्तर के बालकों से भाषा विकास में आगे निकलता हुआ देखा जाता है। इसका कारण यही होता है कि ऊँचे सामाजिक-आर्थिक स्तर, सम्पन्न परिवार तथा ऊँची जाति के बालकों को भाषा विकास सम्बन्धी समृद्ध अवसरों तथा सुविधाओं की निम्न सामाजिक-आर्थिक स्तर वाले बालकों की तुलना में अधिक उपयोगी एवं सकारात्मक रूप से उपलब्धि रहती है। इन बालको को जो भाषा अपने स्तर के समाज में अधिक अनुकरण करने को मिलती है वे उसी को अधिक सीखते हैं जबकि गाली-गलौच, अशिष्ट तथा अशोभनीय भाषा का निम्न वर्ग द्वारा प्रयोग किए जाने पर इस वर्ग के बालकों को यह भी सब कुछ अनुकरण करने को मिलता है। उनकी शब्दावली वैसी ही होती है तथा भाषा सम्बन्धी अभिव्यक्ति के स्वस्थ एवं उचित अवसर न मिलने के कारण वे भाषा विकास में पीछे रह जाते हैं।

9. **संगी-साथी तथा मित्र-मण्डली** (Peer group and friend circle)—अनुकरण से भाषा का अर्जन करने में बालक के संगी-साथी मित्र-मंडली का भी महत्त्वपूर्ण योगदान रहता है। घर के बाहर अधिक समय तो बालक का इन्हीं के साथ बीतता है, अतः बालक यह भाषा सीखता है जिससे उसके संगी-साथी तथा मित्र लोग बोलते हैं। पंजाबी भाषी माता-पिता तथा परिवार का बालक हरियाणवी शब्दों का जब घर में प्रयोग करता है तो माँ-बाप को आश्चर्य होता है। परन्तु यह स्वाभाविक ही है माँ-बाप इतनी लम्बी अवधि के बाद भी हरियाणा में रहते हुए हरियाणवी नहीं बोल पाते जबकि उत्तर प्रदेश, बिहार, महाराष्ट्र, बंगाल, पंजाब से आए हुए इस परिवार का छोटा सा बालक साफ हरियाणवी में वार्तालाप कर लेता है जबकि उसकी शिक्षा का माध्यम भी हरियाणवी नहीं होता है। यह सब संगी-साथियों तथा मित्र-मंडली का ही प्रभाव होता है। इसी प्रकार बालक में उच्चारण सम्बन्धी अच्छाई-बुराई तथा शिष्ट एवं अशिष्ट भाषा के विकसित होने में भी बहुधा इस मित्र-मंडली तथा पास-पड़ोस के वातावरण की ही भूमिका होती है।

10. **समाज तथा समुदाय** (Society and community)—भाषा के अर्जन में समाज तथा समुदाय का वातावरण जिसका बालक सदस्य होता है एक प्रमुख भूमिका निभाता है। बालक वही भाषा सीखने के लिए प्रेरित तथा उन्मुख होता है जो उसके समाज तथा समुदाय की होती है। एक एंग्लो-इंडियन समाज तथा समुदाय के सदस्य बालक में अंग्रेजी से लदी हिन्दुस्तानी बोलने की प्रवृत्ति का स्वतः ही विकास हो जाता है। बालक की शब्दावली बोलने का ढंग, लिखित अभिव्यक्ति सभी उसे अपने समाज या समुदाय की भाषा को अंगीकार करने की ओर ले जाते हैं। हमें स्पष्ट ज्ञात हो जाता है कि इस बालक की भाषा पर उत्तर प्रदेश, बिहार या राजस्थान की हिन्दी का प्रभाव है या बंगाली, पंजाबी तथा हरियाणवी का।

11. **विद्यालयी शिक्षा और उसका वातावरण** (School education and environment)—घर-परिवर, पास-पड़ोस, संगी-साथियों तथा समुदाय के अतिरिक्त सामाजिक परिवेश की जिस बात का बालक के भाषा विकास पर काफी गहरा असर पड़ता है, वह विद्यालय का वातावरण और उसमें प्राप्त भाषा विकास के शिक्षण अधिगम अवसर होते हैं। स्वस्थ एवं प्रेरणादायक वातावरण प्रदान करने की दृष्टि से विद्यालयों में पर्याप्त विभिन्नताएँ पाई जाती हैं। अतः बालक के भाषा विकास पर इस बात का काफी प्रभाव पड़ता है कि उसे किस प्रकार के विद्यालयों में शिक्षा ग्रहण करने के अवसर शुरू से मिलते रहते हैं। बोलने, पढ़ने, लिखने तथा भाषा सम्बन्धी सभी प्रकार के अभिव्यक्ति को आगे बढ़ाने में विद्यालयों के वातावरण तथा उनमें प्राप्त शिक्षा की प्रभावपूर्ण भूमिका रहती है। विद्यालय में किस प्रकार के अध्यापक, सीखने और सिखाने की किस प्रकार की परिस्थितियाँ हैं, पाठांतर क्रियाओं के माध्यम से भाषा सम्बन्धी विकास और अभिव्यक्ति को आगे बढ़ाने में किस प्रकार के अनुभव विद्यार्थियों को प्रदान किए जाते हैं, भाषा शिक्षण के लिए किस प्रकार की विधियों, साधनों तथा क्रियाओं को विद्यालयों में प्रयुक्त किया जाता है, अध्यापक-विद्यार्थी तथा विद्यार्थी-विद्यार्थी के बीच किस प्रकार के सम्बन्ध हैं, पढ़ने वाले बालक किस प्रकार की भाषा का प्रयोग करते हैं आदि ऐसी बहुत सी बातें हैं जिनके ऊपर बालक की भाषा का उचित विकास निर्भर करता है।

12. **अधिगम स्तर तथा अधिगम में सहायक तत्त्व** (Learning potential and factors affecting learning)—भाषा सीखी जाती है उसका अधिगम होता है, अतः भाषा के विकास में अधिगम और उसकी प्रक्रिया में सहायक तत्त्वों की प्रधान भूमिका रहना स्वाभाविक ही है। सभी बालक एक जैसी गति से नहीं सीखते जो जल्दी सीखते हैं, उनमें भाषा का विकास अन्यों की तुलना में जल्दी और अधिक अच्छा हो जाता है। बालक में सीखने का स्तर जैसा होगा वैसा ही भाषा अर्जन उसके द्वारा किए जाने की सम्भावना रहती है। इस स्तर के अतिरिक्त और भी कुछ ऐसे तत्त्व या परिस्थितियाँ होती हैं जो एक बालक को दूसरे से भाषा अर्जन में आगे या पीछे रह जाने का कारण बन जाती हैं। रुचि और अभिप्रेरणा, आकांक्षा स्तर (Level of aspiration) स्वस्थ प्रतिस्पर्धा और सहयोग के लिए प्रदत्त अवसर, प्रशंसा तथा प्रोत्साहन, अधिगम का वातावरण तथा भाषा को सिखाने के लिए प्रयुक्त की जाने वाली विधियाँ एवं प्रेरणादायक घर और विद्यालय का वातावरण तथा भाषा को सिखाने के लिए प्रयुक्त की जाने वाली विधियाँ एवं क्रियाएँ, माँ-बाप, परिवार के सदस्य, अध्यापक तथा समाज जिस प्रकार की सीखने सम्बन्धी परिस्थितियों तथा वातावरण बालक को प्रदान करता है उसे सिखाने में जिस तरह रुचि दिखाता है तथा विधियों का प्रयोग में लाता है बालक का भाषा विकास उसी गति से आगे अपना रास्ता पकड़ लेता है। मनोरंजन, सैर-सपाटे, सामाजिक क्रियाएँ, त्यौहार तथा उत्सव, मेले और प्रदर्शनी इत्यादि के

रूप में उस भाषा अर्जन की जो सुविधाएँ तथा अवसर मिलते हैं, बालक का भाषा विकास अधिगम में सहायक इन तत्त्वों से भी प्रभावित होता है। इसके अतिरिक्त बालक के भाषा अर्जन या अधिगम में निर्देशन, परामर्श तथा मार्गदर्शन की भी पर्याप्त भूमिका रहती है। उचित और समय पर बालक को दिया हुआ इस प्रकार का मार्गदर्शन तथा निर्देशन बालक की अधिगम प्रक्रिया का ऐसा मार्ग प्रशस्त कर सकता है कि उसके भाषा विकास को उचित ऊँचाइयों पर पहुँचाया जा सके।

नैतिक एवं चारित्रिक विकास (Moral and Character Development)

नैतिकता का विकास या चरित्र निर्माण किसी भी शिक्षा व्यवस्था या बालकों के पालन-पोषण का प्रमुख उद्देश्य माना जाता है। संसार के सभी धर्म तथा संप्रदायों की मूलभूत धारणायें तथा दर्शन भी अपने अनुयायियों में नैतिकता के विकास तथा चरित्र निर्माण की बात जोर शोर से करते हुये नजर आते हैं। सारी दुनिया के समाज तथा समुदाय एक आवाज में यह कहते हुये पाये जाते हैं कि मानव मात्र का कल्याण वैयक्तिक तथा सामाजिक दोनों ही रूपों में अपने सदस्यों के उचित नैतिक विकास तथा चरित्र निर्माण के द्वारा ही सम्पन्न हो सकता है और इस कार्य हेतु उनके लालन-पालन तथा शिक्षा के प्रारम्भिक वर्षों से ही उचित प्रबन्ध किये जाने चाहिए। प्रश्न उठता है कि यह नैतिकता या चरित्र क्या होता है? क्या वह आनुवांशिक है अथवा अर्जित अधिगम व्यवहार है? हममें इसका विकास कैसे होता है? हम अपने बालकों में नैतिकता के विकास और निर्माण हेतु क्या कुछ कर सकते हैं? इस प्रकार के कुछ विशेष प्रश्नों के उत्तर इस अध्याय में आगे प्राप्त करने का प्रयत्न करेंगे।

चरित्र क्या है? (What is Character?)

चरित्र क्या है? इसको विभिन्न विद्वानों ने भिन्न-भिन्न प्रकार से अपनी शब्दावली में बाँधने का प्रयत्न किया है। इसमें कुछ के प्रयत्नों को उदाहरण रूप में नीचे दिया जा रहा है:

1. **सेमुअल स्माइल्स** (Samuel Smiles)–*चरित्र आदतों का पुंज है।*
(*Character is the bundle of habits.*—1973, p. 153).

2. **बोनहेम** (Boenheim)–*जब हम सशक्त चरित्र की बात करते हैं तब हमारा तात्पर्य संकल्प या इच्छा शक्ति की सशक्तता से होता है।*
(*When we talk of a strong character we mean strength of will.*—1946, p. 35).

3. **मक्डूगल (McDougall)**–*स्थायी भाव चरित्र की इकाइयाँ हैं और चरित्र स्थायी भावों की एक व्यवस्था अथवा संगठन है।*
(*Units of character are the sentiments and character is the system or organisation of sentiment.*—1949, p. 417).

4. **डमविले** (Dumvile)–*ऐसी सभी प्रवृत्तियों के योग को जो एक व्यक्ति में पाई जाती हैं उसके चरित्र के नाम से जाना जाता है।*
(*Character is the sum of the tendencies which an individual possesses.*—1938, p. 311).

आइये, अब हम इन परिभाषाओं का विश्लेषण करें:

1. चरित्र को केवल आदतों का पुंज कहना उचित नहीं है। जब कोई कार्य चाहे उसे कितनी ही बार क्यों न किया जाए, एक-सी परिस्थितियाँ होने पर बार-बार लगभग एक जैसे ढँग से ही सम्पन्न होता रहता है तो उसे 'आदत' की संज्ञा दे दी जाती है। आदत पकने पर कोई भी कार्य यन्त्रवत् बहुत ही सहज स्वाभाविक ढँग से होता रहता है। परन्तु मनुष्य का जीवन इतना सरल और मशीन की तरह बिल्कुल एक लकीर या धुरी पर घूमने वाला नहीं होता। अतः किसी भी प्रकार से मनुष्य के चरित्र को केवल घिसी-पिटी आदतों का पुंज नहीं कहा जा सकता।

यह सच है कि अच्छी और बुरी आदतें चरित्र के अच्छे या बुरे होने में सहायक सिद्ध होती हैं। परन्तु मात्र आदतों के इकट्ठे होने से ही चरित्र का निर्माण नहीं होता। चरित्र में आदतों के अतिरिक्त और भी बहुत कुछ होता है।

2. दूसरी परिभाषा में इच्छा शक्ति या संकल्प को चरित्र का पर्यायवाची मान लेने की ओर संकेत किया गया है। इच्छा शक्ति मनुष्य को निर्णय लेने की क्षमता प्रदान करती है और उचित समय पर उचित निर्णय लेना अच्छे चरित्र का लक्षण होता है। व्यक्ति की इच्छा शक्ति जितनी दृढ़ होती है, उसका चरित्र उतना ही ऊँचा पाया जाता है। इस प्रकार की इच्छा शक्ति, चारित्रिक संरचना में एक महत्त्वपूर्ण तत्त्व तो अवश्य है परन्तु यह किसी भी तरह से चरित्र का पर्यायवाची नहीं माना जा सकता। चरित्र को केवल इच्छाशक्ति तक ही सीमित नहीं रखा जा सकता। यह इससे काफी विस्तृत और बड़ी धारणा है।
3. मक्डूगल (McDougall) ने स्थायीभावों की व्यवस्था और संगठन को चरित्र का नाम दिया है। आइये देखें, इससे उसका तात्पर्य क्या है?

स्थायीभाव का अर्थ (Meaning of the term Sentiment)

वेलेन्टाइन (Valentine) ने स्थायीभाव की परिभाषा निम्न शब्दों में दी है:

किसी वस्तु या व्यक्ति के प्रति संवेगात्मक प्रवृत्तियों और भावनाओं की बहुत कुछ स्थायी और संगठित व्यवस्था को स्थायीभाव कहते हैं।

(*A sentiment is more or less permanent and organised system of emotional tendencies and impulses centred about an object or person.*—1965, p. 156).

इस प्रकार स्थायीभावों के निर्माण में किसी एक वस्तु, विचार या व्यक्ति से सम्बन्धित अनेक संवेग मिल कर एक स्थायी संरचना बनाते हैं। स्थायीभाव एक प्रकार से एक अर्जित प्रवृत्ति है और इसे विकास की प्रक्रिया तथा पर्यावरण की देन कहा जा सकता है। उदाहरण के रूप में एक व्यक्ति अपनी पत्नी के प्रति हर्ष, विषाद, कामुकता और स्वामित्व की भावना आदि कई प्रकार के संवेग रख सकता है। वे सभी संवेग मिलकर एक स्थायी संरचना में परिवर्तित हो जाते हैं और फलस्वरूप व्यक्ति में अपनी पत्नी के प्रति एक विशेष स्थायीभाव घर कर लेता है।

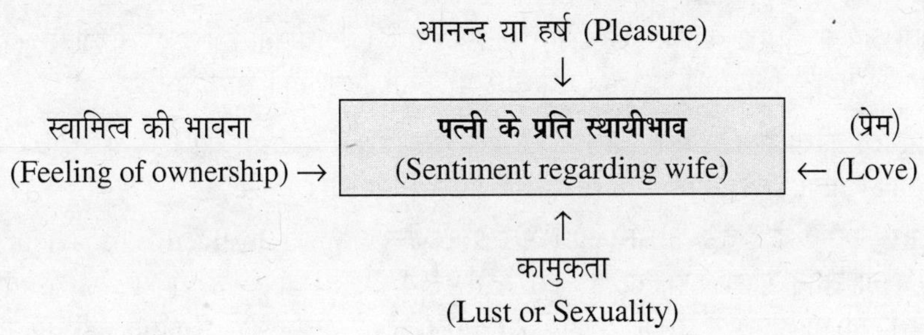

चित्र 2.2 स्थायी भावों का निर्माण (Formation of sentiments)

स्थायीभाव और संवेग में अन्तर (Difference between Sentiment and Emotion)

संवेगों के संग्रह मात्र को स्थायीभाव की संज्ञा नहीं दी जा सकती। जहाँ संवेग अस्थायी होते हैं वहाँ स्थायीभाव स्थायी होते हैं। संवेगों में जहाँ किसी भी प्रकार की निर्णय क्षमता काम में नहीं आती वहाँ स्थायीभावों के निर्माण में बुद्धि अपनी पूरी-पूरी भूमिका निभाती है।

एक व्यक्ति के चरित्र की पहचान उसके स्थायीभावों की प्रकृति और उनके संगठन अथवा व्यवस्था के माध्यम से ही होती है।

कुछ महत्त्वपूर्ण स्थायीभाव (Some Important Sentiments)

कुछ महत्त्वपूर्ण स्थायीभाव निम्नलिखित हैं:

1. देशभक्ति का स्थायीभाव (Patriotic sentiment)
2. नैतिक स्थायीभाव (Moral sentiment)
3. धार्मिक स्थायीभाव (Religious sentiment)
4. सामाजिक स्थायीभाव (Social sentiment)
5. बौद्धिक स्थायीभाव (Intellectual sentiment)
6. सौन्दर्यात्मक स्थायीभाव (Aesthetic sentiment)
7. आत्मसम्मान का स्थायीभाव (Self regarding sentiment)

अन्तिम आत्मसम्मान का स्थायीभाव सभी स्थायीभावों में सर्वोच्च स्थान रखता है और प्रधान या स्वामी स्थायीभाव (Master sentiment) के नाम से जाना जाता है। इस स्थायीभाव के माध्यम से ही व्यक्ति अपने तथा अपने जीवनदर्शन के बारे में पूरी तरह से विचार बनाता है। सामाजिक और नैतिक ढाँचे के प्रति हमारी सभी तरह की प्रतिक्रियाएँ और हमारे दृष्टिकोण इसी स्थायीभाव के द्वारा स्वीकृत होकर संचालित होते हैं। जब हम इस प्रकार सोचते हैं कि "मैं एक ईमानदार व्यक्ति हूँ, मुझे रिश्वत नहीं लेनी चाहिए", अथवा "मैं एक प्राध्यापक हूँ, मुझे सड़क के किनारे खड़े होकर चाट इत्यादि नहीं खानी चाहिए" तो इस प्रकार की सोचने की प्रक्रिया में आत्मसम्मान का स्थायीभाव महत्त्वपूर्ण भूमिका निभाता है और इसी के द्वारा हमारी व्यवहार सम्बन्धी चेष्टाओं और चरित्र सम्बन्धी गुणों को दिशा मिलती है। एक व्यक्ति के चरित्र में हमें उसके विभिन्न स्थायीभावों का एक संगठित संगठन देखने को मिलता है। जब तक व्यक्ति के स्थायीभाव बिखरे हुए होते हैं और उनमें संगठन और व्यवस्था की कमी दिखाई देती है तब तक उसे किसी भी प्रकार के चरित्र से विभूषित नहीं किया जा सकता। इसके अतिरिक्त विभिन्न स्थायीभावों के संगठन को आवश्यक स्थायी रूप देने में आत्मसम्मान के स्थायीभाव की उपेक्षा नहीं की जा सकती। यह सभी स्थायीभावों के शासक के रूप में चरित्र निर्माण की प्रक्रिया में महत्त्वपूर्ण भूमिका निभाता है। अतः चरित्र को आत्मसम्मान के स्थायीभाव द्वारा निर्देशित विभिन्न स्थायीभावों को एक संतुलित व्यवस्था और संगठन के रूप में परिभाषित करना उचित ही जान पड़ता है।

चौथी परिभाषा अवश्य ही एक व्यापक दृष्टिकोण प्रस्तुत करती है। यह बताती है कि चरित्र व्यक्ति की जन्मजात और अर्जित सभी प्रकार की प्रवृत्तियों का पूर्ण योग है। मोटे तौर पर इसमें निम्न बातें सम्मिलित हैं:

(i) चरित्र निर्माण की प्रक्रिया में मूल प्रवृत्तियाँ जो जन्मजात होती हैं मूलाधार का कार्य करती हैं। कोई भी व्यक्ति अपनी जीवन यात्रा इन्हीं प्रवृत्तियों के माध्यम से प्रारम्भ करता है।

(ii) आयु और अनुभव के बढ़ने के साथ-साथ मूल प्रवृत्तिजन्य व्यवहार (Instinctive behaviour) के स्थान पर आदतें अपना स्थान ग्रहण कर लेती हैं। इस स्तर पर ये आदतें व्यक्ति के व्यवहार को यन्त्रवत् बना देती हैं परन्तु वे किसी भी हालत में उसके व्यवहार और चरित्र को नियन्त्रित और संचालित नहीं कर सकतीं।

(iii) आगे जाकर मूल प्रवृत्तियों के द्वारा संवेगों की उत्पत्ति होती है और ये संवेग व्यक्तित्व और चरित्र के विकास में महत्त्वपूर्ण भूमिका निभाते हैं। प्रायः किसी भी वस्तु, व्यक्ति या विचार के प्रति केन्द्रित बहुत सारे संवेग मिलकर एक समूह अथवा संगठन का निर्माण करते हैं। जब यह संगठन अथवा संरचना व्यक्ति के मस्तिष्क में कुछ स्थायी रूप ग्रहण कर लेता है तो हम यह कहते हैं कि उसमें उस व्यक्ति, वस्तु या विचार के प्रति एक स्थायीभाव (Sentiment) का निर्माण हो गया है।

(iv) अन्तिम अवस्था में बहुत से संवेग मिलकर एक व्यवस्था अथवा संगठन का निर्माण करते हैं। इस संगठन और व्यवस्था के सम्भालने का उत्तरदायित्व बुद्धि और आत्मसम्मान के स्थायीभाव के कन्धों पर ही होता है।

उचित रूप से संगठित स्थायीभावों की यह व्यवस्था जिसे चरित्र का नाम दिया जाता है पूरी तरह से अर्जित प्रवृत्ति ही है। वास्तविक रूप में व्यक्ति के चरित्र निर्माण की तुलना भवन निर्माण से की जा सकती है। मूल वृत्तियाँ इस कार्य में आधार का कार्य करती हैं। स्थायीभाव चरित्र रूपी भवन की दीवारें और छत हैं जिनके निर्माण के लिए संवेग रूपी ईंटों का प्रयोग किया जाता है। आत्मसम्मान का स्थायीभाव इन ईंटों को जोड़ने वाले सीमेंट का कार्य सम्पादित करता है। इस प्रकार से चरित्र के लिए भवन की भाँति आधार एवं निर्माण सामग्री की आवश्यकता पड़ती है। अतः जो कुछ भी जन्मजात और अर्जित व्यक्ति के पास होता है उसे चरित्र की संज्ञा देना उचित ही है।

निष्कर्ष रूप में हम रॉस (Ross) के शब्दों में यह कह सकते हैं कि *संगठित आत्म ही वास्तव में चरित्र है।* (*Character is just the organised self.*—1951, p. 129) मूल प्रवृत्तियाँ, संवेग, आदतें, स्वभाव, संकल्प शक्ति और स्थायीभाव–ये सभी चरित्र के तत्त्व हैं। किसी व्यक्ति में इन सभी तत्त्वों के एक स्थायी मानसिक संरचना के रूप में होने वाले संगठन को उसके चरित्र की संज्ञा दी जाती है। इस प्रकार से किसी के चरित्र का अध्ययन करते समय उसकी आदतों, अभिप्रेरणाओं, संकल्पों, स्थायीभावों, बुद्धि, आत्मबोध और व्यक्तित्व को प्रभावित करने वाले अन्य कारकों के बारे में सोचा जाना अति आवश्यक है। सामाजिक परिस्थितियों में एक व्यक्ति का व्यवहार उसके अपने चरित्र द्वारा संचालित होता है। अतः चरित्र की परिभाषा अन्तिम रूप में इस प्रकार दी जा सकती है कि यह वह वैयक्तिक संगठन एवं स्थिर मानसिक संरचना है जो व्यक्ति के सामाजिक व्यवहार को निर्धारित करती है।

चरित्र या नैतिकता के स्तर (Levels of Character or Morality)

जैसा कि ऊपर स्पष्ट किया जा चुका है नैतिकता या चरित्र वंशानुगत न होकर पूरी तरह वातावरण और उसके प्रभावों की ही देन है, उसका अर्जन होता है वंशानुक्रम धरोहर की तरह हस्तान्तरण नहीं। बालक जब पैदा होता है तो उसमें नैतिकता या अनैतिकता को लेकर कुछ नहीं होता। उस कोरी स्लेट पर जो कुछ वातावरण के प्रभावों द्वारा नैतिकता या अनैतिकता के रूप में लिखा जाता है, वह उसी रूप में नैतिक या अनैतिक बन जाता है। यह कार्य जन्म से शुरू हो जाता है और मृत्युपर्यन्त चलता ही रहता है। प्रश्न उठता है कि बालकों में नैतिक विकास या चरित्र निर्माण का यह कार्य कैसे आगे बढ़ता है? विकास की विभिन्न अवस्थाओं में बालकों में किस प्रकार की नैतिकता का विकास संभव है, उसका क्या स्तर होता है? क्रोनवेक (Cronbach) ने इस सम्बन्ध में पाँच नैतिक स्तरों की चर्चा की है। नैतिकता के इन पाँचों स्तरों से सम्बन्धित आवश्यक बातें अग्रांकित हैं:

1. **पूर्व नैतिक अवस्था** (Amoral stage)—नैतिकता का यह स्तर बालकों में जन्म से लेकर दो वर्ष की आयु तक विद्यमान रहती है। इस अवस्था में बालक से किसी प्रकार की नैतिकता या चारित्रिक मूल्यों को धारण करने की बात ही नहीं उठती क्योंकि इस स्तर पर उसे यह समझ नहीं होती कि उसके ऐसा करने से किसी अन्य को नुकसान या परेशानी होगी। क्या अच्छा है क्या बुरा, यह बात उसकी समझ से बाहर ही होती है। उसे अपनी इच्छाओं, भावनाओं तथा संवेगों पर नियन्त्रण करना नहीं आता और परिणामस्वरूप वह अपनी मर्जी का मालिक बनकर इच्छित व्यवहार करने की जिद पकड़ता रहता है चाहे उसके लिए रोने, चिल्लाने, मारने-पीटने, तोड़ने-फोड़ने जैसा कोई भी अनैतिक मार्ग क्यों न अपनाना पड़े।

2. **स्व-केन्द्रित अवस्था** (Self-centred stage)—नैतिकता का यह स्तर बालक के तीसरे वर्ष से शुरू होकर 6 वर्ष तक पाया जाता है। इस स्तर के बालक की सभी व्यावहारिक क्रियाएँ अपनी वैयक्तिक आवश्यकताओं और इच्छाओं की पूर्ति के चारों ओर केन्द्रित रहती हैं। उसके लिए वही नैतिक होता है जो उसके स्व यानी आत्म-कल्याण से जुड़ा हुआ हो। फिर चाहे उससे किसी और का कैसा भी अहित या नुकसान होता रहे उसे उसकी कोई परवाह नहीं होती। बाल्यकाल के नैतिक विकास से जुड़ी हुई यह स्व-केन्द्रित अवस्था जब किसी व्यक्ति में अधिक गहरे ढंग से प्रवेश कर उसके व्यक्तित्व का अंग बन जाती है तो ऐसा व्यक्ति वयस्क और प्रौढ़ होने पर भी अपनी महज स्वार्थ पूर्ति से आगे नहीं देख पाता और दूसरों के हित को नजरअंदाज करते हुए विभिन्न प्रकार के असामाजिक और अमर्यादित आचरणों को करते हुए पाया जाता है।

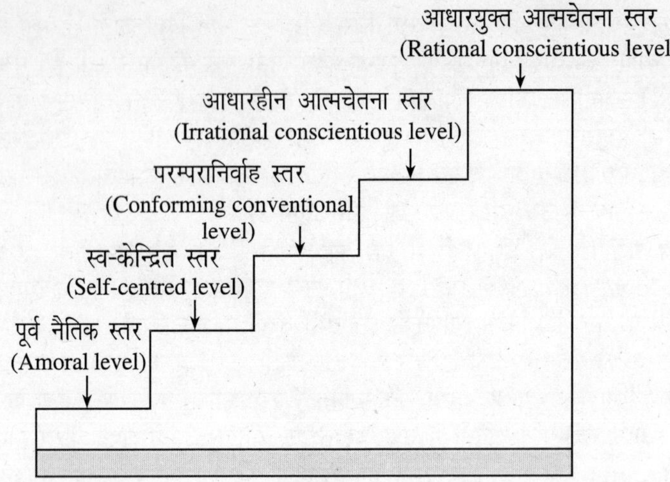

चित्र 2.3 चरित्र या नैतिकता के स्तर (Levels of character or morality)

3. **परम्परा निर्वाह स्तर** (Conforming conventional level)—सातवें वर्ष से लेकर किशोरावस्था के प्रारम्भिक काल का सम्बन्ध इस स्तर से है। इस स्तर का बालक सामाजिकता के गुणों को धारण करता हुआ देखा जाता है अतः उसमें समाज के बनाये नियमों, परम्पराओं तथा मूल्यों के निर्वहन सम्बन्धी नैतिकता का विकास होता हुआ देखा जा सकता है। इस अवस्था में उसे अच्छाई-बुराई का ज्ञान हो जाता है और वह यह समझने लगता है कि उसके किस प्रकार के आचरण या व्यवहार से दूसरों का अहित होगा या ठेस पहुँचेगी। वह अपने माँ-बाप, गुरुजन तथा अध्यापकों को नाराज नहीं करना चाहता और इसलिए उनकी कही हुई बातों तथा नियमों को अपनाकर अपने व्यवहार को मान्य परम्पराओं तथा नैतिकता के दायरे में ही रखना चाहता है। इसके अतिरिक्त कई बार वह नियमों तथा परम्पराओं के उल्लंघन के फलस्वरूप उसे जो परिणाम भुगतने होंगे उनके डर से भी नियमों तथा परम्पराओं द्वारा मान्यता प्राप्त व्यवहार एवं आचरणों को अपनाने के लिए बाध्य रहता है। यही बात आगे चलकर उसे समाज तथा देश के कायदे कानूनों को भय वश पालन करते रहने की आदत विकसित करने का कारण बनती है।

4. **आधारहीन आत्म चेतना स्तर** (Irrational conscientious level)—यह स्तर किशोरावस्था से जुड़ा हुआ है। नैतिक विकास के इस स्तर पर बालकों में सामाजिक, शारीरिक तथा मानसिक विकास अपनी ऊँचाइयों को छूने लगता है और उसमें आत्म चेतना का प्रादुर्भाव हो जाता है। यह मेरा आचरण है, मैं ऐसे व्यवहार करता हूँ, इसकी उसे अनुभूति होने लगती है तथा अपने व्यवहार आचरण और व्यक्तित्व सम्बन्धी गुणों की स्वयं ही आलोचना करने की प्रवृत्ति उसमें पनपने लगती है। पूर्णता की चाह उसमें स्वयं से असंतुष्ट रहने का मार्ग प्रशस्त कर देती है। यही असंतुष्टि उसे समाज तथा परिवेश में जो कुछ गलत हो रहा है (जैसा वह समझता है) उसे बदल डालने या परम्पराओं के प्रति विद्रोही रुख अपनाने को उकसाती है। इस तरह यहाँ उसका व्यवहार फ्रायड की शब्दावली में उसके सुपर ईगो (Super ego) से संचालित होता हुआ देखा जा सकता है। पूर्णता तथा नैतिकता को अपना आदर्श मानने की बात उसे समाज की वास्तविकता तथा व्यावहारिकता से काफी दूर ले जाती है और परिणामस्वरूप इस अवस्था में उसके व्यवहार पर तर्क और प्रयोजन के स्थान पर भावनाओं का अधिक प्रभाव रहता है। उदाहरण के लिए जो बात वह सही समझता है वह उसी पर आरूढ़ रहना चाहता है चाहे उसके लिए उसे फाँसी पर ही क्यों न चढ़ा दिया जाए। इस प्रकार का आचरण और व्यवहार नैतिक मूल्यों को धारण करने का बहुत ही अच्छा आधार और तार्किक मान्यता प्रस्तुत करता है। यही कारण है कि सत्य पर आरूढ़ रहकर समाज और देश के लिए कुर्बानी देने वाले नवयुवकों को तैयार करने का कार्य इस प्रकार के नैतिक विकास स्तर द्वारा अच्छी तरह से किया जा सकता है। परन्तु परेशानी तभी होती है जबकि किशोरों का व्यवहार आधारहीन विचारधारा

पर आधारित होकर मात्र उनकी भावनाओं का खिलौना बन कर या तो उनके लिए ही आत्मघाती साबित होता है अथवा उससे समाज के हित चिन्तन की बजाय बुराइयों को ही जन्म मिलता है। अतः जब तक व्यवहार को पर्याप्त कारण और आधार न मिल जाए तब तक उसे नैतिकता या चारित्रिक विकास का पर्याय नहीं माना जाना चाहिए।

5. **आधारयुक्त आत्मचेतना स्तर** (Rational conscientious level)—नैतिक या चारित्रिक विकास की यह चरम स्तर और अवस्था है। भलीभाँति परिपक्वता ग्रहण करने के बाद ही इस प्रकार का विकास संभव है। अब यहाँ जिस प्रकार के नैतिक आचरण और चारित्रिक मूल्यों की बात व्यक्ति विशेष में की जाती है उसके पीछे केवल उसकी भावनाओं का प्रवाह मात्र ही नहीं होता बल्कि वह अपनी मानसिक शक्तियों का उचित प्रयोग करता हुआ अच्छी तरह सोच समझकर किसी व्यवहार या आचरण विशेष को अपने व्यक्तित्व गुणों में धारण करता हुआ पाया जाता है। उदाहरण के लिए वह भावनाओं में बहकर अहिंसावादी होने या युद्ध विरोधी होने सम्बन्धी मूल्य को आत्मसात् नहीं करता। उसका इस सम्बन्ध में जो भी नैतिक आचरण होता है वह परिस्थिति विशेष की आवश्यकताओं को देखते हुये किसी ठोस तार्किक आधारभूमि पर आधारित होता है। अगर उसके देश पर विदेशी आक्रमण हो रहा हो या आतंकवादी गतिविधियों हो रही हों तो युद्ध करने और शस्त्र उठाने की बात को वह नैतिक मूल्यों के दायरे में ही रखना चाहेगा, परन्तु आक्रमण कर दूसरे देश की भूमि को हथियाने की बात अब भी उसके लिए अनैतिक ही बनी रहेगी। इस तरह नैतिक विकास की इस चरम अवस्था में पहुँचकर व्यक्ति का नैतिक आचरण पूरी तरह उसकी संज्ञानात्मक शक्तियों (Cognitive power), तथा सम्बन्धों की सीमाओं को समझता हुआ पूरी तरह तर्कसम्मत एवं विचारयुक्त बन जाता है। इस प्रकार का चारित्रिक और नैतिक विकास ही व्यक्ति विशेष के लिए आदर्श माना जा सकता है।

नैतिक विकास या चरित्र निर्माण में शिक्षा की भूमिका (Role of Education in Moral Development or Character Formation)

शिक्षा के क्षेत्र में नैतिक या चारित्रिक विकास की महत्ता को कभी भी कम नहीं आंका जा सकता। शिक्षा तभी सार्थक है जब वह सुयोग्य एवं उत्तरदायित्वों को समझने वाले नागरिकों का निर्माण कर सके और यह कार्य चरित्र निर्माण के बिना सम्पन्न नहीं हो सकता। इसलिए चाहे शिक्षा की कोई भी प्रणाली क्यों न हो अथवा कोई स्तर या अवस्था क्यों न हो, नैतिक विकास और चरित्र निर्माण प्रत्येक स्तर और अवस्था में शिक्षा का एक मुख्य और आवश्यक उद्देश्य माना जाता है। आइए देखें, किस प्रकार शिक्षा बच्चों के चरित्र का ठीक-ठीक विकास करने में सहायक सिद्ध होती है और अध्यापक तथा विद्यालय बच्चों के नैतिक विकास तथा चरित्र निर्माण में किस प्रकार अपना सहयोग प्रदान कर सकते हैं। सामान्यतया इस कार्य में कुछ निम्न सुझाव एवं तकनीक काफी उपयोगी सिद्ध हो सकते हैं:

1. **मूल प्रवृत्तियों और संवेगों का उचित प्रशिक्षण** (Proper training of instincts and emotions)—मूल प्रवृत्तियाँ चरित्र की आधारशिलाएँ हैं। इसलिए नैतिक विकास और चरित्र निर्माण की दिशा में सबसे पहला कार्य मूलप्रवृत्तियों का शोधन और उन्नयन करना है। व्यवहार को प्रभावित करने वाले विभिन्न संवेग मूलप्रवृत्तियों से ही पोषित होते हैं। इस तरह मूलप्रवृत्तियाँ और संवेग दोनों मिलकर मानव चरित्र को अच्छा और बुरा मोड़ प्रदान करने की सामर्थ्य रखते हैं। इसलिए सुन्दर और स्वस्थ चरित्र के लिए बच्चे की मूलप्रवृत्तियों और उसके संवेगों के उचित शोधन और प्रशिक्षण की आवश्यकता है। उदाहरण के लिए युद्धप्रियता नामक मूल प्रवृत्तियों और क्रोध के संवेग को शोधन और प्रशिक्षण के फलस्वरूप देशभक्ति तथा पीड़ितों एवं शोषितों पर दया दिखलाने जैसे उपयोगी कार्यों की ओर मोड़ा जा सकता है और इस तरह नैतिक विकास और चरित्र निर्माण का कार्य भली-भाँति सम्पन्न किया जा सकता है।

2. **इच्छा या संकल्प शक्ति का प्रशिक्षण** (Training of will power)—निर्णय शक्ति और उचित समय पर उचित निर्णय लेने की क्षमता–दोनों सशक्त चरित्र के बहुमूल्य तत्त्व हैं और इन दोनों तत्त्वों को इच्छा तथा संकल्प शक्ति द्वारा ही जीवन मिलता है। अतः बालकों की इच्छाओं तथा संकल्प शक्ति को दृढ़ बनाने के लिए हर सम्भव उपाय किए

जाने चाहिए। दृढ़ संकल्प के अभाव में चारित्रिक कमजोरियाँ व्यक्तित्व पर हॉवी हो जाती हैं और उन्हें छोड़ देने का झूठा वायदा करता रहता है जबकि इच्छा या संकल्प शक्ति की दृढ़ता उसे चारित्रिक बुराइयों को छोड़कर अच्छाइयों को ग्रहण करने में पूरी-पूरी सहायता कर सकती हैं।

3. **अच्छी आदतों का विकास** (Development of good habits)—चरित्र को आदतों का पुंज कहा गया है। अच्छी और बुरी आदतें व्यक्ति को अच्छे और बुरे रास्ते पर ले जाकर उसके चरित्र को सामाजिक रूप से वांछित और अवांछित बनाने का कार्य करती हैं। अतः बालकों में शुरू से ही अच्छी-अच्छी आदतें डालने का प्रयास किया जाना चाहिए। बुरी आदतें चरित्र के लिए घुन का कार्य करती हैं, बच्चों को यथासम्भव इनसे छुटकारा दिलाने का प्रयत्न करना चाहिए। ताकि उनका नैतिक विकास समुचित रूप से आगे बढ़ सके।

4. **उचित आदर्शों का विकास** (Development of worthy ideals)—व्यक्ति की अपनी मान्यतायें, मूल्य और आदर्श उसकी नैतिकता तथा चरित्र को प्रतिबिम्बित करते हैं। किसी एक परिस्थिति में वह जैसा व्यवहार करता है उसके पीछे उसके जीवन के लक्ष्य और आदर्शों की छाप होती है। जितने ऊँचे और अच्छे जीवन मूल्य एवं आदर्श होंगे उसकी नैतिकता का स्तर एवं चरित्र उतना ही सशक्त और उत्तम होगा। इसलिए बालकों को उचित आदर्श एवं जीवन मूल्य अपनाने के लिए प्रेरित किया जाना चाहिए।

5. **उचित स्थायीभावों का विकास एवं संगठन** (Organisation and development of proper sentiments)—नैतिकता या चरित्र को स्थायीभावों की एक व्यवस्था एवं संगठन का नाम दिया जाता है। इसलिए बच्चों में स्वरूप और सुन्दर स्थायी भावों के निर्माण और उनके स्थायी संगठन के बारे में प्रयत्न किये जाने चाहिये। इसके लिए सबसे पहले अच्छे स्थायीभावों जैसे देशभक्ति का स्थायीभाव, नैतिक स्थायीभाव, सामाजिक स्थायीभाव, बौद्धिक स्थायीभाव, सौन्दर्यात्मक स्थायीभाव और आत्म-सम्मान के स्थायीभाव आदि के विकास के लिए प्रयत्न किए जाने चाहिये। आत्मसम्मान के पश्चात् ये सभी, सकारात्मक और अनुकूल स्थायीभाव के माध्यम से अच्छी प्रकार संगठित किये जाने चाहिए। वास्तव में चरित्र की सशक्तता, आत्मसम्मान या आत्म-गौरव के स्थायीभाव पर निर्भर करती है। अतः बच्चों में इस स्थायीभाव को ठीक प्रकार से विकसित करने के लिए हर सम्भव प्रयत्न किए जाने चाहिए। इस महत्त्वपूर्ण स्थायीभाव के विकास के लिए निम्न बातों पर ध्यान देना उपयोगी सिद्ध हो सकता है:

(i) बच्चे की वैयक्तिकता (Individuality) का पूरा-पूरा सम्मान किया जाना चाहिए।

(ii) बच्चे को अपने दिन प्रतिदिन के कार्यों को करने के लिए आवश्यक स्वतन्त्रता प्रदान की जानी चाहिए।

(iii) उसे अपना कार्य अपने आप करने के लिए प्रोत्साहित किया जाना चाहिए। उसमें आत्मविश्वास की भावना भरने का प्रयत्न करना चाहिए।

(iv) बच्चा अपने आपको सुरक्षित अनुभव करे तथा उसे उचित प्यार और स्नेह मिलता रहे। इसके लिए अनुकूल प्रयत्न किये जाने चाहिए।

(v) घर, विद्यालय और सामाजिक जीवन में अपने उत्तरदायित्व को भलीभाँति निभा सकने के लिए बच्चों को उचित प्रशिक्षण और प्रेरणा दी जानी चाहिए।

6. **सुझाव और नैतिक विकास** (Suggestion and moral development)—नैतिक और चारित्रिक विकास में सुझावों का भी बहुत महत्त्व है। बच्चे भोले होते हैं। उन पर सुझावों का गहरा प्रभाव पड़ता है। अतः सुझावों को नैतिक विकास के कार्य में भलीभांति प्रयोग में लाया जा सकता है। लेकिन जहाँ तक सम्भव हो बच्चों के व्यवहार में अनुकूल परिवर्तन लाने के लिए सकारात्मक सुझाव (Positive suggestions) की ही सहायता ली जानी चाहिए। इसके लिए बच्चों को सुन्दर एवं स्वस्थ कहानियाँ सुनाई जा सकती हैं तथा महान् व्यक्तियों के संस्मरण और जीवन वृत्तान्तों से उन्हें परिचित कराया जा सकता है। अध्यापक और माता-पिताओं को स्वयं अपने रहन-सहन और व्यवहार के द्वारा जीते जागते उदाहरण बच्चों के सम्मुख रखने चाहिए।

नैतिक विकास या चरित्र निर्माण की दिशा में कदम रखने के पश्चात् बच्चों को बराबर यह बताते रहना चाहिए कि वे यथेष्ट रूप में उन्नति कर रहे हैं, उनका चारित्रिक स्तर ऊँचा उठ रहा है, वे उत्तम और अति उत्तम बनते जा रहे हैं, बहुत ही लाभदायक सिद्ध होता है। इस प्रकार के आत्म-सुझावों द्वारा वे नैतिक विकास की सीढ़ियाँ सफलतापूर्वक चढ़ सकते हैं।

7. **अनुकरण और नैतिक विकास** (Imitation and moral development)—बच्चा स्वभाव से ही अनुकरण अवश्य करता है। उसके लिए माता-पिता, अन्य बड़े लोग तथा अध्यापक आदर्श होते हैं। यह जाने-अनजाने उनका अनुकरण करता रहता है। इसलिए यह आवश्यक हो जाता है कि अध्यापक, माता-पिता और समाज के अन्य उत्तरदायित्वपूर्ण व्यक्तियों द्वारा अपने व्यवहार और चरित्र को लेकर अच्छे उदाहरण बच्चों के सामने रखे जाएँ। उन्हें इस बात का ध्यान रहना चाहिए कि बालकों को सदैव स्वस्थ और प्रेरक वातावरण ही मिलना चाहिए तथा उन्हें बुरी संगत और बुरी बातों के दुष्प्रभाव से बचाया जाना चाहिए।

8. **पुरस्कार और दण्ड का समुचित प्रयोग** (Proper use of reward and punishment)—नैतिक विकास तथा चरित्र निर्माण में पुरस्कार और दण्ड दोनों का ही महत्त्वपूर्ण स्थान है। आज के मनोवैज्ञानिक और प्रजातांत्रिक युग में बच्चों के चरित्र निर्माण के लिए उन्हें दण्ड देना अच्छा नहीं समझा जाता। यह कहा जाता है कि डाँट फटकार, निन्दा, ताड़ना, जुर्माना, मारपीट आदि दण्डों के द्वारा बच्चों के मन में तरह-तरह की कुंठायें घर कर लेती हैं और इस तरह से बजाय लाभ के हानि की सम्भावना अधिक रहती है। इस प्रकार के उपायों को नकारात्मक (Negative) माना जाता है जिनके द्वारा बच्चों में डर बिठाकर उन्हें बुरा व्यवहार करने से रोका जा सकता है। परन्तु इसके द्वारा उनमें अच्छा व्यवहार कर सकने की क्षमता, योग्यता और अभिवृत्ति (Attitude) का विकास नहीं किया जा सकता। दण्ड के विषय में इस प्रकार के विचार बहुत कुछ ठीक हैं परन्तु फिर भी शिक्षा प्रणाली में इसके प्रयोग को समाप्त कर देना ठीक नहीं जान पड़ता। आदर्श की बात और है परन्तु वास्तविकता यही है कि भय के बिना बच्चों को नैतिक गिरावटों तथा चारित्रिक बुराइयों से दूर नहीं रखा जा सकता। कई बार तो अच्छी बातें सीखने के लिए तैयार करने में भी दण्ड का प्रयोग बहुत उपयोगी सिद्ध होता है। परन्तु फिर भी जहाँ तक हो सके दण्ड का प्रयोग उसी अवस्था में किया जाना चाहिए जबकि समझाने बुझाने और अन्य सकारात्मक उपायों जैसे पुरस्कार, प्रशंसा, प्रोत्साहन आदि का उन पर कोई प्रभाव पड़ता न दिखाई दे।

9. **नैतिक और धार्मिक शिक्षा प्रदान करना** (Providing moral and religious education)—नैतिक विकास में नैतिक और धार्मिक शिक्षा की उपयोगिता भी असंदिग्ध है। अतः विद्यालय पाठ्यक्रम में इसे आवश्यक स्थान प्रदान किया जाना चाहिए। अब प्रश्न यह उठता है कि भारत जैसे धर्म निरपेक्ष राज्य में धार्मिक शिक्षा का स्वरूप क्या हो। इस प्रकार की शिक्षा बहुत ही संकुचित और रूढ़िवादी धार्मिकता पर आधारित नहीं होनी चाहिए। वास्तव में इसे विभिन्न धर्मों की धर्मान्ध और परम्परागत आचार संहिता से दूर रहकर नैतिक और मानवीय मूल्यों की प्राप्ति को अपना ध्येय बनाना चाहिए। ऐसी शिक्षा द्वारा "सभी धर्म अच्छे हैं, तथा धर्म भी एक ही ईश्वर–चाहे वह राम हो या रहीम, ईसा या मुहम्मद–की सन्तान है" आदि भावनायें बच्चों के अन्दर भरी जानी चाहिए।

रोचक कहानी और कथानकों के माध्यम से बच्चों को नैतिक शिक्षा सरलतापूर्वक दी जा सकती है। इस दिशा में हितोपदेश और पंचतन्त्र की कहानियाँ बहुत उपयोगी सिद्ध हो सकती हैं। महान् व्यक्तियों की जीवनगाथा और स्मरणों को भी उपयोग में लाया जा सकता है। इतिहास, साहित्य और सामाजिक विषयों की पुस्तकों में नैतिक विचार उत्पन्न करने वाले पाठ शामिल किये जा सकते हैं। इसके अतिरिक्त प्रार्थना सभा, महान् पुरुषों के प्रवचन एवं नैतिकता सम्बन्धी व्याख्यानों तथा अन्य पाठान्तर क्रियाओं के माध्यम से बच्चों में नैतिक और धार्मिक भाव उत्पन्न करके उनके चरित्र को ऊँचा उठाया जा सकता है।

10. **बच्चों का सामाजिक विकास** (Social development of the child)—सामाजिक विकास और नैतिक विकास में धनात्मक सहसम्बन्ध (Positive correlation) है। सामाजिक रूप से विकसित एक बच्चा सदैव ही समाज के आदर्शों और मूल्यों के अनुकूल व्यवहार करने का प्रयत्न करता है और इसलिए वह अपने चरित्र पर कोई भी धब्बा नहीं लगने देना चाहता। इस प्रकार से सामाजिकता का विकास चरित्र निर्माण की दिशा में एक महत्त्वपूर्ण रचनात्मक कदम माना जा सकता है। इस दृष्टिकोण से सामाजिक विकास की ओर पूरा ध्यान देने की आवश्यकता है। उनमें आवश्यक सामाजिक गुणों

का समावेश हो सके तथा वे सामाजिक सम्बन्धों का अच्छी तरह निर्वाह कर समाज के उत्तरदायित्वपूर्ण सदस्यों की भाँति व्यवहार कर सकें, इस लक्ष्य की प्राप्ति के लिए माता-पिता तथा अध्यापकों द्वारा उन्हें पूरा-पूरा सहयोग दिया जाना चाहिए।

11. **बच्चे का उचित मानसिक विकास** (Proper mental development of the child)—नैतिक विकास और मानसिक विकास में भी गहरा सम्बन्ध है। नैतिकता में निहित विभिन्न तत्त्वों के संयोजन में बुद्धि एक महत्त्वपूर्ण भूमिका निभाती है। एक व्यक्ति किसी एक विशेष परिस्थिति में किस प्रकार व्यवहार करेगा और किस प्रकार जीवन की वास्तविकताओं का सामना करेगा, यह बहुत कुछ उसकी मानसिक योग्यताओं और क्षमताओं पर निर्भर करता है। अतः बच्चों को सोचने-विचारने की शक्ति, कल्पना शक्ति, स्मरण शक्ति, एकाग्रता आदि विभिन्न मानसिक शक्तियों के विकास के लिए समुचित कदम उठाये जाने चाहिये।

12. **नैतिक विकास में विद्यालय, परिवार और समाज का उत्तरदायित्व** (The role of the school, family and the society in moral development)—नैतिक विकास तथा चरित्र निर्माण में वातावरण सम्बन्धी शक्तियाँ महत्त्वपूर्ण भूमिका निभाती हैं। घर, विद्यालय और सामाजिक परिवेश में जो कुछ भी घटित होता है उसका प्रभाव बच्चे के चरित्र पर अवश्य पड़ता है। सबसे पहले नैतिकता का प्रथम पाठ बच्चा अपने पारिवारिक परिवेश में अपने माता-पिता तथा परिवार के सदस्यों से सीखता है। घर के अतिरिक्त पास-पड़ोस, समुदाय तथा सामाजिक परिवेश की अन्य शक्तियां भी बच्चे के चरित्र को प्रभावित करती हैं। जब वह विद्यालय जाता है तब विद्यालय का वातावरण, साथ पढ़ने वाले विद्यार्थियों तथा शिक्षकों के व्यवहार एवं चरित्र की छाप उस पर अवश्य पड़ती है। अतः यह आवश्यक है कि परिवार, विद्यालय तथा सामाजिक परिवेश की अन्य इकाइयों द्वारा बालकों को स्वस्थ एवं प्रेरणादायक सामाजिक वातावरण प्रदान किया जाए ताकि बच्चे अपने चारित्रिक विकास के लिए आवश्यक सुन्दर एवं स्वस्थ आदतों और गुणों को ग्रहण कर सकें।

वास्तव में ध्यान से देखा जाए तो चरित्र-निर्माण एक बृहत् कार्य है। इसे भलीभाँति सम्पन्न करने के लिए इसे प्रभावित करने वाले सभी व्यक्ति और सामाजिक शक्तियों का एक जुट हो जाना अत्यन्त आवश्यक है। जो कुछ भी साधन हमारे पास हैं तथा जो भी विधियाँ और तकनीक काम में लाई जा सकती हैं उन सबका प्रयोग इस कार्य के लिए किया जाना चाहिए। स्किनर (Skinner) और हैरीमन (Harriman) इन्हीं विचारों को अनुमोदित करते हुए लिखते हैं:

ऐसा कोई पाठ्यक्रम या विधि नहीं है जो कि जादू के जोर से नैतिक विकास या चरित्र का निर्माण कर सके। इसके विपरीत घर, चर्च, खेलने के मैदान अथवा विद्यालय में होने वाला प्रत्येक अनुभव नैतिक विकास के लिए एक अवसर प्रदान करता है। (1937, p. 261)

वस्तुतः नैतिक विकास एक सर्वांगीण विकास होने के नाते बहुमुखी प्रयास चाहता है। अतः नैतिक विकास को प्रभावित करने वाले सभी कारकों या तत्त्वों के ऊपर पूरा-पूरा ध्यान रखते हुए सुगठित और संतुलित योजना तैयार की जानी चाहिए तथा उसे पूर्ण ईमानदारी और तत्परता के साथ क्रियान्वित किया जाना चाहिए।

सार-संक्षेप (Summary)

1. माता के गर्भ में आने के बाद बालकों में अपनी विकासात्मक अवस्थाओं में विकास के विभिन्न आयामों जैसे शारीरिक, गामिक, मानसिक, संवेगात्मक, सामाजिक, भाषायी तथा नैतिक आदि से एक विशिष्ट प्रकार की वृद्धि और विकास का दौर दिखाई देता है।
2. शारीरिक वृद्धि एवं विकास से तात्पर्य उस प्रक्रिया से है जिसके परिणामस्वरूप किसी व्यक्ति विशेष के शारीरिक ढांचे और आन्तरिक तथा बाह्य अवयवों में जन्म से लेकर मृत्यु तक कुछ निश्चित प्रकार के परिवर्तन आते रहते हैं। बहुत अधिक वैयक्तिक असमानताओं के होते हुए भी मानवीय शारीरिक वृद्धि एवं विकास प्रक्रिया सामान्य रूप से एक विशेष प्रकार की एकरूपता का प्रदर्शन करती हुई दिखाई देती है। सामान्यतया यह पाया जाता है कि शारीरिक वृद्धि एवं विकास की गति पहले दो या तीन वर्षों में बहुत तीव्र होती है, इसके बाद के वर्षों में

किशोरावस्था के शुरू होने तक यह मन्द गति से चलती है, किशोरावस्था के पहले तीन वर्षों में इस गति में शैशवावस्था की तरह की ही तीव्रता देखने को मिलती है और फिर बाद के वर्षों में परिपक्वता ग्रहण करने तक इसकी गति में पुनः गिरावट आ जाती है।

शारीरिक वृद्धि और विकास को प्रभावित करने वाले कारकों की भूमिका गर्भाधान के समय से ही शुरू हो जाती है। जो कुछ बालक को वंशक्रम सम्बन्धी विरासत में प्राप्त होता है शैशव, बाल्यावस्था तथा किशोरावस्था में जिस प्रकार की वातावरणजन्य अनुकूल एवं प्रतिकूल परिस्थितियाँ प्राप्त होती हैं उन सभी का प्रभाव बालकों की शारीरिक वृद्धि एवं विकास पर पड़ता है।

शारीरिक वृद्धि एवं विकास की प्रक्रिया की जानकारी अध्यापकों को अपने उद्देश्य (बालकों के सर्वांगीण विकास में सहायता करना) की पूर्ति में अच्छी तरह से सहयोगी हो सकती है। वे जान जाते हैं कि शारीरिक विकास के ऊपर ही अन्य सभी प्रकार का मानसिक, सामाजिक, संवेगात्मक तथा नैतिक एवं भाषायी विकास निर्भर करता है तथा एक आयु विशेष में बालकों से सामान्यतया किस प्रकार की शारीरिक वृद्धि एवं विकास की अपेक्षा की जानी चाहिए।

3. गामक विकास से अभिप्राय बालक की गामक क्षमताओं और योग्यताओं में होने वाले उस विकास से है जिसके फलस्वरूप उसमें नाड़ियों और माँसपेशियों की गतिविधियों के संयोजन से संपन्न विभिन्न प्रकार की शारीरिक क्रियाओं और गतिविधियों को बेहतर ढंग से करने की कुशलता आती है। स्नायु संस्थान एवं माँसपेशी संस्थान के पारस्परिक महत्वपूर्ण सहयोग से गामक तथा शारीरिक गतिविधियों पर नियंत्रण रखने का कार्य जीवन के प्रारंभिक वर्षों से ही शुरू हो जाता है और व्यक्ति विशेष मे तब तक चलता रहता है जब तक कि उसमें ऐसा करने के लिये इच्छाशक्ति विद्यमान रहे। विकासावस्था में शिशुकाल से लेकर किशोरावस्था तक गामक विकास की जो गति और स्वरूप होता है उसकी प्रकृति सभी विकास अवस्थाओं जैसे शैशवावस्था, बाल्यावस्था तथा किशोरावस्था में संपूर्ण गामक (Gross motor) तथा सूक्ष्म गामक (Fine motor) कौशलों को लेकर अलग-अलग और अनूठी होती है। हाँ प्रत्येक विकास अवस्था में इस तरह के गामक विकास को लेकर काफी हद तक एकरूपता होती है और इसीलिये अपनी विकासात्मक अवधि के दौरान सभी बालकों से एक निश्चित पैटर्न के तहत अपने गामक विकास संम्बन्धी मुकाम या मंजिल तय करने की अपेक्षा की जाती है। परन्तु वैयक्तिक भेदों की उपस्थिति के कारण कुछ बालक विलम्बित विकास (Delayed development) के शिकार भी पाये जा सकते हैं। उनकी अपने गामक विकास सम्बन्धी देरी विभिन्न विकास आयामों से सम्बन्धित विकास प्रक्रिया में विविध रूपों में बाधक सिद्ध होती है।

4. मानसिक वृद्धि एवं विकास से तात्पर्य उस प्रक्रिया से है जिसके फलस्वरूप बालक की सभी संज्ञानात्मक, मानसिक अथवा बौद्धिक शक्तियों (जो एक तरह से अन्तःसम्बन्धित होती है) जैसे संवेदना, प्रत्यक्षीकरण, कल्पना शक्ति, बुद्धि और भाषायी योग्यता, समस्या समाधान योग्यता और निर्णय लेने की क्षमता आदि का पर्याप्त मात्रा में विकास सम्पन्न होता है। मानसिक वृद्धि एवं विकास से सम्बन्धित ये सभी पक्ष आयु में वृद्धि के साथ साथ यानी परिपक्वन तथा अधिगम दोनों की ही संयुक्त प्रक्रिया के परिणामस्वरूप फलते फूलते रहते हैं।

मानसिक वृद्धि और विकास की प्रक्रिया को नियन्त्रित करने में परिपक्वन और सीखने की काफी महत्त्वपूर्ण भूमिका रहती है। जिस तरह अभ्यास और प्रशिक्षण से शारीरिक शक्ति और कुशलताओं में वृद्धि होती है वैसे ही अनौपचारिक तथा औपचारिक शिक्षा एवं प्रशिक्षण द्वारा मानसिक विकास की मंजिलें तय की जा सकती हैं। मानसिक वृद्धि और विकास प्रक्रिया के स्वरूप की जानकारी तथा इसके फलस्वरूप बालकों की मानसिक शक्तियों में होने वाले परिवर्तनों का अनुमान अध्यापकों को आयु स्तरों के अनुरूप पाठ्य तथा सहपाठ्य क्रियाओं तथा अनुभवों के चयन एवं आयोजन, शिक्षण विधियों तथा सहायक सामग्री के चयन और उनको उपयोग में लाने के तरीके ढूँढ़ने तथा मानसिक स्तर के अनुकूल व्यक्तिगत विकास की दिशायें तय करने में भलीभाँति सहयोगी सिद्ध हो सकता है।

5. सामाजिक विकास से अभिप्राय उस प्रक्रिया विशेष से है जिसके फलस्वरूप एक बालक अपने सामाजिक वातावरण के साथ लगातार अन्तःक्रिया करते हुए सामाजिक गुणों एवं कुशलताओं को ग्रहण कर उचित सामाजिक सम्बन्ध बनाये रखने में सफल रहता है। सामाजिक विकास की प्रक्रिया उसी समय से अपना कार्य प्रारम्भ कर देती है जिस समय एक अबोध शिशु का अपनी माँ परिवार के सदस्यों तथा अन्य व्यक्तियों के साथ कोई सम्पर्क सूत्र बनना प्रारम्भ हो जाता है और फिर यह कार्य अनवरत रूप से जिन्दगी भर चलता रहता है। सामाजिक व्यवहार के विकास की प्रारम्भिक अवस्था में शिशुओं में नकारात्मक सामाजिक गुणों जैसे दब्बूपन, लज्जाशीलता, ईर्ष्या, प्रतिद्वन्द्विता, संग्रह प्रवृत्ति आदि का बोलबाला रहता है। धीरे-धीरे जब वह बाल्यावस्था में पदार्पण करता है तो उसमें सकारात्मक सामाजिक गुणों जैसे सहयोग, सहानुभूति तथा सामाजिक नियमों एवं मूल्यों को सम्मान देने की प्रवृत्ति घर करने लगती है। बाल्यावस्था के अन्त तक बालक में सामाजिकता की प्रवृत्ति और अच्छी तरह से विकसित हो जातीी है और उनकी सामाजिक दुनिया काफी बड़ी और विस्तृत होती जाती है। जैसे ही वह किशोरावस्था में प्रवेश करता है, वैसे ही सामाजिक विकास की दृष्टि से वह अधिक से अधिक ऊँचाईयों को छूने की दिशा में बढ़ने लगता है। इसीलिये किशोरावस्था को प्रायः अत्यधिक सामाजिक चेतना, बढ़ते हुये सामाजिक सम्बन्धों और प्रगाढ़ मित्रता की अवस्था की संज्ञा दी जाती है। इस अवस्था के अन्त तक बालक विशेष में पर्याप्त रूप से सामाजिक परिपक्वता का विकास हो जाता है।

बालकों के सामाजिक विकास में दोनों ही प्रकार के कारकों—वैयक्तिक तथा वातावरणजन्य, की प्रमुख भूमिका रहती है। वैयक्तिक कारकों में प्रमुख रूप से जिनका उल्लेख किया जा सकता है, वे हैं (i) शारीरिक ढाँचा और स्वास्थ्य (ii) बुद्धि तथा (iii) संवेगात्मक विकास। इसी तरह वातावरण सम्बन्धी कारकों में प्रमुख रूप से जिन कारकों का उल्लेख किया जा सकता है, वे हैं (i) परिवार का वातावरण, (ii) विद्यालय और उसका वातावरण, (iii) वय-समूह या मित्र-मण्डली का प्रभाव, (iv) पास पड़ोस और समुदाय तथा (v) धार्मिक संस्थायें और क्लब आदि।

6. संवेगों से अभिप्राय एक प्रकार की ऐसी भावनाओं या भावात्मक अनुभूतियों से होता है जिनकी उपस्थिति का अहसास कुछ विशेष प्रकार के शारीरिक लक्षणों से होता है तथा जिनके वशीभूत व्यक्ति कुछ विशेष प्रकार की चेष्टायें तथा व्यवहार क्रियायें करते हुये देखा जाता है। संवेगों को मुख्य रूप से दो वर्गों—सकारात्मक तथा नकारात्मक संवेग में बाँटा जा सकता है। व्यक्ति और समाज दोनों के लिये हितकारी प्रेम, आमोद, सृजनात्मकता आदि संवेगों को सकारात्मक संवेगों का दर्जा दिया जाता है जबकि भय, क्रोध, ईर्ष्या आदि विषादयुक्त संवेग नकारात्मक संवेग कहलाते हैं। संवेगों की अभिव्यक्ति के समय व्यक्ति विशेष के शरीर में आन्तरिक और बाह्य दोनों ही प्रकार के उल्लेखनीय परिवर्तन दृष्टिगोचर होते हैं।

वृद्धि एवं विकास की विभिन्न अवस्थाओं में निरन्तर होने वाले संवेगात्मक विकास में मुख्य रूप से जिन तीन बातों के दर्शन होते हैं, वे हैं (i) जन्म के बाद बच्चे में धीरे-धीरे विभिन्न संवेगों का जागृत होना, (ii) संवेगों को जागृत करने वाले उद्दीपकों की प्रकृति में अन्तर आना, (iii) संवेगों को अभिव्यक्त करने के तरीके में परिवर्तन आना। बालकों और संवेगात्मक परिपक्वता से युक्त प्रौढ़ों के संवेगात्मक व्यवहार में काफी अन्तर पाया जाता है। मुख्य रूप से यह अन्तर जिन बातों में दिखाई देता है, वे हैं—(i) संवेगों की तीव्रता, (ii) संवेगों की संक्षिप्तता, (iii) संवेगों की आवृत्ति में अन्तर, (iv) संवेगों की पहचान में अन्तर, (v) एक संवेग से दूसरे में बदलाव होना और (vi) संवेगात्मक अभिव्यक्ति में पर्याप्त अन्तर आ जाना। बालकों का संवेगात्मक विकास बहुत से आन्तरिक एवं बाह्य कारणों से प्रभावित होता है, जिसमें से उल्लेखनीय हैं—बालक का स्वास्थ्य एवं शारीरिक विकास, बौद्धिक स्तर, घरेलू वातावरण और पारस्परिक सम्बन्ध, विद्यालय का वातावरण तथा अध्यापक, सामाजिक विकास और हमजोलियों के साथ सम्बन्ध, पास-पड़ोस और समुदाय का प्रभाव इत्यादि। व्यक्ति और समाज का कल्याण इसी बात में निहित है कि व्यक्तियों को अपने संवेगों को अच्छी तरह काम में लाना चाहिए। इस उद्देश्य की पूर्ति हेतु संवेगात्मक परिमार्जन तथा उनकी अभिव्यक्ति के ढंग को सुधारने की आवश्यकता है। इस प्रकार के संवेदात्मक प्रशिक्षण हेतु जो विधियाँ काम में लाई जाती हैं, वे हैं (i) दमन या निषेध (ii) परिश्रमशीलता या मानसिक व्यस्तता (iii) मार्गान्तरीकरण और शोधन तथा (iv) रेचन। बालकों के उचित संवेगात्मक विकास में अध्यापकों द्वारा काफी

महत्त्वपूर्ण भूमिका निभाई जा सकती है। इसके लिए उनके द्वारा जो उपाय किए जा सकते हैं, उनमें से मुख्य हैं–(i) बालकों के स्वास्थ्य और शारीरिक विकास पर पूरा ध्यान देना (ii) उनके माता-पिता को उचित मार्गदर्शन प्रदान करना (iii) अपने स्वयं के व्यवहार का उदाहरण प्रस्तुत करना तथा (iv) पाठ्य एवं पाठ्य सहगामी अनुभवों के माध्यम से बालकों की संवेगात्मक शक्तियों के प्रवाह के लिए उचित माध्यम प्रदान करना आदि।

7. भाषा कौशलों के अधिगम और अर्जन के रूप में भाषा विकास बालक में अपने जन्म के बाद ही शुरू हो जाता है और उसकी पूरी जीवनावस्था में चलता रहता है। भाषा विकास की अपनी प्रारंभिक अवस्था के बालक चिह्नों और संकेतों द्वारा व्यक्त भाषा को समझने और प्रयोग में लाने हेतु अपने आपको उपयुक्त रूप से तैयार करता हुआ पाया जाता है। इसके पश्चात् विकास की विभिन्न अवस्थाओं में भाषा विकास क्रमशः जिस तरह का स्वरूप पकड़ता जाता है वह है (i) मौखिक शब्दावली का विकास (ii) मौखिक अभिव्यक्ति या वाक्-शक्ति का विकास, (iii) पठन योग्यता या अभिव्यक्ति का विकास तथा (iv) लेखन योग्यता या अभिव्यक्ति का विकास। बालकों की भाषा के इस प्रकार के विकास हेतु जिन कारकों का महत्वपूर्ण योगदान रहता है, वे हैं शारीरिक और मानसिक स्वास्थ्य, परिपक्वन, मानसिक, सामाजिक, एवं संवेगात्मक विकास तथा सामाजिक-सांस्कृतिक निर्धारक जैसे परिवार हम उम्र साथी, समाज तथा समुदाय, विद्यालयी शिक्षा अधिगम अर्जन का बालक का स्वयं का स्तर तथा भाषा अर्जन हेतु किये जाने उसके अपने प्रयत्न आदि।

8. आध्यात्मिक विकास से तात्पर्य बालक में जन्म से ही विद्यमान आध्यात्मिकता का इस प्रकार विकास करना है कि वह आत्मज्ञान या आत्मानुभूति की प्राप्ति कर ईश्वर तथा उसकी सृष्टि के साथ अपना तादात्म्य स्थापित कर सके। आत्मानुभूति और आध्यात्मिक विकास का यह मार्ग निस्संदेह नैतिक या चारित्रिक विकास से ही गुजरता है। इस दृष्टि से जब तक बालक के आध्यात्मिक विकास की बात करते हैं तो हमें निश्चित रूप से उसके नैतिक एवं चारित्रिक विकास की ही बात पहले अच्छी तरह सोची जानी चाहिये। व्यक्ति का चरित्र वास्तव में और कुछ नहीं उसका अपना संगठित आत्म (Organised self) ही है। मूल प्रवृत्तियां, संवेग, आदतें, स्वभाव, संकल्प शक्ति और स्थायी भाव ये सभी चरित्र के ही तत्त्व हैं। जब ये सभी तत्त्व संगठित होकर एक ऐसी स्थायी मानसिक संरचना का रूप ले लेते हैं जो व्यक्ति विशेष के सामाजिक व्यवहार को निर्धारित करने में अपनी समर्थ भूमिका निभाने लग जाये तब उसे उस व्यक्ति के चरित्र की संज्ञा दे दी जाती है। चरित्र निर्माण और विकास की प्रक्रिया वृद्धि और विकास की विभिन्न अवस्थाओं तथा आयु सीमाओं से गुजरती हुई कुछ निश्चित क्रमों में आगे बढ़ती है। मनोवैज्ञानिकों ने इन्हें चरित्र निर्माण या नैतिक विकास के स्तर या अवस्थाओं का नाम दिया है। मुख्य रूप से इस विकास प्रक्रिया में जिन स्तर या अवस्थाओं की चर्चा की जा सकती है, वे हैं–(i) पूर्व नैतिक अवस्था (जन्म से 2 वर्ष तक) (ii) स्व-केन्द्रित अवस्था (तीसरे वर्ष से 6 वर्ष तक) (iii) परम्पराओं को धारण करने की अवस्था (7वें वर्ष से लेकर किशोरावस्था के प्रारम्भिक काल तक) (iv) आधारहीन आत्मचेतनावस्था (किशोरावस्था) तथा (v) आधारयुक्त आत्मचेतनावस्था (परिपक्वता ग्रहण करने के बाद)। इस प्रकार ये अवस्थायें यह बताती हैं कि किस प्रकार एक अबोध बालक जिसमें नैतिकता और सामाजिकता जैसी कोई बात देखने को नहीं मिलती, सामाजिक संपर्क, अनुभव और प्रशिक्षण के माध्यम से नैतिकता और चारित्रिक विकास की मंजिलें तय करता हुआ चरित्र विकास के ऐसे शिखर पर आसीन हो जाता है जहाँ वह मूल्य और मान्यताओं से अपने भावात्मक लगाव, झिझक या भय को त्याग कर अपनी आत्मा की आवाज और तर्कयुक्तता का दामन थामकर नैतिकता को अपने ढंग से परिभाषित करने के सामर्थ्य का प्रदर्शन कर सके। जिन विशेष तरीकों या प्रावधानों को अपनाकर बालकों का समुचित चारित्रिक या नैतिक विकास किया जा सकता है, उनमें से प्रमुख हैं मूल प्रवृत्तियों और संवेगों का उचित प्रशिक्षण, इच्छा या संकल्प शक्ति का प्रशिक्षण, अच्छी आदतों एवं उचित आदर्शों का विकास, उचित स्थायी भावों का विकास एवं संगठन, अनुकरण, सुझाव, पुरस्कार एवं दंड आदि की समुचित सहायता लेना, नैतिक और धार्मिक शिक्षा प्रदान करना, बच्चों का उचित शारीरिक, सामाजिक, मानसिक एवं संवेगात्मक विकास करना, चारित्रिक विकास कार्य में परिवार, विद्यालय और समाज सभी का संगठित सहयोग लेना आदि।

संदर्भित एवं विशेष अध्ययन ग्रन्थ (References and Suggested Readings)

Carmichael, L. (Ed.), *Manual of Child Psychology*, John Wiley, New York, 1946.

Crow, L.D. and Crow, Alice, *Psychology*, Barney & Noble, New York, 1953.

_____, *Child Psychology*, Barney & Noble, New York, 1969.

Drever, J., *Instinct in Man*, Cambridge University Press, Cambridge, 1917.

Dumville, Benjamin, *The Fundamental of Psychology,* 3rd ed., University Tutorial Press, London, 1938.

Freeman and Showel, quoted by Hurlock, E.B., *Child Psychology*, Asian student, 3rd ed., McGraw-Hill, Tokyo, 1959.

Garrett, H.E., *General Psychology*, 2nd ed., Eurasia Publishing House, New Delhi, 1968.

Halverson, H.M., The Acquisition of Skills in Infancy, *Journal of General Psychology*, **43**, 3–48, 1933.

Hurlock and Schewartz, quoted by Kuppuswamy, B., *Advanced Educational Psychology*, University Publication, Delhi, 1964.

Hurlock, E.B., *Child Psychology*, McGraw-Hill, Tokyo, 1959.

Indian Council of Medical Research, "Growth and Development of Infants and Children", *Technical Report*, Revision 19, 1972.

James, William, *Psychology: Brief Course*, Collier Macmillan, London, 1969.

Jersild, A.T., *In Essentials of Educational Psychology*, Skinner, C.E. (Ed.), Prentice Hall, 1968.

Marry, F.K. and Marry, R.V., *From Infancy to Adolescence,* Harper & Brothers, New York, 1940.

McDougall, William, *An Introduction to Social Psychology,* 28th ed., Methuen, London, 1946.

_____, *An Outline of Psychology*, 13th ed., Methuen, London, 1949.

Ormrod, J.E., *Educational Psychology*: *Developing Learners*, 4th ed., Prentice Hall, Upper Saddle River, New Jersey, 2003.

Ross, J.S., *Ground Work of Educational Psychology*, George G. Harrap Co., London, 1951.

Samuel Smiles, quoted by Pathak, P.D., *Educational Psychology*, Vinod Pustak Mandir, Agra, 1973.

Skinner, C.E. and Harriman, P.L. (Eds.), *Child Psychology*, 6th Print, Macmillan, New York, 1937.

Skinner, C.E. (Ed.), *Essential of Educational Psychology*, Prentice Hall, New York, 1968

Sorenson, Herbert, *Psychology in Education*, McGraw-Hill, New York, 1948.

Spitz, quoted by Hurlock, E.B., *Child Psychology*, McGraw-Hill, Tokyo, 1959.

Thomson, G.G., *Child Psychology*, First Indian Reprint, Surjeet Publications, New Delhi, 1979.

Valentine, C.W., *Psychology and Its Bearing on Education*, English Language Book Society & Methuen, London, 1965.

Wood, J., *How Do You Feel?,* Prentice Hall, Englewood Cliffs, New Jersey, 1974.

Woodworth, R.S., *Psychology*, Methuen, London, 1945.

Young, P.T., *Emotion in Man and Animal*, 2nd ed., Krieger, Huntington, New York, 1973.

विकास के सिद्धान्त
(Theories of Development)

विषय प्रवेश (Introduction)

माँ के गर्भ में गर्भाधान के तुरन्त बाद ही हम सबकी जीवन लीला प्रारम्भ हो जाती है और आज जो हमें अपना आकार, रंगरूप तथा शारीरिक, मानसिक, सामाजिक, सांस्कृतिक, संवेगात्मक रूप से व्यवहार करने सम्बन्धी योग्यतायें और क्षमतायें प्राप्त हैं उन सबके पीछे वृद्धि एवं विकास की प्रक्रिया ही कार्य करती रही है। प्रश्न उठता है कि हमारे व्यक्तित्व विकास के विभिन्न आयामों—शारीरिक, मानसिक या संज्ञानात्मक, संवेगात्मक, सामाजिक-सांस्कृतिक तथा भाषा सम्बन्धी विकास का कार्य किस तरह आगे बढ़ता है। ऐसी कौन सी बातें या कारक हैं जो बालकों के इस प्रकार के विकास कार्य को प्रभावित या संचालित करती हैं। इस प्रकार के प्रश्नों के समाधान का ही प्रयत्न अनुसन्धान कार्य में रत मनोवैज्ञानिक शिक्षा शास्त्री तथा समाजशास्त्रियों द्वारा अपने-अपने ढंग से किया जाता रहा है। जिसके फलस्वरूप उन्होंने विभिन्न प्रकार के सिद्धान्तों का प्रतिपादन कर यह बताने की चेष्टा की है कि बालकों के व्यक्तित्व के किसी एक पक्ष या आयाम का विकास किस क्रम में तथा किस रूप में होता है। इस अध्याय में हम विभिन्न विद्वानों तथा जिन प्रमुख विकास सिद्धान्तों की चर्चा करना चाहेंगे वे हैं:

1. फ्रायड का मनोलैंगिक विकास सिद्धान्त
2. पियाजे का विकास सिद्धान्त तथा ब्रूनर का संज्ञानात्मक विकास सिद्धान्त
3. इरिक्सन का मनोसामाजिक विकास सिद्धान्त
4. पियाजे का नैतिक विकास सिद्धान्त एवं कोहलबर्ग का नैतिक विकास सिद्धान्त
5. व्यगोत्स्की का सामाजिक–सांस्कृतिक सिद्धान्त
6. भाषा विकास के सिद्धान्त

फ्रायड का मनोलैंगिक विकास सिद्धान्त (Freud's Theory of Psycho-sexual Development)

प्रसिद्ध मनोवैज्ञानिक सायमन्ड फ्रायड (1856–1939) ने हमें बालकों के विकास सम्बन्धी एक बहुमूल्य सिद्धान्त, जिसे मनोलैंगिक विकास सिद्धान्त का नाम दिया जाता है, को प्रदान करने का उल्लेखनीय कार्य किया। आइए, देखें कि फ्रायड द्वारा प्रदत्त यह विकास सिद्धान्त अपने आप में क्या है? बालकों के विकास को फ्रायड ने मनोलैंगिक अवस्थाओं (Psycho-sexual stages) के माध्यम से समझाने का प्रयत्न किया है। उसके अनुसार व्यक्तित्व के विकास में यौन या कामभावनाओं की प्रमुख भूमिका रहती है। यौन सुख बालक को कैसे मिलता है इसी बात को लेकर उसके व्यक्तित्व को विभिन्न विकास स्तरों पर नया मोड़ मिलता रहता है। फ्रायड के अनुसार बालक के विकास की ये अवस्थायें अग्रांकित हैं:

1. **मुख चूषण अवस्था** (The oral stage)—विकास की इस प्रथम अवस्था में मुँह से चूसना एक शिशु (2 वर्ष तक) को सबसे अधिक आनन्दित करता है। शुरूआत माँ के स्तनों को तथा दूध की बोतल की निपल को चूसने से होती है और इसी के साथ बालक हर वस्तु को मुँह में डालकर आनन्द यानी काम-सुख की प्राप्ति करता है।

2. **गुदा और मूत्र मार्गीय अवस्था** (The anal stage)—2 से 4 वर्ष के इस विकास स्तर पर बालक के यौन सुख का केन्द्रबिन्दु मुँह से हटकर मल मूत्र विसर्जन स्थानों पर स्थानान्तरित हो जाता है। अतः अब उसे पेशाब करने या पाखना त्यागने में समय लगाने और इनसे निवृत होने से सुख प्राप्त होता है।

3. **लिंग अवस्था** (The phallic stage)—4 से 6 वर्ष के बालक के यौन सुख का केन्द्रबिन्दु अब उसके यौनांगों में स्थानान्तरित हो जाता है। अब इस स्तर पर बालक और बालिकाएँ अपने यौनांगों में निहित अन्तरों को पहचानने लगते हैं और उनको लेकर उनमें कई तरह की ग्रन्थियाँ बनने की समस्या यहाँ उत्पन्न हो सकती है।

4. **सुप्तावस्था या अव्यक्त अवस्था** (The latency stage)—यह अवस्था 7वें वर्ष से लेकर किशोरावस्था के आगमन तक चलती है। यह यौन भावनाओं का सुप्त काल है। इसमें प्रायः बालक और बालिकाएँ अपने-अपने लिंग समूहों में यानी लड़के लड़कों के साथ तथा लड़कियाँ लड़कियों के साथ ही खेलना-कूदना पसंद करते हैं। यहाँ तक कि वे एक-दूसरे से पर्याप्त दूरी बनाने और चिढ़ाने आदि में विश्वास करते हैं।

5. **जनन अवस्था** (The genital stage)—रज या वीर्य की उत्पति तथा किशोरावस्था के आगमन से विकास की अंतिम अवस्था शुरू होती है। इस अवस्था में लड़के तथा लड़कियाँ दोनों ही अपने-अपने यौनांगों में विचित्र सी अनुभूति का अचानक ही अनुभव करने लगते हैं तथा उन्हें अपने से विपरीत लिंग के सदस्यों के साथ मेल-जोल बढ़ाना तथा उसके द्वारा यौन सुख प्राप्त करने की इच्छा तीव्रता से अनुभव होने लगती है और उनका सम्पूर्ण व्यवहार एवं व्यक्तित्व इसी आवश्यकता के समायोजन के साँचे में ढलता जाता है।

इस प्रकार से फ्रायड ने बालकों के विकास को जानने और समझने हेतु एक बिल्कुल अलग और अनूठे उपागम मनोलैंगिक विकास का सहारा लिया। उसके द्वारा प्रतिपादित बालकों के इस मनोलैंगिक विकास सिद्धान्त को काफी ऐसी आलोचनाओं से गुजरना पड़ा जिनमें मुख्यतया उसके द्वारा काम एवं यौन को दी जाने वाली उसकी प्राथमिकता की ही काफी आलोचना हुई। उसके द्वारा व्यक्त बहुत से विचार विशेषकर जिनका संबंध शिशुओं की काम या यौन प्रवृति से रहा या उसने जब इस बात पर जोर दिया कि बालकों के विकास के पीछे उनके द्वारा व्यक्त काम अभिव्यक्तियों या अभिप्रेरकों का हाथ रहता है इत्यादि मनोवैज्ञानिकों को रास नहीं आए। उन्होंने फ्रायड की इस बारे में काफी आलोचना की कि वह हर प्रकार के विकास और व्यवहार में यौन तृप्ति या काम चेष्टाओं की ही बात करता दिखाई देता है। फ्रायड के इस एकतरफा यौन या काम केन्द्रित दृष्टिकोण को लेकर आगे जाकर उसके विरोधियों ने ही नहीं बल्कि उसके स्वयं के शिष्य एलफ्रेड एडलर तथा कार्ल युंग ने काफी आलोचना की तथा अपने-अपने ढंग से अलग-अलग विकास सिद्धान्तों को जन्म दिया।

परंतु इन सभी बातों के रहते हुए भी फ्रायड का बालकों के व्यक्तित्व विकास को एक अलग ढंग से समझने के प्रयास का महत्व कुछ कम नहीं हो जाता। उसने पहली बार लकीर से हटकर यह कहने और समझने का प्रयत्न किया कि काम या यौन इच्छाओं का हमारे व्यवहार एवं व्यक्तित्व विकास में एक महत्त्वपूर्ण स्थान होता है और शुरू से ही बालकों की वृद्धि विकास और व्यवहार को प्रभावित करने में उनकी काम चेष्टाओं तथा अभिप्रेरकों का काफी योगदान रहता है। इस तरह से उसके द्वारा 'मनोलैंगिक विकास' के नाम से प्रतिपादित सिद्धान्त मुख्य रूप से इस बात के लिए तो स्मरणीय रहेगा ही कि उसने काम या यौन शिक्षा के विकास का मार्ग अपने इस सिद्धान्त के माध्यम से निम्न बातों को प्रकाश में लाते हुए अच्छी तरह प्रशस्त किया:

1. फ्रायड ने पहली बार खुलकर बालकों की वृद्धि और विकास को उनकी मनोलैंगिक विकास अवस्थाओं के रूप में सामने रखने का प्रयत्न किया।

2. उसने यौन सम्बन्धी विचारों, अभिलाषाओं, चेष्टाओं तथा अभिप्रेरकों की स्वाभाविक रूप से स्वतंत्र अभिव्यक्ति पर जोर दिया।
3. उसने काम या यौन के बारे में बने हुए नकारात्मक दृष्टिकोण तथा इसकी अभिव्यक्ति में होने वाली घुटन से आजादी दिलाने का अभियान शुरू किया और इसके बारे में लोगों को बताया कि यौन और काम अभिव्यक्ति नितान्त स्वाभाविक और नैसर्गिक है। इसे शर्मिन्दगी या दूषित कार्य के रूप में नहीं समझा जाना चाहिए। इससे सम्बन्धित व्यर्थ की लगाई जाने वाली पाबन्दियाँ व्यक्तियों को कुसमायोजन का शिकार बनाकर उनके व्यक्तित्व विकास में बाधक बन सकती हैं।

पियाजे का संज्ञानात्मक विकास सिद्धान्त (Piaget's Theory of Cognitive Development)

Jean Piaget (1896–1980)

जीन पियाजे (Jean Piaget) स्विटज़रलैण्ड निवासी एक मनोवैज्ञानिक थे। इनकी रुचि यह जानने की थी कि बालकों में वृद्धि का विकास किस विशेष ढंग से होता है। इसके लिये उन्होंने अपने स्वयं के बच्चों को अपनी खोज का विषय बनाया। बच्चे जैसे-जैसे बड़े होते गये, उनके मानसिक विकास सम्बन्धी क्रियाओं का वे बड़ी बारीकी से अध्ययन करते रहे। इस अध्ययन के परिणामस्वरूप उन्होंने जिन विचारों का प्रतिपादन किया उन्हें पियाजे के मानसिक या संज्ञानात्मक विकास के सिद्धान्त के नाम से जाना जाता है।

पियाजें की सैद्धान्तिक अवधारणायें या मान्यतायें (Piaget's Theoretical Notions)

पियाजे ने मानव मस्तिष्क की संज्ञानात्मक प्रणाली की संरचना, कार्यप्रणाली और विकास को समझने हेतु एक उचित प्रारूप विकसित किया। उसने इस कार्यहेतु अपनी एक सैद्धान्तिक अवधारणा हमारे सामने रखी कि हमारे शरीर के शारीरिक अंगों की तरह हमारे मस्तिष्क के दो पक्ष/पहलू होते हैं—इनमें से एक को हम संज्ञानात्मक संरचना (Cognitive structure) का नाम दे सकते हैं और दूसरे को संज्ञानात्मक कार्यप्रणाली या व्यवहार का।

संज्ञानात्मक संरचना (Cognitive structure)—अन्य प्रजातियों से अलग, मानव शिशु कुछ जन्मजात प्रवृत्तियों (instincts) तथा सहज प्रवृत्तियों (reflexes) जैसे चूसना, देखना, पहुँचना तथा पकड़ना को लेकर पैदा होता है। इस तरह शिशु के पास प्रारम्भ में संज्ञानात्मक संरचना के रूप में ये चार प्रकार की संज्ञानात्मक योग्यतायें/क्षमतायें पाई जाती हैं जिनमें उसे चूसने, देखने, पहुँचने तथा पकड़ने जैसे गामक क्रियाओं के संपादन में मदद मिलती है। पियाजे ने इन योग्यताओं और क्षमताओं को शीमाज (Schemas) का नाम दिया और कहा कि ये चारों हमारे संज्ञानात्मक विकास के मूलाधार हैं। ये शीमाज क्या है, इसे समझने हेतु हम कोई शीमा (Schema) जैसे चूसने से सम्बन्धित शीमा (Sucking schema) को लेकर चलते हैं। इस शीमा से तात्पर्य वस्तुओं को चूसने सम्बन्धी हमारी सामान्य संज्ञानात्मक योग्यता या क्षमता से है यह शिशु के लिये उपलब्ध एक ऐसी मानसिक या संज्ञानात्मक संरचना है जो उसे सभी तरह की वस्तुओं को चूसने में मदद करती है जैसे माँ का स्तन, एक चम्मच, एक खिलौना आदि। इस तरह किसी शीमा (Schema) विशेष से अभिप्राय सामान्य योग्यता या क्षमता के रूप में विद्यमान बालक के संज्ञानात्मक संरचना की उस मूलभूत इकाई से है जो उसे किसी विशेष प्रकार के संज्ञानात्मक व्यवहार (जैसे चूसना, पकड़ना, गणना करना आदि) के संपादन में मदद करती है।

पियाजे के अनुसार इस तरह शिशु अपने संज्ञानात्मक विकास की यात्रा विभिन्न प्रकार के शीमाज (Schemas) से संरचित संज्ञानात्मक संरचना से शुरू करता है। चूसने, देखने, पहुँचने तथा पकड़ने जैसे कार्यों में सहायक चार शीमाज तो उसके पास जन्मजात होते हैं। इसमें आगे अन्य शीमाज जैसे-जैसे वह बड़ा होता है, वातावरणजन्य अनुभवों के आधार पर जुड़ते चले जाते हैं और इस तरह हमारे मस्तिष्क की संज्ञानात्मक संरचना किसी भी विकास अवस्था में हमारे जन्मजात तथा अर्जित शीमाज का ही कुल योग और प्रतिफल होती है।

संज्ञानात्मक कार्यप्रणाली (Cognitive functioning)—यह बात सर्वविदित है कि किसी वस्तु या मशीन की संरचना उसकी कार्यप्रणाली के निर्धारण में महत्त्वपूर्ण भूमिका निभाती है। इस दृष्टि से एक बालक के पास शीमाज के रूप में जो भी जमा पूंजी अपनी संज्ञानात्मक संरचना से काम लेने हेतु होती है वही यह निर्धारित करती है कि वह अपने भौतिक तथा समाजिक वातावरण में उपलब्ध बातों से कैसे निपटेगा। यहाँ अब उसके लिये यह आवश्यक हो जाता है वह अपने आपको जीवित रखने तथा अपनी वृद्धि एवं विकास की यात्रा को ठीक ढंग से चलाये रखने हेतु अपने वातावरण (भौतिक तथा सामाजिक) के साथ ठीक प्रकार समायोजित रहे। जितनी अच्छी तरह से वह समायोजित होता रहेगा उसे उसी सीमा तक संज्ञानात्मक रूप से विकसित कहलाने का गौरव मिलता रहेगा। पियाजे के अनुसार इस तरह संज्ञानात्मक विकास की चाभी बालक के द्वारा अपने वातावरण के साथ की जाने वाली उस अन्तःक्रिया से है जिसके माध्यम से वह अपने आपको अपने वातावरण के साथ समायोजित करता रहता है। इस तरह की समायोजन सम्बन्धी कार्य प्रणाली को ठीक तरह आगे बढ़ाने में पियाजे के अनुसार दो मुख्य प्रक्रियाओं आत्मसातीकरण (Assimilation) तथा समायोजीकरण (Accommodation) की प्रमुख भूमिका होती है। आत्मसातीकरण में बालक अपने परिवेशजन्य परिस्थितियों से निपटने हेतु अपनी संज्ञानात्मक संरचना में पहले से ही उपस्थित शीमाज की सहायता लेता है। नये खिलौने को भी मुँह में रख कर चूसना यह आत्मसातीकरण है। शीमाज के रूप में उसके पास चूसने से सम्बन्धित शीमा है वह सभी वस्तुओं को मुँह में डालकर चूसने की कोशिश करता है। पुराने खिलौनों से वह ऐसे ही खेलता है और इसलिये जब उसके पास कोई नया खिलौना लाया जाता है तो वह अपने पूर्व अनुभवों को ध्यान में रखते हुये इस खिलौने को भी चूसने का प्रयत्न करता है। इस तरह आत्मसातीकरण प्रक्रिया बालक से यह अपेक्षा करती है कि उसके पास पूर्व संज्ञानात्मक संरचना के रूप में जो कुछ भी है वह उसी से किसी नवीन परिस्थिति का सामना करे। यहाँ अभी किन्हीं नये शीमाज के अर्जन तथा संज्ञानात्मक संरचना के फैलाव या विकास की जरूरत बालक को महसूस नहीं होती, परन्तु ऐसी अवस्था में जब नया खिलौना इतना बड़ा हो कि न तो बालक उसे हाथ से पकड़ सके ओर न वह मुँह में रखा जा सके तो निस्संदेह बालक को अब अपनी वर्तमान संज्ञानात्मक संरचना में कुछ परिवर्तन करने की आवश्यकता अनुभव होगी। नयी चुनौती का मुकाबला करने के लिये उसे अपने सोचने और कार्य करने के ढंग में परिवर्तन लाना होगा। फलस्वरूप बालक अब खिलौने को चूसने के बजाय उसे धक्का देकर खेलना चाहेगा। इसी को समायोजीकरण (Accommodation) कहा जाता है क्योंकि यहाँ अब बालक नई परिस्थिति से निपटने के लिये नये ढंग से सोचने और व्यवहार करने हेतु अपने में उचित बदलाव लाने की कोशिश करता है। वह पूर्व अनुभव के आधार पर ही नई परिस्थिति से जूझने में नहीं लगा रहता। यह सोचकर तथा पाकर कि अब पहले उपलब्ध संज्ञानात्मक संरचना से नई परिस्थिति से नहीं निपटा जा सकता वह अपनी संज्ञानात्मक संरचना में नये शीमाज को स्थान देने का प्रयत्न करता है। इस तरह जहाँ आत्मसातीकरण प्रक्रिया (Process of assimilation) में बालक अपने पूर्व ज्ञान तथा अनुभवों के आधार पर ही अपनी अनुक्रिया व्यक्त कर प्रस्तुत परिस्थिति से निपट लेता है वहीं समायोजीकरण (Accommodation) में जब उसका काम पूर्व ज्ञान तथा अनुभवों से नहीं चलता तो उसे अपनी वर्तमान संज्ञानात्मक संरचना में अनुकूल परिवर्तन लाकर सोचने तथा काम करने के नये तरीके अपनाने पड़ते हैं। उदाहरण के लिये जब पहली बार बालक को निप्पल वाली दूध की बोतल की बजाय गिलास में दूध दिया जाता है तो पहले तो वह आत्मसातीकरण प्रक्रिया को अपनाते हुये अपना पहला जैसा ही व्यवहार (चूसना) करने की कोशिश करता हैं परन्तु फिर सफलता न मिलने पर नये ढंग से सोचने और परिस्थिति अनुसार व्यवहार करने को प्रेरित होकर समायोजीकरण (Accommodation) की प्रक्रिया को अपनाता है और इस तरह अपने संज्ञानात्मक संरचना को आगे विकास के पथ पर ले जाने में सफल होता रहता है।

संज्ञानात्मक विकास में सहायक उपरोक्त अपनी दो अवधारणाओं आत्मसातीकरण तथा समायोजीकरण के अतिरिक्त पियाजे ने एक तीसरी अवधारणा संतुलनीकरण (Equilibration) को भी सामने रखा। पियाजे ने स्पष्ट किया कि अपने आपको ठीक प्रकार समायोजित रखने के लिये हमें स्वयं तथा हमारे वातावरण की बदलती हुई परिस्थितियों के बीच सामंजस्य तथा संतुलन कायम रखना होता है। इस संतुलन को बनाये रखने में आत्मसातीकरण तथा समायोजीकरण दोनों प्रक्रियायें ही हमारी सहयोगी हैं। जब आत्मसातीकरण से कार्य नहीं चलता तब समायोजीकरण की प्रक्रिया अपनानी पड़ती है। दूसरे शब्दों में जब वर्तमान में उपलब्ध संज्ञानात्मक संरचना सामने खड़ी चुनौती कि लिये पर्याप्त सिद्ध नहीं होती

(उपलब्ध शीमाज अपर्याप्त और अक्षम सिद्ध होते हैं) यानी पूर्व ज्ञान और अनुभवों के आधार पर समस्या का हल नहीं निकलता, तब संज्ञानात्मक संरचना का समायोजीकरण की प्रक्रिया अपनाकर विस्तार करना आवश्यक हो जाता है और फलस्वरूप पुराने अनुभव और तरीकों के स्थान पर सोचने के तथा कार्य करने के नये ढंगों को जन्म मिलता है, समस्या का समाधान ढूँढ लिया जाता है और जो बेचैनी तथा छटपटाहट नयी परिस्थिति तथा समस्या विशेष का हल पुराने तरीके अपनाकर वर्तमान संज्ञानात्मक संरचना के जरिये नहीं मिलने के कारण हो रही थी उस पर विराम लग जाता है तथा बालक का अपने तथा अपनी वातावरणजन्य परिस्थिति के साथ बिगड़ा संतुलन फिर कायम हो जाता है। इस तरह नयी चुनौतियों तथा समस्यायें बालक को अपने परिवेश में मिलती रहती हैं इनसे उसका वातावरण के प्रति संतुलन डगमगा जाता है। इसी को ठीक बनाये रखने के लिये संज्ञानात्मक संरचना में उपरोक्त बदलाव तथा सुधार लाने की प्रक्रिया आत्मसातीकरण तथा समायोजीकरण के माध्यम से चलती रहती है और बालक का संज्ञानात्मक विकास आगे बढ़ता रहता है।

इस प्रकार से पियाजे ने बालकों की मानसिक तथा संज्ञानात्मक संरचना तथा कार्यप्रणाली पर प्रकाश डालने हेतु अपनी सैद्धान्तिक मान्यताओं के माध्यम से निष्कर्ष रूप से तीन महत्त्वपूर्ण तथ्य हमारे सामने रखे।

1. जन्मजात मूल प्रवृत्तियों (inherited instincts) तथा सहज प्रवृत्तियों (reflexs) के रूप में वंशानुक्रम (Heredity) के द्वारा प्रदत्त मूलभूत संज्ञानात्मक संरचना या बुनियाद जिस पर आगे चलकर संज्ञानात्मक विकास रूपी महल खड़ा होता है।
2. विकास काल में स्वाभाविक बुद्धि एवं विकास की प्रक्रिया (परिपक्वन) के माध्यम से मूलभूत संज्ञानात्मक संरचना और उसकी कार्यप्रणाली में आने वाली परिवर्तन और विकास जिनमें अनुभवों, शिक्षण और प्रशिक्षण आदि की भूमिका नहीं के बराबर होती है।
3. अनुभवों (भौतिक तथा सामाजिक वातावरण के साथ होने वाली अतःक्रिया शिक्षण तथा प्रशिक्षण सम्बन्धी प्रयत्न आदि) के माध्यम से आत्मसातीकरण (Assimilation), समायोजीकरण (Accommodation) तथा संतुलनीकरण (Equilibration) प्रक्रियाओं को काम में लाते हुये समय विशेष पर मौजूद संज्ञानात्मक संरचना तथा कार्यप्रणाली में आने वाले परिवर्तन एवं विकास।

मानसिक या संज्ञानात्मक विकास की अवस्थायें (Stages of Mental or Cognitive Development)

जैसा कि ऊपर देखा जा चुका है कि पियाजे ने बालकों में होने वाले संज्ञानात्मक विकास के स्पष्टीकरण हेतु संज्ञानात्मक संरचना तथा उसकी कार्यप्रणाली से सम्बन्धित अपनी अनूठी अवधारणाओं को हमारे सामने रखते हुये इस बात पर जोर दिया कि बच्चों में बुद्धि का विकास उनके जन्म के साथ जुड़ा हुआ है। प्रत्येक बालक अपने जन्म के समय कुछ जन्मजात प्रवृत्तियों (Basic instincts) एवं सहज क्रियाओं (Reflex actions) को करने सम्बन्धी योग्यताओं जैसे चूसना (Sucking), देखना (Looking), वस्तुओं को पकड़ना (Grasping), वस्तुओं तक पहुंचना (Reaching) आदि को लेकर पैदा होता है। अतः जन्म के समय बालक के पास बौद्धिक संरचना (Cognitive structure) के रूप में इसी प्रकार की क्रियाओं को करने की क्षमता होती है। परन्तु जैसे-जैसे वह बड़ा होता है उसके सामने समायोजन (अपने और अपने वातावरण के बीच संतुलन कायम रखने) सम्बन्धी समस्यायें आती रहती हैं। इनके समाधान में आत्मसातीकरण (Assimilation) तथा समायोजीकरण (Accommodation) की प्रक्रियायें उसका साथ देती हैं, फलस्वरूप उसकी बौद्धिक या संज्ञानात्मक संरचना और कार्यप्रणाली में वांछित परिवर्तन आते रहते हैं और उसके संज्ञानात्मक विकास का पहिया आगे बढ़ता रहता है और वह बुद्धिमान बनता चला जाता है। बालकों में आयु और अवस्था विशेष के अनुसार होने वाला यह संज्ञानात्मक विकास सामान्य रूप से एक क्रमबद्ध तरीके से संपन्न होता है। पियाजे ने इस प्रकार के संज्ञानात्मक विकास के लिये चार चरणों या अवस्थाओं (Stages) की चर्चा की है। आगे हम इन्ही का संक्षिप्त विवरण प्रस्तुत करने जा रहे हैं:

1. **इन्द्रियजनित गामक अवस्था** (Sensory motor stage)—मानसिक विकास का यह चरण जन्म से लेकर लगभग दो वर्ष तक की अवधि में पूरा होता है। इस अवस्था में बालक की मानसिक क्रियाएं उनकी इन्द्रियजनित गामक क्रियाओं के रूप में ही संपन्न होती हैं। उन्हें भूख लगी है, इस बात को वे रो कर व्यक्त करते हैं। किसी भी वस्तु को जो उन्हें चाहिए उसे दिखाकर अपनी बात कहते हैं। इस प्रकार से इस अवस्था के बालक भाषा के अभाव में अपने चारों ओर के वातावरण को अपनी इन्द्रियजनित गामक क्रियाओं और अनुभवों के माध्यम से ही जानते हैं। उन्हें विचारों के रूप में जो कुछ कहना और समझना होता है उसकी गामक क्रियाओं (Motor activities) के रूप में ही अभिव्यक्ति होती है। किसी भी वस्तु का अस्तित्व बच्चे के सामने तभी तक होता है जब तक वह वस्तु उसकी आंखों के सामने रहे। आंखों से ओझल होते ही वह वस्तु उनके लिये समाप्त हो जाती है। "खिलौने को चिड़िया ले गयी" (जबकि वह छुपा लिया गया है) और इस बात को शिशु बालक सत्य मान लेता है परन्तु जैसे-जैसे इस चरण की समाप्ति यानी 2 वर्ष की आयु को छूता है, उसकी वस्तुओं के बारे में उस प्रकार की धारणा में परिवर्तन होना शुरू हो जाता है। अब अगर आप किसी चादर या पीठ पीछे करके किसी वस्तु को छुपाकर यह कहें कि उसे बिल्ली या चिड़िया ले गई तो वह आपकी बात न मानकर उसे चादर या आपके पीछे खोजने का प्रयत्न करेगा क्योंकि उसे धीरे-धीरे यह समझ आने लगता है कि वस्तुओं का अपेक्षाकृत कुछ स्थायी अस्तित्व होता है। इसी तरह वे धीरे-धीरे यह भी समझने लगते हैं कि सभी वस्तुओं का अपना अलग स्वतन्त्र अस्तित्व होता है जो कि उनके स्वयं के अस्तित्व से अलग होता है।

2. **पूर्व-संक्रियात्मक अवस्था** (Pre-operational stage)—इस अवस्था का समय काल 2 वर्ष से लेकर 7 वर्ष के मध्य होता है। इस दौरान बालकों में भाषा का विकास ठीक प्रकार प्रारम्भ हो जाता है। अभिव्यक्ति का माध्यम अब भाषा बनने लग जाती है, गामक (Motor) क्रियायें नहीं। वस्तुओं के बारे में सोचने-विचारने के लिये अब भाषा तथा अन्य तरीकों का प्रयोग प्रारम्भ हो जाता है। इस काल में मानसिक विकास की कुछ विशेषतायें देखने को मिलती हैं:

- बालक अपने परिवेश की विभिन्न वस्तुओं को पहचानने और उनमें भेद करना प्रारम्भ कर देते हैं। वे वस्तुओं को नाम से जानने लगते हैं। उनमें संप्रत्यय निर्माण (Concept formation) की प्रक्रिया प्रारम्भ हो जाती है। वे वस्तुओं को समूहों में विभाजित कर उन्हें नाम देना शुरू कर देते हैं। परन्तु शुरू के वर्षों में उनका संप्रत्यय निर्माण कार्य अधूरा और दोषपूर्ण ही होता है। वे सभी पुरुषों को 'पापा' तथा स्त्रियों को 'मम्मी' कहकर पुकारते हैं तथा सभी चार पैरों वाले प्राणियों को टोमी (उनका कुत्ता) अथवा गाय आदि के नाम से सम्बोधित करते हैं। 5 वर्ष के हो जाने तक उनकी इस प्रकार की भ्रान्तियाँ दूर हो जाती हैं। अब वे विभिन्न पारिवारिक व्यक्ति जैसे बूआ, दादी, दादाजी, चाचाजी आदि में भेद करना समझ जाते हैं तथा गाय, भैंस, घोड़े, बकरी आदि का अलग-अलग अर्थ समझ जाते हैं।
- शुरू के वर्षों में उनमें सजीव तथा निर्जीव वस्तुओं में भेद करने की क्षमता नहीं होती। वे चोट खाने या गिर जाने पर दरवाजे या फर्श को मार कर इसलिए चुप हो जाते हैं कि उन्होंने उनको भी इसी तरह मार दिया और अब वे भी उसकी तरह रो रहे हैं। एक बालिका की गुड़िया को भी उसी तरह गर्मी और सर्दी लगती है जैसे कि उसको लगती है, वह भी उसकी तरह दूध पीती है, आदि-आदि। धीरे-धीरे बालकों में समझ आने लगती है और इस अवस्था को पार करने से पहले ही वे सजीव तथा निर्जीव में पूरी तरह भेद करने और सभी वस्तुओं को अपने से अलग जानने और समझने की क्षमता से युक्त हो जाते हैं।
- शुरू में इस अवस्था के बालक काफी ज्यादा आत्मकेन्द्रित (Self-centred) होते हैं। संसार में जो कुछ विद्यमान है वह सब उनके लिए ही है ऐसा उनका विश्वास होता है। मम्मी-पापा सब उनके हैं, उन पर किसी और का अधिकार नहीं है। सारे खिलौने उनके लिये हैं। यहाँ तक कि चाँद और तारे भी उन्हीं के माता-पिता तथा सगे-सम्बन्धी हैं जो उन्हीं के लिए चमकते हैं। धीरे-धीरे सामाजिकता का दायरा बढ़ने पर बच्चा इस प्रकार की आत्मकेन्द्रितता को त्याग कर दूसरों के साथ अपनी वस्तुओं का लेन-देन करना सीखने लगता है और उनमें दूसरों को अपने जैसा समझने की बात घर करने लगती है।

- इस अवस्था के बालकों में अच्छी तरह सोचने, समझने तथा तर्क करने की शक्ति का पूरी तरह अभाव पाया जाता है। वे कल्पनाशील तो होते हैं, परन्तु अपनी कल्पना-शक्ति से कुछ सृजन या निर्माण करने की क्षमता उनमें नहीं होती। वे हवाई किले बनाते हैं तथा अपनी सपनों की दुनिया में खोये रहते हैं। उन्हें कल्पना की उड़ान भरने वाली जादूगर, परियों तथा राजरानी की कहानियाँ सुनना या पढ़ना अच्छा लगता है। उनका खिलौना हवाई जहाज उन्हें जहाँ वे चाहे ले जा सकता है आदि ऐसी बातें कहते हुए उन्हें सुना जा सकता है। इस प्रकार इस अवस्था के बालकों में तर्क-शक्ति पर आधारित चिन्तन करने की बात नहीं पैदा होती।
- इस आयु के बच्चों में जिन दो महत्त्वपूर्ण क्षमताओं का अभाव पाया जाता है, वे हैं: (i) विपरीत या पलट करके सोचने की शक्ति (Ability to reverse) तथा (ii) वस्तुओं को उनकी संख्या व परिणाम के संदर्भ में सही रूप में समझने की शक्ति (Ability of conservation in numbers and quantity)। पहली योग्यता के अभाव में वह यह समझने में असफल रहता है कि उसके घर से स्कूल उतनी ही दूर है जितना कि स्कूल से उसका घर अथवा उसके एक बहन है तो उसकी बहन का भी एक भाई होना चाहिये आदि। दूसरी योग्यताओं के अभाव में वह जिस प्रकार की गलती करता है उसे हम निम्न दो प्रयोगों के आधार पर स्पष्ट करना चाहेंगे।

प्रयोग 1. अगर बालक को 7–7 गोलियों के दो सैट दिये जायें तथा उसे स्वयं ही इन सैटों की गोलियों को दो अलग-अलग पंक्तियों में निम्न प्रकार सजाने के लिये कहा जाये।

● ● ● ● ● ● ● (पहला सेट)

● ● ● ● ● ● ● (दूसरा सेट)

इस तरह दोनों सेटों की 7–7 गोलियों को दो पंक्तियों में सजाने के बाद पूर्व संक्रियात्मक अवस्था के इस बालक से यह पूछा जाये कि बताओ इन दोनों पंक्तियों में से किस पंक्ति में अधिक गोलियाँ हैं तो वह यही कहेगा कि नीचे की पंक्ति में अधिक गोलियाँ हैं।

इस बात से यह स्पष्ट संकेत मिलता है कि बालक में अभी वस्तुओं की संख्या से सम्बन्धित संरक्षण योग्यता (ability regarding conservation in numbers) विकसित नहीं हुई है।

प्रयोग 2. अगर पूर्व संक्रियात्मक अवस्था (2–7 वर्ष) के बालक के सामने दो काँच के बर्तन लिये जायें जिनमें से एक पतला लम्बा हो तथा दूसरा नाटा व चौड़ा। अगर चौड़े आकार के बर्तन में से दूध पतले लम्बे बर्तन में डाल दिया जाये तो वह यह कहेगा कि इस पतले लम्बे बर्तन का दूध पहले वाले से ज्यादा है जबकि वस्तुस्थिति ऐसी नहीं है, वही दूध दूसरे बर्तन में उसी के सामने डाला गया है।

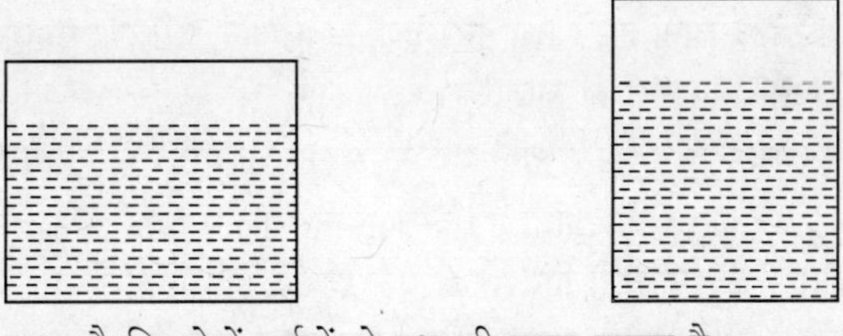

प्रयोग चरण 1. प्रयोज्य कहता है कि दोनों बर्तनों के दूध की मात्रा समान है।

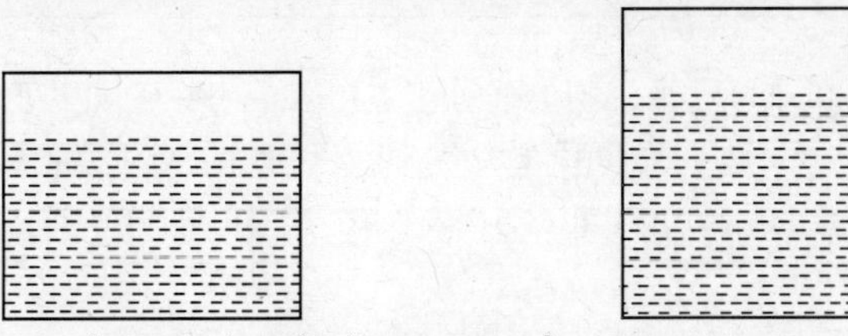

प्रयोग चरण 2. प्रयोज्य कहता है कि लम्बे बर्तन में दूध ज्यादा है।

उपरोक्त प्रयोगिक क्रिया के माध्यम से हमें यह स्पष्ट संकेत मिल सकता है कि पूर्व संक्रियात्मक अवस्था के इस बालक में अभी परिमाण सम्बन्धी संरक्षण योग्यता (ability regarding conservation in quantity) का विकास नहीं हुआ है।

3. **मूर्त संक्रियात्मक अवस्था** (Concrete operational stage)—इस अवस्था का समय काल 7 वर्ष से 11 वर्ष के बीच होता है। बालकों में होने वाले इस अवस्था के मानसिक विकास में निम्न मुख्य बातें देखने को मिलती हैं:

- उनमें वस्तुओं को पहचानने, उनका विभेदीकरण करने, वर्गीकरण करने तथा उपयुक्त नाम या वर्गीकरण द्वारा समझने और व्यक्त करने की क्षमता विकसित हो जाती है। उनमें विभिन्न प्रकार के संप्रत्ययों (Concept) का निर्माण हो जाता है।
- वे वस्तुओं के बीच समानता, सम्बन्ध, असमानता, दूरी और विसंगतता (discrepancies) को समझने लगते हैं। शुरू में इस प्रकार की उनकी समझ केवल मूर्त्त या सथूल रूप तक ही सीमित होती है जैसे नौ सेब, तीन सेबों से कितने अधिक होते हैं। कुत्ते या बिल्ली में अगर वे उनके सामने हों तो उनमें निहित अंतरों को वे स्पष्ट कर सकते हैं आदि। परन्तु धीरे-धीरे वे वस्तुओं के अमूर्त्त रूप के आधार पर भी चिन्तन करना प्रारम्भ कर देते हैं।
- उनका चिन्तन अब अधिक क्रमबद्ध एवं तर्कसंगत होना प्रारम्भ कर देता है। हवाई उड़ानें भरना कम हो जाता है और वे यथार्थ की दुनिया को समझना शुरू कर देते हैं।
- अब उनमें यह समझ आ जाती है कि कोई वस्तु किसी से जितनी अधिक या कम दूर या भारी हल्की होती है दूसरी भी उसी के हिसाब से दूरी या वज़न रखती है। अतः अब वे वज़न या दूरी के मापों को अच्छी तरह समझ सकते हैं। इसी तरह अब वह पहले की तरह यह गलती भी नहीं करते कि पतले बर्तन में रखा गया कोई भी उतना ही तरल पदार्थ चौड़े बर्तन से अधिक होता है अथवा फैला कर रखी गई गोलियां पास-पास रखी उतनी ही गोलियां से संख्या में अधिक हो जाती हैं।

इस प्रकार 11 वर्ष की आयु तक पहुंचते-पहुंचते बालक मानसिक विकास की काफी उपयुक्त सीमाओं को पार कर लेते हैं, परन्तु उनकी सभी प्रकार की मानसिक क्रियाओं में वस्तुओं का प्रायः मूर्त्त या स्थूल रूप ही प्रयोग में लाया जाता है। अमूर्त्त चिन्तन करने की योग्यता के विकास के लिए मानसिक विकास की अगली अवस्था का इन्तज़ार करना होता है।

4. **अमूर्त्त संक्रियात्मक अवस्था** (Formal operational stage)—इस अवस्था का समय काल 11 वर्ष से 15 वर्ष के बीच होता है। बालकों में इस अवस्था की मानसिक विकास सम्बन्धी मुख्य बातों को निम्न रूप में समझा जा सकता है:

- सभी प्रकार के संप्रत्ययों का समुचित विकास हो जाता है।
- भाषा सम्बन्धी योग्यता तथा संप्रेषणशीलता का विकास अपनी ऊंचाई को छूने लगता है।
- विचारने, सोचने, तर्क करने, कल्पना करने तथा निरीक्षण, अवलोकन, परीक्षण, प्रयोग आदि के द्वारा उचित निष्कर्ष निकालने की पर्याप्त क्षमता विकसित हो जाती है।
- स्मरण शक्ति रटने पर आधारित न होकर तर्क एवं समझ पर आधारित होने लगती है।
- चिन्तन अब मूर्त्त नहीं रहता, अमूर्त्त बन जाता है। वस्तुओं के स्थूल रूप का अब चिन्तन प्रक्रिया के लिये उपस्थित रहना अनिवार्य नहीं होता। कल्पना करो कि ABC एक त्रिभुज है, तार में विद्युत प्रवाहित हो रही है आदि बातों को अब उनके विद्यमान न होने पर भी समझा और सोचा जा सकता है।
- कल्पना शक्ति को सृजन या निर्माण कार्य के लिये अच्छी तरह उपयोग में लाया जा सकता है।
- समस्या समाधान योग्यता का उचित विकास हो जाता है। फलस्वरूप इस आयु के बालकों में समस्या का उचित विश्लेषण (Analysis) कर उसके संभावित हल की खोज करने की क्षमता पैदा हो जाती है।
- प्रयास एवं त्रुटि (Trial and Error) विधि के स्थान पर बौद्धिक शक्तियों के प्रयोग द्वारा सीखने की आदत विकसित हो जाती है।

— संश्लेषण, विश्लेषण, नियमीकरण तथा सूक्ष्म सिद्धान्तों की स्थापना सम्बन्धी उच्च मानसिक क्षमताओं का समुचित विकास हो जाता है।

— अन्वेषणशीलता, मौलिकता, रचनात्मकता आदि सृजन में सहायक आवश्यक बौद्धिक क्षमताओं का विकास हो जाता है।

इस तरह से बौद्धिक विकास की इस अंतिम अवस्था को पार करते–करते किशोर और किशोरियां अपनी मानसिक योग्यता और क्षमताओं के विकास की विशाल ऊँचाइयों को छूने का प्रयत्न करते हैं। जो कुछ भी कमियां रह जाती हैं उसे फिर अनुभव की पतवार लेकर आयु के बढ़ने के साथ-साथ व्यक्ति पूरा करता रहता है और अपने जीवन सागर की कठिनाइयों को इसी बौद्धिक सम्पदा के सहारे हल करता जाता है।

पियाजे के सिद्धान्त की आलोचनात्मक समीक्षा (Critical Evaluation of Piaget's Theory)

पियाजे के संज्ञानात्मक विकास सिद्धान्त की कुछ विद्वानों ने निम्न बातों को लेकर आलोचना की है:

1. संज्ञानात्मक विकास के जिस प्रारूप को पियाजे द्वारा हमारे सामने रखा गया है वह जैसा उसने दावा किया है उस तरह न तो सार्वभौमिक है और न उसी रूप में सदैव संपन्न होता है। पियाजे का सिद्धान्त 1920–40 की अवधि से यूरोपियन बालकों के अध्ययन पर आधारित है। यूरोप तथा बाहर होने वाले बाद में अनुसंधानों ने यह निष्कर्ष निकाला है कि बालकों के संज्ञानात्मक विकास सम्बन्धी पियाजे द्वारा सुझाई गई चारों विकास अवस्था बालकों द्वारा जिस आयु विशेष की अवधि में तय की जाती हैं उनमें पियाजे द्वारा निश्चित आयु वर्षों को लेकर काफी भिन्नतायें पाई जाती हैं। कुछ बच्चे जल्दी ही उन विकास मंजिलों को तय कर लेते हैं तथा कुछ देर से।
2. पियाजे का यह कहना है कि अपने संज्ञानात्मक विकास में क्रमबद्ध तरीके से बालकों को एक अवस्था से दूसरी अवस्था में प्रवेश करना होता है। परन्तु यह देखा गया है कि विशेष आयु अवधि में बालकों की संज्ञानात्मक क्षमता में वृद्धि ठीक इस क्रम में हो यह जरूरी नहीं है।
3. पियाजे का यह कहना कि मूर्त संक्रियात्मक अवस्था (Concrete operational stage) से पहले बालक क्रमबद्ध एवं तार्किक ढंग से चिन्तन करने में असमर्थ होते हैं और साथ में उनके अंहकार तथा आत्मकेन्द्रित का बाहुल्य रहता है, ठीक नहीं है। विभिन्न अनुसंधानात्मक अध्ययनों ने यह प्रमाणित कर दिया है कि इस अवस्था से काफी पहले के आयु वर्ग के बालक तार्किक और क्रमबद्ध ढंग से चिन्तन करने की क्षमता रखते हैं और उनमें दूसरों की भावनाओं तथा विचारों का आदर करने की प्रवृत्ति पाई जाती है।
4. पियाजे के दावे पर 'कि मूर्त संक्रियात्मक अवस्था (Concrete operational stage) से पहले बालक संख्या या परिमाण सम्बन्धी संरक्षण योग्यता (ability to conserve) नहीं रखते' भी अगुली उठाई गई है। बहुत सारे अनुसंधानात्मक अध्ययनों ने यह सिद्ध कर दिया है कि अगर बालकों को इस अवस्था से पहले ही अच्छी तरह प्रशिक्षण दिया जाये तो उनमें संरक्षण योग्यता जैसी अति बिकसित संज्ञानात्मक क्षमताओं की उपस्थिति निश्चित की जा सकती है।
5. पियाजे ने बालकों के संज्ञानात्मक क्षमताओं के विकास को उनके स्वाभाविक वृद्धि एवं विकास से जोड़ने का प्रयत्न किया है और यह बताने की चेष्टा की है कि जब तक बालक एक निश्चित परिपक्वन स्तर पर नहीं पहुँचते उनमें उस परिपक्वन स्तर से जुड़ी हुई संज्ञानात्मक क्षमता नहीं विकसित होती। अपने इन विचारों के कारण पियाजे की एक ऐसे वंशक्रमवादी तथा परिपक्वन वादी के रूप में आलोचना की जाती है जिसने बालकों के मानसिक विकास में परिपक्वन को जरूरत से अधिक महत्त्व दिया है। परन्तु देखा जाये तो पियाजे की ऐसी आलोचना एक पक्षीय ही है जैसा कि पियाजे ने अपने संज्ञानात्मक विकास सिद्धान्त में यह अच्छी तरह से स्पष्ट

कर दिया है कि परिपक्वन तथा वंशानुक्रम द्वारा निर्धारित मूल प्रवृत्तियां एवं सहज प्रवृतियां तो केवल मात्र वह भूमि तथा बुनियाद प्रदान करते हैं, संज्ञानात्मक विकास रूपी महल का ढाँचा तो फिर भौतिक तथा सामाजिक वातावरण के साथ होने वाली अंतःक्रिया के माध्यम से ही खड़ा होता है। पियाजे की इस धारणा की पुष्टि उसके निम्न कथन (इन हेल्डर एवं पियाजे, 1958) द्वारा भलीभाँति हो सकती है।

स्नायु संस्थान की परिपक्वता किसी अवस्था विशेष में किन क्षमताओं का विकास संभव है और किसका असंभव यह पूरी तरह निर्धारित करने के अलावा और भी बहुत कुछ कर सकती है। परिपक्वता द्वारा इंगित इन संभावनाओं को वास्तविकता में बदलने में किसी सामाजिक परिवेश विशेष की आवश्यकता से मुँह नहीं मोड़ा जा सकता। इससे स्पष्ट हो जाता है कि इन संभावनाओं को वास्तविकता में बदलने के कार्य में वृद्धि और कमी बालक विशेष की उपलब्ध सांस्कृतिक तथा शैक्षिक परिस्थितियों पर निर्भर करती है।

(The maturation of the nervous system can do not more than determine the totality of possibilities and imposssibilities at a given stage. A particular social environment remains indispensable for the realization of these possibilities. It follows that their realization can be accelerated or retarded as a function of cultural and educational conditions.)

अगर हम पियाजे के संज्ञानात्मक सिद्धान्त के संदर्भ में ऊपर की गई समीक्षा पर ठीक प्रकार ध्यान दें तो हमें यह समझने में देर नहीं लगेगी कि इस संबंध में की गई आलोचनाओं में से बहुत सारी एक पक्षीय हैं। जैसा कि पियाजे द्वारा इस संबंध में दिये गये उपरोक्त स्पष्टीकरण से मालूम हो सकता है कि यह कहना कि पियाजे का सिद्धान्त संज्ञानात्मक विकास में वातावरण सम्बन्धी प्रभावों को महत्त्व नहीं देता ठीक नहीं है। इसी तरह संज्ञानात्मक विकास की कुछ निश्चित अवस्थाओं का उल्लेख कर पियाजे का मतलब यही नहीं था कि सभी देशों और संस्कृतियों के बालक आवश्यक रूप से इन अवस्थाओं को पियाजे द्वारा निर्धारित आयु वर्षों में ही तय करते हैं। जैसा कि वह किसी बालक के संज्ञानात्मक विकास में जैविक वंशक्रम की विरासत, परिपक्वन तथा वातावरणजन्य अनुभवों तीनों को उनके समन्वित रूप से महत्त्व देना चाहता है तो इस दृष्टि से यह साफ हो जाता है कि बौद्धिक या संज्ञानात्मक विकास सम्बन्धी किसी एक या अन्य अवस्थाओं में पहुंचने में बालकों में आयु वर्षों को लेकर विभिन्नतायें अवश्य ही देखने को मिलेंगी। कुछ बच्चे दूसरों के मुकाबले कम आयु में ही संवेगात्मक विकास की उच्च और उच्चतर मंजिलें तय करते हुये पाये जा सकते हैं। अब केवल इस बात से लेकर कि पियाजे ने संवेगात्मक विकास की विभिन्न अवस्थाओं से गुजरने के लिये जो आयु वर्ष अवधियाँ निश्चित की थीं वे आज के समय में सभी देशों और संस्कृतियों में बालकों के लिये उचित नहीं बैठतीं, पियाजे के सिद्धान्त की बहुमुखी उपयोगिता से मुँह नहीं मोड़ा जा सकता। चाहे आयु वर्षों तथा अवधि को लेकर कितनी भी भिन्नतायें पियाजे द्वारा निर्धारित संवेगात्मक विकास अवस्थाओं को तय करने हेतु हमें देखने को मिले एक बात जिसकी सार्वभौमिकता तथा एकरूपता से इन्कार नहीं किया जा सकता है वह यह है कि सभी बालक चाहे वे किसी भी संस्कृति और देश से सम्बन्धित क्यों न हों पियाजे द्वारा बताई गई चार संज्ञानात्मक विकास अवस्थाओं में पियाजे द्वारा निर्धारित क्रम से ही गुजरते हैं हाँ यह बात अलग है कि वैयक्तिक भेदों के फलस्वरूप कोई कम तथा कोई ज्यादा आयु के किसी विशेष संज्ञानात्मक अवस्था में से गुजरता पाया जाये।

पियाजे के सिद्धान्त की शैक्षिक उपयोगिता तथा योगदान (Educational Utitlity and Contribution of Piaget's Theory)

बाल मनोविज्ञान तथा संज्ञानात्मक विकास के क्षेत्र में अन्तर्राष्ट्रीय ख्याति प्राप्त प्रसिद्ध विद्वान जीन पियाजे ने अपने संज्ञानात्मक विकास सिद्धान्त के माध्यम से शिक्षा जगत् को बहुत कुछ देने का प्रयत्न किया है। उनके सिद्धान्त की शैक्षिक उपयोगिता तथा योगदान को संक्षेप में निम्न प्रकार लिपिबद्ध किया जा सकता है।

1. पियाजे के संज्ञानात्मक सिद्धान्त ने बुद्धि की व्यावहारिक दृष्टि से व्याख्या करने तथा परिभाषित करने में काफी अच्छी भूमिका निभाई है। जन्म से ही व्यक्ति विशेष को अपने अस्तित्व की रक्षा तथा अपने वातावरण के साथ

समायोजन करने के लिये सतत् संघर्ष करना पड़ता है। बुद्धि अपनी संज्ञानात्मक संरचना और कार्य प्रणाली के रूप में उसे इस कार्य में काफी सहायक सिद्ध होती है। इसलिये व्यक्ति विशेष की बुद्धि का मापन उसकी उस समायोजन क्षमता (अपने और अपने वातावरण के बीच तालमेल बिठाने) के आधार पर ही किया जा सकता है। जिसका प्रदर्शन वह किसी समय और परिस्थिति विशेष में करता हुआ हमें दिखाई देता है। पियाजे ने इस तरह बुद्धि को एक गतिमान प्रक्रिया के रूप में हमारे सामने रखा है जिसके द्वारा किसी एक समय तथा परिस्थिति विशेष में समायोजन योग्यता या क्षमता के रूप में एक विशेष भूमिका निभाई जाती है। जैसे-जैसे बालक बड़ा होता है उसकी समायोजन क्षमता बढ़ती जाती है और फलस्वरूप उसके बौद्धिक या संज्ञानात्मक विकास में प्रगति होती रहती है।

2. पियाजे के संज्ञानात्मक सिद्धान्त ने बालक में अधिगम तथा विकास में अभिप्रेरकों तथा अभिप्रेरणा के महत्त्व को अच्छी तरह उजागर किया है। अपनी एक अवधारणा संतुलनीकरण (equilibration) के माध्यम से पियाजे ने यह बताने की कोशिश की कि हम अपनी क्षमताओं और अपने वातावरण की माँगों के बीच संतुलन बनाये रखने की हर संभव कोशिश करते रहते हैं क्योंकि इस प्रकार के संतुलनीकरण से हमें संतुष्टि मिलती है। जब एक ऐसा नहीं होता हम इसके लिये सतत् संघर्ष करते रहते हैं। इस तरह व्यक्ति के व्यवहार को लगातार क्रियाशीलता प्रदान करने में पियाजे द्वारा प्रतिपादित संतुलनीकरण (equilibration) की अवधारणा की तुलना फ्रायड द्वारा प्रतिपादित यौन संतुष्टि (Sex gratification) तथा युंग द्वारा प्रतिपादित आत्म साक्षातीकरण या आत्माभिव्यक्ति से की जा सकती है।

3. पियाजे का सिद्धान्त पाठ्यक्रम नियोजन तथा अध्ययन क्रम की संरचना हेतु हमें काफी महत्त्वपूर्ण ज्ञान तथा परामर्श देता हुआ दिखाई दे सकता है। किसी क्षेत्र विशेष के बालक अपने संज्ञानात्मक विकास की किसी विशेष अवस्था में एक विशेष आयु सीमा के अन्तर्गत ही प्रवेश करते हैं। इस दृष्टि से उनके लिये जो भी पाठ्यक्रम और सिलेबस बनाया जाये वह उनके परिपक्वन स्तर तथा मानसिक योग्यताओं से मेल खाता हुआ ही होना चाहिये। दूसरे शब्दों में एक पाठ्यक्रम तभी उपयुक्त माना जा सकता है जब वह सही समय पर सही अधिगम अनुभव प्रदान करे। उदाहरण के लिये पहली और दूसरी कक्षा के विद्यार्थियों को विश्व का भूगोल पढ़ाना ठीक नहीं है क्योंकि अपने संज्ञानात्मक विकास को लेकर अभी उनके देश, राज्य और यहाँ तक शहरों से सम्बन्धित वे अवधारणायें विकसित नहीं हुई हैं जिनकी आवश्यकता उन्हें विश्व की भौगोलिक जानकारी हेतु चाहिये। इसलिये इन कक्षाओं में उन्हें स्थानीय भूगोल जो उन्हें उनके पास-पड़ोस, विद्यालय, कक्षाकक्ष सम्बन्धी परिवेश से परिचित कराने में सहायक हो, पढ़ाया जाना ही ज्यादा ठीक रहता है। इसी तरह चौथी या पाँचवीं कक्षा के विद्यार्थियों को बीज गणित (Algebra) पढ़ाना भी उचित नहीं ठहराया जा सकता क्योंकि अभी इस आयु वर्ग के बालकों में बीजगणित से सम्बन्धित सूक्ष्म अवधारणाओं को समझने की योग्यता नहीं विकसित होती। पाठ्यक्रम के विकास में इस तरह की गलतियों से बचने का परामर्श देते हुये पियाजे का सिद्धान्त स्पष्ट रूप से यह कहता हुआ प्रतीत होता है कि पाठ्यक्रम में उन्ही अधिगम अनुभवों को स्थान मिलना चाहिये जो विद्यार्थियों के संज्ञानात्मक विकास और उसके परिवेश सम्बन्धी आवश्यकताओं के अनुकूल हों।

4. पियाजे का सिद्धान्त अध्यापकों तथा माता-पिता के लिये यह बताने में काफी मूल्यवान सिद्ध हो सकता है कि किसी आयु विशेष में बालकों को विचार प्रक्रिया तथा अन्य संज्ञानात्मक क्षमताओं का क्या स्वरूप होता है। साथ ही बालकों की संज्ञानात्मक संरचना और कार्यप्रणाली में आयु की वृद्धि के साथ जिस प्रकार के परिवर्तन आते रहते हैं उनसे भी उनका परिचय हो जाता है। इस प्रकार का ज्ञान उन्हें बालकों के साथ उचित व्यवहार करने तथा उनकी शिक्षा और प्रशिक्षण को सही दिशा प्रदान करने में भलीभाँति सहायक सिद्ध हो सकता है।

5. पियाजे के सिद्धांत का एक काफी बड़ा योगदान अपनी तीन प्रमुख अवधारणाओं आत्मसातीकरण, समायोजीकरण तथा संतुलनीकरण के माध्यम से बालकों के वांछित अधिगम तथा विकास हेतु उपयुक्त परिस्थितियाँ प्रदान करने सम्बन्धी सुझाव देना है। पियाजे के अनुसार बालक का अधिगम और विकास बालक की संज्ञानात्मक

संरचना और उसके वातावरणजन्य अनुभवों की पारस्परिक अंतःक्रिया का परिणाम होता है। सर्वोत्तम अधिगम हेतु बालकों को प्रदान की जाने वाली विषयवस्तु तथा अधिगम अनुभव इस प्रकार के होने चाहिये कि एक तरफ तो वे उनकी वर्तमान संज्ञानात्मक संरचना में अच्छी तरह आत्मसात् (Assimilate) हो जायें तो दूसरी तरफ वे इतने अलग तथा कठिन हों कि उनके अर्जन हेतु समायोजीकरण (Accommodation) की प्रक्रिया का सहारा लेना आवश्यक हो जाये। इस तरह पियाजे का सिद्धान्त स्पष्ट रूप से यह संकेत देता है कि बालकों को जो भी अधिगम अनुभव प्रदान किये जायें वे कुछ अर्थों में नवीन तथा चुनौतीपूर्ण होने चाहिये ताकि बालकों को समायोजीकरण (Accommodation) की प्रक्रिया को अपनाकर कुछ नया सीखने का मौका मिले परन्तु साथ ही इन अनुभवों का बालकों के पूर्व ज्ञान तथा अनुभवों से उचित सम्बन्ध बने रहना भी काफी आवश्यक है ताकि विद्यार्थियों द्वारा नये अनुभवों का अच्छी तरह आत्मसातीकरण करके अच्छी तरह से ग्रहण करने में सुविधा हो।

6. पियाजे का सिद्धान्त बालकों के संज्ञानात्मक विकास हेतु भौतिक तथा सामाजिक वातावरण सम्बन्धी अनुभवों को काफी आवश्यक ठहराता है और दृष्टि से यह अध्यापकों, माता-पिता तथा समाज में अन्य सदस्यों, जो किसी भी तरह बालक की शिक्षा, विकास तथा प्रगति से जुड़े हुये हैं, से यह अपेक्षा करता है कि वे बालक के सर्वोत्तम विकास तथा वांछित अधिगम हेतु उसे अच्छे से अच्छा उचित वातावरण तथा प्रेरणादायक परिस्थितियाँ उपलब्ध करायें।

7. पियाजे का सिद्धान्त छोटे बच्चों की शिक्षा (नर्सरी तथा किन्डरगार्टन स्तर) के संदर्भ में निम्न सुझाव प्रस्तुत करता हुआ दिखाई दे सकता है:

   (i) नर्सरी तक किन्डरगार्टन स्तर के बालकों का चिन्तन स्थूल या मूर्त चिन्तन (concrete thinking) होता है अतः उन्हें नयी बातों को समझाने और नये अधिगम अनुभव प्रदान करने हेतु स्थूल वस्तुओं (Concrete objects) प्रयोगों तथा क्रियात्मक कार्यों की सहायता लेना आवश्यक होता है। उदाहरण के लिये अगर उन्हें ¼ नामक भिन्न की अवधारणा से परिचित कराना है तो किसी सेब को 4 बराबर भागों में विभाजित कर और फिर उसके किसी एक भाग को ¼ से संबोधित कर, चार भागों में से एक के रूप में समझाना अधिक उचित रहता है।

   (ii) अध्यापक को चाहिये कि वह स्वयं ही विद्यार्थियों को सभी कुछ बताने या पढ़ाने की चेष्टा न करे बल्कि उनको स्वयं ज्ञान की खोज करने को अभिप्रेरित करे। इस कार्य हेतु उन्हें ऐसी अधिगम परिस्थितियाँ, साधन तथा सामग्री बालकों को सुलभ कराने की ओर ध्यान देना चाहिये जिससे वे स्वयं के अपने प्रयत्नों से वांछित अधिगम अनुभवों की प्राप्ति कर सकें।

8. पियाजे का सिद्धान्त यह बताने का कार्य भी करता है कि इन्द्रियजनित गामक अवस्था (Sensory motor stage) के बाद बालकों में भाषा विकास होने के फलस्वरूप अब उनकी चिन्तन प्रक्रिया पूरी तरह भाषा से ही निर्देशित और क्रियान्वित रहती है। इस समय भी ऐसे बालक हो सकते हैं जो भाषा को अपने चिन्तन का साधन या माध्यम बनाने की बजाय अशाब्दिक माध्यम जैसे आकृतियों, सम्बन्धों तथा अन्य चिन्ह एवं संकेतों को प्राथमिकता देते हों अथवा उन्हीं पर आश्रित हों। इस तरह शिक्षण अधिगम प्रक्रिया शाब्दिक संप्रेषण के उपयोग तक ही सीमित नहीं रहनी चाहिये परन्तु इसमें अशाब्दिक संप्रेषण सम्बन्धी बातों को भी (अधिगम परिस्थितियों तथा अधिगमकर्त्ता की आवश्यकताओं के परिप्रेक्ष्य में) ठीक तरह शामिल किया जाना चाहिये।

9. अंत में परन्तु काफी महत्त्वपूर्ण योगदान पियाजे के सिद्धान्त का इस बात को लेकर है कि इसने शिक्षा और उसकी प्रक्रिया के वैयक्तीकरण (Individualization) पर जोर दिया। इसने यह कहते हुये कि बालक को दिये जाने वाले अधिगम अनुभव उसकी संज्ञानात्मक संरचना के हिसाब से तय किये जाने चाहिये, जहाँ एक तरफ बाल केन्द्रित शिक्षा का मार्ग प्रशस्त किया तो वहीं दूसरी ओर बालकों को दिये जाने वाले अधिगम अनुभवों में उनके संवेगात्मक विकास को ध्यान में रखते हुये उचित विभिन्नता लाने की बात पर जोर देते हुये शिक्षा तथा उसकी प्रक्रिया का समुचित वैयक्तीकरण करने की बात हमारे सामने रखी।

ब्रूनर का संज्ञानात्मक विकास सिद्धान्त
(Bruner's Theory of Cognitive Development)

जेरोम ब्रूनर का जन्म 1915 में अमेरिका के न्यूयार्क शहर में हुआ तथा बाद में इनकी शिक्षा ड्यूक विश्वविद्यालय तथा हार्वर्ड विश्वविद्यालय में संपन्न हुई। उनकी पहचान विश्व के एक जाने माने संज्ञानात्मक तथा शिक्षा मनोवैज्ञानिक के रूप में होती है। साथ ही ब्रूनर की प्रतिष्ठा एक अच्छे लेखक के रूप में कोई कम नहीं है। इनके द्वारा लिखित पुस्तकों में अधिक प्रशंसनीय और चर्चित पुस्तकों के रूप में जिनका नाम लिया जा सकता है, वे हैं: (i) ए स्टडी आफ थिंकिंग (1956), (ii) दी प्रोसेज ऑफ एजूकेशन (1960), (iii) टुबाड्‌र्स ए थ्योरी ऑफ इन्सट्रक्शन (1966), (iv) "प्रोसेसेज ऑफ कौग्नीटिव ग्रोथ" (1968), (v) "दी रिलेवेन्स ऑफ एजूकेशन" (1971) और "दी कल्चर ऑफ एजूकेशन" (1996)।

संज्ञानात्मक मनोविज्ञान और विशेषकर बालकों के संज्ञानात्मक विकास तथा चिन्तन करने के ढंग सम्बन्धी अनुसंधान कार्यों के माध्यम से ब्रूनर द्वारा अपने जिस संज्ञानात्मक विकास सम्बन्धी सिद्धांत को जन्म दिया गया उसे ही ब्रूनर के संज्ञानात्मक विकास सिद्धांत के नाम से जाना जाता है। आइये ब्रूनर के इस प्रकार के अध्ययन कार्य तथा सिद्धान्त का संक्षेप में परिचय प्राप्त किया जाये।

1. ब्रूनर ने अपने अनुसंधान कार्यों के प्रारम्भिक चरण में बालकों के संज्ञानात्मक विकास के संदर्भ में पियाजे द्वारा वर्णित संज्ञानात्मक विकास अवस्थाओं को अपना अध्ययन विषय बनाया। उसने पियाजे के विचारों से प्रभावित होते हुये यह निष्कर्ष निकाला कि हमारी बौद्धिक योग्यता विकास रूपी यात्रा मस्तिष्क को काम में लाने सम्बन्धी हमारी सीढ़ी दर सीढ़ी प्रगति के हिसाब से शैशवावस्था से प्रौढ़ावस्था के मध्य तय किये जाने वाले कुछ निश्चित विकास पड़ावों में से होकर गुजरती है। परन्तु ब्रूनर द्वारा प्रदत्त संज्ञानात्मक सिद्धान्त को पियाजे के संज्ञानात्मक विकास सम्बन्धी अवस्था सिद्धान्त का प्रतिरूप नहीं ठहराया जा सकता। ब्रूनर ने पियाजे की तरह विकास के लिये कुछ निश्चित अवस्थाओं (Stages of cognitive development) की आवश्यकता या उनकी उपस्थिति पर जोर नहीं दिया बल्कि यह सुझाव दिया कि बालकों में शनैः-शनैः संज्ञानात्मक कौशलों का अर्जन होता है। इन कौशलों को ब्रूनर द्वारा चिन्तन के ढंग या विचारों के प्रस्तुतीकरण का ढंग (modes of thinking or modes of representing or symbolizing human thought) कहा गया। चिन्तन के इस प्रकार के ढंगों के रूप में ब्रूनर ने तीन चिन्तन ढंग या चिन्तन शैलियों की चर्चा की और उन्हें इनेक्टिव ढंग (Enactive mode), आईकोनिक ढंग (Iconic mode) तथा प्रतीकात्मक ढंग (Symbolic mode) का नाम दिया।

इनेक्टिव ढंग (Enactive mode)—ब्रूनर के अनुसार बालकों के संज्ञानात्मक विकास रूपी यात्रा की शुरुआत में बालकों को अपने सोचने-विचारने हेतु जिस तरह का ढंग या तरीका अपनाते हुये पाया जाता है उसे इनेक्टिव ढंग (Enactive mode) की संज्ञा दी जा सकती है। सही अर्थों में यही एक शिशु के संज्ञानात्मक विकास की विशेषता या पहचान होती है। इस ढंग को अपनाते हुये एक शिशु में चिन्तन का स्वरूप मानसिक न होकर शारीरिक ही होता है। यहाँ किसी वस्तु या घटना के बारे में तभी सोचा जा सकता है जब उसका अस्तित्व भौतिक तथा स्थूल रूप में शिशु के सामने रहे। एक त्रिभुजाकार या गोलाकार आकृति की कल्पना करो। ऐसी सोच शिशुओं में अभी विकसित नहीं होती उन्हें तो त्रिभुजाकार या गोलाकार आकृति के बारे में सोचने के लिये उनके स्थूल रूप में वास्तविक त्रिभुजाकार या गोलाकार वस्तुयें चाहिये। $2 + 2 = 4$ इस तरह की बात को सोचने और समझने के लिये 2 वस्तुओं में 2 वस्तुयें और मिलाकर गिनने का कार्य स्वयं उनके द्वारा क्रियात्मक रूप से किया जाना चाहिये।

इस तरह सोचने-विचारने के अपने इस ढंग द्वारा तो व्यक्ति विशेष को कोई बात तभी समझ में आ सकती है या किसी बात को वह तभी सीख सकता है जबकि उस बात से सम्बन्धित क्रियाओं का वह उनके स्थूल रूप में भलीभाँति अभ्यास करे। जैसे किसी को कार चलाना सीखना है तो वह कार चलाने से सम्बन्धित सभी आवश्यक क्रियाओं को स्थूल रूप से स्वयं करके अच्छी तरह अभ्यास न कर ले उसको कार चलाना नहीं आ सकता। यहाँ कार चलाने से सम्बन्धित जितनी भी वैचारिक या चिन्तन प्रक्रिया है उसका इनेक्टिव ढंग में ही किया जाना आवश्यक रहता है। इस तरह चिन्तन का यह ढंग यद्यपि एक आयु या अवस्था विशेष शैशव अवस्था में ही हमारे द्वारा अधिक अपनाया जाता है परन्तु इसकी जरूरत कार्य

तथा परिस्थिति विशेष की प्रकृति और जरूरतों के मुताबिक हमें अपने जीवन की किसी भी अवस्था—बचपन, किशोरावस्था, प्रौढ़ या वृद्धावस्था में कभी भी हो सकती है। जबकि हमारे लिये प्रयोगात्मक रूप से सक्रिय रहकर वस्तुओं तथा घटनाओं से अन्तःक्रिया कर सीखना ही एक मात्र अच्छा विकल्प हो। हाँ दूसरी बात यह भी बिल्कुल ठीक है कि स्थूल वस्तुओं का प्रयोग करने तथा क्रियात्मक रूप से अभ्यास करते हुये अधिगम अर्जन करने का एक मात्र ढंग छोटी उम्र में ही विशेष तौर पर अपनाया जाता है और यही कारण है कि जिन कौशलों के अर्जन में चिन्तन के एनेक्टिव ढंग या तरीके को अपनाया जाता है (जैसे कार या स्कूटर चलाना, कंप्यूटर को काम में लाना) उन्हें ज्यादा उम्र हो जाने पर अर्जन करने में कठिनाई होती है। ब्रूनर द्वारा सुझाये गये चिन्तन के इस इनेक्टिव ढंग तथा संज्ञानात्मक विकास के इस प्रारम्भिक स्तर की तुलना पियाजे द्वारा वर्णित इन्द्रियजनित गामक अवस्था से की जा सकती है जिसमें शिशु अपने परिवेश में उपलब्ध वस्तुओं तथा घटनाओं से शारीरिक तौर पर अंतःक्रिया करके ही अधिगम अर्जन करने का प्रयास करते दिखाई देते हैं।

आईकोनिक ढंग (Iconic mode)—आईकोन (Icon) वह चीज़ है जो दिखाई देती है और इस दृष्टि से चिन्तन या सोच विचार का आईकोनिक ढंग सोचने वाले से यह अपेक्षा करता है कि जिस वस्तु का विचार उसके मन में (वस्तु विशेष की भौतिक रूप में उपस्थिति के बिना ही) आ रहा है उसकी उपस्थिति को चित्रात्मक या दृश्यात्मक रूप में वह महसूस करे। सोचने का यह ढंग निश्चित रूप से एनेक्टिव ढंग के बाद ही विकसित होता है। क्योंकि जब तक कोई वस्तु अपने स्थूल या भौतिक यथार्थ रूप में किसी के सामने नहीं आयेगी वह उसकी चित्रात्मक या दृश्यात्मक छवि को अपने मानस पटल पर कैसे अंकित कर पायेगा। इस दृष्टि से शैशवकाल के पश्चात् ही बालक अपने चिन्तन या सोचने विचारने हेतु आईकोनिक ढंग अपनाते दिखाई देते हैं। एक त्रिभुजाकार या गोलाकार आकृति कैसी होती है, इसकी चित्रात्मक या दृश्यात्मक छवि को अपने मानस पटल पर अंकित करने सम्बन्धी संज्ञानात्मक योग्यता अब उनमें विकसित हो जाती है और इसलिये अध्यापक द्वारा श्यामपट्ट पर बनाई गई या चार्ट में दिखाई गई वृत्ताकार आकृति के माध्यम से अब वे वृत्ताकार आकृति के बारे में सभी आवश्यक कल्पनायें तथा चिन्तन करने में कामयाब होते दिखाई देते हैं। इस तरह जहाँ एनेक्टिव ढंग में चिन्तन में बालक की गत्यात्मक क्षमताओं का उपयोग होता है वही आइकोनिक ढंग के चिन्तन में बालक अपनी इन्द्रिय जनित क्षमताओं का उपयोग करके अधिगम अर्जन करने का प्रयत्न करते हैं। यही कारण है कि 2–7 वर्ष के बालकों के अधिगम अर्जन सम्बन्धी गतिविधियों में स्थूल वस्तुओं का उपयोग करने की बजाय कल्पना और मानसिक बिम्बों की सहायता से चिन्तन कर सीखने की प्रवृत्ति अधिक दिखाई देती है। अगर पियाजे की संज्ञानात्मक विकास सम्बन्धी अवस्थाओं से इसका साम्य ढूंढा जाये तो आइकोनिक ढंग का चिन्तन पियाजे द्वारा वर्णित पूर्व संक्रियात्मक अवस्था के बालकों के लिये उचित ठहराया जा सकता है।

सिम्बोलिक या प्रतीकात्मक ढंग (Symbolic mode)—प्रतीकात्मक ढंग से चिन्तन करने का तरीका बालकों को आईकोनिक तथा इनेक्टिव ढंग से चिन्तन करने के बाद ही आता है। अब वस्तुओं और घटनाओं को उनके स्थूल भौतिक स्वरूप में देखने और अनुभव करने (इनेक्टिव ढंग) अथवा उनकी चित्रात्मक या दृश्यात्मक अनुभूति अपने मन मंदिर में करने (आइकोनिक ढंग) के स्थान पर बालक उन वस्तुओं या घटनाओं के बारे में अपनी विचार प्रक्रिया को आगे बढ़ाने के लिये या उनके प्रति अपनी अनुक्रिया व्यक्त करने के लिये कुछ प्रतीकात्मक चिन्हों, संकेतों तथा भाषा आदि का प्रयोग करने लगते हैं। यह स्थूल से सूक्ष्म की ओर बढ़ने वाली वह अवस्था है जिसमें बालक में उन अवधारणाओं को समझने और ग्रहण करने की संज्ञानात्मक क्षमता आ जाती है जो स्वाभाविक रूप से कठिन, सूक्ष्म हों और अधिक विचारशील हों। इस प्रकार के चिन्तन ढंग में सीखने के लिये प्रत्यक्ष अनुभव करके सीखने और समझने जैसी बातों की जरूरत नहीं होती। उदाहरण के लिये जब एक बालक रेडियो पर किसी घटना से सम्बन्धित समाचार सुनता है तो वह उस घटना से सम्बन्धित बातों को बिना उस घटना के भौतिक प्रत्यक्षीकरण किये ही अच्छी तरह समझ जाता है और वे अच्छी तरह से उसकी स्मृति में भी रहती है। इसी तरह अगर रेडियो पर किसी व्यंजन को बनाने की विधि बताई जाती है तो इस प्रक्रिया को अपने भाषा ज्ञान के आधार पर समझकर एक गृहणी अपनी रसोई में उस व्यंजन को तैयार करने में सफल हो जाती है। इस तरह का अधिगम अर्जन सिम्बोलिक या प्रतीकात्मक ढंग से चिन्तन-मनन करने संज्ञानात्मक योग्यता विकसित होने के बाद ही होता है। ब्रूनर के इस प्रकार के संज्ञानात्मक विकास स्तर की थोड़ी बहुत तुलना पियाजे की संक्रियात्मक अवस्था

(Operational stage) से की जा सकती है जिसकी झलक किशोरावस्था और उससे कुछ वर्ष पहले के बालकों के संज्ञानात्मक विकास में देखने को मिलती है।

2. ब्रूनर ने अपने संज्ञानात्मक विकास सिद्धान्त के माध्यम से यह बताने की कोशिश की है कि किस प्रकार हमारी विचार प्रक्रिया सोचने-विचारने सम्बन्धी तीन ढंगों द्वारा संचालित एवं निर्देशित रहती है। ब्रूनर के पूर्व पियाजे ने यह बताने की कोशिश की थी कि बालकों में उनकी संज्ञानात्मक योग्यता या चिन्तन के विशिष्ट ढंगों का विकास उनकी विकास सम्बन्धी अवस्थाओं (Stages) से जुड़ा हुआ होता है और बालक संज्ञानात्मक विकास की दूसरी अवस्था में तभी पदार्पण कर सकता है जबकि उसके पिछली अवस्था से सम्बन्धित सभी संज्ञानात्मक योग्यताओं का विकास हो चुका हो। ब्रूनर ने पियाजे की तरह संज्ञानात्मक विकास के लिये निश्चित और क्रमबद्ध अवस्थाओं से गुजरने की बात स्वीकार नहीं की। उसने यह स्पष्ट किया कि यद्यपि विभिन्न आयु वर्ग तथा विकास अवस्थाओं में विकसित तीन विभिन्न चिन्तन ढंगों के विकास पर ही हमारा संज्ञानात्मक विकास आधारित रहता है परन्तु इनमें से कोई भी एक चिन्तन ढंग किसी आयु वर्ग तथा अवस्था विशेष की ही बपौती नहीं है। इनका विकास हो जाने पर हमारी कोई भी आयु क्यों न हो सभी में तीनों प्रकार के चिन्तन का ढंग हर सोचने-विचारने तथा अपनी बौद्धिक क्षमता का उपयोग करने हेतु कर सकते हैं। ब्रूनर का संज्ञानात्मक विकास प्रतिमान इस तरह से हमारे सामने हमारे संज्ञानात्मक विकास के फलस्वरूप हमें किसी भी बौद्धिक कार्य को करने तथा सीखने हेतु परिस्थिति अनुसार तीन विभिन्न संज्ञानात्मक कोशलों अथवा चिन्तन ढंगों (एनेक्टिव, आईकोनिक तथा सिम्बोलिक) के समन्वित रूप से उचित प्रयोग का सुझाव देता हुआ प्रतीत होता है।

3. पियाजे के अतिरिक्त अपने संज्ञानात्मक विकास सिद्धान्त के प्रतिपादन में ब्रूनर को प्रसिद्ध रूसी मनोवैज्ञानिक लेव व्यगोतस्काई (Lev vygotasky) से भी काफी कुछ सीखने को मिला। व्यगोतस्काई बालकों के संज्ञानात्मक विकास में समाजिक अन्तःक्रिया तथा भाषा के प्रयोग का काफी पक्षधर था। ब्रूनर ने इसका समर्थन करते हुये पियाजे की इस कमी की ओर संकेत किया कि उसने बालकों के संज्ञानात्मक विकास में संस्कृति, सामाजिक अन्तःक्रिया तथा भाषा के योगदान को उचित महत्त्व नहीं दिया। इस बात में पियाजे से अपने आपको अलग करते हुये तथा व्यगोतस्काई से सहमति जताते हुये ब्रूनर ने कुछ निम्न बातें सामने रखीं:

(i) बालकों के वांछित संज्ञानात्मक विकास हेतु अन्तःवैयक्तिक संप्रेषण काफी जरूरी है।

(ii) माता-पिता, अध्यापकों, साथी विद्यार्थियों तथा विषय विशेषज्ञों (जिनका संज्ञानात्मक विकास स्तर अपेक्षाकृत अधिक होता है) के सक्रिय सहयोग से बालकों को अपने संज्ञानात्मक विकास में बहुत सहायता मिलती है।

(iii) अगर हम बड़ों द्वारा बालकों के साथ पारस्परिक विचार विनियम, संप्रेषण तथा बोलचाल अच्छी तरह चलती रहे तो इससे बालकों के संज्ञानात्मक विकास में काफी सहायता मिलती है।

(iv) बालकों में संज्ञानात्मक विकास में भाषा का विकास काफी महत्त्वपूर्ण भूमिका निभाता है। विचार प्रक्रिया तथा चिन्तन के लिये भाषा एक सशक्त साधन और माध्यम का कार्य करती है। भाषा सम्बन्धी कमियाँ विचारों के प्रवाह को अवरुद्ध कर देती है। इसलिये शुरू से ही बालकों के भाषा और संप्रेषण सम्बन्धी योग्यताओं के उचित विकास पर समुचित ध्यान दिया जाना चाहिये। भाषा सम्बन्धी योग्यता तथा सामाजिक अन्तःक्रिया ये दोनों मिलकर बालक के संज्ञानात्मक विकास में किस तरह सहयोगी सिद्ध हो सकते हैं इसकी अनुभूति ब्रूनर द्वारा वर्णित बालकों के निम्न संज्ञानात्मक विकास क्रम द्वारा भलीभाँति हो सकती है:

— भाषा के ज्ञान से पहले बालकों में जो विचार पनपते हैं उनकी आधारभूमि वे खेल तथा सांस्कृतिक परिवेश के रीति रिवाज होते हैं जिनमें बालक पलते हैं।

— बालकों के विचारों को जन्म देने वाले इन सामाजिक माध्यों का स्थान आगे जाकर हम बड़ों के साथ होने वाली अन्तःक्रिया ले लेती है। इस अंतःक्रिया के फलस्वरूप बालकों की संज्ञानात्मक संरचना में नये ज्ञान का समावेश होता रहता है।

— भाषा अर्जन के द्वारा बड़ों से तथा अपने साथियों से अंतःक्रिया या संप्रेषण करने के कार्य में आवश्यक रूप से इतना इज़ाफा होता है कि बालकों के संज्ञानात्मक विकास कार्य को इच्छित रूप में सम्पन्न किया जा सके।

4. ब्रूनर के अनुसार बालकों के संज्ञानात्मक विकास में तभी ज्यादा से ज्यादा सहायता मिल सकती है जबकि उन्हें स्वयं अपने प्रयत्नों से सूचनायें प्राप्त करने तथा ज्ञान की खोज करने के अवसर दिये जायें। इस कार्य के लिये बालकों में मस्तिष्क के सीधे ही ज्ञान को ठूंसना ठीक नहीं बल्कि उन्हें स्वयं अपने प्रयत्नों से ज्ञान प्राप्ति के मार्ग पर चलाने की कोशिश की जानी चाहिये। ब्रूनर ने स्पष्ट रूप से यह घोषणा की कि बालकों के संज्ञानात्मक विकास हेतु उन्हें ज्ञान से सराबोर करना उतना महत्त्वपूर्ण नहीं जितना कि उन्हें अपने प्रयत्नों से स्वयं ज्ञान प्राप्ति का ढंग सिखाना। इस विषय पर अपने विचार प्रकट करते हुये ब्रूनर (1966 : 72) ने लिखा है:

किसी को अनुदेशन देना—उसके मस्तिष्क में पहले से ही निकले परिणामों को भरना नहीं है। बल्कि उसे उस प्रक्रिया में भाग लेने के लिये शिक्षित करना है जिससे ज्ञान की स्थापना या खोज में मदद मिले। हम किसी विषय को उस विषय विशेष पर विद्यार्थी के रूप में कोई छोटा जीता जागता पुस्तकालय खड़ा करने के लिये नहीं पढ़ाते बल्कि इसलिये पढ़ाते हैं कि विद्यार्थी, एक गणितज्ञ की तरह से (तार्किक एवं क्रमबद्ध) चिन्तन तथा एक इतिहासकार की तरह से विषय सामग्री का मनन कर ज्ञान प्राप्ति की प्रक्रिया में भाग ले सके। क्योंकि ज्ञान प्रक्रिया है, प्रक्रिया का परिणाम नहीं।

(To instruct someone .... is not a matter of getting him to commit results to mind. Rather it is to teach him to participate in the process that makes possible the establishment of knowledge. We teach a subject not to produce little living libraries on that subject, but rather to get a student to think mathematically for himself, to consider matters as an historian does, to take part in the process of knowledge getting. Knowing is a process not a product.)

5. ब्रूनर ने बालक के ज्ञानात्मक विकास में बालक की अपनी भूमिका को पूरी प्रतिष्ठा देने का प्रयत्न किया। उसने कहा कि बालक के किसी भी प्रकार के अधिगम अर्जन और विकास में बालक को निष्क्रिय रूप से नहीं बल्कि सक्रिय रूप से अपनी साझेदारी निभानी चाहिये। अगर वह अपना उचित संज्ञानात्मक विकास चाहता है तो उसे नये ज्ञान को ग्रहण करने हेतु अपने स्वयं के प्रयत्नों से ही आगे बढ़ना होगा। पकी पकाई खीर खाने की जगह स्वयं अपने आप तैयार करके ही खीर खाने की आदत डालनी होगी। अपने मस्तिष्क को ज्ञान का गोदाम बनाने की अपेक्षा उसे ज्ञान के सृजन तथा संरचना का कारखाना बनाना होगा। बालक को इस प्रकार ज्ञान प्राप्त करने के मार्ग पर चलाने के लिये ब्रूनर ने सुझाव दिया कि वे अपने संज्ञानात्मक विकास में सहायक एनेक्टिव, आईकोनिक तथा सिम्बोलिक चिन्तन प्रणालियों को ऐसे समन्वित एवं वांछित प्रारूप में काम में लाने का प्रयत्न करे ताकि वे स्वयं के प्रयत्नों से ज्ञान प्राप्ति की प्रक्रिया में अपनी महत्त्वपूर्ण भूमिका निभा सके।

6. ब्रूनर के अनुसार एक बात और जो बालकों के उचित संज्ञानात्मक विकास में अधिक कारगर सिद्ध हो सकती है वह यह है कि बालकों के अधिगम अनुभवों तथा उन्हें ग्रहण किये जाने वाले तरीकों को ऐसे संगठित किया जाये कि उन्हें स्वयं के प्रयत्नों द्वारा ज्ञान प्राप्ति में पूरी-पूरी सहायता मिल सके। इस उद्देश्य की पूर्ति के लिये ब्रूनर ने अनुदेशन का एक अपना अलग सिद्धान्त विकसित किया जिसे ब्रूनर का अनुदेशन या अधिगम का संज्ञानात्मक सिद्धान्त कहा जाता है। अपने इस अनुदेशन सिद्धान्त का बालकों के उचित संज्ञानात्मक विकास से तालमेल बिठाते हुये ब्रूनर ने इस बात पर जोर दिया कि शिक्षक का कार्य बालक के सामने पहले से ही विद्यमान ज्ञान को रखना नहीं है बल्कि उसे ऐसी सुविधा प्रदान करने वाले की भूमिका निभानी चाहिये जिससे विद्यार्थी स्वयं ही अपने प्रयत्नों से ज्ञान की प्राप्ति या खोज कर सके। ब्रूनर (1966) के अपने शब्दों में—*शिक्षक या अनुदेशक का कार्य अधिगम सामग्री को इस प्रकार के प्रारूप में प्रस्तुत करना है जो विद्यार्थी के वर्तमान चिन्तन तथा अवबोध स्तर (इनेक्टिव, आईकोनिक या सिम्बोलिक) से मेल खाता हो और इसे इस तरह कुंडलाकार (Spiral manner) संगठित करना है कि बालक अपने पूर्व अर्जित अधिगम को आधार बनाता हुआ लगातार आगे नवीन अधिगम अनुभव ग्रहण करता रहे।* इस प्रकार से ब्रूनर ने बालक की विद्यालयी शिक्षा योजना में "कुंडलीय पाठ्यक्रम" (Spiral Curriculum) की अवधारणा को हमारे सामने रखा और ऐसे पाठ्यक्रम को अपनाने की सिफारिश करते हुये इसे बालक के उचित संज्ञानात्मक विकास तथा उसके द्वारा स्वयं अपने प्रयत्नों से सीखने के कार्य में बेहद जरूरी और उपयोगी करार दिया।

पियाजे के सिद्धान्त से ब्रूनर के सिद्धान्त की तुलना
(Comparison between Piaget's and Bruner's Theory)

ब्रूनर द्वारा प्रतिपादित संज्ञानात्मक विकास सिद्धान्त, अपने से पहले विकसित पियाजे के संज्ञानात्मक विकास सिद्धान्त से जिन मुख्य बातों को लेकर अलग अथवा एक जैसा दिखाई देता है, उन्हें संक्षिप्त रूप में निम्न प्रकार व्यक्त किया जा सकता है:

1. पियाजे तथा ब्रूनर द्वारा प्रतिपादित संज्ञानात्मक विकास सम्बन्धी दोनों सिद्धान्तों को सामाजिक–संज्ञानात्मक अवस्था सिद्धान्त कहा जा सकता है क्योंकि दोनों ही यह बताते हैं कि व्यक्ति विशेष का संज्ञानात्मक विकास उसकी संज्ञानात्मक संरचना तथा वातावरण के बीच होने वाली अंतःक्रिया का परिणाम होता है। दूसरे शब्दों में जो कुछ भी व्यक्ति सीखता है वह उसके और उसके वातावरण (विशेषकर सामाजिक एवं सांस्कृतिक) के बीच होने वाली पारस्परिक अंतःक्रिया का ही प्रतिफल है। लेकिन इस सम्बन्ध में जहाँ ब्रूनर ने निस्संदेह व्यगोतस्काई (Vygotsky) से प्रभावित होकर बालको के संज्ञानात्मक विकास में संस्कृति, सामाजिक अंतःक्रिया, बड़ों का सहयोग तथा भाषा विकास आदि वातावरणजन्य कारकों को काफी महत्त्वपूर्ण स्थान प्रदान किया वहीं पियाजे ने संज्ञानात्मक योग्यताओं के विकास में सामाजिक अंतःक्रिया तथा भाषा के महत्त्व को लगभग नकार कर बालकों के संज्ञानात्मक विकास को उनकी व्यक्तिगत जिम्मेदारी बताकर उनके अपने वातावरण के साथ समायोजित रहने सम्बन्धी प्रयत्नों का प्रतिफल बताया।
2. ब्रूनर और पियाजे दोनों ने ही बालकों के संज्ञानात्मक विकास को एक क्रमबद्ध प्रक्रिया के रूप में प्रस्तुत किया। पियाजे ने इस कार्य हेतु संज्ञानात्मक विकास की चार अवस्थाओं का वर्णन किया। ब्रूनर ने निश्चित तौर पर इस बात में पियाजे से प्रभावित होकर इनेक्टिव, आईकोनिक तथा सिम्बोलिक नाम से तीन विकास अवस्थाओं को प्रस्तुत किया। उसने पियाजे की तरह यह बात भी कही कि अमूर्त चिन्तन (Abstract thinking), मूर्त चिन्तन (Concrete thinking) से ही विकसित होता है। ऐसी बातों में सादृश्य होते हुये भी ब्रूनर का सिद्धान्त पियाजे के सिद्धान्त से इस रूप में अलग दिखाई देता है कि जहाँ ब्रूनर ने पियाजे की तरह ही संज्ञानात्मक विकास को कुछ क्रमबद्ध चरणों (इनेक्टिव, आईकोनिक तथा सिम्बोलिक) में संपन्न होने वाली सतत् विकास प्रक्रिया बताया और यह कहा कि विकासात्मक काल की किस आयु या अवस्था विशेष में किस प्रकार का विकास अच्छी तरह होता है, वहाँ पियाजे की तरह किसी विशेष आयु या अवस्था विशेष के संज्ञानात्मक विकास को उस आयु या अवस्था की ही बपौती नहीं माना बल्कि यह कहा कि यद्यपि चिन्तन के तीनों ढंग (इनेक्टिव, आईकोनिक तथा सिम्बोलिक) अलग-अलग आयु वर्षों या विकास काल की कुछ निश्चित अवस्थाओं की विशेषता अथवा पहचान माने जाते हैं परन्तु इनकी उपस्थिति सभी समयों में रहती है। इसी कारण हम अपने जीवन में जब भी कोई ऐसा कार्य करते हैं जिसमें संज्ञानात्मक योग्यतायें अपेक्षित हों तब हमें तीनों प्रकार के चिन्तन ढंगों के रूप में विकसित बौद्धिक क्षमता को ही काम में लाया जाता है।
3. ब्रूनर ने अपने सिद्धान्त के माध्यम से इस बात पर जोर दिया कि सक्रिय वार्तालाप, सम्प्रेषण तथा मार्गदर्शन के रूप में बड़ों से की जाने वाली अन्तःक्रिया बालकों के संज्ञानात्मक विकास में महत्त्वपूर्ण योगदान देती है। लेकिन पियाजे ने अपने सिद्धान्त में बालकों को संज्ञानात्मक विकास में बड़ों के द्वारा प्रदत्त मार्गदर्शन, बालकों के साथ उनकी अन्तःक्रिया, वार्तालाप तथा संप्रेषण आदि की भूमिका को लगभग नकार सा ही दिया। उसने इस सम्बन्ध में केवल इतना ही कहा कि बालकों का संज्ञानात्मक विकास उनके विकास काल की कुछ निश्चित अवस्थाओं तथा आयु वर्षों में आत्मसातीकरण, एकोमौडेशन तथा संतुलनीकरण आदि प्रक्रियाओं के माध्यम से उनकी संज्ञानात्मक संरचना में लाये गये परिवर्तनों के फलस्वरूप धीरे-धीरे एक क्रमबद्ध रूप में सम्पन्न होता रहता है।

4. पियाजे तथा ब्रूनर दोनों ही रचनात्मकवाद (constructivism) के प्रणेता माने जाते हैं क्योंकि दोनों ने ही इस बात पर जोर दिया कि विद्यार्थियों द्वारा ज्ञान की प्राप्ति उनके स्वयं के प्रयत्नों से ज्ञान की खोज अथवा सृजन से होनी चाहिये। अपनी इस रचनात्मक सोच को आगे बढ़ाते हुये दोनों ने ही यह कहने की कोशिश की अगर हम अपने बालकों की उनके संज्ञानात्मक विकास में मदद करना चाहते हैं तो हमें उन्हें स्वयं अपने प्रयत्नों द्वारा ज्ञान की प्राप्ति या खोज में लगाना होगा। परन्तु जहाँ इस प्रकार की ज्ञान प्राप्ति प्रक्रिया (Knowledge getting process) को पियाजे ने बालक विशेष का व्यक्तिगत मामला बना दिया गया बड़ों या साथी बालकों के साथ अन्तःक्रिया करने, अनुदेशन, मार्गदर्शन या किसी अन्य प्रकार की उचित सहायता प्राप्त करने सम्बन्धी बातों को लगभग नकार सा ही दिया वही ब्रूनर ने एक सामाजिक रचनात्मकवादी (Social constructivist) होने के नाते बालकों के उचित संज्ञानात्मक विकास हेतु बड़ों के मार्गदर्शन तथा सामाजिक एवं सांस्कृतिक अन्तःक्रिया सम्बन्धी वातावरणजन्य प्रभावों को काफी जरूरी बताया।
5. वांछित संज्ञानात्मक विकास हेतु अध्यापकों द्वारा विद्यार्थियों के लिये अनुदेशन प्रारूप का नियोजन करने में पियाजे तथा ब्रूनर दोनों ने ही इस बात पर जोर दिया कि उन्हें ऐसा करने से पहले अपने विद्यार्थियों के संज्ञानात्मक विकास स्तर का स्पष्ट ज्ञान होना जरूरी है। पियाजे ने इस सम्बन्ध में यह कहा कि विद्यार्थियों को दिये जाने वाले अधिगम अनुभव तथा इनकी प्राप्ति के तरीके बालकों के विकास काल से सम्बन्धित विशिष्ट आयु वर्ग या अवस्थाओं में होने वाले विद्यार्थियों के संवेगात्मक विकास से मेल खाने चाहिये। पियाजे के अनुसार इसलिये पाठ्यक्रम के आयोजन में "सरल से कठिन" तथा "स्थूल से सूक्ष्म" सिद्धान्तों का अनुगमन किया जाना चाहिये। ब्रूनर ने पियाजे के इस प्रकार के विचारों से अपना अलग मत प्रकट करते हुये पाठ्यक्रम आयोजन हेतु "कुंडलाकार पाठ्यक्रम" (Sprial Curriculum) का प्रस्ताव रखा। अपने इस प्रकार के प्रस्ताव को सैद्धान्तिक आधार प्रदान करने हेतु ब्रूनर (1960 : 33) ने घोषणा की कि–*किसी भी विषय को किसी भी विकास अवस्था विशेष से सम्बन्धित बालक को आवश्यक बौद्धिक ईमानदारी बरतते हुए प्रभावी ढंग से पढ़ाया जा सकता है।* अपनी इस सैद्धान्तिक अवधारणा को पाठ्यक्रम आयोजन का आधार बनाते हुए ब्रूनर ने (1966 : 13) कुंडलाकार पाठ्यक्रम के विकास का प्रस्ताव रखा और इस पाठ्यक्रम को एक ऐसे पाठ्यक्रम के रूप में परिभाषित किया कि जो पिछली कक्षाओं में पढ़ा दिया जाता है, उसकी चर्चा आगे की कक्षाओं में भी होती जाती है ताकि जब विद्यार्थी किसी एक विद्यालय स्तर की शिक्षा ले तो उसके पास पिछली सभी कक्षाओं तथा वर्तमान का पूरा ज्ञान होना चाहिए।
6. पियाजे से अलग चलते हुए (जो बालकों के संज्ञानात्मक विकास मे किसी प्रकार के दूसरों के साथ किए हुए सम्प्रेषण एवं अन्तःक्रिया को कोई महत्त्व नहीं देता था) ब्रूनर ने स्पष्ट किया कि बच्चों के संज्ञानात्मक विकास में बड़ों की काफी महत्त्वपूर्ण भूमिका रहती है। वे उनके साथ वार्तलाप करते रहते हैं; प्रश्न पूछते रहते हैं और अन्य प्रकार की सामाजिक गतिविधियों में उनका साथ देते हुए उनके विचारों को वाणी देने का प्रयत्न करते हुए देखे जाते हैं। इस प्रकार की अन्तःक्रियाओं और सम्प्रेषण का बालकों के संज्ञानात्मक विकास पर गहरा प्रभाव पड़ता हैं अपने इस प्रकार के मत को व्यक्त करने में ब्रूनर को हम रशियन मनोवैज्ञानिक व्यागोटस्काई द्वारा व्यक्त धारणा (बड़ों के सानिध्य का बच्चों के संज्ञानात्मक विकास पर महत्त्वपूर्ण प्रभाव) के काफी करीब पाते हैं। इसके अतिरिक्त ब्रूनर को हर व्यागोटस्काई की तरह बालकों में संज्ञानात्मक विकास में भाषा के महत्त्व पर भी काफी बल देता हुआ पाते हैं। ब्रूनर ने स्पष्ट रूप से यह बताया है कि आईकोनिक (Iconic) चिन्तन के स्थान पर उच्च स्तरीय सिम्बोलिक (Symbolic) चिन्तन को बालक तभी अपनाता है जब उसमें अपेक्षित भाषा का विकास हो चुका होता है।

शैक्षणिक निहितार्थ (Educational implications)—जो कुछ ऊपर कहा गया है उसके आधार पर ब्रूनर के संज्ञानात्मक सिद्धान्त के शैक्षिक निहितार्थ को संक्षेप में निम्न प्रकार व्यक्त किया जा सकता है:

1. शिक्षाशास्त्रियों, अध्यापकों तथा मातापिता को ब्रूनर द्वारा सुझाए गए चिन्तन के तीनों प्रारूपों या ढंगों की प्रकृति और उनके महत्त्व से परिचित होना आवश्यक है। बच्चा कब किस ढंग का चिन्तन करने योग्य होता है उसको ध्यान में रखते हुए वे बालकों की कार्य सम्बन्धी क्षमताओं और योग्यताओं के विकास की बात सोच सकते हैं। दूसरी बात इस संदर्भ में उनके द्वारा यह अच्छी तरह ध्यान में रखी जा सकती है कि बालकों में उपस्थित चिन्तन ढंगों का किसी विशेष प्रकार की कार्यक्षमताओं या कौशलों के विकास हेतु उपयोग किया जा सकता है। उदाहरण के लिये एनेक्टिव (Enactive) चिन्तन के ढंग को उपयुक्त रूप से काम में लाने पर जोर दिया जाये तो इसके गामक क्षमताओं तथा यान्त्रिक कौशलों (Mechanical skills) के विकास में समुचित मदद मिल सकती है। इसी तरह चिन्तन के आईकोनिक (Iconic) प्रारूष का उपयोग ऐन्द्रिक तथा कल्पना सम्बन्धी क्षमताओं तथा सिम्बोलिक (Symbolic) प्रारूष का उपयोग अमूर्त, गूढ़ तथा उच्च स्तरीय चिन्तन से युक्त योग्यताओं एवं कौशलों के विकास में यथेस्ट रूप से सहयोगी सिद्ध हो सकता है।
2. ब्रूनर की सलाह के अनुसार हमें यह ध्यान रहना चाहिये कि एनेक्टिव, आईकोनिक या सिम्बोलिक चिन्तन पर सोच विचार करने की क्षमता किसी आयु स्तर या अवस्था विशेष की ही बपौती नहीं है। कोई भी ऐसा मानसिक कार्य या गतिविधि जिसमें संज्ञानात्मक कौशलों की जरूरत होती है उसके संपादन में हमें किसी भी एक या अनेक चिन्तन के तरीकों या ढंगों का इस्तेमाल करना पड़ सकता है। इससे यह स्पष्ट हो जाता है कि अध्यापकों को अपने को इस बात के लिये तैयार रखना चाहिये कि जैसी परिस्थिति हो उसके हिसाब से बालकों को तीनों में से किसी एक या उनके समन्वयन प्रारूप को अपनाकर बालकों की किसी अधिगम या कार्य के संपादन में उचित मदद करनी चाहिये। ब्रूनर के द्वारा दिये गये इस प्रकार के सुझाव ने ही अनुदेशन के क्षेत्र में बहु माध्य उपागम (multimedia approach) को अपनाने का रास्ता दिखाया है।
3. ब्रूनर ने अपने संज्ञानात्मक सिद्धान्त में यह भी स्पष्ट किया है कि चिन्तन के एनेक्टिव, आईकोनिक या सिम्बोलिक ढंग यद्यपि बालकों के विकास काल से सम्बन्धित सभी विकास अवस्थाओं या आयु स्तरों में उनके किसी न किसी रूप में अवश्य मौजूद रहते हैं परन्तु इसके साथ-साथ यह बात भी सत्य है कि चिन्तन का एक विशेष ढंग किसी अवस्था विशेष की ही विशेष पहचान होती है। जैसे कि चिन्तन के एनेक्टिव ढंग का शैशवकाल में बोलबाला रहता है। इसी तरह आईकोनिक तथा सिम्बोलिक चिन्तन ढंगों का बाल्यावस्था तथा किशोरावस्था में अधिक बोलबाला रहता है। इससे यह स्पष्ट है कि शैशवावस्था, बाल्यावस्था तथा किशोरावस्था के बालकों के लिये उनके संज्ञानात्मक विकास स्तर के अनुकूल अधिगम अनुभवों एवं शिक्षण-अधिगम विधियों का चयन करते समय उनकी अवस्था विशेष में हावी चिन्तन ढंगों (एनेक्टिव, आईकोनिक तथा सिम्बोलिक) का भी पूरा-पूरा ध्यान रखा जाना चाहिये। इसके अतिरिक्त एक बात और जो ब्रूनर के सिद्धान्त द्वारा हमारे ध्यान में लाई जा सकती है वह यह है कि जहाँ शैशवावस्था बालकों की गामक योग्यताओं और कौशलों के विकास का काल है, बाल्यावस्था उनकी इन्द्रियजनित तथा कल्पना करने सम्बन्धी योग्यताओं तथा कौशलों के विकास का समय है वहीं पूर्व किशोरावस्था तथा किशोरावस्था उनके सूक्ष्म चिन्तन एवं विचार कौशल के प्रादुर्भाव का समय है। फलस्वरूप यह समझने में अब देर नहीं लगनी चाहिये कि अगर अनुदेशन को बालकों की योग्यता और क्षमताओं के अनुकूल ढालना है तो शिशुओं और बाल्यकाल के बालकों की शिक्षा में जहाँ स्थूल सामग्री तथा श्रव्य-दृश्य सामग्री के अधिकाधिक उपयोग पर जोर दिया जाना चाहिये वहीं किशोरावस्था में यह मान लेना चाहिये कि बालकों में अब सूक्ष्म चिन्तन की शक्ति विकसित हो गई है और वे अब उच्च स्तर की मानसिक योग्यताओं—तर्क शक्ति, विचारशक्ति तथा कल्पना शक्ति का उपयोग कर अधिगम अनुभव ग्रहण करने में समर्थ हो सकते हैं।
4. ब्रूनर ने यह स्पष्ट किया कि बालकों का विकास (जिसमें उनका संज्ञानात्मक विकास भी शामिल है) तब ही ठीक तरह संभव है जबकि वह अपने स्वयं के प्रयत्नों से अनुभवों तथा ज्ञान की प्राप्ति के लिये आगे आयें। इस दृष्टि से अध्यापकों का यह परम कर्त्तव्य बन जाता है कि वे बालकों के ऊपर ज्ञान की बौछार करने से बाज आयें तथा अपनी ओर से ऐसी सभी सुविधायें तथा परिस्थितियाँ बालकों को आगे आने के लिये दें जिनमें वे अपने प्रयत्नों

से वांछित ज्ञान की प्राप्ति या खोज कर सकें। वे शिक्षा और अनुदेशन को ज्ञान प्राप्ति का साधन एवं प्रक्रिया के रूप में देखे तथा बालकों के सामने यही आदर्श रखें कि ज्ञान से ज्ञान प्राप्ति के ढंग को सीखना उनके लिये ज्यादा बेहतर है।

5. ब्रूनर ने इस बात पर भी जोर दिया कि कोई अपने संज्ञानात्मक विकास के रास्ते में ज्यादा से ज्यादा आगे की मंजिल तभी तय कर सकता है जब वह इसके लिये पूरी तरह तैयार (अभिप्रेरित) हो तथा अपनी संज्ञानात्मक संरचना (अभी तक विकसित संज्ञानात्मक कौशल तथा अर्जित अनुभवों से युक्त) को नये अनुभव, ज्ञान तथा कौशलों के अर्जन में प्रयुक्त करता रहे। शिक्षक को इसलिये यह चाहिये कि वह शिक्षण अधिगम प्रक्रिया के प्रति विद्यार्थियों को भलीभाँति अभिप्रेरित रख इसमें उनकी सक्रिय भागीदारी हासिल करने का प्रयत्न करे। उसे यह भी चाहिये कि वह विद्यार्थियों की प्रकृति और उनके संज्ञानात्मक विकास स्तर के अनुकूल उचित अधिगम अनुभवों तथा विधियों के नियोजन तथा क्रियान्वयन में विद्यार्थियों के पूर्व अनुभवों तथा उनकी वर्तमान संज्ञानात्मक संरचना को भी पूरी तरह ध्यान में रखें।

6. पाठ्य एवं सह-पाठ्य अनुभवों की गुणवत्ता और विद्यार्थियों के समुचित संज्ञानात्मक विकास में धनात्मक सह-सम्बन्ध पाया जाता है। ब्रूनर ने इस बात से ज्यादा से ज्यादा फायदा उठाने के लिये "कुंडलाकार पाठ्यक्रम" के अनुगमन का सुझाव दिया। इस दृष्टि से पाठ्यक्रम निर्माताओं को चाहिये कि वे पाठ्यक्रम सम्बन्धी अधिगम अनुभवों तथा प्रकरणों में निहित विषय सामग्री का संगठन इस प्रकार करें कि शुरू-शुरू में छोटी कक्षाओं में प्रकरण विशेषों से सम्बंधित बातों की मात्र शुरूआत ही की जाये और फिर धीरे-धीरे आगे की कक्षाओं में उन प्रकरणों से सम्बन्धित और बातें "सरल से कठिन" तथा "स्थूल से सूक्ष्म" सिद्धान्तों का अनुगमन करते हुये रखी जाये परन्तु साथ-साथ इन आगे की कक्षाओं में पिछली कक्षाओं में पढ़ायी जाने वाली विषयवस्तु तथा अनुभवों की पुनरावृत्ति का भी ध्यान रखा जाए ताकि बालकों को पहले जो कुछ पढ़ा दिया है वह और जो अब पढ़ाया जा रहा है वह सभी कुछ अपने संज्ञानात्मक स्तर में लगातार वृद्धि करने के लिये उपलब्ध होता रहे। ब्रूनर द्वारा प्रतिपादित कुंडलाकार पाठ्यक्रम की इस अवधारणा को चित्रात्मक रूप में निम्न प्रकार प्रस्तुति किया जा सकता है।

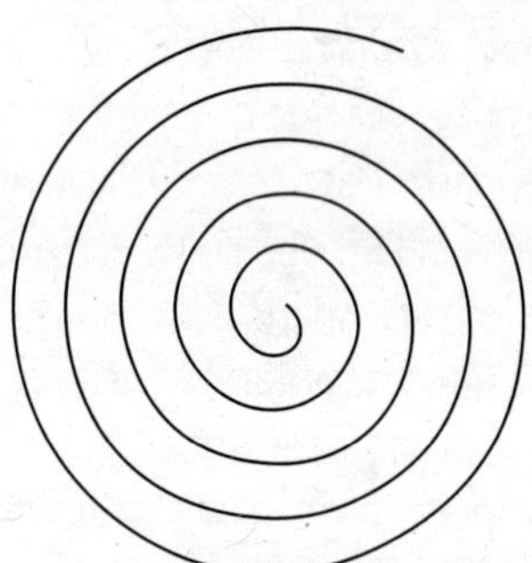

चित्र 3.1 कुंडलाकार पाठ्यक्रम (Spiral Curriculum)

7. ब्रूनर संज्ञानात्मक विकास सिद्धान्त बालकों के विकास काल से सम्बन्धित किसी भी आयु वर्ग के लिये निश्चित अनुदेशनात्मक उद्देश्यों की प्राप्ति हेतु संज्ञानात्मक प्रक्रियाओं तथा संज्ञानात्मकवादी अधिगम सिद्धान्तों के प्रयोग को काफी अधिक महत्त्व देता है। इसलिये अध्यापकों से यह अपेक्षा की जाती है कि वे अपने शिक्षण से बेहतर परिणाम पाने हेतु ब्रूनर के द्वारा सुझाई गई विधियों तथा प्रक्रियाओं का इस्तेमाल करें। इस सम्बन्ध में ब्रूनर द्वारा सुझायी गई जिन संज्ञानात्मक विधियों, प्रारूपों एवं प्रक्रियाओं का विशेष रूप से उल्लेख किया जा सकता है वे हैं—खोज विधि, पूछताछ तथा अन्वेषणात्मक विधि, संप्रत्यय उपलब्धि प्रतिमान, संवाद एवं गोष्ठी विधि, रचनात्मक अधिगम विधियाँ (जैसे सहकारी अधिगम तथा रचनात्मकतावादी अधिगम) आदि।

8. ब्रूनर ने बालकों के विकास में भाषा तथा सामाजिक अन्तःक्रिया की भूमिका को पूरा-पूरा महत्त्व देने की चेष्टा की है। इस दृष्टि से अध्यापकों को चाहिये कि वे अपने विद्यार्थियों की भाषा सम्बन्धी योग्यताओं तथा संप्रेषण कौशलों के विकास पर समुचित ध्यान दें ताकि विद्यार्थियों को अपनी इन योग्यताओं तथा क्षमताओं से पूरा फायदा उठाकर नवीन ज्ञान की प्राप्ति और अपने संज्ञानात्मक स्तर में उचित वृद्धि करने के कार्य में यथेष्ट सहयोग मिल सके।
9. ब्रूनर ने बालकों के विकास में सांस्कृतिक तथा सामाजिक अन्तःक्रिया तथा बड़ों द्वारा दिये गये पथ प्रदर्शन को भी काफी महत्त्व दिया है। इसलिये हमें चाहिये कि विषयवस्तु, शिक्षण विधि, शिक्षण अधिगम वातावरण साधन तथा परिस्थितियों का इस प्रकार भलीभाँति नियोजन करें जिससे विद्यार्थियों के समुचित विकास में हम बड़ों (अध्यापकों सहित) को विद्यार्थियों के लिये उचित अनुदेशन, परामर्श तथा अन्य प्रकार की सभी आवश्यक सहायता और सहूलियतें प्रदान करने के वांछित अवसर उपलब्ध हो सकें।
10. अंतिम परन्तु काफी महत्त्वपूर्ण बात जो ब्रूनर के संज्ञानात्मक सिद्धान्त के माध्यम से अच्छी तरह समझ में आ सकती है वह यह है कि अध्यापकों को अपने विद्यार्थियों के वर्तमान संज्ञानात्मक स्तर का (उनके एनेक्टिव, आईकोनिक तथा सिम्बोलिक रूप में चिन्तन कर सकने की क्षमताओं के संदर्भ में) अपने शिक्षण में पूरा-पूरा फायदा उठाने की कला में सिद्धहस्त होने का प्रयास करना चाहिये। उदाहरण के लिये अगर एक अध्यापक अपने विद्यार्थियों को डायनासोरों (dinosours) के बारे में जानने में मदद करना चाहता है तो उसे चाहिये कि वह इनके बारे में चिन्तन तथा सोच-विचार करने के लिये विद्यार्थियों में विद्यमान चिन्तन के तीनों ढंगों के समन्वित रूप से प्रयोग करने पर ध्यान दे। ऐसा करने के लिये वह यहाँ अब विद्यार्थियों से डायनासोरों के मॉडल बनाने के लिये कह सकता है (इनेक्टिव चिन्तन), डायनासोरों के ऊपर बनी हुई किसी फिल्म को देखने के लिये कह सकता है (आईकोनिक चिन्तन) और उन्हें डायनासोरों के बारे में अपने द्वारा बताई गई पुस्तकों तथा अन्य संदर्भित सामग्री के द्वारा वांछित जानकारी लेने तथा फिर इस प्राप्त जानकारी की कक्षा में सबके साथ चर्चा करने के लिये भी आवश्यक प्रेरणा तथा सुविधायें उपलब्ध करा सकता है (सिम्बोलिक या प्रतीकात्मक चिन्तन)।

इस प्रकार से ब्रूनर के द्वारा प्रदत्त प्रगतिशील विचार तथा संज्ञानात्मक विकास सिद्धान्त शिक्षा की प्रक्रिया तथा परिणामों में गुणवत्ता लाने तथा बालकों के संज्ञानात्मक स्तर को अधिक से अधिक ऊँचा उठाने सम्बन्धी प्रयत्नों में अपना भरसक योगदान देने की पूरी-पूरी क्षमता रखते हैं। विद्यार्थियों तथा विद्यार्थियों के हित चिन्तन से जुड़े हुये सभी व्यक्तियों के लिये ब्रूनर द्वारा बालकों में संज्ञानात्मक विकास हेतु दिखाया गया मार्ग सभी तरह से काफी उपयोगी सिद्ध हो सकता है। ब्रूनर के इस प्रकार के योगदान के प्रति अपने विचार प्रकट करते हुये प्रसिद्ध मनोवैज्ञानिक हॉवर्ड गार्डनर (2001 : 94), जो मल्टीपल इंटेजीजेन्स थ्योरी के प्रतिपादक के रूप में विश्वविख्यात है, ने लिखा है:

जेरोम ब्रूनर की गिनती सिर्फ अपने समय के एक अग्रणी शैक्षिक चिन्तकों में ही नहीं होती बल्कि वे एक प्रेरणाशील अध्ययनकर्ता तथा शिक्षक भी हैं। ब्रूनर जब यह कहते हैं तो ठीक ही कहते हैं कि बुद्धिमतापूर्ण कार्य कहीं भी और कैसे भी प्रकाश में आ सकता है चाहे उसका संपादन ज्ञान के सर्वोच्च स्तर पर हो रहा है अथवा तीसरी कक्षा के कक्षाकक्ष में। ब्रूनर से जो परिचित है निस्संदेह उनके लिये ब्रूनर एक पूर्ण शिक्षाविद का जीता जागता उदाहरण है।

इरिक्सन का मनोसामाजिक विकास सिद्धान्त
(Erickson's Theory of Psycho-social Development)

प्रसिद्ध मनोवैज्ञानिक ईरिक इरिक्सन जर्मनी के रहने वाले थे। उन्होंने अपने युवावस्था के प्रारम्भिक वर्ष कला के अध्ययन में तथा यूरोप भ्रमण में व्यतीत किये। अपने यूरोप भ्रमण के दौरान उनकी मुलाकात वियाना में प्रसिद्ध मनोविश्लेषक साइमन्ड फ्रायड के साथ हुई और इसके साथ ही उन्हें फ्रायड से मनोविश्लेषण विषय अध्ययन करने के सम्बन्ध में निमन्त्रण भी प्राप्त हुआ। यहीं से उनके एक अलग कार्यक्षेत्र की शुरूआत हुई। इसी उद्देश्य की पूर्ति हेतु वे अमेरिका जाकर बस गये। इसमें उन्हें अपने देश जर्मनी में हिटलर द्वारा प्रताड़ित करने के भय से भी मुक्ति मिल गई। अमेरिका में उन्होंने

मानव विकास सम्बन्धी आदिवासी अमेरिकन परम्पराओं का अध्ययन किया और फिर एक मनोविश्लेषक के रूप में इस अध्ययन कार्य को आगे बढ़ाने का प्रयत्न किया। फलस्वरूप 1950 में उन्होंने अपने मनोसामाजिक सिद्धान्त को सबके सामने रखा।

Erik H. Erikson (1902–1994)

अपने सिद्धान्त का प्रतिपादन करते हुये इरिक्सन ने स्पष्ट किया कि व्यक्ति विशेष का विकास उसके और उसके सामाजिक वातावरण में परस्पर चलने वाली अन्तःक्रिया का परिणाम होता है। अपने जन्म के समय से ही शुरू हो जाने वाला उसका यह सामाजिक विकास विभिन्न विकास अवस्थाओं तथा आयु वर्षों में से गुजरने के साथ ही उसके सामने इन अवस्थाओं की अपनी जरूरतों को पूरा करने के सन्दर्भ में काफी अलग सी मुश्किलें तथा संघर्षमयी स्थितियां (जिन्हें इरिक्सन द्वारा क्राइसिसेज आफ लाइफ यानी जीवन संकट अथवा परेशानियां कहा गया है) खड़ी करता रहता है। व्यक्ति विशेष अपनी तरह से अवस्था विशेष से जुड़ी हुई आवश्यकताओं को यथासंभव पूरा करने के अपने प्रयासों के द्वारा किसी अवस्था विशेष की संघर्षमयी स्थितियों यानी जीवन संकट से उबरने की कोशिश करता रहता है। परन्तु बालक के विकास के साथ-साथ समाज या सामाजिक वातावरण की माँगें उत्तरोत्तर बढ़ती ही जाती हैं। इसलिये, अपने विकास की हर एक अवस्था (शैशवकाल से लेकर वृद्धावस्था तक) में व्यक्ति विशेष के सामने कोई एक अलग सा नया संकट खड़ा होता रहता है जो उससे आवश्यक रूप से यह अपेक्षा करता है कि वह अवस्था विशेष में होने वाले विकास को लेकर जो नई चुनौतियां तथा परेशानियाँ सामने आई हैं। उसके उचित समाधान हेतु यथासंभव प्रयास किये जायें। जिस ढंग से व्यक्ति विशेष विकास अवस्थाओं की माँगों से जुड़ी हुई इन संघर्षमयी स्थितियों या जीवन संकटों से निपटता है उसी के अनुरूप उसका व्यक्तित्व ढलता रहता है और उसके व्यवहार में सकारात्मकता या नकारात्मकता की छाप स्पष्ट झलकने लगती है। इरिक्सन ने अपने मनोसामाजिक सिद्धान्त में व्यक्ति के विकास से सम्बन्धित विभिन्न विकास अवस्थाओं तथा आयु वर्षों में अवतरित होने वाली आठ ऐसी संघर्षमयी स्थितियों या जीवन संकटों (Crises of life) का जिक्र किया है और फिर इनका सम्बन्ध व्यक्ति विशेष के पूरे जीवन काल में व्याप्त आठ विभिन्न मनोसामाजिक विकास अवस्थाओं से जोड़ा है। इन विकास अवस्थाओं से व्यक्ति विशेष लगभग किन आयु अवधियों से गुजरता है इस बात को तालिका 3.1 में दिखाया गया है।

तालिका 3.1 मनोसामाजिक विकास सम्बन्धी अवस्थाओं की आयु अवधि
(Age Span for the Stages of Psycho-Social Development)

मनोसामाजिक विकास अवस्था (Stage of psycho-social development)	**विशिष्ट आयु या अवधि** (Specific age or period)
1. विश्वास बनाम अविश्वास (Trust vs Mistrust)	जन्म से लेकर 1½ वर्ष तक
2. स्वायत्तता बनाम लज्जा एवं शंका (Autonomy vs Shame and Doubt)	1½ वर्ष से लेकर 3 वर्ष तक
3. पहल बनाम अपराध बोध (Initiative vs Guilt)	3 वर्ष से लेकर 6 वर्ष तक
4. अध्यवसाय बनाम हीनता (Industry vs Inferiority)	6 वर्ष से लेकर 12 वर्ष तक
5. पहचान बनाम भूमिका भ्रान्ति (Identity vs Role confusion)	किशोरावस्था (12–20 वर्ष)
6. अन्तरंगता बनाम अकेलापन (Intimacy vs Isolation)	पूर्व वयस्कावस्था (20–45 वर्ष)
7. उत्पादनशीलता या सृजनात्मकता बनाम जड़ता (Generativity or creativity vs Stagnation)	वयस्कावस्था या प्रौढ़ावस्था (45–65 वर्ष)
8. अहं संतुष्टि बनाम हताशा (Ego Integrity vs Despair)	उत्तर प्रौढ़ावस्था या वृद्धावस्था (65 वर्ष से मृत्यु तक)

तालिका में दिया गया उपरोक्त विभाजन इस बात का संकेत दे रहा है कि मानव जीवन की किस अवस्था या आयु अवधि में किस तरह की संघर्षमयी परिस्थितियों या संकटों से गुजरना पड़ेगा। साथ ही इनसे सम्बन्धित व्यक्ति के मनोसामाजिक विकास की विभिन्न अवस्थाओं का भी यहाँ उल्लेख किया है। व्यक्ति विशेष में किस अवस्था या आयु अवधि विशेष में किस प्रकार के व्यक्तित्व सम्बन्धी गुण तथा विशेषतायें पाई जा सकती हैं इसका भी स्पष्ट संकेत हमें यहाँ दिख रहा है। इन गुणों या विशेषताओं के दो विपरीत रूप यहाँ दिखाये गये हैं जो यह प्रकट करते हैं कि अगर व्यक्ति अपनी जीवन अवधि की किसी एक अवस्था या आयु वर्षों से सम्बन्धित एक विशेष प्रकार की संघर्षमयी परिस्थिति या संकट से सफलतापूर्वक उबर जाता है तब उसमें सकारात्मक व्यक्तित्व का विकास होता है अन्यथा वह नकारात्मक व्यक्तित्व गुणों से आक्रान्त होने पर मजबूर हो जाता है। अब क्योंकि इस प्रकार के व्यक्तित्व गुण और समायोजन के ढंगों (जो व्यक्ति विशेष के मनोवैज्ञानिक स्वरूप का निर्धारण करते हैं) का अर्जन व्यक्ति विशेष के अपने और अपने सामाजिक वातावरण की पारस्परिक अन्तःक्रिया के फलस्वरूप होता है, फलस्वरूप विकास की इस प्रक्रिया को मनोसामाजिक विकास तथा विकास अवस्थाओं को मनोसामाजिक विकास अवस्थाओं का नाम दिया जाता है। हमारे मनोसामाजिक विकास से सम्बन्धित इन अवस्थाओं की न तो एक दम शुरुआत होती है और न एक दम इनका अंत। एक अवस्था को पार करके ही व्यक्ति दूसरी अवस्था में प्रवेश करता है। अगर एक अवस्था से सम्बन्धित संघर्षमय परिस्थिति या संकट (Crisis) से उभरने की बात उस अवस्था विशेष में नहीं बनती तो वह फिर किसी न किसी रूप में आगे आने वाली विकास अवस्थाओं को भी प्रभावित करती रहती है। इस सम्बन्ध में मनोसामाजिक विकास की इन अवस्थाओं में क्या कुछ होता रहता है इसका परिचय निम्न प्रकार हैः

पहली अवस्था : विश्वास बनाम अविश्वास (जन्म से 1½ वर्ष तक)

अपने जन्म से 1½ वर्ष की अवधि में एक शिशु को विश्वास बनाम अविश्वास जन्म संघर्षपूर्ण परिस्थिति या संकट से गुजरना पड़ता है। इस समय अवधि में बालक अपनी आवश्यकताओं की पूर्ति हेतु अपनी माँ या उसकी देखभाल करने वालों के ऊपर पूरी तरह आश्रित रहता है। जिस तरह बालक का लालन पालन किया जाता है और वह जिस रूप में अपने आपको सुरक्षित और आरामदायक परिस्थिति में महसूस करता है उसी रूप में वह अपनी माँ तथा देखभाल करने वाले अन्य व्यक्तियों और इसके फलस्वरूप उस सामाजिक वातावरण या परिस्थितियों में जिनमें वह पल रहा है, विश्वास या अविश्वास रखने लगता है। अपने परिवेश के प्रति विकसित इस विश्वास या अविश्वास को लेकर ही बालक फिर अपने विकास की अगली अवस्था में प्रवेश करता है और यह बात उसके विकसित व्यक्तित्व और अर्जित व्यवहार में भी आगे स्पष्ट झलकती है।

द्वितीय अवस्था : स्वायत्तता बनाम लज्जा एवं शंका (1½ वर्ष – 3 वर्ष)

प्रथम अवस्था में अपने परिवेश के प्रति वांछित विश्वास और सुरक्षा की भावना से ओतप्रोत होकर एक बालक अब यहां अपने विकास की दूसरी अवस्था में पदार्पण करता दिखाई दे सकता है। उसके पास इस आयु विशेष में होने वाले गामक विकास के फलस्वरूप कुछ गामक कौशल भी होते हैं और अर्जित की गई भाषा भी। इन्हीं की सहायता से अब वह पहले की विकास अवस्था से जुड़ी हुई आश्रितता का परित्याग कर स्वायत्तता तथा आत्मनिर्भरता की ओर कदम बढ़ाने के लिये लालायित रहता है। अब वह अपने परिवेश को जानने समझने में रुचि लेने लगता है और जो कुछ उसने अपनी योग्यताओं और क्षमताओं के रूप में अर्जित किया है उसकी सार्थकता अथवा असमर्थता की परख करने के प्रयत्नों में रत रहता है। परन्तु यहाँ अब उसे अपने इस प्रकार की स्वायत्तता तथा आत्मनिर्भरता के उपभोग के संदर्भ में अपने रास्ते में आने वाली परेशानियों से भी जूझना पड़ सकता है। यहाँ अब उसे अपनी विभिन्न प्रकार की स्वतन्त्र गतिविधियों जैसे चलना, दौड़ना, कूदना, छलांग लगाना, वस्तुओं को संभालना, उचित रूप से व्यवहार करने के तरीके तथा उचित भाषा का प्रयोग करना सीखना आदि के विषय में अपेक्षित देखभाल और नियन्त्रण की जरूरत होती है। परन्तु इसका अर्थ यह नहीं है कि उसे आत्मनिर्भरता की ओर कदम उठाने के लिये आवश्यक सभी प्रकार की स्वतन्त्रता से वंचित कर दिया जाये। सुरक्षा जितनी

आवश्यक हो उसका ध्यान रखते हुये बालक को यहाँ ऐसे अवसर तो अवश्य ही प्रदान किये जाने चाहिये जिनसे एक ओर तो उसके कदम स्वायत्तता तथा आत्मनिर्भरता की ओर बढ़ें और दूसरी ओर अपनी विकसित क्षमताओं और योग्यताओं की भी सामर्थ्य और असमर्थता का भी ठीक आभास हो जाये।

अब वे बालक जिन्हें किसी कारणवश आत्मनिर्भर बनने सम्बन्धी आवश्यक परिस्थितियाँ नहीं उपलब्ध होतीं। माँ बाप का उनकी सुरक्षा के बारे में बहुत अधिक चिन्ता करना, जरूरत से ज्यादा अनुशासन और पाबंदियाँ बच्चों पर लादना, उनके प्रति अनुदार होना ऐसी कुछ बातें हो सकती हैं जिनके परिणामस्वरूप बालक अपनी योग्यताओं और क्षमताओं के प्रति शंकालु (doubtful) रहते हैं, अपने आप कुछ भी करने से डरते और हिचकिचाते हैं और यही बात उन्हें दूसरों के सामने लज्जा या शर्मिन्दगी महसूस करने की ओर ले जाती है। कुछ मायनों में इस प्रकार की शंका या लज्जा अगर वह अपनी सीमा में रहे तो हानिप्रद नहीं होती। क्योंकि उचित रूप से अपनी क्षमताओं के बारे में रखी जाने वाली शंका बालक को अपनी सामर्थ्य के मुताबिक ही काम करने में सहायक बनती है और शर्मिन्दगी तथा लज्जा की अनुभूति उसे गलत कार्य करने से रोकती है। इसलिये मनोसामाजिक विकास की इस अवस्था में बालकों को इस तरह उचित सहायता की जानी चाहिये कि वे एक तरफ तो अपने सामाजिक परिवेश की आवश्यकताओं के संदर्भ में आवश्यक स्वायत्तता तथा आत्मनिर्भरता ग्रहण करने में कामयाब हो सकें तो दूसरी ओर उन्हें अपने अनुचित प्रयासों तथा माँ-बाप और बड़ों के अनुचित व्यवहार के कारण अनावश्यक रूप से अपनी योग्यताओं के प्रति शंकाशील बनने तथा अपने व्यवहार के कारण शर्मिन्दगी उठाने की नौबत न आये।

तीसरी अवस्था : पहल बनाम अपराध बोध (3–6 वर्ष)

जब बालक को अपने परिवेश तथा अपनी क्षमताओं पर विश्वास आ जाता है और वह आत्मनिर्भरता का पाठ पढ़ लेता है तो उसमें स्वतः ही अपने वातावरण के प्रति सक्रिय रूप से अन्तःक्रिया करने की शुरूआत होने लगती है। अब वह अपने वातावरण की हर चीज के बारे में जानने को बेहद उत्सुक हो उठता है, उनके बारे में तरह-तरह के प्रश्न पूछता है और विविध प्रकार के क्रियाकलापों के बारे में सोचना और करना शुरू कर देता है। उसकी शारीरिक और मानसिक इस प्रकार की गतिविधियों के संपादन सम्बन्धी पहल अब जिस अनुपात में माता-पिता तथा अन्य उपलब्ध सामाजिक परिवेश सम्बन्धी सहूलियतों के माध्यम से पुनर्बलित, प्रोत्साहित या हतोत्साहित की जाती है उसी अनुपात में बालकों में बड़े होकर शारीरिक और मानसिक गतिविधियों में पहल कर बढ़ चढ़ कर भाग लेने की प्रवृत्ति और इससे सम्बन्धित आवश्यक क्षमताओं के विकास का रास्ता खुल जाता है।

अगर माँ-बाप, अभिभावकों द्वारा उसकी क्षमताओं पर उचित विश्वास न होने के कारण (उसे अभी छोटा समझने की वजह से) उसकी की जाने वाली इस प्रकार की पहल के लिये उसे हतोत्साहित किया जाता है, अनुचित आलोचना करके खिंचाई की जाती है, छोटी-छोटी उसकी गलतियों और असावधानियों को तूल देकर उससे मारपीट तथा अन्य सजा सुनाई जाती है तो अवश्य ही ये बातें उसे अपराधबोध से ग्रस्त कर आने वाले जीवन के कार्यकलापों के नियोजन तथा क्रियान्वयन हेतु उचित पहल करने में हिचकिचाने तथा असमंजस में रहने जैसी स्थितियों को जन्म देने वाली सिद्ध हो सकती हैं यद्यपि यह बात भी सही है कि असफल होने पर सही समय पर सही निर्णय नहीं लेने अथवा अपनी गतिविधियों के नियोजन तथा क्रियान्वयन में गलतियां कर बैठने के कारण उसे अपराध बोध की अनुभूति होती है परन्तु इससे उन्हें अपनी गलतियों और असफलता से सीखने का मौका भी मिलता है। परन्तु इस स्वीकारोक्ति तथा पाठ को गहरे अपराध बोध में बदलना (अपनी गलतियों को याद करके अपने आपको कोसते रहना) बालक के सही व्यक्तित्व विकास के लिये काफी हानिप्रद सिद्ध हो सकता है। इसलिये यह जरूरी है कि इस अवस्था की "पहल बनाम अपराध बोध" नामक विषम परिस्थिति या चुनौती का उपयुक्त समाधान तलाश किया जाये। इसे संभव बनाने के लिये हमें चाहिये कि हम उसके द्वारा विभिन्न प्रकार की गतिविधियों को संपादन करने की उसकी पहल को उचित रूप से प्रोत्साहित करने के लिये एक ओर तो अपना समुचित पर्यवेक्षण तथा मार्गदर्शन प्रदान करें तथा दूसरी ओर उसमें अपनी गतिविधियों की एवं मूल्यांकन कर उनसे पुनबर्लित होने या उनमें आवश्यक सुधार लाते रहने की अच्छी आदतें विकसित करने में उसकी पूरी मदद करें।

चौथी अवस्था : अध्यवसाय बनाम हीनता (6–12 वर्ष)

अपनी इस अवस्था से सम्बन्धित आयु अवधि में पहुंचते-पहुंचते सभी बालक प्राथमिक विद्यालयों में शिक्षा ग्रहण करने लगते हैं। यहां इन्हें तरह-तरह की बातें पढ़नी और सीखनी होती हैं। फलस्वरूप अध्यापकों तथा विद्यालय परिवेश सम्बन्धी हालातों की वजह से उनमें अधिक से अधिक काम करने अच्छे से अच्छे परिणाम दिखाने का दबाव बढ़ता चला जाता है। दूसरी ओर माता पिता तथा अभिभावकों की भी उनसे (उनकी आयु में बढ़ोतरी होने के साथ-साथ) अब अपेक्षायें काफी बढ़ जाती हैं। वे एक ओर तो उनसे पढ़ाई में आगे रहने की उम्मीद करते हैं तथा दूसरी ओर यह भी चाहते हैं कि वे उनके घर परिवार तथा रोजगारों से सम्बन्धित कार्यों में भी हाथ बँटायें। इसके अतिरिक्त विद्यालय जाने वाले इन बालकों को अपने सहपाठियों से भी विद्यालय तथा अन्य सामाजिक परिस्थितियों में बेहतर कर दिखाने हेतु लगातार प्रतियोगिता में बना रहना पड़ता है। अब अगर बालक विद्यालय घर तथा सामाजिक परिवेश सम्बन्धी इन परिस्थितियों में कुछ अच्छा कर दिखाने में सफल रहता है और उसकी गामक समर्थता तथा बौद्धिक उपलब्धियों की वजह से प्रशंसा होती है तो उसमें ज्यादा से ज्यादा मेहनत करके अच्छे से अच्छे परिणाम लाने सम्बन्धी बातें घर कर जायेंगी। परिणामस्वरूप ऐसे बालक जिन्दगी में ज्यादा से ज्यादा मेहनत करके ज्यादा से ज्यादा पाने तथा प्रगति की ऊँची से ऊँची मंजिलें तय करने के लिये पूरी तरह अभिप्रेरित रहेंगे। दूसरी ओर अगर किसी वजह से बालक का उपलब्धि या निस्पत्ति स्तर अपने सहपाठियों की तुलना में काफी कम रहता है अथवा इससे उनके अध्यापकों तथा माँ-बाप को संतुष्टि नहीं मिलती तो बालक स्वयं अपनी नजरों में गिरता जाता है और उसमें हीनता की भावना घर कर लेती है।

विद्यार्थियों तथा विद्यालय अधिकारियों द्वारा यहां अब बालकों में अध्यवसाय बनाम हीनता सम्बन्धी इस निकट परिस्थिति तथा चुनौती से ठीक तरह निपटने में सहायता की जा सकती है। बालक के लिये विद्यालय ही वह स्थान है जहां सफलता और असफलता से उसका सही रूप में साक्षात्कार होता है। इसलिये अध्यापक तथा विद्यालय अधिकारियों का यह कर्त्तव्य बन जाता है कि वे कक्षाकक्ष तथा विद्यालय की गतिविधियों एवं वातावरण को इस प्रकार नियोजित एवं संगठित करें कि विद्यार्थी सदैव ही अपने बारे में सकारात्मक दृष्टिकोण अपनाकर अपनी योग्यता और क्षमताओं में विश्वास रखना सीखें तथा निराशा और हीन भावनाओं से अपने आपको सदैव दूर रखें।

पाँचवीं अवस्था : पहचान बनाम भूमिका भ्रान्ति (12–19 वर्ष)

किशोरावस्था के आगमन से शुरू होने वाली यह अवस्था बालकों को ऐसी विकट स्थिति में डाल देती है कि एक तरफ तो वे अपने स्वयं की पहचान बनाने के लिये जी जान से उतारू रहते हैं तो दूसरी ओर वे यह नहीं समझ पाते कि ऐसा करने में उन्हें किस प्रकार की भूमिका निभानी चाहिये। अपनी भूमिका को लेकर वे दोराहे पर खड़े दिखाई देते हैं। इस बात में पूरी सचाई रहती है और यह होना नितान्त स्वाभाविक है कि किशोरावस्था तक पहुँचते-पहुँचते बालकों में अपने पूर्व विकास के आधार पर अपने और अपने परिवेश में विश्वास रखना स्वायत्तता या आत्मनिर्भरता, पहल करना तथा अपनी प्रगति के लिये पूरी मेहनत करना आदि योग्यताओं और क्षमताओं का समावेश हो जाता है और फलस्वरूप उन्हें अपनी पहचान बनाने की आवश्यकता जोर शोर से महसूस होने लगती है। उनके शरीर तथा मानसिक प्रक्रिया में अकस्मात् आने वाले परिवर्तनों तथा सामाजिक परिवेश द्वारा उनसे की जाने वाली अपेक्षायें उनसे इस प्रकार के प्रश्नों को पूछने के लिये उकसाती हैं कि मैं क्या हूँ? मुझे क्या होना है? क्या मैं वही हूँ जो पहले हुआ करता था? मुझे क्या करना चाहिये और मेरा व्यवहार किस तरह का होना चाहिए आदि।

इरिक्सन का इस सम्बन्ध में यह कहना है कि इस अवस्था में एक किशोर की अपने पिछली विकास अवस्थाओं के आधार पर अपनी पहचान बनाने से सम्बन्धित जो अटूट लालसा होती है उसके पीछे (i) उसके शरीर में होने वाले आकस्मिक परिवर्तन तथा (ii) अपने आगामी शिक्षा तथा भविष्य के बारे में किसी निर्णय पर पहुँचने से सम्बन्धित चिन्ता और दबाव ही होते हैं। फलस्वरूप किशोर अपनी नई पहचान तथा नयी भूमिका तलाश करने में प्रयासरत रहता है। इसीलिये उसे विभिन्न प्रकार के यौनगत, रोजगार तथा शिक्षा सम्बन्धी विकल्प तलाशते हुये यह मालूम करता पाया जाता है कि वह क्या है तथा क्या हो सकता है।

व्यक्ति विशेष अपनी एक पहचान बनाने के इन प्रयासों में कितना सफल होगा अब यह इस बात पर निर्भर करता है कि उसे अपनी पिछली विकास अवस्थाओं से सम्बन्धित चुनौतियों, विकट परिस्थितियों तथा उलझनों को सुलझाने में किस सीमा तक कामयाबी मिलती है। उसकी इस संदर्भ में नाकामयाबी उसे अपनी भूमिका के विषय में भ्रमित कर सकती है और फलस्वरूप व्यक्ति विशेष अपने आपको ढूंढने और अपनी दृष्टि तथा दूसरों की दृष्टि में अपनी एक विशेष पहचान बनाने में कामयाब नहीं हो पाता। तब वह दिग्भ्रमित सा हो जाता है और यह नहीं जान पाता कि उसे स्वयं क्या करना चाहिये तथा उसका व्यवहार कैसा होना चाहिये। वह अपनी शैक्षिक तथा व्यावसायिक जिन्दगी के बारे में कोई निर्णय लेने तथा दोस्त बनाने में नाकामयाब नजर आता है। आत्म साक्षात्कार (Self-identification) करने सम्बन्धी असमर्थता तथा भूमिका भ्रान्ति उसे गलत रास्ते पर डाल सकती है और वह बच्चों की तरह व्यवहार करने, दुश्चरित्र और असामाजिक तत्वों की भूमिका में अपने आपको उतारने की गलती करता हुआ दिखाई दे सकता है। अगर दूसरी ओर किशोरों का मनोसामाजिक विकास उन्हें अपनी पहचान देने में कामयाब रहता है तो इससे किशोरों को जो कुछ वे कर रहे हैं उसे करने के लिये उनमें पर्याप्त आत्म विश्वास जागृत होता है, संवेगात्मक रूप से वे समायोजित रहते है और उसका अपने और अपने वातावरण के साथ पटरी बिठाने में आसानी रहती है।

शिक्षक और अभिभावक किशोरों को उनके इस संकट "पहचान बनाम भूमिका भ्रान्ति" से उभारने में उचित रूप से सहायक सिद्ध हो सकते हैं। उन्हें चाहिये कि उनके किशोर बालक जो अपनी एक पहचान बनाने के लिये प्रयासरत हैं, उनको उनके अपने रूप में (अच्छाईयों तथा बुराईयों दोनों के साथ) स्वीकार करें। दूसरी बात जो सभी किशोर चाहते हैं कि अब उन्हें बालक नहीं बल्कि एक जिम्मेदार वयस्क व्यक्ति के रूप में देखा जाना चाहिये, उनकी इस चाहत को भी ध्यान में रखकर उनसे बच्चों की तरह व्यवहार करना छोड़ देना चाहिये। उनके साथियों तथा बाहर वालों के समक्ष उनसे व्यवहार करते समय यह ध्यान रखा जाना चाहिये कि किसी भी तरह उनके अहं (जो पहचान तथा भूमिका उन्होंने अपने लिये अपने मन में बना रखी है) उसको किसी भी तरह ठेस न लगे। उन्हें उनकी योग्यताओं के अनुरूप वैयक्तिक या सामूहिक रूप से जिम्मेदारी के काम सौंपे जायें तथा उनके चरित्र, किये जाने वाले कार्यों तथा वायदों पर विश्वास करके चला जाये।

छटी अवस्था : अन्तरंगता बनाम अकेलापन (20–45 वर्ष)

मनोसामाजिक विकास की यह छठी अवस्था का सम्बन्ध व्यक्ति विशेष की पूर्व वयस्क अवस्था से सम्बन्धित आयु वर्षों से होता है। इस अवस्था में वह अपनी चाहत के किसी व्यक्ति के साथ अन्तरंग सम्बन्ध स्थापित करने में प्रयासरत रहता है। इरिकसन (1950) ने इस बारे में अपनी टिप्पणी करते हुये लिखा है:

एक युवा वयस्क जो अपनी एक पहचान बनाने के प्रयासों से अभी-अभी उभरा है वह अब अपनी पहचान को दूसरों की पहचान में आत्मसात् कर उनसे अन्तरंग सम्बन्ध जोड़ने के लिये लालायित रहता है। इस अवस्था में उसमें ऐसी सक्षमता नजर आती है कि वह ठोस सम्बन्ध कायम करने तथा अच्छा सहयोगी बनने की भूमिका का निर्वाह कर सके तथा अपने अंदर ऐसा नैतिक सामर्थ्य जुटा सके कि वह इस प्रकार के सहयोगी रहने व बनने के वायदों को किसी भी कीमत पर पूरा करता हुआ दिखाई दे।

इस तरह इस अवस्था में व्यक्ति अपनी पहचान को दूसरों की पहचान में आत्मसात् कर उनसे घनिष्ठ सम्बन्ध स्थापित करता हुआ दिखाई देता है। उसके इस सम्बन्धों में इतनी प्रागढ़ता आ जाती है कि उसमें अहं तथा तेरा-मेरा पन की भावना बिल्कुल नहीं रहती। इस तरह के प्रगाढ़ सम्बन्धों के उदाहरण रूप में हम पति-पत्नी, अन्तरंग दोस्तों तथा एक आदर्श शिक्षक शिष्य के मध्य पाने वाले सम्बन्धों का उल्लेख कर सकते हैं। इस तरह की सर्वोच्च अन्तरंगता तथा एक दूसरे में विलय की भावना के दर्शन कामेच्छा तृप्ति करते हुये प्रेमी जोड़ों में संभोग की चरम अवस्था में अच्छी तरह लक्षित हो सकते हैं। दूसरी तरह की ऐसी घनिष्ठता और अन्तरंगता वहां देखी जा सकती है जहाँ लोगों को अपनी मित्रता निभाने तथा परिवार के सदस्यों का साथ देने के लिये हर प्रकार के त्याग करता हुआ पाया जाता है।

अन्तरंगता के ठीक विपरीत हम अकेलापन को पाते हैं। जहां अन्तरंगता में सम्बन्धों का अटूट बन्धन प्रगाढ़ता तथा घनिष्ठता होती है वहां अकेलेपन में सम्बन्धों के नाम पर पूर्ण रिक्तता होती है। जब कोई किसी से भरोसे लायक घनिष्ठ

सम्बन्ध नहीं बन पाता अथवा जब बने बनाये सम्बन्ध किसी कारणवश तार-तार हो जाते हैं तब व्यक्ति विशेष में अकेलापन घर करने लगता है, उसके दूसरों से सम्बन्ध खत्म हो जाते हैं और वह सबसे अलग-थलग पड़ जाता है। ऐसा होना न तो उसके हित में है और न समाज के। सम्बन्धों को बनाने और उनमें प्रगाढ़ता लाने के यहाँ कुछ-कुछ उपाय अवश्य किये जाने चाहिये। परन्तु इससे यह अर्थ नहीं लगाया जाना चाहिये कि अकेलापन सभी तरह से अवांछनीय या हानिप्रद है। किसी भी तरह का कुछ न कुछ एकान्त और अकेलापन व्यक्ति विशेष की अपनी वैयक्तिकता तथा छवि को बनाये रखने तथा उसके व्यक्तित्व को वांछित दिशा प्रदान करने में महत्त्वपूर्ण भूमिका निभा सकता है। परन्तु अगर यह बात सीमा से बाहर हो जाये तब यह दूसरों से अच्छे सम्बन्ध बनाने में पहल करने तथा बने सम्बन्धों को टिकाये रखने में बाधक व्यक्ति विशेष को अपने में ही सिमट कर रह जाने तथा एकान्त और अकेलेपन की ओर धकेल सकती है। इसलिये यहाँ अब यह आवश्यक हो जाता है कि इस अवस्था विशेष की एक बड़ी चुनौती तथा विषम परिस्थिति "अन्तरंगता बनाम अकेलेपन" के भंवर जाल से ठीक प्रकार निपटा जाए। यह ठीक तरह संभव है अगर हम अपनी दो तरह की एक दूसरे के विपरीत खड़ी हुई आवश्यकता—अन्तरंग सम्बन्ध बनाने की आवश्यकता तथा अपनी वैयाक्तिकता को बनाये रखने की आवश्यकता की पूर्ति में उचित संतुलन कायम रख सकें। जितनी अच्छी तरह से हम ऐसा कर सकेंगे उतनी ही अच्छी तरह से हम अपने आपस और अपनी दुनिया जिसमें हम रहते हैं उससे समायोजन कर सकेंगे।

सातवीं अवस्था : उत्पादनशीलता या सृजनशीलता बनाम जड़ता (45–65 वर्ष)

इस अवस्था तक पहुँचता-पहुँचता व्यक्ति अपने व्यवसाय विशेष में अच्छी तरह पैर फैला लेता है। अब वह अपनी व्यावसायिक दुनिया नई पीढ़ी तथा समाज को कुछ अपनी ओर से देने के लायक बन जाता है। फलस्वरूप अपने आप कुछ नया कर दिखाने तथा अपने क्षेत्र में अपने कार्यों द्वारा भरसक योगदान देने आदि की इच्छा उसमें जाग्रत होती है। वह अपनी उत्पादनशीलता तथा सृजनात्मकता तथा आने वाली पीढ़ी को रास्ता दिखाने सम्बन्धी अपनी इस चाहत को भी पूरा करना चाहता है। इस प्रकार की अपनी इच्छा और चाहत को पूरा करने के लिये उसके द्वारा अपने बच्चों को आगे बढ़ाने दूसरे युवा लोगों का मार्गदर्शन करने अथवा किसी न किसी ऐसी रचनात्मक, उत्पादक या प्रयोजनपूर्ण गतिविधियों में प्रयासरत होने की कोशिश की जाती है जिससे समाज, देश या मानवता का भला हो। केवल अपने बारे में या अपने घर परिवार तथा घनिष्ठ मित्रों के बारे में ही न सोचकर तथा इस संकीर्ण दायरे के कुछ बाहर निकलकर अब उसका ध्यान आने वाली पीढ़ी को अपनी ओर से कुछ कर जाने की तरफ होता है।

वह अपने बालकों के अलावा, अपने विद्यार्थियों, अधीन कर्मियों तथा सामान्य रूप से सभी युवा व्यक्तियों को अपना जीवन दर्शन देकर जीवन में आगे बढ़ने तथा अपने कैरियर में सफल होने के गुण सिखाने का प्रयत्न करता है। इस तरह से वाह अपने आत्म के विस्तार तथा अपने आत्म का समाज के अच्छे सदस्यों के आत्म के साथ आत्मसातीकरण या विलय के प्रयत्नों के रत होता दिखाई देता है।

उत्पादनशीलता या सृजनात्मकता के ठीक विपरीत इस अवस्था में कुछ व्यक्तियों को आत्मकेन्द्रितता, अहं तथा स्वार्थपरता से भी बहुत अधिक ग्रस्त पाया जाता है। परिणामस्वरूप वे अपने ही लिये जीते और मरते पाये जाते हैं, दूसरों के लिये कुछ करने या समाज के लिये कुछ देने जैसे भावों का उनमें अभाव ही रहता है। इसके अतिरिक्त वे समाज के उत्पादक उपयोगी तथा सृजनशील अंग के रूप में विकसित न होकर जड़ता (Stagnation) से ग्रस्त हो जाते हैं। न वे कुछ नया करना चाहते हैं और न आने वाली पीढ़ी को उचित मार्गदर्शन द्वारा आगे बढ़ने में सहायता करने की उनमें कोई चाहत होती है। इस तरह की निष्क्रियता या जड़ता दिखाने की बात स्वयं उसके तथा समाज के लिये कई प्रकार से हानिप्रद सिद्ध हो सकती है। परन्तु कुछ समय के लिये अगर निष्क्रिय रहने तथा जड़ता ग्रहण करने की बात हो तो यह व्यक्ति को जो कुछ किया है उसे भलीभाँति नियंत्रित एवं संगठित करने, उसका मूल्यांकन कर आगे के लिये सबक लेने तथा अपनी शक्तियों को पूर्ण जीवन देकर नये उत्साह से उत्पादन या सृजन में जुटने में उचित सहायता कर सकती है परन्तु इसकी अतिशयता व्यक्ति को आत्मकेन्द्रित, स्वार्थी तथा उच्च प्रकार की असामाजिक प्रवृतियों की ओर धकेल सकती है। इसीलिये भलाई इसी में है कि उनकी उत्पादनशीलता तथा निष्क्रयता या जड़ता सम्बन्धी दो विपरीत आवश्यकताओं में आवश्यक

संतुलन बनाकर रखा जाये जिससे वे एक ओर तो अपनी विकसित योग्यताओं और क्षमताओं के बलबूते पर उत्पादन और सृजनात्मक कार्यों में अपना भरपूर योगदान देते रहें तो दूसरी ओर निष्क्रियता एवं जड़ता के क्षणों में अपने उत्पादन तथा सृजन को संगठित करने तथा ऊर्जा का संचय करने में इस प्रकार समर्थ बन सकें कि वे आगे आने वाले समय में नई पीढ़ी तथा समाज के प्रति अपने उत्तरदायित्वों को पूरे जोश से निभा सकें।

आठवीं अवस्था : अहं संतुष्टि बनाम हताशा (65 वर्ष से मृत्यु तक)

मनोसामाजिक विकास की इस अवस्था का सम्बन्ध व्यक्ति की वृद्धावस्था (Old age) से है। इस अवस्था में व्यक्ति अपने जीवन काल की अन्तिम संघर्षमय परिस्थिति तथा चुनौती "अहं संतुष्टि बनाम हताशा" के चक्रव्यूह में फँसा पाया जा सकता है। पिछली सभी अवस्थाओं को सफलतापूर्वक पार करके ही कोई इस अवस्था तक पहुँचता है। सभी अवस्थाओं में उसे किसी न किसी प्रकार की चुनौती या उलझन भरी परिस्थिति से जूझना पड़ता है और इन सबसे अच्छी तरह निपटकर यहां तक पहुँचना अब उसे कुछ सीमा तक संतोष या संतुष्टि का अनुभव कराता है।

अहं संतुष्टि से भी यहां यही आशय है कि व्यक्ति जब पीछे मुड़कर अपने अतीत पर नजर डालता है और उसने जो कुछ किया उससे वह संतुष्टि का अनुभव करता है तो इससे उसके अहं की संतुष्टि ही होती है। मैंने कुछ किया, मैं कुछ कर पाया, यह बात उसमें अपने प्रति आदर यानी उसके दृष्टिकोण को उसके स्वयं के प्रति सकारात्मक बनाने में बहुत मदद करती है। जब व्यक्ति स्वयं ठीक महसूस करता है तो उसे सभी जगह अच्छाईयां नजर आने लगती हैं और उसका दृष्टिकोण दूसरों के प्रति भी सकारात्मक बन जाता है। इस प्रकार अपने आप से तथा दुनिया से संतुष्ट व्यक्ति को अब अपने अतीत से कोई शिकायत नहीं होती। वह यही सोचता है कि उन परिस्थितियों में जो कुछ भी हो सका ठीक हुआ। दूसरी ओर वे व्यक्ति जो पिछली अवस्थाओं की चुनौतियों तथा उलझन भरी परिस्थितियों/संकटों (Crises of life) से ठीक तरह नहीं निपट पाये उनकी सोच यहां अब काफी नकारात्मक पाई जा सकती है। उन्हें अपने अतीत में झाँकर निराशा हाथ लगती है। ऐसा हो गया, ऐसा नहीं होना चाहिये, मुझे ऐसा न करके ऐसा करना चाहिये था, यही सोच-सोचकर वे पश्चाताप की अग्नि में जलते रहते हैं और अपने विगत् इतिहास को लेकर अपने से काफी नाराज़ और दुखी दिखाई देते हैं। जीवन में इतना लम्बा रास्ता तय करने के बाद अब वह यह सोचते हैं कि उनकी जिन्दगी ठीक तरह नहीं बीती और अब तो उनके पास अपनी भूलें सुधारने तथा कुछ नया हट कर करने का समय ही कहाँ बचा है, यही बात अब उन्हें पूरी तरह हताशा की ओर धकेल देती है। इन व्यक्तियों को ही मृत्यु का भय हर समय सताता रहता है। दूसरी ओर वे व्यक्ति जिन्हें अपने अतीत पर कोई पश्चाताप नहीं होता और जो अपने किये पर गौरवान्वित या संतुष्टि का अनुभव करते हैं वे जीवन और मरण को एक स्वाभाविक प्रक्रिया मानकर डर-डर कर नहीं जीते बल्कि अपनी आखिरी साँस तक अपनी जिन्दगी को पूरी तरह से जीते हैं।

दूसरी ओर देखा जाये तो असंतुष्टि और हताशा आवश्यक रूप से व्यक्तित्व का नकारात्मक पहलू नहीं है। किसी काम से या किसी बात से हमारा संतुष्ट होना या न होना नितान्त सामान्य और स्वाभाविक है। हम अपनी जिन्दगी में हमारे द्वारा की जाने वाली कई भूलों तथा कमियों का स्मरण कर पछताते हैं। परन्तु यह बात इतनी अधिक नहीं बढ़ जानी चाहिये कि इससे हममें अपने स्वयं के प्रति नफरत या हीनता के भाव पैदा हो जायें तथा हम निराशा और हताशा के अँधेरों में खो जायें। इसलिये यह आवश्यक है कि वृद्धावस्था से अहं संतुष्टि तथा हताशा के बीच भलीभाँति संतुलन कायम करने का प्रयत्न किया जाये ताकि जिन्दगी के इस आखिरी पड़ाव में व्यक्ति अपने और अपनी दुनिया के प्रति सकारात्मक आशावादी दृष्टिकोण अपनाते हुये दुनिया और समाज के लिये उपयोगी बनकर अपने शेष दिनों को सम्मानपूर्वक जीये।

इरिक्सन की उपरोक्त वर्णित सभी आठों मनोसामाजिक विकास अवस्थाओं की लम्बी यात्रा को जिसे व्यक्ति विशेष द्वारा अपने संपूर्ण जीवन में तय किया जाता है अपनी विशेष चुनौतियों तथा संकट घड़ियों (Crises of life) से जुड़ी विभिन्न आवश्यकताओं एवं अपेक्षाओं के परिप्रेक्ष्य में जिस तरह भलीभाँति संक्षिप्त रूप में प्रस्तुत किया जा सकता है उसका एक प्रयास जो कुछ भी अभी तक इस बारे में कहा गया है उसके सार रूप में हम आगे तालिका 3.2 के माध्यम से कर रहे हैं ताकि पाठकों को इरिक्सन के इस बहुउपयोगी मनोसामाजिक सिद्धान्त की आधारभूत धारणाओं को अच्छी तरह समझने में यथासंभव सहायता की जा सके।

तालिका 3.2 इरिक्सन की मनोसामाजिक विकास सम्बन्धी अवस्थायें
(व्यक्ति विशेष की विशिष्ट आवश्यकताओं और अपेक्षाओं के संदर्भ में)

मनोसामाजिक विकास अवस्था	व्यक्ति और उसकी आयु अवधि	आवश्यकतायें एवं अपेक्षायें
1. विश्वास बनाम अविश्वास (Trust vs Mistrust)	शिशु (Infant) (जन्म से $1\frac{1}{4}$ वर्ष तक)	अपनी अधिक से अधिक देखभाल और अपने लिये ज्यादा से ज्यादा आराम की गारण्टी चाहता है ताकि उसका अपने, दूसरों के तथा परिवेश के प्रति आवश्यक विश्वास बना रहे।
2. स्वायत्तता बनाम लज्जा एवं शंका (Autonomy vs shame and doubt)	नन्हा बालक (Toddler) ($1\frac{1}{4}$ वर्ष से 3 वर्ष तक)	अपने आत्म सम्मान का बचाव करते हुये अपने भौतिक परिवेश पर स्वामित्व स्थापित करने का प्रयत्न करता है।
3. पहल बनाम अपराध-बोध (Initiative vs Guilt)	प्राथमिक विद्यालय में प्रवेश लेने से पहले का बालक (Pre-schooler) – 3 वर्ष से 6 वर्ष तक	दूसरों का अनुसरण न कर स्वयं पहल करने की चेष्टा करता है। आत्म-चेतना तथा लैंगिक पहचान की ओर कदम बढ़ाता है।
4. अध्यवसाय बनाम हीनता (Industry vs Inferiority)	पूर्व किशोरावस्था का बालक (Pre-adolescent child) – 6 वर्ष से 12 वर्ष तक	अपने कौशलों में वांछित निपुणता लाकर आत्मविश्वास तथा आत्म प्रतिष्ठा अर्जित करने का प्रयत्न करता है।
5. पहचान बनाम भूमिका भ्रान्ति (Identity vs Role confusion)	किशोरावस्था (Adolescence) – 12 से 20 वर्ष तक	बालक, साथी, भाई-बहन, विद्यार्थी, खिलाड़ी तथा कार्यकर्ता आदि अपनी भूमिकाओं में तालमेल बिठाते हुये, किसी अनुकरणीय आदर्श से प्रेरणा ग्रहण करते हुये तथा सहपाठियों से प्रतिस्पर्धा करते हुये अपनी एक विशिष्ट पहचान बनाने में प्रयासरत रहता है।
6. अन्तरंगता बनाम अकेलापन (Intimacy vs Isolation)	पूर्व वयस्क (Young adult) – 20 से 45 वर्ष तक	पति-पत्नी, माता-पिता तथा प्रेमी युगल के रूप में एक दूसरे के साथ आत्मीय सम्बन्ध बनाने और प्रतिबद्धता निभाने सम्बन्धी क्षमता अर्जित करता है।
7. उत्पादनशीलता या सृजनात्मकता बनाम जड़ता (Generativity or creativity stagnation	वयस्कावस्था या प्रौढ़ावस्था (Middle age adult) – 45 से 65 वर्ष तक	व्यवसाय, परिवार तथा अन्य सामाजिक क्षेत्रों में अपनी उत्पादनशीलता तथा सृजनात्मकता के माध्यम से संतुष्टि पाने का प्रयत्न करता है।
8. अहं संतुष्टि बनाम हताशा (Igo Integrity vs Despair)	उत्तर प्रौढ़ावस्था या वृद्धावस्था (Older adult) – 65 वर्ष से मृत्यु तक	अपने जीवन की उपलब्धियों पर नजर डालता है, आयु के साथ आने वाली कमियों से निपटता है और मृत्यु का सामना करने के लिये आवश्यक तैयारियों में जुटा रहता है।

पियाजे का नैतिक विकास सिद्धान्त (Piaget's Theory of Moral Development)

संज्ञानात्मक विकास सिद्धान्त के प्रतिपादन के रूप में प्रसिद्ध मनोवैज्ञानिक जीन पियाजे ने केवल अपनी पकड़ संज्ञानात्मक मनोवैज्ञानिक (Cognitive psychology) के क्षेत्र में ही नहीं दिखाई परन्तु विकासात्मक मनोविज्ञान (Developmental psychology) के क्षेत्र में भी उन्होंने अपने नाम से प्रसिद्ध एक काफी महत्त्वपूर्ण नैतिक विकास सिद्धान्त को हमारे सामने रखा। मूल रूप से एक संज्ञानात्मक मनोवैज्ञानिक होने के नाते उन्होंने बालकों के नैतिक विकास सम्बन्धी प्रक्रिया का उनमें होने वाले संज्ञानात्मक विकास के संदर्भ में ही अध्ययन किया और इसके लिये निम्नलिखित दो अनुसंधान प्रारूपों (Research designs or approaches) को अपना कर आगे बढ़े।

(i) अपने पहले अनुसंधान प्रारूप में पियाजे ने बालकों का उनके विकास की विभिन्न आयु अवधियों/वर्षों में गलियों से खेलते हुये निरीक्षण करने तथा उनसे खेल सम्बन्धी नियमों की अनुपालना करने के बारे में प्रश्न पूछने की योजना बनाई ताकि यह मालूम किया जा सके कि गलत और सही के बारे में उनकी धारणायें किस प्रकार की हैं। अपने इस अनुसंधान प्रारूप को काम में लाते हुये पियाजे ने अपने अध्ययनों के आधार पर जो निष्कर्ष निकाले वे कुछ निम्न प्रकार के थेः

- 5 वर्ष से कम आयु के बालकों के कोई खेल नियम नहीं होते।
- 5 से 10 वर्ष की आयु के बालक खेल नियमों की अनुपालना करते हुये पाये गये। उनके लिये खेल नियम बिल्कुल निश्चित तथा अपरिवर्तनीय थे जिनकी कड़ाई से अनुपालना करना वे अपना खेल धर्म मानते थे।
- 10 वर्ष की आयु तक उनमें इस तरह का विकास देखने को मिला कि वे यह जान सकें कि खेल नियम खेल खेलने के लिये होते हैं, खेल खेलने वालों के द्वारा अपने स्वयं के नियम बनाये जा सकते हैं या बने नियमों में रजामंदी से परिवर्तन लाये जा सकते हैं।

(ii) अपने दूसरे अनुसंधान प्रारूप में पियाजे ने कुछ नैतिक असमंजस पूर्ण स्थितियों या धर्म संकटों (moral dilemmas) को बालकों के सामने रखकर उनकी नैतिक धारणाओं तथा मूल्यों के बारे में अनुमान लगाकर उनके विकास स्तर का मूल्यांकन करने की बात अपने सामने रखी। बालकों का अनुसंधान कार्य में रुचि बनाये रखने के लिये उसने नैतिक धर्म संकटों को कहानियों के माध्यम से बालकों के सामने रखा। उनके सामने एक धर्म संकट पर अपने विचार व्यक्त करने के लिये क्रमशः दो कहानियां सामने रखीं जो नैतिकता के दो पक्षों का प्रतिनिधित्व करती थीं। जैसे एक कहानी में कहानी के नायक द्वारा किसी प्रकार का कुछ नुकसान कर दिया जाता है, दूसरी कहानी में किये गये नुकसान की मात्रा तो काफी अधिक होती है परन्तु वह अकस्मात् (बिना नायक की मर्जी से) हो जाता है। पियाजे ने बालकों का साक्षात्कार करते हुये उनसे पूछा कि इनमें से किस नायक को ज्यादा सजा मिलनी चाहिये? बालकों द्वारा दिये गये उत्तरों का विश्लेषण करने में फिर पियाजे ने न केवल उत्तरों की प्रकृति पर ध्यान दिया बल्कि इस बात को भी पूरा वजन दिया कि बालकों ने अपने इस निर्णय पर पहुँचने के लिये किस प्रकार के तर्कों या सोच को काम में लाया।

अपने इस दूसरे प्रारूप के अनुसंधान सम्बन्धी परिणामों का अध्ययन करते हुये पियाजे ने पाया कि जहाँ छोटी आयु के बालकों ने अपने निर्णय पर पहुँचने हेतु नायकों द्वारा किये जाने वाले कार्यों जैसे चोरी करने, झूठ बोलने आदि के परिणामों की गंभीरता पर ध्यान दिया (जैसे प्रस्तुत उदाहरण में किये जाने वाले नुकसानों में से कौन सा अधिक अपेक्षाकृत ज्यादा और गंभीर है) वहीं बड़ी आयु के बालकों ने परिणाम की गंभीरता के साथ-साथ यह जानने की भी कोशिश की। ऐसे कार्य करने के पीछे नायक विशेषों का मकसद क्या था?

नैतिक विकास सम्बन्धी अवस्थायें या चरण (Phases or Stages of Moral Development)

अपने उपरोक्त दोनों अनुसंधान प्रारूपों का प्रयोग करते हुये पियाजे ने विभिन्न आयुवर्ग के बालकों पर किये जाने वाले अनुसंधान प्रयासों के आधार पर यह निष्कर्ष निकाला कि बालकों को अपने नैतिक विकास में दो अलग-अलग प्रकार की

नैतिक सोच या विचार प्रक्रिया से जुड़ी हुई अवस्थाओं से गुजरना पड़ता है। पियाजे ने इन्हें बंधनयुक्त या आश्रित अवस्था (Heteronomous) तथा स्वायत्तता आत्मनिर्भर (Autonomous) अवस्थाओं का नाम दिया। प्रश्न उठता है कि पियाजे बालकों द्वारा दिये गये उत्तरों के आधार पर ऐसे निष्कर्षों पर कैसे पहुँचा होगा कि अमुक बालक अपने नैतिक विकास की हेटरोनोमस अवस्था से गुजर रहा है और दूसरा कोई ओटोनोमस अवस्था से। यह समझने के लिये उदाहरण रूप में हम पियाजे द्वारा अपने अनुसंधान में प्रयुक्त नैतिक धर्मसंकट खड़ा करने वाली एक परिस्थित (जिसमें दो कहानियां अलग प्रकार की हैं) को लेकर चलते हैं।

(i) एक जौहन नामक छोटा लड़का अपने कमरे में था। भोजन के लिये बुलाने पर वह भोजन कक्ष में गया। दरवाजे के पीछे एक कुर्सी थी ओर उस कुर्सी पर एक ट्रे रखी थी जिसमें 12 कप थे। जौहन यह नहीं जानता था कि दरवाजे के पीछे कुर्सी रखी है। जैसे ही उसने भोजन कक्ष में प्रवेश किया, दरवाजा कुर्सी से टकराया और ट्रे जमीन पर गिर गई तथा सारे कप टूट गये।

(ii) एक दिन हैनरी नामक एक छोटे बालक ने जब उसकी माँ बाहर गयी हुई थी, एक जार में से जैम निकालने की कोशिश की। वह एक कुर्सी पर चढ़ गया तथा अपनी बाँह फैला दी। परन्तु जैम जिस जार में रखा था वह काफी ऊँचाई पर रखा था और वह उस तक नहीं पहुँच सका। परन्तु जब वह अपनी कोशिशों में लगा हुआ था वह एक कप से टकरा गया। कप गिर गया और गिरते ही टूट गया।

इन दोनों कहानियों से सम्बन्धित घटनाओं को बालकों के सामने प्रस्तुत कर उसने उन सबके सामने यह प्रश्न रखा कि बताओ जौहन और हैनरी दोनों में से कौन अधिक गलती पर है तथा किसे अधिक सजा मिलनी चाहिये।

पियाजे ने बालकों से लिये जाने वाले अपने साक्षात्कारों के आधार पर यह पाया कि यद्यपि बालकों को जानबूझ कर इरादतन तथा अनजाने में बिना किसी इरादे के लिये जाने वाले कार्यों के बीच पहचान करने की योग्यता विकसित हो चुकी है परन्तु अभी भी उनके निर्णय उनके द्वारा किये जाने वाले कार्यों के परिणामों (उनकी प्रकृति तथा गंभीरता) पर ही आधारित हैं। यानी वे अब भी यह सोचते हैं कि परिणाम जितने गंभीर होंगे, उनसे जितना ज्यादा नुक्सान होगा किये जाने वाला कार्य उतना ही गलत होगा और उतनी ही बड़ी सजा का हकदार ऐसा कार्य करने वाला होगा। बालकों के नैतिक विकास की इस अवस्था को पियाजे ने बंधनयुक्त या नैतिकता (Heteronomous Morality) का नाम दिया। इसके विपरीत 10 वर्ष या उससे बड़ी आयु के बालकों में पियाजे ने यह पाया कि वे अपने निर्णय लेने के कार्य में इस बात की समीक्षा करते हैं कि उन्होंने ऐसा क्यों किया? हेनरी ने जानबूझ कर वह किया जो उसे नहीं करना चाहिये था, इसलिये वह ज्यादा अपराधी है। इस तरह पियाजे के अनुसार इन बालको का नैतिक विकास अपेक्षाकृत अधिक है। वे नैतिक विकास के अपने पूर्ण स्तर बंधन युक्त नैतिकता (Heteronomous Morality) से आगे बढ़कर नैतिक विकास के अगले स्तर स्वायत्त नैतिकता (Autonomous) से सम्बन्धित नजर आते हैं। परन्तु यहां एक बात विशेष रूप से नोट की जानी चाहिये कि पियाजे ने अपने संज्ञानात्मक विकास सिद्धान्त विकास अवस्थाओं की तरह बालक के नैतिक विकास को विभिन्न निश्चित अवस्थाओं में बाँटने पर जोर नहीं दिया बल्कि उसने उसके नैतिक विकास को एसे दो चरणों में आगे बढ़ता हुआ बताया जो एक दूसरे में घुलते मिलते दिखाई देते हैं। यही कारण है कि चाहे उनकी परिपक्वता आयु कितनी भी हो कभी स्वायत्त बंधन युक्त नैतिकता से।

नैतिकता बंधनयुक्त चरण (Heteronomous Phase of Morality)

पियाजे के अनुसार अपने नैतिक विकास के दौरान बालक पहले अपने नैतिकता के हेटरोनोमस चरण में प्रवेश करते हैं। यह उनके साथ 5–10 वर्ष की आयु में होता है। इससे पहले की आयु के शिशुओं और छोटे बच्चों (पाँच वर्ष से पहले) को नैतिकता या अनैतिकता के बोध से परे पाया जाता है। नैतिकता के इस हेटरोनोमस चरण को नैतिक यथार्थवाद (moral realism) या बंधनयुक्त नैतिकता (Morality of constraints) की पहचान भी दी जाती है। इस चरण से गुजर रहे बालक को कुछ विशेषताओं या गुणों से विभूषित होता हुआ देखा जा सकता है।

1. हेटरोनोमस चरण में गुजरने का अभिप्राय है बालक की वह अवस्था जिसमें दूसरों के द्वारा लागू किये गये नियमों की निष्ठापूर्वक आलोचना करता हुआ दिखाई देता है। इस दृष्टि से 5–10 वर्ष के बालकों में जिसका नैतिक स्तर अक्सर हेटरोनोमस प्रकृति का होता है, नियम कायदे कानून तथा आचार संहिता (जिसका निर्माण उनके लिये उनके माता-पिता, गुरुजन तथा अन्य बड़ों द्वारा किया जाता है) को पूरी तरह निश्चित एवं अपरिवर्तनशील मानकर उसका बिना किसी प्रतिरोध के अक्षरशः पालन की आदत पाई जाती है।
2. उनके द्वारा लिये जाने वाले नैतिक निर्णयों का आधार किये हुये कार्यों का परिणाम (नुकसान की गंभीरता) होता है करने वाले की नीयत या इरादा नहीं। उदाहरण के लिये अगर इस चरण से गुजर रहे बालक से पूर्व वर्णित दोनों घटनाओं में कहानी के नायकों द्वारा की गई धृष्टताओं के आधार पर यह चुनने के लिये कहा जाये कि किसकी धृष्टता ज्यादा है जोहन की (जिसने अनजाने में 15 कप तोड़े) अथवा हेनरी की (जिसने चोरी करने के इरादे से केवल 1 कप तोड़ा) तो निस्संदेह नैतिकता के पहले चरण से गुजरने वाले बालक अवश्य ही यह कहेंगे कि जोहन ज्यादा कसूरवार है क्योंकि उसने 15 कप तोड़ कर ज्यादा नुकसान किया है चाहे यह बात इरादे वश की गई हो या अनजाने में।
3. वे जैसी करनी वैसी भरनी, जितनी ज्यादा धृष्टता और नुकसान उतनी ही भारी सजा इस मान्यता में विश्वास करते हैं। परिणामस्वरूप यह जानकर कि उन्होंने कोई नियम भंग किया है वे गुरुजनों से दंडित होना अपना कर्त्तव्य समझते हैं। इस आधार पर वह इस धारणा में भी विश्वास करते हैं कि गलती की सजा स्वयं मिल जाती है। जब कोई गलत काम करता है और फिर फिसल जाता है या उसे कोई चोट लग जाती है तो वे यह दावा करते पाये जाते है कि देखो गलती की सजा तो मिलती ही है।

प्रश्न उठता है कि बालक अपनी छोटी आयु में अथवा नैतिकता के पहले चरण में गुजरते हुये नैतिक यथार्थवाद (moral realism) का पुजारी बनकर कायदे कानूनों तथा आचार संहिता की कड़ाई से अनुपालना करने तथा अपने से बड़ों या हुक्म चलाने वालों का हुक्म मानने में इतनी आस्था क्यों रखता है। पियाजे ने इस सम्बन्ध में निम्न दो कारणों/प्रयोजनों का उल्लेख किया है।

(i) एक कारण तो इस आयु में बालकों में उनके संज्ञानात्मक विकास को लेकर उनमें विकसित हुई ऐसी संज्ञानात्मक अवस्था से है जिसे आत्म केन्द्रितता (Egocentrism) की पहचान की जाती है। इस विशेषता से युक्त बालक यही समझते हैं कि जैसा वे सोचते हैं सभी की यही सोच है। इसलिये वे अपने विचारों तथा इच्छाओं को दूसरों पर प्रक्षेपित (Project) करते हुये दिखाई देते हैं। अब क्योंकि वे स्वयं जैसी करनी वैसी भरनी और जितनी बड़ी गलती उतनी बड़ी सजा तथा नैतिक यथार्थवाद जो सही है वह सही तथा जो गलत है वह गलत ही रहता है। जैसी अवधारणाओं में अटूट आस्था रखते हैं इसलिये वे आँख बन्द कर उन पर लादे गये नियन्त्रणों तथा कायदे कानूनों को स्वेच्छा से अनुपालना करते हुये दिखाई दे सकते हैं। वे यह नहीं समझते कि नियम उनके लिये बने हैं वे नियमों के लिये नहीं। उनके लिये तो नियम नियम ही होते हैं उनमें किसी भी प्रकार का परिवर्तन नहीं किया जा सकता अतः भला इसी में है कि उनका कड़ाई से पालन किया जाये।

(ii) दूसरा बड़ा कारण यह है कि इस चरण में से गुजरने वाले छोटे बालक प्रायः अपने माँ-बाप, गुरुजन तथा अन्य बड़ों पर आश्रित तथा उनके अधीन होते हैं। उनके बीच एक स्वाभाविक शासक और शासित जैसा सम्बन्ध पाया जाता है। बालकों से यह अपेक्षा की जाती है कि वे अपने गुरुजनों का आदर करें और उनकी आज्ञा तथा आदेशों की अनुपालना करें। इसके साथ जब उनकी अक्षमता तथा दूसरों पर उनके निर्भर रहने की आवश्यकता भी जुड़ जाती है तो यह बरबस उन्हें ऐसी स्थिति में लाकर खड़ा कर देती है कि वे माता-पिता तथा गुरुजनों द्वारा बनाये गये नियमों को बिना कोई सवाल किये ठीक तरह से पालन करें।

नैतिकता का स्वायत्त चरण (Autonomous Phase of Morality)

जैसे-जैसे बच्चे बड़े होते हैं उनके सोच विचार के ढंग में उचित विकास होता रहता है। अपनी छोटी अवस्था में जैसे उनकी

यह सोच थी कि जैसा वे सोचते हैं और उनके जो विचार हैं ऐसे ही सोच और विचार सभी के हैं। परन्तु कुछ बड़े होने पर उनकी यह सोच बदलने लगती है और अब वह यह मानने लगते हैं कि नैतिक मूल्यों के संदर्भ में व्यक्तियों में भिन्नतायें पाई जा सकती हैं तथा नियमों और आचार-विचार के सही गलत, उचित-अनुचित के बारे में उनका सामाजिक विकास भी चलता रहता है और इसके फलस्वरूप अब वे दूसरों से मेलजोल बढ़ाने, दोस्ती कायम करने तथा अन्य तरह की सामाजिक अन्तःक्रिया हेतु आगे आते हैं तथा उनमें उनकी छोटी आयु वाली स्व-केन्द्रितता तथा अहं-केन्द्रितता नहीं दिखाई देती। एक दूसरे को सम्मान देना पारस्परिक विचार विनियम तथा लेन-देन अब उन्हें मानसिक और सामाजिक रूप में इस तरह तैयार कर देता है कि वे अपने नैतिक विकास को लेकर उसके दूसरे चरण-स्वायत्त में सही तरह से प्रवेश कर सकें। ओटोनोमस चरण की इस नैतिकता अथवा भौतिक विकास को उसकी कुछ निम्नलिखित विशेषताओं और अपेक्षाओं के आधार पर भलीभाँति जाना जा सकता है।

1. 10 वर्ष या उससे अधिक आयु के बालकों में इस प्रकार की नैतिकता के दर्शन की सम्भावना छोटे बालकों की अपेक्षा प्रायः ज्यादा पाई जाती है। अब वे समझने लगते हैं कि नियम व्यक्तियों द्वारा ही बनाये जाते हैं और वे उनमें परिस्थिति अनुसार परिवर्तन भी ला सकते हैं। कोई नियम बन गया तो बन गया उसे बदला नहीं जा सकता उसका अक्षरशः पालन ही होना चाहिये, पहले चरण की अपनी इस नैतिकता में बदलाव लाकर अब वे समझने लगते हैं कि नियम खेलने के लिये बनते हैं खेल के उद्देश्यों की नियमों के लिये बलि नहीं चढ़ाई जानी चाहिये और जहाँ जरूरत हो आपसी रजामंदी से उनमें आवश्यक परिवर्तन किये जा सकते हैं। दूसरी बात यह है कि जैसे-जैसे बच्चे बड़े होकर दूसरों के साथ मिलते जुलते हैं और देखते हैं कि सभी की नैतिक और अनैतिक के बारे में सोच एक जैसी नहीं होती तो उनकी नैतिक यथार्थवाद से जुड़ी अवधारणा में भी बदलाव आने लगता है। उनकी नैतिकता अब यथार्थवाद पर आधारित न होकर सहयोग तथा रजामंदी का मार्ग पकड़ लेती है। अब वे पहले से बने नियमों पर डटे रहने की बजाय उन नियमों की अनुपालना में विश्वास रखने लगते हैं जिसमें पारस्परिक हितों की रक्षा हो।

   फलस्वरूप नैतिकता के इस दूसरे चरण से सम्बन्धित बालक अब यह अच्छी तरह जान चुके होते हैं कि नैतिकता न तो सार्वभौमिक, और शाश्वत होती है और न अपरिवर्तनशील। यह सापेक्षित है जो बात किसी व्यक्ति या समाज के लिये अनैतिक है वही दूसरे समाज या परिस्थितियों में नैतिक बन सकती है। अतः नैतिकता और अनैतिकता के बारे में व्यक्तियों तथा समाज विशेषों में विभिन्नतायें देखने को मिल सकती हैं।

2. जैसा कि पियाजे ने अपने अनुसंधानों के आधार पर पाया है कि ओटोनोमस चरण की नैतिकता से सम्बन्धित बड़े बालकों ने कार्यों के परिणामों की बजाय उन कार्यों को करने के पीछे छिपे इरादों को अपने नैतिक निर्णय लेने में ज्यादा महत्व दिया। इससे यह स्पष्ट हो जाता है कि ओटोनोमस चरण की नैतिकता यह माँग करती है कि किसी के व्यवहार को नैतिक या अनैतिक ठहराने से पहले उस व्यवहार के पीछे निहित प्रयोजन को भी पूरी तरह ध्यान में रखा जाना चाहिये। पियाजे ने यहाँ पुनः हैनरी नामक उस लड़के का जिक्र किया जिसने चोरी की नीयत से केवल मात्र एक कप तोड़ा था जबकि दूसरे लड़के जोहन ने अनजाने में ही सही परन्तु 15 कप तोड़े थे। परन्तु बड़े बालकों से जब यह पूछा गया कि जोहन और हेनरी इन दोनों में से किसे ज्यादा शैतान और कसूरवार मानते हैं तो उन्होंने छोटे बालकों (हेटरोनोमस चरण की नैतिकता के युक्त) की तरह कार्य के परिणामों की गंभीरता या ज्यादा नुकसान को अपने निर्णय का आधार बनाते हुये यह नहीं कहा कि जोहन को ज्यादा सजा मिलनी चाहिये। वह अधिक शैतान और कसूरवार है क्योंकि उसने 15 कप तोड़े जबकि हेनरी ने तो केवल एक ही कप तोड़ा है। उन्होंने अपनी परिपक्वता तथा यह प्रमाण देने के लिये वे अब नैतिकता के अगले ऊँचे स्तर (ओटोनोमस चरण) में प्रवेश कर चुके हैं, गलती करने के पीछे हुये इरादों को महत्व देते हुये स्पष्ट रूप से यही कहा कि हैनरी ने चोरी की है, चाहे कप एक ही टूटा हो परन्तु ज्यादा सजा का हकदार है।

3. ओटोनोमस चरण की नैतिकता में पदार्पण करने के साथ-साथ बालक अब इस बात में विश्वास नहीं करते कि गलती की है तो सजा तो मिलकर ही रहेगी चाहे वह किसी व्यक्ति विशेष द्वारा दी जाये या प्रकृति अथवा ईश्वर द्वारा।

4. पहले की तरह अब वे जरूरत से ज्यादा पैमाने पर की गई सख्ती, पाबन्दी तथा गलती की बहुत बड़ी सजा भुगतने के पक्षपाती नहीं रहते। अब वे सोचते हैं कि सजा गलती को सुधारने के उद्देश्य से उसी अनुपात में दी जानी चाहिये जिस तरह की गलती या अपराध जानबूझ कर अपना उल्लू सीधा करने के लिये बालक द्वारा किया गया है।
5. पहले की तरह बालक अब यह सोचकर अपना फैसला नहीं लेते कि जो वो सोचते हैं दूसरे भी अवश्य वैसा ही सोचेंगे। अब वह अपने उचित-अनुचित सम्बन्धी निर्णयों में दूसरों के दृष्टिकोण का भी समावेश करना चाहते हैं। वही व्यवहार सही है या उचित है जिसमें उस व्यवहार से जुड़े हुये सभी व्यक्तियों की रजामंदी हो। यह बात नैतिकता के सम्बन्ध में अब उनमें ज्यादा घर करने लगती है।

इस तरह जैसा कि पियाजे ने पूरी तरह स्पष्ट किया है, नैतिक विकास के अपने इस ऊँचे स्तर अथवा चरण में प्रवेश करने वाले बालकों का पहले स्तर के बालकों की अपेक्षा उचित-अनुचित तथा नैतिक-अनैतिक के बारे में निर्णय लेने हेतु वांछित स्वायत्तता (autonomy) का उपयोग करते हुये देखा जा सकता है जबकि इससे पहले स्तर पर विराजमान बालकों का निर्णय मात्र उसी आधार पर होता है जिसे नियम आचार संहिता या आदेशों के तहत माँ-बाप, गुरुजन तथा अन्य बड़ों के द्वारा उसके सामने रखा जाता है।

पियाजे द्वारा अपने नैतिक विकास सिद्धान्त में जिस प्रकार की नैतिक विकास सम्बन्धी अवस्थाओं या चरणों का उल्लेख किया है उनसे सम्बन्धित उल्लेखनीय बातों को नीचे दी हुई तालिका 3.3 के माध्यम से अच्छी तरह जाना जा सकता है।

तालिका 3.3 पियाजे की नैतिक विकास सम्बन्धी अवस्थायें या चरण
(Piaget's phases or stages of moral development)

	नैतिकता का बंधनयुक्त (Heteronomous) **चरण या अवस्था (पाबन्दी या नियम पालन की नैतिकता)**	**नैतिकता का स्वायत्त** (Autonomous) **चरण या अवस्था (सहयोग या रजामंदी की नैतिकता)**
आयु सीमा	5–10 वर्ष, 6 वर्ष के बालक की विशेष पहचान	10–12 वर्ष, 12 वर्ष के बालक की विशेष पहचान
दृष्टिकोण तथा अवधारणायें (Point of view)	गलत-सही, नैतिक-अनैतिक के बारे में निर्णय लेने का केवल वही यथार्थ दृष्टिकोण होता है जिसे नियमों या आचार संहिता के द्वारा सामने रखा जाता है इसलिये किसी के द्वारा किया व्यवहार या तो गलत होता है अथवा सही। इसके बारे में सबके विचार एक जैसे ही होते हैं क्योंकि वे बनाये गये नियमों से परे नहीं जा सकते।	गलत-सही, नैतिक-अनैतिक के बारे में निर्णय लेने में अलग-अलग दृष्टिकोण हो सकते हैं। जो एक सोचता है, दूसरे की सोच उससे अलग हो सकती है। अतः सही या गलत का निर्णय केवल अपने को नहीं दूसरों को देखकर भी लेना चाहिये।
नियम (Rules)	बालक यह मानता है कि नियम पत्थर की लकीर की तरह निश्चित टिकाऊ और अपरिवर्तनशील होते हैं।	बालक यह जान लेता है कि नियम व्यक्तियों द्वारा ही बनाये जाते हैं और उनके द्वारा बदले भी जा सकते हैं। बालक स्वयं अपने आपको भी इन नियमों में परिवर्तन कर सकने वालों में समझते हैं।
कार्य के बारे में निर्णय (Judgement of Act)	बालक कार्य के परिणामों के आधार पर अपना नैतिक फैसला सुनता है जैसे उसे करने से कितनी अधिक क्षति हुई है।	बालक कार्य के गलत या सही होने का निर्णय उस कार्य को करने के पीछे निहित इरादों या कारणों के आधार पर लेता है मात्र कार्य के परिणामों की गंभीरता पर नहीं।

(क्रमशः)

अधिकारीगण के प्रति आदरभाव (Respect for authority)	अपनी ओर से एकपक्षीय माँ-बाप, गुरुजनों तथा बड़ों के प्रति आदर भाव। उनके द्वारा निर्धारित नियमों तथा आचार संहिता की अक्षरशः की अनुपालना। गलती करने वालों को बड़ों द्वारा सजा देना उचित ही है।	अधिकारियों (माँ-बाप, गुरुजन आदि) तथा अपने बीच स्थापित पारस्परिक आदरभाव बालकों को अपनी राय तथा योग्यताओं में विश्वास बनाने में मदद करता है तथा वे दूसरों के उनके सही रूप में देखने में समर्थ बनते हैं। बालक अधिकारियों के डर से या उनके प्रति श्रद्धा के कारण नियमों की अनुपालना नहीं करते बल्कि वे पारस्परिक हितों तथा कर्त्तव्य निर्वाह की वजह से ऐसा करते हैं।
दंड (Punishment)	बालक कड़े दंड के पक्ष में होता है। वह यह मानता है कि किसी को जिस मात्रा में दंडित किया है यही इस बात की पहचान है कि उसके द्वारा कितना ज्यादा गलत काम किया गया है। अतः अगर कोई कार्य अनुचित या गलत है तो इसकी सजा मिलनी ही चाहिये।	बालक उस प्रकार के कुछ नरम दंड के पक्ष में होता है जो भुक्त भोगी (victim) को आवश्यक सान्त्वना तथा दोषी को यह अनुभव करा सके कि उसने क्या गलत किया है तथा उसे किस तरह आगे आचरण करना चाहिये। वास्तव में वह "जैसे को तैसा" व्यवहार करने में विश्वास रखता है। कोई आप से जैसा व्यवहार (गलत या सही) करता है उसके प्रति वैसा ही आप को करना चाहिये।
न्याय की अवधारणा (Concept of justice)	बालकों को नियमों की अनुपालना करनी चाहिये क्योंकि वे अधिकारीगण (माँ-बाप, गुरुजन तथा अन्य अधिकारीगण) द्वारा बनाये जाते है। इनकी अनुपालना से ही सबको न्याय मिलता है। इसमें अतिरिक्त बालक नैतिक नियमों को प्राकृतिक नियम समझ बैठता है और इसलिये इस बात में विश्वास करता है कि बुरा काम क़रने के बाद अगर किसी को चोट लग जाती है या किसी और तरह से उसके साथ कुछ बुरा हो जाता है तो यह प्रकृति या ईश्वर द्वारा उनको प्रदान की गई सजा ही तो है।	बालक यह जान जाते हैं कि नियम और कायदे-कानून व्यक्तियों तथा समाज विशेष की भलाई के लिये बनाये जाते हैं। इनकी अनुपालना से सभी को अपने कर्त्तव्यों और अधिकारों को निभाने में आसानी रहती है। परन्तु अब वह इस धारणा में कोई विश्वास नहीं रखता कि ईश्वर किसी दुर्घटना या कुछ बुरा हो जाने के माध्यम से व्यक्ति को उसके किये की सजा देता है।

पियाजे ने इस तरह अपने नैतिक विकास सिद्धान्त के माध्यम से बालकों में शनैः-शनैः विकसित होने वाली नैतिक विचार प्रक्रिया तथा नैतिकता का स्पष्ट चित्र खींचने का प्रयत्न किया है। उनकी यह नैतिक विकास यात्रा हेटरोनोमस नैतिकता से प्रारम्भ होती है तथा फिर जैसे-जैसे बड़े होते हैं उनकी सोच तथा व्यवहार में ओटोनोमस यानी स्वायत्तता सम्पन्न नैतिकता के दर्शन होने लगते हैं। पियाजे के अनुसार बालक के व्यवहार में इस प्रकार के परिवर्तन, उसके सामाजिक विकास के फलस्वरूप होने वाली सामाजिक अन्तःक्रियाओं के परिणाम कहे जा सकते हैं। इस प्रकार पियाजे ने बालकों के नैतिक विकास में सामाजिक अन्तःक्रिया, मेल-जोल, पारस्परिक लेन-देन तथा सहकारिता की भूमिका को काफी महत्त्वपूर्ण स्थान प्रदान किया। इसी पारस्परिक सहयोग तथा अन्तःक्रियाओं के माध्यम से ही व्यक्ति ऐसे उचित निर्णय तथा समाधानों पर पहुँचने में सफल रहते हैं जिन्हें लगभग सभी के द्वारा ठीक समझा जाता है। अपने इस प्रकार के अनुभवों के आधार पर पियाजे ने अध्यापकों तथा शिक्षा अधिकारियों को यह सलाह दी कि अपने विद्यार्थियों में स्वस्थ सामाजिक अन्तःक्रिया तथा पारस्परिक सहयोग बनाये रखने के लिये ऐसी परिस्थितियों का सृजन करें जिनसे बालकों को सामूहिक निर्णय लेने तथा परस्पर सहयोग से अपनी समस्याओं के समाधान में उचित सहायता मिल सके। यही बात आगे चलकर उनमें इस प्रकार

की नैतिकता का विकास करने में सहयोगी सिद्ध हो सकेगी जहाँ साथ-साथ काम करते हुये सभी के हित संपादन तथा सभी को उचित न्याय मिलते रहने के वृहत उद्देश्य की पूर्ति की जा सके।

लेकिन जैसा कि पियाजे के नैतिक विकास सिद्धान्त के आलोचकों द्वारा कहा गया है, पियाजे के बालकों के नैतिक विकास सम्बन्धी विचारों को केवल मात्र इस दिशा में एक अच्छी शुरूआत ही कहा जा सकता है। क्योंकि बालकों में नैतिक सोच तथा उनकी नैतिकता के अध्ययन में वह बाल्यावस्था तक के नैतिक विकास तक ही सीमित रहा। परन्तु ऐसा होने पर भी यह स्वीकार करने में तनिक भी संकोच नहीं होना चाहिये कि उसके द्वारा दिखाये जाने वाले मार्ग ने ही आगे के अन्य विकसित सिद्धान्तों को पनपने का अवसर दिया। इन सिद्धान्तों में से प्रमुख रूप से जिस नैतिक विकास सिद्धान्त को काफी विस्तृत, अर्थपूर्ण तथा उपयोगी माना जाता है उसे कोहलबर्ग का नैतिक विकास सिद्धान्त के नाम से जाना जाता है। आगे के पृष्ठों में हम इसी की विस्तार से चर्चा करना चाहेंगे।

कोहलबर्ग का नैतिक विकास सिद्धान्त (Kohlberg's Theory of Moral Development)

हारवर्ड विश्वविद्यालय के प्रसिद्ध मनोवैज्ञानिक लोरेन्स कोहलबर्ग का जन्म 1927 में न्यूयार्क के ब्रोन्सविले स्थान पर हुआ था। उन्होंने यह सोचकर शिकागो में मनोविज्ञान की स्नातक स्तर की पढ़ाई करने का इरादा किया था कि वे आगे जाकर चिकित्सक व मनोवैज्ञानिक बनेंगे। लेकिन इस दौरान उसकी पियाजे द्वारा किये जा रहे कार्यों में रुचि पैदा हो गई और वह पियाजे के द्वारा बालकों के नैतिक विकास सम्बन्धी कार्य को आगे बढ़ाने हेतु बालकों तथा किशोरों का उनकी नैतिक विचार प्रक्रिया तथा विकास के संदर्भ में साक्षात्कार करने में जुट गया। अपने इन अध्ययन प्रयासों के द्वारा उसने व्यक्तियों में उनके जीवन से लेकर अंत तक की अवधि में होने वाली नैतिक निर्णय क्षमता के विकास से सम्बन्धित एक महत्त्वपूर्ण सिद्धान्त को जंन्म दिया। अपने अध्ययन के लिये प्रयुक्त इस प्रतिदर्श (Sample) में कोहलबर्ग ने विभिन्न सांस्कृतिक और सामाजिक परिवेश घर-परिवार तथा देशों के विभिन्न आयु वर्ग के सैकड़ों बालकों तथा किशोरों को शामिल करने का प्रयत्न किया। नैतिकता तथा नैतिकता के बारे में निर्णय लेने सम्बन्धी जो विचार कोहलवर्ग ने अपने नैतिक विकास सिद्धान्त के माध्यम से सबके सामने रखे वे इनके बारे में आम प्रचलित इस मान्यता से काफी भिन्न थे कि बालक अपने माता पिता तथा अन्य गुरुजनों से ही नैतिकता का पाठ पढ़ते हैं। कोहलवर्ग (1968) के अनुसार—*जैसे ही हम बालकों से नैतिकता के सम्बन्ध में बात करते हैं तो हम यह पाते हैं कि वे अनेक ऐसे तरीकों से भी अपना नैतिक निर्णय लेते हैं जो उन पर बाहर से नहीं लादे जाते और कम से कम जितना सम्बन्ध प्रत्यक्ष रूप से माता-पिता, अध्यापकों तथा यहाँ तक कि उनके समवयस्क साथियों से नहीं होगा।*

Lawrence Kohlberg
(1927-1986)

(As soon as we talk with children about morality, we find that they have many ways of making judgements which are not internalized from the outside, and which do not come in any direct and obvious way from parents, teachers and even peers.)

इस सम्बन्ध में कोहलवर्ग ने आगे यह भी स्पष्ट किया कि बालक की संज्ञानात्मक प्रक्रियाओं जैसे उनकी सोच तथा विचार शक्ति भी बालकों के द्वारा लिये जाने वाले नैतिक निर्णयों सम्बन्धी विकास में काफी महत्त्वपूर्ण भूमिका निभाती हैं। दूसरे शब्दों में यह अच्छी तरह कहा जा सकता है कि जिस रूप में बालकों द्वारा अपने नैतिक निर्णय लिये जाते हैं वह उनके बौद्धिक विकास के स्तर, उनके लालन-पालन एवं उनके द्वारा अर्जित अधिगम अनुभव इन सभी के सम्मिलित प्रभाव का प्रतिफल होता है।

मनुष्य मात्र की नैतिक विकास सम्बन्धी प्रक्रिया का अध्ययन करने के लिये कोहलवर्ग ने पहले तो नैतिक विकास को व्यक्ति विशेष की एक ऐसी योग्यता तथा क्षमता के रूप में परिभाषित किया जो उनसे न्याय तथा अन्याय, भले या बुरे में भेद करने में मदद करती है और फिर बालकों में इस प्रकार की योग्यता तथा क्षमता के स्तर का पता लगाने हेतु उसने

उनके नैतिकता सम्बन्धी दृष्टिकोणों के अध्ययन पर अपना ध्यान केन्द्रित किया और इसके लिये अपने द्वारा बनाये गये एक नैतिक निर्णय परीक्षण (Test of moral judgement) का प्रयोग किया। इस परीक्षण में उसने विभिन्न प्रकार के नैतिक धर्मसंकटों (moral dilemmas) से युक्त घटनाओं को बालकों के सामने प्रस्तुत करते हुये उनके नैतिक निर्णय की जाँच हेतु कुछ इस प्रकार के प्रश्न किये जैसे क्या उस व्यक्ति के द्वारा जो अपनी मरती हुई पत्नी के लिये दवा खरीदने की आर्थिक स्थिति में नहीं है, दवा के लिये चोरी करना ठीक है? क्या एक महत्त्वपूर्ण व्यक्ति की जान बचाने के लिये अनेक सामान्य व्यक्तियों की जान को दाँव पर लगाना उचित कहा जा सकता है। क्या कष्ट से तड़पते हुये किसी व्यक्ति को डाक्टर द्वारा जहर के इंजेक्शन देकर मारना उचित है? अपने अध्ययन के प्रतिदर्श में शामिल बालकों की साक्षात्कार लेने हेतु उनमें उचित रुचि तथा आकर्षण पैदा करने के लिये उसने नैतिक धर्म संकटों से युक्त घटनाओं को रोचक कहानियों तथा व्याख्यात्मक वर्णन द्वारा प्रस्तुत करने की चेष्टा की। उदाहरण के रूप में यहाँ हम एक ऐसी कहानी या विवरण को प्रस्तुत कर रहे हैं।

हेन्ज ने दवा की चोरी की (Heinz Steals the Drug)

यूरोप में एक महिला एक विशेष प्रकार के केंसर से पीड़ित होने के कारण मृत्यु की कगार पर थी। डाक्टर के परामर्श के मुताबिक केवल एक ही दवाई ऐसी थी जो उसकी जिन्दगी बचा सकती थी। वह एक ऐसे रेडियम के रूप में थी जिसे उसी शहर के एक दवाई विक्रेता द्वारा अभी हाल ही में आविष्कृत किया गया था। दवाई को बनाने में यद्यपि काफी खर्चा आता था परन्तु दवाई विक्रेता उसकी लागत से 10 गुनी कीमत वसूल रहा था। वह रेडियम के लिये 200 डालर खर्च कर रहा था परन्तु दवा की एक छोटी सी खुराक की कीमत उसने 2000 डालर रखी हुई थी। बीमार औरत के पति हेन्ज ने इस दवा को खरीदने की सामर्थ्य नहीं थी। वह अपने सभी परिचितों के पास सहायता के लिये पहुँचा परन्तु अपने भरसक प्रयास के बावजूद कुल 1000 डालर ही इकट्ठे कर पाया। उसने दवाई विक्रेता से प्रार्थना की कि उसकी पत्नी मरण शैया पर है और वह उसे यह दवाई की खुराक 1000 डालर में ही दे दे अथवा अभी इतना ही ले ले शेष 1000 डालर वह बाद में चुकता कर देगा। लेकिन दवाई विक्रेता ने इस बात को नकारते हुये उसे उत्तर दिया कि "नहीं, मैंने इस दवाई की खोज की है और मैं इससे पूरी कमाई करना चाहूँगा।" ऐसा सुनकर हेन्ज के धैर्य की सीमा समाप्त हो गई और अपनी मरती हुई पत्नी के लिये दवा उपलब्ध करने हेतु उसने रात के अँधरे में दवा विक्रेता के स्टोर का ताला तोड़कर चोरी करने की कोशिश की। क्या हेन्ज का ऐसा करना उचित था? (कोहलवर्ग, 1963, p. 19)

इस प्रकार के नैतिक धर्मसंकटों से युक्त किसी घटना विशेष को किसी बालक या व्यक्ति विशेष के सामने रखकर कोहलबर्ग ने उसे अपने कुछ विशेष प्रश्नों के उत्तर प्राप्त करने हेतु भलीभाँति प्रेरित किया। कोहलबर्ग मात्र इस बात से संतुष्ट नहीं था कि प्रयोज्य (Subject) द्वारा उसके प्रश्न का उत्तर हाँ या ना में दिया जाये जैसे हेनरी का ऐसा करना ठीक था अथवा ठीक नहीं था। उसे यह जानने में विशेष रुचि थी कि प्रयोज्य (Subject) के द्वारा जो उत्तर दिया जा रहा है उसके पीछे क्या औचित्य है ताकि प्रयोज्य के नैतिक विकास स्तर की थाह पाने हेतु उसमें निहित नैतिक सोच के स्तर की पकड़ की जा सके। अपने इस उद्देश्य की पूर्ति हेतु कोहलवर्ग ने आगे बढ़कर अपने प्रयोज्य से कुछ इस प्रकार के प्रश्न किये जैसे आप ऐसा क्यों सोचते हैं कि हेन्ज द्वारा दवाई चुराना ठीक था। ठीक नहीं था? कुछ और अधिक जानने हेतु कोहलवर्ग ने कुछ और प्रश्नों का चुनाव कर रखा था जैसे क्या आप यह सोचते हैं कि दवाई चुराने का हेन्ज का हक बनता था? क्या इससे औषधि विक्रेता के अधिकारों का हनन नहीं हो रहा था? हेन्ज को पकड़े जाने पर जज द्वारा उसे क्या सजा सुनाई जानी चाहिये? इस तरह से कोहलबर्ग ने अपने प्रयोज्यों से तरह-तरह के प्रश्न पूछे ताकि प्रयोज्य विशेष द्वारा दिये गये किसी उत्तर के औचित्य को परखने का पूरा पूरा अवसर प्राप्त हो सके।

अंत में उन सभी उत्तरों का जो कोहलबर्ग को अपने प्रयोज्यों से प्राप्त हुये, विश्लेषण करके वह इस निष्कर्ष पर पहुँचा कि पियाजे की संज्ञानात्मक विकास अवस्थाओं की तरह नैतिक मूल्यों के विकास की भी कुछ निश्चित एवं सार्वभौमिक अवस्थायें होती हैं और बालक का एक अवस्था से दूसरी अवस्था में पदार्पण करना उसके माता-पिता, गुरुजन तथा साथी बालकों के नैतिक मूल्यों के अर्जन पर नहीं बल्कि उसकी स्वयं के संज्ञानात्मक योग्यताओं पर निर्भर करता है। उसने आगे नैतिक विकास के तीन विभिन्न स्तरों का उल्लेख किया तथा प्रत्येक स्तर पर बालक या व्यक्ति विशेष के नैतिक विकास

सम्बन्धी दो अवस्थाओं की चर्चा की। कोहलबर्ग द्वारा प्रदत्त नैतिक विकास के इन तीन स्तरों तथा उनसे जुड़ी हुई अवस्थाओं को नीचे तालिका 3.4 में दिखाया गया है।

तालिका 3.4 कोहलबर्ग के नैतिक विकास सम्बन्धी तीन स्तर तथा छः अवस्थायें

स्तर–I	पूर्व नैतिक या पूर्व-पारम्परिक नैतिकता (4–10 वर्ष)
अवस्था–1: अवस्था–2:	सजा से बचने हेतु आज्ञापालन की अवस्था इनाम तथा अन्य लाभों के लालच में अनुपालन करने की अवस्था
स्तर–II	पारम्परिक नैतिकता (10–13 वर्ष)
अवस्था–3: अवस्था–4:	अच्छे अन्तःवैयक्तिक सम्बन्ध (पारस्परिक सम्बन्ध बनाये रखने तथा दूसरों की स्वीकृति पाने की अवस्था) सामाजिक व्यवस्था बनाये रखना (उच्च अधिकारीगण या सामाजिक संगठनों के द्वारा लगाये गये प्रतिबन्ध से बचने हेतु आज्ञापालन की अवस्था।
स्तर–III	स्व-मान्य नैतिक सिद्धान्तों पर आधारित उत्तर-पारम्परिक नैतिकता (13 वर्ष में या अधेड़/प्रौढ़ावस्था में अथवा कभी नहीं)
अवस्था–5: अवस्था–6:	सामाजिक अनुबन्ध तथा वैयक्तिक अधिकार (जनतांत्रिक रूप से स्वीकृत नियमों तथा सामुदायिक कल्याण सम्बन्धी रीतियों की अनुपालना सम्बन्धी अवस्था) सार्वभौमिक नैतिक सिद्धान्त (सार्वभौमिक नैतिक सिद्धान्तों तथा अपनी आत्मा की आवाज पर चलने की अवस्था)

आइये, अब हम कोहलवर्ग द्वारा वर्णित इन सभी नैतिक विकास स्तर तथा अवस्थाओं से ठीक तरह परिचित होने का प्रयत्न करें।

स्तर-I पूर्व नैतिक या पूर्व-पारम्परिक नैतिकता (4–10 वर्ष) (Pre-moral or Pre-conventional Morality)

नैतिकता के इस स्तर पर बालकों में क्या सही है अथवा क्या गलत और क्या अच्छा है अथवा क्या बुरा इस तरह के निर्णय लेने की शुरूआत हो जाती है परन्तु मानदंड जिन्हें वह इस प्रकार की नैतिकता सम्बन्धी निर्णय लेने के लिये प्रयुक्त करता है वे अभी दूसरों के ही होते हैं। (या तो उन्हें माँ-बाप या गुरुजनों द्वारा नियमों के रूप में लागू किया जाता है अथवा स्वयं अपने व्यवहार में दिखाया जाता है) वह प्रायः इस प्रकार के निर्णय या तो सजा से बचने के लिये लेता है अथवा किसी इनाम और अन्य प्रकार के लाभों/रियायतों का लालच उसे यह करने को प्रेरित करता है। इस स्तर पर होने वाला नैतिक विकास निम्न दो चरणों या अवस्थाओं में से गुजरता हुआ पाया जाता है।

अवस्था-1. सजा से बचने हेतु आज्ञापालन की अवस्था (The Stage of Obedience for avoiding Punishment)

प्रारम्भ में बालकों की नैतिकता का नियन्त्रण और नियमन सजा मिलने के डर पर आधारित रहता है। वह अपने माता-पिता तथा गुरुजनों की आज्ञा केवल डाँट-फटकार और सजा के डर से ही मानता है। कोहलबर्ग द्वारा प्रतिपादित यह प्रथम नैतिक विकास अवस्था पियाजे द्वारा प्रतिपादित प्रथम नैतिक विकास चरण या अवस्था – हेटरोनोमस अवस्था से मेल खाती है।

यहाँ बालक यह मानकर चलता है कि जिनके पास अधिकार और शक्तियाँ हैं (जैसे माता-पिता, गुरुजन आदि) उनके द्वारा कुछ निश्चित नियम तथा कायदे-कानून बनाये गए हैं जिनका उसके द्वारा बिना किसी आपत्ति के अक्षरशः पालन करना जरूरी है। अगर पूर्व वर्णित हेन्ज सम्बन्धी घटना कहानी का यहाँ पुनः स्मरण किया जाये तो इस अवस्था का बालक अपने नैतिक विकास स्तर के हिसाब से यही कहेगा कि हेन्ज को दवाई चुराने के लिये इसलिये दोषी कहा जाना चाहिये क्योंकि "ऐसा करना कानून/नियम के विरुद्ध है" अथवा "आपको नहीं मालूम कि चोरी करना बुरी बात है।" अगर इस सम्बन्ध में उससे आगे और कुछ कहने के लिये कहा जाये जैसे चोरी करना बुरी बात क्यों है? तो उसका स्पष्ट यही जबाव होगा कि आप नहीं जानते इससे कितनी बड़ी सजा मिलती है।"

अवस्था-2. इनाम तथा अन्य लाभों के लालच में अनुपालन करने की अवस्था (The Stage of Conforming to obtain Rewards and Favour in Return)

नैतिक विकास की इस अवस्था में बालक यह जान जाते हैं कि क्या अच्छा है और क्या बुरा? ऐसा निर्णय लेने के लिये कोई ऐसा सर्वमान्य निश्चित नियम नहीं होता जिसे अधिकारीगण/बड़ों द्वारा सबके लिये निर्धारित कर रखा हो। सबकी इसमें अलग-अलग राय हो सकती है। जैसे अगर हेन्ज सम्बन्धी घटना को ही लिया जाये तो क्या उचित है और क्या अनुचित इसके बारे में जहाँ हेन्ज यह सोच सकता है कि उसका इन परिस्थितियों में दवाई की चोरी करना बिल्कुल जायज है। वहीं दवाई विक्रेता इसे अपने अधिकारों पर हनन अपनी असुरक्षा तथा होने वाले नुक्सान की दृष्टि से बिल्कुल गलत करार देकर हेन्ज को कड़ी से कड़ी सजा दिलाने के हक में दिखाई दे सकता है। दूसरे अन्य व्यक्तियों की राय यहाँ अगर ली जाये तो किसी को यह उचित तथा न्यायसंगत दिखाई देगा तो कुछ इसे गलत करार देकर हेन्ज को जेल की सलाखों में बन्द करने की सिफारिश करते पाये जायेंगे। कोहलबर्ग (1963, p. 24) को इस अवस्था से बालकों का साक्षात्कार करते हुये उसकी नैतिक सोच के बारे में यही निष्कर्ष निकाला कि ये बालक अब जान जाते हैं कि "नैतिकता से जुड़ी हुई सब बातें शाश्वत नहीं बल्कि सापेक्ष होती हैं। सभी व्यक्ति अपनी-अपनी तरह से क्या अच्छा है, क्या बुरा? यह निर्णय लेने के लिये स्वतन्त्र होते हैं।

यहाँ हेन्ज के बारे में ही देख लीजिये एक बालक ने बिल्कुल अलग सा जबाव देते हुये कहा "हेन्ज को दवा अवश्य चुरानी चाहिये थी अगर वह अपनी पत्नी को आगे जीवित देखना चाहता था, परन्तु उसे उस अवस्था में यह करने की कोई जरूरत नहीं थी कि अगर वह किसी और कम उम्र की सुन्दर स्त्री से शादी करने के लिये इच्छुक था।"

इस तरह देखा जाये तो इस अवस्था से बालकों में कोई निश्चित मूल्य नहीं होते। वे मौके के हिसाब से क्या सही है और क्या गलत है इसके बारे में निर्णय अपने-अपने हिसाब से लेते हैं। ज्यादातर उनके ये निर्णय उनकी स्वार्थपूर्ति पर आधारित होते हैं। उनके लिये वही बात अच्छी है जिससे उन्हें किसी न किसी तरह का फायदा होने की गुंजाइश रहती है। वे किसी का कहना इसलिये मानते हैं कि यह बात उसके लिये फायदेमंद है, इससे उसको उनकी आवश्यकताओं को पूरा करने का मौका मिलता है।

स्तर-II पारम्परिक नैतिकता (10–13 वर्ष) (Conventional Morality)

नैतिक अवस्था के इस दूसरे स्तर पर भी बालकों की नैतिक सोच एवं निर्णय की आधारभूमि दूसरों को क्या अच्छा लगता है और क्या बुरा, इसी पर विराजमान रहती है। उसके लिये वही नैतिक या अनैतिक होता है जिसका विधान समाज में निहित नियम, कायदे कानूनों, आचार संहिता, परम्पराओं तथा रीतिरिवाजों द्वारा उसके सामने होता है। चोरी करना अथवा अपनी जिन्दगी से मुक्ति पाने की इच्छा रखने वाले व्यक्ति को दयावश मारना इस प्रकार की बातें उनके द्वारा अनैतिक करार दी जायेंगी क्योंकि न तो समाज इन्हें मान्यता देता है और न क़ानून। इस प्रकार से पारम्परिक नैतिकता के स्तर के बालक के लिये नैतिक वही होता है जो उसे समाज में बड़े अधिकारियों तथा कानून की किताबों द्वारा निर्धारित किया जाता है। इस स्तर की नैतिकता में निम्न दो अवस्थायें लक्षित होती हैं:

अवस्था-3. अच्छे वैयक्तिक अंतःसम्बन्ध (Good Interpersonal Relationships)

पारम्परिक नैतिकता स्तर के पहले चरण में बालक के नैतिक निर्णयों के मूल में यह भावना कार्य करती है कि वह ऐसे काम न करे जिनसे दूसरे नाराज हों। दूसरे शब्दों में वह 'एक अच्छा लड़का' या 'एक अच्छी लड़की' के रूप में अपनी तस्वीर दूसरों के सामने रखने की यथा संभव कोशिश करता है। इस उद्देश्य हेतु वह दूसरों की पसंद-नापसंद तथा इरादों को भांपता रहता है और उन्हीं के मुताबिक व्यवहार चेष्टाओं में संलग्न रहना चाहता है। कोहलबर्ग ने अपने अनुसंधान कार्य के दौरान यही पाया कि उसके बहुत सारे प्रयोज्य (Subjects) इस बात पर एकमत थे कि हेन्ज ने चोरी करके ठीक किया। वह एक अच्छा आदमी था क्योंकि कोई भी पति चुपचाप रहकर अपनी पत्नी को मौत से लड़ते हुये नहीं देख सकता। इस सम्बन्ध में प्रयोज्यों द्वारा दिये गये उत्तरों में से अपने एक प्रयोज्य डॉन (13 वर्ष) के उत्तर को कोहलबर्ग (1963 : 25) ने निम्न प्रकार प्रस्तुत किया है:

वास्तव में यह दवा विक्रेता का कसूर था, उसका व्यवहार अनुचित था, वह बहुत ज्यादा कीमत वसूल कर रहा था और उसे किसी की जान की भी परवाह नहीं थी। हेन्ज अपनी पत्नी से बहुत प्यार करता था और उसकी जान बचाना चाहता था। मैं सोचता हूँ कि कोई भी ऐसा ही करेगा। मेरे विचार में वे उसे जेल में बन्द नहीं करेंगे। जज सब बातों को ध्यान में रखेगा और देखेगा कि दवा विक्रेता बहुत ज्यादा कीमत वसूल रहा था।

अपने प्रयोज्यों द्वारा दिये गये इस प्रकार की प्रतिक्रियाओं के आधार पर कोहलवर्ग ने यह निष्कर्ष निकाला कि 10 से 13 वर्ष की आयु के ये प्रयोज्य अपनी ऐसी प्रतिक्रियाओं के माध्यम से यह प्रमाणित कर रहे थे कि उनकी नैतिक सोच का स्तर अभी पारम्परिक (Conventional) ही है। वे सभी इसी बात पर जोर दे रहे थे कि हेन्ज ने वही किया जो इस हालात में किसी के द्वारा किया जाना चाहिये था यानी उनके विचार में हेन्ज के द्वारा किया गया कार्य इसलिये ठीक था क्योंकि समाज में ज्यादातर ऐसा ही होता है और अधिक से अधिक लोगों द्वारा ऐसा करना स्वाभाविक ही नजर आता है।

अगर इस सम्बन्ध में पियाजे तथा कोहलबर्ग के नैतिक विकास सिद्धान्तों में समानता और असमानता तलाश करने का प्रयत्न किया जाये तो यह पता लगाने में कोई कठिनाई नहीं होगी कि जहाँ तक बाल्यावस्था में होने वाले नैतिक विकास का प्रश्न है इस विकास को कोहलबर्ग ने अपनी तीन प्रारम्भिक अवस्थाओं तथा पियाजे ने अपनी दोनों अवस्थाओं या नैतिक विकास से सम्बन्धित चरणों के तहत हमारे सामने लाने का प्रयास किया है और उनके इन प्रयासों में काफी कुछ साम्य दिखाई देता है। दोनों के द्वारा प्रतिपादित नैतिक विकास सिद्धान्तों में बालकों के नैतिक विकास क्रम में काफी एकरूपता नजर आती है। दोनों में विकास का प्रारम्भिक स्तर बालकों द्वारा बिना कोई प्रश्न किये आदेशों की अनुपालना से शुरू होता है, फिर उनके नैतिक दृष्टिकोण में इस प्रकार की सार्वभौमिकता गायब हो जाती है और वे परिस्थिति अनुसार अपने हित चिन्तन की दृष्टि से नैतिकता को परिभाषित करने लगते हैं और फिर उन्हें कार्य के गलत होने पर भी उसमें निहित नेक इरादों के कारण गलती करने वालों के प्रति सहानुभूति झलकने लगती है। इन सभी समानताओं के विद्यमान होते हुये जो एक मात्र बड़ी असमानता यहाँ दिखाई दे सकती है वह यह है कि जो बातें पियाजे ने अपने पूरे सिद्धान्त में नैतिक विकास की दोनों अवस्थाओं या चरणों का वर्णन करते हुये कही तथा अपने अनुसंधान कार्य को बाल्यावस्था तक के ही विकास तक सीमित रखा वही कोहलबर्ग ने जो कुछ पियाजे ने कहा था उसे अपनी तीन प्रारम्भिक विकास अवस्थाओं के वर्णन में ही प्रस्तुत कर दिया तथा बाद की अन्य तीन अवस्थाओं में बाल्यावस्था के बाद होने वाले नैतिक विकास को अपना अध्ययन विषय बनाया।

अवस्था-4. सामाजिक व्यवस्था बनाये रखना (Maintaining Social Order)

कोहलबर्ग के अनुसार तृतीय अवस्था में बालकों की नैतिक सोच दो व्यक्तियों में पारस्परिक सम्बन्धों विशेषकर परिवार के सदस्यों या अच्छे दोस्तों के साथ जहाँ एक दूसरे की आवश्यकताओं तथा भावनाओं को समझने और एक दूसरे के लिये कुछ करने के ईमानदारी से प्रयत्न किये जाते हैं के परिप्रेक्ष्य में ठीक तरह कार्य करती है। परन्तु चौथी अवस्था में प्रवेश करते ही बालक अपने में होने वाले सामाजिक विकास के फलस्वरूप परिवार या दोस्तों तक ही सीमित नहीं रहता वह पूरे

समाज का हो जाता है और इसलिये समाज के साथ अच्छी तरह समायोजित होने की उसकी आवश्कता आवश्यक रूप से बढ़ जाती है। अब वह समाज के नियमों, आचार विचारों तथा कायदे-कानूनों के अन्तर्गत काम करने को महत्व देने लगता है ताकि समाज में कानून और व्यवस्था बनाये रखने में उसकी उचित भागीदारी हो सके। अपनी इस प्रकार की राय की पुष्टि में कोहलबर्ग हेन्ज के कथानक के संदर्भ में अपने प्रयोज्यों द्वारा दिये गये उत्तरों की ओर हमारा ध्यान दिलाते हुये कहता है कि उसके बहुत से प्रयोज्यों ने स्पष्ट रूप से यह स्वीकार किया कि यह ठीक है कि हेन्ज का चोरी करने के पीछे जो उद्देश्य था वह कल्याणकारी था परन्तु इस बात को लेकर उसके द्वारा चोरी करने का अपराध कम नहीं हो जाता। क्या होगा अगर हम सब अपने-अपने हिसाब से कानून की धज्जियाँ उड़ाने लग जायें चाहे इसके पीछे कितना भी कल्याणकारी प्रयोजन छुपा हो? इससे तो पूरी तरह अराजकता फैल जायेगी, फिर बताओ समाज किस तरह चलेगा।

इस प्रकार से बालकों की अपने नैतिक विकास की इस चौथी अवस्था में नैतिक सोच तथा निर्णय लेने का कार्य पूरे समाज के कल्याण और हित चिन्तन से जुड़ा दिखाई देता है। उनकी नैतिकता की परिभाषा का दर्शन अब समाज के बनाये हुये नियम, कायदे तथा आचार संहिता और समाज में चली आ रही परम्पराओं तथा रीतिरिवाजों से निर्देशित और अनुप्रेरित रहता है। चाहे इसमें समाज के हित की लोक कल्याण भावना छुपी हो अथवा वे समाज की नाराजगी (जिसमें उनके माँ-बाप, गुरुजन तथा समाज के अन्य सम्मानित सदस्य, कानून और न्याय से जुड़े अधिकारीगण शामिल होते हैं) का डर एवं समाज द्वारा स्थापित नैतिकता और अनैतिकता की परिभाषाओं के संदर्भ में ही अपने व्यवहार का निरूपण करते हुये दिखाई देते हैं।

स्तर-III स्व-मान्य नैतिक सिद्धान्तों पर आधारित उत्तर-पारम्परिक नैतिकता (Post Conventional Morality Involving Self Accepted Moral Principles)

(13 वर्ष तथा उसके पश्चात्)

नैतिक विकास का यह स्तर व्यक्ति के नैतिक विकास का सर्वोच्च स्तर कहलाता है, यहाँ अब व्यक्ति की नैतिक सोच और निर्णय को नियमित एवं नियंत्रित करने की कुंजी किसी बाहरी व्यक्ति संस्था या समाज द्वारा बनाये गये कायदे कानूनों में नहीं बल्कि व्यक्ति विशेष में ही निहित पाई जाती है। कोई बात सही है या गलत इस बात का फैसला इस आधार पर नहीं लिया जाता कि दूसरों द्वारा या समाज विशेष के बनाये गये नियमों, कायदे-कानूनों अथवा चली आ रही परम्पराओं तथा रीतिरिवाजों द्वारा इस सम्बन्ध में क्या कहा जाता है बल्कि इस बात पर होता है कि उसके स्वयं का अन्तरमन इस बारे में क्या कहता है। उसके लिये नैतिकता की परिभाषा अब दूसरों द्वारा नहीं दी जाती बल्कि इसके पीछे अब वे नियम सिद्धान्त एवं मूल्य होते हैं जो स्वयं उसके द्वारा अपनी विकसित मानसिक सोच, जागरूकता तथा अनुभवों के आधार पर बनाये जाते हैं। परन्तु नैतिक विकास के इस स्तर पर पहुँचना कोई सामान्य बात नहीं है। किसी को तो इसकी किशोरावस्था के शुरू या बीच ही में उपलब्धि हो जाती है किसी को इसके लिये अधेड़ या प्रौढ़ावस्था के आखिरी वर्षों तक इन्तजार करना पड़ता है और किसी को यह अपनी जिन्दगी में नसीब ही नहीं होता। नैतिक विकास के इस उच्चतम स्तर का सफर भी निम्न दो चरणों या अवस्थाओं से गुजरता हुआ दिखाई देता है।

अवस्था-5. सामाजिक अनुबन्ध तथा वैयक्तिक अधिकार (Social Contracts and Individual Rights)

इस अवस्था में प्रवेश करते हुये, जैसा कि कोहलबर्ग का मत है, व्यक्ति विशेष के मन में यह प्रश्न उठता है कि अच्छे समाज की परिभाषा क्या है? मूल रूप में वे यह मानते हैं कि अच्छे समाज का दर्जा उस समाज को दिया जा सकता है जिसमें रहने वाले व्यक्ति किसी एक ऐसे सामाजिक अनुबन्ध में बंधे हों जिसके तहत वे स्वतन्त्र रूप से कार्य करते हुये समाज का आवश्यक हित्त चिन्तन कर सकें। वे यह मानते हैं कि समाज में रहने वाले सभी विचारवान व्यक्ति इन दो बिन्दुओं पर अवश्य ही सहमत होंगे। (i) अपने लिये कुछ मूलभूत अधिकारों जैसे स्वतन्त्रता, तथा जीवन सुरक्षा और (ii) अनुचित नियमों/कानूनों में परिवर्तन तथा समाज में सुधार लाने हेतु एक जनतन्त्रात्मक प्रक्रिया या तरीके की

आवश्यकता। अपने इस प्रकार के विचारों को कुछ ठोस आधार देने हेतु कोहलबर्ग ने एक बार फिर अपने प्रयोज्यों (Subject) द्वारा हेन्ज से जुड़ी हुई घटना के सम्बन्ध में दिये गये उत्तरों पर ध्यान केन्द्रित करने की बात हमारे सामने रखी। उसके प्रयोज्यों में अधिकांश ने अपने उत्तरों द्वारा यह कहने की कोशिश की कि "वे सामान्य तौर पर नियम या कानून का उल्लंघन करने में विश्वास नहीं करते; ये तो एक ऐसे सामाजिक अनुबन्ध होते हैं जिन्हें निभाने के लिये हम प्रतिबद्ध हैं जब तक कि इन्हें जनतांत्रिक ढंग से कोई बदलाव नहीं लाया जाता। फिर भी उसकी पत्नी का जीवित रहने का अधिकार एक नैतिक अधिकार है जिसकी रक्षा की जानी चाहिये।"

इस प्रकार से इस अवस्था में व्यक्ति विशेष की नैतिकता उस स्तर की नैतिक सोच पर पहुँच जाती है कि जहाँ वह किसी अधिकारी या कानून की बात तभी मानता है जब वह तार्किक दृष्टि से उन सिद्धान्तों या उसूलों को स्वीकार कर ले जिन पर अधिकारी विशेष द्वारा जारी किया गया आदेश निर्भर करता है। व्यक्ति की इस स्तर पर सोच नितांत तार्किक तथा विवेकपूर्ण हो जाती है और उसकी नैतिकता की परिभाषा में मानव अधिकारों, समाज कल्याण तथा विश्व बंधुत्व जैसे मानवीय तथा सामाजिक गुणों का समावेश हो जाता है। उदाहरण के लिये इस स्तर से सम्बन्धित कोई व्यक्ति मानव अधिकार संरक्षण के परिप्रेक्ष्य में यह कहता हुआ पाया जा सकता है कि मृत्यु की कामना करने वाले व्यक्ति को मौत प्रदान करने की बात उसी व्यक्ति पर छोड़ देनी चाहिये जो अपने जीवन से तंग आकर मौत की पुकार लगा रहा हो, इसके लिये अगर जरूरत हो तो समाज विशेष के भले के लिये सम्बन्धित कानून में भी परिवर्तन किया जा सकता है।

अवस्था-6. सार्वभौमिक नैतिक सिद्धान्त (Universal Moral Principles)

नैतिक विकास की यह अवस्था नैतिक सोच तथा विकास की सबसे अन्तिम और चरम अवस्था है। अपने नैतिक विकास सिद्धान्त को प्रतिपादित करते हुये कोहलबर्ग ने इस अवस्था के नैतिक विकास को अपने इस विश्वास के आधार पर कल्पना की कि व्यक्ति के नैतिक विकास में एक मुकाम ऐसा भी होना चाहिये जिसमें नैतिकता को उन सार्वभौमिक नैतिक सिद्धान्तों या शाश्वत मूल्यों के हिसाब से परिभाषित किया जा सकता हो जिसका प्रमाण महात्मा गांधी तथा मार्टिन लूथर किंग जैसे चरित्रवान् महान पुरुषों ने अपने जीवन को जी कर दिया है। नैतिकता उनके पूर्ण जीवन में शाश्वत मूल्यों तथा सार्वभौमिक एवं सर्वमान्य नैतिक सद्धिान्तों जैसे स्वतन्त्रता, समानता, विश्ववंधुत्व जीयो और जीने दो, न्याय तथा दूसरों के प्रति आदर भाव की स्पष्ट झलक देखने को मिल सकती है। इस प्रकार की नैतिकता में व्यक्ति खुद के लिये ही नहीं जीता बल्कि उसे अपने से ज्यादा दूसरों के हित की परवाह रहती है। कोहलबर्ग के अनुसार हम सब इस अवस्था में पहुँच सकते हैं अगर हम हालातों को दूसरों के नजरिये से देखना शुरू कर दें। हेन्ज की कहानी में ही देख लीजिये, नैतिकता के इस सर्वोच्च रूप के दर्शन तभी संभव हैं कि जब समस्या का उपयुक्त और न्यायोचित समाधान सभी की सहमति से हो सके। इसके लिये निश्चित रूप से सभी को (दवा विक्रेता, हेन्ज और उसकी पत्नी तथा कानून) यहाँ पैदा हुये हालातों को दूसरों के नजरिये से देखना पड़ेगा। अगर वे सभी ऐसा करते हैं तो निस्संदेह ही आखिर में वह इस बात पर अवश्य ही एकमत होते दिखाई देंगे कि छोटी छोटी बातों जैसे ज्यादा कमाई, परम्परागत नियम और कानूनों को ताक पर रखकर एक जान बचाने जैसे विशाल उद्देश्य की पूर्ति हेतु वही करना ठीक रहेगा जिससे हेन्ज की पत्नी की जान बच सके। इस प्रकार से नैतिक विकास की छठी अवस्था में आसीन व्यक्ति विशेष के नैतिक निर्णयों को नियमित एवं नियन्त्रित करने वाली शक्तियां उसके स्वयं के अन्दर विराजमान रहती हैं। इस समय जो उसकी नैतिक सोच या फैसले होते हैं उनकी चाबी उसके अन्तःकरण तथा उसके द्वारा मान्य शाश्वत मूल्यों तथा सार्वभौमिक सिद्धान्तों (जैसे सभी के लिये न्याय, समानता, स्वतन्त्रता, आदरभाव) में निहित रहती है। वह वही करता है जो उसका अंतःकरण करने के लिये कहता है चाहे इसमें उसे दूसरों का विरोध समाज की भर्त्सना तथा कानून की अवज्ञा करने की त्रासदी का सामना क्यों न करना पड़े।

कोहलबर्ग द्वारा सुझाई गई उपरोक्त नैतिक विकास सम्बन्धी अवस्थाओं के विवरण द्वारा अब यह अच्छी तरह से समझा जा सकता है कि यद्यपि बालक बहुत छोटी उम्र में ही क्या सही है और क्या गलत इस तरह का निर्णय लेने सम्बन्धी योग्यता का प्रमाण देकर अपने नैतिक विकास की यात्रा प्रारम्भ करते हुये दिखाई दे सकते हैं परन्तु नैतिकता के वास्तविक धरातल पर अपने पैर जमाने हेतु उन्हें किशोरावस्था या कभी-कभी प्रौढ़ावस्था का इन्तजार भी करना पड़ सकता है। इस

तृतीय अवस्था तक सभी पहुँच जायें इसकी भी कोई गारण्टी नहीं है। बहुत से वयस्क व्यक्ति अपनी नैतिक सोच या विचार क्षमता को लेकर कोहलबर्ग द्वारा सुझाई गई द्वितीय नैतिक अवस्था को भी पार नहीं कर पाते। अगर उचित आंकड़े इकट्ठे किये जायें तो यह आसानी से पता लग सकता है कि आज के इस भौतिकवादी युग में हम में से बहुत कम ऐसे हैं जो कोहलबर्ग द्वारा इंगित नैतिक विकास की पाँचवीं अवस्था तक पहुँच पायें और उनमें से भी बहुत ही कम ऐसे होंगे जिन्हें छटी अवस्था सम्बन्धी नैतिकता का वास्तविक हकदार समझा जाये यानी वे इस स्तर की नैतिकता की माँग करते हैं कि वे बौद्धिक रूप से सक्षम और विवेकशील हों, उनके नैतिक निर्णय केवल मात्र उनकी आत्मा की आवाज से नियंत्रित हों तथा उनमें अपने इन निर्णयों पर डटे रहने का असीम साहस हो, चाहे इसके लिये उन्हें कैसी भी कुर्बानी क्यों न देनी पड़े।

कोहलबर्ग के नैतिक विकास सिद्धान्त की समीक्षा (Evaluation of the Kohlberg's Theory of Moral Development)

अच्छाईयाँ (Positive Attributes)

कोहलबर्ग के नैतिक विकास सिद्धान्त की उसकी कुछ निम्न अच्छाईयों के कारण प्रशंसा की जाती हैः

1. कोहलबर्ग को वह पहला मनोवैज्ञानिक तथा अनुसंधानकर्ता कहलाने का गौरव प्राप्त है जिसने पहली बार मानव, नैतिक विकास की प्रक्रिया के संदर्भ में व्यापक और पूर्ण नैतिक विकास सिद्धान्त को सबके सामने रख कर यह स्पष्ट करने का प्रयत्न किया कि जीवन पर्यन्त चलने वाली हमारी नैतिक विकास यात्रा बहुत ही सुनिश्चित एवं क्रमबद्ध पड़ावों यानी अवस्थाओं से गुजरती है। एक अवस्था में होने वाले विकास स्तर को उपलब्ध करके ही व्यक्ति विशेष आगे की विकास अवस्था में प्रवेश कर सकता है। इस तरह किसी एक अवस्था के नैतिक विकास हेतु पिछली अवस्थाओं का नैतिक विकास से वांछित आधारभूमि का तो कार्य करता है परन्तु हर अवस्था विशेष की एक अनूठी नैतिक सोच होती है जो उसे उस अवस्था विशेष के नैतिक स्तर तक पहुँचाने में मदद करती है।
2. कोहलबर्ग ने अपने नैतिक विकास सिद्धान्त द्वारा पियाजे द्वारा शुरू किये अधूरे काम को पूरा करने का प्रयत्न किया। पियाजे ने अपने नैतिक विकास सिद्धान्त में केवल दो नैतिक चरणों या अवस्थाओं की चर्चा करते हुये यह बताया कि किशोरावस्था के आगमन तक हमारी नैतिकता का विकास कैसे होता है। इस तरह उसका काम अधूरा रह गया क्योंकि आगे की अवस्थाओं में नैतिक विकास कैसे होता है यह बात पियाजे के सिद्धान्त के क्षेत्र से बाहर थी। कोहलबर्ग ने अपने विकास सिद्धान्त में छः अवस्थाओं से सम्बन्धित नैतिक विकास की चर्चा की। जो कुछ पियाजे ने अपने सिद्धान्त में प्रदत्त दो विकास चरणों या अवस्थाओं में बताया वह जहाँ कोहलबर्ग ने अपने सिद्धान्त में प्रदत्त दो विकास चरणों या अवस्थाओं में बताया वह कोहलबर्ग ने अपने द्वारा सुझाई तीन अवस्थाओं में ही पूरा कर लिया वहीं आगे की तीन अवस्थाओं में उसने बाल्यावस्था के बाद की जीवन यात्रा में होने वाले क्रमबद्ध नैतिक विकास की विस्तार से चर्चा की। इस तरह कोहलबर्ग द्वारा प्रतिपादित नैतिक विकास सिद्धान्त हमारे सामने एकांगी नहीं बल्कि संपूर्ण मानव जीवन के जन्म से लेकर मृत्यु तक होने वाली नैतिक विकास प्रक्रिया और परिणाम का सर्वांग चित्र प्रस्तुत करता है।
3. कोहलबर्ग के अपने नैतिक विकास सिद्धान्त द्वारा हमारे नैतिक विकास के उच्चतर स्तर की नैतिक सोच तथा विचार प्रक्रिया के क्रमिक विकास का काफी महत्त्वपूर्ण विवरण देने का प्रयास किया है और अपने इस स्पष्टीकरण का आधार पियाजे द्वारा सुझाई गई संज्ञानात्मक विकास प्रक्रिया को बनाया है।

   नैतिक विकास की उत्तर-पारम्परिक नैतिक अवस्था में जिस प्रकार के उच्चतर नैतिक सोच या विचार प्रक्रिया की जरूरत होती है वह व्यक्ति विशेष द्वारा तब तक नहीं अपनाई जा सकती जब तक कि उसने पियाजे द्वारा वर्णित संज्ञानात्मक विकास की औपचारिक संक्रियात्मक अवस्था (formal operational stage) प्रवेश नहीं किया हो। संज्ञानात्मक रूप से सूक्ष्म चिन्तन तथा समझ विकसित होने पर ही व्यक्ति विशेष सामाजिक

व्यवस्था को ठीक तरह से कायम रखने के लिये बनाये गये कायदे-कानूनों की औचित्यता सम्बन्धी बारीकियों को जानकर उनकी अनुपालना करने के लिये आगे आ सकता है। इसलिये यह स्पष्ट हो जाता है कि इस प्रकार की नैतिकता किशोरावस्था के आगमन से पहले इसलिये विकसित नहीं हो सकती कि इसमें पूर्व बालकों में इसके लिये अपेक्षित मानसिक या संज्ञानात्मक विकास नहीं हो पाता। इस तरह हम देख सकते हैं कि कोहलबर्ग ने पियाजे द्वारा प्रतिपादित सृजनात्मक विकास अवस्थाओं को स्वीकार करते हुये यह दिखाने का प्रयास किया है कि व्यक्ति के नैतिक विकास में उसके संज्ञानात्मक विकास की अहं भूमिका रहती है। परन्तु इसी दिशा में आगे अपने विचार प्रकट करते हुये कोहलबर्ग ने यह भी स्पष्ट किया है कि बौद्धिक विकास नैतिक विकास की पूरी गारण्टी नहीं दे सकता। एक व्यक्ति बौद्धिक रूप से बहुत अधिक आगे निकला हुआ हो सकता है परन्तु अपनी नैतिक सोच तथा विचारों के कारण वह अपने नैतिक विकास से सम्बन्धित पिछली अवस्थाओं को ही पार नहीं कर पाता। इसलिये बौद्धिक रूप से सबल व्यक्तियों का नैतिक रूप से दुर्बल दिखाई देना कोई अपवाद नहीं है।

4. पियाजे की संज्ञानात्मक विकास अवस्थाओं में पायी जाने वाली संज्ञानात्मक सोच तथा विचार प्रक्रिया को अपनी नैतिक अवस्थाओं की नैतिक सोच या विचार प्रक्रिया को स्पष्ट करने हेतु काम में लाने के अतिरिक्त कोहलबर्ग ने पियाजे की संतुलनीकरण (Equilibrium) तथा असंतुलनीकरण (Disequilibrium) सम्बन्धी अवधारणाओं को भी अपने बालकों में विकसित होने वाली उच्चतर नैतिक सोच तथा विचार प्रक्रिया को समझने हेतु प्रयोग में लाने का सफल प्रयास किया। जैसा कि हम जानते हैं कि पियाजे ने यह प्रतिपादित किया कि जब बालक किसी प्रकार नये अधिगम अनुभव का आत्मसातीकरण (Assimilation) करने में अपने आपको असमर्थ पाता है तो यह बात उसे अनुक्रिया करने का कोई नया ढंग अपनाने के लिये अनुप्रेरित करती है। पियाजे के पद चिन्हों पर चलते हुये कोहलबर्ग ने भी अपने नैतिक विकास सिद्धान्त में यह प्रतिपादित किया कि व्यक्ति विशेष नैतिक विकास की एक अवस्था से निकलकर उसके आगे की अवस्था में तभी प्रवेश करता है जब उस अवस्था में वह यह पाता है कि इस अवस्था का नैतिक चिन्तन और विचार प्रक्रिया उसे वह सब कुछ नहीं दे पा रही जिसकी जरूरत उसे किसी प्रकार के नैतिक निर्णय लेने में अब पड़ रही है। इस प्रकार का असंतोष या असंतुलनीकरण महसूस करने से ही वह कुछ नया अपनाने के लिये आगे की नैतिक विकास अवस्था में पहुँचने के लिये तत्पर दिखाई दे सकता है।

5. कोहलबर्ग ने अपने नैतिक विकास सिद्धान्त द्वारा बालकों के नैतिक विकास में अनुभवों, सामाजिक अन्तःक्रिया तथा दूसरों के व्यवहार का अवलोकरन और अनुकरण कर सीखने की प्रक्रिया के महत्व को भी भलीभाँति सबके सामने रखा। कोहलबर्ग ने पूरी तरह स्पष्ट किया कि नैतिकता एक अर्जित व्यवहार है और नैतिक सोच तथा विचार प्रक्रिया का विकास बालक में धीरे-धीरे क्रमबद्ध रूप से विभिन्न नैतिक विकास अवस्थाओं के रूप में उसमें और उसके सामाजिक परिवेश में विद्यमान कारकों के बीच होने वाली अन्तःक्रिया के माध्यम से ही होता है।

6. कोहलबर्ग का नैतिक विकास सिद्धान्त अपने आप में इतना अधिक व्यापक एवं विस्तृत है कि उसने हमारी नैतिकता से सम्बन्धित किसी भी स्तर के विकास को अनछुआ नहीं छोड़ा। नैतिक विकास के उस उच्चतम स्तर के विकास को भी उसने अपने वर्णन और स्पष्टीकरण का विषय बनाया जिसमें व्यक्ति अपने समाज तथा समाज के बनाये गये कायदे-कानूनों, रीतिरिवाज तथा परम्पराओं को चुनौती देता हुआ ऐसे बदलाव लाने के लिये अपना सब कुछ न्यौछावर करने को तत्पर रहता है जिनसे समाज की प्रगति का पहिया ठीक ढंग से आगे बढ़ता रहे और मानवता की प्रतिष्ठा हो। इस प्रकार कोहलर के नैतिक विकास सिद्धान्त हमें अपने चरित्रवान् महान् पुरुषों तथा समाज सुधारकों के नैतिक विकास स्तर से परिचित कराकर यह प्रेरणा देता हुआ नजर आता है कि हम नैतिकता की ऊँचाईयों को छूकर किस प्रकार समाज, राष्ट्र और विश्व कल्याण के लिये अपना योगदान दे सकते हैं।

कमियाँ तथा कमजोरियां (Negative Attributes)

कोहलबर्ग के नैतिक विकास सिद्धान्त की उसकी कुछ निम्न कमियों तथा कमजोरियों की वजह से आलोचना निम्नांकित है:

1. कोहलवर्ग के नैतिक विकास सिद्धान्त की एक बड़ी कमजोरी यह है कि इसमें नैतिक व्यवहार के विकास सम्बन्धी प्रक्रिया को चर्चा का विषय न बनाकर मात्र नैतिक सोच तथा विचार प्रक्रिया के विकास की ही बात की गई है। किसी का किसी अवस्था विशेष में नैतिक विकास सम्बन्धी स्तर क्या है इसका पता तो उसके द्वारा किये जाने वाले नैतिक व्यवहार से ही अच्छी तरह लगाया जा सकता है उसकी नैतिक सोच के स्तर से नहीं। अगर कोहलबर्ग द्वारा किये गये अनुसंधान कार्य को ही लिया जाये तो यहाँ यह पाया जा सकता है कि कोई बालक अपनी नैतिक सोच तथा विचारों की काफी उच्च अवस्था पर विराजमान हो (जैसा कि उसके द्वारा दिये गये उन उत्तरों से प्रकट होता है कि जो उसने किसी नैतिक धर्मसंकट से सम्बन्धित घटना के बारे में अपने विचार व्यक्त करने को दिये हों) परन्तु दूसरी ओर यह जरूरी नहीं है कि वह अपनी इस नैतिक विकास के अनुरूप ही इस प्रकार की नैतिकता को वास्तविक जीवन में व्यवहार करते हुये प्रदर्शित करने में सफल हो। इस तरह बालकों की सोच कुछ और हो सकती है और उनके व्यवहार करने का ढंग कुछ और। बालक अपने विकास अवस्था के विभिन्न आयु वर्षों में तरह-तरह की बातें नैतिक सोच तथा नैतिक निर्णयों के बारे में पढ़ और सीख सकते हैं परन्तु यह जरूरी नहीं कि वे इन सब को अपने व्यवहार में भी उतार सकें। कोहलबर्ग का सिद्धान्त यह बताने में असमर्थ रहा है कि क्या नैतिक सोच विचार तथा नैतिक विकास दोनों ही आवश्यक रूप से हाथ में हाथ मिलाते हुये एक साथ विकसित होते हैं अथवा यहाँ कुछ कमी होती है।
2. कोहलबर्ग ने नैतिक विकास की विभिन्न अवस्थाओं का उल्लेख कर ऐसी सीमा रेखायें खींचने का प्रयत्न किया है कि विभिन्न आयु वर्षों में व्यक्तियों में कुछ विशिष्ट प्रकार की नैतिकताओं या नैतिक विकास का प्रादुर्भाव होता है। परन्तु व्यावहारिक रूप से इस प्रकार के निश्चित नैतिकता प्रारूप के दर्शन हमें अपने आप में तथा अन्य व्यक्तियों में देखने को नहीं मिलते। अपने जीवन के किसी एक मोड़ पर आयु अवधि तथा जीवनावस्था में एक व्यक्ति परिस्थिति अनुसार कई प्रकार की नैतिकता—पूर्व पारम्परिक, पारम्परिक तथा उत्तर-पारम्परिक का अपने नैतिक व्यवहार में प्रदर्शन करता हुआ पाया जा सकता है। इस तरह हमारा नैतिक व्यवहार अधिकतर परिस्थिति निर्देशित ही होता है हम किसी एक विशेष आयु के कोहलबर्ग द्वारा सीमाबद्ध अवस्था अन्य विशिष्ट व्यवहार के संपादन तक ही सीमित नहीं रहते। इसलिये कोहलबर्ग के सिद्धान्त द्वारा इस बात पर जोर देना ठीक नहीं है कि व्यक्ति अपनी एक आयु अवधि में एक निश्चित प्रकार की नैतिकता से ही जुड़ा होता है।
3. कोहलबर्ग के सिद्धान्त की इस संदर्भ में भी आलोचना की जाती है कि कोहलबर्ग ने बालकों के नैतिक विकास का वर्णन करने हेतु जो आयु सीमा रेखायें खींची हैं बालकों का नैतिक विकास उससे मेल नहीं खाता। जैसा कि स्मेतानों (1981) ने अपने निरीक्षण के द्वारा स्पष्ट किया है कि आज के बच्चे नैतिकता सम्बन्धी मानक जो कोहलबर्ग ने निर्धारित किये थे उनसे काफी आगे निकले हुये दिखाई देते हैं। स्कूल जाने से पूर्व ही बालकों में भले बुरे, उचित अनुचित सही-गलत आदि के बारे में निर्णय लेने हेतु स्वयं उनकी स्थापित की हुई मान्यतायें तथा मानक होते हैं चाहे इस सम्बन्ध में माता-पिता तथा बड़ों द्वारा उन्हें कुछ भी कहा जाये और चाहे उनके द्वारा अपने निर्णयों के आधार पर किये गये कार्यों का कुछ भी परिणाम हो।
4. यह भी कहा जाता है कि कोहलबर्ग ने केवल मात्र पश्चिमी संस्कृति के साँचे में ढले हुये व्यक्तियों की नैतिक सोच तथा विचार प्रक्रिया का विभिन्न आयु अवधियों के संदर्भ में अध्ययन किया था। उसके इस तरह के एक पक्षीय सांस्कृतिक अध्ययन को दूसरी संस्कृतियों विशेषकर विकासशील देशों, ग्रामीण और पिछड़े इलाकों तथा जनजाति के बालकों या व्यक्तियों के नैतिक स्तर का वर्णन मापन करने के लिये कैसे प्रयुक्त किया जा सकता है।

5. कारोल गिलीगेन (Carol Gilligan, 1987) ने कोहलबर्ग के सिद्धान्त पर लैंगिक पक्षपात का आरोप लगाते हुये कहा है कि इसमें स्त्रियों में होने वाले नैतिक विकास का कोई उचित वर्णन नहीं मिलता है। गिलीगेन के अनुसार या शायद इसलिये हुआ है कि कोहलबर्ग ने अपने अध्ययन प्रतिदर्शों में जो प्रयोज्य चुने थे वे सभी पुरुष थे इसलिये उसके द्वारा विकसित नैतिक सिद्धान्त का पुरुषों के नैतिक विकास सम्बन्धी व्याख्या तक ही सीमित रह जाना नितान्त स्वाभाविक है। गिलीगेन अपने इस आरोप के पक्ष में दलील देते हुये लिखती है कि जहाँ कोहलबर्ग द्वारा सुझाई गई नैतिक अवस्थाओं में अधिकारों तथा नियमों के औचित्य तथा न्याय-अन्याय से सम्बन्धित पुरुष प्रधान व्यक्तित्व विशेषताओं को ही नैतिकता स्तरों को मानक बनाने का प्रयत्न किया गया है वहाँ विशिष्ट प्रकार की स्त्रियोचित तथा नारी प्रधान विशेषताओं जैसे जरूरत मंदों की सेवा तथा देखभाल करना, दयालुता, सहिष्णुता तथा विनम्रता आदि की पूरी तरह अनदेखी की गई है।
6. कोहलबर्ग की उत्तर-पारम्परिक नैतिकता सम्बन्धी अवधारणा भी उसके सिद्धान्त की आलोचना का कारण बनी है। कोहलबर्ग ने यहाँ अपनी आत्मा की पुकार से नैतिक निर्णय लेने की बात कही है। व्यावहारिक दृष्टि से सोचा जाये तो इस प्रकार की नैतिकता समाज में स्थापित आचार संहिता तथा कानून व्यवस्था के खिलाफ खुला विद्रोह है। इससे सामाजिक व्यवस्था के चरमराने का खतरा पैदा हो जाता है। समाज में रहने वाले व्यक्तियों के लिये नैतिकता के अपने-अपने मानक तथा मानदंड निर्धारण कर समाज के नियमों तथा कानून की हालत बताना किसी भी अवस्था में उचित नहीं ठहराया जा सकता। सभी लोगों में गाँधी तथा मार्टिन लूथर किंग के पदचिन्हों पर चलने की योग्यता, क्षमता तथा पर हित चिन्तन की भावना नहीं पाई जा सकती और न इतना संयम, धैर्य तथा आत्म-नियन्त्रण पाया जा सकता है। इस तरह कोहलबर्ग द्वारा इस प्रकार की नैतिकता को नैतिकता की उत्कृष्टता तथा पराकाष्ठा बताकर आदर्श रूप में ग्रहण करने की प्रेरणा देना सही नहीं कहा जा सकता।
7. अंत में यह ही कहा जा सकता है कि कोहलबर्ग का नैतिक विकास सिद्धान्त सही मायने में इतना सक्षम और व्यापक नहीं है जिसके द्वारा चाहे कोई भी परिस्थिति क्यों न हो उससे सम्बन्धित व्यवहार के नैतिक या अनैतिक होने का निर्णय लिया जा सके। यद्यपि कोहलबर्ग यह दावा करता है कि नैतिक विकास सम्बन्धी उसकी छः अवस्थाओं में होने वाला विकास व्यक्ति को उचित निर्णय लेने वाली उन क्षमताओं से युक्त कर देता है जिनके सहारे वह अपनी जिन्दगी में आने वाली नैतिक समस्याओं या नैतिक निर्णय लेने सम्बन्धी चुनौतियों से अच्छी तरह निपट सकता है। परन्तु व्यवहार में ऐसा नहीं है आज के इस प्रगतिशील और निरन्तर परिवर्तित समाज में ऐसे बहुत से नैतिक निर्णय प्रश्न चिन्ह बनकर हमारे सामने खड़े हो सकते हैं जिनके उचित समाधान में कोहलबर्ग द्वारा उसकी अवस्था विशेषों में विकसित, नैतिक सूझबूझ कुछ भी काम न आ सके। ऐसा एक उदाहरण 'गर्भपात' को नैतिक या अनैतिक करार देने का है। इसी तरह से किसी भी प्रकार का घोर अनिष्टकारी तथा समाज विरोधी आचरण करने पर मृत्युदंड देना कितना सही है अथवा गलत, इस बात पर अपनी राय व्यक्त करना है। इस तरह के नैतिक निर्णयों पर आम सहमति बनाना संभव नहीं है और इसलिये यह नहीं कहा जा सकता कि इस प्रकार के नैतिक निर्णयों के लिये कोहलबर्ग द्वारा सुझाई गई किस अवस्था की नैतिकता यहाँ उचित रूप से सहायक सिद्ध हो सकती है। इस प्रकार से यह अच्छी तरह समझा जा सकता है कि कोहलबर्ग द्वारा प्रतिपादित नैतिक विकास सिद्धान्त और इसमें सुझाया गया मार्ग सभी प्रकार की नैतिक समस्याओं तथा चुनौतियों के लिये उचित हल प्रस्तुत करने में सक्षम है। कोहलबर्ग के सिद्धान्त को उपरोक्त वर्णित कमियों और आलोचनाओं के दृष्टिगत यह नहीं समझ लिया जाना चाहिये कि कोहलबर्ग का सिद्धान्त अपनी कोई उपयोगिता नहीं रखता। इस सम्बन्ध में अगर अब हम कोहलबर्ग द्वारा अपने नैतिक विकास सिद्धान्त द्वारा दिये गये योगदान तथा उसकी कमियों और आलोचनाओं की निष्पक्ष रूप से समीक्षा करें तो हम यह पायेंगे कि हर सिद्धान्त की तरह कोहलबर्ग द्वारा प्रतिपादित सिद्धान्त में कुछ कमियाँ पाई जा सकती हैं परन्तु ये कमियाँ ऐसी नहीं हैं जिनके आधार पर कोहलबर्ग द्वारा मानव नैतिक विकास को समझने में दिये गये उसके योगदान को कम करके आंका जाये। बालकों और किशोरों के नैतिक विकास की उनके मानसिक तथा सामाजिक विकास में विस्तृत एवं

अनुसंधान पर आधारित व्याख्या करने में कोहलबर्ग के सिद्धान्त को ही अब तक के नैतिक विकास सिद्धान्तों में सबसे उपयुक्त और व्यावहारिक माना जा सकता है। उसने इस संदर्भ में केवल पियाजे के द्वारा किये गये अधूरे कार्य को ही पूरा नहीं किया बल्कि हमारे सामने मानव जीवन की शुरू से अंत तक होने वाली संपूर्ण नैतिक विकास यात्रा का संपूर्ण चित्र उसकी वैयक्तिकता तथा सामाजिकता दोनों को ही ध्यान में रखते हुये अच्छी तरह प्रस्तुत करने का अनुपम प्रयास किया। निस्संदेह इस दृष्टि से हम सभी उसके द्वारा दिये गये योगदान के काफी ऋणी रहेंगे।

नैतिक विकास सिद्धान्तों के शैक्षिक निहितार्थ (Educational Implication of Moral Development Theories)

पियाजे तथा कोहलबर्ग द्वारा प्रतिपादित नैतिक विकास सिद्धान्त माता-पिता शिक्षकों तथा विद्यार्थियों को अपने-अपने उत्तरदायित्वों को निभाने में काफी सहयोगी सिद्ध हो सकते हैं। उनकी इस प्रकार की शैक्षिक उपयोगिता को निम्न रूप में प्रस्तुत किया जा सकता है:

1. नैतिक विकास सभी तरह से एक अर्जित प्रक्रिया है। कोहलबर्ग (1968) ने इस बारे में स्पष्ट रूप से संकेत दिया है कि नैतिक विकास परिपक्वन (स्वाभाविक वृद्धि एवं विकास) का प्रतिफल नहीं है। यह अनुवांशिकता से प्रभावित तथा निर्देशित नहीं होता। अतः हम बड़ों तथा अध्यापकों को चाहिये कि वे किसी भी परिस्थिति में बालक के नैतिक विकास तथा उसकी नैतिक सूझबूझ के लिये अनुवांशिकता को नहीं कोसे।
2. बालक अपने विकास के शुरूआती वर्षों में (4 से 10 वर्ष तक) न तो नैतिक होता है और न अनैतिक। इन दोनों के स्थान पर वह नैतिकता से परे दिखाई देता है क्योंकि उसमें उचित-अनुचित तथा भले-बुरे की पहचान करने सम्बन्धी नैतिक सोच का नितान्त अभाव पाया जाता है। वह बिना पूछे या बताये दूसरों की चीजें इसलिये उठा लेता है क्योंकि ऐसा करने में उसे कोई बुराई नजर नहीं आती। अब यहाँ माता-पिता, अध्यापक तथा अन्य सभी बड़ों को सावधान रहने की जरूरत है ताकि बालक द्वारा अनजाने में की गई गलती या अपराध (चूंकि यहाँ यह नहीं जानता कि वह कोई बुरा या समाज विरोधी आचरण कर रहा है) को तूल न देकर उसके ऐसे व्यवहार को पुनर्बलित करने और चोरी जैसी बुरी आदत में बदलने से रोकें।
3. कोहलबर्ग के नैतिक विकास सम्बन्धी पहली तीनों अवस्थाओं तथा पियाजे द्वारा वर्णित उसकी आश्रितता अथवा परतन्त्रता अवस्था (Heteronomous stage) से सम्बन्धित बालक नियमों के शाश्वत स्वरूप तथा बड़ों की आज्ञा पालन करना अपना धर्म समझते हैं। वे आँख बंद कर उनके बनाये गये नियमों का बिना कोई सवाल किये अक्षरशः पालन करने के हिमायती होते हैं। इसलिये हम बड़ों को चाहिये कि इन अवस्थाओं तथा आयु वर्ग के बालकों को कायदे-कानून तथा व्यवहार मानक तय करने में पूरी सावधानी बरतें। नियम जो एक बार बना दिये जायें उनमें जल्दी-जल्दी कोई बदलाव नहीं लायें तथा बिना किसी पक्षपात और भेदभाव के उनको सभी के लिये लागू किया जाये। ध्यान रहे कि ऐसा करना यहाँ काफी जरूरी है क्योंकि बालकों में अब तक अपने आप इस प्रकार की सोच या समझ विकसित नहीं होती कि उनके लिये क्या अच्छा है और क्या बुरा? विकास की इस अवस्था में तो यही ठीक रहता है कि बालकों को वैयक्तिक तथा सामाजिक रूप से किस प्रकार का व्यवहार करना चाहिये इससे सम्बन्धित उचित नियम, आचार संहिता तथा आदर्श उनके सामने रख दिये जायें और उनसे उनकी अनुपालना तथा अनुकरण भलीभाँति कराया जाये।
4. पियाजे द्वारा वर्णित औपचारिक संक्रियात्मक अवस्था (Formal operational stage) यानी किशोरावस्था के आगमन से पहले की आयु वर्षों से सम्बन्धित बालक नैतिकता के बारे में केवल स्थूल रूप में सोचने विचारने में समर्थ होते हैं। उन्हें तो बताने की बजाय यह दिखाया जाना चाहिये कि किस प्रकार का व्यवहार एवं आचरण नैतिकता के दायरे में आता है। इसलिये बाल्यावस्था से सम्बन्धित बालकों के सामने हम बड़ों के द्वारा अपने व्यवहार तथा आचरण के माध्यम से ऐसे प्रतिमान (Models) रखे जाने चाहिये जिनके अवलोकन एवं अनुकरण

से उनमें वांछित नैतिकता का विकास हो सके। नैतिकता सम्बन्धी सूक्ष्म अवधारणायें अभी बालकों की पहुँच के बाहर होती हैं। इसलिये उनसे आत्मा, कर्मों के फल भोग, धर्म और ईश्वर का विधान इत्यादि बातों को जानने और समझने की आशा करना व्यर्थ ही है।

5. मानसिक योग्यताओं में वृद्धि होने के फलस्वरूप औपचारिक संक्रियात्मक अवस्था (Formal operation stage) यानी किशोरावस्था के बालक अब ये नहीं मानते कि नियमों में बदलाव नहीं लाया जा सकता उनकी अनुपालना उसी रूप में अक्षरशः होनी चाहिये। इसलिये अब किशोरावस्था के इन बालकों से यह अपेक्षा नहीं की जा सकती कि वे बिना कोई प्रश्न पूछे और प्रतिवाद किये चुपचाप नियमों की अनुपालना तथा बड़ों का कहना मानते रहेंगे। इसलिये इस स्तर पर अब नियमों की अनुपालना तथा बालकों के नैतिक आचरण को लेकर काफी सतर्क रहना चाहिये। उनसे आँखें बन्दकर नियमों की अनुपालना तथा नैतिकता की दुहाई देकर इच्छित कार्य कराना ठीक नहीं है जब तक कि उनको ऐसा करने से सम्बन्धित अच्छाई बुराई तथा इसमें निहित औचित्य को जानने-समझने का मौका न दिया जाये। उन्हें इस बारे में प्रश्न करने तथा अपनी शंकाओं के समाधान हेतु पूरी स्वतन्त्रता एवं उचित अवसर प्रदान किये जाने चाहिये। नैतिकता से जुड़ी हुई बातों तथा प्रकरणों पर खुले मंच पर गोष्ठियों, भाषण प्रतियोगिताओं तथा पैनल वार्त्ताओं के रूप में खुली चर्चा भी होनी चाहिये ताकि किशोरों को नैतिकता से अच्छी तरह से समझकर अपनाने में पूरी-पूरी मदद की जा सके।

6. नैतिक विकास सम्बन्धी इन सिद्धान्तों के अनुसार माँ-बाप तथा अध्यापकों को बालकों का रुख नैतिकता की ओर मोड़ने के लिये उन्हें यह समझना और व्यावहारिक रूप में दिखाना भी काफी लाभदायक हो सकता है कि अच्छा व्यवहार अच्छे व्यवहार को तथा बुरा व्यवहार बुरे व्यवहार को जन्म देता है। अगर कोई बात आपको चुभती है तो फिर दूसरों को भी अवश्य ही चुभेगी। इस तरह की भावनाओं और विचारों को प्रोत्साहित करना बालकों में अच्छी बातों तथा आदतों के समावेश का उपयुक्त साधन बन सकता है।

7. कोहलबर्ग ने इस बात पर काफी जोर दिया है कि नैतिक शिक्षा का उद्देश्य विद्यार्थियों को उसके आगे की अवस्था में होने वाले नैतिक विकास के प्रारम्भिक स्तर तक पहुँचाने में उचित सहायता प्रदान करना है। उसके अनुसार ऐसा करने का सबसे व्यावहारिक तरीका यही है कि उसके सामने मौखिक कथानकों के रूप में या दिन प्रतिदिन की वास्तविक/अनुरूपित घटनाओं/परिस्थितियों के माध्यम से ऐसे धर्मसंकट (Moral dilemma) प्रस्तुत किये जायें कि उसे अपनी विकसित नैतिक सोच तथा सूझबूझ का यथा शक्ति प्रयोग करते हुये नैतिक निर्णय लेने के लिये प्रतिबद्ध होना पड़े। इस समय बालक विशेष द्वारा अपनी विकास अवस्था के अनुरूप ही उचित प्रयास किये जा सकते हैं परन्तु वह जब यह पाता कि इस अवस्था तक अर्जित नैतिक सोच तथा सूझबूझ यहाँ उसकी सहायता नहीं कर पा रही है वह बरबस ही नैतिक विकास के अगले स्तर को प्राप्त करने के लिये अभिप्रेरित हो जाता है। कोहलबर्ग की बालक को नैतिक निर्णय सम्बन्धी ऐसे धर्मसंकट में डालकर आगे अपने नैतिक विकास हेतु अभिप्रेरित करने की तकनीक पियाजे द्वारा प्रतिपादित संतुलनीकरण (Equilibration) की अवधारणा से मेल खाती है। पियाजे के अनुसार जब कोई नई बात पुराने ज्ञान के आधार पर समझ नहीं आती तो उसका इस प्रकार आत्मसातीकरण (Assimilation) नहीं होने के कारण बालक उसे करने तथा समझने के नये तरीके सीखने के लिये समायोजीकरण (Accommodation) के लिये अभिप्रेरित हो जाता है ताकि नयी बात नहीं सीख सकने के कारण जो असंतुलन पैदा हो गया था उसको दूर किया जा सके। इस प्रकार से पियाजे तथा कोहलबर्ग दोनों ही इस प्रकार की धर्मसंकट या चुनौतीपूर्ण परिस्थिति बालक के सामने लाने के पक्षधर हैं जिससे वह अपने नैतिक विकास के स्तर में आगे कुछ बढ़ोत्तरी करने हेतु भलीभाँति अभिप्रेरित होता हुआ दिखाई दे। इससे अध्यापकों को भी यह सीख मिलती है कि वे बालकों के सामने ऐसी परिस्थितियों तथा अवसरों का सृजन करें जहाँ वे नैतिकता सम्बन्धी विचारों तथा अवधारणाओं का मंथन करते नजर आयें तथा नैतिक निर्णयों को लेने सम्बन्धी धर्मसंकटों तथा चुनौतियों से उन्हें गुजरना पड़े ताकि वे सम्भावित उचित विकल्पों की तलाश में अपने नैतिक विकास के अगले पड़ाव की राह पकड़ सकें।

8. कोहलबर्ग का नैतिक विकास सिद्धान्त हमें इस तथ्य से अवगत करवाता है और फिर उससे आवश्यक प्रेरणा लेने के लिये अनुप्रेरित करता है कि हम नैतिकता के उस स्तर तक भी पहुँच सकते हैं जिस पर देश और समाज के लिये कुछ कर गुजरने वाले शहीद और महान् पुरुष जैसे गांधी, लिंकन, मार्टिन लूथर किंग, सुभाष चन्द्र बोस तथा भगत सिंह पहुँच चुके थे। बालक एवं युवा अपनी आत्मा की आवाज तथा अपने द्वारा मान्य नैतिक सिद्धान्तों पर चलते हुये समाज की कुरीतियों, गलत मान्यताओं तथा कायदे कानूनों के विरुद्ध बिगुल बजाते हुये नयी सामाजिक व्यवस्था बनाने में अपना योगदान दे सकें, इस प्रकार की नैतिकता से भरपूर पीढ़ियों को तैयार करने के कार्य अब उस उचित प्रकार की उच्च स्तरीय शिक्षा-दीक्षा से ही संभव हो सकता है जिसमें नैतिक विकास के उच्चतर स्तर को प्राप्त करने का लक्ष्य बनाया जाये। इस कार्य हेतु बालकों के सामने इन महान् पुरुषों तथा कर्मयोगियों के नैतिक जीवन सम्बन्धी उदाहरण रखे जाने चाहिये तथा उन्हें वर्तमान समाज की व्यवस्था तथा आचार-विचार पर भी विचारों के आदान-प्रदान करने की समुचित आजादी भी दी जानी चाहिये। यह तो है कि हम कदाचित ही कोई दूसरा गाँधी, लिंकन, लूथर किंग या मदर टैरेसा पैदा कर सकें परन्तु हम इस कार्य के लिये प्रयत्न तो कर सकते हैं और इन प्रयत्नों की थोड़ी बहुत कामयाबी भी हमारे समाज, राष्ट्र या विश्व का कल्याण करने में कितनी सार्थक सिद्ध हो सकती है, इस बात की कल्पना ही हमें कोहलबर्ग द्वारा सुझाये गये इस उच्चतम नैतिक स्तर के विकास हेतु भलीभाँति अभिप्रेरित कर सकती है।

व्यगोत्स्की का सामाजिक-सांस्कृतिक विकास सिद्धान्त (Vygotsky's Socio-cultural Theory of Development)

लेव व्यगोत्स्की (1896–1934) एक रशियन मनोवैज्ञानिक थे जिन्होंने मनोविज्ञान के क्षेत्र में उसी समय अपने अध्ययन और अनुसन्धानों को सबके सामने रखा जिस समय में स्विटज़रलैंड निवासी जीन पियाजे द्वारा 1920-30 के मध्य अपने विचारों का प्रतिपादन किया जा रहा था। लेव व्यगोत्स्की द्वारा प्रतिपादित बालकों के विकास सम्बन्धी सिद्धान्त को सामाजिक-सांस्कृतिक विकास सिद्धान्त की संज्ञा दी जाती है। इस सिद्धान्त का प्रतिपादन करते हुये व्यगोत्स्की ने स्पष्ट किया कि किसी एक प्रनियम [जैसे पियाजे द्वारा वर्णित सन्तुलनीकरण (Equilibration)] द्वारा विकासशील बालकों के विकास के बारे में स्पष्टीकरण नहीं दिया जा सकता। उनके विकास को सभी प्रकार से उन्हें उपलब्ध सामाजिक-सांस्कृतिक वातावरण के परिप्रेक्ष्य में ही समझना उचित रह सकता है। होता भी ऐसा ही है क्योंकि बालकों के व्यक्तित्व के सभी पक्षों (उच्च संज्ञानात्मक क्षमताओं के विकास सहित) में चलने वाली विकास धारा उनके सामाजिक-सांस्कृतिक परिवेश सम्बन्धी अन्तः क्रियाओं में से ही होकर गुजरती है। सामाजिक-सांस्कृतिक अन्तःक्रियाओं का यह स्वरूप बालकों के विकास को किस प्रकार से प्रभावित करता है। इस सम्बन्ध में व्यगोत्स्की ने निम्न बातें सामने रखी हैं:

1. **बालक का विकास उसके सामाजिक-सांस्कृतिक परिवेश में होने वाले अधिगम का प्रतिफल है** (Development as a function of learner carried out in socio-cultural environment)—व्यगोत्स्की के अनुसार व्यक्तित्व में सभी आयामों में होने वाला विकास बालकों के उनके अपने अनुभवों तथा अधिगम प्रयत्नों का परिणाम होता है। बालक अपने अनुभव तथा अधिगम प्रयासों से अपने व्यवहार में जिस प्रकार के परिवर्तन लाते हैं, यानी जिस प्रकार के ज्ञान, कौशल, रुचि, अभिरुचि तथा अभिवृत्तियों का उनमें विकास होता है उसी के अनुसार उनके शारीरिक, मानसिक, सामाजिक, सांस्कृतिक, संवेगात्मक, नैतिक तथा भाषागत विकास का रास्ता बनता जाता है। जहाँ पियाजे की यह धारणा थी कि बालकों में आवश्यक विकास प्रक्रिया का प्रारम्भ पहले होता है और इस प्रकार के विकास के बाद ही किसी प्रकार का अधिगम कार्य उनके द्वारा सम्भव होता है वहीं व्यगोत्स्की ने यह स्पष्ट किया कि बालकों द्वारा सामाजिक अधिगम (सामाजिक अन्तःक्रिया के माध्यम से अधिगम अर्जन) पहले सम्पन्न होता है और इसी के परिणामस्वरूप उनका विकास आगे बढ़ता है। बालक जो कुछ भी अपने सामाजिक और सांस्कृतिक वातावरण से अन्तःक्रिया करते हुए सीखते हैं उसी

के फलस्वरूप उनमें व्यक्तित्व के विभिन्न पक्षों से सम्बन्धित विकास का कार्य सम्पन्न होता है। अपने विकास हेतु बालकों द्वारा जो अधिगम किया जाता है उसका संपादन व्यगोत्स्की के अनुसार दो स्तरों पर होता है। पहले चरण में इसका संपादन दूसरों के साथ अन्तःक्रिया करने से होता है और दूसरे चरण में इसे अपनी संज्ञानात्मक या मानसिक संरचना में आत्मसात् करने का प्रयत्न किया जाता है। इस सम्बन्ध में अपने विचार प्रकट करते हुये व्यगोत्स्की ने लिखा है:

बालक के सांस्कृतिक विकास सम्बन्धी प्रत्येक कार्य और बात दो स्तरों पर संपन्न होती है, पहले सामाजिक स्तर पर और फिर वैयक्तिक स्तर पर। यानी पहले व्यक्तियों के मध्य (अन्तः मनोवैज्ञानिक प्रक्रिया के रूप में) तथा फिर व्यक्ति विशेष के अन्दर (अन्तरा मनोवैज्ञानिक प्रक्रिया के रूप में) संपन्न होता है। यह बात बालक द्वारा किसी चीज पर इच्छापूर्वक विशेष रूप से ध्यान देने, तर्कसंगत स्मृति का परिचय देने तथा अवधारणाओं का निर्माण करने आदि बातों पर भी पूरी तरह लागू होती है। सही अर्थों में सभी प्रकार की उच्च स्तरीय व्यवहार क्रियाओं के संपादन की क्षमता व्यक्तियों के साथ वास्तविक अंतःक्रिया या संपर्क के माध्यम से ही आती है।

Every function in the child's cultural development appears twice : first, on the social level, and later, on the individual level; first between people (inter psychological) and then inside the child (intra-psychological). This applies equally to voluntary attention, to logical memory, and to the formation of concepts. All the higher functions originate as actual relationship between individulas.—(Vygotsky, 1978 : 57)

2. **व्यगोत्स्की के बालकों के संज्ञानात्मक तथा सामाजिक-सांस्कृतिक विकास के सम्बन्ध में विचार** (Vygotsky's views about children's cognitive and socio-cultural development)—व्यगोत्स्की के अनुसार बालकों का संज्ञानात्मक तथा सामाजिक-सांस्कृतिक विकास एक दूसरे से काफी जुड़ा रहता है। बालक का जिस प्रकार का सामाजिक-सांस्कृतिक विकास होता है उसी के अनुरूप उसके संज्ञानात्मक विकास का कार्य आगे बढ़ता है। इस तरह से बालक के संज्ञानात्मक और बौद्धिक विकास पर बालक के द्वारा अपने सामाजिक एवं सांस्कृतिक वातावरण के साथ अंतःक्रिया करते हुये जिस प्रकार का अधिगम होता है उसी के परिणामस्वरूप उसके संज्ञानात्मक तथा बौद्धिक विकास का मार्ग प्रशस्त होता है। इस तरह व्यगोत्स्की ने बालक के विकास में सामाजिक-सांस्कृतिक कारकों तथा बालक विशेष के साथ की जाने वाली अंतःक्रिया तथा पारस्परिक सम्बन्धों पर काफी बल दिया है। इस सम्बन्ध में उसकी जो धारणायें रही हैं उनका संक्षिप्त परिचय नीचे दिया जा रहा है:

(i) *बालकों द्वारा अपने संज्ञानात्मक विकास में संस्कृतिजन्य साधनों/उपकरणों का प्रयोग किया जाता है (Children make use of culturally determined tools for intellectual adaptation)*—पियाजे ने यह बताने की चेष्टा की कि प्रत्येक बालक में उसके बौद्धिक या संज्ञानात्मक विकास सम्बन्धी यात्रा की शुरूआत कुछ जन्मजात गति तथा सहज क्रियाओं (Motor and reflex action) जैसे—चूसना (Sucking), देखना (Looking), वस्तुओं को पकड़ना (Gasping) तथा वस्तुओं तक पहुँचना (Reaching) आदि को लेकर होती है। व्यगोत्स्की ने इसके स्थान पर यह कहा कि बालक अपने बौद्धिक या संज्ञानात्मक विकास की यात्रा जिन चार साधनों (Tools) की मदद से आरम्भ करता है, वे हैं (i) ध्यान या अवधान (Attention), (ii) संवेदना (Sensation), (iii) प्रत्यक्षीकरण (Perception) तथा (iv) स्मृति (Memory)। व्यगोत्स्की ने इन्हें बालक के बौद्धिक/संज्ञानात्मक विकास तथा अनुकूलन के लिए मूल साधन (Basic tools for intellectual adoption) बताया। व्यगोत्स्की के अनुसार बालक विशेष का संज्ञानात्मक/बौद्धिक विकास उसी रूप में आगे बढ़ता है जिस रूप में उसके पास इन चारों साधनों को उपयोग में लाने की योग्यता और क्षमता होती है। जैसे-जैसे इन चारों साधनों से सम्बन्धित क्षमताएँ उसमें बढ़ती रहती हैं वैसे-वैसे ही वह संज्ञानात्मक विकास की सीढ़ियाँ चढ़ता रहता है। ये चारों साधनों का बालक के सामाजिक एवं सांस्कृतिक वातावरण तथा उससे होने वाली अंतःक्रियाओं से काफी नजदीकी रिश्ता रहता है। ध्यान देते हुए संवेदना एवं प्रत्यक्षीकरण द्वारा अनुभूत जानकारी को स्मृति में धारण करके जिस रूप में उपयोग करना बालक के लिए सम्भव हो पाता है यह बात बालक के सामाजिक एवं सांस्कृतिक परिवेश से मिलने वाले पृष्ठ-पोषण पर निर्भर करती है। वह प्राप्त जानकारी से वही अर्थ निकालता है जो उसे उसका सामाजिक एवं सांस्कृतिक

विकास तथा परिवेश सम्बन्धी अनुभव निकालने की सामर्थ्य एवं योग्यता देते हैं। इसलिए व्यगोत्स्की ने पूरी तरह यह स्पष्ट किया कि बालकों के संज्ञानात्मक विकास को किसी भी रूप में उसके सामाजिक एवं सांस्कृतिक विकास तथा पृष्ठभूमि से अलग करके नहीं समझा जा सकता। सामाजिक एवं सांस्कृतिक पृष्ठभूमि, मिलने वाले अनुभव तथा विकास ही फिर बालकों के ध्यान, संवेदना, प्रत्यक्षीकरण तथा स्मृतिजन्य क्षमताओं में यथानुकूल वृद्धि कराते हुए बालकों को उच्चतर मानसिक प्रक्रियाओं (Higher mental function) के संपादन में उत्तरोत्तर देकर सफल बनाने का कार्य करते हैं।

(ii) *बालकों के संज्ञानात्मक विकास पर बालकों की सामाजिक-अंतःक्रिया का प्रभाव (Effects of social influences on child's cognitive development)*—पियाजे की तरह व्यगोत्स्की का भी यह विश्वास था कि बालक स्वभाव से ही जिज्ञासु होते हैं और इनकी जिज्ञासा उन्हें सदैव ही कुछ न कुछ जानने खोजने तथा नई समझ विकसित करने में मदद करती रहती है। परन्तु जहाँ पियाजे ने कुछ जानने और खोजने के लिए केवल स्वयं के प्रयत्नों को ही एक मात्र साधन बताया वहीं व्यगोत्स्की ने बालक में समझ विकसित कर उसको विकास के मार्ग पर चलाने में समाज और संस्कृति की भूमिका को अति आवश्यक समझने की बात कही। उसने स्पष्ट किया कि बालक स्वयं के प्रयासों, निजी अनुभवों तथा दूसरों के व्यवहार की नकल करने से कुछ आसान बातों को तो अपने आप सीख सकता है परन्तु कठिन बातों/ज्ञान/कौशलों को जानने, समझने और ठीक तरह प्रयास में लाने हेतु उसे अपने से ज्यादा जानकार तथा अनुभवी व्यक्तियों जैसे माता-पिता, शिक्षक तथा गुरुजनों के विधिवत् निर्देशन तथा सीख की आवश्यकता होती है। बालक अपने से अधिक जानकारी और बुद्धिमान व्यक्तियों से जो सामाजिक अंतःक्रिया करते हैं उसी के प्रभाव के फलस्वरूप वे समुचित अधिगम अर्जन करने में समर्थ हो पाते हैं। बालक सामाजिक अंतःक्रिया के माध्यम से अपने से बड़ों तथा जानकार व्यक्तियों से किस प्रकार उचित अधिगम अर्जन करते हैं इसे स्पष्ट करने हेतु शेफर (Shaffer 1996) ने एक छोटी लड़की द्वारा पहली बार टुकड़ों को जोड़कर एक दिया हुआ आकार बनाने सम्बन्धी दृष्टांत प्रस्तुत किया है।

> वह छोटी लड़की टुकड़ों को जोड़कर दिया हुआ चित्र/आकृति बनाने का प्रयत्न करती है परन्तु वह अकेली इसमें सफल नहीं हो पाती। इसके बाद उसका पिता उसके साथ बैठता है और उन टुकड़ों को सही जोड़कर आकृति विशेष को बनाने सम्बन्धी गुण बताता है, कुछ का प्रदर्शन करता है तथा कुछ को करने के लिए बेटी को प्रोत्साहित करता है। जब-जब बालिका द्वारा ठीक दिशा में प्रयास किए जाते हैं तब आगे करने हेतु पिता की तरफ से उचित प्रतिपुष्टि और प्रोत्साहन मिलता रहता है। जब पिता यह समझ लेता है कि बाकी का सारा कार्य बालिका द्वारा ठीक प्रकार कर लिया जाएगा। तब वह उसे स्वयं ही कार्य पूरा करने के लिए छोड़ देता है। कार्य ठीक तरह पूरा होने पर वह उसी तरह का कार्य (टुकड़ों को जोड़कर दूसरी दी हुई आकृति बनाने) अपनी बेटी से स्वयं अपने आप करने को कहकर उसे इस प्रकार के निर्माण में पर्याप्त क्षमता विकसित करने का प्रयत्न करता है।

(iii) *बालकों के विकास से सम्बन्धित व्यगोत्स्की द्वारा प्रतिपादित*

एम.के.ओ. तथा जेड.पी.डी. की अवधारणा (The concepts of MKO and ZPD)—सामाजिक अंतःक्रिया से जुड़ी हुई प्रक्रियाओं से बालक किस प्रकार अधिगम अर्जन करता है तथा उसका वांछित विकास कैसे होता है इसे स्पष्ट करने हेतु व्यगोत्स्की द्वारा विकसित दो अवधारणाओं एम.के.ओ. तथा जेड.पी.डी. का काफी महत्त्वपूर्ण स्थान है। आइए इन अवधारणाओं की प्रकृति और व्यगोत्स्की द्वारा इनके उपयोग पर ध्यान दिया जाए।

मोर नालेजेबल अदर या एम.के.ओ. (More knowledgeable other or MKO)—किसी विशेष कार्य, प्रक्रिया या संप्रत्यय विशेष के सम्पादन या जानकारी के सन्दर्भ में जिसे बालक की अपेक्षा अधिक जानकारी और ज्ञान हो उसे मोर नालेजेबल अदर (MKO) की संज्ञा दी जाती है। सामान्यतया ऐसे ज्यादा जानकार व्यक्तियों के रूप में बालकों के माता-पिता, अध्यापकों तथा अन्य बड़ी आयु के व्यक्तियों को समझा जा सकता है। परन्तु यहाँ बालक विशेष के उन हम उम्र साथियों तथा सहपाठियों को भी इसके दायरे में लाया जा सकता है जो उससे अधिक जानकारी, समय तथा कौशल से युक्त हों। कई मामलों में तो बालकों को प्रौढ़ों से अधिक नालेजेबल या ज्ञानवान् समझा जा सकता है जैसे मोबाइल टेबलेट का प्रयोग में लाने तथा नया वीडियो गेम आदि को देखने के बारे में जानकारी।

जॉन ऑफ प्रोक्सीमल डेवलपमेंट या जेड.पी.डी. (Zone of proximal development or ZPD)—व्यगोत्स्की के अनुसार किसी भी स्तर या परिस्थिति में बालक का संज्ञानात्मक तथा सामाजिक एवं सांस्कृतिक विकास उसे उपलब्ध जॉन ऑफ प्रोक्सीमल डेवलपमेंट (ZPD) पर निर्भर करता है। जेड.पी.डी. नाम की व्यगोत्स्की की इस अवधारणा का सम्बन्ध बालक विशेष की जानकारी और ज्ञान में पाए जाने वाले उस अन्तर से होता है जो बालक के द्वारा स्वयं किए गए प्रयत्नों तथा कुशल और अधिक जानकार साथियों के निर्देशन में किए जाने वाले प्रयत्नों के बीच पाया जाता है। इस प्रकार से जेड.पी.डी. उस क्षेत्र विशेष का प्रतिनिधित्व करता है जिसके दायरे में कोई बालक विशेष अपने से अधिक कुशल और जानकार व्यक्ति के सानिध्य या सहायता से किसी समस्या विशेष का समाधान कर सकता है। प्रोक्सीमल (Proximal) शब्द का सरल भाषा में अर्थ है, अगला (Next)। इसके दो मतलब निकाले जा सकते हैं। पहला यह बालक के लिए समस्या समाधान या अपने व्यवहार में अपेक्षित सुधार लाने में जो व्यक्ति ज्ञान और जानकारी में उससे एक कदम आगे हो, काफी उपयोगी और हितकारी सिद्ध हो सकता है। ऐसे व्यक्तियों (माता-पिता, शिक्षक, गुरुजन तथा होशियार सहपाठियों) के निर्देशन और देख-रेख में बालक को अपने संज्ञानात्मक तथा सामाजिक विकास के रास्ते पर आगे बढ़ने में उचित सहायता मिल सकी है। अपने दूसरे अर्थ में प्रोक्सीमल या अगले से तात्पर्य बालक के विकास या अधिगम की उस अगली सीमा तक है जहाँ तक उसके इस विकास या अधिगम अर्जन को ज्ञानवान् व्यक्ति की देखरेख या निर्देशन द्वारा ले जाना सम्भव हो सकता है। जोन ऑफ प्रोक्सीमलन डेवलपमेंट (ZPD) के नाम वाली यह परिधि सीमा (जिसके भीतर बालक के ज्ञान और कुशलता प्राप्ति की सम्भावना रहती है) बालक से जुड़ी हुई बहुत-सी बातों जैसे उसकी आयु, वैयक्तिकता, घर और परिवार, समाज और संस्कृति का प्रभाव आदि पर निर्भर करती है। जैसे-जैसे बालक बड़ा होता है और उसका सामाजिक एवं सांस्कृतिक परिवेश में अंतःक्रिया करने का दायरा बढ़ता है और बड़ों का निर्देशन, सानिध्य तथा पथ-प्रदर्शन उसे प्राप्त होता है तो उसकी जेड.पी.डी. को पढ़ता जाता है, वह अधिक से अधिक कठिन और पेचीदा बातों को सीख सकता है तथा उसके मानसिक एवं सामाजिक विकास में उत्तरोत्तर प्रगति होती रहती है। (देखें चित्र 3.2)

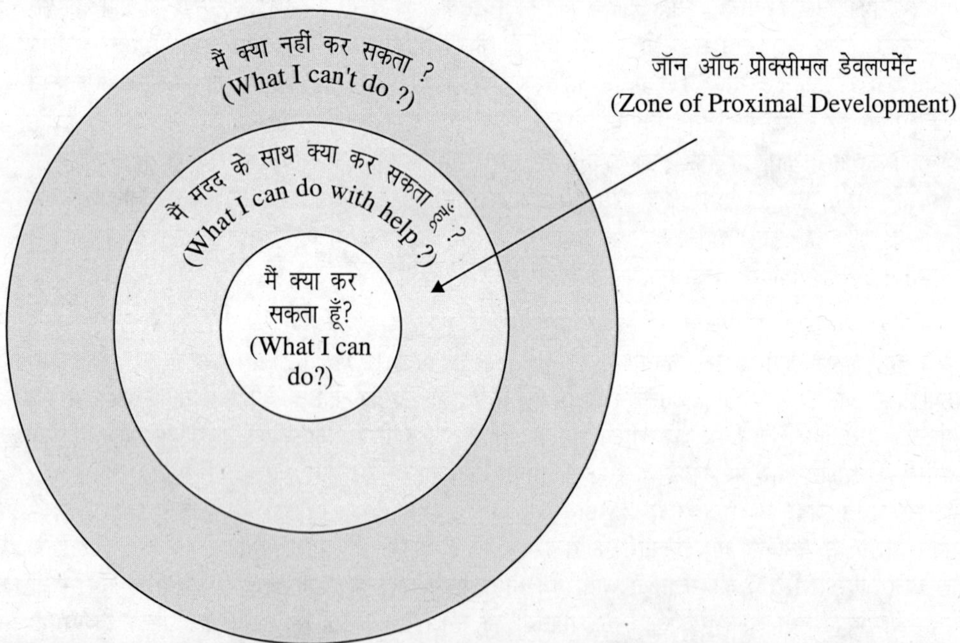

चित्र 3.2 जोन ऑफ प्रोक्सीमल डेवलपमेंट (ZPD) की अवधारणा

इस तरह व्यगोत्स्की ने जेड.पी.डी. (ZPD) के संप्रत्यय को सामने लाकर यह स्पष्ट करने का प्रयत्न किया कि बालकों को उनके अधिगम पथ पर आगे बढ़ाने या उनका मानसिक/सामाजिक विकास करने के सन्दर्भ में यह देखा जाना चाहिए कि वे अपने आप क्या कुछ कर सकते हैं और क्या नहीं। फिर इसके बाद उनके जे.पी.डी. क्षेत्र या अधिगम सीमा की थाह पाकर उन्हें आवश्यक निर्देशन/परामर्श देकर उन्हें किसी कार्य या व्यवहार विशेष को क्रियान्वित करने में समर्थ बनाना चाहिए और फिर वे अगर उस कार्य को एक बार कर लें तो उन्हें ऐसे दूसरे कार्यों को करने के लिए अकेला छोड़ देना चाहिए। जैसे पहले दिए हुए उदाहरण में वस्तुओं के टुकड़ों की सहायता से दी हुई आकृति नहीं बना पाने में असमर्थ बालिका को उसके पिता द्वारा आवश्यकतानुसार सहायता दी गई और उसे यह करने में समर्थ बनाया तथा एक बार सीख लेने के बाद उसे टुकड़ों (Pieces) की सहायता से ऐसी अन्य आकृतियों का निर्माण करने को कहा गया।

(iv) *बालकों के संज्ञानात्मक तथा सामाजिक विकास में भाषा की भूमिका (Role of language in the cognitive and social development of children)*—बालकों के संज्ञानात्मक तथा सामाजिक विकास में भाषा को अधिक महत्त्व देने की बात व्यगोत्स्की ने सामने रखी।

व्यगोत्स्की के अनुसार किसी भी समाज या संस्कृति में भाषा बच्चे के बौद्धिक एवं सामाजिक विकास का सशक्त साधन है। इसमें कोई सन्देह नहीं कि बालकों में भाषा का अर्जन आपसी वार्तालाप और संप्रेषण के माध्यम से होता है और यह फिर उसके उचित संज्ञानात्मक तथा सामाजिक विकास में निम्न बातों की वजह से काफी लाभदायक सिद्ध होता है:

1. जितनी अच्छी तरह से बालक को भाषा का ज्ञान होता है उतना ही वह अपने सामाजिक एवं सांस्कृतिक परिवेश में दूसरों के साथ अंतःक्रिया और संप्रेषण करने के काबिल बनता जाता है। यही काबिलियत उसके उचित सामाजिक एवं सांस्कृतिक विकास के लिए समुचित रास्ता खोलती है।
2. भाषा का विकास उसे मानसिक विकास के पथ पर अग्रसर करने में मदद करता है। जिसके पीछे यह बात है कि वह अपने से अधिक बड़े या ज्ञानवान व्यक्ति से कुछ सीखने और अपने मानसिक विकास में आवश्यक सहायता प्राप्त करने हेतु अच्छी तरह संप्रेषण कर सकता है और दूसरे वह मानसिक कार्यों को ठीक तरह से पूरा करने हेतु आवश्यक आन्तरिक चिन्तन के लिए भाषा को एक साधन के रूप में अच्छी तरह प्रयोग में ला सकता है। बालक भाषा को एक साधन के रूप में अपने चिन्तन मानसिक कार्यों के सम्पादन तथा संज्ञानात्मक विकास हेतु कैसे प्रयोग में लाते हैं, इस सम्बन्ध में व्यगोत्स्की (1987) ने भाषा की भूमिका को अच्छी तरह से स्पष्ट करने के लिए भाषा के निम्न तीन स्वरूपों की चर्चा की है:

(i) **सामाजिक बातचीत** (Social speech)—यह एक प्रकार का बाह्य संप्रेषण है जिसे बालक दूसरों के वार्तालाप के लिए प्रयुक्त करते हैं। सामान्यतः इस प्रकार की बातचीत बालकों में दो वर्ष की आयु से शुरू हो जाती है।

(ii) **व्यक्तिगत या निजी बातचीत** (Private speech)—लगभग तीन वर्ष के बालक इस प्रकार की बातचीत में संलग्न रहते हुए पाए जाते हैं। भाषा के इस रूप में बालक का स्वयं अपने आप से बात करते हुए दिखाई देते हैं और इस प्रकार से बातें करना उसके मानसिक कार्यों के संपादन में सहायक सिद्ध होता है।

(iii) **आंतरिक बातचीत** (Inner speech)—सामान्यतः सात वर्ष की आयु के बाद बालकों का स्वयं अपने आप से बातचीत करने सम्बन्धी निजी बातचीत का स्वरूप बदल जाता है और वह बाह्य न होकर आंतरिक रूप धारण कर लेती है। अब ये यहाँ मन ही मन में बिना दूसरों को कुछ सुनाए हुए अपने आप से वार्ता करते हुए पाए जाते हैं। इनकी यह बातचीत स्वयं से चुपचाप अंतर्मन में ही होती है, किसी और को नहीं सुनाई देती। इस आंतरिक बातचीत के माध्यम से वे अब ऐसा उपयुक्त चिन्तन कर सकते हैं जिससे हाथ में लिए गए मानसिक कार्य या सामाजिक व्यवहार के संपादन में इन्हें आवश्यक सहायता मिले।

बालकों में भाषा का विकास कैसे और कब होता है इस बारे में व्यगोत्स्की की धारणा पियाजे से काफी भिन्न रही। पियाजे ने जहाँ यह कहा कि भाषा अपने विकास के लिए विचारों पर निर्भर करती है और इस तरह बालक का संज्ञानात्मक विकास पहले होता है तथा भाषा का विकास बाद में, वहीं व्यगोत्स्की ने इस सम्बन्ध में यह बताया कि बालक के शुरूआती

विकास चरण के (2 वर्ष की अवस्था) विचार तथा भाषा दो अलग-अलग प्रणालियों के रूप में रहते हैं। यहाँ बालकों से भाषा के अर्जन हेतु विचारों के मानसिक विकास की जरूरत नहीं होती, वे दूसरों से अंतःक्रिया या संप्रेषण करते हुए भाषा के प्रथम रूप सामाजिक बातचीत (Social speech) का अर्जन करते हैं।

दो वर्ष के बाद बालकों में भाषा के दूसरे रूप व्यक्तिगत या निजी बातचीत के अर्जन की प्रक्रिया शुरू होती है। यहाँ अब विचारों और भाषा में सहयोग तथा अंतःनिर्भरता की कहानी शुरू हो जाती है। परिणामस्वरूप विचार मौखिक अभिव्यक्ति/शब्दों में बदल जाते हैं और बातचीत या अपने द्वारा कहे गए मौखिक वचन/कथन बालकों के विचार अभिव्यक्ति के लिए काम में लाने लगते हैं। भाषा का यह स्वरूप व्यगोत्स्की के अनुसार निजी (Personal) और बाह्य (External) होता है। इसे वह दूसरों से वार्तालाप के लिए काम में नहीं लाता बल्कि स्वयं अपने आप से अंतःक्रिया या संप्रेषण करने (Self-talk) के लिए ही प्रयुक्त करता है। अपने आप से की जाने वाली उस निजी बातचीत का उद्देश्य दूसरों के साथ संप्रेषण न होकर अपने विचार श्रृंखला का नियमन करना होता है। यानी किसी काम/व्यवहार को करते हुए यह सोचना होता है कि वह कार्य कैसे करना है और किस क्रम से करना है। इस क्रम सम्बन्धी बातों को ही बालक खुले में बोल-बोल कर कहते रहते हैं।

व्यगोत्स्की (Vygotsky, 1987) ने भाषा के इस स्वरूप की महत्ता पर प्रकाश डालते हुए कहा है कि निजी बातचीत (Private speech) बालक द्वारा किए जाने वाले कार्य की सहगामिनी ही नहीं होती बल्कि बालक के द्वारा अपने संज्ञानात्मक प्रक्रियाओं के ज्ञान और क्रियान्वयन हेतु भी इसे एक आवश्यक साधन के रूप में काम में लाया जाता है। क्या करना है और किस क्रम में करना है इस तरह के चिन्तन हेतु वह भाषा के इस स्वरूप का प्रयोग करता है।

भाषा के विकास का तीसरा स्वरूप आंतरिक बातचीत (Inner speech) है जिसका दौर निजी बातचीत के दौर के बाद लगभग 7 वर्ष की आयु में शुरू हो जाता है। अब यहाँ भाषा सामाजिक विकास की तरह ही मानसिक विकास में बहुत बड़ी सार्थक भूमिका निभाना प्रारम्भ कर देती है। अब बालक के चिन्तन में भाषा का बाह्य रूप यानी बोल-बोल कर बताना कि अब क्या और कैसे करना है, के स्थान पर इसे मन ही मन में अपने आप से कहने की बात शुरू हो जाती है जो शक्ति बाह्य रूप से बोलने में खर्च होती थी वह आंतरिक रूप से सोचने में खर्च होती है और परिणामस्वरूप अब भाषा को चिन्तन के एक अधिक सशक्त साधन के रूप में प्रयोग में लाया जा सकता है। बालकों के भाषा विकास के इस उन्नत स्वरूप तथा मानसिक विकास में इसकी सार्थक भूमिका पर प्रकाश डालते हुए व्यगोत्स्की (Vygotsky, 1962 : 49) ने निम्न टिप्पणी की है :

आंतरिक बातचीत बाह्य बातचीत का आंतरिक पहलू नहीं है बल्कि स्वयं अपने आप में एक अलग प्रक्रिया है। अपने इस अलग रूप में भी यह बातचीत ही है जिसमें विचार और शब्द दोनों रहते हैं। परन्तु जहाँ बाह्य बातचीत में विचार शब्दों में निहित रहते हैं वहीं आंतरिक बातचीत में शब्द लुप्त होकर विचारों को सामने लाने का कार्य करते हैं। आंतरिक बातचीत इस तरह अपने विशुद्ध अर्थों में और कुछ नहीं बल्कि चिन्तन ही है।

(Inner speech is not the interior aspect of external speech—it is a function in itself. It still remain speech, i.e., thought connected with words. But while in external speech thought is embodied in speech, in inner speech words die as they bring forth thought. Inner speech is, to a large extent, thinking in pure meanings.)

शैक्षिक/कक्षाकक्ष निहितार्थ (Educational/Classroom Implication)

व्यगोत्स्की द्वारा प्रतिपादित विकास सम्बन्धी सामाजिक सांस्कृतिक सिद्धान्त से जुड़े हुये शैक्षिक/कक्षाकक्ष निहितार्थ का संक्षेप में निम्न प्रकार उल्लेख किया जा सकता है।

1. व्यगोत्स्की के अनुसार बालक शुरू से ही अपने संज्ञानात्मक/बौद्धिक अनुकूल और विकास हेतु अपने में निहित चार योग्यताओं (i) ध्यान या अवधान, (ii) संवेदना, (iii) प्रत्यक्षीकरण तथा (iv) स्मृति का उपयोग करते हुए पाए जाते हैं। कक्षाकक्ष अधिगम और अनुदेशन में भी इन चारों योग्यताओं को एक उपयुक्त

शिक्षण-अधिगम साधन के रूप में प्रयोग में लाना काफी हितकारी सिद्ध हो सकता है। अतः व्यगोत्स्की से सहमत होते हुए ये सभी प्रयत्न किए जाने चाहिए जिनसे बालकों में इन चारों प्रकार की योग्यताओं/क्षमताओं को अधिक से अधिक अच्छे रूप में विकसित कर इन्हें विद्यालय तथा विद्यालय से बाहर अनुभव की गई तथा सीखी गई बातों को अच्छी तरह ग्रहण कर उपयोग में लाने की वांछित सफलता प्राप्त हो सके। बालक जब भी किसी वस्तु या प्रक्रिया का प्रेक्षण करें तब उनमें इसे अच्छी तरह करने हेतु उपयुक्त अवधान संवेदना और प्रत्यक्षीकरण सम्बन्धी योग्यताओं की उपस्थिति रहे, सीखी हुई बातों को अपनी स्मृति में धारण करते हुए वे आवश्यकता पड़ने पर उनका उचित उपयोग कर सकें, इस तरह की क्षमता वृद्धि ही हमारे कक्षाकक्ष अनुदेशन और अधिगम का उद्देश्य होना चाहिए।

2. व्यगोत्स्की के अनुसार बालकों के मानसिक विकास का उनकी सामाजिक तथा सांस्कृतिक पृष्ठभूमि, परिवेश तथा अंतःक्रिया से नजदीकी रिश्ता रहता है। इसलिए कक्षाकक्ष में किए जाने वाले कार्यों—अनुदेशन तथा अधिगम को कभी भी इन बातों से अलग हटकर नहीं सोचा जाना चाहिए। कक्षाकक्ष उद्देश्यों की पूर्ति तभी अच्छी तरह हो सकती है जब सामाजिक और सांस्कृतिक परिवेश सम्बन्धी प्रभाव भी अनुकूल दिशा में यात्रा करें। दूसरे यह बात भी ध्यान में रखनी चाहिए कि जब कोई बालक विद्यालय में शिक्षा ग्रहण करने आता है या कर रहा होता है तो उसके साथ उसकी अपनी व्यक्तिगत मानसिक क्षमताओं तथा सामाजिक कुशलताओं के रूप में एक अलग पहचान होती है तथा सभी बालकों में इसे लेकर व्यक्तिगत विभिन्नताएँ देखने को मिल सकती हैं, हमें उनकी इन विभिन्नताओं जो बालक के सामाजिक एवं सांस्कृतिक परिवेश की देन होती हैं, को ध्यान में रखकर ही उनके अधिगम तथा मानसिक एवं सामाजिक विकास पर अग्रसर करने के प्रयत्न करने चाहिए।

3. मोर नालेजेवल अदर (MKO) तथा जेड.पी.डी. (ZPD) के जैसी अवधारणाओं के माध्यम से व्यगोत्स्की ने जो विचार व्यक्त किए वे बालकों के अधिगम और विकास के लिए काफी महत्त्व रखते हैं। बालकों में जिज्ञासावश कुछ न कुछ जानने और समझने की स्वाभाविक आदत होती है और वे बड़ों की नकल कर या अपने अनुभव के आधार पर स्वतः अपने प्रयत्नों से कुछ न कुछ सीखते भी रहते हैं। परन्तु उनके इस प्रकार के सीखने या स्वतः अपने प्रयत्नों से नई बातों का पता लगाने और निर्माण करने की एक सीमा होती है। कठिन, नई और पेचीदा बातों को जानने, समस्याओं का समाधान करने हेतु उन्हें बड़ों तथा अपने से अधिक जानकार और कुशल सहपाठियों के सहयोग, निर्देशन तथा परामर्श की जरूरत होती है और यह उन्हें अपनी कक्षाकक्ष परिस्थितियों में अध्यापकों तथा योग्य सहपाठियों से मिलना चाहिए। इस दिशा में भी अच्छे शिक्षण, प्रशिक्षण और निर्देशन हेतु व्यगोत्स्की की इस चेतावनी और परामर्श पर भी यहाँ अवश्य ध्यान दिया जाना चाहिए कि (i) बालकों के उचित अधिगम तथा सही विकास के लिए यह आवश्यक है कि उन्हें अपने से अधिक जानकार और ज्ञानवान व्यक्ति द्वारा दी जाने वाली सहायता इस प्रकार दी जाए कि बालक इस सहायता पर आश्रित न रहकर अपनी आगामी अधिगम तथा विकास यात्रा अपने प्रयत्नों से ही करे। (ii) बालक को कितनी दूर उसके अधिगम या विकास पथ पर चलने के लिए सहायता दी जाए, इस दूरी का निर्धारण उसकी वास्तविक अधिगम या विकास क्षमता के आधार पर ही किया जाना चाहिए। हम शिक्षण, प्रशिक्षिण और निर्देशन द्वारा अपनी मनमर्जी का विकास बालक के लिए तय नहीं कर सकते, यह सब-कुछ उसकी अपनी मूलभूत योग्यताओं तथा व्यक्तिगत चेष्टाओं पर आधारित रहता है कि वह इस सहायता से कितना आगे जा सकेगा।

4. व्यगोत्स्की के एम.के.ओ. (MKO) तथा जेड.पी.डी. (ZPD) से सम्बन्धित विचार कक्षाकक्ष शिक्षण और प्रशिक्षण प्रक्रिया में इस तथ्य को भी प्रकाश में लाते हैं कि शिक्षक और प्रशिक्षकगण को सही अर्थों में बालकों से अधिक जानकार, ज्ञानवान, प्रशिक्षित तथा कुशल होना चाहिए तभी वे जो वह नहीं जानता और जिसकी रचना स्वयं अपने प्रयत्नों से नहीं कर सकता उसे जानने, समझने, करने और बनाने में उचित रूप से अपना क्रियात्मक

सहयोग दे सकते हैं। यह सहायता कब, कितनी कैसे और किस रूप में दी जाए, इन सबके लिए उन्हें अपेक्षित रूप से योग्य और प्रशिक्षित होना आवश्यक है। साथ ही व्यक्तिगत ध्यान देकर उचित सहायता प्रदान करने में मानीटर प्रणाली तथा साथियों के पारस्परिक सहयोग की बात भी कक्षाकक्ष व्यवस्था में काफी अच्छे परिणाम कर सकती है। अतः इसकी उपयोगिता को अच्छी तरह ध्यान में रखा जाना चाहिए।

5. व्यगोत्स्की द्वारा जेड.पी.डी. (ZPD) सन्दर्भित विचार बालकों के कक्षा शिक्षण हेतु पाठ्यक्रम तथा अधिगम अनुभवों के निर्धारण हेतु भी उचित मार्गदर्शन प्रदान करने हेतु काम में लाए जा सकते हैं। बालकों की जेड.पी.डी. यानी उन्हें शिक्षण/प्रशिक्षण द्वारा क्या कुछ सिखाया तथा इनका कितना कुछ विकास किया जा सकता है उनकी आयु, पूर्णज्ञान तथा सामाजिक एवं सांस्कृतिक परिवेश सम्बन्धी बातों से जुड़ी रहती है। अतः किसी आयु तथा परिवेश विशेष में विद्यार्थी कितना कुछ सीखने में समर्थ है, किसी स्तर का विकास उनसे अपेक्षित है, इसी बात का पर्याप्त रूप से सोच-समझकर ही उनके पाठ्यक्रम तथा अधिगम अनुभव किए जाने के बाद में निर्णय लिए जाने चाहिए।
6. व्यगोत्स्की के मतानुसार बालक के अधिगम एवं मानसिक और सामाजिक विकास में भाषा का प्रमुख योगदान रहता है। अधिगम एवं वार्तालाप बातचीत के रूप में भाषा (चाहे उसका प्रयोग शाब्दिक, अशाब्दिक या लिखित किसी रूप में किया जाए) व्यक्तियों के बीच उनके विचारों, भावनाओं, अभिवृत्तियों, रुचियों तथा इच्छा-अनिच्छा के आदान-प्रदान करने के कार्य आती है और इस तरह यह उनके मध्य आवश्यक सामाजिक अंतःक्रिया, सहयोग तथा सद्‌भावना को बढ़ाने में प्रमुख योगदान देती है। सामाजिक बातचीत (Social speech) के रूप में भाषा का यह रूप बालक के सामाजिक विकास तथा अधिगम अर्जन में काफी सहयोग देता है अतः शिक्षकों तथा माता-पिता को बालकों में भाषा के इस प्रारूप को अच्छी तरह विकसित करने का प्रयत्न करने चाहिए। भाषा का दूसरा प्रारूप जिसे व्यगोत्स्की से व्यक्तिगत या निजी बातचीत (Private speech) नाम दिया है स्वयं से वार्तालाप (self-talk) करने के रूप में बालकों को उनके किए जाने वाले किसी रूप से अभिप्रेरित और तैयार करता है। परन्तु बालक जैसे ही और बड़ा होकर मानसिक और सामाजिक रूप से अधिक विकसित होता है वैसे ही उसकी अपने आप से की जाने वाली निजी बातचीत (Private speech), आंतरिक बातचीत (Inner speech) में बदल जाती है, जो कुछ अब बालक बाह्य रूप में करना चाहता है वह उसके द्वारा आंतरिक बातचीत द्वारा मन ही मन में क्रियान्वित तथा दोहराया जाता है। इसलिए भाषा के रूप में अर्जन बालकों को उच्च स्तरीय विचार प्रक्रियाओं तथा व्यवहार के संपादन हेतु एक सशक्त साधन के रूप में कार्य करता है। इसलिए बालकों की बढ़ती आयु के साथ अध्यापकों और माता-पिता को चाहिए कि वे बालकों की स्वयं के लिए किए जाने वाले वार्तालाप (Self talk) की बाह्य अभिव्यक्ति की अपेक्षा उनकी आंतरिक अभिव्यक्ति में बालकों को पूरा सहयोग दें। वे उनकी भाषा के इस उन्नत रूप जिसे आंतरिक बातचीत (Inner speech) कहा जाता है को इस तरह विकसित तथा प्रयोग में लाने के लिए बालकों की सहायता करें जिससे वे इसका उपयोग अपने उचित अधिगम तथा मानसिक एवं सामाजिक विकास के लिए कर सकें।

भाषा विकास सिद्धान्त (Theories of Language Development)

विकासशील बालकों में भाषा विकास कार्य किस तरह आगे बढ़ता है इसकी खोज तथा स्पष्टीकरण हेतु भाषा क्षेत्र में कार्यरत बहुत से अनुसंधानकर्त्ताओं तथा मनीषियों ने अपनी-अपनी तरह से प्रयास किये हैं। इन प्रयासों से जो परिणाम सामने आये हैं उन सभी संकलित विचारों तथा सैद्धान्तिक मान्यताओं को भाषा विकास सिद्धान्तों का नाम दिया जाता है। इस प्रकार के विकसित भाषा विकास सिद्धान्तों में से हम कुछ महत्वपूर्ण सिद्धान्तों की आगे के पृष्ठो में चर्चा करना चाहते हैं। इसके लिये शुरूआत में हम एक महत्वपूर्ण सिद्धान्त "अनुकरण एवं पुनर्वलन सिद्धान्त" से कर रहे हैं।

भाषा विकास का अनुकरण एवं पुनर्वलन सिद्धान्त (Imitation and Reinforcement Theory of Language Development)

इस सिद्धान्त के अनुसार बालकों में अधिगम अर्जन का कार्य एक काफी सरल और सहज अधिगम प्रक्रिया के माध्यम से होता है। इस प्रक्रिया में बालकों द्वारा अपने से बड़ों के आदर्श भाषा व्यवहार का अनुकरण तथा इस अनुकरण से किये गये व्यवहार का उचित रूप से पुनर्वलन होता है। यह कैसे संपन्न होता है यह बात अच्छी तरह से बंडूरा के सामाजिक अधिगम सिद्धान्त तथा स्किनर के सक्रिय अनुबन्धन सिद्धान्त में उल्लेखित विचारों से अच्छी तरह जानी जा सकती है।

अलबर्ट बंडूरा का सामाजिक-अधिगम सिद्धान्त यह बताता है कि किसी भाषा को सीखने हेतु पहले बालक देखकर और सुनकर इस बात का निरीक्षण/अवलोकन करता है कि बड़े लोगों द्वारा कुछ विशिष्ट ध्वनियों और हाव-भाव के द्वारा क्या प्रेषित किया जा रहा है और फिर इसके पश्चात् जो भी उसे निरीक्षित/अवलोकित होता है उसका उसके द्वारा अनुकरण एवं अभ्यास किया जाता है। इस प्रकार से भाषा अधिगम हेतु अलबर्ट बंडूरा द्वारा समझाया गया क्रम काफी अधिक व्यवस्थित तार्किक एवं व्यवहारात्मक होता है जिसमें बालक निरीक्षण करता है, अनुकरण करता है, अभ्यास करता है और इसके पश्चात् वह वही सीखता है जैसा कि उसके द्वारा निरीक्षण, अवलोकन और अभ्यास किया गया था। (Levine & Munsch, 2014 : 290)

भाषा अधिगम के बारे में दूसरा उचित स्पस्टीकरण स्किनर के सक्रिय अनुबंधन सिद्धान्त से उपलब्ध हो सकता है। इस सिद्धान्त के अनुसार भाषा सीखने सम्बन्धी कार्य की शुरूआत नन्हे शिशु की बड़बड़ाहट ध्वनियों (जो बोलचाल से शब्दों से मेल खाती हों) की माँ-बाप तथा बड़ों के द्वारा मुस्कराहट, आलिंगन तथा बार्ता के रूप में स्वागत कर उचित पुनर्वलन प्रदान करने से होती है। इस सम्बन्ध में अपने विचार व्यक्त करते हुये मेग्गिट केरोल्यन ने लिखा है:

बड़े लोग विशेषकर माता-पिता छोटे बालकों तथा शिशुओं को छुट-पुट यदाकदा आधारित बड़बड़हाट ध्वनियों के प्रति अपनी प्रतिक्रिया व्यक्त करते हुये पाये जाते हैं। वे यह समझते हैं कि बालक कोई चीज माँग रहा है जैसे बि-बि या बिस-बिस से बिस्कुट का अर्थ लगा सकते हैं, यहाँ अब वे अपनी अनुक्रिया के रूप में बिस्कुट शब्द का उच्चारण करते हुये उसे बिस्कुट खाने के लिये पकड़ते दिखाई देते हैं। जब बालक बिस्कुट खा रहा होता है तो उनके द्वारा बि-बि ध्वनि दोहराई जा रही होती है और वे इस प्रकार की ध्वनि और बालक के बिस्कुट खाने सम्बन्धी अनुभव के बीच बने संयोजन/मेलमिलाप का "हाँ, अब ठीक, तुम्हें बिस्कुट मिल गया है" कहकर पुनर्वलित करने का भी प्रयत्न करते हैं। (Meggitt, Carolyn, 2012 : 185)

वस्तुतः स्किनर के सिद्धान्त में उल्लेखित सक्रिय अनुबंधन सम्बन्धी अवधारणा इतनी सक्षम है कि उससे बालकों द्वारा भाषा अर्जन सहित सभी अन्य प्रकार के कौशलों की अधिगम प्रक्रिया को अच्छी तरह जाना और समझा जा सकता है। इस बारे में स्किनर (1975, 1991) का सिद्धान्त यह बताता है कि भाषा का भी अन्य कौशलों की तरह सक्रिय अनुबन्धन एवं पुनर्वलन के सहारे अच्छी तरह निरूपण हो सकता है। जब हम किसी शिशु की बड़बड़ाहट का अपनी मुस्कराहट या बोल से स्वागत करते हैं तो शिशु और बड़बड़ाता है। अगर हम उसकी बड़बड़ाहट की ध्वनि का अर्थ उसका बिस्कुट माँगना समझकर उसे बिस्कुट खाने को देते हैं तो यह स्पष्ट है कि बालक उसी बड़बड़ाहट ध्वनि या मिलते-जुलते अबभ्रंश शब्द का प्रयोग बिस्कुट खाने हेतु माँगने के लिये करेगा। इस सम्बन्ध में अनुसंधानकर्त्ता द्वारा दिये गये अनुसंधान स्किनर की बात पर मुहर लगाते हुये यह पाते हैं कि जिन शिशुओं कि माताएं शिशुओं की बड़बडाहट या अपभ्रंश शब्दों/ध्वनियों के प्रति जिनकी अधिक प्रतिक्रियाएं व्यक्त करती हुई पाई जाती हैं उनके शिशुओं में उतनी जल्दी ही भाषा विकसित होने लगती है।

इस प्रकार से भाषा विकास के अनुकरण तथा पुनर्वलन सिद्धान्त के अनुसार भाषा विकास कार्य की शुरूआत मॉडलिंग (बड़ो के भाषा व्यवहार के अवलोकन तथा अनुकरण) से तथा अपनी मातृ भाषा स्थानीय भाषा से मिलती-जुलती ध्वनियों तथा शब्दों के उच्चारण की पहल के पुनर्वलन से होती है। स्किनर के अनुसार जब एक शिशु यूं ही अपनी बड़बडाहट या सक्रियता के रूप में विविध प्रकार की ध्वनियाँ निकाल रहा होता है तो हम बड़ों द्वारा प्रायः उन ध्वनियों पर ध्यान देने और अपनी स्थानीय भाषा में उन्हें किसी प्रकार के शब्दों या वार्ता के रूप में उच्चारित कर पुनर्वलित करने की कोशिश

की जाती है। जैसे-जैसे बालक बड़े होते जाते हैं वैसे-वैसे हम बड़ों द्वारा बच्चों को उनकी भाषा में प्रत्युत्तर देने की बजाय अब ऐसे शब्दों, वाक्यों तथा वार्तालाप का प्रयोग किया जाता है जो भाषा व्याकरण तथा संप्रेषण कि दृष्टि से अधिक से अधिक गुणवत्तायुक्त हो (Meddvitt and Ormrod, 2013 : 326–327)। इस सम्बन्ध में यह भी अच्छी तरह पाया गया है कि बालकों द्वारा की गयी इस पहल में उनके द्वारा उच्चारित हजारों ऐसे शब्द जो अपनी स्थानीय, तथा क्षेत्रीय भाषा में प्रयुक्त नहीं होते उनको पुनर्वलित नहीं किया जा सकता और इसी वजह से उनका अच्छी तरह विलुप्तीकरण हो गया है। यद्यपि अनुकरण एवं पुनर्वलन युक्त व्यवहारवादी यह सिद्धान्त बालकों में भाषा विकास प्रक्रिया को स्पष्ट करने में काफी कुछ सक्षम और उपयोगी पाया जाता है। परन्तु इस सम्बन्ध में उसकी अपनी सीमायें तथा कमियां भी दिखालाई पड़ती हैं, जैसे:

(i) बालकों को प्रायः ऐसे बहुत से नये अप्रचलित तथा अशुद्ध शब्दों एवं वाक्यों को उच्चारित करते हुये पाया जाता है जिनके अनुकरण या पुनर्वलन के लिए सहपाठियों तथा बड़ों को प्रयुक्त नहीं किया गया है। जैसे boaties, shoppies इत्यादि। प्रश्न उठता है कि अगर अनुकरण तथा पुनर्वलन के द्वारा यह शब्द उनके भाषा व्यवहार में नहीं आये तो फिर यह किस प्रकार उनकी बोलचाल में आ गये। भाषा विकास का अनुकरण एवं पुनर्वलन सिद्धान्त इस सम्बन्ध में कोई उचित स्पष्टीकरण नहीं दे पाता।

(ii) जटिल कौशलों में अधिगम की तरह भाषा शिक्षण हेतु सक्रिय अनुबन्धन सिद्धान्त को अपनाना आसान नहीं है। एक 6 वर्ष के बालक में विस्तृत शब्द भण्डार, क्षमता तथा जटिल वाक्यों की उच्चारण क्षमता से मुक्त करने हेतु हर बड़े को बहुत ही गहन ट्यूटरिंग सतत मॉडलिंग तथा पुनर्वलन प्रदान करने सम्बन्धी योग्यता, क्षमता तथा क्रियाशीलता की आवश्यकता होती है जिसकी उपलब्धि व्यावहारिक रूप में असंभव ही रहती है। (Bark, 2009 : 359)

भाषा विकास का पैदाइशी या जन्मजात सिद्धान्त
(Nativist Theory of Language Development)

अनुकरण तथा पुनर्वलन सिद्धान्त की कमियों की चर्चा करते हुये यह बात सामने आयी थी कि यह विकासशील बालकों के उस भाषा व्यवहार का कोई स्पष्टीकरण नहीं दे पाता जिसमें उन्हें ऐसे नये अटपटे तथा अशुद्ध शब्दों तथा वाक्यों को उच्चारित करते हुये पाया जाता है जिन्हें उन्होंने पहले कभी अपने माता-पिता, बड़ों तथा अपने सामाजिक परिवेश के अन्य सदस्यों से कहते और प्रयोग में लाते हुये नहीं देखा और सुना। इससे यह स्पष्ट आभास होता है तो फिर, अवश्य ही इस प्रकार के भाषा व्यवहार को पैदाइशी या जन्मजात माना जा सकाता है जो किसी सामाजिक या सांस्कृतिक संपर्क और अंतःक्रिया को बालक के व्यवहार में विद्यमान रहता हुआ पाया जाता है। उपज न होकर भी इस सिद्धान्त के प्रतिपादन का श्रेय अमेरिकन मनो-भाषाविद नोम चोमस्की (Noam Chomsky) को जाता है जिन्होंने अपने प्रकाशनों के माध्यम से 1960 के दशक में इसे विकसित करते हुये स्पष्ट किया कि यद्यपि बालक किसी भाषा विशेष के ज्ञाता के तौर पर जन्म नहीं लेते परन्तु फिर भी इस प्रकार की पूर्व चेष्टाओं और प्रवृत्तियों को लेकर पैदा हो सकते हैं जिनसे उन्हें भाषा सम्बन्धी ज्ञान और कौशलों के अर्जन में आवश्यक सहायता मिले। नोम चोमस्की ने इस सम्बन्ध में आगे यह भी कहा कि विकासशील बालक एक प्रकार की जैविक संरचना (जिसे भाषा अर्जन उपकरण यानी LAD) के रूप में जाना जाता है) को लेकर पैदा होते हैं। यही उपकरण उन्हें बहुत ही थोड़े समय में किसी एक या अन्य भाषाओं से सम्बन्धित जटिल बातों को समझने और प्रयोग में लाने में मदद करता है। इस पर अच्छी तरह प्रकाश डालते हुये चोमस्की (1976) ने लिखा है:

LAD उपकरण में सार्वभौमिक व्याकरण के आवश्यक पहलुओं या पक्षों का समावेश रहता है। इसे हम एक ऐसे संरक्षित भंडार घर के रूप में जान सकते हैं जिसमें सभी मानवीय भाषाओं में समान रूप से लागू नियमों का भंडारण रहता है। छोटे बालकों द्वारा इस ज्ञान भंडार का उपयोग उनके द्वारा काम लाई जाने वाली किसी भी भाषा में प्रयुक्त व्याकरणिक वर्गीकरण तथा सम्बन्धों के अध्यापन हेतु किया जाता है। क्योंकि LAD प्रक्रियाकरण में अच्छी तरह सहयोगी सिद्ध होता है इसलिये यह बालकों को भाषा विशेष के संपर्क में आने से सीमित समय और अवसर मिलने पर भी उसकी संरचना पर तुरन्त ही स्वामित्व अर्जित करने में सक्षम बनाता है।

इस प्रकार से चोमस्की के अनुसार–*सभी बालक LAD उपकरण के रूप में आधारभूत भाषा प्रनियमों या व्याकरण नियमों (जो उनके मस्तिष्क में उचित रूप से विद्यमान रहते हैं) को लेकर पैदा होते हैं। हम इन आधारभूत प्रनियमों की तुलना अपने कंप्यूटर में स्थित हार्ड ड्राइव के क्रियाकलापों से कर सकते हैं। कंप्यूटर की हार्ड ड्राइव की मदद से जिस प्रकार हम विभिन्न प्रकार के सॉफ्टवेयरों को काम में ला सकते हैं वैसे ही हमारे मस्तिष्क में विद्यमान भाषा संरचनायें विभिन्न भाषाओं की विशिष्ट विशेषताओं का प्रक्रियाकरण कर हमें उनका उपयोग करने में सहायक सिद्ध होती हैं।* (Levine and Munsch, 2014 : 291)

LAD संप्रत्यय के माध्यम से बालकों की जन्मजात जैविक विशेषताओं को प्रकाश में लाने के अतिरिक्त भाषा विकास के पैदाइशी या जन्मजात सिद्धान्त को बालकों के भाषा विकास से जुड़े हुये संवेदनशील या महत्त्वपूर्ण अवधिकाल (sensitive or critical periods) सम्बन्धी संप्रत्यय को भी सामने लाने का श्रेय प्राप्त है। इस सिद्धान्त के प्रतिपादकों के अनुसार विकासशील बालकों की जिन्दगी में संवदेनशील या महत्वपूर्ण अवधिकाल के नाम से संबोधित कुछ ऐसे निश्चित अवधिकाल या समय अन्तराल आते हैं जब उन्हें भाषा विशेष के अधिगम सम्बन्धी विभिन्न पहलुओं के अर्जन में LAD उपकरण के रूप में मौजूद अपनी जन्मजात विशेषताओं से अधिक से अधिक सहायता मिलती है। इस प्रकार से पैदाइशी या जन्मजात सिद्धान्त बालकों को भाषा विकास में वंशक्रम तथा जैविक परिपक्वन की भूमिका को अच्छी तरह प्रकाश में लाने का महत्वपूर्ण प्रयास करता नजर आता है। परन्तु साथ ही उसकी अपनी कुछ निग्न कमियों और दोषों के कारण आलोचना का शिकार होता हुआ भी पाया जाता है।

1. इस सिद्धान्त के इस दावे में सभी बालक भाषा अर्जन में सहायक LAD नाम से प्रसिद्ध एक जन्मजात मानसिक संभव या उपकरण को लेकर पैदा होते हैं की पुष्टि हेतु अनुसंधान आधारित साक्ष्य नहीं हैं। अगर बालकों में भाषा अधिगम हेतु पहले से ही जन्मजात क्षमता होती है तो फिर उन्हें किसी एक या अन्य भाषा सीखने में इतने वर्ष और कठिन परिश्रम क्यों करना पड़ता है।
2. यह कहना भी कि संसार की सभी भाषाओं के अधिगम हेतु सार्वभौमिक व्याकरण या नियमावली प्रणाली की उपस्थिति है, समझ से बाहर दिखाई देता है।
3. संवेदनशील या महत्त्वपूर्ण अवधि कालों की परिकल्पना में पूरी तरह ज्ञान नहीं है क्योंकि यह अक्सर देखा जाता है कि व्यक्ति अपने जीवन काल में कभी भी किसी आयु या अवस्था में किसी एक या अन्य भाषा के अधिगम में सफलता प्राप्त कर सकता है।
4. इस सिद्धान्त का यह कहना कि व्याकरणिक ज्ञान की भाषा अर्जन हेतु जन्मजात उपलब्धि रहती है हम सभी के द्वारा अपने जीवन में भाषा अर्जन के लिये दिये जाने वाले अधिगम प्रणाली से मेल नहीं खाता। प्रारम्भ में जब बालक जन्मजात व्याकरणिक संरचना तथा प्रनियमों को अपनी भाषा अर्जन हेतु काम में लाना शुरू कर देते हैं तो हम उनसे यह आशा रखते हैं कि वे भाषा अर्जन सम्बन्धी सभी बातों में इनका उपयोग करते रहेंगे। परन्तु बाद में हमें देखने को मिलता है कि बालक धीरे-धीरे बहुत से व्याकरण प्रारूपों का परिमार्जन और सामान्यीकरण करते रहते हैं और इस प्रकार अपने भाषा अर्जन कार्य को धीरे-धीरे आगे बढ़ाते रहते हैं तथा ऐसा करने में समय-समय पर काफी गलतियां भी करते हैं। भाषा इन व्याकरण प्रारूपों में से कुछ जैसे (Passive voice) के उपयोग में स्वामित्व अर्जित करना कई बार प्रौढ़काल तक ही संभव हो पाता है। इससे इस बात की पुष्टि होती है कि भाषा ज्ञान वंशक्रम की दैन नहीं है बल्कि इसका मॉडलिंग, पुनर्वलन तथा अभ्यास आदि विभिन्न तरीकों में दिये जाने वाले वांछित प्रयासों द्वारा अर्जन होता है। (Berk, L.E., 2009 : 360)

भाषा विकास का अन्तःक्रियात्मक सिद्धान्त
(Interactionist Theory of Language Development)

अन्तःक्रियात्मक नाम यह भाषा विकास सिद्धान्त पैदाइशी या जन्मजात सिद्धान्त और अनुकरण तथा पुनर्वलन सिद्धान्त के बीच विद्यमान पाया जाता है क्योंकि इसके द्वारा विकासशील बालकों में भाषा विकास हेतु वंशानुगत प्रवृत्तियों तथा वातावरणीय संसर्ग को बराबर का महत्व दिया जाता है।

फलस्वरूप न तो जन्मजात व्याकरणीय संरचना तथा जैविक परिपक्वता के रूप में वंशानुगत प्रवृत्तियाँ और न वातावरणजन्य अनुभव अपने अकेले-अकेले योगदान से बालको में भाषा विकास के लिये काफी होते हैं। दोनो को एक दूसरे से हाथ मिलाते हुये तथा साथ साथ अपना-अपना कार्य करते रहने की जरूरत होती है और इसलिये विकासशील बालकों में भाषा के अधिगम एवं विकास हेतु दोनों के बीच उचित अतःक्रिया होना अति आवश्यक है। यह अन्तःक्रिया कैसे संपन्न हो सकती है इस बात को इस सिद्धान्त के प्रतिपादकों द्वारा निम्न प्रकार स्पष्ट करने का प्रयत्न किया है:

(i) बालकों के साथ संप्रेषण करते हुये उनमें भाषा विकास करने हेतु माता पिता तथा बड़ों द्वारा बालकों की जैविक एवं संज्ञानात्मक परिपक्वता का उचित ध्यान रखना आवश्यक है। इसी परिप्रेक्ष्य उन्हें जव वे शिशु हों तो उनके साथ संप्रेषण करने में उसी तरह बातचीत करनी चाहिऐ जो उन्हें समझ आये तथा उनकी आयु तथा परिपक्वता स्तर के अनुकूल हो। जैसे ही बड़े होते जायें तो उनके साथ किये जाने वाले वार्तालाप तथा संवादों के स्तर में उत्तरोत्तर बृद्धि होनी चाहिए ताकि भाषा विकास का कार्य ठीक तरह से आगे बढ़ सके।

(ii) बालको में अपने आपको सामाजिक बनाने तथा अपने सामाजिक सांस्कृतिक परिवेश के समायोजित होने की स्वाभाविक इच्छा पाई जाती है और यही बात उन्हें देशज या स्थानीय भाषा को अपने माता पिता, बड़ों तथा हम उम्र साथियों के साथ सामाजिक अन्तःक्रिया के दौरान सीखने में काफी मदद करती है। इस कार्य में जहाँ उनकी व्यक्तिगत पहल काफी मददगार होती है वहीं सभी तरह के अपेक्षित सहयोग का अपने माता-पिता, बड़ों तथा हम उम्र साथियों से मिलना उन्हें काफी हितकारी सिद्ध हो सकता है।

(iii) बालकों द्वारा अपने संप्रेषण हेतु भाषा प्रयोग सम्बन्धी खोज या सृजन का कार्य उसी तरह संपन्न होता है जिस तरह से वे अपने परिवेश पाठ्य विषयों एवं सह-पाठ्यक्रियाओं के संपादन के सम्बन्ध में ज्ञान की खोज तथा संरचना करते हैं। सामाजिक रचनात्मकतावाद के प्रतिपादक लेव व्यगोत्स्की ने बालकों के द्वारा किये जाने वाले भाषा अर्जन कार्य में बड़ों और हम उम्र जानकार साथियों की भूमिका को बड़े ही स्पष्ट तौर पर प्रकाश में लाने का कार्य किया है। उसके अनुसार सामाजिक अन्तःक्रिया बालकों को उनके सामाजिक परिवेश में काम आने वाली तथा बोले जाने वाली भाषा के विविध पहलुओं, रूपों, कार्य संरचना तथा प्रयुक्त व्याकरणीय नियमों को समझने में बहुत सहायता करती है। इसके अतिरिक्त, माता-पिता, बड़े तथा हम उम्र साथी उन्हें भाषा अधिगम सम्बन्धी जरूरी संप्रत्ययों तथा कौशलों के अर्जन में काफी सहयोगी सिद्ध हो सकते हैं।

(iv) इसके अतिरिक्त सामाजिक अन्तःक्रिया एक ऐसा साधन भी बन सकती है जिससे बालकों का भाषा का समावेशीकरण (Internalization) करने में मदद मिले। व्यगोत्स्की के संज्ञानात्मक विकास सिद्धान्त द्वारा इंगित मार्ग पर चलते हुये बालक अब यहाँ दूसरों के साथ अन्तःक्रिया करने में पहले तो केवल शब्दों का उपयोग करते हैं और फिर समावेशीकरण प्रक्रिया की सहायता से इन शब्दों को अपने दिन प्रतिदिन की वैचारिक प्रक्रियाओं में समाविष्ट करने की ओर कदम उठा सकते हैं। (Berk, 2009 : 329–330)

(v) अध्यापकों तथा भाषा विशेषज्ञों के साथ होने वाली संगठित औपचारिक अन्तः क्रिया बालकों के लिए किसी एक या अन्य भाषा की सभी आवश्यक बातों (जिसमें संबन्धित व्याकरणीय नियमों तथा संरचना का ज्ञान भी शामिल है) के उचित अधिगम में काफी सहयोगी सिद्ध हो सकती है।

भाषा विकास का संज्ञानात्मक प्रक्रियाकरण सिद्धान्त (Cognitive Processing Theory of Language Development)

यह सिद्धान्त बालकों के भाषा विकास में उनकी संज्ञानात्मक योग्यताओं और क्षमताओं द्वारा निभाई जाने वाली भूमिका को ठीक तरह प्रकाश में लाने का कार्य करता है। इस सम्बन्धी इस सिद्धान्त के प्रतिपादकों तथा अनुयायियों के द्वारा व्यक्त विचारों एवं धारणाओं का संक्षेप में निम्न प्रकार उल्लेख किया जा सकता है:

(i) बालक भाषा अधिगम में सहायक किसी विशिष्ट योग्यता या क्षमता को लेकर पैदा नहीं होते बल्कि उनमें पैदाइशी या जन्मजात ऐसी महत्वपूर्ण प्रत्यक्षीकरण योग्यतायें तथा चिन्तन कौशल पाये जाते हैं जिनसे उन्हें अपनी

देशज/स्थानीय भाषा को समझने और उसमें निहित संरचना और पैटर्नों के बारे में अपने निष्कर्ष निकालने में सहायता मिले।

(ii) भाषा अधिगम के अपने कार्य में बालक अपने बचपन के प्रारम्भिक वर्षों से ही जिस साधन की सहायता ले रहे होते हैं वह है "सूचनाओं को अलग अलग करना या सूचना प्रक्रियाकरण (Data Crunching or information processing)"। इस प्रक्रियाकरण कार्य में पहल तो बालक अपने माता-पिता, बड़ो तथा हम उम्र साथियों से सुनी हुई भाषा को अपनी इन्द्रियों से ग्रहण करते हैं और फिर उसे अपनी तरह अपने काम में लाने हेतु उचित प्रक्रियाकरण में जुट जाते हैं। इस तरह संज्ञानात्मकतावादियों द्वारा भाषा अधिगम को मानव मस्तिष्क द्वारा संपन्न ऐसा ही कार्य समझा जाता है जैसा कि एक कंप्यूटर द्वारा निभाया जाता है। इसे संपन्न करने में बालक पहले तो अदा (input) के रूप में अपने सामाजिक परिवेश से भाषा अधिगम प्रदत्त या सूचनाओं को ग्रहण करते हैं और फिर इसका प्रक्रियाकरण (Processing) कर परिणामरूप में प्रदा (output) को अपने संप्रेषण में प्रयुक्त करने का प्रयत्न करते हैं।

(iii) विकासशील बालकों के सामाजिक-सांस्कृतिक परिवेश में प्रयुक्त होने वाली भाषा से सम्बन्धित प्रदत्त या सूचनायें उनकी संज्ञानात्मक योग्यताओं के सहारे अपने प्रक्रियाकरण के बाद जिस रूप में उन्हें प्राप्त होती हैं, यह अपने उसी विशिष्ट रूप में उन्हें यह समझने में सहायता करता है कि उनकी अपनी देशज या स्थानीय भाषा में संप्रेषण कैसे होता है। धीरे-धीरे उनके द्वारा लगातार इस तरह का दिये जाने वाला सूचना प्रक्रियाकरण कार्य उन्हें भाषा विशेष में प्रयुक्त व्याकरण के जटिल नियमों के समझने में भलीभाँति मदद करता है।

(iv) इस सिद्धान्त के प्रतिपादकों का कहना है कि बालकों के भाषा अधिगम या विकास का कार्य बालकों की सामाजिकता (उनमें निहित सामाजिक योग्यताओं) और बालकों की बातचीत को माँ-बाप या बड़ों के द्वारा पुनर्वलन प्रदान करने आदि बातों से पर्याप्त रूप में स्वतन्त्र रहता है यानी भाषा अधिगम हेतु इन कारकों का विद्यमान रहना आवश्यक नहीं होता। अपनी इस मान्यता के समर्थन में वे इस तथ्य की ओर भी इशारा करते हैं कि सीमित और संकुचित सामाजिकता से युक्त मानसिक विकलांग तथा ऑटिज्म (Autism) से पीडित बालकों में भाषा ज्ञान तथा भाषा विकास पाया जाता है और यह एक तरह से इस बात का साक्ष्य है कि भाषा विकास पूरी तरह से सामाजिक विकास या सामाजिक अन्तःक्रिया पर आधारित नहीं है। (Levine and Munsch, 2014 : 219)

(v) इस सिद्धान्त के प्रतिपादकों के अनुसार भाषा अधिगम के विभिन्न पहलुओं में से एक महत्वपूर्ण पहलू अवधान यानी ध्यान देना (Attention) है। बालक जन्म के बाद अपने प्रारम्भिक वर्षों से ही अपने सामाजिक-सांस्कृतिक परिवेश के व्यक्तियों के बार्तालापों/संवादों/संप्रेषणों पर समुचित ध्यान देता रहता है। संवाद या संप्रेषण में लगे व्यक्तियों के हाव-भाव तथा क्रियाओं को ध्यान से देखने तथा आवाजों को ध्यान से सुनने के अतिरिक्त एक विकासशील बालक को अपने संज्ञानात्मक विकास से भी अपने भाषा विकास में काफी सहायता मिलती है। इस प्रकार के विकास से प्राप्त चिन्तन कौशल तथा अन्य मानसिक क्षमतायें उसके भाषा विकास में महत्वपूर्ण भूमिका निभाती पाई जाती हैं। (Berk, 2009 : 328)

इस प्रकार से हम देखते हैं कि बालकों में भाषा विकास कैसे होता है, इस बात को स्पष्ट करने हेतु बने भाषा विकास सिद्धान्त अपने-अपने ढंग से इस प्रश्न का उतर देने का प्रयास करते हैं। सभी अपनी-अपनी जगह ठीक हैं और कुछ सीमा तक इनसे अभीष्ट प्रश्न का उतर भी प्राप्त हो सकता है परन्तु कोई भी सिद्धान्त अकेला अपने आप में इतना सक्षम नहीं है कि वह सभी आयु और अवस्था विशेष तथा सभी सामाजिक-सांस्कृतिक परिवेश और परिस्थितियों में विकासरत बालकों की भाषा विकास प्रक्रिया को पूरी तरह स्पष्ट कर सके। इस कार्य हेतु एक ऐसे मिले जुले उदारवादी दृष्टिकोण को अपनाना होगा जिसमें हम सभी सिद्धान्तों की विचारधारा का समन्वय करते हुये भाषा विकास को समझने हेतु वंशक्रम तथा वातावरणजन्य कारकों को पूरा महत्व देने

तथा व्यवहारवादियों, संज्ञानात्मकता तथा रचनात्मकतावादियों के दृष्टिकोणों को समुचित मान्यता देने का प्रयत्न करते हुये नजर आयें।

सार-संक्षेप (Summary)

1. विकासात्मक मनोविज्ञान के क्षेत्र में अध्ययनरत विद्वानों तथा मनोवैज्ञानिकों ने विकासशील बालकों की वृद्धि एवं विकास के विभिन्न आयामों में होने वाली क्रमिक विकास प्रक्रिया की प्रकृति, कार्यशैली तथा परिणामों को समझने हेतु विभिन्न सिद्धान्तों को जन्म दिया है। जो विकास के विभिन्न पक्षों पर अपने-अपने ढंग से प्रकाश डालते हुये नजर आ सकते हैं।
2. फ्रायड द्वारा प्रतिपादित मनो-लैंगिक विकास सिद्धान्त बालकों के विकास की जिन 5 अवस्थाओं की चर्चा करता है, वे हैं: मुख चूषण अवस्था (जन्म से 2 वर्ष तक), गुदा और मूत्र मार्गीय अवस्था (2–4 वर्ष), लिंग अवस्था (4–6 वर्ष), सुप्तावस्था (7–किशोरावस्था के आगमन तक) तथा जनन अवस्था किशोरावस्था के आगमन से परिपक्व होने तक। मनो-लैंगिक विकास की इन 5 अवस्थाओं में प्रत्येक अवस्था में बालक यौन/कामेच्छा तृप्ति के लिये कुछ विशिष्ट तरीके अपनाता रहता है जैसे चूषण व्यवहार जो बालकों द्वारा अपने विकास की प्रथम अवस्था में अपनाया जाता है और जिसमें बालक मां के स्तन या किसी भी अन्य चीज को मुँह में डालकर यौन सुख प्राप्त करता है। अगर कोई बालक अपने विकास की किसी अवस्था विशेष में अपनी अवस्था के अनुकूल विशिष्ट यौन संतुष्टि का अनुभव नहीं करता तो उसे अपने विकास की आगामी अवस्थाओं में कुसमायोजन का शिकार होकर कुसमायोजित व्यक्तित्व से विभूषित होता पाया जाता है।
3. पियाजे का संज्ञानात्मक विकास सिद्धान्त बालकों के मानसिक/बौद्धिक विकास को उसमें दो विभिन्न पहलुओं/पक्षों (संज्ञानात्मक संरचना तथा संज्ञानात्मक कार्य प्रणाली) के रूप में समझने का प्रयत्न करता है। एक बालक के पास प्रारम्भ में अपने संज्ञानात्मक संरचना के रूप में चूसना, देखना, पहुँचना, तथा पकड़ना आदि चार जन्मजात प्रवृत्तियाँ होती हैं। इन्हीं को पियाजे ने शीमाज (Schemas) नाम दिया है। जैसे-जैसे बालक बड़ा होगा समय के साथ-साथ आत्मसातीकरण (Assimitation) समायोजीकरण (Accommodation) तथा संतुलनीकरण (Equilibration) प्रक्रियाओं के माध्यम से बालक की संज्ञानात्मक संरचना में महत्वपूर्ण बदलाव आते हैं और परिणामस्वरूप अब उसे संज्ञानात्मक विकास की विभिन्न अवस्थाओं से गुजरते हुये देखा जा सकता है। विकास की इन अवस्थाओं को इन्द्रियजनित गामक अवस्था (Sensory motor stage), पूर्ण-संक्रियात्मक अवस्था (Pre-operational stage), मूर्त संक्रियात्मक अवस्था (Concrete operational stage) तथा अमूर्त संक्रियात्मक (Formal operational stage) के नाम से जाना जाता है।

   इन्द्रियजनित गामक अवस्था (जन्म से 2 वर्ष तक) में बालकों के पास भाषा नहीं होती अतः वे अपने वातावरण को जानने तथा दूसरों के साथ संप्रेषण करने में इन्द्रियजनित गामक क्रियाओं का ही उपयोग करते हैं। इस अवस्था के बालकों में शुरू-शुरू में यद्यपि बालकों में यह समझ नहीं होती कि सभी वस्तुओं का अलग-अलग स्थायी अस्तित्व होता (The quality of object permanence) है परन्तु 2 वर्ष का होते-होते उनमें यह समझ विकसित होने लगती है।

   पूर्व संक्रियात्मक अवस्था (2–7 वर्ष) में बालकों में भाषा का विकास हो जाता है और वह वातावरण को जानने तथा उसके प्रति अनुक्रिया करने और दूसरों के साथ संप्रेषण करने हेतु इन्द्रियजनित गामक क्रियाओं की जगह भाषा का प्रयोग करने लगता है। जहाँ तक उसकी विचार प्रक्रिया का प्रश्न है तो वह काफी ज्यादा आत्म केन्द्रित होता है तथा दूसरों की इच्छा और दृष्टिकोण ध्यान नहीं रखता।

   मूर्त संक्रियात्मक अवस्था (7–11 वर्ष) में बालक तर्कपूर्ण चिन्तन करना प्रारम्भ कर देते हैं परन्तु अपने इस चिन्तन तथा मानसिक क्रियाओं के संपादन में वस्तुओं/घटनाओं का प्रायः मूर्त्त या स्थूल रूप ही काम में लाया जाता है।

परन्तु इस स्तर पर वे बहुत से संज्ञानात्मक संप्रत्ययों जैसे संख्या, वर्गीकरण, वस्तुओं के बीच समानता/असमानता तथा वस्तुओं को उनकी संख्या और परिमाण के संदर्भ में सही रूप से समझने की शक्ति ग्रहण कर लेते हैं। अमूर्त्त संक्रियात्मक अवस्था (11–15 वर्ष) के बालक अमूर्त्त चिन्तन करने, परिकल्पनाओं का निर्माण कर उनका परीक्षण करने तथा ऐसी समस्याओं, जो उनमे परिवेश में भौतिक रूप में उपस्थित नहीं होतीं, का समाधान करने में समर्थ हो जाते हैं। वस्तुतः इस अवस्था की समाप्ति तक बालक अपनी मानसिक योग्यताओं के विकास सम्बन्धी विशाल ऊँचाइयों को छूने की क्षमता प्रदर्शित करने लगते हैं।

4. ब्रूनर का संज्ञानात्मक विकास सिद्धान्त पियाजे के सिद्धान्त की तरह बालकों की मानसिक क्षमताओं के विकास के संदर्भ में तीन अवस्थाओं तथा क्रमबद्ध सोपानों का उल्लेख करते हुये उन्हें इनेक्टिव (Enactive), आईकोनिक (Iconic) तथा सिम्बोलिक या प्रतीकात्मक (Symbolic) रूप से सोचने के ढंग नाम देता है। सोचने का इनेक्टिव ढंग बालक के संज्ञानात्मक विकास की पहली अवस्था है। शिशुओं को इसलिये अपने सीखने में सोच के इस ढंग को अपनाते हुये देखा जाता है। इसमें वे अपने चिन्तन या सोचने हेतु स्थूल वस्तुओं तथा शारीरिक क्रियाओं को अपनाते हुये पाये जाते हैं तथा अपने परिवेश में उपलब्ध वस्तुओं तथा घटनाओं से शारीरिक तौर पर अन्तःक्रिया करके ही अधिगम अर्जन में सफल होते हैं।

   सोचने के आइकोनिक ढंग सम्बन्धी संज्ञानात्मक विकास अवस्था में बालक जिस वस्तु का विचार उसके मन में (वस्तु विशेष की भौतिक रूप में उपस्थिति के बिना ही) आ रहा है उसकी उपस्थिति को चित्रात्मक या दृश्यात्मक रूप से अनुभव करने की क्षमता से युक्त हो जाता है। क्योंकि सोचने का यह ढंग इनेक्टिब ढंग के बाद ही विकसित होता है इसलिये इसकी उपस्थिति का समय बालकों में उनके शैशव काल के बाद ही रहता है। इसलिये 2–7 वर्ष के अधिगम अर्जन और व्यवहार सम्बन्धी गतिविधियों की कल्पना और मानसिक बिम्बों की सहायता से चिन्तन करने की प्रवृत्ति अधिक दिखाई देती है, साम्य की दृष्टि से ब्रूनर की आइकोनिक ढंग से चिन्तन अवस्था को पियाजे द्वारा वर्णित पूर्व संक्रियात्मक अवस्था के समकक्ष ठहराया जा सकता है।

   सिम्बोलिक या प्रतीकात्मक ढंग से चिन्तन करने का तरीका बालकों को आईकोनिक तथा इनेक्टिब ढंग से चिन्तन करने के बाद ही आता है। इस अवस्था में बालक अब अपने चिन्तन हेतु वस्तुओं तथा घटनाओं के भौतिक स्वरूप तथा क्रियाओं अथवा चित्रात्मक या दृश्यात्मक रूप से अनुभूति करने के स्थान पर कुछ प्रतीकात्मक चिन्हों, संकेतों तथा भाषा आदि का प्रयोग करने लगते हैं। इस तरह अब उसमें अमूर्त्त संप्रत्ययों को जानने तथा उन्हें अपने प्रयोग में लाने की क्षमता विकसित हो जाती है। इस प्रकार के चिन्तन सम्बन्धी संज्ञानात्मक अवस्था की तुलना पियाजे के अमूर्त्त संक्रियात्मक अवस्था (11 से 15 वर्ष) से की जा सकती है।

   ब्रूनर संज्ञानात्मक विकास सिद्धान्त पियाजे के सिद्धान्त से कई बातों में मेल खाते हुये इस रूप में अलग दिखाई देता है कि यह पियाजे के सिद्धान्त की तरह किसी विशेष आयु या अवस्था विशेष के संज्ञानात्मक विकास को उस आयु या अवस्था विशेष की बपौती नहीं मानता बल्कि यह कहता है कि यद्धपि चिन्तन के इनेक्टिव आईकोनिक तथा सिम्बोलिक तीनों ढंग अलग-अलग आयु वर्षों या विकास काल की कुछ निश्चित अवस्थाओं की विशेषता अथवा पहचान माने जाते हैं परन्तु इनकी उपस्थिति सभी आयु वर्षों या अवस्थाओं में रहती है और बालकों तथा व्यक्तियों को अपने जीवन में अपनी संज्ञानात्मक योग्यता से संपादित कार्यों को करने हेतु तीनों प्रकार के चिन्तन ढंग को अकेले या समन्वित रूप में प्रयोग करते हुये पाया जा सकता है।

5. इरिक्सन का मनो-सामाजिक विकास सिद्धान्त व्यक्तियों को उनके शैशवावस्था से लेकर वृद्धावस्था तक होने वाले मनो-सामाजिक विकास को जिन आठ विभिन्न अवस्थाओं में बाँटा गया है, वे हैंः विश्वास बनाम अविश्वास, (जन्म से 1½ वर्ष तक), स्वायत्तता बनाम लज्जा एवं शंका (1½–3 वर्ष), पहल बनाम अपराध बोध (3–6 वर्ष) अध्यवसाय बनाम हीनता (6–12 वर्ष), पहचान बनाम भूमिका भ्रान्ति (12–20 वर्ष), अन्तरंगता बनाम अकेलापन (20–45 वर्ष) उत्पादनशीलता या सृजनात्मकता बनाम जड़ता (45–65 वर्ष) तथा अहं संतुष्टि बनाम

हताशा (65 वर्ष से मृत्यु तक) इरिक्सन के अनुसार अपने विकास की प्रत्येक अवस्था में विकासशील बालक को एक नये संकट/चुनौती का सामना करना पड़ता है। जिस ढंग से वह विकास अवस्थाओं की माँगों से जुड़ी हुई इन संघर्षमयी चुनीतियों या जीवन संकटों से निपटता है। उसी हिसाब से उसका व्यक्तित्व ढलता रहता है और उसके व्यवहार में सकारात्मकता या नकारात्मकता की छाप स्पष्ट झलकने लगती है तथा वह कुसमायोजन या असफलता अथवा समायोजित अनुभव कर सफलता की सीढ़ी चढ़ रहा होता है।

6. पियाजे का नैतिक विकास सिद्धान्त यह बताता है कि बालकों को अपने नैतिक विकास के दौरान दो अलग-अलग प्रकार की नैतिक सोच या विचार प्रक्रिया से जुड़ी हुई अवस्थाओं से गुजरना पड़ता है। जिन्हें उसके द्वारा बंधनयुक्त या आश्रित अवस्था (Heteronomous) तथा स्वायत्त या आत्मनिर्भर (Autonomous) अवस्थाओं का नाम दिया गया। नैतिकता बंधनयुक्त प्रथम चरण अवस्था (5–10 वर्ष) में बालकों को नैतिक यथार्थवाद (Moral realism) का पुजारी बनकर कायदे कानूनों तथा आचार संहिता की कडाई से अनुपालन करने तथा अपने से बड़ों या हुक्म चलाने वाले का हुक्म मानने में अत्यधिक आस्था रखते हुये देखा जाता है। नैतिकता के द्वितीय स्वायत्त चरण या अवस्था में (10 वर्ष या अधिक) बालक उचित अनुचित तथा नैतिक अनैतिक के बारे में निर्णय लेने हेतु वांछित स्वायत्तता का उपयोग करते दिखाई देते हैं वे इसके लिये बड़ों तथा समाज द्वारा निर्धारित नियमों, आचार संहिता तथा आदेशों में बंधकर आचरण नहीं करते।

7. कोहलबर्ग का नैतिक विकास सिद्धान्त यह बताता है कि पियाजे के संज्ञानात्मक विकास की तरह बालक के नैतिक विकास को भी कुछ निश्चित सार्वभौमिक अवस्थाओं या सोपानों से गुजरना पड़ता है। इसके अतिरिक्त बालक का अपने नैतिक विकास की एक अवस्था से दूसरी अवस्था में पदार्पण करना माँ-बाप, गुरुजन तथा साथी बालकों के नैतिक मूल्यों के अर्जन पर नहीं बल्कि स्वयं की संज्ञानात्मक योग्यताओं के उजरोत्तर विकास पर निर्भर करता है। उसने इस सम्बन्ध में नैतिक विकास के तीन विभिन्न स्तरों का उल्लेख किया तथा प्रत्येक स्तर पर बालक या व्यक्ति विशेष के नैतिक विकास सम्बन्धी दो अवस्थाओं की चर्चा की। उसने इन तीन विभिन्न स्तरों को पूर्व नैतिक या पूर्व-पारम्परिक नैतिकता (4–10 वर्ष), पारम्परिक नैतिकता (10–13 वर्ष) तथा स्वमान्य नैतिक सिद्धान्तों पर आधारित उत्तर पारम्परिक नैतिकता (13 वर्ष और उसके पश्चात्) कहा। इन तीन स्तरों से सम्बन्धित 6 अवस्थाओं को उसने जो नाम दिये वे हैं (i) सजा से बचने हेतु आज्ञापालन की अवस्था (ii) इनाम तथा अन्य लाभों के लालच में अनुपालन करने की अवस्था (iii) अच्छे अतः वैयक्तिक सम्बन्ध बनाये रखने की अवस्था, (iv) उच्च अधिकारीगण या सामाजिक संगठनों के द्वारा लगाये गये प्रतिबन्ध सम्बन्धी आज्ञापालन की अवस्था (v) जनतांत्रिक रूप से स्वीकृत नियमों तथा सामुदायिक कल्याण सम्बन्धी रीतियों की अनुपालन सम्बन्धी अवस्था एवं (vi) सार्वभौमिक नैतिक सिद्धान्तों तथा अपनी आत्मा की आवाज पर चलने की अवस्था। इस प्रकार की अवस्थाओं की चर्चा करते हुये कोहलबर्ग ने कहा कि व्यक्ति अपने नैतिक विकास की इन अवस्थाओं से बिना किसी को बीच में छोड़े एक-एक करके गुजरता रहता है। प्रत्येक अवस्था उससे पहले की अवस्थाओं द्वारा खड़े किये गये नैतिक आधार पर टिकी रहती है और अपने आप में इस तरह का नैतिक आचरण और व्यवहार करने सम्बन्धी चित्र प्रस्तुत करती है जो पहले की अवस्थाओं सम्बन्धी नैतिक स्तर से काफी कुछ अच्छा समान्वित, तर्क संगत और प्रगतिशील नजर आता है।

8. व्यगोत्स्की को सामाजिक-सांस्कृतिक विकास सिद्धान्त के अनुसार व्यक्ति के वैयक्तिक विकास को उस सामाजिक एवं सांस्कृतिक परिवेश तथा उससे होने वाली व्यक्ति की अन्तःक्रिया को ध्यान में रखे बिना नहीं समझा जा सकता जिसमें व्यक्ति फलता-फूलता है। यही कारण है कि बालक व्यक्तित्त्व सम्बन्धी किसी भी आयाम–शारीरिक गामक, मानसिक, सामाजिक, संवेगात्मक तथा नैतिकता से जुड़े हुये विकास में सामाजिक-सांस्कृतिक प्रक्रियाओं का काफी बड़ा हाथ होता है। व्यगोत्स्की के अनुसार बालकों के विकास हेतु दिये जाने वाला बहुत सारा महत्वपूर्ण अधिगम कार्य किसी ट्यूटर, शिक्षक, माता-पिता या हम उम्र साथियों/सहपाठियों के साथ होने वाली सामाजिक अन्तःक्रिया

के माध्यम से संपन्न होता है। अपने से अधिक जानकार (More knowledgable one — MKO) के सहयोग से जिसे व्यगोत्स्की ने स्केफोल्डिंग (Scaffolding) की संज्ञा दी है, एक विकासशील बालक अपने व्यक्तित्व के विभिन्न आयामों में होने वाली प्रगति और विकास हेतु ज्ञान की संरचना तथा कौशल अर्जन मार्ग पर अग्रसर होता जाता है। भाषा का विकास बालकों को उचित सामाजिक अन्तःक्रिया करने में और भी कारगर सिद्ध होता है और इसलिये भाषा को अपना एक उचित संप्रेषण साधन बनाते ही बालकों का व्यक्तित्व सम्बन्धी बहु-आयामी विकास तीव्र गति से आगे बढ़ने लगता है।

9. बालकों में होने वाले भाषा विकास को स्पष्ट करने के लिये बहुत से भाषा विकास सिद्धान्त उपलब्ध हैं। इनमें मुख्य रूप से चार सिद्धान्तों की गिनती की जा सकती है (i) भाषा विकास का अनुकरण एवं पुनर्वलन सिद्धान्त (ii) भाषा विकास का पैदाइशी या जन्मजात सिद्धान्त (iii) भाषा विकास का अन्तःक्रियात्मक सिद्धान्त तथा (iv) भाषा विकास का संज्ञानात्मक प्रक्रियाकरण सिद्धान्त।

— भाषा विकास का अनुकरण एवं पुनर्वलन सिद्धान्त की आधारभूमि अलबर्ट बंडूरा द्वारा प्रतिपादित सामाजिक अधिगम सिद्धान्त तथा बी.एफ. स्किनर द्वारा प्रतिपादित सक्रिय अनुबन्धन सिद्धान्त है। बंडूरा के अनुसार– एक भाषा विशेष का अधिगम करने के दौरान एक बालक अपने से बड़ों तथा साथियों के भाषा व्यवहार का अवलोकन, अनुकरण तथा अभ्यास करता है और फिर इस प्रकार के अवलोकन, अनुकरण तथा अभ्यास की गई बातों को अपने भाषा व्यवहार तथा संप्रेक्षण में उपयोग करता रहता है। स्किनर के अनुसार भाषा का अधिगम किसी बालक ने किसी एक या अन्य भाषा व्यवहार (जैसे शिशु की बड़बड़ाहट तथा उसके द्वारा किसी वस्तु विशेष के प्रति की गई कोई ध्वनि तथा बोले जाने वाले किसी शब्द के सक्रिय अनुबंधन तथा उसे दिये जाने वाले पुनर्वलन के फलस्वरूप होने वाले व्यवहार निरूपण (staping of the behaviour) से होता है।

— भाषा विकास का पैदाइशी या जन्मजात सिद्धान्त बालकों के भाषा विकास को अनुवांशिकता तथा जैविक परिपक्वता की देन मानकर चलता है। इस क्षेत्र में कार्यरत प्रसिद्ध विद्वान नोम चोमस्की के अनुसार–सभी बालक LAD (Language aquisition device) नामक एक प्रकार की जैविक संरचना (जो उनके मस्तिष्क में इस प्रकार फिट रहती है जैसी कि एक कंप्यूटर में कोई चिप) को लेकर पैदा होते हैं और यही संरचना भाषा प्रनियमों या व्याकरण नियमों के रूप में उन्हें बहुत ही थोड़े समय में किसी भाषा विशेष की जटिल बातों को समझने और काम में लाने में मदद करती है। इसके अतिरिक्त भाषा विकास का यह सिद्धान्त यह भी बताता है कि बालकों के विकास काल में संवेदनशील या महत्त्वपूर्ण अवधिकाल के नाम से सम्बोधित कुछ ऐसे निश्चित अवधिकाल आते हैं जब उन्हें भाषा विशेष के अधिगम सम्बन्धी विभिन्न पहलुओं के अर्जन में LAD उपकरण के रूप में मौजूद अपनी जन्मजात विशेषताओं से अधिक से अधिक सहायता मिलती है और इसलिये इन अवधिकालों में मिले इस सुनहरे अवसर का बालकों के भाषा अर्जन में पूरा-पूरा फायदा उठाया जाना चाहिये।

— भाषा विकास का अन्तःक्रियात्मक सिद्धान्त इस बात पर जोर देता है कि विकासशील बालकों के भाषा विकास हेतु उन्हें जो कुछ अनुवांशिकता से मिला है तथा जो उनके द्वारा अपने परिवेश से प्राप्त किया जा रहा है इन दोनों के बीच एक उचित अन्तःक्रिया तथा अपेक्षित सहयोग होना चाहिये। इस सिद्धान्त के प्रतिपादकों के अनुसार बालक विशेष की जैविक परिपक्वता (Biological maturity) तथा वातावरणीय अनावरण (Enivronmental exposure) के मध्य होने वाली अन्तःक्रिया (विशेषकर बड़ों तथा साथी बालकों के साथ होने वाली सामाजिक-सांस्कृतिक अतःक्रिया) किसी भी भाषा से सम्बन्धित संप्रत्ययों एवं कौशलों के अर्जन में महत्वपूर्ण योगदान देती है।

भाषा विकास का संज्ञानात्मक प्रक्रियाकरण सिद्धान्त बालकों के भाषा अर्जन कार्य को एक ऐसे सूचना प्रक्रियाकरण का प्रतिफल करार देता है जिसे मानव मस्तिस्क की कंप्यूटर जैसी कार्यशैली तथा संज्ञानात्मक क्षमता के सहारे संपन्न किया जाता है। इस प्रक्रियाकरण में बालक अपने सामाजिक-सांस्कृतिक वातावरण से भाषा अधिगम सम्बन्धी सूचनाओं/प्रदत्तों को अदा (Input) के रूप में ग्रहण करते हैं, अपनी संज्ञानात्मक क्षमताओं के द्वारा उसका प्रक्रियाकरण करते हैं तथा भाषा सम्बन्धी विभिन्न पहलुओं से अवगत होने के रूप में उन्हें अब जो प्रतिफल (Output) मिलता है उसका अपने संप्रेषण में उपयोग करते हैं।

संदर्भित एवं विशेष अध्ययन ग्रन्थ (References and Suggested Readings)

Allen, E. and Marot, Z.L., *Developmental Profiles Pre-birth through Twelve*, 4th ed., Thomson Delmar Learning, Albany, New York, 2003.

Berk, Laura E., *Child Development*, 8th ed., Boston, Pearson Education, 2009.

Brooks, Robert and Goldstein, S., *Raising Resilient Children*, McGraw-Hill, New York, 2002.

Brunner, J.S., *Toward a Theory of Instruction*, Bel Kapp Press, Cambridge MA, 1966.

Brunner, J.S., *Actual Minds Possible Worlds*, Harvard University Press, Cambridge MA, 1986.

_____, *Culture of Education*, Harvard University Press, Cambridge MA, 1996.

Chomsky, N., *Reflection on Language*, Temple Smith, London, 1976.

_____, *Language and Mind*, Harcourt, Bruce & World, New York, 1968.

Erikson, E., *Childhood and Society*, Norton, New York, 1950.

_____, *Childhood and Society*, 2nd ed., Norton, New York, 1963.

_____, *Identity: Youth and Crises*, Norton, New York, 1968.

Freud, S., *The Origin and Development of Psychoanalysis*, Henry Regnery (Gateway Editions), New York, 1965.

_____, *An Outline of Psychoanalysis*, Hogarth Press, London, 1953.

Gardner, H. and Jerome, S. Bruner in J.A. Palmer (Ed.), *Fifty Modern Thinkers on Education,* Routledge, London, 2001.

Gilligan, Carol, *In a Different Voice: Psychological Theory and Women Development*, Harvard University Press, Cambridge MA, 1987.

Inhelder, B. and Piaget, J., *The Growth of Logical Thinking from Childhood to Adolescence* (Trans. by Anne Parson and Stanley Milgram), Basic Books, New York, 1958.

Kohlberg, L., *Essays on Moral Development*, Harper & Row, San Francisco, 1984.

_____, "The Development of Modes of Thinking and Choices in years 10 to 16", Ph.D. Dissertation, University of Chicago, 1958.

_____, "The Development of Children's Orientation Toward Moral Order: Sequence in the Development of Moral Thought", *Vita Humana*, **6**, 11–33, 1963.

_____, "The Development of Moral Character and Moral Ideology", in M. Hoffman and L. Hoffman (Eds.), *Review of Child Development Research*, Vol. I, Russel Sage Foundations, New York, 1964.

_____, "The Child as a Moral Philosopher, Psychology Today", **2**, 25–30, 1968.

_____, "Moral Stages and Moralization: The Cognitive Development Approach", in T. Lickona (Ed.), *Moral Development and Behaviour*, Holt, Rinehart and Winston, New York, 1976.

Levine, Laura E. and Munsch, Joyce, *Child Development: An Active Learning Approach*, 2nd ed., Sage, Los Angeles, 2014.

Meggitt, Carolyn, *Child Development: An Illustrated Guide*, Pearson, Boston, 2012.

Meggitt, Carolyn and Ormrod, J.E., *Understanding Child Development*, 5th ed., Pearson, Boston, 2013.

Ormrod, J.E., *Educational Psychology: Developing Learners*, 4th ed., Prentice-Hall, Upper Saddle River, New Jersey, 2003.

Piaget, J., *Judgement and Reasoning in the Child*, Harcourt & Brace, New York, 1926.

_____, *The Construction of Reality in the Child*, Basic Books, New York, 1954.

_____, *Psychology of Intelligence*, Totowa, Littlefield Adams, New Jersey, 1966.

_____, *Equilibration of Cognitive Structures*, Viking Press, New York, 1977.

_____, *The Moral Judgement of the Child*, Harcourt and Brace, New York, 1932 (and Free Press, New York, 1965).

_____, *The Origins of Intelligence in Children*, International University Press, New York, 1952 (and Norton, New York, 1963).

Shaffer, R., *Social Development*, Black Well, Oxford, 1996.

Skinner, B.F., *Verbal Behavior*, Action, Copley, MA, 1991 (original work published in 1957).

Smetana, J., "Pre-school Children's Conceptions of Moral and Social Rules," *Child Development*, **52**, 1333–1336, 1981.

Vygotsky, L.S., *Thought and Language* [E. Haufmann and G. Vakar (Eds. and Trans.)], MIT Press, Cambridge, MA, 1962.

_____, *Mind and Society: The Development of Higher Mental Process,* Harvard University Press, Cambridge, MA, 1978.

_____, "The Kind of Speech", in R.W. Rieberd and A.S. Carton (Eds.), *The Collected Works of L.S. Vygotsky*, Volume I: 'Problems of General Psychology' (pp. 39, 285), Plenum Press, New York, 1987 (original work published in 1934).

Woolfolk, Anita, *Educational Psychology,* 9th ed., First Indian Reprint, Pearson, New York, 2004.

वंशानुक्रम एवं वातावरण
(Heredity and Environment)

वंशानुक्रम क्या है? (What is Heredity?)

एक गाय बछड़े को ही जन्म देती है तथा मुर्गी के अण्डों में से मुर्गी के बच्चे ही निकलते हैं। विभिन्न पक्षियों के छोटे-छोटे अण्डों में कोई अनुमान भी नहीं लगा सकता कि आगे ज़रूर इनमें से कोई तोता, मैना, कोयल और कौआ बन जायेगा। अपनी-अपनी जाति के पक्षियों की तरह रंग-रूप, आकार, पंख, चोंच, पंजे आदि ये किस प्रकार ग्रहण कर लेते हैं? एक ही जाति के प्राणियों में इतनी अनुरूपता और अलग-अलग जाति के प्राणियों में इतनी विषमता कैसे पैदा हो जाती है? फिर एक ही जाति के सभी प्राणी भी तो बिलकुल समरूप नहीं होते। सभी बछड़े एक जैसे नहीं होते और न सभी मुर्गे और मुर्गियाँ ही, यहाँ तक कि एक ही माँ-बाप से उत्पन्न संतानों में भी बहुत अन्तर देखने को मिलता है। इस प्रकार की अजीब समानताओं और विषमताओं के लिए प्रायः वंशानुक्रम को उत्तरदायी ठहराया जाता है। यह कहा जाता है कि कोई भी प्राणी अपने माता-पिता और पूर्वजों के गुणों को विरासत में प्राप्त करता है और इसी कारण वह अपने माता-पिता, पूर्वज तथा अपनी जाति के सदस्यों से अधिक साम्य रखता है। **डगलस और हालैंड** ने इसी विचार की पुष्टि करते हुए वंशानुक्रम की परिभाषा निम्न शब्दों में दी है:

एक प्राणी के वंशानुक्रम में वे सभी संरचनाएँ, शारीरिक विशेषताएँ, क्रियाएँ अथवा क्षमताएँ सम्मिलित रहती हैं जिन्हें वह अपने माता-पिता, अन्य पूर्वजों या प्रजाति से प्राप्त करता है।

(*One's heredity consists of all the structures, physical characteristics, functions or capacities derived from parents, other ancestry or species.*—1947, p. 51)

अब प्रश्न यह उठता है कि बच्चा अपने माता-पिता अथवा पूर्वजों से व्यक्तित्व सम्बन्धी विशेषताओं और गुणों को कब और कैसे ग्रहण करता है। इस प्रश्न का उत्तर प्राप्त करने के लिए हमें, जीवन का आरम्भ कैसे होता है, इसका विचार करना होगा।

जीवन कैसे प्रारम्भ होता है? (How Life Begins?)

हमारी जीवन यात्रा माता के गर्भाधान (Conception) के समय से ही प्रारम्भ हो जाती है और इसी समय वंशानुक्रम संबंधी विशेषताएं भी माँ-बाप द्वारा सन्तानों को विरासत में प्राप्त हो जाती हैं। इस प्रक्रिया को निम्न रूप में समझा जा सकता है:

नर और मादा के संभोग के समय वीर्य का स्खलन होने पर नर के शुक्र कीट (Spermatazoa) मादा के गर्भाशय द्वार पर जा कर टकराते हैं। वीर्य के इन अनगिनत कीटों में से कोई एक कीट संयोगवश मादा के गर्भाशय में स्थित अण्डकोश (Ovum) के संयोग से एक संयुक्त कोश का निर्माण होता है जिसे Zygote कहा जाता है। इसके निर्माण के साथ-साथ ही बच्चे का अस्तित्व प्रकाश में आ जाता है और भ्रूण के रूप में उसका विकास होने लगता है।

संयुक्त-कोश (Zygote) गाढ़े तरल पदार्थ साइटोप्लाज़्म (Cytoplasm) का बना होता है। इस साइटोप्लाज़्म के अन्दर एक नाभिक (Nucleus) होता है जिसके भीतर गुणसूत्र (Chromosomes) होते हैं। ये गुणसूत्र सदैव जोड़ों (Pairs) में पाये जाते हैं। एक संयुक्त-कोश (Zygote) में गुणसूत्रों के 23 जोड़े होते हैं जिनमें से आधे (23) माता के और आधे (23) पिता द्वारा होते हैं। प्रत्येक गुण-सूत्र में छोटे-छोटे कीटाणु होते हैं जिनको पित्र्येक (Genes) कहते हैं। एक पीढ़ी से दूसरी पीढ़ी में इन्हीं पित्र्येकों का हस्तान्तरण (Transmission) होता रहता है। यही पित्र्येक वंशानुक्रम संबंधी सभी विशेषताओं और गुणों के वास्तविक वाहक (Carrier) और निर्धारक (Determiner) हैं।

इस प्रकार अगर ध्यान से देखा जाए तो अपने माँ-बाप और पूर्वजों से जन्मजात विशेषताओं के रूप में हमें जो कुछ भी प्राप्त होता है वह मां-बाप द्वारा प्रदान किये गए पित्र्येकों (Genes) के माध्यम से मां के गर्भ में जीवन प्रारम्भ होने (शुक्र कीट द्वारा अण्डकोश का निषेचन होने) के समय ही प्राप्त हो जाता है। अतः वंशानुक्रम का संबंध जीवन लीला प्रारम्भ होने की उस प्रक्रिया से है जिसके परिणामस्वरूप माता-पिता के माध्यम से एक बच्चा अपने पूर्वजों द्वारा अर्जित कुछ गुणों और विशेषताओं को लेकर अपना जीवन व्यापार शुरू करता है।

वंशानुक्रम–कुछ शंकाएँ और उनका स्पष्टीकरण (Some Emerging Doubts and their Clarifications)

जो कुछ ऊपर कहा गया है उसके आधार पर बच्चों और उनके माँ-बाप में जो समानता पाई जाती है उसका स्पष्टीकरण तो हो जाता है परन्तु कुछ ऐसी परिस्थितियों में जहाँ माँ-बाप और उनके बच्चों में बहुत अधिक अन्तर देखने को मिलता है, उसका स्पष्टीकरण पूरी तरह से नहीं हो पाता। इस प्रकार की कुछ परिस्थितियाँ निम्न हो सकती हैं:

(i) माँ-बाप काले हैं, बच्चा गोरा है।

(ii) माँ-बाप बहुत ही बुद्धिमान हैं, बच्चा मूर्ख है।

(iii) माँ-बाप अंधे, लूले-लंगड़े या मानसिक रूप से अस्वस्थ हैं, बच्चा इन सब दोषों से मुक्त है।

(iv) बच्चा अपने किसी भी भाई-बहन से नहीं मिलता।

आइये, देखा जाए, इस प्रकार की विषमताएं किस प्रकार उत्पन्न हो जाती हैं।

यह तो स्पष्ट किया ही जा चुका है कि निषेचन (Fertilization) से उत्पन्न संयुक्त कोश में स्थित गुणसूत्र और पित्र्येक सभी प्रकार के पैतृक गुणों और विशेषताओं के वाहक होते हैं। ये माता और पिता द्वारा प्राप्त होते हैं। पता नहीं किस प्रकार के गुणसूत्र और पित्र्येक मां-बाप से प्राप्त हो जाएँ। यह सब संयोग मात्र की बात है। इसके लिए कोई नियम नहीं। इस प्रकार की संयोगजनक परिस्थितियां निम्न रूपों में हो सकती हैं:

1. किसी विशेष अनुकूल समय में पिता के अनगिनत शुक्र कीटों में से किसी एक कीट (Sperm) द्वारा मां के गर्भाशय में स्थित विशेष अंडे (Ovum) को निषेचित करना संयोग मात्र की ही बात है। फिर निषेचित अण्डे (Zygote) में जो गुणसूत्रों के 23 जोड़े होते हैं, उनमें से 23 पिता के शुक्र कीट और 23 माता के अंडे (Ovum) द्वारा प्रदान किए जाते हैं। माँ-बाप द्वारा प्रदत्त इन गुणसूत्रों (Chromosomes) में से कौन किसके साथ जोड़ा बनाएगा, यह भी संयोग मात्र की बात है। अतः किस प्रकार के गुणसूत्र (Chromosomes) और पित्र्येक (Genes) बच्चों को विरासत में प्राप्त होंगे, यह एक संयोग मात्र ही है।
2. पित्र्येकों (Genes) का एक पीढ़ी से दूसरी पीढ़ी में हस्तान्तरण (Transmission) होता रहता है। माँ-बाप द्वारा प्रदत्त इन गुणसूत्रों में उनके अपने पक्ष के पूर्वजों के पित्र्येक (Genes) उपस्थित रहते हैं। इनमें से कोई भी पित्र्येक (Genes) बच्चे को विरासत में मिल सकते हैं। अतः विषमताओं के मूल में यह बात भी हो सकती है कि बच्चे द्वारा तत्कालीन माता-पिता के स्थान पर माता या पिता के पक्ष में से किसी भी पूर्वज के गुण और दोष ग्रहण कर लिए जाएं। फलस्वरूप वह अपने माता या पिता किसी से साम्य न रखकर किन्हीं गुण और विशेषताओं में माता या पिता के पक्ष के किसी भी पूर्वज से साम्य रख सकता है।

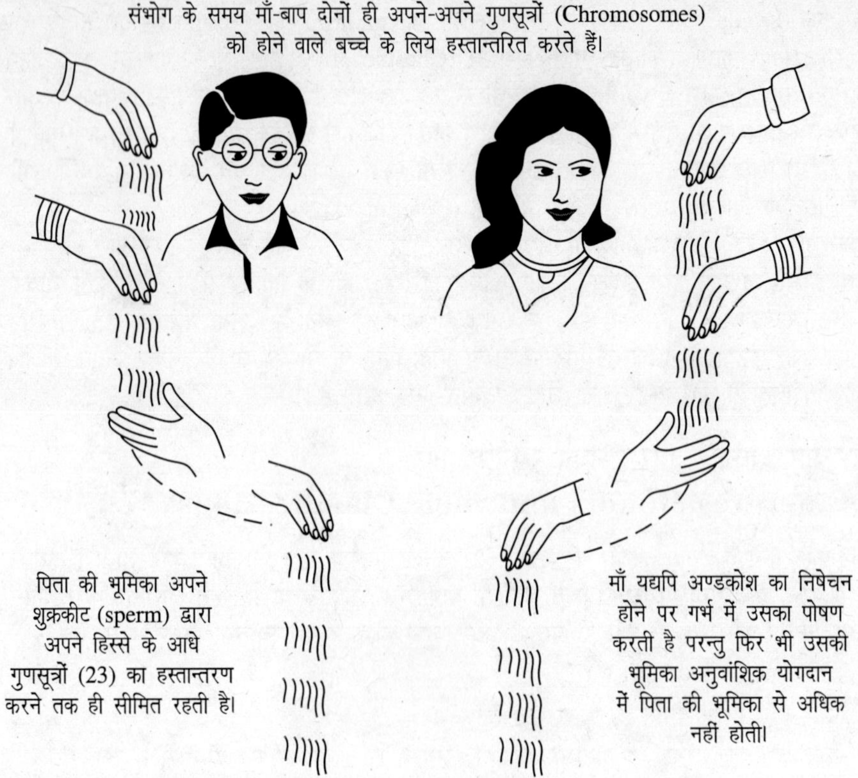

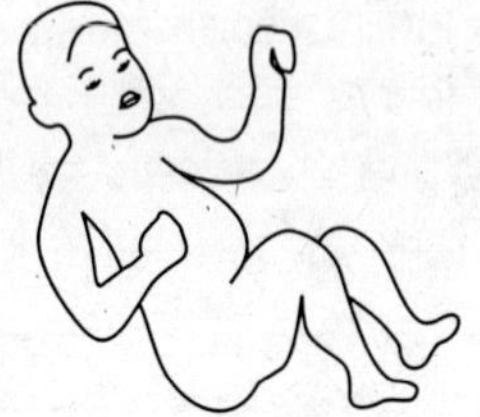

चित्र 4.1 गुणसूत्रों का हस्तान्तरण

वंशानुक्रम और जुड़वाँ बच्चे? (Twins and Heredity)

जैसा कि पहले बताया जा चुका है प्रायः नर शुक्र कीटों में से कोई एक कीट नारी के गर्भाशय स्थित एक अंडे से सम्पर्क स्थापित कर उसे निषेचित कर देता है। परिणामस्वरूप किसी एक बच्चे की जीवन लीला प्रारम्भ हो जाती है। लेकिन कभी-कभी इस प्रकार की सामान्य प्रक्रिया में अंतर आ जाता है और माँ के गर्भ में एक ही समय में एक प्राणी के स्थान पर दो या तीन प्राणी पलने लगते हैं। जुड़वां बच्चों (Twins) का जन्म इस प्रकार की असामान्य प्रक्रिया का ही एक उदाहरण है जिसमें एक माँ के दो बच्चे एक ही समय उसके गर्भ में आते हैं, लगभग एक ही साथ जन्म लेते हैं और रंगरूप तथा स्वभाव में एक दूसरे से बहुत कुछ मिलते-जुलते हैं। इस प्रकार के जुड़वां बच्चों (यमज) के दो रूप-सम-यमज (Identical Twins) और बन्धु-यमज (Fraternal twins) विशेष रूप से उल्लेखनीय हैं। आगे हम इन्हीं की चर्चा कर रहे हैं:

सम-यमज (Identical twins)—जब पुरुष का कोई शुक्र कीट स्त्री के गर्भाशय में स्थित अंडे का निषेचन करता है तो इस निषेचन क्रिया के फलस्वरूप अंडा दो भागों में विभक्त हो जाता है। सामान्य अवस्था में ये दोनों भाग मिलकर संयुक्त-कोश (Zygote) का निर्माण करते हैं और एक प्राणी की जीवन लीला आरंभ हो जाती है। परन्तु किसी समय ऐसा भी हो सकता है कि ये दोनों भाग मिलते नहीं हैं और अलग-अलग भागों के रूप में जीव माँ के गर्भ में पलने लग जाते हैं। दोनों भाग आपस में जुड़े रहते हैं। एक ही शुक्र कीट (Sperm) और एक ही अंडे (Ovum) के संयोग से उत्पन्न होने के कारण इनसे एक जैसे गुणसूत्र (Chromosomes) और पित्र्येक (Genes) पाए जाते हैं और इसलिए ये प्रायः एक ही लिंग के होते हैं तथा इनका रंगरूप, आकृति और अन्य गुणों में भी विचित्र समानता देखने को मिलती है।

बन्धु-यमज (Fraternal twins)—साधारणतया 1 मास के अन्दर स्त्री प्रजनन अंगों द्वारा एक अंडा (Ovum) ही तैयार होता है जो संभोग के समय गर्भाशय में आकर पुरुष शुक्र कीट की प्रतीक्षा करता है। परन्तु कभी ऐसा भी होता है कि एक अंडे के स्थान पर दो या दो से अधिक अंडे तैयार हो जाते हैं और संयोग वश वे अलग-अलग शुक्र कीटों द्वारा निषेचित हो जाते हैं। परिणामस्वरूप मां के गर्भ में दो अलग-अलग संयुक्त-कोशों के रूप में दो अलग-अलग बच्चों की जीवन लीला प्रारम्भ हो जाती है इस प्रकार से पैदा हुए बच्चे बंधु-यमज (Fraternal twins) कहलाते हैं। इन दोनों में भिन्न-भिन्न गुणसूत्रों और पित्र्येकों का संयोग होता है क्योंकि ये दो अलग-अलग शुक्र-कीटों द्वारा निषेचित दो अलग-अलग अंडों द्वारा प्राप्त होते हैं। इसलिए सम-यमज जैसी समानता इनमें देखने को नहीं मिलती। ये अलग-अलग लिंग के हो सकते हैं तथा इनके गुणों और विशेषताओं में भी पर्याप्त अन्तर देखने को मिल सकता है।

वंशानुक्रम सम्बन्धी सिद्धान्त (Theories of Heredity)

जीव वैज्ञानिकों तथा मनोवैज्ञानिकों ने अपने अध्ययन और प्रयोगों के माध्यम से वंशानुक्रम या वंशक्रम की प्रक्रिया तथा प्रतिफल को स्पष्ट करने हेतु कुछ विशिष्ट सिद्धान्तों को विकसित किया है। इनमें से कुछ प्रमुख सिद्धान्तों की चर्चा हम आगे कर रहे हैं:

1. **बीजकोश की निरन्तरता का सिद्धान्त** (Theory of continuity of germplasm)—इस सिद्धान्त के प्रतिपादन का श्रेय वीजमैन (Weiseman) को जाता है। वीजमैन के अनुसार मानव शरीर में दो प्रकार के कोश होते हैं—दैहिक कोश (Somatic cells) तथा उत्पादक कोश (Germ cells)। जहाँ शारीरिक संरचना को अपना एक रूप देने का कार्य दैहिक या शारीरिक कोशों द्वारा होता है वहीं जन्म देने का कार्य उत्पादक कोशों द्वारा किया जाता है। इन उत्पादक कोशों का निर्माण बीजकोश (Germplasm) द्वारा होता है। बीजकोश निरन्तरता की प्रक्रिया का अनुसरण करते हैं। माँ-बाप अपनी संतानों को उन बीजकोशों का हस्तान्तरण करते हैं जो उन्हें अपने माँ-बापों से मिले थे। उनके माँ-बापों ने भी ये इसी तरह हस्तान्तरित किये थे। दूसरे शब्दों में माँ-बाप पूर्वजों से प्राप्त बीजकोश के संरक्षक (trustees) होते हैं जो उन्हें अपने बालकों को प्रदान करने होते हैं। इन बीजकोशों में ही वंशक्रम संबंधी धरोहर और पूँजी सुरक्षित रहती है और इस तरह बीजकोशों के हस्तांतरण के रूप में पीढ़ी दर पीढ़ी सुरक्षित वंशक्रम संबंधी गुण और विशेषताओं का बालकों में संक्रमण होता रहता है। यही कारण है कि मानव की सन्तान मानव होती है तथा पशु पक्षियों की सन्तान पशु-पक्षी।

इस प्रकार वीजमैन के अनुसार एक बालक उतना ही प्राचीन है जितना कि उसके वंश के संस्थापक पूर्वज। जो कुछ भी गुण और विशेषतायें इन पूर्वजों में थीं वे सभी विशेषतायें और गुण आज की पीढ़ी में भी देखने को मिलते हैं। बीच में आने वाली पीढ़ियों द्वारा जो कुछ भी अपने प्रयत्नों द्वारा उपार्जन किया गया तथा गुण और विशेषताओं में जो भी परिवर्तन किये गये उनका प्रभाव बीजकोश पर नहीं पड़ता और इसलिये उनका हस्तांतरण नई पीढ़ी को नहीं होता।

वीजमैन ने अपने इन विचारों की पुष्टि के लिए चूहों पर किये गये अपने प्रयोगों का सहारा लिया। पीढ़ी दर पीढ़ी इन चूहों की पूंछ को वह काटता गया परन्तु जब भी नई पीढ़ी जन्म लेती थी वह पूंछ वाली ही होती थी, पूंछ कटी हुई नहीं। इससे उसने यह परिणाम निकाला कि शारीरिक संरचना संबंधी किसी भी संशोधन और बदलाव का (चाहे वह किसी भी कारण से हुआ हो) नई पीढ़ियों में हस्तान्तरण नहीं होता है। नई पीढ़ी वैसे ही होती है जैसे कि उसके वंश के पहले से चले आ रहे पूर्वज। यही बात हमें अपनी दिन-प्रतिदिन की ज़िन्दगी में भी दिखाई देती है। लूले या लंगड़े माँ-बापों की

संतान लूली या लंगड़ी पैदा नहीं होती। जिन माँ-बाप के चेहरे या शरीर पर चेचक के दाग हों, चोट या जलने के निशान हों उनका हस्तांतरण बच्चों में नहीं होता। **क्रो** एवं **क्रो** ने इसी बात की पुष्टि करते हुए लिखा है:

एक माँ जो किसी ब्यूटी पार्लर की मदद से अपने बाल घुँघराले कर लेती है वह अपने बालों का घुँघरालापन वंशक्रम विरासत के रूप में अपनी बेटी को नहीं दे सकती। इसी तरह एक कुशल बढ़ई (Carpenter) का बेटा भी लकड़ी के काम में कुशल तभी बन सकता है जबकि वह इसके लिए आवश्यक उन सभी आवश्यक योग्यताओं और क्षमताओं को वंशक्रम की धरोहर के रूप में प्राप्त न कर ले जो कि उसे आवश्यक अभिप्रेरणा और प्रशिक्षण के आधार से अपने पिता जैसी या उससे भी अधिक कुशलता ग्रहण करने में मदद कर सकें। (Crow and Crow, 1979, p. 36)

इस तरह से विकास के लिए आवश्यक उन आधारभूत योग्यताओं और क्षमताओं का ही वंशक्रम धरोहर के रूप में नई पीढ़ी को हस्तांतरण हो सकता है जो बीजकोश के रूप में सुरक्षित रहती हैं। किसी भी अवस्था में अर्जित कुशलताओं, ज्ञान, अनुभव, रूचियों तथा अभिवृत्तियों आदि का पीढ़ी दर पीढ़ी हस्तांतरण नहीं होता।

2. **गाल्टन का बायोमेट्री सिद्धान्त** (Galton's biometry theory)—वंशक्रम संबंधी अध्ययनों के लिए प्रयुक्त अपनी सांख्यिकी-विधियों की सहायता से गाल्टन ने यह निष्कर्ष निकाला कि केवल वर्तमान माँ-बाप ही नहीं बल्कि बालक के सभी पूर्वज घटते हुये प्रभाव के आधार पर अपना कुछ न कुछ योगदान बालक को वंशक्रम धरोहर सौंपने हेतु देने की चेष्टा करते हैं। माँ-बाप और पूर्वजों द्वारा यह योगदान गाल्टन के अनुसार निम्न रूप में दिया जाता है:

"माँ के द्वारा 1/4 तथा पिता के द्वारा 1/4 और इस प्रकार से वंशक्रम धरोहर का कुल 1/2 भाग बालक को अपने तत्कालीन माता-पिता द्वारा प्रदान किया जाता है। बाबा, दादी, नाना तथा नानी इनमें से प्रत्येक के द्वारा 1/16 भाग और इस तरह सभी चारों (Grand parents) द्वारा कुल का 1/4 भाग प्रदान किया जाता है। इसी घटते हुए क्रम में पहले पूर्वजों का योगदान चलता रहता है जिसे निम्न समीकरण के रूप में व्यक्त किया जा सकता है।

1/2 (Contribution of parents) + 1/4 (Contribution of grand parents)
+1/8 (Contribution of great grand parents) + 1/16 (Contribution of great great grand parents)
+ …… = 1(The Total inheritance)

3. **मेण्डल का वंशक्रम सिद्धान्त** (Mendel's theory of heredity)—आस्ट्रिया निवासी ग्रेगर मेण्डल जो एक पादरी थे अपनी रुचि, अध्ययन और अनुसंधानों के परिणामस्वरूप आज एक विख्यात वनस्पति शास्त्री तथा वंशक्रम अनुसंधानकर्त्ता के रूप में याद किये जाते हैं। इनके द्वारा मटरों (Peas) की कई प्रजातियों के संक्रमण को लेकर किये गये प्रयोग काफी चर्चित रहे हैं। अपने एक प्रयोग में उन्होंने मटर की दो किस्मों (Varieties) लम्बी (Tall) तथा बौनी (Short) को समान संख्या में बोया। इनसे जो मटर के पौधे उगे और बड़े होकर उनसे जो मटर के दाने प्राप्त हुये उन वर्ण संकर (Hybrid) बीजों को पुनः बोया तथा उनसे जो पौधे और बीज प्राप्त हुये उन्हें फिर बोया। इस तरह वह वर्ण संकर बीजों को बार-बार बो कर पौधे और मटर (बीज) प्राप्त करते रहे। अपने इन प्रयत्नों के फलस्वरूप जो परिणाम उन्हें प्राप्त हुये वे कुछ इस प्रकार थे:

(i) शुद्ध लम्बी तथा शुद्ध बौनी प्रजाति के मटरों के बीजों से पहली बार वर्ण संकर प्रजाति के मटर के पौधे उगे वे सब लम्बे आकार के (Tall) थे।

(ii) इन लम्बे आकार के पौधों से प्राप्त बीजों को जब बोकर दूसरी संतति (Second generation) के मटर के पौधे प्राप्त हुये तो उनमें लम्बे और बौने दोनों ही आकार के पौधे प्राप्त हुए इनकी संख्या में 3 : 1 का अनुपात था।

(iii) दूसरी संतति में प्राप्त लम्बे तथा बौने आकार के पौधों के बीजों को जब पुनः बोया गया तो तीसरी संतति प्रजाति के मटर के पौधों में यह पाया गया कि बौने के बीजों ने अपने ही प्रजाति के पौधों (बोनों) को जन्म दिया जबकि लम्बी प्रजाति के बीजों से लम्बे तथा बौने दोनों ही प्रकार के पौधे निम्न अनुपातों में उगे।

— लम्बी प्रजाति के 1/3 पौधों से लम्बी प्रजाति के पौधे उगे।

— लम्बी प्रजाति के शेष 2/3 पौधों से लम्बे तथा बोनी प्रजाति के पौधे 3 : 1 के अनुपात से पैदा हुए।

मेण्डल के उपरोक्त प्रयोग परिणामों को चित्र के माध्यम से निम्न प्रकार दिखाया जा सकता है:

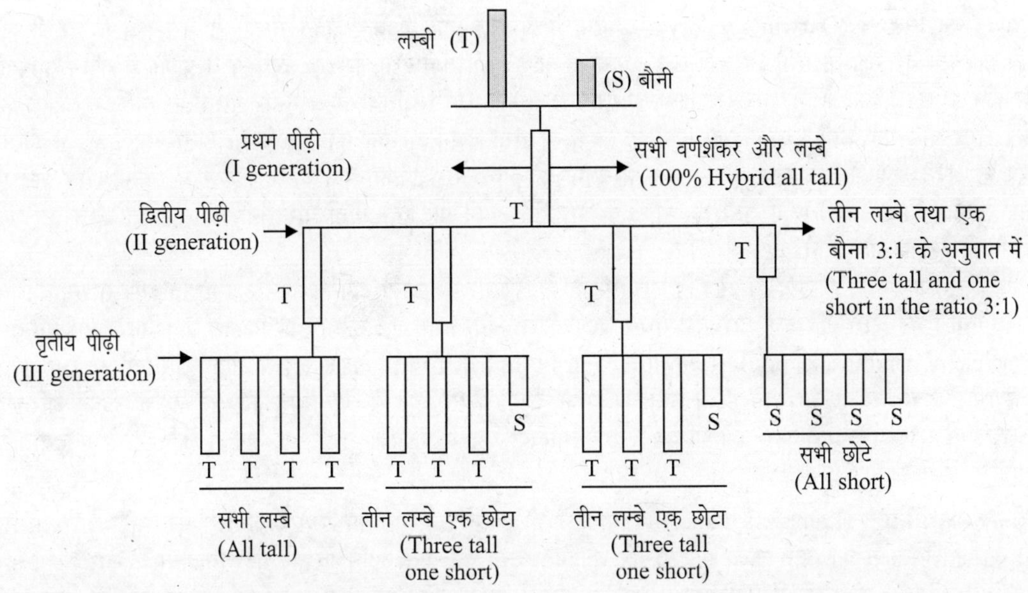

चित्र 4.2 मेण्डल के प्रयोग परिणामों की प्रस्तुति

मेण्डल के इन प्रयोगों ने वंशक्रम के संबंध में निम्न दो मुख्य प्रनियमों तथा धारणाओं को प्रकाशित कियाः

1. **प्रभावशीलता या प्रधानता का नियम** (Principle of dominance)—इस नियम के अनुसार जब किन्हीं दो विरोधी गुणों या विशेषताओं वाली प्रजातियों से वर्ण संकर की उत्पत्ति होती है तो वर्ण संकर में उसी गुण की प्रधानता रहती है जो अधिक प्रभावशील (Dominant) होता है। मेण्डल के प्रयोग में लम्बापन (Tallness), बौनेपन (Shortness) पर हावी था इसलिए उसकी ज्यादा प्रबलता (Dominance) के कारण पहली संतति विशुद्ध लम्बे आकार के पौधों की थी और बाद की संततियों में भी इसी गुण की प्रधानता रही।

2. **अलगाव या पृथकता का नियम** (Principle of segregation)—वर्णसंकर होने पर भी प्रजातियाँ अपने विशुद्ध गुणों (जैसे मटर के पौधों का लम्बापन और बौनापन) को बनाये रखने का प्रयत्न करती रहती हैं और इस तरह पीढ़ी दर पीढ़ी अपने विशुद्ध गुणों और विशेषताओं का प्रदर्शन करती रहती हैं और अंततः उनका झुकाव वर्ण संकर गुणों से मुक्ति पाकर अपनी प्रजाति के शुद्ध गुणों और विशेषताओं को पाना ही होता है। मेण्डल के उपरोक्त प्रयोग में भी यह भलीभाँति देखा गया कि तीसरी संतति में बौने पौधों से शत-प्रतिशत बौने पौधे ही प्राप्त हुए और लम्बे पौधों से भी केवल कुछ को छोड़कर लम्बे पौधे ही प्राप्त हुये।

इस प्रकार से वंशक्रम के अभी तक उपरोक्त वर्णित सभी सिद्धांत इस बात पर बल देते हुए नज़र आते हैं कि अर्जित गुणों या विशेषताओं का संक्रमण नहीं होता (There is no transmission of acquired traits)। परिवर्तन या विकास चाहे वह शारीरिक संरचना या उसकी क्षमता से संबंधित हो या व्यवहार परिमार्जन से, उसका एक पीढ़ी से दूसरी पीढ़ी में हस्तांतरण नहीं होता। यह बात कुछ अटपटी सी लगती है। अगर ऐसा ही होता तो हममें हमारे पूर्वज वानरों तथा उनसे भी पहले के विकास की निचली मंज़िलों पर स्थित प्राणियों के गुणों और विशेषताओं की ही कल्पना की जा सकती थी। विकासवाद (Evolution) और उसके सिद्धांतों को फिर जन्म ही कहां मिलता और सृष्टि का जो विकास चक्र जहाँ से आरम्भ हुआ वहीं रुका रह जाता। सौभाग्य से यह बात नहीं है, विकास होना एक निश्चित बात है तथा इस क्रमिक विकास और उद्भव में अर्जित गुणों या विशेषताओं का संक्रमण होना भी शाश्वत् सत्य है। इस बात को प्रकाश में लाने का श्रेय दो प्रमुख जीव शास्त्रियों तथा वंशक्रमवादियों चार्ल्स डार्विन तथा लेमार्क को है। आगे की पंक्तियों में हम उन्हीं के द्वारा प्रतिपादित दो प्रमुख वंशक्रम सिद्धान्तों की चर्चा करने जा रहे हैं।

4. डार्विन का सिद्धान्त (Darwin's theory)—डार्विन के अनुसार प्राणियों का जीवन संघर्षों से भरा हुआ है। सभी को अपने अस्तित्व की रक्षा के लिए निरंतर संघर्ष करना पड़ता है। अस्तित्व रक्षा के इस संघर्ष में वे प्राणी ही अपने आपको बचा पाने में समर्थ होते हैं जो अपने आपको निरंतर बदलती हुई परिस्थितियों के अनुसार परिवर्तित करने में सफल हो सकें। अगर पीछे की ओर मुड़कर देखा जाये तो बहुत-सी ऐसी प्रजातियों का आज कहीं भी अता-पता नहीं जो किसी कारण से अपने आप में वातावरण के अनुकूल परिवर्तनों को लाने और उनका आने वाली पीढ़ियों में संक्रमण कर पाने में असफल रहीं। इसके विपरीत जो ऐसा कर सकीं वे आज भी अपने पीढ़ी दर पीढ़ी परिवर्तनों को संक्रमित करते हुए नये रूपों में जी रही हैं और आगे बढ़ रही हैं।

इस तरह डार्विन के इस उद्‌भव और विकास सिद्धांत के अनुसार प्रजातियाँ अपने आपमें अपने वातावरण से समायोजित होने के प्रयास हेतु कुछ आवश्यक परिवर्तन सुधार या विकास कार्य करती हैं। उनका यह विकास प्राकृतिक चयन प्रनियम (Principle of natural selection) पर आधारित होता है। उनमें वे परिवर्तन सहज रूप में अपने अस्तित्व की रक्षा करने हेतु स्वाभाविक ढंग से ही आ जाते हैं, वे उसी का चयन करके अपने आप में आत्मसात् कर लेते हैं जो उनको अस्तित्व की लड़ाई में मदद करें और फिर यही परिवर्तन वे स्वाभाविक रूप में वंशक्रम धरोहर के रूप में आने वाली पीढ़ियों को हस्तांतरित करते जाते हैं।

5. लेमार्क का सिद्धान्त (Lamark's theory)—लेमार्क ने भी अपने अनुभवों और प्रयोगों के द्वारा एक पीढ़ी द्वारा अर्जित गुणों और विशेषताओं को आने वाली पीढ़ियों को संक्रमित करने की बात अपने विकासवादी सिद्धान्त के द्वारा कही है। उसके अनुसार सभी प्रजातियों में परिवर्तित परिवेश में अपने आपको ठीक प्रकार से समायोजित करते रहने के लिये एक जन्मजात आंतरिक प्रवृत्ति (innate inward urge) मूलभूत आवश्यकता (Basic need) के रूप में पायी जाती है। इसी के क्रियान्वयन के फलस्वरूप प्रत्येक प्राणी अपने आप में शरीर और व्यवहार दोनों को ही लेकर आवश्यक परिवर्तन करने की ओर अग्रसर रहता है ताकि वह परिवर्तित परिवेश के अनुसार अपने आपको ढालकर समायोजन करने में समर्थ हो सके तथा आवश्यक विकास की ओर कदम बढ़ा सके। इस प्रकार का विकास चाहे कितनी भी धीमी गति से क्यों न हो, आने वाली पीढ़ियों में दूसरे परिणाम स्पष्टतः परिलक्षित होते रहते हैं। उदाहरण के लिये अगर हम जिराफ (giraffe) की गर्दन के आकार को ही लें तो हमें स्पष्ट विदित हो सकता है कि आवश्यकता ने आविष्कार, परिवर्तन और विकास की जननी कहे जाने को यहाँ किस प्रकार उपयुक्त प्रकार से चरितार्थ किया है। ऊँचे पेड़ों की टहनियों ने अपना भोजन ग्रहण करने की आवश्यकता और उसके लिये किये गये प्रयासों ने ही गर्दन लम्बा करने की नींव एक विशेष पीढ़ी में रखी होगी और फिर पीढ़ी दर पीढ़ी अपने प्रयासों से अर्जित तथा परिवर्तित गर्दन की बढ़ी हुई लम्बाई का हस्तांतरण वंशक्रम की प्रक्रिया द्वारा आने वाली पीढ़ियों को स्वाभाविक रूप से होता रहा होगा।

वंशक्रम संबंधी प्रनियम और उनका शैक्षिक महत्व (Laws of heredity and their eductional implication)—वंशक्रम के जिन सिद्धांतों की हमने अभी ऊपर चर्चा की है, उन्हीं के क्रियान्वयन के फलस्वरूप वंशक्रम संबंधी कुछ प्रनियम प्रकाश में आये हैं। मुख्यरूप से चर्चित इन तीनों नियमों के बारे में अब यहाँ संक्षेप में विचार किया जायेगाः

1. समानता का नियम (Law of similarity or resemblence)—इस नियम को "जैसे आप वैसी ही संतान" (Like begets like) के रूप में भी अच्छी तरह प्रसिद्धि प्राप्त है। सरल शब्दों में यह नियम प्रतिपादित करता है कि माँ बाप के गुणों का उनकी संतानों में (वंशक्रम के प्रभाव के कारण) अपने उसी रूप में आना नितान्त स्वाभाविक है। यही कारण है कि गोरे मा-बाप के बच्चे गोरे होते हैं तथा कालों के काले। बुद्धिमान माँ-बाप के बच्चे भी बुद्धिमान होते हैं तथा अल्पबुद्धि के अल्पबुद्धि। नेपाली तथा जापानी माँ-बाप के बच्चों की ऊँचाई अपने माँ-बाप के अनुरूप अफगानी और जर्मन के माता-पिताओं की संतान से कम ही होती है। इसी तरह अफ्रीकन लोगों को रंग-रूप तथा बालों के घुंघरालेपन से हम देखते ही कह बैठते हैं कि ये अफ्रीका के किसी देश से संबंधित है। इनकी ये विशेषतायें और गुण समानता के नियम का अनुसरण करते हुये इन्हें अपने माँ-बाप तथा पूर्वजों से ही प्राप्त होती हैं।

समानता के इस नियम की सभी तरह से सभी स्थितियों में अनुपालना हो यह आवश्यक नहीं। ऊपर से देखने में यह सार्वभौमिक (Universal) लग सकता है जैसे आम से आम ही पैदा होते हैं नींबू से संतरा नहीं। आदमियों की संतान

आदमी ही होती है बंदर या गधा नहीं। परन्तु यह भी हो सकता है कि गोरे माँ-बाप की संतान काली हो तथा मूर्ख और अल्पबुद्धि माँ-बाप की संतान कुशाग्र बुद्धि हो और विद्वानों के बच्चों की मूर्खों में गिनती हो। इस तरह की माँ-बाप और बालकों में पायी जाने वाली इन असमानताओं तथा भिन्नताओं को समझने हेतु निश्चित रूप से वंशक्रम की प्रक्रिया और परिणामों को स्पष्ट करने वाले किन्हीं अन्य प्रनियमों की सहायता की आवश्यकता है।

2. **विभिन्नता का नियम** (Law of variation)—वंशक्रम संबंधी इस नियम का अनुसरण करते हुये यह बात स्पष्ट हो सकती है कि बच्चों का अपने माता-पिता या पूर्वजों जैसा होना आवश्यक नहीं है बल्कि उनका उनसे कई बातों में अलग होना ही अधिक स्वाभाविक है। विभिन्नताओं के कारणों की तलाश करते हुये सोरेन्सन लिखता है:

इन असमानताओं और विभिन्नताओं के पीछे माँ-बाप के उत्पादक कोशों (Germ cells) का हाथ होता है। उत्पादक कोशों में ही गुणसूत्र (chromosomes) तथा पित्र्येकों (genes) के रूप में अनुवांशिकी के वास्तविक निर्धारक तत्वों का निवास होता है। इन्हीं के हस्तांतरण में पायी जाने वाली विभिन्नताओं से अनुवांशिकी संबंधी गुणों और विशेषताओं का असमान हस्तांतरण माँ-बाप द्वारा बालकों को किया जाता है। (Sorenson, 1948, p. 256)

विभिन्नता को लेकर एक बात तो यह स्पष्ट है कि गर्भाधान के समय पता नहीं किस प्रकार के गुणसूत्र और पित्र्येक (chromosomes and genes) बालकों को माँ-बाप से प्राप्त हो जायें। यह एक महज संयोग की बात है इसके लिये कोई नियम नहीं। परिणामस्वरूप बच्चों को किस प्रकार के गुण और विशेषतायें वंशक्रम की देन के रूप में मिल जायें यह कुछ निश्चित नहीं और परिणामस्वरूप एक ही माँ-बाप की संतानें यहाँ तक कि एक ही लिंग के और जुड़वाँ बच्चों में विभिन्नतायें देखने को मिल सकती हैं।

दूसरी ओर जैसा कि बीजकोश की निरंतरता के सिद्धान्त (Theory of continuity of germ plasm) से स्पष्ट होता है कि माँ-बाप के उत्पादक कोशों में पूर्वजों के गुण और विशेषताओं से युक्त क्रोमोसोम तथा जीन्स भी रहते हैं। इनमें से कोई भी क्रोमोसोम तथा जीन्स (जो माँ और बाप में सुप्त रूप में विद्यमान हों) बच्चे को संयोगवश विरासत में मिल सकते हैं फलस्वरूप वह अपने माता या पिता किसी से साम्य न रखकर किन्हीं गुणों और विशेषताओं में उनके किसी भी पूर्वज जैसा हो सकता है।

इन असमानताओं तथा विभिन्नताओं को मेण्डल, डार्विन तथा लेमार्क द्वारा प्रतिपादित कुछ अन्य सिद्धांतों के आधार पर भी समझा जा सकता है। जहाँ मेण्डल ने इस प्रकार की विभिन्नताओं के संक्रमण की संभावना को अपने मटर के पौधों पर किये जाने वाले प्रयोगों के आधार पर स्पष्ट किया है वहीं डार्विन तथा लेमार्क ने विकासवाद के माध्यम से यह बताने को स्पष्ट किया है कि आगे आने वाली पीढ़ियां अपने आपको परिवर्तित पर्यावरण में ढालने के लिये अपने गुणों और विशेषताओं में यथानुकूल परिवर्तन करती रहती हैं और इन अर्जित परिवर्तनों का नई पीढ़ियों में उनके द्वारा संक्रमण भी होता रहता है। अतः अगर आने वाली पीढ़ियों में पहले की पीढ़ियों से विभिन्नतायें नज़र आने लगें तो इसे स्वाभाविक और आवश्यक ही समझा जाना चाहिये।

3. **प्रत्यागमन का नियम** (Law of regression)—वंशक्रम संबंधी यह नियम प्रत्यागमन की प्रक्रिया और धारणा पर आधारित है। जिसका अर्थ है कि मनुष्य मात्र में एक पीढ़ी से दूसरी पीढ़ी के गुणों और विशेषताओं के संक्रमण हेतु औसत की ओर जाने (moving towards average) की स्वाभाविक आंतरिक प्रवृत्ति पाई जाती है। परिणामस्वरूप, जैसा कि क्रो एवं क्रो ने भी अनुमोदित किया है—*लम्बे माता-पिता के बच्चे औसत से अधिक लम्बे तो होते हैं परन्तु अपने माँ-बाप जैसे लम्बे नहीं होते। इसी रूप में विशेष प्रतिभायुक्त माँ-बाप के बच्चों में अपने माँ-बाप से कम प्रतिभा होने तथा कम योग्यता वाले माँ-बाप के बच्चों में अपने माता-पिता से अधिक योग्यता होने की संभावनायें ही ज्यादा होती हैं।* (Crow and Crow, p. 38)

इस प्रकार से कोई भी गुण और विशेषता जब वंशक्रम की धरोहर के रूप में संक्रामित होती है तो उसकी प्रवृत्ति औसत की ओर जाने की ही अधिक होती है औसत से बहुत अधिक कम या अधिक होने की नहीं। इसीलिये महान् संगीतज्ञ, कलाकार तथा वैज्ञानिकों के बच्चे अपने माँ-बाप की ऊँचाइयों को कभी भी नहीं छू पाते तथा इसी तरह अल्पबुद्धि माँ-बाप के बच्चे सदैव ही अपने माँ-बाप से बुद्धि स्तर में अधिक अच्छे पाये जाते हैं।

निष्कर्ष एवं शैक्षणिक महत्त्व (Conclusion and Educational Implications)

बालकों की सामान्य विशेषताओं से परिचित होने तथा उनके व्यक्तिगत भेदों का कारण समझने आदि अनेक कार्यों में उपरोक्त तीनों वंशक्रम संबंधी नियमों की जानकारी काफी मदद कर सकती है। एक बात और स्पष्ट हो जानी चाहिए कि ऊपर से दिखने में चाहे इन तीनों नियमों में काफी अन्तर और यहाँ तक कि विरोधाभास नज़र आये परन्तु उद्देश्य तीनों का एक ही है और वह है कि वंशक्रम संबंधी धरोहर का संक्रमण किस रूप में होता है इस बात की विभिन्न दृष्टिकोणों से जानकारी प्रदान की जाए। है भी यही बात, और इसलिये अगर हम तीनों नियमों को अलग-अलग रूप में न रखकर एक समन्वयवादी दृष्टिकोण अपना लें तो इससे वंशक्रम की धरोहर, उसकी प्रक्रिया तथा परिणामों को जानने में ज्यादा से ज्यादा मदद मिल सकेगी। आइये, ऐसा प्रयत्न करके देखा जाये।

1. एक बालक को वे सभी बातें गुण तथा विशेषतायें वंशक्रम के जरिये विरासत में अवश्य ही प्राप्त होंगी जिन पर सामान्यतया मनुष्य होने के नाते उसका अधिकार है तथा जिन्हें धारण करने पर ही मनुष्य के रूप में उसे पशु-पक्षी, जीव-जन्तु तथा धरती पर उपस्थित अन्य भौतिक वस्तुओं से अलग समझा जाता है। थोड़ा आगे चलें तो हम यह पायेंगे कि बालक उन गुणों एवं विशेषताओं को भी (थोड़ी बहुत विभिन्नताओं के साथ) धरोहर के रूप में ग्रहण करता हुआ पाया जा सकता है जिन्हें उसके वंश तथा जाति का परिचय तथा सामान्य विशेषतायें (family, race and caste traits) कहा जा सकता है, जो हमें यह याद दिलाती हैं कि अमुक व्यक्ति में इस प्रकार के खानदानी या जाति गुण हैं। इस प्रकार की उपरोक्त जानकारी अध्यापन तथा शिक्षा वैचारिकों को बालकों को उनके वर्तमान रूप से समझने तथा उनके लिये व्यक्तिगत भेदों के अनुरूप कार्यक्रम तय करने में काफी मदद कर सकती है। मनुष्य के रूप में तथा किसी जाति एवं वंश से संबंधित होने के नाते किससे किस प्रकार की योजनाओं तथा क्षमताओं की अपेक्षा की जा सकती है इसके अनुरूप ही उसकी शिक्षा और विकास प्रयत्नों की मंज़िलें तथा राहें बनाई जा सकती हैं।
2. "जैसे आप वैसी संतान" इस नियम के आधार पर जहाँ हमें यह अनुमान लगाने और अपेक्षा करने में सहायता मिलती है कि माता-पिता, वंश-परम्परा तथा प्रजातीय एवं जातीय विशेषता के आधार पर बालक के बारे में क्या सोचा जाये वहीं विभिन्नता का नियम (Law of variety) तथा प्रत्यागमन नियम (Law of regression) हमें सचेत करते हैं कि बालक किसी भी अवस्था में अपने माँ-बाप, वंश तथा जाति का हू-ब-हू प्रतिनिधि नहीं हो सकता। वह उनसे किसी न किसी रूप में अलग ही होगा। इन विभिन्नताओं का दायरा भी बहुत बड़ा हो सकता है। अतः यह भी कोई आश्चर्य नहीं कि माता-पिता, वंश या जाति के सामान्य और विशेष गुणों से ठीक विपरीत गुण बालक में दिखाई दें। माँ-बाप तथा अध्यापक वंशक्रम प्रक्रिया के विभिन्नता संबंधित नियम को ताक पर रखकर प्रायः यह भूल कर बैठते हैं कि वह बालक को उसके अपने प्रत्यक्ष रूप की अवहेलना कर उससे वही अपेक्षा करने लगते हैं या उसी रूप में देखने का प्रयत्न करते रहते हैं जिसकी कल्पना उन्होंने "जैसे आप वैसी संतान" धारणा पर चलते हुए कर रखी है। इसका बड़ा भाई अथवा बहन इस प्रकार का था, इसके माता और पिता ऐसे हैं, इसके वंश में तो ऐसा होता रहा है इस प्रकार की बातों के आधार पर वे बालक के बारे में एक पूर्ण धारणा अच्छे या बुरे की बना लेते हैं और उसी के संदर्भ में अपने व्यवहार को दिशा दे डालते हैं। स्पष्ट है कि इस तरह की अज्ञानता बालक के प्रति किस प्रकार के अनुचित अन्याय एवं पक्षपात पूर्ण व्यवहार को जन्म दे सकती है।
3. प्रत्यागमन का नियम (Law of regression) निश्चित रूप से यह संकेत देता है कि वंशक्रम धरोहर के रूप में किसी भी गुण को ग्रहण करने हेतु बालकों की प्रवृत्ति औसत की ओर जाने की होती है। यहाँ निश्चित रूप से एक आशा की किरण दिखाई देती है विशेषकर उन बालकों को जिन्हें उन माँ-बाप से वंशक्रम धरोहर के रूप में कुछ प्राप्त करना है जो योग्यता और क्षमताओं की दृष्टि से निम्न कोटि के माने जाते हैं। औसत की ओर जाने की दृष्टि से वे अपने माँ-बाप के स्तर से एक बेहतर स्तर पा सकेंगे परिणामस्वरूप बौने माँ-बाप के बच्चे उनसे कुछ अधिक ऊँचाई वाले होंगे तथा अल्पबुद्धि माँ-बाप की संतानें कुछ अधिक बुद्धिमान हो सकेंगी।

उन अध्यापकों के लिये यहाँ एक स्पष्ट चेतावनी है जो "जैसे आप वैसी संतान" के नियम का अनुसरण करते हुये ऐसे बच्चों की क्षमताओं और योग्यताओं को (उनके माँ-बाप से तुलना करते हुये) कम आंकने की गलती कर बैठते हैं और उनको निरुत्साहित करते रहते हैं। दूसरी ओर अध्यापकों को इस बात के लिये सचेत रहना चाहिए कि यह आवश्यक नहीं कि बहुत प्रतिभाशाली माँ-बाप के बच्चे भी उनके जैसे हों, प्रत्यागमन के नियम के अनुसार उनमें प्रायः कम प्रतिभा ही पाई जाती है। अतः बालकों से माँ-बाप के गुणों को ध्यान में रखते हुये वैसी ही अपेक्षा करना ठीक नहीं है।

वंशक्रम के विभिन्नता के नियम और उससे संबंधित कारणों पर ध्यान दिया जाए तो एक बात और जो खुलकर सामने आती है वह यह है कि बालक धरोहर के रूप में माँ-बाप से किन क्रोमोसोम और जीन्स युक्त गुणों एवं विशेषताओं को ग्रहण करेगा यह भी मात्र संयोग की बात है। वह ऐसे गुण भी ले सकता है जो दूसरे किसी पूर्वज में हों और माँ-बाप में नहीं। अतः ऐसी अवस्था में बच्चों को माँ-बाप के गुणों के नज़रियों से मापते रहना ठीक नहीं है। निष्कर्ष रूप में अध्यापकों द्वारा किसी भी बालक की योग्यताओं और क्षमताओं को कम समझकर उसकी उपेक्षा करने तथा उनकी प्रगति हेतु कम प्रयास करने की भूल नहीं करनी चाहिये।

4. वंशक्रम संबंधी नियम, विशेषकर वे नियम जो बीजकोश की निरन्तरता नामक सिद्धान्त से प्रभावित हैं, माँ-बाप और अध्यापकों को यह सिखा सकते हैं कि उत्पादक कोश (germ cells) ही वंशक्रम धरोहर को संक्रमित करने के लिये उत्तरदायी होते हैं, दैहिक कोश (Somatic cells) नहीं। अतः देह अथवा शरीर में जो भी रचना संबंधी दोष या विकार हो उनका हस्तान्तरण माँ-बाप द्वारा अपने बालकों को नहीं होता। किसी अपंग माँ-बाप की संतान का जन्म से अपंग होना इस दृष्टि से बिलकुल भी जरूरी नहीं है। अंधे माँ-बाप की संतान अच्छी दृष्टि वाली हो सकती है तथा कुरूप चेहरे युक्त माँ की बेटी अच्छे चेहरे वाली भी पैदा हो सकती है। इसी संदर्भ में आगे जाकर यह बात भी अच्छी तरह समझी जा सकती है कि माँ-बाप द्वारा अपने आप अर्जित की गई कुशलताओं ज्ञान, रुचि, अभिवृत्ति आदि का भी वंशक्रम प्रक्रिया द्वारा बालकों में हस्तांतरण नहीं होता, अतः अध्यापकों तथा माता-पिता को यह समझने की भूल नहीं करनी चाहिये कि एक संगीतज्ञ का बेटा स्वतः ही संगीतज्ञ बन जायेगा और एक कुशल बढ़ई या स्वर्णकार का बेटा जन्म से ही इन कुशलताओं को लेकर पैदा होगा। हाँ यह बात हो सकती है बालक द्वारा इन कुशलताओं के विकास से संबंधित आवश्यक योग्यताओं और क्षमताओं को वंशक्रम धरोहर के रूप में ग्रहण कर लिया जाये तथा फिर उन्हें बेहतर प्रशिक्षण तथा उचित वातावरण प्रदान करके आवश्यक ऊँचाइयों पर पहुँचाने के प्रयत्न किये जायें।

वातावरण क्या है? (What is Environment?)

ऊपर जो कुछ कहा गया है उससे यह पूरी तरह स्पष्ट हो जाता है कि एक बच्चा अपने माता-पिता और पूर्वजों के गुणों और विशेषताओं को गर्भाधान के समय पित्र्येकों (Genes) के माध्यम से ग्रहण करता है। इसलिए गर्भाधान के समय अपनी जीवन लीला प्रारम्भ होने के साथ-साथ जो कुछ भी गुण और विशेषताओं के रूप में बालक के पास होता है वह सब वंशानुक्रम की ही देन समझी जानी चाहिए। इस गुण और योग्यता रूपी जमा पूंजी से वह अपना जीवन व्यापार शुरू करता है, धीरे-धीरे माँ के गर्भ में ही गर्भाधान के तुरन्त बाद से वंशानुक्रम की देन के रूप में मिली इस पूंजी में बढ़ौतरी शुरू हो जाती है और बच्चा विकास और वृद्धि के मार्ग पर अग्रसर हो जाता है। इस वृद्धि और विकास में वातावरण संबंधी शक्तियाँ अपनी पूरी-पूरी भूमिका निभाना गर्भाधान के समय के तुरन्त बाद से प्रारम्भ कर देती हैं।

उपरोक्त तथ्य को ध्यान में रखते हुए वातावरण का अर्थ स्पष्ट करने के लिए कुछ निम्न परिभाषाओं पर ध्यान दिया जा सकता है:

1. **बोरिंग, लैंगफ़ील्ड व वैल्ड** (Boring, Langfield and Weld)—पित्र्येकों (Genes) को छोड़कर अन्य जो भी वस्तु व्यक्ति को प्रभावित करती है, उसे वातावरण कहते हैं।

   (*The environment is every thing that affects the individual excepts his genes.*—1961, p. 442)

2. **वुडवर्थ व मार्क्विस** (Woodworth and Marquis)—*वातावरण में वे सभी बाह्य तत्त्व आ जाते हैं, जिन्होंने व्यक्ति को अपना जीवन प्रारम्भ करने के समय से प्रभावित किया है।*

   (*Environment covers all the outside factors that acted on the individual since he began life.*—1948, p. 156)

अतः निष्कर्ष के तौर पर वातावरण अथवा पर्यावरण से तात्पर्य उन सभी बाह्य तत्त्व अथवा शक्तियों से है जो माँ द्वारा गर्भाधान के तुरन्त बाद से ही व्यक्ति विशेष की वृद्धि और विकास को प्रभावित करते रहते हैं। जन्म से पहले माँ का गर्भाशय इन शक्तियों का कार्यक्षेत्र होता है। माँ जो कुछ भी खाती है, करती, सोचती और अनुभव करती है, उस सभी का प्रभाव गर्भ में स्थित बालक पर पड़ता है। जन्म के पश्चात् तो चारों ओर से वातावरण संबंधी शक्तियाँ उसको प्रभावित करना प्रारम्भ कर देती हैं। इन शक्तियों को भौतिक और सामाजिक अथवा सांस्कृतिक दो विभिन्न प्रकारों में विभक्त किया जा सकता है। भोजन, जल, जलवायु, घर, विद्यालय, ग्राम या शहर का वातावरण और भौतिक सुविधाएँ–ये सभी वातावरण संबंधी भौतिक शक्तियाँ कहलाती हैं, जबकि माँ-बाप, परिवार के सदस्य, पड़ोसी, मित्रगण और सहपाठी, अध्यापक वर्ग, समुदाय तथा समाज के अन्य सदस्य, संचार, यातायात और मनोरंजन के साधन, धार्मिक स्थान, क्लब, पुस्तकालय तथा वाचनालय इत्यादि को सामाजिक एवं सांस्कृतिक शक्तियों में सम्मिलित किया जाता है।

ये सभी वातावरण संबंधी शक्तियाँ व्यक्ति की वृद्धि और विकास के सभी पहलुओं–शारीरिक, मानसिक, सामाजिक, संवेगात्मक, नैतिक और सौन्दर्यात्मक आदि पर पूरा-पूरा प्रभाव डालती हैं। माँ के गर्भ में अपनी जीवन लीला प्रारंभ करने से लेकर अपनी अंतिम सांस तक व्यक्ति इन शक्तियों से प्रभावित होता रहता है।

वंशानुक्रम और वातावरण का सापेक्षिक महत्त्व (Relative Importance of Heredity and Environment)

व्यक्ति के व्यक्तित्व के विकास के लिए वंशानुक्रम अधिक उत्तरदायी है या वातावरण, यह एक विवादास्पद प्रश्न है। इस बारे में मनोवैज्ञानिक और विद्वान् स्पष्ट रूप से दो पक्षों में विभाजित हैं। एक पक्ष वंशानुक्रम को अधिक महत्त्व देना चाहता है तो दूसरा वातावरण को। कट्टर वंशानुक्रमवादी (Hereditarians) व्यक्तित्व के विकास के लिए वंशानुक्रम को ही सब प्रकार से उत्तरदायी ठहराते हैं। इनके अनुसार व्यक्तित्व के निर्माण में शिक्षा, प्रशिक्षण और अन्य वातावरण संबंधी शक्तियों के कार्य की तुलना लकड़ी की कुर्सी, मेज़ इत्यादि फ़र्नीचर पर पॉलिश या रंग करने के कार्य से की ज़ा सकती है। जिस तरह कोई भी अच्छी से अच्छी पॉलिश या पेंट मेज़, कुर्सी या फ़र्नीचर में लगी हुई आम की लकड़ी को सागवान या शीशम की नहीं बना सकता, वह उसे चमका कर उसकी शोभा या आयु में केवल नाममात्र की वृद्धि कर सकता है, उसी तरह अच्छे से अच्छा वातावरण भी बच्चे की मूल प्रकृति या विकास क्रम को नहीं बदल सकता। वह वही बनता है जो वंशानुक्रम द्वारा तय किया हुआ है।

दूसरी ओर कट्टर वातावरणवादी (Environmentalists) व्यक्तित्व के विकास में वंशानुक्रम को कोई भी भूमिका नहीं देना चाहते। व्यक्ति को अपने माता-पिता या पूर्वज से कुछ गुण या विशेषताएँ विरासत में मिलती हैं। इस बात को ये केवल कल्पना का महल समझते हैं। इनके अनुसार एक बालक वही बनता है जो उसका वातावरण उसे बनाता है। जो कुछ एक व्यक्ति ने किया है दूसरा भी अगर उसे समुचित वातावरण और अवसर प्राप्त हो जाए, वही कर सकता है। इस तरह से कोई भी बालक आगे जा कर गांधी, लिंकन, शिवाजी या राणा प्रताप बन सकता है। वातावरण की शक्तियों पर अपनी अटूट आस्था व्यक्त करते हुए वाटसन जैसे वातावरणवादी ने तो यहां तक कह दिया कि—*आप मुझे कोई बालक दें, मैं उसे वही बना दूंगा जो आप चाहते हैं।* इस तरह से वातावरण के पक्ष के विद्वान् बालक की वृद्धि और विकास के लिए वातावरण को ही सर्वेसर्वा मान कर चलना चाहते हैं।

अपने-अपने विचारों की पुष्टि के लिए वंशानुक्रमवादी एवं वातावरणवादी दोनों ही मनोवैज्ञानिक प्रयोगों एवं परीक्षणों का आश्रय लेते रहे हैं। इनके परिणामों के आधार पर वे वंशानुक्रम और वातावरण दोनों की सापेक्ष महत्ता पर टीका-टिप्पणी भी करते रहे हैं। आगे इन दोनों पक्षों द्वारा किए गए कुछ प्रयोगों की चर्चा हम करना चाहेंगे।

वंशानुक्रमवादियों द्वारा किए गए कुछ प्रयोग
(Experiments Performed by Hereditarians)

1. एफ. एन. फ्रीमैन (F.N. Freeman) ने जो प्रयोग किया उसमें उन्होंने जुड़वां बच्चों, सगे भाई-बहन और अन्य रिश्ते-नाते के भाई बहन इत्यादि को चुना। इन बालकों के विभिन्न जोड़ों की बुद्धि परीक्षा लेकर प्राप्त अंकों के आधार पर सह-संबंध गुणांक (Coefficient of correlation) निकाला। इस अध्ययन के परिणामों का संक्षिप्त ब्योरा निम्न प्रकार है :

जोड़ों के प्रकार	**सह-संबंध गुणांक**
सम-यमज (Identical twins)	90
बन्धु-यमज (Fraternal twins)	60
सगे भाई-बहन (Siblings brothers-isters)	50
चचेरे भाई-बहन (Cousin brothers-sisters)	25

इन परिणामों से निष्कर्ष निकालते हुए फ्रीमेन साहब ने स्पष्ट किया कि वंशानुक्रम के दृष्टिकोण से जो सबसे अधिक निकट होते हैं उनके बुद्धि स्तर में बहुत अधिक समानता देखने को मिलती है। दूसरे शब्दों में उन्होंने यह दावा किया कि व्यक्ति के मानसिक विकास के लिए वंशानुक्रम बहुत अधिक सीमा तक उत्तरदायी होता है।

2. दूसरे कुछ प्रयोगों में विशेष परिवारों के अध्ययन को लक्ष्य बनाया गया। इनमें दो परिवारों का अध्ययन विशेष रूप से उल्लेखनीय है।

   (i) **कैलीकाक परिवार का अध्ययन** (Kalikak family study)—यह अध्ययन गोडार्ड (Goddard) साहब ने किया। मार्टिन कैलीकाक एक सैनिक था, जिसने दो शादियाँ कीं। उसकी पहली पत्नी मंद बुद्धि और चरित्रहीन थी। इस पत्नी से चले वंश के 480 वंशजों में से केवल 46 व्यक्ति ही सामान्य और सच्चरित्र निकले, शेष वैश्या, वेश्यागामी, शराबी, मन्दबुद्धि, रोगी, कामी, अपराधी और अवैध सन्तान के रूप में पाए गए। दूसरी पत्नी सामान्य बुद्धि की सच्चरित्र स्त्री थी। इससे चले वंश के 496 वंशजों में 5 ही व्यक्ति ऐसे थे जिनमें कोई दोष था, शेष सभी सज्जन और प्रतिष्ठित व्यक्ति पाए गए।

   (ii) **ज्यूक परिवार का अध्ययन** (Juke family study)—यह अध्ययन डगडेल (Dugdale) साहब ने किया। ज्यूक एक चरित्रहीन मछुआरा (Fisherman) था। दुर्भाग्यवश पत्नी भी दुराचारिणी ही मिली। इन दोनों से चले वंश के 1200 वंशजों का अध्ययन करने के बाद देखा गया कि उनमें सच्चरित्र और सज्जन व्यक्ति तो गिने-चुने ही थे, अधिकतर संख्या चरित्रहीन, रोगी या अपराधी व्यक्तियों की ही थी।

   (iii) फ्रांसिस गाल्टन (Francis Galton) ने 1869 ई. में 977 बुद्धिमान और प्रतिष्ठित व्यक्तियों को अपने अध्ययन के लिए चुना और उसके संबंधियों के बारे में जाँच पड़ताल शुरू की। इसके संबंधियों में 535 व्यक्ति बहुत ही प्रतिष्ठित तथा प्रभावशाली पाए गए। तुलनात्मक अध्ययन के लिए उसने दूसरी बार 977 सामान्य व्यक्तियों को चुना और उनके संबंधियों के बारे में खोज की। इसके संबंधियों में उसे केवल 4 ही ऐसे मिले जो बुद्धिमान और प्रतिष्ठित समझे जाते थे। इस सर्वेक्षण के आधार पर उसने यह मत व्यक्त किया कि बुद्धि और व्यक्तित्व के अन्य गुण रक्त द्वारा हस्तांतरित होते रहते हैं।

   (iv) सम-यमजों (Identical twins) को लेकर भी बहुत अध्ययन किए गए हैं। इनमें से श्वेसिंगर (Schwesinger) महोदय द्वारा किया गया अध्ययन अधिक उल्लेखनीय है।

इन्होंने 10 सम-यमजों (Identical twins) को अपने-अपने अध्ययन का विषय बनाया। प्रत्येक जोड़े के एक बच्चे को एक तरह के तथा दूसरे को दूसरे तरह के वातावरण में पाला गया। बड़े होने पर प्रत्येक जोड़े के दोनों बच्चों का तुलनात्मक

अध्ययन करने पर देखा गया कि 6 जोड़ों के बच्चों की बुद्धि लब्धि में कोई अंतर नहीं था। दो जोड़ों के बच्चों की बुद्धिलब्धि में 12 का अन्तर था, शेष में 15 या 17 का। इन आँकड़ों से उसने यह परिणाम निकाला कि बुद्धि और अन्य व्यक्तित्व संबंधी विशेषताओं को निश्चित करने में वंशानुक्रम महत्त्वपूर्ण भूमिका निभाता है।

वातावरणवादियों द्वारा किए गए कुछ प्रयोग (Experiments Performed by Environmentalists)

1. न्यूमेन, फ्रीमैन और हालज़िंगर (Newman, Freeman and Holzinger) ने 1937 ई. में सम-यमजों (Identical twins) के 10 जोड़ों को अपने अध्ययन का विषय बनाया। इन ज़ुड़वाँ बच्चों में से जिनको एक साथ पाला गया, उनके बड़े होने पर उनकी बुद्धि लब्धि में विशेष अन्तर देखने को नहीं मिला जबकि अलग-अलग वातावरण में पलने वाले जुड़वां बच्चों की बुद्धि लब्धि में पर्याप्त अन्तर देखने को मिला। इस आधार पर उन्होंने यह निष्कर्ष निकाला कि वातावरण व्यक्तित्व संबंधी गुणों और विशेषताओं के लिए बहुत कुछ उत्तरदायी है।

2. **सोडक** (Shodak) ने भी अपने प्रयोग के आधार पर वातावरण को महत्त्वपूर्ण सिद्ध करने का प्रयत्न किया। 80 बच्चों की असली माताओं की खोज कर उनकी बुद्धि परीक्षा ली गई। इन 80 माताओं की औसत बुद्धि लब्धि 87.7 पाई गई। अधिकांश माताएँ सामान्य से कम बुद्धि वाली थीं। 53.8 प्रतिशत की बुद्धि लब्धि 90 थीं, 16.3 प्रतिशत सामान्य से कुछ इधर-उधर तथा 13.8 प्रतिशत मंद बुद्धि थीं। इन माताओं के बच्चों (जो अब गोद लिए हुए स्थानों पर चल रहे थे) की औसत बुद्धि लब्धि 116 पाई गई। अगर केवल वंशानुक्रम को ही बुद्धि के लिए उत्तरदायी ठहराया जाए तो इन बच्चों की बुद्धि सामान्य से इतनी अच्छी नहीं पाई जा सकती थी। अतः इस अध्ययन के द्वारा बुद्धि और व्यक्तित्व के अन्य गुणों के विकास में वातावरण की महत्ता दिखाने का प्रयत्न किया गया।

3. जंगलों में भेड़ियों द्वारा पाले गए कुछ बच्चों के जीवन इतिहास के माध्यम से भी व्यक्तित्व के विकास में वातावरण की भूमिका को समझने में सहायता मिलती है।

एक ऐसा बच्चा रामू था जिसे भेड़िया बालक कहा जाता है। जब वह बहुत छोटा था तभी उसे मादा भेड़िये ने उठा लिया था। वह भेड़ियों के बीच रह कर बड़ा हुआ। भेड़ियों की तरह वह हाथ-पांवों से चलता था और बोलने के नाम पर उन्हीं की तरह गुर्राता था। खाने-पीने और अन्य आदतों में वह एक भेड़िया ही बन गया था। इसी तरह की बात अमला और कमला के साथ घटित हुई। उन्हें 1920 ई. में बंगाल के जंगलों में भेड़िये की माँद से पकड़ा गया। इस समय इन लकड़ियों की आयु उनके लापता होने के हिसाब से क्रमशः 2 वर्ष और 9 वर्ष की थी। इनका चलना, बोलना, आदतें और स्वभाव भेड़ियों जैसा था। इन दोनों को हस्पताल में लाकर सुधारने के बहुत प्रयत्न किए गए। छोटी अमला तो कुछ समय बाद मर गई। बड़ी के साथ प्रयत्न किए जाते रहे और कुछ सफलता भी मिली। उचित वातावरण और प्रशिक्षण के प्रभाव से वह मनुष्यों की तरह चलना और कुछ शब्दों को उच्चारण करना सीख गई।

इसके अतिरिक्त और भी बहुत से प्रयोग तथा अध्ययनों के उदाहरण प्रस्तुत किए जा सकते हैं जिनसे व्यक्तित्व के विकास में वातावरण के महत्त्व को आंका जा सकता हो। इस दिशा में अमेरिका के IOWA से संबंधित मनोवैज्ञानिकों तथा शिकागो के समाजशास्त्रियों के प्रयत्न विशेष रूप से उल्लेखनीय हैं। इन्होंने अपने अध्ययनों के सहारे यह बतलाने का प्रयत्न किया है कि बच्चों की जीवनधारा को दिशा प्रदान करने में वातावरण का कितना हाथ है। जुड़वाँ बच्चों, सगे भाई-बहन तथा गोद लिए हुए बच्चों के ऊपर किए गए अधिकतर प्रयोग भी यही दर्शाते हैं कि खाते-पीते, अच्छे, उपयुक्त वातावरण में पले हुए बच्चे उपयुक्त सुविधाओं से वंचित बच्चों से हर क्षेत्र में आगे निकल जाते हैं।

इस प्रकार हम देखते हैं कि वंशानुक्रमवादियों तथा वातावरणवादियों दोनों ने ही अपने-अपने पक्ष की पुष्टि के लिए अपने द्वारा किए गए प्रयोगों और अध्ययनों के परिणाम प्रस्तुत किए हैं। **डा. प्रेम पसरीचा** (Dr. Prem Pasricha) ने इन प्रयोगों के ऊपर टिप्पणी करते हुए लिखा है, *वंशानुक्रम और वातावरण के अनुयायी मनोवैज्ञानिकों के लिए अपने प्रयोगों के परिणाम को अपने पक्ष की मज़बूती के लिए प्रयोग में लाना एक आम बात है। यह भी देखा गया है कि इन प्रयोगों के निष्कर्षों को किसी ओर मोड़ कर वंशानुक्रम और वातावरण दोनों में से किसी को भी महत्त्वपूर्ण ठहराया जा सकता है।*

निष्पक्ष दृष्टिकोण से अगर सोचा जाए तो यह विदित होता है कि दोनों (वंशानुक्रम और वातावरण) इतने अधिक घुले-मिले हैं कि एक के प्रभाव से दूसरे को मुक्त नहीं किया जा सकता।

वास्तविकता यह है कि व्यक्तित्व के विकास में वंशानुक्रम अथवा वातावरण दोनों में से किसी एक के विशुद्ध प्रभाव का अध्ययन करने के लिए प्रयोग अथवा अध्ययन करना ठीक तरह से संभव नहीं हो पाता। ऐसा क्यों नहीं हो पाता, यह निम्न वर्णन द्वारा स्पष्ट हो सकता है।

पर्यावरण या वातावरण के प्रभाव का अध्ययन करने के लिए हमें ऐसे व्यक्ति लेने होते हैं जो वंशानुक्रम की दृष्टि से समान हों। इन व्यक्तियों को अलग-अलग वातावरण में रखकर तुलनात्मक अध्ययन किया जा सकता है। इसी प्रकार वंशानुक्रम के प्रभाव का अध्ययन करने के लिए दो व्यक्तियों को एक ही वातावरण में रखकर तुलनात्मक अध्ययन किया जाता है। इस कार्य में निम्न कठिनाइयां सामने आती हैं:

1. पहले तो ऐसे व्यक्ति मिलना ही कठिन है जिन्हें वंशानुक्रम की दृष्टि से बिलकुल समान माना जा सकता हो, यहाँ तक कि सम-यमज (Identical twins) में भी बिलकुल समान पित्र्येक (Genes) नहीं होते। अतः वंशानुक्रम विशेषताओं के आधार पर इन्हें बिलकुल समान नहीं माना जा सकता।
2. अगर कुछ समय के लिए यह मान भी लिया जाए कि सम-यमज में गर्भाधान के समय लगभग एक-सी विशेषताएँ तथा गुण होते हैं तो यह प्रश्न उठता है कि क्या ठीक समय (गर्भाधान के तुरन्त बाद) से जुड़वाँ बच्चे हमें प्रयोग करने के लिए प्राप्त हो सकते हैं? क्या उन्हें उसी समय अलग-अलग रूप से भिन्न-भिन्न वातावरण में रख कर तुलनात्मक अध्ययन किया जा सकता है? उत्तर नहीं में ही होगा क्योंकि गर्भाधान के लगभग 9 माह बाद ही हमें ये जुड़वाँ बच्चे अपने अध्ययन के लिए प्राप्त हो सकते हैं और उस समय तक माता के गर्भ में सक्रिय वातावरण संबंधी शक्तियां अपना काफी प्रभाव छोड़ चुकी होती हैं। यह कहना कि माता के गर्भ में सम-यमज एक-सा वातावरण पाते हैं ठीक नहीं है क्योंकि ऐसा होना असंभव नहीं है कि इनमें से एक को अधिक पोषण मिलता रहे अथवा किसी न किसी प्रकार से उसके ऊपर गर्भस्थ वातावरण की अधिक कृपा रहे। इस तरह से यह सोचना कि सम-यमज वंशानुक्रम की दृष्टि से बिलकुल समान होते हैं, ठीक नहीं है।
3. इसी प्रकार वातावरण संबंधी प्रभावों को भी नियंत्रित करना कठिन ही है। भिन्न-भिन्न व्यक्तियों के लिए बिलकुल एक-सा वातावरण प्रदान करना संभव नहीं है। यहां तक कि स्वयं माता भी अपने सभी बच्चों को एक-सा प्यार और स्नेह नहीं दे सकती। व्यक्तिगत अंतर होना स्वाभाविक है और फलस्वरूप एक को दूसरे की अपेक्षा अधिक पसन्द किया जाता है। इस प्रकार एक ही घर अथवा अनाथालय में पल रहे बच्चों को भी अपनी वृद्धि या विकास के लिए बिलकुल एक-सा वातावरण नहीं मिल पाता।

इस प्रकार वंशानुक्रम और वातावरण दोनों में से किसी को भी पूरी तरह से नियंत्रित नहीं किया जा सकता। इसका मूल कारण यही है कि बालक की वृद्धि और विकास पर इन दोनों के प्रभाव को एक-दूसरे से अलग नहीं किया जा सकता। गर्भाधान के समय से ही वंशानुक्रम संबंधी गुण तथा वातावरण संबंधी शक्तियां ये दोनों तत्त्व आपस में इतना घुल-मिल जाते हैं कि यह कहना कठिन हो जाता है कि व्यक्ति के व्यक्तित्व की किसी विशेषता या गुण के लिए वंशानुक्रम उत्तरदायी है अथवा वातावरण।

वंशानुक्रम और वातावरण के सापेक्षिक महत्त्व के संबंध में निष्कर्ष (Conclusions Regarding the Relative Importance of Heredity and Environment)

1. व्यक्ति के व्यक्तित्व के किसी भी विशेष गुण या विशेषता के बारे में यह नहीं कहा जा सकता कि यह वंशानुक्रम के कारण है अथवा वातावरण के। वास्तव में हम सबका व्यक्तित्व वंशानुक्रम और वातावरण दोनों की ही संयुक्त देन है। इस संदर्भ में **मैकाइवर एवं पेज** (MacIver and Page) ने ठीक ही कहा है कि—*जीवन की प्रत्येक घटना*

दोनों का परिणाम होती है। इनमें से एक परिणाम के लिए उतनी ही आवश्यक है जितनी दूसरी। कोई न तो कभी हटाया ही जा सकता है और न कभी पृथक् ही किया जा सकता है।

(*Every phenomenon of life is the product of both. Each is so necessary to the result as the other. Neither can ever be eliminated and neither can ever be isolated.*—1949, p. 95)

निष्कर्ष रूप में यह कहना अतिशयोक्ति नहीं है कि हमारे व्यक्तित्व की किसी भी विशेषता या गुण के सुमचित विकास के लिए वंशानुक्रम और वातावरण दोनों की समान रूप में आवश्यकता होती है।

2. व्यक्तित्व के विकास में वंशानुक्रम और वातावरण दोनों में से कौन अधिक महत्त्वपूर्ण है, इस पहेली में उलझना ही व्यर्थ है। यह कुछ ऐसा ही है जैसे कोई यह सोचे कि किसी पौधे के समुचित विकास के लिए बीज का अधिक महत्त्व है अथवा भूमि का। बीज और भूमि दोनों में से कोई अकेला कुछ नहीं कर सकता। यह सच है कि बीज में उगने की शक्ति है और वह आगे ज़रूर एक विशेष किस्म का पौधा बन सकता है। लेकिन वह ऐसा कितनी अच्छी तरह से कर पाएगा, यह उस भूमि पर निर्भर करता है जिसमें उसे लगाया जा रहा है। उन्नत किस्म के अच्छे बीज और उपजाऊ मिट्टी दोनों का ठीक संयोग होने पर ही अधिक अच्छे पौधे की आशा की जा सकती है। इस कार्य के लिए बीज और भूमि दोनों में से कौन अधिक आवश्यक है अथवा अधिक महत्त्वपूर्ण है, यह निर्णय लेना असंभव ही है।

   ठीक इसी प्रकार हमारे व्यक्तित्व के विकास के लिए वंशानुक्रम अधिक महत्त्वपूर्ण है या वातावरण, यह कहना भी संभव नहीं है, दोनों ही अति आवश्यक और समान रूप से उपयोगी हैं। किसी भी हालत में दोनों को एक-दूसरे का विरोधी नहीं कहा जा सकता। दोनों ही एक-दूसरे के पूरक तथा घनिष्ठ सहयोगी हैं। **गैरेट** (Garrett) ने इसी को स्पष्ट करते हुए लिखा है–*इससे निश्चित बात कोई और नहीं है कि वंशानुक्रम और वातावरण परस्पर सहयोगी प्रभाव हैं और दोनों ही सफलता के लिए अनिवार्य हैं।* (*Nothing is more certain than that heredity and environment are co-acting influences and that both are essential to achievement.*—1968, p. 34)

3. बच्चे की वृद्धि और विकास के संदर्भ में वंशानुक्रम और वातावरण इन दोनों के बीच जो रिश्ता है उसमें 'अथवा' और 'या' की कोई गुंजाइश नहीं। यह संबंध केवल 'और' से व्यक्त किया जा सकता है। अतः व्यक्तित्व का विकास वंशानुक्रम और वातावरण दोनों पर निर्भर करता है, यह अधिक यथार्थ और संगत है। वंशानुक्रम और वातावरण के बीच वास्तव में क्या संबंध है, इसी की चर्चा करते हुए **वुडवर्थ एवं मार्क्विस** (Woodworth and Marquis) ने लिखा है, *वंशानुक्रम और वातावरण का संबंध जोड़ की तरह न होकर गुणा की तरह अधिक है। व्यक्ति = वंशानुक्रम + वातावरण नहीं बल्कि वंशानुक्रम × वातावरण है।* (*The relation of heredity and environment is not like addition but more like multiplication. The individual does not equal heredity + environment but does equal heredity × environment.*—1948, p. 158)

   उन्होंने एक सुन्दर उपमा देते हुए आगे कहा कि जिस प्रकार एक आयत का क्षेत्रफल उसके आधार और ऊँचाई का गुणनफल होता है उसी तरह मनुष्य का व्यक्तित्व भी उसके वंशानुक्रम तथा वातावरण का गुणनफल (परिणाम) है। वंशानुक्रम एक ठोस आधार का काम करता है जिसके ऊपर वातावरण की शक्तियों का समुचित उपयोग करते हुए व्यक्तित्व रूपी मनचाहे भव्य महल का निर्माण किया जा सकता है। जिस प्रकार एक अच्छा ठोस आधार और उसके ऊपर लगाया गया सामान तथा कार्य कुशलता एक भवन की विशालता, टिकाऊपन तथा सौन्दर्य के लिए आवश्यक तत्त्व है उसी प्रकार वंशानुक्रम तथा वातावरण दोनों ही व्यक्तित्व के उत्थान और प्रकाशन के लिए समान रूप से महत्त्वपूर्ण हैं।

4. एक और दृष्टिकोण से भी हम सोचें तो वंशानुक्रम के फलस्वरूप जन्मजात योग्यताओं और शक्तियों के रूप में हमें अपना जीवन-व्यापार शुरू करने के लिए कुछ पूंजी प्राप्त होती है। इस पूंजी में अधिक से अधिक वृद्धि अनुकूल वातावरण के द्वारा ही संभव हो सकती है। जिस तरह एक व्यवसाय में सफलता पूँजी और अनुकूल

परिस्थितियों–दोनों पर निर्भर करती है, उसी प्रकार व्यक्ति की सफलता का रहस्य भी उसकी जन्मजात शक्तियों और इन शक्तियों को पनपने की अनुकूल परिस्थितियों या वातावरण के हाथों में है। ऐसे अनेक उदाहरण देखे जा सकते हैं जिनमें बहुत ही तुच्छ और नगण्य धन राशि से प्रारम्भ कर लोग लाखों और करोड़ों में खेल लेते हैं। इसलिए गाल्टन और कट्टर वंशानुक्रमवादियों द्वारा वंशानुक्रम से मिली शक्तियों को ध्यान में रख कर दी जाने वाली यह चेतावनी है कि–*तू इतनी दूर ही जा सकता है और आगे नहीं।* (*Thus far thou shall go and no further.*) उचित नहीं जान पड़ती। अगर थोड़ी देर के लिए इसे मान लिया जाए तो क्या इतनी दूर भी 'जाना' बिना वातावरण का सहयोग प्राप्त किए संभव हो सकता है?

इस तरह से अगर वातावरण हमें वंशानुक्रम द्वारा तय की गई सीमाओं और संभावनाओं से आगे जाने में सहायता नही करता तो कम से कम उन सीमाओं और संभावनाओं के अंदर ही पूर्ण तरह विकसित होने के अवसर अवश्य प्रदान करता है। एक लोहे का स्प्रिंग (जैसे बुलवर्कर) कितना खिंच सकता है। यह लोहे और स्प्रिंग की प्रकृति पर निर्भर करता है। निस्संदेह एक निश्चित सीमा तक ही इसे खींचा जा सकता है। परन्तु किसी विशेष अवसर पर यह कितना खिंच जाएगा, यह खींचने वाले व्यक्ति की अपनी शक्ति ओर खींचने के समय की विशेष परिस्थितियों पर निर्भर करता है। अतः अध्यापकों और माता-पिता को इस बात की पूरी-पूरी चेष्टा करनी चाहिए कि उनके बच्चों की वृद्धि और विकास के लिए अधिक से अधिक अनुकूल अवसर प्राप्त हों। परन्तु साथ ही इस बात को स्वीकार करने में हमें तनिक भी संकोच नहीं करना चाहिए कि वंशानुक्रम के प्रभाव को समाप्त नहीं किया जा सकता। वंशानुक्रम अगर बच्चे को पूर्व की ओर जाने की अनुमति देता है तो वातावरण द्वारा उसे बिल्कुल विरूद्ध पश्चिम दिशा की ओर जाने योग्य बनना असम्भव नहीं तो दुसाध्य अवश्य ही है। जैसे बबूल के बीज से आम प्राप्त करने की आशा दुराशा मात्र है उसी तरह से वंशानुक्रम द्वारा प्रदत्त गुणों और विशेषताओं में आमूल परिवर्तन लाना भी असम्भव है। दूसरी ओर प्रयत्न करने पर एक आम के पौधे से जितना हो सके उतने अच्छे आम प्राप्त किए जा सकते हैं। बुद्धिमान माली भी यही करते हैं। वे अच्छे से अच्छे बीज या पौधे की तलाश करते हैं और फिर अनुकूल मिट्टी, खाद, पानी आदि की व्यवस्था कर उनके पनपने और बढ़ने का पूरा-पूरा ध्यान रखते हैं। हम अध्यापकों को भी इसी रास्ते का अनुसरण करना चाहिए। किसान अथवा माली की तरह उन्नत से उन्नत किस्म का बीज या पौधे लेकर वंशानुक्रम की देन को अपने अनुकूल बना लेना हमारे लिए कठिन है। वंशानुक्रम पर हमारा कोई वश नहीं। हाँ, बालकों की वृद्धि और विकास के लिए अनुकूल वातावरण प्रदान करने में हम अपना भरसक योगदान दे सकते हैं। बच्चे की जन्मजात शक्तियों को अगर बीज की तरह उपयुक्त मिट्टी और पोषण न मिले तो वे पनपकर पल्लवित, पुष्पित और सुरभित नहीं हो सकतीं, इसलिए प्रत्येक बच्चे को उसकी अपनी जन्मजात योग्यताओं, शक्तियों और क्षमताओं को विकसित करने में भरसक सहयोग देना हम अध्यापकों का परम कर्त्तव्य है।

सार-संक्षेप (Summary)

1. वंशानुक्रम से अभिप्राय उस जैविक प्रक्रम से है जिसके परिणामस्वरूप अपनी जीवनलीला प्रारम्भ होने के समय अपने माता-पिता के माध्यम से एक बालक अपनी माता के गर्भ में गुण सूत्र एवं पित्र्येकों के रूप में अपने माता-पिता और पूर्वजों द्वारा अर्जित कुछ गुणों और विशेषताओं को ग्रहण करने के लिए अपनी जीवन यात्रा शुरू करता है।
2. गुणसूत्र (Chromosomes) तथा पित्र्येकों (genes) को विरासत के रूप में ग्रहण करने के कारण ही बालकों और उनके माँ बाप में रंग-रूप, कद-काठी तथा व्यक्तित्व गुणों की दृष्टि से काफी समानतायें पाई जाती हैं। उनमें कभी-कभी जो असामान्य असमानताये देखने को मिलती हैं उसके पीछे यह कारण हो सकता है कि बालक द्वारा तत्कालीन माता-पिता के स्थान पर माता या पिता के पक्ष से सम्बन्धित किसी भी पूर्वज के गुण-दोष संयोगवश किसी विशेष गुणसूत्र या पित्र्येक के माध्यम से विरासत में प्राप्त हो जायें।

3. जब माँ के गर्भ में एक ही समय में एक बालक के स्थान पर दो बालकों की जीवन लीला शुरू हो जाती है तो इस प्रकार के बालक जुड़वाँ बालक (यमज) कहलाते हैं। इन बालकों में जो बालक एक जैसे गुणसूत्र और पित्र्येकों की उपस्थिति के कारण रंग-रूप, आकृति तथा व्यक्तित्व गुणों में एक विचित्र प्रकार की समानता रखते हैं उन्हें सम यमज (identical twins) कहा जाता है तथा दूसरे प्रकार के जुड़वाँ बालकों (जिनमें भिन्न-भिन्न गुणसूत्रों तथा पित्र्येकों का संयोग होता है) को बन्धु यमज कहा जाता है। सम यमजों की तरह इनका एक ही लिंग का होना आवश्यक नहीं होता और गुणों और विशेषताओं की दृष्टि से इनमें बिल्कुल एक जैसी बातें भी नहीं पाई जातीं।

4. वंशानुक्रम की प्रक्रिया तथा प्रतिफल को स्पष्ट करने हेतु वैज्ञानिकों द्वारा कुछ विशिष्ट सिद्धान्तों को विकसित किया गया है, जिन्हें वंशानुक्रम के सिद्धान्त कहा जाता है। इन सिद्धान्तों में से एक सिद्धान्त **बीजकोश की निरन्तरता के सिद्धान्त** के प्रतिपादन का श्रेय वीजमैन को जाता है। वीजमैन के अनुसार मानव शरीर में दो प्रकार के कोश होते हैं—दैहिक कोश तथा उत्पादकोश। दैहिक कोश शारीरिक संरचना के कोश होते हैं और उत्पादक कोशों के द्वारा उत्पादन या जन्म देने का काम किया जाता है। एक तरह से वंशानुक्रम सम्बन्धी विरासत को आगे बढ़ाने का काम ये ही करते हैं। उत्पादक कोशों में बीज कोश होते हैं और इन्हीं बीज कोशों के माध्यम से वंशक्रम सम्बन्धी धरोहर का पीढ़ी दर पीढ़ी हस्तान्तरण होता रहता है। माँ बाप की भूमिका बीज कोश के संरक्षकों के रूप में, उन्हें अपने बालकों को प्रदान करने की होती है। इस प्रकार से पीढ़ी दर पीढ़ी उन्हीं गुणों एवं विशेषताओं का हस्तान्तरण होता है जो बीज कोश के रूप में रहती हैं, किसी भी अवस्था में अर्जित गुणों और विशेषताओं का पीढ़ी-दर-पीढ़ी हस्तान्तरण नहीं होता है। **गाल्टन के बायोमेट्री सिद्धान्त** के अनुसार केवल वर्तमान माँ-बाप ही नहीं बल्कि बालक के सभी पूर्वज घटते हुए प्रभाव के आधार पर अपना कुछ न कुछ योगदान वंशक्रम धरोहर के रूप में बालक को सौंपने की कोशिश करते हैं। **मेण्डल के वंशक्रम सिद्धान्त** (जिसे आस्ट्रिया निवासी एक पादरी ग्रेगर मेण्डल द्वारा मटर की प्रजातियों पर किये गये प्रयोगों के द्वारा विकसित किया गया) द्वारा प्रतिपादित प्रथम नियम प्रभावशीलता या प्रधानता के नियम में यह कहा गया कि दो विरोधी गुणों या विशेषताओं से युक्त प्रजातियों से उत्पन्न वर्णसंकर प्रजाति में उसी गुण की प्रधानता रहती है जो अधिक प्रभावशाली या हावी होता है। दूसरे नियम अलगाव या पृथकता के नियम के अनुसार वर्णसंकर होने पर भी प्रजातियाँ अपने विशुद्ध गुणों को बनाये रखने का प्रयत्न करती रहती हैं। इस तरह से बीजमैन, गॉल्टन और मेण्डल द्वारा प्रतिपादित सिद्धान्तों ने इस बात पर बल दिया कि अर्जित गुणों या विशेषताओं का संक्रमण नहीं होता। आगे चलकर विकासवादी दो सिद्धान्तों (डार्विन तथा लेमार्क द्वारा प्रतिपादित) ने इस धारणा का खंडन किया। डार्विन ने बताया कि अपने अस्तित्व के लिए संघर्ष करते हुए प्रजातियाँ नये गुण एवं विशेषताओं को अपनाती हैं और यही परिवर्तन स्वाभाविक रूप में वंशक्रम धरोहर के रूप में आने वाली पीढ़ियों को हस्तांतरित होते रहते हैं। लेमार्क ने बताया कि प्रजातियों में परिवर्तित परिवेश में अपने आपको भलीभाँति समायोजित करने हेतु एक जन्मजात आन्तरिक प्रवृत्ति मूलभूत आवश्यकता के रूप में पाई जाती है और इसी के परिणामस्वरूप जो परिवर्तन होते हैं उन्हीं का पीढ़ी दर पीढ़ी हस्तान्तरण होता रहता है।

5. वंशक्रम सम्बन्धी सिद्धान्तों ने मुख्यरूप से वंशक्रम सम्बन्धी तीन नियमों को जन्म दिया है। इनमें से प्रथम नियम समानता का नियम—''जैसे आप वैसी सन्तान" के रूप में प्रसिद्ध हैं। दूसरे नियम—विभिन्नता के नियम के अनुसार, "बच्चों का अपने माता-पिता या पूर्वजों जैसा होना आवश्यक नहीं है।" तीसरे नियम—"प्रत्यागमन का नियम, प्रत्यागमन की प्रक्रिया और धारणा पर आधारित है।" इसके अनुसार एक पीढ़ी से दूसरी पीढ़ी में गुणों और विशेषताओं के संक्रमण की प्रवृत्ति औसत की ओर जाने की अधिक होती है, औसत से बहुत कम या बहुत ज्यादा की नहीं।

6. वंशक्रम द्वारा बालक के विकास में किए जाने वाले सहयोग की भूमिका मात्र गर्भाधान के समय तक ही सीमित रहती है, गुणसूत्रों और पित्र्येकों को ग्रहण करने के पश्चात् गर्भाशय में स्थित बालक के विकास में वातावरण

की भूमिका का योगदान प्रारम्भ हो जाता है। माँ के गर्भ में बालक को जो कुछ भी प्राप्त होता है उसे आन्तरिक वातावरण द्वारा प्रदत्त सहयोग कहा जाता है जबकि जन्म के पश्चात् मिलने वाली सभी भौतिक, सामाजिक एवं सांस्कृतिक सुख-सुविधाओं, विषमताओं और परिस्थितियों को बाह्य वातावरण द्वारा प्रदत्त सहयोग का नाम दिया जाता है।

7. बालक के विकास में वंशक्रम का अधिक योगदान रहता है अथवा वातावरण का—यह प्रश्न शुरु से ही विवादास्पद रहा है। वंशक्रम और वातावरण दोनों को ही अपनी-अपनी दृष्टि से अधिक महत्त्व देने हेतु वंशक्रम तथा वातावरणवादी दोनों ने ही अपने-अपने ढंग से विभिन्न प्रयोग और अध्ययन प्रस्तुत किये हैं। परन्तु निष्पक्ष दृष्टिकोण से यदि सोचा जाए तो यह कहना ही अधिक श्रेयस्कर है कि बालक के विकास में उसके वंशक्रम और वातावरण का संयुक्त रूप से मिलाजुला योगदान ही रहता है। वंशक्रम और वातावरण के संयुक्त प्रभाव की तुलना बीज और भूमि से की जा सकती है। बीज और भूमि दोनों में से अकेला कोई कुछ नहीं कर सकता। दोनों ही जितने अधिक अच्छे और उपयुक्त होंगे, पौधे का जन्म और विकास उतना ही अच्छा होगा। इस तरह वंशानुक्रम जहाँ आधार का निर्माण करता है वहीं वातावरण के द्वारा वह सब कुछ मिलता है जिससे व्यक्तित्व विकास की अधिक से अधिक ऊँचाईयों को छुआ जा सके। परन्तु यह बात भी है कि एक माली की तरह अध्यापक का वंशानुक्रम पर कोई नियन्त्रण नहीं हो सकता। जैसे भी बच्चे उसे पढ़ाने को मिलते हैं, उन्हें उसी रूप में स्वीकार कर, वातावरण की शक्तियों को ज्यादा से ज्यादा सुधारने की ओर ही ध्यान देना होता है और फलस्वरूप शिक्षा के क्षेत्र में बच्चे की जन्मजात शक्तियों को विकसित करने हेतु अच्छे से अच्छा शैक्षिक वातावरण प्रदान करने का प्रयास किया जाता है।

संदर्भित एवं विशेष अध्ययन ग्रन्थ (References and Suggested Readings)

Bhatia, H.R., *Elements of Educational Psychology*, Orient Longman, Calcutta, 1968.

Boring, E.C., Langfield, H.S. and Weld, H.P. (Eds.), *Foundations of Psychology*, Indian edition, John Wiley, New York, 1961.

Crow, L.D. and Crow, Alice, *Child Psychology*, Reprint, Barney Noble, New York, 1969.

_____, *Child Psychology*, 3rd Indian Reprint, Eurasia Publishing House, New York, 1973.

Douglas, O.B. and Holland, B.F., *Fundamentals of Educational Psychology*, Macmillan, New York, 1947.

Garrett, H.E., *General Psychology*, Indian Reprint, Eurasia Publishing House, New Delhi, 1968.

McDougall, William, *An Outline of Psychology*, Methuen & Co., London, 1949.

McIver, R.M. and Page, C.H., *Society: An Introductory Analysis*, Macmillan, London, 1949.

Pasricha, Prem, *Educational Psychology*, University Publishers, Delhi, 1963.

Sorenson, Herbert, *Psychology in Education*, McGraw-Hill, New York, 1948.

Stern, C., *Principles of Human Genetics*, W.H. Freeman, San Francisco, 1973.

Woodworth, R.S. and Marquis, D.G., *Psychology*, Henry Holt, New York, 1948.

परिपक्वता—सम्प्रत्यय एवं शैक्षिक निहितार्थ (Maturation—Concept and Educational Implications)

परिपक्वता का सम्प्रत्यय (Concept of Maturation)

विकासात्मक मनोविज्ञान के क्षेत्र में परिपक्वता एक काफी परिचित पदावली है और यह बालक की अपनी माँ के गर्भ में आने के साथ ही, उसकी वृद्धि और विकास प्रक्रिया को सभी प्रकार से प्रभावित करने में महत्त्वपूर्ण भूमिका निभाती है। परिपक्वता से सम्बन्धित उसके अर्थ एवं अवधारणा को भलीभांति समझने के लिए हम यहाँ आगे के पृष्ठों में परिपक्वता की प्रकृति और प्रक्रिया से सम्बन्धित जिन पहलुओं पर ध्यान देना चाहेंगे, वे हैं:

(i) परिपक्वता का अर्थ (Meaning of the term Maturation)

(ii) वृद्धि और विकास पर परिपक्वता का प्रभाव (Effect of Maturation on growth and Development)

(iii) अधिगम या प्रशिक्षण से सम्बन्ध (Relationship with Learnig or Training)

आइए, अब हम एक-एक कर इन पहलुओं पर विचार करते हैं:

परिपक्वता का अर्थ (Meaning of with Term Maturation)

परिपक्वता एक नैसर्गिक प्रक्रिया है, इसके लिये बाह्य उद्दीपनों की आवश्यकता नहीं। यह एक प्रकार से मानव की अन्तर्निहित शक्तियों का विकास है। जैसे बीज से पत्ती, टहलनी, फल-फूल इत्यादि प्राप्त हो जाते हैं, वैसे ही प्राकृतिक रूप में किसी पूर्व अनुभव, अधिगम या प्रशिक्षण के बिना परिपक्वन की क्रिया के फलस्वरूप जन्मजात योग्यताओं और शक्तियों में वृद्धि हो जाती है तथा प्राणी में आवश्यक परिवर्तन आ जाते हैं। सन् 1919 में ए. गेसेल (A gessel) ने सर्वप्रथम बाल विकास के क्षेत्र में परिपक्वता 'पद' का प्रयोग किया। परिपक्वता पद का अर्थ एवं प्रकृति अच्छी तरह से समझने के लिए हम इसकी कुछ सुप्रसिद्ध जानी मानी परिभाषाओं की सहायता ले सकते हैं। उनमें से कुछ परिभाषाएं निम्न हैं:

1. **एच. जे. आइजेन्क और उनके साथियों** (H.J. Eysenck et al., 1972) **के अनुसार**—*परिपक्वता शारीरिक, मनोवैज्ञानिक और मानसिक विभेदीकरण तथा समन्वयन की वह स्वायत्त या स्वतन्त्र प्रक्रिया है, जो बालक की सभी विकासात्मक अवस्थाओं और चरणों में व्याप्त रहती है। इस प्रक्रिया के फलस्वरूप ही शारीरिक, मानसिक, सामाजिक ओर आध्यात्मिक रूप से उसकी वैयाक्तिक वृद्धि को पूर्णता एवं सुदृढ़ता मिलती है और वह अपने जीवन में अनुकूलित होता है।*

Maturation is an autonomous process of somatic, psychological and mental differentiation and integration spread over developmental stages and phases which condition and build on one another in the course of time; as a result of this process the individual growth is completed and consolidated somatically, mentally and spiritually as well as socially and he can thus adapt to life.

2. **मक ज्योक** (Mc Geoch, 1942)—*परिपक्वन में अधिगम के स्वरूप में उम्र के साथ आने वाले उन सभी परिवर्तनों को शामिल किया जाता है जिनका सम्बन्ध पूर्वाभ्यास अथवा अनुभवों के स्थान पर मुख्य रूप से जैविक वृद्धि से सम्बन्धित कारकों से होता है।*

Maturation includes any change with age in the conditions of learning which depends primarily upon organic growth factors rather than upon prior practice or experience.

3. **थोम्पसन** (Thompson, 1979)—*परिपक्वता का नाम वृद्धि से सम्बन्धित उस प्रक्रिया को दिया गया है जिसके माध्यम से कोई एक संरचना अथवा प्रक्रिया अधिक से अधिक प्रौढ़ अथवा परिपक्व होती जाती है।*

"Maturation" is a name for the growth process during which a structure or function is more and more becoming adult, that is "mature".

4. **ए. गेसेल** (A Gessel, 1919)—*परिपक्वता व्यक्ति के शरीर की आन्तरिक कार्यप्रणाली के द्वारा स्नायुओं (Nerves) और माँसपेशियों को प्राप्त दृढ़ता और परिपक्वन है जो जीव विशेष के बाह्य वातावरण सम्बन्धी कारकों से प्रभावित नहीं होता है।*

Maturation is the maturity and firmness of the nerves and muscles brought out by the internal mechanism of the body quite independent of the impact of the environmental factors external to the organism.

5. **ए.टी. जरसील्ड और उनके साथियों** (A.T. Jersild et al., 1975) **के अनुसार**—*परिपक्वता एक प्रक्रिया है जिसके द्वारा जीव में अन्तर्निहित मूल क्षमताएँ कार्यात्मक तत्परता की अवस्था पर पहुँच जाती है। इस प्रक्रिया में, संरचना में होने वाले वे परिवर्तन जो वृद्धि के साथ होते हैं तथा संरचना का प्रगतिशील अभ्यास जो कार्य निष्पादन के लिए आधार भूमि प्रदान करता है, दोनों ही शामिल होते हैं।*

Maturation is the process by which underlying potential capacities of the organism reach a stage of functional readiness. This process involves both the changes in structure that come with growth and the progressive exercise of structures that provide ground wotk for later performances.

6. **बिग्गी एवं हंट** (Biggie and Hunt, 1968) **ने परिपक्वन के अर्थ को स्पष्ट करते हुये निम्न विचार व्यक्त किये हैं**—*परिपक्वन एक विकासात्मक प्रक्रिया है जिसके अन्तर्गत एक व्यक्ति समय के साथ-साथ उन सभी विशेषताओं और गुणों को ग्रहण करता है जिनकी नींव उसके गर्भ में आने के समय ही उसकी कोशिकाओं में रखी जा चुकी है।*

Maturation is developmental process within which a person from time to time manifests different traits, the blue prints of which have been carried in the cells from the time of his conception.

इस प्रकार परिपक्वन का सम्बन्ध उन व्यवहारगत परिवर्तनों से होता है जो कि नैसर्गिक और सामान्य वृद्धि (Natural and Normal Growth) से जुड़े हुए होते हैं।

परिपक्वता को उपरोक्त परिभाषाओं की सहायता से परिपक्वता के अर्थ एवं प्रकृति के बारे में निम्नलिखित निष्कर्ष निकाला जा सकता है:

- अपने विशुद्ध रूप एवं अर्थ में परिपक्वता वंशानुक्रम की व्यवस्था एवं कार्यप्रणाली का परिणाम है। माता के गर्भ में आते ही बच्चों में परिवर्तनों (व्यवहारात्मक एवं विकासात्मक) की दिशा का अवलोकन किया जाता है वह वंशानुक्रम के योगदान द्वारा ही निर्धारित होती है।
- व्यक्ति की सम्पूर्ण विकासात्मक अवधि में परिपक्वता की प्रक्रिया का प्रभाव लगातार बना रहता है। (किशोरावस्था की अवधि की समाप्ति तक)।
- बच्चों की वृद्धि और विकास के शारीरिक, गामक, मानसिक, सामाजिक, नैतिक और आध्यात्मिक सभी पक्षों के परिपक्व होने में परिपक्वता सहायता करती है जिससे कि बच्चा अपने जीवन में एक परिपक्व प्रौढ़ की भूमिका का अच्छी तरह से निर्वाह कर सके।

- वृद्धि एवं विकास की एक स्वाभाविक प्रक्रिया के रूप में परिपक्वन व्यक्ति विशेष की अन्तःनिहित क्षमताओं के विकास में सहयोगी सिद्ध होकर उन्हें अपने व्यक्तित्व विकास की सभी सम्भावित ऊँचाइयों को छूने में आवश्यक रूप से तत्पर एवं सक्षम बनाता है।
- परिपक्वन आवश्यक रूप से व्यक्ति विशेष के ऐसी जैविक अन्तः विकास की प्रक्रिया से जुड़ा हुआ होता है जो प्रमुख रूप से व्यक्ति के बाहर स्थित वातावरण सम्बन्धी कारकों के प्रभाव से मुक्त होती है।

इस प्रकार की परिपक्वता से तात्पर्य वृद्धि एवं विकास की उस प्राकृतिक एवं स्वाभाविक प्रक्रिया से होता है जो अपने आप में प्रशिक्षण और अनुभवों के प्रभाव से मुक्त रहती हुई व्यक्ति की आनुवंशिकता नियंत्रित आंतरिक प्रणाली से निर्देशित होकर उसकी विकास अवस्था में धीरे-धीरे विभिन्न प्रकार के व्यवहारात्मक और विकासात्मक परिवर्तनों को लाने के लिए उत्तरदायी होती है।

वृद्धि और विकास पर परिपक्वता का प्रभाव
(Effect of Maturation on Growth and Development)

जैसे-जैसे आयु में वृद्धि होती है, परिपक्वन (Maturation) के फलस्वरूप शरीर, मस्तिष्क और व्यवहार में प्राकृतिक रूप से विभिन्न परिवर्तन आते रहते हैं। यह बात पक्षियों और पशुओं में स्पष्ट रूप से देखी जा सकती है, जिसके कुछ उदाहरण नीचे दिये जा रहे हैं:

1. एक चिड़िया माँ बनते हुए अपने अंडे देती है। कुछ समय बाद हम देखते हैं कि उन अंडों में से बच्चे निकल आते हैं। माँ-बाप के द्वारा दिये गये चुग्गे को वे चुगना प्रारम्भ कर देते हैं। फिर कुछ दिनों बाद वे फुदकना प्रारम्भ कर देते हैं, पर उड़ नहीं पाते। परन्तु कुछ समय बाद हमारे देखते-देखते वे एक दिन उड़कर हम से काफी दूर चले जाते हैं। चुग्गा चुगने, फुदकने और उड़ने सम्बन्धी ये व्यवहारगत परिवर्तन परिपक्वन की प्रक्रिया के ही परिणाम होते हैं, इनके लिये उन्हें अपने माता-पिता या अन्य परिजनों से कोई प्रशिक्षण नहीं दिया जाता। आयु में वृद्धि के साथ-साथ ही वे इस प्रकार का व्यवहार स्वाभाविक रूप से ही करने लगते हैं।
2. यही बात मेढकों तथा मछलियों के साथ भी अंडों में से बाहर निकल कर बड़ा होने, तैरना सीखने तथा भोजन प्राप्त करने के ढंग सीखने में घटित होती है। मेढकों को जहाँ पानी पर तैरना आ जाता है वहीं जमीन पर फुदकने में भी वे माहिर हो जाते हैं। इस प्रकार आयु बढ़ने के साथ-साथ व्यवहार में आने वाले परिवर्तन अन्य पशु-पक्षियों में भी हमें अपने चारों ओर नजर आते ही रहते हैं। हिरण के बच्चे का पैदा होते ही कुलाचें भरना, बन्दरों के बच्चों को एक टहनी से दूसरी टहनी तक छलांगें लगाना, मांसाहारी तथा शाकाहारी दोनों प्रकार के पशु-पक्षियों के बच्चों का अपने-अपने ढंग से भोजन प्राप्त करने में माहिर होना आदि बहुत से ऐसे व्यवहारगत परिवर्तन हैं जिनके पीछे परिपक्वन की ही प्रक्रिया का हाथ होना पाया जाता है।
3. परिपक्वन के फलस्वरूप व्यवहार में परिवर्तन लाने की यह नैसर्गिक प्रक्रिया केवल पशु-पक्षियों या कीड़े-मकोड़ों की दुनिया तक ही सीमित हो, ऐसी बात नहीं है। मनुष्य मात्र में भी जन्म से ही परिवर्तन के फलस्वरूप बालकों में विभिन्न प्रकार के परिवर्तनों का आना स्वाभाविक सी ही बात होती है। इस प्रकार के व्यक्तित्व और व्यवहार में आने वाले परिवर्तनों की संक्षिप्त जानकारी उदाहरणस्वरूप निम्न प्रकार से दी जा सकती है:
   (i) आयु में वृद्धि होने के साथ-साथ बालकों के शरीर में वृद्धि और विकास सम्बन्धी विभिन्न परिवर्तन आते रहते हैं। उनकी लम्बाई बढ़ना, भार में वृद्धि होना, अंगों के अनुपात में परिवर्तन आना, चेहरे या सम्पूर्ण शरीर में विभिन्न प्रकार के आन्तरिक या बाह्य परिवर्तन आना—ये सभी बातें स्वाभाविक रूप से परिपक्वन की प्रक्रिया के फलस्वरूप घटित होती रहती है और फिर किशोरावस्था के आगमन तक बालक और बालिकायें शारीरिक परिपक्वता (Physical maturity) सम्बन्धी सभी प्रकार की शारीरिक वृद्धि और विकास की ऊँचाइयों को छू लेते हैं।

(ii) यही बात व्यक्तित्व के अन्य सभी आयामों, मानसिक, सामाजिक, संवेगात्मक, नैतिक और सौन्दर्यात्मक अनुभूति के विकास और वृद्धि पर समान रूप से लागू होती है। आयु में वृद्धि के साथ-साथ बालकों में इन सभी आयामों से सम्बन्धित वृद्धि और विकास की प्रक्रिया चलती रहती है और किशोरावस्था की समाप्ति तक उनमें इन आयामों से सम्बन्धित मानसिक, संवेगात्मक, नैतिक और सौन्दर्यात्मक परिपक्वता आ जाने से वयस्कों की तरह व्यवहार करने की क्षमता आ जाती है। प्रश्न उठता है कि बालकों में बड़ों की तरह परिपक्व व्यवहार करने की ये जो क्षमता प्रायः किशोरावस्था की समाप्ति तक आती है और उनके व्यवहार में शैशवावस्था तथा बाल्यावस्था के मुकाबले जो विशेष परिवर्तन दिखायी देते हैं, उनके पीछे महज परिपक्वन की प्रक्रिया (Process of maturation) का ही साथ होता है या वे मात्र किसी विशेष प्रकार के अनुभवों एवं प्रशिक्षण के जरिये सम्पन्न होते हैं।

(iii) इस बात पर विचार किया जाये तो यह बात स्पष्ट रूप से सामने आती है कि मनुष्यों के व्यक्तित्व एवं व्यवहार में जो परिवर्तन आते हैं, उन्हें अन्य जीव-जन्तुओं की तरह केवल मात्र परिपक्वन की प्रक्रिया की देन नहीं कहा जा सकता। उसका कारण यह है कि जाने-अनजाने पर्यावरण में उपस्थित विभिन्न प्रकार की बातें उनके व्यवहार परिवर्तन में सहायक होती रहती हैं। साथ ही उन्हें औपचारिक या अनौपचारिक रूप से अपने व्यवहार परिमार्जन हेतु प्रशिक्षण, अभ्यास तथा अधिगम अनुभव भी प्राप्त होते रहते हैं। अतः किसी भी परिस्थिति में यह कहना उचित नहीं है कि किशोरावस्था की समाप्ति पर उनमें जो व्यवहार या व्यक्तित्व सम्बन्धी परिपक्वता आई है, वह परिपक्वन की प्रक्रिया के परिणामस्वरूप उत्पन्न हुई है अथवा प्रशिक्षण या सीखने के फलस्वरूप ऐसा हुआ है। वास्तविकता तो यही है कि इसे सभी प्रकार से एक संयुक्त उत्पाद (Joint product) माना जाये। कुछ निम्न उदाहरणों से इस मान्यता पर मुहर लगाने में आसानी हो सकती है:

— सबसे पहले अगर बच्चों में भाषा के विकास को ही लेकर देखा जाये तो हम यह पायेंगे कि बालकों में भाषा के विकास हेतु परिपक्वन तथा वातावरणजन्य प्रशिक्षण और अनुभवों की मिली-जुली भूमिका रहती है। परिपक्वन की प्रक्रिया के परिणामस्वरूप ही बालकों में आयु के साथ-साथ स्वाभाविक रूप से ध्वनियों का विकास होता है। भाषा सम्बन्धी अक्षर, शब्द तथा वाक्य प्रस्फुटित होते हैं तथा वह शुद्ध भाषा उच्चारण सीखता है। अगर हम समय से पहले यानी आवश्यक परिपक्वता ग्रहण करने से पहले ही यह अपेक्षा करने लग जायें कि इसके तो माँ-बाप दोनों ही भाषा के पण्डित हैं, हिन्दी में पीएच.डी. हैं। अतः इसे तो 7–8 माह की आयु में ही हर शुद्ध भाषा को बोलना सिखा देंगे तो यह हमारी भूल होगी। बच्चा शुरू में तुतलायेगा ही, हकलायेगा भी तथा धीरे-धीरे जैसे-जैसे उसके वाक् तंत्र का विकास होगा वह सभी ध्वनियों का शुद्ध उच्चारण सीख सकेगा। अतः यहाँ उसके भाषा शिक्षण तथा प्रशिक्षण में अनावश्यक जल्दबाजी करना ठीक नहीं रहेगा। आवश्यक परिपक्वता ग्रहण करने से पहले उसमें भाषा सम्बन्धी बोलचाल तथा लेखन कला का विकास नहीं हो पायेगा। दूसरी ओर यह बात भी बिना किसी विवाद के सत्य है कि अगर केवल परिपक्वन के लिये ही सब कुछ छोड़ दिया जाये तो जो कुछ आवश्यक भाषा सम्बन्धी विकास बालक को चाहिये वह प्राप्त करना असम्भव ही रहेगा। आज आप और हम भाषा सम्बन्धी जिस विकास की अवस्था पर पहुँच पाये हैं, उसमें निस्सन्देह ही वातावरणजन्य अधिगम अनुभवों एवं प्रशिक्षण की भी काफी महत्त्वपूर्ण भूमिका रही है। इस तरह भाषा विकास को स्वाभाविक वृद्धि एवं विकास की प्रक्रिया (परिपक्वन) और वातावरणजन्य अनुभवों एवं प्रशिक्षण का संयुक्त परिणाम ही समझा जाना चाहिये।

— जो बात भाषा सम्बन्धी विकास को लेकर सही है, वही बात बालक के मानसिक विकास के अन्य पहलुओं पर भी भलीभाँति लागू होती है। बच्चे की मानसिक शक्तियों जैसे सोचने-विचारने की शक्ति, तर्क शक्ति, स्मरण शक्ति, विभेदीकरण योग्यता, निर्णय क्षमता, विश्लेषण और संश्लेषण योग्यता, समस्या समाधन योग्यता आदि

का विकास जहाँ तक एक विशेष परिपक्वन स्तर की माँग करता है, वही इनके विकास हेतु पर्याप्त अनुभवों, अभ्यास एवं प्रशिक्षण की महत्ता से भी इन्कार नहीं किया जा सकता। परिपक्वन स्तर से जुड़ी हुई एक विशेष आयु तक पहुँचने से पहले हम बालकों से सूक्ष्म, चिन्तन, कल्पनायुक्त चित्रण तथा गहन तर्क-वितर्क, विभेदीकरण, सामान्यीकरण आदि से युक्त बातों को जानने-समझने की अपेक्षा नहीं कर सकते। इसलिये जिस प्रकार का मानसिक विकास बालकों में सम्पन्न करने की हम चेष्टा करेंगे, उसके लिये पहले हमें इस बात पर अवश्य ध्यान देना होगा कि बालकों में वह परिपक्वता आयी है या नहीं जिसकी जरूरत उनको उस रूप में मानसिक विकास करने के लिए पड़ती है। छोटे बालकों को अगर हम बहुत ही सूक्ष्म, गूढ़, क्लिष्ट तथा बोझिल बातों को बताने या समझाने लग जायें तथा उनसे इस प्रकार के मानसिक विकास की अपेक्षा करने लग जायें तो यह हमारी भूल ही होगी। हमें उचित परिपक्वन स्तर का इन्तजार ही करना पड़ेगा। दूसरी ओर यह बात भी सही है कि जिस तरह के उचित प्रयास, प्रशिक्षण और अनुभव बालकों को उनकी आयु के स्तर को ध्यान में रखते हुये मानसिक विकास हेतु प्रदान किये जाते रहेंगे, उनका मानसिक विकास उसी रूप में ठीक प्रकार सम्पन्न हो सकेगा।

– मानसिक विकास की तरह सामाजिक, संवेगात्मक एवं नैतिक विकास में भी परिपक्वन और वातावरणजन्य अनुभवों एवं प्रशिक्षण की भूमिका रहती है। अनुभवों एवं प्रशिक्षण के माध्यम से हम बालक के व्यवहार में जो भी ऐसे अपेक्षित परिवर्तन लाने का प्रयास करते हैं जिससे बालक के सामाजिक और संवेगात्मक विकास में अनुकूल और अपेक्षित सहायता मिले, उन सभी प्रयासों से हमें कितनी सफलता मिलेगी, यह इस बात पर भी निर्भर करता है कि आयु में वृद्धि के साथ-साथ बालक नैसर्गिक रूप से किस प्रकार की सामाजिक और संवेगात्मक परिपक्वता के स्तर तक पहुँच रहा है। उदाहरण के लिये, जैसे-जैसे बालक की आयु बढ़ती है, उसके सामाजिक दायरे, पैमाने तथा सोचने-विचारने के ढंग बदलते रहते हैं। शैशवावस्था, बाल्यकाल, पूर्व-किशोरावस्था तथा किशोरावस्था सभी में एक विशेष प्रकार की सामाजिक एवं संवेगात्मक परिपक्वता बच्चे में पायी जाती है जिसका सीधा असर बालक के सामाजिक, सांस्कृतिक, नैतिक तथा संवेगात्मक विकास पर पड़ता है। किशोरावस्था के आगमन से, अपनी परिपक्वता उसे विपरीत लिंग के प्रति यौनाकर्षण में बाँधती है। यहाँ वह सामाजिकता तथा मित्र बनाने के नये अर्थ ढूँढता है और इसी समय इस प्रकार के परिपक्वन से परिपूर्ण होने पर ही उसे यौन शिक्षा (Sex education) सम्बन्धी गहरे तथ्यों के अधिगम में सहायता मिल सकती है। यौन सम्बन्धी इस परिपक्वता के अभाव में हम उससे यौन शिक्षा सम्बन्धी गहन जानकारी भलीभाँति ग्रहण कर सकने की अपेक्षा नहीं कर सकते। इसी तरह जब तक बालक में संवेगों (Emotions) का स्थायी भावों (Sentiments) के रूप में स्थायी संगठन नहीं बन जाता, तब तक उसके नैतिक विकास की कोई दृढ़ नींव नहीं रखी जा सकती और स्थायी भावों का विकास संवेगात्मक या भावात्मक परिपक्वन के एक विशेष स्तर तक पहुँचने पर ही सम्भव हो पाता है। शैशव काल या बचपन में इसीलिये नैतिक विकास की अधिक अपेक्षा नहीं की जा सकती। किशोरावस्था के आगमन का हमें इसके लिए इन्तजार करना होता है और संवेगात्मक परिपक्वता को ग्रहण करने के साथ ही उस अधिगम का मूल्य अपने आप बढ़ जाता है जिसे नैतिक या चारित्रिक विकास हेतु प्रदान किया जा रहा है।

इस प्रकार से अगर परिपक्वन और वातावरणजन्य अधिगम तथा प्रशिक्षण के अन्तःसम्बन्धों का विश्लेषण किया जाये तो हमें यह समझने में कोई कठिनाई नहीं होगी कि परिपक्वन की प्रक्रिया चाहे उसका स्वरूप शारीरिक या मानसिक हो अथवा सामाजिक, संवेगात्मक या भावात्मक हमें अपने हर रूप में वह सब कुछ प्रदान करने का प्रयत्न करती है जिससे ऐसी आधार भूमि तैयार हो सके जिसके ऊपर अनुभव एवं प्रशिक्षण के माध्यम से अपेक्षित व्यवहार परिवर्तन लाकर व्यक्तित्व निर्माण का कार्य निरन्तर चालू रखा जा सके।

परिपक्वन एवं अधिगम (Maturation and Learning)

अधिगम (सीखना) और परिपक्वन ये दोनों प्रक्रियाएँ कुछ इस प्रकार से जुड़ी हुई हैं कि कभी-कभी निश्चित रूप से यह कहना कठिन हो जाता है कि व्यवहार सम्बन्धी किन परिवर्तनों के पीछे सीखने की प्रक्रिया का हाथ है तथा किन के पीछे परिपक्वता का। इसे जानने के लिए हमें इन दोनों प्रक्रियाओं के वास्तविक अर्थों और उनमें निहित अंतर से परिचित होना अति आवश्यक है।

परिपक्वन का सम्बन्ध उन परिवर्तनों से होता है जो कि नैसर्गिक और सामान्य वृद्धि (Natutal and Normal Growth) से जुड़े हुए होते हैं।

दूसरी ओर अधिगम या सीखना व्यक्ति में होने वाले उन परिवर्तनों के लिए प्रयुक्त होता है जिसके लिए आवश्यक रूप से वंशानुक्रम की प्रक्रिया उत्तरदायी नहीं होती। इन्हें सीखने में अनुभव की आवश्यकता पड़ती है और विशेष प्रयत्न भी करने पड़ते हैं। सीखने की प्रक्रिया के दौरान व्यवहार में जो परिवर्तन होते हैं वे सदैव किसी-न-किसी प्रक्रिया, प्रशिक्षण अथवा अनुभव के फलस्वरूप प्राप्त होते हैं।

अतः अगर परिपक्वन को सीखने से अलग करके देखा जाए तो हम निम्न परिणाम पर पहुँच सकते हैं:

"अगर व्यवहार के किसी पक्ष का विकास आयु के बढ़ने के साथ-साथ बिना किसी अभ्यास और प्रशिक्षण की सहायता के स्वाभाविक रूप से सम्पन्न होता है तो इस विकास के लिए परिपक्वन की क्रिया को ही उत्तरदायी ठहराया जाता है।"

पक्षियों का हवा में उड़ना और हिरण के बच्चे का कुलाचें भरना आदि क्रियाएँ विशुद्ध रूप में परिपक्वता का परिणाम कही जा सकती हैं। लेकिन मानव की अधिकांश क्रियाओं में निश्चित रूप से यह कहना कठिन हो जाता है कि वे परिपक्वता का परिणाम हैं या सीखने का। उदाहरण के लिए हम बच्चे में भाषा के विकास को ले सकते हैं। यह ठीक है कि बच्चा बोलना और भाषा का प्रयोग करना तब तक नहीं सीखता जब तक वह परिपक्वता की एक विशेष अवस्था या आयु पर नहीं पहुँच पाता। परन्तु केवल परिपक्वता ग्रहण करने या आयु में बड़ा होने मात्र से ही उसको बोलना तथा प्रयोग करना नहीं आता, उसे यह सब कुछ सिखाना पड़ता है।

वास्तव में देखा जाए तो परिपक्वन और सीखना—ये दोनों प्रक्रियायें एक-दूसरे से बहुत अधिक सम्बन्धित हैं। दोनों का लक्ष्य समान है। दोनों ही बालक के व्यवहार में संशोधन एवं परिवर्तन लाती हैं तथा विकास के सभी स्तरों पर साथ-साथ चलती हैं। एक के बिना दूसरी उतनी प्रभावोत्पादक नहीं बन जाती। परिपक्वता आने से पहले किसी विशेष ज्ञान अथवा कौशल को अर्जित करना सम्भव नहीं हो पाता। दूसरी ओर सीखने की प्रक्रिया मानसिक, सामाजिक, संवेगात्मक परिपक्वता अर्जित करने में अत्यधिक सहायक होती है तथा बालक को सभी प्रकार से पूर्ण बनाकर उन्नति के मार्ग पर अग्रसर करती है। इसीलिए बालक को ऐसी बातें सिखाना जिनके सीखने के लिए वह परिपक्व नहीं है, किसी भी अवस्था में उचित नहीं है। दूसरी ओर सीखने की उचित आयु निकल जाने देना भी अच्छा नहीं है। अतः माता-पिता और अध्यापकों द्वारा परिपक्वता और सीखने के आपसी सम्बन्धों को ठीक प्रकार से समझने की चेष्टा करनी चाहिए।

सीखने एवं परिपक्वन में अंतर (Distinction between Learning and Maturation)

सीखने एवं परिपक्वन का काफी गहरा सम्बन्ध है और इस दृष्टि से इनमें बहुत कुछ समानता भी पाई जाती है परन्तु फिर भी जैसी कि ऊपर चर्चा की गई है, कुछ बातों में ये दोनों काफी भिन्नता रखते हैं। मौटे तौर पर इस अंतर को संक्षेप में नीचे प्रदर्शित किया जा सकता है:

अधिगम या सीखना (Learning)	**परिपक्वन** (Maturation)
1. अधिगम या सीखने की प्रक्रिया जन्मजात न होकर अर्जित (acquired) होती है।	1. परिपक्वन की प्रक्रिया जन्मजात (inborn) होती है।
2. आयु के साथ-साथ सीखने में स्वतः वृद्धि नहीं होती बल्कि विशेष रूप से प्रयास, अनुभव तथा प्रशिक्षण के फलस्वरूप ही सीखना संभव हो पाता है।	2. यहाँ स्वाभाविक रूप से वृद्धि एवं विकास उम्र के अनुसार स्वतः होता रहता है और उसी के अनुसार व्यवहार में परिवर्तन आता है।
3. सीखना जातीय प्रक्रिया न होकर व्यक्तिगत (Individual) प्रक्रिया है।	3. परिपक्वन की प्रक्रिया व्यक्तिगत न होकर जातीय (Racial) ही कही जाती है।
4. सीखने के द्वारा अंग-प्रत्यंगों का विकास स्वतः या स्वाभाविक रूप से नहीं होता है। इनके विकास से सीखने में मदद अवश्य मिलती है।	4. परिपक्वन से अंगों की वृद्धि और विकास स्वाभाविक रूप से होता रहता है।
5. सीखने में अभ्यास और प्रशिक्षण की बहुत अधिक भूमिका रहती है।	5. परिपक्वन के फलस्वरूप जो परिवर्तन व्यवहार में आते हैं उनमें अभ्यास और प्रशिक्षण का विशेष योगदान नहीं होता।
6. सीखना प्रयत्नों के फलस्वरूप ही होता है, यह हर समय चलता रहे यह जरूरी नहीं। हाँ, परिपक्वन की तरह यह परिपक्वता के साथ रुकता नहीं परन्तु जीवनपर्यन्त चलता रहता है।	6. परिपक्वन की क्रिया वृद्धि और विकास के साथ निरन्तर चलती रहती है। परिपक्वता (Maturity) के बाद ही यह रुकती है।
7. सीखना सार्वभौमिक है। व्यक्ति किसी भी आयु, जाति तथा लिंग का क्यों न हो, बिना भेदभाव के अपने प्रयत्नों तथा अवसरों के आधार पर सीखता रहता है।	7. परिपक्वन में जाति, आयु तथा लिंग के भेद स्पष्ट नजर आते हैं, लड़के-लड़कियों के व्यवहार में उनकी अपनी परिपक्वन प्रक्रिया के आधार पर अंतर स्पष्ट नजर आ सकते हैं।
8. सीखने की प्रक्रिया और परिणामों को प्रभावित करने में रुचि, अवधान तथा अभिप्रेरणा का सक्रिय योगदान रहता है।	8. परिपक्वन में रुचि, अवधान या अभिप्रेरणा का कोई योगदान नहीं होता है।
9. अधिगम या सीखना परिपक्वन पर निर्भर करता है क्योंकि अपनी अवस्था विशेष से सम्बन्धित क्रियाओं के सीखने के लिए और वृद्धि एवं विकास की आवश्यक मंजिलों को तय करने का कार्य तब तक नहीं होता जब तक बालक उनके लिए आवश्यक शारीरिक और मानसिक परिपक्वता ग्रहण नहीं कर लेता है।	9. परिपक्वन अधिगम पर आधारित नहीं है। यह एक स्वाभाविक वृद्धि और विकास की प्रक्रिया है जिसके लिए पूर्व अनुभवों, अधिगम या प्रशिक्षण की जरूरत नहीं होती।

परिपक्वता और अधिगम में उपरोक्त वर्णित विभिन्नताओं और अन्तरों के विद्यमान रहते हुए भी ये दोनों बालक के व्यक्तित्व के समुचित वृद्धि एवं विकास के लिए आवश्यक माने जाते हैं। ऊपर से देखने से तो ऐसा लगता है जैसे ये व्यक्ति विशेष के व्यक्तित्व में अधिक से अधिक वृद्धि एवं विकास लाने हेतु उसके व्यवहार में जो अपेक्षित परिवर्तन चाहिए, उनको लाने में एक दूसरे से आगे बढ़ने की स्पर्धा में लगे हुए हों। परन्तु व्यावहारिक तौर पर ऐसा नहीं है। वे एक दूसरे के प्रतिद्वन्दी न होकर, एक दूसरे के सहयोगी हैं क्योंकि दोनों का उद्देश्य बालक के व्यक्तित्व के उचित विकास में सहयोग देना है।

परिपक्वन और अधिगम के इस प्रकार के आत्मीय सम्बन्ध पर प्रकाश डालते हुए मकग्रो (McGraw, 1935) ने लिखा है:

परिपक्वता और अधिगम भिन्न प्रक्रियाएँ नहीं हैं बल्कि वृद्धि की आधारभूत प्रक्रिया के दो अलग-अलग पक्ष हैं।

(Maturation and learning are not different processes, merely different facets of the fundamental process of growth.)

व्यक्तित्व की वृद्धि और विकास से सम्बन्धित सभी पक्षों के उचित विकास में अपना योगदान करने के लिए परिपक्वता एवं अधिगम दोनों को ही हाथ में हाथ मिलाए हुए एक दूसरे का साथ देते हुए देखा जा सकता है। इन दोनों के इतने प्रगाढ़ सम्बन्धों पर अपने विचार प्रकट करते हुए हिलगार्ड (1932) ने निम्न प्रकार टिप्पणी की है:

परिपक्वता एवं अधिगम दोनों को प्रभावपूर्ण विकास के लिए, एक आदर्श विवाहित युगल के समान जोकि एक दूसरे को अपना सहयोग प्रदान करते हैं, साथ साथ चलना चाहिए।

For effective development, the two learning and maturation should go together, like an ideal married couple each facilitating and helping the process of each other.

इस तरह से यह सही है कि अगर हम बालक के व्यक्तित्व की वृद्धि एवं विकास में अधिक से अधिक अच्छे परिणाम चाहते हैं तो हमें परिपक्वता से प्राप्त परिणामों की बुनियाद पर ही अधिगम का महल खड़ा करना होगा। हमें यह समझना होगा कि परिपक्वन के बिना अधिगम नहीं हो सकता। अधिगम की प्रक्रिया को प्रारम्भ करने से पहले ही हमें यह देखना जरूरी है कि बालक में उस अधिगम हेतु वांछित परिपक्वन है या नहीं? उदाहरण के लिए भाषा शिक्षण में लिखना सिखाने से पहले यह देखना होगा कि बालक की उंगलियों में पैंसिल या कलम पकड़ने की सामर्थ्य या परिपक्वन है या नहीं? परन्तु परिपक्वन से ही सब कुछ नहीं बन जाता है। इस बुनियाद के ऊपर आगे का काम करने के लिए अधिगम की सेवाओं की आवश्यक रूप से जरूरत होती है ताकि व्यक्तित्व रूपी वांछित भवन का निर्माण भलीभांति हो सके। इसीलिए निष्कर्ष रूप में यह कहना सही है कि परिपक्वता एवं अधिगम दोनों एक ही सिक्के के दो पहलू हैं तथा एक ही सफर के अच्छे हमसफर हैं, इनमें से कोई भी अकेला सफर करते हुए मानव वृद्धि एवं विकास के महत्त्वपूर्ण लक्ष्य को सही ढंग से प्राप्त करने में सहयोगी सिद्ध नहीं हो सकता है। अतः भलाई इसी में है कि परिपक्वता और अधिगम दोनों का ही शिक्षा क्षेत्र में सम्मिलित और समन्वित उपयोग किया जाए।

परिपक्वता के शैक्षिक निहितार्थ (Educational Implications of Maturity)

बच्चों के वृद्धि और विकास में योगदान करने वाली परिपक्वता की प्रकृत्ति एवं प्रक्रिया का ज्ञान तथा इन दोनों के आपसी घनिष्ठ, अमूल्य पारस्परिक सम्बन्धों एवं अधिगम की प्रक्रिया के साथ इसकी अन्तर्क्रिया का ज्ञान बच्चों के माता-पिता, अध्यापकों एवं परामर्शदाताओं को बच्चों की देखभाल, शिक्षा तथा मार्गदर्शन प्रदान करने के लिए नियोजन कार्य करने में काफी लाभदायक सिद्ध होता है जिसका वर्णन संक्षेप में नीचे किया जा रहा है:

1. परिपक्वता वृद्धि एवं विकास की एक स्वाभाविक प्रक्रिया है। यह वंशानुगत क्षमताओं तथा जैविक कारकों से निर्देशित होती है। बच्चे की वृद्धि के अनेकों ऐसे कार्य एवं प्रक्रियाएँ हैं पूर्णरूप से परिपक्वन की प्रक्रिया के द्वारा संचालित एवं नियन्त्रित हैं और इस प्रकार से मानव सहित सभी जीवों में ये कार्य एवं प्रक्रियाएँ एकदम से स्वचालित, स्वनियंत्रित एवं निरन्तर होती रहने वाली हैं। इस प्रकार के विकासात्मक एवं व्यवहारात्मक कार्यों के लिए किसी प्रकार की पूर्व स्वीकृति, अधिगम या प्रशिक्षण की आवश्यकता नहीं होती है। इस सम्बन्ध में 'मकग्रो' ने जातिगत (Phylogenetic) क्रियाओं (किसी भी जाति के लिए सामान्य कार्य) जैसे—रेंगना (creeping), बैठना (sitting), खड़ा होना (standing), सीढ़ी पर चढ़ना (stair climbing), चलना (walking) तथा सिरकना (crawling) आदि का उदाहरण दिया है। पियाजे (Piaget) ने कुछ ज्ञानात्मक शीमाज़् (cognitive shemas) जैसे—चूसना (sucking), देखना (looking), पहुँचना (Reaching) तथा पकड़ना (grasping) के उदाहरण

प्रस्तुत किए हैं। ये सभी पूरी तरह से परिपक्वता से नियंत्रित होते हैं, इनके विकास एवं क्रियान्वयन में अभ्यास या प्रशिक्षण से बहुत कम या थोड़ा सा ही फायदा होता है। इस प्रकार से बढ़ते हुए बच्चों में बहुत से गामक कौशल एवं सामान्य बौद्धिक क्रियाओं का विकास नैसर्गिक रूप से होता है। अतः बच्चों के माता-पिता या देखभाल करने वाले व्यक्तियों को अपने बच्चों में इस प्रकार की नैसर्गिक या स्वाभाविक वृद्धि के परिणामों की धैर्यपूर्वक प्रतीक्षा करनी चाहिए। उन्हें अपने शिशुओं या बच्चों के व्यवहार में परिवर्तनों या शीघ्र विकास के लिए चिन्तित नहीं होना चाहिए और अपना धैर्य नहीं खोना चाहिए तथा जल्दी-जल्दी व्यवहार परिवर्तन के लिए अति उत्साहित भी नहीं होना चाहिए।

हाँ दूसरे प्रकार की व्यक्तिगत (ontogenetic) क्रियाओं (व्यक्तिगत रूप से सम्बन्धित विशिष्ट क्रियाएँ) जैसे—तैरना (swimming), रोलर स्केटिंग (Roller skating), तिपहिया साइकिल चलाना (Tricycle riding) जिन्हें उच्चस्तरीय गामक (fine motor) कौशल कहा जाता है या भाषायी विकास एवं अन्य उच्चस्तरीय ज्ञानात्मक योग्यताओं के लिए अनुभव, अभ्यास एवं प्रशिक्षण की आवश्यकता होती है। इन क्रियाओं में कौशल का अर्जन कराने के लिए माता-पिता, अध्यापक तथा परामर्शदाताओं को सावधान रहने की जरूरत है। उन्हें देखना होगा कि बालक के विकास में ऐसे कार्य कौन से हैं जो पूरी तरह से परिपक्वता से निर्देशित हैं (किसी प्रशिक्षण की आवश्यकता नहीं है) तथा कौन सी क्रियाएं ऐसी हैं जिनमें कौशल अर्जन के लिए प्रशिक्षण की जरूरत है। इस जानकारी से उन्हें अपने बच्चों की शिक्षा के लिए योजना बनाने तथा मार्गदर्शन आदि में काफी मदद मिल सकती है।

2. अधिगम एवं प्रशिक्षण के साथ अपने घनिष्ठ सम्बन्ध के कारण परिपक्वता अधिगम और प्रशिक्षण को प्रभावशाली बनाने की किसी भी योजना या कार्यक्रम के लिए एक सुदृढ़ आधार का काम करती है। इसके लिए यह दो तरीके से अपनी सेवाएँ प्रदान करती है:
   (i) अधिगम के लिए आवश्यक तत्परता प्रदान कर अधिगम प्राप्ति में सहायता करना।
   (ii) सीखने अथवा प्रशिक्षण के माध्यम से हमें अपनी विकास सम्बन्धी सीमाओं से परिचित कराना।

   आइए, अब हम इन दोनों उपरोक्त परिपक्वन पहलुओं की चर्चा करने का प्रयत्न करें, जिनके 'ज्ञान से हमें विविध प्रकार के शैक्षिक निहितार्थों की उपलब्धि हो सकती है':

(i) परिपक्वता बच्चों की शारीरिक एवं मानसिक वृद्धि एवं विकास में सहायता करती है जिससे बच्चे अपने जीवन में अपनी आयु के अनुसार अधिगम अनुभव और प्रशिक्षण प्राप्त करने के लिए आवश्यक रूप से परिपक्व और तत्पर हो जाते हैं। इस सम्बन्ध में परिपक्वता के द्वारा दिए गए योगदान की जानकारी बच्चे की शिक्षा की योजना बनाने में निश्चित रूप से सहायक सिद्ध होती है। हम यह समझ जाते हैं कि बच्चों को किस आयु में किस प्रकार की शिक्षा और प्रशिक्षण शुरू करना चाहिए और यह शिक्षा व प्रशिक्षण किस क्रम में व्यवस्थित किया जाए। इस प्रकार का ज्ञान हमें निम्न रूप में यथोचित चेतावनी देने में तत्पर दिखाई देता है:

— यदि एक बच्चा शिक्षण और प्रशिक्षण का लाभ उठाने के लिए पूरी तरह से विकसित एवं परिपक्व नहीं है तो उसे वह शिक्षण और प्रशिक्षण देने का कोई लाभ नहीं। यह अध्यापक या प्रशिक्षक के लिए समय, शक्ति एवं साधनों का अपव्यय है। उदाहरण के लिए एक बच्चे को, जो कि अभी सीखने के लिए आवश्यक परिपक्वन स्थिति तक नहीं पहुँचा है, बलपूर्वक बोलने, चलने या भाषा का प्रयोग करने के लिए बाध्य किया जाए तो यह सब प्रयास व्यर्थ जाएगा, यहाँ तक कि इस कार्य से बालक के उचित विकास के लिए नुकसानदायक भी हो सकता है। वास्तव में उपयुक्त परिपक्वता के अभाव में किसी भी प्रकार का प्रशिक्षण या अभ्यास व्यर्थ है।

— जब बालक परिपक्वता के द्वारा आवश्यक विकासात्मक तत्परता को प्राप्त कर लेता है तब वह अपनी आयु के अनुरूप विकासात्मक योग्यताएँ एवं कौशलों का अर्जन करने के लिए प्रदान की गई वांछित सुविधाओं अर्थात् अधिगम अनुभवों एवं प्रशिक्षण में बिल्कुल भी समय बर्बाद नहीं करता है। इस समय बच्चों को उपयुक्त

सुविधाएँ प्रदान न करना एक भयंकर भूल होगी। श्रीमती हरलॉक (1956, p.8) ने इस प्रकार की भूल पर अपनी टिप्पणी करते हुए लिखा है:

बालक जब सीखने के लिए तैयार हो तो उसे सीखने की सुविधाएँ प्रदान न करना, उसकी रुचि को समाप्त करना है। बाद में जब हम उससे इस प्रकार के सीखने के लिए कहते हैं, तब तक उसकी रुचि उसे सीखने में इतनी कम हो जाती है कि वह उपयुक्त अधिगम हेतु आवश्यक प्रयत्न करने के लिए बिल्कुल अनिच्छुक दिखाई देता है।

(Should the child not be permitted to learn, even though ready, his interest is likely to wane. Later, when he is expected to learn, his interest may have reached such a low ebb that he will be unwilling to put forth the efforts needed for successful learning.)

इस प्रकार से परिपक्वन के परिणाम निश्चित एवं महत्त्वपूर्ण विकास काल की अवधियाँ तथा परिपक्वन के द्वारा अर्जित विकास सम्बन्धी तत्परता, इन सभी का ज्ञान एक अध्यापक के सामने हेविगहर्स्ट (Havighurst, 1953) के शब्दों में ऐसे मूल्यवान क्षणों का सृजन करता है जब कि उनके द्वारा व्यवहार परिवर्तन या विकास सम्बन्धी प्रक्रिया का इतने अच्छे ढंग से सम्पादन किया जा सकता है जिससे बालकों का अधिक से अधिक हित चिन्तन किया जा सके।

(ii) परिपक्वता का नियन्त्रण और नियमन आनुवंशिकता से सम्बन्धित उन कार्यप्रणाली एवं शक्तियों के द्वारा किया जाता है जो एक तरह से यह निर्धारित करती हैं कि बालक विशेष अपने आने वाली जीवन अवधियों अथवा आयु वर्षों में किस प्रकार की वृद्धि और विकास को प्राप्त होगा। परिपक्वन की इस प्रकार की भविष्यवाणी क्षमता पर अपनी टिप्पणी करते हुए श्रीमती हरलॉक (1956, p.7) ने लिखा है:

परिपक्वन जिसका सम्बन्ध व्यक्ति के आनुवंशिक पूंजी से होता है, इस प्रकार की सीमाएँ निर्धारित करता है जिनसे परे विकास हो ही नहीं सकता, चाहे अधिगम द्वारा कितने भी प्रयत्न क्यों न किए जाएं।

(Maturation, which dedpends upon the hereditary endowment of the individual, sets limits beyond which development cannot go even when learnings is encouraged.)

अतः हमें हमेशा ही, बच्चे के परिपक्वन के स्तर के रूप में उपलब्ध बच्चे की जैविक संरचना के द्वारा की गई उसकी विकासात्मक प्रगति तथा उसकी शैक्षिक योग्यता की सीमाओं को ध्यान में रखना चाहिए। यहाँ हम अनेकों मानसिक रूप से विकलांग या पिछड़े हुए बच्चों का उदाहरण दे सकते हैं जिनके मस्तिष्क की स्नायुविक (Neural) परिपक्वता या नैसर्गिक (स्वाभाविक) विकास बहुत ही निम्न स्तर का है। ऐसे बच्चों के सम्बन्ध में देखा जाता है कि उनके व्यवहार और विकास को सामान्य स्तर के बच्चों के विकास की सीमा में लाने के लिए अधिगम, प्रशिक्षण या वातावरणीय उद्दीपन कुछ भी सहायता नहीं कर सकता है।

इसलिए बच्चों की व्यक्तिगत रूप से या सामूहिक रूप से शिक्षा की योजना बनाते समय हमें स्पष्ट रूप से यह ध्यान रखना चाहिए कि शैक्षिक प्रयास हमेशा ही प्रत्येक बच्चे के परिपक्वता स्तर की सीमा के अनुसार ही किए जाएं। इस सम्बन्ध में हमें गेसेल (Gessell, 1949) द्वारा निम्न शब्दों में दी गई चेतावनी का हमें हमेशा ही ध्यान रखना चाहिए—

सभी शैक्षिक योग्यताएँ वृद्धि की जन्मजात क्षमता पर निर्भर करती हैं। यह आन्तरिक वृद्धि (परिपक्वन स्तर के आधार पर अवलोकित) प्रकृति का एक उपहार है। इसका मार्गदर्शन तो किया जा सकता है परन्तु इसका सृजन नहीं किया जा सकता है और ना ही यह किसी शैक्षिक संस्था के द्वारा स्थानान्तरित की जा सकती है।

(All educability is dependent upon innate capacities for growth. This intrinsic growth (observed in the shape of maturation level) is a gift of nature. It can be guided, but it cannot be created; nor can it be transceneded by an educational agency.)

3. परिपक्वन की व्यवस्था या कार्यप्रणाली तथा प्रकृति का ज्ञान बच्चों के द्वारा, उनकी विकासात्मक अवधि की विभिन्न अवस्थाओं में प्राप्त किए जाने वाले लक्ष्यों के बारे में जानने में सहायता कर सकता है। अक्सर यह देखा जाता है तथा अनेकों शोध अध्ययनों ने भी यह सिद्ध कर दिया है कि एक ही आयु और विकास अवस्थाओं से सम्बन्धित बालक अपने शारीरिक और मानसिक परिपक्वन की दृष्टि से असमान होने की अपेक्षा ज्यादातर समान ही होते हैं। इस प्रकार की समानता शिक्षाविदों को अपने किसी विशेष आयु और परिपक्वन स्तर के बालकों के लिए समान प्रशिक्षण और शिक्षा व्यवस्था की तथा इसके लिए प्रयुक्त एक जैसी तकनीक और शिक्षण साधनों के आयोजन में भलीभांति सहायक सिद्ध होती है। माता-पिता, देखभाल करने वाले तथा परामर्शदाताओं के लिए बालकों को उपयुक्त निर्देशन तथा परामर्श देने हेतु सामान्य सिद्धान्तों तथा उपागमों का उपयोग करने में भी यह उपयुक्त रूप से सहायक सिद्ध होती है।
4. परिपक्वन अपने लिए उपलब्ध वातावरणजन्य अनुभवों के सहयोग से बालकों के शारीरिक, गामक तथा संज्ञानात्मक विकास और अपनी आयु एवं विकास अवस्थाओं के अनुरूप विशिष्ट व्यवहारगत प्रारूपों को अपनाने के संदर्भ में कुछ निश्चित प्रगति पड़ावों को तय करने में मदद करता है। परिपक्वन द्वारा निर्धारित इस प्रकार की कसौटी बढ़ते हुए बच्चों के विकास और व्यवहार से सम्बन्धित असमानताओं एवं विशिष्टताओं के निदान में काफी सहायक सिद्ध हो सकती है। इस संदर्भ में दी जाने वाली सहायता के कुछ निम्न रूप हो सकते हैं।

(i) एक बच्चे को उसकी आयु और विकास काल के लिए सामान्य रूप से निश्चित विकास और व्यवहार सम्बन्धी निश्चित मील के पत्थरों से काफी आगे निकला हुआ पाया जा सकता है। यह बात उस बच्चे को प्रतिभाशाली या सृजनशील घोषित कर उसके लिए विशिष्ट शिक्षा का आयोजन करने में मदद कर सकती है।

(ii) दूसरी ओर विकास और व्यवहार के लिए निश्चित मील के पत्थरों से किसी बालक के व्यवहार और विकास की तुलना कर यह भी पाया जा सकता है कि उसके व्यवहार में अभी वांछित परिपक्वता नहीं आई है। इस आधार पर उसे धीमी गति से अध्ययन करने वाला, पिछड़ा हुआ, मानसिक रूप से मन्दित, अधिगत अक्षम और वंचित बालक घोषित कर उपयुक्त लालन-पालन एवं शिक्षा की व्यवस्था की जा सकती है।

इस प्रकार से परिपक्वता की प्रकृति, उसकी कार्य प्रणाली तथा परिणामों का ज्ञान और अधिगम के साथ मिलकर, उसके द्वारा प्रदत्त मूल्यवान योगदान की जानकारी माता पिता, अध्यापकों, परामर्शदाताओं और उन सबको जो किसी न किसी तरह बालकों के हित से जुड़े हुए हैं, बालकों को शिक्षा देने अथवा उनका उचित लालन-पालन करने हेतु बेहतर तकनीक एवं साधनों का आयोजन करने में महत्त्वपूर्ण सहायोग दे सकती है।

सार-संक्षेप (Summary)

1. परिपक्वन एक विकासात्मक प्रक्रिया है जिसका सम्बन्ध मुख्यतया नैसर्गिक और सामान्य वृद्धि से होता है और जिसके फलस्वरूप प्राणी मात्र में उसके विकासकाल के दौरान विशिष्ट परिवर्तन लाये जाते हैं। परिपक्वन की प्रक्रिया के परिणामस्वरूप आने वाले परिवर्तन प्राकृतिक रूप से जन्मजात योग्यताओं और शक्तियों के विकास के ही सूचक हैं। यह किसी पूर्व अनुभव, अधिगम या प्रशिक्षण के बिना ही घटित होते हैं।
2. परिपक्वन के फलस्वरूप प्राणी मात्र में होने वाले स्वाभाविक वृद्धि एवं विकास सम्बन्धी परिवर्तनों के उदाहरण के रूप में हम पशु-पक्षियों के विकासगत व्यवहार परिवर्तनों का उदाहरण ठीक प्रकार प्रस्तुत कर सकते हैं। देखते ही देखते चिड़ियों के बच्चे अंडों से बाहर निकल कर चुगना प्रारम्भ कर देते हैं और फिर अनायास ही फुदकना और उड़ना शुरू कर देते हैं। उन्हें इसके लिए किसी प्रशिक्षण की आवश्यकता नहीं पड़ती। ऐसा ही हिरण के बच्चे के साथ होता है जो पैदा होते ही खड़ा होकर, कुलाचें भरने लगता है और इसी प्रकार मेढकों के बच्चों को भी तुरन्त तैरते हुए और फुदकते हुए देखा जा सकता है।

3. मनुष्य मात्र में भी परिपक्वन के फलस्वरूप प्राकृतिक एवं स्वाभाविक रूप से व्यवहारगत परिवर्तनों के दर्शन किये जा सकते हैं। आयु में वृद्धि के साथ-साथ बालकों में उनके व्यक्तित्व से सम्बन्धित सभी आयामों में वृद्धि और विकास की प्रक्रिया चलती रहती है और वे किशोरावस्था की समाप्ति तक इन सभी में परिपक्वता ग्रहण कर रहे होते हैं। परन्तु उनकी विकासगत यह परिपक्वता निम्न श्रेणी के पशु-पक्षी वर्ग की तरह मात्र परिपक्वता की प्रक्रिया का प्रतिफल नहीं कही जा सकती क्योंकि नैसर्गिक प्रक्रिया के साथ वातावरण की शक्तियों का प्रभाव भी बालक की वृद्धि एवं विकास प्रक्रिया में स्वतः ही जुड़ता चला जाता है। अतः यह कहना कठिन हो जाता है कि किसी आयु विशेष में बालक में होने वाले विकासगत परिवर्तन परिपक्वता के परिणाम हैं या अनुभव एवं प्रशिक्षण अथवा इन दोनों की संयुक्त उपज।
4. बालकों की वृद्धि एवं विकास में सहायक परिपक्वन की प्रकृति और प्रक्रिया का ज्ञान और अधिगम प्रक्रिया से इसका अमूल्य अन्तःसम्बन्ध तथा अन्तःक्रिया बालकों को उनकी आवश्यक प्रगति और उन्हें विकास मार्ग पर आरूढ़ रखने हेतु उचित देखभाल, शिक्षा तथा मार्गदर्शन प्रदान करने में अच्छी तरह कारगार सिद्ध हो सकती है।

संदर्भित एवं विशेष अध्ययन ग्रन्थ (References and Suggested Readings)

Biggie, M.L. and Hunt, M.P., *Psychological Foundations of Education*, Harper & Row, New York, 1968.

Crow, L.D. and Crow, Alice, *Educational Psychology*, Eurasia Publishing House, New Delhi, 1973.

Daly, W., "Gessel's Infant Growth Orientation", *A Composite Journal of Instructional Psychology*, 31, 321–324, 2004.

Eysenck, H.J., et al., *Encyclopedia of Psychology*, Phil. Lib., New York, 1972.

Gessel, A., *Child Development*, Macmillan, New York, 1928.

_____, *Maturation and Infant Behavior Pattern*, Lancaster Press, New York, 1929.

Havighurst, R.J., *Human Development and Education*, Longman, New York, 1953.

Hilgard, E.R. and Bower, G.H., Theories of Learning, 4th ed., Prentice Hall, Englewood Cliffs, New Jersey, 1975.

Hurlock, E.B., *Child Psychology* (Asian student edition), Kogakusha Co., Tokyo, 1956.

Jersild, et al., *Child Psychology*, Macmillan, New York, 1975.

Kingsly, H.L. and Garry, R., *The Nature and Conditions of Learning*, 2nd ed., Prentice Hall, Englewood Cliffs, New Jersey, 1957.

McGeoch, J.A., *The Psychology of Hsuman Learning*, Longman, New York, 1942.

McGrow, M.B., *Growth: A Study of Johny and Jimmy*, Appleton-Century Crofts, New York, 1935.

Thompson, G.G., *Child Psychology*, First Indian Reprint, Surjeet Publications, New Delhi, 1979.

विकासात्मक कार्य एवं उनके निहितार्थ (Developmental Tasks and Their Implications)

हैबिगरस्ट तथा विकासात्मक कार्य (Havighurst and Developmental Tasks)

अमेरिका के शिकागो विश्वविद्यालय के प्रोफेसर रोबर्ट जे. हैबिगरस्ट एक विकासात्मक मनोवैज्ञानिक थे। मानव विकास के बारे में अपने विचारों को अभिव्यक्त करते हुये उन्होंने निम्न सैद्धन्तिक बातों को सबके सामने रखने का प्रयत्न किया:

1. हम सभी का विकास एक सतत प्रक्रिया है जो उसके गर्भाधान से प्रारम्भ होकर मृत्यु पर्यन्त तक चलती रहती है।
2. व्यक्ति के जन्म लेने के बाद उसके जीवन काल को अच्छी तरह से निम्न 6 अवस्थाओं में विभाजित करने का प्रयत्न किया जा सकता है:
   (i) शैशव तथा पूर्व बाल्यकाल (जन्म से 6 वर्ष की आयु तक)
   (ii) मध्य बाल्यकाल (6 से 13 वर्ष की आयु तक)
   (iii) किशोरावस्था (13 से 18 वर्ष की आयु तक)
   (iv) प्रारम्भिक के या पूर्व प्रौढ़ावस्था (18 से 30 वर्ष की आयु तक)
   (v) मध्य प्रौढ़ावस्था (30 से 60 वर्ष की आयु तक)
   (vi) उत्तर प्रौढ़ावस्था (60 वर्ष तथा उससे बाद की आयु)
3. विकास की प्रत्येक अवस्था में व्यक्ति को इस प्रकार के विकासात्मक कार्यों का संपादन करता हुआ पाया जाता है जो उस विकासात्मक अवस्था में संपादन हेतु ही बने होते हैं और जिन्हें उस अवस्था विशेष में संपादित करना आवश्यक होता है।
4. किसी अवस्था विशेष में उस अवस्था से जुड़े हुये विकासात्मक कार्यों का सफल संपादन तथा उनके संपादन में स्वामित्व अर्जित करना व्यक्ति को उससे आगे की विकासात्मक अवस्था से जुड़े हुये विकासात्मक कार्यों के सफल संपादन हेतु उचित रूप से सहायता प्रदान करने तथा अच्छी तरह अभिप्रेरित करने का कार्य करता हुआ पाया जाता है। वह जीवन में कितना समायोजित या कुसमायोजित रहेगा इसका निर्धारण इन अवस्थाजन्य विकासात्मक कार्यों के सफल संपादन में मिली सफलता या असफलता की प्रकृति पर निर्भर करता है।
5. अवस्थाजन्य इन विशिष्ट विकासात्मक कार्यों के संपादन की आवश्यकता व्यक्ति विशेष को उसको अपने जीवित रहने समायोजन तथा विकास सम्बन्धी अपनी आवश्यकताओं को पूरा करने तथा उसके भौतिक, सामाजिक एवं सांस्कृतिक परिवेश की माँगों को पूरा करने हेतु पड़ती है।
6. विकासात्मक कार्य यद्यपि सार्वभौमिक रूप से अवस्था और आयुजन्य होते हैं परन्तु फिर भी विश्व के विभिन्न स्थानों में बसे व्यक्तियों द्वारा विभिन्न जीवन अवस्थाओं या आयु वर्षों के लिये निश्चित विकासात्मक कार्यों में काफी विविधता देखने को मिलती है जिससे पीछे प्रायः वे विभिन्नतायें होती हैं जो जैविक कारकों

(जैसे शारीरिक परिपक्वता तथा आनुवांशिक दैन), मनोवैज्ञानिक कारकों (जैसे वैयक्तिक मूल्य एवं लक्ष्य) तथा सामाजिक-सांस्कृतिक कारकों (जैसे उपलब्ध सामाजिक एवं सांस्कृतिक परिवेश) के द्वारा प्रकाश में आती हैं।

7. यह सब देखते हुये यद्यपि व्यक्तियों द्वारा संपादित होने वाले विकासात्मक कार्यों में व्यक्तियों तथा संस्कृतियों को लेकर काफी विभिन्नता पाई जाती है परन्तु फिर भी विकासात्मक कार्य क्या होते हैं और अवस्था तथा आयु विशेष में इनका क्या स्वरूप हो सकता है इसका कुछ अनुमान लगाने हेतु ऐसे अवस्थाजन्य विकासात्मक कार्यों की सूची अवश्य बनाई जा सकती है जिन्हें प्रायः अधिकतर उन अवस्था या आयु विशेष के व्यक्तियों तथा बालकों का कार्य करते देखा जाता हैं और वे उनके विकास तथा कल्याण हेतु आवश्यक भी होते हैं। अलग अलग संस्कृतियों और भू-भागों में इस प्रकार की सूची की प्रकृति स्वाभाविक रूप से अलग-अलग भी हो सकती है। हैविगरस्ट द्वारा इस प्रकार की बनाई गई एक सूची हम नीचे तालिका 6.1 द्वारा प्रस्तुत करने जा रहे हैं:

तालिका 6.1 हैविगरस्ट की विकासात्मक अवस्थायें तथा कार्य

विकासात्मक अवस्था	विकासात्मक कार्य
शैशव तथा पूर्व बाल्यकाल	• ठोस भोज्य पदार्थों का सेवन करने में समर्थ होना • चलने फिरने तथा बातचीत करने में समर्थता दिखाना • अवशिष्ट पदार्थों (Wastes) को बाहर निकालने में नियन्त्रण प्रदर्शित करना • संवेगात्मकता को दूसरों से सम्बन्धित करना • विकसित चेतना के माध्यम से सही गलत में पहचान करना • यौनशालीनता तथा यौन-अंतरों से जागरूक होना • मनोवैज्ञानिक रूप से स्थिरता उपलब्ध करना • सामाजिक तथा भौतिक वास्तविकता से जुड़ी हुई सरल अवधारणाओं का निर्माण करना
प्रारंभिक प्रौढ़ावस्था	• जीवन साथी का चयन करना • जवीन साथी के साथ जीवन बिताना सीखना • परिवार चालू करना • घर-गृहस्थी चलाना • व्यवसाय/कैरियर में अपने आपको स्थापित करना • सामाजिक समूह नागरिक उत्तरदायित्व ग्रहण करना।
मध्य बाल्यकाल	• खेलकूद में सहायक शारीरिक कौशलों का अर्जन। • स्वयं के बारे में स्वस्थ दृष्टिकोण कायम करना • हम उम्र साथियों के साथ सामाजिक होना सीखना • समुचित पुरूष तथा स्त्रीजन्य भूमिका निभाना सीखना • मूलभूत पठन, लेखन तथा गणन कौशलों का अर्जन • दैनिक जीवन यापन के लिये आवश्यक अवधारणायें विकसित करना • मूल्य प्रणाली पर आधारित चेतना विकसित करना • वैयक्तिक आत्मनिर्भरता उपलब्ध करना • सामाजिक समूहों तथा संस्थाओं के प्रति अभिवृत्तियाँ विकसित करना

(क्रमशः)

विकासात्मक अवस्था	विकासात्मक कार्य
किशोरावस्था	• दोनो लिंगों के हम उम्र व्यक्तियों के साथ परिपक्व सम्बन्ध स्थापित करना • पुरूषोचित तथा स्त्रियोचित सामाजिक भूमिका निभाना • अपने स्वयं की शारीरिक बनावट तथा कार्यप्रणाली को स्वीकारना। • माता-पिता से संवेगात्मक लगाव को लेकर आवश्यक आजादी प्राप्त करना • आर्थिक आत्मनिर्भरता सम्बन्धी गारन्टी उपलब्ध करना • किसी रोजगार के लिये तैयार होना • विवाह करने तथा परिवार चलाने योग्य बनना • नागरिक उतरदायित्वों के वहन सम्बन्धी कौशल अर्जित करना • व्यवहार निर्देशित करने वाले मूल्यों को धारण करना
मध्य प्रौढ़ावस्था	• नागरिक एवं सामाजिक उत्तरदायित्वों को निभाना • जीवन यापन का आर्थिक स्तर ठीक बनाये रखना • किशोर बालकों को जिम्मेदार सुखी बालिग बनने में मदद करना • अपने जीवन साथी के साथ जुड़े रहना • शारीरिक परिवर्तनों के साथ समायोजन करना • वृद्ध माता-पिता के साथ समायोजन करना
उत्तर प्रौढ़ावस्था	• स्वास्थ्य स्तर में बदलाव तथा शारीरिक परिवर्तनों से समायोजित होना • निवृत्ति (Retirement) तथा परिवर्तित आय से समायोजन • हम उम्रों के साथ सम्बन्ध बनाना • नागरिक एवं सामाजिक जिम्मेदारियाँ निभाना • जीवनयापन के संतोषजनक साधन बनाये रखना

Source: Adapted from Havighurst, R.J. (1972). Developmental tasks and Education, New York: Longman

विकासात्मक कार्य–अर्थ एवं परिभाषा
(Meaning and Definition of the Term "Developmental Tesks")

जहाँ तक अपने ऐतिहासिक उद्‌भव का प्रश्न है, विकासात्मक कार्य नामक पद और संप्रत्यय को सर्वप्रथा प्रसिद्ध अमेरिकन मनोवैज्ञानिक रोबर्ट जे. हैविगरस्ट ने प्रकाश में लाया था। ऐसा करते हुये उसने अपनी पुस्तक **डबलपमैन्टल टास्क एण्ड एजूकेशन** (Developmental Tasks and Education, 1972) में इसकी परिभाषा निम्न शब्दों में दी थी:

विकासात्मक कार्य से अभिप्राय उस कार्य से है जिसे व्यक्ति अपने जीवन की किसी एक अवस्था में करते हुए देखा जा सकता है। इन कार्यों का सफल सम्पादन जहाँ उसे आनन्द प्रदान करके आगे के विकासात्मक कार्यों के सफल सम्पादन की ओर ले जाता है, वहाँ इनके सम्पादन में मिली असफलता उन्हें विषादमय बनाकर आगामी कार्यों के सम्पादन में कठिनाई खड़ी कर देती है।

(*Developmental task is one which arises at a certain period in the life of the individual, successful accomplishment of which leads to his happiness and success with later tasks, while failure leads to unhappiness and difficulty with later tasks.*—Havighurst, R.J., 1972)

उपरोक्त परिभाषा का अगर ठीक प्रकार विश्लेषण किया जाए तो विकासात्मक कार्यों के अर्थ स्पष्टीकरण के सन्दर्भ में हमें निम्न तथ्यों की प्राप्ति हो सकती है:

1. विकासात्मक कार्य आवश्यक रूप से व्यक्ति के विकास और उसकी विकासात्मक अवस्था (जन्म से लेकर किशोरावस्था की समाप्ति) से जुड़े रहते हैं यानी जन्म से किशोरावस्था तक ही व्यक्ति विकासात्मक कार्यों को अंजाम दे सकता है।
2. विकासात्मक कार्य निश्चित रूप से व्यक्ति की आयु और उसकी विकास अवस्थाओं से जुड़े रहते हैं। अपनी आयु और विकास अवस्था या काल के हिसाब से ही व्यक्ति कुछ निश्चित प्रकार के विकासात्मक कार्य और ज्ञानात्मक, क्रियात्मक तथा भावात्मक व्यवहार प्रदर्शन कर पाने में समर्थ हो पाता है।
3. अपनी उम्र तथा विकास काल के हिसाब से व्यक्ति में जिस प्रकार के विकासात्मक कार्यों के सम्पादन की अपेक्षा होती है उस अपेक्षा पर वह किस सीमा तक खरा उतरता है इस बात पर ही उसका स्वयं से तथा अपने वातावरण से उपयुक्त रूप से समायोजित होना निर्भर करता है।
4. जो व्यक्ति अपनी आयु तथा विकासकाल से सम्बन्धित विकासात्मक कार्यों को सफलतापूर्वक सम्पादित करने में समर्थ रहता है वह सुखी रहता है तथा उसमें आगामी विकासात्मक कार्यों को करने हेतु पर्याप्त उत्साह रहता है परन्तु दूसरी ओर अगर उसके इन कार्यों के सम्पादन में असफलता मिलती है तो उसका वर्तमान तो नैराश्य और विषादपूर्ण बनता ही है, भविष्य के विकासात्मक कार्यों को ठीक प्रकार से कर सकने में भी संशय की स्थिति आ जाती है।
5. इस तरह जीवन में आनन्द प्राप्ति और समायोजित रहने का मूल मन्त्र है, विकासात्मक कार्यों की जानकारी और इन्हें इनसे सम्बन्धित विकासकालों में ठीक प्रकार से सम्पादित करने में समर्थ विधियों एवं तकनीकों का समुचित ज्ञान।

अपने इस रूप में विकासात्मक कार्यों के अर्थ तथा प्रकृति से परिचित होने के बाद कुछ और भी ऐसे पहलू रह जाते हैं जिनका आवश्यक परिचय बालकों तथा किशोरों के समुचित कल्याण हेतु अध्यापकों के लिए अत्यन्त आवश्यक है। आइये, इन सभी पर एक-एक करके विचार किया जाए।

विकासकाल में संपन्न विभिन्न विकासात्मक कार्य
(Identifying and Naming of the Developmental Tasks)

विकासकाल जिसमें बालक का विकास होता है उसकी अवस्था जन्म से लेकर किशोरावस्था की समाप्ति तक मानी जाती है। इस पूरी अवधि में बालक वृद्धि एवं विकास की विभिन्न अवस्थाओं जैसे शैशव, पूर्व बाल्यकाल, उत्तर बाल्यकाल तथा किशोरावस्था को पार करता हुआ विभिन्न आयु स्तर तथा विकास अवस्थाओं में विभिन्न प्रकार के विकासात्मक कार्यों को सम्पन्न करता हुआ पाया जाता है। ये सभी कार्य निश्चित रूप से आयु विशेष तथा विकास अवस्था से जुड़े हुए रहते हैं। किसी एक आयु वर्ग अथवा अवस्था वर्ग से सम्बन्धित बालकों से एक विशेष प्रकार के विकासात्मक कार्यों को सम्पादित करने की ही अपेक्षा की जाती है। यह कार्य और व्यवहार क्रियाएँ, बालक के तीनों प्रकार के व्यवहार पक्षों–ज्ञानात्मक, क्रियात्मक तथा भावात्मक से अपना सम्बन्ध रख सकती हैं। दूसरे शब्दों में बालक द्वारा अपने विकासकाल की अवधि में तीनों प्रकार के ज्ञानात्मक, क्रियात्मक एवं भावात्मक विकासात्मक कार्य सम्पन्न किये जाते हैं जो उसके समायोजन तथा प्रगति में सहायक बनकर उसे भविष्य में ठीक तरह जीने, अपने तथा समाज के साथ समायोजित होने तथा समाज और राष्ट्र की प्रगति में साझीदार बनने में पूरी मदद करते हैं। तीनों व्यवहार क्षेत्रों से जुड़े हुए इस प्रकार के विकासात्मक कार्य जो बालक द्वारा अपने विकासकाल में सम्पादित किये जाते हैं उनकी सूची स्वभावतः काफी लम्बी होनी चाहिए और है भी ऐसा ही। परन्तु यहाँ इनकी प्रकृति को समझने की दृष्टि के उदाहरणस्वरूप इन्हें निम्न प्रकार वर्गीकृत किया जा रहा है:

1. **क्रियात्मक विकासात्मक कार्य** (Conative developmental tasks)—रेंगना, बैठना, खड़ा होना, चलना, सवारी करना, कूदना, भागना, फेंकना, पकड़ना, मलमूत्र विसर्जन पर नियन्त्रण रखना, कंघी करना, कपड़े पहनना, खाना, पीना, चबाना, काटना, फैलना, रोकना, झुकना, थामना, घुटने के बल बैठना, सन्तुलन बनाए रखना, टुकड़े-टुकड़े करना, फोड़ना, गोता लगाना, तैरना, चखकर, सूँघकर, सुनकर, देखकर तथा स्पर्श करके अनुभूति करना, लिखना, पढ़ना, उपकरणों तथा औजारों को प्रयोग में लाना, नाचना, थिरकना, झूमना, गीत गाना, वाद्य-यन्त्रों को बजाना, निशाना साधना, चिढ़ाना, मुखाकृति बनाना, हावभाव प्रदर्शन करना, अभिनय करना विभिन्न प्रकार के उन्नत उपकरणों एवं साधनों को प्रयोग में लाना आदि।

2. **ज्ञानात्मक विकासात्मक कार्य** (Cognitive developmental tasks)—पहचानना, प्रत्यास्मरण करना, पुनः प्रस्तुत करना, चयन करना, सूची बनाना, वर्गीकरण करना, विभक्त करना, मापना, गिनना, पढ़ना, लिखना, विभेदीकरण करना, नाम देना, रेखांकित करना, व्याख्या करना, उदाहरण देना, संकेत करना, अर्थापन या स्पष्टीकरण करना, निर्णय लेना, न्याय करना, सारांशित करना, अनुवाद करना, संशोधित करना, समाधान निकालना, निष्कर्ष निकालना, उपयोग में लाना, सामान्यीकरण करना, सिद्ध करना, गणना करना, संश्लेषण तथा विश्लेषण करना, तुलना करना, अन्तर बताना, पुष्टि करना, तर्क देना, संगठित करना, आलोचना तथा समालोचना करना, मूल्यांकन करना, जाँच करना, समर्थन या विरोध करना, निश्चित करना आदि।

3. **भावात्मक विकासात्मक कार्य** (Affective developmental tasks)—स्वीकार करना, ध्यान देना, अनुसरण करना, निरीक्षण करना, पसन्द करना, आग्रह करना, मदद करना, वाद-विवाद करना, विकसित करना, आज्ञा पालन करना, उपस्थित करना, पूरा करना, प्रदर्शित करना, भाग लेना, सम्बन्धित करना, योजना बनाना, विभिन्न प्रकार की रुचियों, अभिवृत्तियों, अभिक्षमताओं (वस्तुओं, व्यक्तियों, स्थान और विचारों से जुड़ी हुई) का प्रदर्शन करना, सोचने-विचारने के कार्य करना तथा अनुभव करने से सम्बन्धित विशेष प्रकार की आदतों तथा शैली का प्रदर्शन करना, सामाजिक और संवेगात्मक परिपक्वता और व्यवहार, व्यक्तिगत एवं सामाजिक समायोजन, नैतिक और चारित्रिक दृष्टि से एक विशेष प्रकार के स्तर का प्रदर्शन आदि।

विकासात्मक कार्यों की आवश्यकता अनुभव कराने वाले स्रोत या कारक (Sources Contributing towards the Upsurge of Developmental Tasks)

बालक से किसी एक आयु या विकास स्तर पर विशेष प्रकार के विकासात्मक कार्यों को सम्पादित करने की अपेक्षा क्यों की जाती है इसके पीछे कुछ विशेष कारक या परिस्थिति विशेष की आवश्यकताओं का हाथ रहता है। संक्षेप में हम इन्हें निम्न प्रकार व्यक्त कर सकते हैं:

1. **परिपक्वन** (Maturation)—जैसे-जैसे बच्चे की आयु में वृद्धि होती है उसमें कई दृष्टि से परिपक्वता (Maturity) आती जाती है। जो उसके ज्ञानात्मक, क्रियात्मक एवं भावात्मक व्यवहार में अपने आप झलकने लगती है। आयु के बढ़ने के साथ ही उससे अनेक प्रकार के विकासात्मक कार्यों को सम्पादित करने की अपेक्षा स्वतः ही होने लगती है। जैसे–बच्चा कुछ बड़ा होने पर यह आशा करता है कि अब उसे रेंगने, खड़े होने, चलने-फिरने तथा चढ़ने-उतरने आदि कार्यों का सम्पादन करना चाहिए।

2. **भौतिक, सामाजिक तथा सांस्कृतिक परिवेश में समायोजन** (Adjustment to the physical, social and cultural environment)—बहुत-से विकासात्मक कार्य ऐसे होते हैं जिनकी आवश्यकता आयु बढ़ने के साथ-साथ अपने भौतिक, सामाजिक तथा सांस्कृतिक परिवेश में अपने आपको समायोजित होने के लिए बालक को पड़ती रहती है। भौतिक वातावरण उससे ठीक प्रकार समायोजित होने हेतु विशेष प्रकार के विकासात्मक कार्यों की माँग कर सकता है। पहाड़ों, रेगिस्तानी इलाकों तथा समुद्रतटीय बस्तियों में रहने वाले बालक इस प्रकार कुछ विशेष के विकासात्मक कार्यों को सम्पादित करने की आवश्यकता अनुभव कर सकते हैं। इसी तरह एक विशेष प्रकार का सामाजिक एवं सांस्कृतिक वातावरण बालकों से उसके

अपने आपको समायोजित होने की दृष्टि से कुछ विशेष प्रकार के विकासात्मक कार्यों की माँग कर सकता है। उन्हें कोई विशेष भाषा सीखनी पड़ सकती है, किन्हीं विशेष प्रकार के आधुनिक उपकरणों के रोजमर्रा के इस्तेमाल का ढँग सीखना पड़ सकता है, किसी विशेष प्रकार का नृत्य तथा खान-पान का ढँग अपनाना पड़ सकता है आदि।

3. **अपने आप से समायोजित करना** (Adjustment to one's self)—बहुत-से विकासात्मक कार्य ऐसे भी हो सकते हैं जिन्हें करने की आवश्यकता बालक विशेष को इसलिए पड़ सकती है कि उसे करने से उसे अपने आप से समायोजित होने में सहायता मिलती है। हर बालक की अपनी कुछ अलग आवश्यकताएँ, रुचियाँ, पसन्द-नापसन्द, जीवन दर्शन, अभिवृत्तियाँ, जीवन-शैली तथा आकांक्षाएँ होती हैं जिनकी सफल सन्तुष्टि उसे अपने आपसे समायोजित करने हेतु आवश्यक होती है। अपने ऐसे उद्देश्यों की पूर्ति ही अब यह माँग रखने लगती है कि वह अपनी आयु तथा विकास अवस्था के अनुकूल किन्हीं विशेष विकासात्मक कार्यों को करने हेतु आगे बढ़े। उदाहरण के लिए अगर उसे किसी विशेष व्यवसाय या प्रशिक्षण कोर्स में प्रवेश लेना है तो उसे ऐसा करने में अपने आपको सक्षम बनाने हेतु किन्हीं विशेष विकासात्मक कार्यों को सफलतापूर्वक करने के लिए आगे आना ही पड़ेगा।

इस प्रकार हम देखते हैं कि बालक विशेषों द्वारा जो भी विकासात्मक कार्य किए जाते हैं उन्हें सम्पादन करने के लिए उनके पीछे जो कारक या कारक शक्तियाँ कार्य करती हैं वे या तो परिपक्वन या उसके अपने तथा अपने परिवेश से समायोजित होने की माँग पर ही निर्भर होती हैं।

आयु स्तर और विकासात्मक कार्य (Critical Ages and Developmental Tasks)

जैसा कि पहले बताया जा चुका है कि विकासात्मक कार्यों का सीधा सम्बन्ध बालकों की आयु तथा जीवन अवस्थाओं से होता है। भिन्न-भिन्न आयु वर्गों तथा जीवन अवस्थाओं जैसे शैशव, बचपन तथा किशोर अवस्था में बालकों के विकासात्मक कार्यों का स्तर भिन्न-भिन्न होता है। किस प्रकार के विकासात्मक कार्य किसी एक भौतिक और सामाजिक तथा सांस्कृतिक परिवेश से सम्बन्धित बालकों द्वारा सम्पादित किए जायेंगे यह इस बात पर बहुत कुछ निर्भर करता है कि उसकी आयु कितनी है और वह जीवन की किस विशेष अवस्था–शैशव, बचपन या किशोर अवस्था से गुजर रहा है। किसी एक निश्चित आयु तथा विकास की एक विशेष अवस्था में पदार्पण के पश्चात् ही किसी बालक से उस आयु तथा जीवनकाल से सम्बन्धित विकासात्मक कार्यों को सम्पादित करने की अपेक्षा की जा सकती है। अतः हमें यह बात अवश्य ध्यान में रखनी चाहिए कि जब तक बालक उस विशेष आयु या जीवन अवस्था में प्रवेश न पा ले तब तक उस आयु या विकास काल से सम्बन्धित विकासात्मक कार्यों के सम्पादन हेतु अधिगम या प्रशिक्षण प्रदान करने का प्रयत्न नहीं करना चाहिए। परन्तु हाँ साथ में यह भी ध्यान रखा जाना चाहिए कि विकासात्मक कार्यों के सम्पादन हेतु जो विशेष आयु सीमा तथा जीवनकाल सीमा होती है वह पार न हो जाए। ऐसा करने पर बालक उन विकासात्मक कार्यों को सफलतापूर्वक नहीं कर पाता जिनकी उससे किसी विशेष आयु वर्ग या जीवन काल में आशा की जा सकती थी। उदाहरण के लिये कच्ची उम्र में ही जिमनास्टिक कसरतों का प्रशिक्षण दिया जाना ठीक रहता है। बड़ी उम्र का होने पर इनका सम्पादन, आयु तथा जीवन अवस्था विशेष के लिए निर्धारित विकासात्मक कार्यों की सूची से बाहर हो जाता है और परिणामस्वरूप हमें निराशा ही हाथ लगती है।

विकासात्मक कार्यों की जानकारी का प्रयोजन एवं लक्ष्य (Purposes and Goals of the Knowledge of Developmental Tasks)

किसी विशेष आयु और विकासकाल में किस प्रकार के विकासात्मक कार्य बालकों द्वारा सम्पादित किये जाने चाहिए इस तरह का ज्ञान बालकों, अध्यापकों, माता-पिता तथा समाज के उन सभी सदस्यों को अवश्य ही होना चाहिए जो किसी-न-किसी रूप में बालकों की प्रगति और कल्याण से जुड़े हुए हैं। इस तरह के ज्ञान एवं जानकारी से सामान्यतया निम्न प्रकार के प्रयोजन एवं लक्ष्यों की पूर्ति सम्भव है:

1. किसी एक विशेष सामाजिक और सांस्कृतिक पृष्ठभूमि से युक्त समूह विशेष की अपने बालकों से एक विशेष आयु तथा जीवन अवस्था में किस प्रकार के विकासात्मक कार्यों के सम्पादन की अपेक्षाएँ हो सकती हैं, इससे सम्बन्धित औसत मापदण्ड आसानी से प्राप्त हो सकता है।
2. बालकों को यह पता चल जाता है कि उनकी औसत आयु और विकास अवस्था के स्तर को ध्यान में रखते हुए उनसे किस प्रकार के विकासात्मक कार्यों को किस सीमा तक अच्छी तरह सम्पादित करने की अपेक्षा की जाती है। अतः उनका मानसिक दृष्टिकोण तथा कार्यों को करने में रुझान तथा इच्छाशक्ति उन्हीं के अनुरूप बन जाती है।
3. माँ-बाप और अध्यापकों को स्पष्ट मार्गदर्शन प्राप्त हो जाता है कि वे आयु और जीवनकाल स्तर की दृष्टि से बालकों से किस प्रकार के विकासात्मक कार्यों की अपेक्षा रखें तथा उन्हें अपने बालकों को इस दिशा में ठीक तरह आगे बढ़ने के लिए क्या कुछ करने की आवश्यकता है।
4. समाज और संस्कृति विशेष से सम्बन्धित समूह को अपनी परिस्थितियों, आवश्यकताओं तथा भविष्य की महत्त्वाकांक्षाओं तथा योजनाओं के अनुरूप नयी पीढ़ी के लिए आयु तथा जीवन अवस्था विशेष के लिए विभिन्न प्रकार के विकासात्मक कार्यों की सूची और उनके सम्पादन का स्तर तय करने में मदद मिल सकती हैं।
5. किस आयु तथा जीवनकाल विशेष में किस प्रकार के विकासात्मक कार्य किए जाने हैं, इसकी जानकारी बालकों, माता-पिता तथा अध्यापकों को इस दृष्टि से भी काफी उपयोगी सिद्ध हो सकती है कि वे अपने-अपने हिसाब से इन विकासात्मक कार्यों के सम्पादन की सफलता में अपना-अपना उत्तरदायित्व ठीक प्रकार निभाने में समर्थ बनने का प्रयत्न करें। इन विकासात्मक कार्यों हेतु किस प्रकार का परिपक्वता स्तर चाहिए? किस प्रकार का शारीरिक, मानसिक, सामाजिक, संवेगात्मक तथा नैतिक विकास चाहिए? इस प्रकार का ज्ञान सभी के प्रयत्नों की दिशा को एक सही अन्जाम दे सकता है। बालकों का विकासात्मक कार्यों के सम्पादन की दृष्टि से इस समय क्या स्तर है तथा आगे की आयु और जीवन कालों में उनसे क्या अपेक्षित है, इस बात की जानकारी शिक्षा के विकास तथा प्रयत्नों के लिए योजना तैयार करने वाले मनीषियों तथा स्वयं विद्यार्थियों के लिए भी एक काफी सशक्त प्रेरणा तथा मार्गदर्शन स्रोत सिद्ध हो सकती है।

विकासात्मक कार्यों में सांस्कृतिक तथा सामाजिक ढाँचे की भूमिका (Role of Cultural and Social Pattern in Developmental Tasks)

यह सही है कि विकासात्मक कार्य बालकों की आयु विशेष तथा जीवन अवस्था विशेष से विशेष रूप से जुड़े हुए होते हैं परन्तु साथ में जिस समाज तथा संस्कृति विशेष से बालक जुड़े रहते हैं उसकी भूमिका भी कुछ कम नहीं आँकी जा सकती। विकासात्मक कार्य बालकों द्वारा वे ही सम्पादित किए जाते हैं जिनकी उपस्थिति या छाप बालकों के सामने उस समाज या संस्कृति विशेष में पहले से ही एक मॉडल के रूप में रहती है या समाज विशेष को अपने आप में आवश्यक परिवर्तन लाने के लिए उन्हें अपनी नयी पीढ़ी से सम्पादन करने की आवश्यकता महसूस होती है। इस तरह वर्तमान परिस्थितियाँ तथा भविष्य की आवश्यकता किसी समाज विशेष के बालकों द्वारा सम्पन्न किए जाने वाले विकासात्मक कार्यों की रूपरेखा तय करती है। उदाहरण के लिए मछुआरों के समाज में बालकों के विकासात्मक कार्य मछली पालन तथा समुद्र तट के परिवेश से जुड़ी हुई बातों का ही प्रतिनिधित्व करेंगे और इसी तरह सपेरे तथा जनजातियों के समाज एवं सांस्कृतिक परिवेश से जुड़े बच्चों के विकासात्मक कार्य उन्हीं समाजों की आवश्यकताओं तथा संरचनाओं के अनुरूप ही होंगे। इसके विपरीत अधिक उन्नत तथा समाज और वैज्ञानिक तकनीकी प्रगति की दौड़ में आगे रहने वाले भू-भागों से सम्बन्धित बालकों से उस समाज की वैसी ही प्रगतिशील आकांक्षाएँ होंगी और उन बालकों के विकासात्मक कार्य निःसन्देह पिछड़े समाज और राष्ट्रों से बहुत कुछ बातों में अधिक तकनीकी, वैज्ञानिक और प्रगतिशील होंगे। यही कारण है कि विकास काल में बालकों से अपेक्षित विकासात्मक कार्यों में समाज और संस्कृति की अपनी संरचना और आवश्यकताओं के अनुसार बहुत अधिक विभिन्नताएँ देखने को मिलती हैं और यह स्वाभाविक भी है।

विकास की विभिन्न अवस्थाओं के विकासात्मक कार्य
(Developmental Tasks of Various Stages of Development)

विकासकाल का प्रारम्भ बालक के जन्म से माना जाता है और उसका अन्त किशोरावस्था के अन्त तक। जन्म और किशोरावस्था के मध्य हम विकास की विभिन्न अवस्थाओं (Stages) के रूप में मुख्यतया शैशवावस्था (जन्म से दो वर्ष तक), पूर्व बाल्यावस्था (तीन से पाँच वर्ष तक), उत्तर बाल्यावस्था (छः से बारह वर्ष तक), किशोरावस्था (तेरह से अट्ठारह वर्ष तक) की ही चर्चा करते हैं। इन सभी विकास अवस्थाओं में बालकों से जिस प्रकार के विकासात्मक कार्यों के सम्पादन की प्रायः भारतीय समाज एवं संस्कृति के परिप्रेक्ष्य में हमें जिस तरह की अपेक्षा होती है उसे नमूने के तौर पर निम्न प्रकार लिपिबद्ध किया जा सकता है:

1. **शैशवावस्था के विकासात्मक कार्य** (Developmental Tasks of Infancy)
   - रेंगना, खड़ा होना, चलना, दौड़ना, कूदना, फेंकना आदि सीखना
   - साधारण रूप से खाने-पीने की क्रियाओं को सीखना
   - शारीरिक रूप से अपना संतुलन बनाए रखना सीखना
   - मल-मूत्र के विसर्जन पर नियन्त्रण करना सीखना
   - अपने चारों ओर के भौतिक परिवेश के बारे में जानने की चेष्टा करना
   - खिलौने से खेलना सीखना
   - तीन पहियों की साईकिल चलाना सीखना
   - वस्तु, व्यक्तियों और घटनाओं पर ध्यान देना सीखना
   - वस्तुओं और व्यक्तियों में पहचान करना सीखना
   - सामग्री और भौतिक परिवेश में स्थित वस्तुओं के संदर्भ में साधारण संप्रत्ययों का निर्माण करना सीखना
   - कविताएँ और कहानियाँ सुनाना सीखना
   - दूसरों के व्यवहार और क्रिया-कलापों का अनुकरण करना सीखना
   - अपने संवेगात्मक व्यवहार में सभी तरह के सकारात्मक एवं नकारात्मक दोनों को धारण करना
   - धीरे-धीरे खेल सामग्री की अपेक्षा अपने साथियों पर अधिक ध्यान देना सीखना
   - अपने हम उम्र तथा अन्य बड़े बालकों के साथ समय व्यतीत करने में रुचि लेना
   - अपने माता-पिता, भाई-बहन तथा अन्य के साथ भावनात्मक रूप से रिश्ता बनाने की ओर बढ़ना।
2. **पूर्व बाल्यकाल के विकासात्मक कार्य** (Developmental Tasks of Early Childhood)
   - विभिन्न गामक कौशलों (Motor skills) जैसे—चलना, दौड़ना, कूदना-फाँदना, चढ़ना-उतरना, तीन पहियों की साइकिल चलाना, रस्सी कूदना, फेंकना, पकड़कर छलांग लगाना आदि में प्रवीणता अर्जित करना
   - बोलने, सुनने, पढ़ने, लिखने आदि भाषायी कौशलों से सम्बन्धित आधारभूत समझ रखना
   - लिंग भेद और यौन आचरण सम्बन्धी कुछ साधारण बातों की जानकारी
   - भले बुरे, सही-गलत व्यवहार में अन्तर समझना तथा आत्म चेतना का उदय
   - सामाजिक और प्राकृतिक परिवेश सम्बन्धी उचित संप्रत्ययों का निर्माण
   - माँ-बाप के साये से बाहर निकल अपने साथी बालकों की संगत को पसंद करना
   - 'मैं' की भावना के स्थान पर 'हम' की भावना तथा सामूहिक खेलों और कार्यों को महत्त्व देना
   - वस्तुओं में समानता, असमानता की तलाश करने की योग्यता में वृद्धि और उसी के अनुरूप तुलना करने की योग्यता का विकास
   - अपने संवेगों की बाह्य अभिव्यक्ति पर उचित नियन्त्रण करना सीखना।

3. **उत्तर बाल्यावस्था के विकासात्मक कार्य** (Developmental Tasks of Later Childhood)

- विभिन्न प्रकार के इनडोर और आउटडोर गेम्स (Indoor and outdoor games) को खेलने हेतु आवश्यक शारीरिक और गामक कौशलों का अर्जन
- अपने हम उम्र साथियों के साथ समायोजित होना
- उचित यौन व्यवहार और भूमिका निर्वाह की शिक्षा लेना
- स्वयं के प्रति उचित दृष्टिकोण एवं मान्यता बनाना
- संप्रेषण एवं भाषा कौशलों में प्रवीणता अर्जित करने तथा गणना, आलेख और रचना कार्य में सहायक आवश्यक दक्षता का विकास करना
- वस्तुओं, व्यक्तियों, विचारों तथा प्रक्रियाओं के बारे में स्कूल तथा सूक्ष्म आधारों को विकसित करना
- आत्म-चेतना, नैतिकता और मूल्यों का विकास होना
- तर्क, चिन्तन और समस्या समाधान सम्बन्धी क्षमताओं का विकास होना
- समूह के प्रति भक्तिभाव और लगाव उत्पन्न होना।

4. **किशोरावस्था के विकासात्मक कार्य** (Developmental Tasks of Adolescence)

- सभी प्रकार के खेलकूदों में अच्छी तरह भाग ले सकने हेतु आवश्यक शारीरिक, गामिक तथा बौद्धिक क्षमताओं का समुचित विकास होना
- सभी प्रकार के शारीरिक और मानसिक कार्यों को अच्छी तरह सम्पादित करने हेतु आवश्यक योग्यताओं तथा शारीरिक और मानसिक क्षमताओं का समुचित विकास होना
- कठिन और पेचीदा मानसिक कार्यों एवं प्रक्रियाओं के सम्पादन हेतु आवश्यक मानसिक और संज्ञानात्मक योग्यताओं का विकसित होना
- स्थूल या सूक्ष्म कार्य व्यापार हेतु सभी तरह के आवश्यक संप्रत्ययों का विकास होना
- अपने रंग-रूप तथा शारीरिक बनावट से संतुष्ट होकर अपने को अपने सहज रूप में स्वीकार करना सीखना
- अपने लिंगानुसार अपेक्षित भूमिका निभाना सीखना
- अपने सभी लड़के या लड़कियों से नवीन सम्बन्ध या सहयोग स्थापित करने में पहल करना सीखना
- यौन व्यवहार में परिपक्वता अर्जित करना
- अपनी एक अलग पहचान बनाने की ओर बढ़ना
- अधिक आत्मनिर्भरता की ओर उचित कदम बढ़ाना
- वस्तुओं, व्यक्तियों, स्थान और मूल्यों के प्रति आवश्यक स्थायी भाव विकसित होना
- सामाजिक उत्तरदायित्व, नागरिक कर्त्तव्यों को समझकर जनतांत्रिक जीवन जीने के ढँग सीखना
- अपने समुदाय, सामाजिक समूह, संस्कृति, प्रदेश और राष्ट्र के प्रति लगाव और समर्पण भाव में वृद्धि होना
- समाज, देश, धर्म और मानवता के लिए बड़ी से बड़ी कुर्बानी देने को तैयार रहने की भावना पैदा होना
- अपने भविष्य को ध्यान में रखते हुए आगे के शैक्षणिक तथा व्यावसायिक कोर्सों में प्रवेश हेतु अपनी योग्यता तथा क्षमता में वृद्धि करने के प्रति जागरूक रहना
- अपनी विशिष्ट रुचियों तथा अभिरुचियों की संतुष्टि हेतु आवश्यक कुशलताओं और दक्षताओं का अर्जन करना
- मानसिक, संवेगात्मक तथा सामाजिक परिपक्वता की ऊँचाईयों को छूने के लिए प्रयत्नरत रहना
- भविष्य में एक उत्तरदायित्वपूर्ण परिपक्व एवं सफल सदस्य के रूप में सामाजिक भूमिका निर्वाह के लिए चेष्टारत रहना।

इस प्रकार से प्रत्येक समाज और सांस्कृतिक समूह अपने-अपने बालकों से उनकी आयु और जीवनकाल के हिसाब से विशेष प्रकार के विकासात्मक कार्यों के सम्पादन की अपेक्षा करता है और इसी दृष्टिकोण से इन कार्यों के सम्पादन हेतु उन्हें आवश्यक रूप से तैयार करने के लिए विभिन्न प्रकार की औपचारिक तथा अनौपचारिक शिक्षा का भी प्रबन्ध करता है। बालकों द्वारा इन कार्यों का उचित सम्पादन उन्हें अपनी आयु और अवस्था विशेष में अपने आपसे तथा अपने वातावरण के साथ समायोजित होने में पूरी-पूरी सहायता करता है। इस तरह से न केवल किशोरावस्था तक के कार्यों की अपेक्षित कार्यों की सूची किसी समाज या समूह विशेष द्वारा अपने सदस्यों को जारी की जा सकती है बल्कि प्रौढ़ों तथा वृद्धों के व्यवहार को भी समाज या समूह अपेक्षित बनाने हेतु ऐसे कार्य और व्यवहार क्रियाओं को निश्चित किया जा सकता है कि जिनसे उनकी अपने आप से और परिवेश से समायोजन में उचित सहायता की जा सके।

विकास कार्य में अध्यापक की भूमिका
(Role of Teacher in Facilitating Development)

हमारा उद्देश्य बालकों में व्यक्तित्व का विकास करना होता है। इस दृष्टि से उसके वृद्धि और विकास के सभी पक्षों और आयामों शारीरिक, मानसिक, संवेगात्मक, सामाजिक तथा आध्यात्मिक या चारित्रिक में संतुलित विकास करने की आवश्यकता होती है। यह बात भी सही है कि वह बालक ही है जिसमें व्यक्तित्व के सभी आयामों में संतुलित विकास करने की आवश्यकता होती है और यह तभी हो सकता है जब बालक पूरे दिल और मन से ऐसा करने के लिए तैयार रहे तथा इस कार्य हेतु कदम आगे बढ़ाये। बालक के विकास कार्य में इस तरह एक अध्यापक की भूमिका एक अच्छे पथ-प्रदर्शक तथा ऐसे सहायक और शुभचिन्तक की होती है जो बालक के विकास के लिए सभी प्रकार के संसाधनों तथा उपयुक्त परिस्थितियों के आयोजन में पूरी तरह सहायता करता है। प्रश्न उठता है कि व्यक्तित्व के सभी पक्षों और आयामों में अपने विद्यार्थियों का वांछित विकास करने हेतु आवश्यक विकास कार्यों में अध्यापक द्वारा उपयुक्त सहायता किस प्रकार प्रदान की जाए। एक पथ-प्रदर्शक और सहायक के रूप में उसके इस प्रकार के कार्यों को संक्षेप में निम्न प्रकार से उल्लेख किया जा सकता है:

1. **योग्यता और क्षमताओं का निदान** (Diagnosis of the potentialities)—अध्यापक को अपने विद्यार्थियों की योग्यताओं और क्षमताओं के बारे में उपयुक्त जानकारी लेने की कोशिश करनी चाहिए ताकि उसके द्वारा यह निर्णय लिया जा सके कि विद्यार्थियों के विकास में उसके द्वारा किस प्रकार का मार्गदर्शन और आवश्यक सहायता प्रदान की जा सकती है।

2. **उचित उद्देश्यों के निर्माण में सहायता प्रदान करना** (Helping in the setting of proper goals)—विद्यार्थियों की योग्यताओं, क्षमताओं तथा उपलब्धि अभिप्रेरणा स्तर आदि के संदर्भ में अध्यापक को अपने विद्यार्थियों को उनके विकास से सम्बन्धित समुचित लक्ष्य स्थापित करने में मदद करनी चाहिए। विकास के लक्ष्य और उपलब्धि प्रेरणा का स्तर न तो अधिक ऊँचे होने चाहिए और न बहुत कम। उनकी योग्यता और क्षमताओं के संदर्भ में ये जितने वास्तविक हों उतने ही अच्छे रहते हैं क्योंकि ऐसा करने से उन्हें व्यर्थ की असफलताओं और निराशाओं से उत्पन्न कुंठाओं से बचाया जा सकता है।

3. **उपयुक्त विकास हेतु आवश्यक साधन उपलब्ध कराना** (Arranging needed facilities for their adequate development)—"प्रवचनों से उदाहरण सदैव ही अधिक प्रभावशाली होते हैं।" यह उक्ति बालकों के विकास कार्य में सहायता पहुँचाने में पूरी तरह खरी उतरती है। अपने बालकों में जिस प्रकार के विकास को अध्यापक देखना चाहता है उसे उनके इन विकास प्रयत्नों में सहायता पहुँचाने हेतु एक अच्छे उदाहरण के रूप में अपने आपको प्रस्तुत करना चाहिए। वह इस कार्य में ऐतिहासिक, धार्मिक, सामाजिक महापुरुषों या दूसरे शब्दों में जिस प्रकार के विकास का ध्येय बालकों के सामने है, उससे सम्बन्धित ऐतिहासिक या जीवित व्यक्तियों को अनुकरणीय उदाहरण के रूप में प्रस्तुत कर सकता है। परन्तु जितना प्रभाव विद्यार्थियों के ऊपर उसके अपने व्यक्तित्व, व्यवहार और कार्यशैली का पड़ता है उतना किसी अन्य अनुकरणीय मॉडल का नहीं इसलिए अध्यापक को अपने व्यवहार एवं कार्यों द्वारा अपने विद्यार्थियों के समुचित विकास हेतु अपने आपको ही एक अच्छा अनुकरणीय मॉडल बनाने का प्रयत्न करना चाहिए।

4. **उचित प्रोत्साहन एवं पुनर्बलन प्रदान करना** (Providing due encouragement and reinforcement)—अध्यापक को अपने विद्यार्थियों को उनकी सभी अच्छाई-बुराईयों तथा क्षमता-अक्षमता के रूप में स्वीकार करने की चेष्टा करनी चाहिए। जब भी विद्यार्थियों के किसी भी व्यक्तित्व आयाम में विकास का प्रश्न उठे तो उसे उन्हें उनके द्वारा किए जाने वाले प्रयत्नों का उचित निरीक्षण और लेखा-जोखा रखने का प्रयत्न करना चाहिए तथा उनके प्रत्येक वांछित कदम को उचित प्रोत्साहन तथा पुनर्बलन प्रदान करने का प्रयत्न करना चाहिए। उनकी कमियों तथा गलतियों के लिए उन्हें भूल से भी डाँट-फटकार खिलाने, उनकी हँसी उड़ाने तथा छींटाकशी करने के प्रयत्न नहीं किये जाने चाहिए। हाँ, जब भी जरूरत हो उनकी भूल सुधारने तथा उपचारात्मक शिक्षण के लिये उचित कदम उठाने के प्रयत्न करने चाहिए। इस प्रकार के प्रोत्साहन तथा पुनर्बलन प्रयत्नों के माध्यम से ही बालकों को उनके विकास कार्य में उपयुक्त सहायता प्रदान की जा सकती है।

5. **शिक्षक को विकासात्मक मनोविज्ञान का पूरा ज्ञान होना** (Teacher must have a proper knowledge of development psychology)—एक शिक्षक को विकासात्मक कार्यों में अपने विद्यार्थियों की उचित सहायता करने के उद्देश्य से उनके विकास सम्बन्धी मनोविज्ञान की पूरी जानकारी लेने के प्रयत्न करने चाहिए। उसे यह पता होना चाहिए कि किस विशेष आयु तथा अवस्था में बालकों के व्यक्तित्व आयामों में सामान्य रूप से किस प्रकार की वृद्धि तथा विकास होना चाहिए। विकास की इन विभिन्न अवस्थाओं में किस प्रकार के विकासात्मक कार्यों की बालकों से अपेक्षा की जाती है तथा किस प्रकार की समस्याओं का इन कार्यों के संपादन में उन्हें सामना करना पड़ता है इन बातों की अच्छी जानकारी अध्यापक को अवश्य होनी चाहिए। इन सब बातों के संदर्भ में अध्यापक द्वारा विद्यार्थियों के मार्गदर्शन और उपयुक्त सहायता प्रदान करने में क्या कुछ दिया जाना ठीक रहेगा इसी बात की उपयुक्त जानकारी बाल विकास मनोविज्ञान के द्वारा प्राप्त करने की उसे चेष्टा करनी चाहिए तथा फिर उसी के अनुरूप विद्यार्थियों को मार्गदर्शन तथा सहायता उसके द्वारा प्रदान की जानी चाहिए।

सार-संक्षेप (Summary)

1. अमेरिकन मनोवैज्ञानिक रोबर्ट जे. हैविगरस्ट को "विकासात्मक कार्य" पद तथा संप्रत्यय को सबसे पहले प्रकाश में लाने का श्रेय दिया जाता है। विकासात्मक कार्यों की चर्चा करते हुये उसने स्पष्ट किया कि व्यक्ति के पूरे जीवनकाल को अच्छी तरह 6 अवस्थाओं में विभाजित किया जा सकता है और विकास की इन सभी अवस्थाओं में व्यक्ति विशेष द्वारा इस प्रकार के विकासात्मक कार्यों को अंजाम दिया जाता है जिन्हें उस अवस्था विशेष में संपादित करना बालक विशेष के उचित विकास एवं कल्याण हेतु आवश्यक होता है। विकासात्मक कार्यों सम्बन्धी संप्रत्यय को अच्छी तरह स्पष्ट करने हेतु उसने कुछ ऐसे सामान्यीकृत विकासात्मक कार्यों की सूची भी प्रस्तुत की जो सभी संस्कृतियों तथा भू-भागों में बालकों द्वारा समान रूप से संपन्न किये जाते है। इन विकासात्मक कार्यों की प्रकृति और विकास के संदर्भ में मुख्यरूप से निम्न बातें कही जा सकती हैं।
2. किसी एक आयु अथवा अवस्था वर्ग से सम्बन्धित बालकों से कुछ विशेष प्रकार के विकासात्मक कार्यों को कर सकने की अपेक्षा की जाती है। इस कार्य में वह जिस सीमा तक खरा उतरता है इस बात पर ही उसका स्वयं से तथा अपने वातावरण से उपयुक्त रूप से समायोजित होना निर्भर करता है। इसलिये माँ-बाप तथा अध्यापकों के लिये यह आवश्यक हो जाता है कि वह यह जानें कि किस आयु या अवस्था विशेष में किस प्रकार का वृद्धि एवं विकास बालकों से सामान्यतया अपेक्षित है और इस वृद्धि और विकास के संदर्भ में किस प्रकार के विकासात्मक कार्य तथा व्यवहार क्रियायें (ज्ञानात्मक, भावात्मक तथा क्रियात्मक तीनों रूपों में) बालकों से अपेक्षित हैं ताकि इस जानकारी के आधार पर वे बालकों की उचित सहायता और उनका वांछित मार्गदर्शन कर सकें।
3. व्यवहार के तीनों पक्षों या अनुक्षेत्रों से जुड़े हुये विभिन्न विकासात्मक कार्य (i) क्रियात्मक विकासात्मक कार्य (ii) ज्ञानात्मक विकासात्मक कार्य और (iii) भावात्मक विकासात्मक कार्य आदि तीन श्रेणियों में विभाजित किये

जा सकते हैं और इस तरह से विकासात्मक कार्य बालक विशेष की उन सम्पूर्ण व्यवहार क्रियाओं से सम्बन्धित रहते हैं जिनका संपादन बालक विशेष से (उसकी आयु तथा अवस्था विशेष से सम्बन्धित किसी विकासात्मक काल के संदर्भ में) अपेक्षित होता है।

4. बालक के किसी एक आयु या विकास स्तर पर एक विशेष प्रकार के विकासात्मक कार्यों को संपादित करने की अपेक्षा की जाती है। इसके पीछे जिन विशेष कारक या परिस्थिति विशेष सम्बन्धी आवश्यकताओं का हाथ रहता है उनमें प्रमुख रूप से परिपक्वन की प्रक्रिया तथा बालक की अपने भौतिक, सामाजिक तथा सांस्कृतिक परिवेश से समायोजन सम्बन्धी आवश्यकताओं का उल्लेख किया जा सकता है।
5. विकासात्मक कार्यों का सीधा सम्बन्ध जहाँ बालकों की आयु तथा वृद्धि एवं विकास की अवस्थाओं–शैशव, बचपन, किशोरावस्था इत्यादि से होता है वहीं इसका सम्बन्ध बालकों के सांस्कृतिक और सामाजिक परिवेश से भी होता है। प्रत्येक सामाजिक और सांस्कृतिक परिवेश अपने रीति-रिवाज, रहन-सहन के ढंग तथा समायोजन आवश्यकताओं को ध्यान में रखते हुये विभिन्न विकासात्मक कालों में अपने बालकों से अलग-अलग प्रकार के विकासात्मक कार्यों के संपादन की अपेक्षा करता है।
6. किस विकास स्तर पर बालकों द्वारा किस प्रकार के विकासात्मक कार्य किये जाने चाहिये इस बात का सही ज्ञान एक अध्यापक को अपने कर्त्तव्य निर्वाह में यथेष्ट सहयोगी सिद्ध हो सकता है। बालक विशेष का योग्यता और उपलब्धियों की दृष्टि से क्या स्तर है और उसकी अपनी आयु तथा विकासकाल की दृष्टि से उससे क्या कुछ अपेक्षित है इस बात की जानकारी अध्यापक को इस बात के लिये पूरी तरह तैयार कर सकती है कि वह अपनी ओर से ऐसे गंभीर प्रयत्न कर सके जिससे बालकों से उनके विकास स्तर के अनुरूप विकासात्मक कार्यों के सफल संपादन का लक्ष्य सही ढंग से पूरा हो सके।

संदर्भित एवं विशेष अध्ययन ग्रन्थ (References and Suggested Readings)

Berk, L.E., *Young Children: Pre-natal through Middle Adulthood*, Allyn & Bacon, New York, 2012.

Crow, L.D. and Crow, Alice, *Child Psychology,* Reprint, Barney & Noble, New York, 1969.

Doherty, J. and Hughes, M., *Child Development: Theory and Practice*, Pearson, Essex, 2009.

Havighurst, R.J., *Developmental Task and Education,* 3rd ed., David McKay, New York, 1972.

Hurlock, E.B., *Child Psychology*, Asian Student 3rd ed., McGraw-Hill, Tokyo, 1959.

Marry, F.K. and Marry, R.V., *From Infancy to Adolescence*, Harper & Brothers, New York, 1940.

Skinner, C.E. and Harriman, P.L. (Eds.), *Child Psychology,* 6th print, Macmillan, New York, 1937.

अधिगमकर्त्ताओं में वैयक्तिक भेदों के आयाम (Dimensions of Individual Differences in Learners)

वैयक्तिक भेदों से अभिप्राय (Meaning of the Term Individual Differences)

परमपिता परमात्मा की इस सृष्टि में जड़ और चेतन (निर्जीव तथा सजीव) के रूप में जो कुछ भी विद्यमान है उसमें विभिन्नताओं और भेदों की कोई सीमा नहीं है। इस धरा पर ही हमें भाँति-भाँति की चट्टानें और पत्थर मिलते हैं तथा तरह-तरह के रंग और गुणों वाली मिट्टी मिलती है। चेतन यानी सजीवों पर नजर डालें तो विभिन्न प्रकार के पेड़-पौधे, वनस्पति, पशु-पक्षी तथा कीट-पतंगे दिखायी पड़ते हैं और रचनाकार की श्रेष्ठतम रचना के रूप में मानव के दर्शन होते हैं। इस तरह चेतन या सजीव वर्ग में अपनी-अपनी प्रकृति को लेकर बहुत-सी जातियाँ या प्रजातियाँ (Species) नजर आती हैं। इन जातियों या प्रजातियों के लिए यह बात भी पूरी तरह सत्य है कि एक ही जाति के विभिन्न प्राणियों में बहुत सारी समानताएँ देखने को मिल जाती हैं और यही कारण है कि साधारण रूप में देखने में सभी बिल्लियाँ, कुत्ते, मुर्गियाँ, गाय तथा भैंस आदि हमें एक जैसे ही प्रतीत होते हैं। हमें मनुष्यों में भी बहुत सारी एक जैसी विशेषताएँ देखने को मिलती हैं और हम कई अर्थों में एक-दूसरे से बहुत अधिक मिलते-जुलते हैं। इस प्रकार की सामान्य विशेषताएँ और गुण ही एक जाति के प्राणियों को दूसरी जाति के प्राणियों से अलग करने में समर्थ होते हैं।

लेकिन उपरोक्त वर्णन से यह निष्कर्ष नहीं निकाल लिया जाना चाहिए कि एक ही जाति या प्रजाति के सभी प्राणी सभी बातों में बिल्कुल समान ही होते हैं। ध्यान से देखा जाए तो हमें यह अच्छी तरह विदित हो जायेगा कि एक ही जाति या प्रजाति के भी कोई दो प्राणी कभी एक जैसे नहीं हो सकते। उनमें आकृति, रंग-रूप, काम तथा व्यवहार करने के ढँग को लेकर बहुत अधिक भिन्नताएँ देखने को मिल सकती हैं। सभी कुत्ते एक जैसे नहीं होते और न ही सभी बिल्लियाँ, गाय, भैंस तथा भेड़, बकरी एक जैसी होती हैं। यहाँ तक कि अमरूद और आम के पेड़ और गुलाब तथा गेंदे के पौधे भी एक जैसे नहीं होते। हमारे चारों ओर विद्यमान पदार्थों में इस प्रकार की भिन्नताओं के दर्शन करते-करते जब हम प्रकृति की श्रेष्ठतम रचना मनुष्यों पर आते हैं तो व्यक्तिगत भेदों की ये खाइयाँ और भी गहरी तथा स्पष्ट होती जाती हैं। इस विशाल भू-मण्डल पर विभिन्न देशों में बसी मानव जाति के सभी सदस्य अपने-अपने निजी स्वरूप तथा व्यक्तित्व को लेकर विभिन्न विभिन्नताओं से भरे नजर आते हैं। घर, परिवार, पास-पड़ोस, विद्यालय, खेत-खलिहान, फैक्टरी कहीं भी अवलोकन कर लीजिये—हममें से कोई भी तो सभी प्रकार से एक-दूसरे जैसा नहीं है। यहाँ किसी को लड़का या पुरुष कहकर पुकारा जाता है तो किसी को लड़की या स्त्री। किसी का रंग गोरा होता है तो किसी का काला। किसी का कद लम्बा होता है तो किसी का नाटा। कोई मोटा या पतला होता है तो कोई सींकिया पहलवान। कोई हँसमुख होता है तो कोई चिड़चिड़ा। कुछ जल्दी सीखते हैं तो कुछ देर में। कुछ देर तक याद रख सकते हैं तो कुछ जल्दी भूल जाते हैं। कुछ चुस्त होते हैं तो कुछ सुस्त। इस प्रकार से कहाँ तक गिनाएँ। ऐसे भेद और भिन्नताएँ व्यक्तियों में भरी पड़ी हैं और यही कारण है कि कोई व्यक्ति किसी भी अन्य व्यक्ति की तरह नहीं होता, यहाँ तक कि कोई सगे भाई-बहन और जुड़वाँ भी। कुछ बातों में समान होते हुए भी निश्चित रूप से लोग दूसरों से बहुत-सी बातों में भिन्न होते हैं और यही कारण है

कि सब में अपनी-अपनी वैयक्तिकता (Individuality) होती है और सभी अपने आप में सदैव ही अनूठे, विलक्षण तथा अद्वितीय (Unique) कहे जा सकते हैं। इस तरह वैयक्तिक भेद और भिन्नताओं के बारे में कुछ जानने के पश्चात् अब हम अपने आपको ऐसी स्थिति में पा सकते हैं कि बैयक्तिक भेदों की कोई परिभाषा विकसित कर लें, परन्तु इस कार्य में कुछ शब्दकोशीय अर्थों पर भी अगर पहले विचार कर लिया जाए तो और भी उपयुक्त रहेगा। ऐसे ही अर्थ, जिन्हें हमने कार्टर बी. गुड (Carter B. Good) द्वारा रचित डिक्शनरी ऑफ एजूकेशन (1959, p. 172) से लिया है, नीचे दिए जा रहे हैं:

(i) *व्यक्तियों में किसी एक विशेषता या अनेक विशेषताओं को लेकर पाये जाने वाली भिन्नताएँ या अन्तर।*
(The variations of deviations among individuals in regard to a single characteristics or a number of characteristics.)

(ii) *अपने सम्पूर्ण रूप में वे सारे भेद और अन्तर जो एक व्यक्ति को दूसरे से अलग करते हैं।*
(Those differences which in their totality, distinguish one individual from another.)

इन अर्थों तथा पिछले पृष्ठों में दिए गए विवेचन के आधार पर इस पुस्तक में आगे वर्णन हेतु हम वैयक्तिक भेद तथा भिन्नताओं को निम्न शब्दों में परिभाषित करना चाहेंगे।

व्यक्तियों में पाई जाने वाली उन सभी भिन्नताओं तथा भेदों को, जो उन्हें एक-दूसरे से अलग करते हुए एक व्यक्ति को अपने आप में एक अनुपम व्यक्ति बनाती है, वैयक्तिक भिन्नताओं या भेदों का नाम दिया जा सकता है।

(The differences among individuals, that distinguish or separate them from one another and make one as an unique individual in one self, may be termed as individual differences.)

वैयक्तिक भेदों या विभिन्नताओं के प्रकार
(Types or Varieties of Individual Differenes)

मनुष्य मात्र में जो कुछ भी वैयक्तिक भेद या विभिन्नताएँ नजर आती हैं, उनको साधारणतया दो मुख्य श्रेणियों में बाँटकर समझा जा सकता है। ये श्रेणियाँ हैं–(i) भौतिक या शारीरिक भेद (Physical or physiological differences) तथा (ii) मनोवैज्ञानिक भेद (Psychological differences).

इनमें से पहले प्रकार के भेदों का सम्बन्ध उन अन्तर या भेदों से है जो हमारे शरीर की आन्तरिक और बाह्य संरचना, कार्य प्रणाली तथा कार्यक्षमता पर आधारित होते हैं तथा दूसरे प्रकार का सम्बन्ध उन भेदों से है जो हमारे व्यक्तित्व के मनोवैज्ञानिक पक्षों से जुड़कर हमारी रुचियों, अभिरुचियों, बौद्धिक क्षमताओं तथा संवेगात्मक, सामाजिक एवं नैतिक विकास स्तर को लेकर पैदा होने वाले अन्तरों के कारण अस्तित्व में आते हैं।

इन दोनों श्रेणियों से जुड़े हुए वैयक्तिक भेदों या विभिन्नताओं की आगे जाकर काफी उपश्रेणियाँ हो जाती हैं जिन्हें उदाहरण के तौर पर निम्न प्रकार से लिपिबद्ध किया जा सकता है:

- शारीरिक वृद्धि और विकास सम्बन्धी वैयक्तिक भेद
- मानसिक वृद्धि और विकास सम्बन्धी वैयक्तिक भेद
- गामक कौशलों (Motor skills) तथा विकास सम्बन्धी वैयक्तिक भेद
- संवेगात्मक स्तर सम्बन्धी वैयक्तिक भेद
- सामाजिकता तथा सामाजिक विकास सम्बन्धी वैयक्तिक भेद
- नैतिक विकास सम्बन्धी वैयक्तिक भेद
- सौन्दर्य बोध तथा सौन्दर्यात्मक विकास सम्बन्धी वैयक्तिक भेद
- रुचियों तथा अभिरुचियों सम्बन्धी वैयक्तिक भेद
- विचारों, मान्यताओं तथा अभिवृत्तियों सम्बन्धी वैयक्तिक भेद

– मूल्यों (Values) तथा आत्म-संप्रत्यय (Self-concept) सम्बन्धी वैयक्तिक भेद
– महत्त्वाकांक्षा स्तर, पठन-पाठन की आदतों तथा उपलब्धियों सम्बन्धी वैयक्तिक भेद
– मनोगामिक कौशल सम्बन्धी वैयक्तिक भेद
– परिपक्वता और अधिगम क्षमताओं सम्बन्धी वैयक्तिक भेद
– व्यक्तित्व के सर्वांगीण विकास सम्बन्धी वैयक्तिक भेद

इन सभी प्रकार के वैयक्तिक भेदों की विस्तार से यहाँ चर्चा करना सम्भव नहीं है। अतः हम विद्यार्थियों में पाये जाने वाले कुछ अधिक महत्त्वपूर्ण वैयक्तिक भेदों की आगे की पंक्तियों में संक्षेप में चर्चा करना चाहेंगे।

1. **रुचि सम्बन्धी भेद या विभिन्नताएँ** (Differences in interests)–रुचि को एक शक्तिशाली अभिप्रेरक शक्ति या आकर्षण केन्द्र के रूप में जाना जा सकता है जो हमारे सभी प्रकार के कार्य व्यापार को पूरी तरह से प्रभावित करती है। शिक्षण अधिगम प्रक्रिया भी इससे अछूती नहीं रहती। सीखने वाला जिन चीजों में रुचि लेता है, उनकी ओर विशेष रूप से ध्यान देता है, ठीक तरह उनका अध्ययन-मनन करता है, उन्हें अपनी स्मृति में संजोये रखता है तथा किसी-न-किसी रूप में उनको उपयोग में लाता रहता है। इसके ठीक विपरीत जिसकी किसी चीज में रुचि नहीं होती, वह उसे जानने, समझने, सीखने तथा उपयोग में लाने के प्रति उन्मुख ही नहीं होता और अगर उसे विवश भी किया जाता है तो कोई संतोषजनक परिणाम सामने नहीं आते। रुचि की इस प्रकृति और स्वरूप को ध्यान में रखते हुए **क्रो** एवं **क्रो** (1973, p. 248) ने इसे निम्न शब्दों में परिभाषित करने का प्रयत्न किया है।

रुचि वह अभिप्रेरक शक्ति है जो हमें किसी व्यक्ति, वस्तु या क्रिया की ओर ध्यान देने के लिए बाध्य करती है।

(*Interest may refer to the motivating force that impel us to attend a person, thing or an activity.*)

रुचि के नाम से प्रसिद्ध यह अभिप्रेरक शक्ति सभी बालकों और व्यक्तियों में एक जैसी नहीं होती और यही कारण है कि अगर सर्वेक्षण करके देखा जाए तो हम सभी में रुचियों को लेकर बहुत ही गहरे तथा सूक्ष्म व्यक्तिगत भेद पाए जाते हैं और इन्हीं भेदों को लेकर जबकि कुछ बालक किन्हीं बातों पर अधिक ध्यान देते हुए और उनके अध्ययन में सफलता प्राप्त करते हुए देखे जाते हैं तो दूसरे किन्हीं अन्य में। इस दृष्टि से किसी को किन्हीं कार्यों को करने या बातों को सीखने में बेहद रुचि का प्रदर्शन करते हुए पाया जा सकता है, जबकि कोई उन्हें बिल्कुल पसन्द न कर उनसे भिन्न प्रकार की रुचियाँ रखता है। किसी विद्यार्थी को गणित और विज्ञान विषयों को पढ़ना अच्छा लगता है तो किसी की रुचि इतिहास और साहित्य में होती है। किसी को घूमने-फिरने में आनन्द आता है तो कोई अकेले में पुस्तक पढ़ने या प्रयोगशाला में प्रयोग करते रहने में रुचि दिखाता है। इस तरह विद्यार्थियों में रुचियों की दृष्टि से बेहद विभिन्नताएँ देखने को मिलती हैं। ऐसा बहुत ही कम होता है कि वे सभी वस्तुओं, कार्यों, व्यक्तियों तथा व्यवहार क्रियाओं में बिल्कुल एक जैसी रुचियों का प्रदर्शन करें। यही कारण है कि विद्यार्थियों के लिए अधिगम अनुभवों का चयन करते हुए अथवा उनके पढ़ाने हेतु विधियों एवं साधनों की खोज करते हुए हमें उनकी रुचियों के क्षेत्र में विविधताओं तथा विभिन्नताओं का पूरा-पूरा ध्यान रखना चाहिए।

2. **अभिवृति सम्बन्धी भेद या विभिन्नताएँ** (Differences in attitudes)–अभिवृत्तियाँ हमारे व्यवहार एवं व्यक्तित्व का एक बहुत ही महत्त्वपूर्ण हिस्सा होती हैं। हमारा व्यवहार और व्यक्तित्व बहुत कुछ हद तक हमारे पर्यावरण में विद्यमान वस्तुओं, व्यक्तियों तथा विचारों के प्रति बनाई हुई हमारी अपनी अभिवृत्तियों के ऊपर ही टिका होता है। प्रसिद्ध मनोवैज्ञानिक एवं लेखक **सोरेन्सन** (Sorenson) ने अभिवृत्ति को परिभाषित करते हुए लिखा है:

अभिवृत्ति किसी वस्तु के प्रति एक विशिष्ट भावना है। इसलिए इसमें उस वस्तु (चाहे वह व्यक्ति, विचार या पदार्थ कुछ भी हो) से जुड़ी हुई परिस्थितियों में एक निश्चित प्रकार से व्यवहार करने की प्रवृत्ति निहित होती है। यह आंशिक रूप से तार्किक और आंशिक संवेगात्मक होती है तथा किसी भी व्यक्ति में जन्मजात न होकर उपार्जित होती है।

(*An attitude is a particular feeling about something. It, therefore, involves a tendency to behave in a certain way in situations which involves that something, whether person, idea or object. It is partially rational and partially emotional and is acquired, not inherent, in an individual.*—1977, p. 349)

किसी वस्तु, व्यक्ति या विचार के प्रति जो विशिष्ट भावना हम में पायी जाती है, उसका स्वरूप और उसको लेकर एक निश्चित प्रकार से व्यवहार करने की प्रवृत्ति हम सब में पूरी तरह वैयक्तिक ही होती है, और इसलिए अभिवृत्तियों के प्रदर्शन में वैयक्तिकता का ही बोलबाला रहता है। एक ही कक्षा में पढ़ रहे या एक ही परिवार में पल रहे बालकों की अभिवृत्तियों में इस तरह काफी गहन और सूक्ष्म अन्तर देखने को मिलते हैं। किसी में किसी कार्य को करने तथा विषय को पढ़ने के प्रति सकारात्मक अभिवृत्ति पायी जाती है तो कोई इसके ठीक विपरीत नकारात्मक रवैया अपनाता है तथा किसी को इसके प्रति उत्साहहीन तथा उदासीन रुख अपनाते हुए देखा जा सकता है। आप अपनी बी.एड. या एम.एड. कक्षा में ही देख लीजिये। आप लोगों ने बड़ी मेहनत से प्रवेश-परीक्षा पास करके दाखिला लिया है, परन्तु यह डिग्री लेकर अध्यापन व्यवसाय अपनाने के प्रति आपकी अभिवृत्ति का अगर जायजा लिया जाए तो पता चलेगा कि आप में से बहुतों का जहाँ इस व्यवसाय को अपनाने के प्रति सकारात्मक दृष्टिकोण (positive attitude) है वही बहुतों ने इसके प्रति नकारात्मक रुख ही अपना रखा है। ये इसे तभी अपनाना पसन्द करेंगे, जबकि उन्हें अन्यत्र कहीं और जाने का मौका नहीं मिलेगा। जबकि कुछ ऐसे भी मिलेंगे जिन्हें इसके अपनाने के प्रति न तो कोई उत्साह है और न कोई विद्रोही भावना। वे इसे अपने भाग्य में लिखा हुआ मानकर उदासीन रुख अपनाये हुए हैं। इस तरह से ही आप जिन विद्यार्थियों को शिक्षा दे रहे होंगे, उनमें भी अपने विषय, अधिगम अनुभवों, क्रियाओं तथा भविष्य के कार्यक्रमों को लेकर बनायी गयी अभिवृत्तियों की दृष्टि से काफी अन्तर नजर आयेंगे और ये सभी अन्तर उनके कार्य करने के ढँग, पढ़ने के तरीकों तथा पढ़ाई के परिणामों को बहुत कुछ सीमा तक प्रभावित करने में सक्षम होंगे। एक अध्यापक के रूप में आपका कर्त्तव्य यही रहेगा कि जहाँ तक हो सके आप अपने विद्यार्थियों की अपेक्षित सकारात्मक अभिवृत्तियों के विकास में ही मदद करते रहें।

3. **अभिरुचि सम्बन्धी भेद** (Differences in aptitudes)—अभिरुचि को लेकर भी व्यक्तियों में विविध प्रकार की समानता, असमानता, एकरूपता तथा भेद देखने को मिलते हैं। साधारण अर्थों में अभिरुचि से तात्पर्य सामान्य बौद्धिक योग्यता के अतिरिक्त एक ऐसी विशिष्ट योग्यता से होता है जो व्यक्ति को किसी विशिष्ट क्षेत्र में वांछित स्तर की निपुणता प्राप्त करने में सहायता प्रदान करती है। परिभाषा के रूप में हम यहाँ प्रसिद्ध लेखक **फ्रीमैन** (Freeman) द्वारा दी गयी पंक्तियों को उद्धृत कर रहे हैं।

अभिरुचि कुछ विशेषताओं का संग्रह है जो किसी व्यक्ति की उस क्षमता की सूचना देती है जिसके द्वारा वह (प्रशिक्षण द्वारा) कुछ विशिष्ट ज्ञान, कौशल या कोई संगठित अनुक्रियाएँ जैसे भाषा को बोलने की योग्यता, संगीतकार बनने की योग्यता, मशीनी कार्य करने की योग्यताओं का अर्जन कर सकता है।

(*An aptitude is a combination of characteristics indicative of an individual's capacity to acquire (with training) some specific knowledge, skill or set of organised responses, such as ability to speak a language, to become musician, to do mechanical work.*—1971, p. 431)

इस तरह अभिरुचि से तात्पर्य व्यक्ति की उन वर्तमान योग्यताओं और क्षमताओं से होता है जिनके सहारे हम यह दावा कर सकते हैं कि वह किस क्षेत्र में अवसर तथा प्रशिक्षण मिलने पर वांछित सफलता हासिल कर सकेगा। कौन किस प्रकार की अभिरुचि रखता है, यह व्यक्तिगत बात है और इस दृष्टि से व्यक्तियों में अभिरुचियों को लेकर बहुत विभिन्नताएँ पाई जाती हैं। विभिन्न क्षेत्रों से सम्बन्धित अभिरुचि परीक्षणों को अगर हम किसी भी जनसंख्या के लिए प्रयुक्त करें तो मालूम पड़ेगा कि किसी बालक या व्यक्ति में क्लेरिकल अभिरुचि की बहुतायत है तो किसी की विशेष अभिरुचि संगीत, कला या किसी विशेष व्यवसाय को अपनाने के प्रति है। कोई विज्ञान या मैकेनिकल विषयों की शिक्षा में ज्यादा अभिरुचि रखता है तो किसी का झुकाव इतिहास, भूगोल या मनोविज्ञान के प्रति है। इस तरह व्यक्तियों में पाई जाने वाली अनेक भिन्नताओं या भेदों का एक प्रमुख चर (Variable) या कारक (Factor) उनमें पाई जाने वाली विभिन्न अभिरुचियाँ भी हो सकती हैं। वे एक-दूसरे से इसलिए भिन्न होते हैं क्योंकि उनकी अभिरुचियाँ भिन्न होती हैं।

अभिरुचियों में पायी जाने वाली इन असीमित वैयक्तिकताओं तथा विभिन्नताओं के होते हुए भी हमें अभिरुचियों को लेकर व्यक्तियों में समानता तथा एकरूपता (Commonalities) के भी दर्शन हो सकते हैं। इंजीनियरिंग, मेडीकल, बैंकिंग तथा शिक्षण व्यवसाय से जुड़े हुए कोर्सों में प्रवेश पाने वाले विद्यार्थियों का अगर अभिरुचि परीक्षण लिया जाये तो हम यह

पाते हैं कि उनमें विषय विशेष में प्रवेश पाने के लिए उस विषय से सम्बन्धित अभिरुचि को लेकर समानता पाई जाती है। हाँ यह बात अलग है कि इसकी मात्रा किसी में अधिक पायी जाती है तो किसी में कम और फलस्वरूप किसी को व्यावसायिक कोर्स या व्यवसाय में प्रवेश पाने पर अधिक सफलता मिलती है तो किसी को कम। अभिरुचि सम्बन्धी इन भेदों और समानताओं को देखते हुए ही उपयुक्त निर्देशन और परामर्श बालकों को दिया जाना चाहिए ताकि वे उन विषयों तथा व्यवसायों में ही आगे बढ़ सकें जिनके लिए उनमें आवश्यक अभिरुचि हो।

4. **मूल्य सम्बन्धी भेद** (Differences in values)—मूल्यों को लेकर भी व्यक्तियों में बहुत अधिक व्यक्तिगत भेद, समानताएँ तथा असमानताएँ देखने को मिलती हैं। अपनी जीवन पद्धति, जीवन दर्शन, आवश्यकताओं और वातावरणजन्य परिस्थितियों को लेकर हम सभी किन्हीं मूल्यों को अपना कर चलते हैं और इसी कारण मूल्यों को लेकर हममें इतनी अधिक विविधताएँ और विभिन्नताएँ नजर आती हैं। किसी को भौतिक मूल्यों, रुपया-पैसा, शान-शौकत तथा ऐशो आराग के सिवाय कुछ भी नजर नहीं आता तो कोई अन्य सामाजिक, मानवीय तथा आध्यात्मिक मूल्यों को अपने जीवन के लिए आवश्यक मानता है। वास्तव में, सभी व्यक्ति अपने जीवन मूल्यों का चुनाव अपनी शारीरिक, मनोवैज्ञानिक, भौतिक, सामाजिक, सांस्कृतिक तथा आध्यात्मिक जरूरतों को ध्यान में रखकर ही करते हैं तथा बहुत बार परिस्थितियाँ तथा उपलब्ध वातावरण का प्रभाव उन्हें ऐसा करने को प्रेरित या मजबूर कर देता है।

मूल्यों को अपनाने की बात दरअसल जरूरतों या आवश्यकताओं (Needs) से ही शुरू होती है। हम किसी चीज की कामना या उसको महत्त्व इसलिए देते हैं कि वह हमारी किसी अनुभव की गई जरूरत को पूरा करने का साधन दिखायी देती है। भूख, प्यास, नींद, विश्राम यौन-तृप्ति–ये हमारी मूलभूत आवश्यकताएँ हैं। इनकी तृप्ति से सम्बन्धित भौतिक और शारीरिक मूल्यों को ही हम अधिक प्राथमिकता देना शुरू करते हैं। जब शारीरिक आवश्यकताओं को लेकर हम संतुष्टि की अनुभूति करने लगते हैं, तब फिर मनोवैज्ञानिक, सामाजिक, सांस्कृतिक, मानवीय तथा आध्यात्मिक आवश्यकताओं की संतुष्टि की ओर हमारा ध्यान जाता है और इन आवश्यकताओं से जुड़े जीवन-मूल्यों को हम अपनाना प्रारम्भ कर देते हैं।

कौन व्यक्ति जिन्दगी के किस मोड़ पर, किस प्रकार की आवश्यकताओं की संतुष्टि को अधिक महत्त्व देना चाहता है और फलस्वरूप किन जीवन मूल्यों को अपनाता है, यह बहुत सारे कारणों, परिस्थितियों तथा व्यक्ति विशेष के अपने व्यक्तित्व पर निर्भर करता है। यह बात सभी व्यक्तियों के लिए एक जैसी नहीं हो सकती और इसी कारण व्यक्तियों में मूल्यों को लेकर बहुत अधिक विभिन्नताएँ तथा असमानताएँ नजर आती हैं। विद्यार्थी भी इसके अपवाद नहीं हैं। अगर उनके द्वारा अपनाए गए मूल्यों के बारे में सर्वेक्षण किया जाए तो हमें यह स्पष्ट हो जाएगा कि मूल्यों को लेकर उनमें कितनी विभिन्नताएँ और विविधताएँ हैं। एक शिक्षक होने के नाते अब यहाँ हमारा यह कर्त्तव्य बन जाता है कि स्वार्थपूर्ण वैयक्तिकता को लेकर जो भी नकारात्मक मूल्यों का आत्मसात विद्यार्थियों में हुआ है, उसके स्थान पर वे सामाजिकता, मानवता तथा आध्यात्मिकता से सराबोर हों और इसी दिशा में हमें शिक्षा के उद्देश्यों और कार्य प्रणाली को मोड़ने के गम्भीर प्रयत्न करने चाहिए।

5. **महत्त्वाकांक्षा स्तर सम्बन्धी भेद** (Differences in level of aspirations)—महत्त्वाकांक्षा के स्तर को लेकर भी विद्यार्थियों में बहुत अधिक समानताएँ तथा असमानताएँ देखने को मिल सकती हैं। हम सभी के जीवन में महत्त्वाकांक्षा का बहुत अधिक महत्त्व है। किसी वस्तु को प्राप्त कर लेने के पीछे उस वस्तु के लिए हमारी चाह और आकांक्षा छुपी रहती है। हम वही प्राप्त करते हैं जिसकी आकांक्षा हमारे दिल और दिमाग में बैठी हुई होती है। आकांक्षा हमारी दृष्टि से जितनी महत्त्वपूर्ण होगी, उसी पैमाने पर हम उसके लिए प्रयत्न करेंगे। अतः महत्त्वाकांक्षी होना हमें सफलता की ओर अग्रसर होने का पहला ठोस आधार है।

हममें से सभी जिन्दगी में कुछ-न-कुछ पाने की अभिलाषा रखते हैं और इसलिए नितान्त स्वाभाविक है कि हम सभी जन्म से ही महत्त्वाकांक्षी होते हैं। हाँ, यह बात अलग है कि किसी चीज की प्राप्ति को लेकर हम किस सीमा तक महत्त्वाकांक्षी हैं, इसको लेकर बहुत अधिक व्यक्तिगत भेद पाये जाते हैं। हममें से कुछ में जहाँ महत्त्वकांक्षा का स्तर बहुत अधिक पाया जाता है, वहीं कुछ महत्त्वाकांक्षा के स्तर को लेकर बहुत निचले स्तर पर विराजमान रहते हैं। प्रश्न उठता है कि जीवन में सफलता, समायोजन तथा खुशी के लिए किस प्रकार के महत्त्वाकांक्षा स्तर को बढ़ावा दिया जाए? इस

प्रश्न के उत्तर में संक्षेप में यही कहा जा सकता है कि हमें अपनी महत्त्वाकांक्षा के स्तर को अपनी योग्यताओं, क्षमताओं तथा परिस्थितियों के हिसाब से बहुत ही संतुलित ढँग से तय करना चाहिए। न ये जरूरत से अधिक हो और न कम। इस बात की ओर ध्यान रखने में ही हमारी सफलता, समायोजन तथा खुशी बनी रह सकती है महत्त्वाकांक्षा का अधिक और निम्न दोनों स्तर ही हमारे लिए निराशाप्रद सिद्ध हो सकते हैं। उदाहरण के लिए, अगर किसी विद्यार्थी का शैक्षणिक स्तर और योग्यता मात्र पास होने की है और वह अपनी महत्त्वाकांक्षा बोर्ड की परीक्षा में मेरिट पोजीशन लाने की बना ले तो उसे निराशा ही हाथ लगेगी। इसी तरह अगर कोई अपनी योग्यता और क्षमता से अनभिज्ञ रहे और किसी कारणवश अपनी महत्त्वाकांक्षा का स्तर इतना कम कर ले कि वह जिस चीज को अनायास ही अपनी योग्यता के आधार पर प्राप्त कर सकता हो, उसकी प्राप्ति की आकांक्षा ही न करे तो उसे आगे पछताने के सिवाय क्या हाथ लग सकेगा। इस तरह अपनी-अपनी अलग-अलग महत्त्वाकांक्षाएँ होने तथा उनके स्तर में असमानताएँ होने को लेकर विद्यार्थियों में उल्लेखनीय विभिन्नताएँ देखने को मिल सकती हैं। उनके हित को ध्यान में रखते हुए अध्यापकों का यह कर्त्तव्य होना चाहिए कि वे महत्त्वाकांक्षाओं के चयन तथा उनके स्तर को उनकी प्रतिभा के अनुकूल बनाए रखने में उनकी यथासम्भव सहायता करें।

6. **आत्म-अवधारणा या संप्रत्यय सम्बन्धी भेद** (Differences in self-concept)—जैसे-जैसे बच्चा वृद्धि और विकास के मार्ग पर आगे बढ़ता है, उम्र के साथ-साथ उसमें अपने वातावरण में उपलब्ध वस्तुओं, विचारों तथा घटनाओं के बारे में विभिन्न संप्रत्ययों (Concepts) का विकास होता रहता है। अपने से बाहर की चीजों के बारे में संप्रत्यय बनाने के अतिरिक्त वह स्वयं अपने बारे में संप्रत्यय या अवधारणा का निर्माण करता है जिसे आत्म-संप्रत्यय या आत्म-अवधारणा (Self-concept) के नाम से जाना जाता है। इस प्रकार के संप्रत्यय की सहायता से व्यक्ति को अपने आपको अपनी योग्यताओं, क्षमताओं, अच्छाइयों तथा बुराइयों व गुणों व दोषों के साथ जानने और पहचानने का उचित अवसर मिलता है। इस बोध की सहायता से न केवल वह अपने आपको दूसरों के नजरिये से बल्कि खुद के नजरिये से भी अच्छी तरह मापतोल कर सकता है। इन सब बातों की ओर ध्यान देते हुये ही प्रसिद्ध मनोवैज्ञानिक **एच.जे. आइजैन्क** (1971) ने आत्म-संप्रत्यय या आत्म-अवधारणा पद को परिभाषित करते हुए लिखा है:

व्यक्ति विशेष की अपने व्यवहार, योग्यताओं तथा अच्छाइयों के बारे में जो भी राय मूल्य तथा अभिवृत्तियाँ होती हैं उन्हीं के समग्र रूप को व्यक्ति के आत्म-संप्रत्यय या आत्म-अवधारणा के नाम से जाना जाता है।

(The totality of attitude, judgement and values of an individual relating to his behaviour, abilities and qualities may be reffered to as his self-concept)

इस प्रकार से जो कुछ भी कोई व्यक्ति अपने बारे में सोचता और समझता है, उसे उसके आत्म-संप्रत्यय के नाम से जाना जाता है। इस प्रकार के संप्रत्यय का निर्माण अन्य संप्रत्ययों की तरह ही व्यक्ति और उसके वातावरण के बीच सम्पन्न अन्तःक्रिया का ही परिणाम होता है। इसमें उसके द्वारा अर्जित पूर्व अनुभवों तथा वर्तमान परिस्थितियों का भी पूर्ण योगदान पाया जाता है। इन सब बातों के आधार पर अपने बारे में कोई धारणा बनाने में व्यक्ति से जाने-अनजाने में कई बार गलती हो जाती है। यह अक्सर उस समय होता है जब व्यक्ति अपने बारे में स्वयं अपनी धारणा बनाने के बजाय दूसरों के द्वारा अपने बारे में बनने वाली राय और धारणा को अधिक महत्त्व देकर सोचते, कहते और करते हैं। बालकों द्वारा ग्रहण किए गए ऐसे दोषपूर्ण आत्म-संप्रत्यय पर टिप्पणी करते हुए श्रीमती हरलॉक (1959) लिखती हैं:

बालक की अपने बारे में जो अवधारणा होती है वह और कुछ नहीं बल्कि जिन्हें वह अपनी जिन्दगी में महत्त्व देता है उनके द्वारा उसके प्रति बनाई गई धारणा का ही प्रतिबिम्ब होता है।

(The child's concept of himself as a person is nothing but a mirror image of what he believes significant people in his life think of him.)

परिणामस्वरूप जब किसी बालक को दूसरों के द्वारा शरारती, चोर, डरपोक, झूठा, सुन्दर, कुरूप, प्रतिभाशाली, मूर्ख आदि कहा और समझा जाता है तो वह अपने बारे में ऐसी ही धारणा बनाकर इन्हीं के अनुरूप आचरण करने लगता है। इसी बात को घटने से रोका जाना चाहिए। सभी प्रकार के ऐसे प्रयत्न किए जाने चाहिए कि बालक अपने बारे में सही अवधारणा अपने स्वयं के अनुभवों एवं प्रयत्नों के आधार पर बनाएँ। कभी भी हीनता, आत्मग्लानि और प्रवंचना के

शिकार न बनें तथा बुरी आदतों और संवेगों के बहाव में न बहें। यह बात अलग है कि प्रत्येक विद्यार्थी द्वारा बनायी गई आत्म-अवधारणा या संप्रत्ययों में भिन्नता होगी और वह होनी भी चाहिए क्योंकि सभी में वैयक्तिक रूप से अलग-अलग आत्म-स्वरूप होता है, परन्तु अपने बारे में जो भी अवधारणा वे बनाएँ वह उनके आत्म का सही प्रतिबिम्ब होना चाहिए, न कि दूसरों के द्वारा बनाई गई गलत धारणाओं, कथन या व्यवहार पर आधारित।

7. **अध्ययन आदतों सम्बन्धी भेद** (Differences in study habits)—न केवल बच्चे बल्कि हम बड़ों में भी अध्ययन सम्बन्धी आदतों को लेकर बहुत अधिक विविधताओं और विभिन्नताओं के दर्शन होते हैं। परिणामस्वरूप, हम में से कुछ की तो अध्ययन सम्बन्धी कोई आदत ही नहीं होती और अगर होती है तो वह केवल अखबार पढ़ने और छोटी-मोटी पत्रिकाओं को पढ़ने तक ही सीमित रह जाती है। जो अध्ययन का शौक रखते हैं उनमें इसे पूरा करने के लिए बहुत विभिन्नताएँ नजर आती हैं। सब अपनी-अपनी रुचि की पुस्तकें तथा साहित्य पढ़ने की चेष्टा करते हैं। कोई अध्ययन के लिए कम समय देता है तो कोई ज्यादा, कोई किसी भाषा की पुस्तकें और साहित्य अधिक पढ़ना चाहता है तो कोई किसी दूसरी भाषा की। कोई किसी रूप में, किसी विधि या तरीके से पढ़ना चाहता है तो कोई अन्य विधि या तकनीक से अपने अध्ययन सम्बन्धी निजी उद्देश्यों को पूरा करना चाहता है। इस तरह की सभी बातें सभी विद्यार्थियों के साथ घटित होती हैं। कुछ बातों में अपनी आयु के हिसाब से समानता दिखाते हुये भी किसी एक कक्षा में पढ़ने वाले विद्यार्थियों की अध्ययन आदतों में निम्न प्रकार की विविधताएँ और विभिन्नताएँ देखने को मिल सकती हैं:

— किसी एक या अन्य चीजों के अध्ययन में रुचि दिखाना
— किसी एक या अन्य चीजों के अध्ययन के प्रति विशेष अभिरुचि दिखाना
— किसी एक या अन्य चीजों के अध्ययन के प्रति विशेष प्रकार की नकारात्मक या सकारात्मक अभिवृत्ति, विचार या मान्यताओं का प्रदर्शन करना
— किसी एक या अन्य चीजों के अध्ययन के लिए विशेष तकनीक, विधियों तथा उपायों को काम में लाना
— किसी एक या अन्य चीजों के अध्ययन के लिये समय देने, मेहनत करने तथा पुनरावृत्ति और अभ्यास करने को लेकर अलग-अलग तरह का व्यवहार प्रदर्शित करना
— किसी एक या अन्य चीजों के अध्ययन के प्रयोजन और उसके परिणामों को काम में लाने हेतु भिन्न-भिन्न व्यवहार का प्रदर्शन करना।

अध्ययन आदतों में इस प्रकार की अपनी विभिन्नताओं के कारण जहाँ कुछ बच्चे किसी विषयवस्तु के पठन-पाठन, अध्ययन, मनन में बहुत तेजी से आगे बढ़ते हुए दिखाई देते हैं, वहीं कुछ मालगाड़ी के डिब्बों की तरह रेंगते हुए जैसे-तैसे अपनी पढ़ाई करते रहते हैं। कुछ को सभी के साथ मिलकर पढ़ाई या अध्ययन करना ठीक लगता है तो कुछ तभी पढ़ पाते हैं जब पूरा एकान्त हो। कुछ को देर तक रात में पढ़ना ठीक लगता है तो कुछ सुबह जल्दी उठकर ही अपनी पढ़ाई करना ठीक समझते हैं। किसी को बार-बार पढ़ने के लिये कहता रहना पड़ता है तो कोई अपनी मर्जी से ही पढ़ाई में लगा रहता है। किसी को बोल-बोल कर पढ़ने और याद करने की आवश्यकता होती है तो कोई मौन रहकर ही एकाग्र रह पाता है। किसी को पढ़ी हुई चीज जल्दी समझ आ जाती है तो किसी को समझने के लिए बार-बार अभ्यास करना पड़ता है। किसी को बार-बार परामर्श, देखभाल तथा पुनर्बलन की आवश्यकता पड़ती है तो कोई यह बात स्व-अभिप्रेरित होकर अपने आप करता रहता है। इस तरह से हमें विद्यार्थियों में उनकी अध्ययन आदतों को लेकर बहुत विविधताएँ और विभिन्नताएँ देखने को मिल सकती हैं। इन आदतों में जहाँ तक वांछनीय आदतों का प्रश्न है, हम उन्हें प्रोत्साहित कर सकते हैं, परन्तु कुछ अवांछनीय और अनावश्यक आदतों को जो या तो बालकों के अध्ययन में रोड़ा बनती हों या उनके समायोजन और स्वास्थ्य पर प्रतिकूल प्रभाव डालती हों, सुधारने के उपाय किए जाने चाहिए। उदाहरण के लिए, अगर किसी बच्चे को कम रोशनी में गलत ढँग से बैठकर, लेटकर, गलत ढँग से लिखने-पढ़ने की आदत है तो हमें उनको इसके हानिकारक परिणामों से परिचित कराकर अध्ययन का सही ढँग सिखाने का प्रयत्न करना चाहिए।

8. **उपलब्धि सम्बन्धी भेद** (Differences in achievements)—जीवन में सब कुछ-न-कुछ पाने के लिए प्रयत्नशील रहते हैं। चाहे वह किसी भी विषय का अध्ययन क्षेत्र हो, किसी व्यवसाय या नौकरी में आगे बढ़ने की बात हो या किसी विशेष रुचि, सामाजिक और देश-हित के कार्यों में सफलता अर्जित करने वाली बात हो। विषय या क्षेत्र कोई भी क्यों न हो, सभी अपनी उपलब्धियों को लेकर आगे बढ़ना चाहते हैं। परन्तु सबकी उपलब्धियों का स्तर एक जैसा नहीं होता। उसमें बहुत अधिक विभिन्नताएँ देखने को मिलती हैं। व्यक्ति किस क्षेत्र में, कहाँ तक, कितनी उपलब्धि कर पाता है, यह उसकी क्षेत्र विशेष में रुचि, अभिप्रेरणा, शक्ति, सामर्थ्य एवं अपेक्षित योग्यताओं, प्रशिक्षण तथा सीखने के स्तर, परिस्थितियों आदि अनेक बातों पर निर्भर करता है। इस दृष्टि से जहाँ कोई खेलकूद, नृत्य, अभिनय, कला, संगीत, साहित्य, वैज्ञानिक अनुसंधान, ऐतिहासिक खोज विषयों के ज्ञान तथा विशिष्ट कौशलों के अर्जन इत्यादि को लेकर विद्यालय स्तर तक ही नाम कमा पाता है तो कोई जिला, प्रान्त, राष्ट्र या अन्तर्राष्ट्रीय कीर्तिमानों को स्थापित करता है। कोई अपनी उपलब्धियों से जीवन में सफलता के शिखर पर विराजमान हो जाता है तो किसी का असफलता की वजह से सामान्य जीवन भी जीना दूभर हो जाता है।

परन्तु जहाँ तक विद्यालयी जीवन की उपलब्धियों का प्रश्न है तो ये उपलब्धियाँ सामान्य रूप से विद्यार्थियों द्वारा शिक्षा प्राप्ति तथा विद्यार्जन से ही जुड़ी रहती हैं। हम अपने-अपने विद्यालयों में शिक्षा प्रदान कर बालकों के व्यक्तित्व का सर्वांगीण विकास चाहते हैं। इस तरह शारीरिक, मानसिक, सामाजिक, संवेगात्मक, नैतिक तथा सौन्दर्यात्मक विकास की दृष्टि से बालकों को क्या उपलब्ध कराया जाए, इसकी व्यवस्था करना तथा इनकी उपलब्धि में बालकों की सहायता करना ही शिक्षा संस्थाओं, अधिकारियों तथा माता-पिता का परम कर्त्तव्य बन जाता है। हाँ, यह बात अलग है कि हमारे प्रयत्न करने पर भी बालक अपनी-अपनी वैयक्तिक भिन्नताओं के कारण अपने-अपने ढँग से ही उपलब्धियों के स्तरों पर पहुँचते हैं। उपलब्धियों (Academic achievements) में बहुत भिन्नताएँ पायी जाती हैं। कोई विषयों की विषयवस्तु के ज्ञान तथा कुशलताओं में अधिक उपलब्धि प्राप्त करता है और इस तरह कक्षा विशेष में सबसे आगे रहता है। कोई बोर्ड की परीक्षाओं में मेरिट पोजीशन लेता है तो कोई निचली श्रेणियाँ लेकर केवल परीक्षाएँ ही उत्तीर्ण कर पाता है अथवा असफल हो जाता है। किसी की उपलब्धियाँ खेल जगत में अच्छी होती हैं तो कोई भाषण, वाद-विवाद प्रतियोगिता आदि विद्यालयी गतिविधियों में उपलब्धियों के ऊँचे स्तर को छूने का प्रयास करता है। इस तरह विद्यालयी उपलब्धियों को लेकर भी बालकों में बहुत अधिक भिन्नताएँ पाई जाती हैं। हमें इस तथ्य को सदैव ध्यान में रखना चाहिए कि सभी बालक सभी उपलब्धि क्षेत्रों में एक जैसी सफलता अर्जित नहीं कर सकते और किसी एक क्षेत्र की उपलब्धियों में भी उनमें बहुत अधिक विभिन्नताएँ होना स्वाभाविक ही है। अतः वैयक्तिक भेदों के इस अनिवार्य सत्य को ध्यान में रखकर ही हमें बालकों को उनकी रुचि, योग्यता, शक्ति और साधनों के अनुकूल उपलब्धि अर्जन हेतु भरसक सहयोग और प्रोत्साहन देते रहना चाहिए।

9. **मनोगामिक कौशल सम्बन्धी भेद** (Differences in psychomotor skills)—व्यक्तियों में किसी एक या अन्य मनोगामिक कौशलों के विकास और अर्जन को लेकर गहरे अन्तर पाए जाते हैं। ये अन्तर बालकों में बहुत छोटी आयु से ही साफ दीखने लगते हैं आप भी अपने विद्यार्थियों तथा आस-पास के बच्चों में देखते होंगे कि उनमें से कुछ एक या अन्य मनोगामिक कौशलों के सम्पादन में अधिक कुशलता, प्रवीणता, तीव्रता और तकनीकी जानकारी का परिचय देते हैं तो कुछ इस कार्य में काफी पीछे रह जाते हैं। इस प्रकार के अन्तर सभी मनोगामिक कौशलों, जैसे भागने-दौड़ने, कूदने-फाँदने, चढ़ने-उतरने, नाचने, तैरने, पढ़ने, लिखने, फेंकने, लपकने, आकृतियाँ बनाने, पेन्टिंग करने, सीने-पिरोने, सफाई करने, खाना बनाने, वाहन चलाने, सर्वेक्षण करने, मापने-तौलने, प्रयोगशाला के उपकरणों को प्रयोग में लाने तथा कार्यशाला में विभिन्न औजारों से काम करने आदि में हो सकते हैं। यह कहने की आवश्यकता नहीं है कि बालक के व्यक्तित्व का सर्वांगीण विकास इन कौशलों के अपेक्षित अर्जन से बहुत कुछ सीमा तक जुड़ा रहता है। चाहे शारीरिक विकास की बात हो या मानसिक, सामाजिक, संवेगात्मक, सौन्दर्यात्मक, शैक्षणिक या व्यावसायिक—सभी में इन कौशलों के अपेक्षित अर्जन से समुचित सहायता मिलती है। इन कौशलों के अर्जन और विकास में जहाँ कहीं भी किसी कारण से कोई कमी या अपूर्णता रह जाती है तो उसके परिणामस्वरूप बालक को जीवन के बहुत-से कार्यक्षेत्रों में पिछड़ेपन, असफलता और निराशा का सामना करना पड़ता है। लिखाई अच्छी न होने, रचना तथा पठन-कौशल में पिछड़ने, बोध तथा समस्या

समाधान कौशलों में कमजोर रहने, ड्राईंग में कमजोर होने, मापन ठीक से न कर सकने, प्रयोगशाला उपकरणों को ठीक तरह से काम में न ला सकने जैसी बातें छोटी-छोटी होने पर भी गम्भीर परिणाम लाने वाली सिद्ध होती हैं, जिनके फलस्वरूप बालक सम्बन्धित अध्ययन क्षेत्रों या क्रियाओं के सम्पादन में अपने आपको पिछड़ा और असहाय महसूस करता है। यही बातें आगे चलकर उसके समायोजन, मानसिक और शारीरिक स्वास्थ्य तथा जीवन की नैया को ठीक तरह से खेने या असफल होने के लिए जिम्मेदार होती हैं। इन सब बातों को देखते हुए भी माता-पिता तथा अध्यापकों का यह कर्त्तव्य हो जाता है कि वे बालकों में पाए जाने वाली इस मनोगामिक कौशलों में निहित अन्तरों को ध्यान से समझें तथा उसी के अनुसार बालकों को उपयुक्त मार्गदर्शन प्रदान करने का प्रयत्न करें। जिन कौशलों में बालक आगे बढ़ सकते हैं, उन्हें और प्रोत्साहित करें और जहाँ कमियाँ हों, उनके निराकरण के लिए उनकी उपयुक्त सहायता करें।

वैयक्तिक भिन्नताओं या भेदों का वितरण (Distribution of Individual Differences)

यह बात तो ठीक है कि हम सब एक-दूसरे से भिन्न हैं, परन्तु अब प्रश्न उठता है कि इस भिन्नता की प्रकृति क्या है? हम जिन बातों में भी एक-दूसरे से भिन्न हैं, उसका रूप तथा सीमाएँ आदि क्या हैं? अगर हम इसी बात को जानते हुए अपने चारों ओर नजर दौड़ाएँ तो पता चलेगा कि प्रकृति (Nature) में हमारे सभी व्यक्तित्व एवं व्यवहार सम्बन्धी गुणों का वितरण एक विशेष रूप में ही सम्पन्न होता है। इस वितरण को सामान्य वितरण (Normal distribution) का नाम दिया जाता है। इसी वितरण के फलवरूप हममें से बहुत लोग व्यक्तित्व गुणों तथा विशेषताओं (Traits) को लेकर सामान्य या औसत ही होते हैं। उदाहरण के लिए, ऊँचाई को ही लें तो सामान्य तौर पर भारतीय पुरुष 5 फुट 4 इंच तथा महिलायें 5 फुट 1 इंच कद के ही होते हैं। सामान्य ऊँचाई के इन मापों में बहुत अधिक ऊँचाई वाले व्यक्ति या महिलाएँ जिन्हें लम्बू कहा जाए, बहुत कम मिलते हैं तथा इसी प्रकार सामान्य से बहुत कम ऊँचाई वाले सरकसों में दिखने वाले नाटे कद के जोकर जैसे लोग भी बहुत कम होते हैं। यही बात मोटापे को लेकर है। आगा या टुनटुन जैसे व्यक्ति कम ही नजर आते हैं तो इसी प्रकार जॉनीवाकर जैसे दुबले-पतले लोगों का भी अभाव होता है। इसी तरह का रंग-रूप, आकृति, धन-दौलत सभी के लिए यही बात है। सभी के वितरण में सामान्य वितरण का नियम लागू होता है जिसके अनुसार *बहुतायत सामान्यों की होती है (Majority consists of averages)*। इसीलिए दुनिया में अधिकांश व्यक्ति सामान्य रंग-रूप तथा बुद्धि आदि लिए हुए मिलते हैं। सामान्य से बहुत अधिक हट कर गुण या विशेषताएँ कम ही देखने को मिलती हैं।

गुणों के सामान्य वितरण की प्रकृति को एक वक्र से जिसे सामान्य वक्र (Normal distribution curve) का नाम दिया जाता है, अच्छी तरह समझा जा सकता है। ऐसा वक्र बनाने के लिए चलो ऐसा करते हैं कि हरियाणा विद्यालय बोर्ड या केन्द्रीय विद्यालयों के आफिस में जाकर दसवीं कक्षा के वार्षिक परिणाम की रिपोर्ट लेते हैं। इन कई लाख बालकों के परिणाम अनुक्रमांक अनुसार मिल जाएँगे। अब हम इनमें से 10,000 बालकों को अपने अध्ययन के लिए चुनते हैं। लिखे गये अनुक्रमांकों में से हर सौवें (100) बालकों को चुनते हुए हम 10 लाख में से 10,000 का चयन कर सकते हैं। अगर अब इन 10,000 बालकों द्वारा अर्जित कुल प्राप्तांकों (Achievement scores) को लेकर उसका औसत निकाला जाये तो इससे हमें इन बालकों की चयनित जनसंख्या का मध्यमान (Mean) या औसत मिल सकता है। हम यह पायेंगे कि 10,000 बालकों में से बहुत-से बालकों के कुल प्राप्तांक (जो डिवीजन के लिए काम में लाए जाते हैं) इस औसत मान के नजदीक ही मिलेंगे और यही कारण है कि द्वितीय श्रेणी यानी सैकण्ड डिवीजन पाने वालों की संख्या प्रथम या तृतीय श्रेणी पाने वालों से अधिक हुआ करती है। बहुत ही कम ऐसे होते हैं जिन्हें मेरिट पोजिशन प्राप्त होती है अथवा सामान्य या औसत से बहुत ही कम अंक प्राप्त होते हैं। अब अगर इन 10,000 बालकों द्वारा अर्जित प्राप्तांकों को एक ग्राफ पेपर पर इस तरह अंकित कर लें कि एक अक्ष (Axis) पर प्राप्तांक (Scores) हों तथा दूसरे अक्ष पर इन प्राप्तांकों को पाने वालों की संख्या (Frequencies) तो हमें जो वक्र प्राप्त होगा उसकी आकृति घंटी (Bell) के आकार जैसी होगी जैसा कि अग्रांकित चित्र 7.1 में दिखलाया गया है।

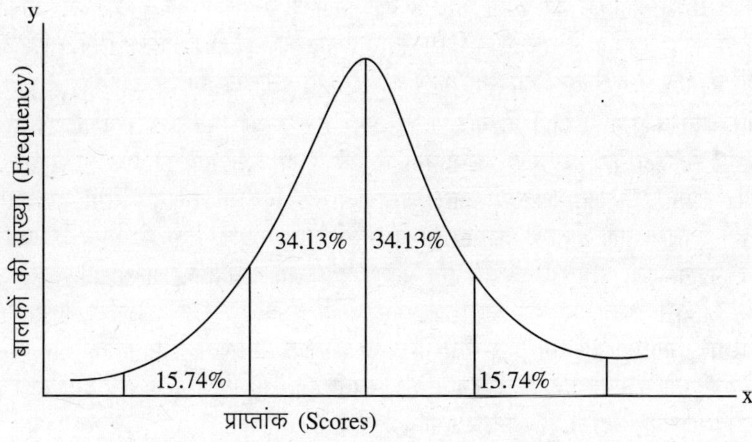

चित्र 7.1 परीक्षार्थियों की जनसंख्या में प्राप्तांकों का वितरण

अब अगर उपरोक्त चित्र में दर्शाए गए प्राप्तांकों के वितरण प्रतिशत पर हम नजर डालें तो हम पायेंगे कि इस वक्र का मध्य क्षेत्र काफी बड़ा है। इसमें 34.13+34.13=68.26 बालकों के प्राप्तांक हैं। इससे यह प्रदर्शित होता है कि 1,000 बालकों के प्राप्तांकों का जो मध्यमान (Average or mean) है वही प्राप्तांक 68.26% बालकों यानी 10,000 में 6826 बालकों का है। दूसरे शब्दों में 10,000 में से 6826 बालक ऐसे हैं जिन्हें औसत या सामान्य उपलब्धि वाले बालक कहा जाता है। सामान्यता से हट कर दोनों तरफ 15.74% बालक आते हैं।

यानी 15.74% प्रतिशत (10,000 में से 1574) बालक ऐसे हैं जिनके प्राप्तांक औसत से अधिक हैं तथा इतने ही बालक ऐसे हैं जिनके प्राप्तांक औसत से कम हैं। इस तरह 6826+1574+1574=9974 यानी 10,000 में से कुछ (नगण्य) को छोड़कर सभी की गिनती इस वितरण वक्र में हो जाती है। इससे स्पष्ट विदित हो सकता है कि बहुतायत तो ऐसे ही बालकों की होती है जिनके प्राप्तांक समूह के मध्यमान प्राप्तांक (Mean score) के नजदीक ही होते हैं। सामान्य से बहुत कम या बहुत अधिक अंक प्राप्त करने वालों की संख्या इनकी तुलना में बहुत ही कम होती है।

यह बात शैक्षणिक उपलब्धि (Academic achicvement) पर ही लागू होती है, यह बात नहीं है। सभी अन्य योग्यताओं, उपलब्धियों तथा व्यक्तित्व गुणों या विशेषताओं (traits) का वितरण भी सामान्य वक्रता वक्र के नियम का पालन करता है। इस दृष्टि से जब हम प्रकृति में बुद्धि के वितरण की बात करते हैं तो पाते हैं कि अधिकांश व्यक्ति या बालक बौद्धिक दृष्टि से सामान्य ही होते हैं क्योंकि उनमें 90 से लेकर 110 तक की बुद्धि-लब्धि (I.Q.) ही सामान्यतया देखने को मिलती है। 90 से कम यानी सामान्य से कम बुद्धि-लब्धि वाले बालक जिन्हें मंदबुद्धि (Mentally retarded) कहा जाये, किसी भी जनसंख्या में कम ही मिलते हैं। इसी तरह 110 से अधिक और उससे अधिक ऊपर के बालक जिन्हें तुरन्त ही प्रतिभाशाली (Gifted or genius) कह दिया जाए, ऐसे बालकों की भी संख्या काफी कम ही होती है।

वैयक्तिक विभिन्नताओं के कारण (Causes of Individual Differences)

जो कुछ भी विभिन्नताएँ व्यक्तियों में दिखायी देती हैं, वे सब वंशानुक्रम और वातावरण में पाए जाने वाले अन्तर के कारण ही पैदा होती हैं। निम्न वर्णन द्वारा इस बात की पुष्टि हो सकती है:

1. यह स्पष्ट है कि व्यक्तियों की वंशानुगत पूँजी अलग-अलग होती है। फलस्वरूप, उन्हीं जन्मजात विशेषताओं और रुचियों में अन्तर पाया जाना स्वाभाविक ही है। इन जन्मजात योग्यताओं और विशेषताओं के ऊपर ही व्यक्तित्व के विशाल भवन का निर्माण होता है। कोई व्यक्ति कितना और किस प्रकार विकसित होगा, इसका निर्धारण भी इन्हीं के द्वारा होता है। इस तरह माँ-बाप द्वारा विरासत में प्राप्त व्यक्तिगत अन्तर एक व्यक्ति को

दूसरे व्यक्ति से भिन्न बनाने का प्रयत्न करते हैं वंशानुक्रम के कारण न केवल रंग, रूप, आकृति और शरीर के आन्तरिक व बाह्य अवयवों से सम्बन्धित विभिन्नताएँ देखने को मिलती हैं, बल्कि लिंग, बुद्धि और अन्य विशिष्ट योग्यताओं के क्षेत्र में वैयक्तिक भेद पैदा करने का श्रेय भी इसी को है।

2. दूसरी ओर बच्चे के गर्भ में आने के बाद से ही अगर हम उनको मिलने वाले वातावरण के बारे में सोचें तो निश्चित रूप से कहा जा सकता है कि दुनिया में किन्हीं दो व्यक्तियों को एक-सा वातावरण नहीं मिलता। फलस्वरूप, अपनी जन्मजात शक्तियों और योग्यताओं के विकास के लिए सभी को समान अवसर और परिस्थितियाँ उपलब्ध नहीं होती हैं। गर्भावस्था में मिलने वाले पोषण, जन्म के समय की जाने वाली देखभाल, बचपन में मिलने वाला उचित लाड़-प्यार एवं पोषण, विद्यालय अथवा घर में सीखने के लिए मिली सुविधाएँ, जाति, धर्म और राष्ट्रीयता, माँ-बाप की शिक्षा और बच्चों के प्रति उनका दृष्टिकोण, परिवार की सामाजिक व आर्थिक स्थिति, साथियों का संग और ऐसी बहुत-सी भौतिक, संवेगात्मक, मानसिक और सामाजिक वातावरण से सम्बन्धित बातों में बहुत विभिन्नता देखने को मिलती है। ऐसी विभिन्न परिस्थितियों में पलने वाले बच्चों में वैयक्तिक विभिन्नताएँ उत्पन्न हो जाना स्वाभाविक ही है।

इस प्रकार से वंशानुक्रम और वातावरण दोनों ही वैयक्तिक भेद उत्पन्न करने के लिए उत्तरदायी कहे जा सकते हैं। इनमें से कौन अधिक उत्तरदायी है, यह कहना कठिन है। दूसरे शब्दों में राम और श्याम अथवा गीता व सीता में जो अन्तर दिखाई पड़ता है वह वंशानुक्रम के कारण है या वातावरण के कारण, यह नहीं कहा जा सकता। अगर ये समरूप यमज (Identical twins) नहीं हैं तो निश्चित रूप से वे वंशानुक्रम विशेषताओं में अलग-अलग होंगे और इस तरह उनमें पाई जाने वाली विभिन्नता के लिए कुछ अंशों में वंशानुक्रम उत्तरदायी होगा। उन्हें अलग-अलग प्रकार का वातावरण आगे बढ़ने के लिए मिलेगा चाहे वे एक ही घर व एक ही विद्यालय में पल रहे हैं व शिक्षा प्राप्त कर रहे हैं और इस प्रकार से उनमें पायी जाने वाली विभिन्नताएँ वातावरण सम्बन्धी अन्तर के कारण भी पैदा होंगी। दूसरे शब्दों, में सभी प्रकार के वैयक्तिक भेदों के लिए वातावरण व वंशानुक्रम दोनों ही सम्मिलित रूप से उत्तरदायी होंगे। अतः व्यक्तियों में उनकी भिन्नता के कारणों की खोज करने के लिए हमें वंशानुक्रम और वातावरण सम्बन्धी दोनों प्रकार के प्रभावों पर पूरी तरह दृष्टि डालनी चाहिए।

वैयक्तिक विभिन्नताओं की जानकारी का शैक्षणिक महत्त्व (Educational Implication of Individual Differences)

व्यक्तियों में व्यक्तित्व सम्बन्धी विशेषताओं तथा योग्यताओं में पर्याप्त अन्तर पाया जाता है, इस तथ्य के ज्ञान ने शिक्षा जगत में वैयक्तिक प्रवृत्तियों (Individual tendencies) को जन्म दिया है। संक्षिप्त रूप में वैयक्तिक भेदों के सिद्धान्त ने अध्यापकों को निम्न प्रकार की जानकारी दी हैः

1. किसी भी समूह में ऐसे व्यक्तियों का पाया जाना स्वाभाविक है जो गुणों और विशेषताओं के दृष्टिकोण से दूसरों से बहुत भिन्न प्रतीत हों इस तरह सामान्य बच्चों के साथ अत्यधिक मूर्ख और प्रतिभाशाली बच्चों की उपस्थिति कक्षा में सम्भव है।
2. सभी की योग्यताओं, क्षमताओं, रुचियों, अभिरुचियों और अभिवृत्तियों आदि में पर्याप्त अन्तर पाया जाता है, फलस्वरूप अध्यापक को प्रत्येक बच्चे को पूरी तरह जान कर उसे व्यक्तिगत सहायता देने का प्रयत्न करना चाहिए, ताकि वैयक्तिक अन्तर को ध्यान में रखते हुए उनका समुचित विकास कर सकें।
3. कक्षा में सभी बच्चों की एक-सी सफलता और प्रवीणता की आशा करना व्यर्थ है। कुछ विद्यार्थी अनुकूल रुचि, अभिरुचि और अभिवृत्ति तथा यथेष्ट बुद्धि और पूर्वज्ञान के अभाव में से किसी एक या अन्य क्षेत्र में दूसरों से पीछे रह सकते हैं। उनके व्यक्तिगत अन्तर को ध्यान में रखते हुए उनसे घृणा करना अथवा उन्हें बलपूर्वक काम पर लगाए रखना उचित नहीं है।

4. सभी विद्यार्थी वैयक्तिक भेदों की उपस्थिति के कारण किसी एक विशेष शिक्षण विधि और निश्चित पाठ्यक्रम से पूरा लाभान्वित नहीं हो सकते। इस तथ्य को भुला देना भी ठीक नहीं है।

विद्यालय में वैयक्तिक विभिन्नताओं के लिए व्यवस्था (Provision for the Individual Differences in Schools)

वैयक्तिक भिन्नताओं द्वारा शिक्षण और विकास प्रक्रिया को अत्यधिक प्रभावित किए जाने के कारण यह आवश्यक हो जाता है कि विद्यालयों में विद्यार्थियों के वैयक्तिक भेदों का पूरा ध्यान रखा जाए। इस आवश्यकता को प्रकाश में लाते हुए **क्रो** एवं **क्रो** (Crow and Crow) ने लिखा है:

क्योंकि हमें व्यक्ति विशेष को पढ़ाना होता है, व्यक्तियों के समूहों को नहीं, इस कारण विद्यालय का यह कर्त्तव्य हो जाता है कि वह अपने बजट, अध्यापकों, कर्मचारी गण व पाठ्यक्रम सम्बन्धी सीमाओं को ध्यान में रखते हुए प्रत्येक विद्यार्थी को चाहे वह दूसरों से कितना भी भिन्न क्यों न हो, विद्यार्जन के समुचित अवसर प्रदान करे।

(*Since we supposedly are teaching individuals, not groups of individuals it is the function of the school within its budgetary, personnel, and curricular limitation to provide adequte schooling for every learner no matter how much he differs from every other learner.*— 1973, p. 215)

इस कार्य को हम कैसे पूरा करें? अब यह प्रश्न हमारे सामने आता है कि निस्सन्देह प्रत्येक विद्यार्थी को उसकी अपनी वैयक्तिकता के दृष्टिकोण से शिक्षा देना साधारण कार्य नहीं है, फिर भी अध्यापकों के लिए कुछ निम्नलिखित सुझाव उपयोगी सिद्ध हो सकते हैं:

1. **वैयक्तिक क्षमताओं व योग्यताओं का उचित ज्ञान** (Proper knowledge of the individual's abilities and capacities)—वैयक्तिक भेदों के अनुसार शिक्षा देने के लिए सर्वप्रथम यह आवश्यक है कि अध्यापक बच्चे की रुचियों, अभिरुचियों, योग्यताओं और क्षमताओं आदि का अध्ययन कर उन्हें भली-भाँति जानने का प्रयत्न करे। इस कार्य के लिए बुद्धि परीक्षण, अभिरुचि परीक्षण, उपलब्धि-परीक्षण, संचित अभिलेख पत्र (Cumulative record card), रुचि और अभिवृत्तियों का पता लगाने वाले साधनों तथा व्यक्तित्व को आँकने वाले परीक्षणों की पूरी-पूरी सहायता ली जानी चाहिए।

2. **योग्यता अनुसार समूह में विभक्त करना** (Ability grouping)—वैयक्तिक योग्यताओं और क्षमताओं के रूप में वैयक्तिक भेदों की जानकारी होने के पश्चात् किसी भी कक्षा अथवा श्रेणी विशेष में कार्य करने वाले विद्यार्थियों को समान स्तर के समूहों में विभक्त किया जा सकता है। इस प्रकार वर्गीकृत कर शिक्षा प्रदान करने में वैयक्तिक विभिन्नताओं का ध्यान रखा जा सकता है।

3. **पाठ्यक्रम को समायोजित करना** (Adjusting the curriculum)—व्यक्तिगत भेदों की आवश्यकताओं को पूरा करने के लिए पाठ्यक्रम जितना अधिक लचीला (Flexible) और विभिन्नताएँ लिए हो, उतना अच्छा रहता है। बच्चों को उनकी अपनी योग्यताओं और रुचियों के अनुकूल विषयों तथा क्रियाओं का चुनाव करने के लिए उनमें विविध पाठ्यक्रमों तथा अधिगम अनुभवों की व्यवस्था होनी चाहिए। इसके अतिरिक्त विद्यार्थियों के विभिन्न समूहों को अपनी स्थानीय आवश्यकताओं की पूर्ति हेतु इसमें उचित परिवर्तन किए जाने की भी व्यवस्था होनी चाहिए।

4. **शिक्षण विधियों को समायोजित करना** (Adjusting the method of teaching)—व्यक्तिगत भेदों के अनुसार शिक्षा प्रदान करने के लिए शिक्षण विधियों के भी ठीक प्रकार से चुनने और क्रियान्वित करने की आवश्यकता है। प्रत्येक अध्यापक को एक प्रकार से ऐसी स्वतंत्रता मिलनी चाहिए कि वह अपने विद्यार्थियों की आवश्यकता तथा स्थानीय परिस्थितियों को ध्यान में रखते हुए उपयुक्त शिक्षण विधि और तकनीकों को अपना सके। समान योग्यता और शक्तियों के दृष्टिकोण से शिक्षा देने के लिए उसे विभिन्न विधियों और तकनीकों को प्रयोग में लाने की चेष्टा करनी चाहिए।

5. **व्यक्तिगत रूप से शिक्षा प्रदान करने के लिए विशिष्ट कार्यक्रम अथवा विधियों को अपनाना** (Adopting special programmes or methods for individualizing instruction)—विद्यार्थियों को अपनी वैयक्तिक गति से आगे बढ़ने

देने के लिए विद्यालयों में कुछ विशेष कार्यक्रम अथवा शिक्षण विधियों जैसे डाल्टन प्लान (Dalton plan), विनेक्टा प्लान (Winnekta plan), योजना विधि (Project method) और अभिक्रमित अधिगम विधि (Programmed learning method) आदि को अपनाया जा सकता है।

6. **व्यक्तिगत रूप से शिक्षा प्रदान करने के कुछ अलग उपाय अपनाना** (Adopting other measures of individualizing instruction)—व्यक्तिगत रूप से शिक्षा प्रदान करने के दृष्टिकोण से कुछ निम्न व्यावहारिक सुझाव भी काफी उपयोगी सिद्ध हो सकते हैं:

(i) श्रेणी या उपश्रेणी (Class or section) में विद्यार्थियों की संख्या जितनी कम-से-कम रखी जा सके उतनी रखने का प्रयत्न किया जाना चाहिए।

(ii) विद्यार्थियों के ऊपर जितना सम्भव हो सके, अध्यापक द्वारा उतना व्यक्तिगत ध्यान दिया जाना चाहिए।

(iii) प्रायः कक्षा के विद्यार्थियों को समान योग्यताओं और रुचियों आदि के दृष्टिकोण से समूहों में विभक्त करना सम्भव नहीं हो पाता। ऐसी परिस्थिति में पिछड़े हुए, मंदबुद्धि और प्रतिभाशाली बच्चों के लिए विशेष रूप से अलग अभ्यास कराने और निर्देशन देने की उचित व्यवस्था होनी चाहिए।

इस प्रकार से व्यक्तिगत विभिन्नता को लेकर जो समस्याएँ पैदा होती हैं, उनका निराकरण करने के लिए सभी ओर से प्रयत्न किए जाने की आवश्यकता है। अध्यापकों, विद्यालय अधिकारियों, माता-पिता तथा स्वयंसेवक और सरकारी संगठनों आदि को वैयक्तिक विकास करने के लिए हाथ से हाथ मिला कर कार्य करना चाहिए।

सार-संक्षेप (Summary)

1. व्यक्तियों में बहुत अधिक वैयक्तिक विभिन्नताएँ या भेद देखने को मिलते हैं। परिभाषा के रूप में वैयक्तिक भेद और विभिन्नताओं से अभिप्राय व्यक्तियों में पाई जाने वाली उन सभी भिन्नताओं तथा भेदों से होता है जो उन्हें एक-दूसरे से अलग करते हुए स्वयं एक अनुपम व्यक्ति बनते हैं।
2. व्यक्तियों में पाये जाने वाले इन वैयक्तिक भेदों को मुख्य रूप से दो श्रेणियों-भौतिक या शारीरिक तथा मनोवैज्ञानिक में बाँटा जा सकता है। इस रूप में शारीरिक संरचना, कार्य-प्रणाली तथा कार्यक्षमता को लेकर व्यक्तित्व में जो भेद पाये जाते हैं उन्हें पहली श्रेणी में रखा जा सकता है तथा व्यक्तित्व के मनोवैज्ञानिक पक्षों जैसे रुचि, अभिरुचि, अभिवृत्ति, बौद्धिक क्षमता और सामाजिक, संवेगात्मक तथा नैतिक विकास को लेकर जो भेद पाए जाते हैं उन्हें दूसरी श्रेणी में रखा जाता है।
3. व्यक्तियों में पाए जाने वाले सभी प्रकार के वैयक्तिक भेदों का वितरण एक विशेष रूप में ही सम्पन्न होता है। यानी कि सभी प्रकार के व्यक्तित्व गुणों और विशेषताओं को लेकर बहुतायत सामान्यों की ही होती है। इसीलिए हममें से अधिकांश सामान्य रंगरूप, कदकाठी तथा बुद्धि आदि लिए हुए ही होते हैं सामान्य से बहुत अधिक हट कर व्यक्तित्व गुण या विशेषताएँ कम ही देखने को मिलती हैं।
4. वंशक्रम और वातावरण दोनों ही अपने अपने ढँग से व्यक्तिगत भेदों को उत्पन्न करने का कारण बनते देखे जा सकते हैं। परन्तु किसी भी एक अवस्था में व्यक्तियों में पाए जाने वाले इन व्यक्तिगत भेदों के लिए यह कहना कठिन है कि उनमें से किनके लिए वंशक्रम अधिक उत्तरदायी है और किनके लिए वातावरण। इसीलिए किसी भी प्रकार के व्यक्तिगत भेदों के लिए वंशक्रम एवं वातावरण दोनों को ही सम्मिलित रूप से उत्तरदायी ठहराना ठीक रहता है।
5. बालकों में पाए जाने वाले विभिन्न वैयक्तिक भेदों की प्रकृति और उनके उत्पन्न होने से सम्बन्धित कारणों की जानकारी अध्यापक और माता-पिता दोनों को ही उन्हें उनकी वैयक्तिकता के आधार पर उचित शिक्षा, वृद्धि और

विकास के उपयुक्त साधन एवं मार्गदर्शन प्रदान करने के काम आ सकती है। वास्तव में देखा जाए तो वैयक्तिक भेदों की इस जानकारी ने शिक्षा की पूरी प्रक्रिया का वैयक्तीकरण करने का अनुपम मार्ग प्रशस्त करने की अच्छी पहल की है। परिणामस्वरूप आज शिक्षा के सभी कार्यक्रम और नीतियों के प्रतिपादन तथा क्रियान्वयन में वैयक्तिक प्रवृत्तियों को बढ़ावा देने हेतु बालकों को योग्यतानुसार समूहों में विभक्त करने, पाठ्यक्रम तथा शिक्षण विधियों को समायोजित करने, व्यक्तिगत रूप से शिक्षा प्रदान करने हेतु विशिष्ट कार्यक्रम तथा विधियों को अपनाने आदि बातों पर काफी जोर दिया जाने लगा है।

संदर्भित एवं विशेष अध्ययन ग्रन्थ (References and Suggested Readings)

Bingham, W.V.D., *Aptitude and Aptitude Testing*, Harper & Brothers, New York, 1937.

Crow, L.D. and Crow, Alice, *Educational Psychology,* 3rd Indian reprint, Eurasia Publishing House, New Delhi, 1973.

Eysenck, H.J., *The Structure of Human Personality*, Methuen, New York, 1971.

Freeman, F.S., *Theory and Practice of Psychological Testing*, 3rd Indian ed., Oxford & IBH, Bombay, 1971.

Good, Carter V., *Dictionary of Education*, McGraw-Hill, New York, 1959.

Hurlock, E.B., *Child Psychology*, Asian Student 3rd ed., McGraw-Hill, Tokyo, 1959.

Slain, R.E., *Educational Psychology*, Prentice Hall, New Jersey, 1991.

Sorenson, Herbert, *Psychology in Education*, McGraw-Hill, New York, 1977.

बालकों और किशोरों के व्यवहार के बारे में जानने की विधियां एवं तरीके (Methods and Ways to Understand Children and Adolescent's Behaviour)

विषय प्रवेश (Introduction)

शिक्षकों को अपने शिक्षण को सही दिशा प्रदान करने और बालकों के समुचित विकास में सहायता प्रदान करने हेतु उनके व्यवहार का उचित अध्ययन करने और समझने की आवश्यकता होती है और इस अध्ययन हेतु उसे उनके बारे में विभिन्न प्रकार की जानकारी एकत्रित करने का कार्य करना पड़ता है। यह जानकारी एकत्रित करने का कार्य बहुत ही संगठित एवं क्रमबद्ध रूप से बहुत कुछ सोच समझ कर किया जाता है और इसके लिए परिस्थिति अनुसार उचित विधियों या तकनीकों का चयन करना होता है। शिक्षक के रूप में आपको जिन विद्यार्थियों के व्यवहार अध्ययन हेतु जानकारी एकत्रित करनी होगी वे बाल्यावस्था (Childhood) तथा किशोरावस्था (Adolescence) से ही सम्बन्धित होंगे। फलस्वरूप आपको ऐसी विधियों या तकनीकों के चयन हेतु पहल करनी होगी जो इन अवस्थाओं के बालकों के व्यवहार अध्ययन के लिए वांछित जानकारी एकत्रित करने में अधिक से अधिक कारगर सिद्ध हो सकें।

इस दृष्टि से जिन विभिन्न विधियों या तकनीकों को आप अपने विद्यार्थियों के व्यवहार अध्ययन हेतु जानकारी एकत्रित करने के लिए काम में ला सकते हैं उनमें से कुछ प्रमुख तकनीकों या विधियों का उल्लेख हम आगे के पृष्ठों में करना चाहेंगे।

स्वाभाविक अवलोकन विधि (Naturalistic Observation Method)

स्वाभाविक अवलोकन विधि व्यवहार के अध्ययन करने की एक सुविधाजनक और उपयुक्त विधि है। अपने दिन-प्रतिदिन की जिन्दगी में बालक जिस प्रकार का व्यवहार करते हैं उनका उसी रूप में अवलोकन करते रहने से उनके व्यवहार और व्यक्तित्व सम्बन्धी गुणों से भली-भांति परिचित हुआ जा सकता है। कई बार हमें जिस प्रकार के व्यवहार और व्यक्तित्व सम्बन्धी गुणों का विशेष रूप से पता लगाना होता है उस व्यवहार को घटित होने के लिए ऐसी परिस्थितियां भी पैदा करनी होती हैं जैसे किसी बालक की ईमानदारी की परीक्षा लेने के लिए जान-बूझ कर कोई मूल्यवान वस्तु या धनराशि उसके लिए छोड़ दी जाए। परिस्थितियां चाहे स्वाभाविक रूप से पैदा हों या कृत्रिम रूप से पैदा की जाएँ उनमें जिस प्रकार के व्यवहार का प्रदर्शन व्यक्तिगत या सामूहिक रूप से बालकों द्वारा किया जाता है उनका अवलोकन कर उनके व्यवहार एंव व्यक्तित्व गुणों के बारे में निष्कर्ष निकालना अवलोकन विधि के कार्यक्षेत्र में आता है।

अवलोकन विधि क्या है? (What is Observation Method?)

अवलोकन शब्द का प्रयोग हम विज्ञान विषयों में इन्द्रियों के द्वारा वस्तुओं की प्रकृति अथवा वातावरण सम्बन्धी जानकारी और ज्ञान प्राप्त करने के लिए करते हैं। मनोविज्ञान क्षेत्र में इसका प्रयोग व्यक्तियों के बाह्य व्यवहार का अवलोकन कर उसकी मानसिक प्रक्रियाओं और व्यक्तित्व सम्बन्धी आंतरिक विशेषताओं का अनुमान लगाने के लिए किया जाता है।

शिक्षा मनोविज्ञान में इसे हम विद्यार्थियों की इसी प्रकार की बातों और व्यवहार की जाँच के लिए प्रयोग में लाने का प्रयत्न करते हैं। वैसे देखा जाए तो बालकों द्वारा प्रदर्शित व्यवहार या उनकी मानसिक प्रक्रियाओं के अध्ययन की यह एक अप्रत्यक्ष विधि है। उदाहरण के तौर पर, अगर कोई बालक अपनी आँखें लाल करे, मुट्ठियाँ भींचे, दाँत किटकिटाए तब उसके इस व्यवहार का अवलोकन कर हम यह कह सकते हैं कि वह क्रोधित अवस्था में है। इस प्रकार अगर हम बालक को विभिन्न परिस्थितियों में तरह-तरह का व्यवहार करते देखें तो हम उसके इस प्रकार के व्यवहार का अवलोकन कर उसकी मानसिक प्रक्रियाओं, व्यवहार और व्यक्तित्व सम्बन्धी विशेषताओं के बारे में बहुत कुछ जानकारी इकट्ठी कर सकते हैं। यह जानकारी हमें बालकों के व्यवहार और व्यक्तित्व के बारे में उचित निष्कर्ष निकालने में काफी मदद कर सकती है और इस तरह बालकों के व्यवहार का अध्ययन करने में अवलोकन विधि काफी उपयोगी और रचनात्मक सिद्ध हो सकती है।

अवलोकन के विभिन्न रूप एवं तरीके (The Styles and Ways of Observation)

अवलोकन के कई रूप हो सकते हैं तथा उसे विभिन्न तरीकों से संपादित किया जा सकता है। कुछ प्रमुख रूप एवं तरीकों का सूक्ष्म विवरण नीचे दिया जा रहा है।

1. **औपचारिक अवलोकन** (Formal Observation)—अवलोकन पूरी तरह औपचारिक (Formal) रूप में सम्पन्न हो सकता है। इसके लिए अवलोकनकर्त्ता द्वारा जिनके व्यवहार का अवलोकन करना है उन्हें भली-भाँति यह पूर्व सूचना दे दी जाती है कि अवलोकन कार्य कब और कहाँ होना है तथा किन-किन बातों का अवलोकन किया जाना है। उदाहरण के लिए, छात्रावास में रहने वाले बालकों को यह बताया जा सकता है कि अमुक दिन, अमुक समय पर उनके कमरों तथा रहन-सहन और खान-पान व्यवस्था आदि में स्वच्छता की जाँच की जाएगी। जैसा कि स्पष्ट है कि ऐसा करने से बालक उस दिन या समय विशेष पर स्वच्छता पर विशेष ध्यान दे सकते हैं। एक लापरवाह बालक भी उस दिन स्वच्छ रहकर अपने बारे में अच्छी राय बनाने में कामयाब हो सकता है। इस तरह जो व्यवहार हमारे सामने आता है वह असहज और कृत्रिम होता है, स्वाभाविक और वास्तविक नहीं।

2. **अनौपचारिक अवलोकन** (Informal Observation)—इस प्रकार के अवलोकन में अवलोकन का समय, दिन और अवलोकन किस बात का करना है इसकी पूर्व जानकारी विद्यार्थियों को नहीं दी जाती है। अवलोकन बिना किसी औपचारिकता के बिल्कुल सहज और स्वाभाविक परिस्थितियों में किया जाता है। अत: बालक के स्वाभाविक और सहज व्यवहार के अवलोकन की यहाँ पूरी-पूरी सम्भावना रहती है।

3. **सहभागी अवलोकन** (Participant Observation)—इस प्रकार के अवलोकन में अवलोकनकर्त्ता विद्यार्थियों के समूह का एक अभिन्न अंग बनकर उसके व्यवहार के गुणों की जानकारी एकत्रित करने का प्रयत्न करता है। उदाहरण के लिए, वह बालकों के खेल में शामिल होकर उनके उस समय के व्यवहार की जाँच करने का कार्य कर सकता है। इसमें दोष इसी बात का है कि बालक अध्यापक या जाँचकर्त्ता की उपस्थिति में पूरी तरह सहज और स्वाभाविक व्यवहार का प्रदर्शन नहीं कर पाते।

4. **असहभागी अवलोकन** (Non-participant Observation)—इस प्रकार के अवलोकन में अवलोकनकर्त्ता विद्यार्थियों की क्रियाओं एवं व्यवहार क्षेत्र से अपने आपको छिपाकर उनका अवलोकन करता है। बालकों को यह पता नहीं चलने दिया जाता कि उनके व्यवहार का किसी रूप में निरीक्षण या अवलोकन किया जा रहा है। इस कार्य के लिए अवलोकनकर्त्ता किसी एक ऐसे उचित स्थान का चुनाव करके अपना अवलोकन कार्य करता रहता है जिससे कि विद्यार्थी उसे नहीं देख सके। कोई ऐसा स्क्रीन या पर्दा इस कार्य के लिए उपयोगी सिद्ध हो सकता है जिसमें केवल एक ओर ही दिखाई दे सके। आधुनिक उपकरणों जैसे गुप्त कैमरा, वीडियो रिकार्डिंग आदि का प्रबन्ध भी इस प्रकार के गुप्त अवलोकन में बहुत सहयोगी सिद्ध हो सकता है। दूर बैठकर देखने के लिए अवलोकनकर्त्ता दूरदर्शक (Telescope) आदि यंत्रों का प्रयोग भी सुविधानुसार कर सकता है। किसी भी प्रकार बालकों को यह आभास न हो कि उनके व्यवहार का अवलोकन हो रहा है, इस बात का पूरा-पूरा ध्यान इस प्रकार के अवलोकन में अवलोकनकर्त्ता द्वारा रखने का प्रयत्न किया जाता है।

अवलोकन तकनीक या विधि को कैसे काम में लाया जाए ?
(How to Make use to the Observation Technique or Method ?)

प्रश्न उठता है कि बालकों के व्यवहार का अध्ययन करने के लिए अवलोकन विधि को किसी तरह प्रयोग में लाया जाए। अवलोकन विधि को प्रयोग में लाने के लिए सामान्यतया निम्न सोपानों (Steps) का अनुसरण करना उपयुक्त रहता है:

1. **योजना बनाना तथा आवश्यक तैयारी करना** (Planning and Preparation for Observation)—सबसे पहले यह तय किया जाना चाहिए कि बालक के किस प्रकार के व्यवहार और व्यक्तित्व सम्बन्धी गुणों के बारे में आवश्यक जानकारी अवलोकन द्वारा इकट्ठी करनी है। फिर अवलोकन किस प्रकार करना है, किसके द्वारा करना है, किन साधनों एवं उपकरणों की मदद लेनी है, अवलोकन के समय किस प्रकार की परिस्थितियां रखनी हैं इत्यादि बातों पर पहले से ही समुचित विचारकर सभी आवश्यक तैयारियां कर लेनी चाहिएं। अवलोकन के समय क्या-क्या कठिनाईयां आ सकती हैं और उनके लिए क्या विकल्प अथवा समाधान ढूंढे जा सकते हैं इस बात का भी पूर्व अनुमान लगाकर उचित व्यवस्था कर लेनी चाहिए।

2. **व्यवहार का अवलोकन करना** (Observation of the Behaviour)—इस सोपान के अन्तर्गत अवलोकनकर्त्ता द्वारा विद्यार्थी के व्यवहार का क्रियात्मक रूप से अवलोकन किया जाता है। अवलोकन करने के तरीकों तथा उसके विभिन्न रूपों जिनका वर्णन हम पहले कर चुके हैं उनमें से सबसे उपयुक्त रूप और तरीकों का प्रयोग इस कार्य हेतु किया जाता है। जहां तक हो सके इसे इस प्रकार किया जाता है कि अवलोकन करने की बात की कोई पूर्व सूचना या किसी भी प्रकार का आभास विद्यार्थी को न हो सके कि कोई उनके व्यवहार का अवलोकन कर रहा है। जीवन की वास्तविक परिस्थितियों में भी जहां बालक स्वाभाविक रूप से अपने क्रिया-कलापों में लग रहे हों वहां उनके सम्पर्क में आकर अवलोकनकर्त्ता उनके व्यवहार का अवलोकन कर आवश्यक बातों को नोट कर सकता है। उसके द्वारा इस अवलोकन कार्य में निम्न बातों को ध्यान में रखना अधिक उपयुक्त रहता है।

(i) अवलोकन बड़ी ही सावधानी से करना चाहिए। नेत्रों के ऊपर इसका दायित्व रहता है। अगर दूरी अधिक न हो तो व्यवहार सम्बन्धी बातों को सुनने का भी पूरा-पूरा प्रयास करना चाहिए।

(ii) टेलीस्कोप का प्रयोग दूर से अवलोकन करने में किया जाना ठीक रहता है।

(iii) आधुनिक उपकरणों जैसे कैमरा, आडियो और वीडियो रिकार्डिंग आदि की व्यवस्था करने से अवलोकन की बातों को नोट करने तथा अवलोकन कार्य को भली-भांति सम्पन्न करने के कार्यों में विशेष लाभ रहता है। अत: जहां सम्भव हो वहां इनका प्रयोग अवश्य ही किया जाना चाहिए।

(iv) किसी एक प्रकार के व्यवहार या व्यक्तित्व सम्बन्धी गुण की जाँच कार्य को दोहराया अवश्य जाना चाहिए ताकि अवलोकन के परिणामों में अधिक विश्वसनीयता लायी जा सके।

(v) एक अवलोकनकर्त्ता के स्थान पर अगर कई लोग किसी एक बात का उसी व्यवहार का विभिन्न परिस्थितियों में अवलोकन करें तो इससे अवलोकन कार्य में अधिक वैधता, वस्तुनिष्ठता और विश्वसनीयता लाई जा सकती है।

(vi) व्यवहार जब घटित हो रहा है तभी उसे बारीकी से अवलोकन कर सम्बन्धित बातों को नोट या रिकार्ड करते जाना चाहिए। मौखिक रूप से याद रख पाना सम्भव नहीं हो पाता और फिर बहुत सी बातों का एक दूसरे में घुल-मिल जाने से कई बार अवलोकन सम्बन्धी किसी निश्चित परिणाम पर पहुँचने में भी असुविधा हो जाती है। अत: अच्छा यहा रहता है कि अवलोकन व्यवहार सम्बन्धी बातों को विभिन्न वर्गों में विभाजित कर भली-भांति नोट करते रहा जाए या फिर पूर्व निर्मित अवलोकन तालिका या सूची पर टैली या टिक-मार्क लगा दिया जाए।

3. **अवलोकन कार्य का विश्लेषण और व्याख्या** (Analysis and Interpretation of the Observed Facts)—अवलोकन के दौरान जो कुछ भी अवलोकन के आधार पर नोट या रिकार्ड किया जाता है, उन तथ्यों का फिर भलीभाँति विश्लेषण कर बालक के व्यवहार सम्बन्धी बातों और व्यक्तित्व सम्बन्धी गुणों के बारे में उचित निष्कर्ष निकालने का प्रयत्न किया जाता है।

4. **सामान्यीकरण करना** (To Make Generlization)—मनोवैज्ञानिक अध्ययन की एक विशेषता यह भी है कि इसमें अध्ययन के परिणामों के आधार पर कुछ सर्वमान्य नियम बनाने का प्रयत्न किया जाता है जिसके आधार पर यह अनुमान लगाने का प्रयत्न किया जाता है कि किसी विशेष आयु, परिवेश तथा क्षमता से युक्त बालकों द्वारा किसी एक परिस्थिति में किस प्रकार के व्यवहार की आशा की जा सकती है अथवा बालकों के व्यवहार की किसी एक दशा के मूल में क्या-क्या सम्भावित कारण हो सकते हैं आदि आदि।

अवलोकन विधि के लाभ (Merits of Observation Method)

अवलोकन विधि को विद्यार्थियों के व्यवहार का अध्ययन करने की काफी उपयुक्त विधि माना जाता है, इसके मूल में निम्न बातें शामिल हैं :

1. अवलोकन विधि द्वारा बालकों द्वारा किए जाने वाली सहज एवं स्वाभाविक व्यवहार क्रियाओं तथा चेष्टाओं की बड़े ही स्वाभाविक ढंग से जैसे वे सम्पन्न होते हैं अपने उसी मूल रूप में अच्छी तरह अध्ययन किया जा सकता है।
2. बालकों के व्यवहार का अध्ययन करने में मनोवैज्ञानिक प्रयोग उस रूप में करना सम्भव नहीं है जिस रूप में नियंत्रित प्रयोगशाला परिस्थितियों में वैज्ञानिक तथा मनोवैज्ञानिक किया करते हैं। कुत्ते, बिल्ली, चिम्पैन्जी, कबूतर आदि पर मनोवैज्ञानिक प्रयोगशाला में प्रयोगकर्त्ता की मर्जी के अनुसार किए जा सकते हैं परन्तु ऐसे प्रयोगों को बालकों के व्यवहार का अध्ययन करने के लिए सभी परिस्थितियों में कर पाना सम्भव नहीं हो पाता। उदाहरण के लिए, मानसिक रूप से विकलांग बालकों का अध्ययन उन्हीं बालकों के व्यवहार के अध्ययन से सम्भव है जो मानसिक रूप से विकलांग हों, किसी बालक में इस प्रकार की विकलांगता को घटा-बढ़ा कर या कृत्रिम रूप से पैदा कर उसका अध्ययन नहीं किया जा सकता। अनाथ बालकों के अध्ययन के लिए अनाथालय में ही जाना होगा। किन्हीं बालकों को जबरन अनाथ बनाकर यह कार्य नहीं किया जा सकता।
3. अवलोकन विधि का सम्बन्ध बालक के वर्तमान से होता है उसके भूत से नहीं। अत: यहां पिछली बातों और घटनाओं के बारे में जानने या उनको स्मृति में बनाए रखने की अधिक आवश्यकता नहीं पड़ती। अवलोकनकर्त्ता द्वारा अपने अवलोकन के दौरान जो कुछ भी देखा, सुना या नोट किया जाता है उसी के आधार पर वह बालक के व्यवहार सम्बन्धी निष्कर्ष निकाल सकता है।
4. एक बार अवलोकन किए गए व्यवहार की उन्हीं जैसी परिस्थितियों में पुन: अवलोकन करने की पूरी-पूरी सम्भावना रहती है। यह कार्य कोई एक व्यक्ति भी बार-बार कर सकता है या कई अवलोकनकर्त्ता मिलकर यह जिम्मेदारी निभा सकते हैं। अत: ऐसी स्थिति में प्रथम अवलोकन के परिणामों की पुष्टि कर पाना पूरी तरह सम्भव हो सकता है।
5. सीमित साधनों में बालकों के व्यवहार का सरलता से अध्ययन कर पाना इसी विधि में सम्भव है। इसमें कोई विशेष खर्च या शक्ति और साधनों का उपयोग किए बिना ही अधिक जानकारी इकट्ठी की जा सकती है और इस कार्य के लिए अवलोकनकर्त्ताओं को कोई विशेष प्रकार के प्रशिक्षण लेने की आवश्यकता भी नहीं रहती।

अवलोकन विधि के दोष तथा कमियाँ (Limitations and Defects of Observation Method)

बाल व्यवहार के अध्ययन की एक सुविधाजनक और व्यवहार विधि होने के बावजूद अवलोकन विधि को पूरी तरह दोषमुक्त एवं साधन सम्पन्न नहीं कहा जा सकता। इसमें निहित दोष तथा कमियों को निम्न रूप में गिनाया जा सकता है :

1. **प्रशिक्षित अवलोकनकर्त्ताओं का अभाव** (Difficulty in Getting Trained Observers)—अवलोकन विधि की सफलता अवलोकनकर्त्ता की अवलोकन सम्बन्धी योग्यता पर निर्भर करती है। प्रशिक्षित एवं योग्य अवलोकनकर्त्ताओं के अभाव में इस विधि के समुचित उपयोग की आशा नहीं की जा सकती।

2. **आत्मनिष्ठा सम्बन्धी दोष** (Disadvantage Due to Subjectivity)—दूसरा दोष आत्मनिष्ठा (subjectivity) को लेकर अवलोकन के आधार पर किसी दूसरे के व्यवहार के बारे में विचार प्रकट करते हैं तो हमारी स्वयं की अपनी भावनाओं, विचारों और दृष्टिकोणों का प्रतिबिंब उसमें झलकने लगता है। तुलसी की शब्दावली में 'जाकी रही भावना जैसी, प्रभु मूरत देखी तिन तैसी' वाली परिस्थिति हम लोगों की भी बन जाती है। एक सात्विक विचार वाले व्यक्ति को सभी साधु ही नजर आते हैं, जबकि एक शंकाशील व्यक्ति सभी के चरित्र को संदेह की दृष्टि से ही देखता है।

3. **पक्षपात एवं द्वेषपूण दृष्टि** (Partial and Revengeful Attitude)—केवल आत्मनिष्ठता ही नहीं, हमारी पक्षपात और द्वेषपूर्ण दृष्टि भी हमारे अवलोकन के परिणामों को अपने विशेष रंग में रँगने का प्रयत्न करती है। हमें अपने प्रियजनों तथा कृपापात्रों में कोई भी दोष नजर नहीं आते, जबकि जिनसे हमारी कुछ भी खटपट हो अथवा जो हमारे स्नेह भाजन नहीं हैं, उनमें सदैव हम कोई न कोई दोष निकालना चाहते हैं अथवा उनके बारे में बहुत सारे संदेह हमारे अन्दर विद्यमान रहते हैं।

4. **विश्वसनीयता एवं यथार्थता का अभाव** (Lack of Reliability and Validity)—इस विधि द्वारा किसी व्यक्ति के ऊपरी व्यवहार (External behaviour) का अवलोकन कर उसकी मानसिक प्रक्रियाओं और व्यक्तित्व के बारे में कुछ जानने का दावा किया जाता है। परन्तु इस दावे में विशेष बल दिखाई नहीं देता। अवलोकन का ढंग कितना ही अच्छा क्यों न हो, दूसरे व्यक्ति के मन और मस्तिष्क में क्या हो रहा है यह हम नहीं जान सकते। मानव स्वभाव बड़ा विचित्र है। एक बुरा व्यक्ति जो अपने भावों को छुपाने में थोड़ा बहुत भी सिद्धहस्त है, ऊपरी व्यवहार से अपने आपको बहुत ही शिष्ट एवं चरित्रवान सिद्ध कर सकता है, जबकि एक अच्छा आदमी अपने अनौपचारिक एवं स्पष्ट व्यवहार के कारण लड़ाकू, जिद्दी, मूर्ख अथवा असभ्य ठहराया जा सकता है अत: अवलोकन विधि द्वारा लिए गए परिणाम सभी परिस्थितियों में विश्वसनीय एवं यथार्थ नहीं होते।

5. **घटनाओं की आवृत्ति या पुनरावृत्ति में कठिनाई** (Difficulty in the Occurrence and Reoccurrence of the Events)—व्यवहार सम्बन्धी घटनाओं को स्वाभाविक रूप से घटने अथवा उन्हें दुबारा देखने के लिए काफी लम्बा इंतजार करना पड़ सकता है और इस तरह किसी बालक के व्यवहार और व्यक्तित्व सम्बन्धी सभी बातों की अवलोकन के द्वारा अध्ययन करना काफी लम्बा, अरुचिपूर्ण और दु:साध्य कार्य बन जाता है।

6. **अवलोकन द्वारा बालक के सम्पूर्ण व्यवहार व व्यक्तित्व की जाँच सम्भव नहीं** (Not Applicable to Study Total Behaviour)—अवलोकन विधि का प्रयोग व्यवहार अध्ययन के लिए आंशिक रूप से ही सम्भव है। बालक के सम्पूर्ण व्यवहार और व्यक्तित्व के आंतरिक पक्ष का आकलन इस विधि द्वारा असम्भव ही है। आंतरिक व्यवहार और व्यक्तित्व के भीतरी आवरण तक पहुँच पाने का काम ऊपरी और बाह्य अवलोकन द्वारा नहीं हो सकता। अवलोकन तो चेतन व्यवहार का ही कुछ सीमा तक अध्ययन कर सकता है। अवचेतन और अर्धचेतन (Unconscious or Sub-conscious) तक पहुँच पाना इसके सामर्थ्य के बाहर है।

7. **अवलोकन के परिणामों को नोट करने में कठिनाई** (Difficulty in Recording of the Observation Data)—अवलोकनकर्त्ता द्वारा अवलोकन की गई बातों को नोट करके रिकार्ड तैयार करने में भी कठिनाई आती है। दो कार्य एक जैसी कुशलता से कर पाना कठिन ही होता है। बहुत सी बातें अच्छी तरह अवलोकन करने पर भी नोट करने से रह जाती हैं। दूसरा जो कुछ दिख रहा है या सुनाई दे रहा है उसकी अस्पष्टता अथवा अवलोकन में रह जाने वाली कमी भी अवलोकन के परिणामों में अविश्वसनीयता ला सकती है। टेप, कैसेट, कैमरा, दूरदर्शन आदि आधुनिक साधनों का प्रयोग सभी के वश की बात नहीं होती और फिर इसका प्रयोग करने में भी कठिनाई आती है, ऐसा इंतजाम करके अवलोकन करवाने को कौन राजी होगा और फिर राजी हो भी गया तो उसका व्यवहार स्वाभाविक कहां रह पाएगा।

निष्कर्ष (Conclusion)

इस प्रकार हम देखते हैं कि अवलोकन उपागम या विधि को ठीक प्रकार से उपयोग करने के रास्ते में कई बाधाएं हैं तथा अवलोकन उपागम या विधि की विश्वसनीयता एवं यथार्थता भी संदिग्ध है। परन्तु इन सभी कमियों को काफी सीमा तक दूर कर पाना कठिन होते हुए भी असंभव नहीं कहा जा सकता। एक अच्छा अवलोकनकर्त्ता अपनी लगन और निष्ठा से अवलोकन

द्वारा बालकों के व्यवहार सम्बन्धी बातों का समुचित अध्ययन कर सकता है। सीमित साधनों के अंतर्गत बाल मन एवं व्यवहार का अध्ययन जितना इस विधि द्वारा सम्भव है उतना किसी और विधि द्वारा नहीं, इस बात को सदैव ही अवलोकनकर्त्ता द्वारा ध्यान में रखा जाना चाहिए।

साक्षात्कार विधि (Interview Method)

साक्षात्कार विधि क्या है? (What is an Interview Method?)

साक्षात्कार विधि (Interview) शब्द से सामान्यतया हम सभी परिचित हैं। किसी कक्षा या विशेष अध्ययन कोर्स में प्रवेश लेने के लिए तथा नौकरियों में चयन तथा पदोन्नति (Selection and Promotion) हेतु व्यक्तित्व, व्यवहार एवं वांछित योग्यताओं की जाँच करने के लिए प्राय: साक्षात्कार विधि का ही सहारा लिया जाता है। इस विधि में जिस विद्यार्थी के व्यवहार व व्यक्तित्व के गुणों के बारे में जानकारी एकत्रित करनी हो उसे आमने-सामने बिठाकर उससे उचित प्रश्न पूछे जाते हैं तथा उसके उत्तर देने के ढंग एवं उत्तर का विश्लेषण कर उसके व्यवहार एवं व्यक्तित्व के बारे में उचित निष्कर्ष निकाले जाते हैं। प्रश्न पूछने एवं उत्तर प्राप्त करने का तरीका मौखिक, लिखित अथवा मिला-जुला हो सकता है। प्रश्न पूछना एवं उत्तर प्राप्त करना धीरे-धीरे एक गम्भीर वार्तालाप तथा विचार-विनिमय का रूप ग्रहण कर लेता है जिसके आधार पर साक्षात्कार लेने वाला या लेने वाले लोग व्यवहार एवं व्यक्तित्व गुणों की उचित थाह लेने में काफी सीमा तक सफल हो जाते हैं।

साक्षात्कार के प्रकार (Types of Interview)

रचना और आयोजन की दृष्टि से साक्षात्कार दो प्रकार का हो सकता है—एक तो संरचित एवं प्रामाणिक (Structured and Standardised) और दूसरा, असंरचित एवं अप्रामाणिक साक्षात्कार (Unstructured and Non-standardised).

1. संरचित एवं प्रामाणिक साक्षात्कार में व्यवहार एवं व्यक्तित्व सम्बन्धी जिन बातों के बारे में जानकारी एकत्रित करनी हो उनसे सम्बन्धित उचित एवं आवश्यक प्रश्नों की रचना साक्षात्कार लेने से पहले ही कर ली जाती है। उन प्रश्नों का क्रम भी पहले से तय होता है। किस प्रश्न के लिए किस प्रकार के उत्तर अथवा अनुक्रिया द्वारा व्यवहार व व्यक्तित्व की किन विशेषताओं व गुणों का किस रूप में मूल्यांकन किया जाएगा उसका निर्धारण भी पहले ही कर लिया जाता है। इस प्रकार के पूर्व निर्धारण से साक्षात्कार की प्रक्रिया काफी नियंत्रित एवं व्यवस्थित हो जाती है साथ ही उसमें आवश्यक रूप से वस्तुनिष्ठता और विश्वसनीयता का गुण भी आ जाता है। साक्षात्कार लेने वालों को भी इससे काफी सुविधा हो जाती है क्योंकि वे बालकों के व्यवहार एवं व्यक्तित्व के गुणों की तुलना भी अच्छी तरह कर लेते हैं और व्यर्थ के वार्तालाप में नहीं फँसते। इससे समय और शक्ति का अपव्यय भी रुक जाता है।
2. असंरचित एवं अप्रामाणिक साक्षात्कार में विद्यार्थियों से पूछे जाने वाले प्रश्न पहले से तैयार नहीं किए जाते और न उनकी संख्या ही निश्चित की जाती है। साक्षात्कार लेने वाला व्यक्ति अपनी इच्छानुसार कोई भी प्रश्न पूछने को स्वतन्त्र होता है। कई बार किसी एक विषय या विचार की बाल की खाल निकालने में ही साक्षात्कार का सारा समय बीत जाता है। इस तरह इस प्रकार के अध्ययन कार्य में भटकाव की आशंका बनी रहती है। दूसरा, वार्तालाप की धारा और उसके मूल्यांकन पर नियंत्रण न रहने के कारण विश्वसनीयता एवं वस्तुनिष्ठता दोनों की ही इस प्रकार की साक्षात्कार प्रक्रिया में काफी कमी दिखाई देती है। हाँ एक बात की अच्छाई भी ऐसे साक्षात्कार में होती है वह यह है कि स्वतन्त्र अभिव्यक्ति के अवसर इस व्यवस्था में काफी मिलते हैं। इसके फलस्वरूप बालक को अच्छी तरह जानने एवं समझने में इस प्रकार का साक्षात्कार काफी सहयोगी सिद्ध हो सकता है।

साक्षात्कार विधि का प्रयोग कैसे किया जाए ? (How to Make Use of the Interview Method?)

साक्षात्कार विधि के प्रयोग का कार्य मुख्यतया निम्न तीन चरणों में पूरा होता है:

1. साक्षात्कार लेने के पूर्व की तैयारी (Preparation before the Interview)
2. साक्षात्कार लेना (Taking Interview)
3. साक्षात्कार से परिणाम निकालना (Drawing Conclusions from Interview)

उपरोक्त तीनों चरणों से सम्बन्धित क्रियाओं के संपादन में निम्न बातों का ध्यान रखा जाना चाहिए:

1. साक्षात्कार लेने की पूर्व तैयारी (Preparation before the Interview)

(i) साक्षात्कार लेने वाला स्थान अधिक शोरगुल, अधिक गर्मी-सर्दी आदि से मुक्त हो तथा साक्षात्कार देने वाला व्यक्ति अपने आपको आराम में अनुभव कर सके, ऐसे प्रयत्न किए जाने चाहिए।

(ii) साक्षात्कार देने वाले व्यक्ति से आत्मीयता (Rapport) स्थापित करने का प्रयत्न किया जाना चाहिए।

(iii) प्रश्न किस प्रकार के पूछे जाने हैं, यह साक्षात्कार के उद्देश्य पर निर्भर करता है। अत: इसके बारे में थोड़ा बहुत विचार कर लेना चाहिए। साक्षात्कार के दौरान भी आवश्यकतानुसार इनमें परिवर्तन किया जा सकता है।

(iv) आवश्यकता हो तो टेप रिकार्डर, फिल्म, चेक लिस्ट, स्टेनोग्राफी आदि साधनों की सहायता लेने का प्रबन्ध कर लेना चाहिए।

2. साक्षात्कार लेना (Taking Interview)

(i) बालक का विश्वास अर्जित कर उचित प्रश्नों की सहायता से सूचना एकत्रित करने का प्रयास करना चाहिए।

(ii) उद्देश्य बालक के बारे में जानना तथा उसको सहायता पहुँचाना है। अत: आलोचनात्मक दृष्टिकोण नहीं अपनाया जाना चाहिए।

(iii) आवश्यक बातों को रिकार्ड करने का प्रयास करना चाहिए।

(iv) बालक को अपने को अभिव्यक्त करने का पूरा मौका दिया जाना चाहिए।

(v) उसकी भाव-भंगिमा, बोलने के ढंग तथा संवेगात्मक लक्षणों को भी नोट किया जाना चाहिए।

(vi) साक्षात्कार के बाद बालक को सन्तुष्टि का अनुभव कराने का प्रयत्न करना चाहिए।

3. साक्षात्कार से परिणाम निकालना (Drawing Conclusions from Interview)

(i) साक्षात्कार के समय नोट की हुई बातों या पड़े प्रभाव का मूल्यांकन कर उचित निष्कर्ष निकालने का प्रयत्न किया जाना चाहिए।

(ii) आवश्यक हो तो दोबारा साक्षात्कार करने या किसी और साधन से आवश्यक जानकारी लेने और जाँच पड़ताल करने का प्रयत्न किया जाना चाहिए।

(iii) बालक को उससे किए साक्षात्कार के परिणामस्वरूप आवश्यक निर्देशन और परामर्श देने की व्यवस्था भी की जानी चाहिए।

एक अच्छे साक्षात्कार लेने वाले की विशेषताएं (Qualities of a Good Interviewer)

1. **व्यक्तित्व सम्बन्धी विशेषताएं** (Personality Characteristics)—साक्षात्कार लेने वाला व्यक्ति शारीरिक और मानसिक रूप से स्वस्थ तथा संवेगात्मक और सामाजिक रूप से समायोजित व्यक्तित्व वाला होना चाहिए। वह धैर्यवान (Patient Listener), विनम्र (Courteous), शांतचित (Reserved), स्पष्टवादी (Frank), सौहार्दपूर्ण (Sympathetic) आदि हो तो साक्षात्कार में अच्छी भूमिका निभा सकता है। हास-परिहास को उचित मात्रा में साक्षात्कार के समय मिलाकर बालक का विश्वास अर्जित कर गम्भीरता से सब कुछ नोट करता रहे, ऐसा उसका स्वभाव हो तो बहुत लाभ रहता है।

2. **साक्षात्कार लेने के ठीक तरीके का ज्ञान** (Proper Knowledge of the Interview Technique)—उसे साक्षात्कार लेने से सम्बन्धित आवश्यक तकनीक की जानकारी होनी चाहिए। आत्मीयता कैसे बढ़ाई जाती है, साक्षात्कार लेने से पूर्व क्या आवश्यक तैयारी की जाती है, प्रश्न किस प्रकार पूछने चाहिए तथा विद्यार्थियों को उत्तर देने या उनसे सूचना निकलवाने के लिए किस प्रकार के प्रयत्न किए जाने चाहिए, साक्षात्कार के समय आवश्यक बातें कैसे ठीक प्रकार नोट की जाती हैं तथा उनसे फिर किस प्रकार परिणाम निकाले जाते हैं इत्यादि बातों की जानकारी से युक्त व्यक्ति ही अच्छा साक्षात्कार ले सकता है।

3. **मनोविज्ञान का ज्ञान** (Knowledge of Psychology)—साक्षात्कार लेने वाले को मनोविज्ञान विषय का ज्ञान भी होना चाहिए ताकि वह साक्षात्कार लिए जाने वाले व्यक्ति के मनोभावों तथा व्यवहार का अवलोकन कर उचित राय कायम कर सके तथा उसके भावों के अनुकूल व्यवहार का उसका हृदय जीत सके तथा जो कुछ कहा और सुना जा रहा है, उससे ठीक परिणाम निकाल सके।

साक्षात्कार तकनीक की समीक्षा (Analysis of Interview Technique)

दोष तथा कमियाँ (Defects and Limitations)—साक्षात्कार विधि में एक दोष तो यह है कि इसमें साक्षात्कार लेने वालों को काफी योग्य और प्रशिक्षित होना चाहिए। अत: इसे प्रत्येक अध्ययनकर्त्ता द्वारा ठीक तरह से नहीं अपनाया जा सकता। दूसरा यह परिश्रम, समय और पैसे की दृष्टि से काफी खर्चीली विधि है। तीसरा, यह साक्षात्कार लेने वाले के पक्षपातपूर्ण दृष्टिकोण और पसन्द-नापसन्द से पैदा होने वाले दोषों से मुक्त नहीं है। चौथे इसमें साक्षात्कार किए जाने वाले बालक को यह स्वतन्त्रता रहती है कि वह प्रश्नों के उत्तर मनचाहे ढंग से दे सकता है और इस प्रकार अपनी भावनाओं को छुपाने तथा कमजोरियों को न बतलाने का कार्य वह अच्छी तरह से कर सकता है।

गुण (Merits)—गुणों की तरफ देखा जाए तो हम यह पाते हैं कि इस विधि का सबसे बड़ा लाभ यह है कि इसमें पूछे जाने वाले लगभग सभी प्रश्नों के उत्तर प्राप्त किए जा सकते हैं। ऐसे गोपनीय प्रश्न जिनका लिखित रूप से उत्तर देना सम्भव नहीं होता अथवा कुछ संकोच और लज्जा अनुभव होती है, उनके उत्तर साक्षात्कार के माध्यम से अच्छी तरह प्राप्त किए जा सकते हैं। इसके अतिरिक्त सभी विधियों में साक्षात्कार सबसे अधिक लचीली (Flexible) तकनीक है। इसमें जैसी आवश्यकता हो प्रश्नों की संख्या घटाई-बढ़ाई जा सकती है, उनके क्रम को बदला जा सकता है और बालक के साथ सम्पर्क (Rapport) स्थापित कर उसके व्यक्तित्व सम्बन्धी विशेषताओं का अच्छी तरह अध्ययन किया जा सकता है।

व्यक्तिगत अध्ययन विधि (Case Study Method)

व्यक्तिगत अध्ययन से अभिप्राय (Meaning of the term Case Study)

हमारे दैनिक जीवन में शब्द केस (Case) विभिन्न अर्थों में प्रयुक्त होता है। वकील अपने मुवक्किल के केस (Case) की पैरवी करके उसकी सहायता करता है। एक डॉक्टर अपने रोगी के कष्ट के कारण की छानबीन करके और उसके लिए उचित औषधियाँ निर्धारित करके 'केस' की ओर ध्यान देता है। क्लर्क कार्यालय की फाइलों में पड़े कई केसों को निपटाता है। इन सब परिस्थितियों में केस (Case) शब्द ऐसे व्यक्ति या विषय के लिये प्रयुक्त होता है जिसकी छानबीन की जाती है और जिसका निरीक्षण किया जाता है ताकि व्यक्ति को समस्यात्मक स्थिति से निकालने में उसकी सहायता की जा सके। मनोविज्ञान विषय में भी केस (Case) शब्द इसी भाव में प्रयुक्त किया जा सकता है। यहाँ डॉक्टर के रोगी और वकील के मुवक्किल की भाँति ऐसे व्यक्ति को जो किसी शैक्षिक या मनोवैज्ञानिक समस्या से ग्रस्त होता है केस (Case) समझा जा सकता है। उसका उस समस्या के सम्बन्ध में अच्छी प्रकार अध्ययन किया जाता है। ऐसे अध्ययन को, जिसमें उसका बीता इतिहास, वर्तमान परिस्थिति तथा भविष्य की सम्भावनाएँ व्यक्त होती हैं, प्रायः व्यक्तिगत अध्ययन कहा जाता है।

इस रूप में व्यक्तिगत अध्ययन की परिभाषा कुछ निम्न शब्दों में दी जा सकती है—

व्यक्तिगत अध्ययन विधि, व्यवहार अध्ययन की वह विधि है जिसमें किसी एक व्यक्ति विशेष का व्यक्तिगत रूप से उसके समग्र रूप में उसी के परिवेश में भलीभाँति अध्ययन किया जाता है ताकि उसके व्यवहार और व्यक्तित्व के सभी पक्षों का सर्वांग, चित्रण और स्पष्टीकरण सम्भव हो सके।

व्यक्तिगत अध्ययन का उद्देश्य (Purpose or Objectives of the Case Study)

व्यक्तिगत अध्ययन प्रायः निम्नलिखित दो उद्देश्यों के लिये किये जाते हैं:

1. **व्यवहारात्मक समस्याओं का निदान और उपचार** (For the diagnosis and treatment of the behavioural problems)—वे व्यक्ति जिनकी कोई एक या दूसरी समस्याएँ होती हैं, जैसे शारीरिक, सामाजिक और संवेगात्मक इत्यादि। उनकी समस्या की प्रकृति और सीमा, समस्या के कारणों का निदान और पता लगाये गये कारणों के अनुसार उपचारात्मक कार्य करने के लिए व्यक्तिगत अध्ययन किया जाता है।

2. **अधिक अच्छा मार्गदर्शन और परामर्श देने के लिए** (For providing better guidance and counselling)—विद्यार्थियों को शैक्षिक, व्यावरायिक और निजी (व्यक्तिगत) मार्गदर्शन की आवश्यकता होती है ताकि उनका उचित समायोजन हो सके और उनका अपने घर, स्कूल और भावी जीवन में अधिक अच्छा विकास हो सके। इसी प्रकार मानसिक व्याधाओं तथा परेशानी से युक्त व्यक्तियों को भी अपने उचित समायोजन हेतु ऐसा परामर्श या मार्गदर्शन चाहिए। व्यक्तिगत अध्ययन माता-पिता, अध्यापकों, चिकित्सकों और मार्गदर्शन कर्मचारियों को भी अपने कार्य प्रभावशाली ढंग से करने में सहायता करता है।

व्यक्तिगत अध्ययनों के लिए किस प्रकार के प्रयोज्य लिए जाते हैं? (What type of Subjects are taken for the Case Studies?)

किसी भी व्यक्ति को चाहे वह सामान्य हो या व्यक्तित्व पक्ष-शारीरिक, मानसिक, सामाजिक, संवेगात्मक, नैतिक आदि में सामान्य से ऊपर या नीचे हो, व्यक्तिगत अध्ययन के विषय (Subject) के रूप में चुना जा सकता है। अतः व्यक्तिगत अध्ययन को केवल मात्र समस्यात्मक या विशिष्ट बालकों या व्यक्तियों तक ही सीमित रखने की आवश्यकता नहीं, एक सामान्य या औसत बालक या व्यक्ति (जिसकी कोई समायोजन या शैक्षिक समस्या न हो और न कोई असाधारण विशेषता) का भी अध्ययन किया जा सकता है ताकि उसके उचित विकास के कार्य में उसकी सहायता के उद्देश्य से उसका अध्ययन किया जा सके।

फिर भी, अधिक जरूरतमंदों की सहायता करना अधिक फलदायक होगा और इसलिए साधारणतया निम्नलिखित प्रकार के बालकों या व्यक्तियों के व्यक्तिगत अध्ययन तैयार किये जाते हैं:

1. सृजनात्मक व्यक्तित्व (Creative Person)
2. मेधावी या प्रतिभाशाली (Gifted or Genius)
3. पिछड़े हुए बच्चे (Backward Children)
4. अपराधी बालक या अपराधी वयस्क (Delinquents or Criminals)
5. संवेगात्मक, सामाजिक, शारीरिक और शैक्षिक समस्याओं से युक्त व्यक्तित्व (Persons having emotional, social, phsysical and educational problems)
6. व्यसनी, कामुक तथा अन्य प्रकार का समाज विरोधी व्यक्तित्व (Antisocial personality)

व्यक्तिगत अध्ययन विधि को कैसे काम में लाया जाये? (How to make use of Case Study Method?)

इस विधि को प्रयोग में लाने के लिए पहले उस व्यक्ति विशेष के साथ आत्मीयता एवं घनिष्ठता बढ़ाने का प्रयत्न किया जाता है जिसका व्यक्तिगत अध्ययन करने का लक्ष्य सामने होता है। यह तो स्पष्ट है कि ऐसा अध्ययन व्यक्ति के व्यवहार को ठीक रूप में जानने सम्बन्धी कारणों का पता लगाने तथा फिर उसे उचित सम्भव परामर्श एवं सहायता प्रदान करने हेतु ही किया जाता है। इस अध्ययन में हमें व्यक्ति को उसके सम्पूर्ण रूप में जानना होता है उसके भूत एवं वर्तमान की जानकारी लेनी होती है तथा उसके सम्पूर्ण परिवेश के परिप्रेक्ष्य में ही उसके व्यवहार को परखना होता है। इस प्रकार का

अध्ययन इसलिए बहुत ही गहन (Intensive) और गम्भीर (Serious) होता है। इस अध्ययन हेतु एक विशेष प्रकार के प्रारूप (Format) का प्रयोग करना काफी सुविधाजनक होता है। इससे व्यवहार अध्ययन के कार्य को काफी वस्तुगत तथा विश्वसनीय बनाने में भी सहायता मिल सकती है। इस प्रकार के प्रारूप का उपयोग कर व्यक्तिगत अध्ययन करने की कार्य-प्रणाली का एक उदाहरण द्वारा निम्न रूप में वर्णन किया जा सकता है।

एक समस्यात्मक किशोर का व्यक्तिगत अध्ययन (Case Study of a Problem Adolescent)

1. **परिचयात्मक विवरण** (Identifying data)

(a) नाम : नरेन्द्र चावला

(b) लिंग : पुल्लिंग

(b) जन्म तिथि : –

(d) पिता का नाम : श्री आर0 के0 चावला

(e) पता : मकान नं. 510, मॉडल टाउन, देहली

(f) विद्यालय : राजकीय उच्चतर माध्यमिक विद्यालय, मॉडल टाउन, देहली।

(g) कक्षा : दसवीं

(i) समस्याएँ (Problems) :

(i) संवेगात्मक (Emotional)—अत्यधिक आक्रामक, चिड़चिड़ा स्वभाव

(ii) सामाजिक (Social)—असाधारण लिंग रुचि, लड़कियों से छेड़खानी करना

(iii) शिक्षात्मक (Educational)—पढ़ाई में कम रुचि, भगोड़ापन

जानकारी का स्रोत (Source of Identification)—समस्याओं की ओर माता-पिता तथा अध्यापकों द्वारा ध्यान दिलाया गया।

2. **जन्म सम्बन्धी जानकारी** (Birth Information)

(a) जन्म-स्थान : देहली

(b) जन्म के समय माता का स्वास्थ्य : साधारण

(c) जन्म के समय बालक का स्वास्थ्य : साधारण

(d) जन्म के समय कोई दुर्घटना : कोई दुर्घटना नहीं

3. **स्वास्थ्य सम्बन्धी जानकारी** (Health Record)

(a) सामान्य स्वास्थ्य	अच्छा/मध्यमान/दुर्बल-अच्छा
(b) ऊंचाई	5'-2"
(c) भार	50 किलोग्राम
(d) दृष्टि	सामान्य/दोषपूर्ण-सामान्य
(e) श्रवण	सामान्य/दोषपूर्ण-सामान्य
(f) बोलचाल	सामान्य/दोषपूर्ण-सामान्य
(g) दृष्टि	सामान्य/दोषपूर्ण-सामान्य
(h) क्या बालक व्यायाम करता है?	हाँ/नहीं-नहीं

4. **परिवार सम्बन्धी जानकारी** (Family Data)

(a) बताएं, क्या

(i) पिता जीवित है या मृत — जीवित

(ii) माता जीवित है या मृत — जीवित

(b) यदि जीवित है, क्या माता-पिता इकट्ठे रहते हैं/अलग-अलग रहते हैं/उनका तलाक हो चुका है।

(c) पिता का नाम — श्री आर. के. चावला

(d) पिता की शिक्षा — एम.बी.बी.एस., एम.डी.

(e) पिता का व्यवसाय — डॉक्टर

(f) माता की शिक्षा — एम.बी.बी.एस., एम.एस. (डॉक्टर)

(g) भाइयों की संख्या और आयु — कोई नहीं।

(h) बहनों की संख्या और आयु — दो (18 वर्ष तथा 13 वर्ष)

(i) परिवार में कुल सदस्य — पाँच

(j) संयुक्त परिवार या नहीं — नहीं

(k) बालक का जन्म क्रम —प्रथम/द्वितीय/तृतीय/चतुर्थ इत्यादि

(l) क्या माता-पिता बालक से प्यार करते हैं ? — हाँ/नहीं - उचित प्यार की कमी

(m) क्या बालक को घर पर मनोरंजन की सुविधाएँ मिलती हैं? — हाँ/नहीं - नहीं

(n) क्या माता-पिता बालक की शिक्षा में सहायता करते हैं ? — हाँ/नहीं - नहीं

(o) क्या माता-पिता बालक की मौलिक आवश्यकताएँ पूरी करते हैं?

हाँ/नही -मनोवैज्ञानिक आवश्यकताएँ पूरी नहीं होती।

(p) क्या माता-पिता बालक को उत्साहित करते हैं ? — हाँ/नहीं - नहीं

(q) माता और पिता के सम्बन्ध — बहुत सन्तोजनक - नहीं

(r) बालक अपना समय कैसे गुजारता है?

(i) अत्यधिक समय परिवार के साथ — हाँ/नहीं - नहीं

(ii) अत्यधिक समय परिवार से बाहर मित्रों के साथ — हाँ/नहीं - नहीं

(iii) अन्य

(s) बहनों के प्रति बालक की अभिवृत्ति — सकारात्मक/नकारात्मक - नकारात्मक

(t) बहनों की बालक के प्रति अभिवृत्ति — सकारात्मक/नकारात्मक - नकारात्मक

(u) घर में अनुशासन — कठोर/कमजोर/उदासीन - उदासीन

5. **सामाजिक-आर्थिक स्थिति** (Socio-Economic Status)

(a) परिवार की कुल आय — 70,000 रु0 प्रति मास से अधिक

(b) आय के साधन — वेतन तथा कुछ डॉक्टरी प्रैक्टिस

(c) क्या परिवार के पास अपना घर है? — हाँ/नहीं - नहीं

(d) परिवार में मनोरंजन के साधन — आकाशवाणी/दूरदर्शन/पत्रिकाएँ/खेल के साधन इत्यादि-आकाशवाणी, दूरदर्शन, वीडियो इत्यादि।

(e) आसपास का वातावरण (जिसमें बालक रह रहा है) — बहुत भीड़युक्त नहीं

(f) समाज की प्रकृति (जिसमें बालक रह रहा है) उच्च वर्ग/मध्य वर्ग/निम्न वर्ग - उच्च मध्य

(g) समाज में परिवार की स्थिति उच्च/मध्य/निम्न - मध्य

6. (i) **बुद्धि का स्तर** (Level of Intelligence)

(a) बालक की बुद्धि के स्तर के बारे में अध्यापकों के विचार बुद्धिमान/सामान्य से अधिक बुद्धि

(b) बालक की बुद्धि के स्तर के बारे में माता-पिता के विचार सामान्य

(ii) **सृजनात्मकता का स्तर** (Level of Creativity)

(a) अध्यापकों के विचार-सृजनात्मक और सन्तोजनक ढंग से कार्य करता है। यह समायोजन कर लेता है।

(b) माता-पिता के विचार-कोई सृजनात्मकता नहीं, उससे किसी अच्छी बात की आशा नहीं की जा सकती है।

7. **शिक्षात्मक जानकारी** (Educational Record)

(a) शैक्षिक उपलब्धियाँ (पिछले तीन वर्ष)

विषय	**कक्षा VII वर्ष 2003**	**कक्षा VIII वर्ष 2004**	**कक्षा IX वर्ष 2005**
हिन्दी	55/100	40/100	34/100
अंग्रेजी	60/100	50/100	35/100
गणित	80/100	40/100	30/100
सामान्य विज्ञान	70/100	35/100	33/100
सामाजिक विज्ञान	65/100	35/100	33/100
चित्रकला	75/100	38/100	34/100
कुल	405/600	238/600	199/600
कक्षा में स्थान	द्वितीय स्थान	50 विद्यार्थियों में 30वां स्थान	रियायती पास 50 विद्यार्थियों में 46वाँ

(b) स्कूल विषय जो सबसे अधिक पसन्द करता है अंग्रेजी और चित्रकला

(c) स्कूल विषय जो ना पसन्द हैं गणित और विज्ञान

(d) बालक के अध्यापकों से सम्बन्ध अच्छे/सामान्य/सामान्य से नीचे सामान्य से नीचे

(e) बालक के सहपाठियों से सम्बन्ध अच्छे/सामान्य/सामान्य से नीचे सामान्य से नीचे

(f) बालक के बारे में कक्षा अध्यापक के विचार लापरवाह

(g) उपस्थिति सन्तोषजनक/असन्तोषजनक असन्तोषजनक

(h) क्या बालक किसी परीक्षा में कभी अनुत्तीर्ण हुआ? हाँ/नहीं - कक्षा में रियायती पास हुआ

(i) यदि हाँ, कक्षा और विषय जिस/जिनमें अनुत्तीर्ण हुआ गणित

8. **पाठ सहगामी क्रियाएँ** (Co-curricular Activities)

रुचि	*भाग लिया/भाग नहीं लिया*	*कोई विशेष योग्यता प्राप्त की हो*
1. ड्रामा	भाग लिया	....
2. संगीत	नहीं भाग लिया	....
3. नाटक	भाग लिया	....
4. एन.सी.सी.	नहीं भाग लिया	....
5. समाज सेवा	नहीं भाग लिया	....
6. वाद-विवाद	नहीं भाग लिया	....
7. खेल-कूद (कृपया नाम लिखें)	भाग लिया	कुछ इनाम जीते....................
8. साहित्यिक	नहीं भाग लिया	....
9. कोई अन्य	भाग लिया (भ्रमण में)	....

(a) बालक किस प्रकार की पुस्तकें पढ़ना पसन्द करता है?
रोमांटिक उपन्यास, चित्रपट-पत्रिकाएँ और जोखिम से सम्बन्धित

(b) बच्चे की विशिष्ट रुचियाँ, यदि कोई हों—
  (i) उपन्यास और चित्रपट-पत्रिकाएँ पढ़ना।
  (ii) चलचित्र देखने जाना तथा वीडियों फिल्में देखना।
  (iii) लड़कियों को सताना और लड़कियों से मित्रता करना।

9. **समायोजन** (Adjustment)

(a) गृह समायोजन (Home Adjustment)
  (i) क्या बालक महसूस करता है कि उसके माता-पिता उससे प्रायः निराश रहते हैं? हाँ/नहीं – हाँ
  (ii) क्या बालक परिवार में प्रसन्नता महसूस करता है? हाँ/नहीं – हाँ

(b) संवेगात्मक समायोजन (Emotional Adjustment)
  (i) क्या बालक अपरिचितों से बात करने में कठिनाई अनुभव करता है? हाँ/नहीं – हाँ
  (ii) क्या बालक प्रायः चिन्तित रहता है? हाँ/नहीं – नहीं

(c) सामाजिक समायोजन (Social Adjustment)
  (i) क्या बालक दूसरों से आसानी से मित्रता गाँठ लेता है ? हाँ/नहीं – हाँ
  (ii) क्या बालक सामाजिक कार्यों में रुचि लेता है? हाँ/नहीं – हाँ

10. **कक्षा कक्ष में व्यवहार** (Behaviour in the Classroom)

(a) क्या बालक अपने अध्यापकों से उचित व्यवहार करता है? हाँ/नहीं – नहीं
(b) क्या बालक कक्षा क्रियाओं में रुचि लेता है? हाँ/नहीं – नहीं
(c) क्या बालक कक्षा में अनुशासन बनाये रखता है? हाँ/नहीं – नहीं

11. **खेल के मैदान में व्यवहार** (Behaviour in the Playground)

(a) क्या बालक खेल के मैदान में सामाजिक रूप से उत्तरदायी है? हाँ/नहीं – नहीं
(b) क्या वह खेल में आक्रामक और हावी रहता है? हाँ/नहीं – नहीं

12. **व्यक्तित्व के गुण** (Personality Traits)

गुण	निम्न (नि)	उच्च (उ)	मध्यम (म)
आत्मविश्वास	उ	(म)	नि
संवेगात्मक स्थायित्व	उ	म	(नि)
सामाजिकता	उ	(म)	नि
नेतृत्व	ड	(म)	नि
लगन	उ	म	(नि)

नोट–गोल दायरे में बन्द म तथा नि यहाँ सम्बन्धित व्यक्तित्व गुणों के मध्य तथा निम्न स्तर को प्रकट कर रहे हैं। उच्च स्तर प्रयोज्य का इनमें से किसी में नहीं है।

13. **शैक्षिक तथा व्यावसायिक योजना** (Educational and Vocational Plan)

(a) कक्षा 10 के पश्चात् बालक कौन से विषय लेगा?

प्रथम पसन्द-*ड्रामैटिक्स*

द्वितीय पसन्द-*ललित कला (Fine Arts)*

तृतीय पसन्द-*पर्यटन (Tourism)*

(b) पढ़ाई पूरी करने के पश्चात् बालक कौन सा व्यवसाय करना पसन्द करेगा?

प्रथम पसन्द-होटल प्रबन्ध

द्वितीय पसन्द-पर्यटन

तृतीय पसन्द-वाणिज्य

14. **विश्लेषण** (Analysis)—ऊपर दिये हुए निर्धारित प्रारूप में जानकारी इकट्ठी करने के अतिरिक्त बालक, उसके माता-पिता, बहनों, बालक और परिवार के मित्रों, सहयोगियों और अध्यापकों के साक्षात्कार किये गये और निम्नलिखित कुछ निश्चित परिणामों पर पहुँचने के लिए प्रायः कई परिस्थितियों में उसके व्यवहार का अवलोकन किया गया।

समस्या के बारे में (Regarding Problem)

नरेन्द्र अच्छे स्वास्थ्य वाला और सामान्य बुद्धि से अधिक बुद्धि वाला लड़का है। वह बुरे स्वभाव वाला, संवेगात्मक है और आक्रात्मक रूप से व्यवहार करता है। वह सातवीं कक्षा तक पढ़ाई में अच्छा था। कक्षा VIII में अवनति प्रारम्भ हो गई। उसकी माता ने नौकरी कर ली और दोनों अपने व्यावसायिक जीवन में व्यस्त हो गये, जैसे सामाजिक दायरा बदला गया, माता-पिता बच्चे और घर की ओर लापरवाही करने लगे। बेलगाम स्वतन्त्रता और पश्चिमी संस्कृति घरेलू वातावरण पर हावी है। बड़ी बहन अस्वस्थ लिंग सम्बन्ध विकसित कर लेती है और इससे नरेन्द्र उसके पद-चिन्हों पर चल कर विपरीत लिंग में असाधारण रुचि लेने लगा। कक्षा और स्कूल में उसका कुसमायोजन उसे स्कूल से भागने की ओर ले गया है। उसे स्कूल जीवन में कुछ नहीं मिलता सिवाए नाटक, ड्रामा और सैर-सपाटा इत्यादि के।

कारण (Causes)

(a) उसे अपने माता-पिता और अध्यापक से कोई संवेगात्मक सहारा नहीं मिलता है।

(b) यौन व्यवहार में असाधारण रुचि का कारण उसके माता-पिता और उसकी बहनों का असाधारण लैंगिक व्यवहार हो सकता है। माता-पिता अपने बच्चों की उपस्थिति की चिन्ता किये बिना अधिक लैंगिक रुचि रखते हैं। बड़ी बहनों के लैंगिक रुचियाँ और सम्बन्ध हैं और यही उसके असाधारण लैंगिक व्यवहार का मुख्य कारण है। स्कूल

में सह-शिक्षा नहीं है और उसको विपरीत लिंग से मिलने का अवसर नहीं मिलता। इसमें उसने लड़कियों को सताना आरम्भ किया।

(c) नियमित सहपाठी क्रियाओं और सामाजिक रुचि की क्रियाओं की कोई सुविधाएँ नहीं हैं। अध्यापक भी जरूरतमंद बच्चों को शैक्षिक तथा मनोवैज्ञानिक मार्गदर्शन नहीं देते।

उपचारात्मक कार्य और सुझाव (Remedial Work and Suggestions)

1. माता-पिता को अधिक वास्तविक होना चाहिए। उनकी जीवन के प्रति अभिवृत्ति में एक-दूसरे के प्रति और अपने बच्चों के प्रति सम्बन्धों में परिवर्तन की आवश्यकता है। उनको अपना उत्तरदायित्व महसूस करना चाहिए, घर की ओर ध्यान देना चाहिए और अपने बच्चों को संवेगात्मक तथा शैक्षिक सहारा देना चाहिए। उन्हें माता-पिता जैसा व्यवहार अवश्य करना चाहिए और कोई ऐसा काम नहीं करना चाहिए जिससे उनके बच्चों के जीवन ढाँचे पर अवांछित प्रभाव पड़े।
2. पारिवारिक सम्बन्ध में सदस्यों के दृष्टिकोण और व्यवहार में वांछित परिवर्तन की आवश्यकता है। सामाजिक और नैतिक मर्यादायें बनाए रखते हुए, सदस्यों की आवश्यकताओं और रुचियों की पूर्ति करते हुए सभी को अपने घर को मधुर घर (Sweet Home) बनाने का प्रयत्न करना चाहिए।
3. शिक्षण की उचित विधि, व्यक्तिगत देखभाल और ध्यान, आकर्षक पाठान्तर क्रियाएँ, सामाजिक और सामूहिक क्रियाएँ, सैर-सपाटे, यात्राएँ और सबसे ऊपर कक्षा और स्कूल में अनुशासन के स्तर और स्कूल के वातावरण में उचित सुधार की आवश्यकता है। नरेन्द्र जैसे विद्यार्थियों का स्कूल में पर्याप्त ध्यान रखा जाना चाहिए और उन्हें उचित सम्मान भी दिया जाना चाहिए।

व्यक्तिगत अध्ययन विधि के लाभ (Merits of Case Study Method)

इस विधि के प्रयोग की अच्छाइयाँ तथा गुण निम्न प्रकार व्यक्त किए जा सकते हैं:

1. व्यक्तिगत अध्ययन में किसी एक बालक के व्यवहार से जुड़ी हुई सभी बातों का उसके सम्पूर्ण रूप तथा परिवेश में अध्ययन किया जाता है। इस प्रकार का गहन और गम्भीर अध्ययन करने का श्रेय केवल इसी विधि को प्राप्त है। ऐसे अध्ययन से व्यवहार और उसके कारणों की तह तक पहुँच पाना सम्भव हो सकता है।
2. समस्यात्मक एवं असमायोजित व्यवहार से ग्रस्त बालकों के व्यवहार का अध्ययन कर उन्हें उनके समायोजन में उचित सहायता प्रदान करने के कार्य में यह विधि एक सशक्त और सफल भूमिका निभा सकती है।
3. इस विधि में अध्ययन का क्षेत्र काफी विस्तृत होता है। बहुत से लोगों तथा बहुत प्रकार के रिकार्ड तथा सूचना स्रोतों का इसमें उपयोग कर विश्वसनीय जानकारी इकट्ठी करने का प्रयत्न किया जाता है। अतः इसके अध्ययन के परिणाम, परिश्रम से तैयार होने के कारण, अधिक विश्वसनीय और यथार्थ सिद्ध हो सकते हैं।
4. व्यक्तिगत अध्ययन के द्वारा बहुत सी ऐसी गुप्त बातों और अवचेतन व्यवहार की परतों को कुरेदा जा सकता है जिनके बारे में किसी और व्यवहार जाँच विधि द्वारा सहायता नहीं मिलती।

व्यक्तिगत अध्ययन के दोष तथा सीमाएँ (Demerits and Limitations of Case Study Method)

अपने गुण तथा विशेषताओं के साथ-साथ व्यक्तिगत अध्ययन विधि कुछ दोषों तथा प्रयोग सम्बन्धी कठिनाइयों से भी ग्रस्त पाई जाती है जो निम्न हैं:

1. व्यक्तिगत अध्ययन कार्य एक तकनीकी कार्य है इसे ठीक प्रकार सम्पादित करने के लिए अच्छी प्रकार प्रशिक्षण लेने की आवश्यकता रहती है।
2. व्यक्तिगत अध्ययन में सूचना स्रोत काफी ज्यादा क्षेत्र में फैले हुए होते हैं, इतनी सारी सूचनाएँ इकट्ठी करना सहज नहीं।

3. जिन स्रोतों तथा साधनों का उपयोग इस विधि में सूचना इकट्ठी करने के लिए किया जाता है, उनकी विश्वसनीयता तथा वस्तुगतता के बारे में किसी भी प्रकार की गारन्टी नहीं दी जा सकती। बहुधा इसमें त्रुटि की ही अधिक आशंका रहती है।
4. इस विधि का प्रयोग क्षेत्र भी सीमित है। प्रायः समस्यात्मक बालकों या व्यक्तियों के व्यवहार अध्ययन क्षेत्र में ही इसका प्रयोग किया जाता है।
5. इस विधि में नियन्त्रित या व्यवस्थित परिस्थितियों में अध्ययन होना सम्भव नहीं होता। अतः वैज्ञानिकता या प्रामाणिकता का इस प्रकार के अध्ययन में लगभग अभाव सा ही पाया जाता है।
6. प्राप्त सूचनाओं तथा सामग्री के आधार पर व्यवहार के कारणों की उचित व्यवस्था और फिर सर्वमान्य नियम स्थापित करने के कार्य में अध्ययनकर्त्ता को काफी कठिनाई आती है और बहुधा गलत विश्लेषण की ही सम्भावना अधिक रहती है।

निष्कर्ष (Conclusion)

अपने इन उपरोक्त दोषों और कमियों के बावजूद व्यक्तिगत अध्ययन की महत्ता से मुँह नहीं मोड़ा जा सकता। व्यक्तियों को उनके सम्पूर्ण रूप में जानने, समझने और उनके व्यवहार सम्बन्धी मूल कारणों का पता लगाने में इस विधि का कोई मुकाबला नहीं। अतः व्यवहार के अध्ययन में इस विधि को सदैव ही उपयुक्त स्थान दिया जाना चाहिये।

बच्चों के बारे में चिन्तनशील जर्नल (Reflective Journals about Children)

बालकों के बारे में अपेक्षित जानकारी एकत्रित करने के कार्य में चिन्तनशील जर्नलों का काफी महत्त्वपूर्ण योगदान हो सकता है। परन्तु यह देखने से पहले यह जानना आवश्यक हो जाता है कि चिन्तन जर्नल क्या होते हैं और इन्हें किस तरह प्रबन्धित तथा काम में लाया जाता है।

चिन्तनशील जर्नल क्या हैं? (What are Reflective Journals ?)

अपने सामान्य प्रचलित रूप में एक जर्नल, चिन्तनशील और सृजक व्यक्तियों को एक ऐसा माध्यम प्रदान करने की क्षमता रखता है जिसके माध्यम से वे विचारों, भावनाओं तथा निष्कर्षों को अपने ढंग से सबके सामने रख सकते हैं। चिन्तनशील जर्नलों के रूप में जिस प्रकार के जर्नल बालकों को अपने स्वयं के अनुभव तथा चिन्तन द्वारा प्राप्त विचारों, निष्कर्षों तथा भावनाओं को लिखित रूप में सबके सामने प्रस्तुत करने के लिए काम में लाए जाते हैं उन्हें चिन्तनशील जर्नलों का नाम दिया जाता है। इन्हें विशुद्ध रूप से बालकों द्वारा स्वयं ही प्रबन्धित किया जाता है। बालक जो भी अधिगम करते हैं, उन्हें जिस प्रकार के अनुभव (विद्यालय या विद्यालय के बाहर) होते हैं और उनके परिणामस्वरूप वह जो भी सोचते हैं, जैसे भाव उनके अन्दर आते हैं, अनुभव की गई बातों को अपने चिन्तन के आधार पर जिस रूप में भी समझते और ग्रहण करते हैं। उनको स्पष्ट और खुले मन से अभिव्यक्ति ही लेखक के रूप में इन चिन्तनशील जर्नलों में बालकों द्वारा की जाती है। अपने इस रूप में चिन्तनशील जर्नल सृजनात्मकता (Creativity) और रचनात्मकता (Constructivity) के भी पोषक होते हैं और इस तरह वे बालकों को अपने ढंग से ज्ञान ग्रहण करने और उसका उपयोग करने की क्षमता विकसित करते हैं। इन जर्नलों में बालक अपनी अभिव्यक्ति लिखित रूप में करने हेतु नोट बुक, डायरी तथा कोरे कागजों का उपयोग कर सकते हैं परन्तु उन्हें अपनी लिखी हुई बातों को भलीभाँति संभालकर रखना होता है ताकि दूसरे लोग उनकी भावनाओं तथा विचारों तक इन्हें पढ़कर समझ और अनुभव कर सकें। सामान्य तौर पर एक बालक के एक चिन्तनशील जर्नल में जिस प्रकार की सामग्री लिखित रूप में दर्ज होती रहती है उसका सम्बन्ध निम्न बातों से होता है:

(i) किसी एक दिन या सप्ताह में बालक द्वारा क्या किया गया है, उसने क्या सीखा है अथवा अनुभव किया है, उसका वह दिन या सप्ताह कैसा रहा आदि।

(ii) उसे क्या अच्छा लगता है क्या नहीं, किस बात में उसे आनन्द आया किसमें नहीं, उसने क्या चाहा तथा अपनी चाहत/पसन्द की चीज न होने पर क्या अनुभव किया, उसने कौन-सी बातें भलीभांति कीं ओर किन्हें वह बेहतर ढंग से नहीं कर पाया, इस प्रकार की चिन्तनशील अभिव्यक्ति।

(iii) व्यक्तिगत रूप या दूसरों के साथ मिलकर जो कार्य उसके द्वारा किया गया, वह उसकी दृष्टि में कैसा रहा?

(iv) जो भी कक्षा में एक संप्रत्यय, सिद्धान्त नियम या विचार के रूप पढ़ाया गया, वह उसे कितना समझा पाया और किस रूप में अब वह उसका उपयोग करने में समर्थ है।

(v) कक्षा सहपाठियों, विद्यालय के अन्य विद्यार्थियों, शिक्षकों, माता-पिता, परिवार के अन्य सदस्यों, पड़ोसियों तथा समुदाय के सदस्यों के साथ अंत:क्रिया करने में उसके अनुभव किस प्रकार के रहे, उसे क्या अच्छा लगा तथा क्या बुरा, उसके अनुसार उन्हें क्या करना चाहिए तथा क्या नहीं आदि।

इस प्रकार से एक अभिलेख दस्तावेज (Recorded Document) के रूप में प्रस्तुत एक चिन्तनशील जर्नल (Reflective Journal) बालक विशेष को एक ऐसा माध्यम प्रदान करने की अपूर्व क्षमता रखता है जिसके द्वारा घर परिवार, विद्यालय तथा समुदाय के साथ होने वाली अन्त: क्रियाओं तथा प्राप्त अनुभवों के ऊपर अपने समीक्षात्मक विचार तथा भावनाओं की खुलकर अभिव्यक्ति कर सके। जो कुछ भी इन जर्नलों में बालकों द्वारा अभिलिखित किया जाता है और जो प्रक्रिया ऐसा करने में उसके द्वारा अपनाई जाती है उसकी प्रकृति काफी लचीली रहती है। यथा—

- बालकों को इस बात की पूरी आजादी रहती है कि वह अपने चिन्तनशील विचारों तथा अनुभव की गई बातों को जब उन्हें ऐसा करने के लिए समय मिले तब ओपन जर्नल में अभिलिखित कर सके।
- वे जिस रूप में भी अभिलिखित करना चाहें, कर सकते हैं। अपने हाथ से लिख सकते हैं, कम्प्यूटर लैपटॉप या टेबलेट पर टाइप कर सकते हैं, ऑडियो और वीडियो रिकार्डिंग के रूप में इनकी प्रस्तुति कर सकते हैं तथा ऑन लाइन भी अपने जर्नल की प्रस्तुति उनके द्वारा की जा सकती है।
- इन जर्नलों पर अपनी प्रस्तुति के लिए उनके द्वारा जो प्रारूप अपनाया जाता है वह भी उनकी सुविधानुसार पर्याप्त लचीला हो सकता है जैसे वह अपने जर्नल की प्रविष्टि दर्ज करने हेतु एक संरचित प्रारूप (Structured format) का उपयोग कर सकता है, एक निश्चित क्रम का अनुसरण कर सकता है, तथा अपनी विवरणात्मक शैली अपना सकता है।

चिन्तनशील जर्नल अभिलेखन हेतु कैसे आगे बढ़ा जाय ?
(How to proceed for recording entries in reflective Journals ?)

एक बालक द्वारा परिस्थिति या समय विशेष में जो कुछ सीखा, समझा तथा अनुभव किया जाता है उसके अन्दर चिन्तन करते हुए अपने भावों और विचारों को खुलकर व्यक्त करने के लिए अपने चिन्तनशील जर्नल अभिलेखन का प्रयास करने में मुख्यतया जिन तीन बातों पर केन्द्रित रहना श्रेयस्कर सिद्ध हो सकता है, वे हैं:

1. जो कुछ सीखा और अनुभव किया गया है उसका वर्णन और बखान किया जाए।
2. अनुभव की गई बातों का समुचित रूप से विश्लेषण किया जाए।
3. अनुभव की गई बातों पर चिन्तन कर उनकी समुचित रूप से समीक्षा और मूल्यांकन किया जाए।

मूलत: विद्यार्थियों के द्वारा लिखे जाने वाले ये जर्नल दो प्रारूपों में पाए जाते हैं :

(i) संरचित जर्नल (Structured Journals)

(ii) असंरचित जर्नल (Unstructured Journals) या मुक्तप्रारूप जर्नल (Freeforms Journals)

(i) **संरचित जर्नल**—इन जर्नलों के लेखन में विद्यार्थियों को कुछ विशेष प्रश्न दिए जाते हैं, जैसे आज आपने क्या सीखा? आप अपनी सीखी हुई बातों का मूल्यांकन किस प्रकार कराना चाहोगे, अथवा आज आपको पूरे दिन घर में या विद्यालय में

किस प्रकार के अनुभव हुए? कौन सी बात अच्छी लगी और क्यों? आदि। इसके अतिरिक्त यह भी हो सकता है कि उन्हें किसी विशेष कहानी या पुस्तक पढ़ने को कहा जाए अथवा किसी प्रोजेक्ट पर काम करने के लिए कहा जाए और फिर जो कुछ उन्होंने पढ़ा या किया है उस पर चिन्तन करते हुए अपना विश्लेषण, चिन्तन या उपलब्धि का जर्नलों में अभिलेखन किया जाए। इस कार्य को करने के ढंग के बारे में कोई संरचित प्रारूप या दिशा-निर्देश भी दिए जा सकते हैं।

(ii) **असंरचित या मुक्त प्रारूप जर्नल**—इस प्रकार के जर्नलों में अभिलेखन के कार्य हेतु अध्यापकों द्वारा कोई निश्चित प्रारूप या दिशा निर्देशन नहीं दिया जाता। वे दिन और सप्ताह में घर या विद्यालय में जो कुछ भी पढ़ते हैं, किसी प्रोजेक्ट या अन्य गतिविधियों में भाग लेते हैं और जिस प्रकार के उन्हें अनुभव होते हैं उनसे सम्बन्धित विचारों और भावों, आशा-निराशाओं, रुचियों और दृष्टिकोण सभी का वे मुक्त रूप से अपने ढंग से अभिलेखन करते हैं।

उपाख्यानात्मक अभिलेख (Anecdotal Record)

उपाख्यानात्मक अभिलेख क्या है? (What is an Anecdotal Record?)

आंग्ल भाषा का एनेकडोटल (Anecdotal) शब्द उसके संज्ञा शब्द एनेकाडोट (Anecdote) से बना है। एनेकाडोट का हिन्दी भाषा में अर्थ होता है उपाख्यान यानी लघु कथा अथवा छोटी कहानी और वृतान्त। इस तरह एनेकडोटल रिकोर्ड शब्द को हिन्दी भाषा में हम उपाख्यानात्मक या कथात्मक अभिलेख की संज्ञा दे सकते हैं। अध्यापकों के द्वारा रखे गये ऐसे अभिलेख को इस तरह एक ऐसे अभिलेख की संज्ञा दी जा सकती है जिसमें विद्यार्थी विशेष के किसी एक समय तथा स्थान पर अवलोकन की गई व्यवहार क्रियाओं को एक छोटी कहानी या वृत्तान्त के रूप में लिखकर प्रस्तुत करने का प्रयत्न किया जाता है। उपाख्यानात्मक अभिलेख (Anecdotal Record) इस तरह एक ऐसी छोटी कहानी या लघु कथा के रूप में होता है जिसमें एक अध्यापक द्वारा अवलोकित एवं वर्णित विद्यार्थी विशेष से सम्बन्धित किसी महत्त्वपूर्ण घटना का यथार्थ विवरण लघुकथा अथवा वार्तालाप के रुप में ज्यों का त्यों प्रस्तुत किया जाता है। इस प्रकार की विवरण प्रस्तुति में अध्यापक को आवश्यक रूप से यह ध्यान रखना पड़ता है कि जहाँ तक हो सके उसकी यह विवरण प्रस्तुति में आवश्यक नैसर्गिकता (Spontaneity) वस्तुगतता (Objectivity) एवं निरपेक्षता बनी रहे तथा विद्यार्थी के व्यवहार को सामने लाने के उसके दृष्टिकोण तथा विचार दोनों में ही सकारात्मकता (Positivity) बनी रहे न कि विद्यार्थी के व्यवहार की समालोचना या उसके बारे में कोई समीक्षात्मक निर्णय सुनाने का प्रयत्न किया जाये।

एनेकडोटल अभिलेख (Anecdotal Record) पद को परिभाषित करते हुये अमेरिकन एसोसियेशन ऑफ स्कूल एडमिनिस्ट्रेटर्स (American Association of School Administration) ने लिखा है "एक एनेकडोटल अभिलेख इस प्रकार का लिखित अभिलेख है जिसमें एक बालक विशेष की सामाजिक, संवेगात्मक, शारीरिक, सौन्दर्यात्मक तथा संज्ञानात्मक विकास सम्बन्धी प्रगति का सकारात्मक दृष्टिकोण युक्त विवरण उपस्थित रहता है।" अपने इस विवरण को सकारात्मक स्वरूप प्रदान करने हेतु "अध्यापक को यह कहने का प्रयत्न करना चाहिये कि बालक विशेष क्या कर सकता है और उसकी क्या उपलब्धियां है न कि यह बताने की कि वह क्या नहीं कर सकता।"

(An anecdotal record is a written record kept in a positive tone of a child's progress based on milestones particular to that child's social emotional, physical, aesthetic, and cognitive development. In meaning the positive tone of his anecdotal record, the teacher should try to report "What a child can do an his or her achievements as opposed to what he or she cannot do." —1992, p. 21)

एक उपाख्यानात्मक अभिलेख (Anecdotal Record) को अभिलेखित करने हेतु इस तरह एक अध्यापक को विद्यार्थी विशेष की पूरे दिन की घटनाओं/व्यवहार क्रियाओं का सावधानी से निरीक्षण करना पड़ता है। और फिर उसके आधार पर उसे घटने वाली उल्लेखनीय घटनाओं या व्यवहार क्रियाओं का ज्यों की त्यों (कहे जाने वाले शब्दों तथा की जाने वाली क्रियाओं का ज्यों का त्यों चित्रण) कथात्मक विवरण अभिलेखित करना होता है। इस अभिलेखन का स्वरूप अनौपचारिक (Informal) ही रहता है और इसे या तो नोट्स के रूप में लिखा जाता है अथवा चैक लिस्ट प्रारूप में उपस्थित रिक्त स्थानों में आपूर्ति करके लिखा जाता है। इस अभिलेखन में यह ज़रूर ध्यान रखा जाता है कि जब कोई महत्त्वपूर्ण घटना घटे या बालक की व्यवहार

क्रियाओं में कोई विशेष बातें सामने आयें तभी उन्हें रिकार्ड करने की कोशिश की जाये अन्यथा नहीं ? इस तरह कई बार काफी समय या दिनों तक अभिलेखन सम्बन्धी यह कार्य चलता रह सकता है।

एनेकडोटल रिकार्ड रखने सम्बन्धी कुछ उदाहरण (A Few Examples of Anecdotal Records)

उदाहरण 1.

विद्यार्थी का नाम-अमित कक्षा एवं सैक्शन IV A दिनाँक 10.05.15

स्थान एवं समय प्रोजेक्ट गतिविधियां

घटना या परिस्थिति विशेष का विवरण—कक्षा में एक मेज पर कुछ बच्चे दी हुई ब्लॉक सामग्री से कुछ बनाने में व्यस्त थे कि अमित एकदम से मेज पर चढ़कर चिल्लाया, 'मैं आ गया हूँ' और फिर रानी को सम्बोधित कर के बोला क्या मैं अब ये ब्लॉक ले सकता हूँ ? रानी ने कहाँ, नहीं, मैनें अभी अपना काम पूरा नहीं किया है। अमित बोला—''परन्तु अब मुझे अपना रॉकेटयान बनाने के लिए इस ब्लॉक्स की ज़रूरत है।'' रानी बोली—''टीचर जी ने कहा है कि तुम अपनी बारी की प्रतीक्षा करो।'' अमित बोला—''मैडम जी क्या मैं अब रानी से ये ब्लाँक्स ले सकता हूँ ?'' टीचर ने उत्तर दिया—''नहीं, जब रानी पूरा कर लेगी तब तुम्हारी बारी आएगी।'' अमित समय सूचक (Timer) पर समय लगा कर (Set) करके रानी से कहता है—''रानी अब तुम्हारे पास केवल एक मिनट है, ठीक है न मैडम ?'' और तब अमित अपने हाथों पर अपना चेहरा टिका कर मेज पर बैठ जाता है और पाँच ब्लॉक्स लेकर उस बनी हुई आकृति को बिगाड़ देता है और फिर अपने आप उसे बनाना शुरू कर देता है। (उन ब्लॉक्स को जोड़ना शुरू कर देता है)।

इस पूरे अभिलेख का पुनर्निरीक्षण करके कोई भी यह देख सकता है या जान सकता है कि कक्षा में मेज पर क्या हुआ होगा ?

एनेकडोटल रिकार्ड बनाते समय सदैव यह याद रखना चाहिए कि इसे सकारात्मक शैली या ढंग से लिखा जाना चाहिए। इसमें इस बात पर प्रकाश डालना चाहिए कि एक बच्चा क्या कर रहा है ? बच्चा क्या नहीं कर रहा है यह बताने की बजाय उसकी उपलब्धि को लिखा जाना चाहिए।

उदाहरण 2.

विद्यार्थी का नाम-शीला दिनांक-11.7.2015

कक्षा एवं सैक्शन-I-A स्थान-खेल केन्द्र

प्रेक्षण घटना एवं व्यवहार—खेल केन्द्र में जया और शीला में इस बात को लेकर विवाद हो गया कि खड़े हुए एक विशेष खिलौने ट्रक को कौन चलायेगा। जया बोली—"अगर मुझे नहीं चलाने दिया गया तो मेरी तुमसे कुट्टी हो जायेगी।" शीला ने कहा—कि कोई बात नहीं यहाँ और भी दो अन्य चीज़ हैं एक ट्रक हैं और दूसरा हवाई जहाज। तुम ट्रक के साथ हवाई जहाज की चालक भी बन सकती हो।

उदाहरण 3.

विद्यार्थी का नाम-सोनिया कक्षा एवं सैक्शन-II-B दिनांक-08.07.2015

स्थान एवं अवसर-प्रोजेक्ट समूह

प्रेक्षण घटना एवं व्यवहार—प्रोजेक्ट समूह गतिविधियों में विद्यार्थी एक भित्ति चित्र (Mural) सम्बन्धी चित्रकारी कर रहे थे। सोनिया ने प्रीति से उसकी मदद करने को कहा। प्रीति बोली कि वह अभी ऐसा नहीं कर सकती। सोनिया ने जवाब दिया—''कोई बात नहीं, हम इंतजार करते हैं।''

एनेकडोटल रिकार्ड की विशिष्ट विशेषतायें (Unique Features of Anecdotal Records)

- बिना किसी मूल्यांकन या समीक्षात्मक निर्णय सम्बन्धी विचार व्यक्त करते हुये विद्यार्थी के प्रेक्षित व्यवहार का सीधा और सरल वर्णन।

- प्रेक्षित व्यवहार का कथनात्मक रूप से संक्षिप्त, निरपेक्ष, तथा वस्तुगत विवरण।
- प्रत्यक्ष प्रेक्षण/अवलोकन पर आधारित होना।
- विद्यार्थी विशेष के व्यवहार से ही सम्बन्धित होना।
- विशिष्ट या उल्लेखनीय व्यवहार का ही अभिलेखन होना।
- विवरण में सकारात्मकता की उपस्थिति यानी यह दिखाना कि विद्यार्थी के द्वारा क्या किया जा रहा था या उसकी उपलब्धि कैसी रही न कि यह बताना कि उसे क्या करना अपेक्षित था और उसने क्या नहीं किया।

एनेकडोटल रिकार्ड के लाभ एवं प्रयोजन (Benefits and Purposes of Anecdotal Records)

अपनी विशिष्ट या अपूर्व विशेषताओं के कारण एनेकडोटल रिकार्ड निम्न दृष्टि से अधिक लाभदायक एवं प्रयोजन पूर्ण सिद्ध हो सकते हैं।

1. इनके अभिलेखन में सरलता और शीघ्रता रहती है तथा इनको उपयोग में लाना भी आसान है। इसी वजह से शिक्षाविदों द्वारा विद्यार्थियों की प्रगति के बारे में जानने हेतु इन्हें अधिक काम में लाया जाता है।
2. विद्यार्थी विशेष के सम्बन्ध में रखे गये ऐसे अभिलेख अपने संयुक्त रूप में विद्यार्थी के व्यवहार एवं अधिगम के सम्बन्ध में बहुत कुछ जानकारी देने का प्रयत्न करते हैं।
3. इनसे बालकों के विभिन्न विकास क्षेत्रों शारीरिक, मानसिक, सामाजिक, नैतिक तथा संवेगात्मक से सम्बन्धित सभी प्रकार के विकास और प्रगति से परिचित होने का उपयुक्त अवसर मिलता है।
4. एनेकडोटल अभिलेखों में विद्यार्थियों में होने वाले व्यवहार परिवर्तनों का क्रमबद्ध रूप से लेखा जोखा रहता है और इस तरह विद्यार्थियों के व्यवहार सम्बन्धी प्रोफाइल बनाने का कार्य अच्छी तरह से सम्पन्न हो सकता है। इस प्रकार के रिकार्ड एवं पोर्टफोलिओं की उपलब्धि, उनके व्यवहार के आगामी प्रेक्षण, उनके लिये पाठ्यक्रम सम्बन्धी अनुभवों के नियोजन तथा अभिभावक सम्मेलनों में आवश्यक चर्चा करने आदि कार्यों के लिये काफी हितकारी सिद्ध हो सकती है।
5. इन अभिलेखों के लेखन में यह सुविधा रहती है कि इन्हें विद्यार्थी व्यवहार का निरीक्षण करते समय नहीं बल्कि बाद में जब भी उसे ऐसा करना संभव हो तब इनका लेखन किया जा सकता है। इसलिये उनके प्रेक्षण कार्य में कोई गतिरोध नहीं उत्पन्न होता।
6. एनेकडोटल, रिकार्ड में शिक्षकों द्वारा विद्यार्थियों से सम्बन्धित गुणात्मक सूचनायें भी अभिलेखित की जा सकती हैं वे विद्यार्थी की व्यवहारगत छोटी-छोटी बातों, व्यवहारगत विशिष्टताओं तथा बालकों के बीच होने वाले संवादों को भी यहां अभिलेखित कर सकते हैं। इस प्रकार के व्याख्यात्मक विवरण से शिक्षाविदों को उनके लिये वांछित अधिगम अनुभवों का नियोजन करने और बालकों को वैयक्तिक तथा सामाजिक रूप से समझने में काफी मदद मिलती हैं।
7. इस प्रकार के अभिलेखों के द्वारा एक अध्यापक को अपनी कक्षा या समूह के सभी विद्यार्थियों से सम्बन्धित आवश्यक जानकारी को अपने सामने प्रस्तुत रखने में सहायता मिलती है जिसके आधार पर उन्हें उनकी प्रगति और कल्याण सम्बन्धी नीतियां और कार्यक्रम तैयार करने में मदद मिलती है।
8. इन अभिलेखों से उपलब्ध जानकारी विद्यार्थी को पढ़ाने, प्रशिक्षित करने या उससे सम्बन्धित कल्याणकारी किसी भी कार्यक्रम से जुड़े हुये व्यक्तियों के बीच में अच्छी तरह बाँटी जा सकती है और फलस्वरूप प्रयासों में आवश्यक तालमेल बैठाकर विद्यार्थियों का अधिक से अधिक हित चिन्तन करने में पर्याप्त मदद मिलने की संभावनायें यहां काफी बढ़ जाती हैं।

एक एनेकडोटल रिकार्ड को किस प्रकार लिखा या अभिलेखित किया जाये ? (How to Write an Anecdotal Record)

एनेकडोटल अभिलेखों के लेखन हेतु किस प्रकार आगे बढ़ा जाये, इस सम्बन्ध में जो कदम उठाये जा सकते हैं उन्हें संक्षेप में निम्न प्रकार प्रस्तुत किया जा सकता है:

1. अभिलेखन हेतु निम्न प्रकार के प्रारूप का उपयोग करना ठीक रहता है:

   विद्यार्थी का नाम– कक्षा एवं सैक्शन दिनाँक–

   स्थान और अवसर–

   घटना या प्रेक्षित व्यवहार का वास्तविक विवरण..

   ....

   अध्यापक का नाम एवं हस्ताक्षर

2. शुरूआत परिचयात्मक जानकारी दर्ज करने से की जानी चाहिये। विद्यार्थी का नाम, कक्षा और सैक्शन, व्यवहार प्रेक्षण की तारीख, स्थान और अवसर सम्बन्धी बातें यहां लिखी जानी चाहिये।
3. इसके पश्चात् प्रेक्षण के दौरान जो भी महत्त्वपूर्ण घटना या व्यवहार क्रियाओं से सम्बन्धित विशिष्ट बातें घटित होती हैं उनका विवरण प्रस्तुत किया जाना चाहिये। इस प्रस्तुतीकरण में निम्न बातों का अच्छी तरह ध्यान रखना चाहिये:
   - क्योंकि यहां अभिलेखन का कार्य तथ्यों के घटने के बाद किया जाता है इसलिये उनका विवरण देने हेतु भूतकाल–क्रियाओं का प्रयोग किया जाना चाहिये।
   - विद्यार्थियों के व्यवहार और घटने वाली घटनाओं के प्रेक्षण में पूरी तरह वस्तुनिष्ठ, निष्पक्ष और जागरुक होकर कार्य किया जाना चाहिये।
   - विद्यार्थियों के व्यवहार और घटनाक्रमों का विवरण प्रस्तुत करने में मान्यताओं, कल्पनाओं तथा अपनी स्वयं की सोच और समझ का उपयोग नहीं किया जाना चाहिये जो कुछ भी देखा और सुना जा रहा है उसका ज्यों का त्यों उन्हीं के शब्दों और व्यवहार क्रियाओं का उल्लेख करते हुये प्रस्तुति की जानी चाहिये।
   - विद्यार्थियों के व्यवहार का उल्लेख होना चाहिये, उनके व्यवहार पर टीका टिप्पणी या उसके उचित/अनुचित होने का नहीं।
   - जहां तक हो सके बालकों के बीच होने वाले संवाद को उन्हीं की भाषा, शब्दों और क्रियाओं में उद्धत किया जाना चाहिए।
   - घटनाओं ओर व्यवहार क्रियाओं के विवरण प्रदान करने में सकारात्मकता का समावेश होना चाहिये। जो कुछ वे कर रहे थे या कह रहे थे उसी को प्रस्तुत किया जाना चाहिये, क्या किया जाना अपेक्षित था, उन्होंने क्या नहीं किया, इसकी चर्चा यहां नहीं होनी चाहिये। साथ ही सब कुछ विवरण शामिल होना चाहिये उनके बारे में केवल भली या अच्छी लगने वाली बातें ही नहीं।
   - एनेकडोटल अभिलेख एक लघु कथा या वृतान्त के रूप में होते हैं अत: प्रत्येक अभिलेख में प्रारम्भिक चरण, मध्य चरण तथा समाप्ति चरण का समावेश होना चाहिये।
   - प्रेक्षण तंथा अभिलेखन करते समय निम्न प्रकार के प्रश्नों का उत्तर प्राप्त करना लाभदायक रहता है:
     – क्या मैं उसी तरह अभिलेखित कर रहा हूँ जैसा कि इन घटनाओं के साक्षी किसी अन्य व्यक्ति द्वारा भी उनकी अभिव्यक्ति इसी तरह की जाती ?
     – अगर दूसरे व्यक्ति अपनी आँखें बन्द कर लें तो उन्हें मेरे विवरण को सुनते हुये क्या वैसी ही अनुभूति होगी जो मुझे प्रत्यक्ष प्रेक्षण के दौरान हुई थी ?

- क्योंकि आपको एक अध्यापक के रूप में अभिलेखन का कार्य दिन के अंत में ही करना होता है तो इसलिये प्रेक्षित बातों को याद रखने के लिये सूक्ष्म नोट्स तथा इन्डेक्स कार्ड (जो आप अपनी जेब में रख सकते हो) की सहायता लेना उपयोगी रहेगा। आप इन सूचना काडों में छोटे-छोटे शब्द समूहों, संकेतों, सांकेतिक भाषा आदि में वह नोट कर सकते हो जिसके सहारे आपको प्रेक्षित बातों/घटनाओं का विवरण प्रस्तुत करने में मदद मिले।
- अभिलेखन के पश्चात् अंत में अपना नाम सहित हस्ताक्षर किये जाने चाहिये।

कथात्मक विवरण (Narratives)

किसी भी प्रकार की परिस्थिति में एक पर्यवेक्षक किसी घटना, दुर्घटना या किसी भी बात का जो भी पर्यवेक्षण करता है उसी का विस्तृत कहानी या कथा के रूप में जो वर्णन करता है उसी को कथात्मक विवरण (Narrative) कहा जाता है। एक अनुसन्धानकर्त्ता अपने अनुसन्धान कार्य के लिए स्वाभाविक पर्यवेक्षण के द्वारा जब प्रदत्तों का संग्रह करना चाहता है तो वह अनुसन्धान की एक विधि के रूप में इस कथात्मक विवरण का प्रयोग कर सकता है। इसी प्रकार से एक अध्यापक विद्यालय की विभन्न प्रकार की परिस्थितियों में अपने विद्यार्थियों का तथा उनके व्यवहार का पर्यवेक्षण करते हुए जो सूचनाएं इकट्ठी करता है उनको लिखकर अभिलेखन करने के लिए इन कथात्मक विवरणों का प्रयोग कर सकता है।

कथात्मक वर्णन या विवरण बालक के घटित होते हुए व्यवहार से सम्बन्धित बातों का क्रमबद्ध अभिलेख है जो किसी विशेष परिस्थिति और अवधि में घटित हो रहा है। एक पर्यवेक्षक या शोधकर्त्ता द्वारा कथात्मक वर्णन को प्रदत्तों या सूचनाओं को एकत्रित करने सम्बन्धी तकनीक के रूप में काम लाए जाने के लिए उसे अपने पर्यवेक्षण के समय जो कुछ भी बालक के व्यवहार के सम्बन्ध में देख या सुन रहा है या जो भी जानकारी उसे बालक के बारे में प्राप्त हो रही है, उसी को उसके वास्तविक रूप में लिखकर अभिलेखन करना होता है। दूसरे शब्दों में कथात्मक वर्णन को एक सूचना संग्रह तकनीक के रूप में इस्तेमाल करने के लिए जो कुछ भी बालक के द्वारा किया जाता है या कहा जाता है, भावभंगिमा (gestures) से प्रदर्शित किया जाता है या जो कुछ भी वह सोचता हुआ या अनुभव करता हुआ दिखाई देता है ऐसी सभी बातें पर्यवेक्षक को काफी ध्यान और सजगता से प्रेक्षित एवं अभिलेखित करनी होती हैं।

कथात्मक वर्णन या विवरण सम्बन्धी कार्य भलीभांति किस प्रकार किया जाए ?
(How to carryout the task in a proper way ?)

विद्यार्थी के सम्बन्ध में सूचनाओं का संग्रह करने की तकनीक के रूप में कथात्मक विवरण का उपयोग करने के लिए नीचे बनाई गई बातें, एक पर्यवेक्षक के लिए काफी सहायक सिद्ध हो सकती हैं :

1. अपनी प्रेक्षित की हुई बातों को अभिलेखित करने या नोट करने के लिए पर्यवेक्षक को एक डायरी या नोटबुक का प्रयोग करना चाहिये।
2. बालकों के व्यवहार का निरीक्षण और अभिलेखन करते समय पर्यवेक्षक को सजग और सावधान रहना चाहिए। उसे यह ध्यान रखना चाहिए कि बालक के व्यवहार सम्बन्धी कोई भी बात देखने या सुनने से ना छूट जाए। क्योंकि ऐसी छूटी हुई कोई बात बालक के व्यवहार का विश्लेषण करने में बाधक सिद्ध हो सकती है।
3. अच्छा तो यही है कि जैसे ही बच्चे के व्यवहार में कोई बात घटित होते हुए जैसे ही देखी जाए, वह उसी समय नोट कर ली जाए। परन्तु यदि उसी समय नोट करने में असुविधा हो या बालक के स्वाभाविक व्यवहार प्रदर्शन में बाधा पड़े तो पर्यवेक्षक को इस बात का ध्यान रखना चाहिए कि बालक के व्यवहार में घटित होने वाली उन बातों को शीघ्रातिशीघ्र जैसे भी समय मिले, नोट कर लिया जाए जिससे कि वे बातें ताजी ताजी स्मृति के आधार पर यथार्थ रूप में अभिलेखित हो सकें।
4. कथात्मक वर्णन या विवरण में बालक के व्यवहार सम्बन्धी बातों को क्रमपूर्वक विस्तार में अभिलेखित किया जाना ज़रूरी होता है। अत: शिक्षक या पर्यवेक्षक घटनाओं के घटित होते समय उन्हें संक्षेप में नोट करके और बाद में

उनका विस्तारपूर्वक अभिलेखन कर सकते हैं। परन्तु यह ध्यान रहे कि शिक्षक या पर्यवेक्षक जो भी नोट करें वह साफ-साफ और एकदम ठीक-ठीक लिखा जाए।

5. पर्यवेक्षकों को कथात्मक वर्णन के लिए व्यवहार का अभिलेखन करते समय वर्तमान काल का प्रयोग करना चाहिए क्योंकि इससे जो भी व्यवहार या घटना सम्बन्धी अभिलेखन किया जाता है उसे पढ़ने पर वह प्रत्यक्ष घटित होता हुआ प्रतीत होता है। ऐसा लगता है जैसे बालक का वह व्यवहार हमारी आँखों के सामने ही घटित हो रहा हो।
6. पर्यवेक्षक को प्रेक्षित व्यवहार का यथार्थ वर्णन करते हुए नोट करना चाहिए, उसका विश्लेषण बाद में करने के लिए छोड़ देना चाहिए।
7. पर्यवेक्षक/शिक्षक को बालक के व्यवहार के बारे में जैसा देखा और सुना है उसका कथात्मक लेखन या अभिलेखन करते समय यथासंभव वस्तुनिष्ठ रहना चाहिए।
8. कथात्मक वर्णन का अभिलेखन करने में पर्यवेक्षक या शिक्षक के सम्मुख यह चुनौती रहती है कि वह व्यवहार या घटना का कितने विस्तार में अभिलेखन कर सकते हैं जिससे कि बाद में वह अभिलेख पढ़ने वालों के सम्मुख घटना का पूर्णवृतान्त प्रस्तुत कर सके।
9. प्रेक्षित व्यवहार का कथात्मक विवरण प्रस्तुत करने के लिए शिक्षक या पर्यवेक्षक को यह ध्यान रखना चाहिए कि जहां उसे एक ओर तो जो भी घटित हो रहा है उससे सम्बन्धित विचारोत्तेजक और भावनात्मक वातावरण को चित्रित करने का प्रयत्न करना चाहिए, वहीं दूसरी ओर यह भी ध्यान रखना चाहिए कि ऐसा करने से घटनाओं या व्यवहार के वास्तविक विवरण में कोई हस्तक्षेप पैदा न हो।

कथात्मक वर्णन या विवरण तथा उपाख्यानात्मक अभिलेख में अन्तर
(Distinction between Narratives and Anecdotal Records)

कथात्मक विवरण और उपाख्यानात्मक अभिलेख में अन्तर को हम निम्न तालिका से स्पष्ट कर सकते हैं:

सूचना संग्रह तकनीक के रूप में कथात्मक विवरण (Narratives as data gathering Device)	**सूचना संग्रह तकनीक के रूप में उपाख्यानात्मक अभिलेखन** (Anecdotal Records as data gathering Device)
1. यह प्रेक्षित व्यवहार का विस्तृत विवरण प्रस्तुत करता है।	1. यह प्रेक्षित व्यवहार का संक्षिप्त विवरण प्रस्तुत करता है।
2. यह बालक के व्यवहार के सभी पक्षों का विवरण प्रदान करने के साथ-साथ व्यवहार जिस सन्दर्भ में घटित हो रहा है उसका विवरण भी प्रस्तुत करता है। यह उपाख्यानात्मक अभिलेख की तरह व्यवहार के किसी एक पक्ष या घटना विशेष तक सीमिंत नहीं होता है।	2. यह बालक के व्यवहार की किसी एक घटना विशेष जिससे पर्यवेक्षक का मतलब होता है, का विवरण प्रदान करता है ना कि उस समय उस स्थान पर उसने जो कुछ देखा या सुना है, उसका विस्तृत विवरण।
3. इस अभिलेख को तैयार करने में समय अधिक लगता है और इसकी प्रक्रिया भी लम्बी होती है।	3. ये अभिलेख कथात्मक विवरण से कम समय लेते हैं।
4. कथात्मक विवरण किसी खास सन्दर्भ में बालक के व्यवहार का अध्ययन करने के लिए लिखे और अभिलेखित किए जाते हैं।	4. ये अभिलेख स्थायी अभिलेख की तरह होते हैं जो वर्षों तक संचित और संग्रहित किए जाते हैं।

(Contd...)

सूचना संग्रह तकनीक के रूप में कथात्मक विवरण (Narratives as data gathering Device)	**सूचना संग्रह तकनीक के रूप में उपाख्यानात्मक अभिलेखन** (Anecdotal Records as data gathering Device)
5. कथात्मक विवरण घटना या व्यवहार के घटित होने के साथ-साथ लिखे और अभिलेखित किए जाते हैं ताकि ताजा-ताजा स्मृति के साथ सूचनाएं नोट की जा सकें।	5. उपाख्यानात्मक अभिलेख घटना घटित हो जाने के बाद स्मृति के आधार पर लिखे जाते हैं क्योंकि इनका लक्ष्य बालक के व्यवहार से सम्बन्धित घटना (जो घटित हो चुकी है) का विवरण प्रदान करना होता है।
6. व्यवहारिक विज्ञानों के परिमाणात्मक अनुसन्धानों में अक्सर इसका प्रयोग किया जाता है। काफी लम्बे समय से विकासात्मक और जातिवृत्यात्मक शोध कार्यों में इनका प्रयोग होता ही रहता है।	6. इनका प्रयोग अनुसंधानात्मक कार्यों में बहुधा कम ही होता है क्योंकि सूचना संग्रह तकनीक के रूप में इनका प्रयोग कुछ मुश्किल और पेचीदा सा हो जाता है।

कथात्मक विवरणों के लाभ एवं उपयोगिता (Advantages of Narratives)

1. सूचनाओं का संग्रह करने की तकनीक के रूप में कथात्मक विवरणों का इस्तेमाल करने के लिए अध्यापकों को कोई विशेष प्रशिक्षण की आवश्यकता नहीं होती है।
2. इस अभिलेख का एक बड़ा लाभ इस बात में है कि इसमें घटना या व्यवहार के घटित होने के समय ही यथार्थ व्यवहार का प्रेक्षण एवं अभिलेखन किया जाता है।
3. कथात्मक विवरण बालक के व्यवहार का एक उचित क्रमबद्ध रूप से प्रेक्षण करके व्यवहार सम्बन्धी सभी बातों का विस्तृत वर्णन प्राप्त करने में सहायता करता है। जो कि बाद में बालक के व्यवहार के सम्बन्ध में एक वैध और वास्तविक निष्कर्ष निकालने में काफी लाभदायक सिद्ध होता है।
4. प्रेक्षण के समय बालक के घटित होने वाले व्यवहार के सम्बन्ध में सम्पूर्ण रूप से सूचनाएं एवं प्रदत्तों का संग्रह करने में यह तकनीक काफी सहायता करती है। इसमें बालकों के व्यवहार के सभी पक्षों का प्रेक्षण एवं अभिलेखन किया जाता है। यह उपाख्यानात्मक अभिलेख की तरह व्यवहार के किसी एक पक्ष या घटना विशेष तक ही सीमित नहीं होता है।
5. जो भी प्रदत्त और सूचनाएं एक प्रदत्त संग्रह करने की तकनीक के रूप में कथात्मक विवरण से प्राप्त होती हैं वे अन्य साधनों से प्राप्त सूचनाओं की तुलना में काफी अधिक समृद्ध और ऐसे विस्तृत रूप में होती हैं कि जिनकी सहायता से बालक के व्यवहार सम्बन्धी आवश्यक निष्कर्ष निकालने में काफी सुविधा रहती है।
6. इससे हमें जो व्यवहार घटित हो रहा है, केवल उसे ही समझने में मदद नहीं मिलती बल्कि यह जानने में भी मदद मिलती है कि किसी परिस्थिति विशेष में और किस संदर्भ में इस प्रकार का व्यवहार घटित हो रहा है।

कथात्मक विवरणों की सीमाएं या कमियां (Disadvantages of Narratives)

1. प्रदत्त संग्रह करने की तकनीक के रूप में कथात्मक विवरण का प्रयोग करते समय एक अध्यापक को यह निर्णय लेना पड़ता है कि वह वास्तव में क्या बातें नोट करे। यह कार्य अध्यापक के लिए काफी श्रमसाध्य और चुनौतीपूर्ण हो जाता है क्योंकि व्यवहार के घटित होते समय प्रेक्षण करने और अभिलेखन करने के लिए वहां पर इतनी ज्यादा बातें चल रही होती हैं जिससे यही लगता रहता है कि कोई बात छूट ना जाए।
2. सूचनाओं एवं प्रदत्तों का संग्रह करने की तकनीक के रूप में कथात्मक विवरणों का प्रयोग करने में समय बहुत ज्यादा लगता है और वह भी बिना किसी रूकावट या बाधा के लगातार करना पड़ता है अतः इसका क्रियान्वयन और प्रबन्धन अध्यापकों के लिए काफी चुनौतीपूर्ण सिद्ध होता है।

3. एक बालक का कथात्मक विवरण तैयार करना तो फिर भी ठीक है परन्तु पूरे समूह (कक्षा) के व्यवहार का प्रेक्षण करने, अध्ययन करने और अभिलेखन करने का कार्य काफी कठिनाई भरा सिद्ध होता है।
4. इसमें एक अध्यापक को एक बालक के व्यवहार को स्वाभाविक परिस्थितियों में घटित होते समय प्रेक्षण करने और अभिलेखन करने की ज़रूरत होती है। इस प्रकार के प्रेक्षण के समय प्रेक्षण के लिए पर्यवेक्षक को अपने आप को बालकों से अलग रखना पड़ता है और एक अध्यापक के लिए ऐसा करना मुश्किल होता है।
5. कथात्मक विवरणों के प्रयोग से एकत्रित हो गई सूचनाएं प्राय: असंरचित होती हैं अत: इनके विश्लेषण में भी काफी कठिनाई आ सकती हैं। पूरे निष्पक्ष एवं वस्तुनिष्ठ रूप में इनका विश्लेषण करना एक अध्यापक के लिए काफी चुनौतीपूर्ण कार्य सिद्ध होता है।

सार-संक्षेप (Summary)

1. विकासशील बालकों के व्यवहार के अध्ययन हेतु विविध प्रकार की विधियों जैसे स्वाभाविक निरीक्षण विधि, साक्षात्कार विधि, व्यक्तिगत अध्ययन विधि तथा चिन्तनशील जरनल्स, उपाख्यानात्मक अभिलेख एवं कथात्मक विवरण का उपयोग किया जा सकता है।
2. निरीक्षण विधि में विद्यार्थी विशेष के व्यवहार का अध्ययन या तो नितान्त स्वाभाविक परिस्थितियों में किया जाता है अथवा व्यवहार विशेष के अध्ययन हेतु कृत्रिम रूप से उस व्यवहार को घटने हेतु विशेष परिस्थितियाँ पैदा की जाती हैं। इस घटित व्यवहार का निरीक्षण या अवलोकन कर विद्यार्थी विशेष के व्यवहार की प्रकृति के बारे में निष्कर्ष निकाले जाते हैं। वांछित उद्देश्यों की पूर्ति हेतु यह निरीक्षण कई रूपों में किया जा सकता है। जैसे औपचारिक निरीक्षण (पहले से सूचित कर औपचारिक रूप से निरीक्षण/जाँच पड़ताल करना), अनौपचारिक निरीक्षण (विद्यार्थियों को बिना बताये अचानक ही उनके व्यवहार का स्वाभाविक और अनौपचारिक रूप से निरीक्षण करना), सहभागी निरीक्षण (निरीक्षणकर्त्ता द्वारा समूह में शामिल होकर समूह सदस्यों के व्यवहार का निरीक्षण करना), असहभागी निरीक्षण (बिना आभास कराये व्यक्तियों के व्यवहार का निरीक्षण करना) आदि। निरीक्षण विधि की सफलता इस बात पर निर्भर करती है कि उसकी कितनी अच्छी तरह से योजना बनाकर पूरी तैयारी के साथ व्यक्ति विशेष की व्यवहार क्रियाओं का समुचित निरीक्षण किया जाये, रिकार्ड रखा जाए तथा उनके आधार पर समुचित निष्कर्ष निकाला जाय। इस रूप में इस तरह व्यवहार निरीक्षण कर उचित परिणामों तक पहुँचने में निरीक्षण विधि बहुत अधिक उपयुक्त नहीं रह पाती क्योंकि इसमें वस्तुनिष्ठा, विश्वसनीयता एवं वैधता की दृष्टि से काफी कमियाँ रह जाती हैं।
3. साक्षात्कार विधि का उपयोग व्यवहार अध्ययन हेतु ऐसी परिस्थितियों में किया जाता है जब निरीक्षणकर्त्ता और प्रयोज्य आमने-सामने उपस्थिति रहें। इस तरह इस विधि द्वारा व्यवहार अध्ययन की अन्य विधियों की अपेक्षा प्रयोज्यों के व्यवहार सम्बन्धी सूचनायें काफी अच्छी तरह व्यक्तिगत संपर्क के तहत आमने-सामने ही प्राप्त की जा सकती हैं। प्रयोज्यों से सूचनायें प्राप्त करने में विभिन्न प्रकार के साक्षात्कार प्रारूपों जैसे व्यक्तिगत साक्षात्कार, समूह साक्षात्कार, दूरभाष या इलैक्ट्रोनिक्स साक्षात्कार का उपयोग किया जाता है। प्रयोज्यों का साक्षात्कार करने हेतु अध्ययनकर्त्ता द्वारा दो प्रकार के प्रारूपों (i) संरचित एवं प्रामाणिक तथा (ii) असंरचित एवं अप्रमाणिक साक्षात्कार को काम में लाया जा सकता है। पहले प्रारूप को अपनाने में जहाँ साक्षात्कार प्रक्रिया पर पूरी तरह नियन्त्रण और व्यवस्था बनाये रखने में सुविधा होती है वहीं दूसरे प्रारूप को अपनाने में प्रयोज्यों को अपनी स्वतन्त्र अभिव्यक्ति के बहुमूल्य अवसर प्राप्त हो सकते हैं और इस तरह उन्हें जानने का कार्य समुचित ढ़ंग से सम्पन्न हो सकता है।
4. यक्तिगत अध्ययन विधि में बालक विशेष का व्यक्तिगत रूप से व्यक्ति के व्यवहार और व्यक्तित्व सम्बन्धी सभी बातों का उसी से सम्बन्धित परिवेश में भलीभाँति अध्ययन किया जाता है ताकि उसे उसकी समस्या सम्बन्धी

भूतकालीन बातों, वर्तमान परिस्थितियों तथा भावी संभावनाओं का उचित विश्लेषण कर, समस्या से छुटकारा पाने अथवा किसी क्षेत्र विशेष में प्रगति करने से सम्बन्धित परामर्श दिया जा सके। इस दृष्टि से इस विधि का प्रयोग जहाँ समस्यात्मक व्यवहार के कारणों का पता लगाकर उचित उपचार व्यवस्था नियोजित करने के लिए किया जा सकता है वहीं सामान्य अथवा विशिष्ट बालकों को उनकी उचित शिक्षा एवं समायोजन हेतु भी इसका उपयोग किया जा सकता है। इस विधि में जिस व्यक्ति के व्यवहार का अध्ययन किया जाता है उसका व्यक्तिगत रूप से, उसके समग्ररूप में उसी के परिवेश में भलीभाँति अध्ययन किया जाता है और इस प्रकार से सभी प्रकार की व्यक्तिगत जानकारी, समस्या विशेष या विशिष्टता से सम्बन्धित सभी प्रकार का पूर्व इतिहास, वर्तमान परिस्थितियों से सम्बन्धित सभी प्रकार की जानकारी आदि बातों को एक विशेष प्रकार के प्रारूप का प्रयोग कर इकट्ठा करने का प्रयास किया जाता है और फिर उचित निष्कर्ष निकालकर बालक की समस्या को दूर करने अथवा उसके वांछित विकास में सहायता प्रदान करने सम्बन्धी सुझाव देने का प्रयास किया जाता है।

5. बालकों के चिन्तनशील जरनल्स का उनके व्यवहार, व्यक्तित्व, अधिगम और समायोजन के बारे में जानकारी प्राप्त करने हेतु अच्छी तरह उपयोग किया जा सकता है। चिन्तनशील जरनलों से यहाँ अभिप्रायः डायरी, नोट बुक, ऑडियो तथा वीडियो रिकार्डिंग, चित्र कथाओं आदि के रूप में बालकों द्वारा स्वयं निर्मित उन दस्तावेजों से है जिसमें वे अपने विद्यालय तथा विद्यालय के बाहर घर, पास पड़ोस तथा समुदाय में दिन-प्रतिदिन होने वाले अनुभवों को प्रतिबिम्बित करते हैं। उनके अपने कथन या रिर्पोटिंग के रूप में जो कुछ भी इन दस्तावेजों में उपलब्ध होता है उसे ही उनके व्यवहार विश्लेषण हेतु काम में लाने का प्रयत्न अध्ययनकर्त्ताओं द्वारा किया जाता है।
6. उपाख्यानात्मक अभिलेख बाल-व्यवहार अध्ययन की एक विधि के रूप में बालकों के व्यवहार, व्यक्तित्व गुण, अधिगम एवं विकास के बारे में जानकारी प्राप्त करने का काफी उचित माध्यम बन सकता है। परावर्ती या चिन्तनशील जनरलों की तुलना में इन रिकोर्डो को निर्मित एवं विकसित करने का कार्य अध्यापकों द्वारा किया जाता है। एक विद्यार्थी के इस प्रकार के रिकार्ड के विकास में अध्यापक को विद्यालय में विद्यार्थी विशेष द्वारा किये जाने वाले कार्यों एवं गतिविधियों का निरीक्षण करते हुये अक्षराः पूरी तरह लेखा-जोखा रखना होता है। वह इन सभी निरीक्षित बातों को जिस रूप में देखता और सुनता है उनको उनके उस वास्तविक रूप में ही कथानक प्रारूप में नोट करता रहता है। परन्तु इस प्रकार की अपनी रिर्पोटिंग में पूरी तरह वस्तुगतता एवं स्वाभाविकता बनाये रखने की जरूरत रहती है। यहाँ उसके द्वारा विद्यार्थी के निरीक्षित व्यवहार पर कोई टीका टिप्पणी किये बिना अपने निरीक्षित विचारों को उनके मौलिक रूप में प्रस्तुत करने का प्रयत्न किया जाता है।
7. उपाख्यानात्मक अभिलेख से कथात्मक विवरण इस बात को लेकर भिन्नता रखता है कि यहाँ अध्ययनकर्त्ता स्वयं ही बालक के निरीक्षित व्यवहार में उसे जो कुछ भी लक्षित होता है उसी रिकार्डिंग/लेखा-जोखा स्वयं रखता है, उपाख्यानात्मक अभिलेख की तरह यहाँ उसे इस कार्य के लिये कक्षा या विषय अध्यापक की रिर्पोटिंग पर निर्भर नहीं रहना पड़ता तथा दूसरा अन्तर इस बात को लेकर है यहाँ निरीक्षित व्यवहार का काफी विस्तृत ब्यौरा अध्ययनकर्त्ता द्वारा प्रदान किया जाता है उपाख्यानात्मक अभिलेख की तरह इसमें बिना किसी टिप्पणी और परावर्ती चिन्तन के बिन्दुवार संक्षिप्त विवरण नहीं दिया जाता।

संदर्भित एवं विशेष अध्ययन ग्रन्थ (References and Suggested Readings)

Andrews, T.G. (Ed.), *Methods of Psychology*, New York : John Wiley, 1958.

Boring, E.G., *A History of Experimental Psychology* (2nd ed.), New York : Appleton Century - Crofts, 1950.

Goode and Hatt, *Methods of Social Research*, New York: McGraw Hill, 1952.

Horney, K., *New ways in Psycho analysis*, New York : W.W. Norton & Co., 1939.

Wilson, E.B. Jr., *An Introduction to Scientific Research*, New York : McGraw-Hill, 1952.

Woodworth, R.S., *Experimental Psychology* (rev. ed.), New York : Holt, 1954.

किशोर—विशेषतायें, आवश्यकतायें एवं तनाव से सम्बन्धित बातें (Adolescents—Characteristics, Needs and Stress Related Issues)

विषय प्रवेश (Introduction)

मानव वृद्धि और विकास की विभिन्न अवस्थाओं में किशोरावस्था को काफी चुनौती पूर्ण या तनावपूर्ण अवस्था माना जाता है। साथ ही इस अवस्था को एक व्यक्ति के व्यक्तित्व के सभी पक्षों और आयामों में सबसे ज्यादा वृद्धि और विकास की अवस्था के रूप में वर्णित किया जाता है। इसकी विकासात्मक प्रकृति तथा इस अवस्था की आवश्यकताओं और अनोखी समस्याओं के कारण किशोर बहुधा अनेक प्रकार के तनाव और दबाव से घिरे हुए दिखाई देते हैं। यही कारण है कि प्रसिद्ध विद्वान स्टेनले हॉल (Stanley Hall) ने किशोरावस्था को 'अत्यन्त तनाव एवं दबाव की' (a period of great stress and strain) तथा 'तूफान और आँधी की अवस्था' (Storm and Strite) नाम दिया है। यहाँ प्रश्न उठता है कि इस प्रकार के तनाव और दबाव की समस्याओं तथा कठिनाइयों की प्रकृति क्या हैं जिनका प्राय: विश्व की सभी संस्कृतियों के किशोरों को सामना करना पड़ता है।

क्या उनकी आयु से जुड़े हुए वृद्धि और विकास का इन समस्याओं या तनाव को उत्पन्न करने वाले कारकों के साथ कोई सम्बन्ध होता है। इन समस्याओं और तनाव से किशोरों को बाहर निकालने के लिए अध्यापक की क्या भूमिका होनी चाहिए? प्रस्तुत अध्याय में हम इन्हीं प्रश्नों का उत्तर प्राप्त करने का प्रयास कर रहे हैं। लेकिन ऐसा करने के लिए पहले यह जानना जरूरी है कि किशोर किसे कहा जाए।

किशोर किसे कहा जाए? (Who is to be called an Adolescent ?)

जैसा कि हम जानते हैं, सामान्यत: किशोरावस्था की तरफ विकासात्मक अवस्था वाले बालकों को किशोर कहा जाता है। शाब्दिक रूप में किशोरावस्था के लिए आंग्लभाषा में एडोलेसेन्स (Adolescence) शब्द का प्रयोग किया जाता है। इस शब्द की उत्पति लेटिन भाषा के क्रिया पद 'Adolescare' से हुई है। जिसका अर्थ है 'वृद्धि होना' (to grow)। इस अर्थ में किशोरावस्था को अत्यन्त वृद्धि और व्यक्तित्व के विभिन्न आयामों-शारीरिक, मानसिक, सामाजिक, संवेगात्मक सभी में तीव्र गति से विकास की अवस्था माना जाता है। प्रश्न उठता है कि यह अवस्था जिसे किशोरावस्था कहा जाता है, बालक के जीवन में कब प्रारम्भ होती है और कब समाप्त होती है? किसे किशोर कहा जाए?

तकनीकी दृष्टिकोण से अगर सोचा जाए तो जब किसी बालक या बालिका में यौन सम्बन्धी परिपक्वता (Sexual maturity) के दृष्टिकोण से सन्तान उत्पन्न करने की क्षमता आ जाए उसे किशोर कहना प्रारम्भ कर देना चाहिए। दूसरी ओर जब वह शारीरिक, मानसिक,सामाजिक तथा संवेगात्मक रूप से पर्याप्त परिपक्वता अर्जित करके अपने समाज तथा समुदाय में एक प्रौढ़ व्यक्ति की तरह व्यवहार करने लगं जाए तो उस समय से उसे किशोर के स्थान पर प्रौढ़ व्यक्ति समझना शुरू कर देना चाहिए।

उपरोक्त तकनीकी दृष्टिकोण को सामने रखते हुए यह कहना कि लड़के अथवा लड़कियों की किशोरावस्था ठीक इस उम्र में प्रारम्भ अथवा समाप्त हो जाती है, कठिन ही है। कारण स्पष्ट ही है कि न तो संतानोत्पत्ति करने की क्षमता विकसित होने के लिए ही कोई सार्वभौमिक (Universal) आयु निश्चित की जा सकती है और न ऐसा कहा जा सकता है कि अमुक आयु में सभी लड़के और लड़कियां पूरी तरह से परिपक्व होकर प्रौढ़ जैसा व्यवहार करना शुरू कर देते हैं। यौन सम्बन्धी विकास और सम्पूर्ण परिपक्वता आने, इन दोनों ही प्रक्रियाओं में बहुत अधिक व्यक्तिगत अन्तर देखने को मिलते हैं। गर्म और ठंडी जलवायु के अतिरिक्त सांस्कृतिक और सामाजिक परिस्थितियों जैसे जल्दी अथवा देर से विवाह होना, यौन के प्रति दृष्टिकोण, विभिन्न आयु स्तर पर बालकों का समाज द्वारा अपेक्षित व्यवहार इत्यादि ऐसी अनेक बाते हैं जिनका किशोरावस्था के शुरू होने तथा समाप्त होने दोनों पर ही यथेष्ट प्रभाव पड़ता है।

अपने देश में यूरोपीय और अमेरिकन देशों की अपेक्षा किशोरावस्था का काल जल्दी ही शुरू और समाप्त हो जाता है। "इन देशों में जबकि किशोरावस्था का समय लड़कियों में लगभग 13 वर्ष से लेकर 21 और लड़कों में 15 से लेकर 21 वर्ष तक माना जाता है वहां अपने देश में इसकी सीमा लड़कों में 13 से लेकर 19 तक और लड़कियों में 11 से 17 वर्ष तक मानी जाती है।"[1]

(Harriman, P.L., 1946, p. 3)

किशोरावस्था में वृद्धि और विकास का रूप (Pattern of Growth and Development in Adolescence)

किशोरावस्था को एक प्रकार शैशवकाल की ही पुनरावृत्ति माना जा सकता है क्योंकि इस अवस्था में भी शैशवावस्था की तरह बच्चे के व्यक्तित्व के सभी पहलुओं का अत्यधिक तीव्र गति से वृद्धि और विकास होता है और किशोर भी शिशु की तरह अत्यधिक चंचल, अशांत, उत्तेजित, संवेदनशील और भावुक होता है। इस अवस्था में वृद्धि और विकास की सभी दिशाओं में बच्चा तेज़ी से आगे बढ़ता है जिसके परिणामस्वरूप उसमें कई नवीन परिवर्तन दृष्टिगोचर होते हैं। संक्षेप में किशोरावस्था में होने वाली वृद्धि, विकास तथा प्रमुख परिवर्तनों को निम्न रूप में रखा जा सकता है:

A. शारीरिक विकास तथा परिवर्तन (Physical Development and Changes)—इस अवस्था में शरीर के सभी आंतरिक और बाह्य अवयव अत्यधिक तेज़ी से वृद्धि और विकास को प्राप्त होते हैं और लगभग सभी ग्रन्थियां (Glands) पूरी तरह से अपना कार्य करना शुरू कर देती हैं। परिणामस्वरूप इस अवस्था की समाप्ति तक प्रायः सभी व्यक्ति अपनी शारीरिक वृद्धि और विकास की सीमा पर पहुंच जाते हैं तथा अपना एक विशेष आकार, डील-डौल तथा रंग-रूप अपना लेते हैं। उनकी हड्डियाँ और मांस-पेशियां भी काफ़ी सशक्त और समक्ष बन जाती हैं जिससे किशोर की गत्यात्मक क्रियाओं की मात्रा में वृद्धि हो जाती है और वे अधिक कार्यकुशल बन जाती हैं।

शारीरिक वृद्धि और विकास के परिणामस्वरूप किशोर में कई नवीन आंतरिक तथा बाह्य परिवर्तन दिखाई देते हैं। उनके बगल (Underarms) और गुप्तांगों में घने बाल उग जाते हैं। लड़के और लड़कियां दोनों ही अपने अपने लिंगगत विशेषताओं के दृष्टिकोण से शारीरिक वृद्धि और विकास के अलग-अलग मानदंडों को छूते हैं। लड़कियों के कूल्हों के मांस में वृद्धि हो जाती है तथा उनकी छाती में पर्याप्त उभार आ कर उरोज विकसित हो जाते हैं जबकि लड़कों के चेहरे दाढ़ी मूंछ से शोभित होने लगते हैं। दोनों की आवाज़ में भी पर्याप्त अन्तर दिखाई देता है। लड़कियों की आवाज़ जहां अधिक पतली, तीक्ष्ण और मधुर बन जाती है वहां लड़कों की आवाज़ में पर्याप्त गम्भीरता, रुखाई और भारीपन आ जाता है। लड़कियों में मासिक धर्म (Menstruation) शुरू हो जाता है और लड़के स्वप्न दोष का शिकार होने लगते हैं। इस प्रकार से इस अवस्था की समाप्ति तक प्रायः सभी लड़के पुरुषोचित और लड़कियां स्त्रियोचित शारीरिक विशेषताओं को ग्रहण कर लेते हैं।

B. संवेगात्मक विकास और परिवर्तन (Emotional Development and Changes)— संवेगात्मक रूप से किशोर पर्याप्त विकसित हो जाता है। उसमें चिन्ता, भय, प्रेम, ईर्ष्या और क्रोध आदि सभी संवेग अपने विकास के शिखर पर पहुंच जाते हैं। संवेगात्मक विकास के तीव्र दौर में किशोर एक बार फिर शिशु की तरह ही संवेगात्मक अस्थिरता और तीव्रता को अनुभव करता है। इस आयु में शारीरिक वृद्धि और विकास के अपने चरम सीमा पर पहुंच जाने के कारण किशोर का अपना शरीर उसे गत्यात्मक कार्यों को करने के लिए पर्याप्त शक्ति देने में समर्थ बन जाता है। अतः किशोरों में संवेगों की अभिव्यक्ति प्रायः

प्रखर और सक्रिय ढंग से होती है। किसी और अवस्था में बच्चा उतना अधिक बेचैन, उग्र, भावुक, संवेदनशील नहीं होता जितना कि किशोरावस्था में होता है। रॉस (Ross) के शब्दों में ''किशोर का जीवन बहुत अधिक संवेगात्मक होता है जिसमें हमें एक बार फिर उसके अत्यधिक उग्र और निराशा की गहराइयों के बीच झूलते हुए व्यवहार के माध्यम से मानव व्यवहार के अनुकूल और प्रतिकूल दोनों पक्षों का मिला-जुला रूप देखने को मिलता है।'' (1951, p, 147)

इसलिए किशोरावस्था को प्राय: तनाव (Strain) और दबाव (Stress) की अवस्था का नाम दिया जाता है।

इस प्रकार जैसा कि रौस ने संकेत दिया है कि किशोरों की संवेगात्मक अभिव्यक्ति में स्थायित्व नहीं होता। उनके संवेग बहुत अधिक अस्थायी और परिवर्तनशील होते हैं परन्तु उनकी गति बहुत प्रबल होती है। इसलिए एक किशोर को अपने संवेगों को पूरी तरह नियन्त्रण रखना बहुत कठिन होता है। वास्तव में किशोरावस्था तक पहुंचते-पहुंचते बालक में संवेग, स्थायी भावों (Sentiments) के रूप में अपनी गहरी जड़ जमा लेते हैं। उसकी आत्म चेतना (Self-Consciousness), आत्म सम्मान और स्वाभिमान में अत्यधिक वृद्धि हो जाती है। समूह-भक्ति और प्रेम के स्थायी भाव अधिक विकसित होकर उसे बहुत अधिक भावुक बना देते हैं। वह जो भी अनुभव करता है, उसे बहुत गहराई से अनुभव करता है और फिर अपनी प्रतिक्रिया भी बहुत उग्र ढंग से व्यक्त करता है।

C. सामाजिक विकास और परिवर्तन (Social Development and Changes)—किशोरावस्था सामाजिक सम्बन्धों के अधिक विकसित होने और मेलजोल बढ़ाने का समय है। छोटी आयु में बच्चा समाज के नियमों, हितों और सम्बन्धों की कोई परवाह नहीं करता। उसमें अहं और व्यक्तिगत स्वार्थ अधिक होता है। किशोरावस्था में वही बच्चा अपने सामाजिक विकास के फलस्वरूप सामाजिक उत्तरदायित्वों को समझने लग जाता है और नियमों के अनुकूल ढलने का प्रयास करता है।

किशोर का सामाजिक दायरा भी बालक की अपेक्षा अधिक विस्तृत होता है। अब वह विपरीत लैंगिंक आकर्षण भी अनुभव करता है। उसकी मित्रता अब बाल्यावस्था की तरह क्षणिक और भावनाशून्य नहीं होती। वह मित्रों से सम्बन्ध को प्रगाढ़ बनाने और अपने आपको अपने वय-समूह (Peer Group) या मित्र-मंडली से अच्छी तरह जोड़ने का प्रयत्न करता है। अपने वय-समूह या मित्र-मंडली के आदर्श उसके अपने आदर्श बन जाते हैं और जैसा वय-समूह सोचता है और करता है, वह भी वही करने का प्रयत्न करता है। अपने वय-समूह द्वारा स्वीकार किए जाने और उसमें अपना महत्त्वपूर्ण स्थान बनाने की उसमें अत्यधिक लालसा पाई जाती है। मित्र-मंडली या वय-समूह द्वारा अपनी उपेक्षा या तिरस्कार उसके लिए सबसे अधिक असहनीय और हानिकारक सिद्ध होता है। इससे किशोरों में कुसमायोजन सम्बन्धी अनेक समस्याएं उत्पन्न हो जाती हैं।

किशोरावस्था के बच्चे में सामाजिक पहलू से दूसरा महत्त्वपूर्ण परिवर्तन माता-पिता और परिजनों के साथ उसके अपने सम्बन्धों को लेकर दिखलाई पड़ता है। इस उम्र में उसे अब स्वतन्त्र होने की धुन सवार होती है। वह चाहता है कि अब उसके माता-पिता और परिवार के सदस्य उसे मात्र बालक समझ कर उसकी उपेक्षा न करें। अब वह उनके द्वारा अपनी हिफ़ाज़त कराना अपना अपमान समझता है तथा अपने विचारों तथा भावों में पूरी तरह स्वतन्त्रता चाहता है। अब वह अपने मां-बाप की कही हुई बातों और सुझाए गए मार्ग पर नहीं चलना चाहता। अपने वय-समूह या मित्र-मंडली का मार्ग और परामर्श उसे अधिक प्रिय और हितकर लगता है। ऐसी अवस्था में मां-बाप अथवा अभिभावकों के अनावश्यक अंकुश तथा विरोध के फलस्वरूप कभी-कभी किशोर खुला विद्रोह भी कर बैठते हैं।

D. बौद्धिक विकास और परिवर्तन (Intellectual Development and Changes)—जहां तक मानसिक शक्तियों के क्रियान्वित होने का प्रश्न है वहां किशोरावस्था सबसे अधिक वृद्धि और विकास का समय है। इस उम्र में बुद्धि अपनी चरम सीमा तक पहुंचने का प्रयत्न करती है तथा तार्किक चिन्तन, सूक्ष्म और गहन विचार शक्ति, एकाग्रता आदि सभी मानसिक शक्तियां पर्याप्त विकसित हो जाती हैं। अब यह कार्य और कारण सम्बन्धों (Cause and Effect relationships) की ठीक प्रकार खोज करना आरम्भ कर देता है। उसमें पर्याप्त मौलिकता आने लगती है तथा वह प्रत्येक वस्तु को एक आलोचक की दृष्टि से देखने लगता है। किशोरावस्था में भावना, कल्पना, मौलिकता और उत्साह का सम्मिलित अनुकूल प्रवाह अनेक लेखक, कवि, चित्रकार, मूर्तिकार, संगीतज्ञ, दर्शन-शास्त्री तथा अन्वेषकों को जन्म देता है। दूसरी ओर कल्पना की निष्क्रिय और लक्ष्यहीनता किशोर को दिवास्वप्न देखने वाला और अकर्मण्य व्यक्ति बना सकती है। अत: इस अवस्था में किशोरों की कल्पना शक्ति को अनुकूल दिशा में प्रवाहित करने के लिए गम्भीर प्रयत्न किए जाने चाहिए।

नायक पूजा (Hero worship) भी इस उम्र में काफ़ी प्रचलित पाई जाती है और उसकी रुचियों का क्षेत्र भी बहुत विस्तृत हो जाता है। विशेष रूप से वे साहसिक कार्यों, घूमने-फिरने तथा रहस्य एवं रोमांच से परिपूर्ण कहानियों एवं घटनाओं में अधिक रुचि दिखाते हैं। किशोरावस्था कर्मण्यता की आयु (Age of action) है। जो कुछ भी किशोर सोचते और कहते हैं उसे क्रिया रूप में परिणित करने के लिए वे काफ़ी उग्र होते हैं। उसमें नापसन्द, रुचि और अरुचि स्थायी रूप से विकसित हो जाती है।

E. नैतिक और धार्मिक विकास (Moral and Religious Development)—नैतिक मूल्यों और मान्यताओं का विकास भी किशोरावस्था की देन है। सामाजिक विकास की दिशा में अपने कदम ठीक प्रकार बढ़ाने के फलस्वरूप किशोर सामाजिक मूल्यों और मान्यताओं से परिचित हो जाते हैं तथा सामाजिक उत्तरदायित्वों और नैतिक मूल्यों को मान्यता देने लगते हैं। समूह भावना का उचित विकास भी उन्हें नैतिकता की ओर खींचता है। स्थायी भावों और विशेषकर आत्म सम्मान का भाव उत्पन्न होने के कारण चारित्रिक अथवा नैतिक विकास में बहुत सहायता मिलती है। चरित्र, जिसके माध्यम से एक व्यक्ति को अच्छा या बुरा विभूषित किया जाता है, विशेषकर इसी अवस्था की देन है। धर्म और धार्मिक संस्कारों एवं विश्वासों का प्रभाव भी जीवन में पहले-पहल उसी उम्र में अच्छी तरह अनुभव किया जाता है। परिणामस्वरूप किशोरों को प्रायः ईश्वर, धर्म, आस्तिकता और नास्तिकता के बारे में बातें करता हुआ तथा बाह्य आत्मा, जीवन-मरण, पाप पुण्य की दार्शनिक गुत्थियों को सुलझाता हुआ देखा जा सकता है।

F. यौन सम्बन्धी विकास एवं परिवर्तन (Sexual Development and Changes)—किशोरावस्था की अपनी एक प्रमुख विशेषता यौन सम्बन्धी विकास को लेकर है। यौन सम्बन्धी विकास और वास्तविक रूप में किशोरावस्था के साथ-साथ ही शुरू होता है और उसके समाप्तिकाल तक अपने सर्वोच्च शिखर पर पहुंच जाता है। वास्तव में किशोरों का सम्पूर्ण व्यक्तित्व और व्यवहार ही, अगर अतिशयोक्ति न समझा जाए तो लैंगिक और यौन आकर्षण से प्रभावित रहता है। इस उम्र में भी शैशवावस्था की तरह यौन सम्बन्धी विकास तीन अवस्थाओं से होकर गुज़रता है।

(i) **आत्म प्रेम की अवस्था** (Stage of auto-eroticism or Self Love)—प्रारम्भिक स्तर पर किशोर लड़के और लड़कियां स्वयं अपने-आप से प्रेम करते हैं। वे तरह-तरह से अपने श्रृंगार कर तथा अपने अंग प्रत्यंगों को दर्पण में निहार कर असीम प्रसन्नता का अनुभव करते हैं। हस्त-मैथुन अथवा अपने आप योनिघर्षण द्वारा आन्नद उठाना भी इस अवस्था में बहुधा देखने को मिलता है।

(ii) **समलैंगिक सम्बन्धों की अवस्था** (Stage of Homo Sexuality)—इस दूसरे स्तर पर किशोर लड़के और लड़कियां समलैंगिक सम्बन्धों में रुचि दिखाते हैं। वे प्रायः एक दूसरे के शरीर और गुप्तांगों का उपयोग करते हुए आन्नद प्राप्त करने का प्रयत्न करते हैं।

(iii) **विपरीत लैंगिक सम्बन्धों की अवस्था** (Hetero Sexual Stage)—यौन सम्बन्धी विकास के इस अन्तिम स्तर पर किशोर लड़के और लड़कियां परस्पर एक-दूसरे के प्रति सम्मोहित होते हुए देखे जा सकते हैं। लड़के लड़कियों से तथा लड़कियां लड़कों से मित्रता बढ़ाने और यहां तक कि यौन सम्बन्ध स्थापित करने के इच्छुक और प्रयत्नशील दिखलाई पड़ते हैं।

किशोरों में तनाव या समस्याएं उत्पन्न करने वाले कारक
(Problems or Stress Generating factors among Adolescents)

अपने आयु सम्बन्धी विकासात्मक विशेषताओं तथा परिवेशजन्य आवश्यकताओं की पूर्ति को लेकर किशोरों को प्रायः विभिन्न प्रकार की समस्याओं तथा तनाव से ग्रस्त होता हुआ देखा जाता है। उनके तनाव और समस्याओं के लिए क्या बातें उत्तरदायी हो सकती हैं आइए इस सम्बन्ध में विचार करें।

1. **शारीरिक परिवर्तन सम्बन्धी उलझनें** (Perplexity on account of Somatic Variations)—किशोरावस्था में लड़के और लड़कियां दोनों में शारीरिक रूप से कुछ आन्तरिक और बाह्य परिवर्तन आते हैं जो उन्हें अजीब-सी उलझनों और समस्याओं में फंसा देते हैं। इन में से कुछ का वर्णन नीचे किया जा सकता है:
   (a) किशोरावस्था के प्रारम्भ में ही मासिक धर्म (Menstruation) के दौरान रक्त का प्रवाह लड़कियों को अनावश्यक रूप से चिन्तित बना देता है। इस स्वाभाविक कार्य से बिल्कुल अपरिचित होने की दशा में तो कई बार ऐसी लड़कियों को बहुत सी कुंठाओं और दिमागी परेशानी से घिरा हुआ पाया जाता है। इसी प्रकार से लड़के भी स्वप्नदोष (Wet Dreams) के परिणामस्वरूप अपनी अमूल्य निधि को व्यर्थ नष्ट होने की चिन्ता में घुले रहते हैं। इस प्रकार लड़के और लड़कियां दोनों ही अज्ञानवश चिंताग्रस्त रहते हैं तथा बहुधा अन्तर्मुखी (Introvert) प्रवृत्ति और अपराधी भावना (Sense of guilt) के शिकार हो जाते हैं।
   (b) मानव मात्र में व्यक्तिगत अन्तरों का पाया जाना एक सहज स्वाभाविक बात है। इस दृष्टिकोण से किशोरों में भी शारीरिक गठन, रंग-रूप, आकार तथा अन्य शारीरिक विशेषताओं में पर्याप्त अन्तर देखने को मिल सकते हैं। इस प्रकार के व्यक्तिगत भेद किशोरों के लिए समस्याएं खड़ी कर सकते हैं। वे अपने साथियों के साथ अपनी ऊंचाई, भार, पतलापन तथा मोटापे, चेहरे की कान्ति, शारीरिक गठन और रंग-रूप आदि की तुलना करते रहते हैं तथा दूसरों की अपेक्षा अपने में कुछ कमी होने से हीन भावनाओं के शिकार होने लगते हैं। लड़कियां जहां अपनी छाती के कम उभार, स्तनों की गोलाई कम होने तथा कूल्हों के पतलेपन के कारण चिन्तित रहती हैं वहां लड़के अपने सीने की चौड़ाई, भुजाओं की लम्बाई तथा लिंग के छोटे बड़े होने की दुविधा में पड़ जाते हैं। इस तरह से लड़के और लड़कियों के लिए अपने शरीर के विभिन्न अवयवों का दूसरे साथियों की तुलना में पर्याप्त रूप में विकसित न होना एक चिन्ता का विषय बन जाता है। लड़कियाँ, लड़कों की दृष्टि में अधिक से अधिक आकर्षक बनना चाहती हैं। लड़के भी लड़कियों की दृष्टि में अधिक से अधिक हृदय-पुष्ट, मांसल तथा आदर्श पुरुष बनना चाहते हैं। इस प्रकार से अपने स्वयं के शारीरिक ढांचे और अंग विन्यास से सन्तुष्ट होना किशोर और किशोरियों के लिए बहुत ही महत्त्व का विषय है तथा अपने शारीरिक परिवर्तनों को एक स्वाभाविक प्रक्रिया के रूप में स्वीकृत करना भी उनके लिए बहुत आवश्यक है।

2. **आत्मचेतना बलवती होना** (Intensification of Self-Consciousness)—किशोरावस्था में आत्म-चेतना (Self-Consciousness) बहुत बढ़ जाती है। एक किशोर की यह तीव्र इच्छा होती है कि दूसरे यह जानें कि अब वह कोरा बालक नहीं रहा। वह अपने शारीरिक विकास और वृद्धि के परिणामस्वरूप होने वाले परिवर्तनों को अपने सभी साथी किशोर-किशोरियों तथा अन्य बड़े व्यक्तियों को दिखाने के लिए लालायित रहता है। इसलिए किशोरावस्था को प्रायः बनाव श्रृंगार का समय कहा जाता है। लड़के और लड़कियां दोनों ही अपने वस्त्रों, केश-सज्जा, रंग रूप निखारने, खाने-पीने, चलने-फिरने, बातें करने आदि सभी दिशाओं में बहुत अधिक सावधानी बरतते हुए देखे जा सकते हैं।

   वास्तव में किशोरों में अपने वय-समूह में अपना स्थान बनाने और प्रतिष्ठा प्राप्त करने की एक भूख सी होती है। प्रत्येक किशोर यह चाहता है कि वह विपरीत लिंग के सदस्यों के लिए एक आकर्षण का विषय बन जाए और उसके व्यक्तित्व की छाप उसकी मित्र-मण्डली या वय-समूह पर अंकित हो जाए। इसके अतिरिक्त किशोर बहुत अधिक भावुक, संवेदनशील और अनायास ही उत्तेजित हो उठने वाले होते हैं। वे हर प्रकार से अपनी प्रतिष्ठा को बढ़ाने और स्वाभिमान को बचाए रखने का प्रयत्न करते हैं। आत्मप्रतिष्ठा और स्वाभिमान पर किसी भी तरह की चोट उनमें कुसमायोजन सम्बन्धी विभिन्न समस्याओं को उत्पन्न कर सकती है और इससे या तो वे विद्रोही हो उठते हैं अथवा सभी ओर से आंख मूंद कर पूर्णतया और निष्क्रिय हो जाते हैं।

3. **काम-चेतना में वृद्धि** (Intensification of Sex-consciousness)—किशोरावस्था में काम प्रवृत्ति अत्यधिक सक्रिय रूप में व्याप्त रहती है। किशोरावस्था की अधिकांश समस्यायें यौन-अंगों के परिपक्व होने तथा यौन ग्रन्थियों

के अधिक सक्रिय हो उठने और काम भावनाओं के उमड़ने के फलस्वरूप ही पैदा होती हैं। पहले तो मासिक-धर्म और स्वप्नावस्था में वीर्यपात ही किशोर-किशोरियों के लिए चिन्ता और कुण्ठा के विषय बने होते हैं, ऊपर से अपने यौनांगों में एक विचित्र अनुभूति होने के कारण जब वे अपनी सन्तुष्टि हस्तमैथुन, योनिघर्षण, समलैंगिक तथा विषमलैंगिक सम्बन्धों के द्वारा करने का प्रयास करते हैं तो वे कुण्ठाओं और दुविधाओं के जाल में और भी अधिक घिर जाते हैं। वे स्वयं को अपराधी, गिरा हुआ तथा पापी समझने लगते हैं। कई मामलों में तो वे यहां तक धारणा बना लेते हैं कि हस्तमैथुन और लैंगिक सम्बन्धों के फलस्वरूप अब वे वैवाहिक जीवन के योग्य नहीं रहे और अब उनका जीवन निरर्थक और उद्देश्यहीन हो गया है।

4. **आत्मनिर्भरता बनाम निर्भरता** (Independence V/s Dependence)—किशोरावस्था, बाल्यावस्था और प्रौढ़ावस्था का संगम है। किशोर का एक ओर तो बचपन पीछा नहीं छोड़ता तो दूसरी ओर वह प्रौढ़ बनने की भूमिका जल्दी से जल्दी निभाना चाहता है। इसलिए एक किशोर को जहां बच्चे की तरह सुरक्षा, निर्देशन और प्यार की आवश्यकता होती है वहां वह एक प्रौढ़ व्यक्ति की तरह विचार एवं कार्यों में पर्याप्त स्वतन्त्रता एवं आत्मनिर्भरता की मांग करता है। वह यद्यपि सभी दिशाओं में पर्याप्त रूप से वृद्धि एवं विकास को प्राप्त होता रहता है, परन्तु फिर भी वह पूरी तरह से आत्मनिर्भर नहीं हो सकता। उसको अपनी शारीरिक, संवेगात्मक और सामाजिक आवश्यकताओं की पूर्ति के लिए माता-पिता तथा अन्य बड़े व्यक्तियों के ऊपर निर्भर रहना पड़ता है। किशोरावस्था में होने वाले आकस्मिक शारीरिक परिवर्तनों और विकास के परिणामस्वरूप उसमें जो चिन्ता, बेचैनी, भय तथा असुरक्षा की भावना पैदा हो जाती है, उसका निराकरण मां-बाप तथा अन्य परिजनों के स्नेह द्वारा ही सम्भव हो पाता है। इसके अतिरिक्त अनियन्त्रित संवेगों की बाढ़ लिए हुए जब वह साहस एवं नवीनता से ओत-प्रोत कार्यों को करने के लिए आगे बढ़ता है तो उसे पथ-प्रदर्शन और परामर्श की आवश्यकता होती है।

दूसरी ओर उसका सामाजिक क्षेत्र विस्तृत होता चला आता है और अब वह अपने माता-पिता तथा बड़ों को अपनी देखभाल करते रहने में अपमानित अनुभव करता है। वह अपने आपको पूरी तरह से परिपक्व, अनुभवी और समझदार व्यक्ति मानता है। वह दिखाना चाहता है कि अब वह बालक नहीं रहा। परिवार के गम्भीर मामलों में अब उसकी राय ली जानी चाहिए तथा अपनी रुचि और इच्छा के अनुकूल चलने के लिए पर्याप्त स्वतन्त्रता मिलनी चाहिए। इस प्रकार प्रौढ़ व्यक्ति की तरह स्वतन्त्रता का उपयोग करने की चाह और बालकों की तरह आश्रित रहने की मज़बूरी, इस दोहरे व्यवहार के कारण वह काफ़ी उलझन में रहता है। साथ ही माता-पिता भी यह तय नहीं कर पाते कि अब उसके बालक जैसा व्यवहार करें अथवा उसे परिपक्व अवस्था का मान कर चलें। कभी तो वे उसे यह कह कर डांट पिलाते हैं कि अब तुम बच्चे नहीं रहे और कभी वे यह कहते हैं कि तुम अभी बच्चे हो, तुम्हें ये सब कुछ कहने, करने अथवा समझने की आवश्यकता नहीं। इस प्रकार से किशोरावस्था का बच्चा बाल्यावस्था और प्रौढ़ावस्था के दोहरे दायित्वों के बीच पिस कर रह जाता है। वह निर्भर रहे अथवा स्वावलम्बी बने, इसी मानसिक उथल-पुथल का शिकार रहता है जिससे आगे जा कर उसमें व्यक्तित्व के समायोजन सम्बन्धी अनेक समस्यायें उत्पन्न हो सकती हैं।

5. **वय-समूह अथवा मित्र-मण्डली के साथ सम्बन्ध** (Peer-group relationships)—अपने सम वयस्क मित्रों की मण्डली के साथ किशोर जो सम्बन्ध बनाते हैं उसका भी उनके अपने विकास और समायोजन पर गहरा प्रभाव पड़ता है। किशोर धीरे-धीरे अपने माता-पिता तथा परिवार के अन्य सदस्यों से दूर चला जाता है और अपना अधिकांश समय अपने वय-समूह या मित्र-मण्डली में बिताने की चेष्टा करता है। वह अपने वय-समूह के आदर्शों और मान्यताओं को बहुत सम्मान देता है और उसके प्रति एक प्रकार उसके हृदय में भक्ति भाव सा पैदा हो जाता है। अपने स्थान और सम्मान को अपने वय-समूह (Peer-group) में बनाए रखने के लिए वह वही करना चाहता है जो उसके वय-समूह या मित्र-मण्डली को प्रिय हो। पीढ़ियों की मान्यताओं और आदर्शों में अन्तर होना, स्वाभाविक ही है। अत: माता पिता तथा अन्य गुरुजनों के आदर्शों और किशोरावस्था के बच्चों की मण्डली या वय-समूह की इच्छाओं में प्राय: संघर्ष छिड़ता रहता है। अब किशोर एक अजीब दुविधा में पड़ जाता है। एक तरफ़ तो उसे अपने

माता-पिता तथा बड़ों की नाराज़गी मोल लेने का भय सताता है तो दूसरी ओर अपने वय-समूह या मित्र-मण्डली द्वारा कायर, भीरू या निरा बच्चा कहलाने की यह कल्पना उसे बेचैन कर देती है। इस तरह से वह यह करना चाहिए या वह, इस प्रकार की परेशानी का शिकार बनता चला जाता है।

6. **आदर्शवाद बनाम यथार्थवाद** (Idealism V/s Realism)—एक किशोर स्वभाव से आदर्शवादी होता है। वह आदर्श समाज की स्थापना करना चाहता है। वर्तमान परिस्थितियों और घटनाओं से वह सन्तुष्ट नहीं होता और प्रायः सब कुछ बदल डालने के बारे में सोचता रहता है। वह ऐसे प्रश्नों में उलझा रहता है कि संसार कहां जा रहा है? जीवन का प्रयोजन क्या है? मानवता क्या है? देश में इतनी अधिक ग़रीबी, बेकारी, चोर बाज़ारी क्यों है? अमीर-अमीर क्यों है और ग़रीब को ग़रीब कौन बनाता है? इस प्रकार वह सभी के दुःख दर्द के बारे में सोचता है तथा आदर्श समाज के निर्माण के सपने संजोता है। परन्तु उसके ये सपने सपने ही बने रहते हैं क्योंकि आदर्शों की खोज में वह यथार्थ से आंख मूंद लेता है। वास्तव में अनुभव की कमी और अपरिपक्वता (Immaturity) उसका सम्बन्ध यथार्थ से काट कर उसे काल्पनिक उड़ानें भरने के लिए छोड़ देती हैं। वह असम्भव को सम्भव बनाना चाहता है और जब वह यह नहीं कर पाता तो बहुत अधिक परेशान और बेचैन हो उठता है। इसके परिणामस्वरूप वह संवेगात्मक और मानसिक सन्तुलन खो बैठता है। अब या तो वह तोड़ फोड़ और विध्वंशात्मक कार्यों द्वारा अपना रोष प्रकट करता है अथवा अपने ही स्वप्न संसार में मस्त रह कर निष्क्रिय और अकर्मण्य बन जाता है।

7. **व्यावसायिक चुनाव सम्बन्धी समस्या** (Problem with regard to vocational choice)—प्रायः किशोरावस्था के दौरान ही प्रत्येक किशोर के सामने व्यावसायिक चुनाव की समस्या आती है। उसे अपने पाठ्यक्रम में ऐसे विषयों का चुनाव करना होता है जो आगे जा कर उसके भविष्य के व्यवसाय में सहायता कर सकें। कई किशोर तो हाई स्कूल अथवा हायर सैकन्डरी के पश्चात्, निश्चित रूप से मैडीकल, इंजीनियरिंग अथवा किसी अन्य व्यवसाय, खेती बाड़ी, दुकान या अन्य धन्धों में लग जाते हैं। उचित व्यवसायिक पाठ्यक्रमों या व्यवसाय के चुनाव में उन्हें काफ़ी परेशानी का अनुभव करना पड़ता है। उनकी संवेगात्मक अस्थिरता, अनुभवहीनता तथा अपरिपक्वता उचित चुनाव करने में आड़े आ जाती है। इसके अतिरिक्त अभी उनकी रुचियों, अभिरुचियों और योग्यताओं का अपने सम्पूर्ण रूप में विकास नहीं हो पाता। अतः क्या चुनें और क्या न चुनें, इस प्रकार की असमंजस पूर्ण स्थिति उन्हें काफ़ी परेशान कर देती है और वह अपने भविष्य के निर्माण तथा व्यवसाय के लिए तनाव और दबाव महसूस करने लगता है।

इस प्रकार से हम देखते हैं किशोर लड़के एवं लड़कियाँ अनेक प्रकार की समस्याओं से घिरे रहते हैं जो उन्हें एक या अन्य तरह से तनाव और दबाव से घेरे रखती हैं। वास्तव में किशोरावस्था के बालक अपने आपकों एक चौराहे पर खड़ा हुआ पाते हैं और इस दुविधा की स्थिति में विभिन्न प्रकार के संघर्षपूर्ण स्थितियों, विपरीत इच्छाओं तथा रूचियों और उद्देश्यों को लेकर विभिन्न प्रकार के अन्तःद्वन्दों से युक्त पाए जाते हैं।

किशोरों के तनाव से सम्बन्धित वर्तमान दौर की कुछ बातें (Current Issues Related to Adolescents Stress)

प्रस्तुत अध्याय में अब तक हमने किशोरों से सम्बन्धित तनाव को उत्पन्न करने वाली परिस्थितियों तथा काफी साधारण और सामान्य सी समस्याओं के बारे में चर्चा की है। समय के परिवर्तन के साथ-साथ बहुत-सी ऐसी अनेक नई समस्याएँ उत्पन्न हो गई हैं जिन्होंने किशोरों के जीवन और रहन-सहन को और भी ज्यादा कठिन और दबावपूर्ण बना दिया है। यहाँ हम उदाहरण स्वरूप कुछ बातों को लेकर आगे चल रहे हैं।

बढ़ता हुआ एकाकीपन (Increasing Loneliness)

आधुनिक युग के किशोरों को एक नई विकसित होती हुई समस्या का सामना करना पड़ रहा है जिसे 'बढ़ता हुआ एकाकीपन' के नाम से जाना जाता है। वे अपने परिवेश के साथ अनुकूलन करने में और किसी एक या अन्य प्रकार तनाव उत्पन्न करने

वाली परिस्थितियों का सामना करने में अपने आपकों अकेला पाते हैं और किसी के साथ अपनी परेशानी या मानसिक स्थिति के बारे में बातचीत नहीं कर पाते हैं और मन ही मन घुटन महसूस करने लगते हैं।

एकाकीपन के कारण (Reasons lying behind Lonelines)

किशोरों के बीच बढ़ती हुए एकाकीपन के लिए यदि हम कारण ढूंढने का प्रयास करें तो निम्न बातों को हम इस समस्या के सम्भावित कारणों में रख सकते हैं :

1. आज के समय परिवार के ढाँचे में जो परिवर्तन दिखाई दे रहे हैं उसमें किशोर युवक युवतियाँ अपने आप को भ्रमित सा तथा एक दम अकेला सा महसूस करते हुए पाए जाते हैं। आज, प्राचीन परम्परागत संयुक्त परिवार प्रणाली का स्थान एकल परिवारों की व्यवस्था ने ले लिया है। संयुक्त परिवार में माता-पिता के अतिरिक्त दादा-दादी, चाचा-चाची, ताऊ-ताई तथा उनके बच्चे आदि सदस्य होते थे, वे विकासशील बच्चों की समस्या की ओर अपना पूरा ध्यान देते थे और मिलजुल कर उसे दूर करने की कोशिश करते थे। अपने परिवार के सभी बच्चों के लिए उनके प्यार, दुलार तथा लगाव के कारण वे अपने बच्चों की आवश्यकता या परेशानी के समय उनकी सहायता करने तथा अपने जीवन के अनुभवों के आधार पर उनका मार्गदर्शन करने के लिए हमेशा बच्चों के साथ खड़े रहते हुए पाए जाते थे। परन्तु आज स्थिति इसके विपरीत है।
2. पहले हमारे समाज और समुदाय में जो परम्परागत एकजुटता, मेलमिलाप तथा नजदीकी की भावना दिखाई देती है, वह आज एकदम से लुप्त होती जा रही है। अड़ोसी-पड़ोसी या समुदाय के लोग सभी आज अपने-अपने कार्यव्यापार में लिप्त रहते हैं। उनके पास दूसरे परिवार के विकासशील बालकों की बात या समस्या सुनने या उनकी देखभाल करने के लिए ना तो समय है और ना ही कोई मतलब। इन बातों ने किशोरों के एकाकीपन में काफी वृद्धि की है। अपने घर के पास-पड़ोस के लोगों और समुदाय के लोगों के साथ कोई सम्पर्क या सम्बन्ध न होने के कारण उन्हें एकांकी जीवन जीने के लिए मजबूर होना पड़ता है।
3. आज बालकों के माता-पिता के पास भी अपने विकासोन्मुख बच्चों पर ध्यान देने या उन्हें साथ देने के लिए कोई समय नहीं है क्योंकि—
   (i) घर को अच्छी तरह चलाने और जीविकोपार्जन के लिए मजबूरी में पिता के साथ-साथ माता भी नौकरी करती है तो उन दोनों को दिन के एक लम्बे समय तक घर से बाहर रहना पड़ता है।
   (ii) उनके पास अपने बच्चों के बात सुनने का समय ही नहीं होता है। यहाँ तक कि कई बार तो बच्चों के साथ काफी लम्बे समयतक ढंग से कोई सम्प्रेषण ही हो पाता है और न वे बच्चों से बात करने या उनकी समस्या सुनने में कोई पहल करते हैं।
   (iii) उनकी जीवन शैली भी एक ठीक तरीके से अपने बच्चों की देखभाल करने या निगरानी करने के पक्ष में नहीं होती है।
   (iv) बच्चे सोच लेते हैं कि माता-पिता से अपनी बात कहने से कोई फायदा नहीं है क्योंकि वे जानते हैं कि उनके माता-पिता समुचित रूप से उनकी सहायता करने या उनका मार्गदर्शन करने में सक्षम नहीं हैं।
   (v) कई बार बच्चे अपने माता-पिता से अपनी परेशानी या समस्या बताने में भय महसूस करते हैं। अत: वे उन्हें कुछ नहीं बताते हैं।
4. आजकल बालकों की मित्रता और हम उम्र साथी सम्बन्ध भी आत्मकेन्द्रित, स्वार्थपूर्ण तथा भावना रहित हो गए हैं। उनमें एक दूसरे के प्रति न तो विश्वास है और ना ही वे एक दूसरे के मन की बात को ठीक तरह से समझ पाते हैं। इसलिए किशोरों के लिए आज यह निर्णय करना बहुत ही मुश्किल हो गया है कि अपने किस मित्र पर विश्वास करें और दिल की बात आपस में बांटें और आवश्यकता तथा तनाव में कोई सा मित्र उनकी सहायता कर सकता है। परिणामस्वरूप वे अपने आपको अकेला महसूस करने लगते हैं।

5. आज गुरू-शिष्य सम्बन्ध भी औपचारिक और व्यावसायिक होकर रह गए हैं। अपने विद्यार्थियों की समस्याओं को सुनने और उनके तनाव या दबाव को दूर करने में अध्यापकों की न तो कोई रुचि होती है और ना ही उनके पास समय होता है। विद्यार्थियों को भी अपने शिक्षकों को अपने मन की बात और परेशानी बताने के लिए उन पर विश्वास ही नहीं है।
6. बालक एवं बालिकाएँ अपने परिवार, पास-पड़ोस, समुदाय और विद्यालय में अक्सर अनेक प्रकार के भेदभाव, पार्श्वीरकरण, लज्जित करना, नीचा दिखाना, यौन उत्पीड़न, दादागिरी, दुर्व्यवहार, दंड आदि बातों का शिकार होते ही रहते हैं। ये बातें उनमें असुरक्षा, हीनता तथा एकाकीपन की भावना को विकसित कर देती है।
7. हमारे विद्यालयों में बालकों की आवश्यकताओं तथा तनावपूर्ण परिस्थिति के समय उनकी सहायता करने के लिए मार्गदर्शन एवं परामर्श सेवाओं की भी कोई समुचित व्यवस्था नहीं होती है।

एकाकीपन के परिणाम और प्रभाव (Consequences and Impact of Loneliness)

जिन किशोरों को किसी एक या अन्य कारण से एकाकीपन से पीड़ित होना पड़ता है तो यह उनके समुचित विकास, प्रगति और ठीक-ठाक जीवन यापन के लिए काफी खतरनाक सिद्ध होता है। सामान्यत: इससे किशोरों पर निम्न प्रकार के प्रभाव पड़ते हैं जिनके नकारात्मक परिणाम निकलते हैं :

1. यह उनके समुचित शारीरिक, मानसिक, सामाजिक, संवेगात्मक और नैतिक विकास की प्रक्रिया को प्रतिकूल रूप से प्रभावित करके उसमें बाधा डालती है।
2. किशोरों को उनकी तनाव उत्पन्न करने वाली परिस्थितियों तथा समस्यात्मक स्थिति से बाहर निकालने के लिए किसी से भी कोई सहायता न मिलने पर—
   - उनमें मानसिक बीमारी के लक्षण और उनके व्यवहार में असमान्यता विकसित हो जाती है।
   - उनमें अपने आपकों अलग-थलग कर लेने के लक्षण विकसित हो जाते हैं और वे सामाजिक, शैक्षिक तथा सांस्कृतिक क्षेत्र की मुख्य धारा से अपने आपकों एकदम अलग कर लेते हैं।
   - उनके व्यक्तित्व में शर्मीलापन, भीरुता और उदासीनता विकसित हो जाती है।
   - यह उन्हें अपने जीवन में शैक्षिक दृष्टि से असफल तथा हारे हुए व्यक्तित्व का बना देती है।
   - ये किशोर धूम्रपान करने, मद्यपान, नशीलेपदार्थों का सेवन तथा व्यसनों के आदी हो जाते हैं।
   - ये बालक सामाजिक रूप से अवांछित तत्वों के हाथों में अपना सहारा ढूढ़ सकते है और अपराधी व्यवहार, भगोड़ापन तथा अन्य समस्यात्मक व्यवहार में पड़ सकते हैं।
   - ये बच्चे अपने माता-पिता, गुरुजनों, शिक्षकों के प्रति नकारात्मक दृष्टिकोण विकसित कर लेतें हैं, यहाँ तक कि इन लोगों से बदला लेने के कार्यों में लिप्त होने की सम्भावना हो सकती है।

बदलती हुई परिवार संरचना (Changing Family Structure)

वर्तमान आधुनिक समय में तीव्रगति से होती हुई औद्योगिक वृद्धि, वैश्वीकरण, शहरीकरण, आधुनिकीकरण, बहुसंस्कृतिवाद तथा तकनीकी विकास ने सम्पूर्ण देश में परिवार के ढाँचे को बहुत ज्यादा बदल दिया है। इस परिवर्तित रूप की विशेषताओं को निम्न प्रकार से देखा जा सकता है :

(i) आज संयुक्त परिवार प्रणाली (परिवार की पुरानी तथा नई पीढ़ी के सभी सदस्यों का एक ही छत के नीचे रहना तथा काम करना) एकल परिवार प्रणाली (मै, तुम और हमारे बच्चे की अवधारणा) में स्थानान्तरित हो गई है।

(ii) एक या दो बच्चों की नीति (परिवार-नियोजन) के कारण एकल परिवार का आकार बहुत ही छोटा कर दिया है। दादा-दादी, ताऊ-ताई, चाचा-चाची, बुआ-फूफा, ननद-भाभी आदि रिश्ते आज मुश्किल से ही देखने को मिलते हैं।

(iii) इस प्रकार के एकल परिवार के बच्चे और किशोर आज उस बहुमूल्य प्यार, सहारा और मार्गदर्शन से वंचित हैं जो संयुक्त परिवार संरचना में उपस्थित गुरूजनों जैसे दादा-दादी, ताऊ-ताई आदि परिवार के अन्य बड़ों से उन्हें प्राप्त होता रहता था।

(iv) आजकल तो एक और नई अवधारणा प्रचलित हो रही है एकल माता या पिता की (Single parent-mother or father)। जिनमें अविवाहित महिला या पुरुष द्वारा बच्चा गोद ले लिया जाता है या फिर स्त्री-पुरुष औपचारिक रूप से विवाह किए बिना साथ-साथ रहते है और उनके बच्चे भी हो जाते हैं।

(v) अन्य एकल परिवार वे होते हैं जिनमें माता-पिता में अलगाव, तलाक या माता-पिता में से किसी एक की मृत्यु हो जाने पर परिवार में माता होती है या पिता और बालक को इनके साथ ही जीवन व्यतीत करना होता है।

कारण (Causes)—परिवार संरचना में जो इतनी तेजी से परिवर्तन आ रहे हैं उनके लिए हम निम्न सम्भावित परिस्थितियों को उत्तरदायी मान सकते हैं :

1. औद्योगीकरण, शहरीकरण तथा परिणामस्वरूप आर्थिक मजबूरी के कारण बहुत से परिवारों को रोजगार के लिए अपना पैतृक स्थान छोड़कर उन स्थानों पर पलायन करना जहाँ रोजगार की उपलब्धि ज्यादा थी और इस कारण नए स्थान पर आने वाले व्यक्तियों के एकल परिवार की शुरूआत हुई।
2. आधुनिकीकरण के प्रभाव, विशेषकर पाश्तात्य संस्कृति में निहित भौतिकतवादी दर्शन में विश्वास ने लोगों को एकल परिवार की ओर आकर्षित किया। पाश्चात्य संस्कृति जिसमें केवल अपने आप की रूचियों को पूरा करने की अभिवृत्ति का आधिपत्य होता है जिसमें अपने ही पुत्र के परिवार में उसके माता-पिता या अन्य रिश्तों के लिए कोई स्थान नहीं होता है, उसने भारतीय युवक-युवतियों को भी एकल परिवार की तरफ आकर्षित किया। आज कल हमारे देश में यही सब कुछ घटित हो रहा है। विवाह सूत्र में बन्धते ही दम्पत्ति एकल परिवार की तरफ भागते हैं जिसमें अपने बुजुर्गों, चचेरे भाई बहिनों या अन्य नजदीकी रिश्तेदारों के लिए कोई स्थान नहीं होता है। वे तो केवल स्वयं दोनों एवं स्वयं के बच्चों के परिवार में ही विश्वास रखते हैं।
3. जनसंख्या नियन्त्रण के लिए सरकार द्वारा चलाए गए परिवार नियोजन कार्यक्रम के प्रभाव जनसामान्य में साक्षरता एवं शिक्षा के प्रसार ने परिवारनियोजन में जनसामान्य का विश्वास जमाया और उनके परिवार को एक या दो बच्चों (चाहे किसी भी लिंग के हों) तक सीमित कर दिया।
4. पाश्चात्य संस्कृति एवं सभ्यता, वैश्वीकरण तथा आधुनिकीकरण और समाज द्वारा किसी भी प्रकार की नियम व्यवस्था की छूट ने भी परिवारों को सीमित कर दिया, इसी का प्रभाव है कि आज नवयुवक-नवयुवतियाँ विवाह बन्धन में बन्धे बिना ही साथ-साथ रहने लगते हैं, इस लिविंग रिलेशनशिप से शादी के बिना बच्चे भी हो जाते हैं और तब यह परिवार केवल अपने में ही सिमट कर रह जाता है।

प्रभाव (Impact)—इस प्रकार से तीव्रगति से परिवार की संरचना में होने वाले बदलाव के निम्न प्रकार के प्रभाव परिलक्षित होते हैं :

1. संयुक्त परिवार समाप्त होने और एकल परिवार शुरू होने से जो पैतृक व्यवसाय या कोई काम (जैसे खेती, फैक्टरी, दुकान, व्यापार) होते थे जिनमें सब लोग मिलकर काम सम्हालते थे, वे अब खत्म होने लगे हैं। अब तो एकल परिवार प्रणाली ने लोगों को अपनी जीविका कमाने के लिए कोई स्वतन्त्र वैयक्तिक काम धन्धा करने के लिए बाध्य किया है।
2. एकल परिवार प्रणाली के कारण सम्मिलित जिम्मेदारी की मान्यता आज वैयक्तिक जिम्मेदारी में स्थानान्तरित हो गई है।
3. संयुक्त परिवार में प्राय: एक या दो कमाने वाले व्यक्ति होते थे। वे ही घर की सारी व्यवस्था के बारे में निर्णय लेते थे। बाकी के सभी सदस्य जीवन सम्बन्धी सभी सुविधाओं का उनके दम पर ही उपभोग करते थे।

4. पारिवारिक व्यापार या कामधन्धा, कृषि की पैदावार तथा घर के बड़े सदस्यों की आमदनी के नाम पर उपलब्ध सुरक्षा तथा आश्वासन के अभाव में आज किशोरों को अपनी शिक्षा प्राप्त करने की अवस्था में यह सोचने को मजबूर होना पड़ता है कि शिक्षा पूरी करके वे अपनी आजीविका के लिए क्या कार्य करेंगे और यह सोच उन्हें किसी न किसी प्रकार के तनाव से भर देती है।
5. आज परिवार में एक या दो बच्चों की उपस्थिति ने माता-पिता को यह सोचने के लिए बाध्य कर दिया कि ये बच्चे उनकी बहुमूल्य सम्पत्ति हैं। इस विचार ने उन्हें अपने बच्चे की वृद्धि और विकास, कैरियर तथा भविष्य के बारे में काफी सजग और डरा हुआ सा बना दिया है। वे अपने बच्चों से अच्छी से अच्छी प्रगति, ज्यादा से ज्यादा शैक्षिक उपलब्धियाँ आदि की आशा करते हैं। यह बात उनके विकासशील बच्चों को प्रतिपल तनाव और दबाव युक्त बनाए रखती है।
6. परिवार के बदले हुए ढाँचे में परिवार के सदस्यों को आपस में अन्त:क्रिया करने के बहुत कम अवसर मिल पाते हैं। एकल परिवार के प्रत्येक सदस्य का अपने अवकाश के समय का उपयोग करने का अपने तरह का अलग-अलग तरीका होता है। इस प्रकार के समय में बन्धे हुए किशोर किसी भी प्रकार खाली समय प्राप्त करने पर अपने आपको अकेला पाते हैं और तब अपने स्वयं की जरूरतों, समस्याओं तथा तनावों से लड़ते हुए से दिखाई देते हैं।
7. बदली हुई परिवार संरचना में किशोरों को अपने सहारे और मार्गदर्शन के लिए परिवार के अनुभवी वयोवृद्ध, बुजुर्ग, बड़े, दादा-दादी, अन्य बड़े सदस्य, रिश्तेदार, बड़े भाई बहिनें, चचेरे भाई बहिनें आदि नहीं मिल पाते हैं। वे अपने परिवार के किसी सदस्य के सामने अपना दिल खोलकर अपनी बात नहीं कह पाते हैं और यह बात विकासोन्मुख बालकों के विकास, समायोजन और ठीक-ठीक रहने में बहुत हानिकारक सिद्ध हो रही है।
8. कानूनी या वैध वैवाहिक सम्बन्धों से रहित एक माता या पिता परिवार के मामले में तो किशोर हमेशा ही असुरक्षा और असन्तोष की भावना से जूझते हुए पाए जाते हैं। वे अपनी स्वयं की तथा दूसरी बुनियादी जरूरतों की सन्तुष्टि के सम्बन्ध में भी परेशान रहते हैं। परिणाम स्वरूप वे किसी एक या अन्य व्यवहारात्मक समस्या से घिरे हुए, परेशान तथा सापेक्षिक रूप से ज्यादा तनावग्रस्त पाए जाते हैं।

बढ़ती हुई छूट या ढ़ीलापन (Rising Permissiveness)

बालकों और किशोरों के उचित विकास और समायोजन की राह में एक अन्य बात जो आजकल बहुत ज्यादा नकारात्मक असर दिखा रही है वह है परिवार माता-पिता और सामाजिक व्यवस्था में बालकों को अत्याधिक छूट या ढील दी जाने की प्रवृत्ति। ऑनलाइन केम्ब्रिज डिक्शनरी में ढीलापन पद को इस प्रकार से परिभाषित किया गया है—''एक ऐसी परिस्थिति जिसमें कुछ व्यक्तियों के द्वारा अस्वीकृत किए जाने वाले व्यवहारों के लिए स्वीकृति दे दी जाती है।'' ("a situation in which behaviours that some people might disapprove of is allowed.")। एक अन्य ऑनलाइन उपलब्ध शब्दकोष में ढ़ीलापन पद के लिए कहा गया है—''सामाजिक व्यवहार जैसी कुछ बातों को स्वीकार करने या सहन करने की आदत या विवशता, जिन्हें दूसरे लोग अस्वीकृत या अमान्य कर सकते हैं।'' ("The habit or characteristics accepting or tolerant of something as social behaviour that others might disapprove or forbid.")।

इस प्रकार से बालकों के साथ व्यवहार करने के सम्बन्ध में ''ढ़ीलापन-माता-पिता, अध्यापकों तथा समाज के द्वारा अपने बालकों के साथ ज्यादा छूट देने की अभिवृत्ति, आदत या क्रिया है जिसके द्वारा बच्चों को काफी ज्यादा स्वतन्त्रता का उपभोग करने और कभी-कभी तो उन्हें अपने ही तरीके से कुछ भी करने या व्यवहार करने की असीमित आजादी छूट दे दी जाती है।'' इस तरह से ज्यादा ढीलापन उस व्यवहार से एक विपरीत है जो माता-पिता, अध्यापकों और समुदाय के द्वारा बालकों और किशोरों के साथ सख्ती से पेश आते हुए प्रदर्शित किया जाता है। यह एक विशेष प्रकार की ढील (Leniency), या दुलमुल दृष्टिकोण तथा सहनशीलता है जिसको समुदाय के व्यक्तियों, परिवार के बड़े सदस्यों, माता-पिता तथा अन्य वयोवृद्ध लोगों के द्वारा बालकों और किशोरों के असामाजिक, अवांछित और अमान्य व्यवहारों के प्रति प्रदर्शित किया जाता है। इस प्रकार की सहनशीलता का प्रदर्शन जब लड़के और लड़कियों द्वारा यौन सम्बन्धी छेड़-छाड़ के प्रति सहनशीलता बरतने के सम्बन्ध

में किया जाता है तो उसे यौन सम्बन्धी स्वच्छन्दता या ढीलढाल का नाम दिया जाता है जिसका प्रत्यक्षीकरण आज के समय में किशोरों की मित्रता सम्बन्धी गतिविधियों और मेलजोल से किया जा सकता है वर्तमान परिदृश्य में हमें सम्पूर्ण विश्व में जिसमें अपना देश भी शामिल है इस प्रकार के ढीलेपन और स्वछन्दतापूर्ण वातावरण के सर्वत्र दर्शन हो रहे हैं। ऐसा क्यों हो रहा है यह विचारणीय बात है। आइए इस सन्दर्भ में चर्चा की जाए—

बढ़ते हुए ढीलेपन के कारण (Causes of Rising Permissiveness)

बालकों के लिए ढीलेपन या अत्यधिक आजादी देने की प्रवृत्ति के पीछे जो कारण हो सकते हैं, उनकी प्रकृति को निम्न प्रकार से देखा जा सकता है :

1. तीव्र गति से बढ़ते हुए औद्योगीकरण, शहरीकरण, आधुनिकीकरण, बढ़ती हुए कीमतों के कारण जीविका कमाने के लिए संघर्ष की मांग के कारण माता-पिता (माता तथा पिता दोनों) को किसी नौकरी, व्यापार या जीविकोपार्जन को किसी एक या अन्य साधन में व्यस्त होने के लिए बाध्य होना पड़ता है। अपने बच्चों के साथ अन्त:क्रिया करने या विकासोन्मुख बालक की आवश्यकता के समय उन पर ठीक प्रकार से ध्यान देने के लिए ना तो उनके पास समय होता है और न दिन भर व्यस्त रहने के कारण शक्ति भी नहीं होती है। इस प्रकार माता-पिता के द्वारा जरूरी ध्यान और देखभाल के अभाव में बच्चे खासकर किशोर अपने मन चाहे ढंग से कार्य करने और व्यवहार करने के लिए आजाद हो जाते हैं।
2. कुछ मामलों में माता-पिता पाश्चात्य संस्कृति से इतने ज्यादा प्रभावित होते हैं कि वे अपने पति या पत्नी के साथ और मित्रों के साथ अपने खाली समय में क्लब आदि में अपने मनोरंजन में व्यस्त रहते हैं। महिलाएं अपने खाली समय में किट्टी पार्टी आदि में व्यस्त रहती हैं, घर पर उनके बच्चे क्या कर रहे हैं, इसके बारे में उन्हें कोई ध्यान नही होता है। ऐसी हालत में वे अपने बच्चों को अपनी मर्जी से कुछ भी करते रहने की आजादी दे देते हैं।
3. जब माता-पिता अपने व्यापार, रोजगार या नौकरी के कारण पूरे दिन घर पर बच्चों को अकेला छोड़कर, बाहर व्यस्त रहते हैं तो अक्सर अपने मन में एक अपराधिक भावना का बोध सा होता है कि वे अपने बच्चों की देखभाल के लिए उन्हें समय नहीं दे पा रहे हैं। ऐसी स्थिति में वे अपने अपराध बोध को समाप्त करने के लिए बच्चों को मनचाहा कार्य करने, मित्रों के यहाँ आने जाने, घूमने फिरने की पूरी आजादी दे देते हैं।
4. एकल परिवार (Nuclear family) या एकल माता या पिता परिवार (Single family) में बच्चों पर कोई अंकुश नहीं होता है। वे परिवार में अन्य रिश्ते के सदस्य न होकर माता-पिता का पूरा लाड़प्यार बच्चे पर रहता है। उनके ऊपर किसी और की तो कोई जिम्मेदारी होती नहीं है अत: वे अपने बच्चे की प्रत्येक इच्छा को बिना किसी नियन्त्रण के पूरा कर देते हैं। इससे बच्चों को अपनी प्रत्येक इच्छा (अच्छी या बुरी) पूरा करने की आजादी मिली होती है।
5. पासपड़ोस, समाज या समुदाय के जो लोग बालकों और किशोरों के व्यवहार के लिए काफी जागरूक और सावधान रहा करते थे, वे भी इन बालकों और किशोरों के चरित्र और गलत व्यवहार के लिए अब चुप रहते हैं और ऐसा करने पर कुछ नहीं बोलते है क्योंकि उन्हें डर होता है कि किशोर और उनके माता-पिता उनके कुछ कहने पर उल्टी अनुक्रिया न करने लगें और उनसे दुश्मनी न कर लें।
6. पहले विद्यालय में अध्यापकगण अपने किशोर विद्यार्थियों के व्यवहार को ठीक बनाए रखने के लिए सदैव तत्पर एवं सावधान रहते थे, समय के परिवर्तन के साथ उन्होंने भी अपने आप को अब इन बातों से अलग कर लिया है। नियम कानून एवं विद्यालय मानदण्ड को लागू करने और विद्यार्थियों से उनका पालन करवाने के प्रति वे भी अब थोड़े लापरवाह से हो गए हैं। उन्होंने भी विद्यार्थियों को इतनी ढील दे रखी है कि विद्यार्थी अव विद्यालय नियम व्यवस्था का पालन करना एक हेय कार्य समझते हैं बल्कि नियम तोड़ने में अपनी शान समझते हैं। विद्यार्थियों के साथ टकराव या अपना अपमान जनक स्थिति से अपना वचाव करने के लिए शिक्षक अपने किशोर विद्यार्थियों के आजाद व्यवहार को नजर अन्दाज कर देते हैं।

7. किशोर अपने स्वयं के ढंग से व्यवहार करने और रहने सहने के लिए माता-पिता से अधिक से अधिक छूट और अनुचित सुविधाओं को जबर्दस्ती लेकर सहपाठियों के सामने अपनी शान दिखाने में गर्व का अनुभव करते हैं। फिर वे साथी भी इसीप्रकार अनुकरण करना चाहते हैं और अवांछित छूट लेना चाहते हैं। माता-पिता भी यह सोचकर कि कहीं बच्चे बुरा न मान जाएं या विद्रोह न कर दें, इस डर से न चाहते हुए भी बच्चों की अनुचित मांगों को पूरा कर देते हैं। इस कारण से यह ढीलढाल या छूट देने की प्रवृत्ति दिन प्रतिदिन बढ़ती ही जा रही है।
8. बहुसंस्कृतिवाद, वैश्वीकरण और आधुनिकीकरण तथा जनसंचार माध्यों की अधिकता, इन्टरनेट एवं इलैक्ट्रोनिक साधनों ने किशोरों के रहन-सहन और व्यवहार करने के तरीकों में बहुत ज्यादा बदलाव ला दिए हैं जिसके कारण उनके माता-पिता, बड़े सदस्यों तथा समाज की तरफ से काफी ज्यादा ढीलेपन की प्रवृत्ति आज बहुत बढ़ गई है।

अत्यधिक ढीलेपन का प्रभाव (Impact of Permissiveness)

जैसा कि ऊपर चर्चा की गई है किसी भी एक या अन्य कारण से ढीलेपन या छूट की बढ़ती हुई प्रवृत्ति किशोरों के विकास और ठीक-ठाक रहने पर निम्न प्रकार के दुष्प्रभाव डालने और नकारात्मक परिणामों के लिए उत्तरदायी है:

1. इस बढ़ते हुए ढीलेपन या छूट ने किशोरों को बेकार की या हानिकारक गतिविधियों जैसे—इन्टरनैट पर गप्पें लगाना या सर्फिंग करना, बिना किसी उद्देश्य के स्मार्ट फोन पर बातचीत में लगे रहना, पिकनिक, पार्टी और घर से बाहर घूमना फिरना, घर पर देर रात को लौटना, कक्षा और विद्यालय से पढ़ाई के समय भाग जाना, विद्यालय के समय में बाहर खेलना या चलचित्र देखना आदि में अपने समय और शक्ति का दुरुपयोग करने के लिए असीमित आजादी प्रदान की है।
2. इसने बालकों और किशोरों में अनेक अस्वस्थकर तथा अनुचित रहन सहन सम्बन्धी आदतें विकसित कर दी है, जैसे-देर रात में सोना, सुबह देर से जागना, जंक तथा अस्वस्थकर भोजन का सेवन, व्यर्थ की वस्तुएं खरीदने में धन की बर्बादी, माता-पिता से यह आशा करना कि वे उन्हें वे सभी साधन और सुविधाएं प्रदान करें जो उनके सम्पन्न सहपाठियों के पास हैं।
3. अपने अभिभावकों और माता-पिता से मिली हुई अत्यधिक ढील या छूट से किशोरों की असामाजिक, अनैतिक, अवांछित, समस्यात्मक और अपराधी व्यवहार में फंस जाने की सम्भावना बढ़ती जा रही है। इसलिए यह कोई असामान्य बात नहीं है कि हमारे किशोरों को आजकल विभिन्न प्रकार के अवांछित कार्यों में लिप्त पाया जाता है, जैसे मद्यपान, बीड़ी सिरगेट पीना अर्थात् धूम्रपान करना, व्यसन करना, नशीले पदार्थों का सेवन, अनचाहे गर्भ, चैन खींचना (गले से जंजीर खींचना) मोटर साइकिल, कार आदि चुराना, बहुत तेज-गति से गाड़ी चलाना, सड़कों पर लूट मार करना, खूनी झगड़े करना, प्रताड़ित या दादा गिरी करना, लड़कियों को छेड़ना, उन पर अशोभनीय या भद्दे वाक्य बोलना, यौन व्याॅभिचार, युवतियों को उठा लेना तथा उनकी इज्जत से खिलवाड़ करना यहाँ तक कि हत्या तक कर देना आदि।
4. अपनी मर्जी या रुचि के अनुसार कुछ भी कार्य करने की असीमित आजादी के साथ बढ़ते हुए ढीलेपन ने इस बात की भी सम्भावनाएं उत्पन्न कर दी हैं कि किशोर अपने अध्यापकों, सहपाठियों तथा समुदाय के अन्य सदस्यों के साथ जरा-जरा सी बात पर विरोध और संघर्ष करने लगते हैं। इस प्रकार के संघर्ष से इस बात की भी सम्भावना बढ़ जाती है कि किशोर अब काफी तनाव और दबाव से ग्रस्त हो जाते हैं और उनका मानसिक सन्तुलन गड़बड़ा जाता है। दूसरी तरफ अपने आप को दूसरे लोगों, सहपाठियों या मित्रों से उच्च दिखाने के दबाव और बिना कोई कार्य किए जिन्दगी का आनन्द उठाने की प्रवृत्ति ने किशोरों को परेशान और दिग्भ्रमित सा कर दिया है जिससे उनका व्यवहार और कार्य असामाजिक और अवांछित से प्रकट होने लगते हैं। ऐसी स्थिति में बहुत से किशोर तनाव, अवसादपूर्ण स्थिति, हताशा और आक्रमकता के शिकार बन जाते हैं। परिणाम स्वरूप हम देखते हैं कि समाज में किशोरों के द्वारा आत्महत्या करने, घरों से भाग जाने, आक्रामक व्यवहार करने में प्रवृत्त हो जाने, लड़ाई-झगड़ा करने, लूटपाट करने आदि के मामले बहुत ज्यादा बढ़ते जा रहे हैं।

इस प्रकार से बढ़ता हुआ ढीलापन केवल किशोरों के उचित विकास और ठीक-ठाक रहने में नुकसान पहुँचाने का कारण ही नहीं बनता बल्कि यह माता-पिता, परिवार, समाज तथा राष्ट्र के समुचित रूप से ठीक स्थिति में बने रहने में भी बाधक सिद्ध होता है वास्तव में किशोरों को अपनी मर्जी से कुछ भी करने के लिए असीमित स्वतन्त्रता, छूट या ढीलापन देना कोई बुद्धिमानी पूर्ण कार्य नहीं है। इसके स्थान पर माता-पिता, गुरूजन, अध्यापक तथा समाज को मिलकर किशोरों की भलाई और विकास के उद्देश्य को ध्यान में रखते हुए तथा अपना उत्तरदायित्व समझते हुए आजादी तो देनी चाहिए परन्तु उन पर कुछ अंकुश लगाकर तथा सही-सही मार्गदर्शन करते हुए ही यह ढील या छूट सीमित मात्रा में ही होनी चाहिये।

किशोरों की मदद करने तथा मार्ग दर्शन प्रदान करने में अध्यापक तथा माता-पिता की भूमिका (Role of Teachers and Parents in Helping and Guiding the Adolescents)

जैसा कि हमने देखा है किशोरावस्था में अपनी आयु के अनुकूल अपनी खास प्रकार की आवश्यकताएँ, विशेषताएं और समस्याएं होती हैं जिनकों किशोरों की समुचित वृद्धि और विकास को ध्यान में रखते हुए उनके उचित समायोजन के लिए उचित सूझ-बूझ के साथ सुलझाना जरूरी होता है।

वह अधिक से अधिक सामाजिक बनना चाहता है तथा अपनी मित्र-मण्डली या वय-समूह में अपना स्थान बनाना और उसमें अपने-आप को आत्मसात करना चाहता है। वह अपने वय-समूह या मित्र-मण्डली में यथेष्ट सम्मान और प्रशंसा प्राप्त करने को लालायित रहता है। वह अपने माता-पिता, गुरुजन तथा बड़ों से प्यार, सुरक्षा तथा सम्मान भी चाहता है। अपने मां-बाप तथा बड़ों के अंकुश से स्वतन्त्र होने तथा अपनी बढ़ती हुई कामेच्छाओं की सन्तुष्टि भी वह किसी न किसी माध्यम से करना चाहता है।

इस प्रकार की सभी आवश्यकताओं की उचित पूर्ति तथा सन्तुष्टि के लिए उसे पर्याप्त निर्देशन तथा परामर्श दिए जाने की आश्यकता होती है। अत: मां बाप की देखभाल, अध्यापकों के प्रयत्न, वातावरण सम्बन्धी परिस्थितियों और औपचारिक एवं अनौपचारिक शिक्षा प्रक्रिया को इस प्रकार व्यवस्थित करने की आवश्यकता होती है कि जिससे किशोर अपनी समस्याओं से निपटते हुए अपने व्यक्तित्व के उन्नत मार्ग पर पूरी तरह अग्रसर हो सकें।

किशोरावस्था में बच्चों के व्यक्तित्व का समुचित विकास करने के लिए यह आवश्यक है कि उनकी आवश्यकताओं और समस्याओं से परिचित होकर उनकी सन्तुष्टि और निराकारण के लिए यथा-सम्भव प्रयत्न किया जाए। काम इतना आसान नहीं जितना ऊपर से दिखलाई पड़ता है। इसके लिए सभी ओर से विशेष प्रयत्न करने की आवश्यकता है। क्या किया जाए, इसके लिए कुछ निम्न सुझाव उपयोगी सिद्ध हो सकते हैं:

1. **किशोर मनोविज्ञान का समुचित ज्ञान** (Proper Knowledge of Adolescent Psychology)—किशोर मन बालक तथा प्रौढ़ मन से बहुत कुछ भिन्न होता है। अत: किशोरों में व्यवहार को ठीक प्रकार से समझने के लिए किशोर मनोविज्ञान का ज्ञान होना एक अध्यापक के लिए बहुत आवश्यक है। उसे उसकी आवश्यकताओं, वृद्धि और विकास के विभिन्न पहलुओं तथा उनके द्वारा अनुभव की जाने वाली कठिनाइयों एवं समस्याओं का ज्ञान होना भी आवश्यक है। तभी वह उनके उचित विकास और समायोजन में पूरी-पूरी सहायता कर सकने में सक्षम हो सकता है। किशोर क्या चाहते हैं, उनके साथ कैसा व्यवहार किया जाना चाहिए तथा किस प्रकार उन्हें भ्रांतियों, मानसिक तनावों, कुठाओं, चिन्ताओं और विकारों का शिकार होने से बचाया जा सकता है, यह सभी बातें किशोर मनोविज्ञान के समुचित अध्ययन द्वारा ही मालूम हो सकती हैं। केवल अध्यापक ही नहीं, माता-पिता तथा समाज के अन्य उत्तरदायी व्यक्ति भी किशोर मनोविज्ञान का अध्ययन कर किशोरों की पूरी-पूरी सहायता कर सकते हैं।

2. **समुचित वृद्धि एवं विकास के लिए अनुकूल वातावरण प्रदान करना** (Providing suitable environment for proper growth and development)—किशोरावस्था वृद्धि के दृष्टिकोण से सबसे महत्त्वपूर्ण अवस्था है। इस अवस्था के अन्त तक परिपक्वता के आने के साथ-साथ मानसिक और शारीरिक रूप से जो कुछ भी वृद्धि होनी होती है, हो लेती है। समुचित रूप से अधिक से अधिक वृद्धि हो सके, इसके लिए माता-पिता और अध्यापकों द्वारा घर और स्कूल, दोनों में

ही किशोर को पर्याप्त सुविधाएं और अवसर देना अत्यन्त आवश्यक है। किशोरों को सन्तुलित आहार मिलना चाहिए। उनमें खान-पान की अच्छी आदतें विकसित होनी चाहिए। स्वस्थ कैसे रहें, बीमारियों से कैसे बचें आदि महत्त्वपूर्ण तथ्यों से भी उन्हें परिचित कराया जाना चाहिए। उन्हें व्यायाम तथा खेल-कूद के भी पर्याप्त अवसर प्रदान किए जाने चाहिए। किशोरों को मानसिक रूप से अधिक स्वस्थ रखने के लिए भी सभी आवश्यक सावधानी बरती जानी चाहिए तथा उनको अपनी मानसिक शक्तियों के समुचित विकास के लिए भी पर्याप्त सुविधाएं और अवसर दिए जाने चाहिए।

3. **उचित यौन शिक्षा प्रदान करना** (Rendering Proper Sex-Education)—किशोरावस्था में यौन-भावनाओं का उत्थान बहुत तीव्र होता है। उनकी सारी चेष्टाओं और यौन प्रयत्नों में यौन आकर्षण अपनी महत्त्वपूर्ण भूमिका निभाता है। इस अवस्था में मासिक धर्म, स्वप्नदोष, समलैंगिक और विषम लैंगिक सम्बन्धों के रूप में किशोर प्राय: कई तरह की समस्याओं, मानसिक तनावों, संघर्षों और ग्रन्थियों में उलझ जाते हैं। अत: किशोरों की किसी न किसी रूप में समुचित यौन शिक्षा की व्यवस्था की जानी चाहिए।

4. **किशोरों के साथ उचित व्यवहार करना** (Proper dealing with the Adolescents)—किशोर बहुत भावुक और संवेदनशील होता है। हमारे द्वारा अनजाने में भी किया गया मामूली सा ग़लत व्यवहार उसके लिए बहुत घातक सिद्ध हो सकता है। हमें उनकी आवश्यकताओं, रुचियों तथा आदर्शों के बारे में ठण्डे दिमाग से सोचना चाहिए। नयी पीढ़ी क्या चाहती है और समय की मांग क्या है, इस आधार पर ही हमें परामर्श और ताड़ना इत्यादि देनी चाहिए। अपनी इच्छाओं, मान्यताओं और आदर्शों को उनके ऊपर नहीं थोपना चाहिए। व्यर्थ में ही हर समय उनकी आलोचना करते रहने से हम किशोरों की सहानुभूति खो बैठते हैं तथा वे हमें अपना शुभचिन्तक न समझ कर अपने मार्ग में रोड़ा मानने लगते हैं। अत: माता-पिता तथा अध्यापकों को अपने और उनके बीच जो पीढ़ियों का अन्तर है उसे समझने की चेष्टा करनी चाहिए। किशोरों को आलोचकों की आवश्यकता नहीं, बल्कि ऐसे आदर्श व्यक्तियों की आवश्यकता है जिनके व्यवहार का वे अनुकरण कर सकें। उन्हें ऐसे माता-पिता और अध्यापकों की आवश्यकता है जो उनकी आवश्यकताओं और समस्याओं पर ध्यान दे सकें तथा उनके आत्म-सम्मान तथा स्वतन्त्र दृष्टिकोण की यथासम्भव रक्षा करते हुए उन्हें पूरा-पूरा स्नेह दे सकें और पथ-प्रदर्शन कर सकें।

5. **संवेगों का प्रशिक्षण और संवेगात्मक आवश्यकताओं की पूर्ति** (Training of Emotions and Satisfaction of Emotional Needs)—किशोरों में संवेगों का वेग बहुत अधिक प्रबल होता है। इनके संवेगात्मक व्यवहार में अस्थिरता एवं अपरिपक्वता भी देखने को मिलती है। उनके संवेगों को भड़का कर जल्दी ही उन्हें तोड़-फोड़ और विध्वंसात्मक कार्यों में लगाया जा सकता है। फलस्वरूप विभिन्न राजनैतिक दल अपने निहित स्वार्थों की पूर्ति के लिए उन्हें आसानी से काम में लाते देखे जा सकते हैं। इस दृष्टिकोण से किशोरों की संवेगात्मक शक्तियों को रचनात्मक मोड़ दिया जाना अति आवश्यक हो जाता है। इसके अतिरिक्त किशोरों की संवेगात्मक आवश्यकताओं की पूर्ति करना भी आवश्यक होता है। अत: माता-पिता और गुरुजनों द्वारा किशोरों को अपने वय समूह या मित्र-मण्डली में भली-भान्ति आत्मसात् होने में पूरी-पूरी सहायता करनी चाहिए। उन्हें बड़ों तथा अपनी उम्र के साथियों से उचित प्रशंसा और प्रतिष्ठा प्राप्त होने के लिए अनुकूल अवसर प्रदान किए जाने चाहिए तथा अपनी आवश्यकतानुसार उचित स्वतन्त्रता, सुरक्षा, प्रोत्साहन और स्नेह मिलते रहना चाहिए।

6. **किशोरों की विभिन्न रुचियों की पूर्ति करना** (To take care of the Special Interests of the Adolescents)—किशोरों की रुचियों और अभिरुचियों में पर्याप्त अन्तर पाया जाता है। अत: उनके उचित विकास के लिए उनकी क्या-क्या रुचियां और अभिरुचियां हैं, इसका समुचित ज्ञान होना अति आवश्यक है। इसी ज्ञान के आधार पर उन्हें विभिन्न रुचिकर क्रियाओं (Hobbies) तथा पाठान्तर क्रियाओं में भाग लेने के लिए प्रोत्साहित किया जा सकता है। पाठ्यक्रम में किशोरों की भिन्न-भिन्न रुचियों और अभिरुचियों की पूर्ति के लिए भिन्न-भिन्न विषयों और क्रियाओं की व्यवस्था होनी चाहिए ताकि वे अपनी प्रवृत्ति और योग्यताओं के अनुकूल उपयोगी कार्यों में भाग ले सकें। उनकी जिज्ञासा, घुमक्कड़ और साहसिक प्रवृत्ति की सन्तुष्टि के लिए भ्रमण (Excursions), एन. सी. सी., पर्वतारोहण तथा वैज्ञानिक अनुसन्धान आदि कार्यों की सहायता ली जा सकती है। उनके आदर्शों और मानवतावादी दृष्टिकोण को समाज सेवा और राष्ट्रीय कार्यों में अच्छी तरह उपयोग में लाया जा सकता है। इस तरह से उनकी अपनी रुचि और अभिरुचि के अनुकूल कार्य करने के अवसर देकर उन्हें भलीभांति विकास के पथ पर अग्रसर किया जा सकता है।

7. **धार्मिक तथा नैतिक शिक्षा प्रदान करना** (Providing Religious and Moral Education)—किशोरों में बढ़ती हुई अनुशासनहीनता, चरित्रहीनता, बेचैनी और विध्वंसकारी प्रवृत्ति के मूल में एक बड़ा कारण यह भी है कि उन्हें किसी प्रकार की धार्मिक और नैतिक शिक्षा प्रदान नहीं की जाती। धर्म निरपेक्षता को सामने रखते हुए धार्मिक शिक्षा देने में अनेक शंकाएं प्रकट की जाती हैं। परन्तु विद्यालयों में धार्मिक शिक्षा प्रदान की जा सकती है क्योंकि सभी धर्मों की आधारभूत बातें लगभग एक सी हैं। अगर सभी धर्मों में से उनके विशिष्ट संस्कार और रीति-रिवाजों को निकाल कर देखा जाए तो सभी धर्म चरित्र उत्थान, सद्भाव, मानवता और सामाजिक उत्तरदायित्व सम्बन्धी कर्त्तव्यों को लेकर आगे बढ़ते हुए दिखाई देते हैं। अत: धार्मिक शिक्षा के रूप में किशोरों को अपना चरित्र ऊंचा उठाने की शिक्षा अवश्य प्रदान की जानी चाहिए। उन्हें धार्मिक संस्कारों और रीति-रिवाजों के भंवर जाल से मुक्त कर आदर्शों को ग्रहण करने तथा चरित्र सम्बन्धी अच्छाइयों से मुक्त होने में भरपूर सहायता मिलनी चाहिए। संत और महापुरुषों के आदर्श आचरण उनके सामने रखकर उन्हें बताए गए मार्ग पर चलने के लिए भलीभांति प्रेरित किया जा सकता है। परन्तु यह सब लाभ तभी उठाया जा सकता है जबकि माता-पिता तथा गुरुजन आदि अपने स्वयं के आचरण और व्यवहार द्वारा नैतिकता तथा चरित्र सम्पन्नता के उपयुक्त उदाहरण प्रस्तुत करें। अतएव माता-पिता, अध्यापकों तथा समाज के अन्य उत्तरदायित्वपूर्ण व्यक्तियों को इस दिशा में समुचित प्रयत्न करना चाहिए।

8. **व्यवसायिक शिक्षा प्रदान करना** (Provision for Vocational Education)—किशोर पूरी तरह से स्वतन्त्र होना चाहते हैं परन्तु इस मार्ग में खाने पीने और अपनी ज़रूरतों को पूरा करने के लिए आवश्यक धन सम्बन्धी कठिनाई आड़े आ जाती है। अत: प्रत्येक किशोर आर्थिक रूप से स्वावलम्बी बनने की कामना लिए होता है। उनका भविष्य में क्या व्यवसाय होगा, वे किस तरह अपनी रोज़ी रोटी कमा सकेंगे, इस तरह के प्रश्न उनके मस्तिष्क में मंडराते रहते हैं। ऐसी अवस्था में उन्हें पर्याप्त व्यावसायिक निर्देशन और उचित व्यावसायिक शिक्षा की आवश्यकता होती है। आज युवकों में जो निराशा और उद्देश्यहीनता की लहर व्याप्त है उसके मूल में व्यावसायिक शिक्षा और निर्देशन की कमी स्पष्ट दिखाई देती है। शिक्षा प्राप्त करने में ऐड़ी-चोटी का पसीना बहाने के बाद भी वे अपने आपको अपनी आजीविका कमाने में असमर्थ पाते हैं। अत: शिक्षा को प्रत्येक अवस्था और व्यवस्था में उद्योग धंधों से जोड़ने का प्रयत्न किया जाना चाहिए।

9. **निर्देशन सेवाओं की व्यवस्था** (Arranging Guidance Service)—किशोरों को पर्याप्त निर्देशन और परामर्श की आवश्यकता है। इसके अभाव में वे व्यग्रता तथा उद्देश्यहीनता के शिकार हो जाते हैं। किशोरों की स्वयं अपनी बहुत समस्याएं होती हैं जिन्हें सुलझाने के लिए उन्हें समुचित सहायता की आवश्यकता होती है। अत: विद्यालयों में पर्याप्त निर्देशन और परामर्श सेवाओं की व्यवस्था की जानी चाहिए। समाज सेवा संस्थाओं द्वारा भी इसके लिए पर्याप्त प्रयत्न किया जा सकता है।

किशोरों की समस्या को सुलझाने और उनकी आवश्यकताओं को पूरा करने के लिए ऊपर जो सुझाव दिए गए हैं, वे किसी भी तरह अपने आप में पूर्ण नहीं कहे जा सकते। कार्य बहुत पेचीदा है, इसलिए सभी दिशाओं से पूरा-पूरा प्रयत्न करने की आवश्यकता है। सभी किशोरों की अपनी-अपनी प्रकृति विशेष और परिस्थितियों के अनुसार अलग-अलग समस्याएं होती हैं, अत: उनकी आवश्यकताओं और समस्याओं से निपटने के लिए कोई सामान्य नियम और सिद्धान्त नहीं बनाए जा सकते। ऐसी अवस्था में व्यक्तिगत रूप से ध्यान देकर उपयुक्त परामर्श एवं निर्देशन दिया जाना ही एकमात्र ऐसा उपाय है जिससे हम किशोरों को उनकी समस्याओं को सुलझाने में ठीक प्रकार से सहायता कर सकते हैं। अत: किशोर लड़के और लड़कियों को अच्छी तरह समझ कर तथा उनका विश्वास प्राप्त कर उचित मार्ग निर्देशन के लिए पूरे-पूरे प्रयत्न किये जाते रहने चाहिये।

सार-संक्षेप (Summary)

1. जन्म से लेकर मृत्यु पर्यन्त वृद्धि एवं विकास की एक लम्बी यात्रा के दौरान एक बालक विशेष को किशोर कहना तब प्रारम्भ हो जाना चाहिये जब यौन सम्बन्धी परिपक्वता की दृष्टि से संतान उत्पन्न करने की क्षमता उसमें आ जाये। दूसरी ओर जब वह शारीरिक, मानसिक, सामाजिक, संवेगात्मक रूप से पर्याप्त परिपक्वता अर्जित करके समुदाय तथा समाज विशेष में एक वयस्क व्यक्ति की भूमिका निभाने में समर्थ हो जाये तब उसे किशोर के

स्थान पर वयस्क या प्रौढ़ कहना प्रारम्भ कर देना चाहिये। परन्तु जहाँ तक सामान्य जीवन और आम बोलचाल की बात है 13 से 19 वर्ष के बालकों को सामान्यतया किशोर कहकर पुकारा जाता है।

2. किशोरावस्था में वृद्धि एवं विकास की प्रक्रिया के फलस्वरूप बालक व्यक्तित्व के सभी आयामों (शारीरिक, मानसिक, सामाजिक, संवेगात्मक, नैतिक, यौन तथा भाषागत विकास के क्षेत्रों) में अपनी ऊँचाईयों को छूने का प्रयत्न करता है। इसीलिये इस अवस्था को अत्याधिक वृद्धि एवं विकास का काल कहा जाता है। इस प्रकार का वृद्धि एवं विकास जहाँ बालक को सभी प्रकार की परिपक्वता ग्रहण करने में मदद करता है वहीं इस प्रकार के तीव्र बदलाव का अकस्मात शिकार होने की बात उसके लिये विभिन्न प्रकार की समायोजन सम्बन्धी समस्यायें भी खड़ी कर देती हैं। इसलिये किशोरावस्था को प्रायः तनाव और दबाव का काल भी कहा जाता है।
3. शिशु और बाल्यकाल की तरह किशोरावस्था के बालकों की भी अपनी आयु और विकासकाल के परिप्रेक्ष्य में विशेष प्रकार की समस्यायें तथा आवश्यकतायें होती हैं जैसे शारीरिक परिवर्तन सम्बन्धी उलझनें, आत्मचेतना तथा काम चेतना का बलवती होना, वय-समूह तथा सामाजिक एवं सांस्कृतिक परिवेश की विरोधी अपेक्षाओं की शिकार होना आदि। इसके अतिरिक्त निर्भर रहे या आत्मनिर्भर, आदर्शवादी बनें या यथार्थवादी, किस प्रकार के शैक्षणिक एवं व्यावसायिक कोर्सों का कैरियर का चुनाव करे ऐसी द्वन्द्वात्मक परिस्थितियों से जूझने की समस्या किशोरावस्था में बनी रहती है।
4. वैश्वीकरण, भौतिकवाद और आधुनिकता के इस दौर में किशोरों को अब नये प्रकार की चुनौतियों तथा तनाव ग्रस्त परिस्थितियों से गुजरने को मजबूर होना पड़ रहा है जैसे (i) बढ़ता हुआ एकाकीपन (अपनी आवश्यकताओं तथा समस्याओं से जूझने में अपने आपको अकेला पाना), (ii) बदलती हुई पारिवारिक संरचना (संयुक्त परिवार प्रथा की जगह एकल परिवार पद्धति का अवतरित होना), (iii) बढ़ती हुई ढ़ील (उनके अवांछित एवं असामाजिक व्यवहार को माँ-बाप और बड़ों की ओर से अनदेखा करना तथा उन्हें हर तरह की ढ़ील देने को तत्पर रहना आदि।
5. किशोरावस्था एक तरफ तो अत्यधिक वृद्धि एवं विकास का काल है तो दूसरी ओर अत्यन्त तनाव एवं दबाव की अवस्था। किशोर अपनी वय संधि के ऐसे चौराहे पर खड़ा होता है जहाँ उसे बचपन तथा वयस्क दोनों प्रकार की भूमिकाओं से उत्पन्न विरोधी अपेक्षाओं का शिकार होना पड़ता है तथा अपनी आवश्यकताओं, समस्याओं एवं महत्त्वाकांक्षाओं की पूर्ति के संदर्भ में आवश्यक मार्गदर्शन एवं परामर्श की आवश्यकता रहती है। माँ-बाप, अध्यापकों तथा समाज के उत्तरदायी सदस्यों को ऐसा सब कुछ प्रदान करने के लिये आगे आना चाहिये तथा किशोरों को सभी प्रकार से ऐसी शिक्षा तथा समायोजन सम्बन्धी परिस्थितियाँ प्रदान करनी चाहिये जिनसे उनका अधिक से अधिक सर्वांगीण विकास हो सके।

संदर्भित एवं विशेष अध्ययन ग्रन्थ (References and Suggested Readings)

Carmichael, L.(Ed.), *Manual of Child Psychology*, New York : John Wiley, 1946

Crow, L.D. and Crow, Alice, *Child Psychology* (Re-print), New York : Barney & Noble, 1969.

Harriman, P.L. (Ed.), *Encyclopaedia of Psychology*, New York : Phil Lib., 1946 Student 3rd ed.), Tokyo : McGraw Hill, 1959.

Hurlock, E.B., *Child Psychology*, Tokyo : McGraw Hill, 1959.

Kuppuswami, B. (Ed.), *Advanced Educational Psychology*, Jalandhar : University Publications, 1963.

Marry, F.K. and Marry, R.V., *From Infancy to Adolescence*, New York : Harper and Brothers, 1940.

Paplia, D.E. and Olds, S.W., *Psychology*, New York : McGraw Hill, 1987.

Ross, J.S., *Ground Work of Educational Psychology*, London: George G. Harrap, 1951.

बुद्धि—अर्थ, प्रकृति, सिद्धान्त एवं मापन (Intelligence—Meaning, Nature, Theories and Measurement)

विषय प्रवेश (Introduction)

पशुओं की तुलना में मनुष्य को कई ज्ञानात्मक योग्यताओं से सम्पन्न माना जाता है जो उसे विवेकशील प्राणी बनाती हैं। वह तर्क कर सकता है; भेद कर सकता है; समझ सकता है और नई स्थिति का सामना भी कर सकता है। निश्चित रूप से वह पशुओं से श्रेष्ठ है, परन्तु सभी मनुष्य एक जैसे नहीं होते। व्यापक रूप से व्यक्तिगत विभिन्नताएं पाई जाती हैं। एक अध्यापक अपने विद्यार्थियों में आसानी से ये विभिन्नताएं देख सकता है। कई विद्यार्थी बहुत जल्दी सीखते हैं और कई विद्यार्थी बहुत देर बाद सीखते हैं। कई विद्यार्थी तो एक बार देख कर ही उपकरणों (Tools) का प्रयोग करने लगते हैं, परन्तु कई विद्यार्थी बार-बार देखने पर एवं व्यक्तिगत रूप से निर्देश प्राप्त करने पर भी उनका अच्छी तरह से प्रयोग नहीं कर सकते।

वे कौन से कारण हैं जिनसे एक व्यक्ति दूसरे की अपेक्षा किसी विशिष्ट स्थिति के प्रति अधिक प्रभावशील अनुक्रिया करता है। इसमें कोई सन्देह नहीं कि रुचि, अभिवृत्ति, प्राप्त ज्ञान एवं कौशल का सफलता प्राप्ति में महत्त्वपूर्ण स्थान होता है, परन्तु फिर भी कोई ऐसी चीज़ अवश्य है जो इन विविध विभिन्नताओं का कारण है। मनोविज्ञान में इसे 'बुद्धि' कहा जाता है। प्राचीन भारत में महान् ऋषि इसे 'विवेक' कहते थे।

प्रकृति एवं अर्थ (Nature and Meaning)

बुद्धि के अर्थ और उसकी प्रकृति से अवगत होने के लिये बहुत लम्बे समय से प्रयत्न किये जाते रहे हैं। यहाँ इनसे परिचित होने हेतु हम निम्न बिन्दुओं पर चर्चा करना चाहेंगे:

A. बुद्धि का अर्थ एवं परिभाषाएँ

B. बुद्धि के संबंध में कुछ स्थापित तथ्य

C. बुद्धि के बारे में फैली भ्रान्तियाँ।

बुद्धि का अर्थ एवं परिभाषाएँ (Meaning and Definitions of Intelligence)

प्रायः उस व्यक्ति को बुद्धिमान कहा जाता है जो जीवन की सामान्य स्थितियों का सामना करने में सफल हो। 'बुद्धि' में ऐसी कौन सी चीज है? मनोवैज्ञानिकों ने विभिन्न तरीकों से इस प्रश्न का उत्तर देने का प्रयास किया है। इसके परिणामस्वरूप 'बुद्धि' की कई परिभाषाएँ बन गई हैं। इनमें से कुछ परिभाषाएं निम्नलिखित हैं:

1. **वुडवर्थ और मार्क्विस** (Woodworth and Marquis)—*बुद्धि का अर्थ है प्रतिभा का प्रयोग करना। किसी स्थिति का सामना करने या किसी कार्य को करने के लिए प्रतिभात्मक योग्यताओं का प्रयोग बुद्धि है।*

(Intelligence means intellect put to use. It is the use of intellectual abilities for handling a situation or accomplishing any task.—1948, p. 33)

2. **स्टर्न** (Stern)—*बुद्धि व्यक्ति की वह सामान्य योग्यता है जिसके द्वारा वह सचेत रूप से नवीन आवश्यकताओं के अनुसार चिन्तन करता है। जीवन की नई समस्याओं एवं स्थितियों के अनुसार अपने आपको ढालने की सामान्य मानसिक योग्यता 'बुद्धि' कहलाती है।*

(Intelligence is a general capacity of an individual consciously to adjust his thinking to new requirements. It is general mental adaptability to new problems and conditions of life.—1914, p. 3)

3. **टरमैन** (Terman)—*व्यक्ति जिस अनुपात में अमूर्त चिन्तन करता है, उसी अनुपात में वह बुद्धिमान कहलाता है।*

(An individual is intelligent in proportion as he is able to carry on abstract thinking.—1921)

4. **वैगनन** (Wagnon)—*अपेक्षाकृत नई एवं परिवर्तित स्थितियों को समझने तथा उनके अनुसार समायोजित करने की योग्यता 'बुद्धि' है।*

(Intelligence is the capacity to learn and adjust to relatively new and changing conditions.—1937, p. 401)

5. **डेविड वैक्सलर** (David Wechsler)—*बुद्धि व्यक्ति की वह संयुक्त और समग्र क्षमता है जिसके द्वारा वह उद्देश्यपूर्ण कार्य करता है। विवेकपूर्ण चिन्तन करता है और अपने वातावरण का प्रभावशाली ढंग से सामना करता है।*

(Intelligence is the aggregate or global capacity of an individual to act purposefully, to think rationally, and to deal effectively with his environment.—1944, p. 3)

इन परिभाषाओं का विश्लेषण (Analysis of these Definitions)

ऊपर हमने 'बुद्धि' की कुछ परिभाषाओं का उल्लेख किया है और भी परिभाषाएं उद्धृत की जा सकती हैं। इन परिभाषाओं को यदि अलग-अलग लिया जाए तो 'बुद्धि' का पूर्ण चित्र सामने नहीं आता क्योंकि ये परिभाषाएं आंशिक रूप से इस बात पर बल देती हैं कि:

(a) बुद्धि सीखने की योग्यता है।

(b) यह अमूर्त चिन्तन की योग्यता है।

(c) यह नवीन स्थितियों में समायोजन की योग्यता है।

वैक्सलर (Wechsler) द्वारा की गई परिभाषा में उपर्युक्त तीनों बातें सम्मिलित हैं। परन्तु मनोवैज्ञानिकों की विभिन्न रायों के कारण इस परिभाषा की भी आलोचना हो रही है। किसी एक परिभाषा पर सहमत होने के प्रयास व्यर्थ ही सिद्ध हुए हैं पर कुछ ब्रिटिश मनोवैज्ञानिकों ने 'बुद्धि' की उचित परिभाषा के संबंध में कुछ सहमति प्रकट की है। उनकी दृष्टि में 'बुद्धि' में निम्नलिखित योग्यताएं सम्मिलित हैं:

(a) वस्तुओं तथा विचारों में स्थिति अनुसार उचित संबंध रखना।

(b) उन संबंधों को नई स्थितियों में प्रयोग करना।

इससे हम इस निष्कर्ष पर पहुंचते हैं कि बुद्धिपूर्ण व्यवहार को दो वर्गों में बांटा जा सकता है:

सैद्धान्तिक तथा व्यावहारिक अथवा अमूर्त (Abstract) तथा मूर्त (Concrete) यदि हम व्यक्ति की क्रियाओं की सफलता को निश्चित करने वाले तत्त्वों का विश्लेषण करें तो हम इस निष्कर्ष पर पहुंचेंगे कि सफलता या असफलता में ज्ञानात्मक एवं मानसिक योग्यताएं महत्त्वपूर्ण भूमिकाएं निभाती हैं। **रैक्स** एवं **मारगरेट** (Rex and Margaret) के कथनानुसार, *बुद्धि एक ऐसा तत्त्व है जो सभी मानसिक योग्यताओं में सामान्य रूप से विद्यमान होता है। (Intelligence is a factor that is common to all mental abilities.*—1952, p. 124)

अतः किसी की बुद्धि का अनुमान इस बात से लगाया जाता है कि उसके कार्य का मूल्यांकन क्या है; किसी स्थिति के प्रति उसकी क्या प्रतिक्रिया होती है। इस प्रकार यदि हम वास्तविक भूमि पर विचार करने का प्रयास करें तो हम बुद्धि की निम्नलिखित परिभाषा दे सकते हैं:

बुद्धि में व्यक्ति की वे मानसिक एवं ज्ञानात्मक योग्यताएं सम्मिलित हैं जो उसे जीवन की वास्तविक समस्याओं को सुलझाने में सहायता देती हैं और उसके आनन्दपूर्ण एवं संतुष्ट जीवनयापन में सहायक होती हैं।

(Intelligence consists of an individual's those mental or cognitive abilities which help him in solving his actual life-problems and leading a happy and well contented life.)

बुद्धि के संबंध में कुछ स्थापित तथ्य (Some Established Facts about Intelligence)

1. **प्रकृति एवं पोषण से बुद्धि का संबंध** (Relation of intelligence with nature and nurture)—प्रकृति एवं पोषण के साथ बुद्धि का संबंध स्पष्ट करने के लिये मनोवैज्ञानिकों ने कई प्रयास किये हैं। उनके अध्ययनों के परिणामस्वरूप ज्ञात हुआ है कि 'बुद्धि' वंश परम्परा एवं वातावरण की उपज होती है। बच्चे के बौद्धिक विकास के लिये दोनों आवश्यक हैं।

2. **बुद्धि का वितरण** (Distribution of intelligence)—'बुद्धि' के वितरण की दृष्टि से भी व्यक्तियों में विभिन्नता होती है। बुद्धि वितरण के संबंध में यह एक निश्चित सिद्धान्त है कि अधिकांश व्यक्तियों की बुद्धि औसत बुद्धि होती है, बहुत कम लोग प्रतिभा संपन्न होते हैं और बहुत कम व्यक्ति मन्द बुद्धि होते हैं।

3. **बुद्धि की वृद्धि** (Growth of intelligence)—'बुद्धि-परीक्षाओं' से स्पष्ट हुआ है कि जैसे बच्चे की आयु बढ़ती है, वैसे उसकी बुद्धि भी बढ़ती है। परन्तु प्रश्न उठता है कि बुद्धि में वृद्धि कब समाप्त हो जाती है। मानसिक-वृद्धि की आयु प्रत्येक व्यक्ति की अलग-अलग होती है। परन्तु अधिकांश व्यक्तियों में 16 या 18 वर्ष की आयु में वृद्धि अपनी चरम सीमा तक पहुंच जाती है। इसके पश्चात् बुद्धि की लाम्बिक वृद्धि (Vertical growth) रुक जाती है, परन्तु क्षैतिज वृद्धि (Horizontal growth) ज्ञान एवं कौशल प्राप्त करना व्यक्ति के समूचे जीवन में जारी रहता है।

4. **बुद्धि एवं लैंगिक विभिन्नताएं** (Intelligence and sex differences)—मर्दों और औरतों में एक-दूसरे से कम या अधिक बुद्धि होती है—इस बात का परीक्षण करने के लिये अध्ययन किये गये हैं। कई हालातों में दोनों में कोई विशेष अन्तर नहीं देखा गया है। अतः यह विचार उचित प्रतीत होता है कि लैंगिक विभिन्नता बौद्धिक विभिन्नता का कारण नहीं होती।

5. **बुद्धि तथा जातीय अथवा सांस्कृतिक विभिन्नताएँ** (Intelligence and racial or cultural differences)—क्या किसी विशेष जाति या सांस्कृतिक समूह में दूसरों की अपेक्षा अधिक बुद्धि होती है। कई अनुसन्धानकर्त्ताओं द्वारा निष्कर्षित इस सिद्धान्त पर प्रश्न सूचक चिन्ह लगाया जा रहा है कि गोरी जाति के लोगों में हब्शियों से अधिक बुद्धि होती है। अब यह तथ्य स्थापित हो चुका है 'बुद्धि' किसी विशिष्ट जाति का जन्मसिद्ध अधिकार नहीं है। सभी जातियों में अच्छी बुद्धि वाले व्यक्ति भी होते हैं और मन्दबुद्धि वाले भी।

बुद्धि के बारे में फैली भ्रान्तियाँ (Misconception about Intelligence)

बुद्धि की प्रकृति और अवधारणा को लेकर बहुत सी भ्रान्तियाँ फैली हुई हैं। उनके निवारण हेतु यहां हम संक्षेप में यह स्पष्ट कर रहे हैं कि बुद्धि क्या नहीं है अर्थात् बुद्धि को किन अर्थों में या प्रयोजन हेतु ग्रहण नहीं किया जाना चाहिए।

1. ज्ञान 'बुद्धि' नहीं—यद्यपि ज्ञान प्राप्ति अधिकांश रूप से 'बुद्धि' पर ही निर्भर करती है।
2. स्मृति 'बुद्धि' नहीं हो सकती, हो सकता है कि अत्यन्त बुद्धिमान व्यक्ति की स्मरण शक्ति मन्द हो। इसके विपरीत एक मन्द बुद्धि व्यक्ति की स्मरण शक्ति तेज भी हो सकती है।

3. बुद्धि असामान्य व्यवहार, पिछड़ेपन तथा अपराध वृत्ति के विरुद्ध गारंटी का काम नहीं करती। परन्तु उपलब्धि, समायोजन (Adjustment) तथा चरित्र निर्माण में 'बुद्धि' का बहुत हाथ रहता है।

बुद्धि के सिद्धान्त (Theories of Intelligence)

ऊपर हमने बुद्धि के बारे में जो कुछ भी चर्चा की है उसकी सहायता से हम इस बात को समझ सकते हैं कि बुद्धि किस प्रकार काम करती है। किस प्रकार का व्यवहार व्यक्ति को बुद्धिमान या बुद्धिहीन बनाता है। परन्तु इससे इस बात की व्याख्या नहीं होती कि बुद्धि का ढांचा क्या है अर्थात् बुद्धि में कौन से तत्त्व सम्मिलित हैं। मनोवैज्ञानिकों द्वारा समय-समय पर प्रस्तुत किए गए बुद्धि संबंधी सिद्धान्तों द्वारा इस प्रश्न का उत्तर देने का प्रयास किया गया है। नीचे हम ऐसे ही कुछ सिद्धान्तों का वर्णन करेंगेः

1. **एककारक सिद्धान्त** (Unitary or monarchic theory)—इस सिद्धान्त के अनुसार 'बुद्धि' में केवल एक प्रतिभात्मक क्षमता (Intellectual competency) सम्मिलित होती है जो व्यक्ति की सभी क्रियाओं में विद्यमान होती है।

जिस व्यक्ति में शक्ति होती है वह पूर्व की ओर भी वैसे चलता है जैसे पश्चिम की ओर। इसी प्रकार यदि व्यक्ति में 'बुद्धि' का भंडार है तो वह उसे जीवन के किसी भी क्षेत्र में प्रयुक्त कर सकता है और सभी क्षेत्रों में एक जैसी सफलता प्राप्त कर सकता है। परन्तु जीवन की वास्तविक स्थितियों में इस सिद्धान्त द्वारा प्रस्तुत धारणा ठीक नहीं बैठती। हम देखते हैं कि गणित में योग्य विद्यार्थी गम्भीर रुचि एवं परिश्रम के बावजूद भी नागरिकशास्त्र में योग्य नहीं बन पाता। विज्ञान के प्रयोगों को सफलतापूर्वक करने वाला विद्यार्थी, उसी योग्यता के साथ भाषा नहीं सीख पाता। इससे हम इस निष्कर्ष पर पहुंचते हैं कि बुद्धि में कोई एक अकेला तत्त्व नहीं होता। अतः एककारक सिद्धान्त मान्य नहीं है।

2. **बहुकारक सिद्धान्त** (Multifactor theory or anarchic theory)—इस सिद्धान्त के मुख्य समर्थक थोर्नडाइक (Thorndike) थे। जैसा कि नाम से स्पष्ट होता है, इस सिद्धान्त के अनुसार 'बुद्धि' कई तत्त्वों का समूह होती है और प्रत्येक तत्त्व में कोई सूक्ष्म योग्यता निहित होती है। अतः सामान्य बुद्धि नाम की कोई चीज़ नहीं होती बल्कि 'बुद्धि' में कई स्वतन्त्र, विशिष्ट योग्यताएं निहित रहती हैं जो विभिन्न कार्यों को सम्पादित करती हैं।

इस प्रकार एककारक एवं बहुकारक सिद्धान्त अतिवादी सिद्धान्त हैं। जिस प्रकार यह निश्चित नहीं है कि बुद्धि की अच्छी मात्रा द्वारा जीवन के सभी क्षेत्रों में सफलता प्राप्त हो सकती है, उसी प्रकार यह भी निश्चित नहीं है कि विशिष्ट योग्यताओं से मनुष्य विशिष्ट क्षेत्रों में पूर्ण सफलता प्राप्त कर सकता है और शेष क्षेत्रों में पूर्णरूप से असफल रहता है। **गार्डनर मरफी** (Gardner Murphy) के विचारानुसार–*एक क्षेत्र की प्रतिभा का दूसरे क्षेत्र की प्रतिभा (Brightness) के साथ एक निश्चित सकारात्मक संबंध होता है।*

(*There is a certain positive relationship between brightness in one field and brightness in another and so on.*—1968, p. 358)

इससे हम आसानी के साथ इस निष्कर्ष पर पहुंच सकते हैं कि सभी कार्यों में एक उभयनिष्ठ तत्त्व (Common element) अवश्य होना चाहिए। यह सिद्धान्त इस निष्कर्ष की पूर्ण व्याख्या प्रस्तुत करने में असफल है और इसी के परिणामस्वरूप स्पीयरमैन (Spearman) कृत द्विकारक सिद्धान्त का जन्म हुआ।

3. **स्पीयरमैनकृत द्विकारक सिद्धान्त** (Spearman's two factor theory)—इस सिद्धान्त के समर्थक स्पीयरमैन थे। उनके अनुसार प्रत्येक प्रकार की क्रिया में एक सामान्य तत्त्व 'g' (General) होता है जो सभी बौद्धिक क्रियाओं में विद्यमान रहता है और एक विशिष्ट तत्त्व 's' (Specific) होता है जो सभी क्रियाओं में विद्यमान नहीं रहता।

इस प्रकार 'सामान्य बुद्धि' नाम की कोई चीज़ अवश्य है जो सभी क्रियाओं में विद्यमान रहती है और इसके अतिरिक्त कुछ विशिष्ट योग्यताएं होती हैं जिनके द्वारा मनुष्य विशिष्ट समस्याओं का सामना करता है।

उदाहरणस्वरूप किसी व्यक्ति की 'हिन्दी' की योग्यता में कुछ तो उसकी 'सामान्य बुद्धि' होती है और कुछ भाषा संबंधी 'विशिष्ट योग्यता' होती है अर्थात् $G + s_1$ या गणित में उसकी योग्यता का कारण होगा $G + s_2$। इस प्रकार कई विशिष्ट

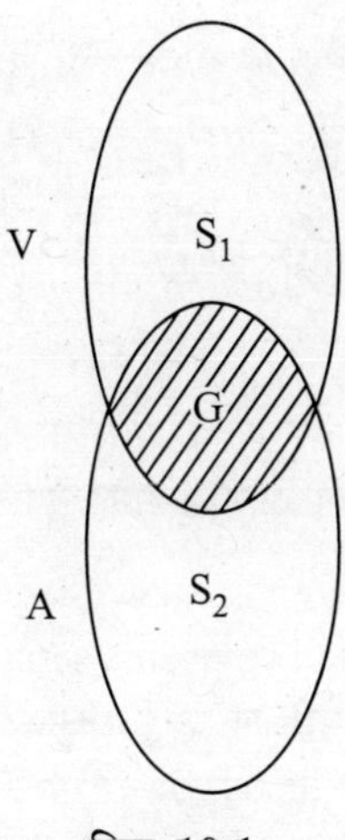

चित्र 10.1

योग्यताएं हो सकती हैं। 'G' तत्त्व न्यूनाधिक रूप से सभी विशिष्ट क्रियाओं में विद्यमान रहता है। इस प्रकार इस व्यक्ति की पूर्ण बुद्धि (जिसे यदि 'A' की संज्ञा दे दी जाए) को इस प्रकार स्पष्ट किया जा सकता है:

$$G + s_1 + s_2 + s_3 = \cdots\cdots\cdots\cdots = A$$

स्पीयरमैनकृत इस द्विकारक सिद्धान्त की विभिन्न दृष्टिकोणों से आलोचना हुई है:

1. स्पीयरमैन (Spearman) के कथनानुसार 'बुद्धि' को प्रकट करने वाले दो तत्त्व होते हैं, परन्तु जैसा कि उपर्युक्त विवेचन से स्पष्ट है, इसमें दो नहीं बल्कि कई तत्त्व होते हैं। (G, s_1, s_2, s_3, ... आदि)।
2. स्पीयरमैन के अनुसार प्रत्येक कार्य में कुछ विशिष्ट योग्यता का होना आवश्यक है। परन्तु यह धारणा उचित नहीं जान पड़ती क्योंकि इसका यह अर्थ हो जाता है कि विभिन्न कार्यों में एक 'सामान्य तत्त्व' के अतिरिक्त और कुछ भी सामान्य नहीं होता और नर्सिंग कम्पाउंडर तथा डाक्टर के व्यवसाय को एक ग्रुप में नहीं रखा जा सकता। वास्तव में s_1, s_2, s_3, s_4 .... के तत्त्व एक-दूसरे से अलग नहीं होते। यह एक-दूसरे की सीमा को पार करके कई 'सामान्य तत्त्वों' को जन्म देते हैं।

एक दूसरे की सीमा को पार करके 'ग्रुप' के निर्माण से संबंधित विचारधारा ने 'ग्रुप तत्त्व सिद्धान्त' को जन्म दिया।

4. **ग्रुप तत्त्व सिद्धान्त** (Group factor theory)—जो तत्त्व सभी प्रतिभात्मक योग्यताओं में तो सामान्य नहीं होते परन्तु कई क्रियाओं में सामान्य होते हैं उन्हें 'ग्रुप तत्त्व' की संज्ञा दी गई है। इस सिद्धान्त के समर्थकों में थर्स्टन (Thurstone) का नाम प्रमुख है। प्रारम्भिक मानसिक योग्यताओं का परीक्षण करते हुए वह इस निष्कर्ष पर पहुंचे थे कि कुछ मानसिक क्रियाओं में एक प्रमुख तत्त्व सामान्य रूप से विद्यमान होता है जो उन क्रियाओं को मनोवैज्ञानिक एवं क्रियात्मक एकता प्रदान करता है और उन्हें अन्य मानसिक क्रियाओं से अलग करता है। मानसिक क्रियाओं के कई ग्रुप होते हैं। उनमें अपना एक प्रमुख तत्त्व होता है। थर्स्टन (Thurstone) तथा उनके साथियों ने ऐसे तत्त्वों का उल्लेख किया है। जो इस प्रकार हैं:

(a) *मौखिक तत्त्व (Verbal factor)*—इसका संबंध शब्दों तथा विचारों के साथ है।

(b) *स्थान संबंधी तत्त्व (Spatial factor)*—इसका संबंध व्यक्ति के किसी स्थान विशेष (Space) में किसी चीज़ के परिणाम आदि के बारे में है।

(c) *अंक संबंधी तत्त्व (Numerical factor)*—अंकों से संबंधित हिसाब-किताब को शीघ्र एवं शुद्ध रूप से करना।

(d) *स्मृति तत्त्व (Memory factor)*—जल्दी से याद करने की योग्यता।

(e) *शाब्दिक प्रवाह संबंधी तत्त्व (Word fluency factor)*—तेजी के साथ पृथक् शब्दों पर सोचने की योग्यता।

(f) *निगमन तर्क तत्त्व (Inductive reasoning factor)*—इसका संबंध चिन्तन की निगमन प्रणाली से है।

(g) *आगमन तर्क तत्त्व (Deductive reasoning factor)*—यह चिन्तन की आगमन प्रक्रिया से संबंधित है।

(h) *प्रत्यक्षीकरण संबंधी तत्त्व (Perceptual factor)*—इसका संबंध प्रत्यक्षीकरण (Perception) से है।

(i) *समस्या समाधान संबंधी योग्यता तत्त्व (Problem solving ability factor)*—समस्याओं को हल करने की योग्यता से इसका संबंध है।

'ग्रुप तत्त्व' सिद्धान्त की सबसे बड़ी कमजोरी यह है कि यह 'सामान्य तत्त्व' की धारणा का खण्डन करता है। शीघ्र ही थर्स्टन को अपनी इस त्रुटि का अनुभव हो गया और उन्होंने 'ग्रुप तत्त्वों' के अतिरिक्त एक 'सामान्य तत्त्व' को भी ढूंढ निकाला।

5. **जी.एच. थामसन कृत सैम्पलिंग सिद्धान्त** (G.H. Thomson's sampling theory)—इस सिद्धान्त के अनुसार 'बुद्धि' कई स्वतंत्र तत्त्वों से बनी होती है। कोई विशिष्ट परीक्षण या विद्यालय संबंधी क्रिया में इनमें से कुछ तत्त्व स्पष्ट रूप से दिखाई देने लगते हैं। यह भी हो सकता है कि दो या अधिक परीक्षाओं में एक ही प्रकार के तत्त्व दिखाई दें–तब उनमें एक सामान्य तत्त्व की विद्यमानता मानी जाती है। यह भी संभव है कि अन्य परीक्षाओं में विभिन्न तत्त्व दिखाई दें–तब उनमें कोई भी तत्त्व सामान्य नहीं होगा और प्रत्येक तत्त्व अपने आप में विशिष्ट होगा।

इस सिद्धान्त में बुद्धि के विभिन्न सिद्धान्तों की कुछ मान्यताएँ विद्यमान हैं, जैसे:

(a) यह थोर्नडाईक (Thorndike) के सिद्धान्त के समान दिखाई देता है–सिवाय इस बात के कि इसमें 'G' तत्त्व की व्यावहारिक उपयोगिता को माना गया है।

(b) इसमें थर्स्टन (Thurstone) के 'ग्रुप तत्त्व' की व्यावहारिक उपयोगिता को भी माना गया है।

6. **वर्नन का हारार्कीकल सिद्धान्त** (Vernon's hierarchical theory)—ब्रिटेन के मनोवैज्ञानिक पी.ई. वर्नन ने मानव बुद्धि की संरचना को समझने हेतु एक श्रृंखलाबद्ध प्रारूप प्रस्तुत किया जिसे चित्र 10.2 के आधार पर जाना जा सकता है।

परिणामस्वरूप जैसा कि वर्नन का विचार है मानव बुद्धि की संरचना श्रृंखलाबद्ध रूप में इस प्रकार है कि शुरुआत 'G' नामक कारक (Factor) से होती है। यह बहुत ही महत्त्वपूर्ण आधारभूत मानसिक योग्यता का प्रतिनिधित्व करता हैं जिसका निदान बुद्धि परीक्षणों के द्वारा प्रारम्भिक चरण में ही कर दिया जाता है। इस कारक के अन्तर्गत दो मुख्य समूह कारक, जिन्हें क्रमशः Ved तथा KM नाम दिया जाता है, विद्यमान रहते हैं। Ved का संबंध मौखिक (Verbal) योग्यता, संख्या संबंधी योग्यता (Numerical ability) तथा शैक्षिक योग्यता (Educational ability) से होता है।

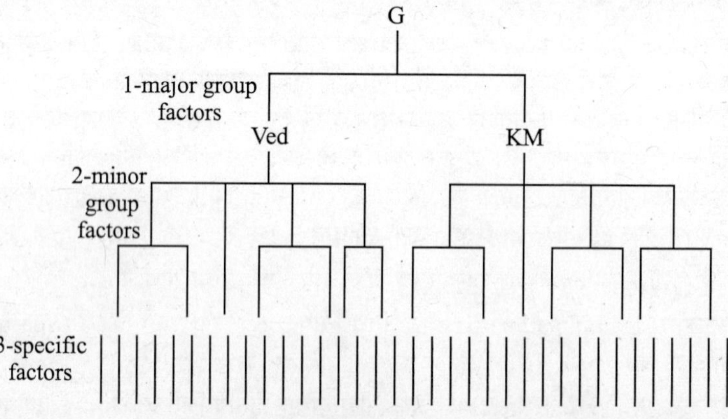

चित्र 10.2 वर्नन का हारार्कीकल सिद्धान्त

जबकि KM का संबंध प्रयोगात्मक (Practical), यांत्रिक (Mechanical), स्थान संबंधी (Spatial) तथा शारीरिक (Physical) योग्यताओं से होता है। Ved तथा KM नामक इन दो मुख्य समूह कारकों (Major factors group) को कुछ कम महत्त्व के लघु (Minor factors) कारकों में विभाजित किया जा सकता है और फिर इन लघु कारकों को विशिष्ट मानसिक योग्यताओं से जुड़े हुए विभिन्न विशिष्ट कारकों (Specific factors) में विभाजित किया जा सकता है।

7. **गिलफोर्ड का बुद्धि संबंधी सिद्धान्त और बुद्धि प्रतिमान** (Guilford, theory involving a model of intellect)—जे.पी. गिलफोर्ड और उसके सहयोगियों ने बुद्धि परीक्षण से संबंधित कई परीक्षणों पर कारक विश्लेषण (Factor analysis) तकनीक का प्रयोग करते हुए मानव बुद्धि के विभिन्न तत्त्वों या कारकों को प्रकाश में लाने वाला प्रतिमान (Model of intellect) विकसित किया है। उन्होंने अपने अध्ययन प्रयासों के द्वारा यह प्रतिपादित करने की चेष्टा की है कि हमारी किसी भी मानसिक प्रक्रिया अथवा बौद्धिक कार्य को तीन आधारभूत आयामों (basic dimension)—संक्रिया (operation), सूचना सामग्री या विषयवस्तु (contents) तथा उत्पाद (products) में बांटा जा सकता है। संक्रिया से यहाँ तात्पर्य हमारी उस मानसिक चेष्टा, तत्परता और कार्यशीलता से होता है जिसकी मदद से हम किसी भी सूचना सामग्री या विषयवस्तु को अपने चिन्तन तथा मनन का विषय बनाते हैं या दूसरे शब्दों में इसे चिन्तन तथा मनन का प्रयोग करते हुए अपनी बुद्धि को काम में लाने का प्रयास कहा जा सकता है। हम जिस रूप में चिन्तन या मनन करते हैं अथवा चिन्तन और मनन के लिए जिस प्रकार की विषयवस्तु या सूचना सामग्री की सहायता लेते हैं उसे बुद्धि को प्रयोग में लाने का दूसरा आधारभूत आयाम विषयवस्तु (Contents) कहा जा सकता है तथा बौद्धिक संक्रिया के द्वारा सूचना सामग्री या विषयवस्तु को लेकर जिस प्रकार की बौद्धिक प्रक्रिया की जाती है उसके परिणामस्वरूप जो कुछ भी हमें प्राप्त होता है उसे उत्पाद (Products) का नाम दिया जाता है। इन तीनों आधारभूत आयामों—संक्रिया, विषयवस्तु तथा उत्पाद को भी उनके अपने विशिष्ट तत्त्वों या कारकों में विभाजित किया जा सकता है। गिलफोर्ड ने अपने बुद्धि प्रतिमान में संक्रिया को उसके 5 विशिष्ट तत्त्वों, विषयवस्तु को 5 तथा उत्पाद को 6 विशिष्ट तत्त्वों में बांटने का प्रयास किया है और फिर इन विशिष्ट तत्त्वों या कारकों (Specific factor) की अन्तःक्रिया के माध्यम से बुद्धि में $5 \times 5 \times 6 = 150$ तत्त्वों या कारकों की उपस्थिति का संकेत दिया है (देखें चित्र 10.3)।

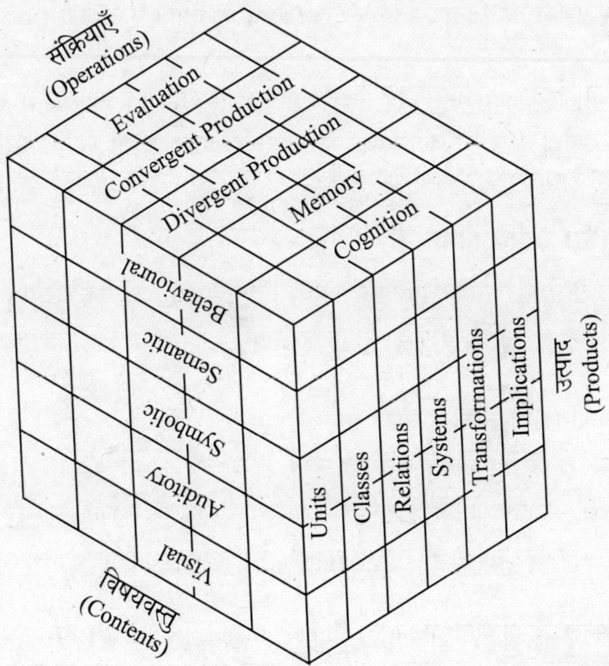

चित्र 10.3 गिलफोर्ड का बुद्धि संरचना को प्रदर्शित करता हुआ प्रतिमान

उपरोक्त प्रतिमान के माध्यम से गिलफोर्ड ने यह बताने की चेष्टा की है कि मानव बुद्धि को अलग-अलग प्रकार की 150 मानसिक योग्यताओं का समूह कहा जा सकता है। दूसरे शब्दों में उसने बुद्धि में 150 विभिन्न तत्त्वों या कारकों की उपस्थिति की बात कही है और इन तत्त्वों तथा कारकों को 5 प्रकार की संक्रियाओं (Operations), 5 प्रकार की विषयवस्तु या सूचना सामग्री (Contents) तथा 6 प्रकार के उत्पाद (Products) की अंतःक्रिया का प्रतिफल बताया है।

यहां बुद्धि में निहित उपरोक्त तीन प्रकार के आधारभूत आयामों और उनके खंडीय विभाजक तत्त्वों की व्याख्या की जा रही है।

विषयवस्तु या सूचना सामग्री (Contents) का पंच खंडीय विभाजन

आकृतिजन्य दृश्यात्मक (Figural visual)—आकृतिजन्य वे सभी विशेषताएँ जिनको देखकर अनुभव किया जा सकता है, जैसे–दिखाई देने वाली वस्तु का रंग, रूप, आकार तथा अन्य दृश्यात्मक आकृतिजन्य विशेषताएँ।

आकृतिजन्य श्रवणात्मक (Figural auditory)—आकृतिजन्य वे सभी विशेषतायें जिनके बारे में सुनकर जानकारी प्राप्त की जाती है जैसे किसी भी उद्दीपन (Stimulus) की वाणी, ध्वनि और उसके द्वारा कही गई बात की प्रकृति एवं विशेषताएँ।

संकेतात्मक (Symbolic)—संख्या (numbers), अक्षर (letters), प्रतीक (symbols) तथा चित्रीय उद्दीपकों को इस श्रेणी में शामिल किया जा सकता है।

भाषागत (Semantic)—शब्दों के अर्थ तथा विचारों के रूप में ग्रहण की जाने वाली सूचना सामग्री।

व्यवहारगत (Behavioural)—व्यक्तियों के द्वारा अपने कार्यों एवं अभिव्यक्ति के द्वारा प्रदत्त सूचना सामग्री।

संक्रियाओं (Operations) का पंच खंडीय विभाजन

संज्ञान (Cognition)—पहचान तथा खोज संबंधी प्रक्रियाएँ।

स्मृति (Memory)—सूचना सामग्री का चिन्तन-मनन की विषयवस्तु को स्मृति में संजोना (Retention) तथा पुनः स्मरण (Recall) करना।

बहुविध उत्पादन (Divergent production)—किसी भी समस्या का एकमात्र सर्वोत्तम हल या समाधान प्रस्तुत करना।

मूल्यांकन (Evaluation)—चिन्तन-मनन की जाने वाली विषयवस्तु या प्रदत्त सूचना के बारे में निर्णय लेना, जैसे कि वह अच्छी है या बुरी, लाभदायक है या हानिकारक इत्यादि।

उत्पाद (Product) का छः खंडीय विभाजन

इकाइयाँ (Units)—छोटी-छोटी परन्तु सार्थक विषयवस्तु संबंधी सूचनाएँ जैसे कोई एक संख्या, अक्षर या शब्द।

वर्ग या श्रेणी (Classes)—किसी समान विशेषता के आधार पर संप्रत्यय के रूप में विकसित इकाइयों का समूह जैसे पुरुष + स्त्री = जनसमूह।

संबंध (Relations)—संप्रत्ययों को जोड़ने वाला संपर्क सूत्र।

प्रणाली (Systems)—संबंधों का संगठित अथवा वर्गीकृत रूप।

रूपान्तरण (Transformation)—विषय सामग्री के स्वरूप में परिवर्तन लाना या उसकी पुनः संरचना।

अनुप्रयोग (Implications)—विभिन्न प्रकार की सूचना सामग्री के आधार पर निष्कर्ष निकालना अथवा उसे प्रयोग में लाना।

गिलफोर्ड ने अपने उपरोक्त त्रि आयामी प्रतिमान (Three dimensional model) के माध्यम से यह प्रदर्शित करने का प्रयत्न किया है कि किसी भी मानसिक या बौद्धिक कार्य को करने में प्रत्येक आयाम से संबंधित कम से कम एक तत्त्व या कारक (और इस तरह कम से कम तीन कारकों) की अवश्य ही जरूरत पड़ती है।

आइये, इस बात को एक उदाहरण द्वारा समझने का प्रयत्न किया जाए। माना हमें कैलेण्डर की सहायता से यह मालूम करना है कि अमुक तिथि को सप्ताह का कौन सा दिन होगा। इस बौद्धिक कार्य को करने के लिये विषयवस्तु (Contents) के रूप में हमें भाषागत (Semantic) बौद्धिक तत्त्व के रूप में कैलेण्डर में छपे हुए शब्दों और संख्याओं को पढ़ना और उनका अर्थ समझना अवश्य ही आना चाहिये इसके पश्चात् संक्रिया (Operations) हेतु हम स्मृति (Memory), संज्ञान (Cognition) तथा एक विधि चिन्तन (Convergent thinking) आदि प्रक्रियाओं की सहायता ले सकते हैं। परिणामस्वरूप हमें उत्पाद (Products) के रूप में अभीष्ट लक्ष्य की प्राप्ति हो सकती है। यहां उत्पाद के रूप में हमें संबंध (Relations) नामक बौद्धिक तत्त्व से जुड़ना होगा। महीने की अमुक तारीख को सप्ताह का कौन सा दिन होगा इसका ज्ञान संबंध नामक बौद्धिक तत्त्व से ही अपेक्षित है। इस प्रकार का ज्ञान होने के पश्चात् ही हम इसकी सहायता से आगे पीछे की तारीखों में सप्ताह के कौन से दिन होंगे यह ज्ञात करने में यानी दूसरे शब्दों में सीखे हुये ज्ञान का रूपान्तरण (Transformation) करने में आसानी होगी।

कारक बुद्धि सिद्धान्तों के बारे में निष्कर्ष (Conclusions about Factor Theories of Intelligence)

उपरोक्त वर्णित सभी बुद्धि सिद्धान्त अपने-अपने ढंग से बुद्धि की संरचना में विभिन्न कारकों या तत्त्वों का योगदान स्वीकार करते हैं। सभी अपनी-अपनी दृष्टि से तर्क प्रस्तुत करते हैं और अपने को सही माने जाने की बात कहते हैं। कुछ सीमा तक उनकी बातों में वज़न भी है। एक तत्त्व के सिद्धान्त (One factor or unitory theory) की इस बात में काफी सच्चाई है कि बुद्धि जहां तक उसके व्यावहारात्मक उपयोग का प्रश्न है ज़िन्दगी में अपने समूचे रूप में (सभी तरह की मानसिक योग्यताओं के संयुक्त रूप में) ही प्रयोग में लायी जाती है। परन्तु उसका यह सम्पूर्ण रूप क्या है, इसके अन्तर्गत जितनी प्रकार की मानसिक योग्यताएँ तथा कारक शामिल हैं इस बात की तह तक पहुंचने हेतु हमें विभिन्न बुद्धि सिद्धान्तों के परिप्रेक्ष्य में कुछ गहराई तक जाना होगा। सभी के विचारों में समन्वय करके ही हम बुद्धि की संरचना तथा उसके स्वरूप का उचित अवलोकन तथा मूल्यांकन कर सकते हैं। समन्वय के इस दृष्टिकोण को लेकर चला जाये तो हमें किसी भी बौद्धिक कार्य या मानसिक प्रक्रिया के निम्न प्रकार के कारक या तत्त्वों की उपस्थिति दृष्टिगोचर हो सकती है:

(a) स्पीयरमैन (Spearman) द्वारा प्रतिपादित 'सामान्य तत्त्व' (g)—जो सभी कार्यों में 'सामान्य' रूप से विद्यमान होता है।

(b) ग्रुप तत्त्व 'G'—जो विशिष्ट ग्रुप के कार्यों में विद्यमान होता है।

(c) विशिष्ट तत्त्व 's_1', 's_2' आदि–जो अत्यन्त विशिष्ट कार्यों में विद्यमान होते हैं।

उपरोक्त तत्त्व या कारकों को संगठन की दृष्टि से या तो वर्नन द्वारा सुझाये गये क्रम में या गिलफोर्ड द्वारा सुझाये गये बुद्धि प्रतिमान के रूप में आयोजित किया जा सकता है।

बुद्धि के संज्ञानात्मक सिद्धान्त (Cognitive Theories of Intelligence)

बुद्धि के कारक सिद्धान्तों (Factors theory of intelligence) के अतिरिक्त, जिनकी चर्चा इस अध्याय में अभी तक की गई है, मनोवैज्ञानिकों ने मानव बुद्धि की संरचना तथा कार्यप्रणाली को स्पष्ट करने हेतु कुछ अन्य सिद्धान्तों को भी प्रकाश में लाया है। संज्ञानात्मक सिद्धान्त इसी श्रेणी में आते हैं। इन संज्ञानात्मक सिद्धान्तों के स्वरूप का प्रतिनिधित्व करने वाले एक महत्त्वपूर्ण सिद्धान्त गार्डनर के बहु बुद्धि सिद्धान्त को उदाहरणस्वरूप हम यहाँ प्रस्तुत कर रहे हैं।

गार्डनर का बहु बुद्धि सिद्धान्त (Gardner's Theory of Multiple Intelligence)

गार्डनर बहु बुद्धि सिद्धान्त अपने नामकरण के साथ ही जुड़े प्रसिद्ध मनोवैज्ञानिक एवं हारवर्ड विश्वविद्यालय के प्रोफेसर हॉवार्ड गार्डनर (Howard Gardner) की देन है। इन्होंने अपने इस सिद्धान्त को 1983 में प्रकाशित अपनी एक

पुस्तक "फ्रेम्स ऑफ माइंड : दी थ्योरी ऑफ मल्टीपल इटैलीजैन्स" (Frames of Mind : The Theory of Multiple Intelligence) के माध्यम से सबके सामने रखा। इस पुस्तक में उन्होंने स्पष्ट किया कि मानव मस्तिष्क में एक नहीं बल्कि कई फ्रेम होते हैं, जिनका अलग-अलग तरह की बुद्धियों में निवास होता है। गार्डनर ने अपने अध्ययनों से इनकी संख्या सात निश्चित की और इस तरह बुद्धियों के प्रकार की संख्या को भी सात बताया। इस प्रकार से गार्डनर ने अपने बुद्धि सिद्धान्त के माध्यम से मानव मस्तिष्क की संरचना को विविध आयाम (Frames) देने का प्रयत्न करते हुए बताया कि इन फ्रेम्स में बुद्धि अपने विभिन्न रूपों के साथ निवास करती है। इसलिये व्यक्तियों में निहित उनकी योग्यताओं, प्रतिभाओं तथा मानसिक कुशलताओं का निर्णय इस बात से होता है कि मस्तिष्क के विभिन्न फ्रेमों में उपस्थित बुद्धियों में से किस-किस की उनमें प्रचुरता है या अथवा कमी। उन्होंने यह भी स्पष्ट किया कि सातों प्रकार की ये बुद्धि अपने आप में पूरी तरह अलग-अलग रहकर कार्यरत रह सकती हैं। सभी का कार्यक्षेत्र अलग-अलग है और कोई भी किसी के कार्य में बाधक नहीं बनती। गार्डनर द्वारा प्रतिपादित सातों प्रकार की बुद्धि का आवश्यक परिचय निम्न प्रकार से दिया जा सकता है:

1. **भाषात्मक बुद्धि** (Linguistic intelligence)—यह वह बुद्धि है, जिसका सम्बन्ध सभी प्रकार की भाषागत योग्यताओं तथा सामर्थ्य से होता है। मौखिक तथा लिखित सभी प्रकार के संप्रेषण और भाषा ज्ञान में इसी बुद्धि का योगदान रहता है।

2. **तर्कीय एवं गणितीय बुद्धि** (Logical and Mathematical intelligence)—इस प्रकार की बुद्धि का सम्बन्ध तर्क तथा गणित क्षेत्र से संबंधित सभी प्रकार की योग्यताओं, प्रतिभाओं तथा कुशलताओं से होता है। (जैसे सोचने-विचारने के तर्क करने तथा समस्या समाधान सम्बन्धी योग्यतायें या कौशल)।

3. **स्थान अवधारणा की उपयोग सम्बन्धी बुद्धि** (Spatial intelligence)—इस बुद्धि का सम्बन्ध व्यक्ति की ऐसी सभी योग्यताओं, प्रतिभाओं तथा कुशलताओं से होता है, जिनसे इस बात की जानकारी मिल सके कि वह स्थान अवधारणा को उपयोग में लाने में कितना सक्षम है। (जैसे सर्वेक्षण, भवन निर्माण कला, वास्तुकला, चित्रकला एवं मूर्तिकला, डिजाइनिंग आदि से जुड़े हुए कार्यों में ऐसी ही बुद्धि काम में आती है।)

4. **संगीतीय बुद्धि** (Musical intelligence)—यह वह बुद्धि है जिसका सम्बन्ध उन सभी योग्यताओं, प्रतिभाओं तथा कुशलताओं से होता है जिनके तार संगीत से जुड़े होते हैं। संगीतज्ञ तथा संगीत रचनाकार एवं निर्देशकों में इसी प्रकार की बुद्धि का बाहुल्य रहता है।

5. **शारीरिक गतिशास्त्र से सम्बन्धित बुद्धि** (Bodily kinesthetic intelligence)—इस प्रकार की बुद्धि का सम्बन्ध उन सभी योग्याताओं, प्रतिभाओं तथा कुशलताओं से होता है, जिनकी आवश्यकता व्यक्ति विशेष को अपने शरीर या अंग-प्रत्यगों के विविध प्रकार के संचालन और गतिविधियों के संपादन में पड़ती है। (उदाहरण के लिये नृत्य करने, अपने शरीर के अंग-प्रत्यंगों को मोड़ने, तोड़ने, जिमनास्टिक कसरतों को संपादित करने तथा विभिन्न प्रकार के खेलों तथा योगासनों को संपादित करने, सर्जरी तथा उच्च ऑपेरशन करने, आदि कार्यों में इसी प्रकार की बुद्धि काम में आती है।)

6. **अंतरा-वैयक्तिक बुद्धि** (Intra-personal intelligence)—इस प्रकार की बुद्धि का सम्बन्ध व्यक्ति विशेष की उन योग्यताओं, प्रतिभाओं एवं कुशलताओं से होता है जो उसे अपने संपूर्ण व्यवहार का मूल्यांकन करते हुए अपने आपको ठीक प्रकार से जानने और समझने में मदद कर सके।

7. **अन्तर-वैयक्तिक बुद्धि** (Inter-personal intelligence)—इस प्रकार की बुद्धि का सम्बन्ध उन सभी योग्याताओं, प्रतिभाओं तथा कौशलों से होता है जो व्यक्ति विशेष को दूसरों को अच्छी तरह जानने और समझने तथा अपनी इस समझ को लाभकारी ढंग से प्रयुक्त करने में मदद करती हैं।

गार्डनर ने इस प्रकार अपने बहु बुद्धि सिद्धान्त के द्वारा यह बताने की चेष्टा की कि बुद्धि अपने समग्र रूप के एक साथ एक ही ढंग से काम करती हुई नहीं प्रतीत होती। उसमें एक ही तत्त्व सामान्य मानसिक योग्यता या क्षमता के रूप में बिराजमान नहीं रहता। वह एक रूपीय न होकर विविध रूपीय होती है तथा बुद्धि के इन सभी रूपों का एक स्वतन्त्र अलग-अलग अस्तित्व होता है। जिसमें जिस प्रकार की बुद्धि पाई जाती है, वह उस बुद्धि से जुड़े हुए विशेष प्रकार के कार्यों के संपादन में आगे बढ़ा हुआ पाया जाता है। उदाहरण के लिये अगर किसी में संगीतात्मक बुद्धि का बाहुल्य है

तो वह संगीत क्षेत्र में कीर्तिमान स्थापित कर सकता है। परन्तु यहां अब उसके लिये यह जरूरी नहीं है कि वह अन्य प्रकार की बुद्धियों का भी मालिक हो और परिणामस्वरूप अन्य जीवन क्षेत्रों में भी समान रूप से अपनी सफलता के झंडे गाढ़े। गार्डनर के अनुसार यह इसीलिये होता है कि व्यक्तियों में पाई जाने वाली सातों प्रकार की बुद्धियां अपने-अपने ढंग से स्वतन्त्र रूप से कार्यरत रहती हैं और इसी वजह से व्यक्तियों में उनके व्यवहार प्रदर्शन तथा प्रगति ग्राफ में बहुत अधिक अन्तर देखने को मिलते हैं।

बुद्धि को मापना (Measurement of Intelligence)

'बुद्धि परीक्षा' से ही हम व्यक्ति की बुद्धि के संबंध में जान सकते हैं। बुद्धि को मापने के लिए मनोवैज्ञानिकों ने कई 'बुद्धि परीक्षाओं' का निर्माण किया है।

बुद्धि परीक्षाओं का वर्गीकरण (Classification of Intelligence Tests)

1. जहाँ तक प्रशासनिक दृष्टिकोण का संबंध है, बुद्धि को दो व्यापक वर्गों में बांटा जा सकता है:
   (a) **व्यक्तिगत परीक्षाएँ** (Individual tests)—इसमें केवल एक व्यक्ति की परीक्षा ली जाती है।
   (b) **सामूहिक परीक्षाएँ** (Group tests)—इसमें व्यक्तियों के समूह की परीक्षा ली जाती है।
2. **'परीक्षा के रूप'** के आधार पर बुद्धि परीक्षा को दो वर्गों में बांटा जाता है:
   (a) शाब्दिक या भाषात्मक परीक्षाएँ (Verbal or language tests)
   (b) अशाब्दिक या भाषा रहित परीक्षाएँ (Non verbal or Non language tests)

(a) **शाब्दिक या भाषात्मक परीक्षाएँ** (Verbal or language tests)—इन परीक्षाओं में भाषा का प्रयोग किया जाता है। इसमें 'शब्दों' (मौखिक या लिखित रूप में) के द्वारा आदेश दिये जाते हैं तथा व्यक्तियों को उत्तर देने के लिए भाषा के प्रयोग की आज्ञा होती है।

(b) **अशाब्दिक या भाषा रहित परीक्षाएँ** (Non verbal or non language tests)—इन परीक्षाओं में ऐसी क्रियाएँ होती हैं जिनमें भाषा का प्रयोग आवश्यक नहीं होता। आदेश भले ही भाषा द्वारा दिए जाएं परन्तु 'परीक्षा-सामग्री' तथा 'अनुक्रिया' (Response) में भाषा का प्रयोग नहीं किया जाता।

'क्रिया परीक्षाएं' (Performance tests) भी भाषा रहित परीक्षाएं होती हैं। इन परीक्षाओं की मुख्य विशेषताएं निम्नलिखित होती हैं:

(a) इस परीक्षा की 'परीक्षा सामग्री' ठोस वस्तुओं पर आधारित होती है।
(b) इन परीक्षाओं में जो कुछ व्यक्ति को करना होता है उसे परीक्षक द्वारा संकेतों या इशारों से समझाया जा सकता है।
(c) व्यक्ति की अनुक्रिया उसके कार्य पर निर्भर करती है।
(d) प्रायः ये परीक्षाएं व्यक्तिगत परीक्षाएं होती हैं। जैसे कि **डा. पिल्लै** (Dr. Pillai) ने कहा है–*इन्हें ग्रुप परीक्षा के रूप में प्रयुक्त नहीं किया जा सकता क्योंकि इनमें परीक्षार्थी का व्यक्तिगत रूप से निरीक्षण करना होता है और उसे आवश्यक निर्देशन देना होता है।*

(*These cannot be used as group tests, chiefly because it is necessary to supervise the individual testee at work and give him necessary direction.*—1972, p. 265)

बुद्धि परीक्षा के तमाम वर्गों को चित्रानुसार इस प्रकार दिखाया जा सकता है:

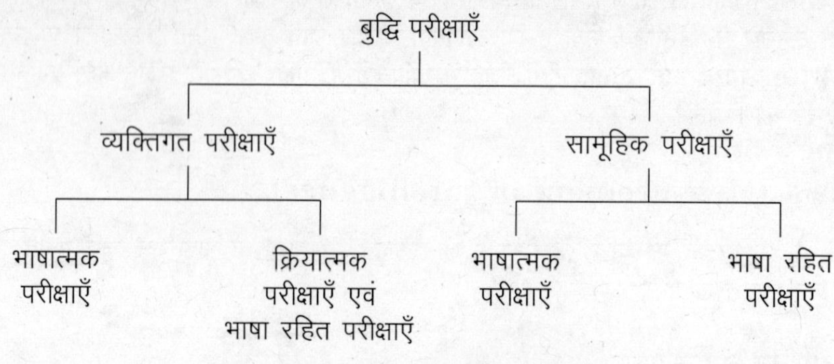

चित्र 10.4 बुद्धि परीक्षाओं का वर्गीकरण

अब हम इन पर अलग-अलग विचार करेंगे:

व्यक्तिगत भाषात्मक परीक्षाएँ (Individual Verbal Tests)

जो परीक्षाएं व्यक्तिगत रूप से ली जाएं और जिनमें भाषा का प्रयोग होता है–वे इसी वर्ग में आती हैं, जैसे–स्टेनफोर्ड बिने परीक्षा (Stanford Binet Test)।

वास्तव में फ्रैंच मनोवैज्ञानिक एल्फ्रेड बिने (Alfred Binet) 'बुद्धि परीक्षाओं' का जन्मदाता है। उसने थीओडोर साईमन (Theodore Simon) के साथ 1905 में एक परीक्षा तैयार की। इसमें विभिन्न स्तरों के लिए उत्तरोत्तर कठिन होती हुई तीस पूर्तियां हैं, जैसे:

तीन वर्ष की अवस्था (At age 3)—नाक, कान और मुँह की ओर इशारा करना।
7 वर्ष की अवस्था (At age 7)—अपूर्ण चित्र में क्या कमी है?

सन् 1916 में स्टेनफोर्ड (Stanford) विश्वविद्यालय के टरमैन (Terman) ने इसका संशोधन किया और सन् 1937 में मैरिल (Merril) के सहयोग से इसका नया रूप तैयार किया गया। इसे और 1960 में तैयार किये गये परीक्षण को स्टेनफोर्ड बिने स्केल (Stanford Binet Scale) कहा जाता है।

इस स्केल की परीक्षाएं 2 से 22 वर्ष तक के व्यक्तियों के लिए बनाई गई हैं। इसमें सरल परीक्षा से जटिल परीक्षा तक क्रमानुसार विभिन्न परीक्षाएं सम्मिलित हैं। इन परीक्षाओं को उपयुक्त संशोधन कर विभिन्न देशों में अपनाया गया है। भारत में यह प्रयास सन् 1922 में डा. सी.एच. रईस (Dr. C.H. Rice) द्वारा किया गया जब उन्होंने 'हिन्दुस्तानी बिने क्रिया स्केल' (Hindustani Binet Performance Scale) को प्रकाशित कराया। उत्तर प्रदेश की राज्य मनोविज्ञान शाला ने भी स्टेनफोर्ड बिने परीक्षा का हिन्दी रूपान्तर तैयार किया। इस परीक्षा को कई वय-वर्गों में बांटा गया है और इसे 'बुद्धि परीक्षा अनुशीलन' की संज्ञा दी गई है।

भारत में प्रयुक्त होने वाली अन्य भाषात्मक व्यक्तिगत बुद्धि परीक्षा 'सामान्य बुद्धि परीक्षा' के नाम से प्रसिद्ध है। यह परीक्षा विलियम स्टीफनसन (William Stephenson) की परीक्षा का भारतीय रूपान्तर है। इसे राजकीय शिक्षा एवं व्यावसायिक निर्देशन ब्यूरो, ग्वालियर (State Bureau of Educational and Vocational Guidance, Gwalior) द्वारा तैयार किया गया है।

प्रौढ़ों के लिये भारतीय परिस्थितियों में प्रयुक्त होने वाला पहला व्यक्तिगत भाषात्मक बुद्धि परीक्षण जवाहरलाल नेहरू विश्वविद्यालय की श्रीमती प्रभा रामा लिंगास्वामी ने तैयार किया है।

व्यक्तिगत क्रिया परीक्षाएँ (Individual Performance Tests)

इन परीक्षाओं में परीक्षा सामग्री तथा उनके उत्तर (Responses) क्रियाओं में होते हैं और इनमें भाषा का प्रयोग बिलकुल नहीं किया जाता। इनमें गत्यात्मक क्रियाओं (Motor activities) से संबंधित पूर्तियां सम्मिलित की जाती हैं। सामान्य रूप से निम्नलिखित क्रियाएं इन परीक्षाओं में देखने को मिलती हैं:

(a) **ब्लाक बिल्डिंग या घनों द्वारा निर्माण** (Block building or cube construction)—इसमें परीक्षार्थी को ब्लाकों द्वारा बिल्डिंग डिज़ाइन बनाने को कहा जाता है। मैरिल पामर ब्लाक बिल्डिंग (Merril Palmer Block Building), कोह कृत ब्लाक डिज़ाइन परीक्षा (Koh's Block Design Test), एलैक्ज़ैण्डर कृत पास-एलांग परीक्षा (Alexander's Pass-along Test) आदि इस प्रकार की परीक्षा के कुछ उदाहरण हैं।

(b) **छेदों में ब्लाक लगाना** (To fit the blocks in the holes)—इस प्रकार की परीक्षा में परीक्षार्थी को कुछ ब्लाक तथा छेदों से युक्त एक बोर्ड दिया जाता है। परीक्षार्थी को इन विभिन्न छेदों से संबंधित ब्लाक लगाने को कहा जाता है। सैगुइन फार्म बोर्ड परीक्षा (Seguin Form Board Test) तथा गोडार्ड फ़ार्म बोर्ड परीक्षा (Gaddard Form Board Test) इस परीक्षा के प्रसिद्ध उदाहरण हैं।

(c) **भूल भुलैयां को खोजना** (Tracing a maze)—परीक्षा सामग्री में क्रमानुसार कठिन होती हुई भूल भुलैयां सम्मिलित होती हैं। ये भूल भुलैयां अलग-अलग कागजों पर छपी होती हैं। परीक्षार्थी को प्रवेश से अन्त तक इनका रास्ता ढूंढना होता है। 'पोर्टीयस भूल भुल्लैयां परीक्षा' (Porteus Maze Test) इसका उदाहरण है।

(d) **चित्र पूर्णता** (Picture completion)—इसमें परीक्षार्थी को प्रत्येक चित्र के कुछ कटे हुए भाग देकर उस चित्र को पूरा करने के लिए कहा जाता है। 'हीली चित्र पूर्णता परीक्षा' (The Healy Pictorial Completion Test) इस प्रकार की परीक्षा का अच्छा उदाहरण है।

उपर्युक्त परीक्षाओं से स्पष्ट है कि इन परीक्षाओं में किसी न किसी प्रकार की क्रियाओं पर बल दिया गया है। व्यक्तिगत मानसिक योग्यता की पूर्ण बौद्धिक परीक्षा करने के लिए एक या दो परीक्षाओं की बजाय क्रियात्मक परीक्षाओं के समूह (group) को जिसे स्केल या बैटरी (Battery) में संगठित किया जाता है, प्रयोग किया जाता है। इनमें से कुछ प्रसिद्ध स्केल निम्नलिखित हैं:

(a) पिंटर पेटरसन स्केल (Pinter Pattersen Scale)

(b) आर्थर प्वाइंट स्केल (Arthur Point Scale)

(c) क्रियात्मक परीक्षाओं की एलैक्ज़ैण्डर बैटरी (Alexander's Battery of Performance)।

हमारे देश में इस प्रकार के स्केल या बैटरियों का निर्माण के प्रयत्न किये गए हैं। डॉ. चन्द्रमोहन भाटिया द्वारा इस दिशा में किया गया प्रयास काफी उल्लेखनीय है। उन्होंने भाटिया परफोर्मेन्स टैस्ट बैटरी के नाम से एक बुद्धि परीक्षण तैयार किया है, जिसमें निम्न पाँच उपपरीक्षण हैं:

(a) कोह ब्लाक डिजाइन परीक्षा (Koh's Block Design Test)

(b) अलैक्ज़ेण्डर पास-एलांग परीक्षा (Allexander Pass-along Test)

(c) पैटर्न ड्राइंग परीक्षा (Pattern Drawing Test)

(d) अंकों से संबंधित तात्कालिक स्मृति परीक्षा (Immediate Memory Test for Digits)

(e) चित्र निर्माण परीक्षा (Picture Construction)

इस बैटरी की अंतिम तीन परीक्षाएं श्री भाटिया ने स्वयं विकसित की हैं जबकि पहली तीन उधार ली गई हैं।

वैक्सलर बैलीव्यू बुद्धि स्केल (Wechsler Bellevue Intelligence Scale)

यह परीक्षा दो रूपों में मिलती है। पहला रूप 'WISC' बच्चों के लिए प्रयोग किया जाता है और दूसरा रूप 'WAIS' प्रौढ़ों के लिए प्रयोग किया जाता है। यह व्यक्तिगत परीक्षा है जिसमें भाषात्मक (Verbal) एवं क्रियात्मक (Performance) दोनों स्केलों की विशेषताएं विद्यमान हैं।

इस स्केल में 12 उपपरीक्षाएं हैं। 6 उपपरीक्षाएं भाषात्मक स्केल का निर्माण करती हैं और 6 क्रियात्मक स्केल का निर्माण करती हैं। क्रमानुसार ये परीक्षाएं निम्नलिखित हैं:

भाषात्मक स्केल (Verbal Scale)

1. सामान्य ज्ञान की परीक्षा (Test of General Information)
2. सामान्य बोधगम्यता (Comprehension) की परीक्षा
3. गणितीय तर्क (Arithmetic Reasoning) की परीक्षा
4. अंक विस्तार (Digit Span) की परीक्षा
5. समानताओं (Similarities) में भेद कर सकने की परीक्षा
6. शब्द ज्ञान की परीक्षा (Test of Vocabulary)

क्रियात्मक स्केल (Performance Scale)

7. अंक प्रतीक (Digit Symbol) परीक्षा
8. चित्र पूर्णता (Picture Completion) परीक्षा
9. ब्लाक डिज़ाइन (Block Design) परीक्षा
10. चित्र व्यवस्था (Picture Arrangement) परीक्षा
11. वस्तु संकलन (Object Assembly) परीक्षा।

व्यक्ति की बुद्धि को मापने के लिए इन उपपरीक्षाओं में प्राप्त अंकों को जोड़ा जाता है।

सामूहिक भाषात्मक बुद्धि परीक्षाएँ (The Group Verbal Intelligence Tests)

ये परीक्षाएं एक साथ कुछ व्यक्तियों के समूह से ली जाती हैं और इसमें भाषा का प्रयोग आवश्यक होता है। इनमें से कुछ पुरानी परीक्षाएं निम्नलिखित हैं:

(a) **सैनिक एल्फा परीक्षाएं** (Army Alpha Tests)—ये प्रथम विश्व युद्ध में निर्मित की गईं थीं।

(b) **सैनिक सामान्य वर्गीकरण** (Army General Classification)—यह दूसरे विश्व युद्ध में निर्मित किया गया था।

आजकल बहुत सी सामूहिक भाषात्मक परीक्षाएं प्रचलित हैं। भारत में भी इस प्रकार की परीक्षाओं के निर्माण के प्रयास किये जा रहे हैं। इनमें से लोकप्रिय परीक्षाएं निम्नलिखित हैं:

1. प्रो. उदयशंकर द्वारा रचित सी.आई.ई. (C.I.E.) सामूहिक भाषात्मक बुद्धि परीक्षा (हिंदी)
2. डा. एस. जलोटा द्वारा निर्मित सामूहिक मानसिक योग्यता-परीक्षा (हिंदी)
3. मनोविज्ञान ब्यूरो इलाहाबाद द्वारा निर्मित सामूहिक बुद्धि परीक्षा (हिंदी)
4. प्रयाग मेहता कृत 'सामूहिक बुद्धि परीक्षा'–जिसका प्रकाशन 'मानसायन' देहली द्वारा हुआ है।

5. पंजाब विश्वविद्यालय के डा. पी.एस. हुण्डल द्वारा निर्मित सामान्य मानसिक योग्यता परीक्षा (पंजाबी में)
6. केरल विश्वविद्यालय के डा. पी. गोपाला पिल्लै द्वारा निर्मित सामूहिक भाषात्मक बुद्धि परीक्षा (मलयालम में)
7. श्री पी.एल. श्रीमाली द्वारा निर्मित सामूहिक भाषात्मक बुद्धि परीक्षा (हिंदी में)
8. बिहार में स्थित एवं व्यावसायिक निर्देश ब्यूरो के श्री एस.एम. मोहसिनकृत सामूहिक बुद्धि की जांच (हिंदी)।

भाषा रहित सामूहिक बुद्धि परीक्षाएँ (The Group Non Verbal Intelligence Tests)

इन परीक्षाओं में भाषा प्रयोग की आवश्यकता नहीं होती और इनके द्वारा एक साथ कई व्यक्तियों की बुद्धियों का परीक्षण किया जाता है।

व्यक्तिगत क्रियात्मक परीक्षाओं तथा भाषा रहित सामूहिक परीक्षाओं में इनकी भाषा रहित प्रकृति के संदर्भ में निम्न प्रकार का अंतर पाया जाता है। क्रियात्मक परीक्षाओं में परीक्षार्थियों द्वारा ठोस वस्तुओं का प्रयोग किया जाता है। उनके उत्तर क्रियात्मक होते हैं। उनमें पैंसिल और कागज़ के प्रयोग की आवश्यकता भी बहुत कम पड़ती है। परन्तु भाषा रहित सामूहिक परीक्षा में परीक्षार्थियों को एक पुस्तिका दी जाती है और इसमें कागज़ पैंसिल के प्रयोग की भी आवश्यकता पड़ती है।

परन्तु इन परीक्षाओं में 'शब्दों' या 'अंकों' को सम्मिलित नहीं किया जाता। इनमें चित्र, रेखागणित संबंधी चित्र आदि सम्मिलित होते हैं जो उस पुस्तिका में प्रकाशित होते हैं। परीक्षार्थी को कुछ रिक्त स्थान भरने होते हैं। कुछ साफ़ तस्वीरें बनानी होती हैं। समानताओं एवं विषमताओं को दिखाना होता है। वह कागज़ और पैंसिल का प्रयोग तो अवश्य करता है परन्तु शब्दों और अंकों का प्रयोग नहीं करता। इस प्रकार की परीक्षाओं के कुछ उदाहरण निम्नलिखित हैं:

1. **सेना बीटा परीक्षा** (Army Beta test)—यह परीक्षा प्रथम विश्व युद्ध में उन सैनिकों की बुद्धि परीक्षा के लिए विकसित की गई थी जो अपनढ़ थे और अंग्रेजी भाषा नहीं जानते थे।
2. **शिकागो भाषा रहित परीक्षा** (Chicago non verbal test)—यह परीक्षा 12 और 13 वर्ष के बच्चों के लिए बहुत उपयोगी सिद्ध हुई है।
3. **रैविन कृत प्रोग्रेसिव मैट्रिसेज टैस्ट** (Raven's progressive matrices test)—यह परीक्षा यू.के. में विकसित हुई। यह अत्यंत लोकप्रिय भाषा रहित सामूहिक बुद्धि परीक्षा है। इसे परीक्षार्थी की निम्नलिखित योग्यताओं की परीक्षा के लिए विकसित किया गया है:
   (i) रेखागणित के चित्रों या डिज़ाइनों में परस्पर संबंध देखना।
   (ii) डिज़ाइन के ढांचे को समझना ताकि उसे पूरा करने के लिए उसके उचित भाग को चुना जा सके।

सी.आई.ई. भाषा रहित सामूहिक बुद्धि परीक्षा (C.I.E. Non Verbal Group Test of Intelligence)

J.W. Jenkins ने इसका मौलिक रूप से निर्माण किया और हिंदी माध्यम के स्कूलों के लिए C.I.E. द्वारा इसका प्रकाशन हुआ। इस परीक्षा में निम्नलिखित प्रकार की पूर्तियां सम्मिलित हैं:

नीचे प्रत्येक पंक्ति में बाईं ओर तीन आकार दिए हैं जो एक जैसे हैं। दाईं ओर 5 आकार दिये गए हैं। इनमें से एक ऐसा आकार ढूंढो जो बाईं ओर दिये गए तीन आकारों में सबसे अधिक मिलता-जुलता हो। उसके नीचे रेखा खींच दो।

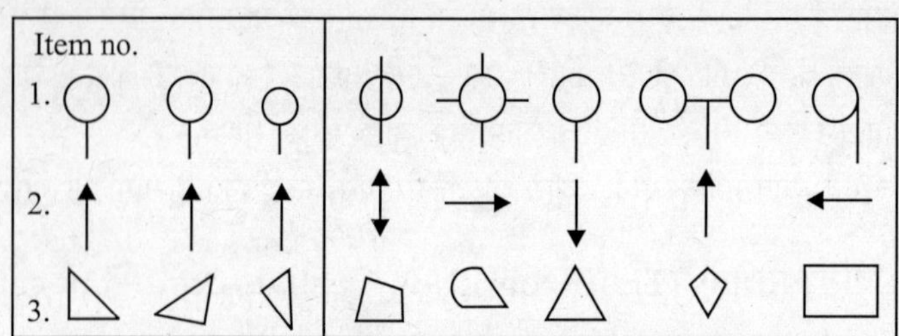

चित्र 10.5 सी.आई.ई. भाषा रहित सामूहिक बुद्धि परीक्षा का एक प्रश्न

व्यक्तिगत बनाम सामूहिक परीक्षाएँ (Individual V/s Group Tests)

व्यक्तिगत परीक्षाएँ	सामूहिक परीक्षाएँ
1. इनसे एक समय में एक ही व्यक्ति का परीक्षण होता है। इसलिए ये समय, श्रम तथा आर्थिक दृष्टिकोण से अधिक खर्चीली है।	1. इन परीक्षाओं का दोहरा लाभ है, इनके द्वारा एक समय में व्यक्तियों के समूह का परीक्षण किया जा सकता है और साथ ही अलग-अलग व्यक्तियों का भी परीक्षण किया जा सकता है। उससे समय, श्रम तथा धन की बहुत बचत होती है।
2. व्यक्तिगत परीक्षाओं का विशेष लाभ यह है कि इनके द्वारा बच्चों और प्रौढ़ों–दोनों का परीक्षण हो सकता है।	2. इनके द्वारा 9 या 10 वर्ष से नीचे के बच्चों का परीक्षण नहीं किया जा सकता।
3. इन परीक्षाओं में परीक्षक का परीक्षार्थी के साथ निकट संपर्क रहता है। अतः वह उसके व्यक्तिगत एवं भावात्मक तत्त्वों का भी ज्ञान प्राप्त कर सकता है जो परीक्षार्थी के बुद्धि परीक्षण में विशेष रूप से उपयोगी सिद्ध हो सकता है।	3. इनमें परीक्षक को परीक्षण के साथ वांछित संबंध स्थापित नहीं होता। वह परीक्षार्थी के बुरे स्वास्थ्य, मानसिक अवस्था, सामाजिक पृष्ठभूमि आदि की ओर ध्यान नहीं दे सकता। परीक्षक को केवल अंकात्मक स्कोर ही प्राप्त होता है उसे व्यक्तिगत परीक्षाओं के समान परीक्षार्थी के संबंध में अतिरिक्त सूचना प्राप्त नहीं होती।
4. व्यक्तिगत परीक्षाएं सामूहिक परीक्षाओं के समान वस्तुपरक (Objective) एवं स्वीकृत (Standardised) नहीं होतीं। इनकी व्यवस्था, अंकन तथा व्याख्या के लिए विशिष्ट योग्यता प्राप्त प्रशिक्षित परीक्षकों की आवश्यकता होती है।	4. सामूहिक परीक्षाएं अपेक्षाकृत अधिक वस्तुपरक एवं स्वीकृत (Standardised) होती हैं। इनके साथ जिन अंक पुस्तिकाओं तथा निर्देश की व्यवस्था रहती है उनके कारण इनका प्रबंधन, अंकन एवं व्याख्या आसान हो जाती है और इनके लिए विशेष रूप से प्रशिक्षित व्यक्तियों की आवश्यकता नहीं होती।

भाषात्मक बनाम भाषा रहित तथा क्रियात्मक परीक्षाएँ (Verbal Tests V/s Non Verbal and Performance Tests)

बुद्धि परीक्षण के लिए भाषात्मक परीक्षाओं के होते हुए भाषा रहित एवं क्रियात्मक परीक्षाओं के निर्माण की क्या आवश्यकता थी? जैसा कि पहले कहा जा चुका है कि भाषात्मक परीक्षाओं में भाषा संबंधी योग्यता की आवश्यकता रहती थी। उनमें शब्दों और अंकों का प्रयोग होता था। परिणामस्वरूप बढ़िया भाषा कुशलता रखने वाले व्यक्ति अपेक्षाकृत लाभ में रहते थे, परन्तु भाषा संबंधी कमजोरी रखने वाले व्यक्तियों को हानि उठानी पड़ती थी। इस बुराई को दूर करने के लिए भाषा रहित एवं क्रिया परीक्षाओं का प्रयोग किया गया। इन परीक्षाओं के लाभ संक्षिप्त रूप से निम्नलिखित हैं:

1. क्रियात्मक परीक्षाएं उन व्यक्तियों के लिए उपयोगी हैं जिन्हें निम्नलिखित कारण से भाषा संबंधी कठिनाई का सामना करना पड़ता है:
   (a) हो सकता है कि वे कोई विदेशी भाषा बोलते हों।
   (b) हो सकता है कि वे निरक्षर हों और पढ़ना लिखना न जानते हों।

(c) हो सकता है कि छोटे बच्चे होने के कारण अच्छी तरह लिख पढ़ नहीं सकते हों।

(d) हो सकता है कि वे मानसिक रूप से पिछड़े व्यक्ति हों और भाषा समझने तथा भाषा में उत्तर देने में उन्हें कठिनाई होती हो।

(e) हो सकता है कि समाज के निम्न वर्गों से संबंधित हों और उन्हें शिक्षा प्राप्त करने के अवसर प्राप्त न हुए हों।

2. भाषात्मक परीक्षा किसी एक प्रदेश के साथ संबंधित होती है। इसलिए उसकी सामग्री में प्रदेश विशेष की बातें होती हैं, परन्तु भाषा रहित एवं क्रियात्मक परीक्षाएं भाषा और संस्कृति के प्रभाव से मुक्त होती हैं और उन्हें किसी भी देश या प्रदेश में प्रयुक्त किया जा सकता है।
3. दुकानदारी (Shop work), मशीनी काम आदि में अभिरुचि का निश्चय करने के लिए क्रिया परीक्षाएं बहुत उपयोगी सिद्ध होती हैं।

भाषा रहित तथा क्रिया परीक्षाओं की सीमाएँ (Limitations of Non Verbal and Performance Tests)

1. ये परीक्षाएं स्कूल में शिक्षा कार्य की प्रगति का पूर्व ज्ञान नहीं करा सकतीं क्योंकि स्कूल कार्य मुख्य रूप से भाषात्मक होता है।
2. क्रिया परीक्षाओं को एक स्थान से दूसरे स्थान पर ले जाने में काफी खर्च उठाना पड़ता है।
3. इनमें भाषात्मक परीक्षाओं की अपेक्षा अवसर सफलता (Chance success) की अधिक संभावना होती है। अतः ये इतनी विश्वसनीय नहीं होतीं।
4. इन परीक्षाओं में अमूर्त धारणाओं से संबंधित योग्यताओं का प्रयोग करने की आवश्यकता नहीं रहती। अतः ये परीक्षाएं औसत से ऊपर बुद्धि वाले व्यक्तियों में अंतर स्पष्ट नहीं करतीं।

अतः इन परीक्षाओं में गुण और अवगुण दोनों हैं। वास्तव में बौद्धिक योग्यता के परीक्षण का काम एक व्यापक काम है और इसे पूर्णरूप से भाषात्मक या क्रियात्मक परीक्षाओं पर नहीं छोड़ा जा सकता। व्यक्ति की बौद्धिक योग्यता का विश्वसनीय स्तर जानने के लिए निम्नलिखित बातों को दिमाग में रखना चाहिएः

(a) क्रियात्मक एवं भाषात्मक परीक्षाओं को एक-दूसरे की पूरक समझना चाहिए।

(b) बुद्धि परीक्षण के लिए कोई एक परीक्षा पर्याप्त नहीं।

(c) विभिन्न कोणों से परीक्षण होना चाहिए।

'बुद्धि परीक्षा' से बुद्धि का परीक्षण कैसे किया जाए? (How to Test the Intelligence with an Intelligence Test?)

अब तक हमने सैद्धान्तिक रूप से बुद्धि को मापने की समस्या पर विचार किया है। इस पर व्यावहारिक रूप से विचार करना अधिक उपयुक्त होगा अर्थात् 'परीक्षण' कैसे किया जाए? नीचे हम एक सामूहिक भाषात्मक परीक्षा की सहायता से इसकी प्रक्रिया बताएंगे।

हम डा. एस. जलोटा (Dr. S. Jalota) कृत 'सामूहिक सामान्य मानसिक योग्यता परीक्षा' (Group Test to General Intelligence) को लेते हैं।

कुछ परीक्षा के बारे में (Something about the test)—यह 'सामूहिक भाषात्मक मानसिक योग्यता परीक्षा' है। यह हिंदी जानने वाले स्कूल के विद्यार्थियों के लिए तैयार की गई है। परीक्षा सामग्री चार भागों में बंटी हुई हैः

1. परीक्षा की पुस्तिका।
2. उत्तर देने के लिए उत्तर कापियाँ।
3. उत्तरों का मूल्यांकन करने के लिए अंकन तालिका (Scoring key)।
4. परीक्षा निर्देशिका।

परीक्षा पुस्तिका में पूर्तियों को हल करने का निर्देश होता है। कुल 100 प्रश्न (प्रत्येक पृष्ठ पर 20 प्रश्न) होते हैं जिनका उत्तर देने के लिए भाषा योग्यता वांछित होती है। कुछ प्रश्नों के नमूने इस प्रकार हैं:

1. तट का अर्थ–(i) गंगा, (ii) किनारा, (iii) बांध, (iv) पर।
2. 19, 17, 15, 13, 11, 9 इन संख्याओं के क्रम के अनुसार आगे की एक संख्या उत्तर पत्र पर लिखो।

इन तमाम प्रश्नों के उत्तर बीस मिनट में देने होते हैं।

प्रक्रिया (Procedure)—परीक्षार्थियों के ग्रुप को आराम से बिठा दिया जाएगा। उन्हें उत्तर पत्र तथा परीक्षा पुस्तिकाएं दी जाएंगी।

(a) उन्हें आदेश दिया जाएगा कि परीक्षा पुस्तिका में वे कुछ न लिखें।
(b) अपने उत्तर पत्र में वे अपना संक्षिप्त परिचय लिखेंगे–जैसे नाम, कक्षा, स्कूल, पिता का नाम, जन्म तिथि, आयु।
(c) उन्हें परीक्षा पुस्तिका के आरम्भ में दिए गए निर्देशों को पढ़ने के लिए कहा जाएगा। अध्यापक भी उन्हें समझाने का प्रयास करेगा।
(d) अब उन्हें प्रश्नों का उत्तर लिखने को कहा जाएगा। उनकी अच्छी तरह निगरानी की जाएगी। परीक्षार्थियों को सभी प्रश्नों के उत्तर 20 मिनटों में देने होंगे।
(e) उत्तर पत्रों को एकत्रित करने के पश्चात्, अंकन कार्य अंकन तालिका की सहायता से किया जाएगा।
(f) परीक्षा निर्देशिका में दी गई तालिका से परीक्षार्थियों द्वारा प्राप्त अंकों को उनकी मानसिक आयु में परिवर्तित किया जाएगा।
(g) वास्तविक आयु, परीक्षार्थियों द्वारा दिये गये उनके व्यक्तिगत परिचय से नोट की जाएगी।
(h) अन्त में उनकी मानसिक आयु को वास्तविक आयु से भाग करके और भागफल को 100 गुणा करके बुद्धि-लब्धि प्राप्त की जाएगी।

क्या बुद्धि को कपड़े के टुकड़े या शरीर के तापक्रम की तरह मापा जा सकता है? (Can Intelligence be Measured like a Piece of Cloth or Temperature of the Body?)

बुद्धि की माप जो एक कपड़े के टुकड़े की तरह या शरीर के तापक्रम की तरह नहीं की जा सकती। ऐसा क्यों नहीं हो सकता, इस विषय में निम्न बातें कही जा सकती हैं:

1. **बुद्धि की प्रकृति जिसे मापना चाहते हैं** (Nature of the intelligence we want to measure)—पहली बात तो यह है कि बुद्धि जिसे हम मापना चाहते हैं, कपड़े के या किसी लकड़ी के टुकड़े की तरह की वस्तु नहीं है। इसका कोई मूर्त रूप नहीं। यह अपने आप में एक विचार (Idea) या प्रत्यय (Concept) मात्र ही है। अतः इसकी माप-जोख इस रूप में नहीं हो सकती।

2. **बुद्धि को मापने संबंधी पैमाने तथा मापक की प्रकृति** (Nature of the instrument or scale with which we want to measure intelligence)।

(a) कपड़े को मापने के लिए हम फ़ीते तथा मीटर आदि का प्रयोग करते हैं जिनसे सेंटीमीटर तथा इंच आदि की इकाइयों में माप-जोख की जाती है। इसी प्रकार शरीर का तापक्रम मापने के लिए सेंटीग्रेड, फारेनहाइट आदि इकाइयों से युक्त थर्मामीटरों का प्रयोग किया जाता है। इन सभी मापकों में जिन पैमानों का प्रयोग किया जाता है, उनमें पूर्ण स्वतंत्र (Absolute) इकाइयां होती हैं तथा इनकी माप काफी अधिक विश्वसनीय (Reliable), यथार्थ (Valid) तथा वस्तुनिष्ठ (Objective) होती है। इसके विपरीत बुद्धि को मापने के लिए न तो इस प्रकार की इकाइयों से युक्त पैमाने (Scales) ही काम में लाये जा सकते हैं और न उपकरण (Instruments) ही।

(b) बुद्धि का बुद्धि परीक्षणों के आधार पर अनुमान लगाया जाता है। कुछ चुने हुए प्रश्नों के उत्तर लेकर अथवा क्रियाओं को कराकर यह देखा जाता है कि किसी व्यक्ति विशेष द्वारा दिये गये उत्तर अथवा किया हुआ कार्य समूह के अधिकांश व्यक्तियों द्वारा दिये गये उत्तरों अथवा किये गये कार्य की अपेक्षा अधिक अच्छा है या कम। इस प्रकार से जैसा कि **ग्रिफिथ** का विचार है, *बुद्धि की माप समूह विशेष द्वारा किये गये कार्य अथवा दिये गये उत्तरों को आधार बनाकर की जाती है।* (1953, p. 138)

अतः इसमें यथार्थता, विश्वसनीयता और वस्तुनिष्ठता की मात्रा मीटर या थर्मामीटर द्वारा दी जाने वाली माप की तरह नहीं हो सकती। यह हर अवस्था में एक सापेक्ष (Relative) माप (Measurement) को प्रकट करती है, शुद्ध एवं स्वतंत्र माप (Absolute measurement) को नहीं।

(c) एक और बात मापन यंत्रों को लेकर यहाँ बतानी उचित होगी कि जहाँ फ़ीते, मीटर और थर्मामीटर को जहाँ, जैसे भी जिस समय जरूरत पड़े आसानी से किसी भी साधारण व्यक्ति द्वारा प्रयोग करके शुद्ध माप-जोख की जा सकती है, वहां बुद्धि परीक्षणों को इतनी अधिक आसानी से सबके द्वारा सब जगह प्रयोग में नहीं लाया जा सकता। इनको प्रयोग में लाने के लिए प्रयोगकर्त्ता को उचित प्रशिक्षण और अनुभव जुटाना आवश्यक होता है। परीक्षणों को लेने तथा परिणामों से उचित निष्कर्ष निकालने में भी पर्याप्त दक्षता और योग्यता की आवश्यकता होती है। अतः बुद्धि का मापन उतना सहज और सुगम नहीं जितना किसी कपड़े के टुकड़े या शरीर के ताप का होता है।

मानसिक–आयु तथा बुद्धि लब्धि की धारणा (Concept of Mental Age and Intelligence Quotient)

हमने ऊपर 'मानसिक आयु' तथा 'बुद्धि लब्धि' का उल्लेख किया है। इनके संबंध में कुछ जानना उपयोगी होगा।

मानसिक आयु (Mental age)—सबसे पहले बिने (Binet) ने 'मानसिक आयु' का प्रयोग किया था। निम्नांकित उदाहरणों से इस धारणा को समझा जा सकता है:

मान लो एक परीक्षापत्र में 100 प्रश्न हैं (जैसे जलोटा कृत परीक्षा में) और परीक्षार्थियों की अधिकांश संख्या, जिनकी आयु 13 वर्ष 6 महीने है, 48 प्रश्नों का ठीक उत्तर देने में सफल हो जाते हैं, तो कोई भी व्यक्ति (जिसकी वास्तविक आयु चाहे कितनी ही क्यों न हो) जो 48 प्रश्नों के ठीक उत्तर दे सकता है, उसकी मानसिक आयु 13 वर्ष 6 महीने होगी।

बुद्धि लब्धि (Intelligence Quotient **अर्थात्** I.Q.)—जर्मन मनोवैज्ञानिक विलियम स्टर्न (William Stern) ने सबसे पहले इसका प्रयोग किया था और बाद में टरमैन (Terman) ने भी इसका प्रयोग किया। स्टर्न (Stern) ने अनुभव किया कि यदि 6 वर्ष की आयु का बच्चा 8 वर्ष की आयु के बच्चे के समान कार्य करता है तो वह अपनी आयु के औसत बच्चों से 8/6 अर्थात् 1.33 दर्जे अधिक बुद्धिमान होगा अर्थात् व्यक्ति के मानसिक विकास को मापने के लिए उसने मानसिक आयु/वास्तविक आयु अनुपात बनाया और उसे बुद्धि लब्धि (I.Q.) की संज्ञा प्रदान की।

दशमलव अनुपात को दूर करने के लिए उसने अनुपात को 100 गुणा करने का नियम बनाया और इस प्रकार I.Q. निकालने का निम्न सूत्र बन गया:

$$\text{बुद्धि लब्धि (I.Q.)} = \frac{\text{मानसिक आयु}}{\text{वास्तविक आयु}} \times 100 \text{ अर्थात् } \frac{\text{(Mental Age) M.A.}}{\text{(Chronical Age) C.A.}} \times 100$$

बुद्धि लब्धि का वर्गीकरण (Classification of I.Q.)

स्टर्न द्वारा दिये गये बुद्धि लब्धि के सूत्र का प्रयोग करते हुए टरमैन ने अपने बुद्धि परीक्षणों के द्वारा बहुत से व्यक्तियों तथा बालकों की (विभिन्न आयु वर्गों के) बुद्धि परीक्षाएँ लीं। उसने पाया कि बुद्धि की दृष्टि से व्यक्तियों तथा बालकों में बहुत अधिक भिन्नताएँ पाई जाती हैं। अगर इन भिन्नताओं का ध्यान से अवलोकन किया जाए तो व्यक्तियों को उनकी बुद्धि लब्धि के हिसाब से विभिन्न बुद्धि समूहों में विभाजित किया जा सकता है जिसमें उन्हें औसत से कम या अधिक बुद्धिमान बताया जा सके। इस प्रकार का एक वर्गीकरण जिससे बुद्धि की दृष्टि से वैयक्तिक भेदों को समझने में मदद मिल सकती है, टरमैन के अनुसार यह निम्न प्रकार का हो सकता है:

बुद्धि लब्धि (I.Q.)	बुद्धिमत्ता का स्तर (Level of Intelligence)
140 और उससे ऊपर	प्रतिभाशाली (Gifted or Genious)
120–140	बहुत अधिक या प्रखर बुद्धि वाला (Very Superior)
110–120	अति सामान्य या औसत से अधिक बुद्धि वाला (Superior)
90–110	औसत या सामान्य बुद्धि वाला (Normal or Average)
75–90	सीमा पर और अल्पबुद्धि (Border lined and Dull)
50–75	मूर्ख (Morons)
25–50	मूढ़ (Imbecile)
25 से कम	महामूर्ख या जड़ बुद्धि (Idiot)

परन्तु जहाँ तक भारतीय परिस्थितियों में प्रयुक्त बुद्धि परीक्षणों का प्रश्न है उनको ध्यान में रखते हुए प्रो. उदयशंकर द्वारा वर्णित निम्न वर्गीकरण अधिक उपयुक्त सिद्ध हो सकता है:

बुद्धि लब्धि (I.Q.)	बुद्धिमत्ता का स्तर (Level of Intelligence)
140 और उससे ऊपर	प्रतिभाशाली (Gifted or Genious)
120–140	अति श्रेष्ठ (Very Superior)
110–120	श्रेष्ठ (Superior)
90–110	औसत (Average)
75–90	सीमा पर और अल्प बुद्धि (Border lined and Dull)
50–75	मूर्ख (Morons or Feble Minded)
25–50	मूढ़ (Imbeciles)
0–25	महामूर्ख या जड़ बुद्धि (Idiot)

बुद्धि लब्धि का एक रहना अर्थात् उसकी निरन्तरता (The Constancy of I.Q.)

जैसा कि पहले कहा जा चुका है 'बुद्धि' 16 या 18 वर्ष की आयु तक बढ़ती है, परन्तु अधिकांश व्यक्तियों की बुद्धि लब्धि एक ही रहती है। बुद्धि लब्धि से हमें किसी व्यक्ति की बौद्धिक योग्यता का ज्ञान प्राप्त होता है–अर्थात् अपनी आयु के व्यक्तियों की तुलना में उसकी बुद्धि का अनुपात मालूम होता है। यह ऐसा माप है जो हमें किसी व्यक्ति की बौद्धिक संभावनाओं का ज्ञान कराता है जो न्यूनाधिक रूप से स्थायी होता है।

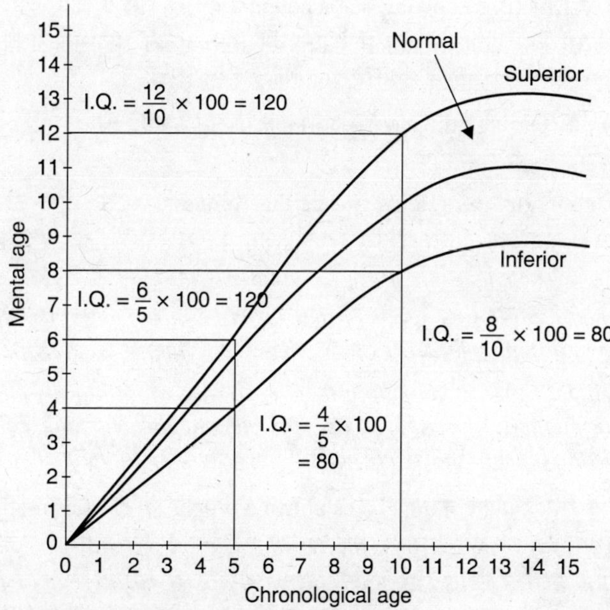

चित्र 10.6 बुद्धि लब्धि की निरन्तरता

यह ठीक है कि व्यक्ति की बुद्धि बढ़ती है परन्तु इसके साथ-साथ उसके सम आयु वाले व्यक्तियों की आयु भी बढ़ती है। इसलिए 'बुद्धि लब्धि' (I.Q.) जो किसी व्यक्ति की अपेक्षाकृत प्रतिभा-संपन्नता या बौद्धिक योग्यता का परिचय देती है, व्यावहारिक रूप से एक ही रहती है। साधारण स्थितियों में दुर्घटना या बीमारी को छोड़ कर व्यक्ति की बुद्धि लब्धि समस्त जीवन एक ही रहती है या कम से कम उतने वर्षों तक एक ही रहती है जितने वर्षों के लिए मापन स्केल बनाया गया हो। बुद्धि लब्धि के इस तत्त्व को मनोवैज्ञानिक 'बुद्धि लब्धि की निरन्तरता' (The constancy of I.Q.) कहते हैं।

बुद्धि परीक्षाओं के प्रयोग तथा सीमाएँ (Uses and Limitations of Intelligence Tests)

बुद्धि परीक्षाओं के प्रयोग (Uses of Intelligence Tests)

1. **चयन के लिए** (For the purpose of selection)—विभिन्न क्रियाओं के लिए उचित उम्मीदवारों का चयन करने के लिए बुद्धि परीक्षाओं का प्रयोग किया जाता है, जैसे:

(a) किसी विशिष्ट शिक्षण—कोर्स में दाखिला।

(b) छात्रवृत्तियां निश्चित करना।

(c) कोई विशिष्ट उत्तरदायित्व सौंपने के लिए उम्मीदवार चुनना।

(d) विद्यालय की विभिन्न पाठ्य सहगामी क्रियाओं के लिए उचित विद्यार्थी चुनना आदि।

2. **वर्गीकरण के लिए** (For the purpose of classification)—बुद्धि परीक्षाएं अध्यापक को विद्यार्थियों के वर्गीकरण–तीव्र बुद्धि, मंद बुद्धि, औसत आदि करने में सहायता देती हैं। यथासंभव उनके विभिन्न वर्ग बना कर वह शिक्षण-प्रक्रिया को अधिक प्रभावशाली बना सकता है।

3. **उन्नति के लिए** (For the purpose of promotion)—केवल शिक्षा क्षेत्र में ही नहीं बल्कि अन्य व्यावसायिक एवं सामाजिक स्थितियों में भी व्यक्तियों को उन्नति प्रदान करने के लिए बुद्धि परीक्षाएं उपयोगी सिद्ध हो सकती हैं।

4. **व्यक्ति की क्षमता जानने के लिए** (For knowing one's potentiality)—बुद्धि परीक्षाएं व्यक्ति की क्षमताओं का ज्ञान कराने में सहायता देती हैं जिससे किसी विशिष्ट क्षेत्र में व्यक्ति की सफलता की भविष्यवाणी करना संभव हो सकता है। इस तरह के ज्ञान से अध्यापक को निम्नलिखित बातों में सहायता मिलती है:

(a) **मार्गदर्शन प्रदान करना** (Giving guidance)—अध्यापक या मार्गदर्शक विद्यार्थियों को विभिन्न व्यवसाय अपनाने के लिए मार्गदर्शन प्रदान कर सकता है।

(b) **सीखने की प्रक्रिया में सहायक** (Helps in learning process)—इस ज्ञान की सहायता से अध्यापक सीखने-सिखाने की प्रक्रिया को अच्छी प्रकार से आयोजित कर सकता है। **क्रो** एण्ड **क्रो** (Crow and Crow) के कथनानुसार–*बुद्धि परीक्षाओं के परिणामों से अध्यापक को यह जानने में सहायता मिलती है कि बच्चा क्या सीख सकता है, कितनी जल्दी सीख सकता है; कौन सी शिक्षण विधियां अपनानी चाहिए और कौन सी शिक्षण सामग्री का प्रयोग किया जाए ताकि बच्चा अपनी शक्तियों का ज्यादा से ज्यादा प्रयोग कर सके।*

(*Results of intelligence tests can help a teacher to discover what the child can learn as well as the teaching methods that should be applied and the learning content that should be utilized to guide the learner to use his mental potentialities to their utmost.*—1973, p. 160)

(c) **आकांक्षा का उचित स्तर स्थापित करना** (To establish a proper level of aspiration)—**सारे** एण्ड **टेलफोर्ड** (Sawrey and Telford) के कथनानुसार–*बुद्धि परीक्षा की एक अत्यंत महत्त्वपूर्ण उपयोगिता यह है कि इससे व्यक्ति की आकांक्षा का स्तर उसकी वास्तविक बौद्धिक योग्यता के अनुसार स्थापित किया जा सकता है।*

(*One of the most important ends served by intelligence testing is that of assisting the individual to establish a level of aspiration that is realistic in terms of intellectual potential.*—1964, p. 484)

5. **निदानात्मक उद्देश्य के लिए** (For diagnostic purpose)—बुद्धि परीक्षाओं की सहायता से प्रतिभा संपन्न, प्रतिभाहीन तथा मानसिक रूप से अवरुद्ध बच्चों को खोजा जा सकता है। इसके अतिरिक्त इनकी सहायता से बच्चों के समस्यापूर्ण व्यवहार के कारण भी खोजे जा सकते हैं और उनका संभव उपचार किया जा सकता है।

6. **अनुसंधान कार्य में सहायता** (Helps in research work)—मनोवैज्ञानिक, सामाजिक तथा शिक्षा संबंधी अनुसंधान कार्यों में बुद्धि परीक्षाएं अत्यंत उपयोगी सिद्ध हो सकती हैं। उदाहरणस्वरूप बुद्धि और विकास की प्रक्रिया में वंश-परंपरा तथा वातावरण की क्या भूमिका है, इस पर अनुसंधान करने वालों ने बुद्धि परीक्षाओं का प्रयोग किया है।

बुद्धि परीक्षाओं की सीमाएं (Limitations of Intelligence Tests)

बुद्धि परीक्षाओं की सीमाओं तथा त्रुटियों के कारण कई समस्याएं पैदा हुई हैं। उनमें से कुछ निम्नलिखित हैं:

1. **बुद्धि परीक्षाएँ और विद्यार्थी** (Intelligence tests and students)—बुद्धि परीक्षाएं कई विद्यार्थियों को 'घटिया' बता देती हैं। इससे कई प्रकार की समस्याएं उत्पन्न हो जाती हैं। जिन बच्चों की बुद्धि थोड़ी सी मंद होती है, वे बुद्धि परीक्षाओं के परिणामों से इस बात को जान लेते हैं कि वे जल्दी नहीं सीख सकते। इससे उनमें निराशा पैदा हो जाती है। अनजाने में हीन भावना का विकास होने लगता है और उनका भविष्य नष्ट हो जाता है। इसके विपरीत जिन विद्यार्थियों की बुद्धि लब्धि कुछ ज्यादा होती है, उन्हें अपने आप पर जरूरत से ज्यादा विश्वास हो जाता है। इस अति विश्वास के कारण वे अपने काम में ध्यान नहीं देते। इसके अतिरिक्त अपनी श्रेष्ठता के प्रति सचेत होने के कारण वे दुर्व्यवहार भी करने लगते हैं और स्वयं समस्या बन जाते हैं।

2. **बुद्धि परीक्षाएं और अध्यापक** (Intelligence tests and teachers)—किसी बच्चे की बुद्धि लब्धि का ज्ञान कर लेने के पश्चात् अध्यापक उसकी शक्तियों एवं योग्यताओं के संबंध में एक स्थायी धारणा बना लेते हैं। वे उसे उसकी बुद्धि लब्धि द्वारा ही देखते हैं। इस धारणा के प्रभाव में वे विद्यार्थियों को हतोत्साहित करते रहते हैं या उनमें अति विश्वास पैदा करते रहते हैं जो हानिकारक सिद्ध होता है। विद्यार्थियों की बुद्धि लब्धि जान लेने के पश्चात् अध्यापकों के अपने काम में

भी ढील आनी शुरू हो जाती है। 'घटिया बुद्धि वाले' विद्यार्थियों की असफलता का उत्तरदायित्व वे उनकी बुद्धि लब्धि पर डाल देते हैं और अच्छी 'बुद्धि वाले' विद्यार्थियों के संबंध में उनकी यह धारणा बन जाती है कि वे तो अपने आप ही काम कर लेंगे। अतः बुद्धि लब्धि का ज्ञान अध्यापकों में अकर्मण्यता की प्रवृत्ति विकसित कर सकता है।

3. **पृथकता एवं संघर्ष की उत्पत्ति करता है** (Gives birth to segregation and conflicts)—बुद्धि परीक्षा के परिणामों से 'पृथकता' की प्रवृत्ति को प्रोत्साहन मिलता है। अमेरिका में यह 'काले और गोरों' में संघर्ष का कारण बना है। वास्तव में इन परीक्षाओं की भ्रामक धारणा तथा वंश परंपरा के तत्त्वों के साथ इनको संबंधित करने के कारण ही यह संघर्ष उत्पन्न हुआ है। इसके विपरीत हम निम्नलिखित तथ्य प्रस्तुत कर सकते हैं:

(a) कोई भी बुद्धि परीक्षा—चाहे वह कितनी ही परिष्कृत क्यों न हो—अभ्यास एवं शिक्षण परिणामों तथा सांस्कृतिक, सामाजिक, जातीय एवं वातावरण संबंधी तत्त्वों से स्वतंत्र नहीं होती। अतः वह व्यक्ति की बुनियादी मानसिक योग्यताओं का मापन नहीं कर सकती। इसलिए इन्हीं परीक्षाओं के आधार पर किसी व्यक्ति को प्रवेश न देना या उसे काम का अवसर प्रदान न करना, अन्याय होगा। इस दिशा में नवीन अनुसंधानों से स्पष्ट हुआ है कि वातावरण संबंधी स्वस्थ स्थितियों, जैसे—स्वच्छता, पारिवारिक वातावरण, माता-पिता की शिक्षा, सांस्कृतिक पृष्ठभूमि, आर्थिक-सामाजिक स्थितियां, शिक्षा के अच्छे अवसर आदि—का बुद्धि परीक्षाओं पर अनुकूल प्रभाव पड़ता है।

(b) वास्तव में बुद्धि परीक्षाएं बच्चे की संपूर्ण योग्यताओं एवं शक्तियों के बारे में ज्ञान प्रदान नहीं करतीं। इन परीक्षाओं द्वारा केवल ज्ञानात्मक योग्यताओं का ही पता चलता है। ये रुचियों, दृष्टिकोणों तथा लक्ष्यों आदि महत्त्वपूर्ण तत्त्वों को स्पर्श नहीं करतीं। अतः किसी व्यक्ति की भावी सफलताओं के बारे में ये विश्वसनीय रूप से कुछ नहीं बता सकतीं।

(c) **क्रो** एण्ड **क्रो** (Crow and Crow) के अनुसार—*इन परीक्षाओं के परिणाम परीक्षण स्थितियों में निहित कई तत्त्वों, बच्चों के पूर्व अनुभवों तथा अन्य कई अनुकूल एवं प्रतिकूल परिस्थितियों से प्रभावित होते हैं। अतः किसी शिक्षा प्रशासक या अध्यापक को केवल इन परीक्षा परिणामों को ही किसी व्यक्ति की सीखने संबंधी योग्यता के स्तर को मापने का साधन नहीं मानना चाहिए।*

(*The results of all such tests may be affected by many factors inherent in the testing conditions—the child's background of experience and other favourable or unfavourable elements. Hence no administrator, teacher or student of education should accept test results as the only measure of an individual's degree of ability to learn.*—1973, p. 160)

इस प्रकार बुद्धि परीक्षाओं के परिणामों पर ज्यादा बल नहीं देना चाहिए। किसी व्यक्ति के सीखने की योग्यता को मापने के लिए केवल इन्हीं परिणामों को ही आधार नहीं मानना चाहिए। इसके कारण विद्यार्थियों को समझने में भूल नहीं होनी चाहिए। अतः इनके परिणामों की बुद्धिमत्ता से व्याख्या करके इनका प्रयोग करना चाहिए। इनको साधन समझना चाहिए, साध्य नहीं।

सार-संक्षेप (Summary)

बुद्धि को व्यक्ति विशेष की समग्र मानसिक क्षमता से युक्त एक ऐसी मानस ऊर्जा के रूप में जाना जा सकता है जो उसे अपने वातावरण के साथ पटरी बिठाने तथा नवीन परिस्थितियों का सामना करने में जितना संभव हो प्रभावूपर्ण ढंग से सहायता कर सके। बुद्धि की प्रकृति के बारे में मुख्यतया जो बातें कही जा सकती हैं, वे हैं: (i) बुद्धि का वितरण जनसंख्या में सामान्य वक्र वितरण के नियम का पालन करता है (ii) इसे वंशक्रम और वातावरण की संयुक्त उपज माना जाता है (iii) जाति, धर्म, लिंग, रंगरूप, संस्कृति आदि विभिन्नताएँ बौद्धिक विभिन्नताओं का कारण नहीं बनतीं।

बुद्धि के सिद्धान्त बुद्धि की संरचना यानी बुद्धि में निहित तत्वों अथवा कारकों के बारे में बताते हैं। जैसे बुद्धि का एक कारक सिद्धान्त यह बताता है कि व्यक्ति विशेष की बुद्धि में केवल एक ही कारक अथवा तत्त्व होता है जिसे बौद्धिक क्षमता का नाम दिया जा सकता है। सभी बौद्धिक क्रियाओं को सम्पन्न करने में यही एक कारक या तत्त्व हर समय उपस्थित रहता है। इसके ठीक विपरीत बुद्धि का बहुकारक सिद्धान्त यह बताता है कि बुद्धि एक नहीं अनेक तत्त्वों से मिलकर बनी है और प्रत्येक तत्त्व में कोई सूक्ष्म योग्यता निहित होती है जिनकी मदद से व्यक्ति विभिन्न प्रकार के विशिष्ट एवं सूक्ष्म कार्यों को संपादित कर सकते हैं।

स्पीयरमैन का द्विकारक सिद्धान्त अपने नामानुसार यह बताता है कि बुद्धि में एक नहीं बल्कि दो तत्त्वों या कारकों का समावेश होता है जिन्हें सामान्य बुद्धि तथा विशिष्ट बुद्धि के नाम से जाना जाता है। सामान्य बुद्धि जहाँ सामान्यतः सभी मानसिक कार्यों को करने में अपना योगदान देती है वहीं विशिष्ट बुद्धि का उपयोग विशिष्ट कार्यों को करने में होता है। इस तरह से किसी एक मानसिक कार्य को करने हेतु सामान्य बुद्धि तथा विशिष्ट बुद्धि से युक्त दोनों ही प्रकार के तत्त्वों या कारकों की आवश्यकता पड़ती है। समूह तत्त्व सिद्धान्त के अनुसार बौद्धिक कार्यों को कुछ विशिष्ट समूहों में बाँटा जा सकता है और इन विशिष्ट समूहों के अन्तर्गत शामिल बौद्धिक कार्यों को करने हेतु अलग-अलग प्रकार की बुद्धि की आवश्यकता पड़ती है। थर्सटन और उसके साथियों ने बौद्धिक कार्यों को 9 भागों में बाँटकर 9 प्रकार के समूह तत्त्वों को सामने रखा जो अपने समूह में शामिल बौद्धिक कार्यों के संपादन हेतु उत्तरदायी बतलाये गये। आगे चलकर थॉमसन नामक मनोवैज्ञानिक ने सैम्पलिंग सिद्धान्त प्रस्तुत किया। यह सिद्धान्त सामान्यवादी दृष्टिकोण अपनाकर यह बताता है कि व्यक्ति विशेष की बुद्धि में सामान्य बुद्धि (g) विशिष्ट बुद्धि (s) तथा समूह तत्त्व से जुड़ी बुद्धि (G) का समावेश होता है। वर्नन का हाइरर्कीकल सिद्धान्त यह बताता है कि बुद्धि ही संरचनात्मक एवं शृंखलात्मक है जिसकी शुरुआत 'G' नामक कारक से होती है जिसका सम्बन्ध बहुत ही महत्त्वपूर्ण आधारभूत मानसिक योग्यताओं से होता है। आगे चलकर इसका विभाजन दो मुख्य समूह कारकों तथा फिर इसके विभिन्न विशिष्ट कारकों में हो जाता है। आगे चलकर गिलफर्ड ने अपने बुद्धि सिद्धान्त का प्रतिपादन एक बुद्धि प्रतिमान की सहायता से करते हुए यह स्पष्ट किया कि बुद्धि सम्बन्धी किसी भी कार्य को उसके तीन आधारभूत आयामों—संक्रिया, सूचना सामग्री या विषयवस्तु तथा उत्पाद में बाँटा जा सकता है। इन तीनों आयामों को भी उनके अपने विशिष्ट तत्त्वों (क्रमशः 5, 5 तथा 6) में विभाजित किया जा सकता है और इस प्रकार बुद्धि में $5 \times 5 \times 6 = 150$ कारक अपना योगदान देते हुए पाये जाते हैं।

कारक सिद्धान्तों के अतिरिक्त बुद्धि के संज्ञानात्मक सिद्धान्तों के द्वारा भी बुद्धि की संरचना और उसमें निहित तत्वों के ऊपर प्रकाश डालने की उचित चेष्टा की है। गार्डनर द्वारा प्रतिपादित बहुबुद्धि सिद्धान्त इस संबंध में यह बताने का प्रयत्न करता है कि अपने समग्र एवं गणितीय बुद्धि, स्थान अवधारणा उपयोग सम्बन्धी बुद्धि, संगीतीय बुद्धि, शारीरिक गतिशास्त्र सम्बन्धी बुद्धि, अंतरा-वैयक्तिक बुद्धि, अन्तर-वैयक्तिक बुद्धि आदि में विद्यमान रहती हुई पाई जाती है।

बुद्धि का इस तरह मापन संभव नहीं है जैसे कि हम किसी कपड़े के टुकड़े को मापते हैं या थर्मामीटर से शरीर के तापक्रम को माप लेते हैं। इसके बारे में अच्छी तरह अनुमान लगाने के लिए हम प्रायः बुद्धि परीक्षणों का ही प्रयोग करते हैं। इसमें से कुछ में तो भाषा का प्रयोग होता है और कुछ भाषा रहित होते हैं। कुछ व्यक्तिगत रूप से बुद्धि परीक्षा हेतु काम में लाये जाते हैं और कुछ के द्वारा सामूहिक रूप से एक साथ कई व्यक्तियों की बुद्धि परीक्षा ली जा सकती है।

मानसिक आयु तथा बुद्धि लब्धि नामक अवधारणाएँ किसी बुद्धि परीक्षण में प्राप्तांकों के आधार पर व्यक्ति विशेष के बौद्धिक स्तर का अनुमान लगाने हेतु काम में लाये जाते हैं। मानसिक आयु से तात्पर्य बच्चों के उस मानसिक स्तर से है जिसकी सापेक्षता उसकी उम्र के अधिकांश बच्चों के सामान्य मानसिक स्तर के संदर्भ में आंकी जाती है। इस तरह अगर कोई बालक किसी बुद्धि परीक्षण में 5 वर्ष का है, परन्तु 8 वर्ष के बालकों के बराबर अंक प्राप्त करता है तो उसकी शारीरिक आयु जहाँ 5 वर्ष होगी वहाँ उसकी मानसिक आयु अब 8 वर्ष मानी जायेगी। बुद्धि लब्धि की गणना मानसिक आयु/शारीरिक आयु $\times 100$ के नामक सूत्र के आधार पर की जाती है। इसी संदर्भ में एक और अन्य अवधारणा बुद्धि लब्धि की निरन्तरता को लेकर भी है। यह स्पष्ट करती है कि व्यक्ति की बुद्धि लब्धि साधारण स्थितियों में दुर्घटना या बीमारी को छोड़कर सारे जीवन एक ही रहती है या कम से कम उतने वर्षों तक एक ही रहती है जितने वर्षों के लिए बुद्धि परीक्षण स्केल बनाया गया हो।

बुद्धि परीक्षणों के लाभ भी हैं और दोष भी। इन्हें चयन तथा वर्गीकरण करने, पदोन्नति देने, योग्यता स्तर का निदान करने, परामर्श प्रदान करने तथा अनुसंधान करने जैसे उपयोगी कार्यों हेतु प्रयुक्त किया जा सकता है। दूसरी ओर इनके परिणामों का दुरुपयोग भी किया जा सकता है। विद्यार्थियों में विभिन्न प्रकार की हीनता तथा श्रेष्ठता की ग्रन्थियों को विकसित करना, उनमें आगे बढ़ने से सम्बन्धित निराशा और अनावश्यक डर के भाव उत्पन्न करने में बुद्धि परीक्षण के परिणामों का काफी योगदान रहता है। विद्यार्थियों के प्रति अध्यापकों के दृष्टिकोण को भी पक्षपातपूर्ण बनाने में इन्हीं का हाथ होता है तथा समाज में विभिन्न प्रकार के भेदभावों को उत्पन्न कर वर्ग संघर्ष के बीज बोने में भी बुद्धि परीक्षणों के परिणामों की काफी भूमिका रहती है।

संदर्भित एवं विशेष अध्ययन ग्रन्थ (References and Suggested Readings)

Binnet, A. and Simon, T., *The Development of Intelligence in Children,* Williams & Wilkins, Baltimore, 1916.

Cattell, R.B., *Intelligence: Its Structure, Growth and Action*, Elsevier, Amsterdam, 1987.

_____, "Theory of Fluid and Crystalized Intelligence: A Critical Experiment", *Journal of Educational Psychology,* **54**, 1–22, 1963.

Crow, L.D. and Crow, Alice, *Educational Psychology,* Eurasia Publishing House, New Delhi, 1973.

Gardner, Howard, *Frames of Mind: The Theory of Multiple Intelligence,* Basic Books, New York, 1983.

Garrett, H.E. and Shoneck, M.R., *Psychological Tests, Methods and Results*, Part II, Harper & Brothers, New York, 1933.

Griffith, J.H., *The Psychology of Human Behaviour*, George Allen, London, 1933.

Guilford, J.P., *The Nature of Human Intelligence*, McGraw-Hill, New York, 1967.

Horn, J.L., *Fluid and Crystalized Intelligence: A Factor Analytical and Developmental Study of the Structure among Primary Mental Abilities,* Unpublished Doctoral Dissertation, University of Illinois, Champaign, 1965.

Horn, J.L. and Cattell, R.B., "Refinement and Test of the Theory of Fluid and Crystalized Intelligence", *Journal of Educational Psychology,* **57**, 253–270, 1966.

Jensen, A.R., *Bias in Mental Testing*, Free Press, New York, 1980.

Knight, Rex and Knight, Margaret, *A Modern Introduction to Psychology*, University Tutorial Press, London, 1952.

Murphy, Gardner, *An Introduction to Psychology*, Oxford & IBH, New Delhi, 1968.

Pillai, N.P., Pillai, K.S. and Nair, K.S., *Psychological Foundation of Education*, Kala Niketan, Trivandrum, 1972.

Sawrey, J.H. and Telford, C., *Educational Psychology*, 2nd ed., Prentice Hall, New York, 1964.

Spearman, C., "Genera Intelligence Objectively Determined and Measured", *American Journal of Psychology*, **15**, 201–293, 1904.

_____, *The Abilities of Man,* Macmillan, London, 1927.

Stern, W., *Psychological Methods of Testing Intelligence,* Warwick and York, Baltimore, 1914.

Sternberg, R.J., *Intelligence, Information Processing and Analytical Reasoning*, Erlbaum, Hillsdale, New Jersey, 1977.

_____, *Beyond IQ: A Triarchic Theory of Human Intelligence*, Cambridge University Press, London, 1985.

_____, *Intelligence Applied*, Harcourt Brace Jovanovich, New York, 1986.

Stoddard, G.D., *The Meaning of Intelligence*, Macmillan, New York, 1943.

Terman, L.M. and Merrill, M.A., *Measuring Intelligence*, Houghton Mifflin, Boston, 1937.

Thompson, G.H., *The Factorial Analysis of Human Ability*, University Press, London, 1939.

Thurston, L.L., *Primary Mental Abilities*, University of Chicago Press, Chicago, 1938.

Vernon, P.E., *The Structure of Human Ability*, Methuen, London, 1950.

Wagnon, M.J. (Ed.), *Readings in Educational Psychology*, Houghton Mifflin, New York, 1937.

Wechsler, D., *The Measurement of Adult Intelligence,* Williams & Wilkins, New York, 1944.

Woodworth, R.S. and Marquis, D.G., *Psychology*, Henry Holt, New York, 1948.

संवेगात्मक बुद्धि–अवधारणा, मापन एवं विकास (Emotional Intelligence—Concept, Measurement and Development)

संवेगात्मक बुद्धि क्या है? (What is Emotional Intelligence?)

संवेगात्मक बुद्धि जैसा कि नाम से ही प्रतीत होता है, एक इस प्रकार की बुद्धि है अर्थात् हमारे मस्तिष्क की एक इस प्रकार की योग्यता और कार्यक्षमता है जो हमारे संवेगात्मक व्यवहार को नियंत्रित कर उसके भलीभांति संपादन में हमारी विशेष रूप से सहायता करती है। मस्तिष्क के पास ऐसी नियंत्रण और नियमन करने की शक्ति तो है परन्तु वह स्वयं क्रियाशील व्यवहार का संचालनकर्त्ता नहीं बन सकता है। दूसरे शब्दों में वह सोच सकता है, कर नहीं सकता। इसके विपरीत हमारे पास संवेगों के रूप में जो अपार क्षमता और कार्य शक्ति है, उसका कार्य क्रियाशीलता को अंजाम देना है। परन्तु संवेगों का बहाव जो वास्तव में हमारी क्रियाशीलता का अपार स्रोत है, करने की अद्‌भुत क्षमता रखता है, सोचने की नहीं। एक के द्वारा सोचा जा सकता है, किया नहीं जा सकता दूसरे के द्वारा किया जा सकता है, सोचा नहीं जा सकता। इस प्रकार की असहाय स्थिति से निपटने में ही संवेगात्मक बुद्धि सम्बन्धी विकास की जरूरत पड़ती है। सोचने, समझने, तर्क करने और समस्या समाधान जैसे गुणों से युक्त हमारी बौद्धिक क्षमता अब संवेगों से संचालित क्रियाशील व्यवहार पर अपेक्षित लगाम कसने के लिये आगे आ जाती है और परिणामस्वरूप हम ऐसा व्यवहार करने में सक्षम हो जाते हैं जो हमें उन परिस्थितियों में करना चाहिये। इस प्रकार की व्यवहार कुशलता तथा सफलता से जुड़े हुये कार्य चेष्टाओं को संपादित करने में जिस प्रकार की बुद्धि के उपयोग की आवश्यकता होती है, उसे ही संवेगात्मक बुद्धि का दर्जा दिया जाता है। इस प्रकार *संवेगात्मक बुद्धि को एक ऐसी बुद्धि कहा जा सकता है जिसकी सहायता से परम्परागत बौद्धिक क्षमताओं का उपयोग संवेगात्मक व्यवहार के उचित नियन्त्रण और नियमन हेतु भलीभांति इस प्रकार किया जा सकता है कि हम अपने आपको तथा दूसरों को अच्छी तरह समझ कर परिस्थिति अनुसार ऐसा व्यवहार कर सकें कि हमें इच्छित सफलता की प्राप्ति होती जाये।*

संवेगात्मक बुद्धि की अवधारणा का क्रमिक विकास (Landmarks in the Evolution of the Concept of Emotional Intelligence)

'संवेगात्मक बुद्धि' नामक शब्द की गूंज यद्यपि आजकल की दुनिया में ही ज़ोर शोर से सुनाई देती है और ऐसा मालूम पड़ता है कि यह अवधारणा अपने आप में अत्यधिक नवीन और आधुनिक है। परन्तु ऐतिहासिक दृष्टि से अगर बारीकी से ध्यान दिया जाये तो हमें यह समझने में कठिनाई नहीं होगी कि यह अवधारणा भी शायद उतनी ही पुरानी है जितनी कि मानसिक शक्तियों तथा उनमें मापन में प्रचलित बुद्धि लब्धि (I.Q.) पदों की अवधारणा। आइये, इस पक्ष पर ऐतिहासिक तथ्यों की दृष्टि से क्रमिक चिन्तन किया जाये।

1. संवेगात्मक बुद्धि की अवधारणा सबन्धी विचार प्रस्तुत करने की पहल करने का श्रेय प्रसिद्ध मनोवैज्ञानिक ई.एल. थोर्नडाइक को जाता है। उन्होंने ही 1920 में सामाजिक बुद्धि नामक पद और उसकी अवधारणा को प्रस्तुत कर यह बतलाने की चेष्टा की थी कि परम्परागत सामान्य बुद्धि के अतिरिक्त एक ऐसी बुद्धि का भी अस्तित्व होता है जो हमारी सामाजिकता

तथा सामाजिक विकास का सूचक मानी जा सकती है। उन्होंने सामाजिक बुद्धि को परिभाषित करते हुये उसे एक ऐसी योग्यता बताया, *जो मानवीय सम्बन्धों को बुद्धिमत्तापूर्वक बनाये रखने हेतु पुरुषों और स्त्रियों, लड़कों तथा लड़कियों को समझने तथा उनके साथ अच्छी तरह अपनी पटरी बिठाने में सहायक सिद्ध होती है।*

(*Social intelligence is the ability to understand and manage men and women, boys and girls—to act wisely in human relation.*—1920, p. 228)

अपनी इस परिभाषा के माध्यम से थोर्नडाइक ने यह स्पष्ट करने का प्रयत्न किया कि अगर हम जीवन में सफलता प्राप्त करना चाहते हैं तो हमें मानवीय सम्बन्धों को बनाये रखने की ओर ध्यान देना होगा। इन सम्बन्धों को ठीक तरह तभी बनाये रखा जा सकता है जब हम में ऐसी योग्यता हो कि हम दूसरों को अच्छी तरह जानकर तथा समझकर उनसे ठीक प्रकार पटरी बिठा सकें। इस अध्याय में आगे दी गई संवेगात्मक बुद्धि सम्बन्धी बातों का जब आप अध्ययन कर लेंगे तो आपको यह जानकर हैरानी होगी कि थोर्नडाइक द्वारा सामाजिक बुद्धि का नाम लेकर कही हुई बातें संवेगात्मक बुद्धि की अवधारणा से कितना कुछ मेल खाती हैं।

एच. गार्डनर नामक प्रसिद्ध मनोवैज्ञानिक इनके बाद वे दूसरे व्यक्ति थे, जिन्होंने थोर्नडाइक के सामाजिक बुद्धि से सम्बन्धित विचारों को आगे बढ़ाते हुये यह कहने की चेष्टा की कि बुद्धि के कई रूप तथा प्रकार हो सकते हैं। अपने प्रसिद्ध बहुबुद्धि सिद्धान्त (Theory of multiple intelligence) के माध्यम से 1983 में वे सात प्रकार की बुद्धियों को प्रकाश में लाए। (इन सबकी चर्चा इस पुस्तक के अध्याय में पहले ही की जा चुकी है।) इस सात प्रकार की बुद्धियों में उन्होंने जिन दो प्रकार की विशेष बुद्धियों अन्तरा-वैयक्तिक बुद्धि (Intra-personal intelligence) तथा अन्तर-वैयक्तिक बुद्धि (Inter-personal intelligence) की बात कही। उन्हें संवेगात्मक बुद्धि की अवधारणा को विकसित करने हेतु एक अच्छी शुरूआत के रूप में समझा जा सकता है। जहां अन्तरा-वैयक्तिक बुद्धि से गार्डनर का तात्पर्य ऐसी बुद्धि से था जो व्यक्ति विशेष द्वारा अपने आपको ठीक तरह जानने, अभिप्रेरित रखने तथा निपटने में मदद करती है, वहां दूसरी ओर, अन्तर-वैयक्तिक बुद्धि से उसका इशारा ऐसी बुद्धियों से था, जो दूसरों को जानने, समझने तथा उनसे ठीक प्रकार व्यवहार करने के कार्य में प्रयुक्त होती हैं। इस तरह गार्डनर द्वारा प्रतिपादित अन्तर- और अन्तरा-वैयक्तिक बुद्धियां समुचित रूप से आज की संवेगात्मक बुद्धि की अवधारणा का ही पर्याय समझी जा सकती हैं।

गार्डनर के पश्चात् आर.जे. स्टर्नबर्ग ने इसी दिशा में आगे चलते हुये 1985 में प्रकाशित अपनी पुस्तक ''बियोन्ड आई क्यू: ए ट्राईआर्किक थ्योरी ऑफ ह्यूमन इन्टेलीजेन्स'' (Beyond IQ : A Triarchic Theory of Human Intelligence) के माध्यम से बुद्धि के परम्परागत संप्रत्यय का खंडन करते हुये तीन प्रकार की बुद्धियों को–कम्पोनेन्शियल (Componential), एक्सपेरीमेन्टल (Experimental) तथा कन्टेक्सचुअल (Contextual) को प्रकाश में लाने की चेष्टा की। बुद्धि का Contextual रूप जैसी कि स्टर्नबर्ग ने व्याख्या की है और कुछ नहीं एक इस प्रकार की बुद्धि के रूप में हमारे सामने आती है जो व्यक्ति विशेष को किसी परिस्थिति विशेष के संदर्भ में सफलता की ओर अग्रसर करने में सशक्त भूमिका निभाती है। इस बुद्धि का परम्परागत सामान्य बुद्धि तथा उसके लब्धांक (I.Q.) से कोई विशेष लेना-देना नहीं होता।

इस तरह कहने का तात्पर्य यह है कि संवेगात्मक बुद्धि की अवधारणा सम्बन्धी मूल मान्यतायें तथा विचार 20वीं शताब्दी की शुरूआत से ही किसी-न-किसी रूप में (जैसे सामाजिक बुद्धि, अन्तरा- तथा अन्तर-वैयक्तिक बुद्धि, कन्टेक्सचुअल बुद्धि आदि) हमारे सामने विद्यमान रहे हैं। हाँ, यह अवश्य है कि इस प्रकार का कोई नामकरण या उसकी कोई स्पष्ट स्वीकारोक्ति तथा व्याख्या इस दौरान प्रस्तुत नहीं की गई। यह कार्य आगे चलकर जैसा कि हम देखेंगे 20वीं शताब्दी के आखिरी कुछ वर्षों में ही सम्पन्न हो सका।

संवेगात्मक बुद्धि की अवधारणा (Concept of Emotional Intelligence)

संवेगात्मक बुद्धि की अवधारणा को अपने आज के प्रचलित अर्थ में सबसे पहली बार अच्छी तरह स्पष्ट किये जाने का श्रेय दो अमरीकी प्रोफेसरों डॉ. जॉन मेयर (John Mayer) तथा डॉ. पीटर सेलोवे (Peter Salovey) को जाता है। उन्होंने ही सबसे पहले 1990 में संवेगात्मक बुद्धि पद का प्रयोग करते हुए उसे निम्न प्रकार से परिभाषित करने का प्रयत्न किया।

संवेगात्मक बुद्धि से तात्पर्य उस योग्यता से है जो संवेगों का सही ढंग से प्रत्यक्षीकरण करने, समझने और अभिव्यक्ति करने तथा विचार प्रक्रिया में सहायता पहुंचाने हेतु भावनाएं जगाने के काम आती है। साथ में उस योग्यता से भी है जो वृद्धि को प्राप्त होने के लिये संवेगों का नियमन करने में सहायक सिद्ध होती है।

(Emotional intelligence may be defined as—*The ability to perceive accurately, appraise and express emotions, generate feelings that facilitate thoughts and an ability to regulate emotions to promote growth.*)

बाद में इसी दिशा में अपने अनुसंधान और अध्ययन कार्य को आगे बढ़ाते हुये संवेगात्मक बुद्धि की अवधारणा को और भी अच्छी तरह स्पष्ट करने हेतु इनके प्रयास जारी रहे और परिणामस्वरूप 1993 में उन्होंने संवेगात्मक बुद्धि की व्याख्या करते हुये उसे निम्न प्रकार से परिभाषित किया:

संवेगात्मक बुद्धि से तात्पर्य उस योग्यता से है, जो अपने तथा दूसरों के संवेगों से अवगत होने, उनमें विभेदीकरण करने तथा फिर इस प्रकार उपलब्ध जानकारी को अपनी सोच और कार्यप्रणाली को सही दिशा प्रदान करने में सहायक सिद्ध होती है।

(Emotional intelligence may by defined as—*The ability to monitor one's own and other's emotions, to discriminate among them and to use the information to guide one's own thinking and actions.*)

संवेगात्मक बुद्धि की उपयोगिता और महत्त्व
(Significance and Importance of Emotional Intelligence)

इस प्रकार से जॉन मेयर (John Mayer) तथा पीटर सेलोवे (Peter Salovey) द्वारा संवेगात्मक बुद्धि की अवधारणा को स्पष्ट करने हेतु गंभीर प्रयास किये गये हैं। इनके ये प्रयास अभी जारी हैं। सब तरह से उनके द्वारा इसी बात पर ज़ोर दिया जा रहा है कि संवेगात्मक बुद्धि कुछ ऐसी विशिष्ट योग्यता अथवा योग्यताओं के समूह की ओर इशारा करती है, जिसके द्वारा व्यक्ति विशेष को अपने संवेगात्मक व्यवहार तथा संज्ञानात्मक व्यवहार में तालमेल बिठाते हुये अपेक्षित क्रियात्मक व्यवहार के संपादन में यथेष्ट सहायता मिल सकती है।

इस प्रकार के उपरोक्त प्रशंसनीय प्रयत्नों के बावजूद संवेगात्मक बुद्धि पद के प्रचलन और उसकी अवधारणा के अधिक स्पष्टीकरण एवं उसके उपयोग को बढ़ावा देने का श्रेय अगर आज किसी को दिया जा सकता है तो वह हैं आज के चर्चित मनोवैज्ञानिक तथा लेखक डेनियल गोलमैन (Daniel Goleman)। उन्होंने अपनी दो प्रसिद्ध रचनाओं (Emotional Intelligence : Why it can matter more than I.Q.) तथा (Working with Emotional Intelligence) जो क्रमशः 1995 तथा 1998 में प्रकाशित हुईं, के माध्यम से संवेगात्मक बुद्धि पद के प्रचलन और उसके उपयोग की दुनिया में एक क्रान्ति सी ला दी है। इस सम्बन्ध में उन्होंने जो विचार अपने लेखन तथा शोध कार्यों द्वारा प्रस्तुत किये हैं, उनसे सम्बन्धित कुछ सारभूत बातें निम्नलिखित प्रकार की हैं:

1. कोई व्यक्ति जीवन में कितना सफल होगा इसकी भविष्यवाणी करने हेतु संवेगात्मक लब्धि (E.Q.), बुद्धि लब्धि (I.Q.) की तरह ही और बहुत सी परिस्थितियों में उससे अधिक सामर्थ्यवान सिद्ध हो सकती है। बुद्धि लब्धि (I.Q.) का तो जीवन में मिलने वाली सफलताओं को केवल 20 प्रतिशत ही योगदान रहता है, शेष 80 प्रतिशत योगदान का श्रेय उसकी संवेगात्मक लब्धि (E.Q.), प्रारब्ध तथा उसके सामाजिक स्तर आदि को जाता है।
2. देखा जाये तो व्यक्ति की बुद्धि लब्धि (I.Q.) नहीं उसकी संवेगात्मक लब्धि (E.Q.) को ही पूरी तरह से उसके भविष्य के बारे में उद्घोषणा करने वाला सही प्रमाण माना जा सकता है। जिस व्यक्ति में यथेष्ट संवेगात्मक बुद्धि होती है, वह जीवन में किसी भी क्षेत्र में इच्छित सफलता अर्जित कर सकता है।
3. संवेगात्मक बुद्धि के लिये सामान्य बुद्धि की तुलना में एक बात यह भी अधिक महत्त्वूर्ण है कि इसे संवेगात्मक क्षमताओं में वृद्धि कर वांछित रूप से विकसित करने के प्रयास किये जा सकते हैं और फिर इस विकास के माध्यम से व्यक्तियों को अपना जीवन सुखमय और शांतिप्रद बनाने में सहायता की जा सकती है।

4. संवेगात्मक बुद्धि की अवधारणा को मात्र इसलिये नहीं सराहा जा सकता कि यह एक नवीनतम अवधारणा है, बल्कि इसलिये कि यही एक ऐसी अवधारणा है, जो बालकों और हम सभी के सामने आदर्श रखती है कि किस प्रकार हम अपने आपको समर्थ बनायें तथा सुखी रहें।
5. बुद्धि परीक्षणों तथा अच्छी तरह से निर्मित मानक उपलब्धि परीक्षणों के द्वारा भी जीवन क्षेत्रों में सफलता के संदर्भ में उचित भविष्यवाणी नहीं की जा सकती। परन्तु संवेगात्मक बुद्धि परीक्षण यह करने का सामर्थ्य रखते हैं। यहां तक कि विद्यार्थी जीवन में मिलने वाली सफलता के पीछे बहुत कुछ सीमा तक विद्यार्थी विशेष की संवेगात्मक बुद्धि का ही हाथ रहता है।
6. कामकाज की दुनिया में भी सामान्य बुद्धि और यहां तक कि कार्य विशेष से सम्बन्धित निपुणता तथा दक्षताओं की तुलना में वांछित सफलता प्राप्त कराने में भी संवेगात्मक बुद्धि का ही अधिक योगदान पाया जाता है। एक व्यक्ति चाहे जितना भी अपने कार्य में होशियार या दक्ष हो उसे प्रायः इसलिए असफल होता हुआ पाया जाता है क्योंकि उसमें अपने आप से तथा दूसरों के साथ भलीभांति सामंजस्य स्थापित करने के लिए आवश्यक संवेगात्मक बुद्धि नहीं पाई जाती।
7. किसी की संवेगात्मक बुद्धि उसे जीवन के विभिन्न क्षेत्रों में वांछित सफलता प्राप्त करने के कार्य में अपने विभिन्न अवयवों एवं कारकों के माध्यम से पर्याप्त मदद कर सकती है। अपने तथा दूसरों के संवेगों के प्रति सही जानकारी एवं सजगता, संवेगों का उचित प्रबन्ध और सम्बन्धों को ठीक प्रकार बनाये रखने जैसे कार्यों में संवेगात्मक बुद्धि विशेष रूप से सहायक सिद्ध होती है। जीवन में अगर कोई बात कहीं भी किसी की सफलता में अधिक से अधिक सहायक हो सकती है, वह उससे दूसरों के साथ अच्छे सम्बन्ध बनाये रखने की योग्यता ही है और इस बात में उसकी संवेगात्मक बुद्धि ही उसकी सबसे अधिक सहयोगी सिद्ध होती है।

संवेगात्मक बुद्धि के बारे में डेनियल गोलमैन द्वारा प्रतिपादित उपरोक्त विचारों ने एक तरह से हमारे जीवन के विविध क्षेत्रों में संवेगात्मक बुद्धि की आवश्यकता एवं उपयोग को लेकर काफी कुछ नयी अवधारणाओं को जन्म दिया है।

परिणामस्वरूप आज घर, विद्यालय, चिकित्सालय, सामाजिक एवं सांस्कृतिक मंच, परामर्श एवं निर्देशन सेवायें, औद्योगिक एवं व्यापारिक प्रतिष्ठान, प्रबन्धन क्षेत्र आदि कोई भी ऐसा स्थान नहीं जहां कामकाज की दुनिया में संवेगात्मक बुद्धि के महत्त्व एवं उपयोगिता को अंगीकृत नहीं किया जा रहा हो।

संवेगात्मक लब्धि (Emotional Quotient or E.Q.)

आप बुद्धि लब्धि (I.Q.) से अच्छी तरह परिचित हो सकते हैं। किसी व्यक्ति की किसी बुद्धि परीक्षण से जब बुद्धि मापी जाती है तो उसके मापन परिणामों को बुद्धि लब्धि द्वारा व्यक्त किया जाता है। इस तरह बुद्धि लब्धि को बुद्धि मापन की एक इकाई के रूप में जाना जाता है। यही बात संवेगात्मक लब्धि के संप्रत्यय पर भी खरी उतरती है। संवेगात्मक बुद्धि के मापन परिणामों को व्यक्त करने के लिए हम जिस इकाई विशेष का प्रयोग करते हैं, उसे ही संवेगात्मक लब्धि (Emotional Quotient) और संक्षेप में ई.क्यू. (E.Q.) कहा जाता है। सामान्य बुद्धि के बारे में यह अच्छी तरह कहा जा सकता है कि यह वंशक्रम और वातावरण दोनों की ही उपज है। एक बालक अपने जन्म के समय कुछ न कुछ लेकर ही इस धरती पर आता है जिसे आगे चलकर अनुभव और परिपक्वन की प्रक्रिया द्वारा अपेक्षित ऊँचाईयों पर पहुंचाने के प्रयत्न किये जाते रहते हैं। इसी रूप में सभी बालकों में अपने जन्म के समय कुछ न कुछ संवेगात्मक बुद्धि भी पाई जाती है और इसे भी अनुभव प्रशिक्षण और परिपक्वन के माध्यम से आगे विकास की दिशा प्राप्त होती रहती है। परन्तु यहां यह बात ध्यान देने योग्य है कि जहां सामान्य रूप से सामान्य बुद्धि में अनुभव, प्रशिक्षण और परिपक्वन के माध्यम से सदैव आगे बढ़ोतरी होते रहने की ही सम्भावना रहती है। क्योंकि वहां संवेगात्मक बुद्धि के लिये ऐसे होते रहना आवश्यक नहीं है। जितनी संवेगात्मक बुद्धि बालक विशेष में आज है वह कल भी उतनी ही मात्रा में विद्यमान रहेगी ऐसा निश्चित रूप से नहीं कहा जा सकता और यह भी ज़रूरी नहीं है कि आयु बढ़ने के साथ-साथ या अनुभवों में वृद्धि हो जाने के कारण संवेगात्मक बुद्धि के स्तर में आगे वृद्धि ही होती रहेगी। विपरीत दिशा में भी यह बात जा सकती है यानी कि किसी की संवेगाात्मक

बुद्धि का स्तर पहले की अपेक्षा कम भी होता है और दूसरी ओर इसमें परिस्थिति विशेष के संदर्भ में भी गिरावट आ सकती है। जहां अनुकूल परिस्थितियां किसी के संवेगात्मक बुद्धि स्तर में बढ़ोतरी कर सकती हैं वहीं प्रतिकूल परिस्थितियों में इसमें भारी क्षय और गिरावट आ सकती है। यही कारण है कि जब किसी के संवेगात्मक बुद्धि स्तर की बात की जाती है तो यह बात उस समय विशेष या परिस्थिति विशेष के संदर्भ में ही कही जाती है जिसमें व्यक्ति की संवेगात्मक सम्बन्धी व्यवहार क्रियाओं के आधार पर उसके संवेगात्मक बुद्धि की जांच सम्बन्धी कार्य को सम्पन्न किया जा रहा हो। इसी बात को अच्छी तरह ध्यान में रखते हुए संवेगात्मक बुद्धि की जाँच के फलस्वरूप प्राप्त बालक विशेष की संवेगात्मक लब्धि को निम्न रूप में परिभाषित किया जा सकता है:

किसी भी संवेगात्मक लब्धि से तात्पर्य उसकी संवेगात्मक बुद्धि स्तर की उस सापेक्ष माप से होता है जिसका मापन परिस्थिति विशेष में सम्पन्न किसी समय विशेष पर किया गया हो।

संवेगात्मक बुद्धि का मापन (Measurement of Emotional Intelligence)

सामान्य बुद्धि के मापन हेतु हम किसी न किसी प्रकार के बुद्धि परीक्षण (शाब्दिक या अशाब्दिक) का प्रयोग करते हैं। उसी रूप में संवेगात्मक बुद्धि की जांच हेतु हम भलीभांति निर्मित परीक्षणों जैसे संवेगात्मक बुद्धि परीक्षणों या स्केलों का प्रयोग कर सकते हैं। हां, यह बात अवश्य है कि बुद्धि परीक्षणों की तरह इस प्रकार के संवेगात्मक बुद्धि परीक्षण उतनी मात्रा में न तो अभी बनाये गये हैं और न इतनी आसानी से उपलब्ध हो सकते हैं। परन्तु फिर भी उदाहरणस्वरूप कुछ उपलब्ध परीक्षणों का निम्न प्रकार उल्लेख किया जा सकता है:

1. मेयर इमोशनल इन्टैलीजैन्स स्केल (MEIS) इसे अमेरिका की न्यू हैम्पशायर यूनिवर्सिटी में कार्यरत डॉ. जॉन मेयर द्वारा बनाया गया है।
2. मेयर सेलोवे एण्ड कारूसो इमोशनल इन्टैलीजैन्स टैस्ट (MSCEIT) अमेरिका के जॉन मेयर, डॉ. पीटर सेलोवे तथा डा. डेविड कारूसो द्वारा निर्मित।
3. बार ऑन इमोशनल कोशेन्ट इन्वेन्टरी (E.Q.I.) अमेरिका के डॉ. रॅयूबेन बार ऑन द्वारा निर्मित एवं मल्टी हैल्थ सिस्टम यू.एस.ए. द्वारा प्रकाशित।
4. मंगल संवेगात्मक बुद्धि मापनी (Mangal Emotional Intelligence Inventory) हिन्दी एवं अंग्रेज़ी दोनों भाषाओं में डॉ. एस.के. मंगल एवं डा. शुभ्रा मंगल द्वारा निर्मित एवं नेशनल साइकोलोजीकल कॉरपोरेशन द्वारा प्रकाशित।

उपरोक्त वर्णित मानक परीक्षणों के अतिरिक्त कुछ ऐसे भी संवेगात्मक बुद्धि मापन पाठकवृन्द इन्टरनैट पर या पत्र-पत्रिकाओं में पा सकते हैं जो महज एक जिज्ञासा जागृत करने अथवा संवेगात्मक बुद्धि मापन का एक मोटा सा अनुमान लगाने में अच्छे सहायक सिद्ध हो सकते हैं। इन परीक्षणों के कुछ प्रश्नों को यहाँ हम नमूने के तौर पर प्रस्तुत कर रहे हैं।

स्केल टाइप परीक्षण के प्रश्न (Test Items of Scale Type Measure)

1. मैं अपनी जिन्दगी में अपनी भावनाओं को बहुत बड़े निर्णय लेने में सहायक पाता हूँ।

   ○ सदैव ○ प्रायः ○ कभी-कभी ○ शायद ही कभी ○ कभी भी नहीं

2. लोगों को बताना नहीं पड़ता कि वे क्या अनुभव कर रहे हैं मैं स्वयं जान लेता हूँ।

   ○ सदैव ○ प्रायः ○ कभी-कभी ○ शायद ही कभी ○ कभी भी नहीं

3. सम्बन्धों में व्याप्त द्वन्द्वों (Conflicts) तथा संवेगात्मक उलट-फेर से निबटने में मुझे परेशानी होती है।

○	○	○	○	○
सदैव	प्रायः	कभी-कभी	शायद ही कभी	कभी भी नहीं

एक बहु विकल्पीय प्रकार के परीक्षण सम्बन्धी प्रश्न (Test Item of a Multiple Choice Type Measure)

प्रश्न नं. 1

परिस्थितिः आप अपने दोस्तों के बीच में हो और उनमें से एक आपसे एक अन्य दोस्त (जो वहाँ नहीं है) के बारे में उल्टी-सीधी बातें करने लगता है।

आपकी अनुक्रियाः

— आप भी अपने इस दोस्त के बारे में (जो यहाँ नहीं है) गलत बातें कहने लगते हैं।

— आप इस समय कुछ नहीं बोलते परन्तु बाद में चुपचाप अपने इस दोस्त द्वारा की गई टिप्पणी के बारे में अपनी भावनायें प्रकट करते हैं।

— आप अपने इस दोस्त को कहते हैं कि आपको जो इस समय उपस्थित नहीं है उसके बारे में बात करना ठीक नहीं लगता और फलस्वरूप वार्ता का विषय बदल देते हैं।

— आप चुप रहते हैं और फिर पछताते हैं कि आपने उसी समय कुछ क्यों नहीं कहा।

प्रश्न नं. 2

परिस्थितिः आपके किसी मित्र का अपनी प्रेयसी से सम्बन्ध विच्छेद हो गया है और यह इस कारण काफी दुःखी है।

आपकी अनुक्रियाः

— आप उसे कहीं अन्यत्र घुमाने ले जाते हैं और उसके दिमाग में से यह सब कुछ निकालने की कोशिश करते हैं।

— आप स्वयं यह सोचने लग जाते हैं कि कहीं आपकी प्रेयसी भी ऐसा कुछ न कर बैठे।

— आप अपने मित्र को यह समझाते हैं कि वह उसके उपयुक्त थी ही नहीं।

— आप अपने मित्र से कहते हो कि इस परिस्थिति में वह उसकी किस प्रकार सहायता कर सकता है?

संवेगात्मक बुद्धि के उचित विकास हेतु क्या किया जाये? (How to Help in the Proper Development of Emotional Intelligence?)

संवेगात्मक बुद्धि के उचित विकास हेतु निम्न उपाय कारगर सिद्ध हो सकते हैं:

1. अपने स्वयं में और दूसरों में संवेगों के भलीभाँति प्रत्यक्षीकरण हेतु उचित योग्यताओं और क्षमताओं के विकास का प्रयास किया जाए।
2. दूसरों के बारे में जो भी गलत भावनाएं उमड़ें और संवेगों के गलत प्रत्यक्षीकरण करने सम्बन्धी गलत परिणाम सामने आएं, उन पर रोक लगाने के उपाय किए जाएं। दूसरे की भावनाओं और संवेगों को गलत ढंग से लेना, सम्बन्धों को बिगाड़ने की दिशा में काफी घातक सिद्ध हो सकता है क्योंकि जब हम अपने ढंग से उनकी भावनाओं और संवेगों को देखते हैं तो इसमें पक्षपात और द्वेषपूर्ण दृष्टिकोण ही हावी रहता है। हमेशा यह ध्यान रखा जाना चाहिए कि प्रेम और आपसी विश्वास ही सम्बन्धों में नजदीकी लाता है जबकि घृणा और बैर रखने से सम्बन्धों में सदैव कटुता ही आती है।

3. सभी परिस्थितियों में यह समझा जाना चाहिए कि जिस प्रकार के संवेगों की अनुभूति हमें हो रही हो दूसरों को भी हो रही है उनके बारे में सही ज्ञान और चेतना हमारे अन्दर विकसित हो। सभी तरह से यह प्रयत्न होना चाहिए कि बालकों को ऐसा प्रशिक्षण दिया जाए कि वे जो कुछ भी, जिस परिस्थिति में अपने और दूसरों के संवेगों के संदर्भ में अनुभव करें, उस समय उन्हें उनका पूर्ण और सही आभास होना चाहिए।
4. दूसरों के संवेगों और उनकी भावनाओं को समझने के लिए यह आवश्यक होता है कि उनकी बात को धैर्यपूर्वक सुना और समझा जाए। अनुसंधानों के द्वारा यह पाया गया है कि जिन व्यक्तियों में संवेगात्मक बुद्धि की अधिकता होती है वे सामान्य रूप से दूसरों की बात अधिक अच्छी तरह से सुनते हुए पाए जाते हैं।
5. हम भावनाओं में बहकर ठीक तरह नहीं सोच पाते हैं, इस गलत धारणा को मन से निकाल देना चाहिए। संवेगों को अपनी विचार प्रक्रिया से समन्वित करने के प्रयास किए जाने चाहिए। मस्तिष्क और हृदय दोनों का ही तालमेल उचित व्यवहार प्रक्रिया में सदैव ही सहयोगी सिद्ध होता है। संवेगों का अनुचित दमन करना कभी भी लाभदायक सिद्ध नहीं होता बल्कि मानसिक शक्तियों के उचित उपयोग से उन पर वांछित लगाम लगाने में ही व्यक्तिगत और सामाजिक कल्याण निहित होता है।
6. संवेग चाहे नकारात्मक हो या सकारात्मक, वे व्यक्ति विशेष के लिए परिस्थिति विशेष अनुसार लाभकारी सिद्ध होते हैं। क्योंकि उनका प्रादुर्भाव व्यक्ति के मस्तिष्क, हृदय और इन्द्रियों को उसकी व्यवहार क्रियाओं के माध्यम से जोड़ता है। क्रोध, मद, घृणा और अवसाद जिन्हें हम गलत संवेग समझते हैं वे भी समय और परिस्थिति अनुसार उतने ही आवश्यक और हितकारी होते हैं जितने कि साहस, प्रेम, शांति और हमें अपने संवेगों को उचित समय पर उचित मात्रा में उचित रूप से अभिव्यक्त करने का ढंग आता हो। इस संदर्भ में महान ग्रीक दार्शनिक अरस्तु की इस बात को सदैव ही आदर्श मानकर चलना चाहिए कि—*कोई भी व्यक्ति क्रोध कर सकता है – यह बहुत आसान है परन्तु सही व्यक्ति के साथ सही मात्रा में सही समय पर सही प्रयोजन हेतु सही ढंग से क्रोध करना आसान नहीं है।*
7. बालकों को प्रारम्भ से ही अपनी भावनाओं तथा संवेगों के ऊपर उचित नियन्त्रण रखने का प्रशिक्षण दिया जाना चाहिये। नकारात्मक संवेग जैसे भय, पीड़ा, क्रोध, घृणा आदि के बारे में तो इस ओर और भी अधिक ध्यान दिया जाना चाहिए।
8. कभी भी अपनी भावनाओं तथा संवेगों को अपनी प्रगति की राह का ऐसा रोड़ा नहीं बनने देना चाहिए। सभी तरह से उन्हें अपने लक्ष्य प्राप्ति के लिए एक अच्छे अभिप्रेरक के रूप में इस्तेमाल किया जाना चाहिए।
9. सभी प्रकार से ऐसा प्रशिक्षण देने का प्रयत्न करना चाहिए कि बालक केवल अपनी भावनाओं तथा संवेगों के बारे में ही नहीं सोचते रहें बल्कि वह यह जानने का प्रयास करें कि दूसरों की किसी विचार या वस्तु विशेष के प्रति किसी समय विशेष पर क्या भावनायें तथा प्रतिक्रियायें हैं। दूसरे की भावनाओं की सही अनुभूति ही उन्हें दूसरे के नजदीक ला सकती है।
10. बालकों में दूसरों के साथ वैचारिक आदान-प्रदान करने और आपसी सम्बन्ध बनाने हेतु उचित सामाजिक कौशलों का विकास किया जाना चाहिये। सम्बन्धों को बनाये रखने के लिये इस बात का सदैव ध्यान रखा जाना चाहिये कि किसी भी परिस्थिति में बोलचाल समाप्त न हो, दूसरे को अपनी बात कहने या अपना पक्ष रखने का पूरा मौका दिया जाये तथा जहाँ तक हो सके सम्बन्धों में आई रिक्तता तथा कटुता को बहुत अधिक बढ़ने का अवसर न दिया जाये।
11. संवेगात्मक बुद्धि के विकास हेतु इस बात का ध्यान रखा जाना आवश्यक है कि जितना ध्यान संज्ञानात्मक कौशलों तथा मानसिक विकास पर दिया जाता है उतना ही ध्यान भावात्मक क्षेत्र की योग्यताओं तथा कौशलों के विकास पर भी दिया जाए।
12. अंतिम परन्तु अति महत्त्वपूर्ण बात यह है कि बालकों में संवेगात्मक बुद्धि के उचित विकास हेतु हम बड़ों को स्वयं अपने को एक ऐसे मॉडल के रूप में प्रस्तुत करना चाहिए जिसका अनुकरण कर बालक संवेगात्मक रूप से बुद्धिमान बन सके।

सार-संक्षेप (Summary)

शैक्षिक क्षितिज़ पर सामान्य बुद्धि से कहीं काफी कुछ प्रभावशील एक नये संप्रत्यय/अवधारणा का प्रादुर्भाव हुआ है जिसे संवेगात्मक बुद्धि के नाम से जाना जाता है। परिभाषा के रूप में इसे एक ऐसी बुद्धि का दर्जा दिया जा सकता है जिसकी सहायता से परम्परागत बौद्धिक क्षमताओं का उपयोग संवेगात्मक व्यवहार के उचित नियन्त्रण और नियमन हेतु इस प्रकार किया जा सकता है कि हम अपने आपको तथा दूसरों को अच्छी तरह समझकर परिस्थिति अनुसार ऐसा व्यवहार करें कि हमें इच्छित सफलता की प्राप्ति होती जाये। वैयक्तिक तथा सामाजिक दोनों ही दृष्टिकोणों से इसके उपयोगी सिद्ध होने के लिए यह आवश्यक हो जाता है कि इसके समुचित विकास हेतु बचपन के शुरू में ही अच्छी तरह प्रयत्न प्रारम्भ कर दिये जाएं। किसी भी आयु अवस्था में हमें व्यक्ति विशेष में उपस्थित संवेगात्मक बुद्धि की थाह उसी तरह लगाने का प्रयत्न करना चाहिए जिस तरह हम उसकी सामान्य बुद्धि के बारे में जानने का प्रयास करते हैं। सामान्य बुद्धि की जाँच हेतु हम विभिन्न मानकीकृत बुद्धि परीक्षणों का उपयोग कर जिस प्रकार उसकी बुद्धि लब्धि (I.Q.) का स्तर ज्ञात करने का प्रयत्न करते हैं। वैसे ही संवेगात्मक बुद्धि की जाँच हेतु विभिन्न प्रकार के उपलब्ध मानकीकृत संवेगात्मक बुद्धि परीक्षणों का उपयोग कर हम संवेगात्मक बुद्धि लब्धि (E.Q.) के स्तर ज्ञात करने का प्रयत्न कर सकते है।

संदर्भित एवं विशेष अध्ययन ग्रन्थ (References and Suggested Readings)

Andrews, L.W., *Emotional Intelligence*, Franklin Watts, New York, 2004.

Bar-on Reuven, *The Emotional Quotient Inventory (EQ-i), A Test of Emotional Intelligence*, Multi-Health Systems, Toronto, 1996.

Goleman, Daniel, *Emotional Intelligence: Why It can Matter More Than IQ*, Bantam Books, New York, 1995.

_____, *Working with Emotional Intelligence*, Bantam Books, New York, 1998.

Goleman, D., Boyatzis, R. and McKee, A., *Primary Leadership: Realizing the Power of Emotional Intelligence*, Harvard Business School Press, Boston, 2002.

Lautenschlager, Yetta, "The Four A's of Emotional Intelligence" *ISNIP Conference*, USA, 1997.

Mayer, John D. and Salovey, Peter, "Emotional Intelligence and The Construction and Regulation of Feelings", *Applied & Prevention Psychology*, **4**(3), 197–208, 1995.

Mayer, John D., Caruso, D.R. and Salovey, P., "Emotional Intelligence Meets Traditional Standards for An Intelligence", *Intelligence,* **27**, 267–298, 1999.

_____, Mayer-Caruso-Salovey, *Emotional Intelligence Test (MSCEIT), Version 2.0*, Multi Health Systems, Toronto, Canada, 2003.

Mangal, S.K. and Mangal, Shubhra, *Emotional Intelligence: Managing Emotions to Win in Life*, PHI Learning, Delhi, 2015.

_____, "Mangal Emotional Intelligence Inventory (MEII)", National Psychological Corporation, Agra, 2004.

Salovey, Peter and Mayer, John D., *Emotional Intelligence, Imagination, Cognition and Personality*, **9**(3), 185–211, Amityville, Baywood Publishing, New York, 1990.

_____, *Emotions in Man and Animals* (Reprint), Chicago University Press, Chicago, 1965.

Segal, J., *Raising Your Emotional Intelligence: A Practical Guide*, Henry Holt and Company, New York, 1997.

Stein, S.J. and Book, H.E., *The EQ Edge—The Emotional Intelligence and Your Success,* 2nd ed., Jossey Bass, John Wiley, Canada, 2006.

सृजनात्मकता–सम्प्रत्यय एवं विकास (Creativity—Concept and Development)

विषय प्रवेश (Introduction)

सर्वशक्तिमान ईश्वर ब्रह्माण्ड का सृष्टा है। वह परम आत्मा है और उसमें सूक्ष्म सृजनात्मक योग्यताएं विद्यमान हैं। उसने हम सबको तथा प्रकृति की सभी वस्तुओं को बनाया है। हम सब उसी की सृष्टि हैं। भारतीय दर्शन के अनुसार हम उस परमात्मा के अंश हैं, इसलिए हममें सृजनात्मक योग्यताएं भी विद्यमान हैं। परन्तु जैसा कि हम देखते हैं, हम में से प्रत्येक व्यक्ति अनुपम है, इसलिए सभी प्राणियों में एक ही स्तर की सृजनात्मक योग्यता विद्यमान नहीं। हम में से कई व्यक्तियों में उच्च स्तरीय सृजनात्मक प्रतिभाएं होती हैं और यही व्यक्ति कला, साहित्य, विज्ञान, व्यापार, शिक्षण आदि विभिन्न मानवीय क्षेत्रों में संसार का नेतृत्व करते हैं।

गांधी (Gandhi), **लिंकन** (Lincoln), **भाभा** (Bhabha), **न्यूटन** (Newton), **शेक्सपीयर** (Shakespear), **बर्ट्रण्ड-रस्सल** (Bertrand Russel), **लियानारडो-डा विन्सी** (Leonardo-da Vinci), आदि सृजनात्मक व्यक्ति थे जिन्होंने अपने-अपने क्षेत्रों में विशिष्ट ख्याति प्राप्त की। इसमें कोई संदेह नहीं कि उनमें ईश्वर प्रदत्त प्रतिभा थी; परन्तु प्रतिभात्मक योग्यताओं के विकास में शिक्षा तथा वातावरण के प्रभाव की भी अवहेलना नहीं की जा सकती। अच्छी शिक्षा, अच्छी देखभाल, सृजनात्मक अभिव्यक्ति के लिए अवसरों की व्यवस्था, सृजनात्मकता को अंकुरित एवं पोषित करती है। इसमें माता-पिता, समाज तथा अध्यापक अपनी भूमिका निभा सकते हैं। वे बच्चों के पालन-पोषण तथा उनकी सृजनात्मक योग्यताओं के विकास में सहायता दे सकते हैं। अतः शिक्षा-प्रक्रिया – औपचारिक तथा अनौपचारिक का उद्देश्य बच्चों में सृजनात्मक योग्यताओं का विकास होना चाहिए। इसके लिए अध्यापकों तथा माता-पिताओं को सृजनात्मकता के विकास के साधनों का परिचय प्राप्त करना अत्यंत आवश्यक है। इस अध्याय में हम इन्हीं बातों पर विचार करेंगे।

सृजनात्मकता की अवधारणा (Concept of Creativity)

सृजनात्मकता से जो कुछ भी समझा जा सकता है उसकी इस सम्पूर्ण अवधारणा को जिन बातों पर विचार कर हम अच्छी तरह से स्पष्ट कर सकते हैं, वे हैं:

(i) सृजनात्मकता का अर्थ तथा परिभाषाएँ (Meaning and definitions of creativity)

(ii) सृजनात्मकता की प्रकृति तथा विशेषताएँ (Nature and characteristics of creativity)

(iii) सृजनात्मक प्रक्रिया (The creative process)

(iv) सृजनात्मकता की पहचान (Indentification of creativity)

आइए, अब हम एक-एक करके इनके बारे में जानने का प्रयास करते हैं।

सृजनात्मकता का अर्थ तथा उसकी परिभाषाएँ (Meaning and Definitions of Creativity)

कुछ विख्यात विद्वानों ने 'सृजनात्मकता' एवं 'सृजनात्मक-प्रक्रिया' की परिभाषाएं प्रस्तुत करने का प्रयास किया है।

1. **स्टेगनर एवं कार्वोस्की** (Stagner and Karwoski)—*किसी नई वस्तु का पूर्ण या आंशिक उत्पादन — सृजनात्मकता है।*

(*Creativity implies the production of a totally or partially novel identity.*—Crow and Crow, 1973, p. 314)

2. **ड्रैवडाहल** (Drevdahl)—*सृजनात्मकता व्यक्ति की वह योग्यता है जिसके द्वारा वह उन वस्तुओं या विचारों का उत्पादन करता है जो अनिवार्य रूप से नए हों और जिन्हें वह व्यक्ति पहले से न जानता हो।*

(*Creativity is the capacity of a person to produce composition, products or ideas which are essentially new or novel and previously unknown to the producer.*—1956, p. 22)

3. **विल्सन, गिलफोर्ड एवं क्रिस्टेनसैन** (Wilson, Gulford and Christensen)—*सृजनात्मक-प्रक्रिया एक ऐसी प्रक्रिया है जिसके द्वारा कोई नवीन (कोई नई वस्तु, विचार या पुराने तत्वों का कोई नवीन संगठन या रूप) उत्पत्ति हो। यह नवीन उत्पत्ति किसी समस्या के समाधान में सहयोगी होनी चाहिए।*

(*The creative process is any process by which something new is produced—an idea or an object including a new form or arrangement of old elements. The new creation must contribute to the solution of some problem.*—Dutt, N.K., 1974, p. 208)

4. **स्किनर** (Skinner)—*सृजनात्मक चिंतन का अर्थ है कि व्यक्ति की भविष्यवाणियां या निष्कर्ष नवीन, मौलिक, अन्वेषणात्मक तथा असाधारण हों। सृजनात्मक चिंतक वह है जो नए क्षेत्र की खोज करता है, नए निरीक्षण करता है, नई भविष्यवाणियां करता है और नए निष्कर्ष निकालता है।*

(*Creative thinking means that the predictions and/or inferences for the individual are new, original, ingenious, unusual. The creative thinker is one who explores new areas and makes new observations, new predictions, new inferences.*—1973, p. 529)

यदि हम इन परिभाषाओं का विश्लेषण करने का प्रयास करें तो ज्ञात होगा कि किसी नयी वस्तु का निर्माण या किसी नयी वस्तु की खोज इन तमाम परिभाषाओं का केन्द्रीय तत्त्व है। अतः हम आसानी के साथ इस निष्कर्ष पर पहुंच सकते हैं कि सृजनात्मकता, व्यक्ति की वह योग्यता है जिसके द्वारा वह किसी नए विचार या नई वस्तु का निर्माण करता है या किसी नयी वस्तु की खोज करता है। इसके अंतर्गत व्यक्ति की यह योग्यता भी सम्मिलित है जिसके द्वारा वह पूर्व-प्राप्त ज्ञान का पुनर्गठन करता है।

सृजनात्मकता की प्रकृति तथा विशेषताएं (Nature and Characteristics of Creativity)

उपर्युक्त परिभाषाओं तथा सृजनात्मकता के क्षेत्र में किए गए विभिन्न अध्ययनों के आधार पर सृजनात्मकता की प्रकृति तथा उसकी विशेषताओं का निम्नलिखित रूप से उल्लेख किया जा सकता है:

1. सृजनात्मकता सार्वभौमिक होती है। हम में से प्रत्येक व्यक्ति में कुछ न कुछ मात्रा में सृजनात्मकता अवश्य होती है।
2. यद्यपि सृजनात्मक योग्यताएं प्रकृति-प्रदत्त होती हैं, फिर भी प्रशिक्षण या शिक्षा द्वारा उनको विकसित किया जा सकता है।
3. सृजनात्मक अभिव्यक्ति द्वारा किसी नई वस्तु को उत्पन्न किया जाता है परन्तु यह आवश्यक नहीं कि वह वस्तु पूर्ण रूप से नई हो। पृथक् रूप से दिए गए तत्त्वों से नए एवं ताजा समिश्रण का निर्माण करना; पहले से ज्ञात तथ्यों या सिद्धांतों का पुनर्गठन करना, किसी पूर्व-ज्ञात शैली में सुधार करना–आदि उतने ही सृजनात्मक कार्य हैं जितना रसायन विज्ञान का कोई नया तत्त्व ढूंढना या गणित का कोई नया सूत्र खोजना। 'सृजनात्मकता' में

केवल इस बात के प्रति सावधान रहने की आवश्यकता है कि किसी ऐसी वस्तु की पुनरावृत्ति नहीं होनी चाहिए जिसका व्यक्ति को पहले से ज्ञान हो।

4. कोई भी सृजनात्मक-अभिव्यक्ति सृजक के लिए आनंद तथा संतुष्टि का स्रोत होती है। सृजक जो देखता या अनुभव करता है, उसे अपने तरीके से प्रकट करता है। सृजक अपनी रचना द्वारा ही अपने आप की अभिव्यक्ति करता है। सृजक अपने ही तरीके से वस्तुओं, व्यक्तियों तथा घटनाओं को देखता है। अतः यह आवश्यक नहीं कि 'रचना' प्रत्येक व्यक्ति को वही 'अनुभव' एवं वही 'संतोष' प्रदान करे जो रचनाकार को प्राप्त हुआ हो।
5. 'सृजक' वह व्यक्ति है जो अपने 'अहं' को इस प्रकार प्रकट कर सकता हो, ''यह मेरी रचना है''; ''यह मेरा विचार है''; ''मैंने इस समस्या को हल किया है।'' अतः निर्माणात्मक क्रिया में 'अहं' अवश्य निहित रहता है।
6. सृजनात्मक चिंतन 'बंधा हुआ चिंतन' नहीं होता। इसमें अनगिनत विकल्पों तथा इच्छित कार्य प्रणाली को चुनने की पूर्ण स्वतंत्रता रहती है। पिटे-पिटाए मार्ग पर चलने से पुनरावृत्ति तो हो सकती है, नया निर्माण नहीं।
7. सृजनात्मक अभिव्यक्ति का क्षेत्र अत्यंत व्यापक होता है। वैज्ञानिक आविष्कार; कविता; कहानी; नाटक आदि लिखना; नृत्य-संगीत; चित्रकला, शिल्पकला, राजनीतिक एवं सामाजिक संबंध बनाना आदि में से कोई भी क्षेत्र इस प्रकार की अभिव्यक्ति की आधारभूमि बन सकता है। हमारी दैनिक क्रियाओं में भी सृजनात्मकता की आवश्यकता होती है। अतः जीवन अपने समूचे रूप से रचनात्मक अभिव्यक्ति के लिए असंख्य अवसर प्रदान करता है।
8. सृजनात्मकता में कौन से विविध ज्ञानात्मक तत्त्व शामिल होते हैं? इस प्रकार के उत्तर के लिए अत्यधिक प्रयोगात्मक तथा अनुसंधान की आवश्यकता है। **जे.पी. गिलफोर्ड** (J.P. Guilford), **टॉरेन्स** (Torrance), **ड्रेवडाहल** (Drevdahl), आदि कई विद्वानों ने सृजनात्मकता के विविध तत्त्वों को खोजने का प्रयास किया है। परिणामस्वरूप प्रवाहात्मक विचारधारा, मौलिकता, लचीलापन, विविधतापूर्ण-चिंतन, आत्म-विश्वास, संवेदनशीलता, संबंधों को देखने तथा बनाने की योग्यता आदि निर्माणात्मक क्रिया में सहायक माने गए हैं।
9. बुद्धि तथा सृजनात्मकता को एक ही प्रक्रिया नहीं मानना चाहिए। इनमें निम्नलिखित अंतर हैं:
   - यह एक स्थापित तथ्य है कि एक-विध चिंतन (Convergent thinking) बुद्धि का आधार है जबकि बहु-विध चिंतन (Divergent thinking) सृजनात्मकता का आधार है। एक-विध चिंतन में व्यक्ति की प्रवृत्ति एक ही विचार या अनुक्रिया ढूंढने में होती है, परन्तु बहु-विध चिंतन में यथा संभव कई अनुक्रियाओं तथा विचारों का समावेश होता है।
   - प्रायः देखा गया है कि उच्च सृजनकर्त्ताओं में उच्च स्तरीय बुद्धि होती है परन्तु यह आवश्यक नहीं कि एक बुद्धिमान व्यक्ति सृजनकर्त्ता भी हो। सृजनात्मक योग्यताएं न होते हुए भी व्यक्ति में उच्च बुद्धि हो सकती है।
   - बुद्धि-परीक्षा में ज्ञानात्मक-व्यवहार की गति तथा शुद्धता पर बल दिया जाता है जबकि सृजनात्मक परीक्षाओं मे नवीनता, लचीलापन तथा मौलिकता पर अधिक बल दिया जाता है।

सृजनात्मक प्रक्रिया (The Creative Process)

सृजनात्मक प्रक्रिया में कुछ विशिष्ट एवं निश्चित सोपान निहित होते हैं। मन (Munn) द्वारा अपनी पुस्तक 'Introduction to Psychology' में दिए गए सोपान पर्याप्त रूप से उचित प्रतीत होते हैं। सोपान इस प्रकार हैं:

(i) तैयारी (Preparation), (ii) इनक्यूबेशन (Incubation), (iii) प्रेरणा या सहजबोध अथवा प्रकाशित होना (Inspiration or Illumination), (iv) जाँच पड़ताल या पुनरावृत्ति (Verification or revision)।

अब हम इन सोपानों पर विचार करेंगे:

(i) पहले सोपान में अर्थात् 'तैयारी' की अवस्था में 'समस्या' पर गंभीरता से कार्य आरंभ किया जाता है और यह तब तक जारी रहता है जब तक संभव हो। समस्या का प्रारंभिक विश्लेषण किया जाता है और उसके समाधान के लिए

मंच तैयार किया जाता है। आवश्यक तथ्यों तथा सामग्री को एकत्रित किया जाता है, उनका विश्लेषण किया जाता है। बीच-बीच में यदि आवश्यक हो तो योजना में सुधार भी किया जा सकता है। यदि प्रदत्त सामग्री (Data) अथवा अपनाई गई विधि सहायक सिद्ध न हो रही हो तो किसी अन्य विधि को भी अपनाया जा सकता है। अन्य संबंधित प्रदत्त सामग्री भी एकत्रित की जा सकती है। इस प्रकार लगातार प्रयत्न किये जाते हैं। कभी ऐसा अनुभव होने लगता है कि हम समस्या का समाधान नहीं कर सकते। निराशा के कारण हम अपनी समस्या को कुछ देर के लिए एक ओर रख देते हैं।

(ii) समस्या को एक ओर रख देना—दूसरे सोपान का आरंभ है अर्थात् यहाँ से इन्क्यूबेशन (Incubation) आरंभ होता है। इस अवस्था में बाह्य क्रिया बंद हो जाती है। कई बार तो समस्या पर 'चिंतन' भी बंद हो जाता है। इस अवस्था में हम विश्राम कर सकते हैं, सो सकते हैं या किसी अन्य मनोरंजक कार्य में अपने आपको लगा सकते हैं। ऐसा करने से ये विचार मद्धिम होने लगते हैं जो समस्या के समाधान में बाधक बन रहे थे। इस प्रकार की बाधाओं के शांत हो जाने के कारण हमारा अवचेतन मन समस्या समाधान की दिशा में काम करने लगता है और इसी अवस्था में समस्या के समाधान की दिशा मिल जाती है। (आर्किमिडीज़ को अपनी समस्या का समाधान तब मिला जब वह नहा रहा था।)

(iii) दूसरी अवस्था प्रेरणा या 'सहज बोध' (Illumination) की ओर अग्रसर करती है। यह तीसरा सोपान है। इस अवस्था में चिंतक अचानक समस्या के समाधान अनुभव करता है। उसे अंतर्दृष्टि द्वारा समाधान की झलक मिलती है। इस प्रकार का बोध कभी भी हो सकता है। कभी-कभी तो चिंतक स्वप्न में भी समाधान का रास्ता देख लेता है।

(iv) इसके पश्चात् अंतिम सोपान जांच-पड़ताल या पुनरावृत्ति का आता है। इस अवस्था में 'प्रेरणा' या सहजबोध द्वारा प्राप्त समाधान की जांच-पड़ताल की जाती है। हम इस बात का निश्चय करना चाहते हैं कि अंतर्दृष्टि से प्राप्त समाधान या विचार ठीक है या नहीं और यदि वह ठीक प्रमाणित न हो तो हम समस्या के समाधान के लिए नए प्रयास करते हैं। कई बार समाधान में हल्का सा परिवर्तन करना होता है और जांच-पड़ताल या परीक्षण के परिणामों की दृष्टि में पुनरावृत्ति की जाती है और समाधान या विचार को पूर्णरूप से क्रियात्मक बनाया जाता है परन्तु किसी भी अवस्था में सृजनशील चिंतक उसे पूर्ण नहीं मानता। उसे किसी भी समय आवश्यकतानुसार परिवर्तित किया जा सकता है।

उपर्युक्त अवस्थाएं सुनिश्चित एवं परिवर्तनशील नहीं है। यह आवश्यक नहीं कि प्रत्येक सृजनशील चिंतक इन्हीं अवस्थाओं का अनुसरण करे। किसी चिंतक को इनक्यूबेशन की अवस्था से पहले भी समस्या का समाधान प्राप्त हो सकता है। यह भी हो सकता है कि चिंतक को इन अवस्थाओं का अनुसरण करने पर भी समस्या का समाधान प्राप्त न हो और उसे इन्हीं अवस्थाओं की कई बार पुनरावृत्ति करनी पड़े। फिर भी ये सोपान महान् सृजनशील चिंतकों द्वारा अभिव्यक्त उच्चतम सृजनात्मक प्रक्रिया के वैज्ञानिक स्वरूप का विधिवत् प्रतिनिधित्व करते हैं।

सृजनात्मकता की पहचान (Identification of Creativity)

सृजनात्मकता जैसा कि पहले कहा जा चुका है सार्वभौमिक (Universal) होती है, कुछ विशिष्ट व्यक्तियों, वंशजों या कुशाग्र बुद्धि वालों की बपौती नहीं। हममें से प्रत्येक अपनी बाल्यावस्था में कुछ न कुछ मात्रा में सृजनात्मकता के लक्षणों का प्रदर्शन करता है परन्तु आगे चलकर बड़े होने पर इनको भलीभांति पोषित और पल्लवित नहीं कर पाता। इस कमी को एक अच्छी शिक्षा व्यवस्था और पालन-पोषण के उचित तरीकों द्वारा दूर करने का प्रयास किया जा सकता है। दूसरी ओर यह भी सत्य है कि सब बालकों में सृजनात्मकता रूपी चिंगारी और उसे ज्वाला बनाने वाले सहायक तत्त्व समान रूप से नहीं पाये जाते। अतः एक अध्यापक को सृजनकर्त्ता बालकों को पहचान से संबंधित सभी बातों का पर्याप्त ज्ञान होना अत्यंत आवश्यक होता है ताकि वह समय से ही सृजनशील बालकों को सही पहचान कर उनकी सृजनात्मकता के पोषण और विकास में भरपूर सहयोग प्रदान कर सके।

सृजनात्मकता को कुशाग्रता या प्रतिभाशीलता (giftedness) का पर्याप्य नहीं माना जा सकता। इसलिए हर प्रतिभाशील बालक को सृजनात्मक मानने की भूल कदापि नहीं करनी चाहिए। व्यवहार से ही व्यक्ति की पहचान होती है अतः कौन बालक कितना सृजनशील है इसकी पहचान उसके द्वारा प्रदर्शित व्यवहार के आधार पर ही की जानी चाहिए। दूसरे शब्दों

में किसी बालक के व्यवहार द्वारा सृजनशीलता से संबंधित गुणों एवं विशेषताओं का जितना परिचय हमें मिलता है हम उस बालक को उसी सीमा तक सृजनशील बालक की संज्ञा देते हैं। इस सीमांकन के लिए प्रायः हमारे द्वारा दो प्रकार की युक्तियां (devices) काम में लाई जाती हैं।

1. सृजनात्मक परीक्षणों का प्रयोग
2. व्यवहार जांचने वाली अन्य तकनीकों का प्रयोग

सृजनात्मकता परीक्षण (Creativity tests)—बुद्धि मापन के लिए हम बुद्धि परीक्षणों (Intelligence tests) का प्रयोग करते हैं। वैसे ही सृजनात्मकता की परख के लिए हम सृजनात्मक परीक्षणों का प्रयोग कर सकते है। सृजनात्मकता के परीक्षण से सम्बन्धित अनेकों परीक्षण भारत में और विदेशों में उपलब्ध हैं। उनमें से कुछ निम्न हैं:

विदेशी मानकीकृत परीक्षण (The Tests Standardized Abroad)

1. मिनीसोटा सृजनात्मक चिंतन परीक्षण (Minnesota tests of creative thinking)
2. गिलफोर्ड का विकेन्द्रित चिंतन उपकरण (Guilford's divergent thinking instruments)
3. रिमोट एसोसियेशन परीक्षा (Remote association tests)
4. वालक एवं कॉरगन का सृजनात्मकता उपकरण (Wallach and Korgan creativity instruments)
5. सृजनात्मक योग्यता का ए.सी. परीक्षण (A.C. tests of creative ability)
6. टौरेन्स का सृजनात्मक चिंतन परीक्षण (Torrance tests of creative thinking)

भारतीय मानकीकृत परीक्षण (The Tests Standardized in India)

1. बकर मेहदी सृजनात्मक चिंतन परीक्षण–हिंदी एवं अंग्रेज़ी (Baqer Mehdi's tests of creative thinking—Hindi and English)
2. पासी का सृजनात्मकता परीक्षण (Passi's tests of creativity)
3. शर्मा का विकेन्द्रीकृत उत्पादक योग्यता परीक्षण (Sharma's divergent production abilities tests)
4. सक्सेना सृजनात्मक परीक्षण (Saxena's tests of creativity)

जैसा कि पहले बताया जा चुका है सृजनात्मकता में अनेकों योग्यताओं और क्षमताओं का मिश्रण होता है। इसलिए सभी सृजनात्मकता परीक्षणों अपने शाब्दिक एवं अशाब्दिक परीक्षण प्रश्नों की सहायता से हमेशा ही इन्हीं योग्यताओं और क्षमताओं के मापन का प्रयास करते हैं। इन परीक्षणों के प्रश्नों द्वारा जिन कारकों तथा आयामों का सामान्यतः मापन किया जाता है, वे हैं–प्रवाहिकता (fluency) लचीलापन (flexibility), मौलिकता (originality), विकेन्द्रित चिंतन (divergent thinking) और विस्तारीकरण (elaboration) आदि।

अब हम यहां पर एक विदेशी मानकीकृत परीक्षण तथा एक भारतीय मानकीकृत परीक्षण की सहायता से सृजनात्मकता के इन अवयवों के मापन को प्रस्तुत कर रहे हैं।

टोरेन्स सृजनात्मक चिंतन परीक्षण (Torrance Tests of Creative Thinking)

इस परीक्षण में एक शाब्दिक तथा दूसरा अशाब्दिक दो परीक्षण शामिल हैं। यह सुप्रसिद्ध अमेरिकन मनोवैज्ञानिक ई. पोल टोरेन्स ने विकसित किया था। किंडरगार्टन से लेकर स्नातक तक के बच्चों की सृजनात्मकता परीक्षण करने के लिए इसका प्रयोग किया जा सकता है।

शाब्दिक एवं अशाब्दिक प्रदर्शन के द्वारा सृजनात्मकता का परीक्षण करने के लिए टोरेन्स ने आकृतिजन्य परीक्षण पत्र ए (A) और बी (B) तथा शाब्दिक परीक्षण पत्र ए एवं बी का निर्माण किया। (इनमें से बी प्रपत्र, ए प्रपत्र के समरूप विकल्प हैं)।

आकृतिजन्य प्रारूप अशाब्दिक परीक्षण तकनीक (The Figural Form Non-verbal Testing Device)

इस प्रकार के परीक्षण में जिन क्रियाओं का प्रयोग किया जाता है उनकी प्रकृति अशाब्दिक होती है। इसमें व्यक्ति को कुछ अशाब्दिक क्रियाओं को सम्पन्न करना होता है। जैसे–चित्र बनाना या परीक्षण प्रश्न के प्रत्युत्तर में कोई चीज बनाना। इस परीक्षण में तीन उप-परीक्षण होते हैं, जिनका वर्णन नीचे किया जा रहा है:

(i) **आकृति या चित्र पूर्ति परीक्षण** (Figure or picture completion test)—इस उप-परीक्षण में कुछ अधूरी आकृति दी जाती हैं और प्रयोज्य (Subject) को अपनी इच्छानुसार उस आकृति को पूरा करने के लिए कहा जाता है।

(ii) **चित्र या आकृति निर्माण परीक्षण** (Picture or figural construction test)—इस उप-परीक्षण में प्रयोज्य को एक रंगीन कागज का ऐसा टुकड़ा दिया जाता है (जो घुमावदार (curved) आकार में कटा हुआ होता है) और उससे एक ऐसी आकृति या चित्र के बारे में सोचने के लिए कहा जाता है जिसका यह टुकड़ा एक भाग या हिस्सा हो सकता हो।

(iii) **समानान्तर रेखा परीक्षण** (Parallel lines test)—इस उप-परीक्षण में सीधी रेखाओं के अनेक जोड़े (Paris) दिए जाते हैं और प्रयोज्य से, रेखाओं के इन जोड़ों का प्रयोग करते हुए अधिक से अधिक चित्र, वस्तु या आकृति बनाने के लिए कहा जाता है।

शाब्दिक प्रारूप (The Verbal Form)

इस परीक्षण में प्रयुक्त विभिन्न शाब्दिक व्यवहार प्रक्रियायें निम्न प्रकार की होती हैं:

1. **पूछना और अनुमान लगाना** (Ask and guess type)—इसमें बच्चों से इस प्रकार के प्रश्न पूछे जाते हैं जिनसे परिणामों (Consequences) को ध्यान में रखते हुए विभिन्न परिकल्पनाओं (Hypotheses) का निर्माण करने संबंधी सृजनात्मक योग्यता का परिचय मिल सके।
2. **वस्तु विशेष की समुन्नति** (Product improvement type)—यहां बालकों से किसी वस्तु विशेष जैसे खिलौने या मशीन को उन्नत बनाने से संबंधित विभिन्न सुझाव आमंत्रित किये जाते हैं।
3. **अप्रचलित उपयोग बताना** (Unusual uses type)—इसमें बालकों से यह पूछा जाता है कि वह किसी वस्तु विशेष को उसके प्रचलित उपयोगों के अतिरिक्त और कितने ढंगों से काम में ला सकते हैं। यहाँ जिस प्रकार के असाधारण और अप्रचलित उपयोग बच्चे के द्वारा बताए जाते हैं उसी मात्रा में उसे उतना ही सृजनशील कहा जाता है।
4. **असाधारण प्रश्न करना** (Unusual questions type)—यहाँ किसी वस्तु विशेष या विचार के संदर्भ में बच्चों के द्वारा जितने विचित्र और असाधारण प्रश्न पूछे जाते हैं उसके आधार पर उनकी सृजनात्मकता आंकी जाती है।
5. **कल्पना क्षमता निर्धारण** (Just suppose type)—यहाँ बच्चों के सामने असाधारण और विचित्र किस्म की परिस्थितियाँ रखी जाती हैं और उनसे संभावित आगे की घटना या परिणामों के बारे में पूछा जाता है।

बकर मेहदी सृजनात्मक परीक्षण (Baqer Mehdi's Tests of Creativity)

इस परीक्षण को डा. बकर मेहदी ने विकसित किया है तथा नेशनल साइकोलोजीकल कार्पोरेशन आगरा ने प्रकाशित किया है। इस परीक्षण में चार शाब्दिक और तीन अशाब्दिक उप-परीक्षण शामिल हैं।

शाब्दिक प्रारूप (Verbal from)—शाब्दिक प्रारूप में निम्न प्रकार के चार उप-परीक्षण शामिल हैं:

1. **परिणाम परीक्षण** (Consequence test)—अवधि 12 मि.।

इस उप-परीक्षण में विभिन्न प्रकार के प्रश्न पूछकर ऐसी परिस्थितियां प्रदान की जाती हैं जिनमें प्रयोज्य को, उन परिस्थितियों में घटित अधिक से अधिक संभावित परिणामों के बारे में सोचने का अवसर मिल सके, जैसे–

(i) अगर हम सभी पक्षी की भांति उड़ सकते तो क्या होता?

(ii) अगर तुम्हारे विद्यालय के पहिये लग जायें तो क्या होगा?

(iii) अगर आदमी को भोजन की जरूरत न रहे तो क्या होगा?

2. **अप्रचलित उपयोग परीक्षण** (Unusual uses test)—अवधि 15 मि.।

इस उप-परीक्षण में निम्न प्रकार के कथनों का समावेश होता है:

(i) आपको एक पत्थर का टुकड़ा दिया गया है। बताइए उसे आप कितने नए, रोचक और अप्रचलित तरीके से (जितना भी आप सोच सकते हैं) प्रयोग में ला सकते हैं?

(ii) आपके पास एक लकड़ी की छड़ी है। बताइए आप उसे कितने विविध, नए, रोचक और अप्रचलित तरीकों में इंस्तेमाल कर सकते हो।

3. **नवीन संबंध परीक्षण** (New relationship test)—अवधि 15 मि.।

इसमें निम्न प्रकार के प्रश्न होते हैं:

नीचे दिए हुए शब्द युग्मों के बीच अधिक से अधिक जितने भी सम्बन्धों की कल्पना की जा सकती है, उनका उल्लेख कीजिए–

(i) पेड़ तथा घर

(ii) कुर्सी तथा सीढ़ी

(iii) वायु एवं जल

4. **उत्पाद उन्नयन परीक्षण** (Product improvement test)—अवधि 6 मि.।

इस उप-परीक्षण में निम्न प्रकार के प्रश्न होते हैं:

आपके पास एक खिलौना घोड़ा है। इसे अधिक उपयोगी और रोचक बनाने के लिए ज्यादा से ज्यादा किन वस्तुओं के द्वारा अधिक से अधिक सुधार किए जा सकते हैं।

अशाब्दिक प्रारूप (Non-verbal Form)

(i) **चित्र निर्माण परीक्षण** (Picture construction tests)—अवधि 20 मि.।

इस उप-परीक्षण में निम्न प्रकार के प्रश्न शामिल होते हैं:

नीचे दिए गए चित्र 12.1 में दो ज्यामितीय आकृतियाँ हैं। इनमें से एक अर्द्ध वृत्त है और दूसरा रोमबस (Rhombus) है। इन आकृतियों का प्रयोग करते हुए विभिन्न प्रकार के चित्रों का निर्माण कीजिए। प्रत्येक चित्र के लिए अलग-अलग शीर्षक भी दीजिए।

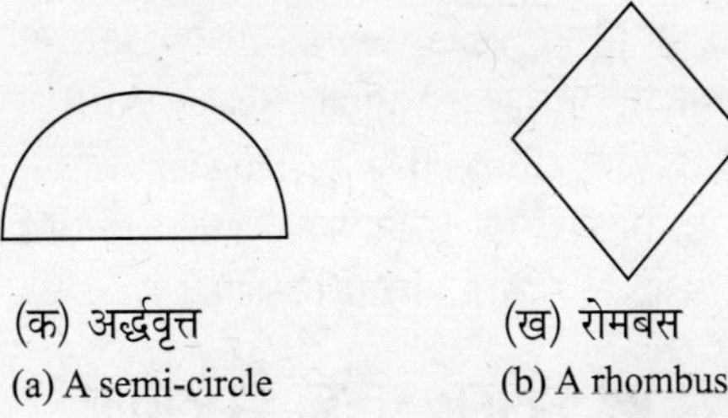

(क) अर्द्धवृत्त (a) A semi-circle

(ख) रोमबस (b) A rhombus

चित्र 12.1 सृजनात्मक चित्र निर्माण परीक्षण

(ii) **रेखा आकृति आपूर्ति परीक्षण** (Line-figure completion tests)—अवधि 15 मि.

आगे चित्र 12.2 में 10 अधूरी रेखा आरेख दिए गए हैं। इनमें से प्रत्येक का उपयोग करते हुए सार्थक एवं रोचक चित्रों का निर्माण कीजिए और सभी के लिए अलग-अलग उचित शीर्षक भी प्रदान कीजिए।

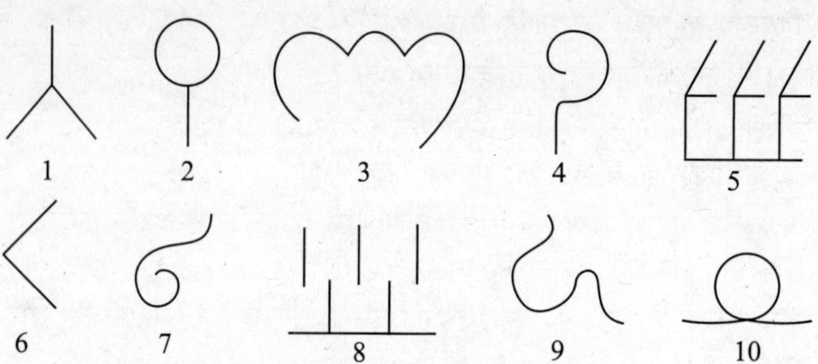

चित्र 12.2 रेखा आकृति आपूर्ति परीक्षण

(iii) **चित्र निर्माण परीक्षण** (Picture construction test)—अवधि 10 मि.।

इस उप-परीक्षण में निम्न प्रकार के प्रश्न होते हैं:

आपको यहां सात विभिन्न प्रकार के त्रिभुज और सात विभिन्न प्रकार की अंडाकार आकृतियाँ दी जा रही हैं। इन सभी आकृतियों को उनके विभिन्न संयोजनों में काम मे लाते हुए जितने भी विविध प्रकार के सार्थक और रोचक चित्र बनाए जा सकते हैं, बनाइए।

उपरोक्त वर्णित इन दोनों सृजनात्मक परीक्षणों (और ऐसे ही ऊपर सृजनात्मक परीक्षणों में जो हमारे देश या बाहर के देशों में विकसित किये गये हैं।) में शामिल दोनों प्रकार के शाब्दिक और अशाब्दिक कार्यों को सृजनात्मक की परिचायक कुछ विशेष योग्यताओं जैसे प्रवाहिकता (Fluency), मौलिकता (Originality), लचीलापन (Flexibility) तथा विस्तारीकरण (Elaboration) के संदर्भ में परख इनके लिये विभिन्न अंक प्रदान किये जाते हैं। इन प्रदत्त अंकों का कुल योग सृजनात्मक परीक्षण में प्राप्त सृजनात्मकता का बोध कराता है। जितने अधिक अंक कोई बालक अर्जित करता है, उसे उतना ही सृजनशील माना जाता है। परन्तु इस घोषणा को अधिक विश्वसनीय बनाने हेतु यहां जरूरी हो जाता है कि बालक की सृजनात्मकता को किसी और तरीके से भी परखा या जांचा जाये।

परीक्षण रहित तकनीकों का प्रयोग (Uses of non-testing devices)—सृजनात्मक परीक्षणों द्वारा सृजनशीलता के मापन के पश्चात् अधिक पुष्टि के लिये व्यवहार जांच करने वाली अन्य तकनीकों का प्रयोग भी किया जाना चाहिए। इन तकनीकों का सूक्ष्म परिचय नीचे दिया जा रहा है।

बालकों के सृजनात्मक व्यवहार की जांच करने के लिए व्यवहार मापन में प्रयुक्त सामान्य तकनीकों का प्रयोग भी किया जा सकता है। प्राकृतिक निरीक्षण विधि (Naturalistic Observation Method), परिस्थितिगत परीक्षण (Situational Test), रेटिंग स्केल (Rating Scale), साक्षात्कार (Interview), व्यक्तित्व परिसूची (Personality Inventory), रुचि प्रश्नावली (Interest Inventory), अभिवृत्ति परीक्षण (Attitude Scale), अभिरुचि परीक्षण (Aptitude Test), मूल्य अनुसूची (Value Schedule), प्रक्षेपी तकनीक (Projective Techniques) आदि इसी प्रकार की तकनीकें हैं जिनका प्रयोग सृजनात्मक व्यवहार से संबंधित विशेष गुणों एवं सृजनात्मक व्यक्तित्व संबंधी विशेषताओं के निदान एवं मापन के लिए किया जाता है। इन व्यवहार एवं गुणों का संक्षिप्त परिचय निम्नांकित है।

सृजनात्मक बालक के व्यक्तित्व एवं व्यवहार संबंधी विशेषताएँ (Personality and Behaviour Characteristics of a Creative Child)

सृजनात्मक बालक के व्यवहार में प्रायः निम्न गुणों एवं विशेषताओं की झलक मिलती है:

1. वह विचार और कार्य में मौलिकता का प्रदर्शन करता है।
2. वह समायोजन में सक्षम होता है एवं उसकी साहसिक कार्यों में प्रवृत्ति होती है।

3. वह एकरसता और उबाऊपन की अपेक्षा कठिन और टेढ़े-मेढ़े जीवन पथ से आगे बढ़ना पसन्द करता है।
4. उसकी स्मरण शक्ति अच्छी होती है और उसके ज्ञान का दायरा भी विस्तृत होता है।
5. उसमें चुस्ती, सजगता, ध्यान एवं एकाग्रता की प्रचुरता होती है।
6. उसकी प्रकृति जिज्ञासामय पाई जाती है।
7. वह भविष्य के प्रति आशावान और दूर दृष्टि वाला होता है।
8. उसमें स्वयं निर्णय लेने की पर्याप्त योग्यता होती है।
9. वह अस्पष्ट, गूढ़ एवं अव्यक्त विचारों में रुचि रखता है।
10. वह प्रायः अपने विचित्र एवं मूर्खता भरे विचारों के लिए प्रसिद्धि अर्जित करता है।
11. जटिलता, अपूर्णता, असमरूपता के प्रति उसका लगाव होता है और वह खुले दिमाग से सोचने में विश्वास रखता है।
12. समस्याओं के प्रति उसमें उच्च स्तर की संवेदना पाई जाती है।
13. उसकी विचार अभिव्यक्ति में अत्यधिक प्रवाहात्मकता (Fluency) पाई जाती है।
14. अपने व्यवहार में वह आवश्यक लचीलेपन का परिचय देता है।
15. उसमें अपने सीखने या प्रशिक्षण को एक परिस्थिति से दूसरी परिस्थिति में स्थानान्तरण करने की योग्यता पाई जाती है।
16. उसमें उच्च स्तर की विशेष कल्पनाशक्ति, जिसे सृजनात्मक कल्पना का नाम दिया जाता है, पाई जाती है।
17. उसके सोचने-विचारने के ढंग में केन्द्रीयकरण (Convergence) एवं रूढ़िवादिता के स्थान पर विविधता (Divergence) एवं प्रगतिशीलता पाई जाती है।
18. उसमें विस्तारीकरण (Elaboration) की प्रवृत्ति पाई जाती है अर्थात् वह अपने विचारों, कार्यों एवं योजनाओं के अत्यंत सूक्ष्म पहलुओं पर ध्यान देता हुआ हर बात को अधिक विस्तार से कहना और करना चाहता है।
19. रहस्यपूर्ण, अज्ञात और अनजान से वह भयभीत नहीं होता।
20. समस्या के किसी नवीन हल एवं समाधान तथा योजना के किसी नवीन प्रारूप का उसकी ओर से सदैव स्वागत ही किया जाता है और इस दिशा में वह स्वयं भी अथक प्रयास करता रहता है।
21. वह अपने 'आत्म' को महान् सृजक परमात्मा की भांति सृजनकर्त्ता मानता है और उसे अपनी सृजन की हुई वस्तुओं एवं विचारों में गौरव एवं संतुष्टि का बोध होता है।
22. वह अपने समय एवं शक्ति को व्यर्थ में ही अपने 'आत्म' से लड़ने अथवा उसकी रक्षा करने में नहीं गंवाता अतः उसके पास अपनी रचना एवं सृजन कार्यों से आनंदित होने के लिए पर्याप्त समय एवं शक्ति रहती है।
23. उसमें उच्च स्तर की सौन्दर्यात्मक अनुभूति, ग्राह्यता एवं परख क्षमता पाई जाती है।
24. अन्य सामान्य बालकों की अपेक्षा उसमें आत्म-सम्मान के भाव और अहं के तुष्टिकरण की आवश्यकता कुछ अधिक ही पाई जाती है। वह आत्म-अनुशासित होता है तथा अन्याय और बुराइयों के साथ उसकी कभी पटरी नहीं बैठती। अपने इन गुणों के कारण ही उसे बहुधा गलत समझा जाता है तथा अनुशासनहीन, झगड़ालू एवं विद्रोही तक की संज्ञा दे दी जाती है।
25. वह अपने व्यवहार और सृजनात्मक उत्पादन में विनोदप्रियता, आनंद, उल्लास, स्वच्छंद एवं स्वतंत्र अभिव्यक्ति तथा बौद्धिक स्थिरता का प्रदर्शन करता है।
26. अपने उत्तरदायित्व के प्रति वह काफी सजग होता है।

27. स्थिरता और पूर्णता के स्थान पर अस्थिर, संभावित एवं अपूर्ण वर्तमान को स्वीकार कर आगे बढ़ने की योग्यता उसमें पाई जाती है। विपरीत एवं विरोधी व्यक्तियों तथा परिस्थितियों को सहन करने तथा उनसे सामंजस्य स्थापित करने की क्षमता भी उसमें पाई जाती है।
28. उसकी कल्पना एवं दिव्य स्वप्नों का संसार भी काफी अद्भुत एवं महान होता है। सामान्य बालक की तुलना में वह अपना काफी समय इस सुनहरे संसार में विचरण हेतु व्यतीत करने का आदी पाया जाता है।
29. सृजन के समय अगर मस्तिष्क की सोचने-विचारने संबंधी प्रक्रिया का कोई ग्राफ अगर प्राप्त किया जाए तो सृजनशील बालक की मस्तिष्क प्रक्रिया अन्य बालक की तुलना में काफी अलग दिखाई पड़ सकती है।
30. वह दूसरों के विचारों का आदर करता है तथा अपने सुझावों के विरोध का बुरा नहीं मानता।
31. उसकी अभिव्यक्ति में सदैव स्वाभाविकता एवं सहजता पाई जाती है।

सृजनात्मकता सिद्धान्त (Theories of Creativity)

सृजनात्मकता की प्रकृति, प्रक्रिया तथा कुछ व्यक्तियों में यह कम या उच्च स्तरीय रूप में क्यों विद्यमान होती है यह बताने के लिये विद्वानों ने विभिन्न सृजनात्मक सिद्धान्तों को सामने रखा है, इनमें से कुछ आम प्रचलित सिद्धान्तों की हम आगे चर्चा करना चाहेंगे।

दैवीय प्रेरणा या ईश्वरीय दैन सिद्धान्त (Divine Inspiration or God-given Gift Theory)

सृजनात्मकता संबंधी यह पुरातन सिद्धान्त यह बताता है कि व्यक्तियों में पाई जाने वाली सृजनात्मकता ईश्वरीय दैन होती है और इसका वितरण सभी व्यक्तियों में एक जैसा नहीं होता। यही कारण है कि किसी में इसकी काफी प्रचुरता पाई जाती है जबकि किसी में इसका नितान्त अभाव। एक व्यक्ति उसी सीमा तक सृजनात्मकता से लैस होता है जिस सीमा तक ईश्वरीय दैन के रूप में इसकी उपलब्धि रहती है। भाग्य और ईश्वरीय दैव पर आश्रित सृजनात्मकता की उपस्थिति होने का दावा करने वाले इस सिद्धान्त को आज के इस वैज्ञानिक प्रगति युग में अब कोई अधिक मान्यता नहीं प्रदान की जाती और इस दृष्टि से हमें सृजनात्मकता संबंधी स्पष्टीकरण हेतु कुछ अधिक तर्कयुक्त सिद्धान्तों पर विचार करना होगा।

टेलर का सृजनात्मकता संबंधी स्तरीय सिद्धान्त (Taylor's Level Theory of Creativity)

आई.ए. टेलर (I.A. Taylor, 1975) द्वारा प्रतिपादित सृजनात्मकता संबंधी स्तरीय सिद्धान्त यह बताता है कि इस संसार में व्यक्तियों में पाई जाने वाली सृजनात्मकता अपने पंच स्तरीय स्वरूपों में विद्यमान रहती है। जिस स्तर की सृजनात्मकता व्यक्ति विशेष में पाई जाती है उसी के अनुरूप व्यक्ति को उतना ही सृजनशील माना जाता है। सृजनात्मकता के इन पाँच स्तरों (जो एक क्रमिक आरोही क्रम (Ascending hierarchy) में विद्यमान होते हैं) को निम्न प्रकार सामने रखा जा सकता है।

(i) **अभिव्यक्त सृजनशीलता** (Expressive creativity)—इस स्तर की सृजनशीलता से युक्त व्यक्ति उत्पाद या प्रतिफल की मौलिकता और गुणवत्ता पर कोई ध्यान दिये बिना अपनी स्वाभाविक अभिव्यक्ति को अच्छी तरह सामने लाते हुये दिखाई देते हैं।

(ii) **उत्पादक सृजनशीलता** (Productive creativity)—इस स्तर की सृजनशीलता से युक्त व्यक्ति किसी नवीन उत्पाद को सामने लाने की क्षमता का प्रदर्शन करते हुये दिखाई देते हैं।

(iii) **आविष्कारशील सृजनशीलता** (Inventive creativity)—इस स्तर की सृजनशीलता से युक्त व्यक्ति इस प्रकार के चातुर्य से युक्त होता है जिससे वह पुरानी वस्तुओं/विचारों का नवीन ढंग से उपयोग कर सके।

(iv) **नवाचारात्मक सृजनशीलता** (Innovative creativity)—इस स्तर की सृजनशीलता से युक्त व्यक्ति अपनी अति विकसित सूक्ष्म संप्रत्ययीकरण योग्यता के सहारे नये और मौलिक विचारों या सिद्धातों को जन्म देने के कौशल का प्रदर्शन करता है।

(v) **उद्‌भवशील सृजनशीलता** (Emergentive creativity)—पाँचवें तथा सर्वोच्च स्तर पर विराजमान इस प्रकार की सृजनशीलता बहुत ही कम व्यक्तियों में देखने को मिलती है। इस प्रकार की सृजनशीलता से युक्त व्यक्तियों द्वारा किसी भी कला या विज्ञान से संबंधित विषय से संबंधित बहुत ही सूक्ष्म कोटि के वैचारिक सिद्धान्त या मान्यतायें सामने लाई जाती हैं।

सृजनशीलता का गोलार्द्ध सिद्धान्त (Hemisphere Theory of Creativity)

इस सिद्धान्त के अनुसार व्यक्ति विशेष की सृजनात्मक चेष्टायें तथा कार्य उसके मस्तिस्क के दोनों गोलार्द्धों (Two hemisphers of the brain) के बीच चलने वाली अन्तःक्रिया का प्रतिफल होती है। एक तरह से यह सिद्धान्त सृजनात्मकता के विकास और कार्य व्यापार को एक सशक्त जैविक/शारीरिक आधार प्रदान करता है। मस्तिस्क के गोलार्द्धों के कार्य व्यापार संबंधी अध्ययन/अन्वेषण विशेषकर जिन्हें क्लार्क (Clark, 1983) तथा किटानों एवं किरबी (Kitano and Kirby, 1986) द्वारा दिया गया है, स्पष्ट रूप से यह दिखाते हैं कि सृजनशील व्यक्तियों में उनका दायां गोलार्द्ध अधिक सशक्त और आधिपत्यपूर्ण पाया जाता है वहीं वायें गोलार्द्ध के आधिपत्य में युक्त व्यक्ति तार्किक एवं क्रमवद्ध चिन्तन शीलता के गुण से ओतप्रोत होते हैं।

सृजनात्मकता का मनोविश्लेषणात्मक सिद्धान्त (Psychoanalytic Theory of Creativity)

मनोविश्लेषणात्मक संप्रदाय व्यक्ति की सृजनशीलता को उसके संवेगों के उफान को एक उचित मार्ग तथा रूपान्तरण प्रदान करने के तरीके या प्रतिफल के रूप मे देखने का प्रयत्न करता है। इस संप्रदाय की नींव रखने वाले प्रसिद्ध मनोवैज्ञानिक फ्रायड के अनुसार किसी सृजनकर्त्ता का सृजन और कुछ नहीं बल्कि अपनी दमित इच्छाओं, जो प्रायः यौन अतृप्ति से संबंध रखती है, को अभिव्यक्ति का मार्ग प्रदान करना है। इस दृष्टि से मनोविश्लेषणात्मक सिद्धान्त के अनुसार इस संसार में जितना भी कलात्मक कार्य है उसमें से अधिकतर और विशेषतया जिसका संबंध सुन्दर और आकर्षक युवक एवं युवतियों को प्रदर्शित करना होता है, दमित यौन/लैंगिक भावनाओं अभिलाषाओं तथा इच्छाओं की अभिव्यक्ति से ही होता है। इसी तरह बहुत से लेखकों और कवियों जैसे तुलसीदास, मीराबाई, रसखान, केशव आदि की रचनायें भी उदात्तीकरण (sublimation) का ही एक रूप हैं जिसमें अतृप्त कामेच्छाओं को सामाजिक मान्यता के दायरे में संतृप्त करने का प्रयास किया गया है। लिविडो या यौन भावनाओं के उफान से जुड़ी हुई बातों के अलावा मनोविश्लेषणात्मक सिद्धान्त के अनुसार व्यक्ति का अचेतन मन (unconscious mind) भी सृजनशील अभिव्यक्ति में काफी महत्वपूर्ण योगदान देता है।

फ्रायड के बाद के मनोविश्लेषणवादियों जैसे क्रिस (Kris, 1952) कुबी (Kubie, 1958) और युंग (Jung, 1933) ने सृजनात्मक अभिव्यक्ति के स्पष्टीकरण हेतु एक अलग ही रास्ता अपनाया। उन्होंने इस कार्य के लिये फ्रायड के अचेतन स्थित यौन केन्द्रित स्पष्टीकरण को अस्वीकार करते हुये अचेतन मन (unconscions mind) की जगह अग्रचेतन मन (pre-conscious mind) की भूमिका को महत्व दिया। युंग ने अपने विश्लेषणात्मक या गहन मनोविज्ञान (Analytical or depth psychology) की विचारधारा को अपनाते हुये सृजनात्मकता के स्पष्टीकरण हेतु संग्रहीत अचेतन (collective unconsious) की अवधारणा को सामने रखा। परन्तु समय के साथ-साथ इन सभी मनोविश्लेषणवादियों द्वारा प्रतिपादित सृजनात्मकता संबंधी विचारों को एक-एक करके काफी आलोचनाओं का शिकार होना पड़ा। मुख्य रूप से सृजनशीलता के स्पष्टीकरण हेतु इनकी अचेतन या अग्र चेतन अभिप्रेरणा पर अतिनिर्भरता तथा पिछले कुछ अनुभवों, तथा अन्तःद्वन्द्वों को सृजनशीलता सहित सभी प्रकार के व्यवहार की कुंजी मानने का काफी विरोध हुआ और परिणामस्वरूप आज मनोविश्लेषणात्मक सिद्धान्त को सृजनशीलता के स्पष्टीकरण हेतु कोई अधिक उपयोगी सिद्धान्त नहीं माना जाता।

सृजनात्मकता का अरेती द्वारा प्रतिपादित सिद्धान्त (Arieti's Theory of Creativity)

प्रसिद्ध विद्वान अरेती (Arieti, 1976) द्वारा प्रतिपादित सृजनशीलता सिद्धान्त सृजनशीलता की अवधारणा, प्रक्रिया तथा प्रतिफल के स्पष्टीकरण हेतु आधुनिक विचारधारा का प्रतिनिधित्व करता है इस सिद्धान्त की मुख्य मान्यताओं को संक्षेप में निम्न प्रकार व्यक्त किया जा सकता है:

(i) सृजनात्मकता तथा मानसिक रूप से अस्वस्थता दोनों में इस दृष्टि से समानता दिखाई देती है कि दोनों में वास्तविकता का रूपान्तरण होता है। परन्तु इनमें इस बात को लेकर काफी अंतर रहता है कि जहाँ सृजनशील व्यक्ति द्वारा वास्तविकता में परिवर्तन या रूपान्तरण लाने का प्रयोजन किसी महान सामाजिक उद्देश्य की पूर्ति और आत्म साक्षात्कारीकरण होता है वहीं साइकोटिक्स व्यक्तियों (Psychotics) द्वारा वास्तविकता में किया जाने वाला परिवर्तन उनके अपने स्वप्नों के संसार तक ही सीमित रहता है उससे उनके स्वयं का तथा समाज का कोई भला नहीं होता।

(ii) यह कहना कि सृजनशील व्यक्ति एक तरह से मानसिक रोगी ही है ठीक नहीं है। असल में वे मानसिक रूप से बेहद इस तरह स्वस्थ तथा चुस्त होते हैं कि जिनमें अपनी मानसिक शक्तियों और ऊर्जा को कुछ नवीन तथा मौलिक सृजन की आपार क्षमता होती है।

(iii) सृजनात्मक प्रक्रिया एक तरह से दो विभिन्न प्रक्रियाओं (प्राथमिक तथा द्वितीयक) का जादुई विशेषण (Magic synthersis) है और इसलिये इसे तृतीयक प्रक्रिया (Tertiary process) का दर्जा दिया जाता है।

प्राथमिक प्रक्रिया जैसा कि फ्रायड का कहना है कि जन्मस्थली व्यक्ति का इड (Id) तथा ईगो (Ego) के नाम से जाना जाने वाला मस्तिस्क का पुरातन भाग (primitive part) है। द्वितीयक प्रक्रिया विकसित मस्तिस्क द्वारा संचालित होती है तथा इसके द्वारा चेतन स्तर पर क्रमबद्ध तार्किक चिंतनयुक्त कार्य किये जाते हैं। अरेती (Arieti, 1976) के शब्दों में—*सृजनात्मक प्रक्रिया में ये दोनों प्राथमिक एवं द्वितीयक प्रक्रियायें बहुत अद्भुत तथा पेचीदा मेल-मिलाप में इस तरह कार्य करती हुई नजर आती हैं कि तर्कयुक्तता का तर्कहीनता के साथ संश्लेषण हो सके और इस प्रकार पुरातन/आदिम मस्तिष्क की अवहेलना किये बिना सृजनशील मस्तिष्क द्वारा इसे सामान्य मनोवैज्ञानिक प्रक्रियाओं के साथ अच्छी तरह समन्वित करने का कार्य अच्छी तरह किया जा सके। इसी प्रकार के उद्भुत तथा जादुई मेल से ही कुछ नये मौलिक, अप्रत्याशित तथा वांछित की सृष्टि या जन्म होता है।*

सृजनात्मकता के विकास की तकनीकें एवं विधियां
(Techniques and Methods of Fostering Creativity)

सृजनात्मकता को पल्लवित एवं पोषित करने के लिए उचित वातावरण एवं देखरेख की आवश्यकता होती है। यदि इसे उचित प्रशिक्षण, शिक्षा तथा अभिव्यक्ति के पर्याप्त अवसर प्रदान न किए जाएँ तो यह व्यर्थ चली जाती है। इसके अतिरिक्त जैसा कि हम पहले कह चुके हैं, सृजनात्मकता सार्वभौमिक होती है, इस पर कुछ एक प्रतिभा संपन्न व्यक्तियों का एकाधिकार नहीं होता। हम में से प्रत्येक व्यक्ति कुछ न कुछ मात्रा में सृजनात्मकता योग्यताएँ रखता है।

अतः अध्यापकों तथा माता-पिताओं के लिए यह आवश्यक है कि वे बालकों की सृजनात्मक योग्यता के विकास के लिए उचित वातावरण तथा स्थितियों की व्यवस्था करें। यह समस्या कठिन अवश्य है, परन्तु इसका समाधान भी है। उचित अभिप्रेरणा तथा परिस्थितियों द्वारा सृजनात्मक योग्यताओं को विकसित किया जा सकता है। मौलिकता, लचीलापन, प्रवाहात्मक विचारधारा, विविध-चिंतन, आत्मविश्वास, सतत्-परिश्रम, संवेदनशीलता, संबंधों को देखने तथा बनाने की योग्यता—आदि कुछ ऐसी योग्यताएं हैं जिनका विकास सृजनात्मकता के विकास में सहायक सिद्ध हो सकता है। इन योग्यताओं को विकसित करने के लिए अग्रांकित सुझाव सहायक सिद्ध हो सकते हैं:

1. **उत्तर देने की स्वतंत्रता** (Freedom to respond)—अक्सर देखा जाता है कि अध्यापक और माता-पिता अपने बच्चों से पुराने पिटे-पिटाए उत्तर की आशा रखते हैं। इससे बच्चों में सृजनात्मकता विकसित नहीं होती। अतः हमें बच्चों को उत्तर देने के लिए पर्याप्त स्वतंत्रता प्रदान करनी चाहिए। उन्हें समस्या के समाधान के लिए अधिक से अधिक विचारों का चिंतन करने के लिए उत्साहित करना चाहिए।

2. **अहं-अभिव्यक्ति के लिए अवसर** (Opportunity for ego involvement)—"यह मेरी रचना है", "मैंने इसे हल किया है"–यह भावना बच्चों को अत्यधिक संतुष्टि प्रदान करती है। वस्तुतः वे तभी सृजनात्मक कार्यों में निश्चित रूप से जुटते हैं जब उनमें उनका 'अहं' निहित हो अर्थात् जब वे अनुभव करें कि उन्हीं के प्रयासों से ही अमुक सृजनात्मक कार्य संभव हो सका है। अतः हमें बच्चों को ऐसे अवसर प्रदान करने चाहिए जिनसे उन्हें 'अनुभव' हो कि यह सृजन उनके द्वारा ही संपन्न हुआ है।

3. **मौलिकता तथा लचीलेपन को प्रोत्साहित करना** (Encouraging originality and flexibility)—बच्चों में किसी भी रूप में विद्यमान मौलिकता को प्रोत्साहित करना चाहिए। 'तथ्यों' का अंधाधुंध अनुसरण करना, जैसी की तैसी नकल कर देना, निष्क्रिय भाव से ज्ञान प्राप्त करना, रटना आदि सृजनात्मक अभिव्यक्ति में बाधक होते हैं। अतः इन पर यथासंभव नियंत्रण रखना चाहिए। किसी समस्या का समाधान करते समय या किसी काम को सीखते समय यदि वे अपनी विधियों को परिवर्तित करना चाहते हैं तो उनको प्रोत्साहन मिलना चाहिए।

4. **झिझक और डर को दूर करना** (Removal of the hesitation and fear)—कई बार (विशेषकर हमारे जैसे देशों में जहां हीन भावना अत्यधिक मिलती है) डर तथा हीन भावना से मिश्रित झिझक सृजनात्मक अभिव्यक्ति में बाधा डालती है। कई बार हमने लोगों को यह कहते सुना है "मैं जानता हूं कि मेरा मतलब क्या है लेकिन मैं दूसरों के सामने लिख या बोल नहीं सकता।" इस प्रकार के डर या झिझक के कारणों को यथासंभव दूर करने का प्रयास करना चाहिए। अध्यापक एवं माता-पिताओं को चाहिए कि वे इस प्रकार के बच्चों को कुछ कहने या लिखने की प्रेरणा दें।

5. **सृजनात्मक अभिव्यक्ति के लिए उचित अवसर एवं वातावरण प्रदान करना** (Providing appropriate opportunities and atmosphere for creative expression)—बच्चों में सृजनात्मकता को बढ़ावा देने के लिए स्वस्थ एवं उचित वातावरण की व्यवस्था करना अत्यंत आवश्यक है। सीखने और प्रयोग करने, ज्ञान की निष्क्रिय प्राप्ति या निजी प्रयत्नों द्वारा ज्ञान प्राप्ति एवं निश्चित स्थिरता तथा जोखिम में पर्याप्त संतुलन स्थापित किया जाना चाहिए। बच्चे की जिज्ञासा तथा सहनशीलता को किसी भी सूरत में दबाना नहीं चाहिए। सृजनशील अभिव्यक्ति के अवसर प्रदान करने के लिये हम पाठ्य-सहगामी क्रियाओं, सामाजिक उत्सवों, धार्मिक मेलों, प्रदर्शनों आदि का प्रयोग कर सकते हैं। नियमित कक्षा-कार्य को भी इस प्रकार व्यवस्थित किया जा सकता है जिससे बच्चों में सृजनात्मक चिंतन का विकास हो।

6. **बच्चों में स्वस्थ आदतों का विकास करना** (Developing healthy habits among children)—श्रमशीलता, आत्म-निर्भरता, आत्म-विश्वास-आदि कुछ ऐसे गुण हैं जो सृजनात्मकता में सहायक होते हैं। बच्चों में इन गुणों का निर्माण करना चाहिए। इसके अतिरिक्त उन्हें अपनी सृजनात्मक अभिव्यक्ति पर हो रही आलोचना के विरुद्ध खड़े रहने का भी प्रशिक्षण देना चाहिए। उन्हें यह बात अनुभव करनी चाहिए कि जो कुछ उन्होंने रचा है वह अनुपम है और उसके द्वारा वह चीज़ अभिव्यक्त हो रही है जिसे वे अभिव्यक्त करना चाहते हैं।

7. **समुदाय के सृजनात्मक साधनों का प्रयोग करना** (Using the creative resources of the community)—बच्चों को सृजनात्मक-कला केन्द्रों तथा वैज्ञानिक एवं औद्योगिक निर्माण-केंद्रों की यात्रा करनी चाहिए। इससे उन्हें सृजनात्मक कार्य करने की प्रेरणा मिलेगी। कभी-कभी कलाकारों, वैज्ञानिकों तथा अन्य सृजनशील व्यक्तियों को भी स्कूल में आमंत्रित करना चाहिए। इस प्रकार बच्चों के ज्ञान-विस्तार में सहायता मिल सकती है और उनमें सृजनशीलता को बढ़ावा दिया जा सकता है।

8. **अपना उदाहरण एवं आदर्श प्रस्तुत करना** (Proving the self example and ideals)—यह कथन सत्य है कि "अपना उदाहरण सिद्धांत से अच्छा होता है।" बच्चे हमेशा अनुसरण करते हैं। जो अध्यापक और माता-पिता हमेशा पिटे-पिटाये

रास्ते पर चलते हैं, जीवन में खतरे मोल लेकर मौलिकता नहीं दिखाते, कोई नया अनुभव नहीं करते या कोई नया काम नहीं करते वे अपने बच्चों में सृजनात्मकता का विकास नहीं कर सकते। अतः उन्हें परिवर्तन, नवीनता तथा मौलिकता में विश्वास करना चाहिए। उनके शिक्षण तथा व्यवहार में सृजनप्रियता की झलक मिलनी चाहिए, तभी वे बच्चों में सृजनात्मकता का विकास कर सकते हैं।

9. **सृजनात्मक चिंतन के अवरोधों से बचना** (Avoidance of blocks to creative thinking)—परम्परावादिता (Conservatism), शिक्षण की त्रुटिपूर्ण विधियाँ, असहानुभूतिपूर्ण व्यवहार, बालकों में व्याप्त अनावश्यक चिंता एवं कुण्ठा, न बदले जाने वाली स्थिर और परंपरागत कार्य आदतें, पुराने विचारों आदर्शों और वस्तुओं के प्रति दुराग्रह और नवीन के प्रति भय और विरक्ति की भावना, छोटे-छोटे प्रत्येक कार्य में उपलब्धि की उच्च स्तर की मांग, परीक्षा में अधिक अंक अर्जित करने के कार्य को सर्वोच्चता, शिक्षकों और अभिभावकों का बालकों के प्रति निरंकुश और तानाशाही दृष्टिकोण, बालकों को लीक से हटकर सोचने या कार्य करने को निरुत्साहित करना आदि ऐसे अनेक कारण और परिस्थितियां हैं जिनसे बालकों में सृजनात्मकता के विकास और पोषण में बाधा पहुंचती है। अतः अध्यापक और अभिभावकों का यह कर्त्तव्य है कि वे सृजनात्मकता के शत्रु इन सभी कारणों और परिस्थितियों से बालकों की सृजनात्मकता को नष्ट होने से बचाने के लिए हर संभव प्रयत्न करें।

10. **पाठ्यक्रम का उचित आयोजन** (Proper organisation of the curriculum)—पाठ्यक्रम अपेक्षित व्यवहार परिवर्तन लाने की दिशा में महत्त्वपूर्ण भूमिका निभाता है। अतः विद्यालय पाठ्यक्रम को इस प्रकार आयोजित किया जाना चाहिए कि वह बालकों में अधिक से अधिक सृजनात्मकता विकसित करने में सहायक सिद्ध हो सके। कुछ निम्न उपाय इस दिशा में अधिक लाभप्रद हो सकते हैं:

(i) तथ्यों (Facts) की अपेक्षा संप्रत्ययों (Concepts) को पाठ्यक्रम के आयोजन का आधार बनाया जाना चाहिए।

(ii) सभी बालकों की सामान्यभूत आवश्यकताओं (Generalised needs) की पूर्ति के स्थान पर बालकों की व्यक्तिगत आवश्यकताओं (Individualized needs) की पूर्ति को ही पाठ्यक्रम द्वारा प्राथमिकता दी जानी चाहिए।

(iii) ''सत्य की खोज की जाती है वह स्वयं ही प्रकट नहीं होता।'' इस दार्शनिक दृष्टिकोण को पाठ्यक्रम के चयन और आयोजन में विशेष स्थान दिया जाना चाहिए।

(iv) पाठ्यक्रम काफी लचीला होना चाहिए और उसमें परीक्षा और मूल्यांकन की आवश्यकता से परे हटकर कुछ और पढ़ने-पढ़ाने एवं करने की पर्याप्त स्वतंत्रता होनी चाहिए।

संक्षेप में पाठ्यक्रम का आयोजन सब प्रकार से इस तरह किया जाना चाहिए कि उसके द्वारा सृजनशीलता में सहायक विभिन्न गुणों—प्रवाहात्मकता, लचीलापन, मौलिकता, विविधतापूर्ण चिंतन, अन्वेषणशीलता और विस्तारीकरण आदि के विकास में भरपूर सहयोग मिल सके।

11. **मूल्यांकन प्रणाली में सुधार** (Improvement in evaluation process)—जो कुछ भी विद्यालय में पढ़ा और पढ़ाया जाता है वह सब प्रकार से परीक्षा केंद्रित होता है। अतः जब तक परीक्षा और मूल्यांकन के ढांचे में अनुकूल परिवर्तन नहीं आता तब तक किसी भी शिक्षा व्यवस्था के द्वारा सृजनात्मकता का पोषण नहीं किया जा सकता। इसके लिए हमें रटन्त स्मृति (Rote memory), केंद्रित और एक-विध चिंतन (Convergent thinking), घिसे-पिटे एक से उत्तर अथवा अनुक्रियाओं की मांग आदि सृजनशीलता को नष्ट करने वाली बातों के स्थान पर परीक्षा प्रणाली में उन सभी बातों का समावेश करना चाहिए जिनके द्वारा विद्यार्थियों को ऐसे अधिगम अनुभव अर्जित करने के लिए प्रोत्साहन मिले जो सृजनात्मकता का पोषण और विकास करते हों।

12. **सृजनात्मकता के विकास के लिए विशेष तकनीकों का प्रयोग** (Use of special techniques for fostering creativity)—सृजनात्मकता के क्षेत्र में कार्य कर रहे अनुसंधानकर्त्ताओं ने बालकों में सृजनात्मकता के विकास के लिए जिन विशेष तकनीक एवं विधियों का उपयोग उचित ठहराया है, इनमें से कुछ का उल्लेख अग्रांकित है:

(a) **मस्तिष्क उद्वेलन** (Brain storming)—मस्तिष्क उद्वेलन एक ऐसी तकनीक एवं विधा है जिसके द्वारा किसी समूह विशेष से बिना किसी रोक-टोक, आलोचना, मूल्यांकन या निर्णय की परवाह किए बिना किसी समस्या विशेष के हल के लिए विभिन्न प्रकार के विचारों एवं समाधानों को जल्दी-जल्दी प्रस्तुत करने के लिए कहा जाता है और फिर विचार-विमर्श के बाद उचित हल एवं समाधान तलाशने का प्रयत्न किया जाता है।

तकनीक की प्रयोग विधि—मस्तिष्क उद्वेलन तकनीक को काम में लाने हेतु बालकों को एक समूह के साथ बिठाकर किसी समस्या विशेष का समाधान ढूंढने के लिए प्रेरित किया जाता है। उदाहरण के लिए कुछ समस्याएँ इस प्रकार की हो सकती हैं, यथा–'विद्यार्थियों में अनुशासनहीनता', 'देश में बढ़ती जनसंख्या अथवा बेरोज़गारी', 'अलगाववाद' और 'संप्रदायवाद की समस्या', 'विद्यालय पुस्तकालय की सेवाओं में सुधार', 'परीक्षाओं में बढ़ती हुई नकल की प्रवृत्ति' आदि। किसी एक समस्या पर बालकों का ध्यान केंद्रित करते हुए यह स्पष्ट बता दिया जाता है कि कोई भी बालक बिना किसी झिझक या हिचकिचाहट के अपने विचार व्यक्त करने एवं समाधान प्रस्तुत करने के लिए स्वतंत्र हैं। वे जितने भी समाधान प्रस्तुत करना चाहें, कर सकते हैं। इस तरह से पूरा का पूरा समूह समस्या विशेष पर समाधानों से युक्त अपने-अपने विचारों तथा सुझावों की एक आंधी सी ला देता है। इसी विचाररूपी आंधी में से रह-रह कर नये-नये समाधानों तथा सृजन के रूप में विद्युत छटा सी कौंधती रहती है और इस तरह सभी बालकों को सृजनात्मक चिंतन का पूरा-पूरा अवसर मिलता रहता है।

सृजनात्मकता के विकास में सहायक इस तकनीक से उचित लाभ उठाने की दिशा में कुछ निम्न बातों पर ध्यान देना विशेष उपयोगी सिद्ध हो सकता है:

(i) समूह में सभी को अपने विचार एवं सुझाव प्रस्तुत करने की पूरी स्वतंत्रता मिलनी चाहिए। कोई भी विचार या सुझाव सही या गलत नहीं है, बालकों को यह समझाकर पर्याप्त प्रोत्साहन दिया जाना चाहिए तथा साथ में यह भी बता देना चाहिए कि जिस समय सुझाव आमंत्रित किए जा रहे हों तब बीच में रोका-टोकी या आलोचना आदि कदापि नहीं की जानी चाहिए।

(ii) कोई भी बालक समस्या समाधान के लिए जितने विचार एवं विविध तरीके प्रस्तुत करना चाहे, कर सकता है। परंपरागत प्रतिमानों से हटकर असाधारण विचारों (Unusual ideas), समाधान और सुझावों को प्रोत्साहित करने का प्रयत्न किया जाना चाहिए।

(iii) बालकों द्वारा सर्वथा नये विचार और बिल्कुल ही अलग प्रकार के समाधान प्रस्तुत किये जायें, यह आवश्यक नहीं। वे दूसरों के द्वारा दिए गए विचारों में जितना भी फेर-बदल और परिवर्तन कर सकें अथवा पुराने विचारों एवं समाधानों को नवीन ढंग से प्रस्तुत कर सकें, ये भी सृजन में शामिल होता है अतः ऐसा करने को प्रोत्साहित किया जाना चाहिए।

(iv) अंत में मूल्यांकन और समालोचना का कार्य मिल बैठकर किया जाना चाहिए। जितने भी विचार एवं समाधान बालकों द्वारा प्रस्तुत किए जाएँ उन्हें लिखित रूप में समूह के सामने रखा जाना चाहिए और उन पर निष्पक्ष रूप से खुलकर चर्चा होनी चाहिये ताकि समस्या समाधान में सहायक उपयुक्त युक्तियों एवं विचारों का ठीक चयन हो सके।

(b) **शिक्षण प्रतिमानों का प्रयोग** (Use of teaching models)—शिक्षा शास्त्रियों द्वारा प्रतिपादित कुछ विशेष शिक्षण प्रतिमानों का प्रयोग भी बालकों की सृजनशीलता के विकास में पर्याप्त योगदान दे सकता है। उदाहरण के लिये ब्रूनर का संप्रत्यय उपलब्धि-प्रतिमान संप्रत्ययों को ग्रहण करने के अलावा बालकों को सृजनशील बनाने में भी सहयोग देता है और इसी तरह सचमैन का पूछताछ प्रशिक्षण प्रतिमान (Suchman's Inquiry Training Model) वैज्ञानिक ढंग से पूछताछ करने के कौशल को विकसित करने के अतिरिक्त सृजन में सहायक विशेष गुणों को विकसित करने में पर्याप्त सहायता करता है।

(c) **खेल एवं क्रीड़न तकनीकों का प्रयोग** (Use of playway and gaming techniques)—खेल-खेल में ही सृजनात्मकता का विकास करने की दृष्टि से क्रीड़न तकनीकों का अपना एक विशेष स्थान है। इस कार्य हेतु इन तकनीकों में जो प्रयोग सामग्री काम में लाई जाती है वह शाब्दिक (Verbal) और अशाब्दिक (Non-verbal) दोनों ही रूपों में होती है। शाब्दिक सामग्री के अंतर्गत प्रायः निम्न प्रकार के प्रश्न पूछे जाते हैं:

(i) जितनी भी गोल वस्तुओं के बारे में आप सोच सकते हैं, उन सभी के नाम बताइए।

(ii) एक चाकू को जितने विभिन्न ढंग से प्रयोग में लाया जा सकता है उनका उल्लेख कीजिए।

(iii) कुत्ता और बिल्ली किन-किन बातों में समान ठहराये जा सकते हैं उन सभी बातों को बताइए।

अशाब्दिक क्रीड़न सामग्री के अंतर्गत बालकों को कोई भी चित्र बनाने, अधूरे चित्र को पूरा करने, किसी डिज़ाइन या नमूने की रचना करने अथवा उसकी व्याख्या करने, ब्लाक या टुकड़ों की सहायता से दी हुई आकृति या चित्र के अनुरूप कोई प्रतिमान बनाने, रेखाचित्र या कार्टून बनाने और दिये हुए कच्चे माल एवं उपलब्ध उपकरणों की सहायता से कोई विशेष निर्माण अथवा अपनी इच्छानुसार कुछ भी नया बनाने के लिए कहा जा सकता है। इस प्रकार की क्रीड़न सामग्री द्वारा बालकों को खेल-खेल में ही निर्माण एवं सृजन के लिये जो बहुमूल्य अवसर प्राप्त होते हैं उन सभी का उनकी सृजनशीलता के विकास एवं पोषण हेतु पूरा-पूरा लाभ उठाया जा सकता है।

सार-संक्षेप (Summary)

सृजनात्मकता से अभिप्राय व्यक्ति विशेष की उस विलक्षण संज्ञानात्मक क्षमता या योग्यता से होता है जिसके द्वारा वह किसी नवीन विचार या वस्तु का सृजन करने, उसकी खोज या उत्पादन करने में कामयाब रहता है। इसके अंतर्गत व्यक्ति की वह योग्यता भी शामिल रहती है जिसके द्वारा वह पूर्व ज्ञान का पुनर्गठन करता है।

सृजनात्मक प्रकृति और विशेषताओं के संदर्भ में हम यह कह सकते हैं कि यह सार्वभौमिक होती है, तथा प्रकृति प्रदत्त होने के साथ-साथ प्रशिक्षण द्वारा भी इसे विकसित किया जा सकता है। यह प्रक्रिया भी है और उसका परिणाम भी। इसमें बंधा हुआ चिंतन नहीं होता और इसकी अभिव्यक्ति का क्षेत्र बहुत अधिक व्यापक होता है। इसके प्रमुख अवयवों तथा तत्त्वों के रूप में हम प्रवाहात्मक विचारधारा, मौलिकता, लचीलापन, विविधतापूर्ण चिंतन, आत्मविश्वास, संवेदनशीलता, संबंधों को देखने तथा बनाने की योग्यता आदि की चर्चा कर सकते हैं। अपने कुछ विशेष गुणों के आधार पर सृजनात्मकता तथा बुद्धि को एक ही प्रक्रिया नहीं माना जाता।

सृजनात्मक प्रक्रिया में कुछ विशिष्ट एवं निश्चित सोपानों का समावेश रहता है। जैसे–तैयारी, इनक्यूबेशन, सहज बोध अथवा प्रकाशित होना, जाँच-पड़ताल या पुनरावृत्ति। इन सोपानों का इसी क्रम में उपस्थित रहना आवश्यक नहीं है परन्तु फिर भी इनके द्वारा सृजनशील चिंतकों द्वारा अभिव्यक्त उच्चतम सृजनात्मक प्रक्रिया के स्वरूप का विधिवत् प्रतिनिधित्व हो सकता है।

सृजनात्मक बालकों की पहचान हेतु दो प्रकार के साधनों जैसे–सृजनात्मक परीक्षण तथा सृजनात्मक व्यवहार को जाँचने वाली अन्य तकनीकों का उपयोग किया जा सकता है। सृजनात्मक परीक्षणों से सृजनात्मकता का निदान उसी रूप में संभव है जैसे कि बुद्धि-परीक्षणों द्वारा बुद्धि की जाँच के लिए किया जाता है। ऐसे परीक्षणों के उदाहरण रूप में हम टौरेन्स के सृजनात्मक चिंतन परीक्षण, बकर मेहदी सृजनात्मक चिंतन परीक्षण, पासी सृजनात्मक परीक्षण आदि का नाम ले सकते हैं। गैर परीक्षण, तकनीकों के रूप में हम प्रमुख रूप से निरीक्षण विधि, रेटिंग स्केल साक्षात्कार, परिसूचियों तथा प्रक्षेपी तकनीकों का नाम ले सकते हैं। इन तकनीकों से हमें सृजनात्मक व्यक्तित्व संबंधी विशेषताओं का पता चलता है जिनके आधार पर कौन बालक किस सीमा तक सृजनशील है, इसका निदान हो सकता है।

सृजनात्मकता की प्रकृति और प्रक्रिया को स्पष्ट करने हेतु अनेक सृजनात्मकता सिद्धान्तों का प्रतिपादन हुआ है इनमें से टेलर द्वारा प्रतिपादित सृजनात्मकता का स्तरीय सिद्धान्त (Level theory) जहाँ सृजनात्मकता को आरोही क्रमबद्ध

शृंखला व्यवस्थित 5 विभिन्न स्तरों पर विराजमान दिखाता है वहीं सृजनात्मकता का गोलार्द्ध सिद्धान्त (Hemisphere theory) सृजनात्मक कार्य को मस्तिस्क के अर्द्धगोलों की अन्तःक्रिया के प्रतिफल के रूप में देखता है। सृजनात्मकता की कुछ ठीक व्याख्या सृजनात्मकता के मनोविश्लेषण सिद्धान्त में देखने को मिलती है जहाँ सृजनात्मकता को व्यक्ति विशेष के संवेगों को विरेचन या मार्गान्तरीकरण करने का सुनहरा अवसर समझा जाता है। इसके अतिरिक्त अरेती (Arieti) द्वारा प्रतिपादित सृजनात्मक सिद्धान्त को आगे अच्छी मान्यता प्राप्त है जिसमें उसने सृजनात्मक प्रक्रिया को निम्न दो प्रकार की विभिन्न प्रक्रियाओं का अद्‌भुत संश्लेषण (Magic synthesis) बताया है।

(i) प्राथमिक प्रक्रिया जो हमारे मस्तिष्क के पुराने भाग से जिसका अस्तित्व पहले प्रकाश में आया और जिससे अचेतन स्तर पर अतार्किक चिंतन किया जाता है संचालित होती है।

(ii) द्वितीयक प्रक्रिया जिसका संचालन बाद में विकसित मस्तिक के उस भाग से होता है जिसके द्वारा चेतन स्तर पर तार्किक चिंतन संभव होता है।

विशेष प्रयत्नों तथा उचित शिक्षा-दीक्षा से बालकों में अन्तःनिहित सृजनात्मकता को भलीभाँति विकसित किया जा सकता है। ऐसे कुछ उपायों में हम जिनका प्रमुख रूप से उल्लेख कर सकते हैं। वे हैं—डर तथा झिझक को दूर कर बालकों को उत्तर देने की स्वतंत्रता प्रदान करना, उन्हें अपने अहं तथा सृजनात्मक अभिव्यक्ति के अवसर प्रदान करना, उनकी मौलिकता तथा लचीलेपन को प्रोत्साहित करना, सृजनात्मक चिंतन के अवरोधों से बचाना, पाठ्यक्रम के उचित आयोजन, शिक्षण विधियों तथा मूल्यांकन प्रणाली में सुधार पर ध्यान देना, समुदाय के सृजनात्मक साधनों का प्रयोग करना, अपना उदाहरण एवं आदर्श प्रस्तुत करना तथा सृजनात्मकता के विकास से संबंधित नवीनतम तकनीकों जैसे मस्तिष्क उद्वेलन आदि की सहायता लेना।

संदर्भित एवं विशेष अध्ययन ग्रन्थ (References and Suggested Readings)

Arieti, S., *Interpretation of Schizophrenia*, Robert Bruner, New York, 1955.

_____, *Creativity: The Magic Synthesis*, Basic Books, New York, 1976.

Clark, B., *Growing Up Gifted*, 2nd ed., Merrill, Columbus, Ohio, 1983.

Drevdahl, J.E., "Factors of Importance for Creativity", *Journal of Clinical Psychology,* **12**, 22, 1956.

Freud, S., "Creative Writers and Day Dreaming", in J. Starchey (Ed.), Standard Edition of the Completed Psychological Works of Sigmund Freud (Rev. ed.), Hogarth Press, New York, 1950.

_____, *An Outline of Psychoanalysis*, Norton, New York, 1939.

Getzels, J.W. and Jackson, P.W., *Creativity and Intelligence*, John Wiley, New York, 1962.

Guilford, J.P., "Three Faces of Intellect", *American Psychology,* **14**, 469–479, 1959.

_____, "Traits of Creativity", in H.H. Anderson (Ed.), *Creativity and Its Cultivation*, Harper, New York, 1959.

Jung, C.G., *Modern Man in Search of a Soul,* Harcourt Brace, New York, 1933.

Kitano, M.K. and Kirby, D.E., *Gifted Education: A Comprehensive View,* Little Brown, Boston, p. 192, 1986.

Kris, L., On Preconscious Mental Processes, *Psychoanalytic Quarterly,* **19**, 542, 1952.

Kubie, L.S., *Neurotic Distortion of Creative Processes*, University of Kansas Press, Lawrence, Kansas, 1958.

Levin, M.J., *Psychology: A Biographical Approach,* McGraw-Hill, New York, p. 311, 1978.

MacKinnon, D.W., *In Search of Human Effectiveness*, Creative Education Foundation, Buffalo, New York, p. 311, 1978.

Mehdi, Baqer, *Verbal and Non-verbal Tests of Creative Thinking,* National Psychological Corporation, Agra, 1989.

Skinner, C.E. (Ed)., *Essential of Educational Psychology*, Prentice Hall, New York, 1968.

Stagner, R. and Karwoski, T.F., *Psychology,* McGraw-Hill, New York, 1952.

_____, quoted by L.D. Crow and Alice Crow, *Educational Psychology*, Eurasia Publishing House, New Delhi, 1973.

Stein, M.I., *Stimulating Creativity, Vol. I: Individual Procedures,* Academic Press, New York, p. 8, 1974.

Taylor, I.A., "A Retrospective View of Creative Imagination", in I.A. Taylor and J.W. Getzels (Eds.), *Perspectives in Creativity,* Aldine Publishing, Chicago, 1975.

_____, "The Nature of the Creative Process", in P. Smith (Ed.), *Creativity: An Examination of the Creative Process*, Hastings House, New York, 1960.

Telford, C.W. and Sawrey, J.M., *The Exceptional Individual*, 3rd ed., Prentice Hall, Englewood Cliffs, New Jersey, p. 193, 1977.

Torrance, E.P., *Guiding Creative Talent*, Prentice Hall, Englewood Cliffs, New Jersey, 1962.

_____, *Torrance Tests of Creative Thinking: Norms Technical Manual,* Scholastic Testing Service, Bensonville, Illinois, 1974.

Torrance, E.P. and Myers, R.E., *Creative Learning and Teaching*, Dodd, Mead, New York, 1970.

Wallach, M.A. and Kogan, N., *Modes of Thinking in Young Children,* Holt, Rinehart & Winston, New York, 1965.

Wilson, R.C., Guilford, J.P. and Christensen, P.R., Quoted by N.K. Dutt, *Psychological Foundation of Education,* Doaba House, Delhi, 1974.

व्यक्तित्व–अवधारणा एवं सिद्धान्त (Personality—Concept and Theories)

विषय प्रवेश (Introduction)

शिक्षा जगत् में 'व्यक्तित्व' शब्द अपना एक विशेष स्थान रखता है। शिक्षा अपने संपूर्ण रूप में बालक के व्यक्तित्व के सर्वांगीण विकास से अपना प्रयोजन रखती है। अतः भावी अध्यापकों को 'व्यक्तित्व' के अर्थ, प्रकृति एवं उसकी अवधारणा से परिचित होना अत्यंत आवश्यक है। प्रस्तुत अध्याय में इसी आवश्यकता को ध्यान में रखा जाएगा।

व्यक्तित्व की अवधारणा (The Concept of Personality)

व्यक्तित्व के स्वरूप पर सब ओर से विचार करने के लिए हम निम्न प्रकरणों (Topics) को लेकर चलेंगे:

(A) व्यक्तित्व के संबंध में कुछ गलत धारणाएँ।
(Certain wrong notions or Misconceptions about personality)

(B) व्यक्तित्व का अर्थ एवं परिभाषाएँ
(Meaning and definitions of the term personality)

(C) व्यक्तित्व के संबंध में कुछ महत्त्वपूर्ण तथ्य
(Some glaring facts regarding personality)

(D) व्यक्तित्व की संरचना (विभिन्न सिद्धांतों की दृष्टि में)
(Structure of Personality as explained through various theories)

व्यक्तित्व के संबंध में गलत अवधारणाएँ (Misconception about the term Personality)

1. अधिकतर बोलचाल की भाषा में 'व्यक्तित्व' शब्द का प्रयोग शारीरिक डील-डौल, स्वास्थ्य, सौंदर्य, रूप लावण्य, आदि बाहर से दिखाई पड़ने वाले तत्त्वों के संदर्भ में किया जाता है। किसी के गठीले बदन और चमकते चेहरे को देखकर हम कह उठते हैं कि देखो उसका व्यक्तित्व कितना आकर्षक है और किसी की सूखी टांगों, पिचके गाल या निस्तेज चेहरे को देख कर अथवा उसके कपड़ों और जूतों की खस्ता हालत देखकर हम उसके व्यक्तित्व को उपेक्षा या तिरस्कार की वस्तु समझते हैं। खाने-पीने, बोलने-चालने और चलने-फिरने के अच्छे और बुरे ढंग के माध्यम से भी हम व्यक्तित्व संबंधी अच्छे-बुरे लेबल (Label) चिपकाने का प्रयत्न करते हैं। ऊपर से देख कर व्यक्तित्व का अनुमान लगाने का यह ढंग व्यक्तित्व का सही अर्थ न जानने का ही परिणाम है।
2. प्रायः हम व्यक्तित्व शब्द को व्यक्ति के चरित्र या नैतिकता के पर्यायवाची शब्द के रूप में भी प्रयोग करते हैं। चरित्र संबंधी कुछ गुणों से युक्त होने पर व्यक्ति को अच्छे व्यक्तित्व वाला और कुछ अवगुणों या सामाजिक

बुराइयों में ग्रस्त होने पर बुरे व्यक्तित्व वाला कहा जाता है। व्यक्तित्व शब्द का यह प्रयोग भी अपूर्ण और अनुचित है। चरित्र सभी प्रकार से केवल नैतिकता और आचार-संहिता से अपना संबंध रखता है जबकि व्यक्तित्व में मानव को संपूर्ण बनाने से संबंधित सभी पक्ष समाहित होते हैं।

इस प्रकार से व्यक्तित्व शब्द को बाह्य रूप तथा आकृति अथवा चरित्र और बाह्य व्यवहार के समान अर्थों में प्रयुक्त नहीं किया जा सकता। किसी भी अवस्था में व्यक्ति के 'व्यक्तित्व' के आंतरिक पक्ष की अवहेलना नहीं की जा सकती। व्यक्तित्व में व्यक्ति के व्यवहार का समग्र रूप सामने आता है। अतः व्यवहार के बाह्य और आंतरिक दोनों पक्षों (Overt and covert behaviour) के अध्ययन को इसमें स्थान मिलना चाहिए।

व्यक्तित्व का अर्थ एवं परिभाषाएँ (Meaning and Definitions of the term Personality)

मनोवैज्ञानिक भाषा में व्यक्ति अपने आप में जो कुछ भी है वही उसका व्यक्तित्व है। अपने प्रति और दूसरों के प्रति किए जाने वाले व्यवहार का यह एक समग्र चित्र है। इसमें व्यक्ति के पास शारीरिक, मानसिक, संवेगात्मक, सामाजिक और आध्यात्मिक रूप से जो कुछ भी होता है वह सभी सम्मिलित होता है। थोड़े शब्दों में व्यक्तित्व वह सब कुछ है जो एक व्यक्ति के पास होता है।

इस प्रकार से निश्चित रूप में 'व्यक्तित्व' शब्द बाह्य रूप, आकृति और व्यवहार से अधिक गूढ़ अर्थ संजोये हुए है, जिसे निश्चित शब्दों में परिभाषित करना एक कठिन कार्य है। फिर भी बहुत-से मनोवैज्ञानिकों ने अपने-अपने तरीकों से इसे परिभाषा में बांधने का प्रयत्न किया है। इनमें से कुछ प्रयत्नों की चर्चा नीचे की जा रही है:

1. **जे.बी. वाटसन**—*विश्वसनीय सूचना प्राप्त करने के दृष्टिकोण से काफ़ी लंबे समय तक वास्तविक निरीक्षण या अवलोकन करने के पश्चात् व्यक्ति में जो भी क्रियाएँ अथवा व्यवहार का जो भी रूप पाया जाता है, उसे उसका व्यक्तित्व कहा जाता है।*

(*Personality is the sum of the activities that can be discovered by actual observations over a long enough period of time to give reliable information.*—Watson. J.B., 1930)

इस प्रकार वाटसन ने व्यवहारवादी (Behaviourist) होने के कारण व्यवहार पक्ष पर बल देते हुए किसी व्यक्ति के घनिष्ठ संपर्क में आने पर हम उसके ऊपर जो भी प्रभाव छोड़ते हैं अर्थात् वह जैसा भी हमें समझता है, उसी को व्यक्तित्व कहा है।

2. **मार्टन प्रिंस**—उसने वंशानुक्रम और वातावरण दोनों की भूमिका को स्वीकार करते हुए व्यक्तित्व की इस प्रकार परिभाषा दी है, *व्यक्तित्व व्यक्ति की सभी प्रकार की जन्मजात प्रकृति, आवेगों, प्रवृत्तियों, इच्छाओं एवं मूल-प्रवृत्तियों और अनुभवों के द्वारा अर्जित बातों का योग है।*

(*Personality is the sum total of all the biological innate dispositions, impulses, tendencies, appetites and instincts of the individual and the dispositions and tendencies acquired by experience.*—Prince Morton, 1929, p. 532)

3. **जी.डब्ल्यू. ऑलपोर्ट**—व्यक्तित्व की 49 विभिन्न परिभाषाओं की समीक्षा करने के बाद ऑलपोर्ट ने अपने विचार इस प्रकार व्यक्त किए—*व्यक्तित्व व्यक्ति में उन मनोदैहिक व्यवस्थाओं का गतिशील संगठन है जो कि वातावरण के साथ उसके अपूर्व समायोजन का निर्धारण करता है।*

(*Personality is a dynamic organisation within the individual of those psycho-physical systems that determine his unique adjustment to his environment.*—Allport, G.W., 1948, p. 28)

यद्यपि ऑलपोर्ट ने व्यक्तित्व की एक पूर्ण परिभाषा देने का दावा किया है, लेकिन उसने भी संगठन, गतिशील, मनोदैहिक व्यवस्था, अपूर्व समायोजन और वातावरण आदि शब्दों का प्रयोग कर दूसरों की तरह व्यक्तित्व का केवल वर्णन ही किया है। केवल सिद्धांत पक्ष पर बल देने और व्यावहारिक अथवा गतिशील प्रत्ययों (Concepts) के रूप में इसका वर्णन करने से व्यक्तित्व को सही रूप में समझना कठिन है।

आर.बी. कैटल और आईज़ेंक जैसे आधुनिक मनोवैज्ञानिक का भी यही दृष्टिकोण है। वे पूरी तरह यह अनुभव करते हैं कि अगर व्यक्तित्व का प्रदर्शन, मापन और अंकन नहीं किया जा सकता तब इसे मनोविज्ञान के स्थान पर दर्शनशास्त्र अथवा कला का विषय माना जाना चाहिए। व्यक्तित्व के अर्थ को स्पष्ट करने के संदर्भ में उन दोनों के विचार निम्न हैं:

4. **आर.बी. कैटल**—*व्यक्तित्व वह है, जिसके द्वारा हम यह भविष्यवाणी कर सकते हैं कि कोई व्यक्ति किस परिस्थिति में क्या करेगा।*

(*Personality is that which permits a prediction of what a person will do in a given situation.*— Cattel, R.B., 1970, p. 386)

5. **एच.जे. आईज़ैंक**—*व्यक्तित्व व्यक्ति के चरित्र, स्वभाव, बुद्धि और शारीरिक बनावट का थोड़ा-बहुत ऐसा स्थायी और स्थिर संगठन है जो वातावरण के साथ उसके अपूर्व समायोजन को निर्धारित करता है।*

(*Personality is the more or less stable and enduring organisation of a person's character, temperament, intellect, and physique, which determine his unique adjustment to the environment.*— Eysenck, H.J. 1971, p. 2)

उसने अपनी परिभाषा में शामिल कुछ शब्दों का अर्थ स्पष्ट करने का प्रयास भी किया है जो निम्न प्रकार हैं:

चरित्र (Character)—व्यक्ति के क्रियात्मक व्यवहार के थोड़े-बहुत स्थिर और स्थायी संगठन को प्रकट करता है।

स्वभाव (Temperament)—व्यक्ति के भावात्मक व्यवहार के थोड़े-बहुत स्थिर और स्थायी संगठन को अभिव्यक्त करता है।

बुद्धि (Intellect)—व्यक्तित्व के ज्ञानात्मक व्यवहार के थोड़े-बहुत स्थिर और स्थायी संगठन को अभिव्यक्त करता है।

शारीरिक बनावट (Physique) से तात्पर्य व्यक्ति के जन्मजात शारीरिक ढांचे (Physical configuration) और उसके स्नायु संस्थान एवं नलिका विहीन ग्रंथियों (Neuro-endocrine endowment) के थोड़े बहुत स्थायी और स्थिर संगठन से है।

आइज़ैंक की परिभाषा की समीक्षा (Evaluation of the Definition by Eysenck)

विशेषताएँ (Merits)

(i) यह परिभाषा व्यक्तित्व के निर्माण में वंशानुक्रम और वातावरण के संतुलित महत्त्व को सामने लाती है।

(ii) इसके माध्यम से आइज़ेंक ने व्यक्तित्व के लिए व्यवहार संबंधी विशेषताओं को गिनाने की बजाय (व्यक्तित्व) संगठन और संरचना को अधिक महत्त्व दिलाने का प्रयत्न किया है। व्यवहार संबंधी विशेषताओं को गिनाने की तुलना वह एक भवन के लिए उसकी ईंटों को गिनाने से करता है।

(iii) यह परिभाषा व्यक्तित्व को शरीर विज्ञान संबंधी आधार प्रदान करती है।

(iv) क्रियात्मक (Conative), ज्ञानात्मक (Cognitive), भावात्मक (Affective) और रचनात्मक (Constitutional) पक्षों को लेकर यह व्यक्ति के व्यवहार का संपूर्ण चित्र प्रस्तुत करने का प्रयत्न करती है।

(v) व्यक्तित्व को मापन एवं मूल्यांकन की वस्तु बना कर यह उसे वैज्ञानिक आधार भी प्रदान करने की चेष्टा करती है।

उपरोक्त विशेषताओं के आधार पर यह नहीं समझा जाना चाहिए कि आइज़ैंक द्वारा दी गई यह परिभाषा सभी दृष्टि से पूर्ण है। अन्य परिभाषाओं की तरह इसमें भी कुछ कमियां हैं जो नीचे दी गई हैं:

कमियाँ (Demerits)

(i) यह परिभाषा व्यक्तित्व को शरीर विज्ञान संबंधी आधार प्रदान करती है। लेकिन व्यक्तित्व की अपनी जटिल प्रकृति के कारण सदैव ऐसा करना संभव नहीं हो पाता।

(ii) यह परिभाषा हमें यह ग़लत विचार बनाने पर मज़बूर करती है कि व्यक्तित्व निश्चित और स्थिर है, उसमें किसी भी प्रकार का कोई परिवर्तन नहीं लाया जा सकता।

इस प्रकार से व्यक्तित्व की प्रकृति को ठीक प्रकार से समझने के लिए अभी भी किसी अच्छी परिभाषा की नितांत आवश्यकता है। वास्तव में 'व्यक्तित्व' जैसे प्रत्यय और धारणाओं का स्पष्टीकरण एक कठिन कार्य है। ध्वनि (Sound), विद्युत् (Electricity) आदि प्रत्ययों (Concepts) की तरह इसके प्रभाव को तो भली-भांति अनुभव किया जा सकता है परंतु इसकी वास्तविक प्रकृति की थाह पाना कठिन है। इसके स्वरूप की कुछ जानकारी इसकी विशेषताओं के वर्णन करने के माध्यम से ही हो सकती है। आगे हम यही करने जा रहे हैं।

व्यक्तित्व के संबंध में कुछ महत्त्वपूर्ण तथ्य (Some Glaring Facts Regarding Personality)

जो कुछ ऊपर कहा गया है उसे आधार बनाते हुए व्यक्तित्व के बारे में निम्न निष्कर्ष निकाले जा सकते हैं:

1. व्यक्तित्व अपूर्व (Unique) और विशिष्ट (Specific) होता है। हम सबका व्यक्तित्व अपने ही ढंग का होता है। कोई भी दो व्यक्ति, चाहे वह समरूप यमज (Identical twins) ही क्यों न हों, किसी भी समय बिल्कुल एक जैसा व्यवहार नहीं करते। हममें से प्रत्येक अपने ढंग से अपना समायोजन करता है और इस तरह हर एक का व्यक्तित्व अपने आपमें एक अद्‌भुत और अनूठी वस्तु होती है।
2. व्यक्तित्व की दूसरी विशेषता उसकी आत्म-चेतना (Self-consciousness) के गुण को लेकर है। जब व्यक्ति में आत्म चेतना जैसी वस्तु घर करने लगती है, तभी से उसके व्यक्तित्व का अस्तित्व प्रकाश में आता है। इस संदर्भ में भाटिया (H.R. Bhatia) ने लिखा है—*हम कुत्ते को व्यक्तित्व से विभूषित नहीं करते और यहां तक कि एक छोटे बच्चे में भी, आत्म-चेतना या व्यक्तिगत परिचय का भाव उदय न होने पर व्यक्तित्व जैसी वस्तु नहीं होती।* (*We do not attribute personality to a dog and even a child cannot be described as a personality because it has only a vague sense of personal identity.*—Bhatia, H.R., 1968, p. 371)
3. व्यक्तित्व में व्यक्ति के बारे में सब कुछ निहित होता है। यह वह सब कुछ है जो एक व्यक्ति अपने पास रखता है। इसमें व्यवहार के तीनों पक्ष—ज्ञानात्मक, क्रियात्मक और भावात्मक सम्मिलित हैं तथा इसका क्षेत्र केवल चेतन अवस्था में किए गए व्यवहार तक ही नहीं बल्कि अर्ध-चेतन (Semi-conscious) और अचेतन व्यवहार तक फैला हुआ है।
4. विभिन्न गुणों अथवा विशेषताओं के संग्रह मात्र को व्यक्तित्व की संज्ञा नहीं दी जा सकती। किसी दीवार के बारे में उसकी ईंटों को गिनकर ही यह नहीं कहा जा सकता कि वह क्या है और कैसी है। इसके लिए कुछ और चाहिए और इसी दृष्टिकोण से व्यक्तित्व के स्पष्टीकरण के लिए भी विशेषताओं और गुणों के संग्रह के अतिरिक्त कुछ और चाहिए। व्यक्तित्व कुछ देहिक व्यवस्थाओं (Psychophysical systems) अथवा व्यवहार संबंधी विशेषताओं और क्रियाकलापों का एक संयुक्त संगठन है। जिस प्रकार हाथी की टांगों को देखने मात्र से यह नहीं कहा जा सकता कि हाथी खंभे जैसा होता है, उसी प्रकार किसी के डील-डौल अथवा बोलने-चालने और खाने-पीने के द्वारा उसके व्यक्तित्व के बारे में कुछ नहीं कहा जा सकता। जब तक व्यक्ति के जैविक (Biological) और सामाजिक (Social) अथवा वंशानुक्रम और वातावरण संबंधी पक्षों में पूरी तरह झांक नहीं लिया जाए तब तक उसके व्यक्तित्व के बारे में ठीक विचार नहीं बनाया जा सकता।
5. व्यक्तित्व जड़ नहीं बल्कि गतिशील और निरंतर परिवर्तित एवं परिमार्जित होने वाली वस्तु है। अपने समायोजन के लिए जो कुछ भी आवश्यक होता है, व्यक्ति का व्यक्तित्व उसे वह सब कुछ देता है। समायोजन की प्रक्रिया एक सतत् प्रक्रिया है। व्यक्ति को जब से वह जन्म लेता है तब से लेकर अपनी आखिरी सांस तक समायोजन (Adjustment) के लिए संघर्षरत रहना पड़ता है। इस संघर्ष के लिए उसे अपने व्यवहार और व्यक्तित्व संबंधी गुणों में आवश्यक परिवर्तन लाने होते हैं और इस तरह व्यक्तित्व अस्थिर वस्तु न होकर गतिशील एवं परिवर्तनशील वस्तु बन जाता है।

6. व्यक्तित्व वंशानुक्रम और वातावरण की संयुक्त उपज है। बच्चे के व्यक्तित्व का समुचित विकास करने में दोनों ही अपनी-अपनी भूमिका निभाते हैं।
7. सीखना (Learning) और अनुभवों का अर्जन (Acquisition of experiences) दोनों व्यक्तित्व के विकास में पूरी तरह से सहायक होते हैं। सीखने और अर्जन संबंधी प्रक्रिया के फलस्वरूप व्यक्तित्व का निर्माण होता है।
8. प्रत्येक व्यक्ति का व्यक्तित्व एक और अनूठी विशेषता रखता है कि वह किन्हीं विशेष लक्ष्यों की पूर्ति के लिए संघर्षरत रहता है। इस दृष्टिकोण की एडलर (Adler) महोदय ने अपनी पुस्तक 'Individual Psychology' में खुल कर चर्चा की है। उनके अनुसार एक व्यक्ति जिस तरह अपनी समस्याओं को सुलझाता है और जीवन के जो भी उद्देश्य उसने निर्धारित किए हैं उनका भली-भांति अध्ययन करके ही उसके व्यक्तित्व के बारे में कुछ कहा जा सकता है। इस प्रकार से व्यक्तित्व को 'व्यक्ति के जीने का ढंग' (Life style of individual) नाम देकर उन्होंने उसको बहुत ही सारगर्भित अर्थ देने की चेष्टा की है। इसके द्वारा व्यक्तित्व की समग्रता का पूरा चित्र सामने आ जाता है। इसका अर्थ व्यक्ति द्वारा अपने साथ और दूसरों के साथ किए जाने वाले व्यवहार के सभी प्रकार के ढंगों से लगाया जा सकता है। इसके द्वारा किसी एक परिस्थिति में व्यक्ति कैसा व्यवहार करेगा, इसका अनुमान लगाने के साथ-साथ बदलती हुई परिस्थितियों में उसकी समायोजन करने की क्षमता का भी पता चल सकता है।

व्यक्तित्व के सिद्धान्त (Theories of Personality)

व्यक्तित्व की प्रकृति को समझने का हमारा प्रयास तब तक अधूरा ही रहेगा जब तक हम उसकी संरचना से परिचित कराने वाले व्यक्तित्व संबंधी कुछ महत्त्वपूर्ण सिद्धांतों का अध्ययन नहीं कर लेंगे। इन सिद्धांतों के द्वारा हमें व्यक्तियों का उनके व्यक्तित्व संबंधी गुणों के आधार पर वर्गीकरण करने में सुविधा होती है तथा ये उसके व्यक्तित्व के मूल्यांकन में भी सहायक होते हैं। इन सिद्धांतों को उनकी अपनी प्रकृति को ध्यान में रखते हुए निम्नांकित पांच श्रेणियों में वर्गीकृत किया जा सकता है:

1. **व्यक्तियों को निश्चित समूह या वर्गों में रखने वाले सिद्धांत** (The theories which adopt type approach)—हिप्पोक्रेट्स, क्रेशमर, शेल्डन और युंग के विचार इसी श्रेणी के अंतर्गत आते हैं। उनके अनुसार व्यक्तियों के व्यक्तित्व को कुछ निश्चित प्रकारों या वर्गों में वर्गीकृत किया जा सकता है और प्रत्येक व्यक्ति को उसके अपने व्यक्तित्व संबंधी गुणों के आधार पर किसी एक या दूसरे वर्ग (Type) में रखा जा सकता है।
2. **गुणों की संख्या ज्ञात करके व्यक्तित्व आंकने वाले सिद्धांत** (The theories which adopt trait-approach)—इस श्रेणी में विशेष रूप से कैटल के सिद्धांत (Cattell's Theory of Personality) की चर्चा की जा सकती है। इस दृष्टिकोण के द्वारा व्यक्तित्व के आंतरिक अवयवों का गणितीय और सांख्यिकीय विश्लेषण कर एक परिस्थिति में व्यक्ति द्वारा किये जाने वाले व्यवहार के संबंध में भविष्यवाणी की जा सकती है।
3. **विशिष्ट समूहों या वर्गों में रखने तथा गुणों के आधार पर व्याख्या करने वाले सिद्धांत** (The theories which adopt type as well as trait approaches)—इन दोनों दृष्टिकोणों का समन्वय करने वाले सिद्धांत इस श्रेणी में आते हैं। आईजैन्क (Eysenck) द्वारा प्रतिपादित सिद्धान्त इसी श्रेणी में आता है।
4. **मनोविश्लेषणात्मक उपागम आधारित सिद्धान्त** (The theories adopting psychology approach)—ये सिद्धांत व्यक्तित्व के विकास को स्पष्ट करने का प्रयास करते हैं। फ्रायड का मनोविश्लेषणवाद (Psycho-analytical Theory) और एडलर का व्यक्तित्ववाद (theory of Individual Psychology) इसी प्रकार के सिद्धांत हैं।
5. **मानवतावादी उपागम आधारित सिद्धान्त** (Theories adopting humanistic approach)—इस वर्ग में वे सभी व्यक्तित्व सिद्धान्त आते हैं जो मानवतावादी दर्शन द्वारा प्रतिपादित विचारों एवं उपागम के माध्यम से मानव व्यक्तित्व और व्यवहार की व्याख्या करने का कार्य करते हैं। अब्राहम मेसलो तथा कार्ल रोजर्स के सिद्धान्त इसी श्रेणी मे आते हैं।

विशिष्ट समूह या वर्गों में वर्गीकृत करने वाले सिद्धांत (Theories Adopting Type Approach)

1. **हिप्पोक्रेटस द्वारा किया हुआ वर्गीकरण** (Hippocrates' classification)—हिप्पोक्रेट्स ने व्यक्तियों के स्वभाव के आधार पर उन्हें निम्न चार विशिष्ट समूह या वर्गों में बांटने का प्रयास किया है:

(i) कफ़ प्रवृत्ति वाले (Choleric)
(ii) काले पित्त वाले (Melancholic)
(iii) पीले पित्त वाले (Phlegmatic)
(iv) अधिक रुधिर वाले (Sanguinic)

इस वर्गीकरण को व्यक्तित्व विशेषताओं सहित निम्नांकित रूप में प्रस्तुत किया जा सकता है:

चुस्त, परंतु चिड़चिड़ा स्वभाव, Choleric (– +) (संवेगात्मक रूप से कमज़ोर, परंतु शारीरिक रूप से शक्तिशील) रूधिर की मात्रा अधिक कर्मठ, असहिष्णु, शीघ्रगामी और आशावादी	Sanguinic (+ +) (शारीरिक रूप से सबल और संवेगात्मक रूप से स्थिर एवं संतुलित)
निराशावादी, शक्तिहीन और दुःखी Melancholic (– –) (संवेगात्मक और शारीरिक रूप से कमज़ोर)	आनंदयुक्त एवं सुस्त Phlegmatic (+ –) (संवेगात्मक रूप से सशक्त, परंतु शारीरिक रूप से कमज़ोर)

2. **क्रेशमर का वर्गीकरण** (Kretschmer's classification)—क्रेशमर ने शारीरिक बनावट के दृष्टिकोण से मनुष्यमात्र को कुछ जैविक समूह या वर्गों (Biological Types) में बांटने का प्रयत्न किया है और प्रत्येक वर्ग की मुख्य विशेषताओं को प्रकाश में लाया है।

व्यक्तित्व के प्रकार (Personality Types)	**व्यक्तित्व संबंधी विशेषताएँ** (Personality Characteristics)
1. पिकनिक प्रकार अर्थात् मिलन-सार, व्यक्ति (Pyknic Type) छोटा कद, मोटा शरीर और चर्बी वाला।	1. सामाजिक, विनोद प्रिय, बहिर्मुखी, आरामतलब और लोकप्रिय।
2. ऐथलैटिक प्रकार अर्थात् खिलाड़ी प्रवृत्ति वाले (Athletic Type)—सशक्त अस्थि पिंजर, बलवान मांसपेशियां, चौड़ा सीना तथा संतुलित शरीर।	2. सुखी, दृढ़ निश्चयी, चुस्ती एवं फुर्तीलापन, आशावादी एवं समायोजित।
3. लेप्टोसोमेटिक प्रकार अर्थात् निर्बल शरीर वाले (Leptosomatic Type) (लंबे और दुबले-पतले, सीना छोटा, पेट पीठ से लगा हुआ)।	3. शर्मीले और एकांतप्रिय, निराशावादी, सामाजिक रूप से असमायोजित।

3. **शेल्डन का वर्गीकरण** (Sheldon's classification)—क्रेशमर की भांति शेल्डन ने व्यक्तियों को उनकी शारीरिक बनावट के आधार पर विभिन्न प्रकारों के वर्गों में विभाजित किया है और उनके विभिन्न गुणों और विशेषताओं को दर्शाया है।

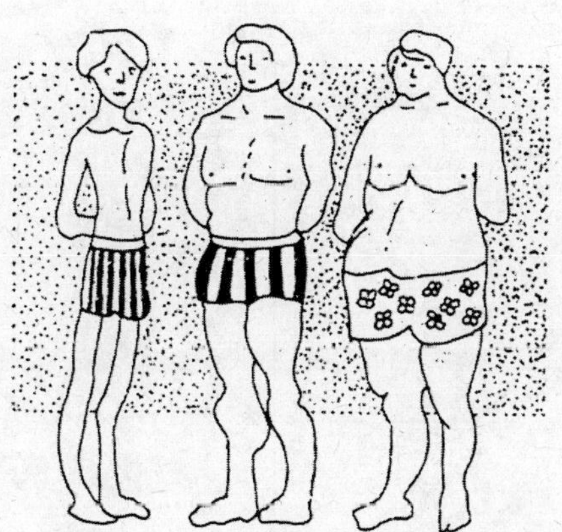

एक्टोमोरफिक मीसोमोरफिक एन्डोमोरफिक

चित्र 13.1 शेल्डन के व्यक्तित्व प्रकार

व्यक्तित्व के प्रकार (Personality Types)	**शारीरिक बनावट और ढांचा** (Somatic or Body Structure)	**व्यक्तित्व संबंधी विशेषताएँ** (Personality Characteristics)
1. एंडोमोरफिक (Endomorphic)	शक्तिहीन, मोटे तथा कोमल शरीर वाले (क्रेशमर के पिकनिक प्रकार जैसे)	आरामतलब, सामाजिक और स्नेहशील
2. मीसोमोरफिक (Mesomorphic)	शारीरिक रूप से संतुलित, अच्छा स्वास्थ्य और फुर्तीला बदन। (क्रेशमर के ऐथलैटिक प्रकार जैसे)	साहसी, निडर, फुर्तीले, आशावादी तथा कर्मठ
3. एक्टोमोरफिक (Ectomorphic)	कमज़ोर एवं शक्तिहीन, लंबे दुबले-पतले शरीर तथा अविकसित सीने वाले (क्रेशमर के लेप्टोसोमेटिक प्रकार जैसे)	निराशावादी, असामाजिक, एकांतप्रिय और चिड़चिड़ा स्वभाव।

हिप्पोक्रेट्स, क्रेशमर और शैल्डन आदि मनोवैज्ञानिकों ने शारीरिक बनावट और व्यक्तित्व संबंधी विशेषताओं में निश्चित रूप से जो संबंध स्थापित करने का प्रयत्न किया है अपने आप में बहुत भ्रामक है। इस प्रकार का संबंध अवश्य होता है, यह बात वास्तविकता से बहुत दूर है।

4. **युंग का वर्गीकरण** (Jung's Classification)—युंग ने सभी व्यक्तियों को उनके सामाजिक कार्यों में भाग लेने अथवा रुचि प्रदर्शित करने के दृष्टिकोण से अंतर्मुखी (Introvert) और बहिर्मुखी (Extrovert)—दो निश्चित वर्गों में वर्गीकृत करने का प्रयत्न किया। बाद में इन वर्गों को उसने फिर उपवर्गों में विभक्त किया है। इस प्रक्रिया में उसने चिंतन (Thinking), भावना (Feeling), संवेदन (Sensation) और अंतर्दृष्टि (Intuition) नामक मनोवैज्ञानिक क्रियाओं को अपने अंतर्मुखी और बहिर्मुखी वर्गों के साथ जोड़ने का प्रयत्न किया।

युंग द्वारा दिए हुए इस वर्गीकरण की काफ़ी आलोचना की गई। कहा गया है कि सामान्यतया व्यक्तियों को इस प्रकार के समूहों में विभक्त नहीं किया जा सकता। पूर्णतः अंतर्मुखी अथवा बहिर्मुखी होने के स्थान पर अधिकांश व्यक्तियों में दोनों ही प्रकार के लक्षण पाए जाते हैं। अतः अंतर्मुखी और बहिर्मुखी होने के स्थान पर उभयमुखी (Ambivert) प्रकार का व्यक्तित्व अधिक देखने को मिलता है। इस प्रकार से युंग द्वारा मनोवैज्ञानिक क्रियाओं के आधार पर व्यक्तियों को दो निश्चित उपवर्गों में विभाजित करने का औचित्य ही लगभग समाप्त सा हो जाता है।

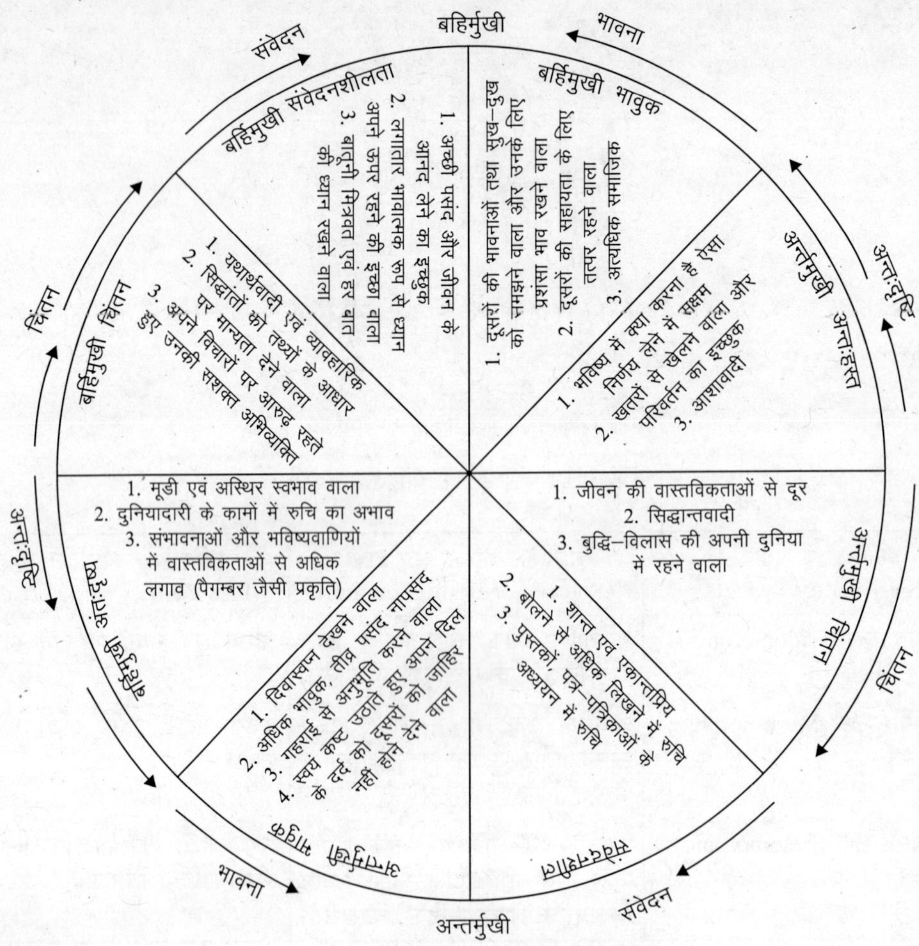

चित्र 13.2 युंग के व्यक्तित्व प्रकार

5. **फ्रेडमैन तथा रोजनमैन का वर्गीकरण** (Friedman's and Rosenman's Classification)—मेयर फ्रेडमैन तथा रोजनमैन द्वारा प्रतिपादित यह वर्गीकरण व्यक्तियों को उनके व्यक्तित्व संबंधी गुणों के आधार पर दो प्रकारों या समूहों A तथा B में विभक्त कराता है तथा यह बताने का प्रयत्न करता है कि कौन से प्रकार (A Type or B Type) के व्यक्तियों में हृदय रोग से पीड़ित होने की संभावना अधिक रहती है। हृदय रोग में अधिक प्रचलित तौर पर सामान्य बात यही आयी है कि धमनियों तथा शिराओं (Arteries and Veins) में जो कि रक्तवाहिनी नाड़ियाँ (Blood Carrying Nerves) होती हैं रक्त के थक्के (Blots) बन जाते हैं, परिणामस्वरूप रक्त का बहाव रुक जाता है। इन नाड़ियों में रक्त के थक्के जमने का कारण रक्त में कोलेस्ट्रॉल की मात्रा की अधिकता माना जाता रहा है। यह इसी प्रकार की बात है जैसे किसी पानी की निकास नली में धीरे-धीरे इस प्रकार के पदार्थ जमा हो जायें जो उस नाली को घेरते रहें तथा पानी निकलने के रास्ते को बंद करते रहें। कोलेस्ट्रॉल रक्त को गाढ़ा कर उसमें थक्के (Blots) बनाकर रक्त के आवागमन में इसी तरह बाधक बनता है। जब हृदय को रक्त की उचित मात्रा मिलनी बंद हो जाती है तो उसका काम करना बंद करना स्वाभाविक ही है। चिकित्सा जगत् में होने वाले अनुसंधानों ने हृदय से रक्त न मिलने तथा उनका काम न करने का एक और लक्षण 1955 में तलाश किया। उन्होंने यह कारण तनाव और दबाव (Strains and Stresses) बताया। मेयर फ्रेडमैन तथा रोजनमैन ने अपने अध्ययनों के द्वारा इन चिकित्सा शास्त्रियों की काफी मदद की क्योंकि उन्होंने उन व्यक्तियों को खोजने का मार्ग

आसान कर दिया जो अधिक तनाव तथा दबाव में घिरे रहते हैं। ऐसे व्यक्तियों को उन्होंने A प्रकार के व्यक्ति कहा तथा उनकी दूसरों से अलग करके पहचान करने के लिए उनके कुछ व्यक्तित्व गुणों या विशेषकों (Personality Traits) को भी सामने रखा। उनके विरोधी व्यक्तित्व गुणों से युक्त व्यक्तियों को उन्होंने B प्रकार के व्यक्ति कहा और इस तरह व्यक्तित्व की पहचान का वर्णन करने के लिए व्यक्तियों को A तथा B प्रकारों में बाँटने का अपना सिद्धांत प्रस्तुत किया। नीचे हम उनके द्वारा प्रतिपादक दोनों प्रकारों से संबंधित व्यक्तित्व गुण तथा विशेषकों को प्रस्तुत कर रहे हैं:

'ए' प्रकार का व्यक्ति ('A' Type Personality)	'बी' प्रकार का व्यक्ति ('B' Type Personality)
संवेगात्मक रूप से अस्थिर, तनाव युक्त, चिंतित, चिड़चिड़ा स्वभाव, प्रतिस्पर्धी, उच्च उपलब्धि अभिप्रेरणा, मूडी और अपनी इच्छाओं तथा भावनाओं के वशीभूत, उदासीन और एकांतप्रिय, जल्दबाज, शंकालु, ईर्ष्यालु, क्रोधी तथा उग्र स्वभाव, आक्रामक, दूसरों से तथा अपने आप में परेशान, किसी काम के बुरी तरह पीछे पड़ने वाले तथा किसी भी काम की पूर्णता या उसके परिणाम से संतुष्ट न होने वाले, बहुत अधिक आदर्शवादी तथा समय के अनुसार अपने आपको बदलने में असमर्थ, समय की पाबंदी तथा नियमों के पालन के प्रति अधिक चिंतित।	संवेगात्मक रूप से स्थिर, तनाव मुक्त, चिंता मुक्त, मस्तमौला, सामान्य उपलब्धि, अभिप्रेरणा, विश्वास करने वाला, असंवेदनशील, धीमी गति या संयम से काम करना, अपने आप से तथा अपने वातावरण से समायोजित, शांत स्वभाव, किसी काम को बहुत ज्यादा गंभीरता से नहीं लेना, कार्य के परिणामों से संतुष्टि अनुभव करने वाला, भाग्यवादी, यथार्थवादी दृष्टिकोण तथा आवश्यकतानुसार अपने विचारों तथा कार्य-प्रणाली में परिवर्तन करने वाला।

विशेषक या व्यक्तित्व गुण संबंधी सिद्धान्त (Theories Adopting Trait Approach)

व्यक्तित्व गुण या विशेषताओं (Personality traits), जिन्हें विशेषक भी कहा जाता है, से तात्पर्य हमारे व्यक्तित्व और व्यवहार के उन गुणों एवं विशेषताओं से है जिनके आधार पर हमारे व्यक्तित्व की पहचान होती है। एक व्यक्ति का व्यक्तित्व और व्यवहार दूसरे से किस प्रकार भिन्न है, यह उन व्यक्तियों के व्यक्तित्व गुणों के आधार पर ही कहा जाता है। कुछ बहुत शांत, शर्मीले और डरपोक प्रवृत्ति के होते हैं, दूसरे बहुत उग्र, अधिक खुले हुए तथा निडर प्रकृति के होते हैं। कई एकांत में रहना पसंद करते हैं तो कुछ को मेल-जोल बढ़ाना अच्छा लगता है। इस प्रकार व्यवहार एवं व्यक्तित्व की सभी विशेषताओं को व्यक्तित्व गुणों या विशेषकों का संबोधन दिया जाता है। व्यक्तित्व गुण इस प्रकार से व्यक्तित्व को परिभाषित करने, उनकी एक पहचान तथा छवि बनाने तथा एक व्यक्तित्व को दूसरे से पृथक् कराने के कार्य में अच्छी तरह सहयोगी होते हैं। ये एक प्रकार से व्यक्ति के व्यक्तित्व का वर्णन करने वाले वैसे ही गुण एवं विशेषताएँ हैं, जिस प्रकार के गुण एवं विशेषताओं द्वारा हम पशु, पक्षी तथा पेड़-पौधों को एक-दूसरे से पृथक् करते हैं। सभी पौधे एक जैसे नहीं हैं। पक्षियों को उनकी चोंचों, पंजों के रंगों तथा अन्य व्यवहार बातों के आधार पर अलग करते हैं। इसलिए व्यक्तित्व गुण या विशेषक भी व्यक्ति के इसी प्रकार के गुण हैं जिनके आधार पर व्यक्ति की पहचान और उसे दूसरों से अलग करके देखा जाना संभव हो पाता है।

विशेषक या व्यक्तित्व गुण संबंधी उपागम क्या है? (What is Trait Approach?)

किसी भी व्यक्ति के व्यक्तित्व की पहचान करने या उसका वर्णन करने के लिए उसके व्यक्तित्व संबंधी गुणों या विशेषताओं को आधार बनाने को विशेषक उपागम का नाम दिया जाता है। इस उपागम को अच्छी तरह प्रकाश में लाने का श्रेय दो प्रसिद्ध मनोवैज्ञानिक गार्डन ऑलपोर्ट तथा आर. बी. कैटेल को जाता है। आगे की पंक्तियों में हम उन्हीं के प्रयासों का वर्णन करना चाहेंगे।

ऑलपोर्ट का विशेषक उपागम (Allport's Trait Approach)

ऑलपोर्ट के अनुसार विशेषक या व्यक्तित्व गुण हमारे व्यक्तित्व की वे आधारभूत इकाइयाँ (Basic Units) हैं जिनसे हमारे व्यक्तित्व का निर्माण होता है। ऑलपोर्ट ने व्यक्तित्व वर्णन के लिए जिन तीन प्रकार के गुणों या विशेषकों को हमारे

सामने रखा है उनके नाम हैं—(i) प्रधान विशेषक (Cardinal traits), (ii) केंद्रीय विशेषक (Central traits), (iii) गौण विशेषक (Secondary traits)। कार्डीनल या प्रधान विशेषक (Cardinal traits) ही व्यक्ति के व्यक्तित्व में सबसे प्रमुख रूप से क्रियाशील पाये जाते हैं। व्यक्तित्व को तथा व्यवहार को अपने ही रंग में रंगकर एक निश्चित दिशा देने का काम इन्हीं का होता है। ये संख्या में लगभग एक या दो ही होते हैं। किसी के व्यक्तित्व में इनका पाया जाना भी अनिवार्य नहीं होता। कुछ व्यक्ति ऐसे भी हो सकते हैं जिनके व्यक्तित्व में इस प्रकार के पूरी तरह छा जाने वाले ये एक-दो व्यक्तित्व गुण (Cardinal traits) हो ही नहीं। प्रधान विशेषकों के उदाहरण के रूप में मजाकिया या हँसोड़ापन (Sense of humour) को लेकर चलते हैं। जिस व्यक्ति के व्यक्तित्व में यह गुण प्रधान विशेषक (Cardinal traits) के रूप में उपस्थित होता है। वह व्यक्ति अपने इसी गुण के कारण बहुचर्चित रहता है। सभी अवसरों पर (चाहे उचित हो या अशोभनीय) उसे हँसी या मज़ाक ही सूझता रहता है और उसका व्यक्तित्व उसके इसी व्यक्तित्व गुण या विशेषक का पर्याय बनकर रह जाता है।

केंद्रीय विशेषक (Central traits) व्यक्ति संबंधी उन कुछ विशेष व्यक्तित्व गुणों या विशेषकों को कहा जाता है जो प्रायः एक व्यक्ति में व्यक्तित्व का वर्णन करने तथा उसकी पहचान बनाने के काम में लाये जाते हैं; जैसे—ईमानदारी, दयालुता, सज्जनता, परोपकारिता, दबंगपन, कायरता, चाटुकारिता, कामुकता आदि। प्रायः किसी व्यक्ति के व्यक्तित्व को जानने तथा उसकी पहचान कायम करने के लिए इस प्रकार के 8–10 व्यक्तित्व गुणों या विशेषकों की आवश्यकता हुआ करती है।

सैकेंडरी या गौण विशेषक (Secondary traits) व्यक्ति के व्यक्तित्व का वह भाग है जिसके होने या न होने का कोई विशेष प्रभाव उसके व्यक्तित्व की पहचान या छाप पर नहीं पड़ता। गौण नाम के अनुरूप ही इनका एक तरह से व्यक्तित्व वर्णन की दृष्टि से महत्त्व भी गौण ही होता है। व्यवहार में इन गुणों तथा विशेषताओं की झलक भी यदा-कदा ही देखने को मिलती है और इन्हें किसी के व्यक्तित्व का अभिन्न अंग नहीं माना जा सकता; जैसे—कोई स्वार्थी, कंजूस तथा लालची प्रवृत्ति का होते हुए यदा-कदा किसी कारणवश चंदा देते हुए या परोपकार करते हुए देख लिया जाए।

ऑलपोर्ट के अनुसार, व्यक्ति के व्यक्तित्व को जानने, समझने तथा उसका वर्णन कर एक अलग पहचान बनाने में इस तरह मुख्य भूमिका प्रधान विशेषकों (Cardinal traits) तथा कुछ चुने हुए केंद्रीय विशेषकों (Central traits) की ही होती है। शेष केंद्रीय विशेषक गौण विशेषकों के साथ मिलकर ऐसी विशेषताओं तथा व्यक्तित्व गुणों का निर्माण कर सकते हैं जिनकी उपस्थिति सामान्यतया बहुत-से व्यक्तियों में पायी जाती है। ऐसे सभी व्यक्तित्व गुणों को सामान्य विशेषकों (Common traits) का नाम दिया जा सकता है। अतः किसी के व्यक्तित्व की पहचान तथा उसे जानने-समझने हेतु हमें उसके व्यक्तित्व में निहित पहले दो प्रकार के व्यक्तित्व गुणों (Traits), कार्डीनल तथा केंद्रीय विशेषकों पर ही अधिक ध्यान केंद्रित करने का प्रयत्न करना चाहिए क्योंकि ये ही गुण या विशेषक किसी के व्यक्तित्व को विशेष या अद्वितीय बनाते हैं।

व्यक्तित्व के वर्णन हेतु कितने व्यक्तित्व गुण या विशेषकों की आवश्यकता है यह निश्चित करने के लिए ऑलपोर्ट ने अपने एक सहयोगी ऑडबर्ट (Odbert) के साथ मिलकर शब्दकोशों में से व्यक्तित्व गुणों को प्रकट करने वाले 17,953 शब्दों का विश्लेषण किया तथा उनमें से समानार्थी तथा कुछ कम उपयोगी शब्दों को निकालकर ऐसे 4,541 शब्दों का चयन किया जिनके द्वारा व्यक्तित्व तथा व्यवहार का ठीक प्रकार वर्णन किया जा सके।

इस तरह ऑलपोर्ट ने व्यक्तित्व गुणों या विशेषकों के माध्यम से व्यक्तित्व को जानने तथा समझने का एक नवीन उपागम विकसित करने की शुरुआत की जिसे आगे चलकर कैटेल जैसे मनोवैज्ञानिकों ने पूर्ण वैज्ञानिक आधार प्रदान किया।

कैटेल का व्यक्तित्व गुण या विशेषक उपागम (Cattell's Trait Approach)

आर. बी. कैटेल ने व्यक्तित्व का वर्णन करने संबंधी ऑलपोर्ट के व्यक्तित्व गुण या विशेषक उपागम (Trait approach) को आगे बढ़ाने के प्रयत्न जारी रखे। उसने ऑलपोर्ट द्वारा दिए गए 17,953 शब्दकोशीय शब्दों को (जो विभिन्न व्यक्तियों के व्यक्तित्व वर्णन करने के प्रयोग में लाये जा सकते थे) अपने कार्य का आधार बनाया तथा यह कोशिश की कि व्यक्तित्व के वर्णन हेतु कम से कम पारिभाषिक शब्दों या परिणामों (Dimensions) का प्रयोग किया जाये। यह सब करने के लिए उसने कारक विश्लेषण (Factor analysis) तकनीक का प्रयोग किया। उसने यह सब कैसे किया, आइये इसे साधारण तरीके से समझने का प्रयत्न किया जाए:

1. उसने ऑलपोर्ट के द्वारा दी गई शब्दकोशीय 17,953 शब्दों की सूची में से 4,000 शब्दों को छाँटकर अपना कार्य शुरू किया। व्यक्तित्व तथा व्यवहारजन्य गुणों को प्रकट करने वाले इन शब्दों में वह समानता तथा संबंध देखता गया और इस तरह अंत में उसने मात्र 171 शब्दों की एक सूची प्रस्तुत की और इस प्रकार वह ऑलपोर्ट के 17,953 व्यक्तित्व गुणों के स्थान पर इनकी संख्या मात्र 171 निश्चित करने में सफल हुआ। व्यक्तित्व वर्णन संबंधी इन शब्दों को उसने विशेषक या विशेषता सूचक तत्त्व (Trait elements) कहा।
2. फिर उसने इन शब्दों में संबंध ढूंढने का प्रयास किया। उसने देखा कि प्रत्येक विशेषतासूचक तत्त्व कुछ के साथ गहरा संबंध रखता है और कुछ के साथ कम। इस आधार पर वह अधिक मिलते-जुलते तत्त्वों के विशिष्ट समूह बनाने में सफल हो गया जिन्हें उसने ऊपरी विशेषता का बाह्य विशेषक (Surface trait) का नाम दिया।
3. उसने पुनः इन ऊपरी विशेषताओं के आपसी सह-संबंध का अध्ययन किया। उसने पाया कि कुछ एक-दूसरे से बहुत अधिक मिलते-जुलते हैं। मिलती जुलती विशेषताओं को इकट्ठा रूप देकर वह अपने इच्छित मूल परिणामों (Basic dimensions) तक पहुँच गया जिन्हें उसने आधारभूत विशेषकों (Source trait) का नाम दिया।
4. इन आधारभूत या मूल विशेषकों (Source traits) जिनकी संख्या 16 थी, को उनके विपरीत व्यक्तित्व गुणों या विशेषकों (Opposite traits) के साथ समन्वित करके उसने व्यक्तित्व वर्णन हेतु 16 व्यक्तित्व कारकों (Personality factors) को जिस प्रकार हमारे सामने रखा उसे निम्न तालिका द्वारा अच्छी तरह समझा जा सकता है:

तालिका 13.1 कैटल के 16 व्यक्तित्व कारकों में विद्यमान विभिन्न व्यक्तित्व गुण या विशेषक

कारक का नाम (Name of the Factor)	व्यक्तित्व गुण (Traits)	परस्पर विरोधी व्यक्तित्व गुण (Opposite Traits)
A	भावुक/संवेगात्मक रूप से अस्थिर	शांत/संवेगात्मक रूप में स्थिर
B	विवेकशील	अविवेकपूर्ण
C	स्वयं में सीमित/मित्रता रहित	मेलजोल वाला/मित्रतापूर्ण
E	दबंग/अधिकार जमाने वाला	दृढ़ता का अभाव/नम्र
F	सादा एवं संयमी/गंभीर	मस्त-मौला
G_1	अंतरात्मा से प्रेरित	स्वहित से प्रेरित
H	शर्मीला/डरपोक	साहसी
G	नाजुक	सख्त
L	शंकालु	विश्वास करने वाला
M	व्यवहारशील	कल्पनाशील
N	चालाक/हेराफेरी वाला	सीधा/बिना हेराफेरी वाला
O	आत्मविश्वास/संतोषी	शंकित
Q_1	रूढ़िवादी	प्रगतिशील
Q_2	दूसरों पर निर्भर	आत्मनिर्भर
Q_3	अनुशासनहीन	स्वानुशासित
Q_4	चिंतामुक्त	चिंतित/बेचैन

आगे चलकर कैटेल ने अपने सभी उपरोक्त 16 व्यक्तित्व आयामों या कारकों का अपने नाम से ही प्रसिद्ध व्यक्तित्व मापने के लिए प्रयुक्त एक व्यक्तित्व परिसूची (Personality inventory) के निर्माण के लिए बहुत अच्छी तरह से उपयोग किया। इस तरह से कैटेल के व्यक्तित्व को समझने और मापन संबंधी किए गए प्रयास काफी प्रशंसनीय हैं।

ऑलपोर्ट एवं कैटेल के व्यक्तित्व सिद्धांतों का शैक्षिक निहितार्थ (Educational implications of Allport's and Cattell's trait theories)

ऑलपोर्ट एवं कैटेल द्वारा प्रतिपादित व्यक्तित्व गुण संबंधी सिद्धांतों (Trait Theories of Personality) का शैक्षणिक दृष्टि से काफी महत्त्व है जो निम्न विवरण से स्पष्ट हो सकता है:

1. व्यक्तित्व के मापन में इन सिद्धांतों ने आत्मगतता (Subjectivity) को त्यागकर विशुद्ध मापनात्मक दृष्टिकोण अपनाते हुए व्यक्तित्व प्रकार (Type) के स्थान पर व्यक्तित्व गुणों या विशेषकों (Traits) को स्थान दिया। इन गुणों और विशेषताओं की किसी एक व्यक्ति के व्यक्तित्व में उचित पहचान हेतु उन्होंने व्यवहार निरीक्षण विधि का प्रचलन प्रारंभ किया। केवल शरीर की बनावट, खून का रंग तथा प्रकार आदि के आधार पर किसी के व्यक्तित्व के बारे में अनुमान लगाने के बजाय वास्तविक और नियंत्रित परिस्थितियों में विधिवत व्यवहार निरीक्षण करके व्यक्तित्व के सही आंकलन में सहायता पहुँचाने की दिशा में इस तरह का ऑलपोर्ट तथा कैटेल द्वारा प्रतिपादक व्यक्तित्व सिद्धांतों ने बहुमूल्य भूमिका निभाई है।
2. दोनों ने ही अपने प्रतिपादित सिद्धांतों द्वारा यह पूरी तरह स्पष्ट किया कि व्यक्तित्व गुण या विशेषक (Traits) ही किसी भी व्यक्ति के व्यक्तित्व की वे आधारभूत इकाइयाँ (Basic units) होती हैं जो उसकी व्यवहार संबंधी क्रियाओं से अच्छी तरह परिलक्षित हो सकती हैं। व्यक्तित्व गुणों और विशेषताओं (Traits) का इस प्रकार की अवधारणा ने व्यक्तियों के व्यक्तित्व के बारे में जानने, उसका वर्णन करने तथा व्यक्तियों के व्यक्तित्व में अंतर करने में भरपूर सहायता की है। व्यक्तित्व भेद की संकल्पना को समझने तथा उसे शिक्षण-अधिगम क्षेत्र में उपयोग में लाने का कार्य भी व्यक्तित्व गुणों और विशेषकों की जानकारी तथा मापन से ही संभव हो पाया है तथा शिक्षकों और शिक्षा विशेषकों को भी व्यक्तित्व के इन गुण और अवगुणों को पहचान कर विद्यार्थी के समुचित एवं वांछनीय सर्वांगीण विकास में भरपूर सहायता पहुँचाने का कार्य इन सिद्धांतों के उपयोग द्वारा ही संभव हो पाया है।
3. ऑलपोर्ट ने व्यक्ति की व्यवहार तथा व्यक्तित्व संबंधी विशेषताओं या गुणों (Behavioural traits) को कुछ विशिष्ट वर्गों या श्रेणियों, जैसे—प्रधान विशेषक (Cardinal traits), केंद्रीय विशेषक (Central traits) तथा गौण विशेषक (Secondary traits) आदि में बाँटकर शिक्षा जगत् का काफी उपकार किया है। इस आधार पर अब अधिक ध्यान पहले उन व्यक्तित्व गुणों या विशेषकों के उचित विकास पर शिक्षकों तथा माता-पिता द्वारा दिया जा सकता है जो व्यक्तित्व निर्माण या विकास की दृष्टि से बहुत अधिक महत्त्वपूर्ण या केंद्रीय हैं। एक बार उनमें सफलता पाने के बाद फिर आगे के प्रयत्न अन्य व्यक्तित्व गुणों तथा विशेषकों के विकास हेतु किए जा सकते हैं।
4. कैटेल ने व्यक्तियों के व्यक्तित्व में आमतौर से पाये जाने वाले सभी व्यक्तित्व गुणों एवं विशेषताओं की जानकारी लेने के बाद उनका कारक विश्लेषण (Factor analysis) विधि द्वारा विश्लेषण कर जो 16 मूलभूत व्यक्तित्व कारक या आयाम प्रस्तुत किये और उसके पश्चात् इनका प्रयोग करके व्यक्तित्व मापन हेतु व्यक्ति परिसूची बनाई। उसने शिक्षा और मनोविज्ञान के क्षेत्र में जो सेवाएँ दी हुई हैं, उनका कोई सानी नहीं। व्यक्तित्व के मापन का ऐसा प्रामाणिक और वस्तुनिष्ठ साधन प्रस्तुत करने की दृष्टि से कैटेल के व्यक्तित्व सिद्धांत को शिक्षा जगत् के लिए काफी मूल्यवान् वरदान माना जा सकता है।
5. ऑलपोर्ट एवं कैटेल दोनों ने ही अपने द्वारा प्रतिपादित व्यक्तित्व गुण या विशेषक सिद्धांतों द्वारा यह स्पष्ट किया कि अच्छे तथा बुरे व्यक्तित्व गुणों या विशेषकों की उपस्थिति ही व्यक्ति के व्यक्तित्व को भला या बुरे का दर्जा

दिलाती है। कैटेल ने व्यक्ति के व्यक्तित्व का निर्धारण करने वाले अपने 16 कारकों में अच्छे तथा बुरे व्यक्तित्व गुणों तथा विशेषताओं का पूरी तरह स्पष्टीकरण किया ताकि शिक्षा जगत् में बालकों के व्यक्तित्व का निर्माण तथा निर्धारण करने में अच्छे तथा बुरे व्यक्तित्व गुणों की ठीक पहचान की जा सके और उन्हें फिर उसी दृष्टि से उचित विकास या निर्माण पर चलाने में प्रयुक्त किया जा सके।

व्यक्तित्व गुण उपागम में नवीन आयाम (Further Development in Trait Approach)

व्यक्तित्व गुणों के क्षेत्र में किए हुए अनुसंधानों में कैटेल द्वारा सुझाये गए 16 व्यक्तित्व कारकों संबंधी व्यक्तित्व गुणों में काफी अन्तःनिर्भरता की ओर संकेत किया है। उदाहरण के तौर पर यह बात कारक 1 तथा कारक 16 और कारक 3 तथा कारक 7 में वर्णित गुणों में स्पष्ट दिखायी पड़ती है। वह व्यक्ति, जो शांत प्रकृति का है वह चिंतामुक्त (Relaxed) रहेगा ही और जो चिंतित तथा बेचैन रहने वाला है उसे संवेगात्मक रूप से अस्थिर और अशांत होना ही चाहिए। इसी प्रकार से जो शर्मीला और डरपोक है उसे अपने-आप में सिमट कर बिना मेल-जोल और दोस्ती रहित बनना ही पड़ता है तथा बिना झिझक सबसे मेल-जोल बढ़ाने वाले मित्र बालक का साहसी होना भी स्वाभाविक है। इस रूप में कैटेल द्वारा सुझाये गए व्यक्तित्व गुणों तथा व्यक्तित्व कारकों में काफी अधिक पुनरावृत्ति और समानता नज़र आती है। परिणास्वरूप व्यक्तित्व का वर्णन करने वाले व्यक्तित्व गुणों तथा व्यक्तित्व कारकों की सूची का और भी संक्षिप्त होना आवश्यक है। इसी मार्ग पर चलते हुए कुछ समकालीन मनोवैज्ञानिकों जैसे गोल्डवर्ग (1981) पीडमोन्ट मक्रे तथा कोस्टा (1991) ने व्यक्तित्व कारकों की संख्या 5 तक सीमित कर दी है। इन कारकों को इनमें निहित विभिन्न व्यक्तित्व गुणों के साथ तालिका 27.2 में देखा जा सकता है।

तालिका 13.2 व्यक्तित्व का वर्णन करने वाले पाँच कारक तथा संबंधित व्यक्तित्व गुण

क्रमांक (S.No.)	व्यक्तित्व कारक (Personality Factors)	व्यक्तित्व गुण (Personality Traits)
1.	बहिर्मुखी (Extrovert)	बातूनी, मेल-जोल वाला, साहसी
2.	सहमति या समझौतावादी प्रकृति (Agreeableness)	भलापन, सहयोगी और दूसरों के द्वारा पसंद
3.	अंतरात्मा की आवाज़ (Consciousness)	ज़िम्मेदारी निभाना, पवित्र आचरण तथा कार्य के प्रति सजगता
4.	संवेगात्मक स्थिरता (Emotional Stability)	शांत, धैर्यवान तथा स्थिर
5.	संस्कृति (Culture)	बुद्धिमान, कला-दर्शन तथा साहित्यिक विषयों में पारंगत

विशेषक एवं प्रकार समन्वित सिद्धान्त (Theories Adopting Trait cum Type Approach)

इस प्रकार के सिद्धान्त व्यक्तियों की उनके व्यक्तित्व गुणों या विशेषकों के आधार पर व्याख्या करने (Trait approach) तथा उन्हें वर्गों या प्रकारों में विभाजित करने (Type approach) दोनों ही दृष्टिकोणों का समन्वय करने का प्रयत्न करते हैं।

आइजैन्क द्वारा प्रतिपादित सिद्धान्त इस श्रेणी में आता है। वह इस मामले में गार्डन ऑलपोर्ट तथा आर. बी. कैटेल से कुछ और आगे बढ़ जाता है। वह किसी व्यक्ति के व्यक्तित्व का वर्णन करने तथा उसकी पहचान कायम करने के लिए उसके व्यक्तित्व गुणों (Traits) की ही चर्चा नहीं करता बल्कि इन गुणों के आधार पर व्यक्तियों को निश्चित वर्गों या प्रकारों में बांटने का भी प्रयत्न करता है।

आइजैन्क ने व्यवहार संबंधी विशेषताओं तथा व्यक्तित्व गुणों (Traits) को संगठित करके विशिष्ट वर्ग या प्रकार कैसे बनाये, यह चित्र 27.3 द्वारा अच्छी तरह स्पष्ट हो सकता है।

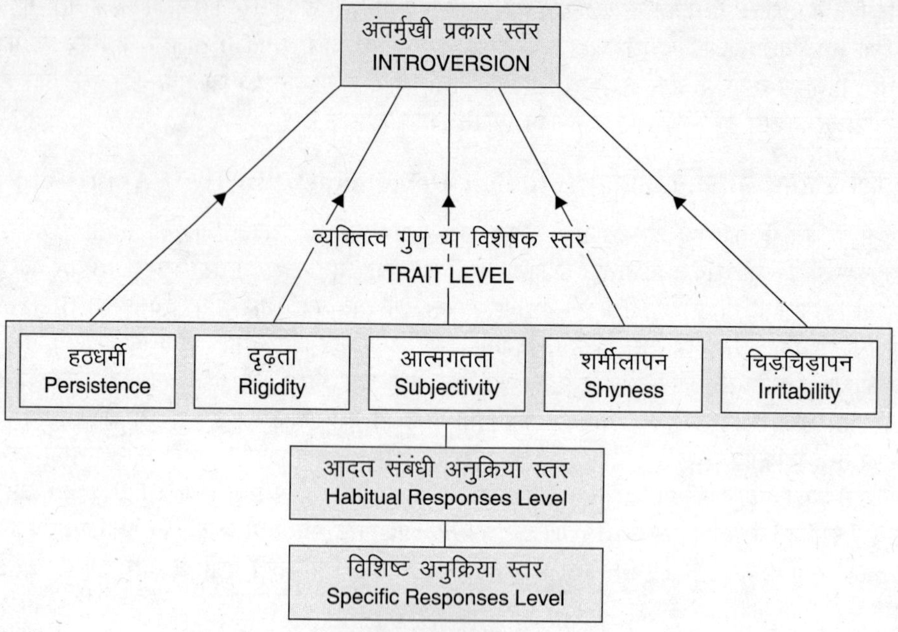

चित्र 13.3 व्यक्ति के व्यवहार का संगठन

व्यवहार संगठन की प्रक्रिया को आईजैन्क द्वारा चार स्तरों में विभाजित किया गया है:

1. सबसे निचले स्तर पर विशिष्ट अनुक्रियाएं (Specific responses) आती हैं। ये किसी भी एक उद्दीपन (Stimulus) के प्रति होने वाली विशेष अनुक्रिया को व्यक्त करती है। उदाहरण के रूप में शर्म के कारण चेहरे का लाल हो जाना (Blushing) एक विशिष्ट अनुक्रिया है।
2. दूसरे स्तर पर स्वाभाविक या आदत संबंधी अनुक्रियाएं (Habitual responses) आती हैं। अगर कोई व्यक्ति एक-सी परिस्थितियों में बार-बार एक जैसी अनुक्रिया व्यक्त करे तो हम उसे आदत संबंधी अनुक्रिया कहते हैं। उदाहरण के रूप में दूसरों को शीघ्र मित्र न बना सकना, अपरिचितों से बात करने में हिचकिचाना आदि आदत संबंधी अनुक्रियाएँ कही जा सकती हैं।
3. तीसरे स्तर पर आदत संबंधी अनुक्रियाओं का व्यक्तित्व संबंधी विशिष्ट अनुक्रियाओं (Specific responses) के रूप में संगठन होता है। व्यवहार संबंधी सभी एक-सी विशेषताओं को किसी एक विशेष विशेषता के रूप में संगठित कर लिया जाता है। ऊपर के उदाहरण में दी गई आदत संबंधी अनुक्रियाएँ शर्मीलापन (Shyness) नामक विशिष्ट गुण को जन्म देती है।
4. चौथे स्तर पर विशिष्ट विशेषताओं (Traits) को एक सामान्य वर्ग या समूह (Definite Type) का नाम दिया जाता है। प्रस्तुत चित्र में हठधर्मी, दृढ़ता, आत्मनिष्ठा, शर्मीलापन और चिड़चिड़ापन आदि विशेषताओं (Traits) से मिलकर एक विशेष समूह या वर्ग का निर्माण हुआ है जिसे अंतर्मुखी प्रवृत्ति (Introversion) का नाम दिया गया है।

इस प्रकार अंतिम स्तर पर जाकर हमें निश्चित समूह या वर्गों की प्राप्ति होती है। एक व्यक्ति को अंतर्मुखी प्रवृत्ति वाला (Introvert) कहा जा सकता है। अगर उसमें तीसरे स्तर पर दिखायी गयी व्यक्तित्व संबंधी विशेषताएं (Traits) हों, द्वितीय स्तर पर वर्णन की गई आदतें हों और प्रारम्भिक स्तर पर दिखाई जाने वाली विशिष्ट अनुक्रियाओं (Responses) को वह अभिव्यक्त करता हो।

आईजैन्क ने निष्कर्ष रूप में व्यक्तियों को चार विभिन्न समूहों या वर्गों (Types) में विभाजित किया है। ये वर्ग निम्न हैं:

1. अंतर्मुखी प्रवृत्ति (Introversion)
2. बहिर्मुखी प्रवृत्ति (Extroversion)
3. उन्मादावस्था (Neutroticism)
4. साइकोटिसिज्म (Psychoticism)

उसने इन विभिन्न वर्गों के साथ अलग-अलग व्यक्तित्व संबंधी विशेषताओं और गुणों को बतलाने की चेष्टा भी की है। इनमें से पहले दो प्रकार सामान्य व्यक्तियों (Normal) को वर्गीकृत करने में प्रयुक्त हो सकते हैं तो अंतिम दो प्रकारों (Types) को असामान्य व्यक्तियों (Abnormals) के वर्गीकरण या व्याख्या करने हेतु काम में लाया जा सकता है।

मनोविश्लेषणवादी उपागम (Psychoanalytic Approach)

व्यक्तित्व को जानने और समझने संबंधी यह सिद्धान्त मनोविज्ञान में बहुचर्चित मनोविश्लेषणात्मक विचारधारा (School of Psychoanalysis) की देन है। प्रसिद्ध मनोवैज्ञानिक फ्रायड (Freud) इस विचारधारा के जन्मदाता कहे जाते हैं। फ्रायड ने अपने मनोविश्लेषणवादी सिद्धान्त के माध्यम से व्यक्तित्व में झाँकने हेतु मुख्य रूप से निम्न विचार प्रस्तुत किये हैं:

1. मानव व्यवहार के मूल में उसकी मूल प्रवृत्तियाँ (Basic instincts) कार्य करती हैं। प्रत्येक व्यक्ति में उसकी मूल प्रवृत्तियों के अतिरिक्त दो मूल प्रवृत्तियाँ–जीवन मूल प्रवृत्ति (Life instinct) तथा मृत्यु मूल प्रवृत्ति (Death instinct) पायी जाती हैं। व्यक्ति का काफी कुछ व्यवहार एवं व्यक्तित्व संरचना इन्हीं दोनों प्रवृत्तियों द्वारा निर्देशित रहती हैं। जीवन मूल प्रवृत्ति जहाँ उसमें जीवन को जीने की इच्छा बनाये रखती है और उसमें इसे अच्छी तरह जीने के साधन जुटाने के लिए तत्पर रखती है वहाँ मृत्यु मूल प्रवृत्ति उसमें जीवन के प्रति विरक्ति, विद्रोह तथा विनाशकारी व्यवहार को संचालित करने का आधार बनाती है।
2. मानव में जितनी भी मूल प्रवृत्तियाँ (Instincts), प्रेरणाएँ (Impulses), तथा चालक (Motives) पाये जाते हैं उन सबमें सबसे अधिक शक्तिशाली चालक तथा प्रेरणा पुंज उसकी काम भावनाएँ (Sexual desires) हैं। यौन आवश्यकताओं (Sex needs) की पूर्ति फ्रायड (Freud) के अनुसार मानव व्यवहार का केंद्रीयभूत है। जन्म से लेकर मृत्यु तक व्यक्ति का संपूर्ण व्यवहार इसी के द्वारा संचालित होता है। कामेच्छाओं की संतुष्टि पर ही व्यक्ति के व्यक्तित्व का संतुलित विकास तथा उचित समायोजन (Proper adjustment) निर्भर करता है।
3. मानव व्यवहार के संचालन में मन (Mind or psyche) की प्रमुख भूमिका रहती है। मानव मन (Human psyche) के उसकी व्यवहार संबंधी भूमिका को लेकर, तीन भाग किए जा सकते हैं: (i) चेतन मन (Conscious mind), (ii) अवचेतन मन (Semi-conscious mind) तथा (iii) अचेतन मन (Unconscious mind)। मन के इन तीनों प्रकारों से हमारे तीन प्रकार के व्यवहारों–चेतन व्यवहार (Conscious behaviour), अवचेतन व्यवहार (Semi-conscious behaviour) तथा अचेतन व्यवहार (Unconscious behaviour) का संचालन होता है। फ्रायड ने व्यक्ति के व्यवहार और उसके व्यक्तित्व की संरचना में अचेतन व्यवहार को सबसे अधिक महत्त्व दिया है। उसने बताया कि चेतन व्यवहार (Conscious behaviour) वह व्यवहार है जिसकी हमें पूर्ण चेतना होती है तथा जिसे हम जानबूझ कर करते हैं ऐसा व्यवहार तो हमारे द्वारा किए जाने वाले संपूर्ण व्यवहार का केवल 1/10 मात्र ही होता है बाकी की 9/10 व्यवहार क्रियाएँ तो हमारे अवचेतन तथा अचेतन मन द्वारा ही संचालित की जाती हैं।
4. मानव मन (Human psyche) की संरचना तथा उसके द्वारा व्यवहार क्रियाओं के निरूपण हेतु फ्रायड ने इड (Id), ईगो (Ego) तथा सुपर ईगो (Super ego) की धारणाओं को भी हमारे सामने रखा। हिंदी रूपांतर हेतु

इन धारणाओं के लिए क्रमशः ''इदम्'', ''अहम्'' तथा ''पराहम्'' का प्रयोग भी किया जाता है। परन्तु यहाँ हम इनको मूल नामों से ही संबोधित कर विस्तार से समझना चाहेंगे।

इड (Id)—मानव मन के इस पक्ष में व्यक्ति के व्यवहार और व्यक्तित्व से संबंधित पाशविक प्रवृत्तियों और अनैतिक भावनाओं का संग्रह होता है। इसी के माध्यम से मनुष्य इंद्रियजनित सुखों की खोज करता है। अपनी इच्छाओं की तृप्ति के लिए वह किसी भी नियम अथवा रीति-रिवाज़ का उल्लंघन कर सकता है।

ईगो या साधारण अंतःकरण (Ego)—यदि इड को अपनी इच्छा पर ही छोड़ दिया जाए तो इसका परिणाम दुःखदायी होता है। इसलिए इड के असामाजिक व नियम विरुद्ध कार्यों को रोकने के लिए ईगो अर्थात् साधारण अंतःकरण पुलिसमैन का कार्य करता है। व्यक्ति द्वारा क्या किया जाना चाहिए और क्या नहीं, यह इसके द्वारा निश्चित किया जाता है। एक प्रकार से यह व्यक्ति की विवेचन शक्ति है जो वास्तविकता के धरातल पर अपना कार्य करती है। मनुष्य की कौनसी इच्छाओं की कैसे और कितनी संतुष्टि होनी है, यह इसी के द्वारा तय किया जाता है।

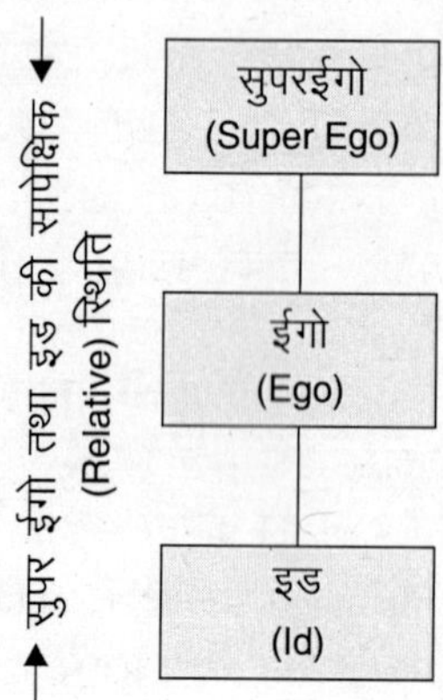

चित्र 13.4 मानव मन या अंतःकरण की संरचना

सुपर ईगो (Super Ego) या उच्च अंतःकरण—यह व्यक्तित्व के आदर्श और नैतिक स्वरूप का प्रतिनिधित्व करता है। इसके द्वारा वास्तविकता की परवाह न कर आदर्शों पर ज़ोर दिया जाता है। सुख और आनंद की प्राप्ति के स्थान पर नैतिक और आदर्श मूल्यों की प्राप्ति ही इसका उद्देश्य है। क्या अच्छा है और क्या बुरा, क्या पुण्य है और क्या पाप, इन सबका सामाजिक मान्यताओं के आधार पर व्यक्तित्व के इसी पक्ष द्वारा निर्णय किया जाता है।

व्यक्तित्व के ये तीनों पक्ष एक-दूसरे से बहुत अधिक संबंधित हैं और तीनों के सम्मिलित रूप के ही क्रियान्वयन द्वारा व्यवहार क्रियाएँ होती हैं तथा व्यक्तित्व का निर्माण होता है। यह कैसे होता है इसके बारे में फ्रायड (Freud) ने निम्न विचार व्यक्त किए हैं:

(i) जिन व्यक्तियों का साधारण अंतःकरण (Ego) शक्तिशाली होता है उनका व्यक्तित्व भी संतुलित और प्रभावशाली होता है क्योंकि उनकी ईगो में इड और सुपर ईगो में उचित संतुलन बनाये रखने की क्षमता होती है।

(ii) अगर किसी व्यक्ति की ईगो कमज़ोर होती है तो उसका व्यक्तित्व भी असंतुलित और कम समायोजित (Maladjusted) होता है। इस संदर्भ में दो परिस्थितियाँ उत्पन्न हो सकती हैं:

(a) **सुपर ईगो का ईगो पर हावी होना (Super Ego defeats Ego)**—जब सुपर ईगो, ईगो से अधिक शक्तिशाली होती है तो वह इच्छाओं और प्रवृत्तियों की संतुष्टि के लिए उचित अवसर प्रदान नहीं करती, व्यक्ति अंदर ही अंदर घुटता रहता है और वह विक्षिप्तावस्था को जन्म देती है।

(b) **इड का ईगो पर हावी होना (Id defeats Ego)**—इंद्रियजनित सुखों की अभिलाषा करने वाली इड, ईगो पर पूरी तरह हावी हो जाती है। परिणामस्वरूप व्यक्ति अनैतिक और असामाजिक कार्यों में फंस कर अपराधी प्रवृत्ति का हो जाता है।

मनोविश्लेषणवाद (Psycho analytical approach)—विचारधारा पर चलते-चलते फ्रायड के शिष्यों–मुख्यतया अल्फ्रेड एडलर (Alfred Adler) तथा कार्ल युंग (Carl Jung) का फ्रायड की विचारधारा मुख्य रूप से उसके द्वारा काम या यौन (Sex) को ही मानव व्यवहार या व्यक्तित्व का केंद्र बिंदु मानने के कारण मतभेद उत्पन्न हो गए। अतः उन्होंने अपने अलग विचार व्यक्तित्व तथा व्यवहार को जानने तथा समझने हेतु प्रतिपादित करने प्रारंभ कर दिए।

एडलर का व्यक्तिवादी उपागम सिद्धान्त (Adler's Theory Involving Individual Approach)

एडलर ने अपने दृष्टिकोण को प्रतिपादित करते हुए बताया कि काम अथवा यौन को जीवनदायिनी शक्ति तथा मानव व्यवहार की केंद्रीभूत शक्ति मानना ठीक नहीं है। वस्तुतः व्यक्तियों में महत्त्वपूर्ण बनने अथवा शक्ति ग्रहण करने की बहुत अधिक अभिलाषा होती है। इसी महत्त्वाकांक्षा को मानव शक्ति का पुंज या स्रोत कहा जा सकता है। हममें से प्रत्येक श्रेष्ठ और महत्त्वपूर्ण बनने का प्रयत्न करता है। परंतु इस प्रकार के प्रयत्न सभी अपने-अपने ढंग से करते हैं। उसने अपने-अपने ढंग से किये जाने वाले इस वैयक्तिक प्रयास को व्यक्ति के जीने का ढंग (Life Style of an Individual) नाम से संबोधित किया है। इसलिए व्यक्ति के व्यक्तित्व को उसके जीने के ढंग (Life Style) अर्थात् व्यक्ति द्वारा जीवन लक्ष्यों और उन लक्ष्यों की पूर्ति के लिए किए जा रहे प्रयत्नों द्वारा अच्छी तरह आंका जा सकता है।

इस प्रकार से एडलर ने व्यक्तित्व के अध्ययन में वैयक्तिक दृष्टिकोण को जन्म दिया है। उसने बताया कि प्रत्येक व्यक्ति के अपने जीवन दृष्टिकोण और लक्ष्य होते हैं जिनकी पूर्ति वह अपने एक विशेष तरीके से करना चाहता है। फलस्वरूप प्रत्येक व्यक्ति अपने आप में एक विलक्षणता और अनोखापन लिए होता है। अतः व्यक्तियों की किन्हीं विशेष समूहों या वर्गों (Types) में वर्गीकृत करना ठीक नहीं है।

युंग का विश्लेषणात्मक सिद्धान्त (Jung's Analytical Theory)

फ्रायड के एक और दूसरे प्रतिभाशाली शिष्य कार्ल गुस्तेव युंग (Carl Gustav Jung) ने भी इसी समय अपने गुरु के विचारों का विरोध करते हुए व्यक्तित्व और मानव व्यवहार को समझने हेतु एक नये उपागम को सामने रखा, जिसे विश्लेषणात्मक सिद्धान्त (Analytical Theory) के नाम से जाना जाता है। इस सिद्धान्त की कुछ मुख्य अवधारणाओं की हम चर्चा करने जा रहे हैं।

1. **मानव मन की संरचना** (Structure of the human psyche)—युंग के अनुसार मानव मन की संरचना को समझने हेतु उसके तीन भाग किए जा सकते हैं, जिनके नाम हैं–चेतन मन (Conscious mind), व्यक्तिगत या निजी अवचेतन मन (The personal conscious mind) और सामूहिक अवचेतन मन (The collective unconscious mind)।

चेतन मन में हमारे अहं यानी ईगो (Ego) का निवास है और यहीं से हमारे चेतन व्यवहार (Conscious behaviour) का संचालन होता है। ठीक इसके नीचे व्यक्तिगत या निजी अवचेतन का निवास है जिससे हमारी निजी और व्यक्तिगत ज़िंदगी से संबंधित सभी दबी हुई भावनाएँ, कुंठाएँ और विचार छुपे रहते हैं। सामूहिक अवचेतन, निजी अवचेतन के नीचे स्थित होता है। यह सामूहिक इसलिये कहलाता है कि इसमें व्यक्ति की निजी दुनियां की बातें न रहकर सामूहिक और सार्वजनिक बातों का समावेश होता है। इसकी उपस्थिति व्यक्तियों में लगभग सर्वव्यापी एक जैसे रूप में पायी जाती है। युंग के अनुसार इस सामूहिक अवचेतन मन में विचारों और प्रतिबिंबों के नाम से विख्यात सार्वजनिक बिंबों (Images) के रूप में लाखों वर्षों से संकलित मानव जाति और संस्कृति के अमूल्य अनुभव छुपे रहते हैं। सभी समाज और संस्कृतियों में

ये आर्कीटाइप्स (Archetypes) बहुतायत में सामाजिक और धार्मिक रूढ़ियों, मान्यताओं, लोकगीतों, परी कथाओं आदि में विद्यमान मिल सकती हैं। युंग ने ऐसे कई विविध आर्कीटाइप्स की चर्चा की है, जैसे–मदर आर्कीटाइप (Mother archetype), फादर आर्कीटाइप (Father archetype), हीरो आर्कीटाइप (Hero archetype), परसोना (Persona archetype), एनीमा एवं एनीमस (Anima and the animus), शेडो एवं सैल्फ (Shadow and self) आदि। यहाँ उदाहरण के लिए हम युंग द्वारा वर्णित मदर यानी माँ से जुड़े हुए आर्कीटाइप के अर्थ को स्पष्ट करते हुए अन्य आर्कीटाइप्स की अवधारणाओं का भी अनुमान लगा सकते हैं। माँ की छवि उसके बारे में सर्वमान्य विचार तथा मान्यताएँ सारी दुनियाँ में कुछ एक जैसी मिलती हैं। जैसे माँ सदैव निश्छल, दयालु, पवित्र, करुणामयी, क्षमाशील, स्नेहशील, रक्षा तथा पोषण करने वाली होती है। सभी धर्मों, संस्कृतियों, लोक-कथाओं और साहित्य में माँ के इसी रूप में हमें दर्शन होते हैं। इस प्रकार की बनी गाँ की छवि और मान्यता को ही युंग द्वारा मदर यानी माँ से संबंधित आर्कीटाइप (Mother archetype) का संबोधन दिया गया है।

2. **आत्माभिव्यक्ति अभिप्रेरक** (Self actualization motive)—मानव व्यक्तित्व की संरचना तथा व्यवहार संबंधी कारणों के बारे में अपने विचार व्यक्त करते हुए युंग ने बताया कि हम जो भी व्यवहार करते हैं उसके पीछे न तो जैसा कि फ्रायड की मान्यता है यौन सुख प्राप्ति (Sex motive) अभिप्रेरक कार्य करता है और न जैसा कि एडलर का विचार है कि प्रभुत्व स्थापित करने या श्रेष्ठ दिखाने की अभिप्रेरणा (Power or self assertion motive) बल्कि उसके पीछे आत्माभिव्यक्ति अभिप्रेरक (Self actualization motive) कार्य कर रहा होता है। वास्तव में, हम सभी आत्माभिव्यक्ति चाहते हैं। हमारे भीतर जो कुछ है, हम जो भी हैं, हमें जो भी आता है हममें जो भी शक्तियाँ और योग्यताएँ हैं, हमारी जो भी इच्छाएँ हैं, सबको अभिव्यक्ति चाहिए और हमारा सारा व्यवहार इसी अभिव्यक्ति को लेकर होता है। जिस तरह की अभिव्यक्ति मिलती है या नहीं मिलती है उसी को लेकर हमारे व्यक्तित्व का निर्माण और व्यवहार का निरूपण होता रहता है तथा हम अंतर्मुखी, बहिर्मुखी, सामान्य और असामान्य व्यक्तित्व वाले बनते रहते हैं।

3. **लिबिडो और व्यक्तित्व विकास** (Libido and personality development)—युंग ने फ्रायड की तुलना में लिबिडो (Libido) शब्द को कहीं अधिक व्यापक संप्रत्यय के रूप में प्रयुक्त किया। फ्रायड ने जहाँ इसे मात्र यौन तृप्ति के रूप में सामने रखा था वहाँ युंग ने इसे जीवन पुंज या जीवनी शक्ति (Life urge or life energy) कहा तथा इसे सभी प्रकार के मानव व्यवहार (जिसमें यौन तृप्ति भी है) का आधार बताया। इस शक्ति के प्रवाह के बारे में युंग ने बताया कि जब तक इसका प्रवाह समान्य रहता है व्यक्ति सामान्य व्यवहार करता है परंतु जहाँ इसका प्रवाह अवरुद्ध होता है उसे बाँध दिया जाता है या उसके मार्ग में रोड़े आ जाते हैं तो व्यक्ति असामान्यता की ओर जाने लगता है। लिबिडो के सामान्य प्रवाह की अवस्था में भी व्यक्ति के व्यक्तित्व की संरचना दो प्रकार से हो सकती है। वह अंतर्मुखी (Introvert) तथा बहिर्मुखी (Extrovert) बन सकता है। वे व्यक्ति, जिनमें लिबिडो यानी जीवनी शक्ति का बहाव अंदर की ओर (Inward) होता है वे अंतर्मुखी कहलाते हैं जबकि वे व्यक्ति, जिनमें यह बाहर की तरफ (Outward) होता है बर्हिमुखी व्यक्तित्व वाले माने जाते हैं।

4. **व्यक्तित्व प्रकार** (Personality types)—जीवनी शक्ति के प्रवाह (Libidonal flow) के आधार पर युंग ने जैसा कि ऊपर कहा जा चुका है व्यक्तियों को मूल रूप से दो प्रमुख श्रेणियों अंतर्मुखी एवं बहिर्मुखी में विभक्त करने की चेष्टा की है। बहिर्मुखी व्यक्तित्व वालों को सामाजिक कार्यों में अधिक रुचि लेने वाला मिलनसार तथा अपने आपको ज्यादा अभिव्यक्त करने वाला दबंग और आक्रामक स्वभाव का बताया, जबकि अंतर्मुखी व्यक्तित्व वालों को शांत, अपने ही में सिमट कर रहने वाले, अध्ययन में खो जाने वाले, मेल-जोल से कतराने वाले, दब्बू तथा भीरू प्रकृति के व्यक्ति के रूप में वर्णन किया। व्यक्तित्व की इन दो प्रमुख श्रेणियों या वर्गों को युंग ने फिर कुछ निश्चित उपवर्गों (Sub-types) में बांटने का प्रयत्न किया है। इस प्रक्रिया में उसने चिंतन (Thinking), भावना (Feeling), संवेदन (Sensation) और अंतःदृष्टि (Intuition) नामक मनोवैज्ञानिक क्रियाओं को अपने अंतर्मुखी तथा बहिर्मुखी वर्गों के साथ जोड़ने का प्रयत्न किया है। चित्रात्मक रूप से युंग द्वारा प्रस्तुत यह वर्गीकरण उनकी व्यक्तित्व संबंधी विशेषताओं सहित चित्र 13.2 द्वारा पहले प्रदर्शित किया जा चुका है।

मानवतावादी उपागम पर आधारित व्यक्तित्व सिद्धांत
(Personality Theories based on Humanistic Approach)

मनोविज्ञान के क्षेत्र में मानवतावादी संप्रदाय (School of Humanistic Psychology) से सम्बन्ध रखने वाले मनोवैज्ञानिकों ने व्यवहारवादियों (वाटसन, पैवलोव, स्किनर आदि), संज्ञानात्मकवादियों (कोहलर, कोफका, लेविन, मिलर आदि) तथा मनोविश्लेषणवादियों (फ्रायड, एडलर, युंग आदि) से कुछ अलग हट कर अधिगम विकास और व्यक्तित्व की संरचना के संदर्भ में अपने विचार प्रस्तुत किए। अपने नाम के अनुसार ही मानवतावादी संप्रदाय से सम्बन्ध रखने वाले इन मनोवैज्ञानिकों के विचारों में मानव तथा मानवतावादी मूल्यों को अधिक महत्व दिया गया। इन्होंने व्यवहारवादियों की तरह न तो मानव को केवल मात्र घिसी घिसाई बातों पर अमल करने वाली मशीन के रूप में देखने की चेष्टा की और न उसे मनोविश्लेषणवादियों की तरह इड, और ईगो के संघर्ष का शिकार या अपने अचेतन मन की इच्छाओं तथा कार्य चेष्टाओं के वशीभूत होकर व्यवहार करते हुए पाया। संज्ञानात्मकतावादियों की तरह मानव को भावात्मकता से शून्य मात्र एक बौद्धिक प्राणी मानने से भी इन्होंने इंकार कर दिया और इसके स्थान पर दिल और आत्मा की आवाज, मानवीय मूल्यों तथा उनके संपादन पर इन्होंने अधिक जोर दिया। मानवतावादी विचारधारा में विश्वास करने वाले मनोवैज्ञानिकों में जिनके नाम लिए जाते हैं, वे हैं अब्राहम मैसलो (Abraham Maslow), कार्ल रोजर्स (Karl Rogers), गोर्डन आलपोर्ट, मेल्कोलिन नोवल्स (Melcolin Knowles), गोल्ड स्टिन (Goldstein) तथा एन्जायल (Angyal) आदि। इन मनोवैज्ञानिकों द्वारा विभिन्न प्रकार के व्यक्तित्व सिद्धांतों का प्रतिपादन किया गया। इनमें से हम दो बहु-चर्चित सिद्धांतों अब्राहम मैसलो द्वारा प्रतिपादित आत्मानुभूति सिद्धांत तथा कार्ल रोजर्स के आत्म-सिद्धांत की प्रस्तुत अध्याय में आगे यहां चर्चा करना चाहेंगे।

अब्राहम मैसलो का आत्मानुभूति सिद्धांत (The self-actualisation theory of Abraham Maslow)—अमेरिकी मनोवैज्ञानिक अब्राहम मैसलो ने मानव व्यवहार और व्यक्तित्व के अध्ययन हेतु मानवतावादी विचारधारा का उपयोग कर एक नए व्यक्तित्व सिद्धांत को जन्म दिया। इस सिद्धांत की विचारधारा को प्रकाश में लाते हुए उन्होंने कहा कि सामान्य रूप से सभी व्यक्ति भले या स्लेट की तरह कोरे होते हैं शैतान नहीं और सभी में अपनी योग्यताओं और क्षमताओं के विकास तथा मानव जीवन के लक्ष्य की प्राप्ति की लगन होती है। मैसलो के अनुसार व्यक्तियों का लक्ष्य आत्म-अनुभूति या आत्म-साक्षात्कार (Self realisation) करना होता है जिसे व्यक्ति अपने अर्जित ज्ञान, सौन्दर्यानुभूति, खिलाड़ीपन की भावना, स्वावलम्बन, सत्यनिष्ठा तथा अन्य रचनात्मक और सृजनात्मक आदि शक्तियों के माध्यम से प्राप्त कर सकता है। इस तरह एक व्यक्ति का व्यवहार या व्यक्तित्व आत्मानुभूति सम्बन्धी महान लक्ष्य की प्राप्ति हेतु उसके द्वारा किए जाने वाले प्रयत्नों पर निर्भर करता है। परंतु आत्मानुभूति नामक महान लक्ष्य की प्राप्ति का रास्ता कुछ छोटे लक्ष्यों, जिनमें उसकी निम्न स्तरीय आवश्यकताओं की पूर्ति संभव रहती है, से गुजरता है। इस प्रकार मैसलो द्वारा प्रतिपादित आत्मानुभूति सिद्धांत मानवीय आवश्यकताओं को उनके विभिन्न स्तरीय रूप तथा क्रम जिसे हिआरकीकल क्रम (Hierarchical order) कहा जाता है देखने का प्रयत्न करता है। इस बात को चित्रात्मक अभिव्यक्ति (देखिये चित्र 13.3) के माध्यम से हम अध्याय 15 में पहले भी कह चुके हैं।

इस तरह मैसलो के मतानुसार मानव व्यवहार सदैव ही उसकी निम्नतम स्तर की आवश्यकताओं से लेकर सर्वोच्च स्तर की आवश्यकता पूर्ति किए जाने वाले उसके प्रयत्नों पर आधारित रहता है। हमें जीवित रहने हेतु अपनी जैविक या शारीरिक आवश्यकताओं की पूर्ति करनी होती है तथा अपने सामाजिक एवं मनोवैज्ञानिक रूप से समायोजित एवं सफल बनाने हेतु अपनी सामाजिक-मनोवैज्ञानिक आवश्यकताओं की पूर्ति हेतु संघर्षरत रहना होता है। परन्तु इस प्रकार की आवश्यकताओं की पूर्ति भर से हमारा अपना सर्वश्रेष्ठ तथा क्षमताओं के विकास का रथ तब तक नहीं रुकता जब तक कि हम उच्च मानवीय मूल्यों की प्राप्ति सम्बन्धी अपने महान उद्देश्य की प्राप्ति नहीं कर लेते।

आत्म-साक्षात्कार या आत्मानुभूति करने वाले व्यक्ति में पाए जाने वाले इन मूल्यों तथा विशेषताओं जिनकी प्राप्ति के लिए व्यक्ति संघर्षरत रहता है उसी को मैसलो ने व्यक्तित्व विकास यात्रा का नाम दिया है और इन गुणों एवं विशेषताओं की संख्या 16 बताई है। इन गुणों एवं विशेषताओं के निर्धारण का आधार उसके द्वारा किया जाने वाला वह अध्ययन है जो उसे 38 व्यक्तियों के एक चयनित समूह के साथ किया। इस समूह में उसने वर्तमान और भूतकालीन प्रसिद्ध व्यक्तियों

जैसे अलबर्ट आइन्सटीन, अब्राहम लिंकन, रूजवेल्ट इत्यादि के साथ अपने स्वयं के प्रोफेसरों तथा उन व्यक्तियों को शामिल किया जो अपने-अपने कार्यक्षेत्र में आत्मानुभूति (सफलता और संतुष्टि) के लिए विख्यात थे। इन व्यक्तियों के व्यक्तित्व गुणों का विश्लेषण करते हुए उसने आत्मानुभूति से संपन्न व्यक्तियों में निम्न ऐसी 16 विलक्षण विशेषताओं का पता लगाया जो उन्हें विविध दृष्टि से सामान्य व्यक्तियों से अलग करके देखने पर विवश करती थीं। मैसलो (1962) द्वारा निष्कर्षित इन विशेषताओं का निम्न प्रकार से उल्लेख किया गया है:

1. वास्तविकता का अपने सही रूप में प्रत्यक्षीकरण करने की योग्यता
2. वास्तविकता को तुरंत ही स्वीकार करने की उसकी तत्परता या इच्छा
3. स्वाभाविकता एवं नैसर्गिकता
4. स्वयं पर ध्यान केन्द्रित करने की अपेक्षा सामने आने वाली समस्याओं पर ध्यान केन्द्रित करना
5. निजीपन या गोपनीयता बनाए रखने की आवश्यकता
6. आत्म निर्भरता एवं स्वतंत्रता
7. अपने जीवन में आने वाली वस्तुओं, घटनाओं तथा व्यक्तियों की नए स्वाभाविक तथा रूढ़िविहीन दृष्टि से प्रशंसा करने की क्षमता
8. श्रेष्ठता बनाए रखने की योग्यता
9. मनुष्य जैसा व्यवहार करना और दूसरों के साथ उचित सामाजिक सम्बन्ध और गठबंधन बनाना।
10. मित्रों की संख्या कम या अधिक कैसी भी हो कम से कम कुछ के साथ अधिक घनिष्ठ और गहरे सम्बन्ध बनाना
11. एक जनतांत्रिक निष्पक्ष दृष्टिकोण
12. मूल्यों पर दृढ़ता से खड़े रहना और साधन तथा लक्ष्य के बीच निहित अंतर को स्पष्ट रूप से देखना
13. एक विस्तृत तथा सहनशील हास परिहास प्रवृत्ति से युक्त होना
14. नये ढंग से चीजों को देखरेख सम्बन्धी योग्यता से लैस होकर अन्वेषणशीलता तथा सृजनता से युक्त होना
15. सामाजिक दबाव के आगे झुकने तथा लकीर का फकीर बनने से बचना
16. द्विभाजन से बाहर निकलकर विरोधियों को भी साथ में रखने की योग्यता।

इस प्रकार से मैसलो के सिद्धांत के अनुसार व्यक्तित्व विकास का उद्देश्य आत्मानुभूति या आत्म-साक्षात्कार करना यानी अपनी क्षमता और योग्यताओं को अधिक से अधिक मात्रा में अच्छे से अच्छे प्रभावी ढंग से सर्वोच शिखर पर पहुंचाना है। मैसलो का सिद्धांत इस तरह मानव व्यवहार तथा व्यक्तित्व का सुनहरा चित्र सामने लाते हुए व्यक्तित्व विकास हेतु एक उचित अभिप्रेरणात्मक लक्ष्य आत्मानुभूति के रूप में हमारे सामने लाता है। इस सिद्धांत की फिर भी इस बात को लेकर आलोचना की जाती है कि इस सिद्धांत द्वारा प्रतिपादित धारणाएं वस्तुनिष्ठ एवं वैज्ञानिक धरातल पर नहीं खड़ी हैं विशेषकर आत्मानुभूति या आत्म साक्षात्कार के निदान हेतु व्यक्तिनिष्ठ तरीके या कसौटी अपनाने को लेकर।

कार्ल रोजर्स का आत्म-सिद्धांत (Karl Roger's Self theory)—अमेरिकन मनोवैज्ञानिक कार्ल रेनसम रोजर्स ने 1947 में एक नए सिद्धांत के द्वारा उसे व्यक्ति के अपने आत्म (Self) को ही अपनी स्वयं की वृद्धि, विकास तथा अपने परिवेश के साथ अच्छी तरह से समायोजित होने के लिए उत्तरदायी ठहराया। उसके द्वारा प्रतिपादित इस व्यक्तित्व सिद्धांत में जो दो बातें एक साथ कार्य करती हुई दिखाई देती हैं, वे हैं व्यक्ति और उसका आत्म। रोजर्स के अनुसार व्यक्ति और आत्म से जुड़ी प्रणालियां अपनी-अपनी तरह से अपने-अपने कार्य व्यापार में लगी रहती हैं। व्यक्ति से जुड़ी प्रणाली उसके अपने अनुभवों–चेतन और अचेतन का प्रतिनिधित्व करती है तथा 'आत्म' (Self) से जुड़ी प्रणाली इस अनुभव जन्य स्वीकृत तथा चेतनमयी भाग का प्रतिनिधित्व करती है। आत्म को व्यक्ति विशेष से जुड़ी हुई जिस बात से व्यक्ति अच्छी तरह जानते हैं वह है उसका मैं, मुझे और मेरे आदि शब्दों द्वारा उसका संबोधन।

जिसे हर व्यक्ति विशेष का व्यक्तित्व कह कर संबोधित करते हैं वह वास्तव में व्यक्ति विशेष से संबंधित उपरोक्त प्रणालियों (व्यक्ति और उसके आत्म) की अन्तःक्रिया का परिणाम होता है। जहां तक 'आत्म' अवधारणा के अर्जन का प्रश्न है यह कार्य काफी लंबा और सतत होता है। मानवों में यह जन्मजात प्रवृत्ति पाई जाती है कि वे अपने-अपने परिवेशों में अन्तःवैयक्तिक तथा सामाजिक अनुभवों से गुजरते हुए अपने आत्म के विकास में संलग्न रहते हैं। दूसरे शब्दों में हमारा अन्तरतम (inner world) जो हमारे नैसर्गिक आवेगों (natural impulses) के रूप में हमारे पास होता है, हमारे सभी प्रकार के अनुभवों से अन्तःक्रिया करता हुआ हमारे आत्म को प्रकाश में लाता है। उदाहरण के लिए अगर किसी से यह कहा जाय कि तुम सुन्दर हो, तो वह अपने आत्म की अवधारणा में "मैं सुंदर हूं" इसकी समाविष्टि कर लेता है। इस प्रकार हम आत्म की अपनी अवधारणा के विस्तार के लिए एक अनवरत प्रक्रिया से गुजर रहे होते हैं। इसलिए किसी की अपने 'आत्म' के प्रति क्या अवधारणा है यह बात दूसरों से पृथक् ही रहती है और सब अपने-अपने ढंग से अपने 'आत्म' के प्रति अपनी-अपनी अलग अवधारणा रखते हुए पाए जाते हैं। आत्म के बारे में बनाई गई अवधारणा इस तरह अधिकतर वास्तविकता की बजाय अपनी वैयक्तिक आवश्यकताओं तथा अनुभवों से ही जुड़ी रहती पाई जाती है। परन्तु कई बार जैसा कि रोजर्स ने संकेत दिया है व्यक्तियों को एक 'आदर्श आत्म' की अवधारणा अर्जन करता हुआ देखा जा सकता है जिसके सहारे यह कहना चाहते हैं कि वे इस प्रकार के व्यक्ति बनना चाहेंगे।

रोजर्स ने विकासवादी मनोवैज्ञानिकों जैसे फ्रायड की तरह व्यक्तित्व विकास के लिए विशिष्ट चरण या सोपानों (Stage) का उल्लेख नहीं किया है, बल्कि उसने यह कहा है कि आत्म की अवधारणा के सतत विकास के सहारे व्यक्तित्व का भी सतत रूप से विकास होता रहता हे। जैसे ही व्यक्ति 'आत्म' की अवधारणा से युक्त हो जाता है, तब व्यक्ति अपने व्यवहार को नियमित एवं नियंत्रित करता हुआ इस अवधारणा पर खरा उतरने के प्रयत्न करता रहता है। जो बातें उसे अपने 'आत्म' के बारे में बनाई गई अवधारणा के अनुकूल दिखाई देती हैं उन्हें वह स्वीकृति देता रहता है और जो बातें उसके 'आत्म' की छवि को बिगाड़ती हुई नजर आती हैं उन्हें वह पूरी तरह नकार कर अपने अवचेतन में गहरा गाड़ने की कोशिश करता रहता है।

रोजर्स के अनुसार व्यक्तित्व के विकास में अधिक दुर्भाग्यशाली परिणाम उन मामलों में आते हैं जहां व्यक्ति अपने आत्म की अवधारणा विकसित करते हुए उसकी गलत छवि बना लेता है। आत्म के बारे में बनाई यह गलत छवि (false image) कई बार इतनी प्रभावी और प्रबल होती है कि नग्न सच या वास्तविकता को भी व्यक्ति स्पष्ट रूप से नकार देता है। अपनी वास्तविक छवि और झूठी या गलत छवि के बीच में पाई जाने वाली यह विसंगति ही फिर व्यक्ति के व्यवहार को असामान्य बनाकर उसे कुसमायोजन की ओर धकेलने का कार्य करती है। इसी प्रकार जब कोई व्यक्ति एक ऐसे "आदर्श आत्म" (ideal self) का निर्माण कर लेता है जो बहुत अधिक अप्राप्त तथा तर्कहीन हो अथवा व्यक्ति के "वास्तविक आत्म" से काफी अधिक हट कर हो तो उससे आक्रान्त व्यक्ति भी कुसमायोजन तथा व्यक्तित्व विकारों का शिकार होता हुआ पाया जाता है।

रोजर्स के अनुसार इस तरह व्यक्ति का समायोजन, खुशी, वृद्धि एवं विकास आदि सभी बातें इस बात पर निर्भर करती हैं कि व्यक्ति (जीवन में उन्हें होने वाले अनुभव तथा सामने आने वाली परिस्थितियां) और उसकी 'आत्म छवि' के बीच कितना सामंजस्य, मेल जोल तथा तालमेल रहता है। अपने व्यक्तित्व सिद्धांत को मनोवैज्ञानिक स्वरूप प्रदान करते हुए यहां अब रोजर्स यह कहता है कि सामान्य रूप से यह देखा जा सकता है कि सभी व्यक्तियों में अपनी बुद्धि तथा अपनी योग्यताओं को उनकी चरम सीमा तक पहुंचाने की बहुत कुछ क्षमता पाई जाती है और इसी क्षमता के साहारे वे अनवरत रूप से अपने आत्म के ऐसे उच्चतम विकास (आत्मानुभूति या आत्म-साक्षात्कार) में संघर्षरत रहते हैं, जिससे वे अपने आत्म-संप्रत्यय (आत्म-छवि) तथा वास्तविक जीवन के अनुभवों/परिस्थितियों के बीच तालमेल बिठाते हुए आत्म-संतुष्टि, खुशी, समायोजन तथा मानसिक रूप में भले चंगे होने सम्बन्धी उद्देश्य की प्राप्ति कर सकें। परंतु आत्म का यह विकास कई बार उन्हें खतरनाक मार्ग पर भी लाकर खड़ा कर सकता है विशेषकर जब उनका यह 'आत्म' किसी कारणवश स्वयं उनके नवीन विचारों, भावनाओं व्यवहार के साथ तालमेल बिठाने में असफल रहता है। इस समय एक चिकित्सक (Therapist) का, जैसा कि रोजर्स ने अपने द्वारा प्रतिपादित थेरेपी में कहा है, लक्ष्य यही होना चाहिए कि वह व्यक्ति को सही मार्ग पर

लाने का प्रयत्न करे। यानी वह उसे वो जो नहीं है उसके स्थान पर वह जो है ऐसा ही उचित व्यवहार करने को प्रेरित या प्रशिक्षित करे।

व्यक्तित्व के अधिगम सिद्धान्त (Learning Theories of Personality)

व्यक्तित्व के अधिगम सिद्धान्त व्यक्तित्व के मनोविलेषणात्मक एवं विचारात्मक सिद्धान्तों से जो कि व्यक्तित्व को समझने के लिए अधिगम की महत्ता तथा वस्तुनिष्ठता पर बहुत अधिक बल देते हैं, एकदम से अलग नए विकासात्मक उपागम को प्रस्तुत करते हैं। व्यक्तित्व के सिद्धान्तों को विकसित करने के लिए जिन मनोवैज्ञानिकों का अधिक नाम लिया जाता है वे उल्लेखनीय मनोवैज्ञानिक हैं—पैवलोव, वाटसन, गुथरी, थार्नडाइक, स्किनर, डोलार्ड और मिलर, बन्डूरा और वाल्टर्स आदि। यहाँ पर हम विशेष रूप से डोलार्ड और मिलर तथा बन्डूरा और वाल्टर्स द्वारा विकसित व्यक्तित्व सिद्धान्तों की ही चर्चा करना चाहेंगे।

डोलार्ड और मिलर का व्यक्तित्व अधिगम सिद्धान्त (Dollord & Miller's Learning theory of Personality)—अधिगम के मनोविज्ञान को मनोविश्लेषणात्मक सिद्धान्त की बातों से समन्वित करते या तालमेल बैठाते हुए जॉन डोलार्ड एवं नील मिलर (येल विश्वविद्यालय के मानवीय सम्बन्ध संस्थान में कार्यरत) ने 1950 में एक व्यक्तित्व सिद्धांत का प्रतिपादन किया जो कि उनके नाम से ही जाना जाता है। अपने इस सिद्धान्त में उन्होंने फ्रायड के 'आनन्द प्रनियम' (Pleasure principle) के स्थान पर पुनर्बलन सिद्धान्त (Reinforcement principle), अहं (Ego) के स्थान पर सीखे हुए अन्तःनोद (Learned drive) तथा सीखे हुए कौशलों तथा अन्तःद्वंद्व के स्थान पर प्रतिद्वंद्वी पुनर्बलकों जैसी अवधारणाओं का प्रयोग किया।

डोलार्ड एवं मिलर के सिद्धान्त में व्यक्तित्व के विकास को अधिगम सिद्धान्त के परिप्रेक्ष्य में व्यक्ति के सामान्य अन्तःनोदों से प्रारम्भ करते हुए उसके जटिल व्यवहार क्रियाओं के रूप में दिखाया गया है। यह सिद्धान्त इस बात पर जोर देता है कि जिसे हम व्यक्तित्व कहते हैं वह अर्जित होता हैं बालक अपने जन्म के समय जिन दो प्रकार के मूल तत्त्वों से युक्त रहता हुआ पाया जाता है, वे हैं सहज प्रवृत्तियाँ अथवा जन्मजात अनुक्रियाएँ तथा कुछ निश्चित प्राथमिक अन्तःनोद। ये दोनों ही आन्तरिक उद्दीपक के रूप में काफी शक्तिशाली होते हैं तथा इनका सम्बन्ध जानी-पहचानी कुछ मनोवैज्ञानिक प्रक्रियाओं से होता है जो उसे व्यवहार-क्रियाएँ करने के लिए उत्प्रेरित करती हैं। इस प्रकार से अपने में निहित अन्तःनोदों के वशीभूत बालक इस प्रकार से अपने में निहित अन्तःनोदों के वशीभूत बालक इस प्रकार की अनुक्रियाएँ करता है, जो उसे निश्चित अन्तःनोदों की संतुष्टि में सहायता करते हैं। अन्तःनोदों की यही संतुष्टि उनके व्यवहार को पुनर्बलित करने में सहायक होती है जिससे आगे चलकर बहुत से अन्य अन्तःनोदों अथवा अभिप्रेरकों को जन्म मिलता है और व्यक्ति नई अनुक्रियाओं तथा नए व्यवहार प्रारूपों को सीखने हेतु अभिप्रेरित रहता है। अब चूँकि हमारा सामाजिक वातावरण अपने आप में ही पुनर्बलन प्रदान करने का एक बड़ा स्रोत है इसलिए यह नवीन अंतःनोदों तथा अभिप्रेरकों को जन्म देने, नई अनुक्रियाओं को सीखने और परिणामस्वरूप हमारे व्यक्तित्व का विकास करने में प्रमुख भूमिका निभाता है। इस प्रकार डोलार्ड और मिलर का व्यक्तित्व सिद्धान्त व्यक्ति में व्यक्तित्व के विकास को उसके द्वारा अर्जित किए गए उसी स्वरूप में प्रस्तुत करने की कोशिश करता है जैसे कि अभिप्रेरणा और पुनर्बलकों के प्रभावस्वरूप व्यक्ति द्वारा अनुक्रियाओं तथा व्यवहार-चेष्टाओं का अर्जन किया जाता है।

वास्तव में देखा जाए तो डोलार्ड और मिलर का व्यक्तित्व सिद्धान्त व्यक्तित्व के लिए किसी स्थायी संरचना की बात नहीं कहता। इसकी बजाय वह व्यक्तित्व के विकास में अधिगम के द्वारा आदतों के निर्माण पर जोर देता है। आदतों का निर्माण अधिगम के माध्यम से सम्पन्न उद्दीपक-अनुक्रिया संयोजनों से होता है। जैसे-जैसे बालक अपने अनुभवों तथा वातावरण से अन्तःक्रिया करने के फलस्वरूप अधिगम की दिशा में आगे बढ़ता है, उसकी आदतों का पुनः संगठन होता है या बदलाव आता है, वह नई आदतें सीखता है और इस प्रकार से उसमें नवीन व्यवहार के अधिगम और जीने के नए ढंगों को अपनाने की बात आती है यानी दूसरे शब्दों में उसके व्यक्तित्व का विकास होता रहता है।

बन्डूरा और वाल्टर का सामाजिक अधिगम सिद्धान्त (Bandura & Walter's Social Learning Theory)—अल्बर्ट बन्डूरा और रिचर्ड वाल्टर ने 1963 में सामाजिक अधिगम सिद्धान्त के रूप में मानव व्यक्तित्व को समझने का एक नया सिद्धान्त प्रस्तुत किया। उनके इस सिद्धान्त के अनुसार व्यक्ति के व्यक्तित्व में जो कुछ दिखाई देता है वह व्यक्ति के सामाजिक अधिगम के माध्यम से सम्पन्न अनुभवों के निर्माण एवं पुनःनिर्माण की सतत चलने वाली प्रक्रिया से ही अर्जित होता है। इस प्रकार का सामाजिक अधिगम उस निरीक्षणात्मक अधिगम के रूप में ही घटित होता है जिसमें व्यक्ति विशेष को दूसरे व्यक्तियों के व्यवहार को एक आदर्श प्रतिमान के रूप में देखने और अनुकरण करने का अवसर मिलता है। इन्हीं अनुकरण किए जाने वाले व्यवहारों का ही आगे जाकर व्यक्ति में अधिगम होता है और वह उन्हें उसी रूप में प्रस्तुत करने की चेष्टा करता है।

सामाजिक परिस्थितियों में होने वाला इस प्रकार का निरीक्षणात्मक अधिगम वास्तविक तथा प्रतीकात्मक दोनों प्रकार के प्रतिमानों का ही उपयोग कर सकता है। उदाहरण के लिए सामाजिक व्यवहार या चाल-चलन सम्बन्धी बहुत सी बातें बच्चे अपने माता-पिता का अनुकरण करके भी सीख सकते हैं अथवा पुस्तकों में पढ़कर या प्रत्यक्ष आदेशों की अनुपालना करके भी उनमें ये बातें आ जाती हैं। जो कुछ सिनेमा के पर्दे पर या दूरदर्शन के द्वारा अथवा पत्र-पत्रिकाओं में देखा या पढ़ा जाता है उनमें अपने चहेते नायक-नायिकाओं को आदर्श प्रतिमान मान कर वैसा ही सब कुछ पढ़ने वालों या देखने वालों के द्वारा ग्रहण करने की चेष्टा की जाती है। व्यवहार का अनुकरण उसी रूप में फिर आगे पुनर्बलित होता जाता है जैसाकि अनुकरण किए जाने वाले प्रतिमान को उसके अपने व्यवहार के लिए पर्दे पर या कहानी में प्रोत्साहित या पुनर्बलित होता हुआ देखा जाता है। व्यक्ति अब इस प्रकार के सामाजिक अथवा निरीक्षणात्मक अधिगम से उतना ही लाभान्वित होता हुआ पाया जाता है जितना कि (i) उसके आदर्श प्रतिमान के व्यवहार को पुनर्बलन प्राप्त होता है और (ii) प्रतिमान के व्यवहार का अनुकरण करके उसके अपने सीखने वाले व्यवहार को किस रूप में पुनर्बलन मिलता है। इस प्रकार व्यक्ति विभिन्न प्रकार की परिस्थितियों में उपलब्ध अपने आदर्श प्रतिमानों की व्यक्तिगत विशेषताओं और व्यवहार शैली को, उनके निरीक्षण और अनुकरण के द्वारा अपनाता रहता है। ये सभी बातें आगे जाकर उसके एक निश्चित या अलग प्रकार के व्यक्तित्व के निर्माण और विकास के लिए उत्तरदायी होती हैं।

सार-संक्षेप (Summary)

किसी के व्यक्तित्व को उसके बाह्य रूप तथा आकृति अथवा चरित्र और बाह्य व्यवहार से जोड़ते रहने के कारण हमने व्यक्तित्व के बारे में काफी गलत धारणाएँ बना रखी हैं। किसी भी अवस्था में व्यक्तित्व को इनमें से किसी एक या इनके इकट्ठे रूप में जाना या समझा नहीं जा सकता। व्यक्तित्व का आंतरिक पक्ष भी उतना ही सशक्त होता है जितना कि उसका बाह्य पक्ष। इस तरह व्यक्ति भीतर और बाहर से अपने समग्र रूप में जो कुछ भी होता है, उसी को उसका व्यक्तित्व कहा जाना चाहिए। परन्तु उसकी अपनी इन आन्तरिक और बाह्य विशेषताओं और गुणों के संग्रह मात्र को भी उसके व्यक्तित्व की संज्ञा नहीं दी जा सकती। इस दृष्टि से परिभाषा के रूप में व्यक्तित्व को व्यक्ति के इन सभी प्रकार के गुणों एवं विशेषताओं से युक्त ऐसे गतिशील परन्तु बहुत कुछ सीमा तक स्थायी संगठन एवं संरचना की संज्ञा दी जा सकती है जिससे व्यक्ति को अपने आप में अपूर्व बनकर अपने वातावरण के साथ समायोजित रहने में सहायता मिलती है।

व्यक्तित्व की यह संरचना क्या है इसे स्पष्ट करने के लिए विभिन्न मनोवैज्ञानिकों द्वारा जिन अवधारणाओं को सामने रखा गया है उन्हें व्यक्तित्व का सिद्धान्त कहा जाता है। इनमें से एक मुख्य तथा सबसे पुरानी अवधारणा के अनुसार व्यक्तियों को उनके व्यक्तित्व गुणों के आधार पर कुछ निश्चित प्रकारों या वर्गों में विभक्त करने का प्रचलन है। हिपोक्रेट्स (यूनानी शरीरशास्त्री) ने इस प्रकार का वर्गीकरण करते हुए व्यक्तियों को पहले तो उनके शारीरिक स्वास्थ्य की दृष्टि से चार प्रकारों (कफ़ प्रवृत्ति वाले, काले पित्त वाले, पीले पित्त वाले तथा अधिक रुधिर वाले) में बाँटा और फिर यह दिखाने की चेष्टा की कि उन सभी में अपनी शारीरिक विशेषताओं के परिप्रेक्ष्य में विशेष प्रकार के व्यक्तित्व गुण पाए जाते हैं। क्रेशमर और शेल्डन ने भी आगे चलकर हिपोक्रेट्स का अनुगमन करते हुए व्यक्तियों को उनकी शारीरिक बनावट के

आधार पर क्रमशः पिकनिक, एथलैटिक एवं लेप्टो सोमेटिक (क्रेशमर का वर्गीकरण) तथा एन्डोमोरफिक, मीसोमोरफिक तथा एक्टोमोरफिक (शेल्डन का वर्गीकरण) में विभाजित करके उनके व्यक्तित्व गुणों के वर्णन करने का प्रयत्न किया।

प्रसिद्ध मनोवैज्ञानिक युंग ने सभी व्यक्तियों को उनके सामाजिक दृष्टि से सक्रिय या निष्क्रिय होने की दृष्टि से मुख्य रूप से बहिर्मुखी तथा अन्तर्मुखी दो निश्चित वर्गों में विभक्त करने की चेष्टा की। जबकि फ्रायडमैन तथा रोजनमैन ने व्यक्तियों को उनके व्यक्तित्व सम्बन्धी गुणों के आधार पर दो प्रकार के समूहों A तथा B में बाँटकर यह बताने की चेष्टा की कि कौन-से प्रकार के व्यक्तियों में हृदय रोग से पीड़ित होने की संभावना अधिक रहती है।

व्यक्तित्व की संरचना को स्पष्ट करने वाले सिद्धान्तों में दूसरी गिनती उन सिद्धान्तों की होती है जिनमें व्यक्ति की पहचान करने या वर्णन करने हेतु मुख्य रूप से उसके गुण तथा विशेषताओं का उपयोग किया जाता है। इन सिद्धान्तों में विशेष रूप से ऑलपोर्ट तथा कैटेल द्वारा प्रतिपादित उपागम अधिक उल्लेखनीय है। ऑलपोर्ट ने इस परिप्रेक्ष्य में तीन प्रकार के व्यक्तित्व गुणों–प्रधान, केन्द्रीय तथा सैकेन्डरी या गौण की चर्चा की है। कैटेल ने इस सम्बन्ध में दो प्रकार के गुणों–ऊपरी विशेषताओं (Surface traits) तथा आधारभूत विशेषताओं (Source traits) की चर्चा की और कारक विश्लेषण तकनीक का उपयोग करते हुए व्यक्तियों के व्यक्तित्व का वर्णन करने हेतु 16 व्यक्तित्व कारकों को सामने रखा और फिर आगे चलकर इनका उपयोग अपनी एक व्यक्तित्व मापन हेतु प्रयोग में लाये जाने वाली व्यक्तित्व परिसूची के निर्माण में किया। नवीनतम प्रयासों ने व्यक्तित्व की पहचान और वर्णन करने वाले विभिन्न कारकों की संख्या को आज, काफी कम कर दिया है और फलस्वरूप व्यक्तित्व की संरचना को आज मात्र पाँच कारकों–बहिर्मुखी, समझौतावादी प्रकृति, अन्तरात्मा की आवाज, संवेगात्मक स्थिरता तथा संस्कृति के माध्यम से समझाने का प्रयास किया जाता है। इस तरह ढेर सारे व्यक्तित्व गुणों से प्रारम्भ कर निश्चित कारकों में बाँटने की इस प्रवृत्ति ने जिस प्रकार के सिद्धान्तों को जन्म दिया उन्हें विशेषक (व्यक्तित्व गुण) एवं प्रकार समन्वित उपागम के नाम से जाना जाता है। इस प्रकार के सिद्धान्तों के प्रतिपादक के रूप में मुख्य रूप से आइजैन्क का नाम आता है। आइजैन्क ने इस दृष्टि से अपने सिद्धान्त में पहले तो व्यक्ति के व्यक्तित्व का वर्णन करते हुए उसके व्यक्तिगत सम्बन्धी गुणों की चर्चा की और फिर इन गुणों के आधार पर व्यक्तियों को कुछ निश्चित वर्गों या प्रकारों-अन्तर्मुखी प्रवृत्ति, बहिर्मुखी प्रवृत्ति, न्यूरोटिसिज्म तथा साइकोटोसिज्म में विभाजित करने की चेष्टा की है।

फ्रायड के मनोविश्लेषणात्मक सिद्धान्त के अनुसार व्यक्तित्व को उसकी संरचना की दृष्टि से तीन भागों – इड, ईगो तथा सुपर ईगो में बाँटा जा सकता है। कोई व्यक्ति अपने व्यक्तित्व की दृष्टि से संतुलित, न्यूरोटिक या साइकोटिक होगा इसकी जानकारी इस बात पर निर्भर करती है कि ईगो द्वारा इड तथा सुपर ईगो पर किस प्रकार का संतुलित, ढीला-ढाला या कठोर नियन्त्रण रखा जाता है। फ्रायड ने अपने इस सिद्धान्त के माध्यम से यह भी बताने की चेष्टा की कि व्यक्ति के व्यवहार एवं व्यक्तित्व को कैसी भी दिशा और दशा प्रदान करने में उसके यौन व्यवहार सम्बन्धी विकास तथा समायोजन का भी पूरा हाथ रहता है।

एडलर ने फ्रायड के यौन व्यवहार केन्द्रित व्यक्तित्व दृष्टिकोण की आलोचना करते हुए यह विचार सामने रखा कि काम या यौन सम्बन्धी अभिप्रेरक के स्थान पर मानव व्यवहार के संचालन और व्यक्तित्व निर्माण में उसके महत्त्वपूर्ण तथा शक्तिशाली बनने सम्बन्धी अभिप्रेरक (Power motive) का ही योगदान रहता है। शक्तिशाली बनने की इस दौड़ में व्यक्ति अपने व्यवहार करने तथा जीवन को जीने का एक अलग ढंग विकसित कर लेता है और इसे ही उसका व्यक्तित्व कहा जाता है। यह सभी का अलग-अलग होता है। अतः व्यक्तियों के व्यक्तित्व को किन्हीं निश्चित वर्गों में बाँट कर समझना ठीक नहीं है।

मानवतावादी सिद्धान्तों में अब्राहम मैसले द्वारा प्रतिपादित आत्म-साक्षात्करण सिद्धान्त यह बताता है कि व्यक्तियों के व्यवहार को अभिप्रेरित करने की कुंजी उनकी मूलभूत आवश्यकताओं में होती है जिन्हें एक ऐसे क्रमवद्ध आरोही क्रम में व्यवस्थित पाया जाता है जिसमें निम्नतम स्तर की आवश्यकताओं के रूप में शारीरिक आवश्यकतायें तथा उच्चतम स्तर की आवश्यकता के रूप में आत्म साक्षात्करण संबंधी आवश्यकता की उपस्थिति रहती है। किसी भी व्यक्ति का व्यक्तित्व की संरचना और व्यवहारस्वरूप इस बात पर निर्भर करता है कि वह किस प्रकार की आवश्यकताओं की संतुष्टि को अपना लक्ष्य बना रहा है।

मानवतावादी एक अन्य सिद्धान्त के रूप में रोजर्स द्वारा प्रतिपादित 'आत्म-सिद्धान्त' यह बताने की चेष्टा करता है कि व्यक्ति का व्यक्तित्व व्यक्ति और उसके आत्म में होने वाली अन्तःक्रिया के स्वरूप और प्रतिफल पर निर्भर करता है। एक तरह से रोजर्स ने व्यक्तित्व की प्रकृति और विकास को उसके आत्म-संप्रत्यय (Self-concept) तथा अपने आत्म के आदर्श स्वरूप की उपलब्धि में निहित होना स्वीकार किया है।

जहाँ तक व्यक्तित्व के अधिगम सिद्धान्तों का प्रश्न है इस प्रकार के सभी सिद्धान्त व्यक्तित्व के निरूपण में व्यक्ति के द्वारा किये जाने वाले अधिगम या लिये जाने वाले प्रशिक्षण तथा उस पर उनके ऊपर पड़ने वाले प्रभाव पर निर्भर होना स्वीकार करते हैं। थोर्नडाइक वाटसन, पेवलोव, स्किनर, गुथरी डोलार्ड एवं मिलर तथा बन्डूरा द्वारा प्रतिपादित अधिगम सिद्धान्त इसी बात को अपने अपने ढंग से बताने का प्रयत्न करते हैं। जहाँ तक डोलार्ड एवं मिलर द्वारा प्रतिपादित व्यक्तित्व संबंधी अधिगम सिद्धान्त का प्रश्न है यह सिद्धान्त अधिगम के मनोविज्ञान का फायड के मनोविश्लेषक सिद्धान्त से तालमेल बिठाते हुये दिखाई देता है तथा व्यक्तित्व की प्रकृति और विकास को व्यक्ति के अन्तःनोदों (Drives) की संतुष्टि के स्तर और प्रकृति की दैन स्वीकार करने की बात करता है। दूसरी और बन्डूरा तथा वाल्टर द्वारा प्रतिपादित सामाजिक अधिगम सिद्धान्त व्यक्तियों के व्यक्तित्व को उस सामाजिक अधिगम के प्रतिफलन के रूप में देखने का प्रयत्न करता है जिसमें व्यक्ति अपने परिवेश में विद्यमान व्यक्तियों (विशेषकर अपने से बड़े, हम उम्र तथा नायक/नायिकाओं) के व्यवहार का निरीक्षण तथा अनुकरण करके उसे अपने व्यक्तित्व संबंधी व्यवहार तथा आचरण में उतारने का प्रयत्न करता हुआ दिखाई देता है।

संदर्भित एवं विशेष अध्ययन ग्रन्थ (References and Suggested Readings)

Adler, A., *Practice and Theory of Individual Psychology,* Harcourt Brace and World, New York, 1927.

Allport, G.W., *Personality—A Psychological Interpretation,* Holt, New York, 1948.

_____, *Pattern and Growth in Personality,* Holt, New York, 1961.

Bandura, A., *Social Learning Theory,* Prentice Hall, Englewood Cliffs, New Jersey, 1977.

Bandura, A. and Walters, R.H., *Social Learning and Personality Development,* Holt, New York, 1963.

Bhatia, H.R., *Elements of Educational Psychology*, 3rd ed., Orient Longman, Calcutta, 1968.

Cattell, R.B, quoted by C.S. Hall and G. Lindzey, *Theories of Personality,* 2nd ed., John Wiley, New York, 1970.

_____, "Personality Pinned Down", Psychology Today, Quoted by H.L. Roediger et al. (1973), *Psychology,* 2nd ed., Little Brown & Co., Boston, 1987.

Dollard, J. and Miller, N.E., *Personality and Psychotherapy,* McGraw-Hill, New York, 1950.

Eysenck, H.J., *Dimensions of Personality,* Kegan Paul, London, 1947.

_____, *The Structure of Human Personality*, 3rd ed., Methuen, New York, 1971.

Fordham, Michacl (Ed.), *The Collected Works of C.G. Jung*, Vol. I, Routledge & Kegan Paul, London, 1953.

Freud, S., *An Outline of Psychoanalysis,* Norton, New York, 1939.

_____, *An Outline of Psychoanalysis*, Hogarth, London, 1953.

Hall, C.S. and Nordby, V.J., *A Primer of Jungian Psychology,* New American Library, New York, 1973.

Hall, C.S. and Lindzey, G., *Theories of Personality,* 3rd ed., John Wiley, New York, 1978.

Hogan, R., *Personality Theory,* Prentice Hall, Englewood Cliffs, New Jersey, 1976.

Kretschmer, E., *Physique and Character,* Harcourt Brace, New York, 1925.

Maddi, S.R., *Personality Theories: A Comparative Assessment*, p. 9, Dorsey, Homewood, Illinois, 1976.

Maslow, A.H., *Toward a Psychology of Being,* Van Nostrand, Princeton, New Jersey, 1962.

_____, *Motivation and Personality*, 2nd ed., Harper & Row, New York, 1970.

Murry, H.A., *The Thematic Apperception Test,* Harvard University Press, Cambridge (Mass.), 1943.

Pervin, Lawrence A., *Personality: Theory and Research*, 4th ed., p. 269, John Wiley, New York, 1984.

Prince, Morton, *The Unconscious*, 2nd ed., p. 532, Macmillan, New York, 1929.

Rogers, C.R., "A Theory of Therapy, Personality and Inter-personal Relationships", in S. Koch (Ed.), *Psychology: A Study of Science*, Vol. III, McGraw-Hill, New York, 1959.

_____, *A Way of Being,* Houghton Mifflin, Boston, 1980.

Sheldon, W.H., *The Varieties of Temperament: A Psychology of Constitutional Differences,* Harper, New York, 1942.

Watson, J.B., *Behaviourism,* Kegan Paul, London, 1930.

विभिन्न या विशिष्ट बालक
(Diverse or Exceptional Children)

विभिन्न या विशिष्ट बालकों से अभिप्राय
(Meaning of the term Diverse or Exceptional Children)

विभिन्न या विशिष्ट बालक उन बालकों को कहा जाता है, जो अपनी योग्यताओं, क्षमताओं, व्यवहार तथा व्यक्तित्व सम्बन्धी विशेषताओं की दृष्टि से अपनी आयु के अन्य औसत अथवा सामान्य बालकों से बहुत अधिक भिन्न होते हैं। ये बालक अपनी कक्षा या समूह विशेष के अन्य बालकों की तुलना में अपनी कुछ निजी विशेषता या विशिष्टता रखते हैं, जिसके कारण इस समूह विशेष में या तो उनकी गिनती अति उच्चकोटि के बालकों में होती है और या फिर उन्हें निम्नकोटि में रखा जाता है। इस प्रकार से ये बच्चे अपनी आयु तथा समूह के अन्य सामान्य बच्चों से शारीरिक, मानसिक, सामाजिक और संवेगात्मक विकास की दृष्टि से इतने पिछड़े हुए अथवा आगे निकले हुए होते हैं कि उन्हें जीवन में पग-पग पर बाधाओं तथा समायोजन सम्बन्धी समस्याओं का सामना करना पड़ता है। इन बालकों को अपनी शक्तियों का समुचित उपयोग करने तथा ठीक ढंग से अपने आपको समायोजित करने के लिए विशेष देखभाल और शिक्षा-दीक्षा की आवश्यकता होती है।

इन सब बातों को ध्यान में रखते हुए **क्रो एवं क्रो** (Crow and Crow) ने 'विशिष्ट' (Exceptional) शब्द को स्पष्ट करते हुये लिखा है :

'विशेष प्रकार' या 'विशिष्ट' शब्द किसी एक ऐसे गुण या उस गुण को धारण करने वाले व्यक्ति के लिए उस समय प्रयोग में लाया जाता है, जबकि व्यक्ति उस गुण विशेष को धारण करते हुए अन्य सामान्य व्यक्तियों से इतना अधिक असामान्य प्रतीत हो कि वह उस गुण विशेष के कारण अपने साथियों से विशिष्ट ध्यान की मांग करे अथवा उसे प्राप्त करे और साथ ही इससे उसके व्यवहार की क्रियाएं तथा अनुक्रियाएं भी प्रभावित हों।

(*The term 'atypical' or 'exceptional' is applied to a trait or to a person possessing trait upto the extent of deviation from normal possession of the trait is so great that because of it the individual warrants or receives special attention from his fellows and his behaviour responses and activities are thereby affected.*— 1973, p. 508)

टैलफर्ड और सौरे (Telford and Sawrey) ने भी कुछ इस प्रकार के विचार विशिष्ट बालकों के बारे में व्यक्त किये हैं। उनकी दी हुई परिभाषा कुछ इस प्रकार से है :

विशिष्ट बालक शब्दावली का प्रयोग उन बालकों के लिये करते हैं जो सामान्य बालकों से शारीरिक, मानसिक, संवेगात्मक या सामाजिक विशेषताओं में इतने अधिक भिन्न होते हैं कि उन्हें अपनी क्षमता के अधिकतम विकास हेतु विशेष सामाजिक और शैक्षिक सेवाओं की आवश्यकता पड़ती है।

(*The term exceptional children refers to those children who deviate from the normal in physical, mental, emotional or social characteristics of such a degree that they require special Social educational services to develop their maximum capacity.*—1977, p. 10–11)

विशिष्ट बालकों के सम्बन्ध में दी गई उपरोक्त दोनों परिभाषायें विशिष्ट बालकों की प्रकृति और विशेषताओं के बारे में निम्न बातें बतलाती हैं:

1. विशिष्ट बालक सामान्य या औसत बालकों से निश्चित रूप से काफी अधिक अलग और भिन्न होते हैं।
2. सामान्य या औसत बालकों से विशिष्ट बालकों की यह भिन्नता या विशेष दूरी विकास की दोनों दिशाओं धनात्मक (Positive) और ऋणात्मक (Negative) में से किसी भी एक में हो सकती है। उदाहरण के लिये वे बुद्धि की दृष्टि से जहां जरूरत से अधिक धनी (प्रतिभाशाली) हो सकते हैं, वहीं बुद्धि की बहुत कमी भी उन्हें मानसिक रूप से पिछड़े बालकों के रूप में विशिष्ट बालकों का दर्जा दिला सकती है।
3. सामान्य या औसत बालकों से विशिष्ट बालकों की यह भिन्नता या विशेष दूरी इस सीमा तक बढ़ी हुई होती है कि इसकी वज़ह से उन्हें अपने और अपने वातावरण से समायोजित होने में विशेष समस्याओं का सामना करना पड़ता है और अपनी विशेष योग्यताओं और क्षमताओं के विकास, उचित, समायोजन तथा आवश्यक वृद्धि एवं विकास हेतु विशेष देख-रेख एवं शिक्षा-दीक्षा की आवश्यकता पड़ती है।

विभिन्न या विशिष्ट बालकों के प्रकार (Types of Diverse or Exceptional Children)

विशिष्ट बालकों के बारे में उपरोक्त वर्णित विशेषताओं को ध्यान में रखते हुये अगर विचार किया जाये तो हमें व्यक्तित्व के विभिन्न आयामों-शारीरिक, मानसिक, संवेगात्मक, सामाजिक और नैतिक आदि सभी में व्यक्तित्व गुणों के आधार पर सामान्य से बहुत अधिक आगे बढ़े हुये या पिछड़े हुये बालकों को विशिष्ट बालकों का दर्जा देना होगा। इस दृष्टि से अगर शारीरिक वृद्धि और विकास के स्तर तथा शारीरिक योग्यता और क्षमता पर नज़र डाली जाये तो जो बालक शारीरिक योग्यताओं और क्षमताओं जैसे वज़न, ऊँचाई, शारीरिक शक्ति और सामर्थ्य आदि में असाधारण रूप से अधिक विशेष ऊँचाइयों पर पहुंचे होते हैं अथवा जिनमें इस प्रकार की योग्यताओं, क्षमताओं और शक्ति-सामर्थ्य का बहुत अधिक अभाव नज़र आता है विशिष्ट बालक कहला सकते हैं। मानसिक वृद्धि और विकास के अभाव में भी यह बात स्पष्ट नज़र आ सकती है। यहां कुछ बालक मानसिक योग्यताओं तथा शक्तियों को लेकर बुद्धि और विवेक के बहुत ऊंचे स्तर पर विराजमान होकर प्रतिभाशाली और होनहार के रूप में जाने जाते हैं, जबकि कुछ बालकों में इस प्रकार की मानसिक योग्यताओं, शक्ति तथा शैक्षणिक उपलब्धि इत्यादि की ज़रूरत से ज्यादा कमी पाई जाती है और वे अपने सामान्य या अपने अन्य साथियों से इस दृष्टि से काफी पिछड़े हुए दिखाई देते हैं और अपने इस पिछड़ेपन के कारण मानसिक रूप से पिछड़े बालक, शैक्षणिक दृष्टि से पिछड़े बालक या धीमी गति से पढ़ने वाले बालक (Slow Learners) के रूप में उन्हें अपनी विशेष न्यूनताओं और क्षमताओं के आधार पर कई इस तरह के विशेषण दिए जाते हैं। यही बात व्यक्तित्व के अन्य आयामों, संवेगात्मक, सामाजिक तथा नैतिक आदि को लेकर भी है। यहां भी कुछ बालकों को इन आयामों के संदर्भ में धनात्मक (Positive) तथा ऋणात्मक (Negative) दिशाओं में बहुत अधिक दूरी तय करते पाया जा सकता है।

प्रश्न उठता है कि क्या व्यक्तित्व के इन सभी आयामों की धनात्मक और ऋणात्मक दिशाओं में सामान्य या औसत से बहुत अधिक दूर जाने वाले सभी बालकों को विशिष्ट बालकों की संज्ञा दी जा सकती है अथवा ऐसा करने में अभी कोई और शर्त लगायी जानी चाहिये। ध्यान से सोचा जाये तो ऐसी एक शर्त ऊपर इसी अध्याय में दी गई विशिष्ट बालकों से सम्बन्धित दोनों परिभाषाओं में पहले ही लगाई जा चुकी है और वह यह है कि किसी बालक के व्यक्तित्व के आयामों की धनात्मक या ऋणात्मक दिशाओं में सामान्य या औसत से बहुत अधिक तय की गई दूरी तभी विशिष्ट बालकों की विशेषताओं में शामिल होकर उस बालक को विशिष्ट बालक का दर्जा दिला सकती है जबकि वह इतनी बड़ी या असामान्य न हो जाये कि जिसकी वज़ह से:

(a) बालक की सामान्य वृद्धि और विकास में रुकावट आने लगे।
(b) बालक की विशिष्ट योग्यता और क्षमता को उचित पोषण न मिलने की बात सामने आ जाये।

(c) बालक के अपने आप से तथा अपने वातावरण के साथ समायोजन करने में समस्याएं उठ खड़ी हों।
(d) उपरोक्त तीनों बातों के सन्दर्भ में उसके लिए विशेष प्रकार की शिक्षा-दीक्षा की व्यवस्था करना आवश्यक हो जाये।

उपरोक्त वर्णित बातें अब हमें यह निर्णय लेने में उचित सहायता प्रदान कर सकती हैं कि व्यक्तित्व आयामों में औसत से बहुत अधिक या बहुत कम क्षमता दिखाने वाले किन बालकों को विशिष्ट बालकों का दर्जा दिया जाये और किनको नहीं। इस आधार पर जिन बालकों की शारीरिक शक्ति और सामर्थ्य, शारीरिक वृद्धि और विकास, शारीरिक स्वास्थ्य, डील-डौल और बनावट के आधार पर औसत से बहुत अधिक पाया जाता है, विशिष्ट बालकों का दर्जा इसलिए नहीं दिया जा सकता कि इनके लिए समायोजन सम्बन्धी कोई समस्या नहीं होती और न इनके कल्याण हेतु किसी विशेष लालन-पालन तथा शिक्षा-दीक्षा की आवश्यकता महसूस होती है। हां, जिनमें कुछ योग्यता और शक्तियां ऐसी होती हैं, जिनको प्रतिभा क्षेत्र मानकर उनके विशेष विकास की आवश्यकता हो तो उन बालकों को उनके विशेष क्षेत्र में प्रतिभावान (जैसे खिलाड़ी, पहलवान, निशानेबाज आदि) बालक घोषित कर उचित देखभाल और प्रशिक्षण व्यवस्था का प्रयास किया जा सकता है। यही बात सामाजिक, सांस्कृतिक संवेगात्मक, नैतिक आदि अन्य व्यक्तित्व आयामों में औसत से कहीं बहुत अधिक आगे बढ़े हुए बालकों के बारे में कही जा सकती है और इसी कारण उन्हें भी विशिष्ट बालकों की श्रेणी में शामिल करने का चलन नहीं है।

पीछे दिये विवेचना के आधार पर कुछ निम्न प्रकार के बालकों को ही सामान्यतया विशिष्ट बालकों का दर्जा दिया जाता है :

1. शारीरिक रूप से विकलांग और पिछड़े हुए बालक
2. मानसिक रूप से विकलांग और पिछड़े हुए बालक
3. प्रतिभावान और प्रतिभाशाली बालक
4. सृजनशील (Creative) बालक
5. अपराधी या सामाजिक दृष्टि से पिछड़े बालक
6. समस्यात्मक या संवेगात्मक दृष्टि से पिछड़े बालक
7. सीखने की दृष्टि से विकलांग या पिछड़े बालक
8. मंदगति अधिगमकर्त्ता (Slow Learners)
9. पिछड़े हुए (Backward) बालक।

यहां इस अध्याय में हम सभी प्रकार के विशिष्ट बालकों की चर्चा न कर अपना ध्यान केवल मात्र जिन छः प्रकार के विशिष्ट बालकों पर ही केन्द्रित करना चाहेंगे वे हैं (i) प्रतिभाशाली बालक, (ii) पिछड़े बालक, (iii) मंदगति अधिगमकर्त्ता, (iv) मानसिक रूप से विकलांग या पिछड़े हुऐ बालक, (v) अधिगम अक्षम या अंपग बालक, तथा (vi) बाल अपराधी। आइये अब इन सबकी बारी-बारी से आवश्यक चर्चा की जाये।

प्रतिभावान अथवा प्रतिभाशाली बालक (The Gifted Child)

प्रतिभाशाली बालक से अभिप्राय (Meaning of the term Gifted Child)

प्रतिभाशाली बालक कौन है? इसे स्पष्ट करने के लिए कुछ विद्वानों के विचार नीचे दिये जाते हैं :

1. **हैविग्हर्सट** (Havighurst)—*कुशाग्र बुद्धि अथवा प्रतिभावान बालक वह है जो निरन्तर किसी भी उचित कर्मक्षेत्र में अपनी अद्‌भुत कार्यकुशलता अथवा प्रवीणता का परिचय देता है।*
   (*The talented or gifted child is one who shows consistently remarkable performance in any worthwhile line of endeavour.*—1958, p. 19.)
2. **प्रेम पसरीचा** (Prem Pasricha)—*प्रतिभावान बालक वह है जो सामान्य बुद्धि की दृष्टि से श्रेष्ठ प्रतीत हो अथवा वह है जो उन क्षेत्रों में जिनका अधिक बुद्धि-लब्धि से सम्बन्धित होना आवश्यक नहीं है, उच्चकोटि की विशिष्ट योग्यताएं रखता है।*

(The gifted child is the one who exhibits superiority in intelligence or the one who is in possession of special abilities of high order in the fields which are not necessarily associated with high intelligence quotient. —1964, p. 301)

उपरोक्त परिभाषाएं इन बालकों की कुछ निम्न विशेषताओं को प्रकाश में लाती हैं:

1. प्रतिभावान बालक निश्चित रूप से एक विशिष्ट बालक होता है।
2. अपने समूह अथवा कक्षा के अन्य सामान्य बालकों की तुलना में वह किसी योग्यता अथवा योग्यताओं के क्षेत्र में अधिक श्रेष्ठ सिद्ध होता है।
3. सामान्यतया किसी विशेष प्रतिभा के क्षेत्र में ही प्रतिभावान बालक अपनी श्रेष्ठता प्रदर्शित करता है।
4. केवल उन्हें ही प्रतिभावान बालक नहीं समझा जाता जो शैक्षणिक क्षेत्र में अपनी विशेष प्रतिभा का प्रदर्शन करें, बल्कि वे सभी बच्चे जो निम्न क्षेत्रों में अपनी श्रेष्ठता प्रदर्शित करें, प्रतिभावान बालक कहे जा सकते हैं:
   (a) संगीत, नृत्य, अभिनय, पेंटिंग, चित्रकला, स्थापत्यकला, मूर्ति निर्माण, लेखन और अन्य सृजनात्मक कलाएं।
   (b) मशीन और औज़ार सम्बन्धी कार्य।
   (c) नेतृत्व और मानवीय सम्बन्ध बनाए रखना।
   (d) वैज्ञानिक आविष्कार और अन्वेषण।
   (e) खेलकूद, व्यायाम और अन्य शारीरिक क्रियाएं।
   (f) प्रतिभावान बालक पर अगर प्रारम्भ से ही पूरा-पूरा ध्यान दिया जाए तो वह समाज, राष्ट्र और यहां तक कि विश्व के लिए एक वरदान सिद्ध हो सकता है।

प्रतिभावान बालक की आवश्यकताएं और समस्याएं (Needs and Problems of the Gifted Children)

अन्य सामान्य बालकों की तरह प्रतिभावान बालक की भी अपनी मूल आवश्यकताएं होती हैं। वह भी सुरक्षा चाहता है। उसे प्यार पाने और करने, किसी एक समूह से सम्बन्धित होने तथा समुदाय द्वारा उसे स्वीकार किये जाने की आवश्यकता भी होती है। इस प्रकार की मूल आवश्यकताओं के अतिरिक्त प्रतिभावान बालकों की कुछ निम्न प्रकार की विशिष्ट आवश्यकताएं भी होती हैं:

(a) ज्ञान प्राप्त करने और समझने की आवश्यकता।
(b) सृजनात्मकता (Creativity) और निर्माण तथा अनुसन्धान सम्बन्धी आवश्यकता।
(c) अपनी विशिष्ट योग्यता अथवा योग्यताओं का उचित विकास करने की आवश्यकता।
(d) आत्माभिव्यक्ति और आत्म-प्रदर्शन की आवश्यकता।

इस प्रकार प्रतिभावान बच्चे को न केवल अपनी मूल आवश्यकताओं की पूर्ति के लिए संघर्षरत रहना पड़ता है बल्कि उसे अपनी उपरोक्त अन्य विशिष्ट आवश्यकताओं की पूर्ति की भी बहुत आवश्यकता होती है। जहां भी उसकी इन आवश्यकताओं की पूर्ति में बाधा पड़ती है, वह मानसिक तथा संवेगात्मक रूप से बहुत अशान्त हो जाता है। इससे कुसमायोजन (Maladjustment) को जन्म मिलता है और वह धीरे-धीरे एक समस्यात्मक बालक (Problem Child) बन जाता है।

प्रतिभावान बालक को अपने विकास के लिए उचित वातावरण की आवश्यकता होती है। उसे उसकी विशिष्ट आवश्यकताओं तथा समस्याओं के संदर्भ में पूरी तरह समझा जाना भी बहुत आवश्यक है। ऐसा बालक बहुत अधिक जिज्ञासु तथा ज्ञान पिपासु होता है। इसलिए वह सदैव गहन अर्थ रखने वाले अनेक प्रश्न पूछता रहता है। प्राय: अध्यापक तथा अभिभावकगण उसकी मूल प्रवृत्ति की परवाह किये बिना उसे बुरी तरह झिड़क देते हैं। कभी-कभी जब वह अपनी सृजनात्मकता, अन्वेषण प्रवृति तथा मौलिकता के लिए उनसे प्रशंसा के दो शब्द चाहता है तो उसे कटु आलोचना और बुरे व्यवहार का शिकार होना पड़ता है। इस प्रकार की बातों से वह अपने आपको असुरक्षित और उपेक्षित समझने लगता है।

इस परिस्थिति में अध्यापक द्वारा दिखाई गई थोड़ी सी भी लापरवाही अथवा असहानुभूतिपूर्ण व्यवहार उसे और भी अधिक विचलित कर देता है और फलस्वरूप वह एक समस्यात्मक बालक बन जाता है।

किसी परिस्थिति में जब एक प्रतिभावान बच्चे के ऊपर आवश्यकता से अधिक ध्यान दिया जाता है अथवा बात-बात में उसकी प्रशंसा की जाती है, तब वह अपने आपको दूसरों से बहुत अधिक श्रेष्ठ समझने लग जाता है और उसमें अहंकार तथा दंभ की मात्रा बढ़ती जाती है। फलस्वरूप वह अपने सहपाठियों तथा मित्रों को तुच्छ और यहां तक मूर्ख समझ कर उनसे घृणा करने लग जाता है। दूसरी ओर साथ के बच्चे भी उसको अपने से कुछ भिन्न समझने लगते हैं। कुछ उसकी प्रतिभा के कारण उससे ईर्ष्या करने लगते हैं। इस प्रकार से प्रतिभावान बालक को उसके अपने समूह द्वारा अंगीकृत नहीं किया जाता तथा वह एक प्रकार से अपने समूह में अलग-थलग पड़ जाता है। इस प्रकार का सामाजिक बहिष्कार उसे काफी अशान्त बना देता है। धीरे-धीरे या तो वह प्रतिकार की भावना से विद्रोही और लड़ाकू बन जाता है अथवा अपने आप में सिमट कर उसका व्यक्तित्व पूरी तरह दब जाता है।

एक अन्य तरह भी प्रतिभावान बच्चों को वर्तमान शिक्षा प्रणाली में समायोजन की समस्या का शिकार होना पड़ता है। कक्षा में सामान्य अथवा औसत बच्चे को ध्यान में रख कर सभी प्रकार के कार्यक्रम बनाये जाते हैं। सभी को एक जैसा कार्य करने को दिया जाता है। प्रतिभावान बच्चे के लिए यह कोई चुनौती देने में असमर्थ होता है। अत: या तो वह इसे झटपट पूरा कर लेता है अथवा उसे करने में कोई रुचि नहीं दिखाता। परिणामस्वरूप वह सुस्त, लापरवाह अथवा अशांत और बेचैन हो उठता है। खाली दिमाग शैतान का घर है, इस युक्ति को चरितार्थ करते हुए वह अपने समय और शक्ति को कक्षा में शैतानी करने तथा अनुशासन सम्बन्धी समस्याएं खड़ी करने में खर्च करता है।

इस प्रकार से पर्याप्त सुविधाओं, उचित वातावरण और इनकी आवश्यकताओं तथा समस्याओं के उचित ज्ञान के अभाव में प्रतिभावान बालकों के समस्यात्मक बालक बनने की बहुत अधिक सम्भावना रहती है। इस प्रकार से अनेक प्रतिभाएं धूल में मिलती रहती हैं। इस दृष्टि से प्रतिभावान बालकों के ऊपर पर्याप्त ध्यान दिये जाने और उनकी शिक्षा के लिए विशेष प्रबन्ध करने की पूरी-पूरी आवश्यकता है।

प्रतिभावान बालक कौन है, यह कैसे पता लगाया जाए? (Identification of the Gifted Children)

प्रतिभावान बच्चों का ध्यान रखने अथवा उनके लिए कोई शिक्षा सम्बन्धी व्यवस्था करने से पहले यह आवश्यक हो जाता है कि हम यह देखें कि कौन-से बालक वस्तुत: प्रतिभावान हैं।

प्रतिभा का ठीक-ठीक पता न लगने के कारण बहुत से प्रतिभाशाली बालक, मरुस्थल में फूल के समान तथा पृथ्वी में छिपे हुए हीरे के समान गुणों की सुगन्ध बिना बिखेरे ही इस संसार से विदा हो जाते हैं। प्रतिभावान बच्चे की उचित पहचान के लिए हमें इस बात का ध्यान रखना चाहिए कि केवल बौद्धिक रूप से धनी बच्चों को ही प्रतिभावान नहीं कहा जाता बल्कि जो बच्चे एक या अन्य क्षेत्रों में अपनी विशेष योग्यताओं के सहारे चमकते हैं उन्हें भी प्रतिभावान कहा जाता है।

बौद्धिक एवं शैक्षणिक रूप से प्रतिभाशाली बच्चों की पहचान (Identification of Intellectually Gifted or Academically Talented Children)

ऐसे बच्चों की पहचान के लिए मुख्य रूप से बुद्धि परीक्षणों का प्रयोग किया जाता है। किस बुद्धि-लब्धि (I.Q.) के बच्चे को सामान्य व किसे प्रतिभाशाली कहा जाए, इस बारे में विद्वानों में बहुत मतभेद हैं। कुछ के अनुसार 125 से अधिक जिनकी बुद्धि-लब्धि होती है, उन्हें प्रतिभावान बच्चे कहा जा सकता है। कुछ 135 अथवा 140 से ऊपर बुद्धि लब्धि वाले बच्चों को ही प्रतिभावान मानने के लिए ज़ोर देते हैं।

इस तरह इस बारे में काफी मतभेद देखने को मिलते हैं, लेकिन फिर भी 130 और उससे ऊपर बुद्धि-लब्धि वाले (जिसका मापन किसी एक व्यक्तिगत बुद्धि परीक्षण द्वारा किया जा सकता है) बच्चों को प्रतिभाशाली बच्चे मानने में बहुत से मनोवैज्ञानिक एकमत हैं।

बुद्धि परीक्षणों के अतिरिक्त **डी होन** और **कफ़** (Quoted in Dutt N.K. 1979, p. 201) द्वारा तैयार की गई प्रतिभाशाली बच्चों के गुणों की एक सूची ऐसे बौद्धिक और शैक्षणिक रूप से प्रतिभावान बच्चों का पता लगाने में बहुत सहायता कर सकती है। यह सूची निम्न है:

1. शीघ्रतापूर्वक आसानी से याद करता अथवा सीख जाता है।
2. सामान्य बुद्धि और व्यावहारिक ज्ञान का बहुत कुछ उपयोग करता है।
3. वस्तुओं से सम्बन्धित कारणों की खोज करता है, स्पष्ट रूप से सोचता है, सम्बन्धों की पहचान करता है, अर्थों को समझता है।
4. जो कुछ सुनता व पढ़ता है उसे बिना रटे हुए अथवा बहुत अधिक अभ्यास किये बिना काफी लम्बे समय तक याद रख सकता है।
5. ऐसी बहुत सी बातों के बारे में जानता है जिन्हें उसके अन्य सम व्यस्क साथी नहीं जानते।
6. उसका शब्द ज्ञान बहुत अधिक विस्तृत होता है। ज्ञान को वह आसानी से सही-सही उपयोग में ला सकता है।
7. अपनी कक्षा से दो तीन वर्ष के आगे की कक्षाओं की पुस्तकें पढ़ सकता है।
8. काफी कठिन मानसिक कार्यों को कर सकने की स्थिति में होता है।
9. बहुत प्रश्न पूछता है और उसकी रुचियों का क्षेत्र भी विस्तृत होता है।
10. अपनी कक्षा के अन्य बच्चों की अपेक्षा, अपनी आयु से एक दो वर्ष आगे के शैक्षणिक कार्यों को कर सकता है।
11. वह मौलिक चिन्तन कर सकता है और उसके काम करने के ढंग में भी मौलिकता होती है।
12. यह चुस्त, सूक्ष्म दृष्टि वाला और शीघ्र उत्तर देने वाला होता है।

किसी विशेष क्षेत्र में प्रतिभाशाली बच्चों की पहचान (Identification of Children with Special Talent in Some Area)

इस प्रकार के प्रतिभाशाली बच्चों की पहचान करने में बुद्धि परीक्षण अधिक उपयोगी सिद्ध नहीं होते। इन बालकों का उचित निरीक्षण और अध्ययन करने की आवश्यकता होती है ताकि उनकी प्रतिभा से सम्बन्धित विशिष्ट क्षेत्रों की खोज की जा सके। इस दिशा में अभिरुचि परीक्षण (Aptitude Tests) बहुत अधिक उपयोगी सिद्ध हो सकते हैं। रुचि परिसूचियां (Interest Inventories), संचित अभिलेख पत्र, मित्रगणों और अध्यापकों के विचार और उनकी रिपोर्ट छुपी हुई प्रतिभा को खोज करने में काफी सहायता कर सकती है। कभी-कभी आत्म विश्लेषण द्वारा बालक को स्वयं यह ज्ञान हो जाता है कि वह किस प्रकार की विशेष प्रतिभा रखता है। इसके अतिरिक्त व्यक्तित्व परीक्षणों और समाजमिति (Sociogram) जैसी तकनीकों के द्वारा किये गये सम्पूर्ण व्यवहार के मूल्यांकन की सहायता से इन बालकों की विशिष्ट योग्यताओं का पता चल सकता है। कुछ बच्चों को आत्मानुभूति अथवा आत्माभिव्यक्ति के जब अवसर दिये जाते हैं तब वह अपनी प्रतिभा को प्रकाश में ले आते हैं। कुछ को कुछ अधिक प्रेरणा और प्रोत्साहन की आवश्यकता होती है। अत: इस दृष्टि से एक योग्य और अनुभवी अध्यापक को अपने विद्यार्थियों की छिपी हुई योग्यताओं और प्रतिभाओं का पता लगाने के लिए चारों ओर से सभी प्रकार के प्रयत्न करने चाहिये ताकि वे उनकी प्रतिभा को चमकाने के कार्य में पूरी-पूरी सहायता दे सकें।

प्रतिभावान बालकों की शिक्षा (Education of the Gifted Children)

इस बात में सभी एकमत हैं कि प्रतिभाशाली बच्चों के लिए विशेष प्रकार की शिक्षा देने का पूरा-पूरा प्रयत्न किया जाना चाहिए। इस सन्दर्भ में अनेक विद्वानों ने तरह-तरह के विचार सामने रखे हैं। कई महत्त्वपूर्ण सुझाव नीचे दिए जा रहे हैं:

1. अलग विद्यालयों (Separate Schools) की व्यवस्था।
2. अलग कक्षाओं अथवा समान योग्यता पर आधारित समूहों की व्यवस्था (Separate Classes or Ability Grouping)
3. एक कक्षा से शीघ्र दूसरी कक्षा में चढ़ाना अथवा वर्ष में दो बार उन्नति (Acceleration or Double Promotion)।
4. संवर्धित कार्यक्रम या विस्तृत पाठ्यक्रम योजना (Enrichment Programme)।

प्रतिभावान बालकों के लिए शिक्षा की व्यवस्था करने के लिए अलग विद्यालय हों, जहां उन्हें अपनी योग्यताओं को विकसित करने की पर्याप्त सुविधाएं तथा अवसर प्रदान किए जाएं। इस सुझाव की काफी आलोचना की जाती है और यह ठीक भी है। जनतन्त्र विरोधी होने के साथ-साथ यह व्यवस्था अलगाव की प्रवृति को भी जन्म देती है। पब्लिक स्कूल में

पढ़ने वाले बालकों को देख कर यह अच्छी तरह से पता चल सकता है कि इस प्रकार की व्यवस्था द्वारा प्रतिभावान बालकों में अहंकार और दूसरों को अपने से तुच्छ और मूर्ख समझने की मनोवृत्ति पनपने लगती है और उनका सम्बन्ध गरीब और पिसे हुए वर्ग से बिल्कुल ही टूट जाता है। अतः इस प्रकार की व्यवस्था की जनतन्त्र और समाजवाद के मूल सिद्धान्तों से कोई पटरी नहीं बैठ सकती।

इसी प्रकार से एक ही विद्यालय में उन्हें अलग कक्षा तथा समूह विशेष में रख कर शिक्षा देने का सुझाव भी अलगाव की भावना पैदा कर ऊपर वर्णन की गई परिस्थितियों को जन्म दे सकता है। फिर समान योग्यता को आधार बना कर सैक्शन या वर्ग बनाने का सुझाव अव्यावहारिक भी है। व्यक्तिगत भेदों की कोई सीमा नहीं है। अगर केवल बुद्धि लब्धि को ध्यान में रख कर ही विभाजन किया जाए तो हम एक सी योग्यता के बालकों के समूह में रख सकेंगे, इस बात की कोई गारंटी नहीं है। प्रतिभावान अपने-अपने विशेष क्षेत्र में ही प्रतिभा सम्पन्न होते हैं। अतः सभी प्रकार के प्रतिभावान बालकों को एक समूह में नहीं रखा जा सकता। इस प्रकार से किसी एक विषय क्षेत्र में प्रतिभा दिखाने वाले बालकों की संख्या पूरी कक्षा के बालकों की संख्या की तुलना में बिल्कुल नगण्य ही होती है। भिन्न-भिन्न प्रतिभा के गिने-चुने बालकों के भिन्न-भिन्न सैक्शन या समूह बनाना न तो शैक्षणिक दृष्टि से व्यावहारिक ही है और न आर्थिक दृष्टि से सम्भव।

प्रतिभाशाली बालकों की शिक्षा व्यवस्था से सम्बन्धित तीसरा सुझाव यह है कि बालकों को जल्दी से अगली कक्षाओं में चढ़ाते जाना चाहिए अथवा उन्हें एक वर्ष में दो कक्षायें चढ़ने के अवसर दिए जाने चाहिये। इस योजना के अन्तर्गत प्रतिभावान बालकों को या तो वर्ष के बीच में ही अगली कक्षा में चढ़ा दिया जाता है अथवा वर्ष के अन्त में वार्षिक परीक्षा के उपरान्त अगली कक्षा के स्थान पर उससे अगली कक्षा में चढ़ा दिया जाता है। यह योजना देखने में तो उचित लगती है परन्तु इससे काफी समस्यायें उत्पन्न हो सकती हैं। जो बालक जल्दी ऊंची कक्षाओं में चढ़ जाते हैं। उनका उन कक्षाओं में पढ़ने वाले अधिक आयु के बालकों के साथ ठीक तरह समायोजन नहीं हो पाता। ये बालक हर दृष्टि से उनके समान होने पर भी शारीरिक, सामाजिक तथा संवेगात्मक रूप से उनसे बहुत पीछे होते हैं। अतः वे अपनी कक्षा में प्रायः अलग-थलग पड़ कर कुसमायोजन के शिकार हो जाते हैं।

प्रतिभाशाली बालकों की शिक्षा के लिए अन्तिम सुझाव विस्तृत पाठ्यक्रम योजना (Enrichment Programme) को ले कर हैं। इस योजना के अन्तर्गत प्रतिभाशाली बालकों के उचित विकास के लिए सीखने सम्बन्धी अनुभवों और क्रियाओं के चयन और संगठन की ओर विशेष ध्यान दिया जाता है। उन्हें अधिक उच्चकोटि के अनुभव प्रदान किए जाते हैं और अधिक ऊंचे स्तर के कार्यों को करने के लिए कहा जाता है। इस प्रकार से इस योजना के द्वारा प्रतिभाशाली बालकों को अपनी प्रतिभा के प्रदर्शन के लिए अतिरिक्त शैक्षणिक अवसर प्रदान किए जा सकते हैं। इस प्रकार के अवसर कुछ निम्न प्रकार के हो सकते हैं :

1. पाठ्यक्रम अथवा पाठ्यक्रम से अलग कुछ विशेष बातों को पढ़ने या करने के लिए कहना ।
2. स्वतन्त्र रूप से कुछ परियोजनाओं (Projects) को चलवाना।
3. गोष्ठियों में सक्रिय भाग लेना और इन गोष्ठियों की रिपोर्ट तैयार करवाना।
4. स्वाध्याय तथा विशेष पुस्तकालय अध्ययन के लिए प्रेरित करना।
5. प्रत्यक्ष ज्ञान प्राप्त करने की दृष्टि से विभिन्न स्थानों पर भ्रमण करना।
6. मॉडल, चार्ट, चित्र तथा अन्य निर्मित उपकरणों की रचना करना।
7. विद्यालय में आयोजित पाठान्तर क्रियाओं के आयोजन में सक्रिय भाग लेना।
8. मौलिक तथा सृजनात्मक कार्यों को करने और अनुसंधान प्रवृति को बढ़ावा देना।
9. उत्तरदायित्वपूर्ण कार्य सौंपना तथा विद्यालय के कार्यों में हाथ बंटाने के लिए अवसर देना ।

इस प्रकार से पाठ्यक्रम में कुछ ऐसी बातों का समावेश करना चाहिए, जिनके द्वारा प्रतिभाशाली बच्चों को कुछ नवीनता का आभास हो और उसे अपनी प्रतिभा को प्रदर्शित करने के उचित अवसर प्राप्त हो सकें। पाठ्यक्रम में प्रतिभाशाली बच्चे के लिए अनुकूल अनुभव और क्रियाओं की व्यवस्था करना मेरे अपने दृष्टिकोण से हमारे देश की परिस्थितियों में सबसे अधिक

उपयोगी सुझाव है। इसके माध्यम से न केवल प्रतिभावान बच्चे की विशेष योग्यताओं और क्षमताओं का विकास किया जा सकता है बल्कि उनके व्यक्तित्व के पूर्ण विकास में भी सहायता मिल सकती है। इसके द्वारा प्रतिभावान बच्चों की सभी प्रकार की आवश्यकताओं की पूर्ति की जा सकती है और उन्हें अपना उचित समायोजन करने में मदद दी जा सकती है। इसके अतिरिक्त इस योजना के द्वारा विद्यालय के कार्यों को ऐसे व्यवस्थित किया जा सकता है, जिससे प्रतिभावान व सामान्य दोनों प्रकार के बालक अपने-अपने ढंग से आगे बढ़ सकें। इस प्रकार से विस्तृत पाठ्यक्रम योजना (Enrichment Programme) वर्तमान शैक्षणिक ढांचे के अन्तर्गत बिना कोई अतिरिक्त आर्थिक बोझ डाले हुए प्रतिभावान बच्चों को आगे बढ़ने के लिए आवश्यक सुविधाएं प्रदान कर सकती है। इस प्रकार प्रतिभावान बच्चों को शिक्षा प्रदान करने की किसी योजना में विद्यालय के पाठ्यक्रम को अधिक प्रतिभाशाली बच्चों की आवश्यकता को ध्यान में रखते हुए अधिक से अधिक विस्तृत और उपयोगी बनाने का प्रयत्न किया जाना चाहिए।

वास्तव में देखा जाए तो जब हम एक प्रतिभाशाली बच्चों को सुअवसरों से वंचित रखते हैं तो यह केवल उस बच्चे का नुकसान नहीं बल्कि राष्ट्रीय स्तर पर 'बौद्धिक सम्पत्ति' (brain wealth) का दुरुपयोग भी है। आज विश्व के अनेक देश इस तथ्य से परिचित हो चुके हैं और परिणामस्वरूप इन देशों में प्रतिभाशाली बच्चों को उचित शिक्षा देने और आगे बढ़ने के विशेष अवसर प्रदान करने के प्रयत्न किये जा रहे हैं। इज़राइल ने अपने नियमित विद्यालयों में ही प्रतिभाशाली बालकों के लिए विशेष कक्षाओं की व्यवस्था की है। सोवियत रूस ने अपने शैक्षणिक कार्यक्रमों में प्रतिभाशाली बालकों पर हर सम्भव तरीके से विशेष ध्यान देने की व्यवस्था की हुई है। अमेरिका के वाशिंगटन विश्वविद्यालय में प्रतिभाशाली बालकों के अध्ययन के लिए एक विशेष केन्द्र की स्थापना की गई है। लगभग सभी विकसित देशों में प्रतिभाशाली बालकों के हित चिन्तन के लिए राष्ट्रीय परिषदों की स्थापना की गई है। उदाहरण के तौर पर ब्रिटेन में इस प्रकार की परिषद् गत कई वर्षों से कार्य कर रही है। इस परिषद् ने प्रतिभाशाली बालकों की भलाई से सम्बन्धित कई कार्यक्रमों को अपनाया है और बालकों के अभिभावकों के साथ सम्पर्क स्थापित कर मीटिंग आयोजित करने का प्रयत्न किया है। यह परिषद् इस दिशा में राष्ट्र की अमूल्य सेवा कर रही है। हमारे देश में भी इस प्रकार के परिषदों की नितान्त आवश्यकता है।

जहां तक अपने देश का प्रश्न है प्रतिभाशाली बालकों की शिक्षा के लिए कुछ प्रारम्भिक कदम उठाये जाने प्रारम्भ हो गए हैं। सरकारी स्तर पर राष्ट्रीय शैक्षणिक अनुसन्धान एवं प्रशिक्षण परिषद् (NCERT) के तत्वाधान में 'राष्ट्रीय प्रतिभा' को खोज निकालने के लिये प्रतियोगिताओं का आयोजन किया जा रहा है। इन प्रतियोगिताओं के आधार पर प्रतिभाशाली विद्यार्थियों का चयन कर उन्हें आगे बढ़ने की पर्याप्त सुविधायें दी जाती हैं। कुछ चुने हुए विश्वविद्यालयों में ग्रीष्म विद्यालयों की स्थापना कर इन्हें विशेष दीक्षा दी जाती है। कुछ प्रान्तों में प्रतिभाशाली बालकों के लिए विशेष विद्यालयों की स्थापना का प्रयत्न भी किया गया है। नई दिल्ली का नवयुग, पुणे का ज्ञान प्रबोधिनी और झारखंड का नेतरहाट (Netarhat) विद्यालय इस दिशा में विशेष रूप से उल्लेखनीय हैं। नई शिक्षा नीति में नवयुग विद्यालयों की स्थापना का भी यही उद्देश्य है। इन विशिष्ट विद्यालयों में प्रवेश बालकों की विशेष बुद्धि लब्धि परीक्षा और साक्षात्कार के पश्चात् दिया जाता है। परन्तु हमारे देश में अभी इस प्रकार के प्रयत्न बहुत ही कम हैं। देश की विशालता को देखते हुए प्रतिभाशाली बालकों के लिए किए जाने वाले प्रयत्न सागर में सीपी के सदृश्य हैं। अगर देश को सभ्यता और संस्कृति की होड़ में अन्य राष्ट्रों के समकक्ष कदम बढ़ाने हैं तो हमें अपने प्रतिभाशाली बालकों को खोजने और उचित अवसर प्रदान कर उन्हें आगे बढ़ाने में भरसक प्रयत्न करने होंगे और इसके लिए राष्ट्रीय स्तर पर एक योजनाबद्ध रूप से आगे बढ़ना होगा।

पिछड़े बालक (The Backward Children)

पिछड़ेपन की परिभाषा और अर्थ (Meaning of the term Backwardness)

पिछड़ापन क्या है तथा पिछड़े बालक कौन होते हैं ? यह स्पष्ट करने के लिए विद्वानों ने कई परिभाषाएं दी हैं। इनमें से कुछ परिभाषाएं नीचे दी जा रही हैं :

1. **बार्टन हॉल** (Barton Hall)—''सामान्यतया पिछड़ेपन का प्रयोग उन बालकों के लिए होता है जिनकी शैक्षणिक उपलब्धि उनकी स्वाभाविक योग्यताओं के स्तर से कम हो।''

("Backwardness in general is applied to cases where their educational achievement falls below the level of their natural abilities."—1947, p. 102)

2. **शौनल** (Schonell)—"पिछड़ा हुआ विद्यार्थी वह है जो अपनी आयु के अन्य विद्यार्थियों की तुलना में उल्लेखनीय शैक्षणिक कमज़ोरी का प्रदर्शन करता है।"

   ("Backward pupil is one who compared with other pupils of the same chronological age shows marked educational deficiency."— 1948, p. 5)

3. **बर्ट** (Burt)—"पिछड़ा हुआ बालक वह है जो स्कूली जीवन के मध्य में अपनी आयु स्तर की कक्षा से एक सीढ़ी नीचे की कक्षा का कार्य करने में असमर्थ हो।"

   ("Backward child is one who in mid-school career is unable to do the work of the class next below that which is normal for his age."— 1950, p. 77)

उपरोक्त परिभाषाओं के आधार पर पिछड़े बालक की निम्न विशेषताओं से परिचित हुआ जा सकता है:

1. उसकी सीखने की गति मन्द होती है। उसे सामान्य बच्चों के साथ काम करने में असुविधा होती है।
2. शैक्षणिक दृष्टि से वह जो कुछ प्राप्त कर सकता है उसे प्राप्त करने में असमर्थ रहता है। दूसरे शब्दों में उसकी अपनी योग्यताओं को देखते हुए शैक्षणिक उपलब्धि की मात्रा काफी कम होती है।
3. पढ़ाई के मामले में वह अपनी आयु के बच्चों से बहुत पिछड़ा हुआ होता है। प्राय: ऐसे बच्चे एक ही कक्षा में कई वर्षों तक विराजमान रहते हैं।
4. वह केवल अपनी कक्षा में अपनी आयु के बच्चों के साथ पढ़ने में असमर्थता का अनुभव ही नहीं करता बल्कि उन बच्चों के साथ भी, जो कि उससे कम आयु के होते हैं और निचली कक्षाओं में पढ़ते हैं, पढ़ने में उसे कठिनाई होती है।
5. शैक्षणिक दृष्टि से वह निस्सन्देह असफल सिद्ध होता है।
6. पिछड़े हुए बालकों में कम बुद्धि लब्धि का होना आवश्यक नहीं है। यही कारण है कि उपरोक्त परिभाषाओं में से किसी ने भी बुद्धि लब्धि का ऐसा कोई स्तर निश्चित नहीं किया है जिसके आधार पर हम किसी बालक को पिछड़ा हुआ बच्चा कह सकें।

वस्तुत: बुद्धिमान बालक पिछड़ा हुआ नहीं होगा, इसकी कोई गारन्टी नहीं है। दूसरी ओर जिसकी बुद्धि लब्धि कम है, उसका पिछड़ा होना आवश्यक नहीं है। फलस्वरूप पिछड़े हुए बालक को मन्दबुद्धि अथवा मानसिक दृष्टि से पिछड़ा हुआ घोषित करना एक बड़ी भूल है। **बार्टन हाल** (Bartan hall) ने इसी तथ्य को निम्नलिखित शब्दों में व्यक्त किया है:

एक बालक मन्दबुद्धि और पिछड़ा हुआ दोनों ही हो सकता है लेकिन उसका पिछड़ा हुआ होना इसलिए आवश्यक नहीं है क्योंकि वह मन्द बुद्धि है।

(A child may be both dull and backward but he is not necessarily backward because he is dull.— 1947, p. 102)

वास्तविक रूप में हम किसी बालक को पिछड़ा हुआ बालक तभी घोषित करते हैं जब उसकी उपलब्धि की मात्रा उसकी स्वाभाविक योग्यता की तुलना में कम हो। कोई कम उपलब्धि वाला बालक पिछड़ा हुआ है या नहीं, यह तय करने के लिए उसकी तुलना उतनी ही बुद्धि लब्धि के बालकों के साथ की जानी चाहिए।

पिछड़े हुए बालकों के बारे में एक अन्य महत्त्वपूर्ण तथ्य यह भी है कि बहुत अधिक बुद्धि लब्धि वाले अथवा विशेष योग्यता वाले प्रतिभावान बालकों को भी पिछड़ा हुआ बालक कहा जा सकता है। ये प्रतिभाशाली बालक बहुत से वातावरण सम्बन्धी और मनोवैज्ञानिक कारणों के फलस्वरूप विद्यालय के कार्य के प्रति उदासीन पाये जाते हैं और इस कारण वे उपलब्धि में पिछड़ जाते हैं। इस लिए पिछड़ेपन को मन्द बुद्धि और मानसिक रूप से पिछड़े हुए बालकों तक ही सीमित नहीं रखना चाहिए। एक सामान्य, श्रेष्ठ और यहां तक कि बहुत अधिक श्रेष्ठ बालक में भी पिछड़ापन पाया जाता सकता है। वस्तुत: कोई

भी बालक, जो उस गति से प्रगति नहीं करता जितनी कि उसकी विशेष योग्यता के अनुसार होनी चाहिए, पिछड़ा हुआ कहा जा सकता है। प्रतिभाशाली बच्चे में असाधारण योग्यता होती है, इसलिए उससे बहुत आशा की जाती है और यदि वह उन आशाओं को पूर्ण नहीं करता तो उसे पिछड़ा हुआ समझा जाना चाहिए। दूसरी ओर यदि कोई मन्द बुद्धि बालक किसी सामान्य अथवा अति सामान्य बालक के बराबर प्रगति नहीं कर पाता तो उसे तब तक पिछड़ा हुआ नहीं कहा जा सकता, जब तक कि उसकी उपलब्धि की मात्रा उससे कम न हो जितनी कि वह अपनी योग्यता के आधार पर प्राप्त कर सकता है।

पिछड़ेपन के प्रकार (Kinds of Backwardness)

पिछड़ापन प्रायः दो तरह का होता है—एक तो सामान्य पिछड़ापन होता है और दूसरा विशिष्ट पिछड़ापन कहलाता है। सामान्य पिछड़ेपन के अन्तर्गत बालक विद्यालय के पाठ्यक्रम के सभी विषयों में पिछड़ा हुआ पाया जाता है जबकि विशिष्ट पिछड़ेपन के अन्तर्गत वह केवल एक या दो विशेष विषयों में ही पिछड़ा हुआ होता है, अन्य में उसकी स्थिति सन्तोषप्रद अथवा बहुत अच्छी होती है।

पिछड़ेपन के कारण (Causes of Backwardness)

यह कहा जाना कठिन है कि पिछड़ेपन के सामान्य कारण क्या हैं, क्योंकि यह एक व्यक्तिगत समस्या है और प्रत्येक व्यक्तिगत समस्या अपने आप में अपूर्व होती है। लेकिन यह निश्चित है कि पिछड़ेपन के कारण या तो व्यक्ति (स्वयं) में उपस्थित होते हैं अथवा उसके परिवेश में। इसके अतिरिक्त यह भी देखा गया है कि प्रायः पिछड़ेपन के मूल में कई कारण एक साथ कार्य करते हैं। नीचे पिछड़ेपन के लिए उत्तरदायी विभिन्न कारणों की चर्चा की जायेगी।

ऐसे कारण जो स्वयं बालक में निहित हैं (Causes lying within the Child)

1. **शारीरिक और दैहिक कारण** (Physical and Physiological Causes)—बच्चों की शारीरिक क्षमता और स्वास्थ्य इत्यादि का उनकी शैक्षणिक उपलब्धि पर काफी प्रभाव पड़ता है। बर्ट, शौनल और अन्य मनोवैज्ञानिकों ने अपने अध्ययनों द्वारा यह स्पष्ट किया है कि शैक्षणिक दृष्टि से पिछड़े हुए अधिकांश बालकों में शारीरिक रूप से कोई न कोई कमी पाई जाती है। या तो वे जन्म से ही रोगी, दुर्बल और अपाहिज होते हैं अथवा बाद में प्रतिकूल परिस्थितियों और वातावरण के शिकार हो कर ऐसे बन जाते हैं। उनके शारीरिक दोष जैसे दृष्टि दोष, श्रवण-दोष, वाक्-दोष, विकलांग (लंगड़े-लूले होना), बायें हाथ से काम करने की आदत इत्यादि उन्हें शारीरिक दृष्टि से काफी अपंग और अयोग्य बना देते हैं और फलस्वरूप वे ज्ञान प्राप्ति में पिछड़े जाते हैं। दूसरी बात यह भी है कि उनकी शारीरिक अस्वस्थता जो किसी न किसी रोग के कारण होती है, उन्हें न तो नियमित रूप से विद्यालय में आने देती है और न ठीक से घर में ही पढ़ाई करने देती है। फिर इस रोज़-रोज़ की अस्वस्थता से उनका शरीर इतना शक्तिहीन हो जाता है कि वह पढ़ाई में पूरी तरह अपना ध्यान और शक्ति नहीं लगा सकते। परिणामस्वरूप इस प्रकार के बालक शैक्षणिक दृष्टि से बहुत पिछड़ जाते हैं।

2. **बौद्धिक कारक** (Intellectual Causes)—पिछड़ेपन के लिए बौद्धिक शक्तियों का अविकसित रह जाना भी एक बड़ा कारण बन सकता है। कुछ बच्चे जन्म से अपने स्नायु मंडल या मस्तिष्क संस्थान में कोई न कोई दोष लेकर पैदा होते हैं अथवा बौद्धिक दृष्टि से उनमें कोई न कोई न्यूनता होती है। इस प्रकार के बच्चे को विद्यालय के दिन प्रतिदिन के कार्यों को करने में असुविधा होती है। बर्ट (Burt) ने अपने प्रयोगों के आधार पर यह घोषणा की है कि ''अधिकांश मामलों में दोषपूर्ण बुद्धि अथवा कम बुद्धि लब्धि ही पिछड़ेपन का एकमात्र कारण पाई गई है।''

(*In Majority of the cases, defective intelligence or lower I.Q. has been found to be sole cause of the backwardness.*—1953, p. 49)

हम अपनी प्रतिदिन की ज़िन्दगी में भी यही देखते हैं कि जिन विद्यार्थियों की तर्कशक्ति, विचार शक्ति, कल्पना शक्ति, निरीक्षण शक्ति, एकता शक्ति आदि मानसिक शक्तियां किसी भी कारणवश अच्छी तरह से विकसित नहीं हो पातीं वे शैक्षणिक दृष्टि से सफलता प्राप्त करने में काफी पीछे रह जाते हैं।

ऐसे कारण जो वातावरण में निहित हैं (Causes lying within the Environment)

1. **पारिवारिक वातावरण** (Family Atmosphere)—परिवार का वातावरण बच्चों की शैक्षणिक उपलब्धि पर काफी प्रभाव डालता है। संक्षिप्त रूप में इस प्रभाव को निम्न रूप में समझा जा सकता है:

(a) खाते-पीते, सम्पन्न घरों में न केवल बच्चों को खाने-पीने और रहने-सहने की पर्याप्त सुविधा मिलती है बल्कि उनकी शिक्षा-दीक्षा का भी पूरा प्रबन्ध रखा जाता है जबकि निर्धन परिवार शैक्षणिक सुविधाएं तो क्या रोटी और कपड़ा भी अपने बच्चों को नहीं जुटा पाता है। खाने-पीने और रहने-सहने की दुरावस्था के कारण ग़रीब बच्चों का स्वास्थ्य बहुत गिर जाता है, जिसका प्रभाव उनकी शिक्षा पर अवश्य पड़ता है। ऐसे वातावरण में जीवन की क्रियाओं सम्बन्धी विभिन्न अनुभव और सामान्य ज्ञान अर्जित करने के भी विशेष अवसर उपलब्ध नहीं होते। न वे अमीर बच्चों की तरह देश-विदेश का भ्रमण कर सकते हैं और न अधिक सामाजिक सम्पर्क में आते हैं। इस कारण से वे पाठ्यक्रम सम्बन्धी विस्तृत अनुभवों का अर्जन करने में पिछड़ जाते हैं। दूसरे ग़रीब घरों में बच्चों को रोज़ी कमाने में मां-बाप का हाथ बटाना पड़ता है और प्राय: यह उत्तरदायित्व उनके विद्यार्जन में बाधक सिद्ध होता है।

(b) निर्धनता के अलावा मां-बाप की बौद्धिक न्यूनता और अशिक्षा भी बच्चे की शैक्षणिक उपलब्धि पर प्रभाव डालती है। इस प्रकार के मां-बाप का न तो शिक्षा के प्रति कोई स्वस्थ दृष्टिकोण होता है और न उनमें अपने बच्चों की पढ़ाई-लिखाई का ध्यान रखने की पर्याप्त योग्यता होती है।

पारिवारिक सम्बन्ध और परिवार के सदस्यों का व्यवहार भी इस दिशा में काफी प्रभाव डालता है। तनावपूर्ण सम्बन्ध और अनुचित व्यवहार न केवल घर की शान्ति को भंग करता है बल्कि कई प्रकार की संवेगात्मक व सामाजिक समस्याएं उत्पन्न कर देता है। उन घरों में जहां मां-बाप में सम्बन्ध विच्छेद हो जाता है अथवा बच्चे के कोई सौतेली मां या बाप होते हैं अथवा जहां मां-बाप का दृष्टिकोण या तो बहुत सख्त होता है या अधिक लाड़-चाव या उपेक्षापूर्ण होता है अथवा जहां कलह और झगड़े होते रहते हैं वहां बच्चों की मनोवैज्ञानिक और सामाजिक आवश्यकताएं पूरी नहीं हो पाती हैं। ऐसे वातावरण में बच्चा न तो अपने आप को सुरक्षित अनुभव करता है और न ही उचित स्नेह, प्यार और मार्ग निर्देशन प्राप्त कर पाता है और इस तरह वह शैक्षणिक रूप से पिछड़ जाता है।

2. **विद्यालय का वातावरण** (School Environment)—विद्यालय में प्राप्त प्रतिकूल परिस्थितियां और वातावरण भी बालकों के पिछड़ेपन के लिए उत्तरदायी होता है। कई बार बच्चों की अनियमित उपस्थिति अथवा दीर्घकालीन अनुपस्थिति बच्चों को नियमित रूप से विद्यालय की पढ़ाई से वंचित रखती है, फलस्वरूप उनके पिछड़े बने रहने का चक्र शुरू हो जाता है। इसके अतिरिक्त विद्यालय वातावरण में उत्पन्न निम्न बातों को बच्चे के शैक्षणिक पिछड़ेपन के लिए उत्तरदायी ठहराया जा सकता है:

(a) दोषपूर्ण, अरुचिकर और प्रभावहीन अध्यापन।

(b) विद्यालय में प्रयोगात्मक और रचनात्मक कार्य करने, पाठयान्तर क्रियाओं का आयोजन करने और विभिन्न अनुभवों को अर्जित करने के लिए आवश्यक सुविधाओं व उपकरणों का अभाव।

(c) दोषपूर्ण पाठ्यक्रम और दोषपूर्ण परीक्षा प्रणाली।

(d) निर्देशन का अभाव और बच्चों द्वारा गलत विषयों का चुनाव।

(e) अनुशासनहीनता और अव्यवस्था।

(f) गृहकार्य को नियमित रूप से न देखना तथा बच्चों को काम करने के लिए पर्याप्त प्रेरणा और प्रोत्साहन न दिया जाना।

(g) अध्यापक का पक्षपातपूर्ण व्यवहार और अध्यापकों तथा विद्यार्थियों के बीच तनावपूर्ण सम्बन्ध।

3. **पास-पड़ोस और अन्य सामाजिक संस्थाएं** (Neighbourhood and other Social Agencies)—बच्चे का सामाजिक परिवेश, घर अथवा विद्यालय की चारदीवारी तक ही सीमित नहीं रहता। पास-पड़ोस और मित्रगण, सम्पर्क में आने वाले

समाज के अन्य सदस्य, रेडियो, सिनेमा, समाचार पत्र व पत्रिकाएं, क्लब, धार्मिक व सामाजिक सम्पर्क के स्थान, सभी बच्चे की शैक्षणिक उपलब्धि को प्रत्यक्ष या अप्रत्यक्ष रूप से प्रभावित करते रहते हैं। इन सब संस्थाओं से सम्बन्धित उचित परिवेश, उसके दृष्टिकोण, काम करने व पढ़ने के ढंग और यहां तक कि जीवन के लक्ष्य में भी पर्याप्त परिवर्तन ला सकता है। इनका कुप्रभाव बच्चों का ध्यान पढ़ाई से हटा कर उन्हें सामाजिक बुराइयों में फंसा सकता है और फलस्वरूप शैक्षणिक उपलब्धि के क्षेत्र में वे पिछड़ जाते हैं।

इस प्रकार से वातावरण सम्बन्धी शक्तियां बहुत कुछ सीमा तक बालकों की शैक्षणिक प्रगति को निर्देशित और नियन्त्रित करती हैं। जो कुछ बच्चे को अपने वातावरण से मिलता है वह उसकी रुचि, अभिरुचि, पढ़ने और काम करने सम्बन्धी आदतों, सोचने-विचारने की प्रक्रिया, सूझबूझ और निरीक्षण शक्ति को बहुत कुछ प्रभावित करता है। वह उतना ही प्राप्त करता है जितना उसका परिवेश उसे प्राप्त करने की अनुमति देता है। इस तरह शैक्षणिक पिछड़ेपन के कारणों की खोज बहुत कुछ सीमा तक बालक के प्राकृतिक और सामाजिक परिवेश में ही की जानी चाहिये।

पिछड़े बालकों की शिक्षा (Education of the Backward Children)

A. पिछड़ेपन के लिए उत्तरदायी कारण अथवा कारणों का पता लगाना (Diagnosis of cause or causes of backwardness)—पिछड़े बालक की शिक्षा के लिए कोई भी योजना बनाने से पहले इस बात का पता लगाना आवश्यक है कि उसका यह पिछड़ापन किस कारण अथवा कारणों के फलस्वरूप है। यह कार्य निम्न प्रकार पूरा किया जा सकता है:

1. विशिष्ट विषयों से सम्बन्धित पिछड़ेपन की जांच के लिए उपलब्धि परीक्षाओं का प्रयोग करना चाहिये।
2. बुद्धि परीक्षणों के द्वारा बालक का बौद्धिक स्तर ज्ञात किया जा सकता है। जहां तक हो सके, इस कार्य के लिए शाब्दिक और अशाब्दिक (Verbal and Non-Verbal) दोनों ही प्रकार के बुद्धि परीक्षणों का प्रयोग किया जाना चाहिये।
3. बालक की विशिष्ट योग्यताओं का मूल्यांकन भी उचित मनोवैज्ञानिक परीक्षाओं के द्वारा कर लेना चाहिये।
4. परिस्थिति परीक्षणों (Situational Tests) और निरीक्षण विधि की सहायता से उसके व्यवहार के समग्र रूप का तथा विशेष परिस्थितियों में किये जाने वाले विशिष्ट व्यवहार का ज्ञान भी प्राप्त किया जाना चाहिये। उसकी संवेगात्मक विशेषताओं, सामाजिक सम्बन्धों और व्यक्तित्व सम्बन्धी गुणों का मूल्यांकन भी किया जाना चाहिये।
5. बालक की शारीरिक क्षमताओं और स्वास्थ्य के बारे में जानकारी प्राप्त करने के लिए डाक्टरी जांच तथा शारीरिक कुशलताओं की जांच का भी कार्य पूरा होना चाहिये। जन्म से लेकर वर्तमान समय तक उसकी अस्वस्थता, बीमारियों शारीरिक दोषों इत्यादि से सम्बन्धित पूरी बातों की छानबीन की जानी चाहिये।
6. बालक के परिवार की सामाजिक और आर्थिक स्थिति, रहने-सहने का स्तर, मां-बाप की शिक्षा और उनका बौद्धिक स्तर, परिवार का आकार, बालक के पैदा होने का क्रम (Birth order), परिवार के सदस्यों का व्यवहार और आपसी सम्बन्ध, पास-पड़ोस, मित्र-मण्डली तथा सामाजिक परिवेश से सम्बन्धित अन्य बातों के प्रभाव आदि सभी बातों का पूरा अध्ययन किया जाना चाहिए।
7. शिक्षण विधियों, पाठ्यक्रम, पाठान्तर क्रियाओं के लिए मिलने वाली सुविधा, गुरु शिष्य सम्बन्ध, अनुशासन और व्यवस्था आदि विद्यालय के परिवेश और परिस्थितियों से सम्बन्धित बातों तथा उनके द्वारा बालक पर पड़ने वाले प्रभाव का भी अध्ययन किया जाना चाहिए।
8. बालक के शैक्षणिक इतिहास (Scholastic History) का समुचित अध्ययन किया जाना चाहिए तथा उसके दिन-प्रतिदिन के वैयक्तिक और सामूहिक व्यवहार का भी निरीक्षण करते रहना चाहिए।

B. पिछड़ेपन के लिए शैक्षणिक निर्देशन और उसे दूर करने के उपाय (Educational Guidance or Treatment of Backwardness)—पिछड़ेपन के लिए उत्तरदायी कारणों का पता लगाने के पश्चात् पिछड़ेपन को दूर करने के प्रयत्न प्रारम्भ किये जा सकते हैं। जिस प्रकार का पिछड़ापन है और उसके उत्पन्न होने के जो मूल कारण हों उन्हीं के आधार पर उससे

छुटकारा पाने के उपाय किये जाने चाहिये। सभी पिछड़े बालकों के पिछड़ेपन को एक ही ढंग से दूर नहीं किया जा सकता। पिछड़ापन एक वैयक्तिक बीमारी है, अत: इसका इलाज वैयक्तिक रूप में भी भलीभांति किया जा सकता है। लेकिन फिर भी कुछ अग्र उपाय पिछड़े हुए बालकों की शिक्षा व्यवस्था तथा उनके पिछड़ेपन को दूर करने के लिए किये जा सकते हैं:

1. **नियमित डाक्टरी देखभाल और आवश्यक उपचार** (Regular Medical check-up and Necessary Treatment)—ऐसे मामलों में जहां पिछड़ापन शारीरिक न्यूनताओं, बीमारी और अस्वस्थता के कारण पैदा होता है, नियमित जांच तथा देखभाल की नितान्त आवश्यकता है। विद्यालय अधिकारियों को अभिभावकों तथा सरकार की सहायता से ऐसे विद्यार्थियों के इलाज की व्यवस्था कराने के प्रयत्न करने चाहिये।

2. **घर और विद्यालय में बालक को समायोजित होने में सहायता करना** (Re-adjustment in the home and the school)—कुछ कारणवश बहुत से पिछड़े हुए बालक संवेगात्मक और सामाजिक कुसमायोजन (Emotional and Social Maladjustment) के शिकार होते हैं। ऐसे बालकों को घर और विद्यालय दोनों ही परिवेशों में ठीक प्रकार समायोजित होने के लिए प्रयत्न किये जाने चाहिये। ऐसे बच्चे स्नेह, प्यार और सुरक्षा के भूखे होते हैं। उन्हें ठीक प्रकार समझ कर पर्याप्त स्नेह और प्रोत्साहन दिया जाना चाहिये। उनके अभिभावकों के साथ सम्पर्क स्थापित कर उनके संवेगात्मक कुसमायोजन तथा मानसिक तनावों के मूल में छुपे कारणों की खोज कर उन्हें दूर करने के प्रयत्न किये जाने चाहिये। माता-पिता और अभिभावकों को भी अपने बालकों के साथ उचित व्यवहार करने के लिए परामर्श तथा प्रशिक्षण दिये जाने की आवश्यकता है। विभिन्न सामाजिक संस्थानों तथा सरकार को न केवल अभिभावकों को शिक्षित करने के कार्य में बल्कि ग़रीबी, सामाजिक बुराइयां तथा कुप्रथाओं के फलस्वरूप बालकों के सामने खड़ी होने वाली विषय समस्याओं के निराकरण के लिए पूरी तरह आगे आना चाहिये।

3. **विशेष विद्यालयों या कक्षाओं की व्यवस्था** (Provision of Special School or Special Classes)—पिछड़े बालकों की शिक्षा के लिए अलग से विशेष प्रबन्ध करने का सुझाव भी उनके पिछड़ेपन को दूर करने तथा उनका उचित विकास करने के कार्य में काफी उपयोगी सिद्ध हो सकता है। इस सुझाव के अन्तर्गत पिछड़े बालकों को अन्य बालकों से अलग करके विशेष कक्षा अथवा विद्यालयों में रखा जाता है। इस प्रकार के अलगाव की आवश्यकता पर बल देते हुए **प्रोफैसर उदय शंकर** लिखते हैं—"अगर उन्हें (पिछड़े बालकों को) सामान्य बालकों के साथ रखा जाए तो पीछे की ओर खिसकते हैं और इस प्रकार अपने स्तर के अन्य बालकों की तुलना में वे और भी पिछड़ते चले जायेंगे। लेकिन अपने ही तरह के बालकों के समूह में जहां होड़ कम होगी और उन्हें अधिक प्रशंसा और प्रोत्साहन मिलेगा, वे अपने पिछड़े होने की भावना से ग्रस्त नहीं होंगे और उन्हें अधिक सुरक्षा का अनुभव होगा।"
(*If they are kept with normals, they will be pushed back and the backward will become more backward with children of their own level. But they will be less concious of their drawbacks and they will feel secure in a group of their own type where there will be more encouragement and appreciation and less competition.*—1958, p. 70–71.)

   पिछड़े हुए बालकों के लिए अलग विद्यालयों अथवा कक्षाओं के प्रबन्ध सम्बन्धी सुझाव भी कुछ विद्वानों द्वारा ठीक नहीं समझा जाता। उनका विचार है कि इससे पिछड़े हुए बालकों के प्रतिभावान बालकों के साथ रह कर कुछ सीखने के अवसर समाप्त हो जाते हैं। दूसरे, इस प्रकार के प्रबन्ध द्वारा वे यह समझ सकते हैं कि उन्हें पिछड़ा हुआ समझा जाता है। अत: उनमें हीन भावना की ग्रन्थियां विकसित होने का डर रहता है। इन बातों को ध्यान में रखते हुए कोई बीच का मार्ग अपनाना उचित है। पिछड़े बालकों को सामान्य तथा प्रतिभावान बच्चों के सम्पर्क में आने के अवसर अवश्य मिलने चाहिये तथा जहां तक हो सके, उन्हें एक ही विद्यालय में पढ़ाया जाना चाहिये परन्तु साथ ही उनके ऊपर व्यक्तिगत ध्यान देने की पूरी व्यवस्था होनी चाहिये।

4. **विशिष्ट पाठ्यक्रम, शिक्षण विधियों तथा विशेष अध्यापकों की व्यवस्था** (Provision of special curriculum, methods of teaching and special teachers)—पिछड़े बालकों का कुछ अधिक ध्यान रखने के दृष्टिकोण से विशेष पाठ्यक्रम, शिक्षण विधियों तथा विशेष रूप से प्रशिक्षित अध्यापकों की व्यवस्था करना

भी उपयोग रहता है। सामान्य बालकों के पाठ्यक्रम की अपेक्षा उनका पाठ्यक्रम कुछ छोटा होना चाहिए। इसमें हस्तकला, उद्योगों तथा अन्य क्रियात्मक और व्यवहारात्मक पक्षों पर अधिक बल दिया जाना चाहिए ताकि उन्हें विद्वान् बनाने के स्थान पर कुशल कारीगर और बुद्धिमान नागरिक अच्छी तरह बनाया जा सके। ऐसे बच्चों को पढ़ाने की विधियों में आवश्यक सुधार किए जाने चाहिए। उन्हें स्थूल सामग्री और प्रत्यक्ष अनुभवों की सहायता ले कर छोटे और सरल तरीकों द्वारा पढ़ाए जाने की आवश्यकता है। इसके अतिरिक्त इन बच्चों के लिए योग्य और विशेष रूप से प्रशिक्षित ऐसे अध्यापक नियुक्त किए जाने चाहिये जो कि उनको अच्छी तरह से समझ कर उनकी समस्याओं को दूर करने में उनकी सहायता कर सकें।

5. **व्यक्तिगत ध्यान देना तथा अलग से समय देकर पढ़ाना** (Special coaching and Proper Individual attention)—पिछड़े बालकों पर व्यक्तिगत ध्यान दिए जाने की बहुत आवश्यकता होती है। अभ्यास कार्य कराते समय, प्रश्न पूछते समय तथा गृह-कार्य देते समय इन बालकों का पूरा ध्यान रखा जाना चाहिए। एक ही विषय में पिछड़े हुए कई बच्चों को एक साथ बिठा कर अतिरिक्त, समय में अध्यापक द्वारा पढ़ाया जा सकता है तथा इस प्रकार उनके साथ कुछ अधिक परिश्रम कर उनके पिछड़ेपन को दूर किया जा सकता है।

6. **अनुपस्थिति और स्कूल से भागने की प्रवृत्ति की रोकथाम** (Checking Truancy and Non-attendance)—कुछ पिछड़े बालकों में स्कूल से भागने की आदत पाई जाती है। कुछ छोटे-मोटे बहाने बना कर अनुपस्थित होने का प्रयत्न भी करते हैं। उनकी इस प्रकार की आदतों को दूर करने के प्रयत्न भी किए जाने चाहिए।

7. **क्रियाओं, विभिन्न प्रकार के अनुभवों और अध्ययन क्रमों की व्यवस्था** (Provision of co-curricular activities, rich experiences and diversified courses)—कई बार किसी विशेष विषय में रुचि न होने तथा विद्यालय के वातावरण को बोझिल और रूखा समझने के फलस्वरूप बालक पिछड़ जाते हैं। उन्हें अपनी रुचि के विषय पढ़ने को नहीं मिलते अथवा अपनी रुचि की क्रियाओं में भाग लेने के अवसर नहीं मिलते और इस प्रकार विद्यालय में अपने आप को घुटा-घुटा सा अनुभव करते हैं। इसलिए विद्यालय में विभिन्न प्रकार की पाठान्तर क्रियाओं, विषयों तथा अनुभवों के अर्जन की पूरी-पूरी व्यवस्था होनी चाहिए।

8. **प्रगति का उचित लेखा-जोखा रखना** (Maintenance of proper Progress Records)—विद्यालय के परीक्षा और मूल्यांकन सम्बन्धी कार्यक्रम में भी विशेष सुधार की आवश्यकता है, जिससे बालकों की प्रगति के बारे में सही-सही आंकड़े प्राप्त होते रहें। कौन, किस विषय तथा क्रिया में कितनी और किस गति से प्रगति कर रहा है। इसका पूरा लेखा-जोखा रखने का प्रयत्न किया जाना चाहिए ताकि पिछड़े बालकों की स्थिति से समय-समय पर ठीक प्रकार परिचित हुआ जा सके।

9. **निर्देशन सेवाओं की व्यवस्था** (Provision of Guidance Services)—विषयों तथा क्रियाओं का ठीक प्रकार चुनाव न किये जा सकने के कारण भी बहुत से बालक पिछड़े बालक बन जाते हैं। अत: विद्यालयों में निर्देशन सेवाओं की उचित व्यवस्था की जानी चाहिए। इसके अतिरिक्त अभिभावकों को उनके बालकों की योग्यताओं, रुचियों तथा अन्य रुचियों से भी परिचित कराने की भी नितान्त आवश्यकता है ताकि वे उनसे कम या अधिक आशा न रख उनकी शक्तियों तथा अभिरुचियों के अनुकूल शिक्षा देने का प्रबन्ध कर सकें।

10. **वातावरण से सम्बन्धित प्रतिकूल और नकारात्मक कारकों को नियन्त्रित करना** (Controlling negative environmental factors)—मित्रमंडली, साथीगण पड़ोस, समुदाय, समाज तथा सामाजिक परिवेश से सम्बन्धित अन्य संस्थाएं बालक की रुचियों, अभिरुचियों, अभिवृत्तियों तथा जीवन मूल्यों को बहुत प्रभावित करती हैं तथा अधिकांश मामलों में पिछड़ापन इनके प्रतिकूल प्रभाव के कारण ही उत्पन्न होता है। अत: सामाजिक परिवेश से सम्बन्धित इन सभी कारकों द्वारा पड़ने वाले प्रतिकूल और नकारात्मक प्रभाव को जहां तक हो सके कम से कम करने का प्रयत्न किया जाना चाहिए।

11. **अनुभवी शिक्षा मनोवैज्ञानिकों की सहायता लेना** (Taking help of Experienced Educational Psychologists)—पिछड़े बालकों की शिक्षा के लिए प्रबन्ध करते समय अनुभवी शिक्षा मनोवैज्ञानिकों की सेवायें भी काफी मूल्यवान सिद्ध हो सकती हैं। शिक्षा मनोवैज्ञानिक, अध्यापकों और माता-पिता को अपने किसी विद्यार्थी के पिछड़ेपन को दूर करने के बारे में बहुत अमूल्य सुझाव और परामर्श दे सकते हैं।

ऊपर हमने अध्यापकों के लिए कुछ उपयुक्त सुझाव देकर पिछड़े बालकों की हित साधना के लिए कुछ सम्भव उपाय अपनाने की ओर संकेत किया है लेकिन पिछड़े बालकों का पिछड़ापन दूर कर उनके विकास के लिए उपयुक्त अवसर प्रदान करने का कार्य इतना अधिक जटिल है कि इसे अच्छी तरह सम्पन्न करने के लिए सभी ओर से पूरे प्रयत्न करने की आवश्यकता है। इसलिए केवल अध्यापक और विद्यालय अधिकारी ही नहीं बल्कि अभिभावक, शिक्षा मनोवैज्ञानिक, सामाजिक कार्यकर्त्तागण, सरकारी अधिकारी वर्ग - सभी को इस बृहत् कार्य को सम्पन्न करने के लिए एक मंच पर एकत्रित होने की आवश्यकता है। केवल उसी अवस्था में इस बीमारी का उचित रूप से उन्मूलन किया जा सकता है और हमारे लाखों-करोड़ों भावी नागरिकों को अपने समुचित विकास और आत्मानुभूति के लिए उपयुक्त अवसर प्रदान किए जा सकते हैं।

मंदगति अधिगमकर्त्ता (Slow Learners)

हमारी कक्षा शिक्षण तथा विद्यालय-शिक्षा की सम्पूर्ण प्रणाली एक ऐसी प्रणाली है जिसमें हम सभी विद्यार्थियों के लिये उनके वैयक्तिक भेंदों को दर-किनार करते हुये एक ही तरह की शिक्षण अधिगम व्यवस्था लागू करने पर जोर देते हैं। कक्षा में जो कुछ अध्यापकों द्वारा कराया जाता है वह सभी के लिये एक जैसा होता है।

परन्तु वास्तविक कक्षा परिस्थितियों का अगर हम ध्यान से अवलोकन करें तो हमें कक्षाओं में प्रायः तीन तरह के अधिगमकर्त्ता देखने को मिलते हैं जिनकी अधिगम गति की तुलना सवारी रेलगाड़ी, मालगाड़ी तथा एक्सप्रेस या सुपरफास्ट रेलगाड़ी से की जा सकती है। औसत या सामान्य बालकों की अधिगमगति सवारी गाड़ी की तरह सामान्य ही होती है जबकि एक्सप्रेस या सुपरफास्ट गाड़ी की तरह अधिगम तेज रफ्तार प्रतिभाशाली (gifted) बालकों द्वारा रखी जा सकती है और मालगाड़ी की तरह धीमे-धीमे मंदगति से अधिगम करने की बात मंदगति के अधिगमकर्त्ताओं के हिस्से आती है। कक्षा शिक्षण व्यवस्था में शिक्षण-अधिगम की गति औसत या सामान्य ही रहती है और इस तरह ये न तो प्रतिभाशाली बालकों के हित में रहती है और न मंदगति अधिगमकर्त्ताओं के। इसमें अधिक नुकसान मंदगति के अधिगमकर्त्ताओं को ही रहता है क्योंकि प्रतिभाशाली तो अपनी प्रतिभा के दम पर या सबके प्रिय होने का फायदा उठा ही ले जाते हैं। जबकि मंदगति के अधिगमकर्त्ताओं को कक्षा में तो कुसमायोजन का शिकार होने के साथ-साथ अपने अध्ययन कार्य में भी असफलता का सामना करना पड़ता है जिसकी परिणति बहुधा बार-बार फेल होना तथा बीच में ही विद्यालय की पढ़ाई छोड़ देने के रूप में होती दिखाई देती है। इस अध्याय में हम इन्हीं मंदगति अधिगमकर्त्ताओं के बारे में विस्तार से जानना चाहेंगे।

मंदगति अधिगमकर्त्ता—अर्थ एवं परिभाषाएँ (Slow Learners—Meaning and Definitions)

मंदगति अधिगमकर्त्ता पद अपने सरल शब्दार्थ में ऐसे अधिगमकर्त्ताओं के लिये प्रयुक्त होता है जिनकी अधिगम गति अपनी आयु तथा कक्षा के विद्यार्थियों की तुलना में अपेक्षाकृत मंद या धीमी होती है। ऐतिहासिक दृष्टि से देखा जाये तो इस पद का चलन काफी नया है क्योंकि आज जिन्हें हम मंदगति अधिगमकर्त्ता का संबोधन देते हैं उन्हें परंपरागत रूप में पिछड़े बालकों (Backward children) की श्रेणी में ही शामिल करके जाना और समझा जाता रहा है। इस पद के चलन का श्रेय अमेरिकन शिक्षा मनोवैज्ञानिकों को जाता है उन्होंने इस पद को ऐसे औसत/सामान्य से कम बुद्धि वाले (70 से 85 बुद्धि लब्धि) विद्यार्थियों के लिये प्रयुक्त किया जिनमें अधिगम में उनकी मंद या धीमी गति के कारण सामान्य बालकों की अधिगम गति तथा निष्पत्ति स्तर के साथ चलते रहने की क्षमता नहीं होती। मंदगति के अधिगमकर्त्ता इस दृष्टि से विशिष्ट आवश्यकताओं से युक्त बालकों (children with special needs) की श्रेणी के बालकों का प्रतिनिधित्व करते दिखाई देते हैं जिन्हें न तो मानसिक विकलांग कहा जा सकता है और न शैक्षणिक दृष्टि से पिछड़ा हुआ बल्कि उन्हें अपने समायोजन तथा शिक्षा हेतु

विशिष्ट ध्यान तथा देखभाल की ज़रूरत होती है। प्रश्न उठता है कि ये मंदगति अधिगमकर्त्ता वास्तव में कौन होते हैं तथा उनकी क्या विशिष्टतायें होती हैं? यह जानने के लिये आइये पहले इनके बारे में विभिन्न विद्वानों द्वारा दी गई कुछ परिभाषाओं पर ध्यान दिया जाये।

1. **किर्क** (Kirk, 1949 : 146)—मंदगति अधिगमकर्त्ता पद अपेक्षाकृत कम बुद्धि वाले उन बालकों के लिये प्रयुक्त होता है जिनमें लगभग 75 से 90 तक की बुद्धि लब्धि पाई जाती है।
(The term slow learners should be referred to the children of the relatively low intelligence having a IQ of approximately 75 to 90)
2. **टेक्साज एजूकेशनल एजेंसी** (Taxes Educational Agnecy, 1989 : 1)—मंदगति अधिगमकर्त्ता वे विद्यार्थी हैं जिन्हें परंपरागत रूप से विद्यालयों में अनुत्तीर्ण या फेल होते रहने वाले विद्यार्थियों के रूप में जाना जाता है तथा जिनका 70-79 बुद्धि लब्धि युक्त बौद्धिक क्षमता स्तर उन्हें अधिगम में वांछित गति बनाये रखने में बाधक सिद्ध होता है।
(Slow learners are the students who have traditionally met with failures in the schools, whose intellectual functioning level, IQ 70–79 has affected their ability to keep up with the pace.)
3. **केरोल** (Caroll, 1998 : 2005)—मंदगति अधिगमकर्त्ता औसत में कम संज्ञानात्मक योग्यताओं वाले वे विद्यार्थी हैं जो अपंग तो नहीं हैं, परन्तु नियमित कक्षाकक्षों की परंपरागत शैक्षणिक मांगों की पूर्ति हेतु संघर्षरत रहते हैं।
(The students with below average congnitive abilities who are not disabled, but who struggle to cope with the traditional academic demands of the regular classroom.)
4. **बर्ट** (Burt, 1937)—पिछड़े या मंदगति अधिगमकर्त्ता पद उन बालकों के लिये आरक्षित रहता है जो अपने आयु समूह के बालकों से सामान्य रूप से अपेक्षित कार्यों को करने में अपने आपको असमर्थ पाते हैं।
(The term backward or slow learner is reserved for those children who are unable to cope with the work normally expected of their age group.)

मंदगति अधिगमकर्त्ताओं की विशेषताएँ (Characteristics of the Slow Learners)

उपरोक्त परिभाषाएँ तथा इस संदर्भ में किये गये अनुसंधानकार्य मंदगति अधिगमकर्त्ताओं की निम्न मुख्य विशेषताओं की ओर इंगित करते हैं:

1. इनका बौद्धिक स्तर तथा कार्य अपनी आयु के औसत या सामान्य बालकों की तुलना में काफी कम होता है। उनकी बुद्धि लब्धि इतनी कम होती है कि उन्हें नियमित कक्षाकक्ष सम्बन्धी अधिगम कार्यों के साथ अपना ताल-मेल बिठाने में काफी कठिनाई होती है। परन्तु यह उतनी कम नहीं होती जिससे उन्हें मानसिक रूप में मंदित या अपंग घोषित कर दिया जाये और न ऐसी उपयुक्त होती है जिससे वे सीखने या कुछ करने में इस प्रकार समर्थ हो सकें जैसा कि उसके उन अन्य सामान्य साथियों द्वारा किया जा सकता है। औसत बुद्धि लब्धि (90-110) जो उसके औसत या सामान्य साथियों में पाई जाती है उसकी तुलना में उनकी बुद्धि लब्धि 70 और 90 के बीच होती है। जबकि 70 से कम बुद्धि लब्धि वालों को ही मानसिक रूप से मंदित या विकलांग कहा जाता है। इनकी बुद्धि लब्धि 70-90 के बीच होने के कारण ही इन्हें मानसिक विकलांग तथा सामान्य बालकों से अलग एक नयी श्रेणी प्रदान कर मंदगति अधिगमकर्ताओं के नाम से पुकारा जाता है।
2. शारीरिक बनावट तथा देखने में वे सामान्य बालकों जैसे ही होते हैं अत: उनके माता-पिता तथा अध्यापकों को उनसे वे सभी अपेक्षायें होती हैं जो सामान्य बालकों से की जा सकती है।
3. चूंकि न तो इनको मानसिक मंदन या विकलांगता का शिकार माना जाता है और न अधिगम अक्षमता का, इसलिये इन्हें सामान्य बालकों के साथ ही उनकी कक्षाओं तथा विद्यालयों में जहां सामान्य बालकों की शिक्षा हेतु प्रबंध होते हैं उन्हीं के जैसे पाठ्यक्रम का अध्ययन-अध्यापन कराया जाता है।

4. इन बालकों की अधिगम गति काफी कम होती है। किसी विषय विशेष (जैसे गणित या विज्ञान) की कक्षा में मंदगति अधिगमकर्त्ता से यह आशा नहीं की जा सकती कि वह उस विषय का अधिगम उसी गति से कर पायेगा जितना कि उसके सामान्य साथी करते हैं। कक्षा शिक्षण में उसे गणित या विज्ञान जैसे विषय सम्बन्धी ज्ञान तथा कौशलों को ग्रहण करने में कठिनाई का अनुभव करता हुआ देखा जाता है। वह अपने साथियों के साथ कदम से कदम मिलाकर नहीं चल सकता। इसलिये वह पीछे रह जाता है, अपने साथियों की तुलना में वह उन प्रश्नों को हल नहीं कर पाता जिन्हें वे कर लेते हैं, गणित या विज्ञान सम्बन्धी उन तथ्यों, संप्रत्ययों तथा सिद्धान्तों को नहीं समझ पाता जिन्हें वे समझ लेते हैं। इस तरह अधिकतर कक्षा-शिक्षण परिस्थितियों में मंदगति अधिगमकर्ताओं के लिये यह काफी मुश्किल रहता है कि वे अपने साथियों की तरह सामान्य कक्षा कार्य, गृहकार्य, अधिन्यास तथा प्रोजेक्ट कार्यों को संपादित कर सकें।
5. शैक्षणिक दृष्टि से मंदगति अधिगमकर्ता न तो सामान्य बालकों की तरह उनके साथ कदम मिला सकते हैं और न वे अपने आयु तथा कक्षा के हिसाब से की जाने वाली अपेक्षाओं पर ही खरे उतर सकते हैं। परिणामस्वरूप वे बार-बार फेल होते रहते हैं, कक्षा और विद्यालय से नदारद पाये जाते हैं, अथवा वे असमय बीच ही में अपनी पढ़ाई छोड़ देते हैं।
6. मंदगति अधिगमकर्ता अपनी सामान्य से कम बौद्धिक क्षमताओं के कारण कुछ निम्न प्रकार की नकारात्मक विशेषताओं से भी युक्त पाये जा सकते हैं:
   - सूक्ष्म विचारों/संप्रत्ययों को ग्रहण करने तथा सामान्यीकरण करने की योग्यता का अभाव
   - सोचने विचारने की शक्ति तथा समझबूझ योग्यता का अभाव
   - ध्यान की स्थिरता तथा केन्द्रित करने सम्बन्धी कमी
   - कमजोर स्मृति
   - जिज्ञासा तथा सृजनात्मकता का अभाव
   - गणन क्षमता सम्बन्धी अभाव, मौखिक गणित कौशल सम्बन्धी कमी तथा सामान्य एवं बाहरी दुनिया के ज्ञान में अल्पभिज्ञता।
7. कक्षा में मंदगति अधिगमकर्ता कुछ निम्न प्रकार की विशिष्ट विशेषताओं को प्रदर्शित करता हुआ देखा जा सकता है:
   - विषय की मूलभूत संरचना, भाषा तथा संप्रत्ययों को जानने तथा समझने में कठिनाई
   - विभिन्न आयामी या सोपानों से युक्त निर्देशनों को समझने में कठिनाई
   - कौशलों को ग्रहण करने में धीमी गति का प्रदर्शन और कुछ आवश्यक कौशलों पर स्वामित्व अर्जित करने में पर्याप्त रूप से असफल
   - उपलब्धि परीक्षणों में काफी लचर प्रदर्शन
   - तथ्यों तथा सिद्धान्तों को दिन-प्रति-दिन की जिन्दगी में उपयोग करने सम्बन्धी योग्यता का अभाव
   - सूक्ष्म विचारों को स्थूल वस्तुओं तथा क्रियाओं के माध्यम से ग्रहण करने की उनकी अपनी आवश्यकता
   - क्रमबद्ध सोपानों का अनुसरण करते हुए शब्दों में व्यक्त विषय सम्बन्धी समस्याओं को समझने तथा हल करने में कठिनाई।
8. अपनी अधिगम गति सम्बन्धी न्यूनता, कक्षा में उपलब्धि परीक्षणों में अपनी कम निष्पत्ति तथा बार-बार की असफलता तथा अध्यापक, माता-पिता तथा अन्य लोगों के द्वारा उनके प्रति बनी नकारात्मक प्रतिभा के कारण उनमें प्राय: आत्म-विश्वास की कमी तथा आत्मछवि की धूमिलता देखने को मिल सकती है।
9. अधिगम तथा कौशलों के अर्जन की दृष्टि से वे विकास सम्बन्धी उन वांछित स्तरों को छूने में पीछे रहते देखे जा सकते हैं जिन्हें उनकी आयु के बालकों द्वारा अच्छी तरह समय पर ही पार कर लिया जाता है।

10. मंदगति अधिगमकर्ताओं के निदान की एकमात्र विधि या तरीका उनकी बुद्धि परीक्षा ही नहीं है। सामान्य से कम बुद्धि लब्धि के अतिरिक्त इन विद्यार्थियों के उपलब्धि परीक्षणों से प्राप्त परिणाम, ग्रेड, शिक्षकों की रेटिंग, मनोवैज्ञानिक की रिपोर्ट, संचित अभिलेख पत्र रिपोर्ट कार्ड तथा डाक्टरों के द्वारा किये गये निरीक्षण कार्य की रिपोर्ट इत्यादि वे बाते हैं जिनका सहारा मंदगति अधिगमकर्त्ताओं की पहचान तथा निदान हेतु किया जाता है।
11. एक बालक को मंदगति अधिगमकर्त्ता बनाने के पीछे बहुत से कारण कार्य कर सकते हैं जैसे वंशानुगत कारण, मस्तिष्क सम्बन्धी गहरा आघात, मस्तिष्क तथा स्नायु सम्बन्धी कोई गंभीर बीमारी, माता द्वारा गर्भधारण करते हुये शराब या अन्य घातक मादक पदार्थों का सेवन, बालक का संवेगात्मक उथल-पुथल तथा मनोवैज्ञानिक समस्याओं का शिकार होना आदि।
12. मंदगति अधिगमकर्त्ताओं की समस्यायें जब अधिक बढ़ जाती हैं, तो उनकी परिणति उन्हें एक समस्यात्मक बालक बना डालने में होने लगती है। सामान्यता इस प्रकार परिस्थिति तब आती है जबः
    - किसी कम बौद्धिक क्षमता वाले बालक की पहचान प्रारम्भिक आयु वर्षों (7 वर्ष तक) नहीं हो पाती।
    - माता-पिता यह मानने को तैयार नहीं होते कि उनके बालक की बौद्धिक क्षमतायें कम हैं।
    - शिक्षा व्यवस्था ऐसी हो जो बालकों के बौद्धिक स्तर तथा अधिगम गति को नजरअंदाज करते हुये उनसे ज़रूरत से ज्यादा की अपेक्षा करती रहे।
    - माता-पिता तथा अध्यापक बालक को न समझ पाये तथा उसे हर समय लताड़ते तथा दंडित करते रहें।
    - बालक किन्हीं अन्य क्षेत्रों जैसे शारीरिक मानसिक, सामाजिक तथा संवेगात्मक से सम्बन्धित न्यूनताओं तथा अक्षमताओं तथा भाषा, बोलने, लिखने तथा गणित सम्बन्धी अधिगम अक्षमताओं (जैसे डाइस्लेक्सिया तथा डाइस्केलकुलिया) से भी पीड़ित हो।

मंदगति अधिगमकर्त्ताओं की पहचान तथा निदान
(Identification and Diagnosis of Slow Learners)

मंदगति अधिगमकर्त्ता देखने-सुनने तथा बोल-चाल में सामान्य बालकों जैसे ही होते हैं तथा बहुत सी कार्यकारी परिस्थितियों में उनके कार्यों तथा सामान्य बालकों के कार्य में भी कोई विशेष अन्तर नहीं दिखाई पड़ता। उनकी तरफ हमारा ध्यान जब जाता है जब वे शैक्षणिक सीढ़ियाँ चढ़ रहे होते हैं। इस तरह पढ़ाई में मंदगति अधिगमकर्त्ताओं की पहचान उसी समय से प्रारम्भ हो जाती है जब उनके सीखने की गति तथा निष्पत्ति/उपलब्धियों की तुलना उनकी आयु तथा कक्षा के बालकों से होने लगती है। इस तुलना से आए परिणाम अध्यापकों तथा माता-पिता के लिये चिंता के कारण बन जाते हैं और वे यह सोचने लग जाते हैं कि सीखने की गति में उनकी इस कमी तथा शैक्षणिक असमान्यता/गिरावट के क्या कारण हो सकते हैं ? इन प्रश्नों के उत्तर हेतु अब उनकी यह मांग रहती है कि पढ़ाई में मंदगति वाले इन विद्यार्थियों की उचित रूप में पहचान तथा निदान किया जाये। पहचान तथा निदान से सम्बन्धित जो भी उपाय इन बालकों के लिये कार्य में लाये जा सकते हैं उनका संक्षिप्त वर्णन हम आगे रहे हैं:

1. बालक की शारीरिक तथा मेडिकल जांच (यहां बालक के स्वास्थ्य तथा चिकित्सा, होने वाले रोगों के संदर्भ में पूरी जानकारी-पूर्व तथा वर्तमान जांचों के संदर्भ में इकट्ठी की जाती है।)
2. बालक की बौद्धिक क्षमताओं के निदान हेतु सामान्य मानसिक योग्यता या बुद्धि परीक्षणों का प्रयोग करके उसकी बुद्धि लब्धि स्तर का पता लगाना।
3. उपयुक्त मनोवैज्ञानिक परीक्षणों का प्रयोग करके बालक की अध्ययन से सम्बन्धित रुचियों/अरुचियों, अभिरुचियों, अभिवृत्तियों, महत्त्वाकांक्षा स्तर, अभिप्रेरणा, चिंता, अवधान, संवेगात्मक व्यवहार, समायोजन स्तर, स्मृति एवं चिंतन सामर्थ्य, समस्या समाधान योग्यता आदि के स्तर तथा प्रकृति से परिचित होना।
4. अधिगम में मंदगति अधिगमकर्त्ताओं की उपब्धियों/निष्पत्तियों के स्तर की जौंच हेतु उपलब्धि परीक्षणों (अध्यापक द्वारा निर्मित एवं प्रमाणीकृत) का प्रयोग जिनसे बालकों के विषय सम्बन्धी ज्ञान, अब बोध तथा गणित सम्बन्धी

मूलभूत कार्यकारी कौशलों जैसे गणन, समस्या समाधान, आरेख एवं ग्राफिक निर्माण कौशल आदि का विधिवत मूल्यांकन हो सके।

5. बालकों द्वारा दिन-प्रतिदिन किये जाने वाले शिक्षण सम्बन्धी कार्यों जैसे कक्षा में कराये जाने वाला अभ्यास कार्य, गृहकार्य, प्रोजेक्ट कार्य तथा अधिन्यास कार्य की उचित जांच ताकि बालकों के अधिगम सम्बन्धी निष्पत्ति स्तर तथा अधिगम गति के बारे में उचित जानकारी प्राप्त हो सके।
6. निष्पत्ति या उपलब्धि लब्धि (Attainment or achievement Quotient) की गणना भी मंदगति अधिगमकर्त्ताओं के निदान में उचित सहायता कर सकती है। उपलब्धि-लब्धि का संप्रत्यय बुद्धि लब्धि के संप्रत्यय जैसा ही है। इसे निम्न सूत्र के द्वारा ज्ञात किया जाता है:

$$\text{उपलब्धि लब्धि (Achievement Quotient)} = \frac{\text{किसी विषय में उपलब्धि आयु (Attainment age in the Subject)}}{\text{शारीरिकआयु (Chronological age)}} \times 100$$

यह प्रश्न उठ सकता है कि विषय विशेष जैसे गणित में किसी विद्यार्थी की उपलब्धि आयु कैसे ज्ञात की जाती है ? इसके लिये हम किसी प्रमाणीकृत उपलब्धि परीक्षण (Standardized Achievement test) की सहायता से किसी विद्यार्थी की किसी विषय विशेष में उपलब्धि आयु उसी तरह ज्ञात करते हैं जैसे कि हम किसी प्रमाणीकृत बुद्धि परीक्षण से उसकी मानसिक आयु ज्ञात करते हैं। बुद्धि परीक्षणों की तरह ही उपलब्धि परीक्षणों के मैनुअल में यह प्रावधान भी होता है कि परीक्षार्थियों को उनकी उपलब्धि के संदर्भ में सामान्य, सामान्य से कम तथा सामान्य से अधिक के रूप में वर्गीकृत किया जाये। इस तरह उपलब्धि-लब्धि की गणना के आधार पर किसी भी बालक के सामान्य अथवा असामान्य स्तर का अनुमान लगाकर विद्यार्थी विशेष की मंदगति अधिगमकर्त्ता के रूप में आवश्यक पहचान करने में कामयाब हो सकते हैं।

7. **निरीक्षण तकनीक तथा परिस्थिति परीक्षणों का प्रयोग** (Use of the observation technique and situational tests)—विभिन्न शिक्षण-अधिगम परिस्थितियों में विद्यार्थी के व्यवहार का निरीक्षण कर उनकी अधिगम गति तथा क्षमता का अनुमान लगाया जा सकता है। स्वाभाविक परिस्थितियों के अतिरिक्त ऐसी कुछ परीक्षण परिस्थितियाँ सुनियोजित तरीके से सृजित भी की जा सकती हैं। इस प्रकार की परिस्थितियों के उदाहरणरूप में हम जिनका प्रमुख रूप से उल्लेख कर सकते हैं, वे हैं—कक्षा में प्रश्न पूछना, अभ्यास कार्य देना तथा उसका निरीक्षण करना, गृहकार्य, अधिन्यास कार्य तथा प्रोजेक्ट कार्य का निरीक्षण करना, सह-पाठ्यक्रियाओं के दौरान विद्यार्थियों के व्यवहार का निरीक्षण करना आदि।
8. **निदानात्मक परीक्षणों का उपयोग** (Use of the Diagnostic tests)—विषय की विभिन्न शाखाओं तथा प्रकरणों के अधिगम तथा उपलब्धि से सम्बन्धित विशिष्ट कमजोरियों तथा कठिनाइयों के निदान में अध्यापक निर्मित तथा प्रमाणीकृत निदानात्मक परीक्षणों का प्रयोग काफी महत्त्वपूर्ण भूमिका निभा सकता है। उदाहरण के लिये एक अच्छे निदानात्मक परीक्षण का प्रयोग यह जानने में हमारी मदद कर सकता है कि बालक विशेष अंकगणित की 'भिन्न' (Fraction) उप-इकाई के गुणा और भाग सम्बन्धी समस्याएँ हल करते हुये उचित स्थान पर दशमलव लगाने में किस प्रकार की कठिनाई तथा अक्षमता का प्रदर्शन करता है। इस प्रकार से निदानात्मक परीक्षणों का प्रयोग मंदगति, अधिगमकर्त्ताओं की क्षेत्र विशेष में अनुभव की जा रही विशिष्ट कठिनाइयों तथा कमजोरियों के निदान में हमारी उचित सहायता कर सकता है।
9. **केस हिस्ट्री या केस स्टडी विधि का उपयोग** (Use of the case history or case-study method)—जिस बालक के बारे में कुछ ऐसा संदेह हो कि वह किसी विषय में अधिगम मंदता का शिकार है उसके बारे में अधिक आवश्यक जानकारी एकत्रित करने हेतु केस हिस्ट्री या केस स्टडी (व्यक्तिगत अध्ययन) तकनीक का सहारा लिया जा सकता है। इससे हमें यह ज्ञात करने में आसानी होती है कि बालक की अधिगम मंदता का इतिहास कितना पुराना है, इसके पीछे क्या बातें काम कर रही हैं तथा इसकी प्रकृति कैसी है ?

मंद अधिगमकर्त्ता पिछड़े हुये, मानसिक मंदित तथा अधिगम अक्षम बालकों से कैसे भिन्न हैं ? (Distinguishing Slow Learners from Backward, Mentally Retarded and Learning Dsabled)

बहुधा हम मंद अधिगमकर्त्ताओं को शैक्षणिक दृष्टि से पिछड़े मानसिक मंदित या अधिगम अक्षम बालकों के समानार्थी या पर्यायवाची मानने की भूल कर बैठते हैं। परन्तु यह कहना ठीक नहीं है। इनमें आपस में काफी अन्तर है जिसका अनुमान आगे दिये गये विवरण के आधार पर अच्छी तरह लगाया जा सकता है।

मंदगति अधिगमकर्त्ता एवं पिछड़े हुए बालक (Slow learners and backward children)—पिछड़े हुये बालक इस पद का प्रयोग बार्टन हॉल (1947) द्वारा प्रदत्त एक प्रसिद्ध परिभाषा के अनुसार सामान्यता उन विद्यार्थियों के संदर्भ में किया जाता है जिनकी शैक्षिक उपलब्धि उनके स्वाभाविक योग्यताओं के स्तर से नीचे गिरी हुई पाई जाती है। परिणामस्वरूप एक विद्यार्थी को किसी विषय में पिछड़ा हुआ तभी घोषित किया जा सकता है कि जब उस विषय में उसकी उपलब्धि या निष्पत्ति उस स्तर पर गुणवत्ता से काफी कम हो कि जिसकी उसकी स्वाभाविक योग्यताओं और क्षमताओं (जैसे बौद्धिक क्षमता का स्तर या बुद्धि लब्धि) के संदर्भ में हमारे द्वारा अपेक्षा की जाती है।

इस प्रकार की व्याख्या से यह स्पष्ट है कि यहां तक अब हम सामान्य से काफी अधिक बुद्धि लब्धि (जैसे 140 और उससे ज्यादा) वाले उस बालक को भी पिछड़ा हुआ घोषित करने के लिये स्वतन्त्र हैं जो शैक्षणिक दृष्टि से ऐसा प्रदर्शन नहीं कर पाता जैसा कि उच्च बौद्धिक स्तर होने के कारण उससे अपेक्षा की जाती है। इसके ठीक विपरीत अब हम एक ऐसे बालक को जिसका बौद्धिक स्तर सामान्य से कम है, पिछड़ा हुआ घोषित नहीं कर सकते अगर उसकी अधिगम गति तथा उपलब्धि सम्बन्धी प्रदर्शन उतना है जितनी कि उसकी बौद्धिक क्षमताओं के संदर्भ में हम उससे अपेक्षा कर सकते हैं।

अब जैसा कि मंद गति अधिगमकर्त्ताओं के बारे में हम इस अध्याय में पूर्व वर्णित परिभाषाओं के माध्यम से जान चुके हैं कि ये वे बालक हैं जिनका बौद्धिक स्तर सामान्य से कम (70 और 90 बुद्धि लब्धि) होता है। ऐसे बालक अगर जितनी उममें मानसिक क्षमता या योग्यता है उसके अनुरूप ही अपेक्षित अधिगम/शैक्षिक उपलब्धि का प्रदर्शन कर रहे हों तो इन्हें भी शैक्षिक दृष्टि से पिछड़ा हुआ घोषित नहीं किया जा सकता। इन्हें तो मंद अधिगमकर्त्ता के अतिरिक्त एक अन्य संबोधन पिछड़े हुये बालक (Backward children) उन्हीं हालातों में दिया जा सकता है जब इनकी उपलब्धि/निष्पत्ति का स्तर उससे कम नजर आये जिसकी इनकी सामान्य से कम बौद्धिक क्षमताओं के हिसाब से इनसे अपेक्षा की जाती है। यहां एक बात और ध्यान देने योग्य है कि किसी बालक को पिछड़ा हुआ घोषित करने में इस बात से कोई सरोकार नहीं होता कि उसकी उपलब्धि का स्तर उसके साथी विद्यार्थियों से कितना कम या ज्यादा है। यहां पिछड़ेपन का निर्धारण विद्यार्थी विशेष की अपनी क्षमता तथा उस क्षमता के अनुरूप प्रदर्शन करने या न करने के संदर्भ में किया जाता है दूसरे क्या कुछ प्रदर्शन कर रहे हैं इससे कोई लेना देना नहीं होता। इसलिये निष्कर्ष रूप में अब यह बात स्पष्ट रूप से उभर कर हमारे सामने आ सकती है कि जहाँ एक बालक चाहे उसकी बुद्धि लब्धि सामान्य, सामान्य से कम या सामान्य से काफी ज्यादा कैसी भी हो, शैक्षिक दृष्टि से पिछड़ा हुआ घोषित किया जा सकता है वहीं किसी बालक को हम मंदगति अधिगमकर्त्ता का संबोधन तभी दे सकते हैं जबकि उसका बौद्धिक स्तर सामान्य से कम (यानी 70-90 बुद्धि लिब्ध) हो और वह अधिगम गति में मंदता तथा शैक्षिक उपलब्धि में न्यूनता प्रदर्शन करता हुआ पाया जाये।

मंदगति अधिगमकर्त्ता एवं मानसिक मंदित बालक (Slow learners and mentally retarded)—मानसिक मंदिता या अपंगता के शिकार बालक तथा मंदगति अधिगमकर्त्ता इस बात में तो साम्य रखते हैं कि दोनों की बौद्धिक क्षमताओं का स्तर सामान्य बालकों के बौद्धिक स्तर/बुद्धि लब्धि की तुलना में कम होता है। एक बुद्धि परीक्षण जिसमें 100-110 बुद्धि लब्धि को सामान्य/औसत बौद्धिक क्षमता स्तर का परिचायक माना जाता है उसके इन दोनों प्रकार के बालकों की बुद्धि लब्धि का स्तर 100 से काफी नीचे ही पाया जाता है। इसलिये इन दोनों प्रकार के बालकों को सामान्य से कम बुद्धि स्तर वाला बालक ही घोषित किया जाता है। यहां तक तो दोनों में साम्य है, अंतर आगे चलकर तब होता है कि जब 70 से कम बुद्धि लब्धि वालों को मानसिक रूप से पिछड़े हुये, मानसिक मंदित का मानसिक रूप से अपंग नाम दे दिया जाते हैं और 70-90 के बीच

बुद्धि लब्धि बालों को मंद अधिगमकर्त्ता की श्रेणी प्रदान कर दी जाती है। बुद्धि लब्धि की दृष्टि से इस तरह मंद अधिगमकर्त्ता सामान्य बुद्धि वाले तथा मानसिक मंदता या अपंगता के शिकार बहुत कम बुद्धि वाले बालकों के बीच में खड़े दिखाई देते हैं। बौद्धिक क्षमता अधिगम गति तथा शैक्षिक उपलब्धियों में जहां ये सामान्य बालकों से सदैव ही पीछे रहते हैं वहां वे मानसिक दृष्टि से उतने असहाय तथा अपंग भी नज़र नहीं आते जितने कि मानसिक रूप से मंदित तथा अपंग बालक होते हैं। मानसिक रूप से मंदित (Mentally retarded) बालक पूरी तरह से उस श्रेणी के बालकों में आते हैं जिन्हें अक्षम तथा अपंगों की विशिष्ट श्रेणी में रखकर विशेष प्रकार की शिक्षा दीक्षा समायोजन तथा कल्याणकारी योजनाओं से लाभान्वित होने के अवसर प्रत्येक देश की सरकार तथा समाज द्वारा प्रदान किये जाते हैं। जबकि मंदगति अधिगमकर्त्ताओं के बारे में यही सोचा जाता है कि उनकी मानसिक क्षमताओं का स्तर सामान्य से कम तो है परन्तु फिर भी इन्हें सामान्य शिक्षा व्यवस्था के अंतर्गत सामान्य बालकों के साथ प्रचलित विद्यालय पाठ्यक्रम के अनुसार अधिगम अनुभव प्राप्त कर एक सीमा के अंतर्गत अपनी प्रगति करने और उपलब्धियां अर्जित करने का मौका दिया जा सकता है।

मंदगति अधिगमकर्त्ता तथा अधिगम-अक्षम बालक (Slow learners and learning disabled)—अधिगम की दृष्टि से अक्षम बालक वे बालक होते हैं जिनमें उनके अधिगम तथा उपलब्धियों को लेकर अक्षमता, अपंगता तथा असहायता के दर्शन होते हैं। ऐसे बालक उनमें जितनी योग्यता तथा शक्तियां निहित रहती हैं उनके अनुरूप अधिगम कर वांछित उपलब्धियों के स्वामी नहीं बन पाने में अपने को बेबस या लाचार पाते हैं। यद्यपि अधिगम तथा उपलब्धियों की ऐसी कमी मंदगति अधिगमकर्त्ताओं में भी देखने को मिलती है और इस दृष्टि से यह भी अधिगम अक्षम बालकों जैसे ही नजर आ सकते हैं परन्तु जो विशेष अन्तर इन दोनों में है वह इस बात को लेकर है कि जहां अधिगम-अक्षम बालक स्वाभाविक क्षमताओं/योग्यताओं के विद्यमान रहने पर भी उनके अनुरूप प्रदर्शन नहीं कर पाने को विवश होते हैं वहां मंदगति अधिगमकर्त्ताओं की तो मानसिक योग्यतायें सामान्य से कम होती हैं और वे अपनी इतनी कम योग्यताओं के अनुरूप प्रदर्शन भी कर सकते हैं परन्तु इनको सामान्य शिक्षा व्यवस्था में सामान्य बालकों के साथ ही अध्ययन करने की मजबूरी रहती है और यहां उनके अपने अधिगम की मंदिता के परिणाम भुगतने पड़ते हैं।

शिक्षण-अधिगम में अधिगम अक्षमता से पीड़ित बालकों को जिन विशेष अधिगम अक्षमताओं का शिकार होना पड़ता है उन्हें भाषागत अधिगम अक्षमता/डाइस्लेक्सिया (Dyslexia) तथा गणना सम्बन्धी अधिगम अक्षमता/डाइस्केलकुलिया (Dyscalculia) के नाम से जाना जाता है। इस प्रकार की गणित विषय से सम्बन्धित अधिगम अक्षमता से युक्त बालकों का गणित में मंदगति अधिगमकर्त्ता होना आवश्यक नहीं है। क्योंकि अधिगम अक्षमता तथा अधिगम में मंदिता ये दोनों संप्रत्यय एक जैसे नजर आते हुये भी काफी असमानता रखते हैं। आइये इस बात को एक उदाहरण द्वारा समझा जाये।

माना एक विद्यार्थी सामान्य बुद्धि स्तर का (बुद्धि लब्धि 100-110) है परन्तु गणित की एक उपलब्धि परीक्षा में अपने साथी विद्यार्थियों, जिनका बुद्धि स्तर सामान्य (बुद्धि लब्धि 100-110) है, की तुलना में उपलब्धि न्यूनता (जैसे 100 ग्रेड point की जगह 80 ग्रेड प्वाइंट) का प्रदर्शन करता है तो इस अवस्था में उसे अपने मानसिक योग्यता स्तर से 20 प्वाइंट कम के स्तर पर अधिगम सम्बन्धी उपलब्धि प्रदर्शित करता हुआ कहा जायेगा और इस दृष्टि से उसकी पहचान तथा निदान एक ऐसे विद्यार्थी के रूप में किया जायेगा जो गणित में अधिगम की या उपलब्धि की दृष्टि से अक्षमता दोष से पीड़ित है। दूसरी ओर एक विद्यार्थी ऐसा है जिसकी बुद्धि लब्धि 80 है। उसको भी गणित की इसी उपलब्धि परीक्षा में 80 ग्रेड की उपलब्धि होती है और इस तरह उसका उपलब्धि स्तर पूर्व वर्णित गणित सम्बन्धी अधिगम अक्षम बालक के समान ही होता है परन्तु अब यहाँ उसे इस आधार पर गणित सम्बन्धी अधिगम अक्षमता से पीड़ित बालक घोषित नहीं किया जा सकता क्योंकि उसमें जितनी योग्यता, शक्ति और सामर्थ्य है उसका प्रदर्शन उस स्तर से कम नहीं है जिसकी उससे अपेक्षा की जा रही है अगर वह अपनी 80 ग्रेड से कम का प्रदर्शन करता तो ही उसे अधिगम अक्षम माना जा सकता था। अधिगम अक्षमता के स्थान पर अब उसके लिए यहाँ यह कहना ज्यादा उचित है कि किन्हीं कारणों की वजह से उस गति से अधिगम नहीं कर पा रहा है जिस गति से उसके अन्य सामान्य साथी जिनका बौद्धिक स्तर सामान्य (100-110 बुद्धि लब्धि) है अधिगम तथा अधिगम उपलब्धि प्राप्त कर रहे हैं।

बालक मंदगति अधिगमकर्त्ता कैसे बन जाते हैं ?
(Causes Responsible for making Children Slow Learners)

प्रश्न उठता है कि वे ऐसी कौन-सी बातें या कारण हैं जिनके फलस्वरूप बालक मंदगति अधिगमकर्त्ता बन जाते हैं ? अगर सामान्य दृष्टि से इस सम्बन्ध में विचार किया जाए तो जो बात कही जा सकती है वह यही है कि चूँकि अधिगम की प्रक्रिया का प्रत्यक्ष सम्बन्ध हमारी मानसिक/बौद्धिक शक्तियों या योग्यताओं से सम्पन्न क्रियाओं से होता है और न क्रियाओं के कुशल संचालन की कुंजी हमारी मानसिक या संज्ञानात्मक संरचना तथा उसकी कार्यप्रणाली में निहित है इसलिए इस संरचना और उसकी कार्यप्रणाली में किसी भी तरह के आने वाले दोष या विकार बालकों में अधिगम मंदिता पैदा करने के कारण बन सकते हैं। अत: बालकों को अधिगम मंदिता से पीड़ित करने वाले कारकों या परिस्थितियों के संदर्भ में हमें एसे कारकों या कारणों को ही उत्तरदायी ठहराना उचित रहेगा जो प्रत्यक्ष या अप्रत्यक्ष रूप से मस्तिष्क, स्नायु संस्थान, स्नायु नाड़ी तंत्र तथा उसकी कार्यप्रणाली को नकारात्मक रूप से प्रभावित तथा दुर्बल बनाने का प्रयत्न करते हैं। ऐसे कुछ तत्वों या कारकों के रूप में हम यहाँ निम्न का उल्लेख कर सकते हैं:

1. वंशक्रम की देन के फलस्वरूप ऐसे दोषपूर्ण जीन्स (Genes) तथा क्रोमोसोम (Chromosomes) का गर्भाधान के समय बालकों को हस्तान्तरण जिनसे वे जन्म से ही अधिगम मंदिता के शिकार हो जायें।
2. गर्भवती माताओं के द्वारा शराब या अन्य अहितकारी मादक द्रव्यों का सेवन तथा गर्भ में बालक का कुपोषण का शिकार होना।
3. जन्म के समय या बाद में बालकों को सिर में गंभीर चाटें आना, मस्तिष्क और स्नायुतंत्र सम्बन्धी बीमारियों, अन्य खतरनाक संक्रामक रोगों से ग्रस्त होना, तथा अन्य शारीरिक और चिकित्सा सम्बन्धी ऐसी समस्याओं का शिकार बनना जिनसे मस्तिष्क तथा स्नायुतंत्र प्रतिकूल रूप में प्रताड़ित हो।
4. जन्म के बाद बहुत से ऐसे मनोवैज्ञानिक कारक भी हो सकते हैं जो दूषित सामाजिक, सांस्कृतिक वातावरण तथा प्रतिकूल शिक्षण अधिगम परिस्थितियों के साथ मिलकर इस प्रकार के घटनाक्रम तथा परिणामों की सृष्टि कर दें जिनसे बालकों में अधिगम मंदता को जन्म लेने तथा पोषित एवं पल्लवित होने के सभी उपयुक्त अवसर प्राप्त होते रहें। इस प्रकार के इन कारकों के उदाहरण रूप में हम निम्न का उल्लेख कर सकते हैं:
   (i) घर का ऐसा प्रतिकूल वातावरण जहाँ बालकों की मूलभूत आवश्यकताओं की पूर्ति संतोषजनक ढंग से नहीं हो पाती तथा यह वातावरण उनके शैक्षिक विकास में कई तरह से रोड़े खड़े करता है जिससे उन्हें अपने अधिगम मार्ग पर चलने में निराशाजन्य अनुभव हाथ लगते हैं, उन्हें समय-समय पर अपनी कक्षाओं से कन्नी काटनी पड़ती है तथा उन सभी अभ्यास कार्यों, अधिन्यास तथा प्रोजेक्ट कार्यों को सुचारू रूप से संपादित करने से वंचित रहना पड़ता है जिनको करने की उनसे अपेक्षा की जाती है।
   (ii) अध्यापकों द्वारा विद्यार्थियों से अनुचित व्यवहार तथा शिक्षण के लिए प्रयुक्त गलत विधियों, तकनीकों या प्रविधियों के प्रयोग से विद्यार्थियों में अध्ययन के प्रति अरुचि, विरक्ति, घृणा तथा डर के भाव पैदा हो जाते हैं। घर का प्रतिकूल वातावरण इस समस्या को और तूल दे देता है तथा वे कक्षा तथा पढ़ाई से कन्नी काटने लगते हैं। प्रयत्न करने पर भी अधिगम हेतु कोई उचित कदम नहीं उठाना चाहते और एक तरह से अधिगम का रास्ता अपने लिए पूरी तरह से बंद तक कर लेते हैं। इस तरह घर और विद्यालय से विद्यार्थियों का कुसमायोजन उन्हें इस रास्ते पर धकेल देता है जिसकी परिणति स्वाभाविक रूप से कक्षा तथा स्कूल से आंख-मिचौली खेलने तथा विद्यालय की पढ़ाई बीच में ही छोड़ने से होती है।

मंदगति अधिगमकर्त्ताओं के लिए सुधारात्मक उपाय
(Remedial Measures for the Slow Learners)

किसी भी बीमारी या बुराई से निपटने में दो तरह के उपाय काम में लाये जाते हैं एक तो निरोधात्मक (जिसमें यह ध्यान में रखा जाता है कि उस बीमारी या बुराई से कैसे बचा जाये) तथा दूसरे उपचारात्मक (जिनमें उस बीमारी या बुराई से ग्रस्त होने

पर उसका इलाज या उपचार करने की व्यवस्था की जाती है)। मंदगति अधिगमकर्त्ताओं के लिए भी सुधारात्मक कदम उठाने की दिशा में भी निरोधात्मक तथा उपचारात्मक दोनों ही तरह के उपाय करना हितकारी सिद्ध हो सकता है। आगे हम इन दोनों के बारे में ही विस्तार से चर्चा करना चाहेंगे।

निरोधात्मक उपाय (Preventive Measures)

निरोधात्मक उपाय ऐसी रोकथाम करने के लिये किये जाते हैं कि जिनसे विद्यार्थी अधिगम मंदिता के शिकार न हो पायें। इस दृष्टि से निरोधात्मक कदम उठाने में उन कारणों या कारकों के निर्मूलन की बात सोची जाती है, जो इसके जन्म के लिए उत्तरदायी माने जाते हैं। आइये देखें इस कार्य हेतु क्या किया जा सकता है।

1. अधिगम मंदिता अगर वंशानुक्रम सम्बन्धी जीन्स तथा क्रोमोसोम के हस्तान्तरण की वजह से उत्पन्न होती है तो इनकी रोकथाम स्वाभाविक रूप से कर पाना कठिन ही है। इनकी वजह से अगर मंदिता पैदा होती है तो वह रहेगी ही, इसका इलाज निरोध से संभव नहीं है।
2. उन मामलों में जहाँ माँ के गर्भ में मिलने वाला प्रतिकूल वतावरण विद्यार्थियों के मंद गति अधिगम के लिए जिम्मेदार ठहराया जाता है उसके निवारण तथा निरोध के लिए गर्भवती महिलाओं को यह परामर्श दिया जा सकता है कि वे अपने गर्भ में पलने वाली संतान के शारीरिक और मानसिक स्वास्थ्य के बारे में पूरी तरह सचेत रहें और अपने खान-पान, स्वास्थ्य व्यवहार तथा रहन-सहन का पूरा ध्यान रखें। घरवालों तथा सरकार को भी गर्भवती महिलाओं की भलीभाँति देख-रेख करने के समुचित प्रबंध करने चाहिए ताकि गर्भ में पलने वाले बालकों को अनुकूल सकारात्मक वातावरण की उपलब्धि हो सके।
3. प्रसव के समय भी ऐसी पर्याप्त देखभाल तथा सावधानी बरती जानी चाहिए कि बालक को असावधानीवश मिली ऐसी चोट या परिस्थिति का सामना न करना पड़े जिनसे उनके मस्तिष्क तथा स्नायु संस्थान में कोई गड़बड़ी पैदा हो।
4. विकास काल के शुरूआती वर्ष बालक के मस्तिष्क, स्नायु संस्थान तथा उनसे सम्बन्धित बौद्धिक क्षमताओं के विकास हेतु काफी महत्त्वपूर्ण होते हैं। इसलिए निरोधात्मक उपाय यहाँ यह माँग करते हैं कि बालकों को उनके उचित मानसिक विकास हेतु उपयुक्त पोषण, देखभाल तथा रोगों से बचने और इलाज की वांछित सुविधायें उपलब्ध कराई जाती रहें।
5. माता-पिता को भी उचित शिक्षा एवं परामर्श देने के आवश्यक प्रबंध किये जाने चाहिए ताकि वे जान सकें कि बालकों के उचित विकास समयोजन तथा शिक्षा हेतु उनके द्वारा अपने बालकों को वांछित वातावरण प्रदान करने में सभी प्रयत्न करने चाहिये। उनके द्वारा अपने बालकों के साथ किस प्रकार का व्यवहार किया जाये, उनके अध्ययन प्रयत्नों में किस प्रकार की मदद की जाये तथा अध्यापकों के साथ किस तरह अपना सहयोगपूर्ण रवैया रखा जाये ताकि बालकों में विद्यालय तथा विद्यालय की पढ़ाई के प्रति अरुचि तथा डर के भाव पैदा न हों।
6. अध्यापकों को भी इस बात का समुचित प्रशिक्षण मिलना चाहिये कि किसी भी विषय विशेष (जैसे गणित) को किस तरह अच्छी प्रकार पढ़ाया जाता है तथा विद्यार्थियों से किस प्रकार उचित व्यवहार किया जाता है ताकि उनके दोषपूर्ण तथा अनुचित व्यवहार की परिणति बालकों को गणित के प्रति अरुचि तथा भय उत्पन्न कर उन्हें गणित के अधिगम सम्बन्धी मंदिता का शिकार बनने के रूप में न हो।
7. यद्यपि सभी ओर से ऐसे प्रयत्न किये जाने चाहिए कि विद्यार्थियों को किसी भी ऐसी दुर्घटना का शिकार न बनने दिया जाये जिसकी परिणति उनकी मानसिक दुर्बलता तथा अधिगम मंदिता के रूप में होने की संभावना हो। परन्तु यहाँ एक बात अवश्य ही नहीं भूलनी चाहिए कि दुर्घटना तो दुर्घटना ही होती हैं ये बिना बुलाये कहीं भी किसी के साथ घट सकती है। इन पर भी वंशानुगत कारकों की भाँति कोई वंश नहीं चलता। यही बात घातक बीमारियों तथा संक्रामक रोगों की होती है इनके होने की संभावना को भी समूल रूप से समाप्त नहीं किया जा सकता। इसलिए यह सोचना कि निरोधात्मक उपायों को अपनाकर मंदिता की पूरी तरह छुट्टी की जा सकती है, ठीक नहीं है। अधिगम मंदिता के शिकार तो बालक किसी न किसी वजह से होते रहेंगे और इसलिए हमें इनसे आक्रांत होने वाली बालकों के लिए आवश्यक उपचारात्मक कदम तो उठाने ही पड़ेंगे।

उपचारात्मक उपाय (Curative Measures)

इन उपायों को अपनाने हेतु यही सोच कार्य करती है कि जिन बालकों के किसी विषय विशेष (जैसे गणित) के अधिगम के संदर्भ में मंद गति बालक के रूप में पहचान या निदान किया जाता है उनके कल्याण हेतु आगे क्या कदम उठाये जायें। इस दिशा में उपयुक्त उपचारात्मक कदम उठाने के लिए यह ज़रूरी होता है कि निदानात्मक प्रयत्नों के परिणामों का अच्छी तरह अध्ययन और विश्लेषण किया जाये ताकि गणित के अधिगम में पाई जाने वाली उनकी मंदिता का कोई उचित इलाज या समाधान अपनाया जा सके। जिस तरह की अधिगम मंदिता होती है और उसके पीछे जो कारण कार्य कर रहे होते हैं उन सभी का ध्यान रखते हुए उपयुक्त उपचारात्मक कदमों के बारे में सोचा जाता है। यहाँ इस बात को भी ध्यान रखना आवश्यक होता है कि गणित सम्बन्धी अधिगम मंदिता का कोई एक मात्र या एक जैसा इलाज नहीं हो सकता क्योंकि विद्यार्थियों द्वारा प्रदर्शित गणित के अधिगम सन्बन्धी मंदिता अपने आप में अलग-अलग तथा विशिष्ट होती है तथा उनके लिये अपनी-अपनी तरह से विशिष्ट ध्यान तथा उपचार की आवश्यकता होती है। परन्तु फिर भी इस दिशा में जो कोई सर्वमान्य तथा महत्त्वपूर्ण उपचारात्मक कदम उठाये जा सकते हैं, उनकी संक्षेप में निम्न प्रकार चर्चा की जा सकती है:

1. **चिकित्सा सम्बन्धी उपाय** (Medical Measures)—बालकों की अधिगम गति सम्बन्धी मंदिता के पीछे जहाँ ऐसे शारीरिक तथा चिकित्सा सम्बन्धी कारण हैं जैसे खराब स्वास्थ्य, घातक बीमारियाँ, शारीरिक रचना सम्बन्धी दोष तथा मस्तिष्क या स्नायु संस्थान सम्बन्धी कोई विकार आदि, उन मामलों में शारीरिक स्वास्थ्य, उचित चिकित्सा तथा देखभाल की समुचित व्यवस्था की जानी चाहिए। विद्यालयों में समय-समय पर विद्यार्थियों का मेडिकल चेकअप किया जाना चाहिए तथा विद्यार्थियों के शारीरिक दोषों तथा बीमारियों के समुचित इलाज के लिए सरकार द्वारा भी उचित कदम उठाने चाहिये।

2. **व्यावहारगत उपाय** (Behavioural Measures)—जैसा कि पहले कहा जा चुका है कि बालकों के अधिगम की मंद गति सम्बन्धी समस्या काफी हद तक व्यावहारगत भी हो सकती है। घर और विद्यालय में वांछित समायोजन न हो पाने से बालक परेशान उखड़े-उखड़े से तथा संवेगात्मक रूप से अशांत हो सकते हैं। संवेगात्मक असंतुलन उनके लिए अधिगम सम्बन्धी विविध समस्याएँ खड़ी कर सकता है। इस तरह के बालकों को अब व्यावहारगत उपायों से ही सन्तुलन में लाया जा सकता है। इन्हें डाट-फटकार की नहीं बल्कि प्यार, स्नेह तथा सहानुभूति प्रदान करने और सुरक्षा का आभास करने की ज़रूरत होती है। घर और विद्यालय में माता-पिता तथा अध्यापकों द्वारा इनकी आवश्यकताओं और कठिनाइयों के संदर्भ में इन्हें अच्छी तरह जाना और समझा जाना चाहिए तथा उनकी सफलता और उचित व्यवहार की खुले रूप में प्रशंसा कर इन्हें ठीक प्रकार प्रोत्साहित किया जाना चाहिये। इस सम्बन्ध में माता-पिता तथा अध्यापकों को ऐसा भी प्रशिक्षण एवं मार्गदर्शन प्रदान किया जाना चाहिये कि जिससे वे इन बालकों के साथ उचित व्यवहार तकनीक का प्रयोग कर इनकी अधिगम सम्बन्धी मंदिता के निवारण में इनकी उचित मदद कर सकें।

3. **माता-पिता तथा अध्यापकों की भूमिका** (The Role of Parents and Teachers)—माता-पिता तथा अध्यापक वर्ग बालकों की अधिगम मंदिता के निवारण तथा उपचार में काफी महत्त्वपूर्ण भूमिका निभा सकते हैं। उनके इस योगदान का संक्षेप में निम्न प्रकार उल्लेख किया जा सकता है:

(i) जल्दी ही प्रारम्भिक वर्षों में यह पता लगाना कि कोई बालक अधिगम मंदिता से ग्रस्त तो नहीं है, बालकों की अधिगम मंदिता पर नियंत्रण रखने में उचित कारगर सिद्ध हो सकता है। माता-पिता तथा अध्यापक दोनों ही का बालकों से घनिष्ठ सम्पर्क रहता है और वे बालकों के यथेष्ट रूप से शुभचिंतक भी होते हैं। उनके द्वारा यह पता लगाना आसान रहता है कि उनके बालक विकासावस्था की माँग के अनुसार अन्य सामान्य बालकों की तरह निर्धारित विकास मानदंडों पर खरे उतर रहे हैं या नहीं। इस सम्बन्ध में कुछ भी शंका होने पर उचित निदानात्मक परीक्षण कराकर वे बालकों की अधिगम मंदिता की जल्दी से जल्दी यह पहचान कराकर उनकी उचित चिकित्सा तथा सुधारात्मक प्रयत्न करने में अच्छी मदद कर सकते हैं।

(ii) माता-पिता तथा अध्यापक मंद गति, अधिगमकर्त्ताओं की केस हिस्ट्री या केस स्टडी तैयार करने में पूरी मदद कर सकते हैं। वे इन बालकों के साथ घटित किसी भी महत्त्वपूर्ण घटना, व्यवहार सम्बन्धी समस्याओं तथा विकासात्मक

इतिहास से पूरी तरह परिचित होते हैं और ये सभी बातें बालक की अधिगम मंदिता के लिये उत्तरदायी कारणों तथा अधिगम मंदिता की प्रकृति को जानने में पूरी तरह सहायता कर सकती हैं।

(iii) माता-पिता तथा अध्यापक दोनों को यही अच्छी तरह समझ में आ जाना चाहिये कि बालक विशेष एक ऐसी असमान्यता से गुजर रहा है, जिससे उसकी अधिगम गति दूसरे उसके साथ के सामान्य बालकों से कम है। उन्हें व्यर्थ में ही उसकी तुलना अन्य बालकों से नहीं करनी चाहिये। उन्हें यह समझने की कोशिश करनी चाहिये कि अधिगम मंदिता का शिकार उनका बालक अपनी स्वाभाविक योग्यता और शक्तियों के अनुरूप ही प्रदर्शन कर रहा है, उससे दूसरे सामान्य या सामान्य से ऊपर बुद्धि लब्धि वालों की अधिगम क्षमता तथा उपलब्धि की मात्रा की आशा करना उसक साथ घोर अन्याय करना है। अगर बालक पर इस दिशा में अधिक दबाव डाला जायेगा तो वह संवेगात्मक समस्याओं तथा मानसिक दुश्चिंताओं का शिकार बनकर विषय विशेष से और दूर भागता जायेगा और उसकी परिणति विद्यालय से जी चुराने, बीच ही में विद्यालय छोड़ देने के रूप में होगी। इस दृष्टि से माता-पिता और अध्यापकों को बालकों को उनके अपने वास्तविक रूप में अच्छी तरह जानने तथा उन्हें उनकी अच्छाइयों तथा कमियों दोनों ही के साथ स्वीकार करने के प्रयत्न करने चाहिये। अगर उनकी अधिगम कठिनाईयाँ तथा सीमायें हैं तो इन सीमाओं के संदर्भ में ही बालकों से अधिगम अपेक्षायें की जानी चाहिये। किसी भी अवस्था में इन बालकों को नीचा दिखाने, अपमानित करने, लताड़ने, मारने-पीटने आदि घनटनायें नहीं होनी चाहिए तथा प्यार सहानुभूति एवं सुरक्षा प्रदान करने वाली बातों से ही इनकी अधिगम मंदिता के निवारण में माता-पिता तथा अध्यापकों के द्वारा अपना उचित योगदान देना चाहिये।

(iv) माता-पिता तथा अध्यापकों को चाहिए कि उन्हें जैसे ही इस बात का आभास हो कि बालक विशेष अधिगम मंदिता का शिकार है तो उन्हें व्यर्थ समय न गंवा उनके उचित निदान तथा उपचार हेतु प्रशिक्षित परामर्शदाताओं, मार्गदर्शक, व्यवहार मनोविज्ञान चिकित्सकों तथा शिक्षा मनोवैज्ञानिकों की सहायता लेने के प्रयत्न करने चाहिये।

4. **शैक्षिक उपाय** (Educational Measures)—मंदगति अधिगमकर्त्ताओं के लिये शिक्षा सम्बन्धी प्रावधानों की व्यवस्था करने के संदर्भ में एक बात तो पूरी तरह स्पष्ट है कि किसी भी रूप में इन बालकों के लिये अन्य विशिष्ट बालकों (जैसे मानसिक रूप से अपंग, शारीरिक रूप से अपंग या अधिगम की दृष्टि से अपंग) की तरह अलग विद्यार्थियों, कक्षाओं तथा अन्य विशेष प्रकार के प्रबंधों की ज़रूरत नहीं पड़ती। उन्हे सामान्य विद्यालयों में सामान्य व्यवस्था के अंतर्गत सामान्य बालकों के साथ ही शिक्षण-अधिगम व्यवस्था तथा वातावरण में कुछ अपेक्षित सुधार करके अच्छी तरह पढ़ाया-लिखाया जा सकता है। प्रश्न उठता है कि यह अपेक्षित सुधार क्या हो सकते हैं। आगे के पृष्ठों में हम गणित विषय में सम्बन्धि मंदगति अधिगमकर्त्ताओं के लिये उचित शिक्षा व्यवस्था के प्रबंधन से जुड़ी हुई ऐसी ही महत्त्वपूर्ण बातों पर प्रकाश डालना चाहेंगे।

1. कोई मंदगति अधिगमकर्त्ता सामान्य बालकों की तुलना में मंद यानी धीमी गति से अधिगम करते हैं इसलिये यह देख लेना ज़रूरी है कि बालक उस अपेक्षित ज्ञान तथा कौशलों से युक्त हैं या नहीं जिनकी ज़रूरत इस समय के प्रकरण सम्बन्धी अधिगम के लिये विद्यार्थियों को पड़ रही है। अगर वह अपेक्षित पूर्व ज्ञान तथा कौशलों से युक्त नहीं हैं तो उन्हें प्रकरण विशेष को पढ़ाने से पहले यह सब कुछ अब प्रधान करने का प्रयत्न किया जाना चाहिये।
2. मंदगति अधिगमकर्त्ताओं को विद्यालय की सामान्य व्यवस्था में सामान्य बालकों की गति से अधिगम करने में तो कठिनाई होती ही है साथ ही उन्हें सामान्य बालकों के लिये काम में लाई जाने वाली शिक्षण-अधिगम सामग्री तथा शिक्षण अधिगम परिस्थितियों से भी समुचित लाभ उठाने में आती है। उन्हें इस संदर्भ में अपने ऊपर कुछ अधिक व्यक्तिगत ध्यान दिये जाने तथा शिक्षण-अधिगम परिस्थितियों में अनुकूल परिवर्तन किये जाने की आवश्यकता होती है। इस संदर्भ में कुछ निम्न बातें उचित उपयोगी सिद्ध हो सकती हैं।

   (i) मंदगति अधिगमकर्त्ताओं में अधिगम हेतु उचित इच्छाशक्ति तथा एकाग्रता का अभाव पाया जाता है। उनका किसी न किसी बात को लेकर ध्यान भंग हो जाता है। इसलिये यह प्रयास किया जाना चाहिये कि ध्यान में विघ्न डालने वाले कारक या परिस्थितियाँ जितनी नदारद रहें उतना अच्छा ताकि इन बालकों को अपनी गणित सम्बन्धी अधिगम तथा कौशलों के अभ्यास के लिये उपयुक्त शांतिपूर्ण वातावरण मिल सके।

(ii) मंदगति अधिगमकर्त्ताओं से किसी भी बौद्धिक कार्यो में अधिक देर तक पूरे ध्यान तथा रुचि से लगे रहने की उम्मीद नहीं की जा सकती। इसलिये अध्यापक को अपने शिक्षण पाठ की अवधि छोटी ही रखनी चाहिये ताकि इन विद्यार्थियों को उसके अधिगम में अधिक कठिनाई न आये। इसी प्रकार अध्यापक को एक लम्बी अवधि के लिये अभ्यास तथा पुनरावृत्ति कार्यों का आयोजन न करके छोटी-छोटी कार्य अवधियों में इनका आयोजन करना चाहिये।

(iii) मंदगति अधिगमकर्त्ता अनुदेशन कार्य तथा अन्य संबोधित गतिविधियों के संपादन हेतु दिये जाने वाले निर्देशों को समझने तथा उनका अनुगमन करने में अपनी धीमी गति के कारण पीछे रह जाते हैं। इसलिये यहां यह आवश्यक हो जाता है कि उन्हें यह निर्देश बड़ी सावधानी से बहुत ही स्पष्ट, सटीक और संक्षिप्त शब्दावली (अथवा स्पष्ट दृष्टिगोचर प्रदर्शन) के माध्यम से प्रदान किये जायें। एक बार इन निर्देशों को देने के बाद विद्यार्थियों से इनको मौखिक रूप में निर्देश देने वालों के सामने दोहराने के लिये भी कहा जाना चाहिये ताकि विषय विशेष के अधिगम अभ्यास-गृहकार्य तथा प्रोजेक्ट कार्य की प्रकृति को समझने के संदर्भ में कोई भी भ्रांति विद्यार्थियों को न रहे।

(iv) मंदगति अधिगमकर्त्ताओं को सूक्ष्म तथा अन्य विचारशील तथ्यों, संप्रत्ययों, सिद्धान्तों आदि को समझने में कठिनाई होती है। इसलिये अध्यापक को चाहिये कि वह अपने शिक्षण के लिये सरल से कठिन, स्थूल से सूक्ष्म तथा विशेष से सामान्य जैसे शिक्षण सिद्धान्तों को अपनाने का प्रयत्न करे। यह बात विद्यार्थियों को अभ्यासकार्य, गृहकार्य, प्रोजेक्ट कार्य आदि कराते समय ध्यान रखी जानी चाहिये।

(v) मंदगति अधिगमकर्त्ता अपने अधिगम सम्बन्धी सभी कार्यों में धीमी गति का प्रदर्शन करते हैं तथा उनको हर बात को समझने में भी देर लगती है। इसलिये अध्यापकों को इन मंदगति अधिगमकर्त्ताओं को अपने साथ लेने हेतु अपनी शिक्षण गति को भी वांछित रूप में संतुलित रखना चाहिये तथा विद्यार्थियों को पढ़ाई हुई बातों को ठीक तरह समझने में भी मदद करनी चाहिये। जैसे वे समस्याओं के हल को एक बार फिर दोहरा सकते हैं तथा विद्यार्थियों को पढ़ाई हुई बातों को ठीक तरह से समझने और उपयोग में लाने हेतु पर्याप्त समय तथा अवसर प्रदान कर सकते हैं। इन सब बातों के लिये वैयक्तिक रूप से ध्यान दिया जाना आवश्यक होता है। अध्यापक को इस बात के लिये सहर्ष तैयार रहना चाहिये कि विद्यार्थी जितनी बार पूछे तथा समझना चाहे, उसे समझाया जाना चाहिये। इस प्रकार के व्यक्तिगत ध्यान देने हेतु साथी विद्यार्थियों की तथा मां-बाप की भी समयानुसार मदद लेने की कोशिश भी की जानी चाहिये।

3. शिक्षण विधियों में बहुत कुछ परिवर्तन लाया जाना चाहिये ताकि सभी तरह के अधिगमकर्त्ताओं—सामान्य, मंदगति से अधिगम करने वाले और तीव्र गति से आगे बढ़ने वाले विद्यार्थियों को उनकी अपनी योग्यता और सामर्थ्य के अनुकूल अधिगम अवसरों की प्राप्ति सुलभ हो सके। इस कार्य हेतु कुछ निम्न बातें उपयोगी सिद्ध हो सकती हैं:

(i) जिस बात को विद्यार्थियों को समझाना हो उसके समझाने के तरीकों में विविधता होनी चाहिये। कई तरह से समझाने से वह बात उन सभी के समझ में आ सकती है जिन्हें किसी एक खास तरह से उस बात को समझने में दिक्कत आ रही थी। इसके पीछे यह बात काम करती है कि बालकों में वैयक्तिक विभिन्नतायें पाई जाती हैं सब के समझने और अधिगम करने के अदांज अलग-अलग होते हैं। इसलिये अध्यापक को विषय सम्बन्धी किसी भी नवीन संप्रत्यय को अलग-अलग ढंग से स्पष्ट करने का प्रयत्न करना चाहिये। मंदगति अधिगमकर्त्ता जो किसी भी नये संप्रत्यय को परम्परागत ढंग से समझने में कठिनाई का अनुभव कर रहे होते हैं, शिक्षण ढंग में परिवर्तन लाने पर उसे सामान्य तरीके से ग्रहण करना शुरू कर सकते हैं। इसलिये एक अध्यापक को अपने पढ़ाने के तरीकों में विविधता लाकर यह देखते रहना चाहिये कि कौन-सा ढंग मंदगति के अधिगमकर्त्ताओं को रास आता है।

(ii) रुचि किसी भी प्रकार के सीखने तथा कार्य करने में केन्द्रीय भूमिका निभाती दिखाई दे सकती है। इसलिये अध्यापक को सदैव यह प्रयत्न करना चाहिये कि वह सदैव इस बात के लिये प्रयत्नशील रहे कि जो कुछ उसके द्वारा पढ़ाया जा रहा है तथा विद्यार्थी जिस प्रकार की अधिगम अर्जन या अभ्यास सम्बन्धी क्रियायें कर रहे हैं उनमें उनकी रुचि भलीभांति बनी रहे।

(iii) परंपरागत व्याख्यान एवं श्यामपट्ट विधि को अब एकमात्र शिक्षणविधि बनाने की बात समाप्त कर दी जानी चाहिये। इसके स्थान पर कुछ ऐसी विधियों का प्रयोग करने की बात आगे आनी चाहिये जो मूलरूप में विद्यार्थी केन्द्रित हों तथा जिनसे सहयोग पूर्ण ढंग से मिलजुलकर अधिगम अनुभव अर्जित करने में विद्यार्थियों को उचित अवसर प्राप्त हों, तथा जिनसे अधिक से अधिक इन्द्रियों के माध्यम से स्वयं कुछ करके विद्यार्थी अपने ढंग से अपने लिये ज्ञान का सृंजन कर सकें। ऐसी कुछ विधियों के रूप में प्रोजेक्ट विधि, सहकारी (cooperative learning) समस्या समाधान विधि, प्रयोगशाला विधि आदि का नाम दिया जा सकता है। मल्टीमीडिया पद्धति का अनुसरण भी यहां काफी उपयोगी सिद्ध हो सकता है क्योंकि इससे सभी प्रकार के अधिगमकर्त्ताओं (जो किसी एक या अनेक इंद्रियों के माध्यम से अच्छी तरह अधिगम कर सकते हैं) को जिनमें मंदगति अधिगमकर्त्ता भी शामिल हैं, उचित लाभ प्राप्त हो सकता है।

(iv) नियमित सामान्य कक्षा शिक्षण व्यवस्था में सामान्य तथा सामान्य से अधिक योग्यता स्तर के बालकों के साथ मंदगति अधिगमकर्त्ताओं को शिक्षा देते समय अध्यापक को यह बात अवश्य ध्यान रखनी चाहिये कि कभी भी इन बालकों को यह आभास कराने की बात जानबूझकर नहीं की जानी चाहिये कि वे दूसरों से हेय तथा निम्न दर्जे के हैं। उनको उन्हीं की नजर में गिराना या दूसरे बच्चों से इनकी तुलनाकर उन बच्चों को इन्हें तुच्छ समझने की भूल कराना कदापि ठीक नहीं है। बेकार ही निराश करने से यह बात ज्यादा अच्छी रहती है कि इन्हें अपनी गति से अधिगम करने में इनकी उचित रूप से सहायता की जाये। अपनी गलतियों को सुधारते हुये सीखना चाहे ऐसे सीखने की गति कितनी भी धीमी क्यों न हो बार-बार टोका टोकी करने या अंगुली बराबर पकड़े रहकर चलना सिखाने से ज्यादा बेहतर सिद्ध होता है। इसलिये इन बालकों को इनकी कमियों का आभास दिलाते रहने या अन्य सामान्य साथियों के साथ इनकी तुलना करने, अथवा अधिगम के लिये इन्हें अपने ऊपर आश्रित बनाने की बजाय इन्हें इस तरह आगे बढ़ने के अवसर दिये जाने चाहिये कि उनमें कोई हीनता, नैराश्य तथा विषय के प्रति अरुचि, भय तथा घृणा के भाव न उदय हों।

4. मंदगति अधिगमकर्त्ताओं को शिक्षा देते समय अध्यापक को यह बात ध्यान में रखनी चाहिये कि उसके शिक्षण के तरीकों के साथ-साथ उसके व्यवहार करने के तरीकों का भी इन बालकों के शैक्षिक समायोजन में विशेष योगदान रहता है। इस संदर्भ में अपना योगदान देते हुये एक अध्यापक को कुछ निम्न बातों पर ध्यान देना ज़रूरी है।

(i) उसे बालकों से इनकी क्षमता के अनुकूल ही अधिगम सम्बन्धी अपेक्षायें करनी चाहिये। उसे इनके अधिगम तथा उपलब्धियों की तुलना अन्य सामान्य तथा सामान्य से अधिक सामर्थ्य वाले बालकों से नहीं करनी चाहिये।

(ii) उसे उन्हें उनके अधिगम से ज्यादा से ज्यादा आत्मविश्वास अर्जित करने में मदद करनी चाहिये। उनकी थोड़ी सी भी उचित उपलब्धि या सार्थक प्रयत्नों की सराहना कर उनका उत्साहवर्द्धन करते रहना चाहिये।

(iii) बहुत सारे मंदगति अधिगमकर्त्ता निराशा के शिकार होकर अधिगम सम्बन्धी प्रयत्न करना ही छोड़ बैठते हैं। यह तब होता है जब उनके दिमाग में यह बात घर करने लगती है कि कोई विषय विशेष जैसे गणित का अधिगम उनके वश की बात नहीं है और इसके लिये हाथ पैर मारना बेकार है। यहां शिक्षक अपने व्यवहार से उन्हें यह आभास कराने का प्रयत्न कर सकता है कि सभी लोग सब कुछ कर सकते हैं, अगर वे पूरी रुचि और लगन से ही प्रयत्नों में जुट जाने की ठान लें। ऐसा दृष्टिकोण बनाने के साथ-साथ अध्यापक को अब मंदगति अधिगमकर्त्ता को सरल से कठिन, ज्ञात से अज्ञात, स्थूल से सूक्ष्म की ओर बढ़ने के सिद्धान्तों

का अनुसरण कर अधिगम पथ पर आगे बढ़ाना चाहिये। जब वे सरल तथ्यों को समझने लगें तो उन्हें ठीक ढंग से पुनर्बलित कर आगे की बातों को सीखने के लिये प्रोत्साहित करते रहना चाहिये जिससे उनमें अपने अधिगम के प्रति उचित आत्म-विश्वास पैदा हो सके।

(iv) मंदगति अधिगमकर्त्ताओं को ठीक तरह अधिगम पथ पर लाने के लिये पहले तो अध्यापक को अपने व्यवहार से विश्वास में लेना चाहिये और फिर निदानात्मक उपायों द्वारा निष्कर्षित उनकी विशेष कठिनाइयों तथा अधिगम सम्बन्धी कमजोरियों के निवारणार्थ एक उचित योजना बनाकर उनके हित साधन हेतु उनसे पूर्ण तादात्म्य एवं निकट सम्पर्क बनाते हुये मित्रवत आगे बढ़ना चाहिये। इस तरह के मित्र मार्गदर्शक की भूमिका निभाकर ही मंदगति अधिगमकर्त्ताओं को खोया हुआ आत्म-विश्वास उन्हें वापस लौटाया जा सकता है तथा उन्हें उनके अधिगम गति के अनुकूल अच्छी तरह आगे बढ़ने में मदद की जा सकती है।

(v) आधुनिक तकनीकी, कम्प्यूटर तथा अन्य गणक साधनों के पास आज बहुत कुछ है जिससे हर प्रकार के अधिगमकर्त्ता को उसकी अपनी क्षमता तथा अधिगम गति से अधिगम पथ पर आगे बढ़ाने में पूरी-पूरी मदद मिल सकती है। इन उन्नत साधनों तथा तकनीकी का प्रयोग कर मंदगति से अधिगम करने वाले विद्यार्थियों को अपनी उन कमियों तथा कठिनाइयों से मुक्ति मिल सकती है जिनकी वजह से उन्हें विषय को जानने, समझने तथा उपलब्धियाँ अर्जित करने में परेशानी होती है। इसलिये अध्यापकों द्वारा इन विद्यार्थियों की इनके लिये आवश्यक तथा वांछनीय तकनीकी साधनों के उपयोग में भी यथासंभव सहायता करनी चाहिये।

(vi) बहुत सारे मंदगति अधिगमकर्त्ता ऐसे होते हैं जिनमें यह गुण पाया जाता है कि वह ऐसे बहुत से कार्यों को करने में काफी प्रवीणता या कुशलता का प्रदर्शन करने में सक्षम सिद्ध हो सकते हैं जिनका सम्बन्ध प्रयत्क्ष रूप से उच्च मानसिक योग्यता स्तर यानी बुद्धि लब्धि की श्रेष्ठता से न हो। फलस्वरूप मंदगति अधिगमकर्त्ताओं के लिये कुछ ऐसे कार्यों या क्रियाओं जैसे शारीरिक क्रियायें, खेलकूद, नृत्य तथा संगीत, ड्राईंग तथा पेटिंग, घरेलू व्यवसायों से जुड़े हुये कार्य, टूरिज्म, होटल मैनेजमेंट, बीमा तथा अन्य सामाजिक, सांस्कृतिक तथा व्यावसायिक रुचियों के कार्यों आदि के अधिगम का अतिरिक्त प्रबन्ध किया जा सकता है ताकि विद्यालय शिक्षा के साथ-साथ उन्हें आगामी जीवन में अपनी उचित सामाजिक आधार बनाने में पर्याप्त मदद की जा सके।

मानसिक रूप से विकलांग या पिछड़े हुए बालक (Mentally Disabled or Retarded Children)

अर्थ एवं परिभाषा (Meaning and Definition)

मानसिक और बौद्धिक विकास की दृष्टि से जहाँ प्रतिभाशाली बालक शिखर पर विराजमान होते हैं वहीं मानसिक रूप से विकलांग या पिछड़े बालकों की स्थिति इस दृष्टि से बहुत ही निम्न और हीन होती है। ये बालक अपनी मानसिक योग्यताओं और क्षमताओं की कार्यशक्तियों में उसकी तरह अपंग और बेबस होते हैं जैसा कि एक शारीरिक रूप से विकलांग बालक अपनी शारीरिक योग्यताओं और क्षमताओं को काम में लाने की दृष्टि से होता है। नामकरण की दृष्टि से ऐसे सभी बालकों को मानसिक रूप से विकलांग या पिछड़े हुए बालकों के अतिरिक्त कुछ और भी नाम दिये जाते हैं। जैसे मानसिक रूप से मंदित बालक (Mentally Retarded Children) सामान्य या औसत से कम मानसिक रूप से मंदित बालक (Mentally Subnormal or Mentally Sub-average Children), मानसिक न्यूनताओं से ग्रस्त बालक (Mentally Deficient Children) आदि। हम इन्हें चाहे जो भी नाम दे दें परंतु वास्तव में ये बालक ऐसे बालक होते हैं जिनमें सामान्य बुद्धि या मानसिक क्षमताओं वाले बालकों की तुलना में भी बहुत कम बुद्धि या मानसिक क्षमताएँ पायी जाती हैं। इनकी मानसिक योग्यता और क्षमताओं की वृद्धि और विकास की गति बहुत ही कम होती है और एक तरह से एक अवस्था में आकर लगभग रुक सी जाती है। इस प्रकार प्रायः सभी बालक मानसिक मंदन (Mental Retared) के शिकार हो जाते हैं। इसलिए

यह जानने के लिए कि मानसिक रूप से विकलांग या मानसिक रूप से पिछड़े बालक कौन होते हैं हमें इनके सर्वसामान्य रूप से पायी जाने वाली कमी, मानसिक मंदिता (Mental Retardation) के बारे में जानकारी रखना आवश्यक हो जाता है।

साधारण रूप से मानसिक मंदन (Mental Retardation) से तात्पर्य है किसी व्यक्ति या बालक की मानसिक योग्यताओं या क्षमताओं में पायी जाने वाली कमी या न्यूनता। मंदन अंग्रेज़ी शब्द रिटार्डेशन (Retardation) का हिंदी रूपांतर है। भौतिक विज्ञान (Physics) तथा गति विज्ञान (Dynamics) में दो पदों ऐसीलेरेशन (Acceleration) तथा रिटार्डेशन (Retardation) का काफी प्रयोग किया जाता है। गति या वेग (Velocity) में होने वाली निरंतर कमी को वेग मंदन (Retardation) का नाम दिया जाता है। मनोविज्ञान में भी मानसिक वृद्धि एवं विकास की गति की न्यूनता तथा पाई जाने वाली कमी को दर्शाने के लिए मानसिक मंदन का प्रयोग इस तरह भौतिक तथा गति विज्ञान से ही लिया जान पड़ता है।

बालकों तथा बड़ों में व्याप्त मानसिक न्यूनता या बौद्धिक कमी को व्यक्त करने के लिए मानसिक मंदिता के अतिरिक्त और भी अन्य शब्दों जैसे मंद बुद्धिता (Mental or Intellectual Deficiency), मानसिक रूप से पिछड़ापन या मानसिक विकलांगता (Mental Disability or Handicapness) का सहारा लिया जाता है। नाम चाहे कोई भी लिया जाए इस प्रकार के मंदिता के शिकार बालकों में एक बात पूरी तरह निश्चित रहती है कि उनकी बौद्धिक क्षमताएँ तथा योग्यताएँ सामान्य (Normal) बालकों की तुलना में बहुत अधिक न्यून तथा अविकसित होती हैं।

प्रश्न उठता है कि इस प्रकार के मानसिक मंदन की वास्तविक प्रकृति क्या होती है? इसे कैसे परिभाषित किया जा सकता है? आगे की पंक्तियों में कुछ जानी-मानी परिभाषाओं का सहारा लेकर हम यही करने का प्रयत्न करेंगे।

1. **जे.डी. पेज़** (J.D. Page)—"मानसिक न्यूनता या मंदन व्यक्ति में जन्म के समय या बचपन के प्रारंभ के वर्षों में पायी जाने वाली सामान्य से कम मानसिक विकास की ऐसी अवस्था है जो उसमें बुद्धि संबंधी कमी तथा सामाजिक अक्षमता के लिए उत्तरदायी होती है।"

   (*Mental deficiency or retardation is a condition or subnormal mental development present at birth or early childhood and characterized mainly by limited intelligence and social inadequacy.*—1976, p. 354.)

2. **अमेरिकन एसोसिएशन ऑफ मैंटल डैफिसियेन्सी** (American Association of Mental Deficiency)—"मानसिक मंदन से तात्पर्य विकास काल में दिखाई पड़ने वाली उल्लेखनीय औसत से नीचे की बौद्धिक कार्यक्षमता तथा इसी के साथ-साथ चलने वाली समाज की माँगों के साथ समायोजन में असमर्थता से है।"

   (*Mental retardation refers to significantly sub-average intellectual functioning existing concurrently with deficits in adaptative behaviour and manifested during the development period.*—1973, p. 326.)

3. **ब्रिटिश मैंटल डैफिसियेन्सी एक्ट** (British Mental Deficiency Act)—"मानसिक मंदन 18 वर्ष से पहले आंतरिक कारणों की वजह से अथवा बीमारी या चोट के कारण पैदा हुई एक ऐसी स्थिति है जिसमें व्यक्ति के मस्तिष्क का विकास या तो रूक जाता है या उसमें पूर्णता नहीं आ पाती।"

   (*Mental retardation is a condition of arrested or incomplete development of mind existing before the age of 18 years whether arising from inherent causes for induced by disease or injury.*—1981, p. 197–98.)

इन परिभाषाओं का विश्लेषण करने के पश्चात् हम मानसिक मंदन के अर्थ एवं प्रकृति के बारे में कुछ निम्न परिणाम निकाल सकते हैं:

1. मानसिक मंदन मानसिक और दिमागी विकास की एक विशेष हालत या स्थिति को प्रकट करता है।
2. मानसिक मंदन के शिकार व्यक्ति को मानसिक रूप से अस्वस्थ या रोगी नहीं माना जाना चाहिए।
3. इसका संबंध मस्तिष्क या मानसिक शक्तियों के अधूरे और अपर्याप्त विकास से है।

4. मानसिक शक्तियों का विकास काल 18–19 वर्ष की आयु (किशोरावस्था की समाप्ति) तक माना जाता है। किसका विकास सामान्य से बहुत कम या अधूरा रहा इसी बात को लेकर मानसिक मंदन से शिकार बालकों की पहचान की जाती है और इसी दृष्टि से मानसिक मंदन के दिखाई पड़ने का समय विकास काल का है।
5. औसत से बहुत कम बौद्धिक क्षमता के साथ-साथ मानसिक मंदन की एक पहचान यह भी है कि इसके शिकार बालक या किशोर अपने आपसे तथा अपने परिवेश से समायोजित होने में काफी कठिनाई या असमर्थता अनुभव करते हैं।
6. मानसिक मंदता जन्मजात भी हो सकती है, इसके लिए उसका आंतरिक व्यक्तित्व भी ज़िम्मेदार हो सकता है तथा इसे बाह्य कारकों जैसे कोई गंभीर बीमारी अथवा चोट का परिणाम भी माना जा सकता है।

मानसिक मंदिता के अर्थ और विशेषताओं से इस तरह परिचित हो जाने के बाद अब हम अपने आपको ऐसी स्थिति में पा सकते हैं कि हम मानसिक मंदन के शिकार (Mentally retarded) या मानसिक रूप से विकलांग बालक कौन होते हैं इस बात को एक परिभाषित शब्दावली में व्यक्त कर सकते हैं। ऐसी एक परिभाषा कुछ निम्न रूप में रखी जा सकती है:

"मानसिक मंदित या विकलांग बालक वे बालक होते हैं जिनमें उनके मस्तिष्क की वृद्धि और विकास की दृष्टि से, काफी न्यूनताएँ, मंदन और औसतन कमियाँ पाई जाती हैं जिनसे उनकी बौद्धिक क्षमताओं पर इस सीमा तक प्रतिकूल प्रभाव पड़ता है और उन्हें अपने वातावरण के साथ समायोजित होने में इतनी अधिक परेशानियाँ आती हैं कि उन्हें अपने कल्याण तथा शक्ति के विकास हेतु विशेष देखभाल तथा शिक्षा-दीक्षा की ज़रूरत पड़ती है।"

(Mentally retarded or disabled children are those children who suffer from the retarded sub normal or deficient growth and development of their brain affecting their intellectual capacities to the extent that they feel handicapped in their adaptation to the environment and thus require special care and provision for their welfare and development of their capacities.)

मानसिक रूप से पिछड़े या विकलांग बालकों के प्रकार
(Types of Mentally Retarded or Disabled Children)

मानसिक मंदन या पिछड़ेपन के शिकार बालकों तथा किशोरों को उनकी मंदिता या पिछड़ेपन के आधार पर निश्चित वर्गों में बाँटने के प्रयत्न किए गए हैं। इनमें से दो तरह के प्रयत्न-बुद्धि लब्धि को आधार बनाना तथा समायोजन क्षमता को आधार बनाना अधिक चर्चित रहे हैं।

बुद्धि लब्धि के आधार पर वर्गीकरण (Classification based on intelligence tests)—व्यक्तियों को प्रतिभावान् (Gifted), सामान्य बुद्धि (Normal) और सामान्य से कम बुद्धि वाला (Sub-normal) घोषित करने के लिए प्रायः हम बुद्धि परीक्षणों और बुद्धि लब्धि की धारणा का प्रयोग करते हैं। अगर टरमन (Terman) द्वारा किए गए बुद्धि-वर्गीकरण का अनुगमन किया जाये तो जिन व्यक्तियों की बुद्धि लब्धि 90 और 110 के मध्य होती है उन्हें सामान्य अथवा औसत बुद्धि कहा जा सकता है, फलस्वरूप जिनकी बुद्धि 90 से कम हो, उन्हें सामान्य से कम बुद्धि वाला (Sub-normal) कहा जायेगा। सामान्य से कम बुद्धि वाले व्यक्तियों को आगे निम्न प्रकार से वर्गीकृत किया जा सकता है:

वर्ग (Class)	बुद्धि लब्धि (I.Q.)
महामूर्ख या जड़बुद्धि (Idiot)	25 से कम
मूढ़ (Imbecile)	25 से 50 तक
मूर्ख (Morons)	51 से 75 तक
सीमा पर और अल्प बुद्धि (Border line and the dull)	76 से 90 तक

उपरोक्त वर्गों (Classes) से संबंधित सभी व्यक्ति (सीमा पर जाने वाले कुछ व्यक्तियों को छोड़कर) जिन्हें जड़बुद्धि, मूढ़, मूर्ख और अल्पबुद्धि के नाम से जाना जाता है, मानसिक रूप से विकलांग या पिछड़े हुए (Mentally disabled or Retarded children) कहलाते हैं।

बुद्धिलब्धि के आधार पर किया हुआ उपरोक्त वर्गीकरण सभी के द्वारा निश्चित अथवा तय किया हुआ वर्गीकरण नहीं है। किस वर्ग की सीमा कितनी बुद्धिलब्धि से लेकर कितनी बुद्धिलब्धि तक मानी जाए, इस बारे में मनोवैज्ञानिकों में बहुत मतभेद हैं लेकिन एक बात बिल्कुल निश्चित है कि सभी मंद-बुद्धि अथवा मानसिक रूप से पिछड़े (Mentally Retarded, or Mentally Handicapped) में सामान्य बालकों से कम बुद्धिलब्धि पाई जाती है अर्थात् इन बालकों की बौद्धिक योग्यताएँ और क्षमताएँ सामान्य बालकों की तुलना में बहुत कुछ अविकसित होती हैं।

समायोजित व्यवहार के आधार पर वर्गीकरण (Adaptive behaviour as a means of classification)—व्यक्तियों में मानसिक मंदन तथा उसकी श्रेणियों को तय करने के लिए उनके द्वारा प्रदर्शित समायोजन संबंधी व्यवहार को आधार बनाने में निम्न दो बातों पर ध्यान दिया जाता है:

(a) वे किस सीमा तक अपने व्यवहार में आत्मनिर्भरता का प्रदर्शन करते हैं।

(b) व्यक्तिगत एवं सामाजिक उत्तरदायित्वों का वहन करने तथा अपने और अपने परिवेश की माँगों को पूरा करने के संदर्भ में वे किस सीमा तक सक्षम एवं संतुष्ट हैं।

समायोजित व्यवहार संबंधी क्षमता और अक्षमता के निर्धारण के लिए कई प्रकार की परीक्षण तथा मापन सामग्री का विकास किया गया है। जिन्हें सामाजिक परिपक्वता मापनी (Social Maturity Scale), समायोजित व्यवहार मापनी (Adaptive Behaviour Scale) आदि नाम दिए जाते हैं।

उपरोक्त दोनों आधार पर की जाने वाली मानसिक मंदिता और विकलांगता की जाँच की अपनी-अपनी सीमाएँ हैं। इसलिए आजकल इन दोनों आधारों को समन्वित करके मानसिक मंदन को वर्गीकृत करने के प्रयत्नों को अधिक समर्थन प्राप्त हो रहा है। इन प्रयत्नों के परिणामस्वरूप मानसिक मंदन से पीड़ित व्यक्तियों के अब महामूर्ख (Idiot), मूढ़ (Imbecile), मूर्ख (Morons) तथा अल्प बुद्धि (Dull) के रूप में वर्गीकृत न करके अल्प (Mild), मध्यम (Moderate), तीव्र (Severe) एवं गहन (Profound) मानसिक मंदन के रूप में वर्गीकृत किया जाता है।

मानसिक मंदन के इस आधुनिकतम वर्गीकरण को बुद्धिलब्धि की सीमाओं सहित निम्न प्रकार प्रस्तुत किया जा सकता है। यहाँ हम बिने (Binnet) तथा वैश्लर (Weshler) द्वारा निर्मित परीक्षणों से प्राप्त बुद्धिलब्धि प्राप्तांकों का प्रयोग कर रहे हैं।

तालिका 14.1 मानसिक मंदन के स्तर (Levels of Mental Retardation)

मंदन के स्तर (Level of Retardation)	**बुद्धिलब्धि सीमा (स्टेनफोर्ड बिने परीक्षण)**	**बुद्धिलब्धि सीमा (वैश्लर कृत परीक्षण)**
1. गहन मानसिक मंदन	20 से नीचे	25 से नीचे
2. तीव्र मानसिक मंदन	20 से 35	25 से 39
3. मध्यम मानसिक मंदन	36 से 51	40 से 54
4. अल्प मानसिक मंदन	52 से 67	55 से 69

मंदन के इन उपरोक्त विभिन्न स्तरों पर व्यक्तियों के व्यवहार तथा बौद्धिक क्षमता आदि के बारे में जानकारी निम्न वर्णन के आधार पर ली जा सकती है:

1. **अल्प मानसिक मंदन** (Mild Retardation)—मानसिक मंदन से पीड़ित व्यक्तियों में से अधिकांश (लगभग 85%) इसी श्रेणी में आते हैं। मुख्य रूप से इनमें प्रायः निम्न विशेषताएँ पाई जाती हैं:

(a) इस श्रेणी का कोई युवक अथवा प्रौढ़ भी अपनी अल्प मानसिक मंदिता के कारण एक सामान्य 10 वर्ष के बालक के बराबर भी बौद्धिक क्षमता नहीं रखता तथा सामाजिक समायोजन के क्षेत्र में भी वह 15 या 16 वर्ष के किशोर से आगे नहीं जा पाता।

(b) इस प्रकार के सभी व्यक्तियों का विकास बहुत ही धीमी गति से होता है अपने विकास काल में वे चलने-फिरने, बातचीत करने, भोजन, मलमूत्र विसर्जन तथा अन्य व्यवहार संबंधी सामान्य क्रियाएँ करने में भी सामान्य बालकों की तुलना में बहुत पीछे रह जाते हैं। विद्यालयों में ऐसे बालकों की गिनती धीमी गति सीखने वालों (Slow learners) में होती है। उन्हें एक ही कक्षा को पास करने में कई-कई साल लग जाते हैं।

(c) ऐसे व्यक्ति या बालक सामान्यों (Averages) की तुलना में काम में काफी सुस्त तथा अपनी ज़िम्मेदारियों के प्रति लापरवाह पाये जाते हैं। संवेगात्मक रूप से ये काफी अस्थिर तथा अपरिपक्व होते हैं। इनमें निर्णय लेने की क्षमता का अभाव रहता है तथा सोचने-विचारने की शक्ति एवं दूरदर्शिता की भी कमी रहती है इसी कारण इनके मार्ग से भटकने, बिगड़ने, तथा समाज विरोधी कार्यों में फँसने या फँसा लिए जाने का खतरा भी अधिक ही रहता है।

(d) मानसिक मंदन के अन्य स्तरों की अपेक्षा इस स्तर के व्यक्तियों में मानसिक मंदन की तीव्रता उतनी नहीं होती कि वे अपने दिन-प्रतिदिन के कार्य भी अपने आप न कर सकें अथवा उन्हें भौतिक एवं सामाजिक रूप से सुरक्षित रहने के लिए किसी के सहारे की ज़रूरत पड़े।

(e) अपने और अपने वातावरण से समायोजित होने की दृष्टि से भी इस श्रेणी के व्यक्तियों से काफी संतोषप्रद आशा रखी जा सकती है क्योंकि इनकी गिनती शिक्षित होने योग्य (Educable) व्यक्तियों में की जाती है। अगर शुरू से इनकी मानसिक मंदिता के स्तर का उचित ज्ञान हो जाये तथा माँ-बाप और शिक्षक वर्ग द्वारा उचित व्यक्तिगत ध्यान दिया जाये तो इन्हें एक ऐसी सम्मानजनक सामान्य स्थिति तक शिक्षा दी जा सकती है कि जिससे ये सामाजिक तथा आर्थिक दृष्टि से आत्मनिर्भर बन सकें।

2. **मध्यम मानसिक मंदन** (Moderate Mild Retardation)—मानसिक मंदन से पीड़ित व्यक्तियों में से लगभग 10 प्रतिशत व्यक्ति इस श्रेणी के अंतर्गत आते हैं। इनकी मुख्य विशेषताओं का उल्लेख निम्न प्रकार किया जा सकता है:

(a) अपनी युवावस्था तथा प्रौढ़ावस्था में इस श्रेणी के व्यक्तियों की बौद्धिक क्षमता एक सामान्य 6 वर्ष के बालक के बराबर ही होती है।

(b) शारीरिक रूप से दिखने में ये भद्दे (Unpresentable) ही लगते हैं। इनमें से अधिकांश किसी प्रकार की शारीरिक विकृति तथा गत्यात्मक समन्वय संबंधी विसंगति (जैसे किन्हीं वस्तुओं को ठीक से नहीं पकड़ सकना, ठीक तरह चल-फिर, दौड़-भाग, उछल-कूद नहीं कर सकना) से ग्रस्त पाये जाते हैं।

(c) उनकी बौद्धिक क्षमताओं तथा मानसिक विकास का स्तर इतना कम होता है कि उन्हें अल्प मानसिक मंदन स्तर के बालकों की भाँति शिक्षित करने के सभी प्रयास लगभग निरर्थक ही सिद्ध होते हैं। इसलिए इन्हें प्रशिक्षण देने योग्य (Trainable) ही समझा जाता है और फलस्वरूप इन्हें आगे बढ़ाने में दो बातों का ध्यान रखा जाता है। एक तो इन्हें दिन-प्रतिदिन के सामाजिक जीवन में ठीक प्रकार समायोजित होने के लिए प्रशिक्षण दिया जाता है। वे अपने दिन-प्रतिदिन कार्य जैसे नहाना, कपड़ा धोना, मंजन करना, शौचालय जाना, कपड़े पहनना, खाना खाना आदि भलीभांति कर सकें इसके लिए उन्हें प्रशिक्षित किया जा सकता है। दूसरे यह प्रयत्न किए जाते हैं कि वे अभ्यास और प्रशिक्षण से किन्हीं बुनियादी उद्योगों (Basic Craft) संबंधी कुशलताओं का अर्जन कर लें ताकि उनकी रोज़ी-रोटी का कुछ साधन बन सके।

(d) अगर विशेष व्यवस्था कर विशिष्ट प्रशिक्षण दिया जाये तो इनमें से कुछ बालक थोड़ा बहुत लिखना-पढ़ना, बोलचाल की भाषा को ठीक तरह प्रयोग कर सकना आदि के योग्य हो जाते हैं परंतु उनके इस दिशा में और विशेष अपेक्षा करना इनके और अपने समय तथा शक्ति का दुरुपयोग ही है। इनके लिए इतना ही बहुत है कि वे अपने दैनिक कार्यों को करने तथा सामाजिक जीवन को जीने संबंधी आवश्यक आत्मनिर्भरता प्राप्त कर लें और इसके लिए भी उनके ऊपर ठीक तरह ध्यान देने या उचित प्रशिक्षण देने की आवश्यकता होती है।

3. **तीव्र मानसिक मंदन** (Severe Mental Retardation)—मानसिक मंदन से पीड़ितों में से लगभग 3.5 प्रतिशत इस श्रेणी में आते हैं। इस श्रेणी के मंदन के शिकारों में बालक तथा किशोर ही अधिकांश रूप से पाये जाते हैं। इनकी प्रमुख विशेषताओं का निम्न प्रकार उल्लेख किया जा सकता है:

(a) इन बालकों तथा किशोरों का बौद्धिक विकास अधिक से अधिक 4 वर्ष के सामान्य बालक की भांति ही होता है।

(b) ये चोट और बीमारियों के अधिक शिकार होते हैं अतः इनकी आयु प्रायः ज्यादा लंबी नहीं होती।

(c) जन्म से ही इनके मानसिक विकास की दर बहुत ही कम होती है इसलिए इनमें भाषा तथा गत्यात्मक विकास (Language and Motor Development) नहीं के बराबर ही होता है।

(d) शारीरिक अपंगता तथा संवेदना शक्तियों (Sensory Powers) की अक्षमता भी इनमें अधिकतर पाई जाती है। अपने परिवेश तथा चारों ओर की दुनिया में इनकी रुचि भी नहीं के बराबर ही होती है।

(e) अपने दिन-प्रतिदिन के कार्यों जैसे नहाने-धोने, कपड़े पहनने, खाने-पीने, शौचालय जाने आदि में ये काफी असमर्थता अनुभव करते हैं।

(f) ये न तो अल्प मानसिक मंदितों की तरह शिक्षित होने योग्य (Educable) होते हैं और न मध्यम मानसिक मंदितों की तरह प्रशिक्षित होने योग्य (Trainable)। यही कारण है कि इनमें से अधिकांश सारी उम्र दूसरों पर आश्रित ही बने रहते हैं।

(g) इन्हें घर पर न रखकर मानसिक मंदन या विकलांगों के लिए विशेष रूप से स्थापित संस्थानों तथा बोर्डिंग हाऊस में रखा जाना चाहिए ताकि माँ-बाप का स्नेह तथा दूसरों की सहानुभूति उन्हें जीवन भर के लिए आश्रित तथा अपंग ही न बना दे। वहां के परिवेश में वे विशेषज्ञों की देख-रेख तथा प्रयासों द्वारा आवश्यक शारीरिक आत्म निर्भरता ग्रहण कर सकते हैं तथा संकेत तथा आसान भाषा सीख कर अपना थोड़ा बहुत सामाजिक समायोजन कर सकते हैं। इन्हें शारीरिक परिश्रम (Manual labour) संबंधी कार्यों हेतु उचित प्रयास द्वारा अच्छी तरह तैयार किया जा सकता है। एक बार कार्य आ जाने पर ये उसी पूरी शक्ति से, बिना बोर (Bore) हुए लगातार कर सकते हैं।

4. **गहन मानसिक मंदन** (Profound Mental Retardation)—इस श्रेणी में मानसिक मंदन से पीड़ितों में से केवल 1.5 प्रतिशत की ही गिनती होती है। इस दृष्टि से इस प्रकार के मंदन के शिकार पूरी जनसंख्या में बहुत ही कम मिलते हैं। इनकी प्रमुख विशेषताओं का उल्लेख निम्न रूप में किया जा सकता है:

(a) मानसिक मंदन के स्तरों में मंदन की दृष्टि से काफी गंभीर तथा गहन स्तर होता है अतः पीड़ित बालकों में बहुत ही गंभीर रूप से मानसिक मंदन तथा विकलांगता पाई जाती है।

(b) इस स्तर के बालक अधिक आयु तक नहीं जी पाते और अगर जीते भी हैं तो उनकी बौद्धिक क्षमता का स्तर 2 वर्ष के सामान्य बालक के स्तर से अधिक नहीं पहुँचता।

(c) इनका जीवन अपने लिए तथा दूसरों के लिए एक बोझ ही होता है। ये अपनी सामान्य ज़िन्दगी नहीं जी सकते। दिन-प्रतिदिन के सभी कार्यों में से पूरी तरह दूसरों पर आश्रित रहते हैं। इन्हें अपने तथा अपने

परिवेश के बारे में कोई विशेष चेतना भी नहीं होती। जहाँ बैठे हैं वहीं मल-मूत्र त्याग देना इनके लिए स्वाभाविक सी बात है।

(d) इनकी हर समय विशेष देखभाल तथा सुरक्षा की आवश्यकता होती है। इनमें गत्यात्मक समन्वय तथा संतुलन की क्षमता विकसित न होने से चलने-फिरने तथा खड़े होने संबंधी अक्षमता पायी जाती है अतः इनके चोट खाने का खतरा भी काफी रहता है। दूसरे ये इतने नासमझ तथा अक्षम भी होते हैं कि साधारण भौतिक खतरों से भी अपनी सुरक्षा नहीं कर पाते। जैसे अगर आग लग गई है अथवा कोई नुकसान पहुँचाने वाला कीड़ा-मकौड़ा, साँप-बिच्छू पास में आ रहा है तो उससे ये अपना बचाव स्वयं नहीं कर सकते। वहीं बैठे-बैठे या पड़े-पड़े हो-हो करते रहेंगे।

(e) ये हर प्रकार से मानसिक मंदन से पीड़ित बालकों के लिए विशेष रूप से बने संस्थानों (Institutions) में रखे जाने के लिए बने होते हैं। इन्हें घर पर रखने से इनका अहित ही होता है कल्याण नहीं। दूसरे इससे घर परिवार के सभी अन्य सदस्यों का भी चैन से जीना दूभर हो जाता है। अतः अनावश्यक मोह त्यागकर इन्हें इन्हीं संस्थानों में भर्ती कराकर आवश्यक सहायता प्रदान करने के प्रयत्न किये जाने चाहिए।

मानसिक मंदन या पिछड़ेपन के कारण (Causes of Mental Retardation)

मानसिक मंदन या पिछड़ेपन के लिए कोई ऐसे सामान्य कारण निर्धारित करना, जो सभी मानसिक रूप से पिछड़े हुए बच्चों पर लागू हों, संभव नहीं है। मानसिक पिछड़ापन एक व्यक्तिगत समस्या है। अतः प्रत्येक मंद-बुद्धि बालक (Mentally Retard Child) अपनी मंद बुद्धि या पिछड़ेपन के लिए कुछ अपूर्व कारण रखता है। लेकिन फिर भी इन बालकों के सामान्य निदान (Diagnosis) के लिए बुद्धिलब्धि के अतिरिक्त इनकी पहचान से संबंधित जो सामान्य विशेषताएँ पहले दी गई हैं, उनसे भली-भाँति सहायता ली जा सकती है। इसके अतिरिक्त कुछ संभव कारणों की जानकारी भी इस दिशा में मूल्यवान सिद्ध हो सकती है। इन कारणों का उल्लेख निम्नांकित है:

1. **गर्भाधान के समय क्रियाशील कारण** (Causes operative at the time of conception)—मानसिक पिछड़ापन माता या पिता अथवा दोनों के गुण सूत्रों (Chromosomes) में उपस्थित दोषपूर्ण पैतृकों (Genes) के कारण पैदा हो सकता है।

2. **माता के गर्भ में क्रियाशील कारण** (Causes operative inside the womb of the mother)—बालक को माता के गर्भ में जो पोषण मिलता है वह ठीक प्रकार से न मिल पाने, माता का शारीरिक और मानसिक स्वास्थ्य ठीक न होने अथवा उसके किसी गंभीर रोग से पीड़ित होने आदि बातें बालक को मानसिक दृष्टि से पिछड़ा हुआ बनाने में सहायक सिद्ध हो सकती हैं।

3. **जन्म के समय क्रियाशील कारण** (Factors operative at the time of delivery)—कई बार प्रसव के समय माता के बहुत कम या अधिक प्रसव वेदना होने, अप्रशिक्षित हाथों द्वारा प्रसव होने अथवा प्रसव के लिए ऑपरेशन करते समय असावधानी होने इत्यादि कारणों के फलस्वरूप बालक के मस्तिष्क या स्नायु संस्थान में कोई आघात पहुँच जाता है। इस प्रकार के आघात आगे जाकर मानसिक पिछड़ेपन के कारण बन सकते हैं।

4. **जन्म के बाद क्रियाशील कारण** (Factors operative after birth)—बालक के जन्म के पश्चात् आने वाले दिनों में भी बहुत सी बातें ऐसी होती हैं जिनके फलस्वरूप वह मानसिक पिछड़ेपन का शिकार हो सकता है। इनमें से कुछ का उल्लेख निम्नवत है:

(a) किसी दुर्घटना के फलस्वरूप मस्तिष्क या स्नायु संस्थान को आघात पहुँचना।

(b) मस्तिष्क और स्नायु संस्थान को प्रभावित करने वाली खतरनाक बीमारियों का शिकार होना।

(c) संतुलित आहार और उचित पोषण का अभाव।

(d) सामाजिक, सांस्कृतिक तथा शैक्षणिक सुविधाओं से वंचित रहना।

(e) नलिका विहीन ग्रन्थियों का ठीक ढंग से काम न करना।

(f) संवेगात्मक कुसमायोजन एवं मानसिक चिंता, तनाव और संघर्ष का शिकार रहना।

रोकथाम एवं उपचार संबंधी उपाय (Preventive and Remedial Measures)

अगर हम ऊपर दिए गए कारणों का बारीकी से अध्ययन करें तो हमें मालूम होगा कि मानसिक पिछड़ेपन के लिए वंशानुक्रम और वातावरण दोनों ही उत्तरदायी होते हैं। इसलिए किसी बालक के मंद-बुद्धि के लिए केवल उसकी वंश परंपरा को दोषी ठहराना उचित नहीं है। वातावरण से बालक को जो कुछ प्राप्त होता है, वह भी प्रत्यक्ष और अप्रत्यक्ष रूप से बालक के मानसिक विकास को प्रभावित करता है। इस बात को देखते हुए माता-पिता, अध्यापक, समाज के अन्य उत्तरदायी सदस्य और सरकारी पदाधिकारियों को चाहिए कि वे बालकों के विकास के लिए उपयुक्त सुविधाएँ और अवसर जुटाने का प्रयत्न करें ताकि वातावरण संबंधी शक्तियों को बालकों के मंद-बुद्धि बनाने के लिए पूरी तरह क्रियान्वित होने का अवसर न मिले। निश्चित रूप से, वातावरण संबंधी परिस्थितियों को सुधारने या नियंत्रण करने की दिशा में तो कुछ न कुछ किया जा सकता है, परंतु दो प्रकार के कारणों माँ-बाप से विरासत में मिलने वाली मानसिक विकलांगता तथा किसी भी दुर्घटना के समय पहुँचने वाले आघात को वश में करना संभव नहीं है। इस कारण मानसिक पिछड़ेपन के कुछ मामले अवश्यक ही रहेंगे और फलस्वरूप इनके उपचार के बारे में अवश्य ही सोचा जाना चाहिए।

इस दृष्टि से पहले की पंक्तियों में यह बात स्पष्ट हो चुकी है कि मानसिक दृष्टि से पिछड़े बालक को किसी भी तरह से अधिक बुद्धि प्रदान कर सामान्य बालक नहीं बनाया जा सकता। अतः एक तरह से मानसिक पिछड़ेपन का कोई उपचार नहीं है। हाँ उसे शिक्षा-दीक्षा देने के ऐसे प्रयत्न अवश्य किए जा सकते हैं जिनके फलस्वरूप वह अपने और समाज के लिए भार बनने के स्थान पर कुछ उपयोगी सिद्ध हो सके। ऐसे बालकों के लिए शिक्षा का प्रबंध करने की दृष्टि से सबसे पहला और आवश्यक कार्य यह है कि इन बालकों के माता-पिता को अपने इस प्रकार के बालकों की कमी को कटु सत्य के रूप में ग्रहण करने के लिए तैयार किया जाए तथा उन्हें अपने इन बालकों को मंद-बुद्धि के लिए बने हुए विशेष विद्यालयों में भेजने के लिए प्रेरित किया जाए। इस प्रकार विद्यालयों में ही इन बालकों की शिक्षा-दीक्षा ठीक तरह से हो सकती है क्योंकि घर में माँ-बाप का स्नेह उन्हें ठीक प्रकार से विकसित होने में बाधक सिद्ध होता है। इन विद्यालयों का प्रबंध इस ढंग से किया जाना चाहिए कि इसमें मंद-बुद्धि बालकों के व्यक्तित्व का अधिक से अधिक विकास हो सके। इन बालकों की वैयक्तिक आवश्यकताओं के अनुकूल ही पाठ्यक्रम, शिक्षण विधि तथा मूल्यांकन पद्धति को ढालने की व्यवस्था होनी चाहिए। प्रत्यक्ष अनुभवों तथा स्थूल सामग्री के प्रयोग पर अधिक बल दिया जाना चाहिए तथा पाठ्य पुस्तक विषय के स्थान पर पाठांतर क्रियाओं को अधिक महत्त्व दिया जाना चाहिए। इन बालकों को हस्तकला और उद्योगों के ज्ञान की पर्याप्त व्यवस्था होनी चाहिए। उनके मानसिक और सामाजिक विकास के लिए भी उचित अवसर उपलब्ध कराये जाने चाहिए तथा उन्हें अपने कार्यों को स्वयं करने में पूरी तरह समर्थ बनाया जाना चाहिए।

अधिगम अक्षमता या विशिष्ट कठिनाई युक्त बालक (Learners with Specific Learning Disabilities)

अधिगम कठिनाई युक्त विद्यार्थी—अर्थ एवं परिभाषा (Learners with Learning Difficulties—Meaning and Definition)

अधिगम की दृष्टि से अक्षम बालक वे बालक होते हैं जिनमें अधिगम या सीखने की दृष्टि से बहुत अधिक अक्षमता या कठिनाई देखने को मिलती है। प्रश्न यह उठता है कि यह अधिगम अक्षमता या कठिनाईयां क्या होती हैं? वास्तव में इस प्रकार की अक्षमता से अभिप्रायः किसी ऐसी कठिनाई, मजबूरी तथा असमर्थता से होता है जिसका अनुभव पीड़ित व्यक्ति द्वारा अधिगम मार्ग पर आगे बढ़े अथवा शैक्षिक दृष्टि के प्रगति करने के दौरान किया जाता है। यह उसी प्रकार की असमर्थता और असहाय जन्य परिस्थिति होती है जिसका सामना एक शारीरिक रूप से अपंग व्यक्ति द्वारा शारीरिक क्षमताओं के प्रदर्शन के दौरान और एक मानसिक रूप से विकलांग बालक द्वारा मानसिक शक्तियों के उपयोग के समय किया जाता है। इस प्रकार से अधिगम की दृष्टि से अक्षम बालकों द्वारा अधिगम के क्षेत्र में उसी प्रकार की कमियों और असुविधाओं का सामना करना पड़ता है जैसे कि एक शारीरिक रूप से विकलांग को शारीरिक और मानसिक क्रियाओं के संचालन में, मानसिक रूप से पिछड़े

या विकलांग बालक को मानसिक और संज्ञानात्मक क्रियाओं के संचालन में तथा संवेगात्मक रूप से कुसमायोजित व्यक्ति को सामाजिक तथा संवेगात्मक व्यवहार क्षेत्र में करना पड़ता है। अधिगम अक्षमता से युक्त इन बालकों के बारे में और अधिक जानने के लिये आइये अब कुछ जानी मानी परिभाषाओं पर ध्यान दिया जाये।

1. **एस. ए. किर्क** (1971)—अधिगम अक्षमता या अपंगता जैसी शब्दावली का प्रयोग उन बालकों के लिये नहीं होता जिन्हें सीखने सम्बन्धी अस्थायी या मामूली सी कठिनाइयों का सामना करना पड़ता है परन्तु उन बालकों के लिये होता है जिनकी योग्यताओं और शैक्षिक क्षेत्रों की उपलब्धियों के बीच-बहुत अधिक असमानता या अंतर देखने को मिलता है और गहन अधिगम समस्याओं युक्त यह असमानता या अन्त भी इस प्रकृति या स्तर का होता है कि जिसकी व्याख्या उनकी मानसिक विकलांगता, इन्द्रियजनक दोष, संवेगात्मक उथल-पुथल या अधिगम हेतु मिलने वाले अवसर तथा परिस्थितियों के अभाव के रूप में नहीं की जा सकती।

The term learning disability is not meant to be used for children with minor or temporary difficulties in learning but with a severe discrepany between ability and achievement in educational performance and the discreptancy described as learning disabilities with significant learning problems that can not be explained by mental retardation, sensory impairment, emotional disturbance or lack of opportunity to learn.

2. **नेशनल जॉइन्ट कमेटी ऑन लर्निंग डिसअबिलिटीज, यू. एस. ए.** (National Join Committee on Learning Disabilities, USA)—मूल रूप में अधिगम अक्षमता या अपंगता शब्दावली का प्रयोग उन विभिन्न प्रकार के विकारों के लिये होता है जिनसे आक्रान्त व्यक्ति सुनने, बोलने, पढ़ने, लिखने, तर्क करने या गणितीय योग्यताओं को सीखने तथा उन्हें प्रयोग में लाने में गहन कठिनाइयों का सामना करता हुआ दिखाई देता है। इस प्रकार के सभी विकार व्यक्ति में ही अन्तर्निहित होते हैं और सम्भवतया केन्द्रीय स्नायु संस्थान में पाये जाने वाले दोषों के कारण पैदा होते हैं तथा जीवन में कभी भी इनकी परिणिति हो सकती है। अधिगम अक्षमता के साथ स्व-नियमित व्यवहार क्रियाओं तथा सामाजिक प्रत्यक्षीकरण और अन्तः क्रिया संबंधी समस्यायें भी देखने को मिल सकती हैं परन्तु उनकी यह उपस्थिति अधिगम अक्षमता या अपंगता पैदा कर दे ऐसी बात नहीं है। इसी प्रकार अधिगम अक्षमता या अपंगता में अन्य कई अक्षमताओं तथा अपंगताओं जैसे इन्द्रिय जनित दोष मानसिक पिछड़ापन, गहन संवेगात्मक हलचल या सामाजिक, कुसमायोजन के दर्शन भी हो सकते हैं तथा कुछ बाह्य प्रभावी परिस्थितियों जैसे सांस्कृतिक पिछड़ापन और अधिगम अवसरों का अभाव आदि की उपस्थिति भी पाई जा सकती है परन्तु अधिगम अक्षमता या अपंगता को इनकी उपज नहीं माना जा सकता।

Learning disabilities as a generic term refers to a heterogeneous group of disorders manifested by significant difficulties in the acquisition and use of listening, speaking, reading, writing, reasoning or mathematical abilities. These disorders are intrinsic to the individual presumed to the due to central nervous system dysfunction and may occur across the life span. Problem in self-regulating behaviours, social perception and social instruction may exist with learning disabilities but donot by themselves constitutes a learning disability. Although learning disabilities may occur concomitantly with other handicapping conditions. (for example. sensory impairment, mental retardation, serious emotional disturbance or social maladjustment) or with extrinsic influences (such as cultural differences or lack of opportunity to learn they are not the result of those conditions or influences.

—McLoughllin & Metick, 1983

3. **कावेले एवं फॉरनेस** (Kavale & Forness, 1966)—अधिगम की दृष्टि से अक्षम या अपंग व्यक्तियों में बहुत अधिक विभिन्नतायें देखने को मिलती हैं परन्तु सभी के सामने यह एक समस्या अवश्य रहती है कि वे जो अधिगम अक्षम या अपंग न हों उनकी भाँति या उतनी कुशलता से अधिगम नहीं कर पाते। यद्यपि वे अधिकतर बौद्धिक रूप से सामान्य ही होते हैं परन्तु फिर भी उनकी शैक्षिक उपलब्धि का स्तर उनके सहपाठियों से कम ही पाया जाता है। कुछ को गणित अधिगम में अत्यधिक कठिनाई होती है परन्तु अधिकांश को पढ़ने और लिखने के क्षेत्र में सिद्ध हस्त होना बहुत बड़ा सिरदर्द बन जाता है।

People with learning disabilities belong to a group of very diverse individuals but they do share one common problem. They do not learn in the same way or as efficiently as their non-disabled peers. Although most possess normal intelligence, their academic performance is significantly behind their class mates. Some have great difficulty in learning mathematics, but most find the mastery of reading and writing to be their most difficult challenge.

इन परिभाषाओं के उचित विश्लेषण के माध्यम से अधिगम अक्षमता या अपंगता के अर्थ और अवधारणा के संदर्भ में कुछ निम्न महत्त्वपूर्ण बातें उभरकर सामने आ सकती हैं:

1. व्यक्ति विशेष की अधिगम अक्षमताओं को व्यक्ति की मूलभूत मनोवैज्ञानिक प्रक्रियाओं में व्यवधान डालने वाले एक विशेष प्रकार के विकारों के रूप में समझा जाना चाहिये।
2. व्यक्ति को इस प्रकार के विकारों का सम्बन्ध उसके स्वयं के अन्दर निहित कारकों—जैसे केन्द्रीय स्नायु संस्थान की कार्य प्रणाली में असामान्यता या दोष (जैसे मस्तिष्क और स्नायु तन्त्रिका के क्षतिग्रस्त होने से गामक, प्रत्यक्षीकरण योग्यता और अधिगम पर प्रतिकूल प्रभाव पड़ना) से ही होता है।
3. यद्यपि कुछ बाह्य कारकों जैसे मानसिक मंदिता, इन्द्रियजनित दोष, संवेगात्मक उथल-पुथल, सांस्कृतिक पिछड़ापन, शैक्षिक सुविधाओं तथा अवसरों का अभाव, गरीबी, भुखमरी, प्राकृतिक आपदाओं की उपस्थिति में विभिन्न अधिगम समस्यायें जन्म ले सकती हैं परन्तु फिर भी अधिगम अक्षमताओं और अपंगता को इस प्रकार के बाह्य कारकों का प्रत्यक्ष उत्पादन नहीं माना जा सकता।
4. अधिगम अक्षमता या अपंगता से ग्रसित बालक आवश्यक रूप से किसी एक या एक से अधिक संज्ञानात्मक क्षेत्र से जुड़ी हुई अति विशिष्ट गहन अधिगम समस्याओं के शिकार होते हैं। जैस—किसी नई बात को समझने या ज्ञान को ग्रहण करने में असमर्थता, भाषा सम्बन्धी सम्प्रेषण, सुनने, बोलने, लिखने-पढ़ने आदि में काफी कठिनाई अनुभव करना, गणितीय कौशलों के अर्जन में बेहद कठिनाई अनुभव करना तथा सामाजिक कुशलताओं के अर्जन में असमर्थता दिखाना आदि।
5. जो बालक सीखने में थोड़ी मामूली कठिनाई अनुभव करते हैं या जिनकी यह कठिनाई अस्थाई होती है उन्हें अधिगम अक्षम या अपंग नहीं समझा जाता। इस वर्ग में तो केवल वह बालक शामिल किया जाते हैं जिनकी अधिगम सम्बन्धी कठिनाई या अक्षमता का स्तर उनके और दूसरों के लिये काफी बड़ा सिरदर्द बन जाता है।
6. अधिगम अक्षम या अपंग बालकों में बुद्धि की कमी का होना एक अनिवार्य शर्त नहीं है। बहुत से बालक ऐसे हो सकते हैं जिनमें बुद्धि का स्तर अन्य सामान्य बालकों की तरह ही हो परन्तु आवश्यक बात यह है कि शैक्षिक उपलब्धि में वे अपने इन सहपाठियों से सदैव पीछे ही रहते हैं।
7. अधिगम अक्षम या अपंग बालकों में अधिगम की दृष्टि से जो अक्षमता या असमर्थता पाई जाती है वह उनमें विविध प्रकार की अधिगम सम्बंधी न्यूनताओं और कठिनाइयों को जन्म दे सकती है। जिनके फलस्वरूप उसमें निहित उसकी योग्यताओं तथा शैक्षणिक उपलब्धि में इतना अधिक अंतर देखने को मिला है जिसकी पूर्ति हेतु तथा साथ में उनके उचित समायोजन तथा व्यवस्थापन के लिये भी उनके ऊपर विशेष रूप से ध्यान देने तथा आवश्यक उपचारात्मक कदम उठाने की ज़रूरत महसूस होती है और अब ऐसा होता है तो ऐसे बालकों को ही अधिगम अक्षम या अपंग बालकों की औपचारिक संज्ञा दी जाती है।

अधिगम अक्षम या अपंग बालकों की प्रकृति एवं विशेषतायें (Nature and Characteristics of Children with Learning Difficulties or Disablities)

शिक्षा और मनोविज्ञान के क्षेत्र में होने वाले विभिन्न अनुसंधानों के आधार पर शिक्षा शास्त्रियों तथा मनोवैज्ञानिकों ने अधिगम अक्षम या अपंग बालकों की प्रकृति एवं विशेषताओं के बारे में जो बातें सामने रखी हैं उन्हें संक्षेप में निम्न प्राकर लिपिबद्ध किया जा सकता है:

1. अधिगम अक्षम या अपंग बालक किसी एक या अन्य कारणों के फलस्वरूप बहुत सी गहन अधिगम समस्या या विकास से ग्रस्त पाये जाते हैं।
2. उनकी यह अधिगम समस्यायें, कमियाँ तथा दोष दूसरों की दृष्टि में तब आते हैं जब इन बालकों की भाषायी कौशलों(सुनना, बोलना, पढ़ना, लिखना आदि) को अर्जित करने में अपनी असमर्थता व्यक्त करते हुये देखा जाता है या फिर तर्क करने, चिन्तन करने, गणितीय योग्यता तथा सामाजिक कुशलताओं को अर्जित करने में बेहद परेशानी का सामना करते हुये देखा जाता है।
3. इन बालकों के व्यवहार में व्यग्रता (Hyperactivity) तथा अनावश्यक उत्तेजना देखने को मिल सकती है।
4. इनमें से अधिकांश को संवेगात्मक समस्याओं का शिकार पाया जाता है। चिन्तित और मूडी व्यवहार भी इनकी एक विशेषता हो सकती है।
5. अधिगम अक्षमता या विकलांगता न तो शारीरिक रूप में बाहर से अपनी झलक दिखाती है और न इसका पता बुद्धि लब्धि के रूप में प्राप्तांकों से ही हो सकता है। इसलिये अधिगम की दृष्टि से अक्षम बालकों का हृष्ट पुष्ट होना, अच्छी देखने और सुनने की शक्ति रखना और सामान्य रूप से बुद्धिमान होना पूरी तरह संभव है।
6. अधिगम अक्षम या अपंग बालकों के लिये यह बात बिल्कुल सही है कि उन सभी में किसी न किसी प्रकार की बहुत गंभीर प्रकृति की असमर्थता या अक्षमता पाई जाती है जिसकी वजह से वे अधिगम अर्जन और शैक्षिक उपलब्धि में उसी प्रकार की कठिनाई या अक्षमता महसूस करते हैं जैसी कि एक शारीरिक और मानसिक रूप से विकलांग व्यक्ति को अपनी शारीरिक और मानसिक क्षमताओं के उपयोग को लेकर होती है।
7. अधिगम की दृष्टि से अक्षम सभी बालक उनमें जितनी अधिगम क्षमता होती है उससे काफी कम शैक्षणिक उपलब्धि का प्रदर्शन करते हैं प्रायः उनकी क्षमताओं तथा उपलब्धि के बीच काफी बड़ा अन्तर देखने को मिलता है।
8. अधिगम अक्षमता से युक्त कई बालकों में चिन्ताजनक न्यूरोलोजीकल विकार तथा ई. ई. जी. अनियमिततायें (EEG Irregularities) देखने को मिल सकती हैं।
9. उनमें स्मृति, चिन्तन, अवधान, सामान्य अंग संचालन एवं नियन्त्रण, प्रत्यक्षीकरण तथा गामक क्रियाओं के उचित संपादन सम्बन्धी दोष भी देखने को मिल सकते हैं।
10. इन बच्चों के सम्बंध में जो एक बात स्पष्ट रूप से सामने आती रहती है कि ये सीखते बहुत मुश्किले से हैं और दूसरे इन्हें शैक्षणिक कार्यों में स्वामित्व अर्जित करने में बहुत परेशानियों से गुजरना पड़ता है। सही अर्थों में इन्हें सीखने और सीखी हुई बातों का उपयोग करने में उतनी ही असहाय अवस्था, कठिनाई तथा अक्षमता से गुजरना पड़ता है जितना कि शारीरिक तथा मानसिक रूप से अपंग बालकों को शारीरिक तथा मानसिक क्षमता के कार्यों को संपादित करने में।
11. अधिगम सम्बंधी अपनी न्यूनता तथा अक्षमता के संदर्भ में उन्हें प्रायः निम्न व्यवहारगत विशेषताओं से युक्त पाया जाता है:

    (i) अभिप्रेरणा का अभाव (ii) ध्यान न दे पाना (iii) सामान्यीकरण क्षमता का अभाव (iv) समस्या समाधान योग्यता का अभाव (v) सूचनाओं को व्यवस्थित कर उनसे लाभ उठाने सम्बन्धी अक्षमता तथा (vi) चिन्तन कौशल सम्बन्धी अक्षमता।
12. अधिगम अक्षम तथा अपंग कहे जाने वाले बालकों में अधिगम सम्बंधी अक्षमता तथा कठिनाइयों का इतना अधिक गम्भीर रूप पाया जाता है कि उन्हें अपनी अधिगम समस्याओं तथा अक्षमताओं के उपचार के लिये आवश्यक रूप से उन पर उचित ध्यान देने, उनके लिये वांछनीय उपचारात्मक कदम उठाने तथा उन्हें अपने समायोजन हेतु पर्याप्त सहायता देने की समुचित व्यवस्था चाहिये। इस प्रकार की व्यवस्था के अभाव में उनका व्यवहार समस्यात्मक बन जाने तथा व्यक्तित्व को कुसमायोजन की दिशा में जाने की संभावनायें प्रबल हो जाती हैं।

अधिगम अक्षमता या अपंगता के कारण (Causes of Learning Disabilities or Difficulties)

जिस प्रकार की अधिगम अक्षमतायें प्रायः देखने की मिलती हैं उनके ऊपर किये गये अनुसंधानों के द्वारा शिक्षा मनीषियों तथा मनोवैज्ञानिकों द्वारा जो कारण अधिगम अक्षमता के मूल में तलाश किये हैं। उन्हें मोटे तौर पर निम्न तीन भागों में विभक्त कर समझा जा सकता है:

1. वंशानुगत कारण (Genetic or Heredity Factors)
2. जैविक या शारीरिक कारण (Organic or physiological Factors)
3. वातावरण सम्बन्धी कारण (Environment Factors)

आइये अब इन सभी प्रकार के कारणों को विस्तार में समझा जाय।

1. **वंशानुगत अक्षमता या अपंगता** (Genetic or Heredity Factors)—वंशानुगत अक्षमता या अपंगता के पीछे बहुत बार वंशक्रम सम्बन्धी बातों का काफी बड़ा योगदान रहता है। जैसे माँ-बाप वैसी संतान (Like begets like) की तर्ज पर अधिगम अक्षमता या अपंगता से जुड़ी हुई बहुत सी बातों के लिये वंशानुक्रम के माध्यम से पीढ़ी दर पीढ़ी होने वाला हस्तान्तरण उत्तरदायी ठहराया जा सकता है। वंशक्रम सम्बन्धी बातों को अधिगम अक्षमता के लिये उत्तरदायी ठहराने के पीछे मुख्य रूप से निम्न दलीलें/विचारधारा काम करती दिखाई देती है:
   (a) अधिगम अक्षमता से ग्रस्त जिन बालकों में अत्यधिक व्यग्रता (Hyperactivity) तथा अनावश्यक उत्तेजना (Impulsiveness) के लक्षण दिखाई देते हैं उनके माता पिताओं में कम से कम एक में इस प्रकार के लक्षण पाये गये हैं।
   (b) संवेगात्मक अस्थिरता, स्मृति और चिन्तन सम्बन्धी विकार, वाक दोष और अधिगम अर्जन सम्बन्धी असमर्थताओं को पीढ़ी दर पीढ़ी संक्रामित होता पाया गया है।
   (c) वंशानुगत कारकों की उत्तरदायित्वता को लेकर किये गये गहन अनुसंधानों में अमेरिकी वैज्ञानिकों तथा मनोवैज्ञानिक द्वारा कुछ ऐसे विशेष जीन्स (Genes) की तलाश की गई है जिन्हें पढ़ने-लिखने तथा अन्य अधिगम अर्जन सम्बन्धी कठिनाइयों तथा समस्याओं के लिये उत्तरदायी ठहराया जा सकता है।
2. **जैविक या शारीरिक कारण** (Organic or Physiological Factors)—अधिगम अक्षमताओं से युक्त बहुत से बालकों में जैविक या शारीरिक दोषों को उनकी अक्षमताओं के लिये जिम्मेदार ठहराया जा सकता है। इस प्रकार के दोषों का सम्बन्ध अधिकतर उनके केन्द्रीय स्नायु संस्थान (Central Nervous System) जिसमें मस्तिष्क, रीढ़ की हड्डी तथा संवेदन तन्त्रिकायें भी शामिल हैं, के विकारों में रहता है। केन्द्रीय स्नायु संस्थान से जुड़े हुये ऐसे दोष तथा विकारों का जन्म प्रायः निम्न बातों से होता है:
   (a) दुर्घटना के कारण मस्तिष्क को कोई क्षति पहुँच सकती है या शिशु को जन्म से पहले, जन्म के दौरान या जन्म के तुरन्त बाद ऑक्सीजन मिलने की मात्रा में कमी होने से न्यूरोलोजीकल विकारों की वजह से मस्तिष्क में ऐसे दोष उत्पन्न हो सकते हैं जिनसे अधिगम क्षमता पर प्रतिकूल प्रभाव पड़े।
   (b) रीढ़ की हड्डी तथा संदेश वाहक तन्त्रिकाओं को कोई ऐसा आघात पहुँच सकता है जिससे अधिगम सम्बन्धी कठिनाइयां या अक्षमता पैदा हो जाये।
   (c) जैविक रसायन असंतुलन (biochemical imbalances) की वजह से केन्द्रीय स्नायु संस्थान विकार ग्रस्त हो सकता है।

   इस प्रकार के जैविक रसायन असंतुलन के पैदा होने के पीछे निम्न बातें कार्य कर सकती हैं:

   - बहुत से खाद्य में स्वाद के लिये तथा रंग देने के लिये जो रसायन मिलाये जाते हैं उनके सेवन से अत्यधिक उत्तेजना, बैचेनी, व्यग्रता तथा संवेगात्मक असंतुलन सम्बन्धी दोष पैदा हो जाते हैं जिनके परिणामस्वरूप केन्द्रीय स्नायु संस्थान की कार्य प्रणाली दोषपूर्ण तथा विकार युक्त बन सकती है।

- पौष्टिक तत्त्वों विशेषकर आवश्यक विटामिनों की कमी बालकों में रूधिर निर्माण तथा प्रवाह को प्रतिकूल रूप में प्रभावित करते हुये उनके केन्द्रीय स्नायु संस्थान की कार्यप्रणाली को दोषपूर्ण तथा विकारग्रस्त बना सकती है।

संक्षेप में कहा जाये तो व्यक्ति विशेष की अधिगम क्षमता और सामर्थ्य बहुत कुछ सीमा तक उसके केन्द्रीय स्नायु संस्थान की समुचित कार्यप्रणाली पर टिकी हुई है। जैसे ही प्रणाली में कोई दोष या विकार पैदा होता है उसका सीधा असर व्यक्ति विशेष की अधिगम क्षमता और सामर्थ्य पर पड़ता है। इस दृष्टि से कोई भी ऐसी बात जिसके द्वारा केन्द्रीय स्नायु संस्थान के किसी भी अवयव को क्षति पहुँचे, वह उसकी कार्यप्रणाली को प्रतिकूल ढंग से प्रभावित करती हुई अधिगम अक्षमता या अपंगता का एक बड़ा कारण बन सकती है।

3. **वातावरण सम्बन्धी कारण** (Environmental Forces)—बहुत बार अधिगम अक्षमता या अपंगता के पीछे वातावरण जन्य निम्न कारणों की उपस्थिति भी पाई जा सकती है:

(a) माँ के गर्भ में मिलने वाला दोषयुक्त वातावरण या कुपोषण।

(b) समय से पूर्व होने वाला प्रसव, बालक के जन्म के समय उपलब्ध प्रतिकूल तथा हानिप्रद वातावरण जन्य परिस्थितियाँ अथवा बालक के केन्द्रीय स्नायु संस्थान में जन्म से ही किसी दोष के विकार का पाया जाना।

(c) जीवन के प्रारम्भिक वर्षों में बालक की भुखमरी या कुपोषण का शिकार होना, घातक बीमारियों से ग्रस्त रहना, ऐसी दुर्घटनाओं तथा चोटों का शिकार होना जिनसे उसका केन्द्रीय स्नायु संस्थान क्षतिग्रस्त हो या उसकी कार्य प्रणाली पर प्रतिकूल प्रभाव पड़े।

(d) बालकों को आवश्यकतानुसार उचित चिकित्सा तथा स्वास्थ्य सम्बन्धी देखभाल उपलब्ध न हो और जिसके परिणामस्वरूप उसकी सुनने, देखने, चखने, छूने और सूंघने और अन्य प्रकार की न्यूरोलोजीकल कार्य प्रणाली नकारात्मक ढंग से प्रभावित हो या उसमें ऐसे गंभीर दोष उत्पन्न हो जायें जिनसे उसे अधिगम प्रक्रिया में असहाय और असमर्थ बनने के लिए मजबूर होना पड़े।

(e) दोषपूर्ण शैक्षणिक परिस्थितियाँ एवं वातावरण के फलस्वरूप बालक को अधिगम अर्जन हेतु आवश्यक पूर्व अनुभवों तथा अभिप्रेरणा की प्राप्ति न हो सके।

(f) परिवार की परिस्थितियों अथवा उपलब्ध शिक्षकों की अपनी कमियों की वजह से बालकों को पर्याप्त उचित शिक्षा न मिलना और परिणामस्वरूप उनको अधिगम हेतु उपयुक्त ठोस आधार न मिल पाना।

(g) बालक के परिवेश जन्य कारणों अथवा उसके शारीरिक अंगों की दोषपूर्ण प्रणाली की वजह से बालकों का संवेगात्मक असंतुलन तथा अन्य व्यवहार जन्य दोषों से युक्त रहना।

(h) बालक द्वारा अधिगम और शिक्षण प्रक्रिया में उचित ध्यान और एकाग्रता को न बनाये रखना तथा संप्रेक्षण हेतु वांछित भाषायी कौशलों का समुचित विकास न होना।

(i) बालक द्वारा मादकद्रव्यों तथा नशीले पदार्थों जैसे शराब, अफीम, हीरोइन आदि का सेवन।

(j) अपने सामाजिक, सांस्कृतिक और शैक्षिक परिवेश में उपस्थित नकारात्मक भूमिका वाले अवांछित तत्त्वों को आदर्श मानकर उनका अनुसरण करना।

(k) सामाजिक और सांस्कृतिक वंचन (deprivation)।

अधिगम अक्षम या अपंग बालकों की पहचान
(Identification of Learning Disabled or difficult children)

अधिगम अक्षम या अपंग बालकों की पहचान कैसे हो, इस बात के लिये मुख्य रूप से दो रास्ते अपनाये जा सकते हैं। एक जिसमें बुद्धि परीक्षणों की तरह ऐसे परीक्षणों को काम में लाया जाये जिनसे बालकों की अधिगम सम्बन्धी अक्षमताओं का पता लगे और दूसरा वह जिसमें परीक्षण से अतिरिक्त ऐसी व्यवहार तकनीकों का उपयोग किया जाय जिनके द्वारा अप्रत्यक्ष रूप से बालक की अधिगम अक्षमता या उससे संबंधित लक्षण प्रकाश में आ जायें। आगे अब हम दोनों प्रकार के तरीकों पर संक्षेप में प्रकाश डालना चाहेंगे।

परीक्षण रहित प्रविधियाँ (Non-Testing Devices)—इस प्रकार की प्रविधियों में अधिगम अक्षमता की पहचान हेतु हम निरीक्षण, रेटिंग, स्केल, चैक लिस्ट, साक्षात्कार आदि तकनीकों का प्रयोग करते हैं। इसके लिये पहले हम उन सभी व्यवहार तथा व्यक्तित्व जन्य विशेषताओं की किसी उचित सूची को अपने सामने रखते हैं और फिर निरीक्षण रेटिंग लिस्ट, चैक लिस्ट, साक्षात्कार आदि व्यवहार और व्यक्तित्व मापन तकनीकों का उपयोग करके यह पता लगाते हैं कि किसी बालक विशेष में उन सभी व्यक्तित्व गुणों या व्यवहारजन्य बातों की कितनी मात्रा या उनका कैसा स्तर है जिससे उन्हें अधिगम की दृष्टि के अक्षम या अपंग घोषित किया जा सके। व्यक्तित्व एवं व्यवहार मापन की इन तकनीकों का प्रयोग करने के अतिरिक्त हम शिक्षकों के तथा उन सभी के जो बालकों को निकट से जानते हों उन सभी विचारों या दृष्टिकोणों को भी अपने सामने रख सकते हैं जिनके द्वारा बालकों की अधिगम कठिनाइयों, अक्षमताओं तथा असमर्थताओं के स्तर के बारे में उचित जानकारी पाप्त हो सके।

परीक्षण युक्त प्रविधियाँ (Testing Devices)—इस प्रकार की प्रविधियों में वे सभी प्रकार के परीक्षण शामिल किये जा सकते हैं जिनका औपचारिक रूप से प्रयोग अधिगम अक्षमता के मापन हेतु वैसे ही किया जाता है जैसा कि बुद्धि परीक्षणों का बुद्धि मापन हेतु किया जाता है। सामान्यतया इस कार्य हेतु निम्न प्रकार के परीक्षणों को काम में लाया जाता है:

1. **प्रामाणिक निदानात्मक परीक्षण** (Standardized Diagnostic Tests)—निदानात्मक परीक्षणों द्वारा विभिन्न शैक्षिक विषयों में बालकों के सामने आ रही अधिगम कठिनाइयों तथा अक्षमताओं का पता लगाने का प्रयत्न किया जाता है। इस प्रकार के प्रामाणिक निदानात्मक परीक्षण विद्यालय पाठ्यक्रम के लगभग सभी विषयों पर विदेशों में ही नहीं अपने देश में भी शैक्षिक अनुसंधानकर्त्ताओं और विषय विशेषज्ञों द्वारा उचित ढंग से तैयार किये गये हैं। इनकी मदद लेकर हम बालकों की अधिगम कठिनाइयों और अक्षमताओं के बारे में उचित जानकारी इकट्ठी कर सकते हैं। इस प्रकार के परीक्षणों के उदाहरण हेतु निम्न नाम गिनाये जा सकते हैं:
   (a) वी पी शर्मा और शुक्ला द्वारा निर्मित दशमलव पद्धति एवं प्रतिशत हेतु निदानात्मक परीक्षण
   (b) ड्यरेल (Durell) द्वारा निर्मित ''ड्यरेल एनेलाइसिस ऑफ रीडिंग डिफीकल्टी'' (Durell Analysis of Reading Difficulty)
   (c) बैटी, मैडेन एवं गार्डनर द्वारा निर्मित ''स्टेनफोर्ड डाइगनोस्टिक अर्थमैटिक टेस्ट'' (Stanford Diagnostic Arithmetic Test)
   (d) स्पेशी (Spache) द्वारा निर्मित ''दी स्पेशी डाइगनोस्टिक रीडिंग स्केल्स'' (The Spache Diagnostic Reading Scales)
   (e) गेट्स एवं मॅककिलोप (Gates and Mckillop) द्वारा निर्मित ''दी गेट्स मॅककिलोप रीडिंग डाइगनोस्टिक टैस्ट'' (The Gates Mckillop Reading Diagnostic Test)
2. **योग्यता परीक्षण या प्रक्रिया परीक्षण** (Ability test or Process Tests)—अधिगम अक्षम या अपंग बालक अधिगम एवं बोध प्रक्रियाओं के संपादन में असमर्थता तथा अक्षमता से पीड़ित होते हैं। योग्यता परीक्षण या प्रक्रिया परीक्षणों के द्वारा उनकी इस प्रकार की असमर्थता या अक्षमता की गहनता का पता लगाने की ही चेष्टा की जाती है। अधिगम के लिये एक बालक को देखने सुनने सम्बन्धी प्रत्यक्षीकरण योग्यता, दृष्टि और क्रियाओं के संपादनं में उचित समन्वय, मनोभाषायी कौशलों की अच्छी पकड़ आदि की बेहद ज़रूरत होती है अत: योग्यता या प्रक्रिया परीक्षणों में इस प्रकार की योग्यताओं और क्षमताओं के परीक्षण पर ही पूरा ध्यान दिया जाता है। इस प्रकार के परीक्षणों के उदाहरण रूप में निम्न का उल्लेख किया जा सकता है:
   (a) फ्रोस्टिंग लेटीवर और व्हिट्लेसी (Frosting Letever and Whittlesey) द्वारा निर्मित ''द मेरीअने फ्रोस्टिंग डवलपमैन्ट टैस्ट ऑफ विजुअल परसैप्सन'' (The Marianne Frosting Development Test of Visual Perception)
   (b) किर्क, मककारथी एवं किर्क (Kirk, Mecarthy and Kirk) द्वारा निर्मित ''इलीनोइस टैस्ट ऑफ साइकोलिनिगुएस्टिक एबीलीटिज'' (Illionis Test of Psyoholinguistic Abilities)

3. **उपलब्धि-परीक्षण** (Achievement Tests)—इन परीक्षणों का प्रयोग बालकों के ज्ञान, कौशल तथा अन्य व्यवहार क्रियाओं के प्रदर्शन सम्बन्धी उपलब्धियों के स्तर को जानने हेतु किया जाता है। उपलब्धि-परीक्षण भी दो प्रकार के हो सकते हैं। एक तो प्रामाणिक उपलब्धि परीक्षण (Stardardized Achievement Tests) और दूसरे अध्यापक निर्मित परीक्षण (Teacher Made Tests)। प्रामाणिक उपलब्धित परीक्षणों का निर्माण अध्यापक निर्मित परीक्षाओं की तरह स्वयं अध्यापकों द्वारा नहीं किया जाता बल्कि इन्हें किन्हीं अनुसंधानकर्त्ता तथा विषय विशेषज्ञों द्वारा किसी विषय विशेष में किसी क्षेत्र, आयु या श्रेणी स्तर के बालकों की शैक्षणिक उपलब्धि या अधिगम सम्बंधी कठिनाइयों और अक्षमताओं के निदान हेतु विशेष रूप से तैयार किया जाता है। इन परीक्षणों के प्रयोग से हमें अधिगम अक्षम या अपंग बालकों की पहचान कर सकने में यथेष्ट मदद मिल सकती है।
4. **दैनिक मूल्यांकन प्रणाली** (Daily Assessment Test)—विद्यालयों में ऐसे प्रबन्ध किये जा सकते हैं कि जिससे बालकों की ज्ञान, कौशल और क्रियात्मक क्षेत्रों की उपलब्धियों का दैनिक मूल्यांकन रिकार्ड उपलब्ध रहे। इस प्रकार सतत दैनिक मूल्यांकन से हमें बालकों की अधिगम और बोध सम्बंधी सभी प्रकार की कठिनाइयों तथा अक्षमताओं से लगातार परिचित रहने का बहुमूल्य अवसर मिलता रहता है।

अधिगम अक्षम या अपंग बालकों की शिक्षा
(Educational Provision for the Students with Learning Disabled or difficulty)

कौन से बालक अधिगम की दृष्टि से अक्षम या अपंग हैं इसकी जानकारी होने के बाद अब प्रश्न उठता है कि इन बालकों की इन कमजोरियों तथा अक्षमताओं का क्या समाधान ढूंढा जाये तथा इनकी शिक्षा को किस तरह आगे नियोजित एवं आयोजित किया जाये ताकि इनकी शिक्षा पथ में आगे बढ़ने और भलीभाँति समायोजित रख सकने में पूरी-पूरी सहायता की जा सके। अधिगम अक्षमताओं के पैदा होने के कारण यहाँ हमें यह ध्यान दिलाते हैं कि भिन्न-भिन्न बालकों में अधिगम अक्षमता पैदा होने के भिन्न-भिन्न कारण हो सकते हैं तथा किस में किस प्रकार तथा स्तर की अधिगम अक्षमता या अपंगता है उसकी प्रकृति में भी बहुत विभिन्नतायें देखने को मिल सकती हैं। इस दृष्टि से सोचा जाये तो अधिगम अक्षमता या अपंगता का सामूहिक नहीं बल्कि व्यक्तिगत रूप से ही समाधान और उपचार संभव है। है भी ऐसा ही। अधिकतर हम व्यक्तिगत रूप से बालकों की अधिगम, कठिनाइयों, अक्षमताओं तथा कुसमायोजन के निवारण की बात सोचते हैं और प्रयोग में लाते हैं। सबसे पहली शुरूआत बालकों की अधिगम अक्षमता या अपंगता के निदान से ही होती है और इस निदान द्वारा अधिगम अक्षमता की प्रकृति और स्तर का पता लगने के बाद ही उसके निराकारण की बात सोची जाती है। परन्तु फिर भी अनुसंधानकर्त्ताओं तथा शिक्षाविदों ने अधिगम अक्षम या अपंग बालकों के लिये कुछ ऐसी प्रविधियों तथा तरीकों के उपयोग की सिफारिश की है जिनकी सहायता से सामान्य और विशेष दोनों रूपों में ही उनकी शिक्षा व्यवस्था के कार्य रूपों को अच्छी तरह आगे बढ़ाया जा सकता है। इस प्रकार के उपायों में बहुप्रचलित और अधिक प्रभावशाली उपायों की चर्चा हम नीचे कर रहे हैं।

1. **विशिष्ट विद्यालयों या कक्षाओं का प्रबन्ध** (Provision of Specialized Schools or Classes)—अधिगम अक्षमताओं से युक्त बालकों की शिक्षा हेतु अलग से विशेष विद्यालयों या कक्षाओं का प्रबन्ध किया जाय इस बात की सिफारिश प्राय: इस आधार पर ही की जाती है कि इस प्रकार के बालक अधिगम क्षमताओं तथा सामर्थ्य की दृष्टि से आम बालकों से बहुत अधिक भिन्न होते हैं और उन्हें उनके साथ रखकर शिक्षा नहीं दी जा सकती। विशेष कक्षाओं या विद्यालयों में इस तरह का वातावरण निर्मित किया जाता है कि अधिगम अक्षम बालकों को विशेष रूप से प्रशिक्षित अध्यापकों द्वारा विशेष प्रकार की विधियों एवं तकनीकों का प्रयोग करके ऐसे विशेष रूप से शिक्षा सम्बन्धी उपाय किये जायें जिनसे अधिगम अक्षमताओं से युक्त बालकों की शिक्षा और समायोजन का कार्य सुचारू रूप से चलता रहे।

अलग से विद्यालय खोलकर उनमें अलग से सभी विशेष प्रबन्ध करने की बात जहाँ अधिक साधनों, मानवीय मौलिक संसाधनों तथा वित्तीय व्यय की माँग करती है वहाँ वर्तमान में उपलब्ध विद्यालयों में विशेष कक्षाओं की व्यवस्था करना जिनमें अधिगम अक्षमता से युक्त बालकों के लिये दूसरे बच्चों की तुलना में अधिक उपयुक्त माहौल बनाकर उन पर अधिक ध्यान देने की बात का प्रबन्ध हो जाये, अधिक सुविधाजनक और व्यवहारात्मक कदम माना जा सकता है।

परन्तु चाहे समाधान अलग विद्यालयों की स्थापना के रूप में हो या अलग कक्षाओं की व्यवस्था के तहत, दोनों ही व्यवस्थायें अधिगम अक्षमताओं से युक्त बालकों की शिक्षा हेतु उपयुक्त नहीं ठहरायी जा सकतीं। इस प्रकार का अलगाव और पृथक्कीकरण न तो उचित ही हो और न व्यावहारिक। हम यह सोचकर ही तो अधिगम अक्षमों के लिये यह प्रबन्ध करते हैं चूंकि वे दूसरों से अलग हैं अत: उनके लिये शिक्षा व्यवस्था भी अलग होनी चाहिये। परन्तु ऐसा करते समय हम यह भूल जाते हैं कि क्या जिनके लिये अलग व्यवस्था की जा रही है उनके लिये सामूहिक शिक्षा आयोजित की जा सकती है, क्या वे अपनी अधिगम अपंगता या अक्षमता को लेकर एक जैसे ही हैं ? बस यहाँ ही भूल हो सकती है। जैसा कि पहले बताया जा चुका है कि अधिगम अक्षगताओं और अगंगता की दृष्टि से भी बालकों में बहुत अधिक विभिन्नतायें पाई जाती हैं। कोई भाषायी कौशलों में अक्षम है तो कोई गणितीय योग्यताओं में; किसी को किसी अधिगम क्रिया के संपादन में कठिनाई आती है तो किसी को अन्य दूसरी में। एक दृष्टि से तो जिसमें जिस प्रकार की अधिगम न्यूनता या अक्षमता है उसकी शिक्षा की इस कमी और कठिनाई के ही संदर्भ में अलग से शिक्षा प्रबन्ध होना चाहिए। परन्तु बताइये क्या ऐसा सभंव है ? फिर तो पता नहीं कितने विशेष प्रकार के विद्यालयों तथा कक्षाओं की अलग-अलग व्यवस्था करनी पड़ेगी। अत: अलगाववाद पर आधारित विशेष विद्यालयों तथा कक्षाओं के प्रबन्ध की बात अधिगम अक्षमताओं से युक्त बालकों के लिये उपयुक्त सिद्ध नहीं हो सकती।

2. **विशेष उपचारात्मक और शैक्षिक कार्यरूपों की व्यवस्था** (Provision of Special Remedial and Educational Programmes)—इस प्रकार की व्यवस्था वर्तमान में उपलब्ध शैक्षिक ढाँचे तथा संसाधनों के भीतर ही उपलब्ध कराई ज़ा सकती है। इस प्रकार की व्यवस्था के लिये शुरुआत बालकों की अधिगम अक्षमताओं, कठिनाइयों तथा असमर्थताओं के उचित निदान से की जा सकती है। इनके प्रकार, मात्रा तथा स्तर का सही निदान हो जाने के बाद इनके उपचार का प्रबन्ध करने पर उसी रूप में आसानी हो जाती है जैसी कि एक डॉक्टर को रोगी के रोग संबधी विभिन्न निदानात्मक परीक्षणों (Diagnostic testing) के बाद रोग की प्रकृति और मात्रा को जानकर उसकी विधिवत् उपचार करने में होती है। अधिगम अक्षमताओं के निदान के बाद उपचारात्मक कदम उठाये जायें इसके लिये पहले से ही निर्मित एवं उपलब्ध उपचारात्मक पैकेज का इस्तेमाल किया जा सकता है। इस प्रकार के उपचारात्मक कार्यरूप या पैकेज बाजार में भी उपलब्ध हो जाते हैं और इन्हें विशेष शैक्षणिक संस्थाओं तथा सम्बन्धित विभागों जैसे एन. सी. ई. आर. टी. (NCERT), एस. सी. ई. आर. टी. (SCERT), डाइट्स (DIETS), विश्वद्यिालयों के विस्तार सेवा विभाग तथा शिक्षा महाविद्यालयों निहित उपचारात्मक कार्यरूपों से सम्बन्धित सामग्री नि:संदेह ही अधिगम की दृष्टि से अक्षम बालकों की शिक्षा और कल्याण हेतु बड़ी मूल्यवान सिद्ध हो सकती है। इस प्रकार की उपचारात्मक सामग्री और उसके द्वारा सम्पन्न विशेष प्रयोजनों के संदर्भ में हम पाठकों के लाभार्थ निम्न उदाहरण प्रस्तुत कर सकते हैं:

1. अगर अधिगम अक्षमता या अपंगता का संबंध संवेदना तथा गामक तंत्र (Sensory Motor System) में आये दोष या विकारों से है तो उस अवस्था में निम्न प्रकार के उपचारात्मक पैकेज प्रयोग हेतु उपलब्ध हो सकते हैं:
   (a) द स्ट्रॉस लेहटिनेन-क्रुकिशैनक परसेप्चुअल मोटर प्रोग्राम
   The Stauss Lehtinen-Cruickshank Perceptual Motor Programme)
   (b) गेट मैन का विजुओ मोटर प्रोग्राम (Getman's Visuo-Motor Programme)
2. दूसरी ओर अगर अधिगम अक्षमता का सम्बंध मनोभाषायी योग्यताओं से है तो उनके लिये निम्न प्रामाणिक उपचारात्मक कार्यक्रम उपयुक्त सिद्ध हो सकते हैं:
   (a) विट्मेर का साइको एजूकेशनल प्रोग्राम
   (Witmer's Psycho Educational Programmes)
   (b) द फरनैल्ड काइनेस्थेटिक रिमेडियल रीडिंग मैथड
   (The Fernald Kinesthetic Remedial Reading Method)
   (c) ब्लेंको एवं मौरगन (Blenco and Morgan) द्वारा निर्मित, द प्रेगमैटिक जनरल डाइगनोस्टिक रिमेडियल एप्रोचेज (The Pragmetic General Diagnostic Remedial Approaches)।

3. **बालक की वर्तमान परिवेश परिस्थितियों में सुधार लाना** (Structuring and Improving the Existing Environmental Set-up)—बालक की अधिगम अक्षमताओं या अपंगता के लिये बहुत बार बालक के परिवेश जन्य परिस्थितियों तथा कारकों का दोषपूर्ण होना उत्तरदायी होता है। जब तक इनके सुधार हेतु गम्भीर प्रयत्न न किये जायें तब तक बालक की अधिगम अक्षमता और उसके फलस्वरूप पैदा होने वाले दुष्प्रभावों के निराकरण की बात नहीं सोची जा सकती। इसके लिये माता-पिता, गुरूजनों, समाज के जिम्मेदार सदस्यों, निर्देशन एवं परामर्श सेवा कार्यकर्त्ताओं तथा यहाँ तक कि सरकार की ओर से भी ऐसे एकजुट प्रयत्न करने की आवश्यकता होती है जिनकी सहायता से बालक को वह उपयुक्त वातावरण मिले जिसमें उनके व्यवहार और व्यक्तित्व का सही निरूपण हो सके तथा उनको अच्छी अधिगम अक्षमताओं को दूर करने हेतु वांछित अवसर उपलब्ध हो सकें। इस दिशा में सभी से जो कुछ आशायें की जाती हैं उनका निम्न रूप हो सकता है:

1. माता-पिता तथा अध्यापकों को शुरू से ही यह सावधानी रखनी चाहिये कि बालकों द्वारा सीखने तथा संप्रेषण, प्रत्यक्षीकरण, गामक गतिविधियों और सामान्य अंग संचालन एवं संयोजन हेतु जो तरीके अपनाये जायें वे किसी दशा में अनुपयुक्त तथा दोषपूर्ण न हों।
2. विद्यालय के परिवेश को बालक विशेष की आवश्यकताओं, रुचियों तथा अपेक्षाओं के अनुकूल बनाने के सभी आवश्यक प्रयत्न किये जाने चाहिये। इसके लिये विद्यालय के संसाधनों (मानवीय तथा भौतिक) में पर्याप्त सुधार लाया जाना चाहिये कि बालकों में अधिगम अक्षमता के दोष न उभरें। सैद्धान्तिक ज्ञान और इसके अनुपयोग में ताल मेल रहे ऐसा पाठ्यक्रम और शिक्षण विधियाँ प्रयोग में लानी चाहिये। पाठान्तर क्रियाओं को सहगामी क्रियाओं के रूप में उचित स्थान दिया जाना चाहिये। अध्यापकों को अपने व्यवहार में तथा पढ़ाने के तरीकों में बालकों की आवश्यकताओं तथा अपेक्षाओं के हिसाब से ऐसे परिवर्तन करने चाहिये कि अधिगम अक्षमता पैदा न हो और अगर हो तो उसका जल्दी ही निराकरण हो जाये।
3. अगर किसी कारणवश बालक विशेष की अधिगम अक्षमता इतनी अधिक गंभीर हो जाये जिसके लिये विशेष ध्यान तथा देखभाल की ज़रूरत महसूस हो तो आगे बिना समय बर्बाद किये हुये ऐसे बालक को ऐसे विशेष अधिगम परिवेश का सृजन होना चाहिये जिसका निर्देशन और देखभाल इसी कार्य में सिद्धहस्त विशेष रूप से प्रशिक्षित अध्यापक के हाथों में हो। इस प्रकार की विशेष व्यवस्था के आयोजन द्वारा अधिगम अक्षम बालक को वह सभी अवसर प्राप्त होने चाहिये जिनके द्वारा उसे अपनी पढ़ने लिखने और काम करने की गलत आदतों में सुधार लाने, अधिगम अर्जन की उचित तकनीकों को अपनाने तथा अपने अवांछित संवेगात्मक, सामाजिक तथा मनोशैक्षिक व्यवहार सुधारने के प्रयत्न हो सकें। ऐसे विशेष रूप से संरचित एवं संगठित वातावरण में पीड़ित बालक को तब तक रखा जाना चाहिये जब तक कि उसमें अपेक्षित सुधार न आ जाये। सुधार होने पर उसे सामान्य कक्षा शिक्षण परिवेश में वापिस ले आना चाहिये ताकि वह फिर सामान्य ढंग से सामान्य रहकर अपने अधिगम पथ पर आगे बढ़ने के प्रयत्न कर सके।
4. अधिगम अक्षम बालकों में उचित सुधार लाने हेतु चाहे हमें विशेष रूप से इस कार्य के लिये प्रशिक्षित अध्यापकों को ही अतिरिक्त प्रशिक्षण तथा सुविधायें देकर उनकी सेवायें लेनी पड़े एक बात जिसका ध्यान रखा जाना बहुत ही आवश्यक होता है वह है अधिगम अक्षम बालकों के साथ इन अध्यापकों द्वारा किया जाने वाला व्यवहार। ये बालक तो अधिगम की दृष्टि से अक्षम, सामर्थ्यहीन तथा असहाय ही होते हैं। इनके साथ काम करने के लिये बहुत अधिक धैर्य चाहिये। जैसी भी जिसमें कमज़ोरी अक्षमता या दोष है उन सभी के साथ इन बच्चों को स्वीकार किया जाना अति आवश्यक है। डांटने, फटकारने, झिड़कने, फब्तियाँ कसने, सजा देने ऐसे नकारात्मक कदमों से तो बात बनने की बजाय बिगड़ती ज्यादा है। इनके साथ प्यार और सहानुभूतिपूर्ण व्यवहार ही होना चाहिये, विरक्ति और दंडपूर्ण नहीं। अत: माता-पिता एवं अध्यापकों द्वारा इन बच्चों के साथ ऐसा सकारात्मक व्यवहार किया जाना चाहिये जिसके फलस्वरूप इनमें आवश्यक आत्मविश्वास का संचार हो और वे अपनी कमज़ोरियों तथा अक्षमताओं को दूर करने के लिये उत्साहित बने रहें।

5. विद्यालय तथा समुदाय विशेष में इस प्रकार के संसाधन केन्द्रों (Resources Centres) की स्थापना की जानी चाहिये जिनमें अधिगम अक्षम या अपंग बालकों को शैक्षिक रूप से आगे बढ़ने तथा अपने आपको समायोजित रख सकने में सहायक संसाधनों तथा संरचित परिवेश की प्राप्ति सुलभ हो। इस प्रकार के संसाधनों तथा परिवेश द्वारा अधिगम की दृष्टि से अक्षम या अपंग बालकों की उनकी अधिगम और व्यवहारजन्य कठिनाइयों तथा अक्षमताओं जैसे उच्चारण दोष, लिखने पढ़ने सम्बन्धी अक्षमतायें, मौखिक अभिव्यक्ति, गणितीय कौशल, निरीक्षण और प्रयोगात्मक कौशलों सम्बंधी अक्षमतायें, सोचने विचारने तर्क करने, समस्या समाधान करने सम्बन्धी अक्षमतायें, सुनने और देखने सम्बन्धी प्रत्यक्षीकरण अक्षमतायें तथा इन्द्रिय गामक विकार और सामाजिक कुशलताओं के अर्जन संबंधी अक्षमताओं आदि से मुक्ति पाने में यथेष्ट सहायता की जा सकती है।

बाल अपराधी (Juvenile Delinquents)

बाल-अपराधी–अर्थ एवं परिभाषा (Meaning and Definition of the term Juvenile Delinquent)

प्रत्येक समाज और समुदाय अपने अंदर शांति और व्यवस्था बनाए रखने के लिए कुछ सामाजिक तथा नैतिक मापदंड और मूल्य निर्धारित करता है। इनका ठीक प्रकार पालन करने के लिए वह कानून, आचार-संहिता तथा विधान तैयार करता है। निर्धारित मूल्यों और मान्यताओं के विरुद्ध जो भी कार्य किया जाता है उसे समाज विरोधी व्यवहार अथवा अपराध माना जाता है। इस व्यवहार के फलस्वरूप समाज में सम्मिलित सदस्यों तथा संपत्ति को हानि पहुँचती है। समाज इस प्रकार के समाज-विरोधी तत्त्वों और अपराधियों से बचने के लिए कानून की शरण लेता है और प्रायः ऐसे व्यक्ति बंदीगृह के सींखचों के अंदर रखे जाते हैं। इस प्रकार का समाज विरोधी व्यवहार और अपराधी प्रवृत्ति वयस्कों में ही नहीं पाई जाती बल्कि छोटे-छोटे बच्चे और किशोर भी इस सामाजिक बुराई के शिकार होते हुए दिखाई देते हैं। इन अल्पवयस्क किशोरों और बालकों को किशोर अपराधी या बाल-अपराधी नाम से संबोधित किया जाता है। इस प्रकार बाल-अपराधी निश्चित रूप से अल्प वयस्क अपराधी होते हैं। वे कानून का उल्लंघन करते हैं और चोरी करना, जुआ खेलना, धोखा देना, जेब काटना, हत्या करना, डाका डालना, संपत्ति को आग लगाना अथवा किसी और तरह से हानि पहुँचाना, मार-पीट करना, शराब आदि मादक द्रव्यों का सेवन करना, भीख माँगना, अपहरण, बलात्कार और अन्य यौन संबंधी अपराध करना आदि समाज विरोधी कामों में फँसे हुए पाए जाते हैं।

इसलिए 'बाल-अपराधी' अथवा 'किशोर-अपराधी' शब्द की परिभाषा मेरे अपने विचार से इस प्रकार दी जा सकती हैः

''बाल-अपराधी अथवा किशोर-अपराधी वह बालक अथवा अल्प वयस्क किशोर है जो अपनी संस्कृति और समाज के नियमों तथा आचार-संहिता का उल्लंघन कर इस प्रकार के कार्य करता है जिन्हें अगर किसी वयस्क व्यक्ति द्वारा किया जाए तो उसे अपराधी घोषित कर सज़ा दी जाती है।''

(Juvenile delinquent or young delinquent is a child or youth minor in age who deviates from the norms of his culture or society and commits such acts, that, if committed by an adult would be punishable as crimes.)

इस दृष्टि से बाल-अपराध को समाज के लिए एक गंभीर खतरे की प्रारंभिक सूचना समझा जाना चाहिए। अगर इन अपराधी बालकों पर समय रहते ध्यान नहीं दिया जाता तो ये कुछ बड़े होकर समाज के लिए भयंकर सिरदर्द साबित होते हैं। अतः विष-बेल को फैलने से पहले ही समूल रूप से नष्ट करने की परम आवश्यकता है। इस दृष्टि से इस प्रवृत्ति के पनपने के लिए उत्तरदायी कारणों से परिचित होने की अत्यंत आवश्यकता है ताकि भावी नागरिकों को गलत रास्तों पर चलने से रोका जा सके।

बाल अपराध के कारण (Causes of Delinquency)

काफी समय से मनोवैज्ञानिक व समाज मनोवैज्ञानिक यह जानने का प्रयत्न करते रहे हैं कि बाल अपराध के मूल में क्या कारण होते हैं। उन्होंने इसके लिए अपने-अपने विचार से विभिन्न कारणों को उत्तरदायी ठहराया है। जो निम्नांकित हैं:

1. **वंशानुक्रम संबंधी कारण** (Hereditary causes)—वंशानुक्रमवादियों ने बाल अपराध के लिए वंशानुक्रम को उत्तरदायी ठहराया है। इनमें से हेनरी (Henry), मॉडस्ले (Maudsley), ट्रेडगोल्ड (Tredgold) और डगडेल (Dugdale) जैसे वंशानुक्रमवादियों ने यह मत व्यक्त किया कि बाल-अपराध संबंधी विशेषताएँ व प्रवृत्तियाँ ऐसा बालक अपने माँ-बाप से विरासत में प्राप्त करता है। बाद के मनोवैज्ञानिकों जैसे विलियम हेले (William Healey), साइरल बर्ट (Cyril Burt), कानरैड (Conard) तथा जोन्स (Jones), विंगफ़ील्ड (Wcingfield) तथा सेन्डीफोर्ड (Sandiford) इत्यादि ने अपने परीक्षणों के आधार पर इस बात का खण्डन करते हुए यह निष्कर्ष निकाला कि बाल-अपराध वंशानुगत नहीं होता और इसलिए वंशानुक्रम को बाल-अपराध प्रवृत्ति के लिए उत्तरदायी नहीं ठहराया जा सकता।

2. **शरीर रचना और शरीर विज्ञान संबंधी कारण** (Constitutional and physiological causes)—कुछ मनोवैज्ञानिकों ने शारीरिक रचना संबंधी दोषों को और शारीरिक अस्वस्थता इत्यादि को बाल-अपराधी व्यवहार के लिए उत्तरदायी ठहराया है। इस बारे में प्रो. उदय शंकर (Prof. Uday Shankar) अपने अध्ययनों द्वारा निष्कर्ष निकालते हुए लिखते हैं:

   "शारीरिक अस्वस्थता अथवा कमज़ोरी, बहुत छोटा या बहुत लंबा कद या डील-डौल, शारीरिक अंग-प्रत्यंगों में कोई गंभीर दोष अथवा खराबी बच्चे में प्रायः हीन भावना को जन्म देती है। फलस्वरूप अपनी कमियों की क्षतिपूर्ति के लिए वह अधिक आक्रामक हो उठता है और इस तरह धीर-धीरे उसमें अपराध मनोवृत्ति घर करने लगती है।"

   (Poor health, short or too big stature or some deformity which give rise to feeling of inferiority, dispose one to more aggression, as a compensatory reaction for his inadequaceis.)

   ऊपर से देखने पर इस प्रकार की बात ठीक लगती है। लेकिन सदैव ऐसा नहीं होता है। अभी तक इस प्रकार के वैज्ञानिक प्रमाण उपस्थित नहीं हुए हैं कि अपराध प्रवृत्ति के लिए शारीरिक न्यूनताएँ अथवा शरीर रचना संबंधी दोष उत्तरदायी ठहराया जा सकता है।

3. **बौद्धिक कारण** (Intellectual causes)—बाल-अपराधी व्यवहार के लिए बौद्धिक न्यूनताओं को दोषी ठहराया जाए अथवा नहीं, इस विषय पर मनोवैज्ञानिकों में काफी मतभेद हैं। लोम्ब्रोसो (Lombroso) और गोडार्ड (Goddard) आदि मनोवैज्ञानिक इस मत के हैं कि बुद्धि संबंधी न्यूनताएँ और दोष ही पूरी तरह से बाल-अपराध के लिए उत्तरदायी हैं। उनके अनुसार मानसिक रूप से विकसित व्यक्ति ही अपराध करते हैं। लेकिन बर्ट (Burt), हीले (Healey), ब्रोनर (Bronner) और मैरिल (Merril) आदि मनोवैज्ञानिक बाल-अपराधियों को मंदबुद्धि अथवा बौद्धिक न्यूनताओं से ग्रस्त नहीं मानते। वास्तव में बाल अपराध और बौद्धिक न्यूनता दोषों में स्थायी संबंध ढूँढना भूल ही है। अधिक बुद्धिमान व्यक्ति सदैव अच्छा व्यवहार करते हैं, इस बात की कोई गारंटी नहीं। प्रायः यह भी देखा जाता है कि बहुत से समाज विरोधी संगठनों, चोर, डाकू, लुटेरे तथा तस्करों के नेता कोई न कोई बुद्धिमान व्यक्ति ही होते हैं। दूसरी ओर यह कहना कि जो मूर्ख अथवा कम बुद्धिलब्धि वाले होते हैं, वे अपराध नहीं कर सकते, यह भी गलत है। जहाँ कम बुद्धि का होना एक परिस्थिति में अपराध करने में बाधक सिद्ध हो सकता है वहाँ दूसरी परिस्थिति में ऐसा होने से अपराधी बिना कुछ सोचे-समझे अपराध कर सकता है। इसलिए बुद्धि संबंधी कमियों को किसी भी तरह निश्चित रूप से बाल-अपराध के लिए उत्तरदायी नहीं ठहराया जा सकता।

4. **वातावरण संबंधी व सामाजिक कारण** (Environmental and social causes)—बाल-अपराध के क्षेत्र में होने वाली विभिन्न खोजों ने यह सिद्ध किया है कि बाल-अपराधी व्यवहार एक अर्जित प्रवृत्ति है। बाल-अपराधी अपराध संबंधी मनोवृत्ति और विशेषताओं को अपने माँ-बाप अथवा पूर्वजों से विरासत में ग्रहण नहीं करते बल्कि प्रतिकूल सामाजिक परिस्थितियाँ और वातावरण उन्हें अपराधी बना देती हैं। इस संदर्भ में प्रोफेसर उदय शंकर (Prof. Uday Shankar) द्वारा निकाला हुआ निष्कर्ष उल्लेखनीय है। वे लिखते हैं–''बाल-अपराध, इसलिए वंशानुगत (Inherited) नहीं होता। यह आर्थिक और सामाजिक परिस्थितियों का परिणाम है और आवश्यक रूप से व्यक्ति पर पड़ने वाले सामाजिक प्रभाव द्वारा उत्पन्न होता है। समाज-विरोधी व्यवहार के सबसे अधिक महत्त्वपूर्ण कारण सामाजिक और वातावरणजन्य ही होते हैं।''

   (Delinquency is, therefore, not inherited; it is the product of social and economic conditions and is essentially a coefficient of the friction between the individual and the community. The most important causes of anti-social behaviour are environmental and sociological in character.—1958, p. 30.)

वास्तव में देखा जाए तो परिवार; पास-पड़ोस, समुदाय तथा सामाजिक परिवेश में व्याप्त प्रतिकूल परिस्थितियों तथा अपराध या समाज विरोधी कार्यों की छाप बालक पर अवश्य पड़ती है। वह जाने-अनजाने अपने परिवेश से ही ये सभी बातें ग्रहण कर लेता है। आइए देखें कि किस प्रकार वातावरण संबंधी शक्तियाँ बालक को अपराधी बना डालती हैं।

(i) **पारिवारिक वातावरण का प्रभाव** (Influence of home environment)—दोषपूर्ण और अभावग्रस्त घरेलू वातावरण अपराधी भावना को अंकुरित और पल्लवित करने में बहुत सहायक होता है। इस क्षेत्र में हुई बहुत सी खोजों ने यह सिद्ध किया है कि पारिवारिक जीवन और बाल-अपराध में निकट का संबंध होता है। कुछ निम्न प्रकार की पारिवारिक परिस्थितियों को बाल-अपराध के लिए अधिक उत्तरदायी ठहराया जा सकता है:

   (a) ऐसे परिवार जो माता-पिता में से किसी एक की मृत्यु अथवा संबंध विच्छेद के कारण टूट जाते हैं।
   (b) माता-पिता का बालकों पर उचित नियंत्रण न होना।
   (c) माँ-बाप अथवा परिवार के अन्य सदस्यों की अपराधी मनोवृत्ति अथवा व्यवहार।
   (d) घरेलू लड़ाई-झगड़े और अशांति।
   (e) परिवार में व्याप्त निर्धनता और आर्थिक कठिनाइयाँ।
   (f) अरुचिकर और रूखा घरेलू वातावरण।
   (g) बालकों को पर्याप्त स्वतंत्रता प्रदान न करना।
   (h) बालकों के साथ अन्याय व पक्षपातपूर्ण व्यवहार करना।

   उपरोक्त परिस्थिति और परिवेश में बच्चे को अपनी मूल-आवश्यकताओं की पूर्ति के लिए पर्याप्त सुविधाएँ प्राप्त नहीं होतीं। वह हीन भावना, असुरक्षा, ईर्ष्या आदि संवेगात्मक समस्याओं का शिकार बन जाता है। अतः इस प्रकार का वातावरण उसे संवेगात्मक व सामाजिक रूप से कुसमायोजित बना देता है और परिणामस्वरूप वह विद्रोही और समाज विरोधी बन जाता है। इस प्रकार से प्रतिकूल पारिवारिक परिस्थितियों को बाल-अपराध के लिए बहुत सीमा तक उत्तरदायी ठहराया जा सकता है।

(ii) **घर से बाहर का परिवेश** (Environment outside the home)—जहाँ पारिवारिक वातावरण अपराधी व्यवहार को अंकुरित करता है, वहाँ घर से बाहर का वातावरण, असंतुष्ट मूलभूत आवश्यकताओं की संतुष्टि के लिए कोई दूसरा विकल्प देकर उसे फलने-फूलने में सहायता देता है। खाने-पीने जैसे छोटे-छोटे अभावों से पीड़ित, माँ-बाप के स्नेहपूर्ण व्यवहार से वंचित बच्चों को समाज विरोधी गिरोह अथवा तत्त्व बरबस आकर्षित कर लेते हैं। जहाँ उन्हें अपनी मूलभूत आवश्यकताओं की पूर्ति का अवसर मिलता है, वे वहीं रम जाते हैं, चाहे उससे

उनका व्यक्तित्व कैसा भी क्यों न बन जाए। पास-पड़ोस, समुदाय तथा अन्य सामाजिक परिवेश जहाँ बालक अपने से बड़े बालकों अथवा व्यक्तियों को समाज विरोधी कार्यों और अपराधों में फँसा हुआ देखता है वह जाने अनजाने में वैसा ही बन जाता है। कई परिस्थितियों में तो सिनेमा के दृश्य भी उन्हें अपनी आवश्यकताओं की पूर्ति, समाज विरोधी कार्यों के ज़रिए करने के लिए प्रेरित करते हैं।

(iii) **विद्यालय के वातावरण का प्रभाव** (Influence of school environment)—बहुत से मामलों में विद्यालय में व्याप्त प्रतिकूल वातावरण और परिस्थिति बाल अपराध के लिए उत्तरदायी ठहराई जा सकती हैं। इस प्रकार की परिस्थितियों और वातावरण के फलस्वरूप बालक संवेगात्मक व सामाजिक रूप से कुसमायोजित हो जाते हैं और धीरे-धीरे उनमें अपराधी मनोवृत्ति पनपने लगती है। इस प्रकार की कुछ प्रतिकूल परिस्थितियाँ निम्न हो सकती हैं:

(a) दोषपूर्ण पाठ्यक्रम और परीक्षा प्रणाली,

(b) अनुचित शिक्षण विधियाँ,

(c) पाठान्तर क्रियाओं का अभाव,

(d) अनुशासनहीनता,

(e) विद्यालय में उचित प्रबंध व प्रशासन का अभाव,

(f) विद्यालय के विद्यार्थियों व अध्यापकों का समाज विरोधी व्यवहार,

(g) बच्चे के साथ किया गया अनुचित व अन्यायपूर्ण व्यवहार,

(h) शैक्षणिक असफलता व पिछड़ापन,

(i) धार्मिक एवं यौन शिक्षा का अभाव।

उपरोक्त वर्णन द्वारा यह अच्छी तरह विदित हो सकता है कि बाल-अपराध एक वातावरणजन्य सामाजिक बीमारी है। बाल-अपराध संबंधी व्यवहार और क्रियाओं को बालक अपने माँ-बाप अथवा पूर्वजों से विरासत में नहीं प्राप्त करता बल्कि अपने परिवेश के प्रभाव के फलस्वरूप अर्जित करता है। इस प्रकार से बाल-अपराधी कुछ विशिष्ट शारीरिक, मानसिक और संवेगात्मक विशेषताओं को लेकर पैदा नहीं होता, वह बिल्कुल अन्य बालकों जैसा ही होता है तथा उसकी इच्छाएँ तथा आवश्यकताएँ भी सामान्य बच्चों जैसी ही होती हैं। वह भी प्यार करना और पाना चाहता है तथा उसमें सुरक्षा प्राप्त करने और मान सम्मान पाने की भूख होती है। इन सभी मूल आवश्यकताओं की पूर्ति न होने से वह कुसमायोजन का शिकार हो जाता है और उसमें विद्रोह भावना और अपराध प्रवृत्ति अपना आसन जमाने लगती है।

इस प्रकार से बाल-अपराध संबंधी व्यवहार बहुत कुछ सीमा तक अस्वस्थ वातावरण और प्रतिकूल परिस्थितियों की उपज है। बालक को जो कुछ उसका परिवेश देता है इसे उसकी प्रतिक्रिया का रूप समझा जा सकता है। माँ-बाप, अध्यापकों और उस समाज के प्रति, जो बालकों को उनकी मूल आवश्यकताओं की पूर्ति के लिए उपयुक्त सुविधाएँ या अवसर नहीं देता, यह एक प्रकार का खुला विद्रोह है। इन विद्रोही बालकों की देखभाल की बहुत अधिक आवश्यकता है। बाल-अपराध सभी प्रकार से एक ऐसी गंभीर व्यवहार संबंधी बीमारी है। जिसके रोकथाम और उपचार के लिए सुनियोजित प्रयत्नों की आवश्यकता है। आगे हम इसी की रोकथाम और उपचार के बारे में सोचना चाहेंगे।

बाल-अपराध की रोकथाम और उपचार (Prevention and Treatment of Delinquency)

बालकों में अपराधी प्रवृत्ति को रोकने के लिए उन्हें कठोर सज़ा देने से कोई उपयोगी परिणाम सामने नहीं आते। बाल-अपराध कानूनी या नैतिक समस्या होने से पहले मूल रूप में एक सामाजिक परिवेश से घिरी हुई मनोवैज्ञानिक समस्या है। सभी प्रकार के बाल-अपराधी आवश्यक रूप से बुरे व्यवहार और वातावरण संबंधी बुराइयों के शिकार होते हैं, अतः उनकी कठिनाइयों पर सहानुभूतिपूर्ण विचार करने की आवश्यकता होती है। इस समस्या के पूर्ण निराकरण के लिए दो तरह से प्रयत्न किये जाने चाहिए:

1. **रोकथाम के लिए उचित प्रयत्न करना** (Adopting preventing measures)—बालकों में अपराध प्रवृत्ति उत्पन्न न हो, इसके लिए किए जाने वाले उपाय इस प्रकार के प्रयत्नों में शामिल किए जा सकते हैं।
2. **बाल-अपराधियों के सुधार के लिए प्रयत्न करना** (Adopting curative measures)—इस प्रकार के प्रयत्नों के अंतर्गत अपराधियों के उचित समायोजन तथा शिक्षा संबंधी विभिन्न प्रयत्न आते हैं।

रोकथाम संबंधी उपाय (Preventive Measures)

बालकों में अपराध प्रवृत्ति जन्म न ले सके, इसके लिए सामाजिक और परिवेश संबंधी परिस्थितियों की ओर विशेष रूप से ध्यान दिए जाने की आवश्यकता है।

1. **अभिभावकों को शिक्षित करना** (Parental education)—बालकों के माता-पिता को बाल-अपराध मनोविज्ञान का कुछ ज्ञान अवश्य कराया जाना चाहिए ताकि वे अपने बच्चों के साथ उचित व्यवहार कर सकें तथा उनकी आवश्यकताओं और मूल प्रवृत्तियों की संतुष्टि के लिए आवश्यक सुविधाएँ तथा अवसर प्रदान कर सकें। इस कार्य के लिए निर्देशन सेवाओं, मनोविज्ञान क्लीनिक और समाज सेवी संगठनों से सहायता प्राप्त की जा सकती है।
2. **बालकों को बुरी संगति और समाज विरोधी तत्त्वों से बचाना** (To save the children from bad company and anti-social elements)—माँ-बाप, सदस्यों तथा अध्यापकों आदि को बालकों के ऊपर उचित निगरानी रखनी चाहिए ताकि उन्हें किसी भी बुरी संगति में पड़ने से रोका जा सके। कई बार कुछ समाज विरोधी तत्त्व तथा अपराधी लोग बच्चों को फुसला कर उनसे गलत कार्य कराने का प्रयत्न करते हैं। एक बार आदत पड़ जाने अथवा पुलिस के हाथ पड़ जाने पर इनका इन अपराधियों द्वारा पूरी तरह शोषण किया जाता है। अतः बालकों को इनके चंगुल में न पड़ने देने के लिए समाज को अपनी ओर से प्रयास करने ही चाहिए। साथ में बालकों को भी इनसे दूर रहने के लिए पूरी तरह शिक्षा दी जानी चाहिए।
3. **दोषपूर्ण-परिवेश का कोई विकल्प प्रस्तुत करना** (Providing substitute for the defective environment)—कई बार घर के वातावरण से सुधार लाना असंभव हो जाता है तो कई बार पास-पड़ोस और मित्र-मंडली में व्याप्त बुराइयों के प्रभाव से बालक को बचाना कठिन हो जाता है। ऐसी परिस्थितियों में बालकों को उनके मूल परिवेश से निकाल कर किसी उपयुक्त परिवेश (Environment) में रखने का प्रयत्न किया जाता है। शिशु केंद्र (Child centre), सुधार गृह (Reformatories), विशिष्ट शिक्षालय (Special Schools) तथा गोद लेने वाले घर (Foster Homes) इस दिशा में काफी उपयोगी सिद्ध हो सकते हैं।
4. **स्कूल शिक्षा और वातावरण में सुधार लाना** (To rectify the school education and school environment)—विद्यालय के वातावरण को भी स्वस्थ और उपयुक्त बनाया जाना चाहिए। शिक्षण विधियों, पाठ्यक्रम, अनुशासन, अध्यापकों के बालकों के साथ किए जाने वाले व्यवहार और विद्यालय में व्याप्त सामाजिक वातावरण को इस प्रकार व्यवस्थित किए जाने की आवश्यकता है कि बालकों को बिना किसी संवेगात्मक और सामाजिक कुसमायोजन की समस्या का शिकार हुए अपना विकास करने के उपयुक्त अवसर उपलब्ध होते रहें। उन अध्यापकों के दृष्टिकोण में सुधार लाये जाने की परम आवश्यकता है जो बालकों को हर समय डाँटने-फटकारने तथा उनके ऊपर अनुचित अधिकार जताने का प्रयत्न तो करते रहते हैं परंतु उन्हें या उनकी आवश्यकतओं को समझने का कोई प्रयास नहीं करते। इसके अतिरिक्त अध्यापकों तथा मुख्याध्यापक को वैयक्तिक भेदों तथा बाल-अपराध से संबंधित मनोविज्ञान का भी उचित ज्ञान प्राप्त करने का प्रयत्न करना चाहिए ताकि वे बालकों में अपराधी प्रवृत्तियों के पनपने न देने के बारे में पूरी-पूरी चेष्टा कर सकें।

सुधार संबंधी उपाय (Curative Measures)

बाल-अपराध या किशोर अपराध की समस्या किसी भी तरह एक कानूनी और वैधानिक समस्या नहीं मानी जानी चाहिए। यह एक शैक्षणिक और मनोवैज्ञानिक समस्या है। इसलिए बाल-अपराधियों को अपराध के अनुपात में दंड देकर सुधारने

की बात सोचना बहुत बड़ी भूल है। वास्तव में ऐसे बालकों को दंड की आवश्यकता नहीं होती बल्कि उचित व्यवहार, स्वस्थ वातावरण और उपयुक्त शिक्षा-दीक्षा की आवश्यकता होती है। इसलिए बाल-अपराधियों से निपटने के लिए देश की कानून व्यवस्था में अलग ही उपाय होने चाहिए। विश्व के अधिकांश प्रगतिशील देशों में दण्ड देने के स्थान पर ऐसे बच्चों को सुधारने के कार्यक्रम अपनाए जा रहे हैं। इस दिशा में इंग्लैंड द्वारा चिल्ड्रेन एण्ड यंग पर्सन्स एक्ट (Children and Young Person Act) के अंतर्गत अपनायी गई व्यवस्था विशेष रूप से उल्लेखनीय है। कुछ आवश्यक परिवर्तनों के साथ हम भी अपने देश में इसे अपना सकते हैं। इस व्यवस्था के अंतर्गत कुछ निम्न बातें आती हैं:

(a) बाल-अपराधियों से निपटने के लिए विशेष बाल-न्यायालय और न्यायाधीशों की नियुक्ति।
(b) बाल-अपराधियों को बंदीगृह में न भेज कर प्रशिक्षित सामाजिक कार्यकर्त्ताओं (जिन्हें सुधार अधिकारी या परिवीक्षण अधिकारी कहा जाता है) की देख-रेख में रखने की व्यवस्था।
(c) बालक के अपराधी व्यवहार को समझने के लिए मनोविज्ञान और मनोविश्लेषणकर्त्ताओं की सहायता लेना।
(d) विशेष सुधार शिक्षालयों (Reformatory Schools) की व्यवस्था करना।
(e) अपराधी बालकों में सुधार लाने के प्रयत्नों को करने के पश्चात् उन्हें योग्य व्यक्तियों अथवा सामाजिक संस्थाओं को सौंपना।
(f) रिमांड होम्स (Remand Homes) की व्यवस्था करना जहाँ बाल-अपराधियों को अपने मुकद्मे की सुनवाई के समय अथवा सुधार शिक्षालयों में भेजने का इंतज़ार करते समय अथवा किसी योग्य व्यक्ति के सौंपे जाने का इंतज़ार करते समय ठीक प्रकार से रखा जा सके।

सुधार शिक्षालयों (Reformatory Schools) की व्यवस्था करना अपराधी बालकों को सुधारने के बारे में लिए जाने वाला बहुत ही उपयोगी निर्णय है। इनका प्रबंध और नियंत्रण कुछ-कुछ जेल जैसा होता हुआ भी इनमें अपराधी बालकों की शिक्षा-दीक्षा के सभी संभव उपाय किये जाते हैं। इन विद्यालयों में विशेष रूप से प्रशिक्षित अध्यापक होते हैं। इनका पाठ्यक्रम भी बहुत लचीला होता है और उसमें हस्तकला, उद्योग तथा प्राकृतिक चिकित्सा का ज्ञान प्राप्त करने तथा मनोरंजन और आत्माभिव्यक्ति संबंधी सभी प्रकार के अवसर प्रदान किये जाते हैं। इसके अतिरिक्त बालकों की मूल आवश्यकताओं की संतुष्टि कर उन्हें सामाजिक तथा संवेगात्मक रूप से समायोजित करने का पूरा-पूरा प्रयत्न किया जाता है। इस प्रकार से बालक को अपनी अपराधी प्रवृत्ति से छुटकारा दिला कर अच्छी तरह रहना और व्यवहार करना सिखाया जाता है।

हमारे देश में भी अब अपराधी बालकों के प्रति अपनाए जाने वाले दृष्टिकोण में बहुत कुछ परिवर्तन आ रहा है। बहुत से प्रांतों में राज्य बाल अधिनियम (State Children Act) लागू हो चुका है और कुछ प्रांत पुनः व्यवस्थापन (Rehabilitation) और पुनः शिक्षा (Re-education) देने का कार्य आरंभ कर काफी आगे बढ़ चुके हैं। बाल-अपराध से निपटने के लिए अलग से बाल कल्याण मंडलों (Child Welfare Boards) की स्थापना की गई है और सुधार शिक्षालयों (Reformatory Schools) को भी खोला जा रहा है। हिसार, लखनऊ, जबलपुर और हज़ारीबाग (बिहार) में इस प्रकार के स्कूल अच्छी तरह काम कर रहे हैं। कुछ प्रांतों में स्वयंसेवी संस्थाएं भी इस क्षेत्र में बहुत अच्छा कार्य कर रही हैं। उपेक्षित और अनाथ बच्चों की देख-रेख के लिए उचित प्रयत्न किये जा रहे हैं उन्हें अपराधी बनने से रोका जा सके। कुछ प्रांतों ने ग़रीब और अनाथ बच्चों को गोद लेने के कार्य को भी प्रोत्साहित किया है। अपराधी बालकों से निपटने के लिए अधिनियम भी बनाये गए हैं और कुछ राज्यों में परिवीक्षण अधिकारियों (Probation Officers) की नियुक्ति भी की गई है।

इस प्रकार बाल-अपराध की समस्या से सहानुभूतिपूर्वक निपटने के लिए काफी प्रयत्न किए जा रहे हैं, लेकिन अभी बहुत कुछ किया जाना बाकी है। राज्य सरकार तथा केंद्रीय सरकार दोनों को ही इस बारे में गंभीरतापूर्वक प्रयत्न करने चाहिए। इस समस्या में निपटने के लिए सबसे बड़ी आवश्यकता इस बात की है कि जनमानस को इस बारे में पूरी तरह शिक्षित किया जाए। सभी लोगों द्वारा इस समस्या को समस्या न बनने देने के लिए प्रयत्न किए जाने चाहिए। अपराधी बालकों के प्रति जो हमारा दृष्टिकोण रहता है उसमें भी यथेष्ट परिवर्तन होना चाहिए तथा इन बालकों के पुनर्व्यवस्थापन में तथा शिक्षा-दीक्षा में हमारे द्वारा जो कुछ भी सहायता हो सकती है, हमें देने का प्रयत्न करना चाहिए।

सार-संक्षेप (Summary)

1. विशिष्ट बालकों से अभिप्राय उन बालकों से है जो व्यक्तित्व के विभिन्न आयामों से संबंधित किसी एक या अन्य व्यक्तित्व गुणों और विशेषताओं के संदर्भ में सामान्य या औसत बालकों से निश्चित रूप से इस सीमा तक काफी कुछ अधिक अलग और भिन्न होते हैं कि उनके पालन पोषण, संतुलित विकास तथा समायोजन हेतु विशेष प्रकार की देखभाल एवं शिक्षा-दीक्षा की जरूरत पड़ती है।
2. विशिष्ट बालकों की एक श्रेणी से सम्बन्धित प्रतिभाशाली बालकों से अभिप्राय उन बालकों से है जो अपने समूह अथवा कक्षा के अन्य सामान्य बालकों की तुलना में जीवन के किसी भी उचित कर्मक्षेत्र से सम्बन्धित योग्यता अथवा योग्यताओं के क्षेत्र में निरन्तर अधिक प्रवीणता या श्रेष्ठता का प्रदर्शन करते हुए पाए जाते हैं। इस दृष्टि से उन बालकों को ही प्रतिभावान् नहीं कहा जाता जो शैक्षणिक क्षेत्र में अपनी विशेष प्रतिभा का प्रदर्शन करें बल्कि संगीत, नृत्य, अभिनय, खेलकूद, नेतृत्व और मशीनी कार्यों को करने में सिद्धहस्त बालकों को भी प्रतिभाशाली कहा जाता है। पहले प्रकार के बौद्धिक रूप से प्रतिभाशाली बालकों की पहचान हेतु जहाँ बुद्धि परीक्षणों का प्रयोग उचित ठहराया जा सकता है वहाँ दूसरे प्रकार के प्रतिभाशील बालकों की प्रतिभा की पहचान उनके प्रतिभाजन्य कार्यों तथा व्यवहार के उचित निरीक्षण तथा अध्ययन द्वारा ही संभव है। उनकी छुपी हुई प्रतिभा का पता लगाने हेतु अभिरुचि परीक्षण, रुचि परीक्षण, संचित अभिलेखपत्र, मित्रगणों और अध्यापकों के विचार तथा रिपोर्ट आदि का प्रयोग करना उपयुक्त रहता है। प्रतिभाशील बालकों की शिक्षा और उचित विकास हेतु विभिन्न प्रकार की कार्य योजनाओं जैसे अलग विद्यालयों तथा अलग कक्षाओं की व्यवस्था, उन्हें वर्ष में दो या तीन बार एक कक्षा से आगे की कक्षाओं में चढ़ाना तथा उनके लिए संबंधित कार्यक्रम या विस्तृत पाठ्यक्रम योजना का क्रियान्वयन करना आदि सुझाये जाते हैं। इनमें से अंतिम सुझाव को ही प्रतिभाशाली बालकों को शैक्षिक, आर्थिक और जनतांत्रिक व्यवस्था की दृष्टि से अपने देश के बालकों के लिये अधिक उपयुक्त ठहराया जा सकता है।
3. पिछड़े हुए बालकों से अभिप्राय उन बालकों से है जिनकी उपलब्धि की मात्रा उनके स्वाभाविक योग्यता स्तर की तुलना में किसी कारणवश काफी कम रहती हुई दिखाई देती है। नवीन बातों को ग्रहण करने में सामान्य से कम योग्यता का प्रदर्शन करने की वजह से इन्हें बहुधा धीमी गति से सीखने वाले बालकों की संज्ञा भी दी जाती है। पिछड़े बालकों में कम बुद्धिलब्धि का पाया जाना जरूरी नहीं होता। दूसरे शब्दों में बुद्धिमान होने का अर्थ यह नहीं है कि अब वह बालक पिछड़ेपन का शिकार नहीं हो सकता। जितना उच्च उसका बुद्धि या योग्यता स्तर है अगर वह उसके अनुरूप प्रदर्शन नहीं करता तो उसे भी पिछड़ा हुआ ही माना जाएगा। पिछड़ेपन के लिए उत्तरदायी कारक या तो बालक विशेष में ही निहित होते हैं जैसे उसकी शारीरिक तथा मानसिक न्यूनताएँ, संवेगात्मक अस्थिरता तथा स्वभावगत विशेषताएँ, रुचियाँ तथा आदतें। शेष कारण उसके वातावरण में ही निहित होते हैं जैसे घर परिवार, पास-पड़ोस, विद्यालय तथा उच्च सामाजिक संस्थाओं से सम्बन्धित प्रतिकूल परिस्थितियाँ। पिछड़े बालकों के पिछड़ेपन को दूर करने हेतु उपचारात्मक कदम उठाने में पहल उनके पिछड़ेपन की प्रकृति और उससे सम्बन्धित कारणों के उचित निदान से की जानी चाहिए और फिर उसको ध्यान में रखते हुए ही उचित कदम उठाये जाने चाहिए।
4. मंद या धीमी गति से सीखने वाले बालक वे बालक होते हैं जिन्हें सीखने की अपनी धीमी गति तथा अपनी सीमित कार्यक्षमता के कारण कक्षा विशेष के किसी एक या अन्य विषयों में अपने कक्षा के औसत या सामान्य विद्यार्थियों से अधिगम तथा कार्य संपादन के संदर्भ में काफी पीछे रहते हुये पाया जाता है। सीमित क्षमताओं को लेकर इन मंदगति अधिगमकर्त्ताओं में 70 से लेकर 85 तक की बुद्धि लब्धि पाई जाती है। विशिष्ट बालकों के एक समूह के रुप में इस तरह इन बालकों को अपनी कुछ ऐसी विशिष्टताओं तथा विशेष आवश्यकताओं से युक्त बालक समझा जा सकता है जिन्हें न तो मानसिक रुप से पिछड़े या विकलांग बालकों की संज्ञा दी जा सकती है

और न जिन्हें शैक्षिक दृष्टि से पिछड़ा हुआ (backward) घोषित किया जा सकता है परन्तु जिन्हें अपने उचित समायोजन, शिक्षा और कल्याण हेतु कुछ अतिरिक्त विशिष्ट ध्यान और देखरेख की जरूरत होती है। उनकी धीमी गति से सीखने की समस्या से निपटने हेतु निरोधात्मक और उपचारात्मक दोनों प्रकार के ही कदम उठाने चाहिये। इस सम्बन्ध में उपचारात्मक कदम उठाने हेतु उनकी वैयक्तिकता के अनुरुप उन्हें आवश्यतानुसार चिकित्सीय, व्यवहार परिमार्जन तथा शैक्षणिक उपायों के रुप में उचित सहायता उपलब्ध कराने के प्रयत्न किये जाने चाहिये।

5. मानसिक रूप से विकलांग बालकों से अभिप्राय उन बालकों से है जिनमें औसत से कम बुद्धिलब्धि की उपस्थिति के अतिरिक्त समायोजित व्यवहार सम्बन्धी अक्षमताएँ भी इस स्तर तक होती हैं कि उन्हें उनके समायोजन, विकास तथा कल्याण हेतु विशेष देखभाल तथा शिक्षा-दीक्षा की जरूरत पड़ती है। मानसिक विकलांगता या मंदबुद्धि को उसकी प्रकृति के हिसाब से चार मुख्य वर्गों में बाँटा जा सकता है। शैक्षिक और समायोजन दृष्टि से जहाँ अल्प तथा मध्यम वर्ग के मानसिक मंदन से युक्त बालकों को क्रमशः शिक्षा ग्रहण करने योग्य तथा प्रशिक्षण प्राप्त करने योग्य समझा जाता है, वहीं तीव्र तथा गहन मानसिक मंदन के शिकार बालकों को न तो शिक्षा दी जा सकती है और न ही प्रशिक्षण। इनके लिए विशेष रूप से देखभाल की जरूरत होती है ताकि इन्हें इनमें वातावरण के साथ समायोजित रहने और जीने हेतु मुख्य आवश्यकताओं की पूर्ति करते रहने में उचित सहायता दी जाती रहे।

6. अधिगम की दृष्टि से अक्षम या विकलांग बालकों से अभिप्राय उन बालकों से है जो अधिगम की दृष्टि से इतने अधिक अक्षम या विकलांग होते हैं कि उन्हें अधिगम के क्षेत्र में होने वाली अपनी कमियों तथा अक्षमताओं से निपटने के लिए विशेष प्रकार के ध्यान एवं शिक्षा-दीक्षा की जरूरत पड़ती है। इस प्रकार की अक्षमता या विकलांगता के पीछे जो कारण कार्य करते हैं उन्हें मोटे तौर पर तीन मुख्य अंगों वंशानुगत कारण, जैविक या शारीरिक कारण तथा वातावरण सम्बन्धी कारणों में बाँटा जा सकता है। इस प्रकार की अक्षमता का निदान करने हेतु परीक्षणयुक्त प्रविधियों (जैसे प्रामाणिक निदानात्मक परीक्षण, योग्यता परीक्षण या प्रक्रिया परीक्षण, उपलब्धि परीक्षण तथा दैनिक मूल्यांकन प्रणाली) तथा परीक्षण रहित प्रविधियों (जैसे निरीक्षण, रेटिंग स्केल, चैकलिस्ट, साक्षात्कार आदि) का प्रयोग किया जा सकता है। इन बालकों की शिक्षा हेतु अलग विद्यालयों या कक्षाओं की स्थापना की बात अधिक उचित नहीं है, वर्तमान में उपलब्ध शैक्षिक ढाँचे में ही इनकी शिक्षा के प्रबन्ध किए जाने चाहिए। बालक विशेष में जिस प्रकार की अधिगम अक्षमता है उसका उचित निदान होने के पश्चात् ऐसे सभी उपचारात्मक कदम उठाए जाने चाहिए जिनसे बालक की अधिगम अक्षमताओं को दूर करने हेतु वांछित प्रयत्न किए जा सकें।

7. बाल अपराधी या किशोर अपराधी अल्पवयस्क बालक होते हैं जो अपनी संस्कृति और समाज के नियमों तथा आचार संहिता की अवहेलना कर ऐसे समाज विरोधी कार्य करते हुए पाए जाते हैं कि अगर जिन्हें कोई वयस्क व्यक्ति करे तो उसे कानूनी रूप से अपराधी की संज्ञा दी जाती है। बाल अपराधी बनने के पीछे जो कारण तथा कारक कार्य करते हैं वे वस्तुतः वातावरणजन्य ही होते हैं। बाल अपराध बहुत कुछ सीमा तक अस्वस्थ वातावरण और प्रतिकूल परिस्थितियों की उपज हैं अतः इसकी रोकथाम हेतु ध्यान रखा जाना चाहिए कि ऐसी वातावरणजन्य परिस्थितियों को नियन्त्रित करने की कोशिश की जाए जिनकी प्रतिक्रियास्वरूप बालक कुसमायोजन के शिकार होकर विद्रोह पर उतारू हो जाते हैं अथवा समाजविरोधी शक्तियों के चंगुल में फँसकर अपराध की दुनिया को अपना लेते हैं। इनके अपराध करने पर इन्हें कठोर सजा या जेल में ठूँसने की व्यवस्था की बजाय उनके आचरण में सुधार लाने की प्रक्रिया पर ही ध्यान दिया जाना चाहिए। उचित व्यवहार, स्वस्थ वातावरण और उपयुक्त शिक्षा-दीक्षा से इन भटके हुए बाल या किशोर अपराधियों को सही मार्ग पर लाना ही बाल-अपराध का उचित इलाज सिद्ध हो सकता है।

संदर्भित एवं विशेष अध्ययन ग्रन्थ (References and Suggested Readings)

American Association on Mental Deficiency (1973) as cited by Kisker, George W., *The Disorganised Personality*, McGraw-Hill, International Student Edition III, 1964.

American Psychiatric Association, *Diagnostic and Statistical Manual of Mental Deficiency*, 2nd ed., DSM-II, Wasington, DC, 1968.

_____, *Diagnostic and Statistical Manual of Mental Disorders*, DSM-III, Wasington, DC, 1980.

Barton, Hall, *Psychiatric Examination of the School Child,* Edward Arnold, London, 1947.

British Mental Deficiency Act (1929) as cited by Shanmugam, T.E., *Abnormal Psychology*, Tata McGraw-Hill, New Delhi, 1981.

Brown, J.F., *The Psychodynamics of Abnormal Behaviour*, Asia Publishing House, New Delhi, Indian reprint, 1969.

Butterworth, Brain, *Dyscalculia Screener*, Nelson Publishing, London, 2003.

Burt, C., *The Young Delinquent,* 3rd ed., University of London Press, London, 1938.

_____, *The Subnormal Mind,* 3rd ed., Oxford University Press, London, 1955.

_____, *The Backward Child*, University of London Press, London, 1937.

Carroll, S., *Slow Learners in the Regular Classroom: A Handout for Teachers*, In A.S. Canter and S.A. Carroll (Eds.), "Helping Children at Home and School, Handouts from your School Psychologist", 205–206, The National Association of School Psychologists, Bethesda, MD, USA, 1998.

Coleman, James C., *Abnormal Psychology and Modern Life*, 3rd ed., D.B. Taraporewala & Sons, Mumbai, 1970.

Crow, L.D. and Crow, Alice, *Educational Psychology*, Eurasia Publishing House, New Delhi, 1973.

Daniel, P.H., James. M.K. and John, W.L., *Introduction to Learning Disabilitie*s, Allyn and Bacon, New York, 1996.

Davison, G.C. and Neale, J.M., *Abnormal Psychology*, 2nd ed., John Wiley, New York, 1978.

De Haan and Kough, quoted by Dutt, N.K., *Psychological Foundation of Education,* Doaba House, New Delhi, 1979.

Federal Register, U.S. Government Printing Office, Washington, DC, January 19, 1977.

Gearheart, B.E., *Learning Disabilities: Educational Strategies*, C.V. Mosby, St. Louis, 1973.

Grossman, H.G. (Ed.), *Classification in Mental Retardation*, American Association on Mental Deficiency, Washington, DC, 1983.

Hallahen, D.P. and W.M. Cruickshank, *Psycho-educational Foundations of Learning Disabilities*, Prentice Hall, Englewood Cliffs, NJ, 1973.

Havighurst, R.J., Quoted in N.B. Henry (Ed.) *Education for the Gifted,* Fifty Seventh Yearbook of National Society for the Study of Education, Part II, Chicago, 1958.

Herman, K., *Reading Disability*, Thomas, Springfield, IL, 1959.

Kavale, K.A. and Forness, S.R., *The Science of Learning Disabilities*, College Hill, San Diego, CA, 1985.

Kirk, S., McCarthy, J., and Kirk, W., *Illinois Test of Psycho-linguistic Abilities,* rev. ed., University of Illinois Press, Urbana, IL, 1968.

Kirk, S.A. and Kirk, W.D., *Psycholinguistic Learning Disabilities: Diagnosis and Remediation,* University of Illinois Press, Urbana, IL, 1971.

Kirk, S.A., *Characteristics of Slow Learners and Needed Adjustment in Reading*, In G.A. Haris and W.D. Kirk (Eds.), *The Foundations of Special Education,* Selected Papers and Speeches of Samuel A. Kirk, 145–151, Council for Exceptional Children, Boston, VA, 1993 (original work published, 1949).

Lerner, J., *Children with Learning Disabilities,* Houghton Mifflin, Boston, 1976.

_____, *Learning Disabilities: Theories, Diagnosis and Teaching Strategies*, Houghton Mifflin, Boston, 1985.

McLoughlin, J.H. and Netic, A., "Defining Learning Disabilities: A New and Cooperative Direction", *Journal of Learning Disabilities*, **16**, 21–23, 1983.

McCarthy, J.J. and McCarthy, J.F., *Learning Disabilities*, Routledge & Kegan Paul, London, 1969.

National Joint Committee on Learning Disabilities, USA, quoted by J.A. McLoughlin and A. Netick, Defining Learning Disabilities: A New and Cooperative Direction, *Journal of Learning Disabilities*, **16**, 21–23, 1983.

Naylor and Keogh (1999), Quoted by P. Sashi Kumar, *Edu. Track*, **9**(1), September 2009.

Page, James D., *Abnormal Psychology*, Tata McGraw-Hill, New Delhi, 1976.

Pasricha, Prem, *Educational Psychology*, Delhi University Publishers, New Delhi, 1963.

Schonell, F.J. (Ed.), *Backwardness with Basic Subjects,* Oliver & Boyd, Edinburg, 1948.

Shanker, Udai, *Problem Children*, Atma Ram & Sons, New Delhi, 1958.

———, *Exceptional Children*, Sterling Publishers, New Delhi, 1976.

Tannenbaum, A.J., *Gifted Children Psychological and Educational Perspectives*, Macmillan, New York, 1983.

Telford, C.W. and Sawrey, J.M., *The Exceptional Individual*, 3rd ed., Prentice Hall, Englewood Cliffs, New Jersey, 1977.

Texas Educational Agency, *The Slow Learner: An Advocate's View*, Practioner's Guide Series Number Two, Author, Austin TX, 1989.

Torgesen, J.K. and Wong, B.W.L. (Eds.), *Learning Disabilities: Some New Perspectives*, Academic, New York, 1986.

Verma, S.C., *The Young Delinquents,* Lucknow Pustak Kendra, Lucknow, 1970.

Wallace, G. and McLoughlin, J.A., *Learning Disabilities: Concepts and Characteristics*, 2nd ed., Merrill, Columbus, OH, 1979.

Webster's Seventh New Collegiate Dictionary, Spring Field, Merriam Webster's Publishers, Massachusetts, USA, 1969.

Woodcock, R.W., *Woodcock Reading Mastery Test*, Revised, American Guidance Service, Circle Pines, MN, 1987

समायोजन का मनोविज्ञान
(Psychology of Adjustment)

समायोजन–अर्थ एवं परिभाषाएँ (Adjustment—Meaning and Definitions)

हमारा जीवन चुनौतियों एवं संघर्षों से परिपूर्ण है। बालकपन से हमें जीवन की विविध समस्याओं का सामना करना पड़ता है। जो जिस सीमा तक जितने अच्छे ढंग से जीवन संग्राम की इस लड़ाई को लड़ता जाता है वह उतने ही अच्छे रूप से सफलता से प्रगति करता रहता है। मूलभूत आवश्यकताओं की पूर्ति के अतिरिक्त जीवन में हम बहुत कुछ चाहते हैं और यही चाह हमें पल-पल संघर्ष करने को प्रेरित करती है। परंतु बहुत बार ऐसा भी होता है कि जो हम चाहते हैं जिसके लिए हम दिन-रात परिश्रम करते हैं उस उद्देश्य की प्राप्ति हमें नहीं हो पाती। उदाहरण के लिए एक बालक इंजीनियरिंग कालेज में प्रवेश पाने के लिए तरह-तरह की परीक्षा देता है परंतु अथक परिश्रम के बाद भी उसे सफलता नहीं मिलती। इस हालत में वह अपने लक्ष्य को ही परिवर्तित कर देता है तथा बी.एससी. में प्रवेश लेकर आगे एम.एससी. तथा प्राध्यापक बनने की बात को पूरा करने के लिए जुट जाता है। एक क्षेत्र में असफलता के बाद दूसरे किसी क्षेत्र का चुनाव करना, अपने लक्ष्य की ऊँचाई को अपनी योग्यता और परिस्थितियों के अनुसार घटा देना, इस प्रकार के संशोधित एवं परिवर्तित व्यवहार को ही समायोजन (Adjustment) की संज्ञा दी जाती है।

यह समायोजन शब्द का काफी सामान्य और प्रचलित अर्थ है। इसके अर्थ को और अच्छी तरह स्पष्ट रूप से समझने के लिए हमें विभिन्न मनोवैज्ञानिकों द्वारा दी गई निम्न परिभाषाओं पर विचार करना अधिक उपयुक्त रहेगा:

1. **एल.एस. शेफर** (L.S. Shaffer)—*समायोजन वह प्रक्रिया है जिसके द्वारा कोई जीवधारी अपनी आवश्यकताओं तथा इन आवश्यकताओं की संतुष्टि से सम्बन्धित परिस्थितियों में संतुलन बनाये रखता है।*

   (*Adjustment is the process by which living organism maintains a balance between its need and the circumstances that influence the satisfaction of these needs.*—Boring, Langfield and Weld, 1961, p. 511)

2. **गेट्स, जेरसिल्ड एवं अन्य** (Gets, Jersild and Others)—*समायोजन एक ऐसी सतत् प्रक्रिया है जिसके द्वारा एक व्यक्ति अपने व्यवहार में इस प्रकार से परिवर्तन करता है कि उसे स्वयं तथा अपने वातावरण के बीच और अधिक मधुर संबंध स्थापित करने में मदद मिल सके।*

   (*Adjustment is a continual process by which a person varies his behaviour to produce a more harmonious relationship between himself and his environment.*—1970, p. 614–15)

3. **वोनहेलर** (Vonhaller)—*हम समायोजन शब्द को अपने आपको मनोवैज्ञानिक रूप से जीवित रखने के लिए वैसे ही प्रयोग में ला सकते हैं जैसे कि जीवशास्त्री अनुकूलन (Adaption) शब्द का प्रयोग किसी जीव को शारीरिक या भौतिक दृष्टि से जीवित रखने के लिए करते हैं।*

   (*We can think of adjustment as psychological survival in much the same way as biologist uses the term adaptation to describe physiological survival.*—1970, p. 426)

आइए इन परिभाषाओं को विश्लेषित करके देखा जाए–शेफर के द्वारा दी गई पहली परिभाषा समायोजन को मूलभूत आवश्यकताओं की पूर्ति के संदर्भ में परिभाषित करने का प्रयत्न करती है। इसके अनुसार कोई बालक या व्यक्ति तभी तक समायोजित अनुभव करता है जब तक उसकी आवश्यकताओं और इन आवश्यकताओं की पूर्ति से जुड़ी हुई उसकी कोशिशों तथा परिस्थितियों के बीच संतुलन बना रहे। जैसे ही यह संतुलन गड़बड़ाता है अर्थात् व्यक्ति को उसकी आवश्यकताओं की पूर्ति में बाधा पहुँचती है उसका कुसमायोजित (Maladjusted) होना प्रारंभ हो जाता है।

गेट्स, जेरसिल्ड तथा अन्य के द्वारा दी गई दूसरी परिभाषा समायोजन को एक ऐसी स्थिति के रूप में देखती है जिसमें व्यक्ति की अपने वातावरण के साथ पटरी बैठती रहती है। अगर व्यक्ति अपने वातावरण में ठीक तरह संतुष्ट और सुखी नहीं रहता तो वह ऐसा करने के प्रयत्नों में लगा रहता है। जैसी परिस्थितियाँ होती हैं उन्हीं के अनुसार वह अपने व्यवहार, काम करने के तरीकों, अपनी इच्छाओं तथा लक्ष्यों में तब्दीली कर लेता है। अगर वह यह परिवर्तन कर अपने और अपने वातावरण के बीच खट-पट नहीं होने देता तो उसे समायोजित (Adjusted) कहा जाता है और अगर ऐसा करने में असफल होता है तो उसके कदम कुसमायोजन की ओर बढ़ने लगते हैं। वातावरण संबंधी स्थितियाँ एक जैसी नहीं रहतीं, उनमें बदलाव आता रहता है और इसीलिए यह आवश्यक है कि व्यक्ति अपने आप में भी आवश्यक परिवर्तन लाता रहे। जो इस प्रकार के परिवर्तन लाने में जितनी अच्छी तरह सक्षम होता है वह उतना ही समायोजन प्रक्रिया में कुशल जाना जाता है और सही समायोजन ही उसको संतुष्टि और सफलता की ओर ले जाता है। जिसमें यह समायोजन कला है वही सुखी रह सकता है।

बोनहेलर की तीसरी परिभाषा का स्रोत डार्विन का विकासवाद (Darwin's Theory of Evolution) है। डार्विन के इस सिद्धांत के अनुसार सभी प्राणी अपने अस्तित्व की रक्षा के लिए संघर्ष करते रहते हैं। उनमें से जिन प्राणियों में बदलती परिस्थितियों में अपने आपको बदलने या अनुकूलन की ज्यादा क्षमता होती है वे ही जिन्दा रहते हैं शेष नष्ट हो जाते हैं। शारीरिक रूप से अपने आपको ज़िन्दा रखने के लिए जिस रूप में जीवधारियों को अपने वातावरण की बदलती परिस्थितियों के साथ बदलते रहने या अनुकूलन की आवश्यकता होती है उसी रूप में जब उन्हें मनोवैज्ञानिक दृष्टि से अपने अस्तित्व की रक्षा करनी होती है तो यह काम इनकी समायोजन क्षमता के सहारे संपन्न होता है। जिस व्यक्ति में जितनी अधिक समायोजन क्षमता होती है वह मनोवैज्ञानिक रूप से उतना स्वस्थ एवं सबल पाया जाता है। जीवन में संतुष्टि और आनंद प्राप्ति का मार्ग समायोजन से होकर गुज़रता है। समायोजन का अर्थ होता है कि जीवन की आवश्यकताओं और मांगों से अपनी शक्ति और सामर्थ्य के संदर्भ में अनुकूलन करके चलना। अतः जो इस प्रकार के मनोवैज्ञानिक अनुकूलन में जितना समर्थ है वह उतना ही अच्छी तरह अपनी संघर्षपूर्ण ज़िंदगी को जी सकता है।

इस प्रकार उपरोक्त तीनों परिभाषाएँ अपने ढंग से समायोजन के अर्थ उसके प्रयोजन तथा विशेषताओं को प्रकट करने का प्रयत्न करती हैं। इन तीनों का अगर समन्वयीकरण किया जाये तो हमें समायोजन के अर्थ एवं प्रयोजन के बारे में निम्न निष्कर्ष निकालने में मदद मिल सकती है।

– समायोजन एक प्रक्रिया है, एक ऐसा साधन है जिसके द्वारा सुखी एवं संतोषप्रद जीवनयापन की राह पकड़ी जा सकती है।

– समायोजन हमें मनोवैज्ञानिक रूप से अच्छी तरह जीने के लिए उसी रूप में आवश्यक है जैसे कि बदलते मौसम या हालातों में शरीर को ज़िन्दा रखने के लिए वस्त्रों, खान-पान, रहन-सहन में परिवर्तन लाकर अनुकूलन करने की प्रक्रिया।

– समायोजन से हमें अपनी इच्छाओं या आवश्यकताओं तथा इन आवश्यकताओं को पूरा करने संबंधी अपनी योग्यताओं तथा क्षमताओं में संतुलन बनाए रखने में मदद मिलती है। अगर हमारे पास ज्यादा क्षमता और योग्यता होती है तो हम अपनी आवश्यकताओं की सीमा बढ़ाते जाते हैं और अगर कम होती है तो हम अपने लक्ष्य की ऊँचाई या आवश्यकताओं की सीमा में कमी कर देते हैं।

– समायोजन संबंधी गुण, परिस्थितियों के अनुसार हमें अपने आपको ढालने में पूरी मदद करता है। परिणामस्वरूप शहर में जब कोई लड़की गाँव में नववधू बनकर आती है तो यहाँ उसकी समायोजन क्षमता ही उसकी मदद करती है।

समायोजन के द्वारा एक ओर तो हम अपने आपको बदलती परिस्थितियों के अनुसार बदलने का प्रयत्न करते हैं तो दूसरी ओर समायोजन हमें ऐसी शक्ति और सामर्थ्य भी देता है कि हम परिस्थितियों को ही बदल डालें। बात संतुलन की होती है और यह संतुलन हमें हमारे और हमारी परिस्थितियों के बीच बनाना होता है। अतः इसके लिए जहाँ अपने को बदलकर संतुलन बनाया जा सकता है अर्थात् दूसरे शब्दों में हालातों से समझौता किया जा सकता है वहाँ ऐसा साहस भी किया जा सकता है कि परिस्थितियों को ही बदल कर अपने अनुकूल या इच्छा अनुसार कर लिया जाए। समायोजन का यह दूसरा रास्ता महापुरुषों, साहसी तथा निडर व्यक्तियों तथा इतिहास रचने वाले व्यक्तियों द्वारा चुना जाता है और वे अपनी परिस्थितियों के आगे हार न मानकर उन्हें झुकाते चलते हैं और इस तरह अपनी सफलता की मंज़िल पर पहुँचकर दिखाते हैं।

इस तरह अगर ध्यान से सोचने का प्रयत्न किया जाए कि समायोजन की प्रक्रिया अपने आप में क्या है तथा इसका क्या लक्ष्य होता है जो यह बात स्पष्ट रूप से उभर कर सामने आ सकती है कि समायोजन की स्थिति जिसमें कोई अपने आपको यह कह सके कि वह समायोजित है व्यक्ति की एक मनोदशा को ही प्रकट करती है। इस मनोदशा पर अनुकूल और प्रतिकूल प्रभाव उसकी अपनी संतुष्टि का ही पड़ता है और कौन कितना संतुष्ट है इसकी कुंजी उसकी इच्छाओं और आवश्यकताओं की संतुष्टि तथा इस संतुष्टि से जुड़ी उसकी उम्मीदों पर आधारित होती हैं। एक बालक तभी तक संतुष्ट और दूसरे शब्दों में अपने आपको समायोजित अनुभव करता है जिस सीमा तक उसकी मूलभूत आवश्यकताओं तथा इच्छाओं की संतृप्ति होती रहती है या ऐसा होने की आशा बँधी रहती है। इस संतृप्ति में बाधा आने या आशा टूट जाने पर बालक समायोजित नहीं रह पाता तथा वह कुसमायोजन का शिकार हो जाता है। इस रूप में संतुष्ट एवं सुखी रहने की कुंजी समायोजन की प्रक्रिया के हाथों में है और समायोजन की यह प्रक्रिया बालक और उसकी परिस्थितियों के बीच झूलती रहती है। कभी बालक की योग्यता, क्षमताएँ तथा उसे मिलने वाला परामर्श या सहायता परिस्थितियों पर हावी हो जाता है तो कभी परिस्थितियों के आगे घुटने भी टेकने पड़ते हैं। समायोजन ऐसी ही प्रक्रिया और क्षमता का भाव है जो बालक को उसकी अपनी योग्यता और क्षमताओं के संदर्भ में उसकी अपनी परिस्थितियों के अनुसार उसे आगे प्रगति के मार्ग पर ले जाने में सहायता करती है। बालक के जीवन में यह प्रक्रिया कभी रुकने का नाम नहीं लेती क्योंकि जीवन कभी रुकता नहीं है और परिवर्तनों के साथ-साथ ही समायोजन की प्रक्रिया को भी बदलते रहना पड़ता है। इसी बदलाव और अनुकूलन क्षमता के सहारे चलने वाला बालक का सर्वांगीण विकास ही उसकी प्रगति, संतुष्टि तथा खुशी का दारोमदार होता है।

एक भलीभाँति समायोजित व्यक्ति की विशेषताएँ एवं गुण (Characteristics of a Well Adjusted Person)

एक भलीभाँति समायोजित कहे जाने वाले व्यक्ति के व्यक्तित्व व व्यवहार में निम्न विशेषताएँ पायी जाती हैं:

1. **शारीरिक दृष्टि से समायोजित** (Physically adjusted)—शारीरिक रूप से व्यक्ति अगर स्वस्थ हो तथा उसका शारीरिक विकास, भार, ऊँचाई, अंग-प्रत्यंगों का विकास आदि अपनी आयु के अनुसार सामान्य ढंग से चलता रहे तो उसे अपने आप से तथा अपने वातावरण के साथ समायोजन करने में बहुत सुविधा होती है। समायोजित कहे जाने वाले बालक में शारीरिक स्वास्थ्य एवं विकास संबंधी यह विशेषता पाई जाती है।

2. **संवेगात्मक रूप से समायोजित** (Emotionally adjusted)—एक समायोजित व्यक्ति का संवेगात्मक व्यवहार काफी संतुलित होता है। वह अपने संवेगों की उचित अभिव्यक्ति को उचित ढंग से सीख लेता है। किस तरह कितनी मात्रा में किस प्रकार के संवेगों (Emotion) की अभिव्यक्ति की जाए, इस प्रकार की व्यवहार कुशलता तथा संवेगात्मक नियंत्रण की उसमें उपस्थिति पाई जाती है।

3. **अपनी अच्छाइयों तथा कमज़ोरियों का ज्ञान** (Awareness of own strengths and limitations)—भलीभाँति समायोजित व्यक्ति यह जानता है कि उसकी अपनी योग्यताओं तथा क्षमताओं का क्या स्तर है, किन बातों में वह आगे है तथा किन में पीछे। अपने आपको इस प्रकार तोलकर ही वह आगे बढ़ता है और इसलिए न तो वह जो नहीं कर सकता था उसे करके निराश होता है और न जो वह कर सकता था उसे न करके पछताता है।

4. **अपने आपको पर्याप्त सम्मान देना तथा दूसरों का भी सम्मान करना** (Respecting one's self and others as well)—भलीभाँति समायोजित व्यक्ति जो कुछ भी अपने व्यक्तित्व में होता है उससे संतुष्ट रहने का प्रयत्न करता है तथा अपने आत्म (Self) का पर्याप्त सम्मान करता है। जैसा कि रंगरूप, कद काठी, योग्यताएँ तथा क्षमताएँ उसके पास होती हैं उन्हीं को अपनी शक्ति मानकर उनकी कद्र करता है तथा जो कुछ नहीं है उसकी दूसरों से तुलना कर व्यर्थ में रोना नहीं रोता और न इसके लिए अकारण ही परेशान होता है। अपने आत्म का सम्मान करते हुए दूसरों को पर्याप्त सम्मान देने का प्रयत्न करता रहता है और किसी तरह भी उनकी भावनाओं को वह अकारण ही चोट नहीं पहुँचाता।

5. **सामाजिक रूप से समायोजित** (Socially adjusted)—एक भलीभाँति समायोजित व्यक्ति सामाजिक विकास तथा सामाजिकता की दृष्टि से अपनी आयु के अनुसार ठीक प्रगति करता हुआ पाया जाता है। दूसरे बच्चों के साथ खेलने, मित्रता बढ़ाने तथा सामाजिक क्रियाओं में भाग लेने में उसकी रुचि होती है। धीरे-धीरे वह समाज के प्रति अपने कर्त्तव्यों को समझने लगता है। अपने सामाजिक परिवेश को अच्छी तरह पहचानने की उसमें क्षमता आ जाती है तथा अच्छा सामाजिक जीवन बिताने से संबंधित गुणों और कुशलताओं के अर्जन की ओर वह कदम बढ़ाने लगता है।

6. **महत्त्वाकांक्षा का उचित स्तर** (An adequate level of aspiration)—जीवन में बहुत कुछ पाना तो सभी चाहते हैं परंतु समझदारी इसी में होती है अपनी महत्त्वाकांक्षाओं को अपनी योग्यताओं, सीमाओं तथा परिस्थितियों के संदर्भ में ही संतुलित करके रखा जाए। एक समायोजित व्यक्ति इसी प्रकार का संतुलन बनाये रखने का प्रयत्न करता है और इसीलिए अनावश्यक, चिंता, परेशानी तथा निराशा के शिकार होने से बचा रहता है।

7. **मूलभूत आवश्यकताओं की पूर्ति** (Satisfaction of the basic needs)—मूलभूत शारीरिक, मनोवैज्ञानिक तथा सामाजिक आवश्यकताओं की पूर्ति किसी भी व्यक्ति के समायोजन के लिए काफी आवश्यक मानी जाती है। अगर किसी कारण किसी आवश्यकता की पूर्ति में कोई कमी रहती भी है तो उसकी चुभन को दूसरे वर्ग की आवश्यकताओं की पूर्ति से पूरा किया जा सकता है। गरीबी तथा अभावों की चुभन को स्नेह प्यार के मरहम तथा सुरक्षा के कवच से कम किया जा सकता है। भलीभाँति समायोजित व्यक्ति के साथ यही होता है या तो उसकी मूलभूत आवश्यकताओं की पूर्ति में कोई बाधा नहीं आती और अगर आती भी है तो उसकी उन्हें भविष्य में पूरा होने की आशा बंधी रहती है।

8. **आलोचक तथा दोष निकालने की प्रकृति का नहीं होना** (Does not possess critical or fault finding attitude)—एक समायोजित व्यक्ति स्वभाव से दूसरों में उनकी अच्छाइयों के ही दर्शन करता है उनकी बुराइयों तथा दोषों को ढूँढकर उसका प्रचार नहीं करता।

9. **व्यवहार का लचीलापन** (Flexibility of behaviour)—समायोजित व्यक्ति का रुख, व्यवहार तथा दृष्टिकोण अड़ियल टट्टू की तरह नहीं होता। जिस तरह का माहौल या परिस्थितियाँ होती हैं उन्हीं के अनुसार अपने स्वभाव तथा कार्यशैली में परिवर्तन लाने की उसमें पर्याप्त क्षमता पाई जाती है।

10. **अपने वातावरण संबंधी हालातों से संतुष्टि** (Feeling at home with his surroundings)—अपने घर, परिवार, पास-पड़ोस, विद्यालय में उसे जो भी परिस्थितियाँ और माहौल, उसके रहन-सहन, लालन-पालन, खेल-कूद, मनोरंजन तथा शिक्षा के लिए मिलता है उसमें वह संतुष्टि का अनुभव करता है तथा बिना वजह किसी अभाव का रोना नहीं रोते रहता। जो भी काम वह जहाँ भी करता है और जिनके संपर्क में आता है उससे उसे कोई भी शिकायत या गिले-शिकवे करते नहीं पाया जाता।

11. **हालातों से संघर्ष करने की क्षमता** (Capable of struggling with odd circumstances)—अनुकूल परिस्थितियों में तो सभी जी लेते हैं और संतुष्टि का अनुभव कर लेते हैं। परीक्षा तो विपरीत परिस्थितियों में ही होती है। इस प्रकार की परिस्थितियों से समझौता करने के लिए पर्याप्त धैर्य रखने के साथ-साथ समायोजित व्यक्ति में यह भी विशेषता पाई जाती है कि वह हालातों का मुकाबला कर उन्हें अपने अनुकूल बना डालने के लिए भी कमर कस कर खड़ा हो जाए। उसकी संकल्प तथा इच्छा शक्ति प्रबल होती है अतः वह प्रतिकूल परिस्थितियों में भी विचलित नहीं होता।

समायोजन की प्रकृति शिक्षण एवं अधिगम के संदर्भ में (Nature of Adjustment in Relation to Teaching and Learning)

समायोजन की उपलब्धि या निष्पत्ति के संदर्भ में की जाने वाली प्रक्रिया तथा इस प्रक्रिया के परिणामों के रूप में व्याख्या की जा सकती है। जब एक गरीब या अभावग्रस्त बालक गलियों में लगाई जाने वाली ट्यूब या लैंप की रोशनी में (अपने घर में रोशनी का इन्तजाम न होने की वजह से) पढ़ता हुआ नजर आता है, तो हम यह अच्छी तरह से कह सकते हैं कि वह समायोजन की प्रक्रिया से गुजर रहा है। वहीं वह परीक्षा में अपनी सफलता या उपलब्धि सम्बन्धी अपनी आकांक्षा के संदर्भ में जिस प्रकार की प्राप्ति या उपलब्धि करता है वह और कुछ नहीं बल्कि उसके स्वयं के तथा अपने परिवेश के साथ किए जाने वाले समायोजन का ही परिणाम है। इस प्रकार से उपलब्धि के रूप में समायोजन यह बताता है कि बदलती हुई परिस्थितियों में एक व्यक्ति कैसे कार्य करता है और इस तरह यह उसकी उस सक्षमता से संबंधित रहता है जो उसकी किसी न किसी प्रकार की उपलब्धि से जुड़ी रहती है चाहे उसकी प्राप्ति बुरे या अच्छे किसी भी रूप में हो (Lazarus, 1976)।

समायोजन एक प्रक्रिया के रूप में इस तरह व्यक्ति विशेष के अपने आप से तथा अपने वातावरण के साथ किए जाने वाले समायोजन का वर्णन एवं व्याख्या करता हुआ प्रतीत होता है। ध्यान रहे कि ऐसा करने में वह समायोजन की गुणवत्ता या सफलता और असफलता सम्बन्धी परिणाम पर कोई ध्यान नहीं देता। वह केवल यह प्रदर्शित करता है कि व्यक्ति या समूह बदलती हुई परिस्थितियों में कैसे अपने आप को ढालते हैं और ऐसे कौन से कारक हैं जो इस समायोजन को प्राभावित करते हैं। आइए अब हम व्यक्ति तथा उसके वातावरण में होने वाली अन्तःक्रिया के रूप में समायोजन की प्रकृति एवं विशेषताओं पर चर्चा करें:

(i) **सतत प्रक्रिया** (Continuous process)—समायोजन की प्रक्रिया सतत या अनवरत रूप से गर्भाधान से ही प्रारंभ होकर मृत्यु अवस्था तक चलती रहती है। एक व्यक्ति और उसके बाह्य वातावरण इन दोनों में लगातार परिवर्तन आते रहते हैं और इस बदलाव के कारण व्यक्ति की अपनी आवश्यकताओं में भी परिवर्तन होता रहता है। फलस्वरूप व्यक्ति के समायोजन की प्रक्रिया भी परिस्थिति अनुसार बदलती रहती है। अरकोफ (Arkoff, 1968) के अनुसार संतोषप्रद समायोजन या पूर्ण समायोजन जैसी कोई ऐसी बात नहीं होती जिसे एक बार में सदा के लिए उपलब्ध कर लिया जाए। बल्कि यह एक ऐसी चीज है जिसकी उपलब्धि के लिए लगातार और एक बार उपलब्ध हो जाने पर परिस्थिति के अनुसार नई प्रकार की उपलब्धि हेतु प्रयासरत रहना पड़ता है।

(ii) **दो-तरफा प्रक्रिया** (Two-way process)—समायोजन एक दो-तरफा या द्वि-पक्षीय प्रक्रिया है। समायोजन के लिए व्यक्ति केवल बदलती परिस्थितियों के अनुसार अपने आपको बदलते रहने या वर्तमान स्थिति में अपने आपको ढालने का ही कार्य नहीं करता बल्कि वह अपनी जरूरत के हिसाब से अपने वातावरण में भी बदलाव लाने के लिए आगे बढ़ता है। समायोजन की इस दो-तरफा या द्वि-पक्षीय प्रक्रिया प्रकृति पर प्रकाश डालते हुए रोबर्ट व्हाइट (Robert White, 1960) ने लिखा है।

समायोजन की अवधारणा में निहित है कि व्यक्ति और उसके वातावरण के बीच ऐसी लगातार अन्तःक्रिया होती रहे कि वे एक दूसरे के सामने अपनी मागें रखते रहें। कई बार समायोजन हेतु व्यक्ति को झुकना पड़ता है और वह उन परिस्थितियों को स्वीकार कर ले जिनमें बदलाव लाना उसके वश में नहीं है। कई बार इसकी प्राप्ति व्यक्ति से तब संभव हो जाती है जब वातावरण की शक्तियां, व्यक्ति के अथक प्रयासों के सामने झुक जाएं। इस तरह अधिकतर मामलों में समायोजन दो अतिशय बातों (extremes) के बीच होने वाला एक समझौता ही होता है और कुसमायोजन ऐसे संतोषप्रद समझौते में होने वाली असफलता का परिणाम होता है।

समायोजन के क्षेत्र एवं प्रकार (Areas or Aspects of Adjustment)

सब प्रकार से समायोजित व्यक्ति वह होता है जो पहले तो अपने आप से ही संतुष्ट और समायोजित हो तथा दूसरे अपने चारों ओर फैले वातावरण या परिवेश से उसका सही तालमेल हो। इस दृष्टि से समायोजन के क्षेत्रों को व्यक्ति तथा उसके

वातावरण में ही निहित माना जाना चाहिये। एक व्यक्ति की दुनिया जहाँ उसके अपने शारीरिक और मानसिक स्वास्थ्य तथा व्यक्तित्व के महत्त्वपूर्ण पहलुओं के इर्द-गिर्द घूमती है वहाँ उसे अपने सामाजिक परिवेश तथा काम-काज के क्षेत्रों में भी समायोजित होने की आवश्यकता पड़ती है। समायोजन संबंधी उसकी इन आवश्यकताओं को ध्यान में रखते हुए हम किसी भी व्यक्ति के समायोजन क्षेत्रों को तीन मुख्य भागों—व्यक्तिगत, सामाजिक तथा व्यावसायिक में बाँटकर समझने का प्रयत्न कर सकते हैं।

व्यक्तिगत समायोजन (Personal Adjustment)

व्यक्ति अपने आप से कितना समायोजित है इस बात का निर्णय उसके इस क्षेत्र के समायोजन स्तर से ही ज्ञात होता है। कोई व्यक्ति किसी क्षेत्र में किस स्तर तक समायोजित है वह इस बात पर निर्भर करता है कि उस क्षेत्र से संबंधित व्यक्ति विशेष की आवश्यकतायें कितनी सीमा तक पूरी होती हैं अथवा उनके पूरी होने की संभावना व आशा से वह किस सीमा तक संतुष्ट रहता है। जब तक ये आवश्यकताएँ पूरी होती हैं या इनकी पूर्ति की आशा उसे रहती है व्यक्ति समायोजित रहता है विपरीत अवस्था में वह कुसमायोजन (Maladjustment) का शिकार हो जाता है। अब प्रश्न यह उठता है कि व्यक्ति को अपने आप से समायोजित रखने या संतुष्ट रखने से संबंधित विभिन्न क्षेत्र कौन-कौन से हैं जिनके ऊपर उसका व्यक्तिगत समायोजन निर्भर करता है। प्रमुख रूप से यहाँ उसके व्यक्तित्व के विकास से संबंधित विभिन्न पहलुओं तथा व्यक्तिगत आवश्यकताओं में निहित समायोजन को ही इसका आधार बनाया जा सकता है।

1. **शारीरिक विकास और स्वास्थ्य संबंधी समायोजन** (Adjustment to physical development and health)—यह व्यक्तिगत समायोजन का एक प्रमुख पहलू हो सकता है। हर आयु स्तर पर कितना शारीरिक विकास हो इसका एक निर्धारित मापदंड होता है। लंबाई, भार तथा शरीर के अंगों का विकास अगर सामान्य स्तर को छूता रहे तो व्यक्ति शारीरिक रूप से अपने आपको समायोजित अनुभव करता है। अपने रंग-रूप, शरीर की बनावट आदि से भी उसे संतुष्टि का अनुभव होना चाहिए। उसका शारीरिक स्वास्थ्य ठीक रहे तथा उससे वह संतुष्टि अनुभव करता रहे यह बात भी उसके स्वास्थ्य संबंधी समायोजन का उचित आधार बनती है। इस तरह व्यक्ति की अपनी शारीरिक संरचना, उसके विकास, शारीरिक अंगों तथा संस्थानों की कार्यप्रणाली तथा सामान्य स्वास्थ्य से संतुष्टि का अनुभव करने वाली बातें शारीरिक विकास और स्वास्थ्य संबंधी समायोजन के क्षेत्र में आती हैं और इस प्रकार का समायोजन उसे अपने आपसे संतुष्टि या समायोजित होने में पूरी मदद करता है।

2. **मानसिक विकास और स्वास्थ्य समायोजन** (Adjustment with regard to mental development and health)—व्यक्तिगत समायोजन का दूसरा बड़ा पहलू व्यक्ति के मानसिक स्वास्थ्य से संबंधित है। हमारा मानसिक विकास किस स्तर का है और उससे हम कितनी सीमा तक संतुष्टि का अनुभव करते हैं यह बात हमारे व्यक्तिगत समायोजन का एक प्रमुख आधार सिद्ध होती है। इसी तरह अच्छे मानसिक स्वास्थ्य की प्राप्ति भी हमें व्यक्तिगत रूप से भलीभाँति समायोजित बनाने में अत्यधिक सहयोगी होती है। चिंता, क्लेश, निराशाओं, कुण्ठाओं, दबाव तथा तनाव का हमारे जीवन में क्या स्थान है, हम उन्हें किस रूप में लेते हैं और उनसे किस प्रकार निपटते हैं। ये सभी बातें हमारे मानसिक स्वास्थ्य हेतु निर्णायक होती हैं और एक अच्छे मानसिक स्वास्थ्य का स्वामी ही अच्छे ढंग से व्यक्तिगत, सामाजिक और व्यावसायिक समायोजन कर सकता है। परंतु अपने मानसिक स्वास्थ्य को ठीक बनाये रखने में व्यक्ति की अपनी बहुत ही महत्त्वपूर्ण भूमिका रहती है अतः इनसे संबंधित समायोजन व्यक्तिगत समायोजन के क्षेत्र में ही शामिल किया जाता है।

3. **संवेगात्मक समायोजन** (Emotional adjustment)—व्यक्ति के व्यक्तित्व और व्यवहार में संवेगों (Emotions) का एक प्रमुख स्थान है। अपने आप से समायोजित होने के लिए उसमें संवेगात्मक परिपक्वता (Emotional maturity) का होना अति आवश्यक है। उचित समय पर उचित रूप से उचित संवेगों की अभिव्यक्ति व्यक्ति के समायोजन के लिए काफी आवश्यक है। जो लोग ऐसा नहीं कर पाते वे संवेगात्मक रूप से अस्थिर तथा कुसमायोजित माने जाते हैं।

4. **लैंगिक समायोजन** (Sexual adjustment)—लैंगिक या यौन संबंधी आवश्यकता (Sex needs) हमारी आवश्यकताओं में एक बड़ी आवश्यकता है। इस आवश्यकता की पूर्ति जब तक सामाजिक मान्यता प्राप्त तरीकों से ठीक प्रकार होती

रहे, व्यक्ति समायोजित अनुभव करता है। इसकी पूर्ति में बाधा या कोई असंतोष कुसमायोजन को जन्म देता है। विभिन्न अनुसंधानों ने इस संबंध में यही निष्कर्ष निकाला है कि व्यक्ति का समुचित लैंगिक विकास, यौन या काम के प्रति उचित दृष्टिकोण तथा उसकी स्वाभाविक अभिव्यक्ति एवं तृप्ति ही उसे अपने आप से तथा अपने परिवेश से ठीक प्रकार समायोजित रखती है।

5. **व्यक्तिगत आवश्यकताओं से संबंधित समायोजन** (Adjustment with respect to the individual needs)—हमारे व्यक्तिगत समायोजन की परिधि में ऐसा समायोजन भी शामिल होता है जिनका संबंध हमारी व्यक्तिगत आवश्यकताओं की पूर्ति से होता है। इन आवश्यकताओं में शारीरिक आवश्यकताओं (Physiological or Organic needs) के रूप में भूख, प्यास, नींद, विश्राम आदि आवश्यकताएँ आती हैं। भौतिक आवश्यकताओं (Material needs) में भौतिक सुख-सुविधाओं को जुटाने तथा भोगने की बात आती है। सामाजिक एवं मनोवैज्ञानिक आवश्यकताओं में स्नेह व प्यार पाने और देने, आत्म अभिव्यक्ति करने, दूसरों पर प्रभुत्व जमाने; आदर एवं सम्मान प्राप्त करने जैसी आवश्यकताएँ आती हैं। इन सभी प्रकार की व्यक्तिगत आवश्यकताओं की पूर्ति हेतु हम शुरू से अपने प्रयत्न करते रहते हैं तथा मृत्युपर्यन्त यही प्रयत्न चलते रहते हैं। हमें अपने प्रयत्नों में कितनी सफलता मिलती है अथवा हम किस सीमा तक अपने इन प्रयत्नों और उनके परिणामों से संतुष्टि का अनुभव करते हैं उसी सीमा तक हम समायोजित रहते हैं। इस तरह व्यक्तिगत आवश्यकताओं की पूर्ति से संबंधित समायोजन हमारे व्यक्तिगत समायोजन के लिए एक काफी महत्त्वपूर्ण भूमिका निभाता है।

सामाजिक समायोजन (Social Adjustment)

व्यक्ति को जितना अपने आप से संतुष्ट तथा समायोजित होने की आवश्यकता होती है उतनी ही अपने सामाजिक परिवेश से जुड़ी हुई बातों तथा व्यक्तियों के साथ उचित तालमेल बनाये रखकर समायोजित रहने की होती है। उसे अपने परिवेश तथा उसमें उपलब्ध परिस्थितियों से भी संतुष्ट अनुभव करना चाहिए तभी वह ठीक तरह समायोजित रह सकता है। सामाजिक परिवेश का दायरा उसके घर-परिवार से शुरू होकर विश्व-बंधुत्व की सीमाओं को छूता है। मुख्य रूप से एक व्यक्ति से सामाजिक समायोजन में निम्न पहलुओं को शामिल किया जा सकता है:

1. **घर-परिवार से समायोजन** (Home and family adjustment)—व्यक्ति को अपना घर, घर जैसी ही सुख-शांति एवं संतोष प्रदान करने वाला लगना चाहिए तथा उसे अपने परिवारों के सदस्यों के साथ उठना-बैठना, रहना-सहना अच्छा लगना चाहिये। जिसे घर काटने दौड़ता हो जो ज्यादा समय घर के बाहर बिताना पसंद करे जिस घर के सदस्यों में आपसी वार्तालाप तक समाप्त हो जाये ऐसा घरेलू वातावरण व्यक्ति को कुसमायोजित ही करेगा। दूसरे इसके विपरीत एक-दूसरे को समझने वाले, स्नेह एवं प्यार से भरे सहयोगी वातावरण में प्रत्येक सदस्य को पूरी तरह तालमेल बिठाकर अपने और परिवार को आगे बढ़ाने में समुचित सहायता मिलती है। ऐसे वातावरण में सभी सदस्यों की व्यक्तिगत तथा सामूहिक आवश्यकताओं की पूर्ति ठीक तरह से होती रहती हैं और सभी लोग भलीभाँति समायोजित रहते हैं। अतः जिस घर एवं परिवार के सदस्यों में पारस्परिक सहयोग एवं तालमेल रहता है वहाँ व्यक्तियों के समायोजित रहने की संभावना भी ज्यादा रहती है।

2. **मित्र और संबंधियों से समायोजन** (Adjustment with friends and relatives)—सामाजिक दायरे की दूसरी कड़ी मित्र तथा सगे-संबंधियों को लेकर होती है। सामाजिक संबंधों को इन्हीं के सहारे जीवित रखा जाता है। सुखी जीवनयापन के लिए इनसे संपर्क सूत्र ठीक तरह कायम रखना भी आवश्यक होता है। ज़िंदगी की विषम परिस्थितियों में अपने ही काम आते हैं, अतः मित्रों में मित्रता बनी रहे और संबंधियों से संबंध, यह भी किसी व्यक्ति के लिए काफी आवश्यक होता है। हम जिस रूप में अपने मित्रों तथा सगे-संबंधियों से अपना तालमेल और संबंधों की डोर कायम रखते हैं उसी रूप में हम उनके साथ समायोजित होने में समर्थ रह सकते हैं और हमें इसके लिये सदैव ठीक दिशा में प्रयत्न करते रहना चाहिये।

3. **पड़ोसियों तथा समुदाय के अन्य सदस्यों से समायोजन** (Adjustment with neighbours and other members of the community)—घर से बाहर निकल कर हम पड़ोस तथा समुदाय में आते हैं। हमारी बहुत सी आवश्यकताओं की पूर्ति समुदाय के साथ उचित संप्रेषण, विनिमय तथा तालमेल द्वारा होती है। पड़ोस तथा समुदाय के साथ हमारा समायोजन

हमें भौतिक, आर्थिक तथा भावनात्मक सुरक्षा प्रदान करता है। हमारी बहुत सी सामाजिक एवं मनोवैज्ञानिक आवश्यकताओं की पूर्ति भी समाज के साथ हमारे संपर्क एवं तालमेल से होती है। अतः पड़ोस तथा समुदाय के साथ हमारे बेहतर सामाजिक संबंध हमें सभी तरह से जीवन को अच्छी तरह जीने में पूरी मदद कर सकते हैं। आवश्यकता इस बात की है कि हम पड़ोसियों तथा समुदाय के साथ जीयो और जीने दो के सिद्धांत पर चलकर एक-दूसरे के सुख-दुःख में भागीदार बनने की चेष्टा करें। बात-बात में झगड़ा-फसाद तथा तू-तू, मैं-मैं में न फँसकर एक-दूसरे की भावनाओं तथा इच्छाओं का सम्मान करना सीखें। भाषा, धर्म, जाति की अलगाववादी प्रवृत्तियों का त्याग कर सुख-शांति से जीना सीखें। जिनसे सामाजिक संपर्क के धागे मज़बूत हों तथा हमारे सामाजिक रूप से समायोजित होने की संभावना भी अधिक होती जाएँ। स्पष्टतया उसी व्यक्ति को ही सामाजिक रूप से ठीक प्रकार समायोजित से हुआ कहा जायेगा जो पास-पड़ोस तथा समुदाय के सदस्यों के साथ अपने अच्छे सामाजिक संबंध कायम करता है तथा संतुष्ट रहता है और हम सभी को इसी दिशा में प्रयत्न करते रहना चाहिए।

प्रश्न उठता है कि घर-परिवार से लेकर मित्र, सगे-संबंधियों, पड़ोसियों तथा समुदाय या समाज में रहने वाले व्यक्तियों तथा संपूर्ण सामाजिक परिवेश से समायोजित होने के लिए व्यक्ति को किस प्रकार अपने प्रयत्न करने चाहिए। इस दिशा में पहली बात तो यह है कि उसे सामाजिकता का पाठ सही ढंग से पढ़ना चाहिए तथा उसे सच्चाई से व्यवहार में लाना चाहिए उसमें सभी सामाजिक गुणों का समावेश होना चाहिए तथा अधिकार के स्थान पर कर्त्तव्यों के पालन की अधिक इच्छा होनी चाहिए। समाज के नियम, उसकी आचार-संहिता, समाज तथा विशेषकर अपने समुदाय की विशेष अभिवृत्तियों, संस्कारों तथा रीति-रिवाजों से उसे परिचित होना चाहिए तथा उनका एक उचित सीमा तक पर्याप्त सम्मान करना चाहिए। ऐसी अवस्था में ही उसे अपने सामाजिक परिवेश में ठीक प्रकार समायोजित होने में उचित सहायता मिल सकती है।

व्यावसायिक समायोजन (Occupational Adjustment)

रोटी-रोज़ी कमाना हम सभी के लिए अत्यंत आवश्यक है क्योंकि इसी में हमें अपनी व्यक्तिगत तथा सामाजिक-मनावैज्ञानिक आवश्यकताओं की पूर्ति के लिये उचित साधन प्राप्त होते हैं। विद्यालय जीवन हो या मां-बाप तथा घर-परिवार द्वारा प्राप्त प्रशिक्षण सभी की राह हमें किसी न किसी व्यवसाय को अपनाने का अवसर प्रदान करती हैं और आगे जाकर यह व्यवसाय हमें किस रूप में व्यावसायिक संतुष्टि प्रदान कर हमारी आशाओं तथा आकांक्षाओं की पूर्ति करता है उसी पर अधिकतर हमारा व्यावसायिक समायोजन निर्भर करता है। हम लोग अपने प्रयत्नों तथा मिलने वाले अवसरों के फलस्वरूप तरह-तरह के व्यवसाय अपनाते हैं तथा अपने-अपने ढंग से काम करते हुए उनसे समायोजित होने का प्रयत्न करते हैं। जितने हम अपने व्यवसाय में समायोजित रहते हैं उतना ही हमें लाभ एवं सहयोग जीवन के अन्य क्षेत्रों में पूरी तरह समायोजित होने में मिलता है। यह बात दूसरी तरफ से भी लागू होती है। जितने हम समायोजन के अन्य क्षेत्रों व्यक्तिगत या सामाजिक होने में अधिक समायोजित होते हैं उतनी ही सहायता हमें व्यावसायिक रूप से समायोजित होने में मिलती है। अब प्रश्न यह उठता है कि व्यावसायिक रूप से समायोजित व्यक्ति किसे कहा जाए। इस संदर्भ में किए गए विभिन्न अनुसंधानों द्वारा सामान्य रूप से जो परिणाम सामने आये हैं उनमें व्यावसायिक रूप से समायोजित होने वाले व्यक्तियों में अधिकतर निम्न मुख्य बातें दिखाई देती हैं:

(i) अपने व्यवसाय के चुनाव से वे संतुष्टि अनुभव करते हैं। वह यह नहीं कहते कि उनकी तो किस्मत ही खराब थी, या उन्होंने मजबूरी में अपने इस व्यवसाय का चुनाव किया है।

(ii) अपने व्यवसाय से संबंधित कार्यों को करने में उन्हें प्रसन्नता का अनुभव होता है तथा इन्हें करने के बाद वे प्रायः संतुष्टि का अनुभव करते हैं। इस तरह व्यावसायिक संतुष्टि की भावना (Job satisfaction) इन व्यक्तियों में अच्छी तरह पाई जाती है।

(iii) अपने व्यवसाय और काम-काज की दुनिया से संबंधित विभिन्न परिस्थितियों से वे संतुष्ट नज़र आते हैं। काम-काज संबंधी उपकरण, उठने-बैठने, तथा काम करने की जगह तथा उपलब्ध सुविधाओं आदि के अभाव का वे रोना नहीं रोते या उन्हें लेकर वे परेशान नहीं होते हैं।

(iv) अपने व्यावसायिक साथियों तथा अधिकारियों से उनका ठीक प्रकार समायोजन रहता है। पारस्परिक संबंधों को निभाना और उचित तालमेल कर अपने व्यावसायिक कार्यों में कोई ढील न आने देना उनके व्यक्तित्व की एक अच्छी विशेषता होती है।

(v) उनमें अपने व्यवसाय के प्रति पूरी निष्ठा होती है तथा उसके प्रति सकारात्मक दृष्टिकोण होता है। वे अपने व्यवसाय को छोड़कर दूसरा व्यवसाय अपनाने की बात नहीं सोचते रहते। वह यह भावना रखते हैं कि इस व्यवसाय में ऐसा बहुत कुछ है जिससे वे अपने आपको तथा समाज को प्रगति के मार्ग पर ले जा सकते हैं।

(vi) उनका व्यवसाय उनको पदोन्नति (Promotion) के समुचित अवसर प्रदान करता है। कुछ कारणों से ऐसा न होने पर वे अधिक विचलित नहीं होते तथा ऐसा नहीं अनुभव करते कि स्थानान्तरण (Transfer) या प्रमोशन को लेकर उन्हें तंग किया जा रहा है अथवा भेदभाव हो रहा है।

(vii) अपने व्यवसाय की काम-काज की बातों में वे पर्याप्त सुधार लाने में पूरा विश्वास रखते हैं। उनमें सृजनात्मकता के तत्व भी उपयुक्त मात्रा में पाये जाते हैं जिसका प्रमाण वे यदा-कदा देते ही रहते हैं।

(viii) वे अपने व्यवसाय से आर्थिक दृष्टि से भी समुचित रूप से संतुष्टि अनुभव करते हैं। वे दूसरे व्यवसायों से जिनमें अधिक पैसे या सुविधाएँ मिलती हैं अपने व्यवसाय की तुलना कर अपने मन में किसी प्रकार के हीन या विरोधी भाव नहीं उत्पन्न होने देते।

(ix) अपने व्यवसाय की गरिमा तथा प्रतिष्ठा बनाये रखने का वे समुचित प्रयत्न करते हैं तथा इस कार्य में अपने साथियों तथा अधिकारियों का पूरा साथ देते हैं।

कुसमायोजन का अर्थ (Meaning of Maladjustment)

कुसमायोजन, समायोजन से विपरीत अवस्था है। परिभाषा की दृष्टि से कुसमायोजन व्यक्ति विशेष की वह अवस्था या स्थिति होती है जिसमें वह यह अनुभव करता है कि उसकी मूलभूत आवश्यकताओं की पूर्ति नहीं हो पा रही है और ऐसा होने की आगे भी कोई आशा नहीं है और वह निश्चित रूप से अपने आप से तथा अपने वातावरण से सामंजस्य स्थापित करने में लगभग असफल ही रहा है।

अपनी इस समायोजन संबंधी विफलता के कारण इस प्रकार एक कुसमायोजित व्यक्ति विभिन्न प्रकार की व्यवहार तथा समायोजन संबंधी समस्याओं से ग्रस्त होकर अपने तथा दूसरों के विकास या प्रगति में सदैव बाधा बना हुआ ही नज़र आता है।

कुसमायोजन के कारण (Causes of Maladjustment)

यह बात पूरी तरह सच है कि एक व्यक्ति उस समय तक या उतनी ही सीमा तक पूरी तरह समायोजित रहता है जब तक कि उसकी मूलभूत आवश्यकताओं (शारीरिक तथा सामाजिक-मनोवैज्ञानिक) की उसकी अपनी दृष्टि से पूर्ति होती रहे अथवा उसे उनके पूरे होने की आशा बनी रहे। जैसे ही उसे यह आभास होने लगता है कि उसकी इन आवश्यकताओं की पूर्ति में बाधा आ रही है वह निराश होकर कुसमायोजन का शिकार बन जाता है। इस तरह व्यक्ति के अपने आप से तथा अपने वातावरण से कुसमायोजित होने संबंधी कारणों के तार उसकी अपनी वैयक्तिकता तथा वातावरण संबंधी प्रभावों से जुड़े रहते हैं। आइए इस प्रकार के कारणों पर एक दृष्टि डालें।

वैयक्तिक कारण (Personal causes)—इस प्रकार के कारणों में हम निम्न का उल्लेख कर सकते हैं:

(i) **वंशानुगत कारण** (Heredity factors)—बालक के कुसमायोजन से ग्रस्त होने के पीछे कुछ ऐसे कारण भी हो सकते हैं जिनके लिए वंशानुक्रम संबंधी कारक उत्तरदायी हों। वह वंशानुक्रम की विरासत के रूप में ऐसे दोषपूर्ण एवं विकारग्रस्त मानसिक तंत्र, शारीरिक ढाँचे, शारीरिक संरचना संबंधी दोष, अक्षमताओं, कुरूपता तथा अपंगता को लेकर पैदा हो सकता है जो आगे चलकर उसमें विभिन्न प्रकार की हीनता, निष्क्रियता तथा नैराश्य भावनाओं को जन्म देकर उसकी मूलभूत आवश्यकताओं की पूर्ति में विविध प्रकार की बाधाओं को खड़ी करती रहें।

(ii) **शारीरिक कारण** (Physiological or physical factors)—कुसमायोजन के बहुत से मामलों के पीछे शारीरिक कारण पाये जाते हैं। शारीरिक दुर्बलता, शारीरिक अपंगता या अक्षमता, शारीरिक अस्वस्थता, असाध्य बीमारियों से ग्रस्त और परेशान व्यक्ति कुसमायोजन का शिकार हो सकता है। कारण स्पष्ट है कि व्यक्ति को शारीरिक दृष्टि से चैन नहीं मिलता तो ऐसी परेशानी और विषम परिस्थिति उसे अपने आप से तथा अपने वातावरण से ठीक तरह समायोजित होने में एक बड़ी बाधा बन जाती है। उसमे हीनता और निराशा के भाव घर करने लगते हैं फिर उसके पैर धीरे-धीरे कुसमायोजन की ओर पड़ने लगते हैं।

(iii) **व्यक्ति की अपनी प्रकृति और स्वभाव से संबंधित कारण** (The causes inherent in the nature of the individual)—कुछ व्यक्तियों की अपनी प्रकृति और स्वभाव ही ऐसा होता है कि जिसकी वजह से वे अपने आप से तथा अपने वातावरण के साथ पटरी बिठाने में प्रायः असफल ही रहते हैं। इस प्रकार के कुछ कारण निम्न हो सकते हैं:

- जीवन के ऐसे लक्ष्य, उद्देश्य एवं आदर्श जो वास्तविकता से काफी परे हों।
- सामाजिक परिपक्वता एवं समायोजन का अभाव, संवेगात्मक परिपक्वता का अभाव तथा संवेगों पर उचित नियन्त्रण रखने संबंधी अक्षमता।
- आकांक्षा तथा महत्वाकांक्षा का उचित स्तर बनाये रखने संबंधी असफलता।
- विपरीत इच्छाओं का शिकार होना तथा विविध प्रकार के अन्तःद्वन्द्वों से ग्रस्त रहना।
- निराशाजन्य भावों और कुण्ठाओं के शिकार रहना।

वातावरणजन्य कारण (Environmental Causes)

बहुत सी कुसमायोजन संबंधी समस्याओं के पीछे प्रायः वातावरण संबंधी कारकों का ही अधिक सक्रिय योगदान पाया जाता है। शायद इसके पीछे यही बात ज्यादा काम करती हुई पाई जाती है कि कुसमायोजन की समस्या मूलरूप से व्यवहारजन्य समस्या है और व्यवहार को बनाने एवं बिगाड़ने में वातावरण की शक्तियों की ही अधिक महत्त्वपूर्ण भूमिका रहती है। अतः वातावरण की शक्तियों को ही कुसमायोजन को जन्म देने तथा पल्लवित एवं पोषित करने का एक बड़ा कारण माना जाना चाहिए। फिर वातावरण की शक्तियाँ व्यक्ति के विकास और समायोजन को प्रभावित करने के लिए उपस्थित भी काफी लम्बे समय तक रहती हैं। जब से बालक की जीवन लीला अपनी माता के गर्भ में शुरू होती है तब से लेकर मृत्युपर्यन्त वह वातावरण की शक्तियों का ही शिकार रहता है। ऐसे में अगर उसके हिस्से दोषपूर्ण एवं प्रतिकूल वातावरण पड़ जाए तो उसे कुसमायोजन का शिकार होते देर नहीं लगती। इस तरह की प्रतिकूल वातावरणजन्य परिस्थितियाँ जो कुसमायोजन के लिए अधिक उत्तरदायी मानी जा सकती हैं, उदाहरण रूप में निम्न हो सकती हैं:

- माता-पिता, अभिभावकों, परिजनों, समाज के अन्य सम्मानित सदस्यों तथा अपने से बड़े बालकों का बालक के प्रति अनुचित व्यवहार।
- असंतोषजनक तथा दोषपूर्ण पारिवारिक वातावरण जिसके पीछे माँ-बाप के आपसी झगड़े, परिवार के व्यक्तियों का असामाजिक एवं अपराधी चरित्र, माँ-बाप के बीच संबंध विच्छेद, सौतेली माँ या बाप से मिलने वाला अनुचित व्यवहार आदि विविध कारकों का योगदान हो सकता है।
- पास-पड़ोस, मोहल्ले, समुदाय तथा समाज में व्याप्त ऐसी परिस्थितियाँ तथा दोषपूर्ण वातावरण जिनके परिणामस्वरूप बालकों में अनुचित एवं असामाजिक आदतों को पनपने का अवसर मिले या उनकी मूलभूत आवश्यकताओं की पूर्ति में ऐसी बाधाएँ खड़ी हो जाएँ कि उनके पैर कुसमायोजन की ओर बढ़ने लगें।
- विद्यालय में मिलने वाला दोषपूर्ण वातावरण एवं विषम परिस्थितियाँ जिनमें अध्यापकों का बालकों के साथ अनुचित व्यवहार, साथी विद्यार्थियों के साथ पटरी न बैठना, दोषपूर्ण पाठ्यक्रम तथा पढ़ने-पढ़ाने की अरुचिपूर्ण एवं त्रुटिजन्य विधियाँ, पाठान्तर क्रियाओं का अभाव, नियमों के परिपालन में बहुत अधिक कठोरता एवं तानाशाही रवैया आदि बातें शामिल हो सकती हैं।

कुसमायोजन का निदान (Detection of Maladjustment)

बालकों में व्याप्त कुसमायोजन को सदैव ही काफी गंभीरता से लिया जाना चाहिए। एक तरह से आने वाले ऐसे तूफान की चेतावनी है जिसमें फँसकर बालक विविध प्रकार की व्यवहारजन्य समस्याओं, समाज विरोधी तथा अपराधी व्यवहार, मानसिक अस्वस्थता एवं रोगों के शिकार हो सकते हैं। बीमारी बढ़ने से पहले ही उसका इलाज हो जाना चाहिए और इस दृष्टि से कौन बालक कुसमायोजन की अवस्था से गुज़र रहा है इसकी जानकारी समय से पहले ले लेना ही हितकारी रहता है ताकि उसका उचित उपचार कर बालक को विकास और प्रगति के मार्ग पर पुनः आरूढ़ किया जा सके। कुसमायोजन की स्थिति का निदान करने में अध्यापकों द्वारा मुख्य रूप में निम्न दो प्रकार के तरीके अपनाये जा सकते हैं:

1. परीक्षण प्रविधियों जैसे समायोजन परिसूची (Adjustment inventory), मानसिक स्वास्थ्य परीक्षण, बालक/किशोर समस्या परिसूची (Child/youth problems inventory) आदि का प्रयोग करना।
2. परीक्षा रहित प्रविधियों जैसे निरीक्षण या अवलोकन, साक्षात्कार, रेटिंग स्केल, चैकलिस्ट आदि का उपयोग करना।

आइए अब इन दोनों प्रकार की तकनीकों के बारे में जानकारी ली जाए।

परीक्षण प्रविधियों का प्रयोग (Use of testing devices)—कुसमायोजित व्यक्तियों की पहचान और निदान के लिए भलीभाँति मानकीकृत समायोजन परिसूचियों का प्रयोग काफी उपयोगी सिद्ध होता है। विभिन्न आयु वर्गों तथा विभिन्न प्रकार के व्यक्तियों के समायोजन की जाँच करने हेतु ऐसी उपयुक्त परिसूचियाँ आसानी से उपलब्ध हो सकती हैं। हम उन्हें किसी आयु वर्ग के व्यक्तियों के लिए उपयोग में लाकर उनके समायोजन या कुसमायोजन की जानकारी ग्रहण कर सकते हैं और यह भी पता लगा सकते हैं कि किसी क्षेत्र विशेष में जैसे घरेलू वातावरण, विद्यालय वातावरण आदि में वे किस रूप में कितने समायोजित या कुसमायोजित हैं। इन परिसूचियों के उदाहरण के रूप में हम निम्न का उल्लेख कर सकते हैं:

1. एच.एस. अस्थाना द्वारा निर्मित ''अस्थाना समायोजन परिसूची'' (विद्यार्थियों तथा प्रौढ़ों दोनों के लिए अलग-अलग)
2. बैल समायोजन परिसूची (Bell's Adjustment inventory) विद्यार्थियों तथा प्रौढ़ों–दोनों के लिए अलग-अलग रूप से निर्मित
3. ए.के.पी. सिन्हा तथा आर.सी. सिंह द्वारा निर्मित समायोजन परिसूची
4. लेखक द्वारा निर्मित ''मंगल शिक्षक समायोजन परिसूची'' (शिक्षकों के समायोजन की जाँच हेतु)।

अपरीक्षण प्रविधियों का प्रयोग (Use of non-testing devices)—इस प्रकार की प्रविधियों का प्रयोग करने के पीछे मुख्य रूप से यही मान्यता कार्य करती है कि समायोजित अथवा कुसमायोजित व्यवहार की सही और उपयुक्त जाँच जीवन की वास्तविक परिस्थितियों में व्यक्तियों के व्यवहार का अवलोकन एवं निरीक्षण करके ही भलीभाँति सम्पन्न हो सकती है। व्यवहार का अवलोकन एवं निरीक्षण करने के लिए व्यवहार निरीक्षण की तकनीकों एवं विधियों जैसे निरीक्षण या अवलोकन, साक्षात्कार, रेटिंग स्केल तथा चैक लिस्ट आदि का इस प्रकार उपयोग किया जाता है कि बालक द्वारा अपनी दिन-प्रतिदिन की ज़िन्दगी तथा कार्य परिस्थितियों में जिस प्रकार का व्यवहार किया जाता है उसका विश्लेषण करके उसके कुसमायोजन/समायोजन स्तर की थाह पाई जा सके। उदाहरण के लिए अगर बालक के व्यवहार में निम्न प्रकार के लक्षण या व्यवहारगत विशेषताएँ देखने को मिलें तो हम निश्चित रूप से उसे इस व्यवहार को कुसमायोजन व्यवहार की श्रेणी में रख बालक को कुसमायोजित श्रेणी में रखना चाहेंगे।

- आत्म-नियन्त्रण (Self-control) का अभाव
- हीनता की भावना से ग्रस्त होना
- असुरक्षा की भावना से ग्रस्त होना
- आत्मविश्वास की कमी
- चिन्ताग्रस्त होना या रहना

- एकान्तप्रियता तथा अपने आपको अलग-थलग रखने की प्रवृत्ति
- आक्रामकता एवं निर्दयता
- धैर्य एवं सहनशीलता का अभाव
- प्रेम, आदर और सहानुभूति आदि गुणों का अभाव
- अपने को महत्त्वपूर्ण दिखाने हेतु या प्रसिद्धि पाने हेतु सस्ते तरीके अपनाना
- अपनी ओर ध्यान आकर्षित करने वाले व्यवहार का प्रदर्शन
- समस्यात्मक, असामाजिक एवं अपराधी व्यवहार का प्रदर्शन
- दूसरों पर टीका-टिप्पणी करना तथा निरन्तर डाँटना-फटकारना (Scarcasm and incessant scolding)
- मानसिक अस्वस्थता एवं मानसिक विकारों से ग्रस्त रहना।

समायोजन की विधियाँ (Methods of Adjustment)

एक स्वस्थ सुखी एवं संतोषप्रद जीवन जीने के लिए व्यक्ति को समायोजित रहने के ढ़ंग सीखने होते हैं यानी उसे अपने वातावरण में अच्छी से अच्छी तरह समायोजित होने के तरीके सीखने होते हैं। ऐसा करने में उसे यह भी ध्यान रखना होता है कि उसके आत्म को ठेस न लगे और वह असामानता या कुसमायोजन का शिकार न हो सके।

यह कैसे किया जाए? अपने वातावरण के साथ समायोजन करने हेतु कैसे तरीके अपनाए जाएं? जिन्दगी में अपने वाली चिंता, अवसाद, दबाव या तनावों से कैसे निपटा जाए? इन सब बातों के उत्तर पाने के लिए हमें उन विधियों, तरीकों की चर्चा करना अत्यंत आवश्यक है जिन्हें व्यक्तियों द्वारा अपनी समायोजन प्रक्रिया में अच्छी तरह काम में लाया जा सकता है।

मोटे तौर पर समायोजन के लिए काम में लाई जाने वाली विधियों या तकनीकों को दो भागों में बांटा जा सकता है। (i) प्रत्यक्ष विधियाँ तथा (ii) अप्रत्यक्ष विधियाँ। आइए इनके बारे में जानें:

1. प्रत्यक्ष विधियाँ (Direct Methods)

प्रत्यक्ष विधियाँ वे विधियाँ हैं जिन्हें व्यक्तियों द्वारा अपने चेतन स्तर (conscious level) पर काम में लाया जाता है। ये तार्किक और विचारशील होती हैं और इनके सहारे व्यक्ति को परिस्थिति विशेष में आ रही अपनी समस्या का स्थायी समाधान किया जाता है। इन विधियों का निम्न प्रकार उल्लेख किया जा सकता है:

(a) **अभ्यास में वृद्धि करना या प्रयासों में सुधार करना** (Increasing trials or improving efforts)—समायोजन करते समय जब कोई अपनी समस्या के समाधान में कठिनाई अनुभव करता है या उसके मार्ग में कोई बाधा खड़ी हो जाती है तब वह नए जोश और उत्साह के साथ अपने प्रयासों में और मजबूती लाने या अपनी कार्यशैली तथा व्यवहार में परिवर्तन लाने की चेष्टा कर सकता है।

(b) **समझौते के रास्ते अपनाना** (Adopting compromising means)—अपने और अपने वातावरण के बीच सामजस्य बनाए रखने के लिए व्यक्ति के द्वारा निम्न प्रकार के समझौते मार्ग चुने जा सकते हैं:

(i) वह अपने उद्देश्य विशेष में परिवर्तन लाकर अपने प्रयासों की दिशा ही बदल देता है। उदाहरण के लिए अगर वह पहले I.A.S. परीक्षा पास करने की चाहत रखता था तो अब वह इस उद्देश्य की जगह बैंक में प्रोबेशन अफसर बनने का उद्देश्य लेकर अपनी शक्ति को इस नए उद्देश्य की प्राप्ति में लगाना प्रारंभ कर सकता है।

(ii) अपने उद्देश्य में एकदम बहुत बड़ा परिवर्तन लाकर वह उसका स्तर कुछ कम कर करता है जैसे वह I.A.S. बनने की तमन्ना न रखकर पी.सी.एस (राज्य स्तरीय सिविल सर्विस) की परीक्षा पास करना अपना उद्देश्य बना सकता है।

(iii) वह एक वास्तविक वस्तु की बजाय उसके कृत्रिम या काल्पनिक विकल्प की प्राप्ति से ही संतुष्टि अनुभव कर सकता है। उदाहरण के लिए एक बालक वास्तविक कार या घोड़े की जगह खिलौना कार या घोड़े पर सवारी करके ही संतोष अनुभव कर सकता है तथा एक युवक जिसे विवाह करके अपनी पत्नी को बाहों में भरने की तमन्ना है वह किसी गुड़िया या प्रतिमा को ही अपनी बाहों में भर कर संतुष्टि पा सकता है।

(c) **पलायन या पराजय स्वीकार कर लेना** (Withdrawl or Submission)—एक व्यक्ति वातावरण के साथ अपने समायोजन हेतु वातावरण की शक्तियों के सामने घुटने टेककर अथवा जिस परिस्थिति में उससे कुछ हो नहीं पा रहा है उसे छोड़ कर कहीं अन्यत्र चले जाने के द्वारा अपने समायोजन का रास्ता ढूंढ सकता है।

(d) **उचित चयन तथा निर्णय लेने की क्षमता दिखाना** (Making proper choices and decisions)—व्यक्ति पर्याप्त सूझ बूझ से अपने वातावरण के साथ अनुकूलन करने या वातावरण को अपने अनुसार ढालने आदि से संबंधित उचित निर्णय लेकर अपने आपको चिंता, परेशानी और तनाव रहित परिस्थितियों से बचाकर ऐसा रास्ता ढूंढ सकता है जिससे वह समायोजित अनुभव करे।

2. **अप्रत्यक्ष विधियाँ (Indirect Methods)**

अप्रत्यक्ष विधियाँ वे विधियाँ होती हैं जिनकी सहायता से व्यक्ति अपने आदर्श अस्थायी तौर पर समायोजित कर मनोवैज्ञानिक खतरों से अपना बचाव करता हुआ दिखाई देता है। इस कार्य हेतु वह जिन युक्तियों को अपनाता है उन्हें रक्षात्मक युक्तियों या मनोरचनाओं (Defence or mental mechanisms) का नाम दिया जाता है। इनका प्रयोग विभिन्न परिस्थितियों में व्यक्तियों द्वारा अचेतन रूप से अपने अहं तथा स्व (Self) की रक्षा हेतु किया जाता है। इस प्रकार की युक्तियों के रूप में जिनका प्रयोग व्यक्तियों द्वारा अपने अस्थायी समायोजन हेतु किया जाता है उनका आवश्यक परिचय हम इस पुस्तक के 31वें अध्याय में पहले ही दे चुके हैं।

सार-संक्षेप (Summary)

1. समायोजन से तात्पर्य व्यक्ति विशेष की उस मनोदशा, स्थिति या की जाने वाली उस व्यवहार प्रक्रिया से है जिसके माध्यम से वह यह अनुभव करता है कि उसकी आवश्यकताओं की संतुष्टि हो रही है और उसका व्यवहार समाज और संस्कृति की अपेक्षाओं के अनुकूल ही चल रहा है। दूसरे शब्दों में जीव विज्ञान की भाषा में जिसे अनुकूलन कहा जाता है मनोविज्ञान में इसी को समायोजन की संज्ञा दे दी जाती है। जीवधारियों को जीने के लिए जिस रूप में अनुकूलन (अपने आपको बदलती वातावरणजन्य परिस्थितियों के अनुसार ढालना) की जरूरत होती है वैसे ही व्यक्तियों को अपने से और अपने वातावरण से तालमेल रखते हुए अपनी आवश्यकताओं की भलीभाँति संतुष्टि करते रहने के लिए समायोजन प्रक्रिया की आवश्यकता रहती है।
2. शिक्षण एवं अधिगम के संदर्भ में यह अच्छी तरह समझा जा सकता है कि समायोजन की प्रक्रिया अध्यापकों को अपने शिक्षण कार्यों तथा अधिगमकर्ताओं को अपने अधिगम कार्यों के संपादन में काफी महत्वपूर्ण भूमिका निभाती है।

   अपने व्यावहारिक रूप में समायोजन को प्रक्रिया तथा उपलब्धि या निष्पत्ति के रूप में उपजे उसके प्रतिफलों दोनों ही स्वरूपों में अच्छी तरह विश्लेषित किया जा सकता है।
3. एक भलीभाँति समायोजित व्यक्ति के व्यवहार एवं व्यक्तित्व में जो विशेषताएँ पायी जाती हैं उनमें से प्रमुख हैं, उसका शारीरिक, संवेगात्मक तथा सामाजिक रूप से समायोजित रहना, अपनी अच्छाइयों तथा कमजोरियों का ज्ञान, अपने आत्म तथा दूसरों का सम्मान करना, महत्वाकांक्षा का उचित स्तर बनाये रखना, मूलभूत आवश्यकताओं की पूर्ति होते रहना, व्यवहार में लचीलापन, हालातों से संघर्ष करने की क्षमता, आलोचना तथा दोष निकालने की प्रवृत्ति का अभाव तथा अपनी वातावरणजन्य स्थिति से संतुष्टि।

4. किसी भी व्यक्ति के अपने आप तथा अपने वातावरण के साथ होने वाले समग्र समायोजन को मुख्य रूप से तीन क्षेत्रों या प्रकारों—व्यक्तिगत, सामाजिक तथा व्यावसायिक समायोजन में बाँटा जा सकता है। व्यक्तिगत समायोजन से तात्पर्य व्यक्ति के अपने स्वयं के साथ होने वाले तालमेल या समायोजन से है। सामाजिक समायोजन में व्यक्ति अपने सामाजिक परिवेश से जुड़ी हुई बातों तथा व्यक्तियों के साथ उचित तालमेल बिठाने का प्रयत्न करता है और व्यावसायिक समायोजन हेतु उसे अपने कामकाज की दुनिया से भलीभाँति पटरी बिठानी पड़ती है।
5. समायोजन के ठीक विपरीत कुसमायोजन; व्यक्ति विशेष की वह अवस्था या स्थिति होती है जिसमें वह यह अनुभव करता है कि उसकी मूलभूत आवश्यकताओं की पूर्ति नहीं हो पा रही है और न ऐसा होने की आगे कोई संभावना है और वह निश्चित रूप से अपने आप से तथा अपने वातावरण के साथ पटरी बिठाने में लगभग असफल सिद्ध हो रहा है। कुसमायोजन के कारण व्यक्ति विशेष में (वंशानुगत, शारीरिक तथा व्यक्ति की अपनी प्रकृति और स्वभाव से सम्बन्धित कारणों के रूप में) तथा उसके वातावरण (घर, परिवार, पास-पड़ोस, विद्यालय, समुदाय तथा कामकाज की दुनिया की प्रतिकूल परिस्थितियों में) दोनों में ही निहित हो सकते हैं। कुसमायोजन व्यक्ति को कई तरह की समस्याओं का शिकार बना सकता है अतः इसका समय से ही निदान और उपचार किया जाना चाहिए। निदान के लिए हम विविध प्रकार की परीक्षण और गैर-परीक्षण तकनीकों का प्रयोग कर सकते हैं और फिर उनके परिणामों के संदर्भ में उचित उपचारात्मक कदम उठाये जा सकते हैं।
6. व्यक्ति विशेष तथा उसके वातावरण के बीच सामंजस्य/समायोजन स्थापित करने हेतु जिन विधियों का सहारा लिया जा सकता है उन्हें प्रत्यक्ष तथा अप्रत्यक्ष विधियों के रूप में वर्गीकृत कर अच्छी तरह जाना जा सकता है। प्रत्यक्ष विधियाँ वे विधियाँ हैं जिनका उपयोग व्यक्ति द्वारा बड़े ही तार्किक ढंग से चेतन स्तर पर इच्छापूर्वक किया जाता है। अपने प्रयासों में उचित वृद्धि करना, समझौतावादी व्यवहार अपनाना, पलायनवादी व्यवहार अपनाना तथा लक्ष्य के रूप में उचित विकल्प चुनना अथवा महत्वाकांक्षा स्तर निर्धारित करना आदि का इस प्रकार की प्रत्यक्ष विधियों के रूप में देखा जा सकता है। अप्रत्यक्ष विधियों को समायोजन हेतु अचेतन स्तर पर प्रयुक्त किया जाता है इनका उद्देश्य व्यक्ति विशेष को मनोवैज्ञानिक खतरों से बचाने हेतु अस्थायी कवच प्रदान करना होता है। विभिन्न प्रकार की मानसिक या रक्षात्मक युक्तियाँ जैसे युक्तिकरण, प्रक्षेपण, दमन, प्रतिगमन, विस्थापन, दिवास्वप्न तथा कल्पना प्रवाह, उदात्तीकरण, पलायन, आदि को समायोजन के लिये प्रयुक्त अप्रत्यक्ष विधियों का नाम दिया जाता है जिनसे व्यक्ति को स्थिति विशेष में अपने तनाव, कुंठा, दबाव तथा नैराश्य से बचने हेतु एक अस्थायी कवच या साधन के रूप में काम में लेता हुआ देखा जा सकता है।

संदर्भित एवं विशेष अध्ययन ग्रन्थ (References and Suggested Readings)

Adams, H.E., *Psychology of Adjustment*, Ronald, New York, 1972.

Arkoff, Abe, *Adjustment and Mental Health*, McGraw-Hill, New York, 1968.

Asthana, H.S., *Manual of Direction and Norms of Adjustment Inventory*, Rupa Psychological Corporation, Varanasi, 1968.

Bell, Hugh M., *The Adjustment Inventory (Adult form)—Manual Alto*, California Consulting Psychologist Press, Manual, Palo Alto, CA, 1958.

Carroll, H.A., *Mental Hygiene: The Dynamics of Adjustment*, Prentice-Hall, New Jersey, 1967.

Gates, A.S. and Jersild, A.T., *Educational Psychology*, Macmillan, New York, 1970.

Heston, Joseph, C., *Heston Personal Adjustment Inventory*, World Book Company, Hudson, 1949.

Joshi, M.C. and Pandey, Jagdish, *Adjustment Inventory* (Mimeographed information), New Delhi: NCERT, *Journal of Educational Research and Extension*, Vol. II, No. 3, 1975.

Katkowsky, Walter and Leon, Corlow (Eds.), *The Psychology of Adjustment*, McGraw-Hill, New York, 1976.

Lahner, George, F.J. and Kube, Ella, *The Dynamics of Personal Adjustment*, Prentice-Hall, New Jersey, 1964.

Lazarus, R.S., *Patterns of Adjustment*, 3rd ed., McGraw-Hill, Tokyo, 1976.

Mangal, S.K., *Dimensions of Teacher Adjustment*, Vishal Publications, Kurukshetra, 1985.

Mangal, S.K., *Abnormal Psychology*, Rev. ed., Sterling Publishers, New Delhi, 1987.

_____, *Teacher Adjustment Inventory* (Short and Long Version), National Psychological Corporation, Agra, 1987.

Morgan, C.T., *Introduction to Psychology*, McGraw-Hill, New York, 1961.

Patty, W.L. and Johnson, L.S., *Personality and Adjustment*, McGraw-Hill, New York, 1963.

Ramamurti, P.V., "Adjustment Inventory for Aged", *Indian Journal of Psychology*, **43**, 27–29, 1968.

Saxena, M.S.L., *Vyaktitva Parakha Prashnavali,* Siksha, **23**, July 1962.

Shaffer, L.F., "Article in Boring", Longfield and Welb (Eds.), *Foundations of Psychology,* John Wiley, New York, 1961.

Shaffer, L.F., *The Psychology of Adjustment*, Houghton Mifflin, New York, 1936.

Sinha, A.K.P. and Singh, R.P., *Manual for Adjustment Inventory for College Students,* National Psychological Corporation, Agra, 1971.

Vonhaller, Geuner, B., *Psychology*, Houghton International, New York, 1970.

Waltin, J.E.W., *Personality, Maladjustment and Mental Hygiene*, 3rd ed., McGraw-Hill, New York, 1951.

White, Robert W., *Abnormal Psychology*, Ronald Press, New York, 1956.

बालकों और किशोरों की आवश्यकताओं तथा व्यवहारात्मक समस्याओं की समझ (Understanding Needs and Behavioural Problems of Children and Adolescents)

विषय प्रवेश (Introduction)

बच्चे किसी भी समाज या राष्ट्र की वास्तविक सम्पत्ति होते हैं। एक समाज की प्रगति, कल्याण और भविष्य उसके बच्चों के विकास और प्रगति के साथ ही जुड़ा हुआ होता है। इसलिए माता-पिता तथा अध्यापकों का यह कर्त्तव्य है कि वे बच्चों को वह सब सहायता प्रदान करें जो उनकी समुचित वृद्धि और विकास के लिए ज़रूरी है। इस उद्देश्य की पूर्ति के लिए सर्वप्रथम उन्हें अपने बालकों की आयु सें जुड़ी हुई विकासात्मक आवश्यकताओं के सम्बन्ध में अच्छी तरह समझ विकसित करनी चाहिए। बाल्यावस्था और किशोरावस्था में एक विकासोन्मुख बालक निश्चित तौर पर अपने हमउम्र साथियों के साथ सम्बन्ध बनाने तथा आत्मीयता विकसित करने की आवश्यकता महसूस करता है। यह सम्बन्ध एवं आत्मीयता बालकों के समायोजन, विकास तथा उनके व्यक्तित्व के सभी आयामों—शारीरिक, सामाजिक, मानसिक, संवेगात्मक और चारित्रिक की प्रगति के लिए बहुत ज्यादा ज़रूरी होती है। हालांकि व्यक्तित्व के इस प्रकार के विकास, समायोजन तथा प्रगति के मार्ग में अनेक बाधाएं रुकावट पैदा कर सकती हैं, और उनकी शारीरिक एवं सामाजिक मनोवैज्ञानिक आवश्यकताएँ उस वातावरण, जो वे अपने पालन-पोषण और शिक्षा के लिए प्राप्त करते हैं, में सन्तोषजनक रूप से पूरी नहीं हो पाती हैं। वे अपने हमउम्र साथियों, परिवार के सदस्यों और अध्यापकों के साथ समुचित रूप से अन्त:क्रिया करने और सम्बन्ध स्थापित करने में कठिनाई का अनुभव कर सकते हैं। इसके फलस्वरूप वे किसी एक या अन्य प्रकार की व्यवहारात्मक समस्या का शिकार बन सकते हैं। इस प्रकार की स्थिति में उन्हें अपने माता-पिता तथा अध्यापकों से उपयुक्त ढंग से देखभाल, ध्यान तथा मार्गदर्शन की आवश्यकता होती है। विकासोन्मुख बालक की शिक्षा से सम्बन्ध रखने वाले एक अध्यापक के रूप में आपको बालकों और किशोरों की आवश्यकताओं और व्यवहारात्मक समस्याओं का समुचित ज्ञान होना चाहिए। इस अध्याय में हम बालकों की हमउम्र साथियों के साथ सम्बन्ध की प्रक्रिया तथा बालकों और किशोरों की सामान्य व्यवहारात्मक समस्याओं से परिचित होने का प्रयास करेंगे। आइए सर्वप्रथम हम बालकों के ''हमउम्र साथियों के साथ सम्बन्ध'' की बात को लेकर शुरू करते हैं।

हमउम्र साथियों के साथ सम्बन्ध (Relationship with Peers)

हमउम्र साथी कौन होते हैं? (Who are Peers ?)

'हमउम्र साथी' पद का प्रयोग समान उम्र के उन बच्चों और युवाओं के लिए प्रयुक्त होता है जिनमें आपस में आवश्यक अन्त:क्रिया करने के लिए योग्यताएं, तार्किकता तथा सामाजिक संवेगात्मक कौशल तथा उपलब्ध वातावरण में साथ-साथ खेलने एवं परस्पर सहयोग करने की क्षमता समान स्तर की होती हैं।

बच्चे अपने हमउम्र साथियों के साथ शैशवास्था से ही घनिष्ट सम्बन्ध स्थापित करना शुरू कर देते हैं। आयु में बढ़ते हुए बच्चे उन बच्चों के साथ इस प्रकार के सम्बन्धों को विकसित करते हैं जिनका लालन-पालन उनके घर और परिवार

के वातावरण में उनके समान वातावरण में किया गया है या घर से बाहर पास-पड़ोस, सामुदायिक दायरे, विद्यालय और महाविद्यालय प्रांगण में साथ-साथ समय व्यतीत कर रहे हों। इस सम्बन्ध का उद्देश्य होता है :

- एक दूसरे के साथ अधिक से अधिक समय व्यतीत करना।
- एक दूसरे के सामने अपने आपको पूरी तरह अभिव्यक्त करने की स्वतन्त्रता प्राप्त करना।
- खेलने कूदने, विचारों का आदान-प्रदान करने तथा घनिष्ट-मित्रता विकसित करने के लिए साथी प्राप्त करना।
- अपनी श्रेणी, योग्यताओं या स्तर में बड़ा या छोटा होने के किसी दबाव को महसूस किए बिना परस्पर एक दूसरे के साथ अपने अधिगम को बांटना तथा एक दूसरे की संगति में प्रसन्नता का अनुभव करना।

हम उम्र साथी से सम्बन्ध का विकास (Development of peer relationship)

विकासशील बच्चों के किसी भी आयु समूह के लिए मित्र बनाना और हमउम्र सम्बन्ध विकसित करना इतना आसान कार्य नहीं है जैसा कि हम बड़ी उम्र के लोगों द्वारा सोचा जाता है। छोटे-छोटे बच्चों और शिशुओं (Kids and toddlers) के लिए किसी भी खेल में सक्रिय समूह के साथ शामिल हो जाना बड़ा कठिन होता है, कई बार तो हमउम्र समूह के द्वारा नकारे जाने की भी संभावना होती है। वास्तव में हमउम्र सम्बन्ध विकसित करने तथा मित्र बनाने में बच्चों में काफी व्यक्तिगत कठिनाइयाँ पाई जाती हैं। कुछ बच्चे आसानी से किसी समूह में सफलतापूर्वक प्रविष्ट हो जाना जानते हैं तो दूसरे नहीं जानते। यह बच्चों के स्वभाव और प्रकृति में समाविष्ट अनेक कारकों पर निर्भर करता है, जैसे—सामाजिक बनाम शर्मीलापन, समायोजित होने बनाम आक्रामक स्वभाव, सहयोग बनाम झगड़ालू या स्वार्थी आदि।

किसी खेल या क्रीडा में सरलतापूर्वक प्रविष्टि प्राप्त कर लेने या हमउम्र समूह के साथ संवाद अर्थात् वार्तालाप और अन्त:क्रिया के अवसर प्राप्त कर लेने से ही काम पूरा नहीं होता है। हमउम्र सम्बन्ध को विकसित करने के मामले में वृद्धि को प्राप्त होते हुए बच्चों को पूर्व-विद्यालय समय से लेकर ही अनेक चुनौतियों का सामना करना पड़ता है, जैसे—नए मित्र बनाना, पूर्व बने हुए मित्र से मित्रता बनाए रखना, हमउम्र समूह में व्यवस्थित होना, हमउम्र समूह द्वारा स्वीकार किया जाना, हमउम्र समूह द्वारा नकारे जाने, उपेक्षित होने या अपमानित होने की संभावनाओं या मौकों को समाप्त करना आदि। हमउम्र सम्बन्धों के विकसित होने की राह में आने वाली कठिनाइयों और चुनौतियों का सामना करने के लिए विकसित होते हुए बच्चों की बड़े लोगों द्वारा सहायता की जानी चाहिए। इस कार्य हेतु हमें इस बात पर विचार करना होगा कि वे कौन से कारण और बाते हैं जो विकासशील बालकों को मित्र बनाने तथा हमउम्र बालकों के साथ सम्बन्ध विकसित करने हेतु आवश्यक सामाजिक कुशलता विकसित करने में सहायक होती है।

व्यवहार विज्ञान में होने वाले अनुसन्धानों से यह ज्ञात हुआ है कि कुछ जन्मजात प्रवृत्तियों, शारीरिक संरचना तथा स्वास्थ्य सम्बन्धी हालातों के अलावा मित्र बनाने तथा साथियों के साथ मेलजोल बढ़ाने के लिए आवश्यक सामाजिक कुशलताएं बच्चों को अपने घर और परिवार में उनके लालन-पालन तथा भाई बहिनों के साथ अन्त:क्रिया करते हुए प्राप्त अनुभवों के माध्यम से भी अर्जित की जाती हैं।

उदाहरण के लिए किसी के घर का वातावरण और माँ-बाप का व्यवहार बच्चों को सहयोग, सहानुभूति, पारस्परिक प्रेम और आदर, आपसी विश्वास तथा जनतांत्रिक एवं सामाजिक व्यवहार का पाठ पढ़ाता है तो उनके बच्चे अनायास ही इन सभी सद्‌गुणों को ग्रहण कर लेते हैं जो आगे जाकर उन्हें अपने साथियों के साथ मेलजोल बढ़ाने और मित्र बनाने में सहायक सिद्ध होते हैं। परन्तु दूसरी ओर अगर उनके पालन-पोषण तथा भाई-बहिनों के साथ अन्त:क्रिया करने में कमियाँ अथवा बुराईयां रहती हैं तब अवश्य ही उन बच्चों की मित्र बनाने अथवा साथियों के साथ मेल-जोल बनाने में सहायक सामाजिक कुशलताओं के अर्जन में निश्चित रूप से बाधा आती दिखाई देगी। यह भी पूरी तरह से स्पष्ट है कि भला कौन बच्चे ऐसे होंगे जो उन बालकों से मित्रता या सम्बन्ध बनाए रखना चाहेंगे जो स्वभावत: आक्रामक, रूखे अत्यधिक शर्मीले, डरपोक, स्वार्थी, झगड़ालू, शंकालू तथा अपने लिए या दूसरों के लिए समस्याएं खड़ी करने वाले हों।

हमउम्र साथियों के सम्बन्धों से जुड़ी हुई कुछ आवश्यक बातें (The Issues Involved in Peer Relationship)

(a) **मित्रता एवं लिंग** (Friendship and gender)—हमउम्र साथियों के साथ सम्बन्ध बढ़ाना या मित्रता बनाना, जैसे कि ऊपर बताया गया है, बालकों की मित्र बनाने की कला, योग्यता, गुण एवं विशेषताओं पर निर्भर करता है। जो बच्चे शारीरिक और मानसिक रूप से स्वस्थ्य होते हैं, उनमें संवेगात्मक स्थिरता तथा सामाजिक क्षमता होती है, वे मित्रता स्थापित करने और हमउम्र साथियों के साथ प्रभावपूर्ण सम्बन्ध बनाने में ज्यादा सफलता पाते हुए देखे जा सकते हैं। बाल्यावस्था के प्रारम्भिक वर्षों में एक दूसरे के साथ मित्रता बनाने के लिए बच्चों के सम्मुख लिंग, सामाजिक आर्थिक स्तर तथा अन्य भौतिक सुविधाओं जैसी कोई बात नहीं होती है। इस अवस्था के दौरान बालक एवं बालिकाएं आपस में एक दूसरे के साथ खेल गतिविधियों या अन्य प्रकार की उपयोगी मैत्रीपूर्ण व्यवहार के आदान-प्रदान में व्यस्त रहते हुए दिखाई देते हैं, उनमें आपस में किसी प्रकार कोई भी भेदभाव या शर्त नहीं होती है। परन्तु जैसे-जैसे उनकी आयु बढ़ती है उनकी मित्रता का आधार उनके अपने-अपने लिंग के अनुसार आपस में उनकी पसन्द-नापसन्द, रूचि-अरूचि बनने लगती है। यही कारण है की अब लड़के एवं लड़कियां आपस में मित्रता स्थापित करने में अपने लिंग को अधिक महत्त्व देने लगते हैं। लड़के लड़कों के साथ मित्रता बढ़ाते हैं और लड़कियां लड़कियों के साथ। उनकी यह प्रवृत्ति प्रारम्भिक किशोरावस्था तक जारी रहती है परन्तु इसके बाद उनकी प्राथमिकता विपरीत लिंग की तरफ आकर्षित होने लगती है। एक बात और है कि बाल्यावस्था और किशोरावस्था की मित्रता की गहराई में अन्तर होता है। बालक जैसे-जैसे अपने शारीरिक, मानसिक, सामाजिक तथा संवेगात्मक विकास में परिपक्वता प्राप्त करते जाते हैं उनकी रुचियों और गतिविधियों का क्षेत्र विस्तृत होने लगता है और उनकी मित्रतापूर्ण सम्बन्धों में और भी ज्यादा गहनता और गहराई आने लगती है। हम देखते हैं कि किशोरावस्था के लड़के और लड़कियों में मित्रता की गाँठ इतनी गहराई और मजबूती से बंधी होती है कि कई बार तो लड़के और लड़कियों की यह मित्रता उन्हें वैवाहिक सूत्र में भी बांध देती है या फिर वे आजीवन पक्के और विश्वसनीय मित्र बने रहते हैं।

(b) **प्रतियोगिता और सहयोग** (Competition and Cooperation)—प्रतियोगिता, जैसा कि आप जानते हैं, हमेशा अपने बराबर वाले लोगों के साथ ही ज्यादा होती है और इसीलिए हमउम्र साथी बच्चे ही प्रतियोगिता अथवा प्रतिस्पर्धात्मक गतिविधियों में अधिकांश रूप से साझेदारी करते हुए पाए जाते हैं। उनमें यह प्रतियोगिता और प्रतिस्पर्धा की आदत और प्रवृत्ति की झलक शैशवावस्था से ही, जिसे हम हमउम्र साथियों के साथ सम्बन्ध बनाने की प्रारम्भिक अवस्था कहते है, तभी से शुरू हो जाती है। वे अपनी खिलौना कार की रेस (दौड़) लगाते हुए, अपने खिलौना हवाई जहाज को उड़ाते हुए, अपने खिलौनों या गुड़ियों के संग्रह का प्रदर्शन करते हुए अपने साथियों से प्रतियोगिता या प्रतिस्पर्धा करते हुए पाए जाते हैं। जैसे-जैसे उनकी आयु बढ़ती है, उनकी प्रतियोगितात्मक क्रियाओं का क्षेत्र विस्तृत होता जाता है। विद्यालय जाने पर अपने हमउम्र साथियों के साथ उनकी यह प्रतियोगिता केवल शैक्षिणिक क्षेत्र में श्रेष्ठता प्रदर्शन में ही नहीं होती बल्कि अन्य विभिन्न प्रकार की पाठ्य सहगामी क्रियाओं, खेलकूद, अभिरूचियों (Hobbies) तथा प्रोजेक्ट गतिविधियों में श्रेष्ठता प्रदर्शित करने में भी होती है।

बाल्यावस्था में बच्चे अपने माता-पिता, अध्यापकों तथा अन्य गुरूजनों की आँखों में अपनी श्रेष्ठता दिखाने के लिए भी प्रतियोगिता करते हुए पाए जाते हैं। किशोरावस्था में वे अपने हमउम्र साथियों की ज्यादा परवाह करते हैं अतः इस समय अपने हमउम्र साथियों में अपने आपको ऊंचा सिद्ध करने के लिए वे प्रतिस्पर्धात्मक गतिविधियों में लगे रहते हैं। लड़कियों लड़कों की नजरों में अपने आपको ज्यादा आकर्षक प्रतीत होने के लिए अपने साथ की लड़कियों से प्रतियोगिता करती हैं और लड़के लड़कियों की नज़रों में आकर्षक और युवा दिखने के लिए अपने साथी लड़कों से प्रतिस्पर्धा करते हैं। यह तो आयु से सम्बन्धित स्वाभाविक सी बात है इस प्रकार की प्रतिस्पर्धा में कोई बुराई भी नहीं है। परन्तु हाँ यह उस समय एक बुराई में बदल सकती है, जब यह प्रतिस्पर्धा अस्वस्थकर प्रतिद्वन्दता में परिवर्तित हो जाए। जब कोई प्रतिस्पर्धा में भाग लेने वाले हमजोली को नुकसान पहुँचाकर स्वयं आगे निकलने की कोशिश करता है या जीतने के लिए अनुचित और गलत उपायों का सहारा लेता है तब यह बात हम बड़ों और अध्यापकों के लिए चिन्ता का विषय बन सकती है। इस पर समय रहते ही अंकुश लगाना चाहिए और विकासशील बालकों को स्वस्थ प्रतिस्पर्धात्मक कार्यों में भाग लेने हेतु उचित निर्देश तथा परामर्श प्रदान किए जाने चाहिए ताकि अस्वस्थ एवं अनुचित प्रतिद्वन्दता से बचा जा सके। उन्हें यह बताया जाना चाहिए कि प्रतियोगिता या

प्रतिस्पर्धा में आगे आने के लिए उन्हें अपनी योग्यता और क्षमताओं को अधिक से अधिक बढ़ाने की कोशिश करनी चाहिए ना कि दूसरों के बारे में बुरा सोचने तथा उनके मार्ग में बाधा खड़ी करने में अपना समय बरबाद करना चाहिए।

हमउम्र साथियों के सम्बन्ध एक सकारात्मक तथा स्वस्थ रूप प्राप्त कर सकते हैं यदि विकासशील बालकों के कार्यों और प्रयत्नों को एक दूसरे की खिंचाई करने या प्रतिस्पर्धा करने की बजाय उनकी सहायता करने तथा सहयोग करने की तरफ मोड़ दिया जाए। इसलिए समूह गतिविधियों, सहकारी अधिगम तथा समूह खेलों में बालकों को आगे बढ़ने के लिए प्रेरित करना चाहिए जिससे कि बालक अपने हमउम्र साथियों तथा समूह के सदस्यों के कल्याण और प्रगति के लिए कार्य करें। सहायता करना सीखना चाहिए ताकि वे केवल अपने वैयक्तिक कल्याण और प्रगति पर ही अपना ध्यान केन्द्रित ना करें बल्कि समूह लक्ष्यों को प्राप्त करने के लिए अपनी वैयक्तिक क्षमताओं को बढ़ाने के लिए प्रयत्नरत हो सकें।

(c) **प्रतियोगिता और संघर्ष** (Competition and conflict)—हमउम्र साथियों के साथ अच्छे सम्बन्ध बनाए रखने में सहयोग तथा विश्वास काफी महत्त्वपूर्ण और सकारात्मक भूमिका निभाते हैं और इससे सभी हमजोलियों में पारस्परिक सहयोग और इससे वांछित लाभ उठाने की संभावना बनी रहती है। प्रतियोगिता या प्रतिस्पर्धा चाहे किसी भी प्रकार की हो इसमें सार्थियों को एक दूसरे के प्रतिपक्ष में खड़ा होना ही होता है। यह उनके अच्छे सौहार्दपूर्ण सम्बन्धों में भी कटुता की भावना पैदा कर सकती है जो कि किसी एक दूसरे प्रकार के संघर्ष को जन्म देती है।

इसलिए यह ज़रूरी हो जाता है कि जहां तक सम्भव हो हमें अपने शिक्षण अधिगम कार्यों में प्रतिस्पर्धा की जगह सहयोग पर जोर देना चाहिए। अगर प्रतियोगिता और प्रतिस्पर्धा करनी ही है तो बालकों को इस तरह निर्देशित किया जाना चाहिए कि वे स्वयं से ही प्रतियोगिता करें यानी वे अपनी कुशलता, क्षमता, योग्यता एवं प्रवीणताओं में इतनी वृद्धि करें कि वे अपने लक्ष्यों की प्राप्ति का मार्ग सहज कर सकें ना कि हर समय यह सोचते रहें कि उन्हें दूसरों को पराजित करके आगे बढ़ना है। अगर उन्हें अपनी क्षमता और योग्यता को बढ़ाने के प्रयासों में अपने हमजोली के साथ कोई गलतफहमी हो जाए तो उसी समय परिस्थिति को स्पष्ट करते हुए उस गलतफहमी को दूर कर लेना चाहिए और ज़रूरी समझौता करने की कोशिश करनी चाहिए। इस संघर्षपूर्ण स्थिति का समाधान ''खुद भी समृद्ध बनें और दूसरों को भी समृद्ध बनने दें'' इस दार्शनिक विचारधारा में छिपा हुआ है। अत: अपने रहन-सहन और कार्य करने के सम्बन्धों में एक दूसरे की प्रगति और कल्याण के लिए योगदान करते हुए आगे बढ़ने की कोशिश करनी चाहिए।

हमउम्र साथियों के साथ मेलजोल और सम्बन्धों का बालकों के विकास पर प्रभाव (Influence of Peer Relationships on Development)

व्यक्ति के व्यक्तित्व के सभी आयामों के पूर्ण विकास की प्रक्रिया को प्रभावित करने तथा उसके जीवन की पूरी अवधि में स्वयं साथियों के साथ उसके सम्बन्धों का एक महत्त्वपूर्ण स्थान होता है। व्यक्ति के जीवन में उसकी शैशवास्था से लेकर उसके हमउम्र (Peers) साथी वे सहचर होते हैं जो उसके साथ बहुत गहराई तक संवेगात्मक बंधनों में बंधे और जुड़े होते हैं। ऐसे हमउम्र सहचर खेलने के साथी या कक्षा के साथी के रूप में सच्ची मित्रता और साथ प्रदान करते हैं तथा जीवन की खुशियों और आनन्द को परस्पर बाँटने के लिए गहरी मित्रता निभाते हुए पाए जाते हैं। आयु, योग्यताएं तथा कौशल की दृष्टि से समान स्तर और श्रेणी का होने के कारण किसी एक या अन्य आदतें, सम्प्रत्यय, अभिवृत्तियाँ, कौशल तथा बच्चों के सर्वांगीण वृद्धि और विकास के सम्बन्धित अन्य बातों को सीखने तथा अर्जन करने के मामले में अपने परिवार के बड़े सदस्यों तथा अध्यापकों से ज्यादा भरोसा तथा विश्वास बच्चे अपने इन साथियों पर करते हैं और उनकी बात को ठीक समझते हैं। एक दूसरे की संगति में हमउम्र बच्चों के लिए नई बातों को सीखने तथा अर्जन करने का कार्य सापेक्षिक रूप से ज्यादा सरल, आसान और बोधगम्य हो जाता है। वे आपस में एक दूसरे के सामने अपनी कमजोरियों या कमियों को बताने में जरा भी हिचकिचाहट का अनुभव नहीं करते हैं।

वास्तव में ये हमउम्र साथी ही होते हैं जो एक बहुत अच्छे अध्यापक की भूमिका निभाने में पर्याप्त रूप में सक्षम सिद्ध हो सकते हैं क्योंकि एक तो उनका परिपक्वता स्तर समान दर्जे का होता है और दूसरे वे उनके ही स्तर पर आकर भलीभांति विचार विनिमय कर सकते हैं और उन्हीं की भाषा में अधिगम अर्जन करने में सहायता कर सकते हैं। यही कारण है कि

बहुधा हमउम्र साथियों से औपचारिक रूप में जो शैक्षिक सहायता दी जाती है या ट्यूटर की तरह मार्गदर्शन किया जाता है वह विकासशील बच्चों के अधिगम और विकास में बहुत लाभकारी सिद्ध होता है।

इस प्रकार की औपचारिक सहायता और जानबूझ कर किए गए प्रयासों के साथ-साथ अनौपचारिक, सतत और अनजाने तरीके से हमउम्र सम्बन्ध बच्चों के सर्वांगीण बुद्धि एवं विकास पर काफी ज्यादा प्रभाव डालते हुए पाए जाते हैं।

इस प्रकार के हमउम्र सम्बन्ध का प्रभाव जो जानबूझ कर या स्वभावतः प्रदान किया गया हो उस पर एक नजर डालने से हमउम्र सम्बन्ध तथा बाल विकास में सम्बन्धों की महत्ता को हम आसानी से जान सकते हैं।

1. शैशवास्था के काल से ही हमउम्र साथियों के साथ खेलने आदि क्रियाओं से जो खुशी मिलती है, वह बच्चों को शारीरिक, गामक, संज्ञानात्मक, सामाजिक, सौन्दर्यात्मक तथा नैतिक विकास के लिए अनगिनत अवसर प्रदान करती है। इसलिए शिशुओं और छोटे बालकों को अपनी आयु से सम्बन्धित गामक, सामाजिक, संज्ञानात्मक तथा संवेगात्मक कौशलों का अधिगम करने में बहुत तीव्र गति पकड़ते हुए देखकर कोई आश्चर्य नहीं होना चाहिए विशेषकर उस समय जब वे अपने हमउम्र साथियों के साथ प्रतियोगिता करते हुए या सहयोग करते हुए अधिगम करने के समुचित अवसर का आनन्द ले रहे हों।
2. ज़रूरी सामाजिक कौशलों जैसे—शाब्दिक सम्प्रेषण और अन्तःक्रिया, सहायता करना, एक दूसरे के साथ वस्तु या अनुभव बांटना और सहयोग करना आदि का अर्जन करने के कार्य को हमउम्र साथियों के साथ सम्बन्धों तथा अन्तःक्रिया के द्वारा अच्छी तरह से अधिगम किया जा सकता है।
3. जैसी कि पहले चर्चा की जा चुकी है हमउम्र सम्बन्धों को विकसित करने का कार्य विकासशील बच्चों के लिए बहुत से मामलों जैसे—मित्रता बनाने, पूर्व स्थापित हमउम्र समूह में प्रवेश प्राप्त करना, हमउम्र समूह के द्वारा स्वीकारा जाना या नकारा जाना, दादागिरी करने वाले बच्चों का सामना करना, समूह के नियम और संस्कृति में अपने आप को समायोजन करना आदि के सम्बन्ध में अनेक चुनौतियों से जुड़ा हुआ है। फलस्वरूप ये विकासशील बच्चे इन हमउम्र समूहों में रहते हुए बहुत से महत्त्वपूर्ण सामाजिक एवं जीने के लिए ज़रूरी कौशलों जैसे—संघर्ष प्रबन्धन, प्रतियोगिता एवं सहयोग, अपनी बात पर अड़े रहना, सम्मान एवं अपनी पहचान बनाना, अपने संवेगों विशेष रूप से आक्रामकता या पलायनवादी प्रवृत्ति पर वांछित नियंत्रण रखना आदि के विकास के लिए बहुमूल्य पाठ को आत्मसात करने और अधिगम करने के लिए अनेक अवसर प्राप्त करते हैं।
4. बच्चों को अपने आत्म के साथ तथा वातावरण के साथ समुचित रूप से अपना समायोजन करने में सहायता करके हमउम्र सम्बन्ध बच्चों की प्रगति और विकास में काफी लाभकारी सिद्ध होता है। पहली बात तो यह है कि हमउम्र सम्बन्ध बच्चों को अपनी दबी हुई भावनाओं और संवेगों को बाहर निकालने के लिए एक सेफ्टी वाल्व (Safety valve) अर्थात् एक सुरक्षित मार्ग के रूप में हमारे सामने आते हैं। वे अपने दिल और मन की बातों को अपने अभिन्न साथियों से खुलकर व्यक्त कर सकते हैं। उनके साथ अपनी समस्याएं और सुख-दुख की बातों को बांट सकते हैं। इस प्रकार हमउम्र सम्बन्धों के माध्यम से बालकों को अपने आपको भलीभांति व्यक्त करने का सही रास्ता मिल जाता है, परिणामस्वरूप वे अपने तनाव, दुख-दर्द, संघर्ष तथा अन्तःद्वन्दों से मुक्ति पाकर अपने आपसे समायोजित होने में सफलता प्राप्त कर सकते हैं। इसके अतिरिक्त हमउम्र सम्बन्धों में उन्हें जो दूसरों का साथ और सहयोग प्राप्त होता है उनसे उन्हें उन सभी वांछनीय कौशल और आवश्यक आदतों को ग्रहण करने में मदद मिलती है जिनसे घर, विद्यालय तथा सामाजिक वातावरण सम्बन्धी समायोजन आवश्यकताओं को वे अच्छी तरह से पूरा कर सकें।
5. हमउम्र सम्बन्ध विकासशील बच्चों को आवश्यक सम्प्रेषण कौशलों का अधिगम और अर्जन करने में, भाषात्मक योग्यताएं विकसित करने में तथा सामाजिक भूमिकाओं का अभ्यास कराने में काफी महत्त्वपूर्ण और प्रभावशाली सिद्ध होते हैं। जिन बच्चों को हमउम्र सम्बन्धों का आनन्द प्राप्त करने की सुविधा या अवसर नहीं मिल पाता है, इन मामलों में काफी विपरीत रूप से प्रभावित होते हैं अर्थात् उनमें उपरोक्त योग्यताओं का विकास समुचित रूप से नहीं हो पाता है।

व्यवहारात्मक विज्ञानों के क्षेत्र में रहे अनुसन्धानों में यह अच्छी तरह से अनुभव किया गया है और प्रतिपादित भी किया गया है कि अपने विकासशील आयु में (शैशवावस्था से किशोरावस्था तक) बच्चे हमउम्र सम्बन्धों के बहुत शौकीन होते हैं। चाहे यह बाल्यावस्था हो (जीवन क्रियाओं को आपस में बांटने के लिए समूह अर्थात् गैंग (gang) बनाने के कारण इसे गैंग एज (gang age) कहा जाता है) या किशोरावस्था (हमउम्रों के साथ बहुत ज्यादा अन्तरंगता और घनिष्टता का काल) हो, वे जहाँ तक सम्भव हो अपने हमउम्र साथियों के साथ अधिक से अधिक समय व्यतीत करना चाहते हैं। वे वही भाषा बोलते हैं जो उनके हमउम्र साथी बोलते हैं, हमउम्र साथियों के रहने सहने के तरीके अर्थात् जीवन शैली का अनुकरण करते हैं, तथा अपने हमउम्र सम्बन्धों के विचारों के अनुरूप अपने आपको ढाल लेते हैं और ज्यादातर उन्हीं की तरह व्यवहार करते हैं। परिणामस्वरूप उनका विकास अपने हमउम्र सम्बन्धों के द्वारा डाले गए प्रभाव के सकारात्मक या नकारात्मक प्रभाव पर निर्भर करता हुआ सकारात्मक या नकारात्मक दिशा ग्रहण कर लेता है। वे वैसे बन जाते हैं जैसे उनके हमउम्र साथी होते हैं। यही कारण है कि विकासशील बच्चों के ज़रूरी विकास और समायोजन को हमउम्र प्रभाव सकारात्मक या नकारात्मक दोनों ही सीमा तक प्रभावित करता हुआ पाया जाता है। बुरे साथियों की संगति में इस बात की पूरी संभावना होती है कि बच्चे अस्वस्थ कर और अवांछित आदतें, समाज विरोधी व्यवहार और वह सब कुछ जो उनके विकास प्रगति और उनके जीवन में ठीक रहने के लिए खतरनाक और नुकसानदायक है, ग्रहण कर लें।

इस प्रकार से निष्कर्ष रूप में यह कहा जा सकता है कि हमउम्र सम्बन्ध बच्चों के जीवन में एक महत्त्वपूर्ण अर्थ, वजन एवं महत्ता रखते हैं। यह सम्बन्ध बच्चों की प्रगति, व्यवहार करने के तरीकों और उनके व्यक्तित्व के विभिन्न आयामों के विकास के मार्ग पर अपने अतुलनीय एवं बेजोड़ प्रभाव के द्वारा विकासशील बच्चों के विकास, प्रगति और समायोजन को एक उचित आकार प्रदान करता है तथा सही दिशा में बढ़ने के लिए प्रेरित करता है।

बालकों और किशोरों की व्यवहारात्मक समस्याएं
(Behavioural Problems of the Children and Adolescents)

यह बात बिल्कुल ठीक है कि जब तक कोई व्यक्ति अपने आप को सन्तुष्ट महसूस करता है या उसे अपनी सन्तुष्टि के लिए आशा होती है, तो वह अपने स्वयं के तथा अपने वातावरण के साथ समायोजित होता हुआ अनुभव करता है। परन्तु इस सम्बन्ध में असन्तुष्टि और असफलता उसे अपने स्वयं के तथा अपने वातावरण के साथ कुसमायोजित हो जाने का कारण बन जाती है और यह बात उसे एक या दूसरे प्रकार की व्यवहारात्मक समस्याओं का शिकार बना देती है।

व्यवहारात्मक समस्यायें काफी सार्वभौमिक (Universal) होती हैं। ये विकास की सभी अवस्थाओं में (बच्चों से लेकर बूढ़ों तक) पायी जा सकती हैं। परन्तु बच्चे तथा किशोर इसके सबसे अधिक शिकार होते हैं। इसका कारण यही है कि उनमें वह परिपक्वता (Maturation) तथा समझ (Understanding) नहीं पाई जाती जो उन्हें इन समस्याओं के जल्दी शिकार होने से बचा सके। प्रायः इसी के परिणामस्वरूप वे व्यवहारगत विविध समस्याओं से अधिक घिरे पाये जाते हैं। उनकी इन व्यावहारात्मक समस्याओं के उदाहरणों के रूप में हम निम्न समस्याओं का उल्लेख कर सकते हैं:

बड़े होकर भी बिस्तर गीला करना, अधिक हठी या जिद्दी होना, चोरी करना, झूठ बोलना, विद्यालय न पहुँचना अथवा वहां से भाग जाना, अँगूठा चूसना, मुँह से नाखून काटना, हकलाना, गालीगलोज या अपशब्द कहना, मारपीट या झगड़ा फसाद करना, बहुत अधिक भयभीत या चिन्तित रहना, अनावश्यक रूप से शर्मीला या एकान्तप्रिय होना, परीक्षा में नकल करना, कामुकता या निंदित यौन व्यवहार का शिकार होना, बाल या किशोर अपराधी होना, नशीले पदार्थों की लत या व्यसन आदि।

बालकों की तथा किशोरों की इन व्यवहारगत समस्याओं के उदाहरणों के माध्यम से एक बात तो हमें अच्छी तरह स्पष्ट हो सकती है कि इस प्रकार का समस्यागत व्यवहार सामान्य व्यवहार से काफी हट कर होता है। बात भी ठीक है कोई भी व्यवहार जब तक यह ऐसा रूप न धारण कर ले कि वह माँ-बाप, परिवार, पड़ोस, साथियों, अध्यापक तथा समाज के अन्य सदस्यों के लिये असहनीय या असुविधाजनक न हो जाये तब तक उसे समस्या नहीं माना जाता। उसे समस्यात्मक व्यवहार

तभी कहा जाता है जब वह सामान्य व्यवहार से हट कर ऐसी अवस्था में पहुँच जाये जिससे स्वयं व्यवहार करने वाले तथा उसके व्यवहार से प्रभावित व्यक्तियों या परिवेश को परेशानियां खड़ी हो जायें। इस तरह समस्यात्मक व्यवहार से ग्रस्त बालक या व्यक्ति का केवल व्यवहार ही असामान्य तथा समस्यात्मक होता है वह स्वयं किसी मनोविकार, व्याधा तथा मनोरोग से ग्रस्त हो ऐसा होना ज़रूरी नहीं है। विकास को लेकर उसमें कोई असामान्यता जैसे मंदबुद्धिता, शारीरिक एवं सामाजिक रूप से पिछड़ापन, चरित्रहीनता या अपराध प्रवृत्ति आदि का होना आवश्यक नहीं है। इस दृष्टि से समस्यात्मक व्यवहार के शिकार बालकों या व्यक्तियों को विकासात्मक व्याधियों, मनोविकारों, मनोरोगों तथा अपराधियों से अलग करके ही समझने के प्रयत्न किये जाने चाहिये।

समस्यात्मक व्यवहार के अर्थ और अवधारणा से इस तरह परिचित होने के उपरांत अब हम ऐसी स्थिति में हैं कि इसे कुछ निश्चित शब्दों में परिभाषित कर सकें। ऐसी एक परिभाषा निम्न रूप में हो सकती है:

''व्यवहारात्मक समस्याएं या समस्यात्मक व्यवहार पद एक व्यक्ति के उस प्रकार के व्यवहार के लिए प्रयोग में लाया जाता है जो उसे अपने स्वयं तथा अपने वातावरण के साथ उचित समायोजन करने में समस्या खड़ी करने के साथ-साथ उसके अपने तथा समाज के कल्याण के लिए घातक सिद्ध होता है।''

उपरोक्त वर्णित बातों को ध्यान में रखते हुए हम इस अध्याय में विकसित बालकों और किशोरों में अधिक पाई जाने वाली निम्न प्रकार की व्यवहार समस्याओं को अपनी चर्चा का विषय बनाना चाहेंगे। ये समस्याएं है:

(i) आक्रामकता (Aggression)
(ii) प्रताड़ित करना या दादागिरी (Bulleying)
(iii) नशीले पदार्थों की लत या व्यसन (Substance Abuse or Drug Addiction)

आक्रामकता (Aggressiveness)

आक्रामकता क्या है? (What is Aggressiveness ?)

परिस्थितियों, व्यक्तियों तथा समस्याओं से निपटने का यह तरीका भी है कि उन पर हावी रहने का प्रयत्न किया जाए। समायोजन (Adjustment) सम्बन्धी इस प्रकार की आवश्यकता हमारे स्वभाव में आक्रामकता का रुख चाहती है। इस प्रकार का रुख अपना कर बहुत से लोग कार्यों को करने तथा उसमें सफलता प्राप्त करने में कामयाब रहते हैं। जो टीम आक्रामक रुख अपनाती है वह कई बार अपनी इस आक्रामकता की परिणिति सफलता या जीत में देखती है। इस तरह बहुत से व्यक्तियों के कार्य करने का तरीका या व्यवहार ही ऐसा हो जाता है कि उसमें दूसरों पर हावी होने तथा आक्रामकता के चिह्न साफ नजर आते हैं।

समस्याओं से निपटने तथा परिस्थितियों का मुकाबला करने के लिए इस प्रकार का आक्रामक रुख अपनाना कोई विशेष खतरे या समस्या की बात नहीं। परन्तु इसकी अधिकता और उग्रता चिन्ता का कारण तब बन जाती है जब व्यवहार करने वाले का इस प्रकार के व्यवहार पर अपेक्षित नियंत्रण नहीं रहता है और उसके स्वयं के तथा अन्य के नुकसान का कारण बन जाता है।

आक्रामकता के शिकार समस्यात्मक बालकों के व्यवहार में निम्न प्रमुख विशेषताएं या लक्षण देखने को मिलते हैं:

(i) अपने साथियों, विशेषकर छोटे भाई-बहनों, छोटे या अपने से कमजोर बालकों को बुरी तरह मारते-पीटते काटते या खरोंचें लगाते रहते हैं।
(ii) वस्तुओं को तोड़ने-मोड़ने, फेंकने तथा नष्ट करने की क्रियाएं करते हैं तथा अभ्रद एवं अश्लील भाषा का प्रयोग करते हैं।
(iii) चिल्लाकर, पैर पटक कर, जमीन में या किसी वस्तु पर सिर मारकर अपनी उग्रता या क्रोध को व्यक्त करते हैं।
(iv) बहुत अधिक जिद या हठ का प्रदर्शन करते हैं।
(v) बड़ों की आज्ञा को न मानना, उनके आगे जबान लड़ाना तथा किसी भी सजा का विरोध करने में अपनी शान समझते हैं।

(vi) ऊपर से अपने को निडर बलवान सिद्ध करने वाले ये बालक भीतर से बहुत ही कायर तथा डरपोक सिद्ध होते हैं। इनके व्यवहार में एकरूपता या भरोसे वाली बात नहीं होती। अपने से बलवान तथा सेर का सवा सेर मिलने पर वे जल्दी ही अपनी आक्रामकता को त्याग सहज और सामान्य व्यवहार भी करने लगते हैं।

(vii) इन बालकों को आंतरिक रूप से काफी असुरक्षित (Insecure) तथा परेशान (Disturbed) पाया जाता है।

आक्रामकता के संभावित कारण (Possible Causes of Aggressiveness)

बालकों में आक्रामकता की समस्या पैदा होने के मूल में निम्न कारण कार्य कर सकते हैं:

1. बालकों के परिवार का वातावरण उनके इस प्रकार के व्यवहार को जन्म देने के लिए काफी उत्तरदायी होता है। जिस परिवार में बालकों को आवश्यक स्नेह तथा सुरक्षा नहीं मिलती है। जहां माँ-बाप तथा परिवार के अन्य सदस्यों में काफी झगड़े, कलह तथा अशान्ति रहती है। जहाँ बालक के किसी भी वजह से पक्षपात एवं द्वेष पूर्ण व्यवहार होता है और जहां बात-बात में उन्हें डाँटा-फटकारा तथा तिरस्कृत किया जाता है वहां बालकों में आंतरिक असुरक्षा की भावना आ जाती है और परिणामस्वरूप वे अपने आपको सुरक्षित रखने के लिए आक्रामकता का कवच पहनने को प्रेरित हो जाते हैं।
2. बालकों का आक्रामक व्यवहार कई बार अनुकरण का प्रतिफल होता है। जब वे अपनो से बड़ों, गुरुजनों, माता-पिता, भाई-बहन तथा समाज के अन्य सदस्यों के आक्रामक व्यवहार को देखते हैं तो उसका वे स्वत: ही उन्हें आदर्श (Models) मानकर अनुकरण करने लगते हैं। एक बालक जब अपने पिताजी को गुस्से में प्लेट अपनी माँ के ऊपर फेंकते हुए देखता है तो इस प्रकार के व्यवहार की पुनरावृत्ति उसके द्वारा होने की संभावना से इंकार नहीं किया जा सकता। इसी तरह की आक्रामकता से प्रेरित बालक जब टेलीविजन तथा फिल्मों में आक्रामक व्यवहार को देखता है तो उसके अनुकरण की बात उसके दिल और दिमाग में गहराई से बैठने लगती है। वह वही करने का प्रयत्न करता है जो उसके आदर्श नायकों तथा खलनायकों द्वारा पर्दे पर उसे दिखाया जाता है।
3. जब बालकों को अपने माँ-बाप, बड़े भाई-बहन, अध्यापक तथा अन्य बड़ों के आक्रामक व्यवहार को अनावश्यक ही सहना पड़ता है तो उनमें उनका प्रतिशोध लेने की आग भड़कती रहती है। इसकी शांति वे अपने से छोटे तथा कमजोरों पर अपना गुस्सा उतार कर करते हैं और परिणामस्वरूप वे आक्रामकता के शिकार हो जाते हैं।
4. कई बार बालक अपनी इच्छाओं और माँगों को पूरा करने के लिए इस प्रकार के आक्रामक व्यवहार का सहारा लेते हैं और उनकी इच्छा इस प्रकार पूरी हो जाने पर उनके व्यवहार को पुनर्बलन मिल जाता है और परिणामस्वरूप वे इस प्रकार का व्यवहार करना सीख जाते हैं।
5. जब बालक किसी भी कार्य में दूसरों से पीछे रह जाते हैं या असफल हो जाते हैं तो निराशा के प्रतिकार के लिए वे विद्रोही और आक्रामक रुख अपना लेते हैं जिन बालकों के कारण उन्हें अपमानित होना पड़ा या जो उनसे बाजी मार ले गए उनसे बदला लेने या उन्हें पीछे धकेलने के सपने देखते रहते हैं तथा अपनी खीज उन पर या उन पर न उतरने की अवस्था में दूसरों पर उतार कर अपने आपको हल्का रखने की कोशिश करते हैं और यह बातें उनके सम्पूर्ण व्यवहार को ही आक्रामक व्यवहार में बदल देती हैं। इस तरह बहुत सारे बालकों में आक्रामकता का कारण उन्हें जीवन संग्राम में मिलने वाली असफलता तथा निराशा ही होती है।
6. ऐडलर नामक प्रसिद्ध मनोवैज्ञानिक के अनुसार, ''अपने आपको दूसरों से श्रेष्ठ मनवाए जाने या दूसरों पर आधिपत्य जमाने की प्रवृत्ति तथा प्रेरक मानव व्यवहार का मूल स्त्रोत माना जाता है।'' कुछ बालकों में यह बात ज़रूरत से ज्यादा पाई जाती है। वह हर कीमत पर अपने को दूसरों से श्रेष्ठ मनवाए जाने की ठान लेते हैं और इसके लिए अपने व्यवहार में ऐसी आक्रामकता धारण कर लेते हैं कि सब उनसे डरते रहें और उनकी शक्ति और योग्यता का लोहा मानने लगें।

7. मूलभूत आवश्यकताओं की पूर्ति सभी बालकों के लिए आवश्यक होती है। कई बार इनकी पूर्ति में वातावरण जन्य कारणों द्वारा बाधा खड़ी हो जाती है। परिस्थितियों और स्वभाववश कुछ बालकों को यह बात बहुत ज्यादा खटकती है कुछ सहन कर लेते हैं परन्तु कुछ विद्रोह पर उतारू होकर आक्रामक रवैया अपना लेते हैं। इस प्रकार से आक्रामक व्यवहार से जब उन्हें प्रत्यक्ष या अप्रत्यक्ष रूप से सन्तोष या सुख मिलने लगता है तो यह उनके व्यवहार पर छा जाता है और वे समस्यात्मक बालक बन जाते हैं।

उपचारात्मक/निवारणात्मक उपाय (Remedial Measures)

आक्रामक व्यवहार सीखा हुआ या अर्जित व्यवहार होता है। इसकी रोकथाम तथा उपचार के लिए अगर वाँछित प्रयत्न किए जाएं तो बालकों को इससे पीड़ित होने से बचाया जा सकता है। संक्षेप में निम्न बातें इस दिशा में काफी सहयोगी सिद्ध हो सकती हैं:

1. माँ-बाप तथा अन्य बड़ों को आवश्यक परामर्श तथा निर्देशन की व्यवस्था कराई जानी चाहिए ताकि
   - (i) वे बच्चों के सामने आपस में अनावश्यक उग्र या आक्रामक व्यवहार का प्रदर्शन न करें, घर के वातावरण को शांति और प्रेरणादायक बनाएँ तथा आपसी कलह तथा लड़ाई झगड़े से दूर रहें।
   - (ii) बच्चों के साथ अन्याय, द्वेषपूर्ण तथा पक्षपात वाला दृष्टिकोण न रखें।
   - (iii) उनके साथ प्रेम और सहानुभूति से पेश आएँ ताकि ऐसे ही व्यवहार को बच्चे अपने से छोटे तथा साथी बालकों से दोहरा सकें।
   - (iv) अनावश्यक लड़ाई, मार-पीट, गाली-गलौच उनके साथ न बरतें।
   - (v) उनकी मूलभूत आवश्यकताओं की पूर्ति के लिए प्रयत्नरत रहें। न कर पाने की स्थिति में उनको प्यार तथा सुरक्षा का ऐसा कवच दें कि वे अभावग्रस्त रहकर असुरक्षित एवं हीन भावना से न घिर पाएं।
2. बालकों को आक्रामक बालकों की संगत से बचाया जाना चाहिए। टेलीविजन या फिल्मों से बालकों के मन पर दुष्प्रभाव पड़ सकता है इसके इसलिए उन्हें समझाया जाना चाहिए कि पर्दे की दुनिया अवास्तविक होती है जीवन में ऐसा होता नहीं है और जो लोग ऐसे व्यवहार के आदी हो जाते हैं उनकी ज़िन्दगी में परेशानी ही उठानी पड़ सकती है। वे स्वयं तो बर्बाद होते ही हैं दूसरों को भी उनके साथ बर्बाद होना पड़ता है। इस प्रकार की सच्चाई उनके सामने रखने से वे सही रास्ते पर लाए जा सकते हैं।
3. बालकों का आक्रामक व्यवहार एक प्रकार से मनोरोग ही होता है। बालकों में इसकी अतिशयता होने पर किसी बाल मनोवैज्ञानिक तथा मनोरोग के चिकित्सक की देखरेख में उनकी उपचार व्यवस्था किया जाना भी ठीक रहता है।
4. आक्रामक व्यवहार को सजा देकर ठीक नहीं किया जा सकता। इसका परिणाम उल्टा ही होता है और बालक ज्यादा आक्रामक हो बैठता है। आग को शांत करने के लिए ठंडा पानी चाहिए और इस रूप में प्यार, स्नेह तथा धैर्य में से ऐसे बालकों को सामान्य व्यवहार पर लाने के प्रयत्न किए जाने चाहिए।
5. ऐसे बालकों को उनकी इच्छा तथा रुचि के अनुकूल उपयोगी, रोचक तथा चुनौतीपूर्ण कार्य में लगाया जाना चाहिए। पर्याप्त पुनर्बलन प्रदान कराने तथा इनके उत्साह को बढ़ाकर इनके गुस्सा, विक्षोभ तथा विद्रोह के लिए कोई विकल्प प्रस्तुत करने सम्बन्धी बात काफी उपयोगी सिद्ध होती है। दूसरे उनका मन दूसरी तरफ फिर जाने के कारण उन्हें अपना आक्रामक रुख दिखाने की बात नहीं सूझती। असफलता की दिशा में कभी भी इन बालकों को झिड़कना या निरुत्साहित नहीं किया जाना चाहिए बल्कि फिर से प्रयत्न करने को प्रोत्साहित किया जाना चाहिए।
6. दूसरों के सामने नीचा दिखाने या अपमानित करने के कोई प्रयत्न ऐसे बालकों के सामने नहीं किए जाने चाहिए। इन बालकों को ऐसे अवसर दिए जाने चाहिए जहां उन्हें कुछ कर दिखाने या अपने को श्रेष्ठ करके अपनी शान दूसरों पर बनाए रखने की इच्छा की पूर्ति करने का मौका मिल सके।

7. आक्रामक व्यवहार में शुरू से उन्मूलन करना ठीक रहता है। इस व्यवहार पर ज्यादा ध्यान देना, चाहे वह किसी भी रूप में हो, ठीक नहीं होता। माँ-बाप का इस बारे में परेशान होना बच्चे को इसकी पुनरावृत्ति करने की प्रेरणा दे सकता है। सजा देने पर यह और भी भड़क सकता है। इसकी वजह से बालक जो चाहता है उसकी पूर्ति करते रहना भी उसको पुनवर्लित कर सकता है। अत: ऐसा व्यवहार करने पर इसकी उपेक्षा की जाए। इस पर ध्यान न देकर बालक का ध्यान कहीं और बँटाने का प्रयत्न किया जाए या उसे ऐसा करने पर जब बालक को किसी तरह का पुनर्बलन या प्रतिपुष्टि अपने व्यवहार के लिए प्राप्त नहीं होती तो इसके पुन: घटने की सम्भावना कम होती चली जाती है और बालक आक्रामक नहीं बन पाता।

इस तरह कुछ उपरोक्त बातों को अपना कर हम बालक विशेष को उसकी आक्रामकता तथा उससे होने वाले दुष्प्रभावों से बचाने का प्रयत्न कर सकते हैं।

आतंकित या प्रताड़ित करना (Bulleying)

आतंकित या प्रताड़ित करना क्या होता है? (What is Bulleying?)

विद्यालय परिवेश में प्राय: कुछ बालक ऐसे भी हो सकते हैं जो अपने से छोटे या कमजोर बालकों को डरा-धमका कर आतंकित करने और अन्य प्रकार से प्रताड़ित करने का कार्य करते हैं। आंग्ल भाषा में उनके इस व्यवहार को बुलीइंगि (Bulleying) तथा उनको एक बुली (Bully) का सम्बोधन दिया जाता है। औपचारिक परिभाषा के रूप में यह एक प्रकार का अनावश्यक आक्रामक व्यवहार तथा शक्ति का दुरूपयोग है जिसका प्रदर्शन करते हुए एक अपेक्षाकृत बड़ा और ताकतवर बालक अपने शब्दों और व्यवहार क्रियाओं द्वारा अपने से छोटे और दुर्बल बालक को शारीरिक अथवा मनोवैज्ञानिक रूप से प्रताड़ित करने का प्रयत्न करता है। इस प्रकार के व्यवहार को करते समय आतंकित और प्रताड़ित करने वाले बालक को अपने इस कार्य में, अपने अन्य साथियों से भी क्रियात्मक रूप में बढ़ावा देने के रूप में सहायता मिल सकती है अथवा वह अकेला ही इस प्रकार का व्यवहार प्रदर्शित करता हुआ देखा जा सकता है। प्रताड़ित और आतंकित करने का यह कार्य प्रत्यक्ष रूप में आमने-सामने भी हो सकता है अथवा लिखित संदेश के रूप में या ऑन लाइन भी हो सकता है तथा इसे खुले आम या गोपनीय ढंग से भी किया जा सकता है।

आतंकित या प्रताड़ित करने सम्बन्धी व्यवहार के प्रकार (Types of Bulleying)

आतंकित या प्रताड़ित करने सम्बन्धी व्यवहार विद्यालय में आते जाते समय, खेल के मैदान में, कक्षा कक्ष में, विद्यालय की गतिविधियों के आयोजन सम्बन्धी किन्हीं भी स्थानों या विद्यालय के अन्दर और बाहर कहीं भी घटित हो सकता है। विभिन्न स्थानों पर घटित इस प्रकार का व्यवहार निम्न प्रकार के विभिन्न रूपों में दृष्टिगोचर हो सकता हैं:

1. **शारीरिक रूप से आतंकित या प्रताड़ित करना** (Physical Bulleying)—इस प्रकार के व्यवहार में बालकों को शारीरिक या आर्थिक रूप से कुछ निम्न प्रकार के व्यवहार क्रियाओं द्वारा आतंकित और प्रताड़ित करने का प्रयत्न किया जाता है:

- थप्पड़ मारना, धक्का देना, नुकीली चीज चुभो देना, नोचना-खरोचना, काटना, जोर से गिरा देना, मुक्का मारना, ठोकर मारना आदि
- किसी जगह पर अकेले बन्द कर देना
- मुश्किल या विपत्ति में डालने सम्बन्धी कार्य करना
- समूह से अलग-थलग कर देना
- इच्छा के विरुद्ध अंग-प्रत्यंग का स्पर्श करना तथा छेड़खानी करना
- वस्तुओं को उठा लेना, छीन लेना अथवा तोड़-फोड़ देना
- नाजायज रूप में धमकाकर पैसे वसूल करना।

2. **शाब्दिक या मौखिक रूप से आतंकित या प्रताड़ित करना** (Verbal Bulleying)—इस प्रकार के व्यवहार में किसी बालक की भावनाओं को निम्न प्रकार की व्यवहार क्रियाओं द्वारा आघात पहुँचाया जा सकता है :

- गाली देना या अपशब्द कहना
- धमकी देना अथवा आतंकित करना
- चिढ़ाना
- व्यंग्य कसना
- तिरस्कृत करना या अपमानित करना
- नकारात्मक अफवाह फैलाना
- जातिसूचक या वर्णभेदी शब्दों का प्रयोग या टिप्पणी करना।

3. **लिखित संदेश या ऑन लाइन के रूप में आतंकित या प्रताड़ित करना** (Written or on line Bulleying)—इस प्रकार के व्यवहार में किसी बालक को निम्न प्रकार की व्यवहार क्रियाओं द्वारा आतंकित या प्रताड़ित करने का प्रयत्न किया जाता है :

- धमकी भरे पत्र या संदेश भेजना
- बार-बार फोन की घंटी मारना या धमकी और गाली युक्त फोन करना
- मोबाइल या इंटरनैट पर धमकी या अपमान युक्त संदेश भेजना
- बदनाम करने वाले पोस्टर चिपकाना या श्यामपट्ट या दीवारों पर बालक के बारे में अभद्र बातें लिखना
- किसी के बारे में गलत और अपमानजनक तथा व्यक्तिगत सूचनाएं ऑन लाइन प्रस्तुत करना
- सोशल नेटवर्क साइट्स पर बदनामी करना या घृणास्पद बातें फैलाना।

आतंकित एवं प्रताड़ित करने वाले व्यवहार के दुष्प्रभाव (Impact of Bulleying)

आतंकित तथा प्रताड़ित करने वाला व्यवहार उन सभी के लिए दुखदायी और हानिकारक सिद्ध होता है जो इसके साथ किसी न किसी रूप में सम्बन्धित रहते हैं जैसे (i) इसके शिकार होने वाले बालक (ii) इसे करने वाले बालक (iii) दर्शक बालक तथा (iv) विद्यालय विशेष जिसमें ऐसे व्यवहार घटित होते हैं। आइयें इन सब पर पड़ने वाले दुष्प्रभावों के बारे में जानने का प्रयत्न किया जाएं।

1. **आतंकित एवं प्रताड़ित करने वाले व्यवहार के शिकार बालकों पर पड़ने वाले प्रभाव** (The Impact over students who are bullied):

- उन्हें विद्यालय जाने में डर लगने लगता है और वे न जाने के कोई-न-कोई बहाना ढूँढ़ना शुरू कर देते हैं।
- उनकी उपस्थिति (Attendance) तथा शैक्षणिक उपलब्धि में गिरावट आ जाती है।
- विद्यालय में उनकी मित्रता का दायरा कम होने लगता है।
- उनमें खीज, चिड़चिड़ापन तथा बात-बात पर भड़कने सम्बन्धी आदतें विकसित हो जाती हैं।
- वे एकांतप्रिय तथा दूसरों से अलग-थलग दिखाई पड़ते हैं।
- उन्हें चिन्ता, परेशानी तथा नैराश्य से जूझते देखा जा सकता है।
- उनमें आत्मविश्वास तथा आत्मप्रतिष्ठा की कमी झलकती है।
- वे भयभीत तथा आतंकित दिखाई देते हैं।
- उन्हें दु:स्वपन आने लगते हैं और रात में अच्छी तरह नींद नहीं आती।

- वे अवसाद (Depression) के शिकार होकर व्यवसनी (Drug addicts) बन जाते हैं।
- उनमें आत्मघाती प्रवृत्तियां (Suicideal tendencies) उभरने लगती हैं।

2. **दूसरों को आतंकित एवं प्रताड़ित करने वाले बालकों पर प्रभाव** (The Impact on Bullies)—

- उन्हें विद्यालय की गतिविधियों में भाग लेना अच्छा नहीं लगता तथा उनकी उपस्थिति भी कम ही रहती है।
- विद्यालयों के कार्यों में उनकी भागीदारी भी कम रहती है और शैक्षणिक उपलब्धियों में वे काफी पिछड़े रहते हैं।
- वे अपने घर लौटते हैं तो प्राय: उनके वस्त्र फटे तथा शरीर पर खरोंच या चोट के निशान मिलते हैं।
- उनके पास ऐसे वस्त्र, वस्तुयें तथा धन की उपस्थिति पाई जाती है जिसके बारे में वे कुछ बताने में असमर्थ हों।
- उनका व्यवहार दूसरों के साथ ऐसा होता है जिसके लिये उन पर अनुशासनात्मक कार्यवाही की जाये।
- वे विद्यालय में नहीं बल्कि घर पर भाई-बहनों, पड़ोस के बालकों को भी प्रताड़ित करते हुये पाये जाते हैं तथा अपने परिवार के सदस्यों से भी वे प्राय: ठीक तरह से पेश नहीं आते।
- उनका दूसरे बालकों के साथ अक्सर झगड़ा तथा मार-पीट चलती रहती है। वे संपत्ति को नुकसान पहुँचाते हुये और विद्यालय में अनुशासनहीनता फैलाने तथा परिणामस्वरूप विद्यालय से निष्कासित होते हुये पाये जाते हैं।
- उन्हें बाल या किशोर अपराध कहलाने वाले व्यवहार कार्यों जैसे चोरी, छीना झपटी, आक्रामक मार-पीट एवं हिंसा फैलाने वाले तथा मद्यपान एवं ड्रग्स सेवन करने आदि में लिप्त होने की संभावनायें बढ़ जाती हैं।

3. **दर्शकों पर पड़ने वाले प्रभाव** (Effect on Bystanders)—

- उन्हें विद्यालय जाने में झिझक तथा डर का अनुभव होता है और वे उससे विमुख होना प्रारम्भ कर देते हैं।
- उन्हें इस बात को लेकर आत्मग्लानि होती है कि वे किसी को अकारण ही आक्रांत और प्रताड़ित होते हुये देखते रहे तथा अपनी असमर्थता की वजह से कुछ भी नहीं कर सके।
- उनकी मनोस्थिति पर प्रतिकूल प्रभाव पड़ता है, वे चिंता और अवसाद के शिकार हो जाते हैं।
- उनमें अलकोहल, तम्बाकू तथा मादक द्रवों (Drugs) के सेवन की सम्भावनायें बढ़ जाती हैं।
- उन्हें घटना के प्रत्यक्ष गवाह होने के कारण भीतरी डर बैठ जाता है, रात को ठीक से नींद नहीं आती तथा दु:स्वपन आने लगते हैं।

4. **विद्यालयों पर पड़ने वाले प्रभाव** (Impact on Schools)—जब किसी विद्यालय में आतंकित या प्रताड़ित करने के मामलों में बढ़ोतरी होती रहती है और विद्यालय के द्वारा कोई उपयुक्त कदम नहीं उठाये जाते तो परिणाम स्वरूप वहां के वातावरण पर निम्न प्रकार के दुष्प्रभाव पड़ते हुए दिखाई देते हैं:

- विद्यालय में अनुशासन हीनता तथा बाल-अपराध के मामलों में तेजी से वृद्धि होना प्रारम्भ हो जाती है।
- विद्यालय का वातावरण भययुक्त तथा लड़ाई झगड़े की भूमि में परिवर्तित होने लगता है।
- विद्यालय में शिक्षा प्राप्त करने या प्रदान करने का उपयुक्त वातावरण नहीं रह पाता उसके परीक्षा परिणामों तथा अन्य क्षेत्रों की उपलब्धियों के स्तर में भी काफी गिरावट आने लगती है।
- विद्यार्थी शिक्षक और कर्मचारीगण अपने आपको असुरक्षित अनुभव करने लगते हैं।
- विद्यार्थियों की विद्यालय से अरुचि हो जाती है।
- विद्यार्थियों को यह आभास होने लगता है कि अध्यापकों तथा स्टाफ मजबूर है वे अपेक्षित नियंत्रण तथा अनुशासन नहीं रख सकते तथा उन्हें उनकी कोई चिंता की परवाह नहीं है।
- विद्यालय का नाम बदनाम होने लगता है, माता-पिता अपने बालकों को वहां पढ़ाना नहीं चाहते और न अध्यापक वहां नौकरी करना चाहते हैं।

आतंकित या प्रताड़ित करने सम्बन्धी व्यवहार समस्या से निपटने के उपाय (The Remedial Measures for Controlling the Menance of Bullying)

आतंकित या प्रताड़ित करने सम्बन्धी व्यवहार अपने आप में एक काफी बड़ी समस्या है जिसके दुष्परिणाम ऐसे व्यवहार के शिकार बालकों को तो काफी बड़े पैमाने पर भुगतने पड़ते ही हैं, साथ ही इससे स्वयं दूसरों को आतंकित या पीड़ित करने वाले बालकों का भी भविष्य अंधकारमय ही रहता है और अन्य दर्शक बालकों को और पूरे विद्यालय को इसके दुष्परिणामों का शिकार होना पड़ता है। अब प्रश्न उठता है कि इस गंभीर दुष्प्रभावी व्यवहार समस्या से निपटने के लिए क्या उपाय किये जायें। निस्संदेह जिनका सम्बन्ध प्रत्यक्ष या परोक्ष रूप से इस समस्या को जन्म देने और पोषित करने से है और जो उसके दुष्प्रभावों के शिकार होते हैं उन सभी का सहयोग तथा समुचित प्रयास इस कार्य हेतु चाहिये। अतः आगे हम इसी बात पर विचार करेंगे कि इस सम्बन्ध में सबको अपनी-अपनी तरफ से क्या करना चाहिए परन्तु इससे पहले इस बात पर विचार करना आवश्यक है कि आखिर इस समस्या के पैदा होने के पीछे क्या बातें कार्य करती हैं, बालक इस प्रकार का व्यवहार करना कहां से सीख जाते हैं और वे ऐसा क्यों और कैसे करते हैं ?

दूसरे बालकों को आतंकित या प्रताड़ित करने सम्बन्धी व्यवहार का अर्जन कैसे होता है ? (How do the Children imbibe the Skill and Habit of Bullying ?)

दूसरे बालकों को आतंकित या प्रताड़ित करने सम्बन्धी व्यवहार पूरी तरह से एक अर्जित व्यवहार है जिसका अर्जन व्यवहार सम्बन्धी अन्य आदतों तथा व्यक्तित्व गुण सम्बन्धी अन्य विशेषताओं के अर्जन की तरह ही होता है, और जैसा कि हम जानते हैं इस प्रकार के अर्जन का जन्म, पोषण और पल्लवन बालकों के लालन पालन और विद्यालयी वातावरण तथा शिक्षा में निहित रहता है। इस व्यवहार से सम्बन्धित आदतें और कौशलों का अधिगम और अर्जन भी अन्य प्रकार के अधिगम अर्जन को संचालित करने वाले अधिगम सिद्धान्तों जैसे शास्त्रीय और क्रियाप्रसूत अनुबंधन सिद्धान्त (Classical and operant conditioning) तथा बंडूरा के सामाजिक अधिगम सिद्धान्त (Social learning theory) की अनुपालना पर आधारित रहता है। आइये देखें इस व्यवहार सम्बन्धी अधिगम का अर्जन कैसे होता है।

1. इस प्रकार के व्यवहार सम्बन्धी बातों का अधिगम बालकों को उनके प्रत्यक्ष और अप्रत्यक्ष अधिगम के माध्यम से ही होता है। जब वे अपने से बड़ों को घर, परिवार, आस पड़ोस, विद्यालय तथा सामाजिक वातावरण में इस प्रकार का व्यवहार करते हुए और उससे अपने मनमानी करने सम्बन्धी पुरस्कार पाते हुए देखते हैं तब उनका आकर्षण इस प्रकार के व्यवहार के अर्जन के प्रति काफी बढ़ जाता है। इस प्रकार के व्यवहार का आदर्श उसके लिए उसका पिता या बड़ा भाई हो सकता है, उसके विद्यालय का कोई वरिष्ठ विद्यार्थी या फिर सिनेमा या टी. वी. सीरियल का कोई चरित्र हो सकता है। या वे अपने आस-पास ऐसे व्यक्तियों को देखते हैं जो अपनी पत्नी को मारते पीटते और धमकाते हैं तथा बच्चों पर चीखते हैं। इस प्रकार के मार-पीट करने वाले व्यक्ति वास्तव में देखा जाए तो वे अपने आप में न तो अच्छे पति होते हैं और न पिता बल्कि घर के सदस्यों को आतंकित और प्रताड़ित करने वाले ऐसे व्यक्ति होते हैं जिन्हें ऐसा व्यवहार करने से ही जो वे चाहते हैं वैसा करने का पूरा मौका मिलता है। वे हर समय दूसरों पर धौंस जमाते हुए इस प्रकार का वातावरण बनाते हुए दिखाई देते हैं कि जैसा वे कहते हैं वैसा होता रहा तो घर में शांति रहेगी। इस तरह उनका व्यवहार और दृष्टिकोण दूसरे के लिए यह चेतावनी देता रहता है कि मुझे अपनी मर्जी का करने दो वर्ना मेरे गुस्से और उसके परिणामों को भुगतने के लिए तैयार रहो। जब एक बालक अपने बड़ों को इस प्रकार का व्यवहार करता हुआ देखता है तो जाने अनजाने वह उनके व्यवहार का अनुकरण करता हुआ और उसे बिना कुछ किए हुए अपनी बात मनवाने तथा रौब जमाने का जरिया मान कर अपने व्यवहार में उतारना शुरू कर देता है।
2. इस प्रकार के व्यवहार के पीछे बालकों द्वारा अनुभव किया हुआ वह कुसमायोजन भी हो सकता है जिसका सामना उन्हें घर, विद्यालय तथा अपने सामाजिक वातावरण में करना होता है। एक तरह से कुसमायोजन के शिकार ये बालक शैक्षणिक दृष्टि से असफल और संवेगात्मक तथा सामाजिक रूप से कुसमायोजित ऐसे व्यक्ति होते हैं जो

निराशा, हीन भावना और सामाजिक उपेक्षा के शिकार हों। अपने खोए हुए सम्मान और आत्मप्रतिष्ठा को बचाने के लिए वे एक रक्षा कवच के रूप में अपने से छोटे कमजोर और अशक्त बालकों के ऊपर धोंस जमाने, उन्हें आंतकित तथा प्रताड़ित करने के प्रयासों में लग जाते हैं। उनके ऐसा करने के पीछे जो सामाजिक, मनोवैज्ञानिक कारण कार्य करते हैं, उन्हें संक्षेप में निम्न प्रकार से व्यक्त किया जा सकता है :

- कुछ बच्चे इस प्रकार का व्यवहार इसलिए करते हैं क्योंकि वे अपने आपको असुरक्षित अनुभव करते हैं उनमें दूसरों से अपने आपको महत्त्वपूर्ण सिद्ध करने की इच्छा रहती है। इसका सरल उपाय उन्हें अपने से छोटे और कमजोरों को तंग करना लगता है। ताकि दूसरे उन्हें ताकतवर और समर्थ समझने लगें।
- कुछ बच्चे अनजाने में ही अपने से अलग दिखने वाले बच्चों का उपहास करना उनसे छेड़छाड़ करना और तंग करना शुरू कर देते हैं और जब इससे उन्हें कुछ सन्तुष्टि या प्रसन्नता मिलने लगती है तो ऐसा करने की उन्हें आदत पड़ जाती है।

दूसरों को आतंकित या प्रताड़ित करने वाले व्यवहार से निपटने हेतु क्या किया जाये ?
(What to do for Rectifying and Dealing with the Bullying Behaviour ?)

कुछ बालकों की अपने से छोटे और कमजोर बालकों को तंग करने सम्बन्धी व्यवहार समस्या का अच्छी तरह समाधान उन सभी का यथाशक्ति सहयोग चाहता है जो इस समस्या के लिए उत्तरदायी हैं अथवा जिसके दुष्परिणामों का उन्हें शिकार होना पड़ता है। आइये इन सभी सम्बन्धित पक्षों द्वारा इस सम्बन्ध में निभाई जा सकने वाली भूमिकाओं पर विचार किया जाये।

माता-पिता तथा विद्यालय अधिकारियों की भूमिका
(The Role of Parents and School Authorities)

माता-पिता तथा विद्यालय अधिकारियों द्वारा इस सम्बन्ध में निम्न प्रकार की पहल की जा सकती है:

(i) बालक बड़ों के व्यवहार का ही अनुकरण करते हैं अत: माता-पिता, बड़ों तथा अध्यापकों द्वारा उनके सामने अच्छे आचरण और व्यवहार का प्रदर्शन होना चाहिए। उन्हें इस बात का ध्यान रखना चाहिये कि उनकी तरफ से ऐसे उदाहरण प्रस्तुत न हों जिसमें दूसरों को आतंकित या प्रताड़ित करने वाले व्यवहार (Bullying) की झलक हो।

(ii) घर और विद्यालय का वातावरण ऐसा होना चाहिए जिसमें बालकों को सामाजिक या संवेगात्मक कुसमायोजन का सामना न करना पड़े। वे किसी भी प्रकार की मनोवैज्ञानिक समस्या जैसे हीनता, निराशा, सामाजिक अलगाव पक्षपात तथा भेदभाव के शिकार न बनें और न उनमें प्रतिकार, प्रतिशोध तथा विद्रोह के भाव पोषित हों। जब भी कुछ आभास हो तो तुरन्त ही उनमें निहित कारणों का पता लगा कर बालकों के व्यवहार और मनोदशा को ठीक मार्ग पर लाने के प्रयत्न किये जाने चाहिये।

(iii) बालकों को यह बताना भी ठीक रहता है कि दूसरों को आतंकित या प्रताड़ित करने वाले (Bulleys) कौन होते हैं, वे किस प्रकार का व्यवहार करते हैं तथा उनके प्रति किस प्रकार की सावधानी बरतने की आवश्यकता है।

(iv) समस्यात्मक व्यवहार जड़ न जमा ले इसलिये उसे उसकी प्रारम्भिक अवस्था में ही निर्मूल करने का प्रयत्न करना चाहिये। अनुशासन हीनता, दुर्व्यवहार, आक्रामकता तथा दूसरे बालकों को प्रताड़ित करने वाले व्यवहार से निपटने हेतु घर-परिवार तथा विद्यालय द्वारा सक्षम नियमों तथा आचार संहिता का निर्माण करना चाहिये तथा उसे कठोरतापूर्वक निष्पक्ष ढंग से क्रियान्वित करने का प्रयत्न करना चाहिये। जब भी कोई नियमों का उल्लंघन करे उसके ऊपर नियमानुसार कार्यवाही अवश्य होनी चाहिए।

(v) माता-पिता और विद्यालय अधिकारियों को इस बात की पूरी निगरानी और जानकारी रखनी चाहिये कि घर-परिवार, पास पड़ोस तथा विद्यालय परिवेश में विद्यार्थियों की किस प्रकार की गतिविधियां चल रही हैं, वे किस प्रकार की व्यवहार क्रियाओं में रत हैं आदि-आदि। विद्यालयों में इस प्रकार की निगरानी हेतु सी सी टी वी (C.C.T.V.)

कैमरे लगाये जा सकते हैं। इसके अतिरिक्त माता-पिता तथा अध्यापकों को बालकों के साथ उचित सम्पर्क तथा संवाद करने की भी आवश्यकता है। उनके साथ अंत:क्रिया करते समय जब भी उन्हें यह आभास हो कि बालकों में आतंकित या प्रताड़ित करने सम्बन्धी व्यवहार की किसी भी रूप में उपस्थिति है तो उसे इसकी जड़ में जाने और इससे निपटने सम्बन्धी प्रयत्नों में पहल करनी शुरू कर दी जानी चाहिए जैसे:

- कुछ बालकों में आवश्यकता से अधिक आक्रामकता और क्रोध भावना की अभिव्यक्ति पाई जाती है। उनकी इस अभिव्यक्ति के शिकार छोटे और कमजोर बालक बन जाते हैं और जब उन्हें इस बात के लिए सजा मिलती है तो वे अपने अड़ियल रुख के कारण आतंकित या प्रताड़ित करने वाले व्यवहार को अपनी आदत ही बना लेते हैं।
- कई बार जब बालक घर में और विद्यालय में इस प्रकार के व्यवहार का शिकार होते हैं तो प्रतिक्रिया स्वरूप या स्वाभाविक अनुकरण के द्वारा वे भी अपने से छोटे और कमजोरों पर इस व्यवहार को करने का प्रयत्न करते हैं और जब ऐसा करना उन्हें अच्छा लगने लगता है तो उनमें इस प्रकार के व्यवहार की आदत बन जाती है।
- बहुत से मामलों में दूसरे बालकों को आतंकित और प्रताड़ित करने सम्बन्धी व्यवहार के पीछे शैक्षिक कुसमायोजन तथा विद्यालय अधिगम तथा विद्यालय अधिगम में प्राप्त असफलता, अक्षमता और निराशा भी काम करती हुई दिखाई देती है। विद्यालय का वातावरण ही ऐसा है अथवा उनके सीखने सम्बन्धी इच्छा और अक्षमताएं इस तरह आड़े आ जाती हैं कि वे उन बातों को नहीं सीख पाते जो उन्हें उनके गुस्से, निराशा, हीनता और असुरक्षा की भावनाओं से ऊपर उठाने, अपने साथियों के साथ समायोजित होने और अपने अध्यापकों तथा माता-पिता की आशाओं पर खरा उतरने में सहायता करे। उन्हें आवश्यक अधिगम क्षमताओं और कौशलों को अर्जित करने तथा समायोजन सम्बन्धी उचित प्रयत्न करने से अधिक आसान यह बात लगती है कि अपने से छोटे और कमजोर बालकों पर रौब जमाया जाए। जब ऐसा व्यवहार करना उनके लिए सन्तोष जनक प्रतीत होने लगता है तो फिर यह उनके सामान्य व्यवहार का एक मात्र ढंग बन जाता है। इस प्रकार का व्यवहार करना उन्हें बहुत ही सुविधाजनक लगता है। वे मात्र दूसरों को डरा-धमकाकर अपने आपको उनसे श्रेष्ठ और बलशाली बनता हुआ देखते हैं। इस तरह वे दूसरों को प्रताड़ित करके अपना मनोरंजन कर अपनी असुरक्षा, अक्षमता, हीनता और परेशानी को दूर करने का अस्थायी प्रयत्न करते रहते हैं।

(vi) दूसरे बालकों को आतंकित या प्रताड़ित करने सम्बन्धी व्यवहार करने वाले बालकों को यह अच्छी तरह सिखाया जाना चाहिये कि किस तरह सामाजिक समायोजन सम्बन्धी समस्याओं से निपटा जाता है और कैसे अपनी भावनाओं तथा संवेगों पर अपेक्षित नियंत्रण रख कर अनावश्यक प्रतिक्रियाओं जैसे खीज और आक्रामक चेष्टाओं से बचा जा सकता है। इस सम्बन्ध में स्पष्ट रूप से बालकों को यह जानकारी और प्रशिक्षण दिया जाना चाहिये कि (a) किस तरह भावनाओं और संवेगों का नियंत्रित और तनाव पूर्ण स्थितियों में सामना किया जाता है (b) दूसरे बालकों के साथ एकता, सहयोग और सदभाव कैसे बनाया जा सकता है और कैसे दूसरों के हितों को अपने से अधिक महत्त्व दिया जाता है (c) सच्चाई और ईमानदारी पर कैसे टिका जाता है और अन्याय का प्रतिरोध क्यों और कैसे किया जाना चाहिए तथा (d) अपने क्रोध तथा वैमनस्य का किस तरह मार्गान्तरीकरण तथा शुद्धिकरण किया जाना चाहिये आदि।

(vii) माता-पिता तथा विद्यालय अधिकारियों द्वारा बालकों को इस बात के लिये उचित प्रशिक्षण प्रदान करना चाहिये कि दूसरों बालकों को आतंकित या प्रताड़ित करने वाले बालकों से कैसे निपटा जाये तथा इस व्यवहार के शिकार बालकों की इस स्थिति में कैसे मदद की जाये।

आतंकित या प्रताड़ित करने वाले व्यवहार के शिकार बालकों की भूमिका (The Role of the Child who are Bullied)

अपना बचाव स्वयं करने के प्रयत्न भी किये जाने चाहिये। इस सम्बन्ध में पीड़ित बालकों द्वारा निभाई जाने वाली भूमिका सम्बन्धी बातों का निम्न प्रकार उल्लेख किया जा सकता है:

(i) पीड़ित बालक को यह स्मरण रखना चाहिये कि वह स्वयं ही है जिसे अपने को आतंकित या प्रताड़ित होने से बचाना है। उसे इस सम्बन्ध में अपने माता-पिता तथा अध्यापकों से बात करनी चाहिये। वे इस बात से अनजान होते हैं, उन्हें केवल उसी से इसकी उपयुक्त जानकारी मिल सकती है। इसके लिये पीड़ित बालक द्वारा उन्हें कोई नोट भेजा जा सकता है जिसमें अपनी समस्या का जिक्र हो। माँ-बाप तथा अन्य परिवार के सदस्य जिस पर बालक को उचित भरोसा हो उसे ही यह बात पहले बतानी चाहिये।

(ii) पीड़ित बालक द्वारा अपने ट्यूटर (Tutor) को भी इसके बारे में बताने की पहल की जा सकती है। किसी को पता न चले इस तरह के गोपनीय तरीके से ट्यूटर को यह बात बताने का समय और अवसर तलाश किया जा सकता है। वह किसी बहाने से छुट्टी के बाद ट्यूटर से मिलने के लिये विद्यालय में रुक सकता है या उसे इस तरह का लिखित संदेश भेज सकता है कि उसे विद्यालय के रास्ते में या खेल के मैदान में किससे किस प्रकार का खतरा है। परन्तु किसी भी अवस्था में उसे बिना सावधानी बरते आतंकित या प्रताड़ित करने वाले उत्पाती बालक या उसके गिरोह का सामना अकेले करने की गलती नहीं करनी चाहिये। अगर उसे मोबाइल पर संदेश भेजने की सुविधा हो तो उसे इस सम्बन्ध में अपने हितेषियों को इस खतरे के बारे में सूचित कर देना चाहिये।

(iii) अगर जिसको संदेश भेजा गया है उससे सहायता उपलब्ध न हो सके तो दूसरे उपयुक्त व्यक्तियों/साथियों से सहायता प्राप्त करने के प्रयत्न करने चाहिये।

(iv) यह ध्यान रखना चाहिए कि आतंकित या प्रताड़ित करने वाले उत्पाती बालक या गिरोह को यह आभास न हो कि आप बहुत अधिक डरे हुये भयभीत या परेशान हैं। वे लोग यही तलाश में रहते हैं कि आप डर जाएँ और बेहद परेशानी में दिखाई दें और जितना आप परेशान होते हैं उतना ही ऐसा करने के लिये आगे बढ़े हुये दिखाई देते हैं।

(v) पीड़ित बालकों को उस जगह तथा समय विशेष पर आक्रांताओं से भेंट नहीं करनी चाहिये जहां वे आसानी से उनके शिकार हो जायें। अत: एकान्त स्थानों की जगह उनके द्वारा अन्य बालकों के साथ रहने वाले स्थानों पर ही अपने आपको रखने के प्रयत्न किये जायें ताकि वे ज्यादा से ज्यादा सुरक्षित रहें।

(vi) विद्यालय आने जाने में भी उनके द्वारा सतर्कता बरतनी चाहिये। जहां तक हो सके उन्हें अपने मित्रों तथा जान-पहचान वाले व्यक्तियों तथा सार्वजनिक वाहनों में ही यात्रा करनी चाहिये।

आतंकित या प्रताड़ित करने वाले व्यवहार की रोकथाम में दर्शक विद्यार्थियों की भूमिका
(The Role of Bystanders and Spectators in checking one's Bullying Behaviour)

आतंकित या प्रताड़ित होते हुए देखने वाले दर्शक बालक भी अगर पर्याप्त रूप से जागरूक हों तथा इस सम्बन्ध में आवश्यक सतर्कता तथा सहयोग की भावना का प्रदर्शन करें तो वे भी इस प्रकार के अनुचित व्यवहार की रोकथाम में प्रभावी भूमिका निभा सकते हैं। घटना के साक्षी या दर्शकों के रूप में आप के द्वारा इस सम्बन्ध में किस प्रकार की भूमिका निभाई जा सकती है।

(i) आपको जब भी इस प्रकार की घटनाओं से सम्पर्क हो तो आप को दर्शक बनकर तमाशा देखने का प्रयत्न नहीं करना चाहिये। प्रताड़ित करने वाले यही तो चाहते हैं कि दूसरे बालक यह देखें कि वे कितने ताकतवर हैं और वे दूसरे बालकों को अपनी मनमर्जी से किस प्रकार नचा सकते हैं और प्रताड़ित कर सकते हैं। आपको तुरन्त इस स्थल में इधर उधर होकर दूसरों को इससे अवगत कराने के प्रयत्न करने चाहिये।

(ii) जैसे ही इस प्रकार की घटनाओं से आपका प्रत्यक्षीकरण हो, आपको अन्य साथियों की मदद से इसे रोकने के प्रयत्न करने चाहियें। अगर आपसे या आपके दोस्तों से यह संभव न हो तो तुरन्त ही अध्यापक, प्रशिक्षकों तथा खेल सहायकों या गार्डों की मदद लेने के प्रयत्न किये जाने चाहिये।

(iii) अपने विद्यालय में इस प्रकार की घटनाओं को रोकने के लिए एक ऐसा समूह बनाया जाना चाहिए जिसमें आप अपने साथियों को इस बात से सहमत कराएं कि इस प्रकार की घटनाएं किसी के हित में नहीं हैं, न तो विद्यार्थियों के लिए हितकर है और न ही विद्यालय के लिए। इसलिए इनका मिलजुल कर सामना करना चाहिए। साथी विद्यार्थियों

के सहयोग से अब आतंकित और प्रताड़ित करने वाले उत्पाती बालकों को यह समझाने का प्रयास करना चाहिए कि उनका व्यवहार अनुचित है और उनकी इस प्रकार की व्यवहार सम्बन्धी बातें सहन नहीं की जा सकती हैं।

(iv) जो बालक आतंकित और प्रताड़ित व्यवहार के शिकार हो रहे हों उनके प्रति सहानुभूति प्रदर्शित करते हुए, अच्छे व्यवहार का प्रदर्शन कर विद्यालय में समायोजित रखने के लिए प्रयत्न किए जाने चाहिए ताकि उनके डर झिझक और वेदना को कम करने में उनकी सहायता की जा सके।

(v) आतंकित और प्रताड़ित करने वाले बालकों से भी तालमेल बैठाने के प्रयत्न किए जाने चाहिए और उन्हें विद्यालय की मुख्य धारा में शामिल करने की बात सोची जानी चाहिए। उनसे मित्रता बढ़ाकर उन्हें इस बात के लिए आश्वस्त किया जाना चाहिए कि प्रसिद्धि पाने का यह रास्ता ठीक नहीं है। वे अपनी शारीरिक क्षमताओं को खेल के मैदान में तथा विद्यालय की अन्य गतिविधियों में प्रदर्शित कर सकते हैं।

नशीले पदार्थों की लत या व्यसन (Substance Abuse or Drug Addiction)

नशीले पदार्थों की लत या व्यसन सम्बन्धी व्यवहारगत समस्या की जानकारी हेतु हम सबसे पहले यह जानना चाहेंगे कि नशीले पदार्थों की लत या व्यसन से हमारा क्या तात्पर्य है?

'नशीले पदार्थों का व्यसन' इस शब्दावली में दो अलग-अलग पदों का समावेश है एक तो 'नशीले पदार्थ' तथा दूसरा 'व्यसन'। आइये पहले इनका अर्थ समझा जायें।

नशीले पदार्थ (Drugs or Substances)

नशीले या मादक पदार्थों के रूप में हमारे सामने ऐसे सभी पदार्थों का मानसिक चित्र सामने आ जाता है जिनसे नशा होता है अर्थात् जिसे शरीर द्वारा ग्रहण करने पर हमारे शारीरिक तथा मानसिक क्रिया कलापों में उल्लेखनीय परिवर्तन आ जाते हैं। ये ड्रग्स या नशीले पदार्थ कितने प्रकार के होते हैं और उनके शरीर तथा मन पर क्या-क्या प्रभाव पड़ते हैं इसकी चर्चा हम आगे करेंगे।

व्यसन या लत (Addiction)

किसी भी आदत का इस रूप में स्थायी बन जाने को चाहे उसे कितनी भी व्यक्तिगत या सामाजिक हानि क्यों न हो तथा जिससे व्यक्ति चाहते हुये भी छुटकारा पाने में बहुत कठिनाई का अनुभव करे व्यसन या लत की संज्ञा दी जाती है। जुआ खेलना, शराब पीना, वेश्या, गमन, जेब काटना, चोरी करना जैसी बुराइयों की गिनती व्यसन या लत में ही की जाती है। व्यक्ति एक बार उनके चुंगल में फंस जाये तो उसका निकलना असंभव नहीं तो काफी मुश्किल अवश्य हो जाता है। तन-मन-धन तीनों ही इनके दाँव पर लग जाते हैं तथा व्यक्ति न तो अपना ही रहता है और न समाज का। नशीली दवाओं जैसे हीरोइन मेनड्रेक्स, एल. एस. डी., अफीम, भाँग, गाँजा, चरस आदि मादक पदार्थों, दर्दनाशक गोलियां या इंजेक्शनों तथा उत्तेजक पदार्थों निकोटीन, कोकीन, कैफीन आदि के सेवन की मजबूरी को व्यसन या लत का ही नाम दिया जाता है। इस प्रकार के पदार्थों का लगातार बड़ी मात्रा में बिना उनके दुष्परिणामों की परवाह किये हुये सेवन करते जाना किसी भी व्यक्ति के व्यसनी (Addictive) हो जाने का परिचायक कहा जाता है।

नशीले पदार्थों के व्यसन या लत का विकास व्यक्ति में धीरे-धीरे होता है। शुरू-शुरू में वह किसी की संगति में या यूँ ही जिज्ञासा वश या बहादुरी दिखाने के चक्कर में इसका सेवन कर उसे अपनी आदत में विकसित कर लेता है, परन्तु धीरे-धीरे उसकी यह आदत व्यसन में परिवर्तित होकर उसके ऐसे गले मढ़ जाती है कि उससे पीछा छुड़ाना मुश्किल हो जाता है। ''दर्द बढ़ता गया जैसे दवा की'' इस उक्ति को चरितार्थ करता हुआ यह व्यसन एक खतरनाक व्यक्तित्व व्याधि या विकृति में बदल जाता है। इस प्रकार की विकृति या व्याधि का विकास किसी भी व्यक्ति में निम्न प्रभाव छोड़ते हुए होता है:

1. **नशीली दवाओं का तात्कालिक प्रभाव** (The initial Effects of Drugs)—नशीली दवाइयां शरीर तथा मन पर तत्काल प्रभाव छोड़ने की क्षमता रखती हैं उत्तेजना (Stimulation) प्रदान करना, निद्रा या शमनकारी (Sedative) प्रभाव छोड़ना

अथवा सब कुछ भुलाकर हवा में तैरना (Mind Blowing) इस प्रकार के प्रभाव ये दवायें अपनी-अपनी प्रकृति के हिसाब में छोड़ती हैं। व्यक्ति को अपनी आवश्यकतानुसार इनका सेवन पहले-पहले अच्छा लगता है। वह किसी न किसी रूप में इन्हें कष्ट या पीड़ा से मुक्ति पाने या अपने सपनों की दुनिया में विहार करने का साधन समझता है।

2. **आदत में परिवर्तित होना** (Conversion into a habit)—नशीली दवाइयों का सेवन पहले पहल चाहे जिस कारण से किया गया हो उनके तात्कालिक प्रभाव व्यक्ति को इन्हें दुबारा सेवन करने का चस्का जरूर लगा देते हैं। शरीर और मन पर ये ऐसा प्रभाव छोड़ते हैं कि व्यक्ति को उनके सेवन की ज़रूरत महसूस होने लगती है और धीरे-धीरे वे उसकी दिनचर्या के अंग बन कर स्थायी आदतों में बदल जाते हैं। चाय, काफी, एनलजीन, एस्प्रो, सिगरेट, बीड़ी से लेकर गाँजा, चरस, अफीम, मैनड्रेक्स तथा हीरोइन के सेवन तक यही कहानी चलती है कि एक बार शुरूआत होने पर इनकी आदत पड़ना स्वाभाविक सी बात है।

3. **नशीली दवाओं के अति सेवन के प्रति सहनशीलता** (Tolerance for the heavy doses of the drugs)—जो उत्तेजना, निद्रा या शमन, चिंता या पीड़ा से मुक्ति तथा अपने सुनहरी स्वप्नों में विचरण करने का आनन्द नशीली दवाओं के सेवन से व्यक्ति एक बार उठा लेता है तो उसे जब दुबारा यह सब प्राप्त करना होता है तो उसकी यह इच्छा उतनी ही मात्रा में नशीली दवाई लेने से पूरी नहीं होती। उसे ज्यादा मात्रा में जल्दी-जल्दी यह नशीले पदार्थ लेने होते हैं। इसका कारण यह है कि शरीर और मन पर नशीले पदार्थ जो प्रभाव छोड़ते हैं उस प्रभाव के लिये शरीर तथा मन दोनों ही अभ्यस्त होते चले जाते हैं। यह एक बात है जैसे किसी का सिर दर्द या ठण्ड का असर पहली बार चाय या काफी पीने से शायद खत्म हो जाये तो दूसरी बार चाय पीने पर यह असर नहीं होगा क्योंकि इनमें उपस्थिति नशीले पदार्थों कैफीन तथा कोकीन के लिये शरीर अभ्यस्त हो जाता है और वे आवश्यक उत्तेजना या पीड़ा से मुक्ति दिलाने में असफल हो जाते हैं। इसलिये दर्द निवारक गोलियां खाने वाले को दर्द से मुक्ति पाने के लिए हर बार अधिक नशे की शक्तिवाली गोलियाँ खानी पड़ती हैं। अफीम या होरोइन लेने वाले को उसी तरह का अनुभव या प्रभाव पाने के लिये ज्यादा मात्रा में अधिक बार इन ड्रग्स का सेवन करना पड़ता है।

4. **शारीरिक और मनोवैज्ञानिक निर्भरता** (Physiological and psychological dependence)—नशीली दवाओं को लेने की आदत तथा उनके प्रति सहनशीलता का विकास होते होते व्यक्ति का शरीर और मन उनका इतना अभयस्त हो जाता है कि उसे अधिक से अधिक बार तथा अनुपात में लेते रहना उसकी मजबूरी बन जाती है। धीरे-धीरे शारीरिक तथा मनोवैज्ञानिक दोनों ही प्रकार से अब वह पूरी तरह नशीली दवाओं को लेने के लिये मजबूर दिखाई पड़ जाता है। नशीली दवाइयों पर उसकी शारीरिक निर्भरता से यहां तात्पर्य इस बात से है कि अब उसका शारीरिक चैन इनके लेते रहने पर ही निर्भर करता है। किसी न किसी शारीरिक अंग में पीड़ा या किसी और शारीरिक परेशानी से उसे अगर बचना है तो नशीली दवाओं के निरन्तर सेवन पर ध्यान देना ही पड़ेगा। मनोवैज्ञानिक निर्भरता उसे इस बात के लिये मजबूर करती है कि वह नशीली दवाओं के सेवन तथा उनकी प्राप्ति के प्रयत्नों में ही उलझा रहे। यहाँ तक कि ऐसे व्यक्ति का सारा व्यवहार तथा क्रियायें नशीली दवाओं के सेवन तथा उनकी पूर्ति सुरक्षित करने के चारों ओर ही केन्द्रित हो जाती है। जब ऐसा होता है तभी हम कहते हैं कि अब उस व्यक्ति पर नशीली दवाओं का जादू सर पर चढ़कर बोलने लगा है तथा उसका जीवन सभी तरह से उन्हीं पर निर्भर होकर रह गया है।

5. **प्रत्याहार लक्षणों की उपस्थिति** (Presence of withdrawal symptoms)—नशीली दवाओं पर शारीरिक और मनोवैज्ञानिक निर्भरता अपने विशेष लक्षणों द्वारा स्पष्ट रूप से प्रकट होना आरम्भ कर देती है। इनका पता स्वयं व्यक्ति को या दूसरों को इन्हीं लक्षणों द्वारा लगता है। अगर किसी कारण व्यक्ति यह चाहे भी कि वह आगे से नशीली दवाईयों का सेवन नहीं करेगा तो इसकी परिणिति उसके लिये शारीरिक और मनोवैज्ञानिक कष्ट का कारण बन जाती है। अगर अफीम के व्यसनी को अफीम खाने को न मिले, हीरोइन, मोरफीन, एल. एस. डी. मेरीजुआना जैसी घातक नशीली दवाईयाँ सेवन करने वाले को नियमित रूप से इनकी ज्यादा से ज्यादा खुराक न मिले तो उनकी शारीरिक तथा मानसिक हालत देखने लायक ही होती है। वे किस तरह सिर, पेट, आँत या पूरे शरीर में पीड़ा का अनुभव करते हैं, उनकी आँख और नाक से किस तरह पानी बहता है और वे बार-बार किस तरह किसी न किसी प्रकार की बैचेनी तथा तड़पन महसूस करते हैं और किस तरह उस समय उन्हें केवल नशीली दवाइयों की प्राप्ति में ही अपना जीवन-मरण नजर आता है यह बातें उनकी नशीली दवाईयों पर अत्यधिक निर्भरता तथा न छूटने वाली लत की ही परिचायक होती है।

6. **व्यक्तित्व व्याधि या विकार से ग्रस्त हो जाना** (Developing into a personality disorder)—प्रत्याहार लक्षणों से युक्त व्यक्ति की नशीली दवाओं पर अत्यधिक शारीरिक और मनोवैज्ञानिक निर्भरता अंत में उसके व्यवहार में पूरी तरह असामान्यता लाकर उसे एक विशेष प्रकार की व्यक्तित्व व्याधि या विकृति से ग्रस्त कर देती है। जिससे उसे व्यक्तिगत ओर सामाजिक दोनों दृष्टियों से बहुत ही नुकसान पहुँचता रहता है। ऐसी हालत से उसका बचाव होना तब तक असंभव ही होता है जब तक कि उसे इस व्यसन से मुक्त करने के गम्भीर उपाय न किये जायें।

उपरोक्त विवेचन के आधार पर अब हम इस स्थिति में पहुँच सकते हैं कि नशीली दवाओं के व्यसन से विकसित इस व्यक्तित्व व्याधि या विकृति (Personality disorder associated with Drug addiction) की कोई उपयुक्त परिभाषा दे दी जाये। व्यावहारिक दृष्टि से इस प्रकार की एक परिभाषा का निम्न रूप हो सकता है:

नशीली दवाओं के व्यसन से सम्बन्धित व्यक्तित्व व्याधि या विकृति से अभिप्राय व्यक्ति की उस शारीरिक तथा मनोवैज्ञानिक अवस्था से होता है जिसमें व्यक्ति किसी भी नशीली दवाई या पदार्थ के सेवन को जीवन-मरण का प्रश्न बना कर उससे अपने तथा समाज के लिये होने वाले दुष्प्रभावों को बिल्कुल अनदेखा कर देता है। उसमें इस व्याधि का विकास किसी नशीली दवाई या पदार्थ के लगातार अत्यधिक सेवन से कुछ निम्न चरणों में पूरा होता है:

(i) नशीली दवाओं के सेवन के प्रति आकर्षण अनुभव करना।

(ii) नशीली दवाओं के सेवन की आदत पड़ जाना और उनके लिये व्याकुल रहना।

(iii) नशीली दवाओं पर शारीरिक और मनोवैज्ञानिक रूप से पूरी तरह निर्भर हो जाना।

(iv) नशीली दवाओं की उपयुक्त मात्रा न लेने पर प्रत्याहार लक्षणों का प्रदर्शित करना।

(v) नशीली दवाओं के सेवन और इनकी प्राप्ति को ही एक मात्र अपने जीवन का उद्देश्य बना लेना।

नशीली दवायें-प्रकार तथा दुष्परिणाम (Drugs–Types and ill effects)

नशीली दवाओं के व्यसन से सम्बन्धित विभिन्न औषधियों या मादक द्रव्यों को मुख्य रूप से निम्न भागों में विभाजित करके समझा जा सकता है:

1. **उत्तेजक औषधियां** (Stimulant Drugs)—इन औषधियों का सेवन कुछ समय के लिए मस्तिष्क तथा स्नायुतन्त्र को एक विशेष प्रकार की उत्तेजना प्रदान करता है जिसके परिणामस्वरूप व्यक्ति में सजगता तथा क्रियाशीलता नजर आती है। इस प्रकार की औषधियों में मुख्यरूप से निकोटीन (Nictoine), कोकीन (Cocaine), कैफीन (Caffeine), बेन्जेडीन (Benzedine), मेथेड्रीन (Methadrine) आदि का नाम लिया जा सकता है।

इन उत्तेजक औषधियों का सेवन धीरे-धीरे व्यसन में बदल कर उन्हें उन पर पूरी तरह निर्भर बना देता है। व्यक्ति को आवश्यक उत्तेजना की प्राप्ति के लिये अब इनकी ज्यादा से ज्यादा खुराक की ज्यादा से ज्यादा बार ज़रूरत पड़ती है और फिर इस प्रकार का इनका अत्यधिक सेवन निम्न दुष्परिणामों को जन्म देने वाला सिद्ध होता है:

(i) भूख का बिल्कुल मर जाना, (ii) वजन से बेहद कमी हो जाना, (iii) कब्ज रहना, (iv) दुश्ंचिताओं से घिर जाना, (v) व्यवहार चिड़चिड़ा हो जाना, (vi) नींद न आना, (vii) बौद्धिक क्षमताओं में धीरे-धीरे कमी हो जाना, (viii) यौन शक्ति में कमी आना।

2. **शामक औषधियां** (Sedative drugs)—ये औषिधियां व्यक्ति के मस्तिष्क और स्नायु संस्थान को निष्क्रिय बनाकर संवेदनशीलता में कमी लाती हैं। चेतना को कमजोर बनाकर लुप्त करने का प्रयत्न करती हैं तथा निद्रा तथा तन्द्रा अवस्था में पहुँचाने का कार्य करती हैं। इसी कारण इन्हें अस्थायी तौर पर चिंता से मुक्त करने वाली, पीड़ा या कष्ट को भुलाने वाली तथा निद्रा की गोद में सुलाकर शांति प्रदान करने वाली समझा जाता है। इस प्रकार की औषधियों में मुख्य रूप से निम्न औषधियों के नाम गिनाये जा सकते हैं: अफीम (Opium), मोरफीन (Morphine), हीरोइन (Heroin), कोडीन (Codeine), डिमीरोल (Dimerol), मेथोड्रोन (Methadrone), वेलियम (Valium), नेम्बुटल (Nembutal), सीकोनल (Seconal), ब्रोमाइड्स (Bromides) आदि।

इन शामक औषधियों के तत्कालिक प्रभाव पीड़ा से मुक्ति दिलाने या तनाव को कम करने के रूप में चाहे कितने ही सुखकारी प्रतीत हों, दूरगामी परिणाम दुखदायी ही होते हैं। इनके प्रयोग से धीरे-धीरे इतनी निर्भरता इन पर बढ़ जाती है कि इनके लिए बिना चैन नहीं मिलता और इस चैन की प्राप्ति तभी हो पाती है जब ज्यादा से ज्यादा बार अधिक से अधिक मात्रा इनकी ली जाये। इस प्रकार की इनकी प्रयोग सम्बन्धी अतिशयता शारीरिक और मनोवैज्ञानिक रूप से बहुत ही खतरनाक सिद्ध होकर निम्न दुष्प्रभाव छोड़ सकती है:

1. भूख कम होना 2. वजन कम होना 3. यौन इच्छा में कमी आना 4. कब्जियत रहना 5. सामाजिक रुचियों में कमी आना 6. बौद्धिक क्षमताओं में कमी आना 7. शारीरिक क्षमताओं में कमी आना।

इन शामक औषधियों से पीछा छुड़ाना भी मुश्किल होता है क्योंकि इन्हें बन्द या कम करने की अवस्था में शारीरिक और मनोवैज्ञानिक निम्न प्रकार के प्रत्याहर लक्षण (withdrawal symptoms) दिखाई पड़ सकते हैं:

1. बैचैनी (Restlessness), 2. घबराहट (Nervousness), 3. पसीना आना (Perspiration), 4. जी मचलाना (Nausea), 5. उल्टियाँ आना (Vomiting), 6. दस्त लगना (Diarrhoea), 7. सिर में काफी दर्द (Severe Headache), 8. हृदय रोग (Cardio-Vascular Collapse), 9. काँपना (Tremors), 10. मिरगी के दौरे पड़ना, 11. नसों एवं हड्डियों में दर्द आदि।

3. **मतिभ्रम उत्पन्न करने या हवा में तैराने वाली औषधियां** (Deliriant or Mind blowing drugs)—इस प्रकार की औषधियों का व्यसन मतिभ्रम पैदा कर व्यक्तियों को वास्तविकता से नाता तोड़कर हवा में तैरने जैसी स्थिति (जैसी कि मनोविकृति (Psychoses) से युक्त व्यक्तियों में पायी जाती है) में पहुँचा देती है। इस प्रकार की मुख्य औषधियों में मारीजुरान (Marijurana), एल. एस. डी-25 (LSD-25) तथा मेथेम्फेटेमीन (Methamphetamine) जिसे स्पीड (Speed) भी कहा जाता है, मुख्य रूप से उल्लेखनीय हैं।

इस प्रकार की सभी औषधियों के प्रभाव बहुत ही गम्भीर तथा खतरनाक होते हैं। ये औषधियाँ व्यक्ति को जब तक इनका प्रभाव रहता है एक अलग ही काल्पनिक और अवास्तविक संसार में ले जाती हैं। व्यक्ति अपने आपको तथा अपने आस-पास की दुनिया को भूलकर एक अज़ीब से आनन्द की अनुभूति करने लगता है। उसकी समय तथा स्थान सम्बन्धी सुध-बुध गायब हो जाती है। शारीरिक तथा मानसिक रूप से वह निष्क्रिय हो जाता है परन्तु उसे अनुभूति यह होती है कि उसकी सक्रियता तथा शक्ति में बढ़ोतरी हो रही है। इस प्रकार का भ्रम ही उससे विभिन्न प्रकार के असामाजिक तथा समाज विरोध कार्य करा बैठता है। वाहन चलाने में होने वाली दुर्घटनायें इस प्रकार की मनोस्थिति में बहुत ज्यादा होती हैं। मस्तिष्क, स्नायु संस्थान, फेफड़ों तथा हृदय की कार्य प्रणाली में विकार पैदा होने की सम्भावना काफी बढ़ जाती है। एल. सी. डी.-25 तथा स्पीड (जिसे इंजेक्शन के जरिये लिया जाता है) तो और भी ज्यादा खतरनाक तथा जान लेवा सिद्ध होती हैं। इनके व्यसनी पूरी तरह से हवा में ही तैरते रहते हैं। वे बहुत मजे में हैं और ऐसा मजा उन्हें इन औषधियों के सेवन से ही मिलता है इस प्रकार के झूठे विश्वास उन्हें ज्यादा से ज्यादा मात्रा में अधिक बार लेने को उकसाता रहता है और फिर इनका लेना उनके लिये ऐसी मजबूती हो जाती है। 'साँप छछूंदर की गति' के समान वे इनके भंवरजाल में ऐसे फँस जाते हैं कि इधर गिरे तो कुंआ और उधर गिरे तो खाई। इस तरह उनका जीवन पूरी तरह अपने लिये तो नारकीय बनता ही है समाज विरोधी तथा अपराधी व्यवहार के रास्ते पर चलने के कारण ये समाज के लिये भी नासूर सिद्ध होते हैं।

कोई नशीली दवाओं का व्यसनी कैसे बन जाता है? (How do people become drug addict ?)—कोई भी व्यक्ति नशीली दवाओं के व्यसनी (Addict) के रूप में पैदा नहीं होता वह ऐसा व्यवहार अपने वातावरण से ही निम्न चरणों में सीखता है:

1. **प्रारम्भिक स्तर** (Initial Stage)—नशीली दवाओं के सेवन के शुरुआत करने में वातावरणजन्य निम्न परिस्थितियां कार्य कर सकती हैं:

    (i) किसी बीमारी के इलाज हेतु उसे कोई नशीली दवा चिकित्सक या किसी अनुभवी व्यक्ति द्वारा बतायी जा सकती है और वह इसका सेवन इस कार्य हेतु कर सकता है।

(ii) अपने से बड़ों, घर परिवार के सदस्यों, मुहल्ले तथा समाज के लोगों तथा हम-जोलियों के व्यवहार का अनुकरण करके वह इनके सेवन की ओर अग्रसर हो सकता है।

(iii) महज जिज्ञासा तथा कोतूहलवश और मौज-मजा लूटने के उद्देश्य से कोई पहले इनका सेवन कर सकता है।

(iv) दूसरों के सामने शेखी बघारने या बहादुरी दिखाने की नीयत से भी कोई इनका सेवन कर सकता है।

(v) किन्हीं साथियों या व्यक्तियों का महज साथ (Company) देने तथा मेल-जोल बढ़ाने के चक्कर में भी कोई इनका सेवन कर सकता है।

(vi) दुश्चिन्ता, घबराहट डर, तनाव तथा परेशानियों की हलात में कुछ राहत पाने का लालच किसी को इनके सेवन की ओर ले जा सकता है।

(vii) किसी समाज विरोधी या अपराध पूर्ण कृत्य को करने से पहले अपने आप में कृत्रिम विश्वास तथा ताकत पैदा करने की चाहत इनकी ओर आकर्षित कर सकती है।

(viii) समाज विरोधी तथा अपराधी प्रवृत्ति के लोग अथवा जो नशीली दवाओं का धंधा करते हैं, या उनके चुंगल में फँस चुके है वे अपने निहित स्वार्थों की पूर्ति हेतु किसी को प्रलोभन देकर या उसके साथ जोर जबरदस्ती करके उसे नशीली दवाइयों के सेवन की ओर प्रवृत्त कर सकते हैं।

2. **विकास स्तर** (Developing Stage)—इस स्तर पर पहले प्रारम्भिक स्तर पर अर्जित व्यवहार को पुनर्बलन प्रदान करने का कार्य चलता है। नशीली दवाइयाँ अपनी प्रकृति के अनुरूप ऐसा कृत्रिम एवं अस्थायी प्रभाव तो छोड़ती ही हैं जिनसे व्यक्ति को अपनी पीड़ा दुश्चिन्ता तथा तनाव से राहत मिल सके उसे ऐसा लगे कि उसमें नई ताकत तथा आत्मविश्वास का संचार हो रहा है, उसे झूठा संतोष तथा आत्मिक शांति प्राप्त हो सके और वह अपने स्वप्नों के संसार का राजा बन सके। ये सभी बातें उसके प्रारम्भिक व्यवहार को पुनर्बलन प्रदान करने का कार्य करती हैं। वह दुबारा उसी स्वाद को चखने तथा अनुभव को प्राप्त करने की और लालायित होता है। फिर नशीली दवाओं का सेवन करता है जिससे उसकी इनकी भूख (इन्हें और ज्यादा मात्रा में लेने तथा ज्यादा बार लेने की) बढ़ती ही जाती है। इस तरह से उसको इनको लेने की बुरी आदत पड़ जाती है।

3. **अंतिम स्तर** (Final Stage)—इस स्तर तक पहुँचते-पहुँचते व्यक्ति शारीरिक तथा मनोवैज्ञानिक रूप से पूरी तरह नशीली दवाओं के सेवन पर निर्भर हो जाता है। अब उसे इनके चक्रव्यूह से मुक्ति पाना आसान नहीं होता। दूसरे शब्दों में उसे इनकी लत पड़ जाती है वह व्यसनी (Addict) हो जाता है। इनका सेवन ही धीरे-धीरे उसका एक मात्र जीवन उद्देश्य बन जाता है तथा उसका सम्पूर्ण व्यवहार तथा जीवन क्रियायें नशीली दवाओं को प्राप्त करते रहने तथा उनका इच्छानुसार उपभोग कर सकने में ही केन्द्रित हो जाती हैं। वह जीता भी इन्हीं के सेवन के लिये है और उसकी मौत का कारण भी यही बनती हैं। वह, इनकी प्राप्ति हेतु कुछ भी कर सकने को तैयार हो जाता है तथा किसी भी निम्नतम सीमा तक घटिया से घटिया व्यवहार और आचरण कर सकता है। इसी कारण उसका व्यक्तित्व सामान्य न रहकर विकार तथा व्याधियुक्त बन जाता है और वह स्वयं अपने लिये तथा समाज के लिये एक गम्भीर खतरा बन जाता है। इस अंतिम स्तर पर पहुँचकर उसके सुधार के सारे रास्ते उसके लिये बंद हो जाते हैं तथा वह पूरी तरह यह स्वीकार कर लेता है कि नशे की दुनिया से वापिस आने में वह पूरी तरह असमर्थ है। हाँ, अगर कोई बचाना चाहे तो उस पर यह बहुत बड़ा एहसान होगा। इस स्थिति में उसे बचाने के लिये वैसे तो काफी देर हो चुकी होती है परन्तु फिर भी संगठित एवं नियोजित तरीकों से इस कार्य में पहल की जा सकती है जिसकी चर्चा हम आगे की पंक्तियों में करेंगे।

नशीली दवाओं के व्यसन की रोकथाम तथा उपचार (Prevention and Treatment of Drug Addiction)

रोकथाम (Prevention)—नशीली दवाओं के सेवन से व्यसनी बन जाने के उपरान्त उसका इलाज करने से पहले यह बात सबसे ज्यादा लाभदायक है कि व्यक्तियों को इनका व्यसनी (Addict) होने से बचाने के उपाय किये जायें। इस बीमारी को

छूत की महामारी बनने से पहले ही नियंत्रित किया जाये ताकि आने वाली पीढ़ी को इसके आकर्षण तथा संसर्ग से बचाया जा सके। इस प्रकार के निरोधात्मक तथा नियन्त्रण कार्यों में कुछ निम्न बातों पर ध्यान देना लाभप्रद सिद्ध हो सकता है।

1. जन-साधारण में जागृति लाकर उन्हें इस व्यसन के फैलने तथा उससे होने वाली दुष्परिणामों की पूरी जानकारी देने का प्रयत्न करना चाहिए।
2. बालकों के पाठ्यक्रम में तथा उनकी विद्यालय की पाठान्तर क्रियाओं में ऐसी सामग्री तथा अनुभव रखे जाने चाहिये जिनसे उन्हें नशीली दवाईयों से दूर करने की प्रेरणा मिल सके।
3. ऐसी नशीली दवाइयों तथा औषधियों को प्रतिबंधित कर देना चाहिये जिनकी चिकित्सात्मक उपयोगिता बहुत अधिक न हो। माँ-बाप तथा अभिभावकों को स्वयं भी ऐसी दवायें न तो लेनी चाहिये तथा न अपने बच्चों को खाने देनी चाहिये।
4. घर-परिवार तथा समाज के परिवेश को इस तरह संरचित किया जाना चाहिये कि बालकों को नशीली दवाओं के सेवन के लिये अनुकरणीय मॉडल न मिले। बालक संवेगात्मक तथा मनोवैज्ञानिक रूप से समायोजित रहें, उनकी मूलभूत आवश्यकताओं की पूर्ति संतोषजनक ढंग से होती रहे तथा वे बुरी संगत तथा नशीली दवाओं के व्यसनी के सम्पर्क में न आयें।
5. बालकों तथा किशोरों को नशीली दवाओं की लत लगाने वाले व्यक्तियों पर कड़ी नजर रखी जाये। नशीली दवाओं के व्यापार तथा सेवन को गम्भीर सामाजिक अपराध मानकर इससे जुड़े व्यक्तियों पर कठोर कानूनी कार्यवाही की जाये।

उपचार (Treatment)—नशीली दवाओं के व्यसनी (Drug addict) का उपचार यह माँग करता है कि उसे इस बुरी आदत तथा व्यसन से मुक्ति दिलाई जाये। इस दिशा में कोई सजा या दंड चाहे उसका कोई भी रूप क्यों न हो लाभदायक सिद्ध नहीं हो सकती। इन पीड़ितों को उन अपराधियों से जो नशीली दवाइयों के धंधे में लगे हुए हैं, बिल्कुल अलग करके ही देखा जाना चाहिए। हाँ, यह इनकी मजबूरी होती है कि वे अपने इस व्यवहार से चाहते हुए भी मुक्ति नहीं पा सकते और इसके लिये भी अच्छा-बुरा कोई भी रास्ता पकड़ने को मजबूर रहते हैं। अत: ये क्रोध के पात्र न होकर सहानुभूति के ही पात्र हैं। इन्हें घृणा नहीं प्यार चाहिये, अविश्वास नहीं, विश्वास और सहयोग चाहिये तथा ऐसा वातावरण और साधन चाहिये जो उन्हें अपने व्यसन की काल कोठरियों तथा माया जाल से बाहर निकालकर सामान्य जीवन जीने की राह दिखाये। इस दिशा में सामान्यतया मनोचिकित्सक, मनोवैज्ञानिक, सामाजिक कार्यकर्त्ता, माँ-बाप तथा परिवार के सदस्य सभी के सहयोग से निम्न प्रकार आगे बढ़ा जा सकता है:

1. **अस्पताल या उपचार केन्द्र में अनिवार्य रूप से भरती कराना** (Compulsory Hospitalisation)—नशीली दवाओं के व्यसनी का उपचार करने हेतु सबसे पहला और आवश्यक कदम यह है कि उसे अनिवार्य रूप से किसी अस्पताल या उपचार केन्द्र में भरती करा दिया जाये। यह काम तो इनके साथ करना ही पड़ेगा, कौन ऐसा व्यसनी है जो अपने आप खुले रूप से अपने इस बदनाम आचरण को स्वीकार कर अस्पताल या केन्द्र में स्वेच्छा से इलाज कराने को जायेगा। उसकी ज़रूरत इलाज की नहीं बल्कि नशीली दवाइयों की होती है जो उसके वातावरण से उल्टे सीधे किसी भी तरह पूरी होती ही रहती है। अत: उसके मरने या समाज को बर्बाद करते रहने का मूर्खतापूर्ण इंतजार ठीक नहीं। जैसे ही मालूम हो ऐसे व्यसनी को तुरन्त ही उपचार के लिये मजबूर किया जाना चाहिये।

2. **नशीली दवाओं की आदतें छुड़ाना** (Deintoxicating or drying out the patient)—नशीली दवाओं के सेवन को बन्द करना उनके उपचार कार्य का दूसरा बड़ा कदम है। इस कार्य को धीरे-धीरे आगे बढ़ाया जाना चाहिये। जितनी खुराक वह लेता है उसकी मात्रा तथा जितनी बार लेता है उसकी गिनती कम करते जाना चाहिये। कई बार ऐसा भी किया जा सकता है कि उसके द्वारा ली जाने वाली खतरनाक औषधियां बन्द करके उसको कम नुकसान पहुँचाने वाली दवाईयाँ दी जाएँ। ऐसा इसलिये करना पड़ता है कि ये लोग शारीरिक तथा मनोवैज्ञानिक रूप से अपनी विशेष नशीली दवाओं पर बहुत ज्यादा निर्भर होते हैं। उनके न मिलने पर वे गम्भीर प्रत्याहार लक्षणों (Withdrawal symptoms) तथा परेशानियों के शिकार हो जाते हैं, यहां तक कि उनके मरने तक की नौबत आ जाती है। इसलिये नशीली दवाइयों के प्रयोग पर एक दम रोक लगा देना इनके हित में नहीं

होगा। हाँ धीरे-धीरे करके इस दिशा में सफलता प्राप्त की जा सकती है। ऐसा करने में चिकित्सक तथा मनोवैज्ञानिक दोनों ही प्रकार की टीमों को मिलकर योजना बनानी चाहिये ताकि मरीज को किसी भी खतरनाक स्थिति में उचित सहारा दिया जा सके। आदत छुड़ाते समय उसके स्वास्थ्य, भोजन व्यवस्था आदि पर भी समुचित ध्यान दिया जाना चाहिये तथा मनोवैज्ञानिक रूप से भी उसका सहयोग और विश्वास जीतने के प्रयत्न करने चाहिये।

3. **दीर्घ उपचार एवं पुनः प्रस्थापन** (Long term therapy and Rehabilitation)—नशीली दवाओं के व्यसनी को लम्बे उपचार की ज़रूरत होती है। अतः इस दिशा में सभी को बड़े धैर्य तथा लगन से काम करने की आवश्यकता है। नशीली दवाओं का सेवन न करने से जो भी प्रतिक्रियायें उसके शरीर, दिल और दिमाग पर होती हैं उनसे निपटने के लिये उसे उचित सहायता एवं परामर्श अवश्य चाहिये। शारीरिक बातों से निपटने में तो चिकित्सक की मदद चाहिये और यह मदद काफी लम्बे समय तक चल सकती है। नशीली दवाइयों के सेवन से उसके आंतरिक अंग प्रत्यंगों संस्थानों तथा उनकी कार्यप्रणाली में जो दोष आ गये हैं उन्हें ठीक करने में समय तो लगेगा ही। जो कमजोरी उसके शरीर में आ गई है जिन पोषण तत्वों की कमी हो गई हैं उन्हें पूरा करने में उसकी भलीभाँति सहायता की जानी चाहिये। कुछ समय के लिये विशेष प्रकार की दवाइयों का सेवन भी उसे इन बातों के लिये कराया जा सकता है।

दूसरा बड़ा कार्य मनोचिकित्सकों, मनोवैज्ञानिकों तथा सामाजिक कार्यकर्त्ताओं को मिलकर पूरा करना होता है। व्यक्तिगत और सामूहिक परामर्श द्वारा उन्हें उनकी स्थिति का बोध कराना होता है। उन्हें नशीली दवाओं पर निर्भरता समाप्त कर अपने आप जीने के लिये प्रेरित करना होता है। उनके घर और परिवार में जाकर सम्बन्धित व्यक्तियों की सहायता लेनी होती है। उन्हें भी उचित परामर्श देना होता है ताकि वे नशीली दवाइयों के व्यसनी पर फिर से विश्वास कर उसे अपने परिवेश में समायोजित होने में मदद कर सकें। किन्हीं परिस्थितियों में समाजसेवी संस्थाओं तथा सरकार की मदद भी लेने की बातें इनके लिये उपयुक्त सिद्ध हो सकती हैं और ऐसा करने में कोई संकोच भी नहीं करना चाहिए क्योंकि असली प्रयोजन तो इन्हें फिर से नये जीवन की शुरूआत करने में सहायता प्रदान करना ही होता है। एक बार मुक्त होकर फिर से वे इन नशीली दवाइयों के चक्कर में न पड़े इसके लिये इनका ठीक प्रकार समायोजन तथा प्रस्थापन (Rehabilitation) काफी ज़रूरी होता है और यह तभी हो सकता है जब कि हम सबमें इनके प्रति विश्वास की भावना बने और हम इन्हें फिर से सामान्य व्यवहार से युक्त व्यक्तित्व के रूप में मानकर चल सकें।

सार-संक्षेप (Summary)

वृद्धि एवं विकास को प्राप्त हो रहे बालकों को उनकी आयु एवं अवस्थाजन्य आवश्यकताओं तथा व्यवहार समस्याओं के संदर्भ में अच्छी तरह समझा जाना चाहिये। बढ़ते हुये बच्चों के लिये उनके हम उम्र साथियों से अच्छी तरह सम्बन्ध बनाये रखना काफी महत्त्वपूर्ण होता है। इस दृष्टि से हम सभी बड़ों का यह कर्त्तव्य हो जाता है कि हम उनके इन सम्बन्धों से जुड़ी हुई विशिष्टताओं से अच्छी तरह अवगत रहें।

हमउम्र साथियों के साथ सम्बन्ध पद से हमारा आशय बढ़ते हुये बालकों द्वारा अपनी आयु तथा अपनी जैसी योग्यता एवं क्षमता वाले बालकों के साथ अपनी सामाजिक अन्तःक्रिया तथा परिवेश विशेष में अपने समायोजन को ध्यान में रखते हुये उचित सम्बन्ध तथा मेलजोल बनाये रखने हैं। निस्संदेह इस कार्य में हम बड़ों द्वारा उनका उचित मार्गदर्शन तथा सहायता करने के लिये आगे आना चाहिये ताकि वे अपने हमउम्र साथियों के साथ उचित सम्बन्ध कायम करते हुये अपने सर्वांगीण विकास पथ पर ठीक तरह अग्रसर रह सकें। इस सम्बन्ध में विशेषकर यहाँ उन्हें उचित सम्बन्ध बनाये रखने में सहायक कुछ पेचीदा बातों जैसे विपरीत लैंगिक साथियों से मैत्री सम्बन्ध तथा साथी बालकों से प्रतिस्पर्धा और प्रतियोगिताओं में संलग्न रहते हुये भी उचित मित्रवत सम्बन्ध और सहयोग बनाये रखना आदि महत्त्वपूर्ण बातों के सम्बन्ध में उचित मार्गदर्शन प्रदान करने के प्रयत्न किये जाते रहने चाहिये।

व्यवहारात्मक समस्यायें पद से यहाँ हमारा आशय बालकों और किशोरों द्वारा किये जाने वाले ऐसे व्यवहार आचरण तथा कार्यों से है जो उन्हें अपने स्वयं तथा अपने वातावरण के साथ उचित समायोजन में बाधक बनने के साथ-साथ उनके

अपने तथा समाज के कल्याण के लिये घातक सिद्ध होता है। इस प्रकार के व्यवहार के उदाहरण रूप में हम विशेष रूप से जिन व्यवहारगत आचरणों का नाम ले सकते हैं, वे हैं (i) आक्रामकता, (ii) प्रताड़ित करना या दादागिरी, (iii) नशीले पदार्थों की लत या व्यसन। आक्रामकता से अभिप्रायः इस प्रकार के एक अनियंत्रित विस्फोटक क्रोधपूर्ण अभिव्यक्ति से है जिसके दर्शन प्रायः हमें बालकों और किशोरों द्वारा किये जाने वाले कुछ आचरणों और व्यवहारों जैसे अपशब्द कहना, दूसरों को काटना, मारना-पीटना तथा उनसे लड़ाई करना, संपत्ति को नुकसान पहुँचाना आदि में होता है। इस प्रकार की आक्रामकता जिसके प्रति दिखाई जाती है और जिसके द्वारा की जाती है, दोनों के लिये ही अहितकारी एवं घातक सिद्ध होती है। परन्तु अपने वास्तविक रूप में देखा जाये तो आक्रामकता एक तरह से विशुद्ध रूप में ध्यानाकर्षण और लक्ष्य सिद्धि में सहायक व्यवहार ही नजर आती है। एक बालक को इस प्रकार का व्यवहार दूसरों का ध्यान अपनी ओर खींचने तथा उन्हें अपनी जायज और नाजायज आवश्यकताओं की पूर्ति हेतु राजी करने हेतु करते हुये देखा जा सकता है। इस प्रकार का व्यवहार पूरी तरह अर्जित ही होता है, वंशानुगत और जन्मजात नहीं। अपने परिवेश में उपलब्ध किसी अनुकरणीय व्यक्ति या बालकों के आक्रामक व्यवहार का अनुकरण करने तथा इसके लिये उपयुक्त पुनर्वलन की प्राप्ति होने से बालकों में इस प्रकार का व्यवहार पनपने लगता है। बालकों का इस प्रकार के व्यवहार से पीछा छुड़ाने हेतु उन्हें मारना पीटना, बुरा-भला कहना उपयोगी नहीं रहता क्योंकि ऐसा करने से उनकी आक्रामकता को पुनर्वलन ही प्राप्त होता है उसका निवारण नहीं। उनके इस प्रकार के सहज ढ़ंग से लेते हुये उसकी उपेक्षा करना (ताकि उनके अनुचित व्यवहार को कोई पुनर्वलन न मिले) यहाँ अधिक उपयुक्त रहता है। साथ ही कुछ इस प्रकार के उपाय जैसे बालक को उसके आक्रामक व्यवहार के दुष्परिणाम और अवांछनीयता से अवगत कराना, व्यवहार परिमार्जन तथा व्यवहार चिकित्सा जैसी उचित तकनीकों का उपयोग करना इस दिशा में काफी कारगर सिद्ध हो सकता है।

दूसरे बालकों को प्रताड़ित करना या दादागिरी दिखाने सम्बन्धी अपने आक्रामक व्यवहार में प्रताड़ित करने वाले समस्यात्मक बालक द्वारा प्रताड़ित किये जाने वाले किसी बालक के प्रति अपशब्दों, गाली गलौच, मारपीट तथा अन्य अभद्र और अश्लील व्यवहार द्वारा अपनी दादागिरी तथा अवांछित आक्रामक व्यवहार प्रदर्शित करते हुये उसे शारीरिक तथा मानसिक रूप से चोट पहुँचाते हुये देखा जा सकता है। इस प्रकार का अवांछित व्यवहार प्रताड़ित करने वाले इन समस्यात्मक बालकों में विविध प्रकार के सामाजिक और मनोवैज्ञानिक कारणों जैसे अपने अहं की तुष्टि, असुरक्षा तथा हीन भावना से ग्रस्त होना, साथी विद्यार्थियों में अपना रौब तथा सस्ती प्रसिद्धि प्राप्त करने का आसान तरीका आदि से जन्म ले सकता है। प्रताड़ित करने वाले इस व्यवहार का चाहे जैसा भी रूप क्यों न हो, इसकी इस बात में तो पूरी सच्चाई है कि इससे शिक्षा संस्थानों का पूरा माहौल बुरी तरह से बिगड़ जाता है और इस बुराई से सभी का चाहे वह प्रताड़ित करने वाला हो या प्रताड़ित होने वाला बालक, प्रताड़ित होते हुये देखने वाले दर्शकगण हों या विद्यालय, परिवार तथा समाज सभी की शाँति, प्रगति और कल्याण में पूरी तरह सेंध लग जाती है। इससे निपटने का उपाय इस पर सभी ओर से चोट करने में है। इस प्रताड़ित या दादागिरी से जुड़े हुये सभी पक्षों के व्यवहार में अपेक्षित परिवर्तन लाना जरूरी है। जहाँ हमें दादागिरी करने वालों के समस्यात्मक व्यवहार हेतु व्यवहार परिमार्जन तकनीकों का प्रयोग करने की आवश्यकता रहती है वहीं दादागिरी के शिकार बालक तथा इस अनुचित व्यवहार के दर्शकों को भी अपनी भूमिकायें ठीक तरह निभाने तथा विद्यालयों के अधिकारियों द्वारा इस प्रकार की घटनाओं पर रोक लगाने सम्बन्धी बातों पर भी उचित ध्यान दिया जाना चाहिये।

नशीले पदार्थों की लत या व्यसन बालकों और किशोरों के उस समस्यात्मक व्यवहार का प्रतिनिधित्व करता है जिसमें उन्हें विभिन्न प्रकार के नशीले पदार्थों जैसे एलएसडी-25, अफीम, गाँजा, चरस, हीरोइन, मेनड्रेक्स निकोटिन, कोकीन, कैफीन आदि के अत्यधिक सेवन का व्यसनी पाया जात है। शुरू-शुरू में वे किसी की संगति में या यूं ही जिज्ञासावस अथवा बहादुरी दिखाने के चक्कर में इनका सेवन कर उसे अपनी आदत बना लेते हैं। परन्तु धीरे-धीरे फिर उनकी यह आदत व्यसन में परिवर्तित होकर उनके ऐसे गले पड़ जाती है कि फिर उससे पीछा छुड़ाना उनके लिये बहुत मुश्किल हो जाता है और शारीरिक रूप तथा मनोवैज्ञानिक दोनों ही रूपों में इनके सेवन पर उनकी पूरी तरह निर्भरता हो जाती है।

बालकों और किशोरों को इस लत से मुक्ति दिलाने में पहला प्रयास तो निरोधात्मक उपाय अपनाने के रूप में ही किया जाना चाहिये। परन्तु जब कोई इनकी लत का शिकार हो जाय तो उनकी इस लत या व्यसन को छुड़ाने के गंभीर

प्रयास किये जाने चाहिये। इस कार्य हेतु पीड़ित बालकों को अस्पताल या उपचार केन्द्र में अनिवार्य रूप से भरती कराना, नशीले पदार्थों की आदतें छुड़ाना, लम्बे समय तक उनका उपयुक्त उपचार करना तथा उन्हें नशीले पदार्थों के सेवन से मुक्त होकर अपनी जिन्दगी पुनः ठीक प्रकार जीने में सहायता करना आदि जैसे उपचारात्मक कदम उठाये जा सकते हैं।

संदर्भित एवं विशेष अध्ययन ग्रन्थ (References and Suggested Readings)

Barton, Hall, *Psychiatric Examination of the School Child*, Edward Arnold, London, 1947.

Burt, C., *The Young Delinquent*, 3rd ed., University of London Press, London, 1938.

Carmichael, L. (Ed.), *Manual of Child Psychology*, John Wiley, New York, 1946.

Crow, L.D. and Crow, A., *Child Psychology*, reprint, Barney and Noble, New York, 1969.

Hurlock, E.B., *Child Psychology*, Asian Students 3rd ed., MacGraw-Hill, Tokyo, 1959.

Shanker, Uday, *Problem Children*, Atma Ram & Sons, New Delhi, 1958.

Verma, S.C., *The Young Delinquents*, Lucknow Pustak Kendra, Lucknow, 1970.

मानसिक स्वास्थ्य एवं स्वास्थ्य विज्ञान (Mental Health and Hygiene)

मानसिक स्वास्थ्य विज्ञान से अभिप्राय (Meaning of the Term 'Mental Hygiene')

मानसिक स्वास्थ्य विज्ञान, जैसा कि नाम से विदित होता है, स्वास्थ्य विज्ञान की वह शाखा है जो व्यक्तियों के मानसिक स्वास्थ्य से उसी रूप में सम्बन्धित है जिस रूप में शारीरिक स्वास्थ्य विज्ञान शारीरिक स्वास्थ्य से सम्बन्धित है। शारीरिक स्वास्थ्य विज्ञान में हम शारीरिक अस्वस्थता और रोगों के कारणों के बारे में अध्ययन करते हैं। व्यक्ति को इन रोगों से होने वाली परेशानी तथा यातना से बचाने के लिए रोकथाम तथा उपचार सम्बन्धी उपायों का इसमें अध्ययन किया जाता है। इसके अतिरिक्त शरीर को स्वस्थ कैसे रखा जाए, क्या, कितना और कैसे खाया-पिया जाए, आरोग्य के नियमों का पालन करते हुए किस ढंग से काम-काज किया जाए इत्यादि बातों से सम्बन्धित नियमों और सिद्धान्तों का भी इसमें ज्ञान प्राप्त किया जाता है। मानसिक स्वास्थ्य विज्ञान भी इस रास्ते का अनुसरण करते हुए मानसिक अस्वस्थता, मानसिक रोग, मानसिक अव्यवस्था और कुसमायोजन की रोकथाम और क्षमता को बनाए रखने के बारे में सुझाव देता है और इस प्रकार से व्यक्ति के उचित मानसिक और बौद्धिक विकास के कार्य में अपना भरपूर योगदान देता है।

मानसिक स्वास्थ्य विज्ञान क्या है, इसे निम्न परिभाषाओं के आधार पर कुछ और अच्छी तरह से समझा जा सकता है:

1. **अमेरिकन साईकिएट्रिक एसोसिएशन (American Psychiatric Association)**—*मानसिक स्वास्थ्य विज्ञान के अन्तर्गत रोकथाम और शीघ्र उपचार द्वारा मानसिक अस्वस्थता की संभावनाओं को कम करने तथा मानसिक स्वास्थ्य को अच्छा बनाने से सम्बन्धित उपाय आते हैं।*

   (*Mental Hygiene consists of measures to reduce the incidence of mental illness through prevention and early treatment and to promote mental health.*—Singh & Tiwari, 1971, p. 434)

2. **डी.वी. क्लेन (D.B. Klein)**—*मानसिक स्वास्थ्य जैसा कि इसके नाम से विदित होता है, मानसिक स्वास्थ्य और क्षमता को प्राप्त करने तथा उसे बनाए रखने से अपना सम्बन्ध रखता है।*

   (*Mental Hygiene as its name suggests, is concerned with the realization and maintenance of the mind's health and efficiency.* —1956, p. 2)

3. **ड्रेवर (Drever)**—*मानसिक स्वास्थ्य विज्ञान का अभिप्राय मानसिक स्वास्थ्य के नियमों की खोज करना और उसके संरक्षण के लिए उपाय करना अथवा बतलाना है।*

   (*Mental Hygiene means investigation of the laws of mental health and the taking or advocacy of measures for its preservation.*—1952, p. 167)

4. **क्रो एवं क्रो (Crow and Crow)**—*मानसिक स्वास्थ्य विज्ञान वह विज्ञान है जिसका सम्बन्ध मानव कल्याण से है और जो मानव-सम्बन्धों के सब क्षेत्रों को प्रभावित करता है।*

   (*Mental Hygiene is a science that deals with human welfare and pervades all fields of human relationships.*—1951, p. 4)

5. **क्रो एवं क्रो (Crow and Crow)**—*जैसा कि आजकल माना जाता है, मानसिक स्वास्थ्य विज्ञान की परिभाषा, मानसिक स्वास्थ्य को बनाये रखने, मानसिक रोगों की रोकथाम करने और उनका उपचार करने के रूप में दी जा सकती है।*

   (*As conceived today, mental hygiene may be defined as the prevention of mental illness, the preservation of mental health, and the cure of mental illness.*—1969, p. 199)

इन परिभाषाओं के आधार पर हम इस निष्कर्ष पर पहुँच सकते हैं कि—*मानसिक स्वास्थ्य विज्ञान वह विज्ञान है जो मानसिक स्वास्थ्य को बनाये रखने, इसे और बेहतर बनाने तथा साथ में मानसिक रोगों और अन्य असामान्य बातों को होने से रोकने तथा उसका उपचार करने के लिए विभिन्न नियमों एवं उपायों की खोज कर और उनका प्रयोग कर व्यक्तियों के व्यक्तित्व का समुचित विकास करने और उनके उचित समायोजन के काम में जुटा रहता है।*

मानसिक स्वास्थ्य विज्ञान के उद्देश्य और प्रयोजन (Aims and Purposes of Mental Hygiene)

मानसिक स्वास्थ्य विज्ञान जैसा कि हम ऊपर देख चुके हैं, मानसिक अव्यवस्थाओं अथवा रोगों की रोकथाम और उपचार तक ही अपने आप को सीमित नहीं रखता बल्कि यह व्यक्ति के मानसिक स्वास्थ्य की उन्नति करने और उनके संरक्षण का भी पूरा ध्यान रखता है। इस प्रकार से मानसिक स्वास्थ्य विज्ञान के तीन महत्त्वपूर्ण पक्षों अथवा दृष्टिकोणों से हमारा परिचय होता है जिन्हें क्रमशः निरोधात्मक (Preventive), संरक्षणात्मक (Preservative), तथा उपचारात्मक (Curative) पक्षों अथवा पहलुओं के नाम से जाना जाता है। मानसिक स्वास्थ्य विज्ञान के उद्देश्य अथवा प्रयोजन इन्हीं पहलुओं पर आधारित हैं। क्रो एवं क्रो (Crow and Crow, 1954, p. 4) ने इन्हीं पक्षों को आधार बनाते हुए मानसिक स्वास्थ्य विज्ञान के तीन प्रमुख उद्देश्य बताये हैं:

1. व्यक्तित्व के सम्पूर्ण विकास और जीवन सम्बन्धी अनुभवों के बीच पारस्परिक सम्बन्ध को अच्छी प्रकार समझते हुए मानसिक विकारों (Mental disorders) की रोकथाम करना।
2. व्यक्तिगत और सामूहिक मानसिक स्वास्थ्य को बनाये रखना अथवा उसका संरक्षण (Preservation) करना।
3. मानसिक रोगों के उपचार के लिए चिकित्सा सम्बन्धी विभिन्न उपायों की खोज करना और उन्हें प्रयोग में लाना।

अपने पहले चरण में मानसिक स्वास्थ्य विज्ञान ऐसे निरोधात्मक उपाय बताता है जिनसे हम मानसिक रोगों, विकारों और कुसमायोजन को उत्पन्न करने वाली परिस्थितियों से अपने आप को दूर रख सकें। इस दृष्टि से यह कुछ निम्न उद्देश्यों पर बल देता है:

(i) व्यक्तिगत और सामाजिक कुसमायोजन से सम्बन्धित विभिन्न कारणों की ओर संकेत करना।
(ii) आवश्यकताओं, अभिप्रेरणाओं, इच्छाओं और अभिप्रेरणाओं के आपसी सम्बन्ध, भग्नाशाओं (Frustrations), तनाव और कुंठाओं आदि की जानकारी देना।
(iii) संवेगात्मक और सामाजिक रूप से समायोजित होने के लिए विभिन्न उपाय और तरीके सुझाना।
(iv) मानसिक अन्तःद्वन्द्व, तनावों और कुंठाओं से निपटने के लिए उपाय सुझाना और इस प्रकार मानसिक चिन्ताओं और संवेगात्मक परेशानियों से मुक्ति प्रदान करना।

अपने दूसरे चरण में, मानसिक स्वास्थ्य विज्ञान मानसिक स्वास्थ्य की उन्नति करने और उसका संरक्षण करने सम्बन्धी सभी सम्भव उपायों की ओर संकेत करता है। इस दृष्टि से मानसिक स्वास्थ्य विज्ञान कुछ निम्न बातों को पूरा करने के लिए तरीके और उपाय ढूँढ़ने का प्रयत्न करता है:

(i) व्यक्ति की सम्पूर्ण शक्तियों व योग्यताओं को विकसित करना,
(ii) विशिष्ट मानसिक रोगों और अव्यवस्थाओं के उपचार के लिए विभिन्न उपाय सुझाना,

(iii) मानसिक रूप से रोगियों, अशान्त और कुसमायोजित व्यक्तियों के पुनः व्यवस्थापन और पुनः समायोजन के लिए विभिन्न उपाय सुझाना।

इस प्रकार से मानसिक स्वास्थ्य का उद्देश्य अपने पूर्णरूप में मानसिक स्वास्थ्य प्राप्त करना और सभी प्रकार से मानसिक क्षमताओं और योग्यताओं का यथेष्ट विकास करना है। परन्तु मानसिक स्वास्थ्य की प्राप्ति को मानसिक स्वास्थ्य विज्ञान का अन्तिम और सर्वोच्च लक्ष्य नहीं माना जा सकता। वास्तव में मानसिक स्वास्थ्य की प्राप्ति तो एक ऐसा आधार अथवा मंच है जिस पर चढ़ कर कुछ महान उद्देश्यों की प्राप्ति की जा सकती है। मानसिक रूप से स्वस्थ व्यक्ति में कुछ इस प्रकार की आवश्यक योग्यतायें और क्षमतायें विकसित हो जाती हैं जो उसे सामाजिक रूप से सक्षम और संवेगात्मक रूप से स्थिर; एक अच्छे संतुलित व्यक्तित्व के रूप में उभरने में सहायता करती हैं। ऐसे व्यक्ति न केवल अपने साथ बल्कि दूसरे सभी व्यक्तियों के साथ समायोजित होने में पूरी तरह समर्थ होते हैं। ये अनावश्यक चिन्ताओं, कुण्ठाओं, मानसिक प्रभावों तथा अन्तर्द्वन्द्वों और भग्नाशाओं का शिकार नहीं होते और इस तरह से सुख और संतोष की जिन्दगी जीते हैं। इस प्रकार से मानसिक स्वास्थ्य विज्ञान का परम उद्देश्य, जैसा कि **शेफर और शोबेन** (Shaffer and Shoben) ने संकेत दिया है–*प्रत्येक व्यक्ति को सब तरह से पूर्ण सुखी, अधिक सामंजस्यपूर्ण और अधिक प्रभावपूर्ण ढंग से जीवन यापन करने में सहायता प्रदान करना है।*

(*To assist every individual in the attainment of fuller, happier, more harmonious and more effective existence.*—1936, p. 435)

मानसिक स्वास्थ्य से अभिप्राय (Meaning of the Term 'Mental Health')

मानसिक स्वास्थ्य का सरल शब्दों में अर्थ उस स्वास्थ्य से है जिसका सम्बन्ध मानस अथवा मन से होता है। शारीरिक स्वास्थ्य जहाँ शरीर के स्वास्थ्य से अपना सम्बन्ध रखता है और इस रूप में शरीर के अंग-प्रत्यंगों की उचित वृद्धि, विकास और उनके ठीक प्रकार से संचालन, देखभाल और स्वस्थ रहने की बात करता है। उसी सन्दर्भ में मानसिक स्वास्थ्य भी मानसिक शक्तियों के उचित विकास तथा मन को स्वस्थ एवं सुखी बनाने के लिए आवश्यक सभी तरह की देखभाल, उपायों एवं उसी रूप में व्यवहार करने की बात कहता है। मानसिक स्वास्थ्य का अर्थ गुड कार्टर, वी. द्वारा सम्पादित (Cartor V. Good, 1959, p. 236) शिक्षा शब्दकोश (Dictionary of Education) में "मन की स्वस्थता, पूर्णता या समग्रता (Wholesomeness of the mind)" के रूप में दिया गया है और इस अर्थ में मानसिक स्वास्थ्य का प्रयोजन मन को इस प्रकार से स्वस्थ एवं पूर्ण बनाना है कि व्यक्ति मानसिक क्लेशों से दूर रहकर सुखी और आनन्दमय पूर्ण जीवन जी सके। मानसिक स्वास्थ्य क्या है और इसका क्या लक्ष्य है, इस सम्बन्ध में और अधिक जानकारी के लिए विद्वानों द्वारा दी गई कुछ प्रसिद्ध परिभाषाओं को उद्धृत करना भी यहाँ उचित रहेगा।

1. **जे.ई.डब्ल्यू. वाल्टिन** (J.E.W. Waltin)—*मानसिक स्वास्थ्य का सम्बन्ध सभी तरह से पूर्ण एवं सन्तुलित व्यक्तित्व के विकास से है, एक ऐसा व्यक्ति जो मात्र अपनी सुविधा और आराम के लिए अपने व्यवहार में परिवर्तन नहीं करता रहता जैसे रविवार को ईमानदारी का परिचय दे तो सोमवार को बेईमान नजर आये, आज उदार रहे तो कल अनुदार बन जाये, किसी समय समझदारी एवं तर्कपूर्ण व्यवहार करे तो कभी बेहद उलझा हुआ एवं विचलित दिखाई दे।*

   (*Mental health concerns with the development of 'Wholesome' balanced personality, one who does not comfort himself like a series of compartmentalized selves—honest on Sunday, dishonest on Monday, generous today, crabbed tomorrow, reasonable and logical at times, at other times confused and inconsistent.*—1951, p. 41)

2. **जे.ए. हैडफील्ड** (J.A. Hadfield)—*मानसिक स्वास्थ्य से तात्पर्य है व्यक्ति के सम्पूर्ण व्यक्तित्व का अपने पूर्णरूप से अच्छी तरह तालमेल बिठाते हुए कार्य करते रहना।*

   (*Mental Health is the full and harmonious functioning of the whole personality.*—1952, pp. 1–2)

3. **पी.बी. ल्यूकन** (P.B. Lewkan)—*मानसिक रूप से स्वस्थ व्यक्ति वह है जो स्वयं खुश रहे, अपने पड़ोसियों के साथ शांति से रहता हो, अपने बालकों को स्वस्थ नागरिक के रूप में ढाल सके और इस प्रकार से अपने मूल कर्त्तव्यों का निर्वाह करने के पश्चात् भी उसमें इतनी शक्ति बची रहे कि वह समाज के लिए भी कुछ उचित योगदान दे सके।*

   (*Mentally healthy person is one who is happy, lives peacefully with his neighbours, makes his children healthy citizens and after fulfilling such basic responsibilities is still empowered with sufficient strength to serve the cause of the society in any way.*—1949, p. 68)

4. **के.ए. मिनिन्गर** (K.A. Minninger)—*मानसिक स्वास्थ्य को मानव मात्र के एक दूसरे तथा दुनिया के साथ अधिक-से-अधिक प्रभावपूर्ण एवं आनन्ददायक समायोजन के रूप में परिभाषित किया जा सकता है। यह एक ऐसी योग्यता है जिससे व्यक्ति को अपना स्वभाव सहज बनाने, बुद्धि को सचेत रखने, सामाजिक रूप से उचित व्यवहार करने तथा अपने आपको प्रसन्नचित रखने में सहायता मिलती है।*

   (*Let us define mental health as the adjustment of human beings to the world and to each other with a maximum of effectiveness and happiness. It is the ability to maintain an even temper, an alert intelligence, socially considerate behaviour and a happy disposition.*—1967, p. 46)

5. **कट्स एवं मोसले** (Cutts and Moslay)—*मानसिक स्वास्थ्य वह योग्यता है जो हमें अपने जीवन की कठिन परिस्थितियों में समायोजन करने में सहायक होती है।*

   (*Mental health is the ability which helps us to seek adjustment in the difficult situations of our life.*—1941, p. 4)

आइये, अब इन परिभाषाओं का विश्लेषण करके देखा जाये। वाल्टिन और हैडफील्ड द्वारा दी गई प्रथम दो परिभाषाएँ मानसिक स्वास्थ्य को एक ऐसे साधन के रूप में मानती हैं जिसमें व्यक्ति के व्यक्तित्व का पूरी तरह सर्वांगीण एवं सन्तुलित विकास होता है तथा उसके व्यक्तित्व और व्यवहार के सभी पक्षों की कार्यप्रणालियों में पर्याप्त तालमेल नजर आता है। उसका व्यक्तित्व अपने आप में पूर्णतया समन्वित होता है। अपूर्ण एवं खण्ड-खण्ड नहीं।

इस रूप में मानसिक स्वास्थ्य का कलेवर शारीरिक स्वास्थ्य से काफी विस्तृत बन जाता है। शारीरिक स्वास्थ्य का सम्बन्ध जहाँ मात्र शरीर सम्बन्धी विकास तथा उसके ठीक ढंग से कार्य करने से होता है वहाँ मानसिक स्वास्थ्य व्यक्तित्व के सभी पक्षों–शारीरिक, मानसिक, संवेगात्मक, सामाजिक, नैतिक तथा सौन्दर्यात्मक के सन्तुलित और सामंजस्यपूर्ण विकास और क्रियात्मक, भावात्मक एवं ज्ञानात्मक सभी प्रकार के व्यवहार में पूरा तालमेल रखने की बात कहता है। इसके अतिरिक्त मानसिक स्वास्थ्य ऐसे व्यक्तित्व के विकास की बात कहता है जो जीवन की कठिन से कठिन परिस्थितियों में भी अपना सन्तुलन बनाये रखने तथा अपने व्यवहार में एकरूपता और सन्तुलन बनाये रखकर अपने व्यक्तित्व की साख बनाये रख सके। इस रूप में ये परिभाषायें इस ओर संकेत करती हैं कि वे व्यक्ति जिनमे पर्याप्त निर्णय क्षमता पाई जाती है तथा जो अपने व्यवहार में एकरूपता, संयम तथा सन्तुलन का प्रदर्शन करते हैं, मानसिक रूप से उन व्यक्तियों से अधिक स्वस्थ पाये जाते हैं जो सदैव असमंजस की स्थिति में रहते हैं तथा जिनका व्यवहार गिरगिट की तरह रंग बदलता रहता है।

ल्यूकन, मिनिन्गर तथा कट्स एवं मोसले द्वारा दी गई शेष तीनों परिभाषाएँ मानसिक स्वास्थ्य को व्यक्ति की ऐसी अवस्था से जोड़ती हैं जब तक वह चिन्ता तथा तनावमुक्त रहकर शान्ति और सुख की जिन्दगी बिता रहा होता है। इस प्रकार की अवस्था व्यक्ति के अपने आप से तथा अपने वातावरण से पूरी तरह समायोजित रहने के परिणामस्वरूप ही प्राप्त हो सकती है। ऐसा व्यक्ति जीवन के झंझावातों को बखूबी झेल सकता है, समस्याओं को ठीक तरह से हल करने में सक्षम हो सकता है तथा जीवन की समस्त क्रियाओं को सहज ढंग से बिना धैर्य खोए हुए संचालित करने की क्षमता रखता है। विकट-से-विकट परिस्थितियों में वह टूटता नहीं और न ही अपने आत्मविश्वास को गिरने देता है।

इस दृष्टि से मानसिक स्वास्थ्य से तात्पर्य व्यक्ति के मन की उस स्वस्थ अवस्था से है जो उसे एक सम्पूर्ण एवं समग्र व्यक्तित्व के रूप में संतुलित एवं संयमित व्यवहार कर अपने आप से तथा अपने वातावरण के साथ प्रभावपूर्ण समायोजन करने में सहायता करती है।

मानसिक स्वास्थ्य की अवधारणा से सम्बन्धित अन्य विशेषताएँ (Other Characteristics Reflecting the Concept of Mental Health)

मानसिक स्वास्थ्य की अवधारणा को अच्छी तरह स्पष्ट करने हेतु कुछ ज्ञात बातें और विशेषताएँ काफी सहायक सिद्ध हो सकती हैं। वे निम्नलिखित हैं:

1. **पूर्ण मानसिक स्वास्थ्य जैसी बात नहीं होती** (There is nothing to be called as perfect mental health)—पूरी तरह मानसिक स्वास्थ्य की प्राप्ति और सम्पूर्ण रूप से मानसिक रूप से स्वस्थ रहना जैसी बातें केवल आदर्श की बातें हैं। यथार्थ में कोई भी ऐसा व्यक्ति नहीं जो पूरी तरह से मानसिक रूप से स्वस्थ कहलाने का अधिकारी हो। साधारण तौर पर मानसिक स्वास्थ्य के एक उचित अपेक्षित स्तर तक पहुँचने को ही अपना उद्देश्य बनाकर चलना ठीक रहता है। पूर्ण मानसिक स्वास्थ्य की प्राप्ति को लेकर चिंतित रहना मानसिक अस्वस्थता को निमन्त्रण देने वाला ही सिद्ध हो सकता है।

2. **मानसिक स्वास्थ्य एक गतिशील धारणा है** (Mental health is a dynamic concept)—मानसिक स्वास्थ्य हमारे मन की संयमित एवं सन्तुलित अवस्था का द्योतक है। परन्तु यह सन्तुलन स्थिर एवं अपरिवर्तनशील नहीं होता। मानव की अपनी तथा परिवेश की परिस्थितियों के अनुसार इनमें परिवर्तन आता रहता है। आज हमारा अपने आप से तथा अपनी परिस्थितियों के साथ पूर्ण सामंजस्य है, परन्तु यह ऐसा ही बना रहेगा यह सोचना भूल है। आज जो बातें हमें सन्तुष्ट करती हैं और जिनको लेकर हमारा व्यवहार सन्तुलित दिखाई पड़ता है कल को वही बातें हमें असंतुष्ट बना सकती हैं और हमारे व्यवहार को असामान्य। अतः मानसिक स्वास्थ्य सदैव एक जैसा नहीं बना रहता बल्कि इसमें परिस्थितियों तथा व्यक्ति के व्यक्तित्व को लेकर परिवर्तन आते रहते हैं। उदाहरण के लिए छोटे बच्चों के व्यवहार में सुझावों को स्वीकार कर हर एक की बात से सहमत हो जाना एक सहज और सामान्य बात मानी जाती है, परन्तु बड़े होकर भी हम ऐसा ही आचरण प्रदर्शित करें तो उसे असामान्य मानकर हमारे मानसिक स्वास्थ्य पर एक प्रश्नचिन्ह लगने की पूरी संभावना रहती है।

3. **बिना शारीरिक स्वास्थ्य के मानसिक स्वास्थ्य की प्राप्ति सम्भव नहीं है** (Mental health cannot be achieved without physical health)—*स्वस्थ शरीर में ही स्वस्थ मन का निवास होता है।* इस उक्ति में पर्याप्त शक्ति पाई जाती है। बिना अच्छे शारीरिक स्वास्थ्य के अच्छे मानसिक स्वास्थ्य की प्राप्ति कठिन ही नहीं बल्कि असम्भव ही है।

4. **मानसिक स्वास्थ्य और कार्य क्षमता दो अलग-अलग बातें हैं** (Mental health and efficiency are not the same thing)—कार्यक्षमता, कार्यकुशलता तथा जीवन में सफल सिद्ध होने की बात इस बात की गारन्टी नहीं प्रदान करती कि व्यक्ति मानसिक रूप से स्वस्थ भी उसी रूप में हो। ये दोनों अलग-अलग बातें हैं। व्यक्ति विशेष काफी कार्यकुशल तथा अपने व्यवसाय में आगे बढ़े हुये नजर आ सकते हैं, परन्तु उनका मानसिक स्वास्थ्य भी पूरी तरह से ठीक हो यह जरूरी नहीं है। यही कारण है कि सफल जीवन व्यतीत करने वाले तथा कार्यकुशल भी अप्रसन्न, दूसरों से अलग-थलग, चिन्ता, तनाव और कुण्ठाग्रस्त पाये जा सकते हैं।

5. **मानसिक स्वास्थ्य और सामाजिक रूप से मिलनसार होना दोनों अलग-अलग बातें हैं** (Mental health and sociability are not the same thing)—मानसिक रूप से स्वस्थ व्यक्ति सामाजिक होता है, वह सामाजिक सम्बन्ध बनाना जानता है तथा उसमें मिलनसारता का गुण पाया जाता है, परन्तु इस प्रकार के सामाजिक गुणों से युक्त व्यक्ति के बारे में यह गारन्टी नहीं दी जा सकती कि वह मानसिक रूप से स्वस्थ भी हो। एक व्यक्ति पूरी तरह मिलनसार और सामाजिक रूप से समायोजित होने पर भी मानसिक रूप से अस्वस्थ हो सकता है। वह सामाजिक रूप से प्रिय तथा मिलनसार होने के प्रयत्नों में दूसरों को प्रसन्न करने में चिन्ताग्रस्त रह सकता है तथा दूसरों के आगे विनम्र दिखने की चाह में अपने अन्दर हीनता की भावनाओं की तह बना सकता है अथवा उसकी इस प्रकार के सामाजिक सम्बन्धों को बनाने के पीछे सुरक्षा और आत्मविश्वास की कमी जैसी भावनाएँ कार्य कर सकती हैं।

6. **मानसिक स्वास्थ्य और नैतिकता दोनों अलग-अलग बातें हैं** (Mental health differs from ethical standards)—किसी व्यक्ति का नैतिकता की कसौटी पर खरा उतरना उसकी मानसिक रूप से स्वस्थ रहने की गारन्टी प्रदान नहीं करता।

अच्छे चरित्र वाले व्यक्तियों का मानसिक स्वास्थ्य ठीक रहता हो और बुरे चरित्र वालों का खराब ऐसी कोई निश्चित बात इस सम्बन्ध में नहीं कही जा सकती। बहुत से नैतिक रूप से सबल और सचरित्र व्यक्तियों को मानसिक तनावों, कुण्ठाओं, मनोविकारों तथा व्याधिओं से ग्रस्त पाया जा सकता है।

अच्छे मानसिक स्वास्थ्य के लक्षण (Symptoms of Good Mental Health)

एक मानसिक रूप से स्वस्थ व्यक्ति अपने रहन-सहन के ढंग, व्यवहार और व्यक्तित्व सम्बन्धी विशेषताओं को लेकर दूसरे अस्वस्थ अथवा साधारण व्यक्तियों से काफी कुछ भिन्न होता है। सामान्यतया उसमें निम्नांकित विशेषतायें पाई जाती हैं:

1. वह अपने आप को अच्छी तरह जानता है अर्थात् वह अपनी योग्यताओं, क्षमताओं तथा कमजोरियों से भलीभाँति परिचित होता है। इसलिए वह सदैव ऐसा कार्य चुनता है जो उसकी शक्तियों की दृष्टि से न तो अधिक आसान हो और न अधिक कठिन।
2. उसमें बदलती हुई परिस्थितियों तथा हालातों के अनुसार अपने आपको बदलने की पूरी योग्यता होती है।
3. वह संवेगात्मक रूप से स्थिर एवं परिपक्व होता है क्योंकि वह अपने संवेगों को उचित रूप से अभिव्यक्त कर सकता है तथा उन पर आवश्यक नियन्त्रण रख सकता है।
4. वह सामाजिक रूप से समायोजित होता है क्योंकि उसमें अपने और दूसरों का साथ निभाने की यथेष्ट योग्यता होती है।
5. उसकी मानसिक शक्तियाँ ठीक प्रकार से विकसित होती हैं। वह स्वतन्त्र रूप से सोच सकता है और उचित समय पर उचित निर्णय ले सकता है।
6. वह कल्पना और स्वप्नों के संसार की अपेक्षा यथार्थ और वास्तविकता के अधिक निकट होता है।
7. जीवन में असफलताओं से वह विचलित नहीं होता और न अपनी त्रुटियों तथा असफलताओं के कारण चिन्तित और दुखी रहता है।
8. वह अपने पर्यावरण तथा समूह विशेष में अपने आपको सुरक्षित और सम्मानित अनुभव करता है। वह दूसरों को चाहता है और दूसरे उसे चाहते हैं। उसमें अपने समूह के प्रति भक्ति और आस्था पाई जाती है।
9. यद्यपि वह अपने कार्य को अच्छे ढंग से करके उत्तम से उत्तम परिणाम प्राप्त करने की चेष्टा करता है परन्तु वह यह नहीं सोचता कि उसका काम बिल्कुल आदर्श और त्रुटिहीन होना चाहिए। दूसरे शब्दों में वह उन व्यक्तियों में से नहीं होता जो उचित सफलता मिलने पर भी यह रोना रोया करता है कि कुछ और हो जाता तो अच्छा रहता और जिन्हें कभी सन्तोष नहीं होता।
10. वह अनावश्यक चिन्ताओं, मानसिक द्वन्द्वों, कुण्ठाओं, भग्नाशाओं तथा मानसिक अस्वस्थता और रोगों से पीड़ित नहीं होता।
11. उसमें स्वास्थ्य सम्बन्धी अच्छी आदतें और उचित सामाजिक गुण पाये जाते हैं वह अपने कर्त्तव्यों को निभाने में पूरी तरह नियमित और समय का पाबन्द होता है तथा वह भुलक्कड़ नहीं होता।
12. वह आत्मविश्वासी और आत्मवादी होता है, किसी भी नवीन कार्य को करने में अनावश्यक रूप से चिन्तित और भयभीत नहीं होता।
13. वह लैंगिक रूप से ठीक प्रकार समायोजित होता है और उसकी काम भावनाएँ अतृप्त और अमर्यादित नहीं होतीं।
14. वह जीवन के बारे में उचित दृष्टिकोण रखता है तथा उसके जीवन आदर्श और मूल्य भी उचित होते हैं।
15. उसमें सामाजिक दृष्टि से उचित और स्वस्थ रुचियाँ तथा अभिरुचियाँ पाई जाती हैं।
16. उसके जीवन में कार्य, आराम और मनोरंजन इन तीनों में पर्याप्त सन्तुलन पाया जाता है।
17. वह अपने व्यवसाय अथवा धन्धे से पूरी तरह सन्तुष्ट होता है।

उपरोक्त वर्णित विशेषताओं के आधार पर यह नहीं सोचा जाना चाहिए कि जिस व्यक्ति में ये सभी विशेषताएँ हों, केवल उसी को मानसिक रूप से स्वस्थ कहा जायेगा और जिसमें इनमें से कुछ का अभाव हो, उसे अस्वस्थ कहा जायेगा। वास्तव में ये सब विशेषताएँ मानसिक स्वास्थ्य के आदर्श रूप को प्रस्तुत करती हैं। आदर्श तो बस आदर्श ही होते हैं। उनकी पूर्ण प्राप्ति एकदम असम्भव ही है। अतः हमें इन विशेषताओं से युक्त पूर्ण मानसिक स्वास्थ्य की प्राप्ति को कभी अपना लक्ष्य नहीं बनाना चाहिए। हाँ, जितनी विशेषताएँ हम अर्जित कर सकें उसके लिए प्रयत्न करना चाहिए, परन्तु इन सभी विशेषताओं को ग्रहण करने के लिए अनावश्यक रूप से चिन्तित नहीं होना चाहिए।

खराब मानसिक स्वास्थ्य के लक्षण (Symptoms of Poor Mental Health)

खराब मानसिक स्वास्थ्य के लक्षणों की अगर एक सूची तैयार की जाये तो उसमें जो कुछ हमने ऊपर अच्छे मानसिक स्वास्थ्य के लक्षण और विशेषताओं के बारे में बातें कही हैं उनसे बिल्कुल विरोधी बातें शामिल की जा सकती हैं। अतः एक तरह से अब और कुछ अतिरिक्त कहना पुनरावृत्ति मात्र ही माना जायेगा। फिर भी सुविधा की दृष्टि से खराब मानसिक स्वास्थ्य के लक्षणों को संक्षेप में निम्न प्रकार सूचीबद्ध किया जा सकता है:

– संवेगात्मक रूप से अस्थिर होना और जल्दी ही परेशान हो जाना।
– शंकालु, चिन्तित और असुरक्षा की भावना से ग्रस्त रहना।
– अपने आपको कोसते रहना तथा अपराध भावना से ग्रस्त रहना।
– आत्मविश्वास और इच्छाशक्ति का अभाव।
– अपने आप से तथा अपने वातावरण—भौतिक, सामाजिक और व्यावसायिक से भलीभाँति समायोजित न रहना।
– महत्त्वाकांक्षा का उचित स्तर स्थापित करने में असफलता।
– निराशा, कुण्ठा, तनाव, द्वन्द्व और अन्य मानसिक दबावों से ग्रस्त रहना।
– सदैव बहुत अधिक चिन्तित और तनावग्रस्त रहना।
– सहनशीलता और धैर्य की कमी।
– निर्णय लेने की योग्यता का अभाव।
– अपने आपको अपनी योग्यता से कम आँकना और उपलब्धि अभिप्रेरणा के स्तर का कम होना।
– जीवन और लोगों के बारे में गलत दृष्टिकोण।
– मानसिक बाधाओं, परेशानियों तथा बीमारियों से ग्रस्त होना।
– अपनी उपलब्धियों से कभी सन्तुष्ट न रहना और अपने या दूसरों के कार्यों में सदैव पूर्णता (perfection) की तलाश करते रहना।
– अपने स्वयं की बनाई हुई काल्पनिक और दिवास्वप्नों की दुनिया में विचरण करते रहना।

मानसिक स्वास्थ्य का महत्त्व (Importance of Mental Health)

व्यक्ति का स्वास्थ्य उसकी सबसे बड़ी पूँजी है। यह बात शारीरिक और मानसिक दोनों प्रकार के स्वास्थ्यों पर पूरी तरह खरी उतरती है। मानसिक स्वास्थ्य जैसा कि पहले बताया जा चुका है, शारीरिक स्वास्थ्य से काफी अधिक है क्योंकि इसमें व्यक्ति के व्यक्तित्व के सभी पक्षों—शारीरिक, मानसिक, संवेगात्मक, सामाजिक, नैतिक तथा सौन्दर्यात्मक के पूर्ण और सन्तुलित विकास पर ध्यान दिया जाता है। इसी प्रकार के व्यक्तित्व तथा संयमित एवं संतुलित व्यवहार कर सकने के सामर्थ्य से युक्त होना कोई छोटी बात नहीं। मानव जीवन को सुखमय एवं आनन्दमय बनाने की कुंजी एक तरह से व्यक्ति के मानसिक स्वास्थ्य में निहित होती है। परन्तु प्रायः हमें मानसिक स्वास्थ्य के लाभों और महत्त्व के बारे में अनभिज्ञता ही होती है और शायद इसी वजह से हम अपने और अपने बालकों के मानसिक स्वास्थ्य की ओर पूरा ध्यान नहीं दे पाते।

इस दृष्टि से हमें मानसिक स्वास्थ्य के महत्त्व और उपयोगिता से परिचित होने का प्रयत्न करना चाहिए। संक्षेप में मानसिक स्वास्थ्य के महत्त्व को निम्न प्रकार प्रकट किया जा सकता है:

1. **अपेक्षित व्यक्तित्व विकास में सहायक** (Helpful in proper personalty development)—अच्छा मानसिक स्वास्थ्य व्यक्तित्व के उचित एवं सर्वांगीण विकास में सहायक सिद्ध होता है। यह हमें ऐसे व्यक्तित्व के निर्माण में सहायक होता है जो सभी परिस्थितियों में संतुलित एवं संयमित व्यवहार का प्रदर्शन कर सके तथा जो अपनी स्वयं की आवश्यकताओं और सामाजिक उत्तरदायित्वों के बीच उचित तालमेल बना सके तथा समग्र दृष्टि से एक सुदृढ़ व्यक्तित्व के रूप में अपनी छाप छोड़ सके।
2. **उचित शारीरिक वृद्धि और विकास में सहायक** (Helpful in proper physical growth and development)—मानसिक स्वास्थ्य उचित शारीरिक स्वास्थ्य की प्राप्ति में सहायक सिद्ध होता है। बालक की शारीरिक क्षमताओं और उसकी शारीरिक वृद्धि एवं विकास में उसके अच्छे मानसिक स्वास्थ्य से बहुत सहायता मिलती है। चिन्ता, तनाव, कुण्ठा, मनोविकार एवं ग्रन्थियों से मुक्त होना अच्छे स्वास्थ्य का परिचायक है।
3. **उचित संवेगात्मक विकास में सहायक** (Helpful in proper emotional development)—अच्छा मानसिक स्वास्थ्य बालकों के उचित संवेगात्मक विकास में प्रभावशाली ढंग से सहयोगी सिद्ध होता है। मानसिक स्वास्थ्य तथा संवेगात्मक व्यवहार दोनों इसी रूप में परस्पर काफी सम्बन्धित पाये जाते हैं। जिन व्यक्तियों का मानसिक स्वास्थ्य ठीक रहता है उनके संवेगात्मक व्यवहार में परिपक्वता, स्थिरता और एकरूपता पाई जाती है। इसके विपरीत मानसिक रूप से अस्वस्थ व्यक्ति संवेगात्मक रूप से काफी असन्तुलित और अस्थिर पाये जाते हैं। जरा-जरा सी बात पर भड़क उठना, भयभीत या चिंतायुक्त हो जाना तथा शंकालु या ईर्ष्यालु हो जाना इसी प्रकार की मानसिक अवस्था की निशानी है।
4. **उचित सामाजिक विकास में सहायक** (Helpful in proper social development)—अच्छा मानसिक स्वास्थ्य सामाजिकता के उचित विकास में पर्याप्त रूप से सहयोगी सिद्ध होता है। व्यक्ति जब स्वयं परेशान होगा तथा मानसिक रूप से अस्वस्थ रहेगा तब उससे दूसरों के साथ अच्छा व्यवहार करने, मिलने-जुलने तथा उनके लिए कुछ कर सकने की बात ही कहाँ उठती है और इन बातों के अभाव में वह मिलनसार तथा सामाजिक सम्पर्क वाला कैसे बन सकता है। इसके विपरीत जो मानसिक रूप से स्वस्थ होगा उसकी शक्ति का अपव्यय अपने आप से युद्ध करने में नहीं होगा। परिणामस्वरूप उसके पास दूसरों के बारे में सोचने और उनसे सम्बन्ध बनाने के लिए पर्याप्त समय और शक्ति रहेगी तथा वह उचित सामाजिक समायोजन के मार्ग पर ठीक तरह से आगे बढ़ सकेगा।
5. **उचित नैतिक विकास में सहायक** (Helpful in proper moral development)—अच्छा मानसिक स्वास्थ्य व्यक्ति के नैतिक उत्थान में पर्याप्त सहयोग प्रदान कर सकता है। बौद्धिक शक्तियों के ठीक ढंग से कार्य करने, भावनाओं और संवेगों पर उचित नियन्त्रण करने तथा सामाजिक मूल्यों, मान्यताओं तथा सम्बन्धों की उचित परवाह करने के कारण ऐसा व्यक्ति स्वतः ही नैतिक मानदण्डों पर खरा उतरता है। शान्त चित्त तथा संयमित एवं सन्तुलित व्यवहार से युक्त होने के कारण वह जल्दी ही किन्हीं अनैतिक कार्यों में नहीं फँसता और इस तरह अच्छा मानसिक स्वास्थ्य व्यक्ति को नैतिक रूप से सबल बनाने में सहयोगी सिद्ध होता है।
6. **उचित सौन्दर्यात्मक विकास में सहायक** (Helpful in proper aesthetic development)—अच्छा मानसिक स्वास्थ्य व्यक्ति की सहज एवं सूक्ष्म भावनाओं के उचित विकास में सहयोगी सिद्ध होने के कारण उसकी कलात्मक रुचियों के पोषण और सौन्दर्यात्मक पक्ष को उभारने में सशक्त भूमिका निभा सकता है। सहज और सबल मानसिक स्वास्थ्य की उपजाऊ भूमि में ही सुन्दर एवं कलात्मक विचार, कल्पनाएँ तथा सौन्दर्य परख क्षमताएँ पनप सकती हैं। ऐसा मन जो स्वयं ही दुविधाओं, परेशानियों, चिन्ता तथा अन्य मनोविकारों से ग्रस्त हो उसमें सौन्दर्यात्मक एवं कलात्मक पक्ष को उभारने की बात ही कहाँ उठ सकती है।

7. **योग्यताओं और प्रतिभाओं के विकास में सहायक** (Helpful in actualizing one's potentialities)—हम सब में अपनी-अपनी दृष्टि से विशिष्ट योग्यताएँ तथा क्षमताएँ पाई जाती हैं, जिनके उचित विकास एवं प्रकाशन के लिए अवसर और सही प्रयत्नों की आवश्यकता पड़ती है। इस प्रकार के प्रयत्न वे ही बालक अच्छी तरह कर पाते हैं जो मानसिक दृष्टि से पूरी तरह स्वस्थ हों और इसलिए वे अपनी प्रतिभाओं तथा योग्यताओं का सही उपयोग कर पाने में समर्थ पाये जाते हैं। इसके विपरीत मानसिक रूप से अस्वस्थ बालक अपने व्यवहार में कुसमायोजन, मानसिक शक्तियों की एकाग्रता में कमी तथा व्यक्तित्व असंतुलन के कारण अपनी प्रतिभाओं तथा योग्यताओं का समुचित लाभ नहीं उठा पाते।
8. **उचित समायोजन में सहायक** (Helpful in adequate adjustment)—मानसिक रूप से स्वस्थ व्यक्तित्व समायोजित व्यक्तित्व होता है। वह अपने आप से तथा अपने वातावरण से पूरी तरह तालमेल बिठाने में सक्षम रहता है। वह अपनी आवश्यकताओं में पर्याप्त सन्तुलन बनाकर चलता है ताकि उसे अनावश्यक रूप से निराशा, परेशानी तथा मानसिक कुण्ठाओं का शिकार न होना पड़े। इस तरह समायोजन और अच्छे मानसिक स्वास्थ्य में काफी अन्तःनिर्भरता पाई जाती है और इसी कारण अच्छा मानसिक स्वास्थ्य उचित समायोजन में पूरी तरह सहायक सिद्ध होता है।
9. **जीवन लक्ष्यों की प्राप्ति में सहायक** (Helpful in seeking goals of life)—प्रत्येक व्यक्ति का जीने का अलग-अलग ढंग होता है तथा अपने स्वयं के जीवन के लक्ष्य और आदर्श होते हैं जिनकी प्राप्ति के लिए वह संघर्षरत रहता है। इन लक्ष्यों की प्राप्ति उतनी ही अच्छी तरह से सम्भव है जितनी कि उसे प्राप्त करने के लिए अच्छी तरह प्रयत्न किया जाये और ये प्रयत्न मानसिक रूप से स्वस्थ व्यक्तित्व, अस्वस्थ की अपेक्षा अधिक सन्तुलित एवं संयमित ढंग से कर सकता है। ऐसा होता भी है, मानसिक रूप से स्वस्थ व्यक्ति अपने जीवन लक्ष्यों की प्राप्ति में अधिक सफल पाये जाते हैं।
10. **सामाजिक प्रगति में सहायक** (Helpful in the progress of the society)—मानसिक रूप से स्वस्थ व्यक्ति ही सफल नागरिक सिद्ध होते हैं। उनमें अधिकारों के प्रति सजगता के साथ कर्त्तव्य बोध की भावना भी पाई जाती है। अतः वे समाज से कुछ लेने के साथ-साथ उसे कुछ देने के प्रति भी प्रतिबद्ध होते हैं। वास्तव में देखा जाये तो सामाजिक प्रगति और सम्पन्नता पूरी तरह से उसके सदस्यों की प्रगति और सम्पन्नता से जुड़ी रहती है और व्यक्तियों की इस प्रगति और सम्पन्नता के पीछे उनके मानसिक स्वास्थ्य का बहुत हाथ रहता है। समाज में खुशहाली, शांति, प्रगति तथा भय और तनावयुक्त वातावरण तभी संभव हो सकता है जबकि उसके नागरिकों को भी यह सब प्राप्त हो सके और उन्हें इसकी प्राप्ति उनके अच्छे मानसिक स्वास्थ्य के द्वारा ही हो सकती है।
11. **मानसिक अस्वस्थता के बचाव में सहायक** (Helpful in the prevention of mental illness)—मानसिक स्वास्थ्य व्यक्ति को मानसिक बीमारियों, अस्वस्थता तथा व्यथाओं से दूर रखने में उसी तरह सहायक सिद्ध होता है, जिस प्रकार कि एक शारीरिक रूप से स्वस्थ व्यक्ति का शारीरिक अस्वस्थता तथा बीमारियों से बचाव रहता है। स्वस्थ मन तथा संतुलित व्यक्तित्व जल्दी ही परेशानी, चिन्ताओं तथा निराशा का शिकार नहीं होता, उसमें जीवन के उतार-चढ़ावों को अच्छी तरह झेलने की पर्याप्त क्षमता पाई जाती है। इस तरह मानसिक स्वस्थता और उसके प्रति सजगता व्यक्ति को मानसिक बीमारियों एवं क्लेशों से दूर रखने में सहायक सिद्ध होती है।

घर, विद्यालय और समाज की मानसिक स्वास्थ्य में भूमिका (Role of Home, School and Society in 'Mental Health')

मानसिक रूप से अच्छी तरह स्वस्थ रहने की बात शारीरिक स्वास्थ्य के अच्छे रख-रखाव की तरह ही बचपन से ही सोची जानी चाहिए। अगर किसी कारण इस बात में कोई कमी या लापरवाही बरती जाती है तो वह आगे के वर्षों में जाकर काफी दुःखद रूप धारण कर सकती है। इसलिए हर अवस्था में यह कोशिश होनी चाहिए कि बालकों में ऐसी वांछित आदतें तथा व्यवहार गुण विकसित किये जायें जिनसे बालकों को मानसिक रूप से स्वस्थ रहने में पूरी-पूरी मदद मिले।

वैसे यह कार्य इतना सरल नहीं है। इसमें माता-पिता अध्यापक, विद्यालय, अधिकारीगण और उन सभी समाज तथा समुदाय के सदस्यों का सहयोग अपेक्षित है जो किसी न किसी रूप में बालकों के हित और उनके भविष्य से जुड़े हों। उन्हें इस गुरुतर कार्य में अवश्य ही हाथ बँटाना चाहिए क्योंकि आज के बच्चे कल के जिम्मेदार नागरिक हैं जिनके ऊपर राष्ट्र और सारे मानव समाज का भविष्य निर्भर करता है।

अब प्रश्न उठता है कि बालकों के मानसिक स्वास्थ्य के उचित विकास में सहायक इन सभी मानवीय संसाधनों (Human resources) द्वारा किस प्रकार की भूमिका निभाई जाये। उनकी इस प्रकार की भूमिका का अनुमान बालकों के मानसिक स्वास्थ्य के विकास में किये जाने वाले निम्न प्रकार के उपायों के सन्दर्भ में उनके द्वारा दिये जाने वाले योगदान से भलीभाँति लगाया जा सकता है।

1. **अच्छे शारीरिक स्वास्थ्य की प्राप्ति में सहायता** (Helping in the proper maintenance of physical health)—स्वस्थ शरीर में ही स्वस्थ मन का वास होता है। अगर शरीर स्वस्थ तथा नीरोग रहे तो मन के स्वस्थ और नीरोग रहने की भी पूरी संभावना रहती है। इस बात को ध्यान में रखते हुए बचपन से ही यह पूरी-पूरी कोशिश रहनी चाहिए कि बच्चे शारीरिक रूप से स्वस्थ एवं नीरोग रहें। माँ-बाप को अपने बच्चों के शारीरिक स्वास्थ्य को ठीक बनाये रखने के लिए शुरू से ही सन्तुलित भोजन, अच्छे खान-पान सम्बन्धी आदतें तथा स्वस्थ वातावरण और पोषण पर विशेष ध्यान देना चाहिए। विद्यालयों में भी नियमित शारीरिक जाँच तथा चिकित्सा सम्बन्धी आवश्यक सुविधाओं का प्रबन्ध विद्यालय अधिकारियों द्वारा कराया जाना चाहिए तथा विद्यालय पाठ्यक्रम में अच्छे शारीरिक स्वास्थ्य सम्बन्धी बातों के सैद्धान्तिक तथा क्रियात्मक रूप को उचित स्थान दिया जाना चाहिए। समाज को भी पर्यावरण को अप्रदूषित रखने तथा शारीरिक स्वस्थता एवं चिकित्सा सुविधाओं का विशेष प्रबन्ध करके बालकों के शारीरिक स्वास्थ्य पर शुरू से ही विशेष ध्यान देने का प्रयत्न करना चाहिए।

2. **उचित संवेगात्मक विकास में सहायता** (Helping in the proper emotional development)—संवेगों का व्यवहार नियन्त्रण के सन्दर्भ में विशेष योगदान रहता है। संवेगात्मक परिपक्वता जहाँ उचित समायोजन में मदद करती है वहीं संवेगात्मक विकास सम्बन्धी कमियाँ कुसमायोजन का कारण बनकर बालकों के मानसिक स्वास्थ्य को प्रतिकूल ढंग से प्रभावित करती हैं। अतः उचित मानसिक स्वास्थ्य की प्राप्ति हेतु बालकों के उचित संवेगात्मक विकास की ओर पूरा-पूरा ध्यान दिया जाना चाहिए। उन्हें प्रारम्भ से ही इस तरह की शिक्षा और प्रशिक्षण दिलाना चाहिए जिसकी मदद से वे अपने संवेगों को उचित समय पर उचित रूप में अभिव्यक्त कर सके।

3. **उचित सामाजिक समायोजन में सहायता** (Helping in proper social adjustment)—बच्चे स्वभाव से ही मिलनसार तथा सामाजिक होते हैं। एक बालक के लिए सबसे दुःखद घड़ी तब होती है जब उसको उसके सहयोगियों द्वारा अलग-थलग कर दिया जाता है। वह अपने समूह विशेष में अपनी प्रतिष्ठा तथा अपने साथियों का साथ चाहता है। इसलिए माता-पिता, अध्यापकों तथा समाज के सभी उत्तरदायी सदस्यों का सदैव यह प्रयत्न रहना चाहिए कि बालक का पूरी तरह अपने समुदाय और साथियों के साथ अच्छा तालमेल बना रहे।

4. **अध्यापक और माता-पिता का बालक से उचित व्यवहार** (Proper behaviour of the teacher and parents with the children)—अध्यापक को विद्यालयों में माता-पिता का ही दूसरा रूप कहा जाता है। उनके द्वारा जिस प्रकार का व्यवहार विद्यालय में बच्चों से किया जाता है तथा घर पर माँ-बाप जिस प्रकार का दृष्टिकोण और व्यवहार उनके साथ अपनाते हैं उस सबका बहुत ही गहरा प्रभाव बालकों के स्वास्थ्य को अनुकूल और प्रतिकूल दिशा देने में पड़ता है। इसीलिए माता-पिता तथा अध्यापकों द्वारा बालकों से समुचित व्यवहार करने के सन्दर्भ में कुछ निम्न बातों पर अवश्य ही ध्यान देना चाहिए:

(i) उनका व्यवहार मधुर और सहानुभूतिपूर्ण होना चाहिए। उन्हें अपने बालकों के प्रति वात्सल्य तथा अपनेपन के भाव अपने अन्दर रखने चाहिए। जहाँ तक हो सके उन्हें अपने व्यवहार में सदैव निष्पक्षता का प्रदर्शन करना चाहिए। बालक सबसे अधिक तनावग्रस्त तथा परेशान तभी होते हैं जब वे यह सोचते हैं कि बड़ों का व्यवहार पक्षपात और विद्वेषपूर्ण है और उन्हें उनसे किसी न्याय या ईमानदारी की उम्मीद नहीं करनी चाहिए।

(ii) उनका व्यवहार अधिनायकवादी और तानाशाही नहीं होना चाहिए। बच्चे उनसे सदैव भयभीत न रहें बल्कि उन्हें यह अनुभव होना चाहिए कि माता-पिता तथा अध्यापक उनके सच्चे शुभचिन्तक और हितैषी हैं, उनसे अपनी बातें अच्छी तरह कही-सुनी जा सकती हैं तथा सही मार्गदर्शन प्राप्त किया जा सकता है।

(iii) बालकों के मानसिक स्वास्थ्य को खराब करने की दिशा में बड़ों के द्वारा व्यवहार में अपनाई गई परस्पर विरोधी बातें बहुत योगदान देती हैं। जैसे कभी वे एक बात पर बच्चों की प्रशंसा करते हैं तो वहीं उसी बात को लेकर बच्चों को बुरा-भला कहते हैं। ऐसी हालत में बालक दुविधाग्रस्त रहते हैं तथा यह नहीं सोच पाते कि उन्हें क्या करना वांछनीय है। इसलिए बड़ों को अपने व्यवहार में विशेषकर बालकों द्वारा जिस प्रकार का वे व्यवहार चाहते हैं उसमें एकरूपता के दर्शन कराने के प्रयत्न करने चाहिए।

5. **महत्त्वाकांक्षा का उचित स्तर बनाने में सहयोग** (Helping in the maintenance of proper level of aspiration)—बालकों को शुरू से ही ऐसी शिक्षा तथा प्रशिक्षण प्रदान किया जाना चाहिए कि वे अपनी योग्यता, शक्तियों तथा उपलब्ध परिस्थितियों के हिसाब से अपनी महत्त्वाकांक्षा का एक उचित स्तर बनाये रख सकें। न तो वे पंख न होते हुए भी उड़ने की कल्पना करने लगें और न वे सामर्थ्य होते हुए भी अपने आपको पंगु और असहाय समझें। दोनों ही स्थितियाँ निराशा की ओर ले जाकर बालकों के मानसिक स्वास्थ्य पर प्रतिकूल प्रभाव डालती हैं। अतः बालकों को अपनी महत्त्वाकांक्षाओं का उचित स्तर बनाये रखने में पूरी-पूरी सहायता हम बड़ों के द्वारा सदैव ही की जाती रहनी चाहिए।

6. **पूर्णता पर अनावश्यक बल नहीं देना** (No undue emphasis on perfection)—वे अध्यापक तथा माता-पिता जो अपने बालकों के कार्य एवं उपलब्धियों से कभी सन्तुष्ट नहीं दिखाई देते और हर बात में शत-प्रतिशत या समग्र दृष्टि से पूर्णता की उम्मीद लगाये रखते हैं अपने बालकों के मानसिक स्वास्थ्य के पूरे दुश्मन सिद्ध होते हैं। उन्हें यह बात हर समय ध्यान में रखनी चाहिए कि सभी दृष्टि से पूर्णता कभी हासिल नहीं हो सकती, वह एक आदर्श हो सकती है जिसकी प्राप्ति सभी को उनकी योग्यता शक्ति तथा परिस्थितियों के अनुरूप ही हो पाती है। अतः बच्चों को उद्देश्यों के प्रति सजग तथा प्रयत्नशील तो अवश्य रखना चाहिए परन्तु परिणामों से एक सीमा तक सन्तुष्ट रहने तथा बालकों को उनकी न्यूनताओं तथा अक्षमताओं के साथ भी स्वीकार किये जाने की बात बड़ों के द्वारा अवश्य ही ध्यान में रखी जानी चाहिए।

7. **अस्वस्थ प्रतिस्पर्धाओं के दुष्प्रभावों से बचाना** (Saving from the ill effects of unhealthy competitions)—प्रतियोगिता तथा प्रतिस्पर्धाओं में असफल या पीछे रह जाने का भय बालकों के स्वास्थ्य पर काफी प्रतिकूल प्रभाव डालता है। अतः बालकों को कभी भी जरूरत से अधिक प्रतियोगिता तथा प्रतिस्पर्धा हेतु प्रोत्साहित नहीं किया जाना चाहिए। प्रतिस्पर्धा की अंधी दौड़ में बालक जायज नाजायज कैसे भी तरीके अपनाकर दूसरों से आगे निकलने की कोशिश करते रहते हैं और इससे उनमें आपसी वैर, वैमनस्य, ईर्ष्याभाव तथा कटुता उत्पन्न हो जाती है। जिसका परिणाम उनके मन और मस्तिष्क को विकारग्रस्त कर सकता है। अतः बालकों में स्वस्थ प्रतिस्पर्धा के भाव ही सदैव विकसित किये जाने चाहिए। वे स्पर्धा तो करें परन्तु इस तरह होनी चाहिए कि इससे इनके मानसिक स्वास्थ्य पर अनावश्यक प्रतिकूल प्रभाव न पड़े इस बात का ध्यान सदैव ही माता-पिता तथा अध्यापकों द्वारा रखा जाना चाहिए।

8. **रक्षा युक्तियों के उपयोग को निरुत्साहित करना** (Helping in avoiding the use of defence mechanism)—प्रायः बालकों की यह आदत होती है कि वे अपनी आवश्यकताओं के लिए अपने दुर्भाग्य माता-पिता, अध्यापकों या हालातों को दोषी ठहराते रहते हैं। इस तरह के बहाने उन्हें अपने स्व तथा अहं की रक्षा करने और अपने आपको असफलताओं और निराशाओं से थोड़ी बहुत मुक्ति दिलाने हेतु बनाते देखा जा सकता है। परन्तु इन बहानों तथा रक्षा युक्तियों के परिणाम बहुत ही अस्थायी तथा अंत में मानसिक स्वास्थ्य के लिए दुःखदायी ही सिद्ध होते हैं अतः बालकों को इस प्रकार के बहाने तथा रक्षा युक्तियों के अनावश्यक प्रयोग से बचे रहने की ही शिक्षा प्रदान की जानी चाहिए।

9. **गृहकार्य का ठीक रूप में दिया जाना** (Assigning appropriate homework)—बालक अपने अध्यापकों द्वारा विद्यालयों में दिये गये गृहकार्य को लेकर काफी चिन्तित और भयभीत रहते हैं। कई बार तो उन्हें विषयों के सभी अध्यापकों द्वारा इतना कार्य दिया जाता हैकि वे चाहते हुए भी उसे पूरा करने में असमर्थ रहते हैं। कई बार यह कार्य उनकी योग्यताओं और क्षमताओं से कहीं अधिक होता है। फिर कभी माँ-बाप या घर की परिस्थितियों की वजह से उन्हें गृहकार्य करने को उचित समय तथा सहयोग नहीं मिल पाता। इसलिए गृहकार्य को दिये जाने को लेकर शिक्षकों तथा उसे किये जाने को लेकर माता-पिता दोनों के ही ऊपर काफी उत्तरदायित्व आ जाता है, जिसके उचित निर्वाह के प्रयत्न माता-पिता तथा अध्यापकों द्वारा भली-भांति किये जाने चाहिए।

10. **स्वतन्त्रता एवं स्व-अनुशासन स्थापित करना** (Establishing environment of freedom and self discipline)—घर और विद्यालय में सहजता और स्वाभाविकता से मुक्त स्वतंत्र वातावरण बालकों को प्रदान करने की चेष्टा की जानी चाहिए। बालक अनुशासन का मूल्य समझे तथा नियमों एवं आचार-विचारों को स्वहित की बात समझकर अपने व्यवहार तथा आचरण में उतारने की चेष्टा करे यही प्रयत्न माता-पिता तथा अध्यापकों द्वारा किये जाने चाहिए। जोर-जबरदस्ती, मारपीट, अभद्र व्यवहार, कठोर सजा तथा तानाशाही व्यवहार के जरिये अनुशासन में बाँधने की चेष्टा गंभीर प्रतिक्रियाएँ उत्पन्न कर बालकों को गलत व्यवहार या मानसिक बाधाओं की ओर ले जाती है। अतः माता-पिता तथा अध्यापकों को इसके प्रति सावधान रहकर बालकों को उचित पैमाने पर स्वतन्त्र अभिव्यक्ति, निर्णय तथा आत्म-अनुशासन की राह पर चलाने का प्रयत्न करना चाहिए।

11. **उचित यौन शिक्षा प्रदान करना** (Providing appropriate sex-education)—बालकों और विशेषकर किशारों के लिए उचित लैंगिक समायोजन (sexual adjustment) उनके भली-भाँति समायोजन तथा मानसिक स्वास्थ्य को ठीक बनाये रखने की दृष्टि से काफी महत्त्व रखता है। अतः माता-पिता, अध्यापक तथा समाज एवं समुदाय की अन्य संस्थाओं द्वारा बालकों को यौन-शिक्षा प्रदान करने हेतु परस्पर सही तालमेल बिठाकर उचित व्यवस्था करनी चाहिए।

12. **धार्मिक और नैतिक शिक्षा का उचित प्रबन्ध** (Proper arrangement for religious and moral education)—आज जितनी भी मानसिक अशांति, कलह, झगड़े तनाव तथा दबावों से हम सभी को गुजरना पड़ रहा है उन सबके मूल में बढ़ती हुई अंधी प्रतिस्पर्धा, आपसी अविश्वास, ईर्ष्या तथा वैमनस्य, बेईमानी, चोरबाजारी, रिश्वत, भाई-भतीजावाद आदि बुराइयाँ ही हैं और ये बुराइयाँ इसलिए बढ़ती जा रही हैं कि हम बालकों में सद्गुणों तथा अच्छी आदतें विकसित करने हेतु वांछित धार्मिक तथा नैतिक शिक्षा का घर, विद्यालय और समाज में कोई भी उचित प्रबन्ध नहीं कर पा रहे हैं। अतः हम सभी जिम्मेदार समाज के सदस्यों का यह कर्त्तव्य बन जाता है कि अच्छे व्यवहार एवं आचरण में अपेक्षित सुधार लाते हुए बालकों के लिए उचित धार्मिक एवं नैतिक शिक्षा की व्यवस्था करने का प्रयत्न करें।

13. **उचित निर्देशन एवं परामर्श सेवाओं की व्यवस्था करना** (Providing proper guidance and counselling services)—विद्यालय और समुदाय विशेष में इस प्रकार की उपयुक्त व्यवस्था की जानी चाहिए कि बालकों को व्यक्तिगत, शैक्षिक और व्यावसायिक निर्देशन और परामर्श सेवाओं से लाभ उठाने के लिए समुचित अवसर उपलब्ध हों ताकि वे अपने आप से तथा अपने वातावरण से भलीभाँति समायोजित रह सकें। जिस प्रकार की भी व्यक्तिगत, मानसिक समस्याओं तथा तनावों, दुविधाओं, कुण्ठाओं एवं निराशा आदि से वे ग्रस्त हों उनकी सहायता हेतु उचित निर्देशन एवं परामर्श सेवाओं की व्यवस्था अवश्य की जानी चाहिए।

14. **शिक्षण की उचित विधियों एवं तकनीकों को अपनाना** (Adopting proper methods and techniques of teaching)—कई बार अध्यापकों द्वारा अपनायी हुई दोषपूर्ण शिक्षण विधियाँ एवं तकनीकें तथा प्रतिकूल शिक्षण अधिगम परिस्थितियाँ बालकों में अनावश्यक तनाव, चिन्ता, भय, कलह, अंधी प्रतिस्पर्धा तथा मानसिक अशांति और मनोविकारों को जन्म देने के कारण बन जाती हैं। अतः अध्यापक तथा विद्यालय अधिकारियों की ओर से ऐसे प्रयत्न किये जाने चाहिए कि बालकों के शिक्षण अधिगम हेतु स्वस्थ एवं अनुकूल वातावरणजन्य परिस्थितियाँ प्राप्त होती रहें। अध्यापक को भी आवश्यक परिश्रम करके अपनी शिक्षण विधियों तथा बालकों से व्यवहार करने के तरीकों में इस प्रकार का सुधार लाना चाहिए कि बालकों के मानसिक स्वास्थ्य को ठीक बनाये रखने में पर्याप्त सहायता मिलती रहे।

15. **पाठ्यक्रम में उचित सुधार एवं परिवर्तन लाना** (Bringing necessary improvement and enrichment in curriculum)—बालकों में बढ़ते हुए असंतोष तथा मानसिक अस्वस्थता के पीछे विद्यालयों में चल रहे वर्तमान पाठ्यक्रम की त्रुटियों और बुराइयों का भी काफी गहरा हाथ है। इसलिए विद्यालय के वर्तमान पाठ्यक्रम से उचित सुधार लाने की बात गंभीरता से सोची जानी चाहिए। राज्य और केन्द्रीय स्तर की शिक्षा संस्थानों जैसे एन.सी.ई.आर.टी. (NCERT), एस.सी.ई.आर.टी. (SCERT) विद्यालय शिक्षा ओर्ड आदि को इस दिशा में उपयुक्त पहल करनी चाहिए। अध्यापक और विद्यालय अधिकारियों द्वारा भी स्थानीय तौर पर इस दिशा में बहुत कुछ दिया जा सकता है। उन्हें समग्र दृष्टि से विभिन्न

प्रकार की पाठ्य सहगामी क्रियाओं (Co-curriculum) तथा विभिन्न ऐच्छिक विषयों, रुचिकर क्रियाओं (Hobbies) आदि के उचित नियोजन एवं प्रबन्ध पर पूरा-पूरा ध्यान देना चाहिए ताकि बालकों को अपनी संवेगात्मक शक्तियों, आन्तरिक भावनाओं, सृजनात्मक क्षमताओं आदि के प्रकाशन एवं अभिव्यक्ति के समुचित अवसर प्राप्त होते रहें तथा वे अनावश्यक आन्तरिक घुटन से बचकर मानसिक स्वस्थता की राह पर चलते रहें।

16. **माता-पिता तथा अध्यापकों का मानसिक स्वास्थ्य** (Mental health of teachers and parents)—बात सही है जो कुछ आप अपने बालकों से चाहते हैं जैसा जिस रूप में भी उन्हें देखना चाहते हों उसके समुचित अनुकरण के लिए आपको अपने व्यवहार एवं व्यक्तित्व में भी वे सभी बातें आत्मसात करनी होंगी। अगर आप स्वयं अपना मानसिक स्वास्थ्य ठीक नहीं रख सकते तो आप इस प्रकार की अपेक्षा अपने बालकों तथा विद्यार्थियों से कैसे रख सकते हो, अतः हम सभी बड़ों को पहले अपने व्यवहार, आचरण तथा व्यक्तित्व में वह बातें लानी होंगी जिनसे व्यवहार तथा व्यक्तित्व का कुसमायोजन एवं मानसिक स्वास्थ्य में गिरावट नहीं आती और अगर इस तरह हम अपने आपको मानसिक स्वास्थ्य की दृष्टि से अपने बालकों के सामने एक अनुकरणीय आदर्श के रूप में प्रस्तृत कर सकें तो इससे बालकों को मानसिक स्वास्थ्य के विकास में सहायक व्यवहार व आदतों को अपनाने में देर नहीं लगती।

17. **वातावरणजन्य परिस्थितियों में अपेक्षित सुधार लाना** (Bringing desirable improvement in the environ-mental conditions)—प्रतिकूल और दोषपूर्ण वातावरणजन्य परिस्थितियाँ चाहे घर, विद्यालय, पडोस, समुदाय या समाज में कहीं भी क्यों न हों प्रत्यक्ष या अप्रत्यक्ष रूप में बालकों के स्वास्थ्य को प्रतिकूल ढंग से प्रभावित करने की पूरी क्षमता रखती हैं। माता-पिता तथा घर के सदस्यों का व्यवहार एवं मानसिक स्वास्थ्य, घर का वातावरण, हमजोलियों के साथ सम्बन्ध, विद्यालय और उसका वातावरण, अध्यापकों का मानसिक स्वास्थ्य, पास-पड़ोस, समुदाय तथा समाज में व्याप्त बातें या परिस्थितियाँ सभी के अच्छे या बुरे होने का बालक के मानसिक स्वास्थ्य पर उसी रूप में अनुकूल तथा प्रतिकूल प्रभाव पड़ता है। प्रतिकूल और दोषपूर्ण वातावरण चाहे कहीं भी हो बालकों की शारीरिक तथा सामाजिक मनोवैज्ञानिक आवश्यकताओं की समुचित पूर्ति में दीवार बनकर खड़ा हो जाता है। उन्हें पर्याप्त रूप से वह संरक्षण, प्यार, प्रोत्साहन, स्वीकृति और पहचान नहीं मिल पाती जिसकी छटपटाहट उनके अन्दर रहती है और परिणामस्वरूप वे अनावश्यक कुण्ठाओं, भग्नाशाओं, चिन्ताओं, तनावों तथा दुविधाओं के शिकार होकर मानसिक विकारों तथा अस्वस्थता के शिकार हो जाते हैं। इसलिए हम सभी बड़ों–माता-पिता, अध्यापक तथा समाज के अन्य सदस्यों का यह कर्त्तव्य हो जाता है कि अपने बालकों की उचित मानसिक स्वस्थता हेतु घर, विद्यालय तथा समाज की वातावरणजन्य परिस्थितियों में अपेक्षित सुधार लाने के प्रयत्न करते रहें।

निष्कर्ष के तौर पर हम पुनः यही कह सकते हैं कि बालकों के मानसिक स्वास्थ्य को शुरू से ठीक बनाये रखने का कार्य एक गुरुत्तर कार्य है जिसमें सभी के अदम्य सहयोग तथा परिश्रम की आवश्यकता है माता-पिता, शिक्षक वर्ग, विद्यालय तथा अन्य शिक्षा अधिकारीगण, समाज तथा समुदाय के सभी उत्तरदायी सदस्यों, प्रान्तीय तथा केन्द्रीय सरकार तथा जनसेवी संस्थाओं सभी को इस कार्य के लिए मिलकर हाथ बँटाना होगा और जिस जिस का जिस प्रकार का रचनात्मक योगदान इस कार्य के लिए अपेक्षित है अपनी-अपनी जिम्मेदारी ठीक ढंग से निभानी होगी। घर और विद्यालय की परिस्थितियों तथा व्यवहारजन्य बातों की जिम्मेदारी घर परिवार के सदस्यों तथा विद्यालय परिवार की होगी। समाज के वातावरणजन्य परिस्थितियों की समाज के सदस्यों तथा सरकारी तन्त्र तथा समाजसेवी संस्थाओं पर राज्य तथा केन्द्रीय सरकारों द्वारा जहाँ आवश्यकता पड़ती हो वहाँ बालकों के उचित लालन-पालन तथा शिक्षा-दीक्षा के लिए आर्थिक साधन जुटाने में मदद की जा सकती है। सरकार तथा स्वयं सेवी सस्थाओं द्वारा निर्देशन एवं परामर्श सेवाओं की व्यवस्था भी विद्यालयों तथा सामुदायिक केन्द्रों में की जा सकती है। मानसिक स्वास्थ्य विशेषज्ञ तथा चिकित्सकों द्वारा व्यक्तिगत रूप से या अपने विशेष संगठनों के माध्यम से वांछित सेवाएँ बालकों के मानसिक स्वास्थ्य के उचित संरक्षण हेतु प्रदान की जा सकती हैं। इस तरह से बालकों के मानसिक स्वास्थ्य को ठीक प्रकार बनाये रखने की समस्या का सभी के उचित सहयोग से वांछित रूप से समाधान करने के प्रयत्न किये जाने चाहिए।

सार-संक्षेप (Summary)

1. मानसिक स्वास्थ्य विज्ञान, स्वास्थ्य विज्ञान की वह शाखा है जो व्यक्तियों के मानसिक स्वास्थ्य से उसी रूप में सम्बन्धित है जिस रूप में शारीरिक स्वास्थ्य विज्ञान, शारीरिक स्वास्थ्य से सम्बन्धित है। इस दृष्टि से मानसिक अस्वस्थता, रोगों, विकारों तथा कुसमायोजन की रोकथाम तथा उपचार करने तथा व्यक्तियों को मानसिक रूप से पूरी तरह स्वस्थ रहने में इससे भरपूर सहयोग मिलता है।

2. मानसिक स्वास्थ्य विज्ञान के तीन प्रमुख उद्देश्य हैं (i) मानसिक रोगों, विकारों और कुसमायोजन से बचने हेतु निरोधात्मक उपाय बताना (ii) मानसिक स्वास्थ्य को और ठीक बनाये रखने तथा उसे और बेहतर बनाने सम्बन्धी उपाय बताना, (iii) मानसिक रोगों, विकारों तथा कुसमायोजन के उपचार हेतु उपाय बताना। अपने इन तीनों उद्देश्यों को पूरा करते हुए मानसिक स्वास्थ्य विज्ञान का लक्ष्य मानव मात्र को पूर्ण मानसिक स्वास्थ्य का लाभ उठाते हुए पूर्ण सुखी, अधिक सामंजस्यपूर्ण और अधिक प्रभावपूर्ण ढंग से जीवनयापन करने में सहायता प्रदान करना है।

3. मानसिक स्वास्थ्य का सम्बन्ध व्यक्ति विशेष के मन और मस्तिष्क की उस स्वस्थ अवस्था से है जिस तरह उसके शारीरिक स्वास्थ्य का उसके शरीर के अंग प्रत्यंगों की स्वस्थता एवं उनके उचित रूप से क्रियाशील रहने से होता है। इस दृष्टि से एक मानसिक रूप से स्वस्थ व्यक्ति का व्यक्तित्व और व्यवहार पूरी तरह संतुलित रहना चाहिए जिसकी पहचान हमें उसके अपने आप से तथा अपने वातावरण के साथ होने वाले उचित समायोजन के आधार पर अच्छी तरह हो सकती है। अपने आदर्श रूप में पूर्ण मानसिक स्वास्थ्य की प्राप्ति कदापि संभव नहीं हो सकती इसलिए सामान्यतया मानसिक स्वास्थ्य के एक उचित अपेक्षित स्तर तक पहुँचने को ही अपना उद्देश्य बनाकर चलना ठीक रहता है।

4. एक मानसिक रूप से स्वस्थ व्यक्ति अपने रहन-सहन के ढंग, व्यवहार और व्यक्तित्व सम्बन्धी विशेषताओं को लेकर दूसरे अस्वस्थ अथवा साधारण व्यक्तियों से काफी कुछ भिन्न होता है। व्यक्तित्व एवं व्यवहार गुणों की इस तरह से दो ऐसी परस्पर विरोधी सूचियाँ तैयार की जा सकती हैं जिनसे मानसिक रूप से स्वस्थ और अस्वस्थ व्यक्तियों की पहचान करने में पर्याप्त मदद मिल सके। इन व्यक्तित्व गुणों के आधार पर फिर यह प्रयास किये जा सकते हैं कि किस प्रकार के गुणों को धारण एवं व्यवहारों को संपादित करने को बढ़ावा दिया जाये जिनसे अच्छे मानसिक स्वास्थ्य को संरक्षण और बढ़ावा मिल सके।

5. वास्तविक जिन्दगी में देखा जाये तो व्यक्तियों द्वारा अच्छे मानसिक स्वास्थ्य की प्राप्ति व्यक्ति विशेष को ही नहीं पूरे मानव समाज के लिए कल्याणकारी सिद्ध होती है। इस दृष्टि से बालकों के उचित कल्याण हेतु हमें उनके अच्छे मानसिक स्वास्थ्य की प्राप्ति हेतु उन्हें भरसक सहयोग देना चाहिए।

6. घर, विद्यालय और समाज तीनों को ही ऐसे सम्मिलित प्रयास करने की आवश्यकता है जिनसे बालकों को अच्छे मानसिक स्वास्थ्य की प्राप्ति में पर्याप्त सहायता की जा सके। इस प्रकार के प्रयत्नों में जिनकी मुख्य रूप से चर्चा की जा सकती है, वे हैं—अच्छे शारीरिक स्वास्थ्य, संवेगात्मक विकास तथा सामाजिक समायोजन में सहायता, बालक के साथ उचित व्यवहार, महत्त्वाकांक्षा का उचित स्तर बनाने में सहयोग, पूर्णता पर अनावश्यक बल न देना, अस्वस्थ प्रतिस्पर्धाओं के दुष्प्रभावों से बचाना, रक्षा युक्तियों के उपयोग को निरुत्साहित करना, गृहकार्य का ठीक रूप से दिया जाना, स्वतन्त्रता एवं अनुशासन स्थापित करना, उचित यौन शिक्षा, धार्मिक और नैतिक शिक्षा तथा निर्देशन एवं परामर्श सेवाओं की व्यवस्था करना, पाठ्यक्रम, शिक्षण पद्धतियों तथा मूल्यांकन प्रणाली में परिवर्तन लाना, वातावरणजन्य परिस्थितियों में अपेक्षित सुधार लाना तथा माता-पिता और अध्यापकों द्वारा अच्छे मानसिक स्वास्थ्य के प्रतिमान के रूप में अपने आपको प्रस्तुत करना।

संदर्भित एवं विशेष अध्ययन ग्रन्थ (References and Suggested Readings)

American Psychiatric Association, *Diagnostic and Statistical Manual of Mental Disorders* (DSM-I), Washington DC, 1952.

American Psychiatric Association, quoted by Singh, Labh and Tiwari, G.P., *Essentials of Abnormal Psychology*, Vinod Pustak Mandir, Agra, 1971.

Arkoff, Abe, *Adjustment and Mental Health*, McGraw-Hill, New York, 1968.

Carrol, H.A., *Mental Hygiene—The Dynamics of Adjustment*, Prentice Hall, New Jersey, 1967.

Coleman, James C., *Abnormal Psychology and Modern Life*, D.B. Taraporewala & Sons, Bombay, 1970.

Crow, L.D. and Crow, Alice, *Mental Hygiene*, McGraw-Hill, New York, 1951.

_____, *Child Psychology*, Barnes & Noble, New York, 1969.

Cutts, N.F. and Mosley, P., *Practical School Discipline and Mental Hygiene*, Houghton Mifflin, Boston, 1941.

Drever, James, *A Dictionary of Psychology*, Penguin Books, Middlesex, 1952.

Good, Carter V., *Dictionary of Education*, McGraw-Hill, New York, 1959.

Hadfield, J.A., *Mental Health and the Psychoneurosis*, George Allen & Unwin, London, 1952.

Kartz, Barney and Lehner, G.F., *Mental Hygiene in Modern Living*, Ronald Press, New York, 1997.

Klein, D.B., *Mental Hygiene*, Rev. ed., Henry Holt, New York, 1965.

Lawkan, P.B., *Mental Hygiene in Public Health*, McGraw-Hill, New York, 1949.

Mangal, S.K., *Abnormal Psychology*, Rev. ed., Sterling Publications, New Delhi, 1987.

Menninger, K.A., *Human Mind* Quoted by R.N. Sharma in Shiksha Manovigyan, Rastogi Publications, Meerut, 1967.

Morgan, C.T., *Introduction to Psychology*, 2nd ed., McGraw-Hill, New York, 1961.

Shaffer, L.F., *The Psychology of Adjustment,* Houghton Mifflin, Boston, 1936.

Waltin, J.E.W., *Personality, Maladjustment and Mental Hygiene*, 3rd ed., McGraw-Hill, New York, 1951.

पेरेन्टिंग स्टाइल या पालन पोषण के तरीके (Parenting Styles or Rearing Practices)

पेरेन्टिंग स्टाइल या बालकों के पालन पोषण के तरीके पद का अर्थ (Meaning of the Term Parenting Styles or Child Rearing Practices)

बच्चों के लालन-पालन के तरीके से अभिप्राय उन तरीकों से है जो माता-पिता द्वारा अपने बच्चों का पालन पोषण करने के लिए अपनाए जाते हैं। मनोविज्ञान में अपनी तकनीकी भाषा में पेरेन्टिंग स्टाइल (Parenting Style) अर्थात् बच्चों के लालन-पालन की शैली या बच्चों के पालन-पोषण करने के ये तरीकों की प्रकृति एकदम अनूठी सी होती है और कुछ कारकों जैसे- (i) माता-पिता के स्वयं के अपने माता-पिता या संस्कृति द्वारा अपनाए गए तरीके जिनके द्वारा उनका स्वयं का लालन-पालन किया गया था (ii) बच्चों का स्वभाव (iii) उनका स्वयं का स्वभाव (iv) परिस्थितियाँ तथा वातावरण जिसमें बच्चों का पालन-पोषण किया जाना है आदि, द्वारा निर्धारित किए जाते हैं।

पेरेन्टिंग स्टाइल या पालन-पोषण के तरीकों के प्रकार (The Types of Rearing Practices or Parenting Styles)

माता-पिता अपने बच्चों का लालन-पालन करने या पालन पोषण करने के लिए अलग प्रकार के तरीको या पेरेन्टिंग स्टाइल अपनाते हुए देखे जाते हैं। वे बच्चों के जीवन में वृद्धि, विकास, समायोजन और प्रगति के आवश्यक कार्य में उनकी उचित रूप से सहायता और मार्गदर्शन करने के लिए अपने-अपने तरीके अपनाते हुए उनकी देखभाल करते हैं। पेरेन्टिंग स्टाइल के एक प्रभावपूर्ण सिद्धान्त को प्रस्तुत करने के लिए जानी मानी प्रसिद्ध समाजशास्त्री मनोवैज्ञानिक डायना बोमरिन्ड (Diana Baumrind, 1967) के विचार से चार बुनियादी अवयव-स्वीकारना बनाम अस्वीकारना (responsiveness v/s unresponsiveness) तथा अपेक्षा रखना बनाम अपेक्षा न रखना (demanding v/s undemanding) होते हैं जो प्राय: माता-पिता द्वारा अपने बच्चों का लालन-पालन करते हुए किसी भी तरीके या शैली में अपनाए जाते हुए देखे जाते हैं। इन बुनियादी अवयवों ने अपने विभिन्न सापेक्षिक संयोग या मेल के द्वारा चार प्रकार की लालन-पालन के तरीकों या पेरेन्टिंग शैलियों को जन्म दिया। वे हैं :

(i) स्वीकारना और अपेक्षा करना (Responsivenss and demanding)
(ii) अस्वीकारना और अपेक्षा करना (Un-responsiveness and demanding)
(iii) स्वीकारना और अपेक्षा न करना (Responsiveness and un-demanding)
(iv) अस्वीकार करना और अपेक्षा न करना (Un-responsiveness and un-demanding)

उपरोक्त चार प्रकार के मिश्रित पेरेन्टिंग स्टाइल के आधार पर मेकबई और मार्टिन (Moccoby and Martin, 1983) ने निम्न चार प्रमुख पेरेन्टिंग शैलियों या तरीकों को प्रस्तुत किया जो माता-पिता द्वारा अपने बच्चों का लालन-पालन करते हुए अपनाए जाते हैं :

1. आधिपत्यपूर्ण लालन-पालन का तरीका या पेरेन्टिंग शैली
   (Authoritative child rearing practice or parenting style)
2. तानाशाही लालन-पालन का तरीका या पेरेन्टिंग शैली
   Authoritarian child rearing practice or parenting style)
3. अनुग्रह पूर्ण (अधिक छूट देने वाला) लालन-पालन का तरीका या पेरेन्टिंग शैली
   (Indulging child rearing practice or parenting style)
4. उपेक्षापूर्ण लालन-पालन का तरीका या पेरेन्टिंग शैली
   (Neglectful child rearing practice or parenting style)

आइए अब देखते हैं कि ये तरीके विकासशील बच्चों पर क्या प्रभाव डालते हैं:

आधिपत्यपूर्ण लालन-पालन का तरीका या पेरेन्टिंग शैली
(Authoritative Child Rearing Practice or Parenting Style)

इस प्रकार के लालन-पालन के तरीके या शैली में स्वीकार करने (Responsiveness) और अपेक्षा करने (demanding) के अवयवों में सकारात्मक समन्वय है जो सही मायने में इसे उत्तरदायित्वपूर्ण और सन्तुलित पेरेन्टिंग शैली में परिवर्तित कर देता है। इस प्रकार के समन्वय की मुख्य विशेषताएं एवं गुणों को निम्न रूप में लिपिबद्ध किया जा सकता है :

(a) **स्वीकार करने सम्बन्धी व्यवहार से जुड़ी हुई बातें** (The elements of responsiveness)—माता-पिता अपने बच्चों का लालन-पालन करते हुए निम्न प्रकार से अपने स्वीकार करने सम्बन्धी व्यवहार को प्रदर्शित करते हैं:

- माता-पिता अपने बच्चों की भावनाओं को समझने की कोशिश करते हैं और उन्हें ठीक प्रकार क्रियान्वित करने का ढंग भी बताते हैं।
- वे अपने बच्चों की समस्याओं को समझते हैं और इनको सुलझाने के लिए उन्हें समुचित तरीके बताते हैं तथा इसके लिए उचित अवसर प्रदान करते हैं।
- वे मौखिक वार्तालाप के लिए सम्प्रेषण का मार्ग खुला रखते हुए अपने बच्चों के साथ वांछित अन्त:क्रिया करते रहते हैं। साथ ही इस प्रकार के सम्प्रेषण में वे बराबर तार्किक, विनम्र, स्नेही और उनकी चिन्ता करने वाले बने रहते हैं।
- वे तानाशाही व्यवहार तथा कड़े नियंत्रण में विश्वास नहीं करते हैं। इससे उनके बच्चों को नई-नई बातों की खोज करने तथा उनकी स्वयं की तार्किकता के आधार पर अपना स्वयं का निर्णय लेने की स्वतन्त्रता मिलती है।
- बच्चों का लालन-पालन करने में वे माता-पिता केन्द्रित उपागम के बजाय बाल केन्द्रित उपागम को अपनाते हैं। वे अपनी इच्छाएँ, रुचियाँ, महात्वाकांक्षा या आवश्यकता को पूरा करने के स्थान पर अपने बच्चों की आवश्यकताओं, आशाओं, इच्छाओं और महात्वाकांक्षाओं का पोषण करने की ओर ध्यान देते हैं।

(b) **अपेक्षा करना सम्बन्धी व्यवहार से जुड़ी हुई बातें** (The elements of demanding)—माता-पिता अपने बच्चों की रुचियों और कल्याण के लिए उनसे निम्न प्रकार की अपेक्षा करते हुए, सावधान रहने का प्रयास करते हैं:

- बच्चों के स्वयं के व्यक्तित्व के विभिन्न आयामों में उनकी वृद्धि और विकास के लिए माता-पिता अपने बच्चों के सामने कुछ आशाएँ प्रस्तुत करते हैं और उनके व्यवहार सम्बन्धी एक सीमा निश्चित कर देते हैं। ताकि उनका लाड़-प्यार बच्चों को बिगाड़ न दे।
- निर्धारित आशाएं और इन सीमाओं को उपलब्ध करने के लिए वे अपने बच्चों के सामने उनकी प्रगति का एक लक्ष्य और स्तर निर्धारित कर देते हैं तथा उनके उद्देश्यों एवं लक्ष्यों को प्राप्त करने की दिशा में वे लगातार उनकी प्रगति को नियमित रूप से जाँच करते रहते हैं ताकि बच्चे बराबर तत्पर और सजग बने रहें।

- वे अपने बच्चों से उनकी आयु और विकास की अवस्था के अनुसार उनके व्यवहार में परिपक्वता की आशा एवं अपेक्षा रखते हैं।
- हालांकि इस प्रकार की अपेक्षा और आशा करते हुए वे हमेशा औचित्यपूर्ण एवं जनतांत्रिक बने रहते हैं। यही कारण है कि आधिपत्य पूर्ण लालन-पालन के तरीके और शैली को आधिकारिक जनतंत्रीय तरीके (assertive democratic practice) अर्थात् आधिकारिक होने के साथ-साथ जनतंत्रीय प्रकृति के तरीके के नाम से जाना जाता है। इसे माता-पिता के व्यवहार में निम्न ढंग से प्रदर्शित किया जा सकता है :
  - वे अपने बच्चों के मामलों में काफी सतर्क रहते हैं और इसलिए पूर्ण निर्धारित सीमाओं और आशाओं पर पहुँचने में बच्चों के असफल होने पर उन्हें दंड देने या डांटने फटकारने के स्थान पर उन्हें क्षमा करने और अच्छी सीख देने का तरीका अपनाते हैं।
  - यदि कभी वे अपने बच्चों को सजा भी देते हैं तो वे एक सकारात्मक दृष्टिकोण और इसे महसूस करते हुए उनके लिए पछतावा भी करते हैं। जैसे—बच्चे को दंडित करना नहीं बल्कि उसके अवांछित व्यवहार या अवधान की कमी को दंडित करना। वास्तव में उनका बच्चा लड़का हो या लड़की उसकी गलती पर उन्हें दंड देने में वे निष्पक्ष और एक समान (Homogeneous) व्यवहार करते हैं। उनके द्वारा दिया गया दंड कभी भी बदला लेने की भावना से प्रतिशोधात्मक और बहुत कठोर नहीं होता है तथा वे अपने बच्चों को दंड देने का कारण भी अच्छी प्रकार से स्पष्ट कर देते हैं।

विकास पर प्रभाव (Influence on development)—आधिपत्य पूर्ण लालन-पालन का तरीका या पेरेन्टिंग शैली विकासशील बच्चों के उचित विकास और प्रगति पर निम्न रूप में अनेक सकारात्मक और वांछित प्रभाव डालता है :

- यह तरीका बच्चों को समुचित स्वतन्त्रता और अवसर प्रदान कर उन्हें अपनी क्षमताओं को विकसित करने तथा बच्चे की वृद्धि के लिए उन्हें प्रोत्साहन प्रदान करता है। परन्तु ऐसा करते हुए यह बच्चों को रास्ते से अलग हटने की आज्ञा नहीं देता है तथा उनको एक सीमा में रखते हुए उनके कार्यों पर नियंत्रण रखता है। इसलिए यहाँ विकासशील बच्चों को अपने विकासात्मक पथ से भटकने का या हट जाने का कोई मौका नहीं होता है।
- इस प्रकार से लालन-पालन किए गए बच्चे अपनी बुनियादी आवश्यकताओं-शारीरिक, सामाजिक और संवेगात्मक की पूर्ति की दृष्टि से पूरी तरह से आत्म-सन्तुष्ट पाए जाते हैं। वे अपने स्वयं के प्रयासों से अपनी बुनियादी क्षमताओं को विकसित करने तथा अपनी मूलप्रवृत्तियों एवं संवेगो को सही दिशा प्रदान करने के तरीके जानते हैं।
- ये बच्चे अपने कर्त्तव्यों के प्रति वफादार होते हैं और आत्म नियंत्रण करते हुए जीवन में अनुशासित रहते हैं तथा स्वभावत: कानूनों का पालन करते हैं। इस प्रकार से लालन-पालन किए गए बच्चे अपनी स्वतन्त्र गतिविधियों पर माता-पिता द्वारा नियंत्रण रखे जाने से अपनी समुचित वृद्धि और विकास के लिए सभी आवश्यक सुविधाएं प्रदान किए जाने के लिए अपने माता-पिता के प्रति कृतज्ञता का अनुभव करते हुए देखे जाते हैं।

इस प्रकार लालन-पालन का तरीका बच्चों में उच्चस्तरीय उपलब्धि अभिप्रेरणा के साथ स्वतन्त्र रूप से आत्म-वृद्धि करने और आत्म गौरव को प्राप्त करने के रूप में फलित या परिणित होता है। बच्चों के मस्तिष्क में बिना किसी दुखद स्मृति या कोई कुप्रभाव के उनके व्यक्तित्व के सभी आयामों में सर्वांगीण विकास आशाजनक रूप से होता है। यही कारण है कि इस प्रकार के लालन-पालन के तरीके या पेरेन्टिंग शैली को, बच्चों का लालन-पालन करने के कुशल व्यक्तियों द्वारा सबसे अच्छा माना जाता है।

लालन-पालन का तानाशाही तरीका (Authoritarian Child Rearing Practice)

बच्चों के लालन-पालन के इस तरीके में माता-पिता अपेक्षा ज्यादा करते हुए तथा बच्चों की आवश्यकताओं, क्षमताओं, इच्छाओं और महत्वाकांक्षाओं को कम या बिल्कुल भी नहीं स्वीकार करते हुए देखे जाते हैं। वे बच्चों को उनकी अपनी इच्छा, आवश्यकता या महत्वकांक्षा को अभिव्यक्त करने का कोई मौका नहीं देते हैं बल्कि अपना अधिकार जताते हुए, कड़े

अनुशासन को लागू करते हुए तथा नैतिक नियमों का वास्ता देते हुए अपनी स्वयं की इच्छा और महत्वाकांक्षाओं को बच्चों पर लादते या थोपते हैं। लालन-पालन के इस तरीके या पेरेन्टिंग शैली की मुख्य-मुख्य कुछ विशेषताएँ निम्न प्रकार से हैं:

- बच्चों के लालन-पालन का यह तरीका या पेरेन्टिंग शैली पूर्व वर्णित आधिपत्यपूर्ण या आधिकारिक जनतंत्रीय तरीके से एकदम प्रतिकूल है।
- बच्चों के लालन-पालन का यह तानाशाही तरीका आधिकारिक संतुलित शैली और बच्चों को ढील देने वाले या लापरवाह पेरेन्टिंग शैली से एकदम विपरीत कड़े अनुशासन और कठोर नियंत्रण वाला तरीका या पेरेन्टिंग शैली है।
- इसमें माता-पिता के द्वारा बनाए गए निर्देशों तथा नियमों की बच्चों द्वारा पूरी तरह से पालन करने की आशा की जाती है और माता-पिता तथा बच्चों के मध्य खुले वार्तालाप की जरा भी गुंजाइश नहीं होती है।
- यह लालन-पालन का एक ऐसा कठोर, दृढ़, पाबन्दियों से पूर्ण और दंड देने वाला तरीका है जिसमें बच्चों से माता-पिता द्वारा दी गई आज्ञा, आदेशों, बनाए गए नियमों तथा उनकी गतिविधियों के लिए निर्धारित सीमाओं के बारे में कोई भी प्रश्न पूछे बिना उनके आदेशों का पालन करने की आशा की जाती है।
- इसमें माता-पिता बच्चों की क्षमताओं, इच्छाओं या महत्वाकांक्षाओं की परवाह किए बिना अपनी मर्जी से बच्चों के लिए निर्धारित उद्देश्यों और लक्ष्य को प्राप्त करने के लिए नियम तथा कार्य का निर्धारण करते हैं और यह देखते हैं कि बच्चे उनका ठीक प्रकार अनुकरण कर रहे हैं।
- यहां माता-पिता अपने हितों के चिन्तन में इतने लीन हो जाते हैं कि वे अपने बच्चों के माध्यम से अपनी स्वयं की इच्छाओं, स्वार्थ तथा स्वप्नों को साकार करने की चाहत में लगे रहते हैं। जो कुछ वे अपने जिन्दगी में नहीं कर सके उनकी पूर्ति वे अपने बच्चों के प्रयासों में देखना चाहते हैं। चाहे बालकों में उन कार्यों को करने के लिए पर्याप्त रुचि, उत्साह या सामर्थ्य का अभाव ही क्यों न हो। इसलिए प्राय: माता-पिता बालकों को ऐसे पाठ्यक्रमों में प्रवेश लेने के लिए बाध्य करते रहते हैं, जैसे तुम्हें डाक्टर/इंजीनियर/चार्टर्ड अकाउन्टेन्ट या आई ए एस बनना होगा क्योंकि यही सपने उन्होंने अपने लिए संजोए थे और उनकी पूर्ति अब वे बालकों के माध्यम से करना चाहते हैं। फलस्वरूप वे बालकों को अपने द्वारा सोची गई राह पर चलाने के लिए तानाशाही रवैया अपनाते हैं।
- पेरेन्टिंग की इस शैली को अपनाने वाले माता-पिता अपने बच्चों की आवश्यकताओं तथा इच्छाओं की तरफ से अपनी आँख कान बन्द कर लेते हैं। वे बच्चों की भावनाओं के प्रति तनिक भी ध्यान नहीं देते हैं बल्कि अपना-अपना अधिकार, नियम तथा कड़ा अनुशासन लागू करके उनकी आन्तरिक भावनाओं और इच्छाओं को दबाने की कोशिश करते हैं। वे बच्चों को अपने आत्म-विकास के लिए अपना स्वयं का मार्ग चुनने की छूट देने के बजाय अपने स्वयं के द्वारा निर्धारित मार्ग पर चलने के लिए बाध्य करते हैं।

बच्चों के विकास पर प्रभाव (Influence on development)

बच्चों के लालन-पालन के तानाशाही तरीके या पेरेन्टिंग शैली का बच्चों के विकास पर निम्न प्रकार से प्रभाव पड़ता है:

- इस तरीके से पोषित किए गए बच्चे अपने जिन्दगी के बारे में कोई भी योजना बनाने और उसे क्रियान्वित करने तथा अपनी समस्याओं को सुलझाने तथा अपना स्वयं का निर्णय लेने में असमर्थ होते हैं क्योंकि उनका लालन-पालन ऐसी परिस्थितियों में हुआ है जहाँ उनका कार्य केवल आदेशों का पालन और अनुकरण करना रहा है न कि अपने आप कोई निर्णय लेना या पहलकदमी करना।
- अपने तानाशाही माता-पिता के द्वारा अपने प्रारम्भिक जीवन में अपने बौद्धिक, संवेगात्मक तथा सामाजिक विकास के आवश्यक ज़रूरी अवसर एवं स्वतन्त्र सुविधाएं न दिए जाने के कारण उनका इन पक्षों का स्वाभाविक विकास अवरुद्ध हो जाता है।
- इस प्रकार की पेरेन्टिंग शैली बच्चों को अपनी जिन्दगी सही तरीके से व्यतीत करने के लिए आवश्यक सामाजिक कौशल एवं क्षमताओं का अर्जन करने में कोई सहायता नहीं करती है। वे जीने के प्रजातांत्रिक तरीके और सिद्धान्त

नहीं सीख पाते हैं। इस प्रकार के तानाशाही पेरेन्टिंग के तरीके में लालन-पालन किए गए बच्चों में जनतांत्रिक जीवन के गुण और आदर्श नागरिकता मुश्किल से ही विकसित हो पाती है।

- उनकी मूलप्रवृत्यात्मक एवं संवेगात्मक ऊर्जा को, उनके माता-पिता द्वारा प्रदत्त तानाशाही आचार संहिता से परिपूर्ण वातावरण में, वांछित दिशा में अभिव्यक्त होने का कोई मार्ग नहीं मिल पाता है। तानाशाही लालन-पालन में दबी हुई इच्छाएँ, अपूर्ण अभिलाषाएं तथा वातावरण में विद्यमान गुलामों की तरह की स्थिति में बच्चों द्वारा अनुभव की गई असहजता एवं परेशानी, गम्भीर व्यवहारात्मक एवं आचरण सम्बन्धी समस्याएं बच्चों में विकसित कर देती है।

इस दिशा में अगर बच्चों से जोर जबर्दस्ती की जाए और उन्हें कठोर अनुशासन में रखकर अपनी मर्जी से चलाने का प्रयत्न किया जाए तो इसका अंजाम बालकों को उनकी प्रगति की राह से विमुख करना होता है। इससे वे फिर प्रयत्न करना ही बन्द कर सकते हैं अथवा प्रतिक्रिया-स्वरूप उनमें आक्रामकता और अपराधी प्रवृत्तियाँ घर कर सकती हैं।

लालन-पालन का अनुग्रहपूर्ण तरीका या पेरेन्टिंग शैली
(Indulgent Child rearing Practices or Parenting Style)

बच्चों के लालन-पालन का यह तरीका या पेरेन्टिंग शैली उन माता-पिता द्वारा अपनाया जाता है जो स्वीकार करते (responsive) हैं परन्तु अपेक्षा नहीं करते (not demanding) हैं। इस प्रकार लालन-पालन का अनुग्रहपूर्ण तरीका (Indulgent practice) या पेरेन्टिंग शैली, बच्चों के लालन-पालन का वह तरीका या शैली है जिसमें माता-पिता बहुत ज्यादा प्यार लुटाने वाले, उनकी हर बात को मानने वाले और उनकी बतौर सुरक्षा के ज़रूरत से ज्यादा परवाह करने वाले पाए जाते हैं। वे बच्चों के लिए सब कुछ करने के लिए तैयार रहते हैं परन्तु बालकों की स्वयं की भलाई के लिए भी उनसे कोई अपेक्षा नहीं रखते और उन्हें उचित राह पर चलाने के लिए न कोई शर्तें लगाते हैं और न उन्हें किसी तरह के अनुशासन में बांधना चाहते हैं। वे तो केवल उनके स्नेह में अंधे होकर उन पर लाड़ प्यार ही लुटाते रहते हैं। इस प्रकार की शैली के लालन-पालन में मुख्य रूप से निम्न विशेषताएँ देखने को मिलती हैं:

- माता-पिता अपने बच्चों के साथ बहुत ज्यादा प्यार में बंधे रहते हैं। वे अपने बच्चों की आवश्यकताओं और इच्छाओं को बिना सोचे समझे उन्हें उचित और ठीक समझ कर, अपने बच्चों की खुशी और प्रसन्नता के लिए तुरन्त पूरा करना चाहते हैं।
- बच्चों से अत्यन्त प्यार करने वाले ये माता-पिता समय-समय पर बच्चों द्वारा की गई हर मांग को पूरा करने के लिए तत्पर रहते हैं परन्तु अपनी तरफ से बच्चों से कुछ भी नहीं चाहते हैं और न ही अपनी विकास की आयु एवं अवस्था के अनुकूल उचित व्यवहार प्रदर्शित करने की दृष्टि से उन पर कुछ नियंत्रण रखने तथा नियमित करने या एक समुचित तरीके से व्यवहार करने की उनसे आशा करते हैं।
- बच्चों के लालन-पालन के इस अनुग्रहपूर्ण तरीके को निर्देशहीन, काफी छूट देने वाला और हर तरह की स्वीकृति देने वाला माना जाता है क्योंकि यहाँ माता-पिता इतनी ज्यादा छूट देने वाले तथा कोई भी निर्देश न देने वाले होते हैं कि वे हमेशा अपने बच्चों की इच्छा के अनुसार ही चलते रहते हैं। वे अपने, बच्चों के विकास और आवश्यक प्रगति के लिए वांछित आदतों को सीखने या अच्छा व्यवहार अपनाने के लिए पालन किए जाने वाले नियमों, सिद्धान्तों या कायदों का निर्माण या निर्धारित करने में अपने आपको असमर्थ पाते हैं।
- इस प्रकार से बच्चों को अत्यधिक प्यार करने वाले माता-पिता अपने बच्चों का लालन-पालन करते हुए यद्यपि उनकी प्रत्येक इच्छा का ध्यान रखते हैं, उन्हें बहुत ज्यादा प्यार करते हैं परन्तु अपने बच्चों की आयु के अनुकूल प्रगति तथा विकास के सम्बन्ध में बच्चों के द्वारा जबाबदेही (accountability) के प्रति काफी लापरवाह होते हैं। इस प्रकार बालकों का लालन-पालन करने की शैली एक ऐसा तरीका है जिसमें माता-पिता अपने बच्चों को सभी तरह की आजादी देकर उन्हें मनचाहा कार्य करने के लिए खुला छोड़ देते हैं। ऐसा करने में उनकी इस बात का आभास ही नहीं होता कि इस प्रकार की आजादी और छूट बच्चों के प्रगति और हित चिन्तन में कितनी हानिप्रद सिद्ध हो सकती है।

बच्चों के विकास पर प्रभाव (Influence on Development)

इस प्रकार की अनुग्रहपूर्ण लालन-पालन का तरीका या पेरेन्टिंग शैली बढ़ते हुए बच्चों के विकास को निम्न प्रकार से प्रभावित करता है :

- इस प्रकार के स्वतन्त्र वातावरण में पले हुए बच्चे अपने व्यवहार पर नियंत्रण करना भी नहीं सीख पाते हैं और हमेशा अपना मनचाहा प्राप्त करने की आशा रखते हैं।
- वे एक अपरिपक्व, अतार्किक एवं अत्यन्त उत्तेजित होने वाले बच्चों के रूप में बढ़ते हैं और सामाजिक रूप से उत्तरदायित्व विहीन व्यवहार प्रदर्शित करते हुए पाए जाते हैं। बहुधा ऐसे बच्चे अपनी किशोरावस्था और प्रौढ़ावस्था में ड्रग लेने के आदी हो जाते हैं या मद्यपान, अपराधी प्रवृत्ति या अन्य प्रकार का समाज विरोधी तथा नैतिकता रहित व्यवहार प्रदर्शित करने लगते हैं।
- माता-पिता की आवश्यकता से ज्यादा देखभाल तथा प्यार की छत्र छाया में पलते हुए ये बच्चे अपनी जिन्दगी अपने ढंग से जीने का ढंग मुश्किल से ही सीख पाते हैं। वे अपनी समस्याओं को सुलझाने तथा अपने जीवन की आवश्यकताओं को पूरा करने के लिए दूसरों पर निर्भर रहते हैं।
- अनुग्रहपूर्ण माता-पिता के अत्यधिक लाड़-प्यार के कारण ऐसे वातावरण में लालन-पालन किए गए बच्चे अपने भविष्य को बिगाड़ लेते हैं। इनमें से अधिकांश बच्चे अपने स्वयं के लिए तथा अपने समाज के लिए खतरनाक साबित होते हैं। इन्हीं को बिगड़ी हुई संतान, पथभ्रष्ट बालक या बिगड़ैल बच्चा कहा जाता है।

लालन-पालन का उपेक्षापूर्ण तरीका या पेरेन्टिंग शैली (Neglectful Child rearing Practice or Parenting Style)

बच्चों के लालन-पालन के इस तरीके या पेरेन्टिंग शैली जिन माता-पिता के द्वारा अपनाए जाते हैं वे अपने बच्चों के प्रति माता-पिता की भूमिका निभाने में काफी लापरवाह, उपेक्षापूर्ण तथा उत्तरदायित्व रहित होते हैं। वे एक वांछित तरीके से माता-पिता के रूप में अपने कर्त्तव्यों को पूरा करने में कोई रुचि न लेने वाले, अलग-थलग रहने वाले तथा उनसे लगाव न रखने वाले होते हैं। वे अपने आराम से जिन्दगी जीने वाले तरीके के कारण न तो बच्चों से कोई अपेक्षा रखते हैं और न ही बच्चों की किसी आवश्यकता या इच्छा को पूरा करने में कोई रुचि लेते हैं। लालन-पालन के इस तरीके या पेरेन्टिंग शैली की मुख्य विशेषताएं निम्न प्रकार से हैं :

- लालन-पालन के लिए इस तरीके को अपनाने वाले माता-पिता अपने बच्चों की जिन्दगी में न तो कोई लगाव प्रदर्शित करते हैं और न ही उसमें दखलअन्दाजी करते हैं। वे सामान्यतः अपने बच्चों की आवश्यकताओं और इच्छाओं के प्रति लापरवाह तथा उपेक्षापूर्ण से रहते हैं।
- वे माता-पिता के रूप में अपने बच्चों से न तो कोई अपेक्षा रखते हैं और न ही कोई आशा रखते हैं। वे अपने बच्चों के वांछित विकास तथा प्रगति के लिए उनके सामने न तो कोई लक्ष्य रखते हैं और न ही उनके व्यवहार के बारे में किसी प्रकार की सीमा रेखा निर्धारित करते हैं या कोई नियम, कायदा या कानून बनाते हैं।
- वे अपने बढ़ते हुए बच्चों के प्रति अत्यधिक लाड़-प्यार का प्रदर्शन नहीं करते हैं और न ही उनके प्यार और स्नेह में माता-पिता के प्यार वाली गरमाहट होती है। या तो उनके पास यह प्यार और स्नेह दिखाने के लिए समय ही नहीं होता है या फिर वे बच्चों की वृद्धि के लिए इसे आवश्यक नहीं मानते हैं।
- लालन-पालन के इस उपेक्षापूर्ण तरीके में माता-पिता तथा बच्चों के बीच आवश्यक संवेगात्मक अनुभूति, अपनापन, अन्तःक्रिया, मौखिक सम्प्रेषण आदि का अभाव रहता है। माता-पिता तथा बच्चों के आपसी सम्बन्ध में बच्चों के विचार या मत, संवेगात्मक भावनाओं, इच्छाओं या अभिलाषाओं का कोई स्थान नहीं होता है। क्योंकि माता-पिता के पास बच्चों को देखने के लिए समय ही नहीं होता है। बच्चों को अपनी बुनियादी ज़रूरतों जैसे भोजन, घर, वस्त्र या

जेबखर्च में सन्तुष्टि प्राप्त करने के अलावा अपने माता-पिता से संवेगात्मक रूप से कोई सहारा, ध्यान या देखभाल मुश्किल से ही प्राप्त हो पाती है। बच्चे अपने माता-पिता के सामने अपने दिल की बात प्रकट नहीं कर पाते हैं और न ही अपने आवश्यक विकास तथा प्रगति के लिए भी उनसे कोई मार्गदर्शन प्राप्त कर सकते हैं।

- उपेक्षापूर्ण माता-पिता अपने बच्चों से आदर सम्मान की प्राप्ति नहीं कर पाते हैं और बच्चों के मन में भी अपने माता-पिता के लिए कोई रुचि या लगाव नहीं होता है। बच्चे शीघ्र ही अपने माता-पिता के अपने प्रति उपेक्षापूर्ण व्यवहार को समझने लग जाते हैं। वे समझ जाते हैं कि उनके माता-पिता की जिन्दगी में उनकी अपेक्षा अन्य चीज़ें ज्यादा महत्त्वपूर्ण हैं। यह बात बच्चों और माता-पिता के बीच दूरी को बढ़ा देती है और माता-पिता तथा उनके सम्बन्धों के मध्य एक चौड़ी खाई बन जाती है। एक छत के नीचे रहते हुए भी माता-पिता और उनके बच्चे अपने-अपने ढंग से अपना जीवन व्यतीत करते हैं।

विकास पर प्रभाव (Influence on Development)

बच्चों के लालन-पालन का उपेक्षापूर्ण तरीका या पेरेन्टिंग शैली बढ़ते हुए बच्चों के विकास को निम्न रूप से प्रभावित करती है :

- इस प्रकार की व्यवस्था बच्चों की सामाजिक तथा मनोवैज्ञानिक आवश्यकताओं को पूरा करने में असमर्थ होती है। फलस्वरूप वे अपने पूरे जीवन में संवेगात्मक रूप से असन्तुष्ट तथा अस्थिर एवं सामाजिक रूप से अविकसित रहते हैं।
- बच्चों की देखभाल और पालन-पोषण में माता-पिता द्वारा प्रदर्शित अलग-थलग से उपेक्षापूर्ण व्यवहार के कारण उनके बच्चों में असुरक्षा और अकेले होने की भावना पनपने लगती है। कई बार चिन्ता, निराशा या विद्रोह की भावना से युक्त अवांछित ग्रन्थियाँ इन विकसित और बढ़ते हुए बच्चों के दिमाग में घर कर लेती हैं।
- लालन-पालन के उपेक्षापूर्ण वातावरण में पले और बढ़े हुए बच्चों के सामने परिवार के सदस्यों के बीच संवेगात्मक प्यार, आकर्षण और सामाजिक सम्बन्धों का दोषपूर्ण उदाहरण प्रस्तुत होता है। वे अपने भावी जीवन में भी फिर इसी प्रकार के व्यवहार का तरीका अपना लेते हैं।
- संवेगात्मक असुरक्षा तथा अपने घर से किसी प्रकार के सहारे के अभाव से युक्त असीमित स्वतन्त्रता बच्चों को अपनी जीवन शैली मे सबसे पलायन करने की प्रवृत्ति या विद्रोहात्मक व्यवहार अपनाने को बाध्य कर देती है। परिणाम यह होता है कि ऐसे बच्चे सामाजिक तथा संवेगात्मक रूप से अक्षम या अपराधी प्रवृत्ति के, या बहुत शर्मीले या फिर अपनी किशोरावस्था और प्रौढ़ावस्था में समाज विरोधी व्यवहार प्रदर्शित करने वाले बन जाते हैं।

बच्चों के लालन-पालन के उपरोक्त वर्णित चार प्रकारों या पेरेन्टिंग शैलियों से यह नहीं समझा जाना चाहिए कि माता-पिता सामान्यतः इन चार प्रकारों या शैलियों में से ही किसी एक या दूसरे तरीके को बच्चों का लालन-पालन करने के लिए पूरी तरह से अपनाते हैं। बच्चों का लालन-पालन करते हुए वे अपनी एक अलग ही शैली अपनाते हैं जो बहुत कुछ मिली-जुली तथा ऐसे समन्वित रूप में रहती है जिसका निर्धारण बहुत से परिस्थित जन्य कारकों पर निर्भर करता है, जैसे—माँ-बाप के, बच्चे के लालन-पालन के बारे में विचार क्या हैं, बच्चों का स्वभाव एवं व्यवहार करने का क्या ढंग है, बालकों के लालन-पालन से सम्बन्धित वातावरण जन्य परिस्थितियाँ तथा सांस्कृतिक परिप्रेक्ष्य क्या है तथा बच्चों के आगे की सफलताओं में वे अपनी स्वयं की आवश्यकताओं एवं इच्छाओं की पूर्ति की झलक देखना चाहते हैं अथवा बच्चों की आवश्यकताओं और योग्यताओं को आगे बढ़ाने के लिए संघर्ष करना चाहते हैं, आदि-आदि।

माता-पिता बच्चों के लालन-पालन के लिए कोई भी तरीका या शैली अपनाएं परन्तु यह बात अवश्य है कि वह बच्चों के विकास की प्रकृति पर महत्त्वपूर्ण प्रभाव डालती है। लालन-पालन के जिस तरीके में सकारात्मक कारक और परिस्थितियाँ कार्य करती हैं उसमें बच्चों के विकास को सकारात्मक दिशा और दशा प्राप्त होती है। इसके विपरीत जिस तरीके से नकारात्मक कारक सक्रिय होते हैं वहाँ बच्चे के समुचित विकास और भावी प्रगति नकारात्मक रूप से प्रभावित होती है।

जिस लालन-पालन की परिस्थिति में माता-पिता में स्वयं आपस में तनाव होता है, उनमें आपस में दूसरे के प्रति अविश्वास और केवल दिखावा होता है और जो अपने बच्चों में से किसी एक के प्रति पक्षपात प्रदर्शित करते हैं, उसके प्रति ज्यादा लाड़-प्यार या किसी भी प्रकार से ज्यादा प्रशंसा करते हैं तथा दूसरे बच्चे के प्रति कड़ा और कठोर व्यवहार प्रदर्शित करते हैं, शारीरिक या मानसिक रूप से दंडित करते हैं, निर्दयतापूर्ण व्यवहार करते हुए अपशब्दों का प्रयोग करते हैं, उसे आवश्यक प्यार सहानुभूति, सहायता, प्रशंसा, प्रोत्साहन आदि से वंचित रखते हैं या उसके प्रति कोई ध्यान नहीं देते हैं तो इस प्रकार का व्यवहार बच्चों के सामान्य विकास और प्रगति के लिए काफी घातक और हानिकारक सिद्ध होता है। ज्यादातर मामलों में बच्चों के सामान्य विकास में अवरोध पैदा करने, उन्हें अपने स्वयं के लिए तथा समाज के लिए हानिकारक कुसमायोजित व्यक्तित्व के रूप में परिवर्तित या ढालने का मुख्य कारण इसी प्रकार का व्यवहार और लालन-पालन का यही तरीका जिम्मेदार होता है।

सार-संक्षेप (Summary)

अपने विकास वर्षों में जन्म से ही बालकों का लालन-पालन अपने माता-पिता द्वारा किया जाता है। इस लालन-पालन हेतु संसार में सभी जगह माता-पिता द्वारा अलग-अलग ढ़ंग अपनाते हुये देखा जा सकता है, इन्हें ही हम पेरेन्टिंग स्टाइल या लालन-पालन के तरीकों का नाम देते हैं। सामान्यतया इन तरीकों को हम जिन चार प्रमुख प्रकारों में बाँट कर समझ सकते हैं, वे हैं (i) अधिपत्य लालन-पालन शैली, (ii) तानाशाही लालन-पालन शैली, (iii) अनुग्रहपूर्ण (अधिक छूट देने वाली) लालन-पालन शैली तथा (iv) उपेक्षापूर्ण लालन-पालन शैली।

आधिपत्य लालन-पालन शैली का उपयोग करने वाले माता-पिता द्वारा अपने बच्चों के लालन-पालन में अपने अधिकारों का उपयोग इस तरह किया जाता है कि बालकों के लालन-पालन की उनकी जिम्मेदारी तथा बालकों से जो अपेक्षायें होती हैं उनके बीच उचित ताल-मेल बना रहे। वे अपने बालकों की आवश्यकताओं, इच्छाओं तथा महत्त्वकांक्षाओं और योग्यता तथा सामर्थ्य के प्रति पूरी तरह अपने उत्तरदायित्वों को निभाते हैं परन्तु साथ ही उनसे यह अपेक्षा भी करते हैं कि वे दी हुई सुविधाओं तथा उनमें उपस्थित योग्यता एवं क्षमता के अनुकूल विकास पथ पर अग्रसर रहें। इस प्रकार के लालन-पालन का तरीका बालकों के सर्वांगीण विकास में उनके लालन-पालन सम्बन्धी कोई कड़वाहट अपने अन्दर लिये बिना काफी सहयोगी रहता है और इसलिये इस लालन-पालन शैली या तरीके को सर्वोत्तम माना जाता है।

तानाशाही लालन-पालन शैली को अपनाने वाले माता-पिता अपने बालकों से अपेक्षायें तो अपनी स्वयं की चाहत के अनुसार करते हैं परन्तु उनकी आवश्यकताओं, अभिलाषाओं तथा सामर्थ्य की ओर कुछ भी ध्यान नहीं देते। वह यही चाहते हैं कि उनका कहा हुआ हर शब्द और सुझाया गया रास्ता बालक चुपचाप आँखें बन्द कर मानते रहें और इसी में उनका परम हित समझने की भूल करते रहते हैं। बेहद अनुशासन प्रिय होने का दावा करने वाले ये माँ-बाप अपने तानाशाही रवैये से अपने बालकों के विकास और प्रगति में काफी घातक सिद्ध होते हैं। उनके बालकों में अपने निर्णय स्वयं लेने तथा बिना किसी सहारे के जीवन में आगे बढ़ने की बात नहीं विकसित होती। अपने माँ-बाप के तानाशाही व्यवहार की कड़वाहट तथा इच्छाओं का दमन उनमें विभिन्न प्रकार की व्यवहारात्मक तथा विकासात्मक समस्याओं को भी जन्म देने का कारण बनता हुआ नजर आता है।

अधिक लाड़ चाव भरी पूरी छूट देने वाली लालन-पालन शैली अपनाने वाले माता-पिता की अपने बालकों के प्रति जरूरत से ज्यादा आसक्ति रहती है वे अपने बालकों की हर बात मानते हैं, उनकी हर इच्छा पूरी करते हैं तथा जरूरत से ज्यादा उनकी परवाह तथा देखरेख में लगे रहते हैं। उनसे बदले में कोई अपेक्षा नहीं रखते, बल्कि उन्हें जैसा चाहे वैसा करने की पूरी छूट देते रहते हैं, भले ही इससे उनमें किसी भी प्रकार का बिगाड़ क्यों न आ जाये। परिणामस्वरूप इस प्रकार के लालन-पालन से वृद्धि को प्राप्त हो रहे बालकों में अपने ओर अपने व्यवहार पर समुचित नियन्त्रण रखने की बात विकसित नहीं हो पाती। इनमें से अधिकांश बालक अपने स्वयं के लिये तथा अपने समाज के लिये खतरनाक सिद्ध होते हैं। इन्हीं को पथभ्रष्ट बालक या बिगड़ैल बालक कहा जाता है।

लालन-पालन का उपेक्षापूर्ण तरीका अपनाने वाले माता-पिता अपने बालकों के प्रति माता-पिता की भूमिका निभाने में काफी लापरवाह, उपेक्षापूर्ण तथा गैर-जिम्मेदार होते हैं। वे बेहद आराम पसन्द होने या अपनी व्यस्तता का बहाना बनाते हुये न तो अपने बच्चों से कोई अपेक्षा रखते हैं और न उनकी किसी आवश्यकता या इच्छा को पूरा करने या उनके भविष्य बनाने की किसी बात में रुचि लेते हैं। इस प्रकार के उपेक्षापूर्ण तरीके से पाले गये बच्चे अपने माँ-बाप से काफी अलग-थलग रहते हुये तथा अपनी व्यक्तिगत सामाजिक एवं मनोवैज्ञानिक आवश्यकताओं की समयानुसार पूर्ति न होने की टीस लिये कई प्रकार की विकासात्मक तथा व्यावहारात्मक समस्याओं से ग्रस्त पाये जाते हैं। माँ-बाप का उपेक्षापूर्ण व्यवहार उनमें या तो स्वयं तथा दूसरों के प्रति आक्रोश पैदा कर समाज विरोधी आचरण करता हुआ नजर आता है अथवा वे सबसे अलग-थलग होकर निराशा, आत्महीनता और पलायनवादी प्रवृत्ति का शिकार हो जाते हैं।

संदर्भित एवं विशेष अध्ययन ग्रन्थ (References and Suggested Readings)

Alizadeh, S., Abu Talib, M.B., Abdullah, R., and Mansor, M., "Relationship between Parenting Style and Children's Behavior Problems", *Asian Social Science*, 7(12), 195–200, 2011.

Baumrind, D., "Child Care Practices Anteceding Three Patterns of Pre-school Behaviour," *Genetic Psychology*, Monographs, 75(1), 43–88, 1967.

Erickson, E., *Childhood and Society*, Norton, New York, 1950.

Kathleen, Stassen Berger, *The Developing Person Through the Life Span*, Worth Publishing, New York, 2011.

Maccoby, E.E. and Martin, J.A., "Socialization in the Context of the Family: Parent-child Interaction", In P. Mussen and E.M. Hetherington (Eds.), *Handbook of Child Psychology*, Vol. IV, 4th ed., Socialization, Personality and Social Development, Chapter 1, 1–101, Wiley, New York, 1983.

Rivers, J., Mullis, A.K., Fortner, L.A., and Mullis, R.L., "Relationships between Parenting Styles and the Academic Performance of Adolescents", *Journal of Family Social Work*, **15**(3), 202–216, 2012.

वंचन एवं वंचित बालक (Deprivation and deprived Children)

वंचन का अर्थ एवं प्रकृति (Meaning and Nature of Deprivation)

वंचन अंग्रेजी के शब्द डिप्राइवेशन (Deprivation) का हिन्दी रूपान्तर है। अंग्रेजी के इस शब्द का क्रियात्मक अर्थ होता है किसी को किसी प्रकार की मिलने वाली सुविधा, सहायता या अधिकार का छिन जाना। हिन्दी रूपान्तर वंचन शब्द भी एक संज्ञा शब्द है जिसके लिए क्रिया रूप में 'वंचित' शब्द का प्रयोग होता है। जब कोई किसी तरह किसी वस्तु का उपयोग या उपभोग नहीं कर पाता तो हम उसके लिए कहते हैं कि उसे अमुक वस्तु के उपयोग से वंचित कर दिया गया है। किसी को किसी कारण से कोई आर्थिक, सामाजिक, सांस्कृतिक तथा मनोवैज्ञानिक सुविधा, सहायता या अधिकार न मिल पाए तो हम यह कहते हैं कि वह इसकी प्राप्ति से वंचित है। जैसे इतिहास में हम पढ़ते हैं कि लैप्स की नीति लागू करके राजा-महाराजाओं को गोद लेने के अधिकार तथा सुविधा से वंचित कर दिया गया था। झाँसी की रानी लक्ष्मीबाई को भी इस प्रकार के वंचन (Deprivation) का शिकार होकर अपने राज्य के अंग्रेजी राज्य में विलय के खतरे को झेलना पड़ा था। इसी प्रकार कई बालकों को बचपन में ही माँ-बाप का साया उठ जाने के कारण उससे मिलने वाले प्यार-सुरक्षा तथा प्रोत्साहन से वंचित रहना पड़ता है। गरीबी में जन्मे तथा पले बच्चों को आवश्यक सुख-सुविधाओं, यहां तक कि अपनी मूलभूत भौतिक आवश्यकताओं की पूर्ति हेतु मिलने वाली आवश्यक आधारभूत सुविधाओं से भी वंचित रहना पड़ता है। गांव में रहने वाले एकमात्र मुस्लिम, हिन्दू-दलित या अछूत परिवार को गांव के एक मात्र कुएं के जल से वंचित रहना पड़ता है तथा विद्यालय में प्रवेश न ले पाने पर शिक्षा के अधिकार से या मन्दिर में प्रवेश न पाने पर पूजा के अधिकार से वंचित रहना पड़ता है। एक ही परिवार में पल रहे बच्चों में से भी किसी को शिक्षा प्राप्त करने, उचित प्यार या संरक्षण प्राप्त करने अथवा वृद्धि और विकास के समान अवसर पाने के संदर्भ में वंचना का शिकार होना पड़ता है। इस तरह वंचना से पीड़ित व्यक्ति और यहां तक कि पूरे-के-पूरे समुदाय, वर्ग, जाति तथा प्रदेशों की कोई कमी नहीं है। किसी भू-भाग की पूरी-की-पूरी आबादी तथा जन समूह भी इन वंचना का शिकार होते हुए भी पाया जा सकता है जैसे हरियाणा प्रदेश का निर्माण होने से पहले जब यह बृहत पंजाब का भाग था तो विकास के नाम पर आज के पंजाब को बढ़ावा देकर आज के हरियाणा प्रदेश को विकास सम्बन्धी सुविधाओं से वंचित रखा जाता था। गुलामी के दिनों में पूरे देश भारत को भी अंग्रेजों ने बहुत सारी सुविधाओं तथा आवश्यकताओं से वंचित कर रखा था। हम सभी उस समय उसी प्रकार की घोर उपेक्षा तथा वंचना के शिकार थे जिससे आज के आजाद भारत में भी हम बहुत से अपने गरीब भाइयों, महिलाओं, दलितों या अछूतों को ग्रस्त होते हुए पाते हैं।

इस तरह वंचन (Deprivation) से अभिप्राय व्यक्ति के वातावरण में उपस्थित उन विशेष कमियों या अभावों (Deficiencies), दोषों (defects) तथा बुराइयों (ailments) से है जिनके कारण उसे उसी वातावरण में या अन्य वातावरणों में रह रहे व्यक्तियों की अपेक्षा अपने विकास तथा समायोजन हेतु मिलने वाली सुविधाओं, अवसरों, मार्गदर्शन तथा सहायताओं के संदर्भ में पक्षपात या अभाव का सामना करना पड़ता है।

वंचन के प्रकार (Types of Deprivation)

वंचन के उपरोक्त अर्थ एवं प्रकृति के संदर्भ में भारतीय समाज के वंचन के मुख्यतया निम्न प्रकार देखने को मिलते हैं :

1. आर्थिक वंचन (Economic Deprivation)
2. सामाजिक एवं सांस्कृतिक वंचन (Social and Cultural Deprivation)
3. शैक्षिक वंचन (Educational Deprivation)
4. संवेगात्मक वंचन (Emotional Deprivation)

1. **आर्थिक वंचन** (Economic Deprivation)—आर्थिक वंचन से अभिप्राय आर्थिक साधनों तथा भौतिक सुख-सुविधाओं की उस कमी तथा अभाव से है जिसके कारण व्यक्ति या परिवार विशेष को अपनी मूलभूत आवश्यकताओं की पूर्ति हेतु काफी कठिनाई का सामना करना पड़ता है तथा जिसके कारण उसे समुदाय या समाज विशेष में उपेक्षा, तिरस्कार अथवा हीनता की भावना का शिकार होकर जीने के लिए बाध्य होना पड़ता है। दूसरे शब्दों में, गरीबी से पीड़ित होना ही आर्थिक वंचन का शिकार होना कहलाता है। धन की कमी से परिवार के रहन-सहन और वातावरण में ऐसी कमी, अभाव, अव्यवस्था तथा दोष पैदा हो जाते हैं जिनके कारण बालकों की तथा परिवार के अन्य सदस्यों की मूल-भूत आवश्यकताओं, भोजन, पेय पदार्थ, आराम, नींद आदि की पूर्ति के भी लाले पड़ जाते हैं। उन्हें सुविधा और संरक्षण देने हेतु घर नहीं मिल पाता। आवश्यकतानुसार वस्त्र तथा अन्य उपभोग की सामग्री नहीं मिल पाती। पढ़ने के लिए फीस, ड्रेस, किताब, कागज आदि की मूल सुविधाएं भी नहीं मिल पातीं तो ऐसी अवस्था में उनके सर्वांगीण विकास तथा उचित समायोजन की बात ही कहां सोची जा सकती है। स्पष्ट है कि जीवन की आवश्यक मूल आवश्यकताओं की पूर्ति न कर सकने वाला ऐसा गरीबी और अभाव से ग्रस्त वातावरण बालकों तथा व्यक्तियों के लिए हर समय ऐसी कठिनाइयां तथा परिस्थितियां ही पैदा करता रहेगा जहां उनका सारा ध्यान और शक्ति इसी अभाव की पूर्ति में ही लगी रहे। उनका सम्पूर्ण व्यवहार, जीवन-मूल्य तथा आदर्श और एक तरह से सम्पूर्ण व्यक्तित्व की आर्थिक वंचन से उत्पन्न समस्याओं से जूझने और जैसे-तैसे अपना समायोजन करने वाला बन जाता है। जो लोग आर्थिक सुविधाओं को साथ लेकर पैदा होते हैं उनकी तुलना में ऐसे व्यक्तियों या बालकों की प्रकृति और व्यवहार में बहुत अधिक अन्तर देखने को मिलता है। इनमें से कुछ तो संघर्ष करते-करते अपनी राह स्वयं ढूंढ लेते हैं परन्तु बहुतों को अभाव की चपेट से सदैव निराशा और दुखों का ही सामना करना पड़ता है या कोई समाज विरोधी रास्ता अपनाकर अपने और समाज के लिए अभिशाप बन कर जीना पड़ता है।

2. **सामाजिक एवं सांस्कृतिक वंचन** (Social and Cultural Deprivation)—इस प्रकार के वंचन का सीधा सम्बन्ध व्यक्ति या समुदाय विशेष की सामाजिक एवं सांस्कृतिक आवश्यकताओं की पूर्ति या संतुष्टि में आने वाले प्रतिरोधों से है। जब किसी बालक को अपने साथ खेलने-कूदने तथा समय बिताने के लिए किसी अन्य बालक या बालकों का साथ नहीं मिल पाता तो वह सामाजिक वंचन का ही शिकार होता है। एकल परिवार में बालकों के अभाव में तथा बेटे-बहू के व्यस्त होने के कारण बुजुर्गों को ऐसे ही सामाजिक वंचन का शिकार होना पड़ता है। बड़े-बड़े शहरों में पड़ोस में एक-दूसरे से कोई विशेष सम्बन्ध न बनने के कारण भी यह एकान्त की समस्या विकट रूप धारण कर लेती है। किसी गांव, मुहल्ले या कॉलोनी में किसी परिवार विशेष को एक प्रकार के सामाजिक एवं सांस्कृतिक वंचन का शिकार तब होना पड़ता है जब सभी लोग या अन्य परिवार किसी दूसरी जाति, धर्म, प्रान्त या भाषा भाषी हों अथवा उन परिवारों की आर्थिक या सामाजिक दशा इस परिवार की तुलना में बहुत अधिक समृद्ध या निम्न स्तर की हो। किसी बड़े अफसर, मंत्री या मैनेजर का भी जब अपनी प्रतिष्ठा या पद के कारण कॉलोनी जैसे बैंक कॉलोनी, औद्योगिक कॉलोनी, आयकर कॉलोनी, विद्युत या नल निगम कॉलोनी में साथ रह रहे परिवारों से सम्पर्क टूट जाता है तो उसके परिवार के सदस्यों या बच्चों को भी इस प्रकार के वंचन का शिकार होना पड़ता है।

घर या परिवार से दूर रहने वाले आवासीय विद्यालयों के बच्चों को भी कई बार सामाजिक एवं सांस्कृतिक वंचन का शिकार होना पड़ता है। इस बात के दुष्परिणाम तब सामने आते हैं जबकि वे अपने आपको अपने मूल समाज या उसकी संस्कृति से कटा हुआ पाते हैं तथा वापिस अपने घर, प्रदेश या सामान्य महाविद्यालयों में उनका समायोजन नहीं हो पाता।

इस प्रकार के वंचन से उत्पन्न होने वाली कमियों, कठिनाइयों तथा अभावों के शिकार सबसे ज्यादा वे लोग तथा परिवार होते हैं जो किसी कारणवश किसी स्थान विशेष में रहने, पढ़ने-नौकरी या कोई व्यवसाय करने के कारण अल्प संख्या में या अकेले ही होते हैं। ऊपर से गरीबी, अशिक्षा तथा पिछड़ेपन का साथ होने पर तो वे कहीं के नहीं रहते। उनके बालकों को सामाजिक एवं सांस्कृतिक विकास के बहुमूल्य लाभों से वंचित रहना पड़ता है। इस प्रकार के अभाव के कारण उनका जीवन कई बार रिक्तताओं, निराशाओं तथा कठिनाइयों से भर जाता है। गांवों में रहने वाले अल्पसंख्यक परिवारों, विशेषकर दलितों तथा अछूतों के साथ प्राय: ऐसा ही होता है। सामाजिक एवं सांस्कृतिक वंचन के शिकार ऐसे परिवार जिन्दगी की दौड़ में पीछे ही रहते चले जाते हैं और उनका जीवन पीढ़ी-दर-पीढ़ी नारकीय ही बनता जाता है।

जो लोग तथा परिवार बहुसंख्यक हैं उन्हें भी अपनी अज्ञानता, अशिक्षा तथा हठधर्मिता के कारण कई बार एक दूसरे प्रकार के सामाजिक एवं सांस्कृतिक वंचन का शिकार होना पड़ता है। समाज की विकृतियों, दूषित प्रथाओं, कुरीतियों तथा सड़ीगली परम्पराओं को वे अपने वंचन के कारण गले से लगाए रहते हैं। दूरदराज के इलाकों, वन प्रदेशों तथा अविकसित भू-भागों में रहने वाली जनजातियों, कबीलों तथा संप्रदायों के साथ ऐसा ही हो रहा है। वे आज भी अंधविश्वासों में इस तरह डूबे हैं कि दुनिया कहां पहुंच गई है इसका वे अनुमान ही नहीं लगाना चाहते। अपनी गरीबी, भुखमरी, बीमारी तथा अन्य सभी तरह के अभावों का कारण उनकी देश या विश्व की मुख्य धारा (Mainstream) से न जुड़ने की बजह उनकी ना समझी और जिद ही है। सामाजिक और सांस्कृतिक वंचन की कैद में स्वेच्छा से गिरफ्तार इस प्रकार के प्रदेश, परिवार और व्यक्ति अपना कितना अहित कर रहे हैं, इस बात का आभास काश इन्हें हो जाए तो इन्हें भी अपनी असुविधाओं तथा कठिनाइयों से मुक्ति मिल सकती है।

3. **शैक्षिक वंचन** (Educational Deprivation)—कुछ बालकों या व्यक्तियों को किसी कारणवश शिक्षा प्राप्ति से वंचित रहना पड़ता है। यह उनके स्वयं के कारण भी हो सकता है तथा कई बार परिस्थितियां भी इसके लिए जिम्मेदार होती हैं। कई बार माँ-बाप की अशिक्षा तथा परिवार की गरीबी इसमें मुख्य भूमिका निभाती है तो कई बार आवश्यक रूप से प्राप्त न होने वाली शिक्षा सुविधाओं के कारण ऐसा होता है। बाल मजदूरी की प्रथा और मजबूरी भी बहुत बार बालकों को शिक्षा सुविधाओं का आवश्यक लाभ उठाने से वंचित कर देती है। कई परिवार, जाति, धर्म तथा भूभागों में लड़कियों को पढ़ाना अच्छा या ज़रूरी नहीं समझा जाता और परिणामस्वरूप उन्हें शिक्षा से वंचित ही रखने में उनकी तथा समाज की भलाई समझी जाती है। कई प्रदेश तथा भूभागों में शिक्षा प्राप्ति के लिए स्कूल तथा अन्य शैक्षिक सुविधाओं का बहुत अभाव पाया जाता है। आने-जाने के साधन तथा मार्ग इतने असुविधाजनक होते हैं अथवा माँ-बाप के पास उनकी शिक्षा व्यवस्था के लिए आर्थिक साधन जुटाना संभव नहीं हो पाता, ऐसी अनेक परिस्थितियों में बहुत से व्यक्ति शुरू से ही या जिन्दगी के किसी मोड़ पर आगे जाकर शिक्षा सुविधाओं से वंचित रह जाते हैं। इनकी तुलना में बहुत से भूभागों, परिवारों तथा जातियों में उत्पन्न बालकों या बड़ों को इस प्रकार के वंचन का शिकार तथा शिक्षा सुविधाओं से युक्त व्यक्तियों में वर्गभेद की गहरी खाइयाँ खुद गई हैं। शैक्षिक वंचन के शिकार जिन्दगी की रफ्तार में हर तरह से पिछड़ते चले जा रहे हैं और यही पिछड़ापन उनकी आर्थिक, सामाजिक तथा अन्य जीवन समस्याओं में दिनोंदिन बढ़ोतरी ही कर रहा है।

शैक्षिक वंचन का एक दूसरा रूप भी हमारे सामने तब नजर आता है जब लिंग, धर्म, जाति, प्रदेश, भाषा या आर्थिक सम्पन्नता के आधार पर शिक्षा के क्षेत्र में भेदभाव या पक्षपात के दर्शन होते हैं। इस प्रकार के अनावश्यक भेदभाव व पक्षपात के कारण बहुत से होनहार बालकों या युवाओं को शैक्षिक वंचन का शिकार होकर कुंठाओं तथा तनावों से भरा हुआ जीवन जीने के लिए मजबूर होना पड़ता है।

4. **संवेगात्मक वंचन** (Emotional Deprivation)—संवेगात्मक वंचन से अभिप्राय व्यक्ति विशेष के वातावरण में निहित तत्वों, कारकों या परिस्थितियों में निहित उन कमियों तथा अभावों से है जिनके परिणामस्वरूप बालक या व्यक्ति विशेष को अपनी सामाजिक-मनोवैज्ञानिक आवश्यकताओं (Socio-Psychological Needs) विशेषकर संवेगात्मक आवश्यकताओं की पूर्ति में किसी-न-किसी कारणवश बाधा पहुँचती है और उनका संवेगात्मक रूप से कुसमायोजित होने का खतरा बढ़ जाता है। घर-परिवार तथा विद्यालय में उपलब्ध निम्न परिस्थितियां प्राय: इस प्रकार के वंचन का मुख्य कारण सिद्ध होती पाई जाती हैं:

- माँ-बाप के आपसी सम्बन्धों में टकराहट, सम्बन्ध विच्छेद, उनमें से किसी एक की या दोनों की मृत्यु।
- माँ-बाप द्वारा बालक के साथ किया जाने वाला तिरस्कारपूर्ण, उपेक्षित, उदासीन तथा अन्यायपूर्ण व्यवहार।
- माँ-बाप के अभाव में या उनके उदासीन अथवा निरर्थक सिद्ध होने पर बालक के साथ अन्य परिजनों या समाज के सदस्यों द्वारा किया जाने वाला व्यवहार।
- घर तथा परिवार के सदस्यों के सम्बन्धों में खिंचाव, कलह, अशांति तथा अनुपयुक्त वातावरण।
- गरीबी, अशिक्षा, सामाजिक अलगाव, निजी स्वार्थ या अन्य किसी कारण से माँ-बाप या परिवार के सदस्यों का बालकों के पालन-पोषण पर ध्यान न दिया जाना।
- बालक के साथ विद्यालय में होने वाला पक्षपात एवं अन्यायपूर्ण व्यवहार।
- घर और विद्यालय में अनावश्यक प्रतिबंध और तानाशाही व्यवस्था तथा आत्माभिव्यक्ति हेतु पर्याप्त सुविधाओं का अभाव।

उपरोक्त वर्णित परिस्थितियों के परिणामस्वरूप बालकों का घरेलू और विद्यालयीय वातावरण इतना अधिक दोषपूर्ण और अभावग्रस्त हो जाता है कि उन्हें उनकी संवेगात्मक तथा भावात्मक आवश्यकताओं की पूर्ति की कोई उचित राह नहीं मिल पाती। स्नेह, प्यार, सुरक्षा, आत्माभिव्यक्ति की स्वतन्त्रता, सम्मान तथा आदर आदि जिन बातों की प्राप्ति घर-परिवार तथा विद्यालय में स्वस्थ एवं स्नेहपूर्ण वातावरण में ही संभव हो सकती है उससे वे अकारण ही (बिना कोई उनकी गलती के) वंचित रह जाते हैं और उसका परिणाम उन्हें अपने जीवन के विभिन्न आयामों में भुगतना पड़ता है, जैसे- उनका शारीरिक एवं मानसिक स्वास्थ्य, शारीरिक, मानसिक या संज्ञानात्मक, सामाजिक, सांस्कृतिक तथा संवेगात्मक विकास, नैतिकता और भाषात्मक विकास आदि।

वंचित बालक—अर्थ एवं अवधारणा
(Deprived Children—Meaning and Concept)

आपने अभी पढ़ा है कि बालकों को अपने परिवेश में व्याप्त विभिन्न प्रकार के वंचन और असुविधाओं का, किसी एक या अन्य कारण की वजह से शिकार होना पड़ता है। इस तरह से, एक ओर तो वे बालक हैं जिन्हें अपनी शिक्षा, विकास तथा प्रगति के लिए सभी प्रकार की ज़रूरी सुविधाएं उपलब्ध होती हैं और दूसरी तरफ ऐसे बहुत से बालक होते हैं जो इस प्रकार से सुविधा सम्पन्न नहीं होते हैं बल्कि उन्हें अनेक प्रकार के अभावों तथा वंचन का शिकार होना पड़ता है जिसके परिणामस्वरूप उनके समुचित लालन-पालन, देखभाल, विकास, समायोजन, शिक्षा और प्रगति में अनेक प्रकार की बाधाएं आती हैं। ये बालक ही वंचित बालक माने जाते हैं। सामान्य रूप से वंचित बालक पद का प्रयोग उन बालकों के लिए किया जाता है जो किसी एक या दूसरे प्रकार के अभाव और वंचन का इस सीमा तक शिकार होते है कि यह उनके जीवन के समुचित लालन पालन, विकास, समायोजन, शिक्षा तथा प्रगति के मार्ग में एक बड़ी रुकावट या बाधा सिद्ध होता है। इन बालकों को उनकी प्रगति तथा विकास के मार्ग में आने वाले वंचन या अभाव के प्रकार के आधार पर अनेक श्रेणियों, जैसे—आर्थिक रूप से वंचित, सामाजिक और सांस्कृतिक रूप से वंचित, शैक्षिक और संवेगात्मक रूप से वंचित आदि में वर्गीकृत किया जा सकता है।

इन बालकों के विकास, समायोजन और वंचन से सम्बन्धित ऐसी बहुत सी बातें हैं जिनके ऊपर काफी सावधानी के साथ ध्यान दिया जाना ज़रूरी है। अध्यापकों को इनके बारे में जानकारी प्राप्त कर आवश्यक कदम उठाने चाहिए। यहां हम कुछ निम्न प्रकार के महत्त्वपूर्ण मामलों पर अपना ध्यान केन्द्रित करना चाहेंगे:

1. निर्धनता और वैश्वीकरण के सन्दर्भ में बाल्यकाल
2. शहरी मलिन बस्तियों में रहने वाले बालक
3. सामाजिक रूप से वंचित लड़कियां
4. माता-पिता से पृथक कर दिए गए बच्चों से सम्बन्धित मामले

5. किशोरों के तनाव से सम्बन्धित मामले और अध्यापक की भूमिका
6. पार्श्वीकरण सम्बन्धी भेदभाव और विभिन्नता के मामले
7. बालकों की विद्यालयी शिक्षा के मामले
8. बालकों और किशोरों की आवश्यकताओं और व्यवहारात्मक समस्याओं के मामले
9. वैश्वीकरण, शहरीकरण और आर्थिक परिवर्तनों का बालकों तथा किशोरों के विकास पर प्रभाव।

प्रस्तुत अध्याय में हम पहले चार मामलों पर चर्चा करना चाहेंगे। ऊपर उल्लेख किए गए शेष सभी मामलों पर हम इसी पुस्तक के आगे के अध्यायों में एक-एक करके चर्चा करेंगे। अब सबसे पहले हम निर्धनता और वैश्वीकरण के सन्दर्भ में बाल्यकाल के मामले को लेते हैं।

निर्धनता और वैश्वीकरण के सन्दर्भ में बाल्यकाल
(Childhood in the Context of Poverty and Globalization)

निर्धनता या गरीबी के सन्दर्भ में बाल्यकाल (Childhood in the Context of Poverty)—गरीबी एक महान अभिशाप है। गरीबी से ग्रस्त बच्चे किसी एक या अन्य कारण से विभिन्न प्रकार के वंचनों और अभावों के द्वारा बुरी तरह प्रभावित होते हैं। इस सम्बन्ध में उनके दु:खों, अभावों तथा वंचनों की गाथा तभी से शुरू हो जाती है जब वे अपनी माता के गर्भ में ही होते हैं और तब से लेकर उनके सम्पूर्ण विकास काल तक, उनकी वृद्धि और विकास, शिक्षा और प्रगति यहां तक कि अनेक तरीकों से उनकी रूचियों और कल्याण को जैसा कि आगे बताया गया है, लगातार प्रभावित करती रहती है।

1. गरीबी से घिरे हुए बच्चे, अपने माता-पिता, जो अपनी गरीबी के कारण अपने रहने तथा कार्य करने की शर्मनाक स्थितियों तथा दूषित पर्यावरण में रहने के कारण स्वयं विभिन्न प्रकार की बीमारियों और संक्रमण से ग्रस्त होते हैं, से अनेक प्रकार की वंशानुगत रोग, बीमारियां, अयोग्यताएं, अक्षमताएं, कमजोरियां और कमियां वंशपरम्परा के रूप में ग्रहण कर लेते हैं। इस प्रकार से यह दूषित धरोहर अपने जीवन में विकास और तरक्की का सफर शुरू करने के लिए एक कमजोर आधार और शक्तिहीन ढांचे के रूप में उन बच्चों के लिए काफी मंहगी सिद्ध होती है।
2. गरीबी से प्रभावित ये बच्चे अपनी माता के गर्भ में ही अपनी समुचित वृद्धि और विकास के लिए ज़रूरी पोषण प्राप्त नहीं कर पाते हैं। माता अपने गर्भस्थ शिशु को उचित पोषण देने में असमर्थ होती है क्योंकि वह स्वयं भी भूख, कुपोषण, अस्वस्थकर रहन-सहन, शारीरिक बीमारियों, मानसिक प्रताड़ना और तनाव की स्थिति से गुजरती हुई पाई जाती है।
3. जन्म के समय भी इन नवजात शिशुओं को अनेक समस्याओं और प्रतिकूल परिस्थियों का सामना करना पड़ता है। इन बालकों के प्रसव के समय भी किसी भी प्रकार ठीक ठाक सुविधाएं उपलब्ध नहीं हो पाती हैं। प्रसव स्थान का परिवेश और स्वच्छता सम्बन्धी स्थिति एकदम असन्तोषजनक और अस्वास्थ्यकर होती है और इस कारण से प्रसव के दौरान इन बालकों में किसी भी प्रकार की असमान्यता और दोष आने की काफी सम्भावना बनी रहती है।
4. बहुत बार गरीबी ग्रस्त परिवारों में बच्चे के जन्म का स्वागत नहीं किया जाता है क्योंकि वे सोचते हैं कि एक तो पहले ही वे अभावग्रस्त है, अब एक और बोझ बढ़ गया। इस दुर्भावना के कारण परिवार के सदस्यों द्वारा इन बच्चों को उपेक्षा, लापरवाही, लाड़प्यार का अभाव, दुर्व्यवहार आदि विरोधी अभिवृत्तियों का सामना करना पड़ता है।
5. जन्मोपरान्त भी अपने वृद्धि और विकासात्मक काल में अपनी शिक्षा और प्रगति के लिए उन्हें अपने समुचित पोषण, देखभाल, बुनियादी ज़रूरतों की सन्तुष्टि, आवश्यक भौतिक सुविधाओं की उपलब्धता आदि के रूप में जो कुछ भी चाहिए होता है, ये बच्चे उन सबसे वंचित रहते हैं चहुंओर अभाव ही अभाव दिखाई देता है। माता-पिता तथा परिवार की गरीबी और निम्न सामाजिक आर्थिक स्तर इन बालकों को अपनी प्रगति और विकास में अपने प्रतिकूल ही खड़ा दिखाई देता है, परिणामस्वरूप उन्हें किसी एक या अन्य प्रकार के अभाव, भेदभाव, विद्वेष, रूढ़िवादिता,

पार्श्वीकरण और वंचनावस्था का सामना करना पड़ता है कि इनके कारण अनेक प्रकार के नकारात्मक प्रतिफल हमारे सामने दिखाई पड़ने लगते हैं, जैसा कि आगे उल्लेख किया जा रहा है:

- अत्यधिक गिरी हुई और करूणाजनक स्थिति के कारण निर्धन परिवारों के बच्चे अपने उचित शारीरिक विकास और स्वस्थ्य नीरोग जीवन के लिए ज़रूरी पौष्टिक भोजन और सन्तुलित खुराक, स्वच्छ पीने का पानी, स्वास्थ्यप्रद रहन-सहन का परिवेश तथा अन्य शारीरिक एवं भौतिक सुविधाओं के बारे में स्वप्न में भी नहीं सोच सकते हैं।
- अपनी गर्भावस्था से लेकर आगे तक कुपोषण, अस्वास्थ्यकर तथा अस्वच्छ रहन-सहन की स्थिति के शिकार होने के कारण गरीबी ग्रस्त बच्चों की इन्द्रियजनित मांसपेशियों तथा मस्तिष्क के कोषों (cells) की स्वाभाविक वृद्धि नहीं हो पाती है और इस कारण बौद्धिक कार्यप्रणाली में मानसिक मन्दता आने की काफी संभावना बनी रहती है।
- गरीब परिवारों में पलने वाले बच्चों को अपने भाषा सम्बन्धी विकास के लिए भी पर्याप्त और समुचित अवसर नहीं मिल पाते हैं। सामान्यत: उनके माता-पिता और परिवार के अन्य सदस्य अशिक्षित और निरक्षर होते हैं। उनके पास अपने बच्चों के साथ ठीक प्रकार से बातचीत करने का ना तो समय होता है (जीविकोपार्जन के लिए संघर्षरत रहने के कारण) और न ही समुचित भाषा और शब्दावली पर उनका अधिकार होता है। अपनी विचाराभिव्यक्ति और सम्प्रेषण कौशलों का विकास करने के लिए समुचित अनुभव प्रदान करने के लिए उनके दरिद्र परिवारों और आस-पड़ोस में समाचार पत्र, पत्रिकाएं, पुस्तकें, पुस्तकालय सुविधाएं, दूरदर्शन या इन्टरनेट सेवाओं आदि की कोई सुविधा उन्हें उपलब्ध नहीं होती है।
- गरीबी से प्रभावित बच्चे जिस वंचन का सामना करते हैं वह उनकी आवश्यक संज्ञानात्मक योग्यताओं के विकास और ज़रूरी सामाजिक एवं संवेगात्मक परिपक्वता प्राप्त करने तथा उनके अधिगम के लिए किए जाने वाले प्रयासों में वांछित शैक्षणिक प्रगति करने आदि सभी को समान रूप प्रभावित करता है। कोई भी व्यक्ति क्या सोचता है, क्या महसूस करता है और क्या कार्य करता है यह सब हमेशा ही उसके जीवन और सामाजिक रहन सहन की स्थिति में क्या कुछ चल रहा है, इससे प्रभावित होता है। एक व्यक्ति की मानसिक एवं संवेगात्मक अवस्था किसी विशेष समय में जैसी है, वह उसके मानसिक, संवेगात्मक, सामाजिक एवं शैक्षणिक कार्यप्रणाली के लिए महत्त्वपूर्ण निर्धारक सिद्ध होती है। ये अभावग्रस्त गरीब बच्चे जब अपनी एक या दूसरी विकासात्मक और शैक्षणिक आवश्यकताओं को पूरा करने के लिए सुविधाओं और संसाधनों की कमी तथा हीनता के कारण अक्सर तनावग्रस्त, चिन्तित और संवेगात्मक रुप से कुसमायोजित रहते हैं तो यह स्थिति उनके मानसिक, सामाजिक, संवेगात्मक और शैक्षणिक विकास तथा प्रगति को एकदम प्रतिकूल रूप से प्रभावित करती है।
- शैक्षणिक सुविधाओं की अनुपलब्धता के कारण गरीबी से ग्रस्त बच्चे अपने सम्पूर्ण विकास, समायोजन एवं प्रगति में पिछड़े रहते हैं। इन बच्चों के माता-पिता रोटी-रोजी कमाने में उनकी सहायता लेने, घरेलू काम कराने या बालश्रम के रूप में उन्हें कहीं पर काम धन्धे में लगवा देने के कारण उन्हें विद्यालय पढ़ने के लिए नहीं भेजते है और यदि किसी तरह वे अपने बच्चों को स्कूल भेजना भी चाहते हैं तो स्कूल की फीस आदि का खर्चा चलाना, यहां तक कि राजकीय विद्यालयों में पड़ने वाला खर्चा चलाना भी उनके लिए मुश्किल होता है। इन माता-पिता के लिए प्रतिष्ठित और अच्छे स्कूलों में अपने बच्चों को भेजने के बारे में सोचने का तो प्रश्न ही नहीं उठता। यदि किसी प्रकार से इनके बच्चे कुछ विद्यालयों में प्रवेश पा भी लेते हैं तो किसी एक या अन्य कारण से उनका विद्यालय में समायोजन नहीं हो पाता है और कुसमायोजन के कारण वे परेशान होते रहते हैं। अपने परिवार की गरीबी और सामाजिक आर्थिक स्तर के कारण उनको विद्यालय में झिड़क दिया जाता है, नीचा दिखाया जाता है, तथा भेदभाव, पार्श्वीकरण आदि का वे शिकार होते रहते हैं। इससे ये बच्चे संवेगात्मक और मानसिक रूप से परेशान रहते हैं जिसका परिणाम यह होता है कि वे पाठ्य एवं सहपाठ्य गतिविधियों सम्बन्धी उपलब्धियों में पिछड़ जाते हैं।

- निर्धनता से प्रभावित बच्चों को अपने विकास के मार्ग में जिन परेशानियों का सामना करना पड़ता है और वे जिस प्रकार के भेदभाव और पार्श्वीकरण से प्रताड़ित होते रहे हैं उसके कारण उनके आत्मविश्वास, आत्मगौरव और आत्मसामर्थ्य के समुचित विकास पर काफी नकारात्मक प्रभाव पड़ता है। ये बच्चे अक्सर असुरक्षा, आत्मविश्वास की कमी, हीनता की भावना और अपराधिक चेतना आदि महसूस करते रहते हैं जो उनके ठीक समायोजन, जीवन में विकास तथा प्रगति के लिए बहुत नुकसानदायक सिद्ध होता है।

इस प्रकार से, हम देखते हैं कि एक बालक की निर्धनता और निम्न सामाजिक आर्थिक स्तर विद्यालय, समाज तथा जीवन में उसके समायोजन, विकास और प्रगति में काफी हानिकारक सिद्ध होता है। इसलिए सरकारी तथा गैर-सरकारी संगठनों, विद्यालय अधिकारियों तथा अध्यापकों सभी को उनकी अधिक से अधिक प्रगति के लिए तथा उनकी समस्याओं को दूर करने के लिए यथासंभव उनकी सहायता, सहयोग एवं मार्गदर्शन करना चाहिए। इस सम्बन्ध में आगे दिए कुछ सुझाव लाभदायक हो सकते हैं :

1. गरीबी से घिरे हुए बालकों विद्यालयी शिक्षा प्राप्त करने में सहायता करने के लिए प्रेरित करने और आर्थिक सहायता देने हेतु सरकारी और गैर-सरकारी संगठनों को सोच समझ कर ठीक प्रकार से योजनाएं बनानी चाहिए।
2. इन बच्चों की विद्यालयी शिक्षा पूर्णरूप से नि:शुल्क होनी चाहिए। उन्हें अपनी शिक्षा के लिए जिस प्रकार पाठ्य सामग्री आदि की ज़रूरत है उसकी तथा उनकी विद्यालयी वेशभूषा आदि की जिम्मेदारी सरकार तथा समुदायों को लेनी चाहिए।
3. सभी प्रकार के विद्यालयों (सरकारी, अर्द्धसरकारी, प्राइवेट तथा पब्लिक स्कूल) में इन गरीब बच्चों के लिए कुछ प्रतिशत (एक निश्चित अनुपात में) सीटें आरक्षित होनी चाहिए।
4. गरीब बच्चों के पोषण को ध्यान में रखते हुए विद्यालयों में मध्याह्न भोजन की ठीक प्रकार से व्यवस्था होनी चाहिए।
5. गरीबी से प्रभावित परिवारों के जीवन की दशाओं को सुधारने की तरफ भी ध्यान देना चाहिए। उनकी शौचालय आदि से सम्बन्धित स्थिति को ठीक बनाने में सहायता की जानी चाहिए। उनके घरों को पक्का बनाने, बिजली की सुविधा, रसोई गैस, पीने का शुद्ध पानी आदि रियायती दरों पर प्रदान करना चाहिए। राशन भी रियायती दर पर उपलब्ध होना चाहिए।
6. गरीबी रेखा से नीचे बसर करने वाले परिवारों के लिए निशुल्क चिकित्सा सुविधाओं की व्यवस्था होनी चाहिए।
7. गरीबी से घिरे हुए परिवारों के बच्चों के लिए बिना किसी शुल्क के सामुदायिक सेवाएं, खेलकूद एवं मनोरंजन सुविधाएं समुचित रूप से उपलब्ध होनी चाहिए।
8. इन बालकों के व्यक्तित्व के सर्वांगीण विकास में सहायक पाठ्य-सहगामी क्रियाओं और कार्यक्रम में भाग लेने के लिए उन्हें प्रेरित करना चाहिए और प्रोत्साहन देना चाहिए।
9. इन बच्चों को यह बताया जाना चाहिए कि यदि अपने विकास और तरक्की के लिए उनमें दृढ़ इच्छाशक्ति और पक्का निश्चय हो तो गरीबी कभी भी उनके मार्ग में रोड़ा नहीं अटका सकती। विद्यालयों और सामुदायिक केन्द्रों में इस प्रकार के अभिप्रेणात्मक व्याख्यान, संवाद तथा कार्यशालाओं का आयोजन करना चाहिए।
10. जब भी गरीबी ग्रस्त कोई बालक किसी एक या दूसरे क्षेत्र में श्रेष्ठ प्रदर्शन करे या आगे बढ़ता हुआ पाया जाए तो उसके इस प्रयास को प्रोत्साहित करना चाहिए और उसके इस प्रयास को दूसरे बच्चों के सामने एक सजीव उदाहरण के रूप में प्रस्तुत करना चाहिए।

वैश्वीकरण के सन्दर्भ में बालक (Children in the Context of Globalisation)

अभी इसी अध्याय में हमने गरीबी और निम्न सामाजिक आर्थिक स्तर के कारण अपनी प्रगति, विकास, समायोजन तथा शिक्षा के मार्ग में सामने आने वाली समस्याओं और कठिनाइयों का सामना करते हुए बालकों की स्थिति के बारे में चर्चा की है।

गरीबी से प्रताड़ित इन बालकों की कठिनाइयां और समस्याएं तब और भी बढ़ जाती हैं तथा अपने दुष्प्रभावों को बढ़ा लेती हैं जब बच्चों की यह गरीबी वैश्वीकरण के दुष्प्रभाव के साथ जुड़ जाती है। वैश्वीकरण सम्प्रत्यय के बारे में जानने हेतु हम इसे एक ऐसी वैश्विक, सामाजिक, सांस्कृतिक, आर्थिक, राजनीतिक तथा शैक्षिक प्रक्रिया के रूप में जान सकते हैं, जो दुनियाभर में स्थित विभिन्न समुदायों और वर्गों को उनमें निहित विभिन्न प्रकार की असमानताओं और समानताओं को नजरअन्दाज करते हुए एक दूसरे के समीप लाने की चेष्टा करती है। अपने प्रभावों और परिणामों के रूप में वैश्वीकरण जिन विभिन्न बातों को तेजी से प्रकाश में लाने के लिए उत्तरदायी कहा जा सकता हे वे हैं—(i) औद्योगीकरण, शहरीकरण और आधुनिकीकरण की संस्थाएं (ii) प्रयोजनवादी दर्शन और पूंजीवादी अर्थ व्यवस्था में विश्वास रखने वाली बहुसंस्कृति समाज की स्थापना (iii) सूचना एवं सम्प्रेषण तकनीकी तथा दूसरे वैज्ञानिक साधनों और विधियों का वैश्विक व्यवस्था और गतिविधियों के सम्पादन में प्रयोग।

वैश्वीकरण की अवधारणा और बालकों तथा किशोरों के विकास और ठीक-ठाक जीवनयापन पर इसके प्रभाव के बारे में हम इसी पुस्तक के 21वें अध्याय में बाद में चर्चा करेंगे। इस समय हम विकासोन्मुख विशेष कर भारत जैसे विकासशील देश में, बालकों के बाल्यकाल पर वैश्वीकरण द्वारा लाए गए कुछ दुष्प्रभावों तथा नकारात्मक प्रतिफलों की चर्चा कर रहे हैं:

1. **बाल श्रमिकों के रूप में बच्चों का शोषण** (Exploitation of the children)—भारी भरकम औद्योगीकरण तथा वैश्वीकरण के कारण विश्व में आयात और निर्यात की स्पर्धात्मक बाजार ने बहुत बड़ी संख्या में बाल श्रमिकों के रूप में बालकों का शोषण किया जा रहा है। बहुत ही दयनीय एवं अमानवीय परिस्थितियों में विभिन्न लघु और बड़े उद्योगों तथा व्यापारिक प्रतिष्ठानों आदि में पूरे देश में इन्हें काम करते हुए देखा जा सकता है। छोटे-छोटे ढाबों में हम इन छोटे-छोटे गरीब बच्चों को झूठे बर्तन साफ करते हुए तथा भोजन परोसते हुए, रासायनिक एवं तम्बाकू उत्पादन करने वाले कारखानों में अपनी जिन्दगी को जोखिम में डालते हुए, व्यापारिक दुकानों पर तथा निर्यात आधारित भारी औद्योगिक इकाइयों में अत्यन्त परिश्रम तथा थकाने वाली सेवाएं प्रदान करते हुए आसानी से देख सकते हैं। यह शोषण तब अत्यन्त विकृत रूप ले लेता है जब बच्चों को बंधुआ मजदूर के रूप में रखा जाता है और उनके साथ गुलामों के समान अमानवीय बर्ताव किया जाता है।

2. **बाल वैश्याओं के रूप में बच्चों का शोषण** (Exploitation of children in the form of child prostitutes)—वैश्वीकरण ने विभिन्न स्थानों की सैर और भ्रमण को काफी सुलभ और आनन्दप्रद बना दिया है। अपने इच्छित स्थानों की सैर और भ्रमण करने वाले पर्यटकों की संख्या में दिन प्रतिदिन वृद्धि हो रही है। अपने पर्यटन हितार्थ विभिन्न प्रकार के आकर्षणों में एक नए प्रकार का आकर्षण पर्यटकों के लिए उभरकर सामने आया है, वह है अविकसित और गरीब देशों में छोटे बालक और बालिकाओं की यौनाचार के लिए उपलब्धि। यूनेस्को की ताजा रिपोर्ट में भी इस प्रकार की बुराई पर अपनी चिन्ता व्यक्त करते हुए लिखा है कि यूरोप और अमेरिका जैसे देशों के बहुत से पर्यटक पूर्वी एशियन देशों जैसे—थाइलैंड, सिंगापुर और भारत इत्यादि के पर्यटन में रूचि का एक विशेष कारण उनमें अपनी इन्द्रिय लिप्सा की पूर्ति हेतु छोटे-छोटे बालक और बालिकाओं का उपलब्ध होना भी है। अभाव और गरीबी से घिरे हुए देशों में इस प्रकार के बालकों की उपलब्धि स्वार्थी तत्वों, यहां तक कि उनके माता-पिता द्वारा भी सुलभ कराई जाती है और इस तरह वैश्वीकरण ने बालक और बालिकाओं को वैश्याओं के रूप में शोषित होने की पहल की है।

3. **बालकों से सम्बन्धित अश्लीलता के रूप में बालकों का शोषण** (Exploitation of the children in the form of child pornography)—छोटे बालक और बालिकाओं के शोषण का एक और बड़ा क्षेत्र उनसे सम्बन्धित अश्लील साहित्य, वीडियोग्राफी तथा चित्रात्मक ऐसी सामग्री से है जिसे पोर्नोग्राफी (Pornography) के नाम से जाना और समझा जाता है। वैश्वीकरण ने सूचना सम्प्रेषण तकनीकी और इलेक्ट्रोनिक उपकरणों के उपयोग में कम्प्यूटरीकरण के माध्यम से एक अजीब सी क्रान्ति ला दी है। अब बालक और बालिकाओं के अश्लील चित्र और यौन क्रियाओं में रत गतिविधियों को वीडियोग्राफी की सहायता से इन्टरनेट पर डालकर पूरे विश्व, जिन्हें वह सामग्री चाहिए, उनके सामने लाया जा सकता है। बालक बालिकाओं के इस प्रकार के शोषण को वैश्वीकरण ने ही एक घृणित धंधे के रूप में अपनाने का मार्ग खोल दिया है। बालकों का इस प्रकार का शोषण उनके वर्तमान और भविष्य को पूरी तरह धूमिल और बर्बाद कर रहा है। इस बात के शिकार प्राय: गरीबी और अभावग्रस्त देशों के बालक और बालिकाएं ज्यादा हो रहे हैं। भारत में भी इस बुराई की जडें अब गहरी होती जा रही हैं।

4. विक्रयवस्तु तथा गोद लेने के रूप में बालकों का शोषण (Exploitation of children in the form of sale commodity and adoption)—गरीब बालक और बालिकाओं के शोषण का एक स्वरूप जो वैश्वीकरण के कारण आज देखने को मिलता है, वह है किसी एक या अन्य प्रकार से बालकों का शोषण करने के लिए विक्रयवस्तु की तरह बालक बालिकाओं की खरीदफरोख्त। तेल के कारण घनी खाड़ी देशों के शेखों के द्वारा यह कार्य काफी किया जाता है। वे अपनी यौन इच्छा की सन्तुष्टि के लिए हमारे देश के विभिन्न भागों से गरीब बालिकाओं को खरीद कर ले जाते हैं और फिर उनसे गुलामों जैसा व्यवहार करते हैं। हमारे देश में भी जिन प्रान्तों में लिंग अनुपात बिगड़ जाने के कारण लड़कियों की कमी है, वहां शादी ब्याह के लिए बधू उपलब्ध नहीं हो पाती है, वहां पर गरीबी से घिरे राज्यों जैसे बिहार, झारखण्ड आदि स्थानों से लड़कियां खरीद कर लाने की एक नई प्रथा चल पड़ी है, इसमें विवाह के लिए वर-वधू की उम्र का भी ध्यान नहीं रखते हैं। प्रौढ़ावस्था के पुरूष छोटी-छोटी बालिकाओं से विवाह कर उनके साथ जबर्दस्ती व्यभिचार और अत्याचार के रूप में उनका शोषण करते हुए पाए जाते हैं। इसी प्रकार घरेलू नौकर के रूप में भी गरीब परिवारों के छोटे-छोटे बालक और बालिकाओं को खरीदा जाता है और उनका शोषण किया जाता है। गोद लेने के नाम पर भी छोटे बच्चों को खरीदने का खेल खेला जाता है। ज्यादातर पाश्चात्य देशों के लोग गरीबी से जूझते हुए देशों से गोद लेने के झूठ के साथ बच्चों को खरीद कर ले जाते हैं और फिर उनसे गुलामों की तरह व्यवहार कर (विशेष कर घरेलू कार्यों के लिए) उनका शोषण करते हैं।

ऊपर वर्णित सभी रूपों में बालकों के साथ किया जाने वाला शोषण विकासशील बच्चों के ठीक-ठीक विकास तथा जीवनयापन के लिए काफी घातक सिद्ध हो रहा है। इसने इन अभागे बच्चों से न केवल उनके बचपन की मुस्कराहट और आकर्षण को छीन लिया है बल्कि उनके वर्तमान को अंधकारमय तथा भविष्य का विनाश कर दिया है। फलस्वरूप उनकी उचित वृद्धि और व्यक्तित्व के सभी आयामों-शारीरिक, मानसिक, सामाजिक, संवेगात्मक और नैतिकता के विकास के लिए उनका ना तो कोई वर्तमान है और ना ही भविष्य है। अपने जीवन में अपने समुचित समायोजन, विकास तथा प्रगति के लिए सभी प्रकार की ज़रूरी सुविधाओं से वे वंचित हैं। उनके माता-पिता तथा शोषकों द्वारा तो उनकी उचित शिक्षा के लिए समुचित प्रबन्ध किए जाने का तो कोई प्रश्न ही नहीं उठता परन्तु खेद की बात तो यह है कि सरकारी और गैरसरकारी संगठन भी इस प्रकार से शोषित और पीड़ित बालकों की रक्षा के लिए उचित रूप से आगे नहीं आ पा रहे हैं।

शहरी मलिन बस्तियों में रहने वाले बच्चे (Children Living in Urban Slum Areas)

आधुनिक समय में वैश्वीकरण की प्रक्रिया के फलस्वरूप बहुत ज्यादा औद्योगीकरण और शहरीकरण की गति के विकास और आकार में तीव्र गति से होने वाली वृद्धि ने अनेक शहरी मलिन बस्तियों को जन्म दिया है जो बाहर से जीविकायापन के लिए बड़े-बड़े शहरों और कस्बों में आने वाले लोगों और मजदूरों को अपना सिर छुपाने के लिए एक ठिकाना या आश्रयस्थल बनती हैं। ये मलिन क्षेत्र या बस्तियां निम्न प्रकार से मनुष्यों के रहने के लिए एक बहुत ही निम्न स्थिति के नारकीय स्थान का चित्र प्रस्तुत करती हैं :

- ये शहरी मलिन बस्तियां प्राय: प्रयोग में न आने वाली, अनाधिकृत या बेकार पड़ी भूमि या जहां पर निवास करने के लिए रोक लगा रखी हो, जैसे—रेलवे स्टेशन के पास की जमीन, गंदे नालों के पास का क्षेत्र, गंदे पानी के इकट्ठे होने की भूमि (जोहड़ों) के पास, प्रदूषण फैलाने वाले कारखानों के आस-पास आदि जगहों में बस जाती हैं।
- इन मलिन बस्तियों में जीने की आवश्यक सुविधाएं जैसे—ठीक सड़कें या रास्ते, नाली व्यवस्था, सेनिटेशन की व्यवस्था, पीने तथा अन्य कामों के लिए पानी, बिजली, गैस आदि की उपलब्धता नहीं होती है।
- इन मलिन बस्तियों के घर भी अस्थायी सामग्री जैस—टेन्ट, पुराने कपड़ों या प्लास्टिक के टुकड़ों, मिट्टी, घास फूस के छप्पर तथा बांस आदि से बने होते हैं जिनमें गर्मी, सर्दी, वर्षा किसी भी ऋतु का प्रहार झेलने की ताकत नहीं होती है।

- इन घरों या झोपड़ियों में शौचालय या स्नान घर जैसी कोई सुविधा नहीं होती है। अतः यहां के लोगों को खुले में बाहर स्नान करना पड़ता है तथा शौच के लिए भी बस्ती के आस-पास के एरिए में ही खुले में जाना पड़ता है जो कि उनके स्वयं के तथा दूसरों के स्वास्थ्य के लिए काफी नुकसानदायक होता है।
- चूंकि ये बस्तियां अनधिकृत भूमि पर बस जाती हैं अतः ये नगर पालिका या नगर निगम के क्षेत्र में नहीं आती हैं। अतः यहां पर बच्चों के मनोरंजन या खेलने के लिए कोई पार्क या खुला मैदान नहीं होता है और न ही कोई प्राथमिक विद्यालय या सामुदायिक केन्द्र।
- इन बस्तियों के चारों तरफ वायु प्रदूषण, जल प्रदूषण,ध्वनि प्रदूषण आदि की बहुतायत होती है।
- इन बस्तियों में रहने वाले लोग ज्यादातर निर्धन तबके के लोग होते हैं जो या तो पास के कारखानों गें काम करने वाले श्रमिक होते हैं या रिक्शा चलाने वाले, कुली, घरेलू नौकर, या फिर बहुत कम आय के अन्य काम करने वाले। उनमें से अधिकांश अशिक्षित या कम पढ़े लिखे लोग होते हैं जिनको आज के वैश्वीकृत विश्व के बारे में कोई जानकारी नहीं होती है।
- ये लोग सफाई, स्वच्छता और स्वास्थ्य सम्बन्धी ज़रूरी बातों के बारे में बिल्कुल भी जागरूक नहीं होते हैं। इसलिए वे अपनी गर्भवती महिलाओं तथा विकासशील बालकों के स्वास्थ्य या ठीक-ठाक रहने सम्बन्धी बातों का भी कोई ध्यान नहीं रख पाते हैं।

विकासशील बालकों के विकास, समायोजन और शिक्षा पर शहरी मलिन बस्तियों का प्रभाव (Impact of Urban Slum Areas on the Development, Adjustment and Education of their Developing Children)

शहरों की मलिन बस्तियों में रहने वाले बालक उन सभी विभिन्न प्रकार की कमियों, वंचनों तथा विपरीत हालातों (जिनको गरीबी से पीड़ित बालक झेलते है) का सामना करते हुए पाए जाते हैं जो उनके समायोजन, शिक्षा तथा विकास के लिए पूरी तरह बाधक होती है। हमने इस प्रकार के सभी नकारात्मक दुष्प्रभावों की चर्चा इसी अध्याय में गरीबी से प्रभावित बालकों का वर्णन करते हुए विस्तार से कर दी है। इसलिए अब इस सम्बन्ध में मलिन बस्तियों में रहने वाले बालकों के सम्बन्ध में कुछ बात अगर रह जाती है तो वह यह है कि गरीबी के साथ-साथ मलिन बस्तियों में रहने वाले बालकों को जिन और अतिरिक्त परिस्थितियों का सामना करना पड़ता है उनका सम्बन्ध उनकी बस्ती में व्याप्त वातावरण तथा रहन-सहन सम्बन्धी कमियों को लेकर होता है, जिसका दुष्प्रभाव उनकी शिक्षा, समायोजन तथा विकास पर प्रत्यक्ष रूप से देखा जा सकता है। मलिन बस्तियों के इस दुष्प्रभाव को हम संक्षेप में निम्न प्रकार से व्यक्त कर सकते हैं :

1. अपनी बस्ती में व्याप्त सफाई और स्वच्छता का अभाव तथा अस्वस्थ्य कर रहन-सहन की स्थितियों के कारण यहां के बालक अनेक प्रकार की बीमारियों से ग्रस्त रहते हैं। यह गन्दगीपूर्ण अस्वास्थ्यकर वातावरण उनके स्वास्थ्य और शारीरिक विकास में रूकावट लाने का कारण बनता है।
2. उनके परिवेश में ऐसा कुछ नहीं होता जो उनकी वृद्धि और विकास के लिए सहायक, मैत्रीपूर्ण एवं प्रेरणादायक हो। वांछित व्यवहार का अधिगम करने, अच्छी आदतों का अवलोकन एवं अनुकरण कर आत्मसात करने के लिए उनका वातावरण उन्हें उनके सामने उन्हें अपने घर, पास-पड़ोस तथा बस्ती में हमउम्र साथी या बड़े लोगों के रूप में जो मॉडल प्रदान करता है, वह एकदम नकारात्मक और अवांछित होता है। ये हमउम्र साथी विद्यालय में फेल हो चुके, या विद्यालय छोड़ चुके या भगोड़े, समस्यात्मक बालक, व्यसनी, नशाखोर, जुआड़ी, चोर, चोर बाजारी करने वाले और अपराधी बालक होते हैं। इस प्रकार के हमउम्र बालकों तथा बड़े लोगों की संगति आसानी से उन्हें समाज विरोधी, अनैतिक, समस्यात्मक या अपराध के मार्ग पर प्रवृत्त कर सकती है फिर वे अपनी स्वार्थ सिद्धि करने वाले समाज विरोधी अपराधियों के द्वारा जानबूझकर अपने जाल में फंसाए जा सकते हैं।

3. उन पर मलिन बस्तियों में रहने के लिए लगी हुई छाप उनके अपने समुचित समायोजन और विकास में एक बड़ी बाधा सिद्ध होती है। इन जगहों में रहने के कारण उन्हें काफी ज्यादा अलगाववाद, भेदभाव, पार्श्वीकरण तथा वंचन का सामना करना पड़ता है। इन वंचनों की प्रतिक्रियात्मक उपाय के रूप में ये बालक आक्रामकता, समस्यामूलक तथा अपराधिक व्यवहार की तरफ आकर्षित हो जाते हैं। दूसरी तरफ यह भी संभव है कि ये बालक असफलता, हताशा और निराशा से घिर जाएं परिणामस्वरूप उनका आत्मविश्वास, उनकी इच्छाशक्ति, आत्मगौरव और आत्मसामर्थ्य सब नष्ट हो जाते हैं या कम हो जाते हैं। इस प्रकार से मलिन बस्तियों में रहने वाले बालक एक ऐसे चौराहे पर खड़े हुए पाए जाते हैं जहां से उन्हें अपने सन्तोषजनक विकास और प्रगति की ओर बढ़ने के लिए कोई भी रास्ता नजर नहीं आता है। आत्मविश्वास और आगे बढ़ने की चाहत की कमी के साथ जुड़ी निराशा और हताशा उन्हें बेरोजगारी की ओर ढकेल देती है या फिर उन्हें शारीरिक परिश्रम करने वाले या निम्न श्रेणी के रोजगार की ओर प्रवृत्त कर देती है जो कि आगे फिर उन्हें तथा उनकी आने वाली पीढ़ी को गरीबी और मलिन बस्तियों के जाल में फंसा देता है।

इनके स्तर में सुधार लाने के उपाय (Measures to Bring Improvement in their Status)

गरीबी से प्रताड़ित बालकों के ठीक-ठाक समायोजन, शिक्षा तथा विकास में सहायता करने के लिए जो उपाय बताएं गए हैं, उनमें बहुत से उपाय मलिन बस्तियों में रहने वाले बच्चों की स्थिति में सुधार लाने के लिए भी कारगर सिद्ध हो सकते हैं। यहां हम उनको दोहराना नहीं चाहते। फिर भी शहरों की मलिन बस्तियों में रहने के कारण उन पर जो नकारात्मक प्रभाव पड़ता है उसको दूर करने और उनके कल्याण के लिए हम निम्न प्रकार के कुछ अन्य उपायों का प्रयोग कर सकते हैं:

1. सर्वप्रथम तो मलिन बस्तियों में रहने-सहने की दशाओं में सुधार लाना ज़रूरी है। इन बस्तियों को नियमित कराया जाना चाहिए और यहां पर जीवन की कुछ ज़रूरी सुविधाएं, जैसे—शौचालयों का निर्माण, पीने का शुद्ध पानी, बिजली और रसोई गैस की उपलब्धता, पक्के घर, उचित सड़कें और रास्तें, नियंत्रित मूल्य पर खाद्य सामग्री, नालियों की व्यवस्था, सीवरेज, सामुदायिक केन्द्र, सामुदायिक पार्क, विद्यालय तथा यातायात सुविधाएं आदि की व्यवस्था की जानी चाहिए।
2. मलिन बस्तियों में रहने वाले लोगों को साक्षर बनाने में सहायता की जानी चाहिए तथा साथ ही उन्हें शिक्षा के लिए आगे बढ़ाने में भी सहायता करनी चाहिए।
3. उन्हें अपने रहन-सहन और व्यवहार में सुधार करने तथा तरक्की करने के बारे में जागरूक करने के लिए ठीक प्रकार से शिक्षित करना चाहिए। अपने बच्चों की शिक्षा और विकास के उचित अवसर व सुविधाएं प्रदान करना उन्हें अपना उत्तरदायित्व समझना चाहिए और ऐसा कोई कार्य नहीं करना चाहिए जो उनके बच्चों के व्यवहार और अभिवृत्ति और आदतों को नकारात्मक और विनाशकारी रूप से प्रभावित करे।
4. मलिन बस्तियों में रहने वाले बच्चों को समाज के बुरे तत्वों की संगति से बचाने के प्रयत्न किए जाने चाहिए। फिर भी यदि ये बच्चे समाज विरोधी व्यक्तियों के जाल में किसी तरह से फंस भी जाएँ तो उन्हें बाहर निकालने और फिर से नया अच्छा जीवन जीने के लिए आगे बढ़ाने के प्रयास किए जाने चाहिए।

सामाजिक रूप से वंचित लड़कियां (Socially Deprived Girls)

भारतीय परिवारों में सदियों से लड़कियों के प्रति भेदभाव, ईर्ष्या, उपेक्षा, घृणा तथा पार्श्वीकरण जैसी बुराइयों का चलन, किसी एक या अन्य वजह से चला आ रहा है। इसके परिणामस्वरूप लड़कियों को स्पष्ट रूप से कष्टदायी सामाजिक वंचन का शिकार होना पड़ रहा है। जिसका दर्शन हमें निम्न बातों के विवरण से अच्छी तरह प्राप्त हो सकता है:

1. आज की इतनी ज्यादा तकनीकी प्रगति और जागरूकता के युग में भी हमारे बहुत से भारतीय परिवारों में अभी भी बालिका के जन्म का स्वागत नहीं किया जाता है। माँ के द्वारा लड़की को जन्म देना काफी दुर्भाग्यपूर्ण समझा जाता है। उन्हें अपने परिवार में दुर्भाग्य लाने के लिए जिम्मेवार तथा एक अभिशाप के रूप में माना जाता है।

2. माता-पिता तथा परिवार के अन्य सदस्यों द्वारा लड़की तथा लड़के के पालन-पोषण में साफ-साफ भेदभाव और अन्तर देखा जा सकता है, जैसे:
   - लड़कों की सभी बुनियादी ज़रूरतों की सन्तुष्टि के प्रति परिवार की तरफ से पूरा ध्यान रखा जाता है और उन्हें सभी प्रकार की सुविधाएं दी जाती हैं, जबकि लड़कियों के साथ ऐसा नहीं होता है।
   - कई परिवारों में लड़कियों को विद्यालयी शिक्षा से रोक लिया जाता है, यह कहकर कि उनका कार्य तो घरेलू कर्त्तव्यों को पूरा करना है।
   - यह कहकर कि लड़कों को पुरूषों की तरह के उत्तरदायित्व निभाने के लिए अधिक ऊर्जा तथा ताकत की ज़रूरत होती है अतः उन्हें अपनी बहिनों से ज्यादा स्वस्थ्य और मजबूत होना चाहिए। इस सोच के कारण लड़कों को अच्छी खुराक दी जाती है और लड़कियों को सन्तुलित एवं पौष्टिक भोजन से वंचित रखा जाता है।
   - लड़के के अवांछित एवं समस्यामूलक व्यवहार की ओर से आँखें फेर ली जाती हैं जबकि दूसरी तरफ एक लड़की की छोटी सी भूल के लिए भी उसे दंडित किया जाता है और उसकी सब तरह से भर्त्सना की जाती है।
   - लड़कियों को घर से बाहर की गतिविधियों, खेल एवं खेलकूद, गाड़ी चलाना तैरना तथा किसी प्रकार की साहसिक गतिविधि में भाग लेने के अवसर नहीं दिए जाते यह कह कर कि ये गतिविधियां लड़कियों के लिए उचित नहीं हैं, ये तो पूरी तरह से लड़कों के कार्यक्षेत्र में आती हैं।
3. हमारे समाज में लड़कियों के साथ व्यवहार करने में काफी अन्तर एवं भेदभाव पूर्ण दृष्टिकोंण देखने में आता है। लड़कों की तुलना में हमेशा ही लड़कियों की उपेक्षा की जाती है। चाहे किसी बात से दोनों का कल्याण निहित हो फिर भी लड़कों को प्राथमिकता दी जाती है। हमारे समाज में स्त्रियों और लड़कियों को हमेशा ही क्रय-विक्रय की वस्तु की तरह उपभोग की चीज समझा जाता है, वे केवल पुरूष जाति की सेवा के लिए उपयोग में लाई जाने वाली वस्तु मानी जाती हैं। दोनों ही लिंगों के लिए समानता की भावना तथा स्त्रीलिंग के लिए सम्मान का भाव तो जैसे समाज से विलुप्त ही हो गया है। इसी के परिणामस्वरूप लड़कियों से छेड़छाड़, अश्लील बातें कहना, बलात्कार तथा लिंगीय हिंसा आदि की घटनाएं काफी बढ़ गई हैं। साथ ही सामाजिक जगहें हों या विद्यालय सभी जगह लड़कों या पुरूषों के द्वारा लड़कियों और स्त्रियों को लज्जित होना, अपमानित होना तथा प्रताड़ित होना आदि सहन करना पड़ता है। इन सबसे लड़कियों के मन में असुरक्षा और भय इतना बढ़ गया है कि किसी सामाजिक आन्दोलन या कार्यक्रम में भाग लेने में उनका उत्साह, आत्मविश्वास, आत्मसामर्थ्य, आत्मसम्मान जैसे कहीं खो गया है या बहुत कम हो गया है।
4. विद्यालयों में भी लड़कियों को लिंगीय भेदभाव, अलगाववाद तथा वंचन का शिकार बनना पड़ता है। जैसे कुछ लोग कहते हैं लड़कियों को मैथमेटिक्स, कम्प्यूटर या इंजीनियरिंग आदि की पढ़ाई नहीं करनी चाहिए क्योंकि ये तो लड़कों के क्षेत्र के विषय हैं। इसी प्रकार लड़कियों को अन्वेषणात्मक, रचनात्मकतावादी तथा खोज सम्बन्धी गतिविधियों और अवसरों से दूर रहना चाहिए। उन्हें साहसिक तथा बाहर की सामाजिक और सामुदायिक गतिविधियों से लड़कों के साथ स्पर्धा करने से हतोत्साहित किया जाता है और इस प्रकार से उनके व्यक्तित्व के सर्वांगीण विकास और प्रगति के बहुमूल्य अवसर उनसे छीन लिए जाते हैं।

हमारे समाज में लड़कियों के साथ भेदभाव और वंचन के सम्बन्ध में ऊपर जिन बातों का उल्लेख किया गया है वह एक बड़ी चिन्ता का विषय है। परन्तु आज इस सम्बन्ध में शुभ समाचार भी है क्योंकि वैश्वीकरण, शहरीकरण, आधुनिकीकरण, जनमाध्य, साक्षरता का प्रसार तथा सूचना सम्प्रेषण तकनीकी और कम्प्यूटर उपकरणों के विकास के कारण परिस्थितियां बदल रही हैं। आज लड़की के जन्म को परिवार में अभिशाप या बोझ नहीं माना जाता है। आज माता-पिता तथा घर के बड़े सदस्य लड़कियों के सम्पूर्ण विकास के लिए वे सभी ज़रूरी सुविधाएं प्रदान करने लगे हैं जो वे अपने बालकों को प्रदान करते हैं। विद्यालयों में भी बालिकाओं के साथ होने वाले वंचन और पार्श्वीकरण के प्रभाव को कम करने के लिए आवश्यक उपाय किए जाने शुरू हो चुके हैं। फिर भी बहुत कुछ अभी हमारे समाज और सरकार के द्वारा किया जाना अपेक्षित है जिससे बालिकाओं

को दिन प्रतिदिन उनके प्रति बढ़ते हुए यौन अपराधों और छेड़छाड़ से होने वाली शर्मिन्दगी, परेशानी और शारीरिक, सामाजिक तथा मनोवैज्ञानिक रूप से होने वाली क्षति के दुष्परिणामों से उन्हें बचाया जा सके। इसके लिए एक ओर तो जहां व्यक्तियों और समाज में इस प्रकार की आत्म चेतना का आना आवश्यक है जिससे वे यह स्वयं महसूस करें कि अब बहुत हो चुका है, बालिकाओं और महिलाओं के प्रति ऐसी घटनाएं बन्द होनी चाहिए और दूसरी ओर कानूनी तौर पर इस तरह के प्रावधान होने और ईमानदारी और कड़ाई से उनकी अनुपालना कराने की भी आवश्यकता है ताकि बालिकाओं और स्त्रियों पर होने वाले दुराचारों पर भलीभांति रोक लगाई जा सके।

माता-पिता से बिछुड़े या पृथक हुए बच्चे (Children Separated from Parents)

जहाँ तक बच्चों के लालन पालन और देखभाल का प्रश्न है, इस सम्बन्ध में माता-पिता का स्थान कोई भी दूसरा नहीं ले सकता है। परन्तु सभी बालक इतने सौभाग्यशाली नहीं होते कि उन्हें अपने जन्म से लेकर बड़े होने तक अपने माँ-बाप की छत्रछाया, देखभाल और प्यार दुलार उपलब्ध होता रहे। इस सम्बन्ध में बहुत से बच्चों को अपने माँ-बाप से किसी एक या अन्य वजह से अलग होता हुआ या बिछुड़ता हुआ पाया जाता है। ऐसी कुछ वजह निम्न प्रकार की हो सकती हैं:

- स्वार्थी तत्त्वों द्वारा बालकों की चोरी और अपहरण करने की घटनाएं।
- मेले की भीड़भाड़ में, या पर्यटन के दौरान किसी घटना के घटित होने से।
- माता-पिता एवं परिवार से किसी दुर्घटना के समय अलग होना, जैसे- रेल दुर्घटना, बस या मोटर दुर्घटना, वायुयान दुर्घटना आदि।
- माता या पिता या दोनों की असामाजिक या दुर्घटनावश मृत्यु।
- माता-पिता के व्यवसाय या नौकरी के कारण पूरे दिन के लिए या कुछ घंटे के लिए पृथक होना।
- बच्चों की असामान्य मानसिक, शारीरिक, संवेगात्मक अवस्था के कारण उन्हें छात्रावासों या इस प्रकार की संस्थाओं में जानबूझ कर छोड़ आना।
- अपनी दरिद्रता के कारण माता-पिता के द्वारा बच्चों को किसी दूसरों को गोद देना या बेच देना।

अब प्रश्न यह उठता है कि इन बच्चों, जो किसी एक अन्य कारण से अपने माता-पिता से पृथक हो जाते हैं या किसी अन्य के द्वारा इनका लालन-पालन किया जाता है, के साथ क्या घटित होता है। आइए अब हम एक-एक करके उनके पृथक होने के पीछे सक्रिय कारण और उनकी प्रकृति के बारे में विचार करते हैं:

(i) **बुरे व्यक्तियों और अपराधी तत्त्वों के हाथों पलने वाले बच्चे** (Children rearing in the hands of bad guys and criminals)—स्वार्थी तत्वों जैसे बुरे आदमियों और अपराधियों के हाथों में पहुँचने पर माँ-बाप से पृथक हुए बच्चों का क्या हाल होता होगा यह आप अच्छी तरह से स्वयं ही सोच सकते हैं। टी. वी. कार्यक्रमों और चलचित्रों में आपने देखा ही होगा कि किस तरह से इन बच्चों (बुरे आदमियों के हाथों में पहुँचे हुए अपहृत बच्चे) के शरीर के किसी न किसी अंग को नुकसान पहुँचा कर (जैसे हाथ तोड़ देना, पैर तोड़ देना, आँख जला देना आदि) उन्हें भीख मांगने के लिए बाध्य किया जाता है, किस तरह से शरीर के अंगों का व्यापार करने वाले इन बच्चों के शरीर के किसी एक या दूसरे अंग को निकाल कर अपने स्वार्थ पूर्ति हेतु, उन्हें मरने के लिए छोड़ देते हैं, कैसे ये भोलेभाले, निर्दोष बच्चे यौन व्यापार और यौनापराध की दुनिया में ढकेल दिए जाते हैं और किस प्रकार से इनके साथ बंधुआ मजदूर की तरह व्यवहार किया जाता है।

(ii) **छात्रावासों और संस्थाओं में पलने वाले बच्चे** (Children rearing in the boarding houses and institutions)—विशिष्ट आवश्यकता वाले बच्चे जिन्हें उनके माता-पिता द्वारा छात्रावासों तथा उनके लिए उपयुक्त विशिष्ट संस्थाओं में दैनिक देखभाल के लिए भेज दिया जाता है, उन बच्चों के लिए इसमें कोई बुराई नहीं है बल्कि यह तो उनके लिए अच्छा ही है। इस प्रकार का पृथक होना, उन बच्चों का लालन-पालन, देखभाल तथा शैक्षिक व्यवस्था वास्तव में उन विशिष्ट आवश्यकता वाले बच्चों के, उनकी अपनी क्षमताओं तथा सीमाओं के अनुसार, ज़रूरी समायोजन, शिक्षा तथा तरक्की के लिए काफी लाभदायक ही सिद्ध होती है।

(iii) **एकल माता-पिता (माता या पिता) के द्वारा पाले जाने वाले बच्चे** (Children rearing by single parent [Mother or Father])—कई बार वैवाहिक सम्बन्धों में दरार पड़ने या तलाक होने पर उनके बच्चे की जिम्मेदारी माता-पिता में से किसी एक को (या माता या पिता) को दे दी जाती है। यही जिम्मेदारी माता या पिता पर तब पड़ती है जब दोनों में से किसी एक का (माता का या पिता का) स्वर्गवास हो जाता है। ऐसी स्थिति में हम देख सकते हैं कि प्रत्येक स्त्री या पुरूष का बच्चे के लालन-पालन का अपना एक विशिष्ट ढंग होता है। सभी एकल माता या पिता अपने समय एवं सुविधाओं के बारे में अपनी क्षमता और संसाधनों के अनुसार अपने बच्चे को उचित देखभाल प्रदान करने की कोशिश करते हैं। परन्तु हालात तब ज्यादा बिगड़े हुए दिखाई देते हैं जब ये पृथक हुए माता-पिता पुनर्विवाह कर लेते हैं। अब यह सौतेले पिता या सौतेली माता की प्रकृति तथा ईमानदारी और परिस्थितियों पर निर्भर करता है कि बच्चे को अपनी वृद्धि और विकास के लिए सकारात्मक वातावरण मिल रहा है या नकारात्मक।

(iv) **नजदीकी रिश्तेदारों द्वारा पाले जाने वाले बच्चे** (Children rearing by the near relatives)—माता-पिता दोनों की मृत्यु हो जाने पर अथवा कभी-कभी माता-पिता में अलगाव या वैवाहिक सम्बन्धों में इस प्रकार से बिगाड़ आता है कि माता या पिता में से कोई भी बच्चे का पालन-पोषण करने के लिए उपलब्ध नहीं होता है तब उनके पालन-पोषण की जिम्मेदारी उनके नजदीकी रिश्तेदारों पर आती है। इस प्रकार की परिस्थिति में बच्चे अपने समुचित समायोजन, विकास और शिक्षा के मार्ग में बहुत ज्यादा कठिनाइयों और समस्याओं का सामना करते हुए पाए जाते हैं। उनके पालक रिश्तेदारों के व्यवहार तथा स्वभाव पर यह निर्भर करता है कि वे अपनी विकासात्मक आयु के वर्षों में सन्तोषजनक या असन्तोषजनक ढंग से गुजरते हुए सौभाग्यशाली हैं दुर्भाग्यपूर्ण।

(v) **क्रेच में पलने वाले बच्चे** (Children rearing in crutches)—इस बढ़ती हुई मंहगाई के दौर में अपनी जीविका के लिए धन कमाने के बढ़ते हुए दबाव तथा अपना कैरियर बनाने की चाह तथा आत्म सन्तुष्टि के लिए आजकल माता-पिता दोनों को अपने नन्हे-नन्हे शिशुओं से काफी लम्बे समय तक दूर रहना पड़ता है। उन्हें मजबूरन अपने बच्चे को परिवार के दूसरे सदस्यों, जैसे—दादा दादी, नाना नानी या घर पर रह रहे अन्य रिश्तेदार के पास देखभाल के लिए छोड़ना पड़ता है। परन्तु आजकल एकल परिवार की बढ़ती हुई अवधारणा के कारण प्रत्येक माता-पिता को यह सुविधा उपलब्ध नहीं हो पाती है। ऐसे कम ही माता-पिता होते है जिन्हें ऐसी सुविधा प्राप्त हो जाती है। अत: जिन्हें यह सुविधा नहीं मिल पाती है, उन्हें अपने शिशुओं को उनकी देखभाल के लिए क्रेच (Crutches) में छोड़ना पड़ता है। आजकल बड़े-बड़े शहरों और कस्बों के रिहायशी स्थानों में ऐसे क्रेचस की संख्या दिनों दिन बढ़ती जा रही हैं क्योंकि वहां पर शिक्षित माताएं दफ्तरों, स्कूलों और व्यापारिक प्रतिष्ठानों में कार्यरत होती हैं, और दिन का एक लम्बा समय वहीं पर व्यतीत करना पड़ता है। आइए देखें इन क्रेचों में अपनाई जाने वाली कार्यप्रणाली तथा बच्चों की लालन-पालन व्यवस्था कैसी होती है :

- प्राय: ये क्रेच मध्यम वर्ग के शिक्षित परिवारों की रिहायशी बस्तियों में कार्यरत होते हैं। माता-पिता अपने घर से नजदीकी, प्रतिदिन अपने कार्य के लिए आने-जाने वाले रास्ते में पड़ने वाले, या फिर उनमें देखभाल की अच्छी व्यवस्था के आधार पर किसी एक विशेष क्रेच का चयन कर लेते हैं।
- इन क्रेचों में पूरे दिन से लेकर आधे दिन के लिए बच्चों को देखभाल के लिए रखने की समुचित व्यवस्था होती है, जैसी भी माता-पिता की ज़रूरत हो। यहां पर चार माह के शिशु से लेकर दो या तीन वर्ष तक के शिशुओं के लालन-पालन सम्बन्धी सभी प्रकार की ज़रूरतों की व्यवस्था रहती है। छोटे बालकों के लिए ये क्रेच प्ले स्कूल की तरह कार्य करते हैं जहां पर छोटे बालकों को पूर्व प्राथमिक कक्षा सम्बन्धी बातों को सिखाने के साथ-साथ उनके शारीरिक, सामाजिक तथा संवेगात्मक विकास का भी पूरा ध्यान रखते हैं।
- सामान्यत: ये क्रेच लड़कियों और महिलाओं को शिशुओं की देखभाल के लिए नौकरी पर रखते हैं तथा अपने ढंग तथा मानदण्डों के अनुसार उनका लालन-पालन करने के तरीकों तथा विषयों के बारे में प्रशिक्षण भी देते हैं। कई बार तो क्रेच के मालिक का पूरा परिवार ही एक साथ मिलकर क्रेच को चलाता है।

- क्रेच का कर्ताधर्ता शिशुओं की देखभाल करते समय प्रत्येक की वैयक्तिक आवश्यकताओं तथा विभिन्नताओं को पूरी तरह से ध्यान में रखता है। शिशुओं के लालन-पालन और देखभाल में दिए गए ध्यान की गुणवत्ता पर ही क्रेच की सफलता निर्भर करती है। जब माता-पिता का क्रेच विशेष पर विश्वास जम जाता है तो स्वत: ही उस क्रेच को प्रसिद्धि मिलने लगती है।
- नन्हे-नन्हे शिशुओं की देखभाल और लालन-पालन का उत्तरदायित्व वास्तव में क्रेच के मालिक के लिए एक काफी चुनौतीपूर्ण कार्य होता है। इसके लिए उसे शिशुओं के लालन-पालन तथा शिशु मनोविज्ञान का ज्ञान तथा काफी अनुभव होना चाहिए। इसके अलावा उसमें धैर्य, सहनशीलता, कठिन परिश्रम करने की शक्ति, छोटे बच्चों के प्रति मातृवत अभिवृत्ति के साथ प्यार और लगाव, उन्हें सुरक्षा प्रदान करने के लिए निष्ठा एवं प्रतिबद्धता होनी चाहिए। क्रेच में आपातकालीन चिकित्सकीय सुविधाएं, शिशुओं को भोजन कराने, दूध पिलाने आदि का अभ्यास, टॉयलेट से सम्बन्धित क्रियाओं, उनके वस्त्र बदलने, उन्हें आराम तथा सुलाने, उनके खेल तथा मनोरंजन, बैठने और चलने, स्वास्थ्य एवं स्वच्छता यहां तक कि बच्चों को घर से लाने तथा घर पर छोड़ आने आदि के बारे में पूरी तरह से जानकारी होनी चाहिए।
- क्रेच में लालन-पालन या देखभाल यद्यपि बहुत ही नाजुक आयु के शिशुओं को अपनी माता के द्वारा की जाने वाली देखभाल तथा सुरक्षा से काफी लम्बी अवधि के लिए दूर रखती है परन्तु फिर भी यदि क्रेच में ठीक ढंग से देखभाल की जाए तो इससे बच्चों के विकास और ठीक रहने पर कोई भी बुरा प्रभाव नहीं पड़ता है। कई बार तो यहां पर प्राप्त देखभाल घर में प्राप्त लालन-पालन और देखभाल से ज्यादा अच्छी सिद्ध होती है।

अनाथाश्रमों में पलने वाले बच्चे (Children Rearing in Orphanages)

अपने माता-पिता से पृथक हुए बहुत से बच्चों को अनाथालयों में शरण लेने के लिए बाध्य होना पड़ता है जब (i) माता-पिता के अभाव में रिश्तेदारों से सहायता नहीं मिलती है (ii) जब उन्हें अपहरणकर्त्ताओं और बुरे व्यक्तियों के बन्धनों से छुड़ाया जाता है (iii) जब वे जानबूझ कर एकल माता-पिता द्वारा या रिश्तेदारों के द्वारा अनाथाश्रमों के बाहर छोड़ दिए जाते हैं (कई बार अविवाहित माँ, विधवा, अनुचित सम्बन्धो से उत्पन्न बच्चों को मन्दिर, गिरजाघर, एकान्त स्थान या अनाथाश्रम की परिधि में छोड़ दिया जाता है)।

ये अनाथालय ज्यादातर किसी एक या अन्य सामाजिक या धार्मिक संगठनों के द्वारा, बल्कि ज्यादातर तो दानदाताओं द्वारा दी गई दान राशि के आधार पर चलाए जाते हैं। शुरू में तो सामुदायिक सेवा तथा मानवीय सेवा में रत कोई सज्जन पुरूष इन अनाथालयों की स्थापना के लिए आगे बढ़ता है और समुदाय से प्राप्त दानराशि से अनाथाश्रम के कार्यक्षेत्र में वृद्धि करता रहता है परन्तु जैसे-जैसे समय बीतता है इन अनाथालयों की व्यवस्था और प्रबन्ध ऐसे लोगों के हाथों में चला जाता है जो यहां पर रह रहे अनाथ बच्चों का शोषण करना शुरू कर देते हैं और साथ ही अनाथालय के संसाधनों का दोहन करना भी प्रारम्भ कर देते हैं। हम समाचारपत्र, पत्रिकाओं, रेडियो, टेलीविजन समाचार या प्रसारणों तथा पर्दे पर दिखाए जाने वाले फिल्मी प्रदर्शनों के द्वारा इस प्रकार की बुराइयों से आसानी से परिचित हो सकते हैं। प्रबन्धकारिणी के सदस्यों, कार्यकर्त्ताओं, राजनीतिज्ञों तथा समाज विरोधी तत्वों के हाथों यहां रहने वाले अनाथ बच्चों को अनेक प्रकार से प्रताड़ित और शोषण (दुर्व्यवहार से लेकर बंधुआ मजदूरों की तरह व्यवहार, भूखा रखना तथा यौन सम्बन्धी शोषण तक) किया जाता है।

इस प्रकार के अस्वस्थ्य, अनुचित और प्रतिकूल वातावरण में इन अनाथालयों में पलने वाले बालकों के लिए यह स्वाभाविक ही है कि उन्हें अनेक प्रकार के वंचन और अभावों का सामना करना पड़ता है, जैसे:

(i) अपनी शारीरिक आवश्यकताओं जैसे भूख शान्त करने के लिए पर्याप्त मात्रा में भोजन की उपलब्धता की सन्तुष्टि से सम्बन्धित बहुत से वंचनों- उनके भोजन में पोषक तत्वों की कमी, स्वच्छ पानी, वस्त्र तथा जीने के लिए अन्य सामग्री आदि की कमी का सामना करना पड़ता है।

(ii) अपनी सामाजिक सांस्कृतिक आवश्यकताओं की सन्तुष्टि के सम्बन्ध में अनाथाश्रम से बाहर की दुनिया के सामाजिक एवं सांस्कृतिक जीवन के साथ किसी भी प्रकार की संगति या अन्त:क्रिया के अभाव का सामना करना।

(iii) शैक्षिक आवश्यकताओं को सन्तुष्ट करने सम्बन्धी वंचनों का सामना करना क्योंकि उनकी उचित शिक्षा और स्कूल भेजने के लिए गम्भीरतापूर्वक कोई प्रयास नहीं किए जाते हैं।

(iv) मनोवैज्ञानिक आवश्यकताओं की सन्तुष्टि से सम्बन्धी प्यार और लगाव, सहानुभूति तथा सहयोग आदि से वंचन का सामना करना।

अनाथालयों में पलने वाले बच्चों के द्वारा ऊपर उल्लेख किए गए जिन अभावों और वंचनों को सहना पड़ता है वे उनके स्वयं अपने साथ तथा वातावरण के साथ समायोजन करने के लिए सभी साधनों में रोक लगाने तथा सभी रास्तों में रूकावट डालने के लिए काफी हैं। इस प्रकार स्वार्थी तत्वों तथा बुरे व्यक्तियों द्वारा प्रबन्धित एवं चलाए जा रहे अनाथालयों में पलने वाले इन बच्चों की ठीक-ठाक प्रगति और विकास के लिए यहां कोई आशा नहीं की जा सकती है।

परन्तु जैसा कि आप जानते हैं कि अब भी दुनिया में अच्छाई बाकी है और भले एवं अच्छे व्यक्तियों को अनाथालयों के प्रबन्धन और देखभाल में पूरी निष्ठा के साथ काम करता हुआ देखा जा सकता है। अपने इस प्रबन्धन से वे अनाथ बच्चों को वह सब कुछ प्रदान करने की कोशिश कर रहे हैं जो उन्हें अपने उचित जीवनयापन, विकास तथा प्रगति के लिए जीवन में चाहिए। इस प्रकार का एक स्वयं सेवी संगठन-मानव सेवा संगठन हमारे हरियाणा प्रान्त में विभिन्न स्थानों पर कार्यरत है। वह अपने द्वारा प्रबन्धित अनाथालयों में पल रहे बालकों के लिए एक गुणवत्तापूर्ण जिन्दगी और उनके सम्पूर्ण वृद्धि एवं विकास हेतु सभी उचित अवसर उपलब्ध कराने में प्रयत्नशील है और साथ ही उनमें विभिन्न प्रकार के सामाजिक और सांस्कृतिक मूल्य तथा जीवन में आगे बढ़ने के लिए उचित आत्मविश्वास भरने का भी प्रयत्न कर रहा है।

सार-संक्षेप (Summary)

वंचन से अभिप्रायः व्यक्ति के वातावरण में उपस्थित उन विशेष कमियों या अभावों, दोषों तथा बुराइयों से है जिनके कारण उसे उसी वातावरण में या अन्य वातावरणों में रह रहे व्यक्तियों की अपेक्षा अपने विकास तथा समायोजन हेतु मिलने वाली सुविधाओं, अवसरों, मार्गदर्शन तथा सहायता के संदर्भ में पक्षपात या अभाव का सामना करना पड़ता है।

इस संदर्भ में वृद्धि को प्राप्त हो रहे बालकों तथा उनके परिवार को सामान्यतया जिन विशेष प्रकार के वंचनों का शिकार होता हुआ पाया जाता है वे हैं (i) आर्थिक वंचन (आर्थिक साधनों के अभाव या गरीबी के कारण विभिन्न प्रकार की कठिनाइयों तथा अभावों का सामना करना), (ii) सामाजिक एवं सांस्कृतिक वंचन (अपनी सामाजिक, सांस्कृतिक आवश्यकताओं की पूर्ति के संदर्भ में अभाव तथा कठिनाइयों को अनुभव करना), (iii) शैक्षिक वंचन (शैक्षिक सुविधाओं की उपलब्धि तथा शैक्षिक विकास के संदर्भ में अभाव, भेदभाव, पक्षपात एवं कठिनाइयाँ झेलना), (iv) संवेगात्मक वंचन (सामाजिक मनोवैज्ञानिक विशेषकर संवेगात्मक संतुष्टि से जुड़ी हुई आवश्यकताओं की पूर्ति के संदर्भ में कठिनाई तथा अभावों का सामना करना)।

वंचित बालकों से अभिप्रायः उन बालकों से है जो किसी एक या दूसरे प्रकार के अभाव और वंचन का इस सीमा तक शिकार होते हैं कि उन्हें अपने जीवन में अपने समुचित लालन-पालन, विकास, समायोजन, शिक्षा तथा प्रगति के सम्बन्ध में अनेक रूकावट या बाधाओं का सामना करना पड़ता है। इन बालकों को अपने विकास और प्रगति के मार्ग में अनुभव किये जाने वाले वंचनों तथा असुविधाओं के परिप्रेक्ष्य में आर्थिक रुप से वंचित बालक, सामाजिक एवं सांस्कृतिक वंचित बालक, शैक्षिक दृष्टि से वंचित बालक तथा संवेगात्मक रुप से वंचित बालकों के रुप में जाना जाता है। इन वंचित बालकों के वंचन, समायोजन तथा विकास से जुड़ी हुई ऐसी बहुत सी बातें हैं, जिन पर समुचित ध्यान दिया जाना आवश्यक है जैसे (i) निर्धनता या गरीबी के संदर्भ में बाल्यकाल, (ii) वैश्वीकरण का बढ़ते हुये बच्चों पर प्रभाव, (iii) शहरी मलिन बस्तियों में रहने वाले बालक, (iv) सामाजिक रूप में वंचित लड़कियाँ, (v) तथा माता-पिता से बिछुड़े हुये बालक आदि। तेजी से होने वाले परिवर्तनों के फलस्वरूप परिवारों और समुदायों में बढ़ती हुई निर्धनता बालकों के विकास तथा हित चिन्तन को उनके माँ के गर्भ में आने के बाद से ही काफी प्रभावी ढ़ंग से प्रभावित करती पाई जाती है। उन्हें इसके फलस्वरूप विविध प्रकार के ऐसे वंचनों, असुविधाओं तथा कठिनाइयों का सामना करना पड़ता है जो उनके विकास, शिक्षा तथा प्रगति की

राह में रोड़ा अटकाने तथा उनके हितों पर कई रूपों में कुठाराघात करती दिखाई देती हैं। निर्धनता से ग्रस्त इन बालकों को सरकारी तथा गैर-सरकारी संस्थानों, विद्यालय अधिकारियों तथा शिक्षकों से इस प्रकार की वांछनीय सहायता तथा मार्गदर्शन की आवश्यकता रहती है जिससे इनकी कठिनाइयों को दूर कर इनका अधिक से अधिक विकास और कल्याण किया जा सके।

वैश्वीकरण वृद्धि को प्राप्त हो रहे बालकों के जीवन को आज काफी अनिष्टकारी ढ़ंग से प्रभावित कर रहा है जैसे (i) बाल श्रमिक के रूप में उनका शोषण, (ii) वैश्यावृत्ति में धकेलने के रूप में बालकों का शोषण, (iii) बालकों से सम्बन्धित अश्लीलता के रूप में बालकों का शोषण तथा (iv) विक्रय वस्तु तथा गोद लेने के रूप में बालकों का शोषण।

शहरी मलिन बस्तियों में रहने वाले बालक ऐसी अनेक प्रकार के वंचनों, अभावों तथा कठिनाइयों के शिकार होते हुये पाये जाते हैं जो उनके समायोजन, शिक्षा तथा विकास को काफी अनिष्टकारी ढ़ंग से प्रभावित करते हैं। इन बालकों को उनकी शिक्षा तथा विकास के अवसर ही नहीं मिलते और अगर मिलते भी हैं तो इस सम्बन्ध में उन्हें काफी तिरस्कार, भेदभाव तथा अलगाव का शिकार होने को मजबूर होना पड़ता है। इन मलिन बस्तियों में निर्धनता, अशिक्षा, गंदगी तथा अभावों से भरा दूषित वातावरण तथा माँ-बाप तथा बस्ती में रहने वाले व्यक्तियों का खराब व्यवहार तथा दूषित आचरण इन बालकों को बरबस ही समाज विरोधी समस्यात्मक व्यवहार अपनाने की ओर ले जाता दिखाई देता है।

हमारे परिवारों तथा समुदायों में आज भी लड़कियों के प्रति विभिन्न प्रकार से भेदभाव, ईर्ष्या, उपेक्षा, घृणा तथा पार्श्वीकरण का वातावरण व्याप्त रहता हुआ पाया जाता है। परिणामस्वरूप उन्हें विविध प्रकार की असुविधाओं तथा सामाजिक वंचनों का शिकार होना पड़ता है जैसे (i) गर्भ में ही बालिकाओं की हत्या, (ii) जन्म से ही बालिकाओं को उपेक्षा, ईर्ष्या, घृणा तथा भेदभाव का सामना करना, (iii) आवश्यक शैक्षिक तथा व्यावसायिक प्रगति सुविधाओं से उन्हें वंचित रखना तथा (iv) शैक्षिक तथा व्यावसायिक दुनिया में उनके साथ भेदभाव तथा उपेक्षा के भाव रखना।

ऐसे बहुत से कारण हो सकते हैं जो बालकों को अपने माँ-बाप से बिछुड़ने या अलग रहने को मजबूर कर सकते हैं। इस प्रकार के विछोह तथा अलगाव के शिकार बालकों को फिर प्रायः अपराधियों तथा बुरे व्यक्तियों के चंगुल में फँसते हुये तथा अनाथालयों तथा बोर्डिंग हाउस के मालिकों, दूर दराज के सम्बन्धियों की दया पर निर्भर रहते हुये जीवन बिताते पाया जाता है। इस प्रकार की हालातों के शिकार बालकों का विभिन्न ढ़ंगों से शोषण होता है और उन्हें समाज विरोधी या नारकीय जिन्दगी जीने के लिये मजबूर रहना पड़ता है। माँ-बाप के झगड़ों तथा सम्बन्ध विच्छेद की स्थिति में बालकों को जब किसी एक माँ-बाप के पास रहने को मजबूर होना पड़ता है उस हालत में भी उन्हें विविध प्रकार की कमियों तथा वंचनों का शिकार बनकर अपने विकास तथा प्रगति की राह कंटरमय ही नजर आती है।

संदर्भित एवं विशेष अध्ययन ग्रन्थ (References and Suggested Readings)

Albrew, Marten and King, Elizabeth, *Globalization, Knowledge and Society*, Sage, London, 1990.

Baumrind, D., "Child Care Practices Anteceding Three Patterns of Pre-school Behaviour", *Genetic Psychology*, Monographs, **75**(1), 43–88, 1967.

Biggie, M.L. and Hunt, M.P., *Psychological Foundations of Education*, Harper and Row, New York, 1968.

Brine, J., *Under Educating Women: Globalization in Equality*, Open University Press, Bunkingham, UK, 1919.

Erickson, E., *Childhood and Society*, Norton, New York, 1950.

Giddens, Antony, *The Consequences of Modernity*, Polity Press, Cambridge, UK, 1990.

Kuppuswamy, B., *An Introduction to Social Psychology*, Asia Publishing House, Mumbai, 1971.

Woolfolk, Anita, *Educational Psychology*, 9th ed., First Indian Reprint, Pearson, New York, 2004.

विकासशील बालकों की विद्यालयी शिक्षा (Schooling of the Developing Children)

विषय प्रवेश (Introduction)

विकासशील बालकों के जीवन में उनके समायोजन, विकास और तरक्की के सम्बन्ध में उनके वर्तमान तथा भविष्य का निरूपण करने में उनकी विद्यालयी शिक्षा एक बहुत ही महत्त्वपूर्ण भूमिका अदा करती है। यह कहना कोई अतिशयोक्तिपूर्ण नहीं होगा कि एक व्यक्ति उस विद्यालय की शिक्षा या संस्था के नाम से जाना और पहचाना जाता है जहां पर उसने अपनी शिक्षा प्राप्त की है। यह भी सत्य है कि प्रत्येक विद्यालय की, उसके सापेक्षिक रूप से अच्छे या बुरे होने के बारे में, अपनी स्वयं की पहचान और प्रतिष्ठा होती है। उन्हें ऐसा इसलिए समझा जाता है क्योंकि वहां विद्यार्थियों के उचित अभिप्रेरण और अधिगम हेतु वह सब कुछ उपस्थित रहता है जो उनके विकास और प्रगति में उचित दिशा और दशा प्रदान करने में अच्छी तरह सहायक हो। विद्यार्थियों के भविष्य निर्माण में विद्यालय सम्बन्धी दो प्रकार की चीजों की उपस्थिति महत्त्वपूर्ण मानी जाती है :

(i) पहली बात तो यह है कि उन्हें एक विद्यालय विशेष में अपनी शिक्षा हेतु किस प्रकार का वातावरण और विद्यालयी शिक्षा प्राप्त हो रही है।

(ii) दूसरी अन्य बात यह है कि वे स्वयं एक अधिगमकर्त्ता और एक विकासशील बालक के रूप में विद्यालय और विद्यालय के बाहर के परिवेश से किस प्रकार का लाभ उठाकर अपनी प्रगति कर रहे हैं।

प्रथम श्रेणी में हम जिन बातों को शामिल करना चाहेंगे, वे हैं—(i) मानवीय भौतिक संसाधन और उनका प्रभावपूर्ण उपयोग (ii) विद्यालय के आदर्श, अनुशासन का प्रकार तथा जनसामान्य में उसकी बनी हुई प्रतिमा सहित विद्यालय संस्कृति (iii) विद्यार्थियों के ज़रूरी विकास और प्रगति के लिए उपलब्ध पाठ्य एवं सहपाठ्य अनुभवों का प्रकार (iv) विद्यालय के मानवीय संसाधनों जैसे—अध्यापक, विद्यार्थी, सहायक कर्मचारी वर्ग तथा प्रशासकीय अधिकारी वर्ग सभी के मध्य पाई जाने वाली अन्त:क्रिया एवं सम्बन्धों का प्रकार और (v) विद्यालय तथा समुदाय के सम्बन्धों की प्रकृति।

दूसरी श्रेणी में हम एकदम वैयक्तिक एवं व्यक्तिगत प्रकृति की चीजों को रख सकते हैं, जैसे—(i) अपने अधिगम और विकास के सम्बन्ध में विद्यार्थियों की क्षमताएं (ii) अपने अधिगम और प्रगति के बारे में विद्यार्थियों का झुकाव, अभिप्रेरणा और इच्छा (iii) उनकी आयु और परिपक्वता स्तर और (iv) विद्यार्थियों को अपने विकास और प्रगति के लिए विद्यालय से बाहर प्राप्त वातावरण और सुविधाएं।

बालकों की विद्यालयी शिक्षा पूर्णरूप से उद्देश्यपूर्ण तथा आनन्दायक अनुभव बनाने के सम्बन्ध में ऊपर जिन बातों तथा तत्वों के बारे में चर्चा की गई है, उन सभी का अलग-अलग वर्णन करना यहां सम्भव नहीं है पर इस समय यहां इस अध्याय में हम विकासशील बालकों की विद्यालयी शिक्षा से सम्बन्धित निम्नलिखित बातों पर अपना ध्यान केन्द्रित करना चाहेंगे: (a) सहपाठी प्रभाव (b) विद्यालय संस्कृति (c) शिक्षकों के साथ सम्बन्ध (d) अध्यापक आशाएं एवं विद्यालय उपलब्धियां (e) विद्यालय के बाहर बिताया गया समय (f) अधिक आयु के अधिगमकर्त्ता।

अब हम एक-एक करके इनकी चर्चा कर रहे हैं:

सहपाठी प्रभाव (Peer Influence)

विकासशील बालकों को विद्यालय में विद्यालय साथियों तथा कक्षा-कक्ष में कक्षा साथियों के रूप में जो हमउम्र सहपाठी मिलते हैं तथा इन सहपाठियों के साथ उनके जिस प्रकार के सम्बन्ध बन जाते हैं उनका विद्यालय में पढ़ने वाले विकासशील बालकों के विकास, प्रगति, शिक्षा तथा समायोजन पर बहुत ही महत्त्वपूर्ण प्रभाव पड़ता है। सहपाठियों द्वारा पड़ने वाले इस प्रभाव की प्रकृति तथा प्रतिफल को हम निम्न प्रकार संक्षेप में व्यक्त कर सकते हैं:

1. विकासशील बालकों के द्वारा इच्छित या अनिच्छित अथवा वांछित या अवांछित व्यवहार को ग्रहण करने जैसे—आदतों, रूचियों, अभिवृत्तियों की प्राप्ति, अधिगम शैली, कार्य करने तथा व्यवहार करने का ढंग सीखने, सहयोग तथा एक दूसरे के साथ स्पर्धा करने और उनकी प्रगति और ठीक-ठाक रहने में सहायक या अवरोधक गतिविधियों में प्रवृत्त होने आदि को सहपाठी प्रभाव काफी सक्रिय रूप से प्रभावित करता है।
2. बहुधा सहपाठी बालक अपने विकासशील साथियों के ऊपर सकारात्मक रूप से प्रभाव डालते हुए पाए जाते हैं, जैसे—(i) एक दूसरे को परस्पर प्रेरित और अभिप्रेरित करते हुए (ii) अपने विकास तथा आगे बढ़ने सम्बन्धी कार्यों में सहयोग एवं सहकारिता की भावना के साथ परस्पर एक दूसरे की सहायता करते हुए (iii) पाठ्य एवं सहपाठ्य गतिविधियों सम्बन्धी क्षेत्र से सम्बन्धित बहुत सी बातों को सीखने एवं अर्जित करने एक दूसरे के लिए सकारात्मक आदर्श या उदाहरण बनने में और (iv) अपने व्यक्तित्व के सर्वांगीण विकास में सहायक बहुत सी उपयोगी आदतों, गुणों, कौशलों, रूचियों, अभिवृत्तियों तथा व्यवहार करने के ढंग को आत्मसात करने में।
3. सहपाठी प्रभाव का नकारात्मक पक्ष भी होता है। साथ में पढ़ने वाले अकुशल, अयोग्य, लापरवाह तथा उद्देश्यहीन, असफल तथा हताश, कायर एवं डरपोक, चरित्रहीन तथा अपराधी, समस्याग्रस्त और कुसमायोजित, कक्षा से भगोड़े और कक्षा में सबसे पिछली सीट पर बैठने वाले, दादागिरी करने वाले और आक्रामक व्यवहार करने वाले, नियम तोड़ने तथा अवज्ञा करने वाले, तथा विभिन्न बातों से जिनका नाम बदनाम है, वे जाने अनजाने में विकासशील बालकों को उसी प्रकार के व्यवहार का अनुकरण करने तथा वैसी ही कार्य पद्धति अपनाने के लिए प्रेरित कर देते हैं जैसी वे स्वयं करते हैं।
4. पूर्व किशोरावस्था तथा किशोरावस्था का काल ऐसा होता है जिसमें विकासशील बालकों पर सहपाठियों का प्रभाव इतनी तेजी और गहराई के साथ पड़ता है कि वे अपने अहं की रक्षा तथा सहपाठियों के समूह के प्रति अपनी वफादारी प्रदर्शित करने के लिए अपने प्रियजनों, सम्मानीय गुरुजनों, अध्यापकों तथा माता-पिता किसी की सलाह या चेतावनी पर भी ध्यान नहीं देते, उनकी तो पूर्णत: उपेक्षा ही करते हुए दिखाई देते हैं। वे उसी प्रकार से सोचते हैं, महसूस करते हैं और व्यवहार करते हैं जैसा कि उनका सहपाठी समूह सोचता, महसूस करता है और व्यवहार करता है।

विद्यालय संस्कृति (School Culture)

जैसा कि हम जानते ही हैं सामाजिक या सामुदायिक संस्कृति पद का प्रयोग समुदाय के सदस्यों के रहन-सहन तथा व्यवहार करने के तरीकों के लिए किया जाता है। किसी भी समाज या समुदाय के लोग क्या वेशभूषा धारण करते हैं, कैसा खाते हैं, पीते हैं, किस तरह चलते हैं, बात करते हैं और एक दूसरे के साथ किस प्रकार बातचीत करते हैं, उनके रीति-रिवाज तथा परम्पराएं क्या हैं, मूल्य तथा आदर्श क्या हैं, वे किस प्रकार अपने बच्चों का विवाह करते है, अपने बच्चों तथा घर के बुजुर्गों की देखभाल कैसे करते हैं, एक दूसरे के साथ किस प्रकार से व्यवहार करते हैं, उनका गुजरा हुआ समय अर्थात् भूत क्या था, वर्तमान क्या है और भौतिक तथा आध्यात्मिक प्रगति के सम्बन्ध में भविष्य में क्या आशाएं हैं आदि। इस प्रकार की सभी बातों तथा इस तरह की और भी बहुत सी बातें समुदाय एवं सामाजिक संस्कृति पद की परिभाषा की परिधि में आती हैं। विद्यालय को भी समाज का लघु रूप माना जाता है जिसके अन्तर्गत बहुत से सम्बन्धित व्यक्ति विद्यालय के लक्ष्यों की प्राप्ति हेतु एक

जुट रहते हैं। उसके लिए भी उसकी संस्कृति, जिसे विद्यालय संस्कृति कहा जाता है, को परिभाषित करने के लिए यह कसौटी अपनाई जा सकती है।

परिणामस्वरूप विद्यालय संस्कृति उन सभी बातों का प्रतिनिधित्व करती है जो विद्यालय के भौतिक, सामाजिक, सांस्कृतिक और शैक्षणिक वातावरण से सम्बन्धित हों और उसमें विद्यालय समुदाय (विद्यार्थी, अध्यापक तथा अन्य कर्मचारीगण तथा मुख्य अध्यापक सहित प्रशासनिक अधिकारी) के कार्य करने और व्यवहार करने के ढंग भी शामिल हों। एक विद्यालय की संस्कृति उसमें निहित अपने तत्वों की प्रकृति के अनुसार विद्यार्थियों के कल्याण और विकास हेतु अच्छी या बुरी तथा सहयोगी और असहयोगी (अनुकूल या प्रतिकूल) सिद्ध हो सकती है।

संक्षेप में एक विद्यालय जो अपनी विद्यालय संस्कृति के लिए एक अच्छा नाम या साख रखता है, उसमें दिखाई देने वाली बातों को संक्षेप में निम्न प्रकार से लिपिबद्ध किया जा सकता है:

- विद्यालय प्रांगण में, विद्यार्थियों, शिक्षकों तथा अन्य विद्यालय कर्मचारियों के कार्य करने तथा व्यवहार करने के सन्दर्भ में स्वास्थ्यप्रद दशा तथा प्रदूषण आदि को ध्यान में रखते हुए एकदम शान्तिप्रद वातावरण उपलब्ध होता है।
- शिक्षकों तथा विद्यालय प्रशासन की कार्यप्रणाली और कार्य व्यवस्था में समुचित सहयोग, सहकारिता एवं सामंजस्य होता है।
- विद्यालय में विद्यार्थियों और शिक्षकों के साथ तथा विद्यार्थियों में आपस में समुचित अन्तःक्रिया के लिए विद्यार्थियों को सभी प्रकार के अवसर प्राप्त होते हैं।
- विद्यालय प्रांगण में विद्यार्थियों को समुचित मार्गदर्शन और परामर्श सेवाएं प्रदान करने के लिए ठीक व्यवस्था होती है। एक अच्छी विद्यालय संस्कृति वाले विद्यालय में विद्यार्थियों के कल्याण के लिए उनके माता-पिता तथा समुदाय का सहयोग प्राप्त करने तथा विद्यालय कार्यक्रमों में उन्हें शामिल करने की भी व्यवस्था होती है।
- विद्यालय अपने रचनात्मक अनुशासन, अपनी जनतांत्रिक व्यवस्था (जिसमें अच्छी प्रकार से परिभाषित नियमों के द्वारा शासन चलाया जाता है), इसके आदर्श एवं मूल्यों जिनके लिए विद्यालय का नाम है और जाना जाता है, उसकी पूर्व प्रक्रियाएं, इतिहास और उपलब्धियां तथा भविष्य की योजनाएं आदि के लिए समाज में उच्च प्रतिष्ठा प्राप्त करता है।
- अच्छी विद्यालय संस्कृति के होने पर विद्यालय में बुरी संगति या बुरा सहपाठी प्रभाव नाम की कोई चीज नहीं होती है जो विद्यार्थियों को अपने विकास और प्रगति के पथ से डिगा सके।
- विद्यार्थियों को अपनी शैक्षणिक प्रगति पथ पर आगे बढ़ाने, उनका सर्वांगीण विकास होने तथा उनका भविष्य उज्जवल बनाने के लिए, उन्हें प्रोत्साहित तथा प्रेरित किया जाता है और इसके लिए उचित अवसर प्रदान किए जाते हैं।
- ऐसा विद्यालय प्रजातन्त्र तथा वांछित आदर्शों और मूल्यों, जैसे—बहुसंस्कृतिवाद, धर्म निरपेक्षता, शान्तिपूर्ण सह-अस्तित्व; समता और समानता, आधुनिकीकरण और वैश्वीकरण की अच्छाइयों के लिए प्रतिबद्ध होता है। यह समाज में व्याप्त अलगाववाद, भेदभाव, विद्वेष, रूढ़िवादिता और पार्श्वीकरण जैसी बुराइयों और कमियों से पूरी तरह मुक्त होता है।

जिस विद्यालय में विद्यालय संस्कृति के सम्बन्ध में अच्छा नाम नहीं होता है वहां हम ऊपर बताए गुणों और विकासशील बालकों को ठीक-ठाक रहने तथा समुचित विकास में सहायक अच्छाइयों का नितान्त अभाव पाते हैं। इतना ही नहीं यहाँ का वातावरण अनेक प्रकार की समस्याओं के जाल में फंसा हुआ जिसे हम अस्वास्थ्यप्रद और प्रतिकूल वातावरण की संज्ञा दे सकते हैं, पाया जाता है, विद्यालय कैम्पस में अवांछित और अशोभनीय बातें होती हुई देखी जा सकती हैं। विद्यालय के अध्यापकों, विद्यार्थियों तथा प्रशासकीय लोगों के मध्य अक्सर लड़ाई झगड़े होते रहते हैं। विद्यालय का लक्ष्य केवल पैसा कमाना होता है। यहां पर विद्यालय कर्मचारियों और विद्यार्थियों के व्यवहार और कार्यप्रणाली में आदर्शों और मूल्यों के लिए कोई स्थान नहीं होता है। विद्यार्थियों के मन में अध्यापकों एवं विद्यालय के प्रति कोई सम्मान नहीं होता है बल्कि वे अक्सर

यहां पर प्रवेश लेने के लिए पछताते हुए पाए जाते हैं। बाहर के लोग पूरी आजादी के साथ यहां आते जाते रहते हैं जिससे विद्यालय का वातावरण प्रदूषित होता रहता है। छात्र अपने कक्षा-कक्षों के बाहर यूं ही उद्देश्यहीन इधर-उधर घूमते रहते हैं, विद्यालय में देर से आना, कक्षा छोड़ कर भाग जाना, चलती कक्षा में बीच में प्रवेश करना, अपने समस्याजनक, असामाजिक और अनैतिक व्यवहार से कक्षा एवं संस्था की शक्तिभंग करना आदि बातों से परिपूर्ण वातावरण दिखाई देना एक सामान्य सी बात होती है। अच्छी या बुरी अथवा स्वस्थ या अस्वस्थ्य विद्यालय संस्कृति के जो भी प्रभाव होते हैं वे सर्वविदित ही हैं। जो विद्यालय अपनी अच्छी संस्कृति के लिए जाने जाते हैं, उनमें प्रायः सभी माता-पिता अपने बच्चों का प्रवेश कराने के लिए प्रयत्नशील रहते हैं और जो विद्यालय अस्वस्थ्य या विकृत विद्यालय संस्कृति के जाल में फंसे हुए होते हैं उनकी प्रायः सभी उपेक्षा करते हैं या फिर वे अन्तिम चयन के लिए छोड़ दिए जाते हैं। यदि किसी कारण से अच्छे विद्यालय में बच्चों को प्रवेश नहीं मिल पाता है तभी माता-पिता ऐसे विद्यालयों की ओर रूख करते हैं।

शिक्षकों के साथ सम्बन्ध (Relationship with Teachers)

विद्यालय में विकासशील बालकों को इच्छित अधिगम में उनकी सहायता करने में सबसे महत्त्वपूर्ण योगदान अध्यापकों का होता है। बालकों के व्यवहार में वांछित परिवर्तन लाने का कार्य तथा उनके व्यक्तित्व का सर्वांगीण विकास, विद्यालय के शिक्षकों के इस सम्बन्ध में किए जाने वाले सक्रिय सहयोग तथा जागरूक प्रयासों के द्वारा ही सम्भव हो सकता है। विद्यार्थियों के निर्धारित लक्ष्यों की प्राप्ति के लिए उन्हें अधिगम पथ पर आगे बढ़ने के लिए मार्गदर्शन प्रदान करने तथा उनके अधिगम पथ का निर्धारण करने के लिए उनकी योग्यताओं, क्षमताओं, ताकतों तथा कमियों को जानना होता है और इस प्रकार से विद्यार्थियों को पूरी तरह समझकर ही उनकी सहायता करने के लिए प्रयत्नशील होना पड़ता है। इन सब बातों के लिए यह ज़रूरी है कि अध्यापक लगातार अपने विद्यार्थी के सम्पर्क में रहे और यह कार्य तभी सम्भव हो सकता है जब शिक्षक और विद्यार्थी के बीच काफी अच्छे, सौहार्दपूर्ण, एक दूसरे के साथ सन्तोषप्रद तथा सम्मानजनक सम्बन्ध हों। शिक्षण-अधिगम प्रक्रिया की प्रभावपूर्ण ढंग से चलने की सततता के बारे में भी तभी सुनिश्चित किया जा सकता है जब अध्यापक एवं विद्यार्थियों के बीच सम्प्रेषण अर्थात् वार्तालाप तथा विचारों के आदान प्रदान में कोई बाधा या अवरोध न हो। ऐसा बाधारहित प्रभावशाली सम्प्रेषण या वार्तालाप तभी ठीक प्रकार से सम्भव हो सकता है जब अध्यापक और विद्यार्थी के मध्य पारस्परिक रूप से सन्तोषजनक और सौहार्दपूर्ण सम्बन्ध हों। विद्यालय में अधिगमकर्त्ता के उद्देश्यों का ही सभी को ध्यान रखना होता है। वास्तव में विद्यालय में मानवीय तथा भौतिक सुविधाओं के सम्बन्ध में जो कुछ भी होता है तथा उनका जिस तरह संगठन किया जाता है वह सब विद्यार्थियों के कल्याण और भलाई के लिए होता है और अध्यापक तथा विद्यार्थियों के सक्रिय, सन्तोषजनक तथा सौहार्दपूर्ण सम्बन्धों के साथ ही उसे ठीक तरह से व्यवस्थित किया तथा उपयोग में लाया जा सकता है।

यदि हम विद्यार्थियों के दृष्टिकोंण से ऐसे स्वस्थ्य सम्बन्धों के महत्त्व को जानने का प्रयत्न करें तो हम समझ सकते हैं कि शिक्षक और विद्यार्थियों के मध्य काफी सौहार्दपूर्ण, सन्तोषजनक और पारस्परिक रूप से विश्वसनीय सम्बन्ध होने चाहिए। इस प्रकार के अच्छे और सकारात्मक सम्बन्धों की आवश्यकता को निम्न बातों के आधार पर ज़रूरी समझा जा सकता है:

1. शिक्षक कक्षा शिक्षण सम्बन्धी कार्य में तभी अच्छी तरह से रूचि लेते हैं और अधिगम पथ पर बढ़ते हुए विद्यार्थियों का मार्गदर्शन करने के लिए तभी प्रवृत्त होते हैं जब वे यह देखते हैं और महसूस करते हैं कि उनके विद्यार्थी उनका ठीक प्रकार सम्मान करते हैं और वे जो कुछ भी बात अपने विद्यार्थियों को बताते हैं, उन्हें, वे ध्यानपूर्वक सुनते हैं और समझने का पूरी तरह से प्रयत्न करते हैं। परन्तु यदि शिक्षक यह महसूस करते हैं कि छात्र उनकी बातों को ना तो ध्यान से सुनते हैं और ना ही उचित सम्मान करते हैं तो इस प्रकार के असन्तोषजनक सम्बन्ध होने पर उनका कक्षा शिक्षण में ज्यादा उत्साह नहीं रह पाता है, वे तो केवल औपचारिकताओं को पूर्ण करने के लिए ही कक्षा में शिक्षण कार्य करते हैं, उनका छात्रों का मार्गदर्शन करने या पूर्ण तल्लीनता से शिक्षण करने में कोई रूचि ही नहीं रहती है। इस प्रकार के सम्बन्ध विद्यार्थियों के विकास तथा अधिगम परिणामों पर प्रतिकूल प्रभाव डालते हैं।
2. जब एक अध्यापक अपने विद्यार्थी के किसी अधिगम के बारे में कमी अथवा उसके आचरण और व्यवहार के अनुचित होने को लेकर उस बालक के प्रति नकारात्मक धारणा बना लेता है तब यह क्रम बराबर चलता ही रहता

है, जब तक उनके बीच कोई उचित संवाद स्थापित न हो जाए। चीजें फिर सही रास्ते पर आ सकती हैं अगर उनके बीच कोई सन्तोषजनक सम्बन्ध बनें और वे सही समय पर सही निर्णय लेने में पहल करें। यदि ऐसा नहीं होता है तो दुष्चक्र अपना कार्य करना शुरू कर देता है। शिक्षक यह समझता है कि विद्यार्थी सही नहीं है, लापरवाह है, अपनी पढ़ाई के प्रति गम्भीर नहीं है, या समस्यात्मक, शरारती और बिगड़ा हुआ है। इसलिए वह उसकी उपेक्षा करता है, उसे पसन्द नहीं करता और उसे अपने तरीके से सजा देने का प्रयत्न करता है। बालक यह समझता है या सोचता है कि अध्यापक को उसके साथ ऐसा व्यवहार करना ठीक नहीं है। वह उससे जलता है और उसके दूसरी जाति/लिंग/धर्म/प्रांत का होने के कारण द्वेषपूर्ण भाव रखता है। परिणामस्वरूप फिर वह अपने इस असन्तोष और अध्यापक के प्रति इस प्रकार के असन्तोष को किसी एक या अन्य प्रकार से व्यक्त करने का प्रयत्न करता है और ऐसा करने में उसके व्यवहार में अध्यापक के प्रति उपेक्षा, अनादर या प्रतिक्रिया दिखाई देती है, ये बात अध्यापक को और अधिक उत्तेजित और विरोधी बना देती है और वह फिर वह विद्यार्थी के प्रति आक्रामक रवैया अपनाता है, और इस तरह अध्यापक एवं विद्यार्थी के बीच में बनी खाई और गहरी होती चली जाती है। इन सब बातों में असली नुक्सान विद्यार्थी का ही होता है। वह अपना भावात्मक सन्तुलन खो बठता है और यही बात उसे अपने वास्तविक उद्देश्य से बहुत दूर ले जाती है।

3. जिस वातावरण में शिक्षक और विद्यार्थी के मध्य एक अच्छी सद्भावना होती है, परस्पर प्यार और सम्मान होता है, एक दूसरे के साथ कार्य करने में आपसी विश्वास और निष्ठा होती है, वहां पर शिक्षक और विद्यार्थी दोनों ही शिक्षण अधिगम के अपने प्रयत्नों में खुशियों के लिए खूब अवसर प्राप्त कर लेते है। विद्यार्थियों के मन में यह भावना होती है कि उनकी किसी भी त्रुटि पर उन्हें सम्हालने के लिए उनके अध्यापक उनके साथ हैं, जरूरत पड़ने पर वे उनका मार्गदर्शन करने, उनके सही प्रयासों पर उनकी प्रशंसा करने तथा किसी खतरे के समय उन्हें सावधान करने के लिए उनके अध्यापक उनके पास हैं और यह बात उनकी प्रगति तथा भविष्य संवारने एवं कैरियर बनाने में काफी सहायक सिद्ध होती है।

जहाँ पर शिक्षक और विद्यार्थियों के बीच में आवश्यक और वांछित सन्तोषप्रद सम्बन्ध बने होते हैं वहाँ विद्यार्थियों का मार्गदर्शन करने और उन्हें वांछित ऊँचाइयों पर ले जाने में अध्यापकों के जादुई चमत्कार का कोई मुकाबला नहीं कर सकता। परन्तु जहां इस बात का अभाव रहता है उस स्थिति में ना तो अध्यापक ही ठीक प्रकार से पढ़ा पाते हैं और ना विद्यार्थी ही ठीक प्रकार उस रूप में अध्ययन कर पाते हैं जैसा उन्हें अपने विकास और कल्याण हेतु चाहिए।

शिक्षक की आशाएं एवं विद्यालय उपलब्धि
(Teacher Expectations and School Achievement)

जो अध्यापक अपने विद्यार्थियों को ठीक प्रकार से जानते हैं वे हमेशा ही अपने विद्यार्थियों की किसी भी प्रकार की अधिगम सम्बन्धी सफलता या असफलता के बारे में पूर्वकथन या भविष्यवाणी करने में पूरी तरह सक्षम होते हैं। अपने विद्यार्थियों के बारे में इस प्रकार की जानकारी के आधार पर उन्हें अपनी विद्यार्थियों की प्रगति तथा भलाई और कल्याण से सम्बन्धित किसी एक या अन्य प्रकार की बहुत सी आशाएं हो सकती हैं। किसी विशेष अधिगम परिस्थिति में किसी एक या दूसरे प्रकार के अधिगम की प्राप्ति से सम्बन्धित विद्यार्थियों से जिन उपलब्धियों की आशा की जाती है वे एक बहुत ही उच्च स्तर से लेकर हतोत्साहित करने वाले निराशाजनक स्तर तक की हो सकती है। अपने विद्यार्थियों से अध्यापकों द्वारा की जाने वाली ये आशाएं विकासशील बालकों की प्रगति तथा कल्याण की दृष्टि से बहुत महत्त्वपूर्ण स्थान रखती हैं क्योंकि ये आशाएं बालकों की उपलब्धियों पर सकारात्मक प्रभाव के साथ-साथ नकारात्मक प्रभाव डालने की क्षमता रखती हैं, जैसा कि आगे बताया जा रहा है:

सकारात्मक प्रभाव एवं प्रतिफल (Positive impact and outcomes)

1. विद्यार्थियों के द्वारा किसी एक या अन्य काम को करने में जिस प्रकार की इच्छा शक्ति और संकल्प की ज़रूरत

होती है उसकी चिनगारी लगाकर ज्योति प्रज्जवलित करने में अध्यापकों द्वारा उनके प्रति रखी जाने वाली आशाओं और आकांक्षाओं का काफी महत्त्वपूण योगदान रहता है। क्योंकि कोई भी विद्यार्थी अध्यापकों की नजर में गिरना नहीं चाहता है, इसलिए हर समय उसकी यह इच्छा रहती है कि उससे जो उम्मीदें और आशाएं अध्यापकों ने लगा रखी हैं उन्हें अवश्य पूरा करें।

2. हमेशा ही यह देखने में आता है कि जो विद्यार्थी अपने अध्यापकों की नजरों में चढ़े हुए होते हैं उन्हें अध्यापकों का ज्यादा ध्यान मिलता है। वे दूसरे विद्यार्थियों की तुलना में उनकी ज्यादा परवाह करते हैं तथा उनका हर समय मार्गदर्शन करने को तत्पर रहते हैं। ऐसे विद्यार्थी अध्यापकों के प्रिय होते हैं, इसीलिए प्रयोगशाला में प्रयोग करने तथा अभ्यास कार्य के लिए अधिक समय एवं सुविधाएं प्राप्त करने में अध्यापकों का पूर्ण सहयोग उन्हें प्राप्त होता है। इतना ही नहीं उनको विषय वस्तु को अधिक अच्छे ढंग से सीखने में भी शिक्षकों की मदद मिलती है। शिक्षक इस आशा से कि यह विद्यार्थी स्वयं उनका तथा विद्यालय का नाम रोशन करेंगे, उनकी अधिक से अधिक सहायता करने के लिए तैयार रहते हैं। इस प्रकार का विशेष वैयक्तिक ध्यान तथा अधिक सुविधाएं प्राप्त होने से इन विद्यार्थियों को अपनी योग्यता के प्रदर्शन तथा उपलब्धियों के सम्बन्ध में दूसरे विद्यार्थियों से आगे निकलने में बहुत सहायता प्राप्त होती है।
3. इस प्रकार से जो विद्यार्थी शिक्षकों की नजरों में चढ़े हुए होते हैं, उन्हें जब यह महसूस होता है कि अध्यापक उससे काफी उम्मीद या आशा रखते हैं तो इससे उसे स्वयं अपने लिए एक सकारात्मक अभिप्रेरणा मिलती है और अपने स्वयं से एक उम्मीद जागती है। उन विद्यार्थियों, जिन्हें अध्यापकों की नजर में अक्षम, अयोग्य माना जाता है, की तुलना में इन विद्यार्थियों में आत्मविश्वास, आत्मसामर्थ्य, आत्मगौरव बहुत ज्यादा होता है और इसी कारण से वे अपने अच्छे प्रदर्शन और उच्च स्तरीय उपलब्धियों की दृष्टि से दूसरों से आगे निकलते हुए देखे जाते हैं।

नकारात्मक प्रभाव एवं प्रतिफल (Negative Impact and outcomes)

1. जब एक अध्यापक अपने विकासशील विद्यार्थी से उसकी क्षमता एवं योग्यता से ज्यादा आशा करने लगता है तब उस विद्यार्थी के द्वारा जो वास्तविक प्रदर्शन किया जाता है और उसकी जो उपलब्धियां होती हैं वह शिक्षक एवं विद्यार्थी दोनों में ही निराशा और हताशा की भावना भर देती है। यह बात विकासशील बालकों को अपने आगे के अधिगम और उपलब्धि के लिए उनके आत्मविश्वास, आत्मगौरव और आत्मसामर्थ्य को प्रतिकूल रूप से प्रभावित करती है।
2. जिन विद्यार्थियों के बारे में अध्यापक निम्न स्तरीय आशाएं रखते हैं वे विद्यार्थी भी अपने अध्यापक की नजरों में निम्न आशाएं होने के कारण अपने अन्दर कार्य को करने एवं प्रदर्शन करने की योग्यता और क्षमताओं के होने पर भी वे अपने आपको अपनी क्षमताओं से कम आंकने लगते हैं। यह बात उनमें निहित उनकी वास्तविक क्षमता के अनुसार प्रगति करने या उपलब्धि प्राप्त करने के लिए घातक सिद्ध होती है।
3. जिन विद्यार्थियों के बारे में अध्यापक निम्न आशाएं रखने लगते हैं या जिस विद्यार्थी से हतोत्साहित करने वाले परिणाम की आशा रखने लगते हैं, अध्यापक कक्षा शिक्षण के समय या प्रयोगशाला में प्रयोग करते समय उन पर उचित ध्यान नहीं देते हैं तथा उनकी उपेक्षा करते हैं। वे अपने मन में यह बात गाँठ बांध लेते हैं कि यह बालक तो अच्छा प्रदर्शन कर ही नहीं सकता है। इसीलिए रचनात्मक एवं सृजनात्मक गतिविधियों में भाग लेने के लिए पहल करने, उपयोगी प्रोजेक्ट तथा अभ्यास कार्य में लगने के लिए उन्हें हमेशा किसी भी प्रकार का प्रोत्साहन नहीं देते हैं क्योंकि उन्होंने अपने मन में तो यह धारणा बना रखी होती है कि इस प्रकार के प्रोत्साहन से इन बच्चों के प्रदर्शन, उपलब्धि या प्रगति में कोई फायदा नहीं होगा। इस प्रकार से अध्यापक द्वारा रखा जाने वाला नकारात्मक दृष्टिकोण और यह सोच लेना कि इस विद्यार्थी से कोई आशा नहीं की जा सकती उस विद्यार्थी को, बिना उसकी कोई गलती के, असफलता की तरफ ढकेल देता है।

विद्यालय से बाहर बिताया गया समय (Being Out of School)

यह तो सभी जानते हैं कि एक बालक विद्यालय में व्यतीत किए गए समय के अनुपात में विद्यालय से बाहर के वातावरण में ज्यादा समय व्यतीत करता है। अपनी दिन प्रतिदिन की दिनचर्या का एक बहुत बड़ा भाग बालक अपने घर, परिवार, पास-पड़ोस, हमउम्र साथियों की संगति तथा जिस समुदाय या समाज में वह रहता है वहां के लोगों के साथ रहते हुए, बातचीत करते हुए तथा अनेक प्रकार के अनुभव प्राप्त करते हुए व्यतीत करता है। इन स्थानों पर एक लम्बे समय तक रहने के कारण वह जो अनुभव प्राप्त करता है यद्यपि वे विद्यालय में प्राप्त अनुभवों की तुलना में काफी अव्यवस्थित तथा अनौपचारिक होते हैं परन्तु फिर भी ये अनुभव विकासशील बालकों के समायोजन, विकास और प्रगति पर महत्त्वपूर्ण ढंग से अपनी छाप या प्रभाव छोड़ने की सामर्थ्य रखते हैं। आइए इनके पड़ने वाले प्रभावों का विश्लेषण करने की कोशिश करते है:

1. बालक विद्यालय में विभिन्न विषयों और गतिविधियों के बारे में जो ज्ञान और समझ अर्जित करते हैं तथा जिन दक्षताओं का अधिगम करते हैं उन सभी को उसी अनुपात में पुनर्बलन और वृद्धि प्राप्त होती है जिस तरह की सुविधाएं और वातावरण उन्हें विद्यालय के बाहर, विद्यालय में सीखी हुई बातों में संवृद्धि करने तथा उचित अभ्यास और उपयोग में लाने हेतु प्राप्त होते हैं।
2. बच्चों के व्यवहार में आने वाले संज्ञानात्मक तथा क्रियात्मक परिवर्तनों को उनके मस्तिष्क और क्रियाओं में धारण कराए जाने के बारे में जो बात सत्य है वही बात उनके भावात्मक पक्ष (जैसे—आदतों, रूचियों, अभिवृत्तियों, मूल्यों तथा आदर्शों का अर्जन) में विद्यालय में प्राप्त अधिगम अनुभवों के द्वारा लाए जाने वाले परिवर्तनों के बारे में भी सत्य है। बालकों के भावानात्मक पक्ष के ये परिवर्तन उनके मन में और हृदय में उसी अनुपात में स्थापित होते हैं या गायब हो जाते हैं जिस प्रकार के अनुभव या प्रतिपुष्टि उन्हें विद्यालय से अन्य सामाजिक संस्थाओं के साथ अन्त:क्रिया करने के फलस्वरूप प्राप्त होती है। विद्यालय में प्राप्त अनुभवों से बाहर प्राप्त इन अनुभवों का आपस में टकराव होने पर जो प्रभाव होता है और उसी अनुपात में बालकों पर जो असर बाहर की दुनिया से सम्बन्धित अनुभवों का जितना कम या अधिक प्रभाव उन पर हावी होता है उसी रूप में वे अपने भावों और विचारों का प्रयोग करना प्रारम्भ कर देते हैं। उन्हें अपने उद्देश्य की प्राप्ति और समाज में समायोजन हेतु जो बातें अधिक उपयुक्त दिखाई देती हैं वे उन्हीं को अपने व्यवहार में उतार लेते हैं। आज के समय में बाहर की दुनिया में जो अधिक व्यवहारिक दिखाई देता है, वह अधिकतर उससे काफी अलग होता है जो उसे विद्यालय में पढ़ाया या सिखाया जाता है। इसलिए बालकों को इस परिणाम पर पहुँचते हुए देखा जा सकता है कि विद्यालय की पढ़ाई तो केवल परीक्षा पास करने के लिए होती है। उन्हें तो वही सीखना और काम में लाना चाहिए जो बाहर की दुनिया में चलता है।
3. विद्यालय में पढ़ाई हुई बातों का उन बातों से अक्सर तालमेल नहीं होता है जो बाहर की दुनिया में घटित हो रही हैं। ये मात्र सैद्धान्तिक रहती हुर्इं व्यवहार की दुनिया से काफी अलग और दूर रहती हैं। ये बालकों को वह नहीं सिखा पातीं जो उन्हें अपने वर्तमान को जीने तथा भविष्य में पड़ने वाली ज़रूरतों तथा आने वाली समस्याओं से निपटने में सहायता कर सकें। विद्यालय के परिवेश से बाहर उन्हें जिस प्रकार के अनुभव अपने दिन प्रतिदिन की दुनिया में होते हैं उन्हीं की सहायता से वे अपने विद्यालय में प्राप्त सैद्धान्तिक ज्ञान को प्रयोगात्मक रूप प्रदान कर एक सफल जीवन जीने के काबिल बनने में सफल होते हैं।

अधिक आयु के अधिगमकर्त्ता (Over Age Learner)

विद्यालय की किसी कक्षा या ग्रेड विशेष के सन्दर्भ में अधिक आयु के अधिगमकर्त्ता पद का प्रयोग उस अधिगमकर्त्ता से सम्बन्ध रखता है जो उस कक्षा या ग्रेड विशेष में अध्ययन के लिए मान्य औसत आयु से बहुत ज्यादा आयु के होते हैं। एक साधारण से उदाहरण की सहायता से स्पष्ट किया जा सकता है कि एक प्राथमिक विद्यालय की कक्षा 1 में प्रवेश लेने के लिए बालक की आयु 5 वर्ष की ज़रूरी मानी गई है। इसके अनुसार जब वह बालक विद्यालय की सातवीं कक्षा में आएगा तो उसकी आयु लगभग 11-12 वर्ष होनी चाहिए (यदि वह नियमित रूप से प्रत्येक कक्षा को एक-एक वर्ष में उत्तीर्ण करता रहा हो)। इस प्रकार सातवीं कक्षा में पढ़ने वाले बच्चों की आयु लगभग 11-12 वर्ष के बीच में होनी चाहिए।

अब यदि सातवीं कक्षा में पढ़ने वाले किसी बालक की आयु 11-12 वर्ष की आयु से बहुत ज्यादा है, जैसे अगर 14 वर्ष या इससे भी ज्यादा आयु है तो उस बच्चे को "अधिक आयु का अधिगमकर्त्ता" नाम दिया जाएगा। अर्थात् "वह अधिगमकर्त्ता, जो एक कक्षा में अध्ययन करने की मान्य औसत आयु को पार कर उससे ज्यादा वर्ष की आयु का हो।" इस प्रकार से अधिक आयु का अधिगमकर्त्ता अपनी कक्षा में पढ़ने वाले बच्चों से आयु में काफी बड़ा होता है और बड़ा होने के कारण उनसे ज्यादा परिपक्व होता है।

यदि पूछा जाए कि एक बालक अधिक आयु का अधिगमकर्त्ता कैसे बन जाता है तो इसके पीछे निम्न बातें कार्य करती हुई पाई जाती हैं:

(i) बाल्यावस्था में ही काफी बड़ा होने पर अर्थात् विद्यालय में प्रवेश लेने की आयु के निकल जाने के काफी बाद में प्राथमिक विद्यालय की कक्षा 1 में प्रवेश दिलाना।

(ii) प्रत्येक कक्षा में उत्तीर्ण होने की निर्धारित अवधि (एक वर्ष) में कक्षा उत्तीर्ण न करवाना। एक ही कक्षा पास करने में दो या उससे अधिक वर्ष लगा देना।

(iii) विद्यालय में पढ़ते समय बीच में ही किसी कारण से एक या अधिक वर्ष के लिए विद्यालय छोड़ देना और कुछ वर्षों उपरान्त पुनः प्रवेश लेना।

अब प्रश्न यह उठता है कि एक बालक के अधिक आयु का अधिगमकर्त्ता होने में परेशानी क्या है? क्या यह उसके स्वयं के लिए या कक्षा के सहपाठियों के अध्ययन को किसी प्रकार से प्रभावित करता है? और यदि ऐसा है तो कैसे? आइए अब इसी सम्बन्ध में विचार करते हैं:

1. एक अधिक आयु के अधिगमकर्त्ता को, औसत आयु के हिसाब से नियोजित तथा व्यवस्थित किए गए कक्षा-कक्ष में उपलब्ध भौतिक वातावरण प्रयोगशाला, कार्यशाला में अपना सामंजस्य करने में काफी कठिनाई का सामना करना पड़ता है। उदाहरण के लिए कक्षा में छोटे बालकों की आयु के अनुसार छोटे आकार की कुर्सियां, डेस्क, काम करने की मेजें, अन्य उपकरण आदि होते हैं और निश्चित तौर पर इस प्रकार की परिस्थिति में वह अपना समायोजन करने में काफी असुविधा महसूस कर सकता है।
2. किसी भी कक्षा या ग्रेड विशेष में अपनी आयु से छोटे बालकों के साथ अध्ययन करने में अधिक आयु के अधिगमकर्त्ताओं को अपना शैक्षणिक समायोजन करने में काफी समस्याओं का सामना करना पड़ सकता है। जैसा कि हम जानते हैं शिक्षण अधिगम प्रक्रिया में जो भी शिक्षण अधिगम कार्य सम्पन्न किए जाते हैं वे सब सम्बन्धित कक्षा या ग्रेड विशेष के बालकों की औसत आयु के हिसाब से नियोजित, संगठित और क्रियान्वित किए जाते हैं। शिक्षण अधिगम की विधि और कार्य गतिविधियों का क्रियान्वयन चूंकि उसकी आयु और परिपक्वता से मेल नहीं खाता। अतः अधिक आयु के अधिगमकर्त्ता को काफी समस्याओं तथा कुसमायोजन का सामना करना पड़ता है।
3. एक अधिगम आयु का अधिगमकर्त्ता अपने सामाजिक-मनोवैज्ञानिक समायोजन और विकास के सम्बन्ध में भी अनेक समस्याओं का सामना करता पाया जाता है, जैसे—

   (i) आयु में काफी अन्तर होने तथा परिपक्वता स्तर में भी काफी भिन्नता होने के कारण वह अपनी कक्षा के सहपाठियों के साथ न तो मित्रता स्थापित कर पाता है और ना ही उपयोगी अन्तःक्रिया कर पाता है।

   (ii) अपनी अधिक आयु का होने के कारण उसकी कक्षा के अन्य विद्यार्थी उसे अपने साथ खेल या खेलकूद गतिविधियों खिलाना नहीं चाहते हैं।

   (iii) अनेक प्रकार की सहपाठ्य क्रियाओं में भी वह अपनी कक्षा के सहपाठियों के साथ भाग लेने में अनेक कठिनाइयों का सामना करता है।

   (iv) कक्षा में अन्य बालकों से अपने आपको अधिक आयु का होने के कारण वह अक्सर अपराध भावना से ग्रस्त रहता है। किसी न किसी बात या आधार पर अध्यापक तथा अन्य विद्यार्थी भी उसे इस बात का अहसास कराते रहते हैं।

(v) उसकी आयु में उसकी शिक्षा का जो स्तर होना चाहिए था तथा उसका जितना विकास ज़रूरी था उससे पीछे रह जाने के कारण वह स्वयं तनाव, दबाव, चिन्ता तथा बैचेनी का अनुभव करता रहता है।

4. अधिक उम्र के बालकों को शैक्षणिक क्षेत्र में जो कठिनाइयां आती हैं वे उनके सामाजिक-मनोवैज्ञानिक कुसमायोजन के साथ मिलकर उन्हें विभिन्न प्रकार के समस्यात्मक तथा बाल अपराधी व्यवहार की ओर ढकेल देती हैं और इस तरह वे प्राय: भगोड़ेपन, दूसरों को आतंकित करने वाले, औषधिव्यसनी जैसे व्यवहारों में उलझ जाते हैं अथवा कुसंगति में पड़कर सामाजिक रूप से अवांछनीय एवं अपराधी तत्वों के चंगुल में फंस जाते हैं।

सार-संक्षेप (Summary)

शील बालकों के जीवन में उनके समायोजन, विकास और प्रगति के सम्बन्ध में उनके वर्तमान तथा भविष्य को बनाने में उनकी विद्यालयी शिक्षा काफी महत्त्वपूर्ण भूमिका निभाती है। विद्यालय विशेष में उसके वातावरण तथा बालकों की शिक्षा, विकास तथा प्रगति पर प्रभाव डालने वाली जो बातें इस प्रकार की भूमिका को एक विशेष दिशा और दशा प्रदान करती नजर आती हैं उनमें हम विशेष रूप से जिनका उल्लेख कर सकते हैं, वे हैं (i) हम उम्र साथी या सहपाठी प्रभाव, (ii) विद्यालय संस्कृति, (iii) शिक्षकों के साथ सम्बन्ध, (iv) शिक्षकों की आशायें और विद्यालय उपलब्धियाँ, (v) विद्यार्थियों द्वारा विद्यालय के बाहर बिताया गया समय तथा (vi) विद्यालय में अधिक आयु के अधिगम कर्त्ताओं की उपस्थिति आदि।

हम उम्र साथी या सहपाठी प्रभाव से यहाँ तात्पर्य विद्यालय में पढ़ने वाले बालकों की शिक्षा, समायोजन तथा विकास पर पड़ने वाले उस प्रभाव से है जो उनके ऊपर उनके कक्षा या विद्यालय में साथ-साथ पढ़ने और कार्य करने वाले हम उम्र साथियों के द्वारा प्रत्यक्ष या अप्रत्यक्ष रूप से डाला जाता है। इसके फलस्वरूप बालकों में विभिन्न प्रकार के वांछित व्यवहारों का आदतों, रुचिओं, अभिवृत्तियों, सीखने तथा काम करने के ढ़ंगों एवं अन्य व्यवहार गुणों के रूप में निरन्तर विकास होता हुआ पाया जाता है।

विद्यालय संस्कृति उन सभी बातों का प्रतिनिधित्व करती है जो विद्यालय के भौतिक, सामाजिक, सांस्कृतिक और शैक्षणिक बातों से सम्बन्धित हो और उसमें विद्यालय समुदाय (विद्यार्थी, अध्यापक तथा अन्य कर्मचारीगण और मुख्य अध्यापक सहित प्रशासनिक अधिकारी वर्ग) के कार्य करने और व्यवहार करने का तरीका भी शामिल हो। एक विद्यालय जो अपनी विद्यालय संस्कृति के लिये एक अच्छा नाम या साख रखता है, उसमें विद्यालय समुदाय से सम्बन्धित सभी व्यक्तियों का व्यवहार और कार्य इतने प्रशंसनीय स्तर का होता है कि सबको यह सहज विश्वास रहता है कि हमारे बालकों की प्रगति और भविष्य पूरी तरह उस वातावरण में सुरक्षित है।

विद्यार्थियों के अपने शिक्षकों के साथ जिस प्रकार की अन्तःक्रियायें तथा सम्बन्ध रहते हैं उसी के अनुरूप उनके अधिगम तथा विकास का मार्ग बनता चला जाता है। बात भी ठीक ही है क्योंकि गुरू की तुलना में कोई ऐसा दूसरा नहीं जो बालकों को उनके अधिगम और विकास मार्ग में उचित सहायता और मार्गदर्शन उपलब्ध कराने की बराबरी कर सके। हाँ परन्तु इस सम्बन्ध में अच्छे सकारात्मक एवं उत्साहवर्द्धक परिणामों की उपलब्धि तभी अच्छी तरह संभव है जब विद्यार्थी और अध्यापकों के बीच उचित स्तर के स्वस्थ तथा सौहार्दपूर्ण सम्बन्धों की उपस्थिति बनी रहे।

शिक्षक आशायें एवं विद्यालय उपलब्धि से यहाँ तात्पर्य उन अपेक्षाओं या आशाओं से होता है जो कि एक अध्यापक की अपने किसी विद्यार्थी विशेष से उसकी शैक्षिक उपलब्धियों के संदर्भ में हो सकती हैं। इस प्रकार की अपेक्षायें किसी एक या अन्य अधिगम विषय अथवा गतिविधियों में विद्यार्थी द्वारा बहुत ही ऊँचे अथवा काफी निराशाजनक उपलब्धि स्तर दिखाने के रूप में हो सकती हैं। शिक्षकों द्वारा विद्यार्थियों की उपलब्धियों के संदर्भ में रखी जाने वाली ये अपेक्षायें बालकों के अधिगम तथा विकास को भी उसी रूप में प्रभावित करती हुई पायी जाती हैं जिस रूप में (सकारात्मक या नकारात्मक, अच्छे या बुरे, उच्च तथा निम्न कोटि आदि) उनका प्रदर्शन शिक्षकों द्वारा विद्यार्थी विशेष के प्रति किये जाने वाले अपने व्यवहार में दिखाई देता है।

विद्यालय से बाहर बिताये गये समय से यहाँ अभिप्रायः विद्यालय में पढ़ने वाले विद्यार्थियों के द्वारा उस समयावधि से है जो वे विद्यालय से बाहर के वातावरण में अपने घर, परिवार, पास-पड़ोस, हमउम्र साथियों तथा समुदाय के लोगों के साथ बिताते हैं। निस्संदेह विद्यालय के बाहर बिताये जाने वाले समय की अवधि काफी अधिक होती है और फिर उसी अनुपात में इस समय विशेष में जो कुछ भी विद्यार्थी विशेष के साथ हो रहा होता है, वह विद्यार्थी के विकास और अधिगम को अपने रंग में रंगता हुआ नजर आता है। यद्धति विद्यालय के बाहर मिलने वाले इन अधिगम अनुभवों की प्रकृति पूरी तरह अनौपचारिक एवं असंगठित होती है परन्तु डाले गये इनके प्रभाव की सशक्तता में कोई कमी नहीं रहती।

अधिक आयु के अधिगम कर्त्ता पद से यहाँ आशय विद्यालय को किसी कक्षा विशेष में पढ़ने वाले उन विद्यार्थियों से है जो उस कक्षा में अध्ययन के लिये मान्य औसत आयु से बहुत ज्यादा आयु के होते हैं। साथ पढ़ने वाले कक्षा के सह-पाठियों की तुलना में अपनी आयु काफी अधिक होने के कारण इन्हें शिक्षा, समायोजन तथा अपने सर्वांगीण विकास के संदर्भ में विविध प्रकार की समस्याओं का सामना करना पड़ सकता है। विद्यालय में कक्षा के हिसाब से अध्ययन सुविधा प्रदान करने हेतु जो भौतिक संसाधनों तथा शैक्षिक सुविधाओं की व्यवस्था होती है वह उस कक्षा के लिये मान्य औसत आयु के बालकों के लिये ही बनी होती है, अधिक आयु के बालक यहाँ पूरी तरह कुसमायोजित ही रहते हैं और इसलिये उनकी पटरी न तो शैक्षणिक व्यवस्था से बैठती है और न अपने सहपाठियों से।

संदर्भित एवं विशेष अध्ययन ग्रन्थ (References and Suggested Readings)

Biggie, M.L. and Hunt, M.P., *Psychological Foundations of Education*, Harper and Row, New York, 1968.

Gates, A.I. and Jersild, A.T., *Educational Psychology*, Macmillan, New York, 1970.

Hurlock, E.B., *Adolescent Development*, McGraw Hill, New York, 1959.

Woolfolk, Anita, *Educational Psychology*, 9th ed., First Indian Reprint, Pearson, New York, 2004.

वैश्वीकरण, शहरीकरण और आर्थिक परिवर्तनों का बालकों के विकास पर प्रभाव (Impact of Globalisation, Urbanization and Economic change on the Development of Children)

वैश्वीकरण-अर्थ एवं अवधारणा (Globalisation–Meaning and Concept)

अपने सामान्य अर्थ में वैश्वीकरण, इस भूमंडल जिस पर हम रहते हैं और कार्य करते हैं उस पर विद्यमान सभी वस्तुओं और व्यवहार क्रियाओं के समग्र और समन्वित परिदृश्य को हमारे सामने लाता है। इससे इस प्रकार का आभास होता है कि जो कुछ भी इस भूमंडल पर प्रकृति की देन या मानवनिर्मित है, वह इस भूमंडल पर रहने वाले सभी की जिन्दगी और कार्य को प्रभावित करता है। वैश्वीकरण के अर्थ और प्रकृति को समझने हेतु बहुत से विद्वानों और लेखकों ने इसे अपने-अपने ढंग से परिभाषित किया है। हम इनमें से कुछ महत्त्वपूर्ण परिभाषाओं को उद्धृत करना चाहेंगे ?

1. **मार्टिन एलब्रो और एलिजाबेथ किंग (1990 : 8)**—''वैश्वीकरण उन सभी प्रक्रियाओं का प्रतिनिधित्व करता है जिनके द्वारा विश्व के सभी व्यक्ति केवल एक एकल विश्व समाज में समाहित हो जाते हैं।''

(Globalization represents all those process by which the people of the world are incorporated into a single world society.)

2. **Anthony Giddens (1990)**—वैश्वीकरण, दुनिया भर में फैले सामाजिक सम्बन्धों के तीव्रगति से होने वाले ऐसे विस्तारीकरण के रूप में परिभाषित किया जा सकता है जिसके द्वारा सुदूर स्थानों में बसी हुई बस्तियों को इस प्रकार सम्बन्धित किया जा सकता है जिसमें स्थानीय स्तर पर होने वाली बातों और घटनाओं के घटित होने का निर्धारण अनेकों मील दूर होने वाली घटनाओं पर निर्भर करता है और इसके विपरीत स्थानीय घटनाएं भी दूर घटने वाली घटनाओं का कारण बन सकती हैं।''

(Globalization can be defined as the intensification of worldwide social relations which link distant localities in such a way that local happenings are shaped by events occuring many miles away and vice versa.)

3. **Thomas Larsson (2001 : 9)**—वैश्वीकरण एक ऐसी प्रक्रिया के रूप में सामने आता है जिससे विश्व अपने आप में सिकुड़ रहा है, दूरियां छोटी होती जा रही हैं और चीज़ें आपस में समीप आ रही हैं। यह उस बढ़ती हुई सुविधा से भी सम्बन्धित है जिससे दुनिया के किसी एक कोने में रहने वाले व्यक्ति, दुनिया के किसी अन्य कोने में रहने वाले व्यक्ति से एक दूसरे के लाभार्थ अन्त:क्रिया कर सकता है।

(Globalization is the process of world shrinkage, of distances getting shorter, things moving closer. It pertains to the increasing care with which somebody on one side of the world can interact, to mutual benefit, with somebody on the other side of the world.)

4. **Lechner and Boli (2012)**—''वैश्वीकरण का अर्थ है सुदूर बैठे हुए अधिक से अधिक व्यक्ति अधिक से अधिक और विभिन्न तरीकों से एक दूसरे से सम्बन्धित हों।''

(Globalization means more people across large distances becoming connected in more and different ways.)

5. **Brine, (1999)**—एक सांस्कृतिक प्रक्रिया के रूप में वैश्वीकरण को जनमाध्यम के विस्तारीकरण तथा इसके परिणामस्वरूप होने वाले पाश्चात्य रीतिरिवाज तथा संस्कृतियों के सार्वभौमीकरण के रूप में समझा जा सकता है।

(Globalization as a cultural process has been seen as an extension of mass media and the conequent universalization of western mores and culture.)

ऊपर दी गई परिभाषाओं का सूक्ष्म विश्लेषण वैश्वीकरण के अर्थ, प्रकृति और महत्त्व के बारे में निम्न बातों को जानने में हमारी सहायता कर सकता है :

- वैश्वीकरण एक ऐसी प्रक्रिया के रूप में जाना जाता है जिससे इस प्रकार के लाभों की प्राप्ति होती है जो हमारे रहने सहने और कार्य प्रणाली को व्यक्तिगत, समूहगत, सामुदायिक, राष्ट्रीय एवं अन्तर्राष्ट्रीय स्तर पर विविध रूपों में प्रभावित करते हैं।
- यह सरहदों को संकुचित करने और व्यक्तियों और समुदायों में आपसी अन्तःक्रिया और सहयोग के लिए अधिक से अधिक अवसर एवं सुविधाएं प्रदान करने में सहायता करता है।
- यह पूरे भूमंडल पर व्यक्तियों और देशों के मध्य औद्योगीकरण, व्यापारीकरण में विश्वास और आस्था पैदा करने, अवरोध मुक्त व्यापार करने तथा बैंकिंग और व्यापार को प्रोन्नत करने में एक नवीन क्रान्ति लाने से जुड़ा हुआ है।
- वैश्वीकरण ने एक स्थान पर रहने वाले लोगों को सुदूर स्थानों पर जाकर अपने रोजगार के नवीन अवसर तलाशने की सुविधाएं प्रदान की है।
- वैश्वीकरण के कारण भूमंडल के एक भाग पर रहने वाले विभिन्न संस्कृतियों के लोग जब भूमंडल के दूसरे भाग पर रहने लगते हैं तो इससे विभिन्न संस्कृतियों के मध्य अन्तःक्रिया और एक दूसरे की बातों के आत्मसातीकरण करने के अवसर प्राप्त होते हैं।
- इसने विश्व के विभिन्न राष्ट्रों, व्यक्तियों एवं समुदायों को सरहदों के पार आर्थिक, राजनीतिक और सामाजिक सांस्कृतिक सम्बन्ध बनाने तथा स्थापित करने में सहायता की है।
- इसका लक्ष्य पूर्ण विश्व के व्यक्तियों और समुदायों को विश्व में कहीं पर भी होने वाले आविष्कारों और खोजों, विचारों और मूल्यों, फैशन और कला, स्वास्थ्य के कार्यक्रमों तथा साधनों, शिक्षा और मनोरंजन के साधनों आदि के ज्ञान और समझ को आपस में बांटने में सहायता करना है।
- सूचना एवं सम्प्रेषण तकनीकी, आने जाने के साधन, कम्प्यूटर अनुप्रयोग, अन्तरिक्ष विज्ञान, सेटेलाइट तकनीकी आदि के क्षेत्र में होने वाली तकनीकी प्रगति और विकास के कारण ही वैश्वीकरण की प्रक्रिया आगे बढ़ी है।
- वैश्वीकरण के फलस्वरूप ही पाश्चात्य दर्शन और रहन सहन के ढंग से प्रभावित भौतिक मूल्यों और शैलियों पर बहुत जोर दिया जाने लगा है।
- इसके परिणामस्वरूप ही विश्व के लोग आज एक एकल विश्व समाज में परिणित हो गए हैं इसी कारण पूरे भूमंडल के किसी भी भाग पर घटित होने वाली घटना या बात सभी पर अपना प्रभाव डालती है।

वैश्वीकरण की उपर्युक्त अर्थ एवं विशेषताओं के सन्दर्भ में हम इसे ऐसी प्रक्रिया के रूप में मान्यता दे सकते हैं, जो विश्व समुदाय से सम्बन्धित व्यक्तियों और संस्थाओं को अपने विविध रूपों और तरीकों, जैसे—आर्थिक, शैक्षणिक, राजनीतिक तथा सामाजिक सांस्कृतिक आदि के माध्यम से दूरी और समय की सीमाओं को लांघते हुए पारस्परिक सम्बन्ध बनाने तथा एक दूसरे की जिन्दगी और कार्यप्रणाली को प्रभावित करने की क्षमता रखती है।

वैश्वीकरण के लिए उत्तरदायी कारक (Factors Lying behind Globalization)

हमने ऊपर वैश्वीकरण की प्रक्रिया और प्रतिफलों के बारे में जो कुछ भी देखा और जाना है वह सब जिन बातों और प्रक्रियाओं के हाथों का कमाल है, उनका उल्लेख आगे किया जा रहा है :

1. यातायात के साधनों के विकास और प्रगति के कारण आवागमन के लिए मिलने वाली सेवाएं एवं सुविधाएं।
2. सूचना एवं सम्प्रेषण तकनीकी के विकास एवं प्रगति के कारण उपलब्ध होने वाली सेवाएं एवं सुविधाएं।
3. सेटेलाइट तथा अन्तरिक्ष विज्ञान के क्षेत्र में होने वाले विकास और प्रगति के द्वारा मिलने वाली सेवाएं एवं सुविधाएं।
4. भूमंडल के किसी एक भाग या क्षेत्र में किसी एक या दूसरी जगह उपलब्ध विभिन्न प्रकार के उपकरणों या सामग्री का क्रय-विक्रय करने की आवश्यकता।
5. भूमंडलीय परिदृश्य पर होने वाली बहुत ज्यादा औद्योगीकरण, व्यापारीकरण और वैश्विक पूंजीवादी अर्थव्यवस्था।
6. बहुसंस्कृतिवाद की स्थापना और विभिन्न संस्कृतियों का समन्वय और एक दूसरे में विलय हो जाना।
7. रोजगार की तलाश, मनोरंजन, आराम या आश्रय ढूंढने के लिए भूमंडल के एक क्षेत्र से व्यक्तियों का दूसरे क्षेत्र में पलायन करना।
8. विश्व के किसी एक भाग में घटित होने वाले किसी एक या अन्य प्रकार के प्राकृतिक प्रभाव (जैसे—प्राकृतिक आपदाएं, प्रदूषण का बढ़ता हुआ स्तर, रेडियेशन, न्यूक्लियर शस्त्रों का लेन-देन, आतंकवादी गतिविधियां, राजनीतिक उथल-पुथल, सीमा विवाद आदि) के दबाव के कारण।
9. पूरे भूमंडल पर ज्ञान का विस्फोट और सभी में इसका सम्प्रेषण।
10. व्यक्तियों और समुदायों के मध्य सामाजिक सांस्कृतिक जुड़ाव और धार्मिक प्रतिबद्धता।
11. सम्पूर्ण विश्व में किसी भी भूभाग में सामाजिक-सांस्कृतिक, खेलकूद और मानव कल्याण सम्बन्धी गतिविधियों और कार्यक्रमों का आयोजन तथा आदान-प्रदान।
12. विश्व के विभिन्न भागों में रहने वाले लोगों के बीच आपसी सहयोग, मेल-मिलाप तथा कुछ बातों को लेकर प्रतिस्पर्धात्मक गतिविधियों में संलग्नता।
13. राजनीतिक, आर्थिक, व्यापारिक और शैक्षिक क्षेत्र में होने वाली विभिन्न प्रकार की संधियां, समझौते, आपसी समन्वय आदि के प्रभाव एवं परिणाम।
14. क्षेत्रीय और अन्तर्राष्ट्रीय स्तर पर कार्यरत संस्थाएं और संघ, जैसे यू एन ओ, और उसके सहायक कार्यशील संस्थाएं, राष्ट्रमंडल देशों का समूह तथा EURO, BRICS, ASCEAN आदि संस्थाओं का अस्तित्व में आना।
15. तकनीकी विकास के फलस्वरूप सामाजिक अन्त:क्रिया के आधुनिक उपकरणों, जैसे फेसबुक, यू ट्यूब, वीडियो, स्मार्ट फोन्स, कम्प्यूटर एप्लीकेशन्स, फिल्मस, टेलीविजन कार्यक्रम आदि का प्रभाव।

बालकों और किशोरों के विकास पर वैश्वीकरण का प्रभाव (Impact of Globalisation on the Development of Children and Adolescents)

ऊपर वैश्वीकरण की प्रक्रिया के बारे में जो भी चर्चा की गई है उसके फलस्वरूप वैश्विक समुदाय के आर्थिक, राजनीतिक, शैक्षिक और सामाजिक सांस्कृतिक परिदृश्य में पड़े हुए प्रभाव से जो परिवर्तन आए हैं, उसका सम्पूर्ण विश्व के बालकों और किशोरों के विकास पर काफी गहन एवं उल्लेखनीय प्रभाव पड़ा है। जैसा कि अक्सर होता है किसी भी प्रकार के आधुनिकीकरण होने या परिवर्तनों के आने पर उनके जो परिणाम होते हैं उनका प्रभाव मिलाजुला सा सकारात्मक या नकारात्मक दोनों ही प्रकार का होता है। हमारे बालकों के विकास पर वैश्वीकरण के प्रभाव के बारे में भी यही बात सत्य बैठती है। हम इन प्रभावों को निम्न प्रकार संक्षेप में स्पष्ट कर सकते हैं :

A. सकारात्मक और लाभदायक प्रभाव (Positive and favourable impact)

बालकों के समुचित विकास, तरक्की और ठीक-ठाक जीवनयापन के लिए अनेक प्रकार के फायदे, सही अवसर और सहायता प्रदान करने का श्रेय निम्न रूप में वैश्वीकरण को दिया जा सकता है :

1. वैश्वीकरण ने बहुसंस्कृतिवाद की दुनिया के बारे में अनेक प्रकार की बातों से बालकों को परिचित कराकर उनके दृष्टिकोण का खुलापन दिया है। वैश्वीकरण ने बालकों को अनेक प्रकार की संस्कृति, धार्मिक विश्वास तथा विचारधारा से सम्बन्ध रखने वाले लोगों के रहन-सहन तथा व्यवहार करने के ढंग से परिचित होने के काफी अवसर और सुविधाएं प्रदान की हैं। इस प्रकार का ज्ञान बालकों में विभिन्न संस्कृतियों, धार्मिक विश्वासों तथा विचारधारा को अपनाने वाले व्यक्तियों और समुदायों के प्रति आदर और सहनशीलता विकसित करने में सहायता करता है।
2. ज्ञान के विस्फोट और वैज्ञानिक प्रगति की जानकारी से युक्त बाहर की दुनिया के बारे में ज्ञान बालकों और किशोरों को हमारे समाज में व्याप्त अनेक भेदभाव, जैसे—अन्धविश्वास, रूढ़िवादिता, विद्वेष, पार्श्वीकरण, वंचन आदि सामाजिक बुराइयों और असमानताओं का त्याग करने तथा स्वयं अपने आप को उनसे बचाने में सहायता करता है।
3. वैश्वीकरण के प्रभाव के कारण आज बालकों और किशोरों को ज्ञान अर्जित करने तथा कौशलों में प्रवीणता हासिल करने के इतने ज्यादा अवसर प्राप्त हो रहे हैं कि उनसे बालकों और किशोरों को अपने जीवन में प्रगति करने के लिए तथा जीवन के साथ अनुकूलन करने के लिए अपना मानसिक क्षेत्र काफी विस्तृत करने, अपनी संज्ञानात्मक क्षमताओं का समुचित रूप से विकास करने तथा जीवनोपयोगी कौशलों का अधिगम करने में काफी सहायता मिलती है।
4. वैश्वीकरण बालकों और किशोरों के मन से विदेश जाने सम्बन्धी किसी प्रकार डर या हिचक को निकालने में सहायता करता है। बालकों में भूमंडल के किसी भी भाग में उपलब्ध शैक्षिक, व्यापारिक या रोजगार सम्बन्धी अवसरों का फायदा उठाने का सही दृष्टिकोंण विकसित करने के लिए वैश्वीकरण को ही उत्तरदायी माना जा सकता है। यही कारण है कि आज किशोर अपनी उच्च शिक्षा में ऐसे विषयों और पाठ्यक्रमों का चयन करने लगे हैं जो वैश्वीकरण के प्रभाव से उन्हें फायदा उठाने और अपना कैरियर बनाने में सहायता करें।
5. वैश्वीकरण अनेक प्रकार की क्षेत्रीय एवं विश्व संगठनों या संस्थाओं, जैसे—यूनेस्को (UNESCO), यूनीसेफ (UNICEF) एवं डब्ल्यू एच ओ (WHO) आदि की स्थापना करने और क्रियान्वित करने के लिए उत्तरदायी है। ये संगठन वैश्विक स्तर पर विकासशील बालकों के लिए आवश्यक सहायता शैक्षिक एवं सांस्कृतिक विकास, स्वास्थ्य एवं आरोग्य की व्यवस्था, बीमारियों से सुरक्षा आदि कार्यों में लगे हुए हैं। ये संगठन सम्पूर्ण विश्व के बालकों के समुचित विकास और तरक्की में सहायता करने के कार्य में सराहनीय प्रयास कर रहे हैं। जीवन के लिए घातक बीमारियों जैसे—पोलियो, चेचक, तपेदिक आदि को (जो कुछ समय पूर्व तक बच्चों के जीवन को काफी बुरी तरह प्रभावित कर रही थीं) समाप्त करने की दिशा में किया जाने वाला कार्य वैश्वीकरण के द्वारा सम्पूर्ण विश्व का सहयोग लेकर, किए जाने वाला एक अत्यन्त प्रशंसनीय कार्य माना जा सकता है।

इसी प्रकार से हमें विश्व के विभिन्न समुदायों तथा राष्ट्रों के बीच क्षेत्रीय और वैश्विक स्तर पर सहयोग और समन्वयन के दर्शन हमें उनके द्वारा पारस्परिक रूप से बालकों के शिक्षा और प्रगति वाले उन प्रयासों में होते हैं जिनमें छात्रवृत्ति प्रदान करना, विद्यार्थी और अध्यापकों को एक दूसरे के यहां आमंत्रित करना तथा शैक्षिक सेमीनार कार्यशालाओं तथा सम्मेलनों को आयोजित करना आदि बातें सम्मिलित होती हैं।

B. नकारात्मक एवं हानिकारक प्रभाव (Negative and unfavourable impact)

ऊपर वर्णित सकारात्मक और लाभदायक प्रभावों के होने पर भी वैश्वीकरण बालकों के विकास और प्रगति पर काफी नकारात्मक प्रभाव भी डालता है जिसका वर्णन संक्षेप में निम्न प्रकार से किया जा सकता है :

1. अपने आवागमन के साधनों, सूचना एवं सम्प्रेषण तकनीकी, मोबाइल और कम्प्यूटर तकनीकी के विकास के कारण बालकों को बाहर की दुनिया की जानकारी इतनी ज्यादा हो गई है कि वैश्वीकरण ने पाश्चात्य संस्कृति, विचारों और जीवन के मूल्यों से प्रभावित एक विशिष्ट स्वरूप में बालकों के जीवन, कार्य प्रणाली और व्यवहार को निरूपित और परिवर्तित कर दिया है। विभिन्न समुदाय या प्रजातियों के द्वारा जो संस्कृति या जीवन का ढंग अपनाया जाता है, उन सभी में अपनी अच्छाइयां और कमियां होती हैं। जहां इसकी अच्छाइयां इसको अपनाने वाले अनुयायियों को प्रेरणा प्रदान करती हैं और उनके जीवन में तरक्की लाती हैं वहीं उसकी नकारात्मकता और बुराइयां अपने अनुयायियों को उनके सही जीवनपथ से भटका देती हैं। जैसा कि हम जानते हैं, नकल करने में हमेशा ही नकारात्मकता व्यक्ति को ज्यादा आकर्षित करती है और व्यक्ति द्वारा अपने रहन-सहन और व्यवहार में शीघ्र अपना ली जाती है। यहां हमारे बालक और किशोर भी पाश्चात्य संस्कृति में उपस्थित नकारात्मकता और बुराइयों के द्वारा जल्दी ही आकर्षित कर लिए गए हैं। हमारे बालकों और किशोरों द्वारा अपने जीवन को नकारात्मक रूप से प्रभावित करने वाली आदतों, मूल्यों, अभिवृत्तियों, रूचियों तथा जीवनशैली को अपनाने या आत्मसात करने के लिए यही बात उत्तरदायी है। यही बात उन बालकों के साथ भी घटित होती है जो बहुत से स्वार्थी तत्वों, धर्मान्ध व्यक्तियों तथा आतंकवादी संगठनों के द्वारा वैश्विक स्तर पर फैलाये गये उनकी विचारधारा के सुनहरी जाल में फंसकर गलत राह पकड़कर अपना जीवन बर्बाद कर लेते हैं।
2. बहुत ज्यादा औद्योगीकरण, शहरीकरण, बाजार तथा व्यापार के केन्द्रीकरण आदि के साथ वैश्वीकरण का घनिष्ट सम्बन्ध है। इन बातों के कारण ही एक बड़ी संख्या में लोगों का, जीविका कमाने की चाह में तथा जीवनयापन और कमाई के लिए अधिक अच्छे अवसरों की तलाश में एक क्षेत्र से दूसरे क्षेत्र में या विश्व के एक भाग से दूसरे भाग में तीव्र गति से आवागमन हुआ है। कुछ मामलों जहां पलायन करने वाले लोग सौभाग्यशाली रहे, उन्हें अच्छी सुविधाएं प्राप्त हुईं और उनके बच्चों के विकास के लिए काफी अच्छी तरह से अवसर तथा सन्तोषजनक ढंग से सुविधाएं मिलीं। परन्तु उनमें से एक बड़ी संख्या में पलायन करने वाले लोगों को इतने अच्छे अवसर प्राप्त नहीं हो पाए परिणामस्वरूप उनके बालकों को भी विकास और ठीक-ठाक रहने के लिए उपयुक्त सुविधाएं और अवसरों की प्राप्ति नहीं हो सकी। बहुतों ने तो ठीक प्रकार से रोटी रोजी कमाने और अपने नए रोजगार या व्यापार में ठीक तरह से स्थापित होने के लिए कुछ समय प्राप्त करने के उद्देश्य से अपने परिवारों को अपने मूल स्थान पर ही रहने के लिए छोड़ दिया और हुआ यह कि पिता की अनुपस्थिति में बच्चों को वह देखभाल या पर्याप्त निगरानी नहीं मिल पाती है जो उनके उपयुक्त विकास के लिए ज़रूरी है। उस जगह तो बात और भी बिगड़ जाती है जहां माता भी अपने परिवारिक व्यापार, धंधे या कमाई के स्त्रोत में सहायता करने के लिए पूरा समय वहां ही लगाने लगती हैं।
3. पूंजीवाद और भौतिकतावादी विचार या उपागम तथा उचित या अनुचित किसी भी तरह से समृद्ध होने की अन्धी दौड़ से सम्बन्धित वैश्वीकरण पूरे भूमंडल पर नैतिक मूल्यों का ह्रास होने के लिए उत्तरदायी है। इसी ने सम्पूर्ण विश्व समुदायों के रहन-सहन के ढंग तथा व्यवहार करने के तरीकों को प्रभावित किया है। इसने ही बच्चों के लालन पालन तथा पेरेन्टिंग स्टाइल, बच्चों की देखभाल और शिक्षा को विपरीत रूप में प्रभावित किया है जिससे बालकों में नैतिक, सामाजिक तथा सांस्कृतिक मूल्यों में गिरावट आई है। आज माता-पिता और बच्चों के, अध्यापक एवं विद्यार्थी के, बालक के अपने मित्र तथा हमउम्र साथी के साथ सम्बन्ध पूरी तरह से संकुचित भौतिकतावादी रूचियों और स्वपरिभाषित लक्ष्यों के चारों तरफ केन्द्रित होकर रह गए हैं जिसको बालकों की उचित बुद्धि और विकास में काफी बुराई लाने के लिए जिम्मेदार माना जा सकता है।

इस प्रकार से वैश्वीकरण अपनी प्रकृति और प्रक्रियाकरण में निहित अपनी विशेषताओं के फलस्वरूप बालकों के बुद्धि और विकास को सकारात्मक और नकारात्मक दोनों ही प्रकार से प्रभावित करता हुआ देखा जा सकता है। परन्तु यदि सही ढंग से विचार किया जाए तो हम देखते हैं कि वैश्वीकरण अपने उद्देश्य और कार्यप्रणाली को लेकर वैश्विक समुदाय की एकता, अखंडता, प्रगति और कल्याण में ही विश्वास करता है। इसलिए इसे इसके सकारात्मक पक्ष में ही देखा और समझा जाना चाहिए और इससे बालकों और किशोरों के उचित विकास और कल्याण की ही आशा की जानी चाहिए।

वयस्क संस्कृति के सन्दर्भ में बाल्यकाल (Childhood in the Context of Adult Culture)

एक समुदाय या परिवार की संस्कृति, जिसे हम बच्चों के दृष्टिकोण से वयस्क संस्कृति के नाम से सम्बोधित कर रहे हैं, को उस समुदाय या परिवार के वयस्क सदस्यों के रहन-सहन और व्यवहार करने के ढ़ंग के रूप में परिभाषित किया जा सकता है। एक बालक अपनी प्रारम्भिक अवस्था से ही समाज के वयस्क सदस्यों द्वारा किये जाने वाले प्रयत्नों अथवा स्वाभाविक रूप से उनके आचरण और व्यवहार का निरीक्षण एवं अनुकरण करते हुये उनके व्यवहार एवं जीवनयापन करने के ढंग सीखता रहता है। तरीका चाहे कोई भी हो बालक के जीवनयापन और व्यवहार का ढंग वयस्कों (जिनमें माता-पिता परिवार के सदस्य तथा समुदाय के लोग शामिल हैं) के द्वारा अपनाई जाने वाली संस्कृति से पूरी तरह प्रभावित रहती है। वयस्क संस्कृति पूरे भूमंडल में जीवन दर्शन या जीवनशैली, आदर्श एवं मूल्य, चिन्तन एवं व्यवहार, रूढ़ियों तथा परम्पराओं, आदत एवं स्वभाव तथा जीवन लक्ष्य एवं अभिलाषाओं आदि के संदर्भ में एक जैसे रूप में देखने को नहीं मिलती बल्कि हर समुदाय, क्षेत्र, प्रदेश या भू-भाग में अपने-अपने अलग रूप में विद्यमान होती है। संस्कृतियों में विद्यमान ये सभी बातें बालकों की वृद्धि एवं विकास को प्रचुर मात्र में प्रभावित करती हैं और यही कारण है कि वयस्क संस्कृति को बालकों के व्यक्तित्व विकास तथा विचारधारा को प्रभावित करने के संदर्भ में काफी अधिक प्राभावशाली कारक माना जाता है।

जब हम अपने चारों ओर देखते हैं तो हमें विश्व में विद्यमान वयस्क संस्कृतियों में काफी अधिक भिन्नतायें और बहुरूपतायें नजर आती हैं जैसे ग्रामीण एवं शहरी संस्कृतियाँ, पूर्व और पाश्चात्य संस्कृतियाँ, जनजाति एवं गैर-जनजाति संस्कृतियाँ, पंजाबी, हरियाणवीं, राजस्थानी, गुजराती, बंगाली एवं तमिल संस्कृतियाँ आदि। मुस्लिम देशों तथा समुदायों में अपनाई जाने वाली वयस्क संस्कृति जो इस्लाम धर्म से अनुप्रेरित रहती है वह दूसरे धर्मों जैसे ईसाई, बौद्ध, हिन्दू आदि से जुड़ी हुई संस्कृतियों से बहुत भिन्नता रखती है। इसी तरह से विश्व के विभिन्न भू-भागों यूरोप, अफ्रीका तथा एशियन देशों में प्रचलित वयस्क संस्कृतियों में भी बहुत अधिक अंतर और बहुरूपता देखने को मिल सकती है। आज की दुनियाँ में वे देश तथा भू-भाग जो तकनीकी प्रगति की दौड़ में आगे हैं उनमें विद्यमान वयस्क संस्कृति तकनीकी दौड़ में पिछड़ जाने वाले देशों से काफी अधिक भिन्नता रखती है। इसी तरह सामाजिक आर्थिक या शैक्षिक दृष्टि से प्रगतिशील और पिछड़ी हुई जातियों तथा समाजों की संस्कृतियों में भी काफी कुछ अंतर देखने को मिलते हैं और यही कारण है कि एक विद्यालय में शिक्षा ग्रहण करने वाले विद्यार्थियों को विभिन्न संस्कृतियों को अपनाने वाले परिवारों के बालकों का साथ मिलना स्वाभाविक सा ही रहता है। बालक चाहे किसी भी प्रकार की संस्कृति के संपर्क में आये सभी में बालकों और किशोरों की वृद्धि एवं विकास को प्रभावित करने की अद्‌भुत क्षमता रहती है। संस्कृति विशेष के सांस्कृतिक तत्वों से प्रभावित होकर वे एक विशिष्ट तरह के व्यवहार और जीवनशैली को अपनाते हुये पाये जाते हैं और यही बात उनमें सभी प्रकार के विकास, व्यक्तित्व गुणों एवं व्यवहार चेष्टाओं को सकारात्मक या नकारात्मक रूप में प्रभावित करती हुई पाई जाती है।

संस्कृति के द्वारा पड़ने वाले प्रभाव के सम्बंध में ब्रूनर (Bruner, 1996) ने लिखा है कि "संस्कृति हमारे मनों का निरूपण करती है यानी हमारी सोच और समझ पर गहरा प्रभाव डालती है। यह हमें ऐसी साधन सामग्री (Tool Kit) प्रदान करती है जिससे हम केवल अपने संसार की ही सृष्टि नहीं करते बल्कि हमें स्वयं अपने बारे में धारणायें बनाने तथा शक्तियों को प्राप्त करने में इससे सहायता मिलती है।" इसलिये प्रायः यह कहा जाता है कि जैसी संस्कृति में बालक पल रहे होते हैं वैसी ही उनकी प्रकृति बन जाती है तथा उनके विकास का मार्ग उसी तरह प्रशस्त और अवरुद्ध होता हुआ पाया जाता है। संस्कृति के इस प्रकार को हम निम्न रूप से स्पष्ट देख सकते हैं।

जिस समाज या समुदाय विशेष की वयस्क संस्कृति (Adult Culture) में नकारात्मक और बिगाड़ वाली बातें भरी पड़ी हों। जैसे वयस्कों का अवांछित एवं असामाजिक व्यवहार, आपसी झगड़े तथा दंगा फसाद, नैतिक मूल्यों की गिरावट तथा रहन-सहन की अस्वास्थपद एवं हानिकारक आदतें वहाँ बालकों को अपने व्यवहार में उतारने के लिये यह सभी कुछ प्राप्त हो सकता है। इसलिये उनका बचपन और किशोरावस्था स्वतः ही गलत राह पकड़ लेती है और फलस्वरूप उन्हें अपराधी, असामाजिक व्यक्तित्व, शराबी, जुआरी, मादक, द्रव्य सेवन, निराशा और हताशा में डूबे हुये प्राणी, भिखारी और जीवन संग्राम में हारे हुये व्यक्ति बनने में देर नहीं लगती। इसके विपरीत समाज या समुदाय के सकारात्मक तथा स्वस्थ

सांस्कृतिक वातावरण में पल रहे बालकों और किशोरों का व्यक्तित्व विकास उचित रास्ते पर चलता हुआ उन्हें उचित रूप में सामाजिक तथा नैतिक मूल्यों तथा स्वस्थ एवं कल्याणकारी आदतों को ग्रहण कराता हुआ जीवन जीने के अच्छे ढंग और प्रगति की सही मंजिलें तलाश करने में पर्याप्त सहयोगी सिद्ध होता है।

इस तरह विभिन्न प्रकृति तथा प्रभाव की विभिन्न संस्कृतियाँ बालकों के व्यक्तित्व विकास एवं व्यवहार निरूपण में काफी अधिक प्रभावशाली भूमिका निभाती हुई पाई जा सकती हैं। इसलिये जब हम बहुसंस्कृतिवादी समाज या राष्ट्र जैसे अमेरिका और भारत की कक्षाओं में पढ़ रहे बालकों पर नजर डालते हैं तो हमें इन विकसित होते हुये बालकों में विविध प्रकार की ऐसी समानतायें तथा असमानतायें अच्छी तरह देखने को मिल सकती हैं जिनका प्रादुर्भाव विभिन्न वयस्क संस्कृतियों से जुड़े हुये बालकों के पारस्परिक संपर्क तथा विचार विनिमय के माध्यम से हो रहा होता है। वे एक दूसरे की संस्कृति को समझते हुये मिलीजुली संस्कृति वाले समाज की स्थापना में इस तरह आगे बढ़ रहे होते हैं।

शहरीकरण-अर्थ एवं अवधारणा (Urbanization–Meaning and Concept)

'ग्रामीण एवं शहरी क्षेत्र' या 'ग्रामीण एवं शहरी लोग' इन पदों से हम सभी अच्छी तरह से परिचित हैं। हमारी ग्रामीण क्षेत्र की परिभाषा में जहां ग्रामों की बात आती है वहीं शहरी क्षेत्र नगरों और शहरों से सम्बन्धित होता है। ग्रामों में रहने वाले व्यक्तियों को ग्रामीण व्यक्ति तथा शहरों या नगरों में रहने वाले व्यक्तियों को शहरी लोग कहा जाता है। अब अगला प्रश्न यह उठता है कि शहरीकरण (Urbanization) पद से हमारा क्या अभिप्राय है ? इस प्रश्न के उत्तर के लिए आइए हम इसके शब्दकोषीय अर्थ की सहायता लेते हैं:

1. **डिक्शनरी डॉट कोम** (Dictionary.com, 2015)—शहरीकरण से तात्पर्य है—"शहरीकरण करने की बात या क्रिया अथवा शहर से जुड़ी हुई विशेषताओं को अंगीकृत करना।"

(Urbanization means "The act or fact of urbanizing or taking on the characteristics of a city.")

2. **बेबस्टर सेवन्थ न्यूकॉलिजिएट डिक्शनरी** (Webster's Seventh New Collegiate Dictionary 1970–1976)—शहरीकरण से तात्पर्य है—"शहरी होने या हो जाने सम्बन्धी अवस्था या विशेषता (जिन्दगी जीने का शहरी तरीका अपनाना)"

(Urbanization means "The quality or state of being or becoming urbanized (Picking up a urban way of life.")

ऊपर दिए गए शब्दकोषीय अर्थों से यह स्पष्ट होता है कि शहरीकरण एक प्रकार का ऐसा कार्य या प्रक्रिया है जिसके द्वारा एक नगर या शहर के गुणों या विशेषताओं को अपनाते हुए एक वस्तु या व्यक्ति को शहरी जीवन जीने के तरीके में ढाल दिया या बदल दिया जाता है।

यहाँ पर अब दो प्रश्नों का उत्तर प्राप्त करना ज़रूरी हो जाता है ?

(i) वह क्या है, जिसमें बदलाव आता है या परिवर्तन आता है तथा

(ii) शहरी जीवन जीने के क्या तरीके हैं या एक कस्बा या शहर के क्या गुण या विशेषताएं होती हैं ?

पहले प्रश्न के उत्तर में हम कह सकते हैं कि यह कुछ और नहीं बल्कि ग्रामीण क्षेत्र तथा जीवन से सम्बन्धित वह सब कुछ है जो शहरी क्षेत्र तथा शहरी जिन्दगी जीने के ढंग में बदल दिया जाता है। ग्रामीण क्षेत्र के निवासी ग्रामीण लोग जब अपना स्थान छोड़कर नगरों या शहरों में आकर रहने लगते हैं तो वे शहरी जीवन के तरीकों को अपनाते हुए देखे जा सकते हैं। ग्रामों की जो जमीन शहरों के नजदीक होने के कारण शहरों में स्थानान्तरित कर दी जाती है शहरी सीमाओं या शहरी आबादी के अन्तर्गत शामिल हो जाती है वह शहरी भूमि की सभी विशेषताओं को अपना लेती है। ग्रामीण संस्कृति और विचारधारा शहरी संस्कृति और विचारधारा में परिवर्तित या रूपान्तरित होने लगती है और तब ग्रामीण लोगों एवं ग्राम्य संस्कृति के शहरीकरण की प्रक्रिया शुरू हो जाती है।

अब दूसरे प्रश्न के उत्तर में हम एक कस्बा या शहर की जिन्दगी जीने के ढंग के गुणों और विशेषताओं को संक्षेप में निम्न प्रकार से व्यक्त कर सकते हैं:

(i) जो भूमि नगर या शहर से सम्बन्धित होती है वह कृषि के काम न आने वाली भूमि होती है। यह आवासीय, व्यवसायिक, औद्योगिक, शैक्षिक तथा सरकारी या गैर सरकारी कार्यालयों की स्थापना तथा सेवाओं के लिए प्रयोग में लाई जाती है।

(ii) शहरी जमीन के क्षेत्रफल और विस्तार में दिनों दिन बढ़ती हुई आबादी की रिहायशी ज़रूरतों को पूरा करने तथा व्यवसाय और उद्योग जगत की ज़रूरतों को पूरा करने की वजह से वृद्धि होती जा रही है।

(iii) ग्रामों से शहरों की ओर पलायन तेजी से बढ़ रहा है जिसके कारण शहरों की आबादी असन्तुलित सी होती जा रही है।

(iv) एक शहरी क्षेत्र (कस्बा या शहर) की पहचान उसकी इस विशेषता में निहित है कि यहां सीमित स्थान में बहुत सारे लोगों का निवास रहता है और वे कृषि कार्य के अतिरिक्त अन्य गतिविधियों में संलग्न रहते हुए पाए जाते हैं।

(v) गाँव छोड़कर शहर आने वाले व्यक्तियों के लिए शहर में काफी आकर्षण रहता है। उन्हें रोजगार और कमाई के अच्छे अवसर मिलते हैं, समाज के अनावश्यक बन्धनों से मुक्त जीवन जीने की स्वतन्त्रता मिलती है, शहर के नागरिक जीवन जीने से सम्बन्धित बिजली, पानी, मनोरंजन, यातायात, स्वास्थ्य सेवाएं और बालकों के लिए शिक्षा सम्बन्धी सारी आवश्यक सुविधाएं सुलभ होती हैं।

(vi) शहरी जीवन उन्हें एक धर्मनिरपेक्ष, बहुसांस्कृतिक तथा पार्श्वीकरण से मुक्त समाज की सुविधाएं प्रदान करता है।

(vii) शहरी जीवन वैश्वीकरण, औद्योगीकरण तथा आधुनिकीकरण के प्रभाव से युक्त विशेषताओं वाला जीवन माना जाता है।

(viii) इसकी एक विशेषता यह भी है कि यहां पर जीवन की ज़रूरतें और सुविधाएं जैसे—पीने का पानी, बिजली, यातायात, शैक्षिक संस्थाएं, चिकित्सा सुविधाएं, दिन प्रतिदिन के जीवन में प्रयोग में आने वाली वस्तुओं की उपलब्धता, मनोरंजन के साधन, वैभवपूर्ण जीवन जीने के अवसर, मौजमस्ती की सुविधाएं, अलग-अलग क्षेत्रों, संस्कृति, धर्म और भाषा के लोगों से अन्त:क्रिया करने के अवसर आदि आसानी से मिलते ही रहते हैं।

(ix) शहरी जिन्दगी की सकारात्मक छवि होने के साथ-साथ नकारात्मक छवि भी है। इसमें जनसंख्या की भरमार, औद्योगीकरण, आधुनिकीकरण तथा वैयक्तिीकरण आदि को लेकर काफी समस्याएं और विकृतियां भी नजर आती हैं। वाहनों की संख्या में लगातार वृद्धि होने के कारण सड़कों पर जाम लगे रहते हैं, सार्वजनिक वाहनों में जगह नहीं मिलती, प्रदूषण के कारण शारीरिक और मानसिक स्वास्थ्य पर खतरा मंडराता रहता है। रोजगार और जीवनयापन साधनों की उपलब्धि के रास्ते में अनगिनत बाधाएं आती हैं। आबादी में वृद्धि और अच्छी बस्तियों में ज्यादा किराया देकर न रह पाने की मजबूरी शहरों में गन्दी बस्तियों के विस्तार को नहीं रोक पा रही है। मलिन बस्तियों में जीवनयापन सम्बन्धी आवश्यक सुविधाओं का प्राय: अभाव ही रहता है। रहने के लिए गन्दा वातावरण और पीने के लिए गन्दा पानी लोगों के स्वास्थ्य पर काफी प्रतिकूल प्रभाव छोड़ता है। बिजली, पानी, स्वास्थ्य और शिक्षा जैसी मूलभूत सुविधाओं के अभाव में इस तरह शहर की सुखमय सपने सजाने वाले लोगों को काफी नारकीय जीवन जीने के लिए मजबूर होना पड़ता है।

शहरीकरण के लिए उत्तरदायी कारक (Factors Responsible for Urbanisation)

गाँव क्यों लुप्त होते जा रहे हैं और जनसंख्या तथा भूमि क्षेत्र के सम्बन्ध में उनकी हालत क्यों पतली होती जा रही है ? ग्रामीण संस्कृति और रहने सहने के ढंग को छोड़कर शहरी संस्कृति के अपनाने के पीछे क्यों उत्साह बढ़ता जा रहा है ? कारण बहुत हो सकते हैं, आइए कुछ प्रमुख कारकों को लेकर चर्चा की जाए:

1. **औद्योगीकरण** (Industrialization)—औद्योगीकरण की बढ़ती हुई माँग ने औद्योगिक इकाइयों की स्थापना और उन्हें उचित संसाधन युक्त सुविधाएं प्रदान करने हेतु गाँवों की जमीन का अधिग्रहण करना आवश्यक बना दिया है। यह इसलिए भी आवश्यक है क्योंकि घरेलू और विदेशी निवेशक यह समझ सकें कि देश में उद्योगों में निवेश करने सम्बन्धी उचित स्थितियां

सुलभ हो रही हैं। बहुत-सी ऐसी भूमि जो शहरी आबादी के पास पड़ती है, कई बार उसका औद्योगीकरण हितार्थ अधिग्रहण होता रहता है।

2. **शहरों की बढ़ती हुई आबादी** (Rising population of the city)—शहरों की आबादी दिन-प्रतिदिन बढ़ती जा रही है। बढ़ती हुई आबादी ने यह दबाव बना दिया है कि उनके लिए रिहायशी मकानों का निर्माण अधिक संख्या में किया जाए। शहरों में तो अपनी भूमि की सीमितता ही रहती है इसलिए दबाव आस-पास के ग्रामीण इलाकों पर आ जाता है। भवन निर्माणकर्त्ता इस वजह से निर्माण हेतु शहरों से लगी हुई कृषिभूमि को खरीदते रहते हैं। इससे जहां एक ओर शहरी इलाके की भूमि में वृद्धि हो रही है, वहीं दूसरी ओर ग्रामीण भूमिक्षेत्र घट रहा है। फलस्वरूप अधिक से अधिक शहरीकरण होता जा रहा है।

3. **दबाव बनाने तथा आकर्षित करने वाले अन्य कारक** (Other push and Pull factors)—औद्योगीकरण, सड़क निर्माण तथा अन्य ढांचेगत सुविधाएं और आवासीय व्यवस्था करने जैसी बातों के अलावा बहुत से ऐसे और भी दबाव बनाने वाले तथा आकर्षित करने वाले कारक हैं जो गाँव में रहने वाले व्यक्तियों को पलायन करने पर ही मजबूर नहीं करते बल्कि उन्हें शहरी जीवन शैली को पूरी तरह अपनाने के लिए मजबूर या प्रेरित करते हुए दिखाई देते हैं। इन कारकों की हम निम्न प्रकार चर्चा कर सकते हैं :

A. दबाव बनाने वाले कारक (Push factors)—ग्रामीण व्यक्तियों को कस्बों और शहरों में पलायन करने के लिए मजबूर करने तथा शहरी सभ्यता और संस्कृति को पूरी तरह अपनाने में इस प्रकार के कारकों का महत्त्वपूर्ण योगदान रहता है। इस प्रकार की बातें या कारक निम्न हो सकती हैं :

(i) जनसंख्या में स्वाभाविक रूप से वृद्धि होने के फलस्वरूप गांवों की जनसंख्या में वृद्धि तो हुई परन्तु कृषि योग्य भूमि का क्षेत्रफल उतना ही रहा या सरकारी अधिग्रहण या निजी भवन निर्माणकर्त्ता के हाथों बेच देने के कारण घटता ही जा रहा है। अब चाहे किसी परिवार के पास पहले कितनी भी ज़मीन रही हो वह उनकी संतान तथा फिर इन संतानों की संतानों (अगली पीढ़ी) में बंटने से हर परिवार में कृषि योग्य भूमि घटती चली गई। इस प्रकार की घटी हुई भूमि पर खेती करने से अब उतनी आमदनी संभव नहीं हो पाती जिससे बढ़ती हुई आवश्यकताओं वाले परिवार का खर्चा चल सके। दूसरे किसान की खेती को बहुत सारी आपदाओं जैसे—सूखा, ओले, बेमौसम बरसात और कृषि पर पड़ने वाली अन्य मार का सामना करना पड़ता है। कई बार तो बीज, सिंचाई और फसल की रक्षा के लिए किए जाने वाले खर्चे के लिए जो कर्ज लिया जाता है उसका भुगतान भी किसान के लिए संभव नहीं हो पाता और फलस्वरूप वे अपनी जीविका कमाने हेतु शहरों की ओर पलायन करने लगते हैं।

(ii) कृषि की आय से केवल कृषि में रत व्यक्तियों और जातियों का ही भरण पोषण नहीं होता बल्कि अन्य व्यवसायों में लगे हुए व्यक्तियों तथा खेती में मजदूरी करने वाले परिवारों की भी आजीविका चलती है। कृषि आय पर मार पड़ने के कारण उनकी भी आजीविका के साधन समाप्त हो जाते हैं। साथ ही जो लोग अन्य कुटीर उद्योग धंधे अपना कर अपना जीविकोपार्जन कर रहे थे उन्हें गाँव में ग्राहक नहीं मिलते हैं। औद्योगीकरण ने तो पहले ही शहरों में उनके बाजार को चौपट कर रखा था, परिणामस्वरूप वे आजीविका की तलाश में शहरों की ओर निकल पड़ते हैं।

(iii) एक और अन्य बड़ा कारक गाँवों में चल रही जाति और गोत्र प्रथा को लेकर है। जातिगत भेदभाव की खाइयां इतनी गहरी हैं कि इससे अल्पसंख्यक जाति के लोगों को अन्याय, अत्याचार और पार्श्वीकरण का जबरदस्त शिकार होना पड़ता है। दूसरे अंतर्जातीय और अंतर्गोत्रीय वैवाहिक सम्बन्धों पर रोक लगाने की वजह से नवयुवक और युवतियों को इतने अधिक दमन और प्रताड़ना का शिकार होना पड़ता है कि उन्हें गाँव से पलायन करने के अलावा कोई चारा नहीं रह जाता।

B. आकर्षित करने वाले कारक (Pull factors)—शहरी समाज का रहन-सहन, जीवन और मिलने वाली सुविधाएं ऐसी बातें या कारक हैं जो ग्रामीण व्यक्तियों को शहर की तरफ आकर्षित करने और लुभाने के लिए उत्तरदायी होती हैं। ग्रामीण पुरूषों की महत्त्वाकांक्षाएं और ऐसी चमक दमक वाली आकर्षित करने वाली बातें निम्न हो सकती हैं :

- रोजगार पाने और जीविकोपार्जन के अच्छे साधनों की प्राप्ति की उम्मीदें।
- बच्चों के लिए अच्छी शिक्षा प्राप्त होने की उम्मीदें।
- शहरी सुविधाओं, जैसे—विद्युत आपूर्ति, शुद्ध पीने का पानी, रसोई गैस, यातायात सुविधाएं, चिकित्सा सुविधाएं, सामाजिक सुरक्षा, मनोरंजन के साधन आदि का उपभोग करने का आकर्षण।
- किसी एक या अन्य कारण से दबावपूर्ण जीवनशैली, पार्श्वीकरण, रूढ़िबद्धता, भेदभाव आदि से आजादी प्राप्त करने की बात बहुत से ग्रामीण व्यक्तियों को ग्राम्य समाज को छोड़कर शहरी समाज की तरफ पलायन करने के लिए आकर्षित करने का एक बड़ा स्त्रोत हो सकता है।
- बिना किसी बन्धन के अपनी तरह से अपनी जिन्दगी व्यतीत करने का आकर्षण।

कई बार ऊपर वर्णित किए गए दबावपूर्ण और आकर्षित करने वाले कारक मिलेजुले रूप में भी अपना कार्य करते हैं। व्यक्ति दबाव के कारण शहर की तरफ पलायन करते हैं और फिर वहां के जीवन में अपना समायोजन करने की कोशिश करते हैं। अपना जीवनयापन करते हुए तथा शहर में रहते हुए वे धीरे-धीरे शहरी संस्कृति और शहरी रहन-सहन को अपना लेते हैं और इस प्रकार से अपने पहले के रहन-सहन और संस्कृति को अलविदा कह देते हैं।

आर्थिक परिवर्तन—अर्थ एवं अवधारणा (Economic Change—Meaning and Concept)

परिवर्तन प्रकृति का नियम है। किसी भी व्यक्ति, परिवार, समूह, प्रतिष्ठान, समाज या राष्ट्र की आर्थिक स्तर और वित्तीय स्थिति की संरचना एवं कार्यप्रणाली में परिवर्तन होना अवश्यम्भावी है। वैयक्तिक तथा सामूहिक आधार पर एक व्यक्ति के ठीक-ठाक जीवन यापन में उसकी वित्तीय स्थिति की बहुत महत्त्वपूर्ण भूमिका होती है। एक राष्ट्र अपनी प्रगति तथा समृद्धि के लिए अपनी अर्थव्यवस्था की प्रकृति पर निर्भर करता है, यही बात व्यक्तियों, परिवार, संस्थाओं तथा समाजों के लिए भी उतनी ही सटीक बैठती है।

आर्थिक परिवर्तन को एक विस्तृत एवं व्यापक ढंग से देखे जाने से लेकर एक बहुत सीमित दृष्टिकोण से भी देखने का प्रयत्न किया जा सकता है। अगर व्यापक दृष्टि से विचार किया जाए तो आर्थिक परिवर्तनों को हम एक समाज या राष्ट्र की उस अर्थव्यवस्था से जुड़ा हुआ देख सकते हैं जिसमें उसका निम्न रूपों में परिवर्तन होते हुए देखा जा सकता है।

(i) सार्वजनिक क्षेत्र (जिसमें सरकार की भागीदारी अधिक रहती है) से निजी क्षेत्र में परिवर्तित होना या इसके विपरीत होना।

(ii) साम्यवादी विचारधारा (Communism) पर आधारित अर्थव्यवस्था से पूंजीवाद पर आधारित (Capitalism) अर्थव्यवस्था को अपनाना या इसके विपरीत होना।

समूह या सामूहिक स्तर पर जब हम किसी समूह या समुदाय की अर्थव्यवस्था की बात तब करते हैं जब वह सामूहिक रूप से अर्थ अर्जन में, जैसे—सामूहिक खेती या सामूहिक रूप से किसी व्यवसाय में कार्यरत हो। अब इस सामूहिक अर्थव्यवस्था में तरक्की होने या गिरावट होने की बात उस सामूहिक व्यवसाय में होने वाली शुद्ध लाभ या हानि पर निर्भर करेगी।

वैयक्तिक स्तर पर किसी औद्योगिक इकाई-परिवार या व्यक्ति विशेष को अर्थव्यवस्था में आने वाले परिवर्तनों का आभास एक निश्चित अवधि में उसके होने वाले नफा-नुक्सान के विश्लेषण से होगा। उसके पास चल और अचल सम्पत्ति के रूप में क्या है, शुद्ध अर्जित लाभ और भविष्य की आशाओं को लेकर कौन कितनी तरक्की कर रहा है या अवनति की ओर जा रहा है, उसे किस प्रकार के कर्ज चुकाने हैं और किन स्त्रोतों से उसको कितनी राशि प्राप्त करनी है, इन सब बातों के आधार पर ही उसके आर्थिक स्तर के बारे में धारणा बनाई जा सकती है। इस तरह आर्थिक विकास और प्रगति या उसमें होने वाली गिरावट की जानकारी किसी व्यक्ति, परिवार या संस्था विशेष के जीवनकाल तथा व्यवसायिक कार्यप्रणाली में आर्थिक स्थिति और स्तर को लेकर क्या परिवर्तन आ रहे हैं इस बात को स्पष्ट रूप से सामने लाने में सहायक सिद्ध होती है।

आर्थिक परिवर्तन के लिए उत्तरदायी कारक (Factors Responsible for Economic Changes)

व्यापक स्तर और बड़े स्तर पर जब किसी समाज या राष्ट्र के राजनीतिक तंत्र में आर्थिक परिवर्तन आते हैं तो उनके पीछे शासक दल या सरकार के मुखिया द्वारा अपनाई गई नीति और अवधारणा ही काम करती है। साम्यवादी विचारधारा से जुड़ी हुई अवधारणाओं और नीतियों ने सरकार द्वारा नियन्त्रित अर्थव्यवस्थाओं के प्रचलन को जन्म दिया है। सार्वजनिक क्षेत्र को निजी क्षेत्र से अधिक प्राथमिकता देना इन्हीं नीतियों का परिणाम रहा है। दूसरी ओर जिन शासकों का झुकाव पूंजीवादी अर्थव्यवस्था की तरफ रहा है उनके पीछे उनका पूंजीवादी दर्शन के प्रति लगाव ही उत्तरदायी रहा है। परिणामस्वरूप उन्होंने औद्योगीकरण युक्त पूंजीवादी व्यवस्था अथवा निजी क्षेत्र को सार्वजनिक क्षेत्र से अधिक प्राथमिकता देने की बात उठायी है।

विभिन्न राष्ट्रों द्वारा किसी एक या अन्य प्रकार की अर्थव्यवस्था को अपनाने के पीछे किसी विशेष विचारधारा से अनुप्रेरित होने के अलावा वैश्वीकरण (Globalisation) का भी काफी अधिक प्रभाव पड़ा है। देखा गया है कि देशों की अर्थव्यवस्था को एक निश्चित दिशा और दशा प्रदान करने में अन्तर्राष्ट्रीय व्यापार समझौतों तथा राजनीतिक गुटबाजी ने भी अहम् भूमिका निभाई है। किसी देश की अर्थव्यवस्था के उत्थान और पतन में देश को प्रदान किए जाने वाले अच्छे या बुरे नेतृत्व तथा शासन व्यवस्था का भी सक्रिय योगदान रहा है। अनेक नकारात्मक कारक (प्राकृतिक या मनुष्य निर्मित) देश की अर्थव्यवस्था को ध्वस्त करने में बहुत बड़ी भूमिका निभाते हुए देखे गए हैं। फलस्वरूप राष्ट्रों को अपनी अर्थव्यवस्था के बहुत ही बुरे आर्थिक संकट (जैसा कि कुछ समय पूर्व अभी यूरोपीय देश ग्रीस को झेलना पड़ा) से गुजरने के लिए बाध्य होना पड़ता है।

प्राकृतिक आपदाएं—जैसे भूचाल (जैसा कि अभी नेपाल में हुआ था), बाढ़, अकाल आंतरिक संघर्ष, आतंकवादी गतिविधियां, सीमा संघर्ष (जैसा कि सीरिया, ईराक और अफगानिस्तान में हो रहा है) आदि एक देश की अर्थव्यवस्था में इस प्रकार के गम्भीर परिवर्तन ला सकती हैं जिनसे नागरिकों को कष्टदायक गरीबी और भुखमरी से गुजरकर पलायन करने के लिए भी मजबूर होना पड़े। दूसरी ओर जिन देशों में विकास और प्रगति की ओर कदम बढ़ रहे होते हैं उनकी अर्थव्यवस्था में सकारात्मक परिवर्तन दृष्टिगोचर होते हैं और उस देश में प्रगति और विकास के लिए उपयुक्त वातावरण रहता है। अत: यहाँ के नागरिकों को अपने और अपने बालकों के विकास और कल्याण हेतु सभी प्रकार की उपयुक्त परिस्थितियां और सुविधाएं उपलब्ध रहती हैं।

जो बात राष्ट्रों के लिए सही है वह संगठनों, समुदायों, परिवारों तथा व्यक्तियों के लिए भी उपयुक्त सिद्ध होती है। किसी भी संस्था की संरचना और उसकी कार्यप्रणाली उसकी अर्थव्यवस्था को उसी रूप में प्रभावित करती है जिस रूप में संस्था की कार्यप्रणाली का संचालन होता है। इन सभी को अपने किए गए प्रयासों, भूलों तथा सामने आ रही परिस्थितियों और घटनाओं के मद्देनजर आर्थिक विकास और सम्पन्नता या गिरावट तथा निर्धनता का सामना करना पड़ता है। उनकी शिक्षा, योग्यता और निपुणता, समूह के सदस्यों के बीच में रहने वाला सामंजस्य और शान्ति उनके मूल्य और साख़, मिलने वाले अवसरों का सर्वोत्तम उपयोग, उनकी अर्थव्यवस्था पर सकारात्मक प्रभाव छोड़ते हैं परन्तु इन सभी बातों से सम्बन्धित प्रतिकूलता अर्थव्यवस्था में गिरावट और उसके ध्वस्त होने का कारण बन सकती है। दिन प्रतिदिन की साधारण बातें और प्रकृतिजन्य आपदाएं जैसे—दुर्घटनाएं, जमीन का अधिग्रहण, या किसी के द्वारा कब्जा किया जाना, व्यवसाय में नुक्सान, बाढ़, अग्नि, भूचाल से होने वाला नुक्सान, कमाने वाले सदस्य की परिवार या संस्था में मौत वैयक्तिक तौर पर परिवार और संगठनों की अर्थव्यवस्था को बहुत बड़ा झटका दे सकती है। इसके अतिरिक्त औद्योगीकरण, शहरीकरण, भेदभाव और पार्श्वीकरण के परिणाम भी व्यक्ति, परिवार और समुदाय विशेष की आर्थिक स्थिति और स्तर को सकारात्मक और नकारात्मक रूप में प्रभावित करते हुए देखे जा सकते हैं।

बालकों के विकास पर शहरीकरण और आर्थिक परिवर्तनों का प्रभाव (Impact of Urbanisation and Economic Changes on the Development of Children)

किसी देश या समाज की संरचना और कार्यप्रणाली में होने वाला शहरीकरण, तथा आर्थिक परिवर्तन किसी भी राष्ट्र, समुदाय, परिवार और व्यक्तियों (उनके बालकों सहित) को सकारात्मक या नकारात्मक रूप से प्रभावित करने में प्रभावपूर्ण भूमिका निभाते हुए देखा जा सकता है। आइए देखें ऐसा कैसे होता है :

शहरीकरण उन सभी व्यक्तियों, परिवार और समुदायों की प्रगति और कल्याण को अच्छे और बुरे दोनों तरीकों से प्रभावित करने की क्षमता रखता है। जो ग्रामीण शहरों की तरफ पलायन करते हैं, उन्हें वहां उचित रोजगार, आवासीय व्यवस्था तथा रहने-सहने की उचित सुविधाएं और अपने बच्चों की शिक्षा और विकास के लिए उचित अवसर की उपलब्धि हो सकती है। दूसरी ओर बहुतों के साथ इसका उल्टा भी हो सकता है। उन्हें बेरोजगारी का सामना करना पड़ सकता है या उनकी आमदनी बहुत ही सीमित रह सकती है। उन्हें जीवन के लिए आवश्यक सभी सुविधाओं से वंचित रहकर मलिन बस्तियों में अपना जीवन गुजारना पड़ सकता है। साथ ही किसी एक या अन्य कारण से उनके साथ होने वाले भेदभाव, अन्याय तथा पार्श्वीकरण का भी उन्हें शिकार होना पड़ सकता है। इन हालातों में स्वयं एक अभिशप्त जिन्दगी जीने के साथ ही उनके बच्चों का भविष्य भी अन्धकारमय बन जाता है।

जो बात शहरीकरण के लिए कही गई हैं, वही बातें आर्थिक परिवर्तन से पड़ने वाले प्रभावों के लिए भी सही बैठती हैं। आर्थिक रूप में आने वाले सकारात्मक परिवर्तन जहां परिवार, व्यक्तियों तथा उन पर आश्रित बच्चों की प्रगति और विकास में सकारात्मक रूप से सहयोगी सिद्ध होते हैं, वहीं आर्थिक स्थिति और स्तर में आने वाली गिरावट और गरीबी से उत्पन्न प्रभाव बालकों के विकास और प्रगति में काफी समस्याएं और अड़चनें पैदा कर देते हैं। बहुत बार इन दोनों चरों-शहरीकरण तथा आर्थिक परिवर्तन सम्बन्धी प्रभावों को एक साथ सक्रिय होते हुए विकसित बालकों की प्रगति और विकास में एक मिलीजुली तीखी प्रतिक्रिया करते हुए भी पाया जाता है। इस प्रकार के प्रभाव का हम आगे संक्षिप्त विवरण प्रस्तुत कर रहे हैं:

- औद्योगीकरण, आधुनिकीकरण तथा वैश्वीकरण से युक्त शहरीकरण एक देश की मजबूत और विकसित अर्थव्यवस्था में अपना महत्त्वपूर्ण योगदान कर सकता है। परिणामस्वरूप एक राष्ट्र अपने नागरिकों को, विशेषकर भावी नागरिकों को सभी प्रकार की जीवनोपयोगी सुविधाएं—बिजली, पानी, पक्की सड़कें, चिकित्सा सुविधाएं, यातायात सुविधाएं, मनोरंजन तथा शैक्षणिक अवसर तथा सुविधाएं उचित रूप में प्रदान करने में समर्थ हो सकता है। इसके विपरीत शहरीकरण नकारात्मक प्रभावों की भी उत्पत्ति कर सकता है। एक ओर तो एक ग्रामीण अर्थव्यवस्था को क्षत विक्षत कर देता है और दूसरी ओर अनियोजित औद्योगीकरण से लाभ की बजाय हानि ही अधिक होती है। हम अपने उत्पादनों और बनाई हुई वस्तुओं से कोई मनुाफा नहीं कमा सकते, अपने लिए हुए कर्ज और देय का समय पर भुगतान नहीं कर पाते और अपने नागरिकों तथा बच्चों के विकास और हित चिन्तन हेतु उपयुक्त सुविधाएं उपलब्ध नहीं करा पाते हैं।
- वैयक्तिक स्तर पर जो परिवार और माँ-बाप अपने प्रवासीय स्थानों की शहरी जिन्दगी में भली-भांति समायोजित हो जाते हैं और जिनकी अर्थव्यवस्था में भी सकारात्मक परिवर्तन होता है, वह अपने बच्चों के विकास और कल्याण हेतु अच्छा वातावरण और उपयुक्त सुविधाएं प्रदान करने में समर्थ रहते हैं। वे अपने बालकों को अच्छे विद्यालयों में शिक्षा प्रदान कराते हैं और उनके सर्वांगीण और समन्वित विकास हेतु अच्छी देखभाल करने में समर्थ होते हैं। इसके अतिरिक्त इन बालकों को जीवन में प्रगति और कल्याण हेतु उचित अनुभवों और सामाजिक अन्त:क्रिया करने के उचित अवसरों की उपलब्धि रहती है। इसके विपरीत वह व्यक्ति और परिवार जिनकी अर्थव्यवस्था नकारात्मक रूप से प्रभावित होती है और जो शहर में पलायन करने के कारण जीविका के सही स्त्रोतों की तलाश भी नहीं कर पाते, उन्हें शहर की मलिन बस्तियों में रहने के लिए मजबूर होना पड़ता है, उन्हें जीवन जीने सम्बन्धी सुविधाओं से वंचित रहना पड़ता है, चिकित्सा सुविधाओं, सामाजिक सुरक्षा तथा शिक्षा सुविधाएं उनके बालकों को सुलभ नहीं हो पाती हैं, उनके बच्चे स्वस्थ समाजीकरण तथा संवेगात्मक विकास के लिए आवश्यक अवसरों से वंचित रहते हैं और उन्हें इन मलिन बस्तियों में रहने वाले या इनका फायदा उठाने वाले समाज विरोधी और अपराधिक प्रवृत्ति के तत्त्वों का बहुधा जाने अनजाने शिकार होते हुए देखा जाता है।

सारांश रूप में, जब शहरीकरण या आर्थिक प्रभाव इस प्रकार के अच्छे और सकारात्मक परिणाम लाने में समर्थ रहते हैं कि जिनसे समुदाय, परिवार, या व्यक्ति विशेष को वह सब कुछ उपलब्ध रहता है जिससे वे अच्छी तरह से अपना जीवन जी सकें और अपने बच्चों के उचित समायोजन, शिक्षा और प्रगति हेतु उनकी उचित देखभाल तथा सुविधाओं की व्यवस्था कर सकें। परन्तु उस अवस्था में जब कि शहरीकरण तथा आर्थिक परिवर्तन से ऐसे नकारात्मक परिणाम उभरकर सामने आते हैं

जिससे परिवार और व्यक्तियों को विपरीत स्थितियों का सामना करना पड़े तो इससे अनावश्यक रूप में बालकों के समायोजन, शिक्षा और विकास के रास्ते में बहुत सारी कठिनाइयां और नकारात्मक प्रभाव सामने आ सकते हैं।

सार-संक्षेप (Summary)

वैश्वीकरण 'वसुधैव कुटुम्बकम्' का ही दूसरा नाम है। इसके परिणामस्वरूप ही आज पूरा विश्व समुदाय दूरी और समय की सभी सीमाओं को लाँघते हुये पारस्पारिक सम्बन्ध बनाने तथा एक-दूसरे की जिन्दगी और कार्यप्रणाली को प्रभावित करते हुये पाया जाता है। वैश्वीकरण की इस प्रक्रिया का संपूर्ण विश्व के बालकों और किशोरों के विकास पर भी काफी गहन एवं उल्लेखनीय प्रभाव पड़ा है। इसके सकारात्मक परिणामों के रूप में जहाँ वैश्वीकरण ने विभिन्न संस्कृतियों तथा समुदायों से परिचित कराने और उनके प्रति सहनशीलता तथा आदर भावना विकसित करने, सामाजिक बुराइयों तथा असमानताओं का त्याग करने, ज्ञान एवं कौशलों के सार्वभौमिक अवसर प्रदान करने तथा वैश्विक स्तर पर विकासशील बालकों के लिये शैक्षिक एवं सांस्कृतिक विकास, स्वास्थ्य एवं आरोग्य सम्बन्धी व्यवस्था उपलब्ध कराने का प्रशंसनीय कार्य किया है, वही अपने नकारात्मक स्वरूप में, वैश्वीकरण को आधुनिकता से सम्बन्धित बुराइयों की अन्धी नकल, घृणा और नफरत सम्बन्धी जहरीली विचारधारायें तथा आतंकवाद, पूंजीवाद, औद्योगीकरण, शहरीकरण, बाजार तथा व्यापार के केन्द्रीकरण से जुड़ी हुई हानिप्रद बातें तथा नैतिक मूल्यों में गिरावट सम्बन्धी बुराइयों को फैलाने के लिये भी काफी कुछ जिम्मेदार ठहराया जाता है।

शहरीकरण से अभिप्रायः एक ऐसी प्रक्रिया और उसके प्रतिफलों से है जिसके माध्यम से व्यक्तियों और समुदायों को शहरी जीवन जीने के तरीकों में ढाल दिया या बदल दिया जाता है। गाँव छोड़कर शहर में बसने वाले व्यक्तियों की ग्रामीण विचारधारा और संस्कृति जब शहरी विचारधारा और संस्कृति में रूपान्तरित होने लगती है, तब हम उसे उनका शहरीकरण होना कहते हैं। शहरों में मिलने वाले विभिन्न उपयुक्त अवसरों तथा रहन-सहन की अच्छी सुविधायें जहाँ बालकों के विकास और प्रगति में भरसक सहयोग करती दिखाई देती हैं ओर वे जाति-पाँति तथा धर्म की संकीर्ण विचारधाराओं, सामाजिक बुराइयों, अंधविश्वास तथा रुढ़िवादिता जैसी नकारात्मक बातों को त्यागकर समाज की मुख्य धारा में शामिल होते हुये पाये जाते हैं, वहाँ शहरी संस्कृति में पाई जाने वाली बुराइयाँ तथा जनसंख्या की भरमार, प्रदूषण, भारी औद्योगिकीकरण, आधुनिकीकरण तथा वैयक्तीकरण से जुड़ी हुई शहरी नकारात्मक बातें और वातावरण उनके विकास तथा समायोजन को नकारात्मक ढ़ंग से प्रभावित करता हुआ भी पाया जाता है।

आर्थिक परिवर्तनों से अभिप्रायः किसी भी व्यक्ति, परिवार, समुदाय, प्रतिष्ठान या राष्ट्र के आर्थिक स्तर और हालातों में आने वाले परिवर्तनों या बदलाव से है। बालकों की शिक्षा, स्वास्थ्य, समायोजन तथा विकास से जुड़ी हुई विभिन्न बातों के लिये परिवार, समुदाय या राष्ट्र के आर्थिक हालातों तथा नीतियों का बहुत बड़ा हाथ रहता है। ये परिवर्तन चाहे व्यापक और बड़े स्तर पर समूचे समुदाय या राष्ट्र में आयें अथवा सीमित स्तर पर परिवारों तथा व्यक्तियों को सहने पड़ें बालकों का विकास और भविष्य बहुत कुछ रूप में इनसे प्रभावित होता हुआ पाया जाता है। आर्थिक रूप में आने वाले सकारात्मक तथा उत्साहवर्धक परिवर्तन जहाँ परिवार तथा उन पर आश्रित बच्चों की प्रगति और विकास में सकारात्मक रूप से सहयोगी सिद्ध होते हैं वही आर्थिक स्थिति और स्तर में आने वाली गिरावट और गरीबी से उत्पन्न प्रभाव बालकों के विकास और प्रगति में काफी समस्यायें और अड़चने पैदा करते हुये नजर आते हैं।

वयस्क संस्कृति से तात्पर्य एक समुदाय या परिवार के वयस्य सदस्यों के रहन-सहन और व्यवहार करने के ढ़ंग से है। अपने जन्म से ही बालक इस संस्कृति की छाया में वृद्धि को प्राप्त होता है इसलिये उसके जीवन यापन और व्यवहार करने के ढ़ंग उसके परिवार एवं समुदाय के वयस्कों द्वारा अपनाई जाने वाली संस्कृति से पूरी तरह प्रभावित पाये जाते हैं। जिस परिवार तथा समुदाय विशेष की संस्कृति में नकारात्मक और बिगाड़ वाले बातों का समावेश रहता है। उन बालकों का बचपन और किशोरावस्था स्वतः ही गलत राह पकड़ लेती है और उनका विकास भी अवांछित असामाजिक तथा पलायनवादी व्यक्तित्व के रूप में होने लगता है। इसके विपरीत परिवार तथा समुदाय के वयस्क सदस्यों के द्वारा अपनाई गई सकारात्मक तथा स्वस्थ सांस्कृतिक प्रकृति की जीवनशैली बालकों और किशोरों को उचित मार्ग पर चलने तथा अपने व्यक्तित्व के सही विकास में उचित सहायता प्रदान करती हुई पाई जाती है।

संदर्भित एवं विशेष अध्ययन ग्रन्थ (References and Suggested Readings)

Albrew, Marten and King, Elizabeth, *Globalization, Knowledge and Society*, Sage, London, 1990.

Antony, Giddens, *The Consequences of Modernity*, Polity Press, Cambridge, UK, 1990.

Brine, J., *Under Educating Women: Globalization in Equality*, Open University Press, Bunkingham, UK, 1919.

Dictionary, com., Retrieved from dictionary.reference.com/browse/permissive on 15/9/15, 2002.

Gibson–Graham, J.K. (1996), *The End of Capitalism (As We Knew It): A Feminist Critique of Political Economy*, Blackwell, Cambridge, MA, 1996.

Lechner, F.J. and Boli, John (Eds.), *The Globalization* Reader, Willey Blackwell Publishers, New Jersey, 2011.

Thomas, Larseen, *The Race of the Top: The Real Story of Globalization*, Cato Institute, Washington DC, 2001.

Webster's Ninth Collegiate Dictionary, Merriam Websters Publishers, Springfield Massachusetts HS, USA, 1969.

विशेष तनावपूर्ण स्थितियों में बालकों को परामर्श (Counselling of Children in Specific Stressful Conditions)

विषय प्रवेश (Introduction)

बाल्यावस्था को उसके भोलेपन, जीवन की स्वाभाविकता एवं बिना किसी जिम्मेदारी के मनचाहा कहने और करने की उम्र के रूप में माना जाता है। यह जिन्दगी का वह सुनहरा काल है जब बालक बेफिक्री की शाही जिन्दगी जीते हैं। लेकिन चाहे हमने बाल्यावस्था के बारे में कोई भी अच्छी से अच्छी कल्पना क्यों न कर ली हो, यह बात सार्वभौमिक नहीं है और बचपन सभी के लिए, हर समय फूलों की सेज नहीं होता है। ऐसी परिस्थितियाँ और समय आता है जब बालकों को विपरीत जीवन परिस्थितियों तथा उनके साथ घटने वाली घटनाओं के भीषण परिणामों को झेलना पड़ता है। इस प्रकार की विषम परिस्थितियों में बालकों को बेहद उदासी, एकान्त, शोषण, अत्याचार, दुर्व्यवहार तथा एक या अन्य प्रकार के उत्पीड़न का शिकार होने का दंश झेलना पड़ता है। ऐसे समय में उन्हें सबसे अधिक जरूरत एक उचित प्रकार के निर्देशन एवं परामर्श सेवाओं की होती है ताकि उन्हें अपने समायोजन और अपनी जिन्दगी को पटरी पर लाने में भरसक सहायता मिल सके।

यहाँ प्रस्तुत अध्याय में हम मुख्यतः ऐसी तीन विशेष तनावपूर्ण परिस्थितियों को अपनी चर्चा का केन्द्र बिन्दु बनाना चाहेंगे, जिनका सामना अपने जीवनकाल में बालकों को प्रायः करते हुए पाया जाता है। ये हैं:

(i) माता-पिता का अलग-अलग होना या सम्बन्ध-विच्छेद।

(ii) सशस्त्र संघर्ष आदि में माता-पिता को खो देना।

(iii) बाल उत्पीड़न का शिकार होना।

आइए, इनकी प्रकृति, समस्या तथा बालकों को उनके समाधान के रूप में प्रदान की जाने वाली उचित परामर्श सेवाओं की चर्चा करते हैं।

माता-पिता का अलग-अलग होना या सम्बन्ध-विच्छेद (Separation of Parents)

परिवारों की संरचना और उनकी कार्यप्रणाली में विभिन्न प्रकार के सामाजिक, मनोवैज्ञानिक, आर्थिक एवं वैश्विक सांस्कृतिक परिवर्तनों के फलस्वरूप माता-पिता के बीच सम्बन्ध-विच्छेद अर्थात् तलाक हो जाने से सम्बन्धित सामाजिक समस्या दिन-प्रतिदिन गहन होती जा रही है। माता-पिता के अलग-अलग हो जाने का सबसे ज्यादा दुखदायी परिणाम उनके बालकों को ही भुगतना पड़ता है। परिणामस्वरूप वे विभिन्न प्रकार की समस्याओं से ग्रस्त होते हुए पाए जाते हैं। इस प्रकार की समस्याएँ प्रायः निम्न रूपों में देखने को मिलती हैं:

- बच्चा किसके पास रहे, इस बात को लेकर माता-पिता कानूनी दांव-पेच में उलझे रहते हैं और बालकों को बरबस ही उनके बीच के झगड़े, तू-तू मैं-मैं तथा कलह देखते रहने को मजबूर होना पड़ता है।

- कभी-कभी बालकों को यह चुनने के लिए मजबूर किया जाता है कि वे माँ के पास रहना चाहते हैं या पिता के पास। यह बात उन्हें एक अजीब से मनोवैज्ञानिक संघर्ष में डाल देती है कि किसके पास रहना उनके लिए ठीक रहेगा।
- इस परिस्थिति में जबकि बालक को माता या पिता किसी एक के पास रहने को मजबूर होना पड़ता है तब बालक बहुत से ऐसे सामाजिक, मनोवैज्ञानिक लाभों तथा आवश्यकताओं की संतुष्टि से वंचित रह जाते हैं जो उन्हें, माता-पिता दोनों के एक साथ रहने से प्राप्त हो सकते थे। इस अवस्था में जब बालक माता के साथ रहता है तो उसे पिता की चाह और जब पिता के साथ रहता है तो उसे माँ की चाह सताती रहती है।
- जब माता-पिता में से कोई भी बालक के पालन पोषण की जिम्मेदारी नहीं लेना चाहता है तब उस अवस्था में ऐसे बच्चों को अनाथ रहकर अपना जीवन व्यतीत करने के लिए मजबूर होना पड़ता है। ऐसी परिस्थिति प्रायः उस समय पैदा हो जाती है जब माता-पिता अपना पुनर्विवाह कर अपना-अपना नया घर बसा लेते हैं और बच्चों को तब परिजनों या अनाथालयों के सुपुर्द कर दिया जाता है।
- माता-पिता का सम्बन्ध-विच्छेद या तलाक बालकों को मनोवैज्ञानिक रूप से काफी महँगा पड़ता है, जिसके फलस्वरूप वे दारुण दुख, असुरक्षा, भय, अवसाद, क्रोध और हताशा के शिकार होते हुए देखे जाते हैं। इससे उनका बचपन तो चौपट होता ही है, साथ ही कष्टों की धधकती ज्वाला उनके मानसिक स्वास्थ्य और सभी प्रकार की खुशहाली को छीन लेती है।
- इन बालकों को सामाजिक अलगाव तथा बहिष्कार का भी सामना करना पड़ता है और उन्हें अपने माता-पिता के सम्बन्ध-विच्छेद के बारे में दूसरों की टिप्पणियाँ भी सुननी पड़ती हैं। माता-पिता में से किसी एक का भी न होना उनके समायोजन, विकास और पालन-पोषण में काफी महँगा सिद्ध होता है।

माता-पिता के सम्बन्ध-विच्छेद या अलग होने के शिकार बालकों को परामर्श (Counselling of Children facing Separation or Divorce of Parents)

माँ-बाप के सम्बन्ध-विच्छेद के शिकार बालकों को उपरोक्त वर्णित जिस प्रकार की समस्याओं का सामना करना पड़ता है। उनसे छुटकारा पाने के लिए उन्हें प्रशिक्षित परामर्शदाताओं से परामर्श सेवाओं की आवश्यकता होती है। एक समस्याग्रस्त बालक को प्रदान की जाने वाली इस प्रकार की परामर्श सेवा एक ऐसी प्रक्रिया के रूप में पारिभाषित की जा सकती है जिसे एक परामर्शदाता के नेतृत्व में क्रियान्वित किया जाता है और जिसके द्वारा एक ओर जहाँ बालक की समस्या को अच्छी तरह जानने, समझने और उस पर ध्यान देने की बात की जाती है तो दूसरी ओर बालक को इस प्रकार तैयार किया जाता है कि वह अपनी समस्या को अच्छी तरह जानकर उससे निपटने के लिए अपने आप स्वयं को तैयार करे। इस दृष्टि से बालक को प्रदान की जाने वाली परामर्श सेवाओं के निम्न प्रयोजन या उद्देश्य निर्धारित किए जा सकते हैं:

- ऐसे विश्वासप्रद उपयुक्त वातावरण का निर्माण करना जिसमें बालक विशेष माँ-बाप के सम्बन्ध-विच्छेद या तलाक से पैदा होने वाली अपनी कठिनाइयों या समस्याओं को लेकर, उसके अन्दर भावनाओं और संवेगों का जो ज्वार उमड़ रहा है, उसे खुलकर व्यक्त कर सके।
- पीड़ित बालक को इस प्रकार के अवसर और वातावरण प्रदान करना जिसमें वह परामर्शदाता के साथ सीधा और खुला हुआ सम्बन्ध बना सके और बालक तथा परामर्शदाता के बीच में इस प्रकार का सहज और स्वाभाविक सम्प्रेषण होता रहे जिससे बालक की समस्याओं को समझकर समाधान का मार्ग खोजा जा सके।
- माता-पिता के सम्बन्ध-विच्छेद के कारण जो समस्याएँ पैदा हो गई हैं, उन्हें आज के अपने उपलब्ध हालात के सम्बन्ध में बच्चे को ठीक प्रकार से समझने में सहायता करना।

- सामने आ रही कठिनाइयों या समस्याओं से निपटने हेतु आवश्यक तरीके और साधन तलाश करने में बालक की मदद करना।
- बालक को अपना खोया हुआ आत्मविश्वास और आत्मप्रतिष्ठा पुनः उपलब्ध करने में इस प्रकार सहायता करना कि वह माँ-बाप के सम्बन्ध-विच्छेद के कारण जिस प्रकार के अवसाद, झिझक, शर्मिन्दगी या आत्मग्लानि के बोझ से दब रहा था उससे बाहर निकलकर जीवन की वास्तविकताओं का ठीक प्रकार से सामना कर सके।

परामर्श प्रदान करने की विधियाँ या तरीके (Methods or Modes of Counselling)

माता-पिता के सम्बन्ध-विच्छेद या तलाक से पीड़ित बालकों को दिए जाने वाले परामर्श की विधियों या तरीकों को मुख्यतः दो भागों—समूह परामर्श और व्यक्तिगत परामर्श में बाँटा जा सकता है।

समूह परामर्श (Group Counselling)

समूह परामर्श में ऐसे सभी बालकों, जो माता-पिता के सम्बन्ध-विच्छेद या अलग-अलग होने की समस्याओं के शिकार हों, को एक समूह के अन्तर्गत परामर्श सेवाएँ देने की व्यवस्था की जाती है। समूह में इन सभी बालकों को एक ऐसा अवसर प्राप्त होता है जिसमें वे स्वयं को सभी ऐसे साथियों के बीच में पाते हैं, जो एक ही प्रकार की समस्याओं से ग्रस्त हों। सबके एक जैसा होने से उनमें भली-भाँति तादात्म्य स्थापित होने की सम्भावना काफी अधिक रहती है और वे अपनी-अपनी भावनाओं और संवेगों की अभिव्यक्ति खुले दिल से ठीक प्रकार कर सकते हैं। उनके सामने जीवन की जो वास्तविकता होती है उसका मिलजुलकर हल ढूँढ़ने का प्रयत्न कर सकते हैं। इस प्रकार के समूह परामर्श में, जो समस्याएँ और परिस्थितियाँ सामने आ रही हैं उनसे कैसे निपटा जाए, इस बात को लेकर सामूहिक चर्चा आयोजित की जाती है और ऐसे वीडियो दृश्य या फिल्में दिखाई जाती हैं जिसमें नायक या नायिका को उनके जैसी समस्या से जुझते हुए जीवन जीने की प्रेरणा मिलती हो।

व्यक्तिगत परामर्श (Individual Counselling)

इस प्रकार के परामर्श में पीड़ित बालकों को व्यक्तिगत रूप से परामर्श दिया जाता है। इसके लिए परामर्श दाता पीड़ित बालक से पूरी तरह तादात्म्य स्थापित कर एक ऐसे उपयुक्त वातावरण का निर्माण करने का प्रयत्न करता है जिसमें बालक अनुभव की जाने वाली कठिनाइयों, परेशानियों तथा उनसे उत्पन्न भावनाओं और संवेगों को खुलकर अभिव्यक्ति कर सकें। इस प्रकार के सहजीकरण के उपरान्त परामर्शदाता द्वारा यह प्रयत्न किया जाता है कि बालक हालातों की गम्भीरता को समझ कर अपनी समस्या से निपटने के लिए स्वयं सामने आएँ तथा कठिनाइयों से मुक्ति पाने के रास्ते स्वयं तलाश करें।

पीड़ित बालकों को इस प्रकार की परामर्श सेवाएँ उपलब्ध कराने के अतिरिक्त उनके माता-पिता को भी आवश्यक परामर्श प्रदान किया जाना चाहिए। उन्हें यह महसूस कराया जाना चाहिए कि उनके हिसाब से आपसी झगड़े या तलाक हो जाने की कितनी बड़ी कीमत उनके बालकों को चुकानी पड़ रही है और उन्हें फिर इस सम्बन्ध में अपनी ओर से क्या करना अपेक्षित है। उस अवस्था में जबकि माता-पिता किसी एक को बालक की जिम्मेदारी निभानी होती है और वह इस सम्बन्ध में अपने बालक को परामर्श सेवा हेतु ले जाता है, तब उसे स्वयं भी यह अनुभव करना चाहिए कि बालक से अधिक उन्हें स्वयं ही अपने व्यवहार में परिवर्तन लाने हेतु सेवा की आवश्यकता है ताकि वे अपने बालक विशेष को समुचित कल्याण कर सकें।

सशस्त्र संघर्ष आदि में माता-पिता को खो देना (Loss of Parents in Armed Conflicts etc.)

बालकों के जीवन में कई बार ऐसी परिस्थितियाँ भी आती हैं, जब उन्हें किसी कारणवश अपने माता-पिता को खो देने का दंश झेलना पड़ता है। रास्ते में यात्रा करते हुए अथवा आग की लपटों की चपेट में आने, नदी में डूब जाने आदि बहुत-सी आकस्मिक घटनाओं के कारण उनकी असमय ही मृत्यु हो सकती है। इसके अतिरिक्त ऐसी और भी बहुत सी

बातें हो सकती हैं जिनकी वजह से बालकों को अपने माँ-बाप को खोना पड़ता है। विभिन्न प्रकार के सशस्त्र संघर्षों में जैसे आतंकवादियों, जिहादियों या नक्सलियों द्वारा किया हुआ नरसंहार, डकैती, शत्रुदेश द्वारा किया गया आक्रमण, परिवार या समुदाय के लोगों के बीच में होने वाले पारस्परिक खूनी झगड़ों तथा जाति एवं धर्म के नाम पर होने वाले दंगा-फसादों आदि में बहुत से बालकों को अपने माँ-बाप को खो देने का दुख झेलना पड़ता है। दैव योग से होने वाली घटनाओं के फलस्वरूप माँ-बाप को खोने की अपेक्षा सशस्त्र संघर्षों के दौरान माता-पिता को खोना बालकों के लिए बहुत अधिक नुकसानदायक सिद्ध हो सकता है क्योंकि इसमें अन्य प्रकार के नुकसानों के अलावा मनोवैज्ञानिक रूप से अत्यधिक क्षति बालकों को निम्न रूप में झेलनी पड़ सकती है:

- सशस्त्र संघर्ष के दौरान माता-पिता की हत्या किस प्रकार की गई, इस प्रकार के दर्दनाक दृश्य सम्बन्धी अनुभवों को भुलाना बालकों के लिए काफी कठिन हो जाता है।
- सशस्त्र संघर्ष के दौरान वे अपने माता-पिता को बचाने के लिए कुछ नहीं कर सके, इस प्रकार के अपराधबोध और आत्मग्लानि से वे हर समय आक्रान्त रहते हैं।
- उनमें इस प्रकार की उत्तेजक भावनाएँ और संवेगों का ज्वार उमड़ता रहता है कि जिसने उनके माता-पिता को मारा है, उनसे बदला लेना चाहिए, परिणामस्वरूप, यह सम्भावना रहती है कि वह भी बदला लेने के इस व्यूहचक्र में फँसते दिखाई दें।
- अपने माता-पिता के मारे जाने के समय जो अनुभव उन्हें हुए हैं, उनकी छाया उनके मानसिक स्वास्थ्य को चौपट कर सकती है। परिणामस्वरूप वे गहरे अवसाद और अकारण-भय, दुर्भीति, आत्मविश्वास की अनुपस्थिति तथा अन्य न्यूरोटिक एवं साईकोटिक बीमारियों से ग्रस्त पाए जा सकते हैं।
- सशस्त्र संघर्ष में अपने माता-पिता को खोना कितना दुखमयी परिणाम बालकों के सामने ला सकता है, इसका प्रत्यक्षीकरण आज हमें उन कहानियों और ज्वलन्त दृश्यों के रूप में हो सकता है, जो आज आतंकवाद तथा सीमा पर होने वाली विभिन्न देशों की पारस्परिक लड़ाई में सीरिया, ईराक, अफगानिस्तान और नक्सलवाद और आतंकवाद से प्रभावित हमारे देश के विभिन्न क्षेत्रों में घटित हो रहा है। यहाँ पर होने वाले सशस्त्र संघर्षों में माता-पिता को खोने वाले बालकों को अपने जीवनयापन में जिन संघर्षों और कठिनाइयों से गुजरना पड़ रहा है वे अकथनीय हैं। इस प्रकार के बालकों को अपने कष्ट और तनावों से मुक्ति पाने हेतु उचित रूप से आयोजित परामर्श सेवाओं की अत्यन्त आवश्यकता है।

आगे हम इसी पर विचार करना चाहेंगे:

सशस्त्र संघर्ष आदि में माँ-बाप को खोने वाले बालकों के लिए परामर्श सेवाएँ (Counselling of the Children Losing Parents in Armed Conflicts etc.)

सशस्त्र संघर्ष आदि में माँ-बाप को खो देने वाले बालकों को अपने मानसिक तनाव और संघर्ष से छुटकारा दिलाने हेतु सामूहिक एवं व्यक्तिगत दोनों ही प्रकार की परामर्श सेवाएँ प्रदान करने की व्यवस्था की जा सकती है। इस प्रकार की सेवाओं द्वारा हम पीड़ित बालकों की निम्न रूप में सहायता कर सकते हैं:

(i) सशस्त्र संघर्ष के दौरान माता-पिता को खोने सम्बन्धी अनुभवों द्वारा उत्पन्न हुई भावनाओं, क्रोध एवं बदले की ज्वाला, भय, चिन्ता एवं दुर्भीति आदि को व्यक्त करने के अवसर प्रदान करना।

(ii) दुखदायी अनुभवों के द्वारा पहुँचे हुए मानसिक आघात से राहत पहुँचाने के लिए ऐसी मनोचिकित्सा एवं तकनीकों का इस्तेमाल करना जो:

- भयानक अनुभवों से जुड़े हुए भय और दुर्भीति आदि से मुक्ति दिलाने में मदद कर सकें।
- बहुमाध्य प्रस्तुतीकरण, गोष्ठी एवं सामाजिक अन्तःक्रिया तथा कहानी आदि पुस्तकों का पठन आदि का उपयोग करने के माध्यम से बालकों के सामने इस प्रकार के व्यवहार का आदर्श रूप प्रस्तुत कर सकें जिनमें

बालकों को सशस्त्र संघर्ष, अपने माता-पिता के मरने सम्बन्धी दंश को भलीभांति झेलते हुए, आगे उचित जीवन जीने की प्रेरणा मिल सके।

- शिथिलीकरण तथा संघर्ष समाधान तकनीक का उपयोग करते हुए उन्हें उचित मानसिक शान्ति तथा अपने और अपने वातावरण के साथ उपयुक्त समायोजन करने में सहायता कर सकें।
- अपनी समस्याओं और कठिनाइयों का हल अपने आप ढूँढ़ने हेतु अपनी स्वयं की शक्तियों का भलीभांति उपयोग कर सकें।

(iii) प्रतिशोध की भावनाओं का इस प्रकार मार्गान्तरीकरण करने का प्रयत्न करना जिससे उनका स्वयं का और समाज का कल्याण हो सके।

(iv) उन्हें अपने आपको इस प्रकार के रूप में प्रस्तुत करने में सहायता करना जिससे दूसरे बालक, जिन्हें माँ-बाप को खोने सम्बन्धी ऐसी ही परिस्थितियों से गुजरना पड़ रहा है, उपयुक्त प्रेरणा लेकर जीवन में आगे बढ़ सकें।

बाल उत्पीड़न के शिकार बालक (Survivors of Child Abuse)

सम्पूर्ण विश्व में सभी जगह बहुत से बालकों को बहुधा ऐसे दुखदायी अनुभवों से गुजरना पड़ता है जिनका सम्बन्ध उनके साथ होने वाले दुर्व्यवहार या उत्पीड़न से होता है। इस प्रकार के बालक उत्पीड़न का शिकार होने के पश्चात पूरी जिन्दगी उस दंश या उत्पीड़न से उत्पन्न गम्भीर परिणामों को लेकर जीते हुए दिखाई देते हैं। आइए देखें यह बाल उत्पीड़न क्या होता है, इसकी प्रकृति कैसी होती है, यह कितने प्रकार का होता है, इसके क्या दुष्परिणाम होते हैं तथा इसकी रोकथाम और उपचार के लिए क्या किया जाना चाहिए?

बाल उत्पीड़न क्या है? (What is Child Abuse ?)

माता-पिता, अध्यापक तथा समाज के अन्य बड़े सदस्यों द्वारा शारीरिक, शाब्दिक या संवेगात्मक रूप में किया जाने वाला ऐसा दुर्व्यवहार या पहुँचाने वाली ऐसी क्षति जो बालकों के दुःख और कष्ट का कारण बनते हुए उनकी जिन्दगी को नकारात्मक और प्रतिकूल तरीके से प्रभावित करे, उसे ही सामान्य रूप से बाल उत्पीड़न की संज्ञा दी जाती है।

बाल उत्पीड़न के प्रकार (Types of Child Abuse)

समाज के प्रौढ़ सदस्यों के द्वारा बालकों के साथ जो दुर्व्यवहार करने और हानि पहुँचाने का कार्य किया जाता है, उसकी प्रकृति को ध्यान में रखते हुए बाल उत्पीड़न को चार श्रेणियों में विभाजित किया जाता है, जिसका वर्णन नीचे किया जा रहा है:

1. शारीरिक उत्पीड़न (Physical Abuse)

इस प्रकार के उत्पीड़न में बालक के साथ जो दुर्व्यवहार और हानि पहुँचाने का कार्य किया जाता है, उसकी प्रकृति शारीरिक होती है यानी यहाँ बालक को शारीरिक रूप से चोट या कष्ट पहुँचाने की बात की जाती है जिसका अच्छी तरह अनुमान उसके शरीर पर दिखाई देने वाले निम्न संकेतकों के माध्यम से लगाया जा सकता है:

(i) शरीर के विभिन्न भागों में जहाँ-तहाँ लाल और नीले चकत्ते, चोट एवं कटने- फटने के निशान जो इस बात की गवाही दें कि बालकों को मारने के लिए हन्टर, बेल्ट, विद्युत तार और नुकीली धार वाली वस्तुओं का उपयोग किया गया है।

(ii) शरीर पर जगह-जगह सिगरेट से, रसोईघर के बर्तनों और उपकरणों से जलाए हुए तथा रस्सी, बिजली के तार आदि से जलाए हुए निशान।

(iii) संक्रमित घाव, या जले हुए घाव जिनसे यह पता चले कि घाव का इलाज जानबूझकर टाला गया है।

शरीर पर पड़े हुए उपरोक्त संकेतकों के अतिरिक्त शारीरिक उत्पीड़न के शिकार बालकों में निम्न प्रकार के व्यवहारगत लक्षण भी देखने को मिलते हैं:

(i) किसी विशेष वयस्क जैसे माता-पिता, देखभाल करने वाले व्यक्ति, शिक्षक या नजदीकी सम्बन्धी से बिना बात ही अत्यधिक भयभीत रहना।

(ii) अधिक अनुपयुक्त शर्मीलापन, अलग-थलग रहने, अवसाद या दयनीय व्यवहार का प्रदर्शन करना।

(iii) असामाजिक व्यवहार जैसे नशीले पदार्थों का सेवन, भगोड़ापन, घर से भाग जाना, आक्रामक तथा साथियों को प्रताड़ित करने जैसे व्यवहार का प्रदर्शन करना।

2. संवेगात्मक/मनोवैज्ञानिक उत्पीड़न (Emotional/Psychological Abuse)

इस प्रकार के उत्पीड़न में वयस्क व्यक्तियों द्वारा बालक के साथ संवेगात्मक या मनोवैज्ञानिक रूप में दुर्व्यवहार या ऐसी यातना प्रदान की जाती है जिससे उनके दिल और दिमाग प्रतिकूल रूप से प्रभावित होकर उन्हें मानसिक अशान्ति और कष्टपूर्ण वेदना प्रदान करें। अपने वास्तविक रूप में संवेगात्मक या मनोवैज्ञानिक उत्पीड़न में जो बातें शामिल होती हैं वे हैं: बालक की बुरी तरह से कटु आलोचना करना, सबके सामने लताड़ना, फटकारना, उसे नीचा दिखाना, उस पर दोषारोपण करना और उसकी सामाजिक सुरक्षा को दाव पर लगाना। सामान्य रूप से इस प्रकार के उत्पीड़न के शिकार बालक निम्न प्रकार के शारीरिक और व्यावहारिक लक्षणों से युक्त पाए जाते हैं:

- वे विभिन्न प्रकार के कुसमायोजित व्यवहार या मनोविकारों से युक्त पाए जाते हैं, जैसे—खानपान सम्बन्धी विकार, जिसमें मोटापा या अत्यन्त दुर्बल होने की इच्छा शामिल रहती है, बोलने सम्बन्धी विकार (हकलाना, तुतलाना इत्यादि), चिन्ता या अवसाद विकार (शरीर पर लाल-लाल चकत्ते हो जाना, पेट में दर्द होते रहना, तरह-तरह का मुँह बनाना इत्यादि), आदत सम्बन्धी विकार-चीजों को काटते, कुतरते रहना, उद्देश्य हीन उछलते कूदते रहना, सिर को झटका देते रहना इत्यादि, आक्रामकता एवं निर्दयता (दूसरों को अकारण ही चोट पहुँचाते रहना, जिसमें पशु पक्षी भी शामिल हैं), आयु के प्रतिकूल व्यवहार करना जैसे—बिस्तर गीला करना, पेशाब करना, गंदगी फैलाना, मूड या चित्त स्थिति सम्बन्धी विकार इत्यादि।
- शारीरिक, मानसिक, सामाजिक और संवेगात्मक परिपक्वता सम्बन्धी मानदण्डों की उपलब्धि के सम्बन्ध में विकासात्मक देरी का प्रदर्शन करना।
- सामाजिक और संवेगात्मक रूप से कुसमायोजित या असामान्य व्यवहार का प्रदर्शन करना।

3. उपेक्षा उत्पीड़न (Neglect Abuse)

इस प्रकार के बाल उत्पीड़न में बालक की देखभाल कर रहे वयस्क व्यक्तियों के द्वारा बालक के प्रति जिस प्रकार का व्यवहार किया जाता है उसमें उसकी शारीरिक और सामाजिक आवश्यकताओं की पूर्ति के सम्बन्ध में उदासीनता एवं उपेक्षा भाव का ही प्रदर्शन रहता है। इस प्रकार की परिस्थिति में माता-पिता तथा परिवार के सदस्यों को स्वास्थ्यप्रद परिस्थितियों को बनाए रखने, बालक को समय पर खान-पान की व्यवस्था करने, उसके कपड़े, रहन-सहन की व्यवस्था एवं समय पर टीकाकरण करवाने, उसकी शिक्षा का प्रबन्ध करने, सामाजीकरण और सांस्कृतिक विकास की तरफ ध्यान देने और उसके संवेगों का ठीक प्रकार मार्गान्तरीकरण होने देने आदि बातों के प्रति पूरी उदासीनता या उपेक्षा का भाव रखते हुए पाया जाता है। वृद्धि को प्राप्त हो रहे बालकों के प्रति माता-पिता, परिवार के सदस्यों, अध्यापकों तथा उनकी देखभाल करने वाले व्यक्तियों द्वारा इस प्रकार का उदासीन और उपेक्षापूर्ण व्यवहार बालकों को अपने विकास और प्रगति के संदर्भ में काफी महंगा पड़ता है। उनकी मूलभूत आवश्यकताओं – शारीरिक, सामाजिक और मनोवैज्ञानिक की ठीक प्रकार से पूर्ति नहीं हो पाती और इस वजह से उनका शारीरिक, मानसिक, सामाजिक और संवेगात्मक विकास ठीक ढंग से नहीं हो पाता है और साथ ही उन्हें अपने आप से तथा अपने वातावरण के साथ विभिन्न प्रकार के कुसमायोजन का शिकार होना पड़ता है और ये सब बातें आगे चलकर उनके जीवन में असफलता और निराशा को जन्म देती है।

4. **यौन उत्पीड़न (Sexual Abuse)**

इस प्रकार के बाल उत्पीड़न में यौन दुराचारियों (वयस्क तथा हमउम्र साथियों) द्वारा बालकों के प्रति यौन दुर्व्यवहार एवं दुराचार करने सम्बन्धी ऐसे कार्य किए जाते हैं जो उन्हें शारीरिक एवं मानसिक रूप से बेहद यन्त्रणा प्रदान करने वाले और उनके जीवन को अंधकारमय बनाने वाले साबित हो सकते हैं। जिन रूपों में इस प्रकार का यौन उत्पीड़न होता है, उसका क्षेत्र काफी विस्तृत हो सकता है, जैसे—फब्तियाँ कसना, अश्लील एवं अशोभनीय शब्दों का प्रयोग करना, बालिकाओं के शरीर के विभिन्न अंगों जैसे—नितम्ब, स्तन, जननांगों आदि का बुरे इरादे से स्पर्श करना, उसके साथ बलपूर्वक मौखिक एवं बलात्कार आदि व्यवहार यौन उत्पीड़न के अन्तर्गत ही आते हैं। इस प्रकार के यौन उत्पीड़न की बातें बालक और बालिकाओं दोनों के साथ ही हो सकती हैं और ऐसे यौन दुर्व्यवहार और दुराचार करने वाले व्यक्ति किसी भी उम्र के हो सकते हैं, उनकी सामाजिक आर्थिक स्थिति कैसी भी हो सकती है और बालक के साथ उनका किसी भी प्रकार का निकट का दूर का या अजनबी सम्बन्ध हो सकता है।

पीड़ित बालकों के लिए यौन उत्पीड़न के पश्चात् का समय और उसके परिणाम काफी कटु होते हैं। शारीरिक रूप से क्षति, दर्द और कष्ट सहने के अलावा पीड़ित बालकों को बहुत ही दर्दनाक अनुभव, यातनाप्रद स्मृतियों और दुर्भीतियों से गुजरना पड़ता है जो आगे जाकर उन्हें दूसरों के साथ सामान्य सम्बन्ध बनाने और उन पर विश्वास रखने तथा अन्तरंगता स्थापित करने में काफी बाधक सिद्ध होती हैं। देखा जाए तो शारीरिक रूप से उन्हें जो चोट पहुँचती है उससे अधिक ऐसे गहरे घाव पीड़ित बालकों को मानसिक एवं संवेगात्मक रूप से झेलने पड़ते हैं जिनका भरना जिन्दगी में उनके लिए मुश्किल हो जाता है।

यौन उत्पीड़न के शिकार बालकों की पहचान
(Identification of the Victims or Survivors of Sexual Abuse)

यौन उत्पीड़न से पीड़ित बालकों में उनके शारीरिक निरीक्षण और दिन प्रतिदिन के व्यवहार को लेकर जो लक्षण और गतिविधियाँ देखने को मिलती हैं, उनका कुछ निम्न स्वरूप हो सकता है:

- फटे हुए वस्त्र तथा अन्तःवस्त्र (Under-clothes) पर जगह-जगह धब्बे और रक्त के निशान।
- शरीर के विभिन्न भागों पर जगह-जगह खरोंच और काटने के निशान।
- जननांगों और गुदा से रक्तस्त्राव।
- यौन संभोग या दुराचार के प्रयत्नों का चिकित्सकीय परीक्षण या गर्भपात रिपोर्ट के आधार पर पता लगना।
- व्यवहार में आकस्मिक अवांछित परिवर्तन, जैसे— सामाजिक सम्पर्क और मेलजोल से दूर भागना, भय, चिन्ता और दुर्भीतिपूर्ण व्यवहार का प्रदर्शन करना, निद्रा सम्बन्धी विकार, जैसे—दुःस्वप्नों का शिकार होना, सोते-सोते भयभीत होना, जग जाना और किसी पर विश्वास न होना इत्यादि।
- चलने में या बैठने में कठिनाई का अनुभव होना, पूरे शरीर में दर्द होना तथा यौनांगों में जलन एवं कष्ट की अनुभूति करना।
- पीड़ित बालक या बालिका के द्वारा अपने माता-पिता, परिजनों तथा शुभचिन्तकों को अपने साथ होने वाले यौन उत्पीड़न के बारे में बताना।
- घर और विद्यालय में अपने कामकाज के स्तर में गिरावट प्रदर्शित करना, जैसे—चीजों के बारे में विस्मृति होना, रोजमर्रा के कार्यों में गलतियाँ करना, पढ़ाई में मन नहीं लगना, विद्यालय जाने से कतराना और पढ़ाई के स्तर में गिरावट आना इत्यादि।

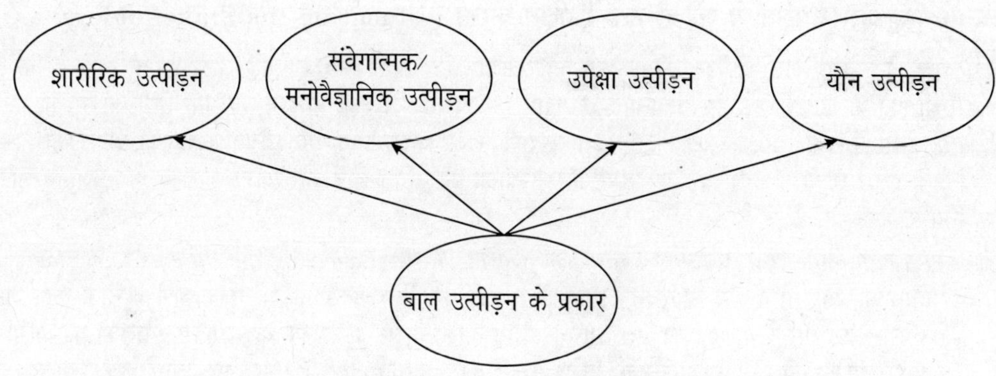

चित्र 22.1 बाल उत्पीड़न के प्रकार

इस प्रकार से हम बालकों को ऊपर बातए हुए किसी एक या अन्य प्रकार के बाल उत्पीड़न का शिकार होते हुए पा सकते हैं। परन्तु यहाँ यह बात अच्छी तरह से समझ लेनी चाहिए कि कोई भी बालक एक साथ एक से अधिक प्रकार के उत्पीड़न का शिकार भी हो सकता है। उदाहरण के लिए यौन उत्पीड़न के शिकार किसी बालक को शारीरिक उत्पीड़न और संवेगात्मक उत्पीड़न से सम्बधित बातें अपने घर और विद्यालय में झेलनी पड़ सकती हैं। इसी तरह अपने घर में शारीरिक उत्पीड़न के शिकार बालक को किसी एक या अन्य जगह से संवेगात्मक और उपेक्षा उत्पीड़न का शिकार होना पड़ सकता है। परन्तु कोई बालक भले ही किसी एक या अन्य प्रकार के उत्पीड़न का शिकार उनके अकेले-अकेले रूप में हो अथवा मिले जुले रूप में, यह बात तो निश्चित है कि उत्पीड़न चाहे किसी भी रूप में हो उसके दुष्प्रभाव काफी गहरे और ऐसे दूरगामी होते हैं कि पीड़ित बालकों को अपने शारीरिक, सामाजिक, मानसिक, संवेगात्मक, नैतिक विकास में हर तरफ से सभी प्रकार की बाधाओं और कठिनाइयों का सामना करना पड़ सकता है।

बाल उत्पीड़न की समस्या से कैसे निपटा जाए?
(How to Deal with the Problem of Child Abuse ?)

बाल उत्पीड़न सम्बन्धी समस्या सार्वभौतिक है। यह किसी भी बालक के साथ किसी भी परिवार या समुदाय में पूरी दुनिया में कहीं भी हो सकती है। दूसरी ओर यह बात भी सत्य है कि माता-पिता, घनिष्ठ परिजन, पड़ोसी, जान पहचान वाले, दोस्त, अध्यापक और यहाँ तक कि एक अजनबी होते हुए भी हम बाल उत्पीड़न के मामलों में, उसे रोकने अथवा उसका एक कारण बनने की भूमिका इसलिए निभा रहे होते हैं क्योंकि बालक हम पर भरोसा करता है या वह हमारे द्वारा किसी एक या अन्य प्रकार के उत्पीड़न का शिकार आसानी से बनाया जा सकता है। बाल उत्पीड़न सम्बन्धी मामलों का पता लगना भी आसान नहीं होता है। बहुधा यह बहुत ही चुपचाप ऐसी तरकीबों से किए जाते हैं, जो घर, सामाजिक स्थानों तथा विद्यालयों में बहुत ही घनिष्ट और निजी व्यक्तियों द्वारा किए जा रहे होते हैं कि जिनके बारे में संज्ञान या तो बालक द्वारा स्वयं बताए जाने पर होता है अथवा इनका पता तब चलता है जब वह किन्हीं ऐसे व्यक्तियों की दृष्टि में आ जाए जिनमें पीड़ित बालकों को बचाने और दुराचारियों का सामना करने का साहस हो। आगे जहाँ तक बाल उत्पीड़न सम्बन्धी समस्या से निपटने के लिए उचित विधियों और तकनीकों के उपयोग का प्रश्न है, हम उन्हें मोटे तौर पर निम्न तीन श्रेणियों में विभाजित कर सकते हैं:

1. जिनके हित इस समस्या से जुड़े हैं, उन्हें शिक्षित करना (Educating the stakeholders)
2. बाल अधिकारों के बारे में जागरूकता पैदा करना (Creating Awareness about the Child Rights)
3. बाल उत्पीड़न से पीड़ित बालकों को परामर्श सेवाएं प्रदान करना। (Counselling the Survivors of Child Abuse)

A. जिनके हित इस समस्या से जुड़े हैं उन्हें शिक्षित करना (Educating the Stakeholders)

वह बड़ी बात जो अक्सर बाल उत्पीड़न की समस्या की रोकथाम हेतु सबसे अधिक आड़े आती है, वह यही है कि इस सम्बन्ध में बालकों के हित से जुड़े हुए माता-पिता, समुदाय के सदस्यों, शिक्षकों, मीडिया के लोगों तथा कानून का पालन कराने वाली संस्थाओं तथा स्वयं बालकों को भी इस सम्बन्ध में आवश्यक ज्ञान और उचित शिक्षा की प्राप्ति का अभाव रहता है। अतः इस सम्बन्ध में सम्बन्धित व्यक्तियों और संस्थाओं को उचित ज्ञान और शिक्षा उपलब्ध कराई जानी चाहिए, जिसका विवरण हम आगे दे रहे हैं:

1. *माता-पिता और अन्य वयस्क व्यक्तियों को शिक्षित करना (Educating the Parents and Elders)*— माता-पिता और परिवार में उपस्थित अन्य बड़े सदस्यों को ही बालकों का वास्तविक शुभ चिन्तक कहा जाता है। परन्तु कई बार वे बालकों का भला सोचते-सोचते काफी कठोर दमनात्मक कदम (जैसे—बालकों का शारीरिक उत्पीड़न या उनकी घोर उपेक्षा करना आदि) उठाने की भूल कर बैठते हैं। इसलिए उनको अपने बालकों को अनुशासन में ढालने के लिए शारीरिक रूप से दुर्व्यवहार या उत्पीड़न करने की बजाए अन्य रचनात्मक कदम उठाने हेतु शिक्षित किए जाने की आवश्यकता है। उन्हें यह भी हिदायत दी जानी चाहिए कि वे बालक की घोर उपेक्षा करने अथवा उसकी शारीरिक, सामाजिक, मनोवैज्ञानिक आवश्यकताओं की पूर्ति के प्रति उदासीन होने की गलती न करें क्योंकि यह बात उन्हें, उनके ऐसे अधूरे विकास और कुसमायोजन की ओर ले जा सकती है जो उनके अपने और समाज के लिए हानिकारक हो। बालकों को संवेगात्मक रूप से भी उपेक्षित नहीं किया जाना चाहिए बल्कि सभी तरह से ऐसे उपाय किए जाने चाहिए कि उनका मानसिक स्वास्थ्य ठीक रहे। माता-पिता ओर परिवार के अन्य वयस्क व्यक्तियों को यौन उत्पीड़न सम्बन्धी बातों की रोकथाम के लिए ठीक प्रकार से प्रशिक्षित किया जाना चाहिए। उन्हें अपने बालकों के साथ उचित तादात्म्य स्थापित करने में कुशल बनाया जाना चाहिए तथा यह बात भी सिखाई जानी चाहिए कि वे अपने बालकों के व्यवहार में आने वाले अवांछित, आकस्मिक परिवर्तनों को ठीक तरह नोट कर सकें। इन योग्यताओं से युक्त होकर अब उन्हें उस प्रकार की सभी शारीरिक और संवेगात्मक तथा यौन उत्पीड़न सम्बन्धी उन बातों में गहराई से अपनी पैठ करनी चाहिए जो बालकों के दिल और दिमाग को विचलित कर रही हों। अपने बालकों के शारीरिक और व्यवहारगत लक्षणों के निरीक्षण के आधार पर उन्हें यह कोशिश करनी चाहिए कि बालक उत्पीड़न के संदर्भ में जो कुछ उन्हें अनुभव हो रहा है उसकी अभिव्यक्ति खुले रूप में कर सकें। इसके अतिरिक्त माता-पिता तथा परिजनों को यह ज्ञान और प्रशिक्षण भी प्रदान किया जाना चाहिए कि वे पीड़ित बालकों को उपलब्ध कानूनी प्रावधानों, सामुदायिक सहायता केन्द्रों तथा परामर्श सेवाओं से उपयुक्त सहायता प्राप्त करने में किस तरह सहयोग कर सकते हैं।
2. *शिक्षकों को प्रशिक्षित करना (Educating the Teachers)*—माता-पिता तथा परिजनों के अतिरिक्त शिक्षकों को भी बाल उत्पीड़न के मामलों में उचित सहायता प्रदान करने में सक्षम बनाने हेतु निम्न बातों के अधिगम और उचित जानकारी से युक्त करने के प्रयत्न किए जाने चाहिए। इस प्रकार के प्रशिक्षण द्वारा उनमें निम्न प्रकार की समझ और कौशल विकसित किए जा सकते हैं:
   - बालकों के अधिकारों के बारे में जागरूकता पैदा करना। इस जागरूकता में उन्हें इन अधिकारों की समुचित अनुपालना हेतु उपलब्ध कानूनी प्रावधानों की जानकारी भी दी जानी चाहिए।
   - बाल उत्पीड़न से सम्बन्धित चेतावनी और निदान से जुड़ी हुई बातों का ज्ञान और काम में लाए जाने वाले कौशलों से युक्त करना।
   - शारीरिक उत्पीड़न या उपेक्षा करने जैसे नकारात्मक उपायों के स्थान पर अनुशासन स्थापित करने हेतु रचनात्मक एवं स्वनियंत्रित अनुशासन अपनाने सम्बन्धी तकनीकों से युक्त करना।
   - बाल अधिकारों के संरक्षण और बाल उत्पीड़न की रोकथाम में माता-पिता तथा समुदाय के सदस्यों, सरकारी तथा गैर सरकारी संस्थानों से सहयोग लेने सम्बन्धी तरीकों से अवगत कराना।

- वयस्क व्यक्तियों या साथियों द्वारा उनके उत्पीड़न या दुर्व्यवहार सम्बन्धी बातों की जड़ तक पहुँचने हेतु पीड़ित बालकों का विश्वास अर्जित करने में सहायक आवश्यक तादाम्य स्थापित करने सम्बन्धी तरीकों के ज्ञान एवं कौशल से युक्त करना।
- शिक्षकों को इस तरह समर्थ बनाना कि वे इस प्रकार का निर्देशन एवं परामर्श दे सकें कि बालक एक ओर तो अपने अधिकारों के बारे में जागरूक हो सकें और दूसरी ओर वयस्कों द्वारा अपने साथ होने वाले दुर्व्यवहार ओर उत्पीड़न से अपना बचाव कर सकें।

3. *बालकों को शिक्षित करना (Educating the Children)*—बालकों के लिए भी यह आवश्यक है कि वे अपने आपको उन सभी प्रकार की सूचनाओं, ज्ञान और कौशलों से युक्त करें जिसकी आवश्यकता वयस्कों एवं साथियों द्वारा किए जाने वाले दुर्व्यवहार एवं उत्पीड़न से अपना बचाव करने हेतु उन्हें पड़ सकती है। इस सम्बन्ध में माता-पिता, परिजनों, परिवार के अन्य सदस्यों, शिक्षकों तथा सरकारी एवं गैर सरकारी संगठनों द्वारा बालकों को कुछ निम्न प्रकार के ज्ञान और कौशलों का अर्जन कराने में सहायता करने के लिए आगे आना चाहिए।

- अपने अधिकारों (जिन्हें बाल अधिकार का नाम दिया जाता है) और उन सभी सरकारी एवं गैर सरकारी संगठनों, जो उन्हें इन अधिकारों के संरक्षण और उपलब्धि में सहायता कर सकते हों, उन सभी के बारे में उचित जानकारी प्रदान करना।
- वयस्क व्यक्तियों या साथियों द्वारा उन पर किए जाने वाले शारीरिक या यौन उत्पीड़न के दौरान बाहरी सहायता प्राप्त करने सम्बन्धी सभी तरीके एवं साधनों की जानकारी से युक्त करना।
- उन सभी बातों, जो उनके प्रति किए जाने वाले यौन उत्पीड़न की परिचायक हों जैसे–वयस्कों एवं साथियों द्वारा उनके यौनांगों (बाहरी एवं अन्तरंग) को छूना एवं उनसे छेड़खानी करना, उनसे शारीरिक सम्पर्क स्थापित करना आदि के बारे में जानकारी प्रदान करना।
- शारीरिक और यौन उत्पीड़न के समय स्वयं का बचाव करने हेतु अपनाए जाने वाले स्वरक्षात्मक विधियों और तकनीकों की जानकारी एवं प्रशिक्षण प्रदान करना।
- बालकों को इस प्रकार का प्रशिक्षण प्रदान करना जिससे वे बाल उत्पीड़न से बचाव और उसके बाद किए जाने वाले आवश्यक अनुगमन कार्यों के बारे में अपने माता-पिता, अध्यापकों, परामर्शदाताओं तथा सरकारी संस्थानों को अपना उपयुक्त सहयोग प्रदान कर सकें।

B. बाल अधिकारों के बारे में जागरूकता पैदा करना (Creating Awareness about the Child Rights)

बाल उत्पीड़न के शिकार बालकों को आगे उपयुक्त सहायता देने हेतु यह बात काफी आवश्यक है कि बाल हितों से जुड़े हुए सभी पक्षों जैसे माता-पिता, परिजनों, देखभाल करने वालों, समुदाय के सदस्यों, अध्यापकों तथा स्वयं बालकों को बाल अधिकारों के बारे में अच्छी तरह जागरूक किया जाए। इसके लिए हमें सबसे पहले इन अधिकारों के अर्थ और उनकी प्रकृति से अवगत होना जरूरी है। आगे हम यही करने जा रहे हैं।

बाल अधिकारों से अभिप्राय (What are Child Rights ?)

बाल अधिकारों से अभिप्राय इस प्रकार के मानव अधिकारों से है जिनकी उपलब्धि सार्वभौमिक रूप से सभी बालकों (18 वर्ष से कम आयु के सभी मानव मात्र) को एक जैसे रूप में होती है। विश्वभर में सार्वभौमिक रूप से बाल अधिकार नामक पद को मानव अधिकारों के एक अंग के रूप में राष्ट्रसंघ तथा बाल अधिकार संयुक्त राष्ट्र सम्मेलन (United Nations Convention on the Rights of the Child-UNCRC) के द्वारा पारिभाषित करने का प्रयत्न किया गया है।

यूएनसीआरसी (United Nations, 1889) के अनुसार मानव अधिकारों के एक अंग के रूप में बाल अधिकारों से अभिप्राय "कम से कम रूप में प्रदान की जाने वाली उन सुविधाओं और स्वतन्त्रता से है जो सार्वभौमिक रूप से विश्व

के सभी बालकों (18 वर्ष से कम आयु के सभी व्यक्ति) को जाति, रंग, रूप, लिंग, प्रदेश, विचारधारा, सम्पत्ति, जन्मस्तर, विकलांगता या अन्य किसी विशेषता और गुण का ध्यान में रखते हुए, प्रदान की जाती है।"

बाल अधिकारों के प्रकार (Types of Child Rights)

सभी मनुष्यों को मानव अधिकारों की उपलब्धि की भांति सभी बालकों को बाल अधिकारों का निर्धारण करते हुए 'बाल अधिकार संयुक्त राष्ट्र सम्मेलन' (यू एन सी आर सी) द्वारा यह सुनिश्चित करने का प्रयत्न किया गया है कि सभी बालकों को अपेक्षित स्वतन्त्रता और जन-अधिकारों की प्राप्ति हो, उचित पारिवारिक वातावरण उपलब्ध हो तथा आवश्यक स्वास्थ्य सम्बन्धी देखभाल, कल्याण, शिक्षा, आमोद-प्रमोद, और सांस्कृतिक क्रियाकलाप एवं अपनी सुरक्षा हेतु विशेष सुरक्षा प्रावधानों की उपलब्धि हो। बालकों को मिलने वाली इस प्रकार की सर्वांगीण सुविधाओं की भलीभांति उपलब्धि हेतु UNCRC द्वारा बाल अधिकारों को निम्न चार मुख्य श्रेणियों में विभक्त कर स्पष्ट रूप से सामने रखने का प्रयत्न किया है:

1. *जीवित रहने का अधिकार (Right of Survival)*—बालकों को यह अधिकार उन्हें अपनी माँ के गर्भ में ही प्राप्त हो जाता है। इस तरह जीवित रहने के इस अधिकार द्वारा बालकों को निम्न बातों की उपलब्धता सुनिश्चित करने का प्रयत्न किया जा सकता है:
   - जन्म लेने का अधिकार (Right to be born)
   - भोजन, वस्त्र और रहने की न्यूनतम सुविधाओं की उपलब्धि का अधिकार (Right to minimum standard of food, clothes and shelter)
   - सम्मान के साथ जीने का अधिकार (Right to live with dignity) और
   - स्वास्थ्य की देखभाल, सुरक्षित पीने का पानी, पोषक भोजन, स्वच्छ और सुरक्षित पर्यावरण तथा स्वस्थ बने रहने में सहायक सूचना प्राप्ति का अधिकार (Right to Health care, safe drinking water, Nutritious food, clean and safe environment and information to help them stay healthy)
2. *सुरक्षा का अधिकार (Right to Protection)*—बालकों को इस अधिकार को प्रदान करने के माध्यम से UNCRC ने उन सभी बातों को सुनिश्चित करने का प्रयत्न किया है जो बालकों के साथ बाल उत्पीड़न, शोषण, हिंसा तथा उनकी उपेक्षा से जुड़ी हुई घटनाओं की रोकथाम या उन पर उचित कार्यवाही हेतु सम्पन्न की जाती हैं। फलस्वरूप बालकों को प्रदत्त सुरक्षा सम्बन्धी अधिकार कुछ निम्न बातों की सुनिश्चितता तय करते हुए पाया जाता है:
   - सभी प्रकार की हिंसा से सुरक्षित रहने का अधिकार
   - उपेक्षा से बचाने का अधिकार
   - शारीरिक एवं यौन उत्पीड़न से बचाव का अधिकार
   - खतरनाक मादक द्रव्यों/औषधियों से बचाव का अधिकार
3. *सहभागिता का अधिकार (Right to Participation)*—बालकों को भी अन्य व्यक्तियों की तरह सामाजिक परिस्थितियों में स्वतन्त्र रूप से भाग लेने तथा अन्तःक्रिया करने का अधिकार है इस सम्बन्ध में सहभागिता का यह अधिकार बालकों के लिए निम्न बातों की सुनिश्चितता प्रदान करता है:
   - विचारधारा की स्वतन्त्रता का अधिकार (Right to freedom of opinion)
   - अभिव्यक्ति की स्वतन्त्रता का अधिकार (Right to freedom of expression)
   - संघटित होने की स्वतन्त्रता का अधिकार (Right to freedom of association)
   - सूचना का अधिकार (Right to Information) और
   - किसी ऐसे निर्णय लेने में सहभागिता का अधिकार जो प्रत्यक्ष या अप्रत्यक्ष रूप से बालक से सम्बन्धित हों। (Right to participate in any decision making that involves him/her directly or indirectly)

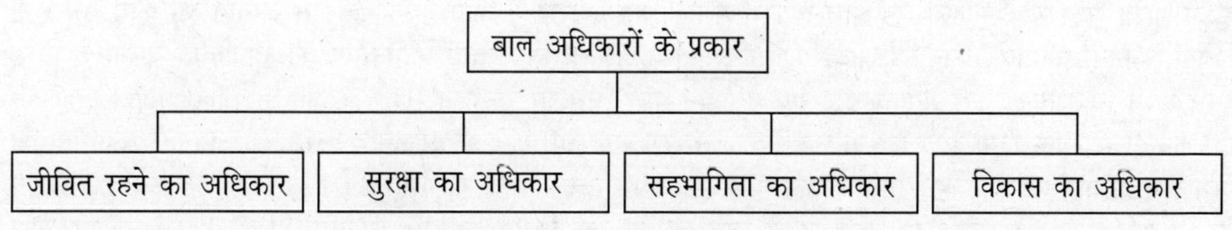

चित्र 22.2 बाल अधिकारों के प्रकार

4. *विकास का अधिकार (Right to Development)*—बालकों को प्रदान किए जाने वाले इस अधिकार को रखकर 'यू एन सी आर सी' ने उन सभी बातों की सुनिश्चितता तय की है जो एक वृद्धि उन्मुख बालक के सर्वांगीण विकास हेतु चाहिए। फलस्वरूप इस अधिकार में निम्न बातों का समावेश रहता है:
   - शिक्षा का अधिकार (Right to Education)
   - अधिगम या सीखने का अधिकार (Right to Learn)
   - मनोरंजन और खेल का अधिकार (Right to Relax and Play), और
   - सभी प्रकार के विकास–सामाजिक, संवेगात्मक, मानसिक और शारीरिक का अधिकार (Right to all forms of development – social, emotional, mental and Physical)

यद्यपि ऊपर बताए हुए सभी बाल अधिकार बालकों की भौतिक और सामाजिक-मनोवैज्ञानिक आवश्यकताओं, शिक्षा और समायोजन सम्बन्धी सभी बातों की पूर्ति करते हुए उनकी उचित प्रगति या सर्वांगीण विकास में सहायक होते हैं परन्तु रक्षा का अधिकार इन सब में एक ऐसा अधिकार है जो प्रत्यक्ष रूप से उन सभी आवश्यक उपायों और प्रावधानों को ध्यान में रखने का प्रयत्न करता है। जो किसी भी प्रकार के बाल उत्पीड़न (शारीरिक उत्पीड़न, संवेगात्मक-मनोवैज्ञानिक उत्पीड़न, उपेक्षा उत्पीड़न तथा यौन उत्पीड़न) की रोकथाम तथा उपचार से सम्बन्धित है। यह अधिकार बाल उत्पीड़न से सम्बन्धित सभी प्रकार की घटनाओं को दी जाने वाली राहत से जुड़े हुए आवश्यक उपायों को सामने लाने का प्रयत्न करता है। फलस्वरूप यह इस सम्बन्ध में निम्न बातों को अमल में लाने की सिफारिश करता है:

- बालक का हित चाहने वाले सभी पक्षों माता-पिता, अध्यापकों, समुदाय के सदस्यों तथा स्वयं बालकों में बाल उत्पीड़न के घटित होने की प्रकृति, उसकी रोकथाम तथा उपचार इत्यादि के बारे में समुचित सजगता तथा जागरूकता पैदा करना।
- बाल उत्पीड़न की रोकथाम और उपचार हेतु उचित कानून और नीतियों, प्रणाली और व्यवस्थाओं को विकसित करना और फिर इनकी देखभाल और क्रियान्वयन पर उचित ध्यान देना।
- जितनी जल्दी सम्भव हो, उत्पीड़न के शिकार बालकों तक जल्दी पहुँच कर उहें आवश्यक सहायता और राहत प्रदान करना।
- बालकों के सभी हित चिन्तकों, समर्थन समूहों, गैर-सरकारी संगठनों तथा सरकारी संस्थानों से इस प्रकार का सहयोग एवं सहायता प्राप्त करने का प्रयत्न करना जो बालकों को बाल उत्पीड़न से बचाने हेतु उपयुक्त सुरक्षा तन्त्र प्रदान कर सके और उस अवस्था में जबकि वे इस प्रकार की सुरक्षा व्यवस्था के होते हुए भी उत्पीड़न के शिकार हो जाएं तो उनकी देखभाल ओर पुनर्वास हेतु उपयुक्त उपाय किये जा सकें।

बाल अधिकारों और बाल उत्पीड़न के संरक्षण हेतु हमारे देश में कानूनी प्रावधान
(Legal Provisions in our country for the Protection of Child Rights and Child Abuse)

संवैधानिक प्रावधानों के अतिरिक्त हमने अपने देश में बाल अधिकारों के संरक्षण हेतु एक संवैधानिक संस्था ''बाल अधिकार संरक्षण राष्ट्रीय आयोग'' (National Commission for Protection of Child Rights) की स्थापना की हुई

है जो भारत सरकार के महिला एवं बाल विकास मंत्रलय की देखरेख में कार्य करता है। इस आयोग का कार्य उन सभी नियमों, कानूनों, नीतियों, कार्यक्रमों तथा प्रशासनिक तन्त्र प्रणाली के उचित क्रियान्वयन को सुनिश्चित करना है जिन्हें हमने अपने संविधान में और संयुक्त राष्ट्र संघ ने अपने बाल अधिकार सम्मेलन (U.N. Convention on the Rights of the child) में स्थान दिया हुआ है। बाल अधिकार संरक्षण सम्बन्धी कार्य को अंजाम देने सम्बन्धी अपने उत्तरदायित्व को निभाने में आयोग बाल उत्पीड़न सम्बन्धी मामलों में भी अपने उत्तरदायित्व को निभाता है। इस कार्य हेतु उसे कुछ विशेष कानूनी शक्तियाँ भी उपलब्ध हैं। उदाहरण के लिए आयोग एक विशेष कानूनी अधिनियम, जिसे "दी प्रोटेक्शन ऑफ चिल्ड्रेन फ्रॉम सेक्सुअल ओफेन्स एक्ट, 2012" (The Protection of Children from Sexual Offences Act, 2012) के नाम से जाना जाता है, को काम में लाने के लिए अधिकृत है।

इस एक्ट के अनुसार बालक (18 वर्ष से कम का कोई व्यक्ति) का सम्पूर्ण विकास और हित सभी दृष्टि से काफी जरूरी है। इस एक्ट में बालकों के साथ होने वाले यौन उत्पीड़न को उसके विभिन्न रूपों और प्रकारों सहित परिभाषित किया गया है और यह बताया गया है कि विभिन्न रूपों में किए जाने वाले इन सभी यौन उत्पीड़न के मामलों में आरोपियों को किस प्रकार की सजा मिलनी चाहिए। किस अवस्था में किन व्यक्तियों द्वारा किया गया यौन दुर्व्यवहार / उत्पीड़न किस स्तर का है उसी के अनुसार अपराध की गम्भीरता को देखते हुए अपराधी को सजा देने का प्रावधान रखा गया है जिसमें अधिक से अधिक आर्थिक दंड और उम्र कैद या फांसी की सजा तक हो सकती है।

C. बाल उत्पीड़न के शिकार बालकों को परामर्श (Counselling of the Survivors of the Child Abuse)

बाल उत्पीड़न के शिकार बालकों को जिस प्रकार की गंभीर परिस्थितियों से उत्पीड़न के बाद में गुजरना पड़ता है, वो अपने आप में काफी वेदनापूर्ण और भयावह होती है। शारीरिक और यौन उत्पीड़न के मामलों में बालकों को अपने साथ होने वाले जुल्म और अत्याचार का दृश्य भुलाए नहीं भूलता है, और न ही उसे होने वाले कष्ट, दर्द एवं परेशानियों से उनका पीछा छूटता है। दूसरे अन्य प्रकार के उत्पीड़न जैसे संवेगात्मक/मनोवैज्ञानिक तथा उपेक्षा उत्पीड़न का असर भी अपने में इतना सशक्त होता है कि बालकों को उनकी वजह से विभिन्न प्रकार की मानसिक परेशानियों और विकारों से गुजरना पड़ सकता है। इस तरह बाल उत्पीड़न के चाहे जैसे मामले हों, इनके प्रभाव स्वरूप बालक के दिल और दिमाग पर जो बातें छाई रहती हैं उनसे छुटकारा दिलाने हेतु उन्हें किसी न किसी प्रकार की अच्छी परामर्श सेवाओं की जरूरत अवश्य पड़ती है।

बाल उत्पीड़न के शिकार बालकों को आवश्यक सहायता पहुँचाने हेतु परामर्शदाताओं द्वारा व्यक्तिगत और सामूहिक किस प्रकार की परामर्श सेवा प्रदान की जाए यह बालक विशेष तथा उत्पीड़न से जुड़ी हुई समस्याओं की प्रकृति पर निर्भर करता है। उदाहरण के लिए, जब पीड़ित बालकों को अपनी मानसिक स्थिति से उभरने हेतु ऐसे सामाजिक सहारे की जरूरत पड़ती है जो उन्हें अपनी असुरक्षा और असहाय अवस्था से सम्बन्धित भावनाओं से मुक्ति पाने में सहायता करे तो ऐसी अवस्था में उनके लिए सामूहिक परामर्श सेवाएँ ठीक रहती हैं। परन्तु उस समय जब कोई बालक यह महसूस करे कि सामूहिक परिस्थिति में उसकी उत्पीड़न सम्बन्धी सभी बातें सभी को मालूम पड़ जायेगीं तो इस प्रकार के भय सम्बन्धी विचार रखने वाले बालकों को व्यक्तिगत परामर्श या मनोचिकित्सा (जिसमें प्रत्येक बालक को अलग-अलग रूप से परामर्श या चिकित्सा प्रदान की जाती है) का ही प्रावधान रखना अधिक रहता है। इस तरह परिस्थिति के अनुसार परामर्श चाहे व्यक्तिगत रूप में प्रदान किया जाए चाहे सामूहिक रूप में, उसका लक्ष्य प्रायः निम्न उद्देश्यों की उपलब्धि ही रहता है:

1. पीड़ित बालकों को अपने साथ होने वाले किसी एक या अन्य प्रकार के दुर्व्यवहार या उत्पीड़न से जुड़े हुए कष्टदायी एवं भयावह अनुभवों को खुलकर बताने सम्बन्धी अवसर एवं वातावरण प्रदान करना ताकि वे घटना विशेष से जुड़े हुए संवेगों, सोच, भावनाओं, भय, दुर्भीति, दुःस्वप्नों को परामर्शदाता से सांझा कर सकें।
2. पीड़ित बालक को अपनी समस्या (जो उसके उत्पीड़न से जुड़ी है) को उसके वास्तविक रूप में समझने में सहायता करना और उसे उस किसी एक या अन्य तरीके से हल करने की आवश्यकता अनुभव कराना।

3. पीड़ित बालकों को उत्पीड़न के फलस्वरूप पैदा होने वाली शर्मिन्दगी, अपराध भावना, आत्मग्लानि, आत्म विनाश आदि से मुक्ति दिलाने तथा आत्मविश्वास, आत्म-सम्मान तथा आत्म प्रतिष्ठा से युक्त करने में मदद करना।
4. पीड़ित बालकों को उनके अन्दर व्याप्त अवांछित भय, दुर्भीति, दुश्चिंताओं, असुरक्षा की भावना (जिसका आगमन उनके उत्पीड़न के फलस्वरूप हुआ है) आदि को उपयुक्त उपचार तकनीकों जैसे व्यक्तिगत या सामूहिक परामर्श, घृणा थेरेपी (aversive therapy), डि-कन्डीशनिंग थेरेपी (De-conditioning therapy), समूह समर्थन (group support), कथा थेरेपी (narration therapy), मॉडलिंग (modeling), ध्यान थेरेपी (meditation therapy), शिथिलीकरण तकनीक (relaxation techniques), कला एवं सृजन थेरेपी (Art and creation therapy) आदि से दूर करने का प्रयत्न करना।
5. पीड़ित बालकों को उनका खोया हुआ आत्मविश्वास तथा सामाजिक सम्बन्ध बनाने सम्बन्धी कुशलता एवं दूसरों पर विश्वास करने सम्बन्धी भावना जो लुप्त हो गई है उसे फिर से पाने में सहायता करना ताकि वे अपने आप से और अपने वातावरण से भली भांति समायोजित होकर प्रगति पथ पर अच्छी तरह आगे बढ़ सकें।

सार-संक्षेप (Summary)

बालकों और किशारों को अपने दैनिक जीवन तथा कार्य परिस्थितियों से ऐसी बहुत सी तनावपूर्ण स्थितियों का सामना करना पड़ता है जो उनके विकास और प्रगति में एक बड़ा रोड़ा बने और जिनके निवारण हेतु समयानुसार उचित सहायता, मार्गदर्शन और सुधारात्मक उपचार व्यवस्था की जरूरत पड़े। इस प्रकार की कुछ तनावपूर्ण स्थितियों के उदाहरण रूप में हम जिनका प्रमुख रूप से उल्लेख कर सकते हैं वे हैं (i) माता-पिता का अलग-अलग होना या सम्बन्ध विच्छेद, (ii) सशस्त्र संघर्ष में माता-पिता को खो देना तथा (iii) बाल-उत्पीड़न के शिकार बालक।

माता-पिता के सम्बन्ध विच्छेद से अभिप्रायः बालकों के उन माता-पिता से है जो किसी एक या अन्य कारण की वजह से अलग-अलग हो जाते हैं या कानूनन रूप से सम्बन्ध विच्छेद कर लेते हैं। उनके इस कार्य का दुष्परिणाम उनके बालकों को भुगतना पड़ता है और उनका जीवन दुखमय हो जाता है। उन्हें आगामी जीवन या तो माँ-बाप में से किसी एक के साथ अथवा पराये लोगों जैसे सगे सम्बन्धी, सौतेले माँ-बाप या अनाथालय की छत्रछाँया में बिताने को मजबूर होना पड़ता है। जीवन में इस प्रकार का तूफान उनके सामने ऐसी काफी विकट तनावपूर्ण स्थितियाँ खड़ी कर देता है जिनके समाधान हेतु यह आवश्यक हो जाता है कि इन परिस्थितियों से गुजरते हुये ऐसे बालकों को समयानुसार उचित सहायता तथा परामर्श और निर्देशन सेवाओं की व्यवस्था की जाय।

सशस्त्र संघर्ष में अपने माता-पिता को खो देने से अभिप्रायः उन दुर्भाग्यशाली बालकों से है जो हथियारों की लड़ाई में अपने माता-पिता को गवाँ बैठते हैं। यह घटना जातिगत और साम्प्रदायिक दंगों, आपसी सशस्त्र झगड़ों, डकैती, आतंकवादी हमलों, सीमा पर दुश्मन द्वारा की गई गोलाबारी आदि किसी भी कारणवश घट सकती है। इस तरह की क्षति विकासशील बालकों के लिये काफी दुखदायी और घातक सिद्ध हो सकती है। उन्हें इससे निपटने हेतु तत्काल सहायता तथा परामर्श देने के प्रयत्न किये जाने चाहिये।

बाल उत्पीड़न के शिकार बालकों से अभिप्रायः उन बालकों से है जो वर्तमान में विभिन्न प्रकार की उत्पीड़न पीड़ा को झेल रहे हैं अथवा भूतकाल में अपने साथ हुये उत्पीड़न के दंश को शारीरिक तथा मानसिक पीड़ा के रूप में अपने आप में समेटे हुये हैं। इस दिशा में जिस प्रकार के विभिन्न उत्पीड़नों का बालकों को शिकार होना पड़ सकता है वे हैं (i) शारीरिक उत्पीड़न (बालक को शारीरिक रूप में चोट पहुँचाना), (ii) संवेगात्मक/मनोवैज्ञानिक उत्पीड़न (दुर्व्यवहार करने या यातना देने के इरादे से बालक की कटु आलोचना करना, लताड़ना, फटकारना, नीचा दिखाना या भयभीत करना), (iii) उपेक्षा उत्पीड़न (बालक की आवश्यकताओं की पूर्ति के सम्बन्ध में उदासीनता एवं उपेक्षा भाव रखना, तथा (iv) यौन उत्पीड़न (बालक के प्रति यौन दुर्व्यवहार एवं दुराचार करना)। इन सभी प्रकार के उत्पीड़न के शिकार बालकों को बेहद कष्ट और पीड़ा के दौर से गुजरना पड़ता है। शारीरिक रूप से विभिन्न प्रकार की क्षति, कष्ट और पीड़ा झेलने

के साथ-साथ इन्हें इस प्रकार की मानसिक स्थिति से गुजरना होता है जिसमें अनुभव किये जाने पीड़ादायक और कष्टपूर्ण व्यवहार का साया उनका साथ नहीं छोड़ता और परिणामस्वरूप वे स्वस्थ सामाजिक सम्बन्ध बनाने, दूसरों पर विश्वास करने तथा सामान्य जिन्दगी जीने में अपने आपको सदैव ही असहज और असमर्थ पाते हैं। उन्हें इससे निपटने हेतु समयानुसार उचित सहायता, परामर्श और निर्देशन की आवश्यकता रहती है। उत्पीड़न के शिकार इन बालकों को उचित सहायता प्रदान करने हेतु तीन बातों पर ध्यान देना उपयुक्त रह सकता है। (i) बालकों, माता-पिता, अध्यापकों तथा समुदाय के सदस्यों को इस सम्बन्ध में शिक्षित करना, (ii) बाल अधिकारों के बारे में जागरूकता उत्पन्न करना तथा (iii) उत्पीड़न के शिकार बालकों को परामर्श सेवायें प्रदान करना।

परामर्श प्रदान करने हेतु व्यक्तिगत और सामूहिक दोनों ही प्रकार की सेवायें उत्पीड़न के शिकार बालकों को आवश्यकतानुसार प्रदान की जा सकती हैं। ऐसी स्थिति में जब पीड़ित बालकों को अपनी मानसिक स्थिति से उभरने हेतु सामाजिक सहारे की जरूरत हो तो उनके लिये सामूहिक परामर्श सेवायें ठीक रहती हैं। परन्तु जब बालक विशेष को यह डर हो कि उत्पीड़न सम्बन्धी बातें सभी को मालूम पड़ जायेंगी तो फिर उन्हें व्यक्तिगत रूप से मार्गदर्शन या मनोचिकित्सा प्रदान की जानी चाहिये।

संदर्भित एवं विशेष अध्ययन ग्रन्थ (References and Suggested Readings)

Biggie, M.L. and Hunt, M.P., *Psychological Foundations of Education*, Harper and Row, New York, 1968.

Gates, A.I. and Jersild, A.T., *Educational Psychology*, Macmillan, New York, 1970.

Hurlock, E.B., *Adolescent Development*, McGraw-Hill, New York, 1959.

Woolfolk, Anita, *Educational Psychology*, 9th ed., First Indian Reprint, Pearson, New York, 2004.

सामाजीकरण—अवधारणा एवं संस्थाएँ (Socialisation—Concept and Agencies)

समाजीकरण क्या है? (What is Socialisation?)

"मनुष्य एक सामाजिक प्राणी है" इसका अभिप्राय यही है कि वह सामाजिक इसलिए है क्योंकि वह समाज में रहता है और उसी के साथ अपना समायोजन करता है। व्यक्ति के लिए समाज उतना ही जरूरी है जितना कि जीने के लिए भोजन, फलस्वरूप उसे सामाजिक सम्बन्धों को बनाए रखना होता है और दूसरों के साथ सामंजस्य स्थापित करने के लिए कोशिश करनी पड़ती है। परन्तु इसका यह मतलब नहीं है। कि वह इस प्रकार के सामाजिक व्यवहार और सामाजिक गुणों के साथ जन्म लेता है। वास्तव में जन्म के समय तथा जीवन के प्रारम्भिक वर्षों में बच्चा बहुत ही स्वार्थी और असामाजिक होता है। परन्तु धीरे-धीरे उसकी यह मूल पाशविक प्रकृति अधिगम प्रक्रिया जैसे—अनुभवों का पुनर्निमाण के द्वारा मानव तुल्य सामाजिक प्रकृति में परिवर्तित होती जाती है। व्यक्ति के वातावरण में उपस्थित शक्तियाँ तथा तत्त्व उसे सोचने, महसूस करने तथा समाज के मानदण्ड, आदर्श और महत्वाकांक्षाओं के अनुसार कार्य करने के लिए प्रेरित करते हैं।

इस प्रकार से वह प्रक्रिया और क्रिंया, जो बालक की मूल पाशविक स्वार्थी प्रकृति को मानव तुल्य सामाजिक प्रकृति में परिवर्तित कर देती है, सामाजीकरण की प्रक्रिया कहलाती है। इस प्रकार से सामाजीकरण को एक ऐसी प्रक्रिया के रूप में परिभाषित किया जा सकता है जो व्यक्ति के व्यवहार में इस प्रकार के वांछित परिवर्तन लाने का कार्य करती है जिसके परिणाम स्वरूप उसकी असामाजिक प्रकृति को सामाजिक प्रकृति में परिवर्तित कर उसे अपने उस समाज में समायोजित होने में सहायता की जा सके, जिसमें वह रहता है।

विभिन्न विद्वानों ने सामाजीकरण या सामाजिक विकास पद को अपनी-अपनी तरह से परिभाषित करने के प्रयत्न किए हैं। हम उनमें से कुछ प्रमुख परिभाषाओं को आगे उद्घृत कर रहे हैं:

1. **सोरेन्सन (Sorenson, 1948, P.50)**—सामाजीकरण से अभिप्राय उत्तरोत्तर वृद्धि को प्राप्त होती हुई ऐसी योग्यता से है जिससे अपने और दूसरों के साथ अच्छी तरह पटरी बैठाने में मदद मिलती है। (Socialisation is an increasing ability to get along well with one self and others.)

2. **हरलॉक (Hurlock, 1959, P.257)**—सामाजीकरण या सामाजिक विकास से तात्पर्य सामाजिक सम्बन्धों में परिपक्वता प्राप्त करने से है। (Socialisation – or Social Development means the attaining of maturity in social relationship.)

3. **गैरेट (Garrett, 1968, P.555)**—सामाजीकरण एक ऐसी प्रक्रिया है जिसमें जैविक प्राणी को मानवीय व्यक्तित्व में परिवर्तित किया जाता है। (Socialisation is the process whereby the Biological individual is converted into a human person.)

आइए अब इन उपरोक्त परिभाषाओं का विश्लेषण करके देखा जाए। सोरेन्सन के द्वारा दी गई परिभाषा इस बात पर जोर देती है कि व्यक्ति के सामाजीकरण के माध्यम से उसकी सामाजिक योग्यताओं और कौशलों में उत्तरोत्तर सुधार और विकास होता रहता है। इस सुधार और विकास के माध्यम से सामाजिक सम्बन्धों को बनाए रखने की क्षमता में वृद्धि होती है जिसके परिणाम-स्वरूप उसे अपने साथ तथा दूसरों के साथ समायोजन करने में पर्याप्त मदद मिलती है।

हरलॉक द्वारा दी गई दूसरी परिभाषा सामाजीकरण को एक विस्तृत रूप देती हुई यह बतलाने का प्रयत्न करती है कि सामाजीकरण के द्वारा ही व्यक्ति सामाजिक रूप से परिपक्व होता है। इसी परिपक्वता के परिणाम स्वरूप वह वांछित सामाजिक सम्बन्ध बनाए रखने तथा सामाजिक सांस्कृतिक वातावरण के साथ अपने आप को समायोजित रखने सम्बन्धी वांछित और उचित व्यवहार का प्रदर्शन करने में सफल होता है।

गैरेट के द्वारा दी गई तीसरी परिभाषा वैयक्तिकता से युक्त व्यक्ति (Individual) और व्यक्तित्व से विभूषित व्यक्ति (Person) पदों में निहित अंतर पर आधारित है। हम सबको व्यक्ति (person) कह कर सम्बोधित नहीं कर सकते। व्यक्ति वह है जिसका व्यक्तित्त्व होता है और व्यक्तित्व व्यक्ति के 'स्व' तथा सामाजिक सांस्कृतिक वातावरण की अन्त:क्रिया का प्रतिफल होता है। सामाजीकरण सामाजिक अन्त:क्रिया की ऐसी प्रक्रिया है जो व्यक्ति विशेष को व्यक्तित्त्व सम्बन्धी व्यक्तित्त्व गुणों को धारण करने में मदद करती है।

उपरोक्त परिभाषाओं के किए गए विश्लेषण के आधार पर हम इस परिणाम पर पहुँच सकते हैं कि सामाजीकरण एक ऐसी प्रक्रिया या प्रक्रियाओं का सम्मिश्रण है जो कि एक व्यक्ति को इस प्रकार की वांछित व्यवहारगत विशेषताओं तथा सामाजिक गुणों को धारण करने में मदद करती है जिसके परिणाम स्वरूप वह (i) सामाजिक परिपक्वता ग्रहण करने, (ii) अपनी पशु प्रवृति को मानवीय सामाजिक प्रवृति में बदलने तथा (iii) अपने तथा समाज के अन्य सदस्यों के साथ सामंजस्यपूर्ण जीवन व्यतीत करने में समर्थ रहता है।

सामाजीकरण सम्बन्धी संस्थाएं (Agencies of Socialisation)

अब प्रश्न यह उठता है कि सामाजीकरण किस प्रकार होता है अर्थात् व्यक्ति के सामाजिक व्यवहार में अपेक्षित परिवर्तन कैसे आते हैं। निश्चय ही व्यक्ति के सामाजिक-सांस्कृतिक वातावरण में अनेक ऐसे तत्त्व या कारक उपस्थित होते हैं जो उसके व्यवहार को प्रभावित करते हैं। हम इन कारकों को निम्न नाम दे सकते है : माता-पिता, परिवार, पास पड़ोस, साथ में खेलने वाले साथी, मित्र, विद्यालय, सामाजिक एवं धार्मिक संस्थाएँ, क्षेत्रीय एवं राजनीतिक संगठन, समुदाय, क्लब, आवागमन, सम्प्रेपण और मनोरंजन के साधन, मेले, भ्रमण, पुस्तकालय, समाचारपत्र, पत्रिकाएँ एवं मुद्रित साहित्य आदि।

व्यक्ति के सामाजिक और सांस्कृतिक वातावरण में उपस्थित ऊपर बताए गए सभी साधन एवं संस्थाएं, कारक, तत्त्वों परिस्थितियों, घटनाओं आदि का व्यक्ति के व्यवहार और कार्य करने के ढंग पर इतना गहन और सशक्त प्रभाव पड़ता है कि वह वातावरण की इन शक्तिशाली ताकतों के हाथों का अनुचर, अनुयायी या दास बन कर रह जाता है। वह वैसा ही बनता है तथा व्यवहार करता है जो इन वातावरण जन्य शक्तियों द्वारा जाने-अनजाने, प्रत्यक्ष या परोक्ष रूप से सिखाया जाता है। वातावरण की शक्तियों के इस असीम प्रभाव से प्रभावित होकर ही प्रसिद्ध मनोवैज्ञानिक जे.बी. वाटसन (J.B. Watson, 1930) ने निम्न घोषणां की थी:

''अगर मुझे कोई एक दर्जन शारीरिक एवं मानसिक रूप से स्वस्थ एवं सचेत शिशु तथा उनके पालन पोषण के लिए अपनी पसन्द की दुनिया (वातावरण) मिल जाए तो मैं आपको विश्वास दिलाता हूँ कि उनमें से किसी को भी चुनकर ऐसा प्रशिक्षण दूंगा जिससे वे मैं जैसा चाहूँ वैसा विशेषज्ञ—डॉक्टर, वकील, कलाकार, व्यवसाय प्रबन्धक और यहाँ तक कि भिखारी और चोर के रूप में प्रतिष्ठित हो जाए।''

(Give me a dozen healthy infants, well informed and my own specific world to bring them up in and I will guarantee to take anyone at random and train him to become any type of specialist, I might select—doctor, lawyer, artist, merchant chief and yes, even beggarman and thief.)

वाट्सन की इस उक्ति में शायद थोड़ी-बहुत अतिशयोक्ति की गंध आती हो परन्तु यह बात निर्विवाद है कि व्यक्ति के वातावरण में निहित तत्त्व, शक्तियाँ एवं परिस्थितियाँ व्यक्ति के व्यवहार को प्रभावित, निर्देशित एवं नियन्त्रित करने में बहुत ही महत्त्वपूर्ण भूमिका निभाते हैं। व्यक्ति के सामाजिक एवं सांस्कृतिक वातावरण से सम्बन्धित बातें इस प्रकार का प्रभाव डालने में किस तरह किस रूप में सक्षम सिद्ध होती हैं इसके लिए हम सामाजीकरण की सर्वाधिक महत्त्वपूर्ण संस्था—परिवार, विद्यालय और समाज की भूमिका पर अपना ध्यान केन्द्रित करना चाहेंगे।

परिवार की भूमिका (Role of Family)

घर-परिवार बालक की सभी प्रकार की वृद्धि और विकास की जन्म स्थली है। माँ के गर्भाधान के बाद बालक का जिस प्रकार का विकास होता है उसमें घर-परिवार में उपलब्ध वातावरणजन्य सुविधाओं तथा घटनाओं का बहुत बड़ा हाथ होता है। माँ का जिस प्रकार का शारीरिक, मानसिक, संवेगात्मक, सामाजिक तथा नैतिक स्वास्थ्य रहता है उन सबका प्रभाव गर्भ में पलते हुये बालक पर पड़ता है और जन्म के बाद भी माँ के द्वारा लिये गये खान-पान, रहन-सहन तथा स्वास्थ्य का असर दूध पीते बालक पर सहज ही दृष्टिगोचर हो सकता है। जिस प्रकार का खान-पान, संतुलित भोजन, प्रदूषणरहित वातावरण, खेलने-कूदने की सुविधाएं तथा समय-समय पर उपलब्ध टीकाकरण तथा स्वास्थ्य सेवाएँ बढ़ते हुये बालकों को मिलती हैं उसी के अनुरूप उनका क्रियात्मक (शारीरिक तथा गामिक) विकास होता है। जैसी-जैसी सुविधायें और सानिध्य उन्हें घर-परिवार में अपने सामाजिक, सांस्कृतिक विकास के लिये मिलता है, जिस प्रकार की भाषा उनके द्वारा घर परिवार में सीखी जाती है तथा घर-परिवार के सदस्यों के व्यवहार तथा अन्त:क्रियाओं का जैसा प्रभाव बालकों पर पड़ता है, उनकी मूलभूत आवश्यकताओं—शारीरिक तथा मनो-सामाजिक की जिस रूप में पूर्ति होती है उसी रूप में उनका संज्ञानात्मक, भावात्मक तथा क्रियात्मक क्षेत्रों से जुड़े विकास का रास्ता प्रशस्त होता जाता है। बालक जैसा व्यवहार घर-परिवार में देखते हैं उसी का अनुकरण और अभ्यास उनमें उसी प्रकार के उचित अनुचित विकास के लिये उत्तरदायी रहता हुआ पाया जाता है। सामान्य तौर पर घर-परिवार से जुड़ी जिन बातों तथा कारकों को बालक के संज्ञानात्मक, भावात्मक तथा क्रियात्मक व्यवहार क्षेत्रों से जुड़े विकास के लिये उत्तरदायी माना जा सकता है। उनमें से कुछ निम्न प्रकार की हो सकती हैं:

- स्वास्थ्य और अस्वास्थ्य प्रद रहन-सहन तथा खान-पान की स्थितियाँ, खान-पान आदतें, संतुलित भोजन, प्रदूषण रहित वायु और पानी की उपलब्धि, खेलने-कूदने की सुविधायें, टीकाकरण तथा स्वास्थ्य सेवाओं की उपलब्धि आदि।
- माँ-बाप की शिक्षा का स्तर, बच्चों के लालन-पालन में उनकी रूचि तथा इस कार्य हेतु उनकी अपेक्षित योग्यताएँ तथा क्षमताएँ।
- माँ-बाप के पारस्परिक सम्बन्धों में मधुरता या कड़वापन।
- संगठित अथवा टूटते-बिखरते परिवार।
- माँ-बाप, भाई-बहन तथा परिवार के अन्य सदस्यों का निजी आचरण और व्यवहार तथा पारस्परिक सम्बन्ध एवं अन्त:निर्भरता।
- माँ-बाप तथा परिवार के अन्य सदस्यों का बालक या किशोर के साथ किए जाने वाला वांछित या अवांछित व्यवहार।
- परिवार में बालकों की संख्या तथा बच्चे के अपने जन्म का क्रम (जैसे सबसे बड़ा, छोटा होना)
- परिवार की आर्थिक दशा और समाज में या बिरादरी में उसकी सामाजिक प्रतिष्ठा।
- परिवार में व्याप्त, रीति-रिवाज़, मान्यताएँ तथा संस्कार।
- मानव मूल्यों तथा नैतिक गुणों के प्रति माता-पिता तथा परिवार के सदस्यों की अभिवृत्ति एवं झुकाव।
- परिवार पर आई हुई आकस्मिक भौतिक, आर्थिक या सामाजिक विपत्ति या उसकी संपन्नता, समृद्धि एवं प्रतिष्ठा में आने वाला परिवर्तन।

परिवार के व्यक्तियों, उसके संगठन तथा उसमें व्याप्त वातावरण की बालक के वृद्धि एवं विकास, उसके आचरण तथा संस्कार तथा व्यवहार एवं व्यक्तित्व को एक निश्चित दिशा या रूप प्रदान करने में विशेष प्रभावी भूमिका रहती है। बालक को अपने उचित विकास तथा समायोजन हेतु अपनी मूलभूत आवश्यकताओं-शारीरिक तथा सामाजिक-मनोवैज्ञानिक-की पूर्ति की बहुत अधिक आवश्यकता होती है। इन आवश्यकताओं की पूर्ति में परिवार तथा परिवार के वातावरण का विशेष योगदान रहता है। जिस सीमा तक यह पूर्ति हो पाती है या इसकी पूर्ति के प्रति बालक या किशोर आशावान रहते हैं उनका व्यवहार एवं आचरण समायोजन के दायरे में रहता है ऐसा न होने पर वे कुसमायोजन के शिकार होकर असामाजिक तथा अवांछित व्यवहार एवं व्यक्तित्व गुणों को अपने अन्दर धारण करना प्रारम्भ कर देते हैं। परिवार का अवांछित तथा नकारात्मक वातावरण चाहे वह परिवार की गरीबी, सामाजिक अप्रतिष्ठा एवं परिवार के सदस्यों के अवांछित व्यवहार क्रियाओं के कारण हो या आपसी लड़ाई, झगड़े, वैमनस्य, प्रतिस्पर्धा आदि का परिणाम हो अथवा बालक के प्रति किए जाने वाले अत्यधिक लाड़ प्यार, उसकी उपेक्षा तथा तिरस्कार, उसको दी जाने वाली अत्यधिक स्वतन्त्रता तथा उस पर लगाए गए अनावश्यक प्रतिबंधों का दुष्परिणाम हो, ऐसे वातावरण में बालक को प्रत्यक्ष या अप्रत्यक्ष रूप से अवांछित व्यवहार क्रियाओं को सीखने तथा प्रतिक्रियास्वरूप उन्हें अपनाने का पूरा अवसर तथा प्रोत्साहन मिलता है। परिणामस्वरूप बालकों में ऐसे अवांछनीय व्यवहार संस्कार तथा आदतों का विकास हो जाता है जो जीवन पर्यन्त चलती रहती हैं। इसके विपरीत परिवार के सदस्यों के वांछनीय आचरण, व्यवहार तथा व्यक्तित्व के प्रभाव तथा उनके द्वारा उसके साथ किए जाने वाले स्वस्थ एवं वांछनीय व्यवहार के कारण बालक शुरू से ही ऐसे साकारात्मक व्यवहार तथा आचरण को अपनाता है जो उसको सद्वृत्तियों एवं विकास के स्वस्थ मार्ग पर अग्रसर करते रहते हैं। इस तरह परिवार और उसके वातावरण का बालक के संज्ञानात्मक, भावात्मक तथा क्रियात्मक व्यवहार क्षेत्रों से जुड़े हुये सभी प्रकार के संज्ञानात्मक, भावात्मक तथा क्रियात्मक विकास को अच्छे या बुरे ढंग से प्रभावित करने में पूरा-पूरा योगदान रहता है।

विद्यालय की भूमिका (Role of School)

घर परिवार को बालक के संज्ञानात्मक, भावात्मक तथा क्रियात्मक विकास की प्रथम कार्यस्थली तथा व्यवहार एवं व्यक्तित्व निर्धारण की पहली पाठशाला कहा जाता है। इस वातावरण में ढला हुआ बालक अपने जीवन की दूसरी वास्तविक पाठशाला यानी विद्यार्थी जीवन में प्रवेश करता है। विद्यालय की औपचारिक शिक्षा तथा अनौपचारिक वातावरण यहाँ उसे जीवन के ऐसे अनुभव प्रदान करता है जिससे उसके व्यवहार एवं व्यक्तित्व को एक निश्चित दिशा और स्वरूप में ढलने में पर्याप्त सहायता मिलती है। बालक की जीवन शैली, व्यवहार तथा आचरण पर विद्यालय और उसके वातावरण की एक अमिट छाप होती है। इसलिए बहुधा यह कहते हुए सुना जाता है कि अगर यह जानना है कि अमुक बालक या व्यक्ति कैसा होगा तो यह जानना भर पर्याप्त है कि उसने किन-किन संस्थानों में अपनी शिक्षा की सीढ़ियाँ तय की हैं। इसलिए ही किन्हीं विद्यालयों को सर्वोत्तम, अच्छे तथा बुरे की संज्ञाएँ दी जाती हैं। इन्हें अच्छा या बुरा इसलिए कहा जाता है कि इनके द्वारा उनकी शिक्षा व्यवस्था तथा उनमें व्याप्त वातावरण के प्रभाव से बालकों के व्यवहार एवं व्यक्तित्व को वांछनीय या अवांछनीय दिशा प्रदान करने का कार्य किया जाता है। परिवार के सदस्यों की तरह ही यहाँ प्रधानाध्यापक, अध्यापकों, कर्मचारियों तथा साथी छात्र-छात्राओं की भूमिका रहती है। इसके अतिरिक्त विद्यालय में व्याप्त भौतिक, सामाजिक, शैक्षिक तथा सांस्कृतिक परिवेश भी बालकों की औपचारिक तथा अनौपचारिक शिक्षा के माध्यम से उनके व्यवहार के निर्धारण तथा सर्वांगीण विकास में सदैव ही एक गंभीर भूमिका निभाने का प्रयत्न करता है। विद्यालीय वातावरण की जिन बातों या परिस्थितियों का इस दिशा में उल्लेखनीय योगदान रहता है उनको संक्षेप में निम्न प्रकार सूचीबद्ध किया जा सकता है :

1. विद्यालय में कार्यरत अध्यापकों की शैक्षिक तथा व्यावसायिक योग्यता, अध्यापन अनुभव, व्यक्तित्व तथा व्यवहार।
2. अध्यापकों के पारस्परिक सम्बन्धों में मधुरता या कड़वाहट।
3. अध्यापकों का शारीरिक और मानसिक स्वास्थ्य।
4. अध्यापन व्यवसाय के प्रति अध्यापकों की निष्ठा तथा उनकी कर्त्तव्य-परायणता।
5. मुख्याध्यापक की योग्यता, व्यक्तित्व तथा व्यवहार, उसका अध्यापकों तथा कर्मचारियों, विद्यार्थियों तथा विद्यार्थियों के माता-पिता के साथ किया गया व्यवहार।

6. अध्यापक और विद्यार्थियों के पारस्परिक सम्बन्ध।
7. विद्यालय में पढ़ने वाले कक्षा के साथियों तथा विद्यालय के सभी विद्यार्थियों के बीच सम्बन्धों की प्रकृति।
8. विद्यालय में व्याप्त अनुशासन और व्यवस्था की प्रकृति।
9. विद्यालय में शैक्षिक कार्यक्रमों की व्यवस्था और उसका स्वरूप तथा पढ़ाई का स्तर।
10. पाठान्तर क्रियाओं की व्यवस्था और आयोजन।
11. विद्यालय के परीक्षा परिणाम तथा अन्य पाठान्तर क्रियाओं की गतिविधियों में उसका प्रान्त तथा क्षेत्र विशेष में स्थान और सम्मान।
12. खेलकूद तथा अन्य सभी पाठान्तर क्रियाओं, हॉवीज, कार्य-अनुभवों, प्रयोग तथा परीक्षणों आदि को उचित रूप से क्रियान्वित करने के लिए आवश्यक सुविधाएँ।
13. पुस्तकालय, वाचनालय, संग्रहालय आदि से सम्बन्धित सुविधाएँ।
14. विद्यालय में दोपहर का भोजन देने की व्यवस्था या कैन्टीन, कॉमन रूम, पीने का पानी, मूत्रालय या शौचालय आदि की उपयुक्त व्यवस्था।
15. विद्यालय के भौतिक पर्यावरण से सम्बन्धित आवश्यक बातों की समुचितता।
16. प्रतिभाशील, पिछड़े हुए, समस्यात्मक या विकलांग बालकों के समायोजन तथा शिक्षा से सम्बन्धित व्यवस्था।
17. बालकों के लिए निर्देशन एवं परामर्श सेवाओं की व्यवस्था।
18. विद्यार्थियों की प्रगति के मूल्यांकन की समुचित, निष्पक्ष एवं वस्तुगत व्यवस्था।

इनके अतिरिक्त भी और भी बहुत-सी बातें, तत्व तथा परिस्थितियों का उल्लेख विद्यालय के भौतिक, शैक्षिक, सामाजिक तथा सांस्कृतिक वातावरण में किया जा सकता है जिनकी उचितता या अनुचितता का प्रत्यक्ष और परोक्ष रूप से गहरा प्रभाव बालकों के संज्ञानात्मक, भावात्मक तथा क्रियात्मक व्यवहार पक्षों में परिवर्तन लाकर उनका अपेक्षित विकास करने में पड़ता हुआ देखा जा सकता है। बालकों के अन्दर जिन विकासगत अच्छाइयों, सद्गुण तथा सद्प्रवृत्तियों के दर्शन हमें मिलते हैं उनको ऐसा रूप देने में अध्यापकों के अपने आदर्श व्यवहार तथा आचरण, उनके द्वारा विद्यार्थियों को दी जाने वाली उचित शिक्षा तथा विद्यालय का स्वस्थ एवं रचनात्मक वातावरण का बहुत सहयोग मिलता है। प्रतिकूल अवस्थाओं में प्रतिकूल आचरण तथा व्यवहार चेष्टाओं का विकास भी विद्यालय के ही परिवेश में संपन्न होता है। एक बालक के साथ किया गया द्वेषपूर्ण, पक्षपातपूर्ण तथा अन्यायपूर्ण व्यवहार बालक को केवल अध्यापक से ही दूर नहीं ले जाता बल्कि उसे विषय, कक्षा तथा विद्यालय से भी दूर ले जाकर उसे ऐसे कुमार्ग पर चलने को प्रेरित कर सकता है जहाँ वह असामाजिक तत्वों के संसर्ग में आकर समाज विरोधी व्यवहार ग्रहण करने या अपने व्यवहार में आक्रामक रूख अपनाने को विवश हो सकता है। एक ऐसा विद्यालय जो बालकों की मूल आवश्यकताओं की पूर्ति में सहायक न बनकर बाधक ही बनता है उसमें बालकों के व्यवहार को अवांछनीय मोड़ तो मिलेगा ही, कुसमायोजित होकर वह कुसमायोजन से सम्बन्धित आचरणों एवं व्यवहार चेष्टाओं को ही अंगीकृत करेगा। इसके विपरीत एक अच्छे विद्यालय का स्वस्थ, सुखद, प्रेरणादायक और शिक्षाप्रद वातावरण बालकों को अपने औपचारिक तथा अनौपचारिक कार्यक्रमों द्वारा विद्यार्थियों को सदैव ही वांछनीय तथा उपयोगी व्यवहार क्रियाओं तथा आदतों के विकास में सहयोगी बनकर उनके सर्वांगीण विकास में अधिक सहयोगी रहेगा। इस तरह विद्यालय और विद्यालय में उपलब्ध वातावरण बालकों के व्यवहार का निरूपण एवं निर्धारण कर व्यवहार के तीनों पक्षों ज्ञानात्मक, भावात्मक तथा क्रियात्मक से सम्बन्धित विकास प्रक्रिया को भलीभाँति आगे बढ़ाने में पूरी मदद करता है।

समाज की भूमिका (Role of Society)

घर-परिवार एवं विद्यालय के अतिरिक्त समाज या समुदाय को जिससे बालक का सम्बन्ध होता है, बालक के व्यवहार और व्यक्तित्व विकास का निर्धारण करने में काफी महत्त्वपूर्ण भूमिका निभाते हुये देखा जा सकता है। समाज तथा समुदाय में

घर-परिवार तथा विद्यालय को छोड़कर और जिन बातों या कारकों की उपस्थिति बाल-विकास तथा व्यवहार परिमार्जन में अपेक्षित भूमिका निभाती है उन्हें पास-पड़ोस, सामाजिक संगठनों, संस्थाओं, धार्मिक संस्थाओं तथा स्थानों, शासन कर रही स्थानीय, प्रान्तीय तथा केन्द्रीय सरकार की नीतियों तथा सांस्कृतिक और सामाजिक रीति-रिवाजों, यातायात, संचार तथा मनोरंजन साधन और पत्र-पत्रिकाओं, समाचारपत्र तथा पुस्तकों आदि के रूप में जाना जाता है। वास्तव में देखा जाये तो इस प्रकार के सामुदायिक या समाज-गत मानवीय एवं भौतिक संसाधनों के साथ होने वाले संसर्ग का प्रभाव प्रत्यक्ष और परोक्ष रूप से उस समाज/समुदाय में विकसित हो रहे बालकों के ऊपर पड़ता ही रहता है।

जिस समुदाय या समाज विशेष में लोग नल, बिजली, नाली, मकान, दुकान, खेत-खलिहान आदि बातों को लेकर झगड़ा-फसाद करते रहते हों, अपशब्दों, गाली-गलोच या हाथा-पाई जहाँ आम बात हो, उस माहौल में अगर बालक भी ऐसा ही व्यवहार करना सीख जाएं तो इसमें उनका क्या कसूर है। इसी प्रकार जहाँ पड़ोसी लोगों के घरों के बड़े-बूढ़ों का आदर किया जाता है, स्त्रियों को आदर की दृष्टि से देखा जाता हो, लड़के तथा लड़कियों के पालन में कोई अन्तर नहीं वरता जाता हो, सभी लोग एक-दूसरे के काम आने की बात सोचते हों वहाँ बालक तथा बड़ों के सामाजिक, संवेगात्मक तथा नैतिक व्यवहार में इस तरह की शालीनता और अच्छाइयों का घर कर जाना स्वभाविक-सी ही बात है। इस तरह समुदाय या समाज के सदस्य तथा उनके द्वारा स्थापित वांछित या अवांछित माहौल और बालकों के विकास में की जाने वाली अपेक्षित सहायता या उपेक्षा बालकों के व्यवहार को निर्देशित एवं प्रभावित कर उनके विकास को एक निश्चित दिशा और दशा प्रदान करने में बहुत ही प्रभावी भूमिका निभाती है। समाज या समुदाय के इन पर्यावरणीय तत्वों या परिस्थितियों को (जो व्यवहार तथा व्यक्तित्व विकास के निर्धारक के रूप में अपनी भूमिका निभाते हुये पाये जाते हैं) उन्हें संक्षेप में निम्न प्रकार लिपिबद्ध किया जा सकता है:

- समाज तथा समुदाय में उपलब्ध भौतिक संसाधनों तथा सुविधाओं जैसे यातायात एवं संचार साधन, साफ-सफाई तथा स्वच्छता, पर्यावरणीय प्रदूषण, स्वास्थ्य एवं आरोग्य सेवायें, बिजली, पानी की व्यवस्था, मनोरंजन जनसम्पर्क तथा प्रचार साधन, सामाजिक तालमेल, अंत:क्रिया सहयोग तथा मेल-मिलाप का स्वरूप एवं प्रकृति।
- स्थानीय, प्रान्तीय तथा केन्द्रीय सरकारों के रूप में कार्यरत व्यवस्थाओं की नीतियों कार्यशैलियों तथा बालकों के विकास और कल्याण हेतु किये जाने वाले उपाय।
- पास-पड़ोस का वातावरण तथा पड़ोसियों के व्यवहार और कार्यशैली से बालकों के विकास पर पड़ने वाले प्रभाव।
- समुदाय तथा समाज के सदस्यों के साथ बालकों की होने वाली अन्त:क्रिया तथा मेल-मिलाप से पड़ने वाले अनुकूल तथा प्रतिकूल प्रभाव, बालकों को उनके विकास हेतु मिलने वाली सहायता या बाधाओं की प्रकृति।
- समुदाय/समाज के उन सदस्यों के व्यक्तित्व गुण और व्यवहार चेष्टाओं की प्रकृति जिनका बालकों के साथ संसर्ग तथा अन्त:क्रियायें होती हैं तथा उनके द्वारा बालक के व्यवहार एवं व्यक्तित्व विकास पर पड़ने वाले अनुकूल या प्रतिकूल प्रभाव।
- सामाजिक संगठन तथा संस्थाओं, धार्मिक संस्थान तथा पूजा स्थलों की गतिविधियों का बढ़ते हुये बालकों के व्यवहार तथा विकास पर पड़ने वाले प्रभाव।
- समाज तथा समुदाय में सामाजिक कुरीतियों, प्रथाओं, रूढ़ियों मान्यताओं, अलगाववादी नीतियों, उपेक्षाओं आदि की उपस्थिति या अनुपस्थिति।
- समाज/समुदाय का विकलांग या विशेष अवश्यकताओं से युक्त बालकों के प्रति बनी हुई मनोवृत्ति तथा दृष्टिकोण तथा उनके समायोजन और शिक्षा हेतु समेकित शिक्षा व्यवस्था प्रबन्धन हेतु किये जाने वाले प्रयत्न।
- समाज या समुदाय जिससे बालक का सम्बन्ध है उसका वंचित वर्ग (Deprived Section) या समृद्ध वर्ग से सम्बन्धित रहना।
- समाज या समुदाय का शहरी एवं ग्रामीण अंचल से सम्बन्ध होना, उसमें होने वाला औद्योगिकीकरण तथा शहरीकरण का स्वरूप।

- समाज या समुदाय में साथ-साथ पल रहे या शिक्षा ग्रहण करने वाले साथी बालकों के विकास और व्यवहार चेष्टाओं का स्वरूप।
- समुदाय और समाज के सदस्यों के बीच शांति एवं भाईचारे का माहोल या अशांति, कलह तथा पारस्परिक अविश्वास की स्थिति।
- समाज या समुदाय की आंतकवाद तथा पड़ोसी देशों से युद्ध जैसी परिस्थितियों में ग्रस्त होने की स्थितियाँ।

समाज या समुदाय में व्याप्त उपरोक्त परिस्थितियों को मोटे तौर पर ऐसे दो भागों में बाँटा जा सकता है जिनमें एक के द्वारा ऐसा प्रेरणादायक, रचनात्मक तथा सहयोगी वातावरण प्रदान किया जा सकता है जिससे बालकों को अपने संज्ञानात्मक, भावात्मक तथा क्रियात्मक विकास में अपेक्षित भरपूर सहायता मिलती नजर आये तो दूसरी और इनमें ऐसी परिस्थितियाँ, बातें तथा कारक भी हो सकते हैं जिनके द्वारा बालकों को या तो आवश्यक सुविधाओं से वंचित रखने का प्रयत्न किया जाये या व्यवहार और विकास के गलत प्रतिमान स्थापित करने तथा उनके उचित व्यक्तित्व विकास और वांछित व्यवहार परिमार्जन में तरह-तरह से बाधाएं उत्पन्न करने का कार्य किया जाये। इस तरह समाज/समुदाय में उपलब्ध भौतिक तथा मानवीय संसाधनों का संसर्ग और उपलब्धता बालक के विकास की धारा को अनुकूल या प्रतिकूल दिशा और दशा प्रदान करने में काफी सशक्त भूमिका निभाती हुई देखी जा सकती है और इसीलिये जैसा समाज होता है और वह जैसा चाहता है उसी के अनुरूप ही भविष्य के नागरिकों का निर्माण और विकास होता है, इस कहावत में काफी सीमा तक सच्चाई देखने को मिल सकती है।

सार-संक्षेप (Summary)

बालक के सामाजीकरण को एक ऐसी प्रक्रिया या प्रक्रियाओं के सम्मिश्रण के रूप में जाना जा सकता है जो उसे इस प्रकार की वांछित व्यवहारगत विशेषताओं तथा सामाजिक गुणों को धारण करने में मदद करती है जिसके परिणामस्वरूप वह (i) सामाजिक परिपक्वता ग्रहण करने, (ii) अपनी पशु प्रवृत्ति को मानवीय सामाजिक प्रवृत्ति में ढ़ालने तथा (iii) अपने तथा समाज के अन्य सदस्यों के साथ सामंजस्यपूर्ण जीवन व्यतीत करने में समर्थ रहता है।

सामाजीकरण संस्थाओं से अभिप्रायः ऐसी संस्थाओं से है जो बालक के सामाजिक व्यवहार में अपेक्षित परिवर्तन लाने में प्रभावशाली भूमिका निभाती हैं। इस प्रकार की संस्थाओं के उदाहरणार्थ हम प्रमुख रूप से जिनका नाम ले सकते हैं, वे हैं (i) घर और परिवार, (ii) विद्यालय तथा (iii) समाज।

घर और परिवार को बालकों को सामाजिकता के शुरुआती पाठ पढ़ाने तथा उनके सर्वांगीण विकास में सहायक बनने वाली वास्तविक जन्मस्थली तथा प्रशिक्षण केन्द्र कहा जा सकता है। कोई भी बालक अपने शारीरिक, गामिक, मानसिक, संवेगात्मक, सामाजिक तथा नैतिक विकास के मार्ग पर कितनी अच्छी तरह आगे बढ़ेगा यह उस वातावरण पर निर्भर करता है जो घर-परिवार के रूप में उसे जन्म से ही उपलब्ध होने लगता है। सकारात्मक एवं उपयुक्त वातावरण की उपलब्धि जहाँ उसे अपने सामाजीकरण तथा सामाजिक विकास के लिये भरपूर उपयुक्त अवसर प्रदान करती है वहीं अनुपयुक्त एवं दोषपूर्ण वातावरण न केवल बालक के उपयुक्त विकास में बाधक सिद्ध होता है बल्कि साथ में वह सब कुछ भी प्रदान करता है जो उसमें असामाजिक तथा अनैतिक व्यवहार को अपनाने में पूरी-पूरी सहायता करे।

घर-परिवार के पश्चात सामाजिकता का पाठ पढ़ाने वाली दूसरी प्रमुख संस्था के रूप में विद्यालय और उसके वातावरण की बारी आती है। यहाँ औपचारिक और अनौपचारिक अधिगम अनुभवों के माध्यम से बालक जो कुछ भी ग्रहण करता है वह उसकी सामाजिकता तथा सामाजिक विकास के सभी पहलुओं को काफी प्रभावशाली ढ़ंग से प्रभावित करने की अद्भुत क्षमता रखते हैं। अध्यापकों तथा साथी विद्यार्थियों से होने वाली अन्तःक्रिया, कक्षा-कक्ष तथा कक्षा के बाहर विद्यालय परिवेश में उपलब्ध औपचारिक तथा अनौपचारिक अधिगम अनुभव और वे सभी बातें जो बालक के सर्वांगीण विकास पर अपना प्रभाव डालती हैं, बालक के व्यवहार तथा सामाजीकरण को महत्त्वपूर्ण ढ़ंग से प्रभावित करती हैं। वास्तव में बालक वही सीखते हैं और उनका उसी रूप में विकास होता है जिस प्रकार की बातें और वातावरण उन्हें अपने विद्यालय तथा विद्यालय में कार्यरत अध्यायों, कर्मचारियों, साथी विद्यार्थियों आदि से अन्तःक्रिया के माध्यम से प्राप्त होता है।

घर-परिवार तथा विद्यालय के पश्चात बालकों को सामाजिकता का पाठ पढ़ाने का तीसरा महत्त्वपूर्ण चरण, समाज तथा समाज में उपस्थिति विभिन्न कारकों, साधनों, घटनाओं तथा सामाजिक गतिविधियों से पूरा होता है। यहाँ समाज और समुदाय के विभिन्न अंगों जैसे पास-पड़ोस, सामाजिक क्लब, धार्मिक संस्थान, यातायात के साधन, सूचना संप्रेषण एवं मनोरंजन साधन, समाचार पत्र तथा पत्रिकायें, स्थानीय स्तर, राज्य और केन्द्र में शासन करने वाली सरकार की नीतियाँ और आचरण, सामाजिक, सांस्कृतिक और सामुदायिक मेले एवं उत्सव आदि का बालक के सर्वांगीण विकास तथा सामाजीकरण में प्रभावशाली हाथ रहता है। इस संदर्भ में जहाँ समाज और समुदाय का उपयुक्त और सकारात्मक वातावरण बालकों के सर्वांगीण विकास तथा सामाजिक आचरण को उपयुक्त दिशा और दशा प्रदान करने का कार्य करता हुआ दिखाई देता है वहीं इस वातावरण की अनुपयुक्तता तथा दोषपूर्ण उपस्थिति न केवल उनके उपयुक्त सर्वांगीण विकास में बाधक बनती है बल्कि उन्हें असामाजिकता के रंग में रंगकर समाज विरोधी व्यवहार करने को प्रेरित करती है।

संदर्भित एवं विशेष अध्ययन ग्रन्थ (References and Suggested Readings)

Biggie, M.L. and Hunt, M.P., *Psychological Foundations of Education*, Harper and Row, New York, 1968.

Garrett, H.E., *General Psychology*, Indian ed., Eurasia Publishing House, New Delhi, 1968.

Gates, A.I. and Jersild, A.T., *Educational Psychology*, Macmillan, New York, 1970.

Hurlock, E.B., *Adolescent Development*, McGraw-Hill, New York, 1959.

Maccoby, E.E. and Martin, J.A., "Socialization in the Context of the Family: Parent–Child Interaction", in P. Mussen and E.M. Hetherington (Eds.), *Handbook of Child Psychology,* Volume IV, 4th ed., Socialization, Personality and Social Development, Chapter 1, pp. 1–101, Wiley, New York, 1983.

Sorenson, Herbert, *Psychology in Education,* McGraw-Hill, New York, 1948.

Watson, J.B., *Behaviourism,* Kegan Paul, London, 1930.

Woolfolk, Anita, *Educational Psychology*, 9th ed., First Indian Reprint, Pearson, New York, 2004.

सामाजिक एवं सांस्कृतिक परिवर्तन—अवधारणा तथा बालक के विकास पर प्रभाव (Social and Cultural Changes—Concept and Impact on Child Development)

विषय प्रवेश (Introduction)

परिवर्तन प्रकृति का नियम है। हमारे इस विश्व में प्रत्येक चीज परिवर्तित हो रही है, जैसे—कुछ समय के बाद किसी भी चीज में जो कुछ अन्तर दिखाई देता है, उस अन्तर को ही उस वस्तु में आने वाले परिवर्तन का नाम दिया जाता है। हम जिस समाज में रहते हैं और संस्कृति जिसे हमने समाज में अपने जीने अर्थात् रहन-सहन और व्यवहार करने के ढंग के रूप में अपनाया हुआ है, वह भी परिवर्तन की अवस्था में है। अनेक प्रकार के कारकों के प्रभाव एवं दबाव के फलस्वरूप समय के व्यतीत होने के साथ-साथ उनमें परिवर्तन आते रहते हैं। किसी समाज के सामाजिक और सांस्कृतिक परिधान में आने वाले परिवर्तन उसमें रहने वाले लोगों के रहन-सहन, जीवन शैली, व्यवहार करने के ढंग तथा पूरी तरह से ठीक होने के ढंग को प्रभावित करते हैं। विकासशील बालकों का विकास और कल्याण भी इन सामाजिक और सांस्कृतिक परिवर्तनों के फलस्वरूप काफी कुछ प्रभावित होता हुआ देखा जा सकता है। इसलिए मातापिता या अध्यापक होने के नाते आपके लिए यह आवश्यक हो जाता है कि आप इन परिवर्तनों के अर्थ और प्रकृति से भली-भांति परिचित हों और साथ ही यह भी जानें कि किस प्रकार के परिवर्तनों से बालकों के विकास पर क्या प्रभाव पड़ता है। प्रस्तुत अध्याय में हम आपको इन्हीं बातों से परिचित कराना चाहेंगे।

सामाजिक परिवर्तन—अर्थ एवं अवधारणा (Social Change—Meaning and Concept)

अपने सरल अर्थ में सामाजिक परिवर्तन से तात्पर्य ऐसे परिवर्तनों से है जो किसी समाज विशेष में कुछ अवधि के बाद दृष्टिगोचर होते हैं। इन परिवर्तनों का सम्बन्ध समाज की संरचना या गठन तथा उसकी समूची कार्यप्रणाली से हो सकता है जिसका परिचय हमें समाज के सदस्यों में होने वाली अन्तःक्रियाओं तथा बनाए जाने वाले सामाजिक सम्बन्धों से मिलता है। इसके अर्थ और प्रकृति के बारे में और अच्छी तरह से समझने में हमें इस पद के सम्बन्ध में उपलब्ध परिभाषाएं भी काफी मदद कर सकती हैं। अतः इस सम्बन्ध में हम कुछ परिभाषाओं की सहायता लेना चाहेंगे:

1. **मॉरिस गिन्सबर्ग** (Morris Ginsberg, 1950)—"सामाजिक परिवर्तन से मेरा अभिप्राय—सामाजिक संरचना, समाज का आकार, इसके अवयवों सन्तुलन या बनावट या इसके संगठन के प्रकार में होने वाले परिवर्तन से है।" (By Social Change, I Understand a change in social structure, e.g., the size of the society. The composition or the balance of its parts or the type of its organisation.)

2. **एम.डी. जेन्सन** (M.D. Jenson)—सामाजिक परिवर्तन को व्यक्तियों की क्रियाओं और विचारों में होने वाले परिवर्तनों के रूप में भी परिभाषित किया जा सकता है। (Social change may be defined as modification in ways of doing and thinking of people.)

3. **गिलिन और गिलिन** (Gillin and Gillin, 1954)—सामाजिक परिवर्तन को हम जीवन की स्वीकृत विधियों में होने वाले परिवर्तन के रूप में परिभाषित कर सकते हैं। (We may define social change as variation from the accepted modes of life.)

4. **किंग्स्ले डेविस** (Kingsley Davis, 1949)—सामाजिक परिवर्तन से तात्पर्य केवल ऐसे बदलाव से है जो सामाजिक संगठन-जो कि समाज की संरचना और कार्यप्रणाली है, में आता है। (By social change is meant only such alterations as occurs in social organisation-that is, the structure and functions of society.)

5. **मेकाइवर एन्ड पेज** (MacIver and Page)—समाजशास्त्री के रूप में हमारा प्रत्यक्ष सम्बन्ध केवल सामाजिक सम्बन्धों से होता है। इस दृष्टि से हम केवल सामाजिक सम्बन्धों में होने वाले परिवर्तन को ही सामाजिक परिवर्तन मानेंगे। (our direct concern as sociologist is with social relationship. It is the change in these which alone we shall regard as social change.)

उपरोक्त सभी परिभाषाएँ सामाजिक परिवर्तन का अर्थ और प्रकृति के बारे में एक सार्थक अभिप्राय पर पहुँचने में हमारी सहायता कर सकती हैं। इनके आधार पर हम सामाजिक परिवर्तन को निम्नलिखित रूप में परिभाषित कर सकते हैं:

''सामाजिक परिवर्तन का सम्बन्ध समाज के सम्पूर्ण स्वरूप में होने वाले निम्न परिवर्तनों से है (i) समाज की संरचना एवं संगठन (ii) सामाजिक सम्बन्ध और समाज के सदस्यों के बीच उपस्थित अन्तःक्रिया और (iii) समाज के सदस्यों का रहन-सहन और व्यवहार करने का ढंग।''

अब क्योंकि हमारी परिभाषा में दिए गए तीनों अवयवों का सम्बन्ध सीधे-सीधे समाज विशेष के संगठन, या संरचनात्मक स्वरूप और उसकी कार्यप्रणाली (जिसकी झलक समाज में व्याप्त सांस्कृतिक प्रारूप से मिलती है) से है, इसलिए सामाजिक परिवर्तन से निष्कर्ष रूप में अभिप्राय, ''उन परिवर्तनों से है जो समय-समय पर उस समाज के संगठनात्मक स्वरूप और संस्कृति में दिखाई देते रहते हैं।''

सामाजिक परिवर्तन के उदाहरण (The Examples of Social Change)

A. संरचनात्मक या संगठनात्मक परिवर्तन (Structural or Organisational Changes)—उदाहरण-समाज, राज्य या देश की जनसंख्या की संरचना में परिवर्तन के सन्दर्भ में:

विस्तृत स्तर पर-जनसंख्या की आयु संरचना में परिवर्तन—(i) बच्चों, युवा तथा वृद्ध पीढ़ी के प्रतिशत (ii) ग्रामीण तथा नगरी वितरण (iii) शैक्षिक जनसंख्या का वितरण तथा (iv) जन्मदर-जनसंख्या में वृद्धि और गिरावट के संदर्भ में

लघु स्तर पर-परिवार की संरचना में आकार के सन्दर्भ में परिवर्तन, आधिकारिक संरचना में परिवर्तन, विवाह की आयु में परिवर्तन, प्रति महिला बच्चों की संख्या, एकीय या संयुक्त परिवार के स्वरूप में परिवर्तन।

B. सामाजिक सम्बन्ध और अन्तःक्रिया में परिवर्तन (Changes in Social Relationship and Interactions)—उदाहरण-पास पड़ोस की अवधारणा में परिवर्तन साथ ही उनमें आपस में अन्तःक्रिया एवं सम्बन्धों में परिवर्तन, पति-पत्नी, मातापिता-बच्चे, शिक्षक-शिक्षार्थी, पुरुष-महिला के सम्बन्धों और अन्तःक्रिया में परिवर्तन, नियोक्ता एवं कर्मचारियों के सम्बन्धों में परिवर्तन, सामाजिक संस्था के रूप में विवाह, परिवार तथा विद्यालय के मूल्यों और स्तर में परिवर्तन आदि।

C. सामाजिक व्यवहार में परिवर्तन (Changes in Social Behaviour)—अभिवृत्तियों, विश्वासों, मानदण्डों, मूल्यों, आदर्शों, विचारों, दर्शन, रीति-रिवाज, परम्पराओं, रूढ़िवादिता, सामाजिक एवं धार्मिक रीति रिवाज, त्यौहार एवं पर्वों का आयोजन, पूजा करने के ढंग और धार्मिक विश्वास, सोचने का ढंग, भावनाएं, सभी प्रकार के व्यवहार, जीवन शैली में परिवर्तन तथा वैज्ञानिक तकनीकी, औद्योगिक सांस्कृतिक एवं साहित्यिक प्रगति से सम्बन्धित परिवर्तन आदि।

सामाजिक परिवर्तन की विशेषताएं (Characteristics of Social Changes)

मेकिओनिस (Mocionis, 1996) के अनुसार सामाजिक परिवर्तन की मुख्य विशेषताएँ निम्न चार हैं:

- **सामाजिक परिवर्तन प्रत्येक स्थान पर होते हैं परन्तु परिवर्तन की दर स्थान-स्थान पर अलग-अलग होती है**—तात्पर्य यह है कि सामाजिक परिवर्तन की प्रक्रिया सार्वभौमिक होती है। इस पृथ्वी पर प्रत्येक जगह समाज और समुदाय के सामाजिक स्वरूप में परिवर्तन होते रहते हैं। परन्तु यह परिवर्तन प्रत्येक स्थान में समानगति और समान रूप से नहीं होते हैं। कुछ समाज दूसरों की तुलना में अधिक प्रगति दिखाती हैं। उदाहरण के लिए जिस समाज में साक्षरतादर बहुत ज्यादा होती है तथा जिनमें तकनीकी ज्ञान एवं सूचनाओं का प्रादुर्भाव बहुत ज्यादा होता है उनमें सामाजिक परिवर्तन लाने की दर काफी अधिक रहती है जबकि इन बातों में पिछड़े हुए समाज सामाजिक परिवर्तन लाने के सन्दर्भ में काफी पीछे रह जाते हैं। यही बात आधुनिक शहरी समाज तथा परम्परागत ग्रामीण समाज के लिए भी उतनी ही सही दिखाई देती है।
- **सामाजिक परिवर्तन कभी-कभी जानबूझ कर होते हैं परन्तु अक्सर अनियोजित होते हैं**—बहुत बार कुछ समाज अपने सदस्यों की भलाई, सम्पन्नता, ठीक ठाक रहने तथा तरक्की करने के उद्देश्य से जानबूझ कर अपने समाज में परिवर्तन लाते हैं और उन सामाजिक परिवर्तनों को अपना लेते हैं। परन्तु कई बार समाज में अपने आप जो सामाजिक परिवर्तन आ जाते हैं वे बिना किसी इच्छा या योजना के स्वत: ही आ जाते हैं और कुछ समय बाद महसूस होता है कि वे परिवर्तन समाज के कल्याण और भलाई के लिए काफी उपयोगी कार्य कर रहे हैं। उदाहरण के लिए एक आविष्कारक जब कोई आविष्कार करता है तब उस आविष्कार के समय उसका सामाजिक परिवर्तन से कोई सम्बन्ध नहीं भी हो सकता है परन्तु कुछ समय बाद हो सकता है कि यही आविष्कार समाज की संरचना और कार्यप्रणाली में एक सर्वोपयोगी परिवर्तन लाने का कारण बने।
- **सामाजिक परिवर्तन अक्सर विवादास्पद स्थिति खड़ी कर देते हैं**—कभी भी कोई भी नई बात अर्थात् परिवर्तन कोई भी समाज आसानी से स्वीकार नहीं कर पाता है। प्रारम्भ में सामान्य: सभी उसका विरोध करते हैं। सभी प्रकार के सामाजिक परिवर्तनों के साथ ऐसा ही होता है। विधवा विवाह, परिवार में बालिका के जन्म पर उसका स्वागत और खुशी से स्वीकार करना, अन्तर्जातीय विवाह, समलिंगी वैवाहिक सम्बन्ध, बिना शादी किए हुए स्त्री पुरुष का साथ-साथ रहना, आदि ऐसे बहुत से सामाजिक परिवर्तन के उदाहरण हैं जिनका प्रारम्भिक अवस्था में बहुत ज्यादा विरोध किया गया परन्तु फिर धीरे-धीरे समाज ने उसे स्वीकार कर लिया।
- **कुछ सामाजिक परिवर्तन, दूसरे परिवर्तनों की तुलना में ज्यादा प्रभावशाली सिद्ध होते हैं**—जो भी सामाजिक परिवर्तन होते हैं उनका समाज की संरचना या कार्यप्रणाली पर कुछ न कुछ प्रभाव तो पड़ता ही है, किसी का एक प्रकार का प्रभाव पड़ता है तो किसी का अन्य प्रकार का परन्तु फिर भी कुछ सामाजिक परिवर्तन ऐसे होते हैं जिनका दूसरों की तुलना में बहुत अधिक प्रभाव पड़ता है। कुछ मामलों में सामाजिक परिवर्तन समाज के एक बहुत ही छोटे से समूह या कुछ ही व्यक्तियों को प्रभावित करते हैं; वे समाज के लोगों के दृष्टिकोण और रहन सहन के ढंग में कोई उल्लेखनीय परिवर्तन नहीं ला पाते हैं परन्तु दूसरों के लिए एक अलग ही ढंग से जीवन जीने के लिए वे परिवर्तन नवीन अर्थ तथा साधन प्रदान करके एक महत्त्वपूर्ण भूमिका का निर्वहन करते हैं। गाँव को शहर से जोड़ने के लिए सड़क का निर्माण निस्सन्देह उल्लेखनीय सामाजिक परिवर्तन लाने में महत्त्वपूर्ण भूमिका अदा करता है, परन्तु यदि किसी सरकारी संस्था, कोरपोरेट हाउस या एक बड़े एन. जी. ओ. के द्वारा उस गाँव को एक आदर्श गाँव या स्मार्टगाँव के रूप में विकसित किए जाने का लाभ प्राप्त होता है तो इस प्रकार के प्रयास से लाए गए सामाजिक परिवर्तन का प्रभाव कई रूपों में काफी ज्यादा सार्थक और फायदेमन्द होगा।

सांस्कृतिक परिवर्तन—अर्थ एवं अवधारणा (Cultural Changes—Meaning and Concept)

अपने सामान्य अर्थ में सांस्कृतिक परिवर्तन वे परिवर्तन हैं जो एक समाज की संस्कृति में घटित होते हैं। संस्कृति पद से यहाँ हमारा अभिप्राय है अनेक सदियों और शताब्दियों से चले आ रहे व्यवहार और रहन सहन का, समाज के सदस्यों द्वारा, अपनाया गया प्रारूप या नमूना। संस्कृति समाज के मानदण्डों, विश्वासों, मूल्यों, आदर्शों, विचारधारा, परम्पराओं, रूढ़िवादिता,

मान्यताएँ, सामाजिक एवं धार्मिक कर्मकाण्ड तथा एक दूसरे के साथ आपस में सम्बन्धों को स्थापित करने तथा अन्त:क्रिया करने के तरीकों का प्रतिनिधित्व करती है। इसमें समाज के सदस्यों के द्वारा किए गए आविष्कारों, खोजों, सिद्धान्तों, प्रनियमों, कलात्मक रचनाओं तथा साहित्यिक कार्यों के द्वारा सामाजिक संरचना और कार्यप्रणाली में लाए गए परिवर्तन भी शामिल होते हैं तथा एक संस्कृति से दूसरी संस्कृति में हस्तान्तरित होने वाले संस्कार और रीतिरिवाज भी इसी के अन्तर्गत आते हैं।

इस प्रकार अपने विस्तृत अर्थ में एक समाज विशेष में लाए गए सांस्कृतिक परिवर्तन समाज की संरचना और कार्यप्रणाली में प्रभावशाली परिवर्तन लाने में काफी महत्त्वपूर्ण सिद्ध हो सकते हैं और यदि ऐसा होता है तो सामाजिक और सांस्कृतिक परिवर्तन की अवधारणा और प्रभाव में मुश्किल से ही कोई अन्तर रह जाता है। यही कारण है कि बहुत से विद्वानों और विचारकों ने इन दोनों पदों को एक साथ प्रयोग में लाने का विचार प्रस्तुत किया है। इस बात के समर्थन में यहाँ पर हम गिलिन और गिलिन तथा दासन और गेटीस के विचार प्रस्तुत करना चाहेंगे—

1. **गिलिन और गिलिन** (Gillin and Gillin, 1954) के अनुसार—''सामाजिक परिवर्तन को हम जीवन की स्वीकृत विधियों में होने वाले परिवर्तन के रूप में परिभाषित कर सकते हैं।'' (''यहाँ पर जीवन की स्वीकृत विधियों में होने वाले परिवर्तन'' स्पष्ट रूप से सांस्कृतिक परिवर्तन की ओर संकेत करते हैं अत: सामाजिक परिवर्तन और सांस्कृतिक परिवर्तन एक समान हैं अर्थात् एक ही बात है।)
2. **दासन और गेटीस** (Dawson and Gettys, 1948) के अनुसार—''सांस्कृतिक परिवर्तन सामाजिक परिवर्तन हैं, क्योंकि संस्कृति अपने उद्‌गम, अर्थ और प्रयोग में सामाजिक है।'' (Cultural change is social change, since all culture is social in its origin, meaning and usage.)

इस प्रकार से हम आसानी से सामाजिक और सांस्कृतिक परिवर्तन के बीच एक आवश्यक कड़ी का अनुभव कर सकते हैं। वास्तव में इन दोनों के मध्य अलग-अलग होने की एक रेखा भी खींचना काफी कठिन है। किसी अधिकांश मामलों में सामाजिक और सांस्कृतिक परिवर्तन की अवधारणा, किसी एक प्रकार से या दूसरे से, पारस्परिक रूप से एक दूसरे के साथ घुली मिली दिखाई देती है। यदि कुछ वैचारिकों के द्वारा इनमें कुछ अन्तर प्रदर्शित करने की बात की जाती है तो वह मात्र सैद्धान्तिक ही है। प्रयोगात्मक दृष्टि से दोनों एक ही बात कहते हुए नजर आते हैं। इसलिए सब तरह से यह बात ही ठीक लगती है कि दोनों पदों को समान अर्थ में ही प्रयोग में लाया जाए अथवा इन्हें एक मिश्रित 'सामाजिक सांस्कृतिक परिवर्तन नाम दे दिया जाए।' आगे हमारे द्वारा भी इनका इसी अर्थ में प्रयोग किया जाएगा।

बालकों के विकास पर सामाजिक-सांस्कृतिक परिवर्तनों का प्रभाव (Impact of Socio-Cultural Changes on the Development of Children)

समाज की सामाजिक-सांस्कृतिक संरचना और कार्यप्रणाली में आने वाले परिवर्तन विकसित होते हुए बच्चों की वृद्धि और विकास को अनेक प्रकार से प्रभावित करते हैं। इन प्रभावों को हम विस्तृत रूप से दो श्रेणियों में वर्गीकृत कर सकते हैं: (A) अप्रत्यक्ष (Indirect) और (B) प्रत्यक्ष (Direct)। अप्रत्यक्ष प्रभाव की श्रेणी में बच्चे का पालन-पोषण करने, सहायता करने तथा बच्चों के विकास पथ पर उनका मार्गदर्शन करने के लिए उत्तरदायी लोगों की कार्यप्रणाली और जीवन शैली में आए हुए परिवर्तनों के द्वारा पड़ने वाले प्रभावों को रख सकते हैं। क्योंकि ये लोग ही बच्चों के जीवनयापन, शिक्षा और विकास के लिए व्यवस्था करते हैं। अत: इनका प्रभाव अप्रत्यक्ष रूप से बच्चों पर पड़ता है। प्रत्यक्ष प्रभावों की श्रेणी में, हम बच्चों पर पड़ने वाले उन प्रभावों को रख सकते हैं जो उनके समाज और संस्कृति के सामाजिक और सांस्कृतिक प्रारूप और तरीकों में आए हुए परिवर्तनों के साथ बच्चों की सीधे-सीधे अन्त:क्रिया होने के परिणामस्वरूप पड़ते हैं। आइए अब हम इन्हीं विशिष्ट श्रेणियों से सम्बन्धित इन प्रभावों को समझने का प्रयास करते हैं।

A. अप्रत्यक्ष प्रभाव (Indirect Impacts or Influences)

सामाजिक-सांस्कृतिक परिवर्तन उन व्यक्तियों की अर्थ व्यवस्था, सामाजिक जीवन, जीवनयापन और व्यवहार करने के तरीकों में विभिन्न प्रकार के बदलाव लाने में सशक्त भूमिका निभाते हैं, जिनके ऊपर बालकों का पालन-पोषण, शिक्षा और विकास

की पूरी जिम्मेदारियाँ रहती हैं। इसलिए इन परिवर्तनों का बालकों के वृद्धि और विकास सम्बन्धी सभी बातों को विविध रूपों में प्रभावित करते हुए देखा जा सकता है। उदाहरणार्थ हम यहां ऐसे ही कुछ तथ्य प्रस्तुत कर रहे हैं:

(i) हमें भारतीय समाज की पारिवारिक संरचना में बहुत ज्यादा परिवर्तन देखने को मिलते हैं। आज हम संयुक्त परिवार व्यवस्था को छोड़ते हुए एकल परिवार व्यवस्था (Nuclear families) की ओर तीव्र गति से बढ़ रहे हैं। इस व्यवस्था ने परिवार में माता-पिता के रहन-सहन और व्यवहार करने के तरीके, उनके जीवनयापन के ढंग, अपने बच्चों के साथ अन्त:क्रिया करने की शैली तथा बच्चों के लालन-पालन तथा देखभाल के प्रारूप को काफी ज्यादा प्रभावित किया है। बच्चों को जिस तरह की देखभाल और सुरक्षा संयुक्त परिवार प्रणाली में मिलती थी, आज बच्चे उससे बहुत दूर हैं। इसने उनके विकास को बहुत बुरी तरह प्रभावित किया है विशेषकर उन मामलों में जब माता-पिता को अपनी जीविका कमाने हेतु पूरे दिन घर से बाहर रहना पड़ता है और इस कारण से वे बच्चों की देखभाल नहीं कर पाते हैं। कई मामलों में तो आधुनिक संस्कृति को अपनाने के कारण वे अपने आप में ही व्यस्त रहते हैं जिससे बच्चे उनकी उपेक्षा का शिकार हो रहे हैं।

(ii) औद्योगीकरण और नगरीकरण की लहर ने समाज की सामाजिक-सांस्कृतिक जीवनशैली में बहुत अधिक परिवर्तन लाने का प्रयास किया है। जो माता-पिता और परिवार किसी एक या अन्य कारण से गाँव छोड़ कर नगरों में आकर बस गए हैं वे अपने बच्चों को अपने परम्परागत या मूल स्थान पर उनके लालन-पालन के लिए जो वातावरण प्रदान कर रहे थे, अब वे उससे बिल्कुल ही भिन्न एक नया वातावरण और पालन-पोषण का एक परिवर्तित ढंग प्रदान कर रहे हैं। इस प्रकार बालकों के पालन-पोषण में माता-पिता तथा परिवार द्वारा जो असुविधा महसूस की जा रही है तथा जो सुविधाएं बच्चों को प्रदान की जा रही हैं उन पर निर्भरता के कारण बच्चों के विकास पर एक मिला जुला प्रभाव पड़ रहा है। जो सुविधा सम्पन्न हैं वे बदलते हुए शहरी परिवेश में अपने आप को उचित रूप से समायोजित करते हुए अपने बालकों के विकास हेतु उचित परिस्थितियां और सुविधाएं प्रदान कर रहे हैं परन्तु जो वंचित वर्ग से हैं उन्हें झुग्गी झोपड़ियों में रहना पड़ रहा है और उनके बालक उन सभी आवश्यक बातों से वंचित हैं जो उन्हें उनके उचित विकास के लिए चाहिए।

(iii) भारतीय समाज में विशेषकर ग्रामीण क्षेत्रों में सामाजिक-सांस्कृतिक परिवर्तन सम्बन्धी एक नई बात उभर कर आई है और वह यह है कि सरकार की ओर से कृषि योग्य भूमि का बढ़ती हुई ऊँची कीमतों पर मुआवजा दने सम्बन्धी निर्णय या प्राइवेट बिल्डर्स के हाथों ऊंचे मूल्यों की प्राप्ति। इससे ग्रामीण इलाकों से सम्बन्धित व्यक्तियों और समुदाय के सामाजिक सांस्कृतिक जीवन में एकदम भारी बदलाव आए हैं और इस बदलाव ने उनके बच्चों के पालन पोषण और विकास को अनुकूल और प्रतिकूल दोनों ही ढंग से सशक्त रूप से प्रभावित किया है। जो व्यक्ति और परिवार कुछ समझदार रहे हैं उन्होंने मिले हुए धन का सही ढंग से विनियोग (investment) किया है और उन्होंने अपने आचार-विचार और मूल्यों को भी जीवित रखा है। ऐसे माँ-बाप और परिवार के बालकों को उनके विकास और प्रगति में सामाजिक-सांस्कृतिक परिवर्तन से फायदा पहुँचा है। दूसरी ओर जो व्यक्ति और परिवार अचानक ज्यादा धन प्राप्त होने से अपना होश खो बैठे और जिन्होंने पैसों का दुरूपयोग किया तथा साथ ही कृषि योग्य भूमि की कमी होने के कारण जिनके आय के साधनों में ढील आ गई वे अपने बालकों के पालन-पोषण, शिक्षा और विकास के लिए समुचित सुविधाएं न जुटा पाए। इस प्रकार से सामाजिक सांस्कृतिक परिवर्तन समाज या समुदाय विशेष में आने वाले बदलाव में बालकों के पालन-पोषण और विकास के लिए अनुकूल या प्रतिकूल दोनों ही रूपों में उत्तरदायी सिद्ध हो रहे हैं। इन आर्थिक कारणों के अलावा माता-पिता तथा परिवार के सदस्यों के रहन-सहन के ढंग, व्यवहार, अभिवृत्तियों, दृष्टिकोणों, रुचियों, विचारों और मूल्यों में होने वाले परिवर्तन भी इन परिवारों में रहने वाले, विकसित होते हुए बालकों को वांछित या अवांछित वातावरण तथा पृष्ठपोषण प्रदान करने के लिए जिम्मेदार ठहरते हैं। बच्चे अपने माता-पिता तथा परिवार के सदस्यों के मानदण्डों और मूल्यों के अनुसार ही व्यवहार करना सीख जाते हैं।

(iv) बढ़ती हुई साक्षरता दर, विभिन्न संस्कृतियों से मेल-मिलाप, सरकारी नीतियों तथा जनसंचार की भूमिका आदि के कारण व्यक्तियों और समुदायों के दृष्टिकोण, रहने-सहने और व्यवहार करने के तरीकों आदि में प्रभावशाली परिवर्तन आए हैं। यहां तक कि सदियों पुरानी रूढ़िवादिता, अंधविश्वास और गलतफहमियों पर भी इनका प्रभाव पड़ा है। सामाजिक सुधार, सरकारी नीतियां एवं पहलकदमी इस सम्बन्ध में काफी काम कर रही हैं। परिणामस्वरूप आज हम परिवार में दो बच्चों के मानदण्ड को तथा बालिका के जन्म का स्वागत करने की ओर कदम बढ़ाने की प्रथा को समाज में प्रचलित होता हुआ देख रहे हैं। लिंग, जाति, सामाजिक वर्ग भेद के प्रति रूढ़िवादिता धीरे-धीरे कम हो रही है। इसके कारण ही किसी एक या अन्य कारण से कुछ समय पूर्व भेदभाव, पार्श्वीकरण और वंचन के शिकार बच्चों की वृद्धि और विकास के लिए आज काफी उचित और सकारात्मक वातावरण प्राप्त हो रहा है। परन्तु जो समुदाय और समाज आज भी रूढ़िवादी प्रवृत्ति, अन्धविश्वास, परम्परावादी तथा प्राचीन विचारों से जकड़े हुए हैं उनकी कहानी काफी कुछ भिन्न ही है। एकदम विपरीत इनके बच्चे अपने लालन-पालन के लिए ऐसा नकारात्मक तथा रूढ़िवादी वातावरण प्राप्त करते हैं जो उनकी वृद्धि और विकास को नकारात्मक रूप से प्रभावित करता है।

B. प्रत्यक्ष प्रभाव (Direct Impact or Influence)

बालकों के सामाजिक शैक्षिक तथा कार्यात्मक वातावरण में सामाजिक-सांस्कृतिक परिवर्तन लाने वाले अवयवों या कारकों के साथ सीधे-सीधे प्रत्यक्ष रूप से होने वाली उनकी अन्त:क्रिया की वृद्धि और विकास को प्रभावित करती है। आइए देखते हैं कि यह कैसे होता है :

(i) एक समाज या समुदाय में आए हुए सामाजिक-सांस्कृतिक परिवर्तन बालकों के विकास और प्रगति हेतु विभिन्न प्रकार के अपेक्षित और अनुभवों के दरवाजे खोल देते हैं। उदाहरण के लिए अगर किसी समाज विशेष में लिंग भेद और सामाजिक स्तर को लेकर जो रूढ़िया व्याप्त थीं, वे काफी हद तक समाप्त हो जाती हैं तो इससे बालकों को उन सभी सुविधाओं को प्राप्त करने का अवसर मिल जाता है जिनसे वे पहले वंचित थे। परिणामस्वरूप, इस समाज में अब लड़कियां उसी प्रकार की सुविधाएं मान्यता और प्रतिष्ठा प्राप्त करने लगती हैं जो उनके भाइयों को प्राप्त है। अब वे उन क्षेत्रों जैसे—कुश्ती, मुक्केबाजी और अन्य सभी खेलकूद तथा साहसिक कार्यों तथा प्रोद्यौगिकी से जुड़े हुए कार्यों में भी भाग लेकर नाम कमा सकती हैं जिनके दरवाजे पहले प्राय: उनके लिए बन्द ही थे। आप स्वयं ही अपने समाज में यह देख सकते हो कि भेदभाव और पार्श्वीकरण सम्बन्धी बुराइयों के कारण बालकों को जिस प्रकार के वंचन और असुविधाओं का सामना करना पड़ता था, उनसे उन्हें अब सामाजिक-सांस्कृतिक परिवर्तनों के फलस्वरूप कितनी राहत और सुविधाएं प्राप्त हुई हैं। हरियाणा प्रान्त के शाहबाद (अम्बाला) में लड़कियों की क्रिकेट टीम तथा भिवानी के ग्रामीण अंचल में मुक्केबाजी और कुश्ती के चैम्पियनों की धूम यह बताने में पूरी तरह समर्थ है कि सामाजिक-सांस्कृतिक परिवर्तन बालकों के विकास एवं प्रगति में कितना चमत्कारिक योगदान दे सकते हैं।

(ii) सामाजिक-सांस्कृतिक परिवर्तन जाति, प्रजाति, वर्ण तथा सामाजिक वर्ग सम्बन्धी रूढ़िवादिता से जुड़ी हुई कालिमा और भय को समाप्त करने में सक्षम सिद्ध हुए हैं। इन्होंने बालकों के विकास मार्ग में आने वाले अवरोधों को दूर कर बालकों को यह स्पष्ट सन्देश दिया है कि अगर उनमें योग्यता और कुछ करने की चाह है तो वे किसी भी क्षेत्र में दुन्दुभि बच्चा सकते हैं। वे अपनी इच्छानुसार किसी भी विषय की पढ़ाई कर सकते हैं, अपने भविष्य के लिए कोई भी योजना बना सकते हैं और इस कार्य में उन्हें लिंग, जाति प्रजाति, सामाजिक और आर्थिक स्तर आदि से सम्बन्धित कोई भी अवरोध आड़े नहीं आ सकता।

(iii) ऊपर किए गए वर्णन से यह निष्कर्ष नहीं निकालना चाहिए कि सामाजिक-सांस्कृतिक परिवर्तन सदैव ही बालकों की वृद्धि और विकास में सकारात्मक रूप से ही योगदान करते हैं। सामाजिक-सांस्कृतिक परिवर्तन बच्चों की सोच-विचार, भावनाओं और क्रियाओं के लिए सकारात्मक, स्वतन्त्र एवं जनतांत्रिक वातावरण प्रदान करते हैं, उनकी वृद्धि और विकास के लिए ज़रूरी सुविधाओं की व्यवस्था करते हैं और उनके रचनात्मक सृजनात्मक तथा

विकासोन्मुख प्रतिफलों को बढ़ाने में सहायता करते हैं तभी और केवल तब ही वे बालकों के समुचित विकास और प्रगति के लिए सकारात्मक रूप से अपना योगदान करते हुए पाए जाते हैं। वर्ना इसके विपरीत ये परिवर्तन उनके विकास मार्ग में रोड़ा अटकाते हैं अथवा हानिकारक एवं विध्वंसात्मक प्रभाव ही डालते हैं, जैसा कि आगे बताया जा रहा है:

युद्धों से क्षतविक्षत देश, आंतकवाद, संकुचित मनोवृत्ति की पृथकतावादी विचारधारा से प्रभावित भूभाग या प्राकृतिक और मानव निर्मित आपदाओं के शिकार लोगों और समुदायों को इस प्रकार के सामाजिक और सांस्कृतिक परिवर्तनों से गुजरता हुआ देखा जा सकता है कि जिससे उनके बालकों का विकास और भविष्य बुरी तरह प्रभावित हो। अफगानिस्तान, ईराक, सीरिया और विश्व के कई भूभागों में ऐसा ही हो रहा है और यहां अपने देश में भी हम नक्सली प्रभावित क्षेत्रों तथा आतंकवाद के शिकार जम्मू एवं काश्मीर के क्षेत्रों में यही देख रहे हैं कि किस प्रकार बदली हुई सामाजिक और सांस्कृतिक परिवेश ने उनके बालकों के विकास और प्रगति को किस प्रतिकूल रूप में प्रभावित किया है।

(iv) बहु-संस्कृतिवाद और तकनीकी प्रगति के माध्यम से आने वाले सामाजिक सांस्कृतिक परिवर्तन भी बालकों के अनुकूल एवं प्रतिकूल विकास हेतु दिशाएं और अवसर प्रदान करने में मिली-जुली भूमिका निभाते हैं। यह सही है कि विभिन्न प्रकार के सामाजिक सम्बन्ध और सांस्कृतिक मेल-जोल के अवसरों से बालकों को अपने विकास और प्रगति के लिए मिलने वाले अवसरों की संख्या बढ़ जाती है, वे अपने शारीरिक, मानसिक, सामाजिक और संवेगात्मक विकास के परिप्रेक्ष्य में बहुत सारी नई जानकारी ग्रहण कर सकते हैं, उनकी शब्द भण्डार, सम्प्रेषण और सृजनात्मक सोच में भी वृद्धि देखने को मिलती है परन्तु यहां यह बात भी सच है कि विदेशी संस्कृति का प्रभाव उन्हें अपने सामाजिक और सांस्कृतिक मूल्यों से काफी अलग-थलग कर देता है और नहीं तो वे आज की अत्यधिक तकनीकी प्रगति से लैस उपकरणों या साधनों के उपयोग में अकारण ही बहुधा अपना समय व्यर्थ करते रहते हैं। आज की नई पीढ़ी को स्मार्ट फोन, फेस बुक तथा अन्य इन्टरनेट सेवाओं के उपयोग को लेकर यह कितना सही है यह आप से छिपा नहीं है। पाश्चात्य संस्कृति के प्रभाव में उसका अन्धाधुंध अनुकरण करने की चेष्टा में वे बहुत सी अवांछित और असमाजिक, पथभृष्ट करने वाली ऐसी आदतों और रुचियों को ग्रहण कर सकते हैं जो उनके विकास और प्रगति में काफी बाधा डाल सकती हैं। इस तरह हम देखते हैं कि बहु संस्कृतिवाद, भूमंडलीकरण तथा तकनीकी प्रगति से आने वाले सामाजिक सांस्कृतिक परिवर्तन बालकों के हाथों में एक ऐसी दुधारी तलवार दे देते हैं जिससे उनका हित भी संभव है और अहित भी। यही वह स्थिति है जिसमें उन्हें अपने बड़ों या अध्यापकों से उचित देखभाल और मार्गदर्शन प्राप्त किया जाना आवश्यक होता है।

सार-संक्षेप (Summary)

सामाजिक परिवर्तन से अभिप्रायः समाज में आने वाले ऐसे परिवर्तनों से है जिनके माध्यम से (i) उसकी ढ़ाँचागत संरचना या संगठन, (ii) समाज के सदस्यों के बीच होने वाली अन्तःक्रिया तथा सामाजिक सम्बन्ध तथा (iii) समाज के सदस्यों के रहने-सहने और व्यवहार करने के तरीकों आदि में उल्लेखनीय परिवर्तन आते हुये दृष्टिगोचर होते हैं। सामाजिक परिवर्तनों के उदाहरण के रूप में हम संयुक्त परिवार पृथा से एकल परिवार पद्धति में बदल जाने, वैवाहिक संस्था के मूल्यों तथा स्तर में बदलाव आने, समाज के मूल्यों और मान्यताओं में परिवर्तन आने आदि का उल्लेख कर सकते हैं।

सामाजिक परिवर्तन सामान्यतया जिन मुख्य विशेषताओं से युक्त पाये जाते हैं, वे हैं (i) सामाजिक परिवर्तन पद्धति सार्वभौमिक होती हैं परन्तु सामाजिक परिवर्तनों की दर सब जगह अलग-अलग होती है, (ii) सामाजिक परिवर्तन कभी कभी ऐच्छिक होते हैं परन्तु बहुधा सुनियोजित न होकर अनियोजित ही होते हैं, (iii) सामाजिक परिवर्तन बहुधा विवादास्पद स्थिति खड़ी कर देते हैं और (iv) ये परिवर्तन दूसरे परिवर्तनों की तुलना में ज्यादा प्रभावशाली होते हैं। सांस्कृतिक परिवर्तनों से अभिप्रायः समुदाय या समाज विशेष की संस्कृति में आने वाले परिवर्तनों से होता है। यहाँ संस्कृति पद अपने आप में काफी

विस्तृत अर्थ रखता है। संस्कृति से अभिप्रायः समाज के सदस्यों द्वारा अपनाये जाने वाले उन व्यवहार तथा जीवनयापन के ढ़ंगों या तौर-तरीकों से होता है जो सदियों से उनके द्वारा अपनाये जाते रहे हैं। समाज की संस्कृति में आने वाला कोई भी बदलाव समाज की संरचना और कार्यप्रणाली में प्रभावशाली बदलाव लाने की क्षमता रखता है और अगर जब ऐसा होता है तो सामाजिक और सांस्कृतिक परिवर्तनों की अवधारणाओं में कोई विशेष अन्तर नहीं रह जाता। यही कारण है कि अपने क्रियात्मक तथा व्यावहारात्मक रूप में इन दोनों को समानार्थी पद के रूप में ही प्रयुक्त किया जाता है।

समाज के सामाजिक-सांस्कृतिक ढ़ाँचे तथा कार्यप्रणाली में आने वाले परिवर्तन बालकों की वृद्धि एवं विकास को काफी महत्त्वपूर्ण ढ़ंग से प्रभावित करते हैं। होने वाले इन परिवर्तनों को हम दो मुख्य भागों–प्रत्यक्ष तथा अप्रत्यक्ष में विभाजित कर अच्छी तरह समझ सकते हैं। औद्योगीकरण या एकल परिवार परिपाटी के अनुसरण ने माता-पिता के जीवनयापन तथा कार्यशैली में महत्व परिवर्तन लाये हैं। इनके फलस्वरूप माता-पिता द्वारा अपने बालकों के पालन-पोषण तरीकों में भी काफी बदलाव आया है। पालन-पोषण के तरीकों में ऐसा बदलाव आना इस तरह सामाजिक-सांस्कृतिक परिवेश में आने वाले अप्रत्यक्ष परिवर्तनों का एक अच्छा उदाहरण माना जा सकता है। दूसरी और प्रत्यक्ष सामाजिक-सांस्कृतिक परिवर्तनों के उदाहरण के रूप में हम शहरीकरण के फलस्वरूप ग्रामीण बालकों के रहन-सहन में आने वाले परिवर्तन का उदाहरण प्रस्तुत कर सकते हैं।

संदर्भित एवं विशेष अध्ययन ग्रन्थ (References and Suggested Readings)

Dawson, C.A. and Gettys, W.E., *Current Trends in Social Psychology*, Encyclopedia of Public Health, University of Pittsburg Press, Pittsburg, PA, 1948.

Gillin, John Lewis and Gillin, John Philip, *Cultural Sociology: A Revision of "An Introduction to Sociology,"* Macmillan, New York, 1954.

Ginsberg, Morris, *Sociology*, Oxford University Press, London, 1950.

Jenson, M.D., "Theories of Social Change: Meaning Nature and Processes", www.Sociologydiscussion.com/Sociology/Theories of Social Change–Meaning Nature and Processes/2364 (retrived on 16-8-2015).

Jones, R.A., quoted by Janak Pandey, *Social Reality—Perspectives and Understanding*, Concept Publishing, New Delhi, 1988.

Kinglsley, Davis, *Human society,* Macmillan, New York, 1949.

McIver, R.M. and Page, C.H., *Society: An Introductory Analysis*, Macmillan, London, 1949.

Macinois, John J., *Sociology*, 6th ed., Prentice Hall, New York, 1997.

विकासोन्मुख बालकों और किशोरों पर जनमाध्य का प्रभाव (Impact of Media on Growing Children and Adolescents)

जनमाध्य या जनसंचार पद का अर्थ (The Meaning of the Term Media or Mass Media)

अपने शाब्दिक अर्थ में जनमाध्य पद से तात्पर्य है वह माध्यम (सम्प्रेषण के साधन एवं स्वरूप) जो जनसामान्य के सम्प्रेषण के लिए होते हैं। इस प्रकार से जनमाध्य उन सभी चैनल्स, साधनों और स्वरूपों का प्रतिनिधित्व करते हैं जो किसी भी स्थान, स्थिति और समय की बाधा को पार कर बहुत से व्यक्तियों तक एक साथ कोई सन्देश, सूचना या निवेदन संप्रेषित करने के लिए उपयोग में लाए जाते हैं। ये दृश्य, श्रव्य या बहुइन्द्रिय प्रारूपों में उपलब्ध हो सकते हैं इसलिए ये अधिक से अधिक इन्द्रियों का उपयोग करते हुए लोगों के दिल और दिमाग में काफी गहरा प्रभाव छोड़ने की क्षमता रखते हैं।

निम्न प्रकार के संचार साधनों और प्रारूपों को 'जनमाध्य पद' के अन्तर्गत शामिल किया जा सकता है:

1. समाचार पत्र एवं पत्रिकाएं
2. पुस्तकें (प्रकाशित एवं ई-बुक्स)
3. विज्ञापन
4. रेडियो प्रसारण
5. दूरदर्शन प्रसारण
6. चलचित्र
7. इन्टरनेट एवं वेब (web) सामग्री
8. आधुनिक सम्प्रेषण साधन जैसे—स्मार्ट फोन पर उपलब्ध सन्देश एवं दृश्य-श्रव्य सामग्री, फेसबुक, ब्लॉग्स, ट्विटर आदि।

विकासोन्मुख बालकों और किशोरों पर जनमाध्य का प्रभाव (Impact of Media on Growing Children and Adolescents)

जनमाध्य साधन बालकों और किशोरों के व्यवहार और विकास को अनेक प्रकार से और अनेक स्वरूपों में एक बहुत ही प्रभावशाली भूमिका निभाते हैं। वे जनमाध्यों के द्वारा जो भी कुछ सुनते हैं, पढ़ते हैं या देखते हैं वह सब उनकी इन्द्रियों के माध्यम से उनके मन और मस्तिष्क को बड़ी गहराई के साथ प्रभावित करता है। परिणामस्वरूप वे अपनी आदतों, व्यवहार करने के ढंग, कार्य पद्धति आदि में उन बातों को इस तरह गहराई से सीख लेते हैं और आत्मसात कर लेते हैं कि उनकी जिन्दगी का रुख ही एक विशिष्ट प्रकार का स्वरूप धारण कर लेता हैं। आइए देखते है कि यह सब कैसे घटित होता है?

1. जब बालक और किशोर समाचार पत्रों, पत्रिकाओं, पैम्फ्लेट्स, पत्रिकाओं तथा पुस्तकों आदि में तरह-तरह की बातों या घटनाओं के बारे में पढ़ते हैं तो यह बातें उनका ध्यान आकर्षित करती हैं और वे न जाने कितनी ही बातों (सकारात्मक या नकारात्मक) से परिचित हो जाते हैं। इन सब से वे अनेक बातों को सीखते हैं और यह जानकारी उनके मस्तिष्क का चहुँमुखी विकास करती है। इसके साथ ही इस जानकारी से उनमें नई सोच का भी विकास होता है। आप जानते ही हैं कि अधिगम के फलस्वरूप व्यक्ति की रुचियों, अभिवृत्तियों, आदतों, स्वभाव तथा और भी बहुत से व्यक्तित्व गुणों का वांछित एवं अवांछित दोनों प्रकार का विकास होता है। इस प्रकार से मुद्रित सामग्री के सम्पर्क में आने वाले बच्चों के साथ भी ऐसा ही होता है। वे न केवल भलाई-बुराई, अच्छे-बुरे आदि से परिचित ही होते हैं बल्कि प्रत्यक्ष या अप्रत्यक्ष रूप से अपने व्यवहार में इन बातों का प्रदर्शन भी करने लगते हैं।
2. दृश्य श्रव्य एवं बहुमाध्य साधनों जैसे—रेडियो, टेलीविजन, फिल्म और चलचित्र तथा उनके कम्प्यूटर और मोबाइल फोन पर जो भी कुछ सूचना सामग्री उपलब्ध है वह समाचार पत्र पत्रिकाओं और पुस्तकों से प्राप्त सूचना सामग्री की तुलना में बालकों और किशोरों के व्यवहार और व्यक्तित्व का निरूपण करने में कहीं ज्यादा प्रभावशाली सिद्ध होती है। इनमें काफी व्यवस्थित रूप में अधिगम का मौका मिलता है। इस प्रकार के बहुइन्द्रिय तथा अवलोकनात्मक अधिगम में जब एक बालक अपने प्रिय अभिनेता या अभिनेत्री को पर्दे पर एक निश्चित प्रकार का व्यवहार या कार्य करते देखता है तो वह अपने व्यवहार में उसकी नकल करने से अपने आपको रोक नहीं पाता है। यह और कुछ नहीं केवल 'नायक-पूजा' (Hero worship) है जो बालकों और विशेषकर किशोरों में बहुत ज्यादा पाई जाती है।

जैसा कि बन्डूरा (1973) ने संकेत किया है कि सामाजिक अधिगम के रूप में इस प्रकार की सभी बातों को जब बालक और किशोर जनमाध्य में घटित होते हुए देखते हैं तो उन्हें प्रत्यक्ष और अप्रत्यक्ष रूप से उसका अनुकरण करने में जरा भी देर नहीं लगती है। वे फिर भलीभांति उन बातों को अपने ढंग से प्रयोग करते हुए पाए जाते हैं और इस तरह बहुत सी अच्छी या बुरी बातों को सीखने का रास्ता उन्हें जनमाध्य के द्वारा आसानी से प्राप्त होता रहता है।

आज इलेक्ट्रोनिक और कम्प्यूटरीकरण की प्रगति के इस नए दौर में बालकों के सामने विभिन्न प्रकार की बहुमाध्य सामग्री आसानी से और असीमित मात्रा में उपलब्ध करा कर उन्हें विभिन्न प्रकार के सामाजिक अधिगम करने के अवसर आसानी से उनके हाथों में दे दिए हैं। यही कारण है कि आज बालकों की रुचियों, दृष्टिकोणों, सोचने विचारने और काम करने के तरीकों में ऐसे प्रभावकारी परिवर्तन आ रहे हैं जिनसे उनके व्यवहार निरूपण और विकास को अच्छी और बुरी दोनों ही दिशाएं द्रुतवेग से मिलने लग रही हैं।

जनमाध्य (मुद्रित सामग्री और बहुमाध्य) के द्वारा आने वाले इस प्रकार के प्रभावों को उनके सर्वांग रूप में निम्न प्रकार सारांशित किया जा सकता है:

(i) आसानी से उपलब्ध होने वाले जनमाध्य संसाधनों के सम्पर्क में आने के फलस्वरूप बालकों को अपने वातावरण से सम्बन्धित बातों और घटनाओं के बारे में जागरूकता काफी बढ़ गई है। आज के बच्चों और किशोरों को कुछ समय पहले के बच्चों की तुलना में अपने भौतिक, सामाजिक और सांस्कृतिक वातावरण-(स्थानीय, प्रान्तीय, राष्ट्रीय एवं अन्तर्राष्ट्रीय) को जानने समझने के बहुत ज्यादा अवसर उपलब्ध हो जाते हैं। बच्चों के इस प्रकार के संज्ञानात्मक व्यवहार में विकास का काफी श्रेय जनमाध्य को ही दिया जा सकता है।

(ii) आज के बालकों और युवा पीढ़ी के सामाजिक, संवेगात्मक, भाषायी सम्प्रेषण तथा कलात्मक विकास में तीव्रगामी परिवर्तन लाने का श्रेय भी जनमाध्य को ही जाता है। आज के बालकों में पारस्परिक सम्बन्ध विकसित करने तथा आपस में अच्छी तरह से सम्पर्क में बने रहने के अवसर, कुछ समय पूर्व के बच्चों की तुलना में काफी ज्यादा प्राप्त हो रहे हैं। जनमाध्य उन्हें ऐसे बहुत से अमूल्य अवसर प्रदान करते हैं जिनसे वे अपने स्वयं के तथा दूसरों के सामाजिक और सांस्कृतिक जीवन प्रणालियों से परिचित हो सकें। वे यह जान सकें कि अपने आस-पास अन्य प्रदेशों तथा वैश्विक दुनिया के अन्य भागों में लोग कैसे व्यवहार करते रहे हैं

और अब कर रहे हैं। इस प्रकार से जनमाध्य ने बालकों और किशोरों के लिए यह सुलभ कर दिया है कि वे इस भूमंडल पर रहने वाले लोगों के बारे में उचित समझ रखते हुए अन्तर्राष्ट्रीय सहयोग, सद्‌भावना तथा शान्ति की दिशा में अपने कदम आगे बढ़ा सकें।

(iii) जनमाध्य की इस बात के लिए भी सराहना की जा सकती है कि इसने विभिन्न प्रकार की सामाजिक बुराइयों, रूढ़ियों, भेदभाव, पार्श्वीकरण तथा गलतफहमियों को जो किसी समुदाय, प्रदेश या क्षेत्र में चलती रही हैं, उन्हें दूर करने में भी सशक्त भूमिका निभाई है। आज के बालक और किशोर वैश्विक समुदाय और समाज की दिशा में आगे बढ़ रहे हैं। जाति, धर्म, रंग-रूप, भाषा, राष्ट्रवाद के बन्धन ढीले होते जा रहे हैं। उन्हें हम अन्तर्जातीय, अन्त:धर्मीय तथा अन्तर्राष्ट्रीय सम्बन्धों, मित्रताओं और यहां तक कि वैवाहिक सम्बन्धों में भी बंधते देख रहे हैं। यह सब जनमाध्य द्वारा प्रदत्त प्लेटफार्म और उससे जुड़ी हुई तकनीकियों द्वारा प्रदत्त सेवाओं से सुलभ हो रहा है।

3. जनमाध्य से केवल लाभों की प्राप्ति ही होती हो, ऐसी बात नहीं। इनका दूसरा पहलू भी है और वह भी अपने आप में काफी प्रभावकारी है। इनकी वजह से बहुत सी ऐसी अनुचित बातें बालकों और किशोरों में बढ़ रही हैं जिन्हें लेकर जनमाध्य की खुलकर आलोचना भी होती रहती है।

इस सम्बन्ध में विशेषतौर पर हम यह पाते हैं कि जनमाध्य को बालक और किशोरों को अपराध, घृणा, हिंसा तथा यौन शोषण जैसी बातों के जाल में फंसाने के लिए उत्तरदायी ठहराया जाता है। हम यह पाते हैं कि हमारा समाचारपत्र, मैगजीन, न्यूज चैनल, टेलीविजन पर प्रदर्शित सीरियल और सिनेमा फिल्म्स सभी विविध प्रकार की हिंसक, यौन सम्बन्धी अपराधों तथा अनैतिक, असामाजिक और अमानवीय कृत्यों से सम्बन्धित घटनाओं के चित्रण में एकजुट रहते हैं। इन्टरनेट, वेब तथा अन्य उपलब्ध सामाजिक मीडिया भी ऐसी नकारात्मक और हानिप्रद सामग्री से भरे रहते हैं। इन्टरनेट पर तो वयस्कों और बच्चों सम्बन्धी अश्लील और गन्दी सामग्री मुक्त रूप से उपलब्ध रहती है। जनमाध्य से सम्बन्धित यही वे बातें हैं जहां बालक और किशोर अपनी राह भटक कर अपना बहुमूल्य समय, शक्ति, धन और पुरूषार्थ इन बेकार की हानिप्रद बातों में व्यय कर सकते हैं। सामाजिक रूप से अवांछित कार्यों हिंसा और अपराध को दुनिया से अपना सम्बन्ध जोड़ लेने से वे अपनी जिन्दगी ही तबाह कर बैठते हैं। साथ ही उन्हें यहां ऐसे अपराधियों, यौन शासकों, आंतकवादी समूहों के चंगुल में फंसना पड़ सकता है जो जनमाध्य के सहारे उनके सम्पर्क में आकर उन्हें अपनी दुनिया में आने को मजबूर कर देते हैं।

इस प्रकार से यह अच्छी तरह से देखा जा सकता है कि जनमाध्य में इस प्रकार की क्षमता है कि वह बालकों या किशोरों के विकास को अनुकूल या प्रतिकूल किसी भी ढंग से प्रभावित कर सकता है। किशोरों के लिए तो यह बात और भी अधिक उपयुक्त ठहरती है क्योंकि किशोरावस्था मानव जीवन का सबसे संवेदनशील समय है। किशोर इस समय जीवन के ऐसे दो राहे पर खड़े होते हैं कि वे अनुकूल और प्रतिकूल किसी भी प्रकार की जीवन राह पकड़ सकते हैं। उनमें आत्म चेतना और यौन चेतना दोनों का अत्यधिक प्रभाव रहता है। संवेगों के वेग में बहने से वे अपने ऊपर तुरन्त ही नियंत्रण खो बैठते हैं। उनकी इस प्रकार की मानसिक एवं संवेगात्मक स्थिति में जनमाध्य द्वारा डाला जाने वाला अनुकूल और प्रतिकूल प्रवाह उन्हें अपनी दिशा में बहा कर ले जाता है। इसलिए यहां यह काफी ज़रूरी हो जाता है कि समाज के उत्तरदायी सदस्य, माँ बाप और अध्यापक इस दिशा में पूरी तरह जागरूक रहें कि जनमाध्य का अवांछित प्रभाव बालकों और किशोरों को नुक्सान न पहुँचाए। जनमाध्यों से जो भी अनुकूल लाभ उठाए जा सकते हैं उन्हें उठाने में बालकों और किशोरों की यथा संभव मदद की जाए और साथ ही फिर उन्हें इस प्रकार का मार्गदर्शन प्रदान किया जाए कि वे जनमाध्य से होने वाली बुराइयों से अपना बचाव कर सकें।

जनमाध्य द्वारा प्रकाश में लाई गई तथा सृजित महत्त्वपूर्ण घटनाओं का पुनर्गठन (Deconstruction of Significant Events that Media Highlights and Creates)

जैसा कि अभी हमने देखा है जनमाध्य बालकों और किशोरों के व्यवहार तथा विकास पर काफी सशक्त प्रभाव डालता है। जनमाध्य के द्वारा प्रकाश में लाई गई तथा सृजित महत्त्वपूर्ण घटनाओं को पुनर्गठित तथा थोड़ा परिष्कृत करने के प्रयास किए

जाएं तो इनसे और भी ज्यादा वांछित लाभ प्राप्त किए जा सकते हैं। पहले हम यह जानने का प्रयास करते हैं कि 'पुनर्गठन पद' या 'जनमाध्य घटनाओं के पुनर्गठन पद' का क्या अर्थ है।

शब्दकोषीय अर्थ के अनुसार पुनर्गठन या पुनर्रचना (Deconstruction) पद का प्रयोग एक ऐसी प्रक्रिया के लिए किया जाता है जिसमें किसी वस्तु या बात या तथ्य की प्रकृति तथा विशेषताओं को अधिक अच्छी तरह से समझने के लिए उसके तत्त्वों या अवयवों को अलग-अलग किया जाता है अर्थात् उस तथ्य या बात का विश्लेषण किया जाता है। इस प्रकार से जब भी कोई समाचार, कहानी, घटना या दूरदर्शन का एपीसोड बालकों के सम्मुख प्रस्तुत होता है अर्थात् दिखाई पड़ता है तब इन समाचार या घटना या एपीसोड में छिपे हुए अर्थ को ठीक प्रकार से ग्रहण करने या समझने के लिए उसका विश्लेषण करने में बालकों की सहायता की जानी चाहिए ताकि वे उसका सकारात्मक पहलू देख सकें।

अपने दिन प्रतिदिन के जीवन की भाषा में पुनर्गठन पद से हमारा अभिप्राय होता है—एक संरचना की पुन:निर्माण करने की प्रक्रिया। यह एक ऐसी प्रक्रिया की ओर संकेत करता है जिसमें किसी भवन, इमारत या दीवाल को, अपनी ज़रूरत के अनुसार वांछित ढंग से पुनर्निमाण करने हेतु गिराना और पुनः बनवाने का कार्य किया जाता है। ठीक इसी प्रकार से जनमाध्य द्वारा जो कुछ प्रस्तुत किया जाता है या दिखाया जाता है उसका पुनर्गठन करना चाहिए, जैसे (i) इसके द्वारा जो कुछ प्रस्तुत किया गया है उसके अन्तर्गत छिपे हुए अर्थ को समझने के लिए (ii) मीडिया द्वारा प्रकाशित या प्रस्तुत तथ्यों के सन्देश को इस प्रकार से अर्थापन करना जिससे बालकों का कल्याण हो और वह उनके हित में हो।

पुनर्गठन व्यक्ति को एक ऐसा रास्ता सुझाता है जिससे व्यक्ति जनमाध्य या मीडिया द्वारा प्रेषित या प्रसारित बातों का वस्तुनिष्ठ मूल्यांकन कर सकता है। यह मीडिया द्वारा प्रस्तुत की गई या प्रसारित की गई बातों का सकारात्मक सन्देश या विचार निकालने में सहायता करता है। पुनर्गठन या पुनर्रचना के द्वारा मीडिया द्वारा प्रस्तुत बातों में से हम नकारात्मक पक्ष को हटाकर उन बातों को अधिक महत्त्व दे सकते हैं जिनसे बालकों के मन और मस्तिष्क पर सकारात्मक प्रभाव पड़े और जिनसे बालकों की भलाई एवं तरक्की हो। ठीक इसी प्रकार हम मीडिया द्वारा दिखाई गई या प्रस्तुत की गई बातों या घटनाओं की पुनः रचना या पुनर्गठन करके उन घटनाओं को बालकों के सामने इस प्रकार थोड़ा परिवर्तित करके प्रस्तुत कर सकते हैं जिससे बालकों में आवश्यक सामाजिक मूल्य, जनतांत्रिक गुण, चारित्रिक गुण एवं नीतिगत मानदण्ड तथा मानवता सम्बन्धी भावनाओं का विकास हो सके। साथ ही समाज में व्याप्त रूढ़िवादिता, सामाजिक बुराइयों, अलगाववाद या पार्श्वीकरण से छुटकारा पाने में सहायता मिले।

मीडिया में प्रस्तुत घटनाओं के वांछित पुनर्गठन के एक उदाहरण के रूप में हम निम्न बातों का उल्लेख कर सकते हैं:

1. देश में किसी स्थान पर हुए सामुदायिक दंगों से सम्बन्धित कोई समाचार या घटना प्रकाशित होने पर उसका पुनर्गठन या पुनः रचना करते हुए उस व्यक्ति, समूह या संगठन की भूमिका को ज्यादा प्रकाश में लाने पर जोर देना चाहिए, जिसने किसी जाति वर्ग, धर्म या प्रदेश का ख्याल किए बिना, अपने जीवन की परवाह न करके, दंगा पीड़ितों की सहायता की हो।
2. मीडिया के द्वारा आतंकवादी गतिविधियों से सम्बन्धित रिपोर्टों, समाचार या प्रसारणों का पुनर्गठन करते समय आतंकवाद को अति अमानवीय, असभ्य और कायरतापूर्ण कार्य ठहराने के साथ-साथ इस बात का भी ध्यान रखना चाहिए कि किसी विशेष समुदाय, प्रजाति या जाति के सभी लोगों को आतंकवादी, बुरे व्यक्ति या शैतान के रूप में चित्रित न किया जाए।
3. समाचार पत्र, दूरदर्शन प्रसारण, चलचित्र या कोई इलेक्ट्रोनिक मीडिया पर प्रसारित रिपोर्ट या प्रसारण बालकों के सामने इस प्रकार से प्रस्तुत किए जाएं जिनसे बच्चे सकारात्मक अर्थ ग्रहण करते हुए निम्न प्रकार की आदतों और अभिवृत्तियों को अपने अन्दर आत्मसात करने की पहल कर सकें:

   (i) जानवरों एवं पक्षियों के प्रति प्यार की भावना।

   (ii) प्रदूषण रहित पर्यावरण।

   (iii) सफाई एवं स्वच्छता की आदत।

(iv) पौधारोपण।

(v) अन्धविश्वासों, गलत धारणाओं, विद्वेष एवं रूढ़िवादिता से मुक्ति।

(vi) जनतंत्र एवं जनतांत्रिक मूल्यों के साथ-साथ धर्मनिरपेक्षता, समानता, स्वतन्त्रता, शान्तिपूर्ण सह अस्तित्व एवं सार्वभौमिक भाईचारे में विश्वास एवं आस्था।

(vii) किसी एक अन्य कारण से किसी भी प्रकार के पार्श्वीकरण, भेदभाव, अन्याय, दबाव का विरोध करना।

(viii) प्रकृति, सृजनात्मकता, अन्वेषण एवं साहसिक कार्यों से प्यार।

(ix) आत्मविश्वास, आत्म गौरव, स्व-अधिगम और आत्मसामर्थ्य में विश्वास।

(x) अपने व्यक्तित्व के समन्वित एवं सम्पूर्ण विकास के लिए प्रयत्नशील।

(xi) समाज तथा राष्ट्र की प्रगति के प्रति निष्ठा एवं योगदान।

(xii) सामाजिक तथा नैतिक रूप से प्रतिकूल व्यवहार, अपराधी प्रवृति के कार्य, राष्ट्र विरोधी एवं अमानवीय गतिविधियों से दूर रहना।

4. मीडिया के द्वारा प्रस्तुत एवं प्रसारित समाचार, रिपोर्टों तथा घटनाओं को इस प्रकार से पुनर्गठित या पुनः रचना करके प्रस्तुत किया जाए जिससे बालकों सहित जनसामान्य को स्पष्ट रूप से यह सन्देश मिले कि समता, समानता, स्वतन्त्रता एवं धर्मनिरपेक्षता से युक्त जनतांत्रिक समाज में सभी को लिंग, जाति, प्रजाति, भाषा या धर्म के भेदभाव के बिना अपने विकास और प्रगति पथ पर आगे बढ़ने के समान अवसर मिलने चाहिए। इसलिए एक ओर तो इस सम्बन्ध में व्यक्त की गई किसी प्रकार की नकारात्मकता और अवांछनीयता को नजरअन्दाज किया जाना चाहिए और दूसरी तरफ सभी प्रकार की सकारात्मकता तथा वांछनीयता बालकों और लोगों के सामने इस प्रकार से प्रस्तुत की जानी चाहिए कि उनमें सभी प्रकार की आदतें, अभिवृत्तियां और व्यवहार क्रियाओं को पनपने का अवसर मिले।

उदाहरण के लिए—

- शैक्षणिक, खेलकूद, व्यावसायिक, राजनीतिक तथा सामाजिक क्षेत्रों में लड़कियों और महिलाओं की उपलब्धियों को उचित सम्मान एवं प्रशंसा मिलनी चाहिए।
- निर्धनता से ग्रस्त वातावरण, ग्रामीण तथा जनजातीय क्षेत्रों के, सामाजिक तथा सांस्कृतिक रूप से वंचित परिवारों के बालकों का अति विशिष्ट स्थानों को प्राप्त करने सम्बंधी बातें प्रकाश में लाई जानी चाहियें।
- माता-पिता, परिवार, समाज तथा समुदायों के द्वारा अपनी बालिकाओं की शिक्षा और विकास के लिए समुचित अवसर तथा प्रोत्साहन प्रदान करने सम्बन्धी घटनाओं और खबरों को मीडिया द्वारा उदाहरण रूप में प्रकाश में लाना चाहिए ताकि दूसरे लोग भी उनका अनुकरण कर सकें, जैसे—
    - — हरियाणा राज्य के एक जिले झज्जर के ग्रामीण परिवार से सम्बन्ध रखने वाले एक पिता ने अपनी चार बेटियों और भाई की दो बेटियों सभी को अन्तर्राष्ट्रीय ख्याति की पहलवान बनाने के लिए समुचित अवसर एवं सुविधाएं प्रदान कीं।

सार-संक्षेप (Summary)

जन माध्य पद से अभिप्रायः ऐसे माध्य यानी साधन एवं प्रारूपों से होता है जिनका उपयोग जन सामान्य के साथ संप्रेषण हेतु किया जाता है। अपने इस रूप में इनके द्वारा इस तरह स्थान, स्थिति और समय सम्बन्धी सभी बाधाओं को पार करते हुये बहुत से व्यक्तियों को एक साथ कोई संदेश, सूचना तथा परामर्श प्रदान करने की भूमिका निभाई जाती है। जनमाध्य अपने किसी भी प्रारूप-श्रव्य, दृश्य तथा बहु-इन्द्रिय में विद्यमान पाये जा सकते हैं तथा इनमें प्रमुख रूप से समाचार पत्र एवं पत्रिकाओं, पुस्तकों, रेडियो तथा दूरदर्शन प्रसारण, फिल्म तथा चलचित्र, इन्टरनैट तथा स्मार्ट फोन एवं अन्य सोशल नेट वर्किंग साधनों की गिनती की जा सकती है।

बढ़ते हुये बालकों के विकास पर जनमाध्य द्वारा डाले गये प्रभावों के रूप में यह अच्छी तरह कहा जा सकता है कि इनमें बालकों और किशोरों के व्यवहार एवं विकास को प्रभावित करने की अद्‌भुत क्षमता पाई जाती है। जनमाध्य के द्वारा उन्हें जो कुछ पढ़ने, सुनने तथा देखने को मिलता है, वह उनकी ग्रहण इन्द्रियों के जरिये सीधे ही उनके मन और मस्तिष्क की सामग्री बनता जाता है। इस कार्य में अनुकरण प्रवृत्ति भी उनकी काफी मदद करती है परिणामस्वरूप जो बातें जनमाध्यों में घटती हुई वे देखते और सुनते हैं उनका अनुकरण करने में उन्हें देर नहीं लगती। इस तरह अनेक प्रकार के अच्छे-बुरे आचरण और व्यवहार को अपनाने का रास्ता जनमाध्यों के द्वारा उन्हें आसानी से प्राप्त होता रहता है और उनका अधिगम एवं विकास भी उसी रूप में आगे बढ़ता रहता है।

जनमाध्यों से और भी अच्छे समुचित लाभ उठाने हेतु जनमाध्य द्वारा प्रसारित और प्रकाशित बातों एवं घटनाओं को नये सिरे से इस प्रकार पुनर्गठित एवं परिश्कृत करने की आवश्यकता रहती है कि वे अपना अनुकूल प्रभाव छोड़ते हुये जनमानस तथा वृद्धि को प्राप्त हो रहे बालकों के समुचित विकास, प्रगति और कल्याण में अच्छी तरह सहायक बन सकें। इस प्रकार के सकारात्मक प्रयासों से मीडिया द्वारा प्रस्तुत बातों में से हम नकारात्मक पक्ष को हटाकर उन बातों को अधिक महत्त्व दे सकते हैं जो बालकों के मन और मस्तिष्क पर सकारात्मक प्रभाव डालते हुये बालकों की प्रगति और भलाई में अच्छी तरह सहायक सिद्ध हो सकें। इसी तरह मीडिया द्वारा प्रस्तुत बातों और घटनाओं को इस प्रकार परिश्कृत करके प्रस्तुत किया जा सकता है कि परिणामस्वरूप बालकों में आवश्यक सामाजिक मूल्य, जनतांत्रिक गुण, चारित्रिक विशेषताओं तथा मानवतावादी भावनाओं का विकास हो सके और समाज में व्याप्त बुराइयों को दूर करने में यथेष्ट रूप से मदद मिले।

संदर्भित एवं विशेष अध्ययन ग्रन्थ (References and Suggested Readings)

Bandura, A., *Social Learning Theory*, Prentice Hall, Englewood Cliffs, NJ, 1977.

Eysenck, H.J. et al., *Encyclopaedia of Psychology,* Phil. Lib., New York, 1972.

Harriman, P.L. (Ed.), *Encyclopaedia of Psychology*, Phil. Lib., New York, 1946.

Kuppuswamy, B., *An Introduction to Social Psychology*, Asia Publishing House, Mumbai, 1971.

The American Heritage New Dictionary of Cultural Literacy, 3rd ed., Houghton Mifflin Company, New York, 2005.

Webster's Seventh New Collegiate Dictionary, G.C. Merriam Company, Springfield, Massachusetts, 1970.

समाज में पार्श्वीकरण एवं रूढ़िवादिता या रूढ़िबद्धता (Marginalisation and Stereotyping in the Society)

पार्श्वीकरण और इसका प्रभाव (Marginalisation and its Impact)

पार्श्वीकरण-अर्थ एवं अवधारणा (Marginalization-Meaning and Concept)

पार्श्वीकरण का सरल भाषा में अर्थ होता है किसी को पार्श्व या एक तरफ कर देने की प्रक्रिया। उर्दू भाषा में इसके लिए हाशियाकरण शब्द का प्रयोग किया जाता है जिसका अर्थ होता है किसी को हाशिये पर डाल देना। यह ऐसी बात है कि जब किसी शब्द को किसी पृष्ठ पर स्थित हाशिये पर डाल दिया जाये। अंग्रेजी में इसके लिए मार्जीनलाइजेशन (Marginalization) शब्द का प्रयोग होता है। आंग्ल भाषा के शब्द कोषों में इस शब्द को परिभाषित करते हुए लिखा है—''किसी को समूह या समाज में प्रभुत्वहीन या महत्त्वहीन स्थिति में रखना या डालना।'' (To put or keep some one in a powerless or unimportant position within a society or group.)

इस तरह के मार्जीनलाइजेशन, हाशियाकरण या पार्श्वीकरण से तात्पर्य उस प्रक्रिया या गतिविधि से है जिसमें किसी बहुसंख्यक समुदाय तथा समूह द्वारा किसी व्यक्ति या अल्पसंख्यक समूह को वंचनात्मक स्थिति (deprived state) में रखा जाता है यानी उसको प्रभुत्वहीन तथा नगण्य बनाते हुये उसे उन अधिकारों तथा सुविधाओं से वंचित कर दिया जाता है जिन्हें बहुसंख्यक समुदाय स्वयं भोगता है। पार्श्वीकरण (Marginalization) के इस अर्थ एवं अवधारणा से सहमति प्रकट करते हुये इनसाईक्लोपीडिया ऑफ पब्लिक हैल्थ (2002) ने इसकी परिभाषा देते हुये लिखा है:

''पार्श्वीकृत या हाशियाकरण से तात्पर्य है एक ओर या हाशिये पर डाल देना और इस तरह केन्द्र या मुख्य धारा में उपलब्ध सुविधाओं एवं शक्तियों से वंचित कर देना।''

(To be marginalized means to be placed in the margins and thus get excluded from the priviledge and power found in the center.)

पूरे विश्व में समुदाय और राष्ट्र इस पार्श्वीकरण या हाशियाकरण नामक बुराई/समस्या से ग्रस्त हैं जिसके तहत किसी अल्पसंख्यक वर्ग तथा समुदाय को किसी एक या अन्य बातों के आधार पर समाज या राष्ट्र विशेष की मुख्यधारा से अलग-थलग रखने का कार्य किया जाता है। व्यवहारात्मक रूप से इस तरह ''पार्श्वीकरण'' और ''सामाजिक रूप से पृथक या अलग-अलग कर देना'' (Seclusion) पद समानार्थी ही ठहरते है। इन दोनों से ऐसी प्रक्रिया का बोध होता है जिसमें व्यक्ति या समुदाय विशेष को व्यवस्थित रूप में बहुत से ऐसे अधिकारों, अवसरों तथा संसाधनों से वंचित रखा जाता है जो बहुसंख्यक या शासित वर्ग को सामान्य रूप में उपलब्ध रहते हैं।

पार्श्वीकरण के प्रकार या रूप (Types or Forms of Marginalization)

हमारे समाज में प्राय: पार्श्वीकरण अपने जिन दो प्रकारों या रूपों में दिखाई देता है वे हैं: (i) व्यक्ति-पार्श्वीकरण तथा (ii) समुदाय-पार्श्वीकरण।

व्यक्ति-पार्श्वीकरण (Individual marginalization)—इस प्रकार के पार्श्वीकरण में व्यक्ति विशेषों को वैयक्तिक रूप में अलग-थलग करने की बात की जाती है। इसमें व्यक्ति को पूरी तरह हाशिये पर डालने या पार्श्वीकृत करने की बात की जाती है और परिणामस्वरूप उसे (i) समाज का समुदाय में सार्थक भागीदारी निभाने से वंचित किया जा सकता है तथा (ii) समाज के सदस्यों को सामान्य रूप में उपलब्ध अधिकारों तथा सुविधाओं से वंचित किया जा सकता है। इस प्रकार के पार्श्वीकरण के उदाहरण रूप में हम विधवाओं, अविवाहित माताओं, गरीबों, विकलागों, वरिष्ठ नागरिकों तथा कैन्सर और कोढ़ से पीड़ित व्यक्तियों का नाम ले सकते हैं। इन व्यक्तियों द्वारा जिस प्रकार के पार्श्वीकरण या हाशियाकरण का सामना करना पड़ता है। उसे निम्न उदाहरणों द्वारा अच्छी तरह समझा जा सकता है:

- किसी परिवार विशेष की एक लड़की को पार्श्वीकरण या हाशियाकरण का शिकार इसलिये होता हुआ पाया जा सकता है कि वह एक लड़की है। उसे अपने सहोदर तथा चचेरे भाईयों की तुलना में बहुत कम लाड़ प्यार, चाहत, प्रोत्साहन तथा उत्साहवर्धन युक्त वातावरण मिलता है, उपेक्षा, तिरस्कार तथा निरुत्साहित किया जाना ही उसके हाथ में ज्यादा आता है तथा शिक्षा, विकास तथा प्रगति के अवसरों से भी प्राय: उसे वंचित रहना पड़ता है।
- एक वरिष्ठ नागरिक (पुरूष या स्त्री) को अलगाव तथा पार्श्वीकरण का शिकार उसी की अपनी संतान तथा सगे-सम्बन्धियों के हाथों होना पड़ता है। उसके ऊपर कोई ध्यान नहीं दिया जाता और उसे प्राय: जीवन जीने की आवश्यक सुविधाओं के साथ सामाजिक तथा संवेगात्मक वंचन का भी शिकार होना पड़ता है। यहां तक कि पोते पोतियों के साथ और स्नेह से भी उसे दूर रखने के प्रयत्न होते हैं।
- एक विकलांग बालक को उसी के समुदाय तथा समाज में चल रहे विद्यालयों में प्रवेश नहीं दिया जाता तथा उसे अपने परिवार एवं समुदाय में आयोजित सामाजिक एवं सांस्कृतिक गतिविधियों में भाग लेने से भी वंचित रखा जाता है।
- एक युवक को राज्य कर्मचारी चयन आयोग के द्वारा आयोजित साक्षात्कारों में असफलता का मुँह इसलिए देखना पड़ता है क्योंकि उस आयोग में सदस्य गण जिस जाति से सम्बन्ध रखते हैं, वह उस जाति का नहीं है।

समुदाय पार्श्वीकरण (Community Marginalization)—इस प्रकार के पार्श्वीकरण में अल्पसंख्यक के रूप में जाना जाने वाले कोई एक समूह अथवा सारे समुदाय को बहुसंख्यक समाज के हाथों पार्श्वीकरण का शिकार होते हुए देखा जाता है। पाश्चात्य देशों में अश्वेतों तथा हमारे देश में स्त्रियों, अछूतों तथा अनुसूचित जाति के व्यक्तियों के पार्श्वीकरण को समुदाय पार्श्वीकरण के उदाहरण के रूप में जाना जा सकता है। इस प्रकार के पार्श्वीकरण के शिकार समुदाय और समूहों को जिन हालातों से गुजरते हुए देखा जाता है उसकी एक झलक निम्न उदाहरणों से प्राप्त हो सकती है:

- अनुसूचित जाति, जनजाति तथा सामाजिक रूप से अस्पृश्य समझे जाने वाले व्यक्तियों को अपने ही गाँव में इस तरह अलग-थलग कर दिया जाता है कि उन्हें गाँव के कुए से भी पानी लेने की अनुमति नहीं होती। पूजा-पाठ के लिए मन्दिरों के दरवाजे उनके लिए बन्द रहते हैं और यहाँ तक कि उन्हें जनतांत्रिक रूप से वोट डालने में भी अड़चने पैदा की जाती हैं। उनके बच्चों को गाँव के विद्यालय में प्रवेश इसलिए नहीं मिलता क्योंकि उन्हें अस्पृश्य माना जाता है। अगर कानूनी आधार पर उन्हें यह प्रवेश मिल भी जाए तो इन बालकों के कक्षा और विद्यालय में सभी तरह के अपमान और तिरस्कार का शिकार होना पड़ता है।
- ग्रामीण वर्ग को ऐसी बहुत सी सुविधाओं से वंचित रहना पड़ता है जो शहरी जनसंख्या को आसानी से उपलब्ध रहती हैं। इसी प्रकार एक अल्पसंख्यक वर्ग को बहुसंख्यक वर्ग इतना अधिक अलग-थलग कर देता है और उसके प्रति इस प्रकार की भावनाएं पाल लेता है जिससे अल्पसंख्यक वर्ग को अपने जीवनयापन में बहुत कुछ असुविधा और असुरक्षा रहती है (काश्मीर की हिन्दू जनसंख्या के साथ अशान्त काश्मीरी क्षेत्रों में ऐसा ही हो रहा है)।
- एक विशेष राज्य या राष्ट्र के कई जिले या क्षेत्र पार्श्वीकरण की समस्याओं का सामना करते हैं और उन्हें ऐसी बहुत-सी सुविधाओं और अवसरों से वंचित रखा जाता है जो कि दूसरे नागरिकों को सामान्य रूप में उपलब्ध होती हैं। इसका कारण है राजनीतिक दुष्प्रभाव या सत्तारूढ राजनीतिक पार्टी या सरकार की शोषणात्मक प्रवृत्तियां।

जिस प्रकार तत्कालीन पाकिस्तान सरकार के द्वारा उस समय के पाकिस्तान (अब बांग्लादेश) के लोग अत्यधिक शोषण और भेदभाव का शिकार बने रहे। बांग्लादेश निवासियों की उपेक्षा कर पाकिस्तान सरकार पश्चिमी पाकिस्तान की प्रगति के लिए नाजायज पक्षपात प्रदर्शित करती रही।

- हम भारतवासियों को भी अंग्रेज शासकों द्वारा हमारे देश के प्रति किए गए पार्श्वीकरण के दुष्परिणाम भुगतने पड़े। हमें अपनी बुनियादी अधिकारों और सुविधाओं से वंचित रहकर सभी तरह के शोषण का शिकार होना पड़ा। अधिकारों और सुविधाओं से वंचित करने का दौर देश में स्वतन्त्रता के बाद भी थमा नहीं है। आज में दूर-दराज और ग्रामीण इलाकों में अनुसूचित जाति और जनजाति तथा सभ्य समाज में भी दीन, दलितों, गरीबों और स्त्रियों को उनके आवश्यक अधिकार और सुविधाओं से वंचित रखा जाता है और उन्हें पार्श्वीकरण सम्बन्धी सभी प्रकार के दुष्परिणाम भुगतने पड़ते हैं।

पार्श्वीकरण के कारक या जनक (Factors or Contributors of Marginalisation)—पार्श्वीकरण चाहे व्यक्तिगत स्तर पर हो या समूह/समुदाय स्तर पर, यह समाज के उस बहुसंख्यक, शक्तिशाली और साधन सम्पन्न वर्ग के द्वारा व्यक्ति विशेषों अथवा अल्पसंख्यक वर्ग के प्रति दिखाई जाने वाली उपेक्षा, भेदभाव और शोषण की प्रवृत्ति का ही परिणाम होता है। बहुसंख्यक वर्ग में जो इस प्रकार की उपेक्षा, घृणा और भेदभाव के भाव उभर कर आते हैं वे अधिकतर समाज में व्याप्त रूढ़िवादिता और दिलोदिमाग में भरे हुए नकारात्मक दृष्टिकोण के द्वारा ही जन्म लेते हैं। इस संदर्भ में पार्श्वीकरण के लिए उत्तरदायी कारकों के रूप में निम्न का उल्लेख किया जा सकता है:

- लिंग भेद से जुड़े हुए कारक-जैसे-लड़कियों एवं महिलाओं, समलैंगिक, वैश्याओं, नर्तकियों, हिंजड़ों आदि के प्रति व्याप्त नकारात्मक दृष्टिकोंण।
- आर्थिक स्तर से सम्बन्धित कारक-जैसे-निर्धनता, निम्न सामाजिक-आर्थिक स्तर और बेरोजगार।
- सामाजिक सांस्कृतिक कारक,-जैसे-किसी जाति, प्रजाति विशेष से सम्बन्धित होना, किसी खास रंग-रूप, धर्म, भाषा, राजनीतिक विचारधारा और क्रान्तिकारी सोच से जुड़ा होना या दूसरे प्रान्तों, क्षेत्रों या देशों से आने वाला अप्रवासी वर्ग आदि।
- किसी विशिष्टता से जुड़े हुए कारक (सामान्य से बहुत अधिक अलग होना): जैसे—प्रतिभावान या सृजनशील होना, मंदगति अधिगमकर्त्ता या शैक्षिक रूप से पिछड़ा हुआ होना, किसी प्रकार की शारीरिक और मानसिक विकलांगता का शिकार होना, अधिगम अक्षमताओं और संवेगात्मक कुसमायोजन से पीड़ित होना आदि।

पार्श्वीकरण के प्रभाव या प्रतिफल (Consequences orImpact of Marginalization)

पार्श्वीकरण या सामाजिक रूप से अलग-थलग करने से व्यक्तियों और समुदायों को, जिस समाज से उनका सम्बन्ध रहता है उसके आर्थिक, सामाजिक और राजनीतिक गतिविधियों में भाग लेने से वंचित रहना पड़ता है। अलग-थलग किए जाने के अतिरिक्त उन्हें समाज की बहुसंख्यक और शक्तिशाली वर्ग द्वारा प्रदर्शित उपेक्षा, घृणा और भेदभाव का भी शिकार बने रहना पड़ता है। उन्हें उन सब मूलभूत सुविधाओं, अधिकारों से भी वंछित रहना होता है जो उन्हें उस समाज का सदस्य या देश का नागरिक होने की वजह से समान रूप से प्राप्त हो सकती थीं। किसी भी समाज या राष्ट्र में इस तरह पार्श्वीकरण के शिकार व्यक्तियों और समूहों को विभन्न प्रकार के आर्थिक, सामाजिक और सांस्कृतिक, मनोवैज्ञानिक तथा शैक्षणिक वंचनों का इतना अधिक शिकार रहना पड़ता है कि इनसे इनकी प्रगति और कल्याण के अधिकतर रास्ते बन्द हो जाते हैं।

बालकों और विद्यार्थियों के लिए भी यह बात समान रूप से लागू रहती है। उन्हें भी समाज या राष्ट्र में पार्श्वीकरण या हाशियाकरण की प्रवृत्ति के कारण गम्भीर परिणाम भुगतने पड़ते हैं। उन्हें तो इस दिशा में दोहरी मार झेलनी पड़ती है। एक तो जिस विषय अवस्था से पार्श्वीकरण के कारण उनके माता-पिता और परिवार गुजर रहे हैं और उनकी जो स्थिति चल रही है उसके दुष्प्रभाव भी उन्हें प्रत्यक्ष और अप्रत्यक्ष रूप से झेलने होते हैं। इसके अतिरिक्त व्यक्तिगत स्तर पर भी उन्हें अपने घर, विद्यालय और समाज में उनके साथ जो भेदभाव, पक्षपात घृणा और द्वेष देखने को मिलता है, उसके प्रत्यक्ष परिणाम भी उन्हें भुगतने होते हैं।

बालकों द्वारा झेले जाने वाले इन दोनों प्रकार के पार्श्वीकरण प्रभावों की हम अब विस्तार में चर्चा करना चाहेंगे:

A. माता-पिता और परिवार के द्वारा झेले जाने वाले पार्श्वीकरण का प्रभाव (The Impact of Marginalization suffered by their parents and family)—अपनी शिक्षा, समायोजन और विकास के लिए आवश्यक सुविधाओं और अवलम्बन हेतु विकासशील बालकों को अपने माता-पिता और परिवार पर निर्भर रहना होता है। उस अवस्था में जब उनके माता-पिता और परिवार को बहुसंख्यक वर्ग के हाथों पार्श्वीकरण का सामना करना होता है तब इसके सभी प्रकार के दुष्परिणाम विकासशील बालकों को स्वत: ही हस्तान्तरित हो जाते हैं। सामान्य रूप से देखा गया है कि पार्श्वीकरण परिवार को निम्न प्रकार की असुविधाओं तथा दुष्परिणामों के लिए उत्तरदायी सिद्ध होता है:

- पार्श्वीकरण का परिवार की आर्थिक स्थिति पर गहरे दुष्प्रभाव पड़ते हैं। अनेक अवस्थाओं में तो उसे इतनी गरीबी की मार झेलनी पड़ती है कि उनके खाने-पीने के भी लाले पड़ जाते हैं।
- उन्हें अस्वस्थ्य कर परिस्थितियों में रहने को मजबूर होना पड़ता है।
- उन्हें आवश्यक स्वास्थ्य और चिकित्सा सम्बन्धी सुविधाएं उपलब्ध नहीं होतीं।
- उन्हें अपने और अपने बच्चों के लिए उचित शिक्षा सुविधाओं से वंचित रहना पड़ता है।
- बहुसंख्यक समुदाय के द्वारा किए जाने वाले अनुचित व्यवहार और शोषण के कारण उन्हें मनोवैज्ञानिक रूप से भी काफी सदमा लगता है।

स्पष्ट है कि इस प्रकार उपरोक्त रूप से पार्श्वीकरण के दुष्प्रभाव झेल रहे परिवारों द्वारा अपने विकासशील बालकों के वृद्धि और विकास हेतु उचित सहयोग प्रदान नहीं किया जा सकता। माँ के गर्भ से ही बालकों को कुपोषण की मार झेलनी पड़ती है, दूषित पानी पीने को मजबूर होना पड़ता है, उन्हें समय पर कोई स्वास्थ्य एवं चिकित्सा सहायता उपलब्ध नहीं होती है। गन्दगी, कुपोषण और संक्रमणों के शिकार होकर वे तरह-तरह की बीमारियों से ग्रस्त रहते हैं। रोजी-रोटी की समस्या से जूझ रहे माता-पिता अपने बच्चों पर उचित ध्यान देने और लालन-पालन में असमर्थता अनुभव करते हैं। माता-पिता और परिवार के सदस्यों की अशिक्षा के कारण बालकों को भाषा अर्जन और सम्प्रेषण कौशल के विकास कार्यों में कोई सहायता नहीं मिल पाती। पास पड़ोस तथा साथ खेलने और पढ़ने वाले मित्रगण इस तरह के होते हैं कि उनकी संगति में अच्छी तरह जीवन यापन सम्बन्धी कोई स्वस्थ्य आदतें विकसित नहीं हो पातीं। उन्हें आगे बढ़ने के लिए उचित शैक्षिक सुविधाएं भी उपलब्ध नहीं हो पातीं। उन्हें अच्छे स्कूलों में प्रवेश नहीं मिल पाता और यदि मिल भी जाए तो उनमें उनके प्रति किए जाने वाले पार्श्वीकरण के कारण उन्हें कुसमायोजन तथा असफलता ही हाथ लगती है। इसके अतिरिक्त उचित सामाजिक, संवेगात्मक तथा मानसिक विकास हेतु जिस प्रकार के स्वस्थ एवं सकारात्मक सामाजिक मेल जोल तथा अन्त:क्रिया की उन्हें ज़रूरत हो वैसा पार्श्वीकरण और वंचन के शिकार परिवार अपने बालकों को नहीं दे पाते। बालकों की मूलभूत शारीरिक और मनो-सामाजिक आवश्यकताओं की पूर्ति इस प्रकार के परिवारों द्वारा नहीं हो पाती। फलस्वरूप इन बालकों को बरबस ही शारीरिक और मानसिक अस्वस्थता तथा सामाजिक और संवेगात्मक कुसमायोजन का शिकार होना पड़ता है। उनमें सामाजिक तथा नैतिक बुराइयां घर करने लगती हैं वे अपराधी तथा अनैतिक आचरण अपनाने लगते हैं। कुसंगति उन्हें मादक द्रव्यों तथा अलकोहल के सेवन की ओर धकेल देती है। वे कक्षा में पिछड़ेपन तथा अधिगम कठिनाइयों के शिकार रहते हैं, बार-बार फेल होते हैं या विद्यालय से नाता तोड़कर अपने लिये आगे की शिक्षा, अच्छी नौकरी तथा जीवन में ठीक तरह आगे बढ़ने जैसी बातों के दरवाजे सदैव के लिये बन्द कर लेते हैं।

B. बालकों द्वारा स्वयं अपने स्तर पर पार्श्वीकरण झेलने के प्रभाव (The Impact of Marginalization suffered by the children themselves)—बालकों द्वारा अपने निजी स्तर पर परिवार, विद्यालय तथा समाज के हाथों जिस प्रकार के पार्श्वीकरण या हाशियाकरण (Marginalization) का सामना किया जाता है। उसके दुष्प्रभावों का संक्षेप में निम्न प्रकार वर्णन किया जा सकता है:

1. **परिवार में पार्श्वीकरण** (Marginalization in Family)—यह पाया जाता है कि कुछ बालकों को अपने ही घर-परिवार में अपने स्वयं के माता-पिता, सौतेली माँ या पिता, अभिभावकों तथा परिजनों के हाथों पार्श्वीकरण का शिकार होना पड़ता है। जैसा उपेक्षा एवं तिरस्कारपूर्ण व्यवहार परिवार में सदस्यों द्वारा लड़कियों, बाल-विधवाओं, बिना माँ-बाप तथा अनाथ बालकों तथा विकलांगों के साथ किया जाता है। उसके चर्चे हमारे समाज में अच्छी तरह सुने जा सकते हैं। परिवार में उपलब्ध इस प्रकार के उपेक्षापूर्ण और वंचनात्मक वातावरण में बालक को अपने समायोजन तथा विकास हेतु उपयुक्त स्नेह तथा प्यार, देखभाल, लालन-पालन, स्वस्थ अन्त:क्रिया, परामर्श, प्रोत्साहन तथा पुनवर्लन नहीं मिल पाता। उसकी मूलभूत शारीरिक मनोवैज्ञानिक एवं सामाजिक आवश्यकताओं की पूर्ति में यहाँ बाधा आती रहती है जिसके फलस्वरूप वे कुसमायोजन के शिकार हो जाते हैं तथा वे अपनी आयु के अनुरूप अपने विकास प्रतिमानों को प्राप्त करने में प्राय: असफल ही रहते पाये जाते हैं और यह बात उनके जीवन को अंधकारमय बनाने वाली ही सिद्ध होती है।
2. **विद्यालय में पार्श्वीकरण** (Marginalization in School)—अपनी शिक्षा, समायोजन और विकास हेतु विद्यालय में विद्यार्थियों को जो वातावरण मिलता है वह काफी दोषपूर्ण, भेदभाव भरा तथा पार्श्वीकृत हो सकता है। विद्यार्थियों को विद्यालय में काफी गम्भीर भेदभाव, अलगाव तथा पार्श्वीकरण का सामना करना पड़ता है जिसका सम्बन्ध बालक के लिंग, जाति, रंगरूप, धर्म, भाषा, सामाजिक स्तर, प्रान्तीयता और राष्ट्रीयता हो सकता है, अथवा इसकी वजह इसकी कोई विकलांगता एवं अक्षमता हो सकती है। अध्यापक एवं विद्यालय प्रशासक अपनी व्यक्तिगत पसन्द नापसन्द, नकारात्मक दृष्टिकोंण, ईर्ष्या और द्वेष की वजह से बालक को अलग-थलग करने की बात सोच सकते हैं। परिणामस्वरूप वे एक बच्चे को विद्यालय की नियमित गतिविधियों में भाग लेने से रोक सकते हैं, दूसरों के सम्मुख उसे बुरी तरह डाटफटकार कर सकते हैं और उसका उपहास कर सकते हैं, उनकी निष्पत्ति और उपलब्धि के मूल्यांकन में उसके प्रति अन्याय कर सकते हैं और इस प्रकार से उसको ऐसा मनोवैज्ञानिक एक शैक्षिक नुक्सान पहुँचाते हैं कि उसके उचित समायोजन, विकास और प्रगति के मार्ग में अनेक बाधाएँ खड़ी हो जाती हैं। इस प्रकार से बालकों को अकारण ही अलगाववाद और पार्श्वीकरण का शिकार होकर असफलता, पिछड़ापन, भगोड़ापन, बाल-अपराध, मादक द्रव्य सेवन तथा अन्य प्रकार की समाज विरोधी और अनैतिक आचरण की ओर अग्रसर होते हुए देखा जा सकता है।
3. **समाज में पार्श्वीकरण** (Marginalization in the Society)—बहुसंख्यक समुदाय के सदस्य और वातावरण समुदाय के प्रांगण में समय-समय पर आयोजित होने वाले उत्सव, पूजा कार्यक्रम, पर्व-त्यौहार आदि की गतिविधियों में पार्श्वीकरण और भेदभाव का प्रदर्शन करते हुए विकासशील बच्चों को भाग लेने की स्वीकृति नहीं देते हैं। यह पार्श्वीकरण और भेदभाव किसी भी आधार (जैसे—एक स्त्री या लड़की, या विधवा होना, विकलांग, नीची जाति का या अस्पृश्य होना, ग्रामीण, गरीब होना दूसरे वर्ग या धर्म में आस्था रखना, काले रंग का या अरूचिपूर्ण राष्ट्रीयता का होना) पर किया जा सकता है परन्तु सभी प्रकार से यह पार्श्वीकरण बच्चों से सामाजिक अन्त:क्रिया, समुदाय एवं सामाजिक अधिगम और बाह्य जगत सम्बन्धी आत्म-अभिव्यक्ति के बहुमूल्य अवसर छीनकर उनके समायोजन, विकास और प्रगति पर एकदम नकारात्मक और विध्वंसात्मक प्रभाव डालते हैं।

रूढ़िबद्धता और उसका प्रभाव (Stereotyping and its Impact)

रूढ़िबद्धता-अर्थ एवं अवधारणा (Stereotyping-Meaning and Concept)

रूढ़िवाद पद के लिए अंग्रेजी में Stereotype शब्द का प्रयोग किया जाता है। Stereotype शब्द दो ग्रीक शब्दों- Stereos (जिसका अर्थ होता है दृढ़ या ठोस) और Typos (जिसका अर्थ होता है प्रभाव – Impression या मत – opinion) से मिलकर बना है। अत: अपने सम्पूर्ण रूप में यह ठोस प्रभाव या दृढ़ मत का सूचक है। इन दोनों पदों रूढ़िवाद तथा रूढ़िवादिता को विभिन्न शब्दकोषों तथा विद्वानों की कृतियों में कई प्रकार से परिभाषित किया गया है। इनमें से कुछ परिभाषाओं को हम नीचे उद्घृत कर रहे हैं:

1. **द अमेरिकन हेरिटेज न्यू डिक्शनरी ऑफ कल्चरल लिटरेसी** (The American Heritage New Dictionary of Cultural Literacy 2005)—इसमें रूढ़िवाद को निम्न दो प्रकार से परिभाषित किया गया है :

(i) रूढ़िवाद (Stereotype) से तात्पर्य है एक समूह विशेष की बहुत ही सरलीकृत और इसलिए एक विकृत प्रतिकृति जैसे- फुटबॉल खिलाड़ी मूर्ख होते हैं या अंग्रेज लोग भावना और मित्रता विहीन व्यक्ति होते हैं।

(ii) किसी समूह को चिन्हित तथा वर्णन करने हेतु काम में लाये जाने वाला एक ऐसा सामान्यीकरण जिसमें बहुत अधिक अतिशयबाद या आवश्यकता से अधिक सरलीकरण होता है और जो प्राय: आक्रामक होता है।

2. **मेरियम बेवस्टर डिक्सनरी** (Merriam Webster Dictionary 1970 : 860)—रूढ़िवाद किसी समूह के सदस्यों के द्वारा सामान्य रूप रो गान्य एक ऐसी मानसिक प्रतिकृति है जो किसी व्यक्ति, प्रजाति, मामले या घटना के बारे में आलोचना रहित निर्णय या आवश्यकता से अधिक सरलीकृत मत और भावनात्मक दृष्टिकोंण का प्रतिनिधित्व करता है।

Stereotype is "a standardized mental picture held in common by members of a group and representing an over simplified opinion, affective attitude or uncritical judgement (as of a person, a race, an issue, or an event.")

3. **मकगार्टी क्रेग आदि** (Megarty, Craig. et. al (2002)—सामाजिक मनोविज्ञान में रूढ़िवाद से तात्पर्य उस सोच या विचार से है जिसे किसी विशिष्ट प्रकार के व्यक्तियों या बातों को किन्हीं विशिष्ट तरीकों से करने हेतु काम में लाया जाता है।

(In Social Psychology, a stereotype is a thought that can be adopted about specific types of Individuals or certain ways of doing things.)

4. **जुड, सी. एम. एन्ड पार्क, बी.** (Judd, C.H. and Park, B. (1993))—रूढ़िवाद से तात्पर्य उन विचारों और मान्यताओं से है जो व्यक्ति और मामलों विशेष के बारे में बनाए रखी जाती हैं। उन विचारों और मान्यताओं से वास्तविकता का प्रतिनिधित्व हो भी सकता है और नहीं भी।

(The thoughts and beliefs maintained about the people or issues. These thoughts or beliefs may or may not accurately reflect reality.)

उपरोक्त परिभाषाएं हमें रूढ़िबद्धता पद के अर्थ और प्रकृति के बारे में निम्न निष्कर्ष निकालने में मदद कर सकती हैं :

- रूढ़िबद्धता किन्हीं विशिष्ट प्रकार के व्यक्तियों, समुदायों और समूहों के प्रति लोगों की सामान्य रूप से बनी हुई एक आवश्यकता से अधिक सरलीकृत अभिवृत्तियों तथा भावनाओं को प्रतिबिम्बित करती है।
- ये उन अधूरी या विकृत सूचनाओं को बिना कोई पूछताछ, प्रमाण तथा आलोचनात्मक निर्णय लिए बिना तथ्य के रूप में मान्यता प्रदान करने का प्रतिफल होती हैं।
- ये उस व्यक्ति के प्रति जो रूढ़िबद्धता का शिकार होता है, शत्रुतापूर्ण अभिवृत्ति, द्वेष एवं विद्वेष को पोषित करने के लिए उत्तरदायी होती हैं।
- रूढ़िबद्धता के प्रभाव से पीड़ित व्यक्ति या समूह निम्न बातों का शिकार होता हुआ देखा जा सकता है :
    (i) समूह या समुदाय स्तर पर ईर्ष्या, अलगाव, भेदभाव या पार्श्वीकरण को झेलना।
    (ii) व्यक्तिगत स्तर पर असफल होने की चिन्ता, हीनता की भावना, तथा समायोजन और प्रगति के सम्बन्ध में आत्मविश्वास की कमी अनुभव करना।

रूढ़िबद्ध व्यवहार के प्रकार या रूप (Types of Forms of Stereotyping Behaviour)

A. यौन या लिंग सम्बन्धी रूढ़िबद्धता (Sexual or gender stereotypes)

- लड़कों की अपेक्षा लड़कियों को आश्रित रहना, सुरक्षा में रहना, दूसरों की देख-रेख में रहना अच्छा लगता है।

- माता-पिता की नजर में लड़कियों में निष्क्रियता तथा आश्रितता को बढ़ावा देना ठीक रहता है और लड़कों में आक्रामक और स्वतन्त्र मनोवृत्ति को बढ़ावा देना (इसलिए वे बेटियों की आजादी पर प्रतिबन्ध लगाते हैं और बेटों की निष्क्रियता को ठीक नहीं समझते)।
- लड़कियां और महिलाएं पुरूषों की अपेक्षा अधिक सामाजिक वांछित व्यवहार का प्रदर्शन करती हैं।
- लड़के रोते नहीं हैं और लड़कियां लड़ती नहीं हैं।
- घरेलू कामकाज के लिए लड़कियां और महिलाएं अधिक उपयुक्त हैं जबकि लड़के और पुरूष बाहर के काम के लिए अधिक ठीक होते हैं।
- लड़कियां और महिलाएं बातूनी होती हैं, इसीलिए किसी गम्भीर और उत्तरदायी कार्यों को करने के लिए उपयुक्त नहीं हैं।
- लड़कियों का काम गणित, कम्प्यूटर, वाणिज्य तथा तकनीकी विषयों की शिक्षा ग्रहण करना नहीं है, वे भाषा साहित्य, कला, संगीत, गृहविज्ञान आदि मानिविकी विषयों के अध्ययन के लिए उपयुक्त हैं।
- लड़कियां और महिलाएं लड़कों और पुरूषों से कार्यक्षमता में पिछड़ी हुई होती हैं।
- साहसिक कार्यों, शारीरिक शक्ति आदि से जुड़ी हुई क्रियाओं और खेलकूद गतिविधियों जैसे—कुश्ती, निशानेबाजी, मुक्केबाजी, भारोत्तोलन पर्वतारोहण, आदि में भाग लेने के लिए लड़कियां उपयुक्त नहीं हैं।
- लड़कियां सम्प्रेषण और सामाजिक कौशलों, संगीत और नृत्य कौशलों कलात्मक रूचियों तथा सौन्दर्यानुभूति सम्बन्धी विषयों में प्रदर्शन की दृष्टि से लड़कों को पीछे छोड़ देती हैं।

B. सामाजिक वर्ग और प्रजाति सम्बन्धी रूढ़िबद्धता (Social class or racial stereotypes)

- उच्च जाति के बालकों की तुलना में नीची जाति के बालकों की संज्ञानात्मक, सामाजिक और संवेगात्मक बुद्धि कम होती है।
- नीचे सामाजिक वर्ग और समुदायों के बालक और अश्वेत (पाश्चात्य देशों के सन्दर्भ में) बालक शारीरिक स्टेमिना, साहसिक प्रवृत्ति आदि से सम्बन्धित गतिविधियों जैसे—एथलेटिक्स, खेल-बॉक्सिंग, कुश्ती आदि में ज्यादा अच्छे होते हैं।
- शहरी पृष्ठभूमि और शहरी संस्कृति में पले बढ़े बालक बुद्धि में ग्रामीण बालकों से काफी श्रेष्ठ होते हैं परन्तु खेलकूद में उनका प्रदर्शन ग्रामीण बालकों से काफी पीछे रह जाता है।
- नीची जाति, निम्न सामाजिक वर्ग, ग्रामीण पृष्ठभूमि और पिछड़े इलाकों के बालक अपने अध्ययन में पिछड़ जाते हैं, कक्षा तथा विद्यालय में समस्याएं उत्पन्न करते हैं, यहां तक कि उनके बालअपराधी बन जाने की संभावना भी बहुत रहती है।

C. निर्धनता से सम्बन्धित रूढ़िबद्धता (Poverty related stereotypes)

- निर्धन परिवारों के बालकों का महात्वाकांक्षा स्तर और उपलब्धि अभिप्रेरणा स्तर काफी निम्न होता है।
- गरीबी की मार झेल रहे बालक आसानी से समस्यात्मक तथा अपराधी व्यवहार का शिकार बन जाते हैं।
- आर्थिक अभावों से जूझ रहे बालक कुसमायोजन तथा खराब शारीरिक और मानसिक स्वास्थ्य से सम्बन्धित समस्याओं से ग्रस्त रहते हैं।
- ऐसे परिवारों के बालकों की विद्यालय में उपस्थिति काफी कम पाई जाती है उन्हें अपना गृह कार्य, अधिन्यास कार्य तथा प्रोजेक्ट सम्बन्धी गतिविधियों को पूरा करने के लिए समय की कमी तथा अन्य बहुत सी कठिनाइयों का सामना करना पड़ता है।

ईर्ष्या एवं भेदभाव के साथ रूढ़िबद्धता का सम्बन्ध
(Relationship of Stereotypes with Prejudices and Discrimination)

यद्यपि रूढ़िबद्धता, दृढ़ विश्वास और अभिवृत्तियों की उपस्थिति को लेकर किसी व्यक्ति में अलग रूप से अपना स्वतन्त्र अस्तित्व बनाए रखती है परन्तु फिर भी उसका दूसरे इसी प्रकार के सम्प्रत्ययों-विद्वेषों तथा भेदभाव से अटूट सम्बन्ध रहता है। रूढ़िबद्धता अभिवृत्ति सम्बन्धी व्यवहार का संज्ञानात्मक पक्ष माना जाता है और इसमें प्राय: चेतनात्मक जानकारी का अभाव रहता है। जबकि विद्वेष रूढ़िबद्धता का भावात्मक अवयव है और भेदभाव विद्वेष जन्य प्रतिक्रियाओं का क्रियात्मक पक्ष है। अगर इस तरह हम अन्त: समूह अभिवृत्तियों का त्रिपक्षीय विवेचन करें तो—

(i) रूढ़िबद्धता उन समूहों के सदस्यों की विशेषताओं से जुड़ी हुई उम्मीदों, विश्वासों और मान्यताओं को प्रतिबिम्बित करती है जिन्हें हम अपने से अलग समझते हैं (रूढ़िबद्धता प्रदर्शित करने वाले व्यक्ति का संज्ञानात्मक व्यवहार।)

(ii) विद्वेष रूढ़िबद्धता से ग्रस्त व्यक्ति ही संवेगात्मक अनुक्रिया का प्रतिनिधित्व करता है (रूढ़िबद्धता से युक्त व्यक्ति का भावनात्मक व्यवहार)।

(iii) भेदभाव या पार्श्वीकरण रूढ़िबद्धता से ग्रस्त व्यक्ति के द्वारा किए जाने वाले क्रियात्मक व्यवहार का प्रतिनिधित्व करता है (रूढ़िबद्धता ग्रस्त व्यक्ति का क्रियात्मक व्यवहार)।

इस प्रकार से रूढ़िबद्धता (अपने से भिन्न समझे जाने वाले समूहों के सदस्यों के प्रति बनाए रखे जाने वाले आधार हीन परन्तु दृढ़ विश्वास, उम्मीदें, मत या दृष्टिकोंण) पहले तो किन्हीं समूह विशेष के सदस्यों के प्रति विद्वेषजन्य भावनाओं और संवेगों को जाग्रत करती है और फिर भेदभाव पूर्ण तथा पार्श्वीकरण युक्त व्यवहार करने को प्रेरित करती है। परिणामस्वरूप एक अध्यापक जो लिंग जन्य रूढ़िवादिता के प्रभाव में है और यह सोचता है कि लड़कियां बातूनी होती हैं और उनमें गम्भीरता का अभाव है वह विद्वेष से ग्रस्त रहकर प्रोजेक्ट और संगठनों की गतिविधियों में सदैव ही लड़कों को 'समूह नेता' तथा लड़कियों को 'सचिव' बनाने की पहल करता रहेगा।

बालकों के विकास पर रूढ़िवादिता का प्रभाव
(Impacts of Stereotyping on the Development of the Children)

रूढ़िवादता किसी भी समाज या राष्ट्र के लिए एक बड़ी समस्या है क्योंकि यह उसकी सुव्यवस्था और शान्तिपूर्ण कार्यप्रणाली के साथ-साथ उसके नागरिकों के ज़रूरी विकास और प्रगति में बड़ी-बड़ी विकट समस्याएं खड़ी कर देती है। बालकों के मामलों में तो यह एकदम हानिप्रद ढंग से उनके कल्याण और विकास के मार्ग में रूकावट पैदा करती है। आइए देखते हैं कि यह छोटे बालकों के विकास को किस प्रकार से प्रभावित करती है :

1. लिंग, प्रजाति, सामाजिक वर्ग और गरीबी आदि से सम्बन्धित रूढ़िवादिता बच्चों में दूसरे व्यक्तियों और समूहों के प्रति ईर्ष्या को जन्म देती है। यह ईर्ष्या एक ही कक्षा या विद्यालय में पढ़ने वाले साथी विद्यार्थियों के बीच घृणा, दुश्मनी, शत्रुता आदि बुराई को विकसित करने लगती है। इस प्रकार की बातें विद्यालय की शिक्षण अधिगम प्रक्रिया की प्रभावशीलता तथा विद्यालय के उद्देश्यों एवं लक्ष्यों को प्राप्त करने के लिए ज़रूरी सहकारी एवं सहयोगपूर्ण वातावरण में एक खतरा और रूकावट सिद्ध हो सकती है।

2. रूढ़िवादिता व्यक्तियों पर यह ठप्पा लगा देती है कि कोई व्यक्ति को अपने लिंग, प्रजाति, व्यक्तित्व तथा अन्य तथ्यों के अनुसार क्या कार्य करना चाहिए या कैसे रहना चाहिए। इससे उन बच्चों के अधिगम तथा कार्य करने पर प्रभाव पड़ सकता है जो कुछ भिन्न कार्य करना चाहते हैं या अलग तरह से रहना चाहते हैं, वे करना तो चाहते हैं परन्तु रूढ़िवादिता के प्रभाव के कारण ऐसा करने में हिचकिचाहट का अनुभव करते हैं। (उदाहरण के लिए यह सोचना कि लड़कियां गणित या वैज्ञानिक योग्यताओं में कमजोर होती हैं।) फलस्वरूप एक बालिका विद्यार्थी उन विषयों को पढ़ना तो चाहती है या उन गतिविधियों में भाग तो लेना चाहती है (जो, समाज में रूढ़िबद्धता के

कारण बालिकाओं के लिए नहीं हैं) और उनको सीखने तथा करने की उसमें योग्यता और क्षमता भी है परन्तु इस पर भी वह उनमें भाग लेने या उनके लिए आगे आने की हिम्मत नहीं जुटा पाती।

3. रूढ़िवादिता दूसरे देशों, धर्म या संस्कृति के लोगों के रहन सहन और व्यवहार के बारे में अनुचित धारणाओं को जन्म देती है। यह गलत धारणा एक ही कक्षा या विद्यालय में पढ़ने वाले बालकों के दिलो-दिमाग में आपस में दूरी बना देती है। एक बहुसंस्कृतिवादी और जनतांत्रिक समाज या राष्ट्र में यह बात एक बड़ी समस्या सिद्ध हो सकती है।
4. किसी भी प्रकार की रूढ़िवादिता के कारण लोग भेदभाव और पार्श्वीकरण के शिकार बन जाते हैं। घर, पड़ोस, समुदाय, विद्यालय तथा अन्य सामाजिक परिस्थितियों में लिंग, जाति, प्रजाति, रंग-रूप, सामाजिक वर्ग, गरीबी आदि से सम्बन्धित रूढ़िवादिता के कारण बच्चों को भेदभाव और पार्श्वीकरण का सामना करना पड़ता है। यह उनके समायोजन, शिक्षा, विकास और प्रगति को काफी प्रतिकूल और नकारात्मक तरीके से प्रभावित करता है।
5. रूढ़िबद्धता से उत्पन्न विद्वेष, भेदभाव और प्रगति के अवसरों से वंचन पीड़ित बालकों को मनोवैज्ञानिक रूप से भी काफी हानिप्रद सिद्ध हो सकता है। इससे उनके शारीरिक और मानसिक स्वास्थ्य पर भी विपरीत असर पड़ता है और उनका अधिगम तथा कार्यात्मक क्षमता भी नकारात्मक रूप से प्रभावित होती है। यह देखा गया है कि जब रूढ़िवादिता से पीड़ित बालक मनोवैज्ञानिक रूप से क्षतिग्रस्त होते हैं तो उन्हें अधिक आक्रामक होते हुए भी पाया जाता है। विशेषकर तब जब उनके साथ बहुत अधिक द्वेष और पक्षपातपूर्ण व्यवहार किया जा रहा हो। रूढ़िवादिता से त्रस्त बालक बहुधा आत्मनियन्त्रण खो बैठते हैं और उन्हें उपयुक्त तार्किक निर्णय लेने में भी कठिनाई होती है।
6. रूढ़िवादिता बालकों के प्रयासों की निष्पत्ति और प्रतिफलों को भी प्रतिकूल ढंग में प्रभावित करते हुए उनके लिए काफी हानिकारक सिद्ध हो सकती है। इस सम्बन्ध में दिलचस्प बात यह है कि रूढ़िवादिता चाहे सकारात्मक हो या नकारात्मक दोनों ही रूपों में (कुछ समूहों के सदस्य किन्हीं विषयों और कार्यों के लिए अधिक उपयुक्त हैं या अनुपयुक्त) नुक्सानदायक होती है क्योंकि इससे बालकों की उपलब्धि और निष्पत्ति प्रतिकूल रूप से प्रभावित होती है। अनुसंधानों से यह ज्ञात हुआ है कि जब बालक रूढ़िवादिता के शिकार होते हैं तो उनमें अपनी उपलब्धि और निष्पत्ति को लेकर काफी अधिक चिन्ता और तनाव रहता है जिसकी वजह से उनकी संज्ञानात्मक क्षमता पर प्रभाव पड़ता है और इसी वजह से उनकी उपलब्धि और निष्पत्ति में गिरावट आ जाती है। उदाहरण के लिए हम गणित और कम्प्यूटर इंजीनियर सम्बन्धी एक जांच और परीक्षा को लेकर चलें तो इसमें लड़कियों का उपलब्धि स्तर इसलिए गिरा हुआ पाया जाएगा क्योंकि वे मनोवैज्ञानिक रूप में इस भावना से ग्रस्त हैं कि यह विषय तो उनकी पहुंच से बहुत बाहर है और इनमें पास होना उनके लिए कठिन ही है। दूसरी ओर सहपाठी लड़कों को यह भय सताएगा कि कहीं वे लड़कियों से पिछड़ न जाएं और उन्हें हर हाल में अच्छी उपलब्धि हासिल करनी है। इस तरह का परीक्षा सम्बन्धी तनाव उनकी उपलब्धि और निष्पत्ति स्तर में गिरावट लाने का कारण बन सकता है।
7. रूढ़िबद्धता बालकों में अन्य तरीकों से भी समस्यात्मक सिद्ध हो सकती है। जिस समाज में बालक रहते हैं उसमें व्याप्त रूढ़िबद्धता सम्बन्धी अवधारणाओं की जड़ बालकों के अन्दर बहुत गहरी विद्यमान रहती है। वह उनके दिल और दिमाग में इस तरह छाई रहती है कि वे उनके अतिरिक्त कुछ और नहीं सोच सकते। फलस्वरूप उन्हें केवल शैक्षणिक क्षेत्र में ही नहीं बल्कि अपने विद्यार्थी जीवन और विद्यालय व्यवस्था से जुड़े हुए बहुत से कामों जैसे खेलकूद, पाठ्य सहगामी गतिविधियां, व्यक्तित्व विकास तथा सर्वांगीण प्रगति और हित चिन्तन में भी प्रतिकूल बातों का शिकार होना पड़ता है। यहां यह कल्पना करना भी मुश्किल है कि रूढ़िबद्धता के द्वारा बनाई गई यह गलत और भ्रमपूर्ण तस्वीरें, बढ़ा हुआ अहंभाव अथवा अनुभव की जाने वाली हीनता (जो विद्यालय और समाज में व्याप्त रूढ़िबद्धता, भेदभाव या पार्श्वीकरण के कारण पैदा होती हैं) किस सीमा तक बालकों को उनकी उपलब्धियों, समायोजन, विकास तथा प्रगति के मार्ग में अवरोधक बनती रहती हैं।

रूढ़िबद्धता एवं पार्श्वीकरण के संदर्भ में जन संचार या जनमाध्य की भूमिका (Role of Media in Relation to Marginalisation and Stereotyping)

जनमाध्य, जनसामान्य के व्यवहार का निरूपण करने तथा अभिवृत्तियों का निर्माण करने के एक महत्त्वपूर्ण एवं काफी प्रभावशाली स्त्रोत के रूप में उभरकर सामने आ रहा है। प्रगति की इस तेज रफ्तार में इसमें एक साथ ही अनगिनत व्यक्तियों को अलग-अलग जगह बैठी हुई परिस्थितियों में, एक ही समय पर उनके मत और दृष्टिकोणों को प्रभावित करने की जो क्षमता है, उसका कोई और मुकाबला नहीं कर सकता। इसलिए किसी समाज विशेष तथा पूरे विश्व में रूढ़िबद्धता और पार्श्वीकरण से निपटने में लोगों के दृष्टिकोंण को बनाने और उनमें परिवर्तन लाने के कार्य को इसके द्वारा बहुत अच्छी तरह क्रियान्वित किया जा सकता है। इस सम्बन्ध में जनमाध्य को दुधारी तलवार के रूप में कार्य करते हुए देखा जा सकता है क्योंकि एक तरफ तो यह रूढ़िबद्धता और पार्श्वीकरण को बढ़ावा देने में अपना योगदान देता है तो दूसरी तरफ इन बुराइयों को दूर करने में भी अपनी सशक्त भूमिका निभा सकता है। आइए, जनमाध्य की इन द्विपक्षीय भूमिका के बारे में विस्तार से सोचा जाए।

A. रूढ़िवादिता और पार्श्वीकरण को बढ़ावा देने या पल्लवित करने में जनमाध्य की भूमिका (Role of Media in the Promotion or Perpetuation of Stereotyping and Marginalisation)

1. रूढ़िवादिता और पार्श्वीकरण के संसार से बालकों को परिचित कराने का कार्य जनमाध्य के द्वारा ही किया जाता है। आप जानते हैं कि बालक स्वभाव से बिल्कुल निर्दोष भोलभाला होता है। वे विद्वेष, घृणा, भेदभाव या अलगाववाद आदि की बुराइयों से एकदम अछूते ही होते हैं। इन बुराइयों से परिचित होने पर ही वे इनके बारे में जानते हैं, सीखते हैं और अपने व्यवहार में इनका प्रयोग करने लगते हैं। समाज में व्याप्त रूढ़िवादिता और पार्श्वीकरण से जुड़ी हुई इस प्रकार की बुराइयों से बच्चों को परिचित कराने में जनमाध्य की भूमिका से कोई दूसरी चीज या साधन तुलना नहीं कर सकता है। जब एक बालक समाज में व्याप्त रूढ़िबद्धता एवं पार्श्वीकरण के बारे में किसी मुद्रित जनमाध्य (समाचार पत्र, पत्रिका या पेम्फ्लेट, पुस्तक) से पढ़ता है या किसी श्रव्य दृश्य माध्य (रेडियो, टेलीविजन, फिल्म, स्मार्टफोन, कम्प्यूटर डिवाइस आदि) पर सुनता या देखता है तो वह उनके बारे में सभी बातें जैसे—उनकी प्रकृति, घटनाएं, प्रक्रियाएं और प्रभाव आदि को आसानी से ग्रहण कर सकता है।
2. जनमाध्य की अद्‌भुत प्रभावित करने वाली शक्ति से इस तरह के विचार कि मेरी जाति, प्रजाति, लिंग, सामाजिक स्तर या श्रेणी दूसरों से श्रेष्ठ है या नीची है, बुरी है या अच्छी है, इस प्रकार की धारणाएं या मान्यताएं बहुत अच्छी तरह से बालकों के दिल और दिमाग पर छा जाती हैं। जब जनमाध्य इस तरह की खबरें देता है और झलकियां दिखाता है कि लड़कियां गणित, विज्ञान तथा कम्प्यूटर के क्षेत्र में अच्छा प्रदर्शन नहीं करतीं और वे साहसिक कार्यों तथा खेलकूद में ज्यादा शक्तिशाली कार्यों को करने में पिछड़ जाती हैं अथवा बड़ी जिम्मेदारियां नहीं संभाल सकतीं तो इससे लड़कियों और महिलाओं के बारे में जो रूढ़िबद्धता कायम है उन्हें ही प्रकाश में आने तथा पोषित होने का बढ़ावा मिलता है। जब भी कभी स्त्री और महिलाओं से भेदभाव, पार्श्वीकरण सम्बन्धी बातों को मीडिया द्वारा अपने समाचार बुलेटिनों तथा टेलीविजन सीरियलों के माध्यम से दिखाया जाता है तो इससे जाने अनजाने छोटे बालक और बालिकाओं के साथ ऐसा होना आम बात है और वे इस तरह इन गलत बातों को स्वीकार करते चले जाते हैं। जब एक टेलीविजन पर यह प्रसारण होता है कि किस प्रकार कोई व्यक्ति या समूह जो किसी खास वर्ग, जाति, प्रजाति, धर्म से सम्बन्ध रखता है, समाज के लिए कितना घातक है तो यह बात उस समाज या वर्ग के प्रति बनी हुई रूढ़िवादिता को ही पुनर्बलन प्रदान करती है। यही कारण है कि जब हम किसी व्यक्ति को बिन लादेन की तरह दाढ़ी और वेशभूषा में देखते हैं तो उसे खतरनाक आंतकवादी समझ बैठते हैं। किसी धर्म विशेष के अनुयायी या दाढ़ी वाले व्यक्ति आंतकवादी होते हैं, इस प्रकार की रूढ़िवादिता बालकों के मन में गहरी जड़ें जमा लेती है। इसीलिए यह कोई आश्चर्य की बात नहीं कि विद्यार्थी अपने ही साथियों से, जो किसी एक वर्ग, धर्म, जाति, प्रजाति से सम्बन्धित होते हैं, उसके प्रति नकारात्मक रूढ़िबद्धता अपनाने लगें क्योंकि मीडिया पर वे इसे अक्सर सुनते और देखते हैं।

3. जब बालक मीडिया पर प्रसारित इस बात की जानकारी प्राप्त करते हैं कि उनके आस-पास या उनके देश तथा विदेशों में किन्हीं खास व्यक्तियों और समूहों के प्रति रूढ़िबद्धता, भेदभाव और पार्श्वीकरण किस रूप में काम में लाया जा रहा है तो वे भी समझ लेते हैं कि इनमें कोई बुराई नहीं है, यह तो सभी जगहों पर होता है। हम ऐसा कर रहे हैं या हमारे साथ ऐसा होता है, इस बात के बारे में उन्हें मीडिया के द्वारा ही सीख और संवर्धन मिलता है। किसी धर्म विशेष के अनुयायी बुरे होते हैं या किसी रंग या जाति विशेष के व्यक्ति समाज के लिए खतरा और अपराधी होते हैं। इस प्रकार के समाचारों, विज्ञापनों तथा संदेशों को प्रसारित कर अथवा इन विषयों पर इस तरह के दूरदर्शन सीरियल और फिल्म बनाकर जो धारणाएं और मत मीडिया द्वारा प्रचारित किए जाते हैं उनसे विभिन्न प्रकार की रूढ़िबद्धता, भेदभाव, अलगाववाद तथा पार्श्वीकरण के उन्मुक्त रूप से पोषण और पल्लवन का मौका मिलता है।

B. रूढ़िबद्धता और पार्श्वीकरण से मुक्ति पाने में मीडिया की भूमिका
(Role of Media is saying good bye to Stereotyping and Marginalisation)

जैसा कि पहले बताया गया है, मीडिया की इस नकारात्मक भूमिका होने के बावजूद रूढ़िवादिता तथा पार्श्वीकरण की बुराई से हमारे समाज को मुक्ति दिलाने में मीडिया कई प्रकार से सकारात्मक भूमिका निभा सकता है, जिसे संक्षेप में नीचे बताया जा रहा है :

1. रूढ़िवादिता तथा पार्श्वीकरण से सम्बन्धित बातों की रिपोर्ट देने, दृश्य साधन पर दिखाने तथा इसकी महिमागान करने के बावजूद जनमाध्य इन बातों को रचनात्मक तरीके से प्रस्तुत करने के लिए एक सकारात्मक उपागम को भी अपना सकते हैं। इस प्रकार की भूमिका का निर्वाह करने के लिए जनमाध्य को बुनियादी रूप से यह कहने और प्रस्तुत करने का प्रयास करना होगा कि रूढ़िवादिता और पार्श्वीकरण समाज की एक बड़ी बुराई है इसलिए इसे समाज से समाप्त कर देना चाहिए। जनमाध्य को अपने संसाधनों के द्वारा ऐसी नई कहानियां, समाचार, लेख, अनुभव, वीडियो सीरियल तथा फिल्म आदि दिखाए और प्रस्तुत किए जाने चाहिए जो लिंग, जाति, प्रजाति, धर्म, सामाजिक वर्ग भेदभाव, अलगाववाद के रूप में रूढ़िवादिता और पार्श्वीकरण सम्बन्धी मान्यताओं और विश्वासों का विरोध प्रदर्शित कर सकें।
2. मीडिया को इसके विभिन्न साधनों के माध्यम से भेदभाव और पार्श्वीकरण के द्वारा पैदा हो रही बुराइयों तथा उन व्यक्तियों और समुदायों के साथ होने वाले अन्याय तथा उनके द्वारा झेली जाने वाली कठिनाइयों को सबके सामने लाने का प्रयत्न करना चाहिए तथा बताना चाहिए कि हम सभी मनुष्य हैं, हमें किसी के साथ अपमानजनक और अमानवीय व्यवहार करना उचित नहीं है। इसलिए दलित और अस्पृश्यों के साथ जाति के आधार पर, लड़कियों और महिलाओं के साथ लिंग भेद तथा विधवाओं के साथ उनकी वैवाहिक स्थिति के आधार पर कोई अन्याय और भेदभाव नहीं होना चाहिए। इसी तरह अल्पसंख्यकों के साथ धर्म, भाषा और संस्कृति के आधार पर और विकलांगों के साथ उनकी अक्षमताओं को लेकर कोई भी अनुचित व्यवहार नहीं किया जाना चाहिए। मीडिया को इनकी समस्याओं तथा पीड़ाओं को इस रूप में चित्रित करना चाहिए ताकि श्रोता और दर्शक वर्ग को यह ठीक प्रकार से महसूस होने लगे कि यह सब ठीक नहीं है और भेदभाव तथा पार्श्वीकरण जैसी कुरीतियों का तो अन्त होना ही चाहिए। लोगों, समूहों, समुदायों तथा संस्कृतियों के प्रति जो नकारात्मक दृष्टिकोणों, भावनाओं और विचारों का जो जहर फैला हुआ है उसे परिवर्तित करने में मीडिया एक सशक्त भूमिका निभा सकता है और उसे ऐसा अवश्य ही करना चाहिए।
3. मीडिया एक और अलग तरह से एक ऐसी सकारात्मक भूमिका निभा सकता है जिसके माध्यम से रूढ़िबद्धता और पार्श्वीकरण को समाप्त किया जा सके। इस रास्ते को अपनाने में मीडिया को यह दिखाने का प्रयत्न करना चाहिए कि पहले से चली आ रही गलत मान्यताओं, रूढ़िबद्ध विचारों तथा अलगाववाद वाली बातों का आज के आधुनिक प्रगतिशील समय में कोई स्थान और महत्त्व नहीं है। लोग बदल रहे हैं और जो धारणाएं हमने बना रखी थीं उनमें कोई वज़न नहीं है। उदाहरण के लिए इस सम्बन्ध में मीडिया के द्वारा निम्न प्रकार की बातों को सामने लाया जा सकता है:

(i) आज लड़कियां मानव जीवन के विभिन्न क्षेत्रों में आश्चर्यजनक प्रगति कर रही हैं और रूढ़िवाद की विभिन्न मान्यताओं को नकार रही हैं। वे गणित, इंजीनियरिंग, प्रबन्धन और कम्प्यूटर प्रयोग के विषयों में जो केवल लड़कों के लिए माने जाते थे, उनमें लड़कों से ज्यादा अंक, पास प्रतिशत तथा विशिष्ट श्रेणी प्राप्त कर लड़कों को पीछे छोड़कर अपनी विजय पताका फहरा रही हैं। वे भारोत्तोलन, बॉक्सिंग, कुश्ती पर्वतारोहण, आदि खेलकूद क्रियाओं (जो केवल लड़कों के लिए समझी जाती थी) भी बढ़चढ़ कर भाग ले रही हैं और देश का नाम गौरवान्वित कर रही हैं। इस प्रकार से वे हर समय सुर्खियों और प्रसिद्धि के दायरे में रहती हुई दिखाई देती हैं। उनकी प्रसिद्धि का यह दायरा और क्षेत्र का सम्बन्ध शिक्षा की दुनिया से हो, या व्यवसाय, कला, विज्ञान, अन्वेषण, तकनीकी, साहित्य या ललित कलाओं से।

(ii) दूसरे प्रकार के अन्य रूढ़िवादिता और पार्श्वीकरण जिनका सम्बन्ध जाति, प्रजाति, धर्म, सामाजिक श्रेणी, निर्धनता और विकलांगताओं से होता है, इनसे निपटने में भी मीडिया को सकारात्मक पहलू अपनाना चाहिए। उसके द्वारा इस प्रकार की सूचनाएं दी जानी चाहिए और अपने दृश्य श्रव्य माध्यम के द्वारा इस तरह की स्थिति और दशा का चित्रण करना चाहिए जिसका झुकाव विभिन्न सामाजिक, सांस्कृतिक और धार्मिक संगठनों में साम्प्रदायिक सद्भाव, शान्ति और भाईचारा रखने में सहायक हो। उसे अपनी तरफ से कोई भी ऐसा अवसर नहीं छोड़ना चाहिए जिससे यह चित्रित किया जा सके कि कोई व्यक्ति या समूह विशेष समाज, राष्ट्र और मानवता के कल्याण हेतु किस प्रकार आगे आ रहा है चाहे जनमानस में उनके प्रति किसी भी प्रकार की नकारात्मक अभिवृत्तियां, रूढिबद्धता और पार्श्वीकरण जैसी भावनाएं विराजमान हों। किस प्रकार से एक धर्म, जाति, प्रज़ाति और उग्रवादी समझे जाने वाले वर्ग ने अपनी जान पर खेलकर एक आंतकवादी घटना को निर्मूल किया है और किस तरह हमारे लिए यह सोचना उचित नहीं है कि किसी एक समुदाय, जाति या प्रजाति विशेष के सभी लोग बुरे आदमी, अपराधी या आंतकवादी होते हैं। इन्हीं बातों से सम्बन्धित तथ्य और कहानियां मीडिया के द्वारा जनसाधारण के सामने उनमें व्यवहार परिवर्तन हेतु लाई जानी चाहिए।

इसी प्रकार से जनमाध्य को उन सभी बातों को भी अच्छी तरह प्रकाश में लाने का प्रयास करना चाहिए जिनसे यह पता चले कि अभावों, असुविधाओं तथा वंचन प्रभावों की परवाह न करते हुए बालक किस प्रकार अपनी प्रगति की दुन्दुभि बजा रहे हैं। प्रतिभा सभी में हो सकती है और इसमें जाति, वर्ग या गरीबी अमीरी सम्बन्धी रूढ़िवादिता कभी आड़े नहीं आ सकती।

(iii) मीडिया को इस बात को भी भली-भांति प्रकाश में लाने के उचित प्रयास करने चाहिए कि सरकारी और गैर-सरकारी निजी संगठनों द्वारा विभिन्न प्रकार की रूढ़िबद्धता और पार्श्वीकरण से निपटने के लिए क्या प्रयत्न किए जा रहे हैं। एक जिम्मेदार नागरिक होने के नाते हमारा क्या योगदान हो सकता है और लोगों के द्वारा आगे बढ़कर किस तरह का योगदान दिया जा रहा है। इन सब प्रयासों से किस प्रकार के परिणाम सामने आ रहे हैं और कैसे हम अब अपनी परम्परागत रूढ़िबद्धता और पार्श्वीकरण के दायरे से बाहर निकल रहे हैं।

इस तरह की सकारात्मक छवि बनाने सम्बन्धी अपने प्रयासों से मीडिया एक ऐसे वातावरण का सृजन कर सकता है जिसमें लोग यह समझने लगें कि आज व्यर्थ की रूढ़िवादिता और पार्श्वीकरण का कोई मूल्य और स्थान नहीं है।

निष्कर्ष रूप में यह कहा जा सकता है कि यह सही है कि बालकों को जो विभिन्न प्रकार के रूढ़िवादी तथा भेदभाव और पार्श्वीकृत व्यवहार की जानाकरी मिलती है उससे परिचित कराने में मीडिया की अहम् भूमिका रहती है। परन्तु दूसरी ओर यह बात भी सही है कि वह मीडिया ही है जिसमें ऐसी पर्याप्त क्षमता है कि वह बालकों में घुसे हुए रूढ़िवादी विचारों तथा पृथकता और पार्श्वीकरण सम्बन्धी धारणाओं को पूरी तरह उनके दिलो-दिमाग से निकाल दे। विभिन्न रूपों में विभिन्न प्रकार से जनमाध्य साधन बालकों को यह सिखा सकते हैं कि हमें लोगों को उनके अपने वर्तमान रूप में समझ कर उनका सम्मान करना चाहिए ना कि उनके बारे में पहले से ही विद्यमान अफवाहों और काल्पनिक बातों को लेकर उनके प्रति द्वेष, पक्षपात और घृणा की भावना रखनी चाहिए। उन्हें अपने साथियों को चाहे वे किसी भी जाति, संस्कृति, लिंग, भाषा, क्षमता या अक्षमता से युक्त हों उनका पूरा सम्मान और आदर करना चाहिए। मीडिया को हर हालत में यह दिखाने का प्रयत्न करना

चाहिए कि रूढ़िवादी धारणाएं चाहे वे अपने सकारात्मक रूप में हों या नकारात्मक ठीक नहीं हैं क्योंकि इनसे बिना सोचे समझे संवेगात्मक प्रतिक्रिया व्यक्त करने को उकसाया जाता है जिसके परिणाम ठीक नहीं होते। मीडिया के द्वारा किया गया प्रयास समाज और संस्थाओं में भेदभाव, विद्वेष और पार्श्वीकरण को अलविदा कहने में काफी सहायता कर सकेगा।

सार-संक्षेप (Summary)

पार्श्वीकरण से तात्पर्य सामाजिक रूप से अलग-थलग कर देने की उस प्रक्रिया से है जिसके परिणामस्वरूप व्यक्ति या समुदाय विशेष को व्यवस्थित रूप में बहुत से ऐसे अधिकारों, अवसरों तथा संसाधनों से वंचित रखा जाता है जो बहुसंख्यक या शासित वर्गों को सामान्य रूप में उपलब्ध रहते हैं। इस संदर्भ में हमारे समाज में व्यक्तियों को प्रायः जिस प्रकार के पाश्वीकरण का शिकार होना पड़ता है वे हैं (i) व्यक्ति-पाश्वीकरण तथा (ii) समुदाय-पार्श्वीकरण।

व्यक्ति-पार्श्वीकरण में व्यक्ति विशेषों को वैयक्तिक रूप में सामाजिक अलगाव का सामना करते हुये समाज या समुदाय में सार्थक भागीदारी निभाने तथा सामान्य रूप से सभी को उपलब्ध रहने वाले अधिकारों तथा सुविधाओं से वंचित होने की पीड़ा सहन करते हुये देखा जाता है। ऐसे पाश्वीकृत व्यक्तियों के उदाहरणस्वरूप हम विधवाओं, अविवाहित माताओं, निर्धनों, विकलांगों, वृद्ध तथा एड्स कैन्सर एवं कोढ़ से पीड़ित व्यक्तियों का नाम ले सकते हैं।

समुदाय पाश्वीकरण में किसी जाति, समुदाय विशेष अथवा अल्पसंख्क वर्ग को बहुसंख्यक समुदाय या संप्रदाय के हाथों पार्श्वीकरण का शिकार होने की त्रासदी झेलनी पड़ती है। यूरोप के देशों में अश्वेतों तथा हमारे देश में स्त्रियों, अछूतों तथा अनुसूचित जातियों के साथ होने वाला व्यवहार उनके सामाजिक या सामुदायिक पार्श्वीकरण के ही उदाहरण हैं।

पार्श्वीकरण चाहे वैयक्तिक स्तर पर हो या सामुदायिक स्तर पर यह सदैव उस अपेक्षा, भेदभाव और षोषण का परिणाम होता है जिसका प्रदर्शन बहु-संख्यक या साधन सम्पन्न वर्ग द्वारा व्यक्ति विशेषों अथवा अल्पसंख्यक वर्ग के साथ अपने अनुचित व्यवहार तथा नकारात्मक दृष्टिकोण द्वारा किया जाता है। उनके दिल और दिमाग में इस प्रकार के व्यवहार तथा दृष्टिकोण को विकसित करने में समाज विशेष में व्याप्त रूढ़िवादिता और नकारात्मकता का ही हाथ रहता हुआ पाया जाता है।

वृद्धि को प्राप्त हो रहे बालकों को किसी एक या अन्य कारण की वजह से जिस प्रकार के पाश्वीकरण का शिकार होना पड़ता है वे उनके अधिगम तथा विकास के मार्ग को विविध रूपों में कंटकमय बनाते हुये दिखाई दे सकते हैं। इस दिशा में उन्हें दुमुंही मार झेलनी पड़ती है जिसमें एक ओर तो उनके परिवार तथा समुदाय के साथ होने वाले पार्श्वीकरण का प्रभाव रहता है तथा दूसरी ओर उनके स्वयं के पार्श्वीकरण का दंश उन्हें विद्यालयों, कार्य स्थलों, सामाजिक संपर्क स्थलों आदि में उनके साथ होने वाले पक्षपात, द्वेष, अन्याय तथा अलगाव के रूप में झेलते हुये देखा जाता है। विद्यार्थियों को पार्श्वीकरण के दुष्प्रभावों से बचाने में अध्यापकों की भूमिका विद्यालयों में होने वाले पार्श्वीकरण को लेकर काफी महत्त्वपूर्ण सिद्ध हो सकती है। उनकी तरफ से बरती जाने वाली सावधानी तथा पार्श्वीकरण के फलस्वरूप होने वाले भेदभाव, पक्षपात तथा अन्याय की रोकथाम इस दिशा में काफी कारगर कदम सिद्ध हो सकता है।

समाज में व्याप्त रूढ़िबद्धता से आशय व्यक्ति या समूह विशेष की उन पक्की धारणाओं, मान्यताओं तथा दृष्टिकोणों से है जो उन्हें अपने समाज में मौजूद पक्षपात, घृणा, विद्वेष तथा भेदभाव भरे वातावरण से विरासत में मिलते हैं। विश्व के सभी देशों, समाजों तथा समुदायों में भिन्न-भिन्न रंगों के रंगी हुई रूढ़िबद्धता पाई जाती है। सामान्यतौर पर इस प्रकार की रूढ़िबद्धता को जिन तीन मुख्य श्रेणियों में विभक्त कर अच्छी तरह समझा जा सकता है, वे है (i) यौन या लिंग आधारित रूढ़िबद्धता, (ii) सामाजिक वर्ग, जाति तथा प्रजाति से सम्बन्धित रूढ़िबद्धता और (iii) गरीबी या निर्धनता से सम्बन्धित रूढ़िबद्धता।

रूढ़िबद्धता या रूढ़िवादी प्रथाओं की उपस्थिति किसी भी समाज या समुदाय के लिये एक गंभीर चुनौती सिद्ध होती है। इनकी वजह से उसकी प्रगति और उसके रहने वाले व्यक्तियों का विकास और कल्याण का रास्ता खतरनाक ढ़ंग से अवरुद्ध हो जाता है। बढ़ते हुये बालकों के अधिगम और विकास में इसका सबसे अधिक दुष्प्रभाव नजर आता है।

बहुमाध्य या जनमाध्य (जैसे समाचार पत्र, रेडियो तथा दूरदर्शन प्रसारण, सिनेमा तथा इन्टरनेट सेवायें) द्वारा पार्श्वीकरण तथा रूढ़िबद्धता के दुष्परिणामों तथा प्रसार के सम्बन्ध में निभाई जाने वाली भूमिका के बारे में यह अच्छी तरह कहा जा सकता है कि जनसाधारण के व्यवहार और दृष्टिकोण को अपने रंग में रंग करने की अपनी अद्‌भुत क्षमता के कारण इन साधनों को बहुत ही उपयोगी ढ़ंग से काम में लाने की समुचित पहल की जानी चाहिये। इनका दुरुपयोग अथवा इन पर उचित नियन्त्रण का अभाव जहाँ पार्श्वीकरण तथा रूढ़िबद्धता को बढ़ाने में आग में घी डालने वाला कार्य कर सकता है वही इनका बुद्धिमताप्रद सदुपयोग एवं हितकारी रूप समाज या समुदाय विशेष को पार्श्वीकरण तथा रूढ़िबद्धता और उससे जन्मी बुराइयों के उन्मूलन में यथेष्ट सहयोग प्रदान कर सकता है। इसलिये एक जिम्मेदार नागरिक और कल्याणकारी सरकार के रूप में हमारा यह परम कर्त्तव्य हो जाता है कि जनमाध्य को सभी तरह से रचनात्मक भूमिका निभाने में ही सहयोग दें।

संदर्भित एवं विशेष अध्ययन ग्रन्थ (References and Suggested Readings)

Eysenck, H.J. et al., *Encyclopaedia of Psychology,* Phil. Lib., New York, 1972.

Harriman, P.L. (Ed.), *Encyclopaedia of Psychology*, Phil. Lib., New York, 1946.

Judd, Charles M. and Park, Bernadette, "Definition and Assessment of Accuracy in Social Stereotypes", *Psychological Review*, **100**(1), 109–128, 1993.

Kagan, J., "Acquisition and Significance of Sex Typing and Sex Role Identity", In M.L. Hoffman and L.W. Hoffman (Eds.), *Review of Child Development Research,* Sage, New York, 1964.

Kuppuswamy, B., *An Introduction to Social Psychology,* Asia Publishing House, Mumbai, 1971.

McGarty, Craig, Yzerbyt, Vincent Y., and Spears, Russel, *Stereotypes as Explanations: The Formation of Meaningful Beliefs about Social Groups,* Cambridge University Press, Cambridge, pp. 1–15, 2002: 7.

The American Heritage New Dictionary of Cultural Literacy, 3rd ed., Houghton Mifflin Company, New York, 2005.

Webster's Seventh New Collegiate Dictionary, G.C. Merriam Company, Springfield, Massachusetts, 1970.

बालक अधिकार संरक्षण (Protection of Child Rights)

विषय प्रवेश (Introduction)

जिस रूप में मनुष्य मात्र को मनुष्यों की तरह सम्मान से जीवन यापन करने हेतु मानव अधिकारों की वकालत की जाती है, उसी रूप में संयुक्त राष्ट्र संघ (UNO) तथा यूनीसेफ (UNICEF) जैसी वैश्विक संस्थाओं ने वैश्विक स्तर पर बाल अधिकारों की वकालत कर उन्हें स्पष्ट रूप से हमारे सामने रखा है। अध्याय 22 में हमने बाल अधिकारों के अर्थ, प्रकृति, प्रकार या वर्गीकरण के बारे में काफी कुछ लाभदायक बातों की चर्चा की है। अब यहाँ आगे प्रश्न उठता है कि बालकों को प्राप्त इन अधिकारों का उन्हें किस प्रकार फायदा उठाने में मदद की जाए। दूसरे शब्दों में, वैश्विक और क्षेत्रीय स्तर पर कार्य कर रही संस्थाओं द्वारा प्रदत्त इन बाल अधिकारों के संरक्षण हेतु क्या कदम उठाए जाएँ। इस अध्याय में हम यही चर्चा करने जा रहे हैं कि बाल अधिकारों के संरक्षण हेतु वैश्विक या क्षेत्रीय स्तर पर काम करने वाले संस्थानों और संगठनों द्वारा किस प्रकार की भूमिका निभाई जा रही है।

यूनीसेफ की भूमिका और योगदान (Role and Contribution of UNICEF)

संयुक्त राष्ट्र अन्तर्राष्ट्रीय बाल आपातकालीन फंड (United Nations International Children Emergency Fund) यानी यूनीसेफ का मुख्यालय न्यूयार्क य.एस.ए में है। यह अपने आप में संयुक्त राष्ट्र संघ (UNO) की एक ऐसी महत्त्वपूर्ण संस्था है जो बाल अधिकारों की उपलब्धि हेतु विश्व को समर्पित है। इस संस्था द्वारा सामुदायिक स्तर की ऐसी सेवाओं को विकसित करने पर जोर दिया जाता है, जो बालकों के स्वास्थ्य और समग्र कल्याण में अपना योगदान कर सकें। इस कार्य के लिए इस संस्था द्वारा सदस्य राष्ट्रों को आवश्यक धन राशि की मदद प्रदान की जाती है। संयुक्त राष्ट्र संघ की महासभा में पास प्रस्ताव के अनुसार यूनीसेफ का कार्यक्षेत्र बाल अधिकारों के संरक्षण की वकालत करना, बालकों को उनकी मूलभूत आवश्यकताओं की पूर्ति में सहायता करना और उन्हें उनकी पूरी क्षमता या सामर्थ्य तक पहुँचने के लिए आवश्यक अवसर उपलब्ध कराना है।

यद्यपि यूनीसेफ का मुख्यालय न्यूयार्क में है परन्तु इस संगठन का कार्यक्षेत्र विश्व के सभी राष्ट्रों में जगह-जगह पर स्थापित अपने क्षेत्रीय कार्यालयों के माध्यम से अच्छी तरह फैला हुआ है। यूनीसेफ के कार्यक्षेत्र को मुख्य रूप से पाँच महत्त्वपूर्ण श्रेणियों में बांटकर समझा जा सकता है। ये सभी विभाग या उपकार्य क्षेत्र पारस्परिक रूप से अच्छी तरह सम्बन्धित हैं क्योंकि एक क्षेत्र में की गई प्रगति दूसरे क्षेत्रों की प्रगति का कारण बनती है। ये पांचों उपक्षेत्र निम्न प्रकार से हैं:

(a) छोटे बालकों का जीवित रहना तथा विकास (Young Child Survival and Development)

(b) मूलभूत शिक्षा और लैंगिक समानता (Basic Education and Gender Equality)

(c) एच.आई.वी./एड्स और बालक (HIV/AIDS and Children)

(d) बाल संरक्षण (Child Protection)

(e) बाल अधिकार हेतु नीति विश्लेषण, समर्थन एवं सहभागिता (Policy Analysis, Advocacy and Partnerships for Child Rights)

यूनीसेफ संस्था इस प्रकार से बाल कल्याण से संबंधित सभी क्षेत्रों में अपना उल्लेखनीय योगदान देती हुई दिखाई दे सकती है जैसे बालिकाओं के प्रति लैंगिक भेदभाव को कम करना, एच.आई.वी./एड्स के शिकार व्यक्तियों तथा बालकों की मदद करना, बालकों का टीकाकरण तथा उन्हें उनके स्वास्थ्य संरक्षण तथा पौष्टिक खुराक प्राप्ति में सहायक बनाना, शांति और संघर्ष दोनों ही समय बाल-संरक्षण तथा आपदा काल में राहत प्रदान करने तथा विश्वभर के सभी बालकों के जीवन स्तर को ऊपर उठाने में मदद करना आदि।

जहाँ तक बाल अधिकार संरक्षण का प्रश्न है, तो इस दिशा में राष्ट्र संघ तथा बाल अधिकारों के बारे में संयुक्त राष्ट्र संघ सम्मेलन (United Nation Convention on the Rights of Child–UNCRC) द्वारा इसे जिस रूप में परिभाषित किया है उसी दिशा निर्देश का अनुपालन करते हुए यूनीसेफ बालकों के सभी प्रकार के अधिकारों जैसे (i) जीवित रहने का अधिकार, (ii) रक्षा या बचाव का अधिकार, (iii) सहभागिता का अधिकार तथा (iv) विकास का अधिकार के संरक्षण हेतु अपनी बहु-आयामी सेवा प्रदान करने का कार्य करती है।

इन चारों प्रकार के बाल अधिकारों के संरक्षण हेतु यूनीसेफ द्वारा सदस्य देशों को वित्तीय तथा तकनीकी समर्थन के रूप में उचित सेवाएं प्रदान करने का कार्य निम्न रूप में किया जाता है:

- गर्भवती महिलाओं की प्रसव कालीन अवस्था तथा बालक के जन्म के बाद चार सप्ताह तक देखभाल करना।
- विभिन्न प्रकार की बीमारियों से बचाव हेतु विकासशील देशों के बालकों हेतु टीकाकरण कार्यक्रम चलाना।
- गरीबी से जूझते बालकों के लिए संतुलित आहार, स्वच्छ जल तथा स्वास्थ्यपूर्ण वातावरण की व्यवस्था करने में स्थानीय स्तर पर चल रहे कार्यक्रमों को आर्थिक एवं तकनीकी सहयोग प्रदान कराना।
- माता से बालक में एच.आई.वी./एड्स का संक्रमण न हो इसकी रोकथाम हेतु चलाए जा रहे स्थानीय कार्यक्रमों, एच.आई.वी./एड्स की वजह से अनाथ होने वाले बालकों तथा इस प्रकार की बीमारियों से किशोरों में उचित जागरूकता पैदा करने वाले कार्यक्रमों को आर्थिक एवं तकनीकी सहयोग प्रदान कराना।
- विकासशील देशों में लैंगिक समानता तथा सार्वभौमिक प्राथमिक शिक्षा प्रदान करने सम्बन्धी कार्यक्रमों के लिए आर्थिक एवं तकनीकी सहयोग उपलब्ध कराना।
- एक ऐसे सुरक्षित परिवेश या कवच के निर्माण में जुटे कार्यक्रमों में सहायक बनना जिसके माध्यम से बाल उत्पीड़न तथा भेदभाव के शिकार तथा अन्य आपदाग्रस्त बालकों जैसे माता-पिता का सम्बन्ध-विच्छेद तथा किन्हीं कारणों से असमय ही अपने माँ बाप को खो देने वाले बालकों को उचित संरक्षण एवं सहयोग प्रदान किया जा सके।
- स्थानीय तथा राष्ट्रीय स्तर पर उपलब्ध उन सभी नीतियों को समर्थन एवं सहयोग प्रदान करने का कार्य करना जिनका उद्देश्य बालकों को जीवित रहने, अपनी रक्षा या बचाव करने, सहभागी बनने तथा उनका अच्छी तरह विकास करने में सहयोग देने से होता है।

विश्व स्वास्थ्य संगठन (WHO) की भूमिका एवं योगदान
(Role and Contribution of World Health Organization–WHO)

विश्व स्वास्थ्य संगठन संयुक्त राष्ट्र संघ की एक ऐसी महत्त्वपूर्ण संस्था है जो स्वास्थ्य के क्षेत्र में कार्य करती है। संयुक्त राष्ट्र संघ की महासभा ने इसकी स्थापना का उद्देश्य बताते हुए इसे एक ऐसी संस्था कहा है जिसका कार्य स्वास्थ्य विकास को आगे बढ़ाते हुए, स्वास्थ्य संरक्षण को उपलब्ध कराते हुए, स्वास्थ्य प्रणाली को मजबूत बनाते हुए, साझेदारी निभाते हुए तथा वर्तमान स्वास्थ्य प्रणाली में आवश्यक सुधार लाते हुए पूरे विश्व में व्याप्त सार्वजनिक स्वास्थ्य प्रणाली को सहारा देना तथा उसमें सुधार लाना है। सामाजिक प्रणाली में सुधार और उन्नयन के इस वृहत् कार्य के सम्पादन के लिए विश्व स्वास्थ्य

संगठन द्वारा स्वास्थ्य और स्वास्थ्य सेवाओं के क्रियान्वयन हेतु मानदंड और मानक निर्धारित करने की पहल की जाती है जिनकी सदस्य राष्ट्रों की सरकारों द्वारा विधिवत अनुपालन की अपेक्षा की जाती है। विश्व स्वास्थ्य संगठन इस प्रकार से अपने सदस्य देशों के साथ उन देशों के स्वास्थ्य मंत्रालय के माध्यम से सहयोग करता हुआ वैश्विक स्वास्थ्य सम्बन्धी सभी बातों में एक उचित नेतृत्व प्रदान करने के लिए उत्तरदायी है।

इसका मुख्यालय जेनेवा, स्विट्जरलैंड में है। भारत में इसका क्षेत्रीय मुख्य कार्यालय दिल्ली में स्थित है। हमारे देश में भारत सरकार के स्वास्थ्य मंत्रालय के साथ सहयोग करता हुआ विश्व स्वास्थ्य संगठन मुख्यतः निम्न छः विशेष उत्तरदायित्वों को निभाने में कार्यरत हैं:

1. स्वास्थ्य के अति महत्त्वपूर्ण मामलों में नेतृत्व प्रदान करना और उन क्षेत्रों में भागीदारी निभाना जिनमें मिलजुल कर काम करना जरूरी है।
2. अनुसंधान एजेन्डा को स्वरूप देना और बहुमूल्य ज्ञान के सृजन, उसे व्यावहारिक स्वरूप प्रदान करना और वास्तविक रूप में काम में लाने सम्बन्धी प्रसारण का कार्य करना।
3. मानक और मानदंड निर्धारित करना और उनके क्रियान्वयन को नियन्त्रित एवं प्रोन्नत करना।
4. नैतिक एवं साक्ष्य आधारित नीति विकल्पों को सामने लाना।
5. तकनीकी समर्थन, बदलाव लाने की प्रक्रिया में वृद्धि एवं टिकाऊ संस्थागत क्षमता सृजित करना।
6. स्वास्थ्य सम्बन्धी परिस्थितियों पर नजर रखना और स्वास्थ्य क्षेत्र में जैसा कार्य हो रहा है उसका आंकलन करना।

विश्व के नागरिकों को अच्छा स्वास्थ्य प्रदान करने में एक अग्रणी भागीदार के रूप में विश्व स्वास्थ्य संगठन बालकों और किशोरों के स्वास्थ्य और विकास के साथ उनके पर्यावरणीय स्वास्थ्य सम्बन्धी मामलों में अपना महत्त्वपूर्ण योगदान प्रदान कर रहा है। क्योंकि स्वास्थ्य ही बालकों की पूरी क्षमता और सामर्थ्य को पूरी तरह विकसित करने का मूलभूत आधार है, इसी वजह से यह बाल अधिकारों के संरक्षण से सम्बन्धित अधिक से अधिक बातों की सुनिश्चितता निर्धारित करने में काफी सहायता कर सकता है। इस दृष्टि से विश्व स्वास्थ्य संगठन अपने सदस्य देशों के साथ सहयोग करते हुए विभिन्न प्रकार के बाल अधिकार जैसे–जीवित रहने, अधिक से अधिक विकास करने, स्वस्थ जीवन यापन करने तथा स्वास्थ्य सुविधाओं को उपलब्ध कराना आदि को एक अच्छे उचित स्तरीय रूप में प्राप्त करने सम्बन्धी गतिविधियों में लगातार सक्रिय रहने की भूमिका निभा रहा है।

बाल अधिकार संरक्षण के लिए राष्ट्रीय आयोग की भूमिका और योगदान (Role and Contribution of National Commission for Protection of Child Right–NCPCR)

राष्ट्रीय बाल अधिकार संरक्षण आयोग (National Commission for Protection of Child Rights–NCPCR) एक संवैधानिक संस्था है जो भारत सरकार के महिला एवं बाल विकास मंत्रालय के प्रशासनिक नियंत्रण में काम करती है। इसे बाल अधिकार संरक्षण आयोग अधिनियम 2005 के अन्तर्गत मार्च 2007 गें स्थापित किया गया था। आयोग का उद्देश्य इस बात को सुनिश्चित करना है कि उन सभी नियमों, नीतियों, कार्यक्रमों तथा प्रशासनात्मक व्यवस्थाओं की अनुपालना और कार्य उन बाल अधिकारों के परिप्रेक्ष्य में ठीक चल रहे हैं या नहीं जिनका उल्लेख हमारे संविधान में तथा बाल अधिकारों पर संयुक्त राष्ट्र सम्मेलन में किया गया है।

संरचना (Composition)

सभापति या अध्यक्ष के अतिरिक्त इस आयोग के छः सदस्य हैं, जिनका सम्बन्ध विभिन्न क्षेत्रों जैसे (i) बाल स्वास्थ्य, शिक्षा, बालकों की देखभाल और विकास, (ii) बाल न्याय, (iii) अक्षमताओं से युक्त बालक, (iv) बालश्रम की समाप्ति, (v) बाल मनोविज्ञान या समाज विज्ञान तथा, (vi) बालकों से सम्बन्धित कानूनों से हैं।

बाल संरक्षण आयोग के द्वारा किए जाने वाले कार्य एवं गतिविधियाँ (Tasks and Activities Undertaken by NCPCR)

अपने इस उद्देश्य कि सभी बालकों को उनके लिए प्रदत्त सभी अधिकारों की उपलब्धि होनी चाहिए, की पूर्ति के लिए आयोग द्वारा निम्न प्रकार की गतिविधियाँ सम्पन्न की जाती हैं:

- आयोग का पहला कार्य जन साधारण में ऐसी जागरूकता पैदा करना तथा देश में इस प्रकार के नैतिक बल का सृजन करना है, जो बालकों के साथ खड़ा होकर उनके अधिकारों का संरक्षण करने के लिए आगे आए। इस प्रकार की एक राष्ट्रीय चेतना जागृत की जानी चाहिए जहाँ प्रत्येक नागरिक इस बात में गर्व महसूस करे कि उसका देश अपने सभी बालकों का ध्यान रखता है।
- इस प्रकार की मनोस्थिति बनाने के बाद आयोग का दूसरा कार्य यह है कि वह बाल अधिकारों के संरक्षण के सम्बन्ध में जो नीतिगत और कानूनी ढांचा बनाया गया है उसमें रहने वाली कमियों की तरफ ध्यान दे और फिर सम्बन्धित सरकार को ऐसे सुझाव दे जिससे उसमें बनाई जाने वाली नीतियों से बाल अधिकारों के संरक्षण में उचित मदद मिले।
- आयोग का कार्य यह है कि वह अपने आपको उचित अनुसंधान तथा दस्तावेजों से युक्त रखे क्योंकि आयोग जो कुछ कहता और करता है उसकी न्यायोचितता और वैधता ठोस अनुसंधान और प्रदत्तों पर ही टिकी रहती है। यद्यपि अपने देश में प्रत्येक व्यक्ति यह जानता है कि हमारे देश में अधिकांश बालक असहाय स्थिति में ही नजर आते हैं और उनके साथ अच्छा व्यवहार नहीं होता है परन्तु यह बात किन्हीं तथ्यों पर आधारित होनी चाहिए, भावावेश में दिए जाने वाले वक्तव्य के रूप में नहीं।

आयोग के द्वारा अपने ये सभी कार्य इस प्रकार पूरे किए जाते हैं कि जिसमें यह स्वीकार कर लिया जाए कि बालक का भी अपना एक स्वतंत्र अस्तित्व, व्यक्तित्व और अपनी विचारधारा होती है। उसके बारे में कभी यह नहीं समझा जाना चाहिए कि वह हर अवस्था में असहाय है और उसकी हर समय सहायता और संरक्षण करने की जरूरत होती है। हम बाल अधिकारों का संरक्षण करके बालक पर कोई अहसान नहीं कर रहे हैं। यह हर सरकार का दायित्व है कि वह अपने कर्त्तव्यों का पालन करे और समाज की जरूरत है कि वह इस प्रकार के वातावरण का सृजन करे कि बालक के बारे में लिए जाने वाले सभी निर्णयों में बालक की बात सुनी जाए। इस दृष्टि से आयोग का यह मत है कि बाल कल्याण के लिए उस बालक के आत्मसम्मान को बनाए रखना आवश्यक है जिसे आज हमारे समाज में असहाय और नितान्त कमजोर मान कर चला जाता है।

राष्ट्रीय मानव अधिकार आयोग की भूमिका और योगदान (Role and Contribution of National Human Rights Commission–NHRC)

राष्ट्रीय मानव अधिकार आयोग (NHRC) एक ऐसी स्वायत्त संवैधानिक संस्था है जिसे 1993 में भारतीय संसद द्वारा पारित मानव अधिकार संरक्षण अधिनियम (1993) के तहत स्थापित किया गया है।

संरचना (Composition)

इसके अन्दर एक सभापति तथा छः अन्य सदस्य होते हैं जिनकी नियुक्ति निम्न रूप में होती है:

- आयोग का सभापति भारत का सेवानिवृत्त मुख्य न्यायाधीश होता है।
- एक ऐसा सदस्य जो वर्तमान में या पहले भारतीय सर्वोच्च न्यायालय का न्यायाधीश रहा हो।
- एक ऐसा सदस्य जो उच्च न्यायालय का मुख्य न्यायाधीश हो या पहले रह चुका हो।

- दो ऐसे सदस्य जिनकी नियुक्ति उन व्यक्तियों में से की जाती है जिन्हें 'मानवीय अधिकारों' से जुड़े मामलों का ज्ञान हो या उनका व्यावहारिक अनुभव हो।
- अनुसूचित जाति राष्ट्रीय आयोग का अध्यक्ष।
- अनुसूचित जन जाति राष्ट्रीय आयोग का अध्यक्ष।

राष्ट्रीय मानव अधिकार आयोग के कार्य और गतिविधियाँ
(Functions and Activities Carried Out by NHRC)

मानव अधिकार संरक्षण अधिनियम, 1993 में निहित प्रावधान के अनुसार राष्ट्रीय मानव अधिकार आयोग के द्वारा निम्न प्रकार की गतिविधियों का निष्पादन होता है:

- मानव अधिकारों के उल्लंघन या इसके बारे में की गई शिकायत के बारे में किसी सरकारी अधिकारी द्वारा लापरवाही बरतने के मामले में स्वयं जांच पड़ताल करने की पहल करना या ऐसा करने के लिए अनुरोध करने पर उचित कदम उठाना।
- मानव अधिकारों के उल्लंघन सम्बन्धी मामलों को अदालत तक पहुँचाने या अदालत में चल रहे मामले में पीड़ित व्यक्तियों की मदद करना।
- राज्य सरकारों के नियंत्रण में चल रहे कारागारों या अन्य संस्थाओं जहाँ पर व्यक्तियों को उनकी आदत सुधारने, इलाज करने अथवा सुरक्षा की दृष्टि से रखा जाता है, का निरीक्षण करना। उनके हालातों का पता लगाना तथा इस सम्बन्ध में आवश्यक सुझाव और संस्तुति प्रदान करना।
- मानव अधिकार संरक्षण के सम्बन्ध में प्रचलित उन सभी उपायों, जो संविधान या वर्तमान में चल रहे किसी कानून द्वारा प्रदत्त हैं, उनका पुनःनिरीक्षण करना और उनके प्रभावपूर्ण क्रियान्वयन हेतु उपाय सुझाना।
- उन सभी कारकों (जिनमें आतंकवादी गतिविधियाँ भी शामिल हैं) जो मानव अधिकारों के उपभोग में बाधक बनते हैं, उनका पुनःनिरीक्षण करना और उनके बारे में सुधारात्मक उपाय सुझाना।
- मानव अधिकारों से सम्बन्धित विभिन्न अंतरराष्ट्रीय संधियों और प्रतिवेदनों का अध्ययन करना और उनके प्रभावपूर्ण क्रियान्वयन हेतु संस्तुति प्रदान करना।
- मानव अधिकार क्षेत्रों में अनुसंधान करना और उन्हें बढ़ावा देना।
- समाज के विभिन्न वर्गों में मानव अधिकारों के बारे में शिक्षा और जानकारी देने में रत रहना और प्रकाशनों, मीडिया, विचार गोष्ठियों तथा अन्य उपलब्ध साधनों के द्वारा जनसाधारण में मानव अधिकारों के संरक्षण से सम्बन्धित बातों में जागरूकता पैदा करना।
- मानव अधिकार क्षेत्र में कार्यरत और सरकारी संगठनों तथा संस्थाओं के प्रयासों को प्रोत्साहन देना।
- ऐसे सभी कार्यों या गतिविधियों गें रांलग्न रहना जिन्हें आयोग यह माने कि वे मानव अधिकार संरक्षण के लिए जरूरी हैं।
- आवश्यकता पड़ने पर किसी अदालत या कार्यालय से किसी सार्वजनिक रिकार्ड या उसकी प्रतिलिपि मांगने सम्बन्धी उत्तरदायित्व भी आयोग द्वारा निभाया जाता है।

इस प्रकार से हम देखते हैं कि 'राष्ट्रीय मानव अधिकार आयोग' मानव अधिकार संरक्षण के लिए बनाए गए अधिनियम में उल्लेखित व्यक्ति विशेष के जीवित रहने, स्वतंत्रता, समानता तथा आत्म सम्मान से जुड़े हुए ऐसे सभी अधिकारों जो संविधान द्वारा प्रदत्त है या जिन्हें अन्तरराष्ट्रीय स्तर पर स्वीकार किया जा चुका है, उनके संरक्षण एवं बढ़ावा देने के लिए समुचित रूप से उत्तरदायी है।

फलस्वरूप जब कोई व्यक्ति या संस्था यह महसूस करे कि उसके मामले में मानव अधिकार का उल्लंघन हो रहा है, तब स्वयं उसके द्वारा या उसके लिए किसी गैर सरकारी स्वयं सेवी संगठन द्वारा सीधे ही इस बारे में आयोग को अपील की जा सकती है। ऐसी अपील या प्रतिवेदन प्राप्ति के बाद आयोग से यह अपेक्षा की जाती है कि वह मानव अधिकारों के उल्लंघन के सम्बन्ध में जाँच पड़ताल करे। आयोग इस सम्बन्ध में राज्य सरकार द्वारा बरती गई ऐसी असावधानी या लापरवाही के बारे में भी छानबीन कर सकता है जो मानव अधिकार के उल्लंघन की रोकथाम के सम्बन्ध में की गई हो।

आगे चलकर आयोग राज्य के ऐसे सभी संस्थाओं और जगहों का भी निरीक्षण कर सकता है जहाँ से उसे ऐसा अंदेशा हो या उनसे सम्बन्धित शिकायतें उसके पास आ रही हों। आयोग को यह भी अधिकार है कि वह किसी भी नियम, संवैधानिक प्रावधान का पुनःनिरीक्षण करे ताकि मानव अधिकारों के संरक्षण की सुनिश्चितता में आवश्यक सहायता मिले और इस प्रकार की अपनी सभी बातों से समय-समय पर जन साधारण को परिचित कराते रहना आयोग का उत्तरदायित्व होता है ताकि प्रत्येक व्यक्ति अपने अधिकारों तथा उनके संरक्षण के सम्बन्ध में उचित जानकारी रख सके।

बाल सहायता सेवाओं की भूमिका और योगदान (Role and Contribution of Child Help Lines)

बाल सहायता सेवायें बाल अधिकार संरक्षण में, विशेषकर उन बाल उत्पीड़न तथा जीवन में होने वाली दुर्घटनाओं तथा आपदाओं के समय बचाव करने में, काफी सहायक सिद्ध होती हैं।

बाल सहायता सेवा क्या होती है? (What is Child Help Line?)

बाल सहायता सेवा अपने यथार्थ रूप में आपातकाल में एक ऐसी फोन सेवा होती है जिस पर मित्रवत दीदी (Sister) या एक सहानुभूति पूर्ण दयावान भैया (Brother) पीड़ित ओर असहाय बालकों की दिन के 24 घंटे और वर्ष के 365 दिन सहायता करने को तैयार रहता है। इस सेवा का उद्देश्य आफत या विपत्ति के समय बालकों (अथवा बालकों के हितैषी साथियों या किसी वयस्क) द्वारा टेलीफोन किए जाने पर प्रत्यक्ष रूप से तत्कालीन सहायता करते हैं या उनको लम्बी अवधि युक्त उचित पुनर्वास हेतु अन्य सहायता करने वाली संस्थाओं से जोड़ने में मदद करते हैं।

किसी भी देश में बाल सहायता सेवा एक ऐसा निःशुल्क किया जाने वाला टेलीफोन नम्बर होता है जो पूरे देश में एक जैसा होता है। हमारे देश में इसे 'चाइल्ड लाइन 1098 सेवा' के नाम से जाना जाता है। इस नम्बर पर फोन करके देश के किसी भी स्थान से किसी भी समय बालकों को विपदा या आपदा के समय तुरन्त सहायता प्राप्त हो सकती है क्योंकि यह लाइन उनके लिए काम करने हेतु 24 घंटे खुली रहती है। इसे भारत सरकार के महिला एवं बाल मंत्रालय विकास से प्रश्रय प्राप्त है। फिर इसका संचालन विभिन्न विभागों, जैसे—दूर संचार विभाग, समुदाय के स्वयं सेवी युवक/युवतियों, गैर सरकारी स्वयं सेवी संस्थाओं, शैक्षणिक संस्थान, उद्यमी वर्ग, पुलिस तंत्र, स्वास्थ्य विभाग, न्याय पालिका, यातायात और श्रम विभाग, मीडिया, चुने हुए प्रतिनिधियों, स्वयं व्यक्ति विशेष तथा हम सभी के पारस्परिक सहयोग से सम्पन्न होता है। इस दिशा में गैर-सरकारी स्वयं सेवी संस्थाओं का योगदान उल्लेखनीय रहता है, उदाहरण के लिए—चाइल्ड लाइन इंडिया फाउन्डेशन नामक संस्थान मुफ्त प्रदान की जाने वाली 1098 टेलीफोन सेवा के माध्यम से विपत्ति से जूझते हुए बालकों को समय पर सहायता पहुँचाने के लिए काफी प्रसिद्ध है। इसका मुख्यालय वर्ली (Worli) मुम्बई में है और क्षेत्रीय कार्यालय नई दिल्ली, कलकत्ता तथा चेन्नई में हैं।

चाइल्ड हैल्प लाइन का कार्य क्षेत्र (The Field of Child Help Lines Cooperation)

यद्यपि हमारे देश में कार्यरत 1098 टेलीफोन सहायता सेवा बाल-अधिकार संरक्षण और कल्याण के लिए प्रतिबद्ध है परन्तु इसका मुख्य प्रयोजन आफत एवं विपदा में फंसे हुए बालकों विशेषकर असहाय और निरीह बालकों की सहायता करना होता है। ऐसे बाल समूह के रूप में हम निम्न का नाम ले सकते हैं:

- आवारा बालक तथा गलियों में आवारा घूमते हुए बालक और अकेले रहते हुए युवक वर्ग

- संगठित और असंगठित क्षेत्रों में कार्यरत बाल श्रमिक
- घरेलू नौकर के रूप में कार्यरत बाल श्रमिक
- घर, विद्यालय या संस्थाओं में शारीरिक/यौन/संवेगात्मक उत्पीड़न के शिकार बालक
- संवेगात्मक सहारा तथा परामर्श चाहने वाले बालक
- यौन व्यापार में संलग्न महिलाओं के बालक
- देह व्यापार के शिकार बालक
- बालकों की खरीद फरोख्त के शिकार बालक
- माता-पिता या अभिभावकों द्वारा त्यागे गए बालक
- खोए हुए बालक
- घर से भागे हुए बालक
- नशीले पदार्थों के सेवन के शिकार बालक
- भिन्न योग्यताओं से युक्त अक्षम बालक
- कानून की अवज्ञा करने वाले बालक
- बाल गृहों में पल रहे बालक
- मानसिक रूप से त्रस्त या विकलांग बालक
- एच.आई.वी. या एड्स के शिकार बालक
- लड़ाई झगड़े या आपदा के शिकार बालक
- राजनीतिक रूप से शरणार्थी बालक
- ऐसे बालक जिनके परिवार विपत्ति या कठिनाइयों से ग्रस्त हैं।

चाइल्ड हेल्प लाइन के उद्देश्य (Objectives Served by the Child Help Line)

किसी भी जरूरतमंद बालक की देखभाल और संरक्षण के लिए 1098 पर आपातकालीन स्थिति के प्रत्युत्तर में उस बालक तक पहुँचना।

- चाइल्ड लाइन 1098 के बारे में प्रत्येक भारतीय बालक को जागरूक करना।
- बाल कल्याण से जुड़े हुए संगठनों में सूचनाओं का आदान-प्रदान करने हेतु एक प्लेटफार्म प्रस्तुत करना और उस सहायता समर्थन तन्त्र के लिए संपर्क सूत्र बनना जो उन जरूरत मंद बालकों के पुनर्वास के लिए काम करता है जिन्हें देखभाल और सुरक्षा चाहिए।
- पुलिस, स्वास्थ्य की देखभाल, बाल न्याय, यातायात, कानून, शिक्षा, संप्रेषण, मीडिया, राजनैतिक तथा समुदाय से युक्त प्रणाली के साथ ऐसे मिलकर कार्य करना कि एक बाल-मित्र प्रणाली का विकास हो सके।
- जो बालक पहुँच के बाहर हो उनके लिए सेवायें प्रदान करने की पहल करना।
- बालकों के लिए बनाई नीतियों तथा राष्ट्रीय माँग को ध्यान में रखते हुए गैर सरकारी संगठनों तथा सरकारी संगठनों से युक्त एक सहायक तन्त्र विकसित करना।
- देश में एक ऐसी मान्य बाल संरक्षण एजेन्सी के रूप में कार्य करना जो उन बालकों को संरक्षण प्रदान करें जिन्हें देखभाल और संरक्षण चाहिए।

- उस वैश्विक आंदोलन को मजबूती प्रदान करने में योगदान और सेवाएं देना तथा उसमें अपनी भागीदारी निभाना जो बाल संरक्षण से संबंधित समस्याओं के हल हेतु कार्य करते हुए यह सुनिश्चित करता है कि बालकों की आवाज की सुनवाई हो।

चाइल्ड हैल्प लाइन की कार्यपद्धति (Functioning of Child Help Line)

चाइल्ड लाइन नेटवर्क को अपने निम्न रूप में जरूरतमंद बालकों की सहायता और संरक्षण प्रदान करते हुए देखा जा सकता है:

1. चाइल्ड लाइन के सहायता केन्द्र के टोल फ्री नं. 1098 पर सहायता हेतु टेलीफोन आता है।
2. फोन सुनने के बाद केन्द्र पर कार्यरत स्टाफ अब दो निम्न रूपों में अपनी अनुक्रिया देता है।
3. बालक के पड़ोस में कार्यरत चाइल्ड लाइन की इस यूनिट की अब यह जिम्मेदारी होती है कि वह फोन पर जैसी उसको सूचना मिली है, बालक की विपदा और परेशानी की प्रकृति को ध्यान में रखते हुए तुरन्त ही प्रभावी कदम उठाए। उसके द्वारा इस सम्बन्ध में लिये गए प्रयत्नों की प्रकृति कुछ निम्न प्रकार की हो सकती है:
   - प्रथम छानबीन रिपोर्ट (FIR) दर्ज कराने तथा आवश्यकतानुसार पुलिस स्टाफ की सहायता लेना।
   - भोजन, पानी, कपड़े, दवाई तथा चिकित्सक, अस्थायी निवास तथा परिवहन सेवा के रूप में तुरन्त सहायता उपलब्ध कराना।
   - विशेषज्ञों तथा जानकार व्यक्तियों से पूछना कि विपदाग्रस्त बालक को इस समय किस प्रकार की सहायता दी जानी चाहिए।
   - विपदा ग्रस्त बालक को यह संभव बनाना कि वह परामर्शदाताओं, स्वास्थ्य विशेषज्ञों, चिकित्सा सहायता केन्द्रों, आश्रय स्थलों/अनाथालयों, कानूनी सलाहकारों तथा अन्य व्यक्तियों/संस्थानों से ऐसी आवश्यक सहायता एवं संरक्षण प्राप्त कर सके जो उसे अपनी विपदा समस्या से निजात दिलाने में सहायक हो।

गैर सरकारी संगठनों की भूमिका एवं योगदान (Role and Contribution of NGOs)

गैर सरकारी संगठनों से अभिप्राय (What are NGOs ?)

गैर सरकारी संगठन (NGOs) ऐसे संगठन होते हैं जो समुदाय/समाज के लोगों द्वारा स्वतन्त्र रूप में सरकारी संस्थाओं/संगठनों से कुछ अलग हट कर ऐसे काम करने के लिए खड़े किए जाते हैं जिनसे जरूरतमंद व्यक्तियों की आवश्यक मदद एवं सहायता की जा सके तथा मानव सेवा सम्बन्धी अन्य कार्यों को अंजाम दिया जा सके।

ये आवश्यक रूप से गैर-सरकारी संगठन ही होते हैं। उस परिस्थिति में भी जब वे पूरी तरह से आंशिक रूप में सरकार पोषित होकर सरकारी अनुदान प्राप्त कर रहे होते हैं, वे अपनी गैर-सरकारी पहचान बनाने में सफल रहते हैं। इनकी कार्यकारिणी या सदस्यता सूची में किसी भी सरकारी व्यक्ति/प्रतिनिधि का नाम नहीं होता। इसके अतिरिक्त इन संगठनों को ऐसे संगठनों के रूप में भी जाना जाता है जिनका उद्देश्य पैसा कमाना नहीं होता। अपने वित्तीय पोषण हेतु ये जनता से चन्दा तथा आर्थिक अनुदान ग्रहण करते हैं और दानवीरों, उद्योगपतियों तथा स्वयं सेवकों के बल पर ही ये अपने कार्यक्षेत्र सम्बन्धी जरूरतें पूरी करते हुए पाए जाते हैं।

उस समय से ही जबसे संयुक्त राष्ट्र संघ बाल अधिकार सम्मेलन (UN Convention on the Right of Child–UNCRC) ने गैर सरकारी संगठनों को उनके कार्य करने हेतु महत्त्वपूर्ण लक्ष्य प्रदान किए हैं गैर-सरकारी संगठनों द्वारा मानव अधिकारों (जिनमें बाल अधिकार भी शामिल हैं) के संरक्षण हेतु सभी देशों–विकसित तथा विकासशील में उल्लेखनीय कार्य हुआ है। इन लक्ष्यों को प्रदान करते हुए यू.एन.सी.आर.सी. ने गैर-सरकारी संगठनों को दो महत्त्वपूर्ण दिशाओं में अपनी सेवाएँ अर्पित करने के निर्देश दिये हैं:

(i) देश में स्थित मंत्रालयों, चुने हुए जन प्रतिनिधियों तथा सरकारी अफसरों तथा मीडिया से अपना संपर्क ओर तालमेल बनाते हुए देश की सरकारों को उनके कर्त्तव्यों तथा उत्तरदायित्वों के बारे में याद दिलाते रहना।

(ii) अपने द्वारा किए जाने वाले कार्यों तथा निभाए जाने वाले उत्तरदायित्वों के क्रियान्वयन पर ध्यान देते रहना।

अन्तर्राष्ट्रीय स्तर पर कार्यरत गैर सरकारी संगठन (NGO's Operating at the International Level)

वैश्विक स्तर पर गैर सरकारी संगठनों (NGOs) द्वारा मानवाधिकार तथा बालाधिकार संरक्षण की दिशा में काफी महत्त्वपूर्ण कार्य किया जा रहा है। वैश्विक स्तर पर कार्यरत गैर-सरकारी संगठनों के कार्य में समन्वयन हेतु एनजीओ ग्रुप (NGO Group) नामक संस्था बनाई गई है। इस संस्था का अपना सचिवालय तथा कार्यकारी समूह है जो दुनिया भर में कार्य कर रहे गैर सरकारी संगठनों के कार्य में समन्वय लाने तथा उन्हें ऐसी दिशा और दशा प्राप्त करने में मदद करता है जिसके द्वारा सभी बालकों को अपने अधिकारों का उपयोग उस रूप में करने में उचित मदद मिले जिनकी संकल्पना संयुक्त राष्ट्र संघ बाल अधिकार सम्मेलन (UNCRC) में की गई है।

व्यवहारिक रूप में वैश्विक स्तर पर आज ऐसे बहुत गैर सरकारी स्वयं सेवी संगठन एनजीओ ग्रुप के समन्वयन में अपना कार्य कर रहे हैं जिनका सम्बन्ध मुख्य रूप से मानव और बाल-अधिकार संरक्षण ही है। इनमें से कुछ प्रमुख विशेष का संक्षेप में उल्लेख हमारे द्वारा नीचे दिया जा रहा है।

एमनेस्टी इन्टरनेशनल (Amnesty International)

एमनेस्टी इन्टरनेशनल विश्व भर में फैला हुआ मानव अधिकारों के संरक्षण हेतु काम करने वाले व्यक्तियों का एक ऐसा संगठन है जिसका प्रमुख उद्देश्य मानव अधिकारों के संरक्षण के प्रति पूरी जागरूकता दिखाना है। अपने इस उद्देश्य की पूर्ति हेतु यह संगठन इस सम्बन्ध में आवश्यक अनुसंधान कार्य करता है तथा मानव अधिकारों के उल्लंघन की रोकथाम हेतु क्या किया जाए इस तरह की रूपरेखा तैयार करता है और जहाँ उल्लंघन हो रहा हो वहाँ पीड़ितों के लिए न्याय की माँग करता है। 70 लाख सदस्यों तथा समर्थकों (जो 150 देशों में फैले हुए हैं) की संस्था वाले इस संगठन का मुख्यालय लंदन में है तथा हमारे देश में इसका क्षेत्रीय कार्यालय बंगलोर (कर्नाटक) में है। इस संगठन का आदर्श वाक्य "अंधेरे को कोसने की अपेक्षा यह बेहतर है कि प्रकाश के लिए एक मोमबती जलाई जाए" है।

चिल्ड्रन डिफेन्स फन्ड (Children's Defence Fund–CDF)

चिल्ड्रन डिफेन्स फन्ड बाल कल्याण हेतु काम करने वाला ऐसा अन्तरराष्ट्रीय संगठन है जो सभी बालकों को समान रूप से उचित अवसर दिलाने की वकालत करता है। यह उन सभी नीतियों तथा कार्यक्रमों के क्रियान्वयन हेतु अपनी आवाज बुलन्द करता है जो बालकों को उनकी गरीबी से बाहर निकालने, उत्पीड़न तथा उपेक्षा से उनका बचाव करने तथा उन्हें उनकी देखभाल तथा शिक्षा हेतु समान अवसर उपलब्ध करने सम्बन्धी अधिकारों का उचित संरक्षण करें। इस संगठन का मुख्यालय वाशिंगटन डी.सी. अमेरिका में है।

ह्यूमन राइट एक्सन सेन्टर (Human Right Action Center)

वाशिगंटन, डी.सी. (अमेरिका) में स्थित यह गैर सरकारी स्वयंसेवी संगठन सार्वजनिक घोषित मानव अधिकारों के संरक्षण हेतु कार्य करता है और अपने इस उत्तरदायित्व के निर्वहन में मानव अधिकारों के उल्लंघन ओर उत्पीड़नों की रोकथाम हेतु नए तरीके ढूँढने और काम में लाने हेतु कला और तकनीकी विधाओं को भी काम में लाने सम्बन्धी प्रयोग करता है। इसका संचालन प्रसिद्ध मानव अधिकार कार्यकर्ता जैक हैली (Jack Healey) के नेतृत्व में होता है। इस संगठन द्वारा पूरे विश्व में मूल अधिकारों के संरक्षण में काम करने वाले संस्थानों को समर्थन और सहायता प्रदान करने का कार्य भी किया जाता है।

ह्यूमन राइट्स वॉच (Human Rights Watch)

ह्यूमन राइट्स वॉच नाम का संगठन सम्पूर्ण विश्व के व्यक्तियों के मानव अधिकारों के संरक्षण के लिए समर्पित है। इसका कार्य मानव अधिकार उल्लंघन सम्बन्धी मामलों की जाँच पड़ताल कर उन्हें उजागर करना, उत्पीड़न के लिए दोषी व्यक्तियों का दोष सिद्ध करना और सरकारों तथा शक्ति सम्पन्न व्यक्तियों और संस्थानों को सभी प्रकार के उत्पीड़न को समाप्त करने तथा अन्तरराष्ट्रीय मानव अधिकारों का सम्मान करने के लिए राजी करना है। इसका मुख्यालय न्यूयार्क, अमेरिका में है।

ह्यूमन राइट्स विदाउट फ्रन्टियर्स (Human Rights without Frontiers–HRWF)

इस संगठन का कार्य मानव अधिकारों के संरक्षण की देखभाल और उसके सम्बन्ध में आवश्यक अनुसंधान एवं विश्लेषण करना तथा जनतांत्रिक विचारों तथा राष्ट्रीय और अन्तरराष्ट्रीय स्तर पर कानूनी शासन स्थापित करने में सहयोग करना है। इसका मुख्यालय ईटरबीक, बेल्जियम (Etterbeek, Belgium) में है और यह यूरोपियन एजेन्सी फॉर फन्डामेन्टल राइट्स से भी अपने समाज सेवी कार्यों के लिए जुड़ा हुआ है।

राष्ट्रीय स्तर पर कार्यरत गैर सरकारी संगठन (NGO's Working at National Level)

हमारे देश में आज ऐसे कई गैर-सरकारी स्वयं सेवी संगठन हैं जो मानव अधिकारों (जिनमें बाल अधिकार भी शामिल हैं) के संरक्षण हेतु उल्लेखनीय कार्य कर रहे हैं। इनमें से कुछ प्रमुख का उल्लेख आगे किया जा रहा है:

1. सम्मान फाउन्डेशन (Samman Foundation)

इसे 25 जनवरी, 2007 में स्थापित किया गया था। प्रारम्भ में इसका कार्यक्षेत्र गरीब बालकों और व्यक्तियों को शिक्षा, प्रशिक्षण और वित्तीय सहायता प्रदान कर मुख्यधारा में लाना था परन्तु आजकल इस संगठन का मुख्य कार्य रिक्शा चलाने वालों की, अच्छी आजीविका कमाने में सहायता करना है। अपने अन्य कार्यों में इस संगठन द्वारा बालकों की शिक्षा तथा उन्हें अच्छी स्वास्थ्य सेवाएँ उपलब्ध कराना और स्त्रियों के कल्याण हेतु अपनी सेवाएँ प्रदान करना है।

2. गूँज (Goonj)

इस गैर सरकारी संगठन को भारत गैर सरकारी सम्मेलन में वर्ष 2007 में ''एनजीओ ऑफ द इयर'' के पुरस्कार द्वारा सम्मानित किया गया था। यह गरीब और बेसहारा बालकों और व्यक्तियों की वस्त्र सम्बन्धी समस्या को हल करने की दिशा में कार्य करता है। इसके अतिरिक्त इसके द्वारा अपने क्षेत्र-पश्चिमी बंगाल, आसाम और बिहार में आपदाओं जैसे–बाढ़ आने आदि के दौरान भी राहत प्रदान करने का कार्य किया जाता है।

3. अक्षय ट्रस्ट (Akshaya Trust)

मदुरै में स्थित इस गैर सरकारी संगठन का मुख्य उद्देश्य मानव सम्मान की रक्षा करना है। इस सम्बन्ध में यह संगठन बेसहारा और असहाय बालकों और व्यक्तियों को स्वास्थ्यप्रद भोजन, देखभाल तथा पुर्नवास की व्यवस्था कराने का प्रयत्न करता है।

4. स्माइल फाउन्डेशन (Smile Foundation)

इस संगठन का संचालन उद्योग जगत से जुड़े हुए व्यवसायियों के एक समूह के द्वारा किया जाता है। इसका मुख्य कार्य सुविधा रहित बालकों और व्यक्तियों को शिक्षा तथा स्वास्थ्य सम्बन्धी सेवाएँ प्रदान कर उनके पुनर्वास में इस प्रकार सहायता प्रदान करना है कि वे समाज के उपयोगी सदस्य बन सकें।

5. उड़ान वेलफेयर फाउन्डेशन (Udaan Welfare Foundation)

इस गैर-सरकारी संगठन का मुख्य उद्देश्य बेसहारा और लाचार व्यक्तियों की सहायता करना है। इसका ज्यादा ध्यान स्त्रियों, बालकों, वरिष्ठ नागरिकों और पर्यावरणीय कल्याण पर रहता है। इसके द्वारा चलाए जाने वाला एक मुख्य प्रोजेक्ट "कैंसर कीमोथेरेपी केन्द्र" का संचालन है।

6. प्रथम (Pratham)

इस गैर संरकारी संगठन का मुख्य उद्देश्य मुम्बई की मलिन बस्तियों में रहने वाले बालकों को शिक्षा प्रदान करता है। साथ ही यह उन व्यक्तियों को भी शिक्षा प्रदान करने का कार्य करता है जो किसी कारण से विद्यालय में शिक्षा प्राप्त नहीं कर सकते। इसके इस प्रोजेक्ट के कारण बालकों को अपने आगे की शिक्षा विद्यालयों में प्राप्त करने और इस तरह अपना भविष्य सुधारने में काफी सहायता मिली है।

7. लीप्रा सोसायटी (Lepra Society)

यह गैर सरकारी संगठन निर्धन समुदायों में व्याप्त एड्स, लेप्रोसी तथा तपेदिक आदि बीमारियों के निरोध और नियंत्रण के सम्बन्ध में कार्य करता है।

8. दीपालय (Deepalaya)

दिल्ली में स्थित यह गैर सरकारी संगठन मलिन बस्तियों में रहने वाले बच्चों को शिक्षा प्रदान करने का कार्य करता है। इसके अतिरिक्त यह गरीबों तथा शारीरिक रूप से अक्षम बालकों के स्वास्थ्य की देखभाल तथा उन्हें शिक्षा और व्यावसायिक प्रशिक्षण प्रदान करने का कार्य करता है। हरियाणा और उत्तराखंड के ग्रामीण विकास में भी इस संगठन द्वारा महत्त्वपूर्ण योगदान दिया गया है।

9. उदय फाउन्डेशन (Uday Foundation)

नई दिल्ली स्थित यह गैर सरकारी संगठन जन्मजात विकारों तथा उनसे जुड़ी हुई अन्य बीमारियों से पीड़ित बालकों के माता-पिता और परिवारों को वांछित समर्थन और सहयोग देने का कार्य करता है। इसके कार्यक्षेत्र में स्वास्थ्य सम्बन्धी देखभाल के लिए प्रयुक्त नई तकनीकों के अनुसंधान का कार्य भी आता है परन्तु उनका मुख्य कार्यक्षेत्र बाल अधिकारों का संरक्षण है।

10. हैल्पेज इंडिया (Helpage India)

1978 में स्थापित इस गैर सरकारी संगठन का मुख्य उद्देश्य देश के वरिष्ठ नागरिकों को संसाधन प्रदान करना है। अपने इस उद्देश्य की पूर्ति के लिए यह वरिष्ठ नागरिकों को उनके अधिकारों से परिचित कराने तथा उनके अधिकारों का संरक्षण कराने में इस तरह मदद करता है कि वे समाज में अपनी महत्त्वपूर्ण भूमिका निभा सकें। यह संगठन स्थानीय और राज्य स्तरीय सरकारों के साथ भी इस बात में सहयोग करता है कि वरिष्ठ नागरिकों के लिए लाभदायक नीतियों की अनुपालना भी बेहतर ढंग से हो सके।

सार-संक्षेप (Summary)

संयुक्त राष्ट्र संघ (UNO) तथा यूनीसेफ जैसी वैश्विक संस्थाओं ने वैश्विक स्तर पर बालकों की सुरक्षा और कल्याण हेतु जिस प्रकार के अधिकारों का प्रावधान किया है उन्हें ही 'बाल अधिकारों' के नाम से जाना जाता है। इन अधिकारों का संरक्षण यानी बालकों को आवश्यकतानुसार इनकी उचित उपलब्धि अपने आप में काफी चुनौतीपूर्ण कार्य है। इस चुनौती

का मुकाबला करने में वैश्विक, राष्ट्रीय, क्षेत्रीय तथा स्थानीय स्तर पर बहुत सारे संगठन अपनी-अपनी तरह से सहायता कर रहे हैं।

संयुक्त राष्ट्र अन्तर्राष्ट्रीय बाल आपातकालीन फंड (UNICEF) एक ऐसी महत्त्वपूर्ण संस्था है जो बालकों के कल्याण हेतु पूरे विश्व को समर्पित है। संयुक्त राष्ट्र संघ की महासभा में पास प्रस्ताव के अनुसार यूनीसेफ का कार्यक्षेत्र बाल अधिकारों के संरक्षण की वकालत करना, बालकों को उनकी मूलभूत आवश्यकताओं की पूर्ति में सहायता करना और उन्हें उनकी पूरी क्षमता या सामर्थ्य तक पहुँचने के लिये आवश्यक अवसर उपलब्ध कराना है। बाल अधिकार संरक्षण के संदर्भ में यूनीसेफ बालकों के सभी प्रकार के अधिकारों जैसे (i) जीवित रहने का अधिकार, (ii) रक्षा या बचाव का अधिकार, (iii) सहभागिता का अधिकार तथा (iv) विकास का अधिकार आदि के संरक्षण हेतु अपनी बहु-आयामी सेवायें प्रदान करने का कार्य करता है। इस दिशा में अपना कर्तव्य निभाते हुये जहाँ यह स्वास्थ्य तथा शिक्षा संबंधी कार्यक्रमों में संयुक्त राष्ट्र संघ के सदस्य देशों की मदद करता है वहीं वह इस प्रकार के आवश्यक सुरक्षा वातावरण की सृष्टि करने में भी अपना योगदान दे रहा है जिसमें बालकों के प्रति होने वाले उत्पीड़न और भेदभाव तथा माता-पिता के सम्बन्ध विच्छेद होने तथा किसी भी तरह खो देने से उत्पन्न स्थिति से निपटने में उनकी यथासंभव उचित सहायता की जा सके।

विश्व स्वास्थ्य संगठन (WHO) संयुक्त राष्ट्र संघ की एक ऐसी महत्त्वपूर्ण संस्था है जो वैश्विक स्तर पर मुख्य रूप से स्वास्थ्य के क्षेत्र में कार्य करती नजर आती है। बालकों के स्वास्थ्य संरक्षण उद्देश्य की पूर्ति करती हुई यह संस्था अपने सदस्य देशों के साथ सहयोग करती हुई विभिन्न प्रकार के बाल अधिकार जैसे जीवित रहने, अधिक से अधिक विकास करने, स्वस्थ जीवनयापन करने तथा स्वास्थ्य सेवाओं को उपलब्ध करने आदि को एक अच्छे उचित स्तरीय रूप में प्राप्त करने सम्बन्धी भूमिकाओं का उचित रूप से निर्वहन कर रही है।

राष्ट्रीय स्तर पर कार्यरत राष्ट्रीय बाल अधिकार संरक्षण आयोग (NCPCR) एक ऐसी संवैधानिक संस्था है जो भारत सरकार के महिला एवं बाल विकास मंत्रालय के प्रशासनिक नियन्त्रण में काम करती है। इसका उद्देश्य इस बात को सुनिश्चित करना है कि उन सभी नियमों, नीतियों, कार्यक्रमों तथा प्रशासनिक व्यवस्थाओं की अनुपालना और कार्य ठीक प्रकार से हो रहा है, जिनका उल्लेख हमारे संविधान तथा बाल अधिकारों पर संयुक्त राष्ट्र सम्मेलन प्रस्तावों में किया गया है।

राष्ट्रीय मानव अधिकार आयोग (NHRC) एक ऐसी स्वायत संवैधानिक संस्था है जिसे 1993 में भारतीय संसद द्वारा पारित मानव अधिकार संरक्षण अधिनियम (1993) के तहत स्थापित किया गया है। यह देश में मानव अधिकारों के संरक्षण एवं बढ़ावा देने के लिये समुचित रूप से उत्तरदायी है। मानव अधिकारों के संरक्षण में बाल अधिकारों का संरक्षण स्वयं ही समावेशित हो जाता है अतः इस दृष्टि से राष्ट्रीय मानव अधिकार आयोग देश में बाल अधिकारों के संरक्षण में महत्त्वपूर्ण भूमिका निभा सकता है। अपने कर्त्तव्य निर्वहन में इस संस्था द्वारा मानव अधिकारों (जिनमें बाल अधिकार भी शामिल हैं) की अनुपालना की उचित निगरानी रखी जाती है। इसलिये जब भी किसी बालक के अधिकारों का हनन हो रहा हो तो इसके बारे में बालक स्वयं या उसके लिये किसी व्यक्ति/संस्था/स्वयं सेवी संगठन द्वारा सीधे ही आयोग को अपील की जा सकती है। इस अपील की प्राप्ति के बाद आयोग से यह अपेक्षा की जाती है कि वह अधिकारों के उल्लंघन के बारे में जाँच पड़ताल करे तथा दोषी व्यक्ति/संस्था या बाल अधिकार संरक्षण में लापरवाही बरतने वाली राज्य सरकार के प्रति उचित कार्यवाही करें।

बाल सहायता सेवायें (child help lines) बाल अधिकार संरक्षण, विशेषकर बालकों को उत्पीड़न, दुर्घटना तथा जीवन के अन्य उतार-चढ़ावों से त्रास दिलाने में महत्त्वपूर्ण भूमिका निभा सकती है। ये सहायता सेवायें टोल फ्री, आपातकालीन फोन सेवाओं के रूप में बालकों को दिन के 24 घंटों और वर्ष के 365 दिन सदैव उपलब्ध रहती है जिन पर कोई मित्रवत दीदी या एक सहानुभूतिपूर्ण दयावान भैया उनकी सहायता के लिये हर समय तत्पर रहता है। फोन सुनने के बाद इस प्रकार की सहायता सेवाओं द्वारा विपत्ति/आपदा से जूझते हुये बालकों को तत्कालीन या लम्बी अवधि युक्त उचित पुनर्वास सहायता प्रदान कराने का कार्य किया जाता है। हमारे देश में इसे चाइल्ड लाइन 1098 सेवा के नाम से जाना जाता है। इसे भारत सरकार के महिला एवं बाल विकास मंत्रालय से प्रश्रय प्राप्त है और इसका संचालन विभिन्न सरकारी विभागों, संस्थानों तथा गैर-सरकारी स्वयंसेवी संस्थाओं के सहयोग से किया जाता है।

राष्ट्रीय एवं अन्तर्राष्ट्रीय स्तर पर कार्यरत गैर-सरकारी संगठन (NGO's) मानव अधिकारों (जिनके बाल अधिकार भी शामिल हैं) के संरक्षण में काफी महत्त्वपूर्ण भूमिका निभा सकते हैं। अपने कर्त्तव्य निर्वाहन के सम्बन्ध में इन संगठनों/संस्थाओं द्वारा मुख्य रूप से दो प्रकार की भूमिकायें निभाई जाती हैं। (i) देश की सरकारों को उनके कर्त्तव्यों तथा उत्तरदायित्व के बारे में याद दिलाते रहना तथा (ii) अपने द्वारा किये जाने वाले कार्यों तथा निभाए जाने वाले उत्तरदायित्वों के क्रियान्वयन पर ध्यान देते रहना। अन्तर्राष्ट्रीय स्तर पर कार्य कर रहे गैर-सरकारी संगठनों में कुछ महत्त्वपूर्ण नाम है (i) एमनेस्टी इन्टरनेशनल (मुख्यालय लंदन), (ii) चिन्ड्रेन डिफेन्स फन्ड (मुख्यालय वाशिंगटन), (iii) ह्यूमन राइट एक्सन सेन्टर (मुख्यालय वाशिंगटन), (iv) ह्यूमन राइट्स वॉच (मुख्यालय न्यूयाकी), (v) ह्यूमन राइट्स विदआउट फ्रन्टियर्स (मुख्यालय बेल्जियम)। हमारे देश में भी विभिन्न जगहों पर अनेक गैर-सरकारी संगठन कार्यरत हैं। इनमें से कुछ अधिक प्रचलित संगठनों में जिनकी गिनती होती है वे हैं (i) सम्मान फाउन्डेशन, (ii) गूंज, (iii) अक्षय ट्रस्ट, (iv) स्माइल फाउन्डेशन, (v) वेलफेयर फाउन्डेशन, (vi) प्रथम तथा (vii) दीपालय।

संदर्भित एवं विशेष अध्ययन ग्रन्थ (References and Suggested Readings)

Amnesty International, *Children's Rights*, http:www.amnetyyura.org/ou_Issues/Children/page, Retrieved on 2/23/17.

Franklin, B., *The New Handbook of Children's Rights: Comparative Policy and Practice,* Routledge, London, 2001.

Lansdown, G., "Children's Rights", in B. Mayall (Ed.), *Children's Childhood: Observed and Experienced,* The Falmer Press, London, 1994.

UNICEF, *Convention on the Rights of the Child*, http:www.unicef.org/crc, Retrieved on 4/3/17.

समता सम्बन्धी मामले और समेकेतीकरण (Equity Issues and Inclusion)

शिक्षा में समता और समानता सम्बन्धी अवधारणा (Concepts of Equity and Equality in Education)

हमारे संविधान में सभी नागरिकों से बिना किसी भेदभाव के समता और समानता के सिद्धान्तों की अनुपालना करने हेतु व्यवहार करने की बात कही गई है। बालकों की शिक्षा हेतु अपनाई जाने वाली समेकेतीकरण नीति भी समता और समानता पर पर्याप्त बल देती है। आइए, हम यह जानने का प्रयत्न करें कि समता और समानता से क्या अभिप्राय है और यह दोनों संप्रत्यय एक-दूसरे से किस रूप में अलग हैं।

समता क्या है? (What is Equity?)

समता पद को एक ऐसी विशिष्टता के रूप में पारिभाषित किया जा सकता है जिसकी अनुपालना करते हुए व्यक्तियों के साथ उनकी आवश्यकताओं और जरूरतों के परिप्रेक्ष्य में न्यायोचित व्यवहार करने की बात की जाती है। इसका अर्थ यह नहीं है जो कुछ है उसे प्रत्येक और सभी व्यक्तियों में बराबर-बराबर बाँट दिया जाए। इसके स्थान पर यह इस बात की ओर इशारा करता है कि जैसी जिसकी आवश्यकता है उसी के अनुरूप चीजों का बँटवारा होना चाहिए। आइए, इस बात को एक उदाहरण द्वारा समझा जाए।

हम अपने विद्यालयों में अध्यापकों, क्लर्कों तथा चपरासियों की उपस्थिति पाते हैं। इन सभी को अपने-अपने कामों की प्रकृति के अनुरूप वेतन मिलता है। इसी रूप में सभी अध्यापकों को भी एक जैसा समान वेतन नहीं मिलता। पीजीटी तथा डिप्लोमा धारक सभी अध्यापकों को उनके कार्य की प्रकृति, योग्यता तथा अनुभव के आधार पर वेतन दिया जाता है। यह सभी बातें समता संप्रत्यय को उजागर करती हैं। इसी परिप्रेक्ष्य में अब यह बात अच्छी तरह कही जा सकती है कि समता पद का उपयोग उस संप्रत्यय या अवधारणा के लिए किया जाता है जिसें व्यक्तियों में वस्तुओं या कार्य का बँटवारा करने हेतु उनकी आवश्यकताओं तथा क्षमताओं के मुताबिक न्यायोचित व्यवहार करने सम्बन्धी सिद्धान्त की अनुपालना करने के लिए किया जाता है न कि उनमें वस्तुओं या कार्य के बराबर विभाजन की। इसलिए जब एन.सी.सी. या एन.एस.एस. की यूनिट के विद्यार्थियों को अध्यापक इंचार्ज द्वारा केले या सेबों का वितरण किया जाता है तो उनमें यह वितरण बराबर-बराबर ही किया जाता है परन्तु जब बात अंक देने की आती है तो ऐसा करने से पहले अध्यापक उनकी योग्यता या अभिक्षमता का परीक्षण करता है और परीक्षण के परिणामों के आधार पर ही फिर यह उन्हें उसी के अनुरूप अंक प्रदान करता है। इसी को समता संप्रत्यय के नाम से जाना जाता है।

समानता क्या है? (What is Equality?)

समानता पद को एक ऐसी विशिष्टता के रूप में पारिभाषित किया जा सकता है जिसकी अनुपालना करते हुए प्रत्येक और

सभी व्यक्तियों के प्रति एक जैसा समान व्यवहार करने की बात की जाती है चाहे उनकी आवश्यकताओं और जरूरतों का कैसा भी रूप क्यों न हो। दूसरे शब्दों में, व्यक्ति विशेषों की आवश्यकता या उनकी क्षमताओं का कैसा भी स्तर हो इसकी उपेक्षा कर केवल इस बात का ध्यान रखा जाए कि समूह में सभी के बीच चीजों तथा कार्य के विभाजन में समान रूप से वितरित करने के सिद्धान्त की ही अनुपालना हो। इसे एक उदाहरण द्वारा समझने का प्रयत्न किया जाए।

माना एक शिक्षक के नाते आपसे यह कहा जाए कि आप अपनी कक्षा के बालकों में उपलब्ध रिफ्रेशमेन्ट के पैकेटों को समान रूप से बाँट दो। तब आप ऐसा करने के लिये यही करेंगे कि पहले पैकेटों को गिनकर उपस्थित विद्यार्थियों की संख्या से भाग देगें और जो संख्या आएगी उसी संख्या में बराबर-बराबर इन पैकेटों को विद्यार्थियों में बाँट दोगे। इसे ही समानता संप्रत्यय के रूप में जाना जा सकता है। परन्तु दूसरी ओर आप अपनी कक्षा के विद्यार्थियों से यह कहें कि सभी अपने-अपने जूते निकाल लें। फिर इन जूतों को एक जगह इकट्ठा कर पूरी तरह मिला दिया जाए। अब आप इन जूतों में से दो-दो जूतें एक-एक करके सामने बैठे विद्यार्थियों की ओर फेकें तो यही देखने को मिलेगा कि ऐसा करने में आपके साथ पूरा न्याय ही किया जा रहा है क्योंकि उनके दो जूतों के बदले उन्हें दो जूते ही मिल रहे हैं। परन्तु बात तब बिगड़ने लगती है कि जब बालक एक-एक करके यह शिकायत करने लगते हैं कि उनके साथ ठीक नहीं हो रहा है क्योंकि उन्हें दिए हुए जूते उनके पैरों में नहीं आ रहे हैं। जिनके पैर बड़े हैं उन्हें छोटे जूते मिल रहे हैं और जिनके छोटे हैं उन्हें बड़े आकार के जूतों की प्राप्ति हो रही है। इसी बात को लेकर बालकों में असंतोष फैल रहा है।

इस उदाहरण से यह स्पष्ट हो सकता है कि यद्यपि बराबरी या समानता अच्छी चीज है और बालकों/व्यक्तियों में चीजों या कार्यों में विभाजन में इसकी अनुपालना होनी चाहिए चाहे वे किसी भी लिंग, सामाजिक, आर्थिक वर्ग या शारीरिक/मानसिक क्षमताओं से युक्त हो परन्तु दूसरी और समता की संकल्पना भी है जिसके अनुसार चीजों या कार्यों में विभाजन में यह भी ध्यान रखा जाना चाहिए कि सभी को अपनी-अपनी आवश्यकताओं तथा क्षमताओं के हिसाब से ही चीजों या कार्य सम्बन्धी सुविधाओं की उपलब्धि होनी चाहिए।

परिणाम स्वरूप एक समेकेती कक्षा को पढ़ाते समय अध्यापक को भिन्न योग्यताओं वाले जैसे औसत, औसत से कम तथा औसत से अधिक बुद्धि के बालकों के लिए अनुदेशन कार्य तथा शिक्षणविधियों के सम्बन्ध में योजना बनाने में समता के सिद्धान्त का ही अनुगमन करना होता है, समानता का नहीं।

समता और समानता में क्या अंतर है?
(What is the difference between Equity and Equality ?)

1. जहाँ समता को एक ऐसी विशिष्टता माना जाता है जिसमें व्यक्तियों के साथ वैसा ही व्यवहार किया जाता है जो उनकी आवश्यकताओं और जरूरतों को देखते हुए न्यायोचित हो, वहीं दूसरी और समानता के सिद्धान्त का अनुकरण करना यह माँग करता है कि प्रत्येक और सब व्यक्तियों के साथ व्यवहार करने में समानता या बराबरी ही रखी जानी चाहिए चाहे उनकी आवश्यकताओं और जरूरतें कैसी भी क्यों न हों।
2. जबकि सिद्धान्त रूप में समता न्यायशीलता और निष्पक्षता आधारित होती है, वहीं समानता यह माँग करती है कि सबके साथ बराबरी का व्यवहार किया जाए।
3. जहाँ समता स्थापित करने के लिए व्यक्ति की आवश्यकताओं और जरूरतों को ध्यान में रखना होता है वहाँ समानता बनाये रखने में व्यक्तिगत आवश्यकताओं और जरूरतों की उपेक्षा की जाती है।

समता और भिन्न बालकों (भिन्न योग्यताओं से युक्त, लावारिस तथा हाशियाकृत) का समेकेतीकरण
(Equity and Inclusion of Diverse Children–Differently Abled, Street Children and Other Marginalized Groups)

समेकेतीकरण को आज विद्यालय शिक्षा की एक मूलभूत नीति स्वीकार कर लिया गया है। फलस्वरूप भिन्न योग्यताओं से युक्त लावारिस तथा हाशियाकृत समूहों या वर्गों (भिन्न लिंग, जाति, धर्म, भाषा, स्तर, गरीबी तथा दूसरे प्रांत/देश के होने

के कारण) के बालकों को विद्यालय की मुख्यधारा में शामिल कर शिक्षा प्रदान करने की पहल की जाने लगी है। यह सब इस वजह से हुआ है कि जनतांत्रिक व्यवस्था में देश के नागरिकों को शिक्षा, विकास तथा प्रगति के समान अवसर देना प्रत्येक सरकार का प्रमुख कर्तव्य होता है। समेकित शिक्षा व्यवस्था को अंगीकृत करने में अब यह आवश्यक हो गया है कि सभी बालकों को (चाहे वे अक्षम हों या सक्षम, सुविधा सम्पन्न हों या अभावग्रस्त) अपने पड़ोस के विद्यालयों में प्रवेश दिया जाना चाहिए। शिक्षा का अधिकार नामक संवैधानिक कानून के लागू होने से अब यह पूरी तरह सुनिश्चित कर दिया गया है कि सभी बालकों को चाहे उनमें योग्यता, क्षमता तथा सामाजिक-आर्थिक दृष्टि से कितनी भी कमियाँ और अच्छाइयाँ क्यों न हों, विद्यालय शिक्षा ग्रहण करने में कोई भेद-भाव न कर समान रूप से शिक्षा प्राप्त करने और आगे बढ़ने के ऐसे उपयुक्त अवसर प्रदान किए जाएँ कि सभी अपने में निहित योग्यताओं और क्षमताओं का अधिक से अधिक विकास कर सकें। इस प्रकार एक समेकित शिक्षा व्यवस्था में शिक्षा प्राप्त कर रहे उन सभी बालकों जिन्हें श्रवण या दृष्टि अक्षम बालक, गामक अक्षमताओं से युक्त बालक, अधिगम अक्षम, मानसिक विकलांग, संवेगात्मक रूप से अशांत, सामाजिक रूप से कुसमायोजित, धीमी गति का अधिगमकर्ता, पिछड़ा बालक, प्रतिभाशील या सृजनशील बालक कहा जाता है एक जैसे शिक्षण-अधिगम वातावरण में बिना किसी भेदभाव के शिक्षा, विकास और प्रगति के समान अवसर प्रदान किए जाते हैं।

इस तरह हम यह देख सकते हैं कि हमारे विद्यालयों की समेकित शिक्षा व्यवस्था में बालकों को शिक्षा प्रदान करने में समानता (यानी शिक्षा प्राप्ति हेतु सबको समान अवसर उपलब्ध होना) के सिद्धान्त की अच्छी तरह अनुपालना की जाती है। हम यहाँ सभी विद्यार्थियों के शिक्षण अधिगम में जिस पाठ्यक्रम का अनुसरण करते हैं वह एक ही होता है। सभी को अधिगम अनुभवों (पाठ्य तथा सहपाठ्य) को ग्रहण करने के समान अवसर दिये जाते हैं। अध्यापकों; अनुदेशकों तथा अन्य संसाधन स्रोतों से अंतःक्रिया करने हेतु भी सबको समान अवसरों की उपलब्धि रहती है। इस तरह विद्यालय में भौतिक और मानव संसाधनों, बुनियादी ढाँचे तथा सुविधाओं, आदर्शों और मूल्यों, गतिविधियों और चेष्टाओं आदि के रूप में जो कुछ भी उपलब्ध होता है उसकी प्राप्ति तथा उपयोग करने में सभी विद्यार्थियों को बराबरी का हक होता है और इस तरह अपनी क्षमताओं के अधिकतम विकास हेतु सभी को यहाँ समान अवसरों की उपलब्धि रहती है।

इस प्रकार की व्यवस्था में अब यहाँ कुछ प्रश्न भी आ खड़े होते हैं। जैसे—एक जैसे अधिगम अनुभव प्रदान किया जाना या पाठ्यक्रम के किसी प्रकरण का शिक्षण, क्या सभी बालकों (जिनमें भिन्न योग्यताओं तथा परिवेश वाले बालक भी शामिल हैं) के लिए उपयुक्त रह सकता है। क्या समेकित कक्षा के सभी विद्यार्थियों में योग्यता, पूर्वज्ञान, आर्थिक सामर्थ्य, परिवार का समर्थन, अधिगम क्षमता, अधिगम गति और शैली और अधिगम अर्जन हेतु अपनी लगन, अभिप्रेरणा और इसकी आवश्यकता को लेकर पर्याप्त समानता नजर आती है? उत्तर हर हाल में न ही होगा। इसलिए जरूरी हो जाता है कि जब भी हम एक समेकित शिक्षा व्यवस्था में भिन्न बालकों (जैसे भिन्न योग्यताओं वाले बालक, लावारिस बालक तथा हाशियाकृत समूहों/वर्गों से संबंधित बालक) को सामान्य से ऊपर योग्यता/क्षमता रखने वाले बालकों के साथ समेकेती वातावरण में शिक्षा देने सम्बन्धी योजना/कार्यक्रम बनाएँ तो हमें इसके लिए अब यहाँ समानता के साथ-साथ समता के सिद्धान्त को अपनाने की बात करनी चाहिए। देखते हैं यह कैसे किया जाए?

समता सिद्धान्त की अनुपालना करने में अब हमें यहाँ सोचना होगा कि समेकित कक्षा में उपस्थित भिन्न बालकों की योग्यता, क्षमता, पूर्वज्ञान का स्तर क्या है तथा उनकी आवश्यकताएं और जरूरतें क्या हैं। उनसे निष्पक्ष एवं न्यायपूर्ण व्यवहार करने के संदर्भ में फिर यह सोचा जाना चाहिए कि जो वे हैं और उनकी जो जरूरतें हैं उनके अनुसार उन्हें उनके समायोजन में सहायता करने पर गुणवत्ता युक्त शिक्षा प्रदान करने तथा उनका अधिक से अधिक सर्वांगीण विकास करने हेतु क्या किया जाना चाहिए। स्पष्ट है कि इन बालकों के लिए ऐसा सब कुछ करने में अध्यापकों तथा विद्यालय अधिकारियों को विद्यालय के अधिगम परिवेश, पाठ्य तथा सह-पाठ्य अनुभवों, शिक्षण अधिगम विधि तथा उपागमों, शिक्षण सामग्री तथा साधनों, कक्षा-कक्ष अंतःक्रिया या कार्य परिस्थितियों, मूल्यांकन और आंकलन विधियों आदि में इस प्रकार का अनुकूलन, परिमार्जन या परिवर्तन करने की आवश्यकता होती है जो उनकी अपनी वैयक्तिताओं और विशिष्टताओं से जुड़ी हुई हो और अधिगम आवश्यकताओं, योग्यताओं और क्षमताओं तथा अधिगम हेतु उनके लिए निर्धारित लक्ष्यों तथा उम्मीदों से अच्छी तरह मेल खाए। आइए, इस बात को और अच्छी तरह विभिन्न संदर्भों में समझने का प्रयत्न किया जाए।

(i) इसके लिए पहले तो हमारे द्वारा समेकित शिक्षा व्यवस्था से जुड़े हुए भिन्न योग्यता वाले बालकों जैसे श्रवण अक्षम, दृष्टि अक्षम तथा गामक अक्षम बालकों के प्रति न्यायपूर्ण उचित व्यवहार करने की दृष्टि से, जिससे उन्हें अपने विद्यालय क्षेत्र में चलने-फिरने, कक्षा तथा कार्य स्थानों पर समायोजित होने आदि बातों को लेकर सुविधा रहे, उपयुक्त रेलिंग, रेम्पस तथा बाधारहित पथ का निर्माण करने की पहल की जानी चाहिए।

(ii) इसी तरह फिर हमें सबको एक जैसी व्यवस्था सुविधाएँ प्रदान करने की बात से थोड़ा हटकर श्रवण अक्षम, दृष्टि अक्षम तथा गामक अक्षम अधिगमकर्त्ताओं को उनकी जरूरतों को देखते हुए तथा उन्हें कक्षा तथा कार्य स्थलों पर ठीक तरह से समायोजित होने में सहायता करने की दृष्टि से कुछ अतिरिक्त सुविधाएँ प्रदान करने की बात सोचनी चाहिए। इस दृष्टि से हम उन्हें अध्यापक के खड़े होने या कार्य करने के पास सीट देने, उनकी व्हील चेयर, बैशाखी आदि के लिए उपयुक्त स्थान छोड़ने तथा ऐसी सभी सुविधाएं प्रदान करने, जिनसे उन्हें पढ़ने-लिखने तथा कक्षा में अंतःक्रिया करने में फायदा हो, की पहल कर सकते हैं। लावारिस, वंचित एवं हाशियाकृत बालक जो अपने परिवेश और इसमें व्याप्त वंचन की वजह से अपने सामान्य ज्ञान, संप्रेषण, भाषा के उचित उपयोग, सामाजिक अंतःक्रिया तथा सम्बन्ध बनाने की योग्यता आदि बातों में पिछड़ रहे होते हैं उन्हें अपेक्षित स्तर पर लाने हेतु उन पर अतिरिक्त ध्यान देने, उनकी कमजोरियों को दूर करने हेतु उनके लिए उपयुक्त कोचिंग प्रदान करने जैसे कार्य किए जा सकते हैं।

(iii) भिन्न योग्यताओं वाले बालकों तथा लावारिस, वंचित और पार्श्वीकृत (marginalized) बालकों के लिए जो भी शैक्षिक और विकास सम्बन्धी लक्ष्य रखे जाएँ वे ऐसे होने चाहिए जो उनकी योग्यताओं, क्षमताओं तथा सीमाओं से मेल खाएँ। ऐसा होना जरूरी भी है क्योंकि भला हम एक मानसिक रूप से विकलांग या इन्द्रिय जनित अक्षमताओं (दृष्टि श्रवण आदि) से युक्त बालक से यह कैसे आशा कर सकते हैं कि वह सामान्य बुद्धिलब्धि या ऐन्द्रिक क्षमता युक्त बालकों जैसे अधिगम लक्ष्य उसके लिए भी निर्धारित किए जाएँ। यहाँ हमें निश्चित रूप से समता के सिद्धान्त का अनुसरण कर उस बालक की सामर्थ्य के अनुसार ही अधिगम लक्ष्यों का निर्धारण करना होगा तथा फिर उनके उपयुक्त शिक्षक अधिगम अनुभव प्रदान करने होंगे।

(iv) समेकित कक्षा के भिन्न योग्यताओं तथा परिवेश सम्बन्धी समस्याओं से ग्रस्त बालक अपनी अधिगम क्षमताओं, अधिगम शैली तथा किसी एक या अन्य अधिगम विधियों या शिक्षण अधिगम सामग्री और साधनों के उपयोग से लाभान्वित होने की अपनी सामर्थ्य की दृष्टि से काफी अन्तर रख सकते हैं। इसलिए यह जरूरी हो जाता है कि उनकी इस प्रकार की क्षमताओं तथा विशिष्टताओं के हिसाब से ही शिक्षण विधियों तथा उपागमों, शिक्षण सहायक साधन तथा सामग्री तथा विद्यार्थियों के साथ-साथ अन्तःक्रिया करने आदि सभी बातों में आवश्यक अनुकूलन, परिमार्जन तथा परिवर्तन किए जाएँ ताकि भिन्न बालकों-अक्षमताओं से युक्त बालक, लावारिस, वंचक तथा पार्श्वीकृत बालकों के शिक्षण अधिगम कार्य को उचित अंजाम दिया जा सके।

(v) समेकित शिक्षा व्यवस्था से जुड़े हुए भिन्न बालकों (अक्षमता युक्त तथा वंचन और पार्श्वीकरण के शिकार बालक) के अधिगत परिणामों के आकलन या मूल्यांकन में भी इसी तरह उचित सावधानी रखने की आवश्यकता होती है। हम अक्षमता युक्त और सुविधाहीन अभावग्रस्त बालकों से उस स्तर के अधिगम परिणामों की आशा नहीं कर सकते जैसी कि उनके सामान्य, सक्षम तथा सुविधा सम्पन्न सहपाठियों से की जाती है। इसलिए हमें इन अक्षम और अभावग्रस्त बालकों के अधिगम परिणामों का आकलन करने हेतु मूल्यांकन विधियों तथा सामग्री में उपयुक्त अनुकूलन, परिमार्जन तथा परिवर्तन करने की बात सदैव ध्यान में रखनी चाहिए।

इस प्रकार से विद्यालय की समेकित शिक्षा व्यवस्था में अपनी उपस्थिति का बोध कराने वाले अक्षमताओं से युक्त बालक, लावारिस तथा वंचन और पार्श्वीकरण के शिकार अन्य बालकों की शिक्षा, समायोजन तथा समग्र विकास हेतु हमें उन्हें शिक्षा और विकास के समान अवसर प्रदान करने के साथ-साथ समता के सिद्धान्त का अनुसरण करते हुए वे सभी आवश्यक प्रयत्न करने चाहिए जिसमें उन्हें अपनी क्षमता, योग्यता, सामर्थ्य और सीमाओं के परिप्रेक्ष्य में वह सभी कुछ निष्पक्ष तथा न्यायसंगत रूप में प्राप्त हो सके जो उनके समग्र विकास और कल्याण हेतु आवश्यक हो।

समानता एवं सबके लिए शिक्षा सम्बन्धी अभियान (Equality and Strategies to Achieve Education for All-EFA)

समानता एवं समता जैसे सिद्धान्तों से प्रतिबद्ध भारत जैसा एक जनतांत्रिक देश अपने देश के नागरिकों की अशिक्षा तथा अज्ञान के बोझ को नहीं ढो सकता। देश के प्रौढ़ व्यक्ति जो किसी कारण साक्षर नहीं हो सके उनके लिए प्रौढ़ शिक्षा के नाम से शैक्षिक अवसर प्रदान करने के अतिरिक्त स्वतन्त्र भारत की सरकार ने कुछ क्रान्तिकारी शैक्षिक अभियान जैसे सर्व शिक्षा अभियान (SSA) तथा राष्ट्रीय माध्यमिक शिक्षा अभियान (RMSA) चलाकर यह तय करने की कोशिश की है कि भारत के भावी नागरिकों में से कोई अशिक्षित न रह जाए। आइए, देखें भारत सरकार द्वारा देश के नागरिकों को शिक्षा के समान अवसर प्रदान करने वाले ये दोनों अभियान अपने आप में क्या हैं।

सर्व शिक्षा अभियान (SSA)

सर्व शिक्षा अभियान, जिसे सबके लिए शिक्षा आंदोलन भी कहा जाता है, भारत सरकार द्वारा चलाया गया एक ऐसा जन आंदोलन तथा वृहत कार्यक्रम है, जिसे उसने अपने सभी भावी नागरिकों को समान रूप से प्राथमिक स्तर के शैक्षिक अवसर उपलब्ध कराने हेतु हाथ में लिया हुआ है। इसे वर्ष 2000-2001 में तत्कालीन प्रधानमंत्री अटल बिहारी वाजपेयी ने उस दिशा निर्देश के तहत शुरू किया था जो हमारे संविधान के 86वें संशोधन में 6-14 वर्ष के बालकों के लिए मुफ्त एवं अनिवार्य शिक्षा प्रदान करने को एक मौलिक अधिकार के रूप में स्वीकार करने की बात कहता है। इस कार्यक्रम या योजना को भारत सरकार द्वारा राज्य और स्थानीय सरकारों के सहयोग से क्रियान्वित किया जाना था।

सर्व शिक्षा अभियान की मुख्य विशेषताएँ (Main Features of SSA)

1. एक ऐसा कार्यक्रम जिसमें सभी को प्राथमिक शिक्षा एक निश्चित अवधि के भीतर प्रदान करने का लक्ष्य रखा गया है।
2. पूरे देश में गुणवत्ता युक्त मूलभूत शिक्षा प्रदान करने सम्बन्धी माँग की पूर्ति की पूर्ति में सहायक।
3. मूलभूत शिक्षा के माध्यम से सामाजिक न्याय की उपलब्धि के अवसर प्रदान करने में सहायक।
4. पूरे देश में सार्वभौमिक रूप में प्राथमिक शिक्षा की उपलब्धि कराने सम्बन्धी राजनीतिक संकल्प की अभिव्यक्ति।
5. केन्द्र, राज्य और स्थानीय सरकारों के बीच एक अच्छे कार्य के लिए उपयुक्त सहभागिता की उपस्थिति।
6. राज्यों के लिए प्राथमिक शिक्षा के बारे में अपना अलग स्वप्न संजोने या लक्ष्य निर्धारित करने के अवसर प्रदान करने में सहायक।
7. प्रभावपूर्ण ढंग से विभिन्न एजेन्सियों जैसे पंचायत राज्य संस्थानों, विद्यालय प्रबन्ध समितियों, ग्रामीण एवं शहरी मलिन बस्ती स्तरीय शिक्षा समितियों, अध्यापक-अभिभावक संघों, माँ बाप-अध्यापक संघों, जनजातीय स्वायत्त परिषदों तथा प्राथमिक विद्यालयों के प्रबन्ध में स्थानीय रूप में कार्यरत संगठनों को सहयोगी बनाने की पहल।

सर्व शिक्षा अभियान के लक्ष्य एवं उद्देश्य (Aims and Objectives of SSA)

सर्वशिक्षा अभियान का लक्ष्य देश के 6-14 वर्ष के सभी बालकों की सार्वभौमिक रूप से प्राथमिक शिक्षा व्यवस्था में प्रविष्टि कराकर यह सुनिश्चित करना है कि सभी बालक अपने-अपने ग्रेड/कक्षा स्तर के अनुरूप अधिगम अर्जन करने में सफल हो सकें। इसके क्रियान्वयन में विविध प्रकार से ऐसे प्रयास करने का प्रावधान रखा गया है जिसके माध्यम से वृहत लक्ष्य की प्राप्ति में सहायक विभिन्न उद्देश्यों जैसे सभी बालकों को प्राथमिक शिक्षा व्यवस्था में प्रवेश देना, उन्हें प्राथमिक शिक्षा ग्रहण करने तक रोके रखना, प्राथमिक शिक्षा में लैंगिक तथा सामाजिक वर्ग भेद को समाप्त करना, अधिगम की गुणवत्ता में सुधार लाना आदि की उपलब्धि सुचारू रूप से हो सके।

उद्देश्यों की प्राप्ति हेतु सर्व शिक्षा अभियान में किए जाने वाले प्रयास (Intervention Under SSA for attaining objectives)

- नए विद्यालय खोलना तथा वैकल्पिक विद्यालयी सुविधाएँ प्रदान करना।
- विद्यालयों के भवनों तथा आवश्यकतानुसार अतिरिक्त कक्षा-कक्षों का निर्माण तथा टॉयलेट एवं पीने के पानी की सुविधाएँ उपलब्ध कराना।
- अध्यापकों-नियमित तथा अंशकालीन की नियुक्ति का प्रावधान।
- अध्यापकों के लिए सेवारत प्रशिक्षण तथा शैक्षणिक संसाधन समर्थन का प्रावधान।
- विद्यार्थियों के लिए मुफ्त पाठ्यपुस्तक तथा यूनीफॉर्म की व्यवस्था।
- विद्यार्थियों के अधिगम तथा उपलब्धि स्तर में अपेक्षित वृद्धि करने के लिए आवश्यक सहायता एवं सहयोग देने का प्रावधान।

जहाँ तक सर्व शिक्षा अभियान के देश में चलते रहने का प्रश्न है तो हम यह अच्छी तरह देख सकते हैं कि इस अभियान के स्वरूप में समय के साथ काफी परिवर्तन आया है और यह परिवर्तन 1 अप्रैल, 2010 से लागू शिक्षा के अधिकार (Right to Education) के फलस्वरूप विशिष्ट रूप से देखने को मिला है। वास्तव में देखा जाए तो अब सर्व शिक्षा अभियान को अपने उचित क्रियान्वयन में कानूनी हथियार प्राप्त हो गया है। इस अधिनियम के लागू होने से पहले बालकों की एक बड़ी जनसंख्या को जिसमें समुदाय के अभाव ग्रस्त, सुविधा हीन तथा पार्श्वीकृत समूहों के बालक, अक्षमताओं से युक्त बालक, लावारिस, अनाथ तथा बेसहारा बालक शामिल थे, विद्यालयों में प्रवेश लेना काफी मुश्किल हो रहा था। परन्तु शिक्षा के अधिकार नामक अधिनियम के लागू होने से अब सभी बालकों को अपने पड़ोस के विद्यालयों में प्रवेश पाकर अपने अन्य तथा सुविधा प्राप्त साथियों के साथ समान रूप से गुणवत्ता युक्त प्राथमिक शिक्षा प्राप्त करने का अधिकार प्राप्त हो गया है। इससे अब विभिन्न प्रकार के भेदभाव में अलगाव, पक्षपात तथा अन्याय का वह दौर भी समाप्त हो गया है जिसकी वेदना बालकों को अपने अक्षम होने या अभावग्रस्त, सुविधाहीन तथा पार्श्वीकृत या हाशियाकृत समुदाय समूह से संबंधित होने के कारण झेलनी पड़ती थी। अब सभी प्रकार के बालकों के मुख्यधारा में शामिल होकर शिक्षा प्राप्त करने से विद्यालय जाने वाले बालकों की संख्या में पर्याप्त वृद्धि होने के कारण सर्व शिक्षा अभियान के प्रमुख उद्देश्य तथा लक्ष्य ''सबके लिए शिक्षा'' को प्राप्त करने की आशा में यथेष्ट रूप से वृद्धि हुई है।

राष्ट्रीय माध्यमिक शिक्षा अभियान (RMSA)

राष्ट्रीय माध्यमिक शिक्षा अभियान भी सर्वशिक्षा अभियान की तरह भारत सरकार द्वारा चलाया गया एक दूसरा काफी बड़ा जन-अभियान है जिसका उद्देश्य सार्वभौमिक रूप में भारत के भावी नागरिकों को शिक्षा के समान अवसर उपलब्ध कराना है। सर्व शिक्षा अभियान में जहाँ भारत के सभी 6-14 वर्ष के भावी नागरिकों को सार्वभौमिक रूप से प्राथमिक शिक्षा के समान और गुणवत्ता युक्त अवसर प्रदान कराना है, वहीं राष्ट्रीय माध्यमिक शिक्षा अभियान आयु वर्षों में वृद्धि कर 15-16 वर्ष के बालकों को सार्वभौमिक रूप से गुणवत्ता युक्त माध्यमिक शिक्षा उपलब्ध कराने की बात करता है। वर्ष 2009 से प्रारम्भ यह कार्यक्रम माध्यमिक शिक्षा प्राप्ति को सार्वभौमिक रूप से सुलभ करने तथा इससे जुड़े हुए तन्त्र या व्यवस्था के शैक्षिक परिणामों में अपेक्षित सुधार करने की बात करता है।

राष्ट्रीय माध्यमिक शिक्षा अभियान के उद्देश्य (Objectives of RMSA)

- अपने क्रियान्वयन के 5 वर्ष के भीतर 2005-06 तक किसी भी बस्ती से उचित दूरी में एक माध्यमिक विद्यालय प्रदान कर विद्यालयों में प्रवेश अनुपात को 52.26 प्रतिशत से बढ़ाकर 75 प्रतिशत करना।

- सभी माध्यमिक विद्यालयों को निर्धारित मानकों पर खरा उतारते हुए माध्यमिक स्तर पर प्रदान की जाने वाली शिक्षा की गुणवत्ता में वृद्धि करना।
- लैंगिक, सामाजिक-आर्थिक तथा अक्षमता अवरोधों को समाप्त करना।
- 12वीं पंचवर्षीय योजना की समाप्ति यानी 2017 तक सभी को माध्यमिक स्तर की शिक्षा सुलभ करना।
- 2020 तक माध्यमिक स्तर की शिक्षा में अवरोधन (Retention) में वृद्धि कर उसका सार्वभौमीकरण करना।

राष्ट्रीय माध्यमिक शिक्षा अभियान और समता एवं समेकेतीकरण (Caring for Equity and Equality in RMSA)

राष्ट्रीय माध्यमिक शिक्षा अभियान अपने क्रियान्वयन में समता और समेकेतीकरण से सम्बन्धी नीतिगत बातों पर भी निम्न रूपों में ध्यान रखने का प्रयत्न कर रहा है:

(i) शैक्षिक रूप से पिछड़े हुए तथा समाज के पार्श्वीकृत वर्ग (अनुसूचित जाति, अनुसूचित जन-जाति, अल्पसंख्यक आदि) से संबंधित, लावारिस तथा असहाय बालकों को उनके शैक्षिक विकास हेतु प्राथमिकता देना।

(ii) शैक्षिक असमानताओं में कमी लाने हेतु संदर्भ विशेष हस्तक्षेप प्रदान करने में लचीलापन प्रदान करने वाले विविध उपाय (गहन सूक्ष्म योजना निर्माण सहित) अपनाना जैसे–

(a) विद्यालय खोलने के संदर्भ में अनुसूचित जाति, अनुसूचित जन जाति तथा शैक्षणिक रूप से पिछड़े हुए क्षेत्रों तथा इनकी जनसंख्या बहुल्य इलाकों को प्राथमिकता देना।

(b) कमजोर वर्ग के बालकों के विद्यालय प्रवेश हेतु विशेष अभियान चलाना।

(c) विद्यालयों में और अधिक महिला अध्यापकों की नियुक्ति करना।

(d) लड़कियों के लिए अलग शौचालय ब्लॉक्स का प्रबन्ध करना।

(e) जरूरतमंदों, सुविधाहीन तथा अक्षम बालकों के लिए विशेष कैम्प तथा सेतु अध्ययन कोर्सों तथा मुक्त एवं दूरवर्ती शिक्षा का प्रावधान करना।

(f) सुविधाहीन तथा पार्श्वीकृत समूहों से संबंधित बालकों विशेषकर लड़कियों तथा माँ-बाप को खो देने वाले बालकों हेतु छात्रावास सुविधाएँ प्रदान करना।

(g) शैक्षिक अल्पसंख्यक बालिकाओं तथा वे बालक जो शैक्षणिक रूप में ठीक नहीं चले रहे हों उनके लिए कोचिंग तथा उपचारात्मक/सुधारात्मक कक्षाओं की व्यवस्था करना।

(h) माध्यमिक तथा उच्च माध्यमिक स्तर पर शिक्षा ग्रहण कर रहे अनुसूचित जाति, अनुसूचित जन जाति, अक्षमताओं से युक्त बालकों को आवश्यक संसाधन जैसे–पाठ्यपुस्तकें, कार्य पुस्तिकाएं, स्टेशनरी, यूनीफॉर्म, जूते, साईकिल, बोर्डिंग एवं लौजिंग तथा डे-स्कोलर्स के लिए छात्रवृत्ति आदि की व्यवस्था करना।

सभी विद्यार्थियों के लिए गुणवत्तापरक शिक्षा की प्राप्ति कराना (Ensuring Quality Education of All the Learners)

राष्ट्रीय माध्यमिक शिक्षा अभियान माध्यमिक स्तर पर शिक्षा प्राप्त कर रहे सभी विद्यार्थियों को बिना किसी भेदभाव गुणवत्ता युक्त बेहतर शिक्षा उपलब्ध कराने की बात करता है। इस सम्बन्ध में इस अभियान के आयोजन में अग्रलिखित दो प्रकार से आगे बढ़ने का प्रावधान रखा गया है।

1. आवश्यक मौलिक संसाधन/सुविधाएँ उपलब्ध कराने का प्रावधान (Provision of providing essential physical facilities)

राष्ट्रीय माध्यमिक शिक्षा अभियान में यह प्रावधान रखा गया है कि सभी माध्यमिक विद्यालयों को निम्न प्रकार से भौतिक संसाधनों/सुविधाओं से युक्त किया जाए:

(i) अतिरिक्त कक्षा-कक्ष।
(ii) प्रयोगशाला एवं पुस्तकालय।
(iii) कला एवं शिल्पकक्ष।
(iv) शौचालय ब्लॉक तथा पीने के पानी का प्रबंध।
(v) दूर दराज इलाकों में अध्यापकों के लिए आवासीय होस्टल।

2. गुणवत्ता वृद्धि में सहायक बातों का प्रावधान (Provision of providing quality intervention)

माध्यमिक स्तर पर विद्यार्थियों को प्रदान की जाने वाली शिक्षा में गुणवत्ता परक सुधार लाने के अपने उद्देश्य पूर्ति के सम्बन्ध में राष्ट्रीय माध्यमिक शिक्षा अभियान कार्यक्रम में निम्न बातों का प्रावधान रखा गया है:

(i) विद्यार्थी-अध्यापक अनुपात को 30:1 बनाये जाने में समर्थ में अतिरिक्त अध्यापकों की नियुक्ति।
(ii) विज्ञान, गणित और अंग्रेजी विषयों की शिक्षा पर अधिक ध्यान देना।
(iii) अध्यापकों और प्राचार्य हेतु सेवाकालीन प्रशिक्षण का प्रावधान।
(iv) विज्ञान और गणित प्रयोगशालाओं की स्थापना, इनका रखरखाव एवं सुसज्जितीकरण।
(v) विद्यार्थियों को सूचना एवं संप्रेषण तकनीकी (SCT) आधारित शिक्षा उपलब्ध कराना।
(vi) पाठ्यक्रम तथा शिक्षण अधिगम में आवश्यक सुधार लाने हेतु काम करना।
(vii) भारत सरकार द्वारा माध्यमिक शिक्षा क्षेत्र में चलाई जा रही विविध प्रायोजित योजनाओं जैसे आईसीटी एट स्कूल (ICT at School), बालिका छात्रावास, माध्यमिक स्तर पर अक्षम बालकों की शिक्षा तथा व्यावसायिक शिक्षा आदि का राष्ट्रीय माध्यमिक शिक्षा अभियान योजना में विलय ताकि माध्यमिक शिक्षा में ढाँचेगत तथा शैक्षणिक सुधारों हेतु अधिक धनराशि उपलब्ध हो सके।

राष्ट्रीय माध्यमिक शिक्षा अभियान का क्रियान्वयन तन्त्र (Implementation Mechanism of RMSA Scheme)

क्योंकि राष्ट्रीय माध्यमिक शिक्षा अभियान केन्द्र सरकार द्वारा प्रायोजित राष्ट्रीय कार्यक्रम है इसलिए इसके क्रियान्ववन सम्बन्धी जिम्मेदारी केन्द्र सरकार की ही बनती है। इसलिए केन्द्र सरकार ही इस योजना के क्रियान्वयन हेतु वित्तीय साधन उपलब्ध कराने वाली प्रमुख एजेन्सी है। केन्द्र सरकार द्वारा इस योजना के क्रियान्वयन सम्बन्धी आवश्यक निर्देशन, क्रियान्वयन के तरीके तथा योजना के मूल्यांकन आदि से संबंधित बातें सामने रखने का प्रयत्न किया जाता है। परन्तु साथ-साथ यहाँ यह कोशिश भी की जाती है कि वित्तीय साधन जुटाने तथा अभियान से जुड़े हुए विभिन्न कार्यों को उचित अंजाम देने हेतु राज्य तथा स्थानीय निकायों की सरकारों से भी आवश्यक सहायता एवं सक्रिय सहयोग प्राप्त किया जाए। इसके अतिरिक्त यहाँ यह भी कोशिश की जाती है कि अन्य सभी जिनके हित बालकों से जुड़े हुए हैं (जैसे बालकों के माता-पिता, बालकों के हित में कार्यरत स्वयंसेवी संस्थान, दानवीर व्यक्ति एवं संस्थाएँ एवं व्यक्ति आदि) उनका सहयोग राष्ट्रीय माध्यमिक शिक्षा अभियान को वित्तीय सहयोग, सलाह एवं मार्गदर्शन, अनुसंधान परिणाम आदि उपलब्ध कराने में सक्रिय रूप में मिलता रहे। इस प्रकार से यह देखा जा सकता है कि राष्ट्रीय माध्यमिक शिक्षा अभियान (RMSA) 15-16 वर्ष की आयु के देश के सभी भावी नागरिकों को समानता के सिद्धान्त की अनुपालना करते हुए जहाँ एक ओर इन्हें

अपनी शिक्षा हेतु समान अवसर तथा शिक्षण अधिगम परिस्थितियाँ प्रदान करने का प्रयत्न कर रहा है वहीं दूसरी ओर वह समता सिद्धान्त का अनुगमन करता हुआ उन्हें ऐसी गुणवत्ता परक माध्यमिक शिक्षा भी प्रदान करने की बात कर रहा है जो उन्हें उनकी अपनी क्षमताओं तथा सामर्थ्य का पूरा उपयोग करते हुए वृद्धि, विकास ओर प्रगति की अपनी ऊँचाईयों को छूने में मदद करे।

शिक्षा में लैंगिक समता और समानता हेतु भारत सरकार द्वारा प्रचलित योजनाएँ तथा कार्यक्रम (Schemes and Programmes of GOI for Gender Equity and Equality in Education)

हमारे समाज एवं शिक्षा व्यवस्था में लैंगिक भेदभाव एवं पक्षपात की जड़ें बहुत गहरी हैं। भारत सरकार ने लड़कियों के प्रति होने वाले इस अन्याय, उत्पीड़न तथा दुर्व्यवहार पर रोक लगाने तथा उन्हें, समता एवं समानता आधारित ऐसे उपयुक्त अवसर देने सम्बन्धी कार्यक्रम एवं योजनाएँ चालू की हैं जिनके उन्हें अपने समायोजन, शिक्षा तथा विकास में उपयुक्त सहायता मिले। इनमें से कुछ प्रमुख की चर्चा हम आगे के पृष्ठों में कर रहे हैं।

A. समन्वित या एकीकृत विकास सेवाएँ योजना (Integrated Child Development Services – ICDS Services)

2 अक्टूबर, 1975 को भारत सरकार द्वारा चलाया गया यह कल्याणकारी कार्यक्रम 6 वर्ष की कम आयु के बालकों, गर्भवती महिलाओं तथा स्तनपान कराने वाली माताओं को पौष्टिक भोजन, पूर्व प्राथमिक शिक्षा तथा स्वास्थ्य देखभाल सम्बन्धी प्राथमिक सेवाएँ प्रदान करने का कार्य करता है। इस प्रकार की सभी सेवाएँ इस योजना में उन आँगनवाड़ी केन्द्रों के माध्यम से प्रदान की जाती हैं। जिन्हें मुख्य रूप से ग्रामीण इलाकों में स्थापित किया गया है और जिनमें जमीन से जुड़े हुए कार्यकर्ता कार्यरत हैं। कुपोषण तथा बीमारी से लड़ने के अलावा यह कार्यक्रम लड़कियों को भी लड़कों के बराबर संसाधन तथा सुविधाएँ उपलब्ध कराकर लैंगिक असमानता को दूर करने के कार्य में भी महत्त्वपूर्ण लाभ पहुँचाता है।

उद्देश्य—इस योजना के द्वारा पूरे किए जाने वाले उद्देश्य निम्न हैं:

1. 6 वर्ष की आयु तक के गरीब बालकों के स्वास्थ्य एवं पोषण स्तर को ऊँचा उठाना।
2. बालकों के उचित मानसिक, शारीरिक तथा सामाजिक विकास हेतु एक समुचित आधार बनाना।
3. बालकों की मृत्युदर, कुपोषण तथा विद्यालय छोड़ने वाले मामलों में कमी करना।
4. भारत सरकार के विभिन्न विभागों तथा मंत्रालयों, जो बाल विकास हेतु चलाए जा रहे विभिन्न सरकारी कार्यक्रमों तथा योजनाओं से जुड़े हुए हैं, उनकी नीति निर्माण तथा क्रियान्वयन सम्बन्धी गतिविधियों में समन्वयन करने का कार्य करना।
5. देश की माताओं को अपने बालकों की देखभाल सम्बन्धी क्षमता में वृद्धि करने की दृष्टि से छोटे बालकों की माताओं को स्वास्थ्य एवं पोषण सम्बन्धी जानकारी एवं शिक्षा प्रदान करना।
6. छोटे बालकों की माताओं को पोषक आहार उपलब्ध कराना तथा ऐसी सेवाएँ उन्हें उनकी गर्भावस्था के दौरान भी प्रदान करना।

समन्वित या एकीकृत बाल विकास सेवाएँ योजना के अंतर्गत प्रदत्त सेवाएँ (Services provided Under ICDS)

इस योजना के अन्तर्गत जो सेवा पैकेज दिया जाता है उसके निम्न 6 प्रकार की सेवाओं की समाविष्टि रहती है:

- पूरक आहार या पोषण (Supplementary nutrition)
- पूर्व प्राथमिक निरोपचारित शिक्षा (Pre-School Non formal education)
- पोषण एवं स्वास्थ्य शिक्षा (Nutrition and Health education)
- प्रतिरक्षा (Immunization)

- स्वास्थ्य परीक्षण (Health check-up)
- रेफरल सेवायें (Referral Services)

B. कस्तूरबा गाँधी बालिका विद्यालय योजना (The Kasturba Gandi Balika Vidyalaya Scheme)

यह योजना अगस्त 2004 को भारत सरकार द्वारा एक स्वतन्त्र कार्यक्रम के रूप में शुरू की गई थी परन्तु फिर 2008 में इसे राष्ट्रीय कार्यक्रम सर्व शिक्षा अभियान के साथ जोड़ दिया गया। इसका उद्देश्य अनुसूचित जाति, अनुसूचित जन जाति, अन्य पिछड़ी जातियों, अन्य पिछड़ी जातियों, अल्पसंख्यक समुदायों तथा गरीबी रेखा से नीचे के परिवारों से सम्बन्धित बालिकाओं के उनके शैक्षणिक रूप से पिछड़े इलाकों में आवासीय विद्यालय खोलकर उन्हें आवश्यक शैक्षणिक सुविधाएँ उपलब्ध कराना है।

उद्देश्य (Objectives)

- देश में व्याप्त विद्यालय स्तर पर शैक्षिक सुविधाओं की उपलब्धि के संदर्भ में लैंगिक असमानताओं (विशेषकर ग्रामीण तथा साधनहीन अभावग्रस्त समुदाय से सम्बन्धित क्षेत्रों में मौजूद) को दूर करना।
- प्राथमिक स्तर पर समाज में अभाव या साधनहीन वर्गों से सम्बन्धित बालिकाओं को गुणवत्तापरक शिक्षा तक अपनी पहुँच बनाने तथा उसकी उपलब्धि करने हेतु रहने-सहने की सुविधाओं से सज्जित आवासीय विद्यालयों की स्थापना करना।

पात्रता (Eligibility)

2004 में जब से यह योजना प्रारम्भ हुई इस योजना का पात्र बनने यानी यह तय करने कि कौन से क्षेत्र या इलाकों में लड़कियों के लिए आवासीय विद्यालय खोले जा सकते हैं कसौटी यह बनी कि उनमें स्त्री शिक्षा का औसत राष्ट्रीय विद्यालय से कम तथा लैंगिक अंतर का औसत राष्ट्रीय स्तर से अधिक होना चाहिए। साथ ही वे ऐसे क्षेत्र या इलाके होने चाहिए जो निम्न विशेषताओं में से किसी एक से युक्त हों:

(i) जन जाति की बहुलता वाले क्षेत्र जिनमें स्त्री-साक्षरता बहुत कम और/या जिनमें विद्यालय न जाने वाली बालिकाओं की संख्या काफी ज्यादा हो।

(ii) अनुसूचित जाति, पिछड़ा वर्ग तथा अल्पसंख्यक वर्ग की बहुलता वाले वे क्षेत्र जिनमें स्त्री-साक्षरता काफी कम और/या जिनमें विद्यालय न जाने वाली बालिकाओं की संख्या काफी अधिक हो।

(iii) स्त्री साक्षरता की दर काफी कम हो।

C. बेटी बचाओ, बेटी पढ़ाओ योजना (Beti Bachao, Beti Padhao Scheme)

बेटी बचाओ, बेटी पढ़ाओ योजना भारत सरकार द्वारा चलाए गए एक ऐसे सामाजिक आन्दोलन/अभियान का प्रतिनिधित्व करती है जिसे बालिकाओं के कल्याण से सम्बन्धित जागरूकता पैदा करने और उनके लिए उपलब्ध कल्याणकारी सेवाओं की क्षमता में वृद्धि करना है। यह योजना अक्टूबर 2014 में मुख्यतः गिरते हुए बाल लैंगिक अनुपात से निपटने हेतु शुरू की गई थी। राष्ट्रीय अभियान के रूप में यह एक ऐसे प्रयास का प्रतिनिधित्व करती है जिसे संयुक्त रूप से भारत सरकार के स्वास्थ्य एवं परिवार मंत्रालय तथा मानव संसाधन विकास मंत्रालय द्वारा हाथ में लिया गया है। इस योजना के क्रियान्वयन में पहल उन राज्यों, जैसे हरियाणा से की गई है जहाँ बालिकाओं का लिंगानुपात एक काफी बड़ी चिन्ता का विषय बना रहा है। इसी परिप्रेक्ष्य में हरियाणा सरकार ने इस कार्यक्रम की शुरूआत पानीपत (हरियाणा) से करने हेतु 22 जनवरी, 2015 को प्रधानमंत्री श्री नरेन्द्र मोदी को आमंत्रित किया और इसी क्रम में आगे फिर 2016 ओलम्पिक की कांस्य पदक विजेता साक्षी मलिक को अपने बेटी बचाओ, बेटी पढ़ाओ का ब्रांड अम्बेसेडर नियुक्त किया है।

बेटी बचाओ बेटी पढ़ाओ योजना के उद्देश्य (Objectives of Beti Bachao, Beti Padhao Scheme)

इस योजना के उद्देश्य निम्न हैं:

1. लिंग चयनित गर्भपात पर रोक लगाना।
2. बालिकाओं के जीवित रहने और उनकी सुरक्षा को निश्चित करना।
3. बालिकाओं की शिक्षा को सुनिश्चित करना।

योजना पूर्ति के लिए सुझाई गई तकनीकें (Recommended Strategies for the Scheme)

इस योजना की सफलता के लिए कुछ निम्न प्रकार की बातों की सिफारिश की गई है:

- बालिकाओं को बराबर का महत्त्व देने और उनकी शिक्षा को बढ़ावा देने हेतु एक सामाजिक वैचारिक क्रान्ति और सम्प्रेषण को लगातार बनाए रखना।
- बालिकाओं के लैंगिक अनुपात और भ्रूणहत्या जैसे विषयों पर शासन की तरफ से उचित ध्यान दिया जाना।
- बालिका लैंगिक अनुपात के गिरे हुए स्तरों वाले चुनिंदा जिलों और शहरों पर सम्मिलित रूप से अधिक ध्यान देना और कार्यवाही करना।
- पंचायत राज संस्थानों/शहरी, स्थानीय संस्थानों/जमीनी स्तर के कार्यकर्त्ताओं को इस प्रकार से जागरूक और प्रशिक्षित करना कि वे स्थानीय समुदाय/स्त्रियों/युवा समूहों के साथ भागीदारी निभाकर सामाजिक परिवर्तन के वाहक बन सकें।
- बालिकाओं के कल्याणकारी सेवाओं के वर्तमान ढाँचे, योजनाओं और कार्यक्रमों के लिये यह सुनिश्चित करना कि वे लैंगिक और बाल अधिकारों के मामलों में उचित सक्रियता निभाएँ।
- जिला/खंड (ब्लॉक) जमीनी स्तर पर चलाए जा रहे बालिका कल्याण कार्यक्रमों में अन्तःक्षेत्रीय और अन्तःसंस्थागत आदान-प्रदान बनाए रखने के प्रयत्नों को बढ़ावा देना।

मध्यान्ह भोजन योजना (Mid-day Meal Scheme)

यह योजना 15 अगस्त, 1995 को सार्वभौमिक प्रारम्भिक शिक्षा (Universal Elementary Education–UEE) को बढ़ावा देने के उद्देश्य से प्रारम्भ की गई ताकि विद्यालयों में विद्यार्थियों की संख्या और उपस्थिति को बढ़ाया जा सके। इस योजनानुसार प्राथमिक कक्षाओं और उच्च प्राथमिक कक्षाओं के बालकों के लिए सभी कार्य दिवसों में निःशुल्क मध्यान्ह भोजन का प्रावधान किया गया है। यह सुविधा उन सभी विद्यालयों में प्रदान की गई है, जिन्हें सरकारी, सरकारी अनुदान प्राप्त तथा स्थानीय संस्थाओं, शिक्षा गारन्टी योजना तथा वैकल्पिक नवाचार शिक्षा केन्द्रों, सर्व शिक्षा अभियान द्वारा समर्थित मदरसा और मकतब तथा श्रम मंत्रालय द्वारा चलाए जा रहे राष्ट्रीय बाल श्रम प्रोजेक्ट विद्यालयों के नाम से जाना जाता है।

उद्देश्य (Objectives)

- बालकों विशेषकर वंचित एवं सुविधाहीन वर्ग के बालकों के प्रवेश, उपस्थिति, अवधारणा तथा अधिगम स्तर में सुधार लाते हुए प्राथमिक शिक्षा के सार्वभौमीकरण को बढ़ावा देना है (और इस तरह सभी को शैक्षिक अवसर प्रदान करने में समता और समानता सिद्धान्तों की अनुपालना सुनिश्चित करना)।
- प्राथमिक कक्षाओं के विद्यार्थियों के पोषण स्तर में सुधार लाना और प्रभावित क्षेत्रों के प्राथमिक स्तर के विद्यार्थियों को ग्रीष्मावकाश में भी पोषणीय सहारा प्रदान करना।

पात्रता (Entitlements)

प्राथमिक एवं उच्च प्राथमिक कक्षाओं के विद्यार्थियों को दोपहर के भोजन के समय जो भोजन प्रदान किया जाएगा वह मात्रा और कैलोरी के हिसाब से कम से कम कितना होना चाहिए इसके लिए जो दिशा निर्देश दिए गए हैं, वे निम्न प्रकार से हैं:

तालिका 28.1 मध्याह्न भोजन योजना के अन्तर्गत प्रतिदिन प्रतिबालक पात्रता मानदण्ड

सामग्री (Items)	प्राथमिक कक्षा (एक से पाँच तक)	उच्च प्राथमिक (कक्षा छः से आठ तक)
कैलोरी	450	700
प्रोटीन	12 ग्राम	20 ग्राम
चावल/गेहूँ	100 ग्राम	150 ग्राम
दाल	20 ग्राम	30 ग्राम
सब्जियाँ	50 ग्राम	75 ग्राम
तेल एवं वसा	5 ग्राम	7.5 ग्राम

वित्तीय साधन (Finances)

मध्याह्न भोजन योजना में होने वाले खर्चे को वहन करने में केन्द्र और राज्य सरकारों की साझेदारी रहती है जिसमें 60 प्रतिशत खर्चा केन्द्र द्वारा और 40 प्रतिशत खर्चा राज्य द्वारा किया जाता है। ऐसा करने में केन्द्र सरकार द्वारा अनाज और अन्य प्रकार की भोजन सामग्री के लिए पैसा दिया जाता है जबकि परिवहन, मजदूरी तथा अन्य सहूलियतें प्रदान करने सम्बन्धी खर्चा राज्य तथा केन्द्र शासित प्रदेशों की सरकारों द्वारा किया जाता है।

D. राजीव गाँधी किशोरी सशक्तीकरण योजना

(Rajiv Gandhi Scheme for Empowerment of Adolescent Girls)

राजीव गाँधी किशोरी सशक्तीकरण योजना जिसे सबला योजना भी कहा जाता है, किशोरियों हेतु उस समय चल रही दो योजनाओं ''किशोरी शक्ति योजना'' तथा ''किशोरियों के लिए पोषण कार्यक्रम'' को इकट्ठा करने से अस्तित्व में आई।

किशोरी शक्ति योजना (KSY) भारत सरकार के महिला एवं बाल विकास मंत्रालय के द्वारा वर्ष 2000 में शुरू की गई थी। इसके द्वारा समन्वित बाल विकास सेवाओं (ICDS) सम्बन्धी योजना के ढाँचागत संसाधनों का अपने उद्देश्य पूर्ति उपयोग में लाया गया। इस योजना का अपना यह उद्देश्य 11-18 वर्ष की बालिकाओं के पोषण तथा स्वास्थ्य स्तर में सुधार लाना, उनको घरेलू तथा व्यावसायिक कौशलों से युक्त करना और उनमें अपेक्षाकृत बेहतरी पैदा करना तथा उनमें उनके स्वास्थ्य, व्यक्तिगत आरोग्य, पोषण, परिवार कल्याण तथा प्रबन्ध के बारे में जागरूकता पैदा कर उनमें सर्वांगीण विकास को बढ़ावा देना था।

किशोरियों के हितचिन्तन हेतु चलाई जा रही दूसरी योजना ''किशोरियों के लिए पोषण कार्यक्रम'' (NPAG) किशोरियों में कुपोषण की समस्या के निवारण हेतु वर्ष 2002-03 में शुरू की गई थी।

कुछ समय बाद यह महसूस किया जाने लगा कि किशोरियों के लिए चलाई जा रही ये दोनों योजनाएँ कुछ खास नतीजे नहीं निकाल पा रही हैं और जब किसी एक अधिक व्यापक और प्रभावशील योजना को इनका स्थान ले लेना चाहिए और फिर परिणामस्वरूप वर्ष 2009 में राजीव गाँधी किशोरी सशक्तीकरण योजना के नाम से प्रसिद्ध वर्तमान योजना का प्रादुर्भाव हुआ।

राजीव गाँधी किशोरी सशक्तीकरण योजना के उद्देश्य (Objective of RGSEAG)

- किशोरियों को स्व-विकास एवं सशक्तीकरण मार्ग पर आरूढ़ करना।
- किशोरियों के पोषण एवं स्वास्थ्य स्तर में सुधार लाना।

- उनकी स्वास्थ्य, आरोग्य, पोषण, किशोर उत्पादक एवं यौन स्वास्थ्य तथा परिवार एवं बाल देख-रेख सम्बन्धी जागरूकता में बढ़ोतरी करना।
- गृह-आधारित/घरेलू कौशलों तथा जीवन कौशलों में वृद्धि कर उन्हें व्यावसायिक कौशलों से सम्बन्धित राष्ट्रीय कौशल विकास कार्यक्रम से जोड़ना।
- विद्यालय न जाने वाली किशोरियों को औपचारिक/निरोपचारिक शिक्षा की मुख्य धारा में शामिल करना।
- उन्हें वर्तमान सार्वजनिक सेवाओं जैसे सार्वजनिक स्वास्थ्य केन्द्र (PHC), बाल स्वास्थ केन्द्र (CHC), पोस्ट ऑफिस, बैंक, पुलिस स्टेशन इत्यादि के बारे में जानकारी/परामर्श प्रदान करना।

लक्षित समूह (Target Group)

राजीव गाँधी किशोरी सशक्तीकरण योजना 11-18 वर्ष की किशोरियों हेतु देश के सभी राज्यों/केन्द्र शासित प्रदेशों में चल रहे समन्वित बाल विकास प्रोजेक्टों के तत्वाधान में चलाई जा रही है। विद्यालयों में शिक्षा ग्रहण न करने वाली सभी किशोरियों से यह योजना यह अपेक्षा करती है कि वे नियमित रूप से जो समय तालिका उनके अनुसार पास में आँगन बाड़ी केन्द्र में इकट्ठी हों। विद्यालय जाने वाली अन्य किशोरियों से भी यह अपेक्षा की जाती है कि वे आँगनवाड़ी केन्द्रों में महीने में कम से कम दो बार तथा लम्बे अवकाश तथा छुट्टी के दिनों में काफी बार इकट्ठे होकर जीवन कौशल, शिक्षा, पोषण एवं स्वास्थ्य शिक्षा तथा अन्य सामाजिक-कानूनी मामलों से सम्बन्धित जागरूकता की उपलब्धि करें। इससे विद्यालय जाने वाली और न जाने वाली किशोरियों में अन्तःसमूह अन्तःक्रिया तथा मेल मिलाप के सुअवसर प्रदान करने के साथ विद्यालय न जाने वाली किशोरियों को विद्यालय जाने के लिए आवश्यक अभिप्रेरणा प्राप्त होगी।

योजना के तहत प्रदत्त सेवाएँ (Services Provided Under the Scheme)

इस योजना के तहत प्रदत्त सेवाएँ निम्न हैं:

- पोषण सम्बन्धी प्रावधान
- आयरन एवं फोलिक एसिड पूरक
- स्वास्थ्य निरीक्षण एवं रेफरल सेवाएँ
- पोषण एवं स्वास्थ्य शिक्षा
- परिवार कल्याण, किशोर उत्पादक यौन स्वास्थ्य (ARSH), बाल देख-रेख प्रथाएँ, गृह प्रबन्धन के बारे में परामर्श एवं निर्देशन
- जीवन कौशल शिक्षा एवं सार्वजनिक सेवाएँ प्राप्त करने सम्बन्धी जानकारी
- 16 वर्ष तथा ऊपर की किशोरियों को व्यावसायिक प्रशिक्षण राष्ट्रीय कौशल विकास कार्यक्रम के अन्तर्गत प्रदान करना।

ऊपर अभी तक हमने जितनी योजनाओं और कार्यक्रमों की चर्चा की है वे सभी बालिकाओं के विशेषकर समाज में कमजोर तथा सुविधाहीन वर्गों की बालिकाओं के हितचिन्तन सम्बन्धी कदम उठाने में समता और समानता सम्बन्धी अवधारणाओं/सैद्धान्तिक मान्यताओं की पूरी तरह अनुपालना करती हुई दिखाई दे सकती हैं। सर्व शिक्षा अभियान (SSA) तथा राष्ट्रीय माध्यमिक शिक्षा अभियान (RMSA) जैसी योजनाएँ भी जिनकी चर्चा इसी अध्याय में पहले हो चुकी है, बालिकाओं के हित चिन्तन सम्बन्धी उद्देश्य की पूर्ति अच्छी तरह करती हुई दिखाई देती हैं क्योंकि ये उन्हें बालकों के समकक्ष खड़े होकर बिना किसी भेदभाव के उसी प्रकार की गुणवत्ता युक्त शिक्षा प्रदान कराने की बात करती हैं जैसी कि उनके साथी बालकों को उपलब्ध हो रही है।

सार-संक्षेप (Summary)

हमें अपने समेकित विद्यालयों में समता और समानता बनाये रखने की आवश्यकता रहती है। 'समता' को एक ऐसी विशिष्टता के रूप में जाना जा सकता है जिसकी अनुपालना करते हुये बालकों के साथ उनकी आवश्यकताओं और जरूरतों के सम्बन्ध में न्यायोचित व्यवहार करने की बात की जाय। इस तरह कक्षा में बालकों की जरूरतों और विशेषताओं को नजरअंदाज करते हुये चीजों के समान वितरण सिद्धान्त की इसमें पूरी तरह अवहेलना रहती है। दूसरी ओर समानता एक ऐसी विशिष्टता के रूप में जानी जाती है जिसकी अनुपालना करते हुये कक्षा के प्रत्येक और सभी बालकों के प्रति एक जैसा समान व्यवहार करने की बात की जाती है, चाहे उनकी आवश्यकताओं और जरूरतों का कैसा भी रूप क्यों न हो।

यद्धपि सभी के साथ एक जैसा समान व्यवहार करने की दृष्टि से समानता अवधारणा की अनुपालना सही ठहराई जा सकती है परन्तु एक समेकित कक्षा में इसकी अनुपालना करते हुये यह नहीं भूलना चाहिये कि इस कक्षा में विभिन्न योग्यताओं और विशेषताओं से युक्त बालकों की उपस्थिति रहती है जिनकी अपनी अपनी विशिष्ट अधिगम आवश्यकताएँ और विकास लक्ष्य हो सकते हैं। अतः अब यहाँ एक शिक्षक को अपने अनुदेशन और शिक्षण विधि के नियोजन हेतु समानता की जगह समता अवधारणा की अनुपालना पर ज्यादा ध्यान देना होगा और सबके लिये एक जैसी बात को त्यागकर जिसकी जैसी योग्यता, क्षमता और आवश्यकता है उसी के अनुकूल उसको वैसा ही अनुदेशन और शिक्षण प्रदान करना होगा। परन्तु यहाँ भी जब उनके अधिकारों अथवा उन्हें कुछ रियासतें, सहूलियतें, वस्तुयें आदि प्रदान करने की बात आयेगी जैसे विद्यालय महोत्सवों में माता पिता को आमंत्रित करना, मध्यान्ह भोजन का वितरण अथवा रिफ्रेशमेन्ट का दिया जाना आदि तो इस समय पूरी तरह से समानता के सिद्धान्त की ही अनुपालना की जायेगी। इस तरह समेकित कक्षा व्यवस्था में हमें समता और समानता दोनों ही अवधारणाओं का इस तरह उचित समन्वयन करके आगे बढ़ना होगा कि सभी को शिक्षा और विकास के समान अवसर भी उपलब्ध हों और साथ ही उन्हें वह सब कुछ भी मिले जो उन्हें अपनी विभिन्नताओं और विशिष्टताओं के संदर्भ में समायोजन और विकास को प्राप्त होने के लिये चाहिये। इसलिये जैसी भी जरूरत हो विभिन्न योग्यताओं के बालकों को इस व्यवस्था में समायोजित करने और आगे बढ़ाने के लिये पाठ्यक्रम शिक्षण विधियों, भौतिक परिस्थितियों आदि में उचित बदलाव लाने के प्रयत्न भी साथ साथ चलते रहने चाहिये।

सभी को शिक्षा के अवसर प्रदान करने में समानता और समता की अवधारणाओं की अनुपालना करने की दृष्टि से भारत सरकार द्वारा अपने दो बहुचर्चित शैक्षिक कार्यक्रमों – सर्वशिक्षा अभियान तथा राष्ट्रीय माध्यमिक शिक्षा अभियान को चालू किया गया है। इसके अतिरिक्त शिक्षा में लिंग सम्बन्धी समानता और समता बनाये रखने हेतु भारत सरकार द्वारा कुछ अति विशिष्ट और लाभदायक योजनाओं तथा कार्यक्रमों को भी लागू किया गया है। जैसे–(i) समन्वित या एकीकृत विकास सेवायें योजना (ICDS), (ii) कस्तूरबा गाँधी बालिका विद्यालय योजना, (iii) बेटी बचाओ, बेटी पढ़ाओ योजना, (iv) मध्यान्ह भोजन योजना, (v) राजीव गाँधी किशोरी सशक्तीकरण योजना आदि।

संदर्भित एवं विशेष अध्ययन ग्रन्थ (References and Suggested Readings)

Arnaud, A.J., "Equity", in N.J. Smelser, and P.B. Paultes (Eds.), *International Encyclopedia of Social and Behavioral Sciences*, **7**, 4729–4734, Elsevier, Amsterdam, 2001.

Calhoun, C. (Ed.), *Dictionary of the Social Sciences*, Oxford University Press, Oxford, 2002.

"Gender Equality-Education-United Nations Educational, Scientific and Cultural Organisation", UNESCO, http.www/Unesco.org, Retrieved on November 19, 2017.

Gupta, G.R., "Gender, Sexuality and HIV/AIDS: The What, The Why and How, HIV/AIDS", *Policy Law Rev.*, **5**(4) p. 86–93, 2000.

"Teaching Children with Disabilities in Inclusive Settings", UNESCO, Bangkok, 2009.

बालकों में मोटापा–कारण एवं उपचार (Child Obesity—Causes and Remedies)

मोटापे से अभिप्राय (What is Obesity)

बालकों में पाए जाने वाले स्वास्थ्य सम्बन्धी विकारों में मोटापा भी उनकी अस्वस्थता तथा बीमारियों के लिए काफी उत्तरदायी माना जाता है। परिभाषा के रूप में हम बालकों के मोटापे को उनके शरीर की उस अवस्था का द्योतक मान सकते हैं जिसमें बालकों के शरीर में विद्यमान चर्बी (body fats) की मात्रा इतनी अधिक होती है कि इससे उनका स्वास्थ्य नकारात्मक रूप में प्रभावित होता है और उनकी दिनचर्या तथा कार्य शैली भी नकारात्मक रूप में प्रभावित होकर उनके विकास तथा प्रगति को बाधित करती नजर आती है।

बालकों के मोटापे की पहचान तथा जाँच (Identification and Diagnosis of Obesity among Children)

पहचान की दृष्टि से बालकों के मोटापे को उनके शरीर की बनावट तथा कार्य करने के ढंग से अच्छी तरह आभास हो सकता है। मोटे बालकों का शरीर थुलथुल तथा बेडोल होता है। पेट बाहर निकला हुआ तथा शारीरिक अंगों की बनावट में बढ़ी हुई चर्बी की अधिक मात्रा स्पष्ट झलकती है। उन्हें दौड़ने, भागने तथा तेजी से काम करने में हाँफनी आने लगती है और वे स्वभाववश निद्राप्रिय तथा आराम पसंद होते हैं। उनकी तले भुने, तेल, घी युक्त तथा अधिक चर्बी वाले खाद्य पदार्थों में अधिक रुचि होती है और आवश्यकता से अधिक तथा हर समय कुछ न कुछ खाते रहते हुए भी इन्हें अच्छी तरह देखा जा सकता है। परंतु जहाँ तक औपचारिक तथा वैज्ञानिक ढंग से बालकों में मोटापे की पहचान तथा जाँच की बात है इसके लिये लिए निम्न तरीके अपनाए जाते हैं:

1. बालकों में मोटापे का निदान करने हेतु उनके बी.एम.आई. यानी बॉडी मास इन्डेक्स (BMI or Body Mass Index) की गणना करने का प्रयत्न किया जा सकता है। दो वर्ष की आयु होने के बाद हर बालक इस गणना के लिए उपयुक्त रहता है। एक बालक का बी.एम.आई. ज्ञात करने के लिए उसके भार (Weight) तथा ऊँचाई (Height) का मापन लेना होता है और फिर बी.एम.आई. ज्ञात करते हुए निम्न सूत्र का उपयोग किया जाता है।

$$\text{बालक की बी.एम.आई} = \frac{\text{बालका का भार (किलाग्राम में)}}{(\text{बालक की ऊँचाई मीटर में})^2} = \frac{W}{h^2}$$

बालक का कितना बी.एम.आई. उसे अधिक वजन वाला या मोटापे से ग्रस्त होने की ओर संकेत करता है यह बात इसके लिए उपलब्ध तालिकाओं से भलीभाँति मालूम हो सकती है। इन चार्टों की रचना विभिन्न देशों तथा प्रदेशों के बालकों में पाए जाने वाले मोटापे की पहचान हेतु आवश्यक सांख्यिकीय विधियों का उपयोग करते हुए

की जाती है। सिद्धान्त रूप में औसत से अधिक बी.एम.आई. की बालक में उपस्थिति (उसके अपने समूह के संदर्भ में) उसके मोटापे की ओर इशारा करती है। परन्तु जहाँ तक 2 वर्ष से लेकर 20 वर्ष तक के बालक एवं किशोरों के बी.एम.आई. की व्याख्या का प्रश्न है इसे उन परसेन्टाइलों की सहायता से किया जाता है जिनकी गणना बालकों की आयु और लिंग के हिसाब से की जाती है। इस प्रकार की व्यवस्था में 85वें परसेन्टाइल से कम बी.एम.आई. स्कोर का अर्थ बालक का सामान्य से कम भार वाला होता है और 95वें परसेन्टाइल से अधिक बी.एम.आई. स्कोर पाने वाले बालक को मोटापे से ग्रस्त माना जाता है। जिन बालकों का बी.एम.आई. स्कोर 85वें तथा 95वें परसेन्टाइल के बीच में होता है उन सभी को सामान्य से अधिक भार वाला कहा जाता है।

2. बी.एम.आई. की गणना करने के अतिरिक्त, कमर-ऊँचाई अनुपात (Waist–height ratio WH_tR) तथा कमर-नितम्ब अनुपात (Waist–Hip ratio or WHR) को भी बालकों तथा वयस्कों में मोटापे के निदान हेतु काम में लाया जाता है। इन दोनों की गणना निम्न प्रकार की जा सकती है:

(i) $$\text{कमर-ऊँचाई अनुपात } (WH_tR) = \frac{\text{बालक की कमर की परिधि की लम्बाई}}{\text{बालक की ऊँचाई}}$$

इस अनुपात की गणना द्वारा यह पता चलता है कि बालक के शरीर में उपस्थित चर्बी किस रूप में वितरित है। कमर-ऊँचाई अनुपात का 0.5 से अधिक होना 40 वर्ष से कम आयु वाले व्यक्तियों के लिए ऐसे खतरे की ओर संकेत करता है जिससे उन्हें मोटापे से ग्रस्त माना जाए।

(ii) $$\text{कमर-नितम्ब अनुपात } (WHR) = \frac{\text{बालक की कमर की परिधि की लम्बाई}}{\text{बालक के नितम्बों की परिधि की लम्बाई}}$$

कमर-नितम्ब अनुपात की गणना बालकों के मोटापे के निदान में सहायता करती है। विश्व स्वास्थ्य संगठन (WHO) के द्वारा निर्धारित मानदंड के अनुसार कमर-नितम्ब अनुपात (WHR) का पुरुषों में 0.90 तथा स्त्रियों में 0.85 से अधिक होना उनके मोटापे से ग्रस्त होने का संकेत देता है।

बी.एम.आई. (BMI), कमर-ऊँचाई अनुपात (WH_tR) तथा कमर-नितम्ब अनुपात (WHR) की गणना द्वारा बालकों में मोटापे की उपस्थिति का निदान करने में काफी सहायता मिल सकती है। परन्तु उनकी अलग-अलग गणना या साँझे रूप में इनकी व्याख्या इस बात को पूरी तरह सुनिश्चित नहीं कर सकती कि कोई बालक मोटापे का शिकार है। इनसे यह तो जानकारी मिलती है कि बालक भार सम्बन्धी या शरीर पर चर्बी अधिक होने की समस्या से ग्रस्त है परन्तु यह मोटापे तथा दुबलेपन के लिए उत्तरदायी टिश्यूज (Tissues) के निदान में सहायक नहीं हो सकता। इसके लिए अन्य मेडीकल परीक्षण करने की जरूरत रहती है। डॉक्टर इस प्रकार के निदान हेतु अन्य परीक्षणों जैसे एडीपोज टिश्यू (Adipose Tissue) तथा स्किन फोल्ड (Skin fold) मापन के प्रयोग की सलाह देते हैं ताकि बालकों में मोटापे जैसी शारीरिक अस्वस्थता या बीमारी की उपस्थिति का ठीक प्रकार निदान किया जा सके।

मोटापे के दुष्प्रभाव (Ill Effects of Obesity)

बालकों का मोटापा उन्हें निम्न प्रकार विभिन्न दृष्टियों से काफी अधिक अहितकर तथा घातक सिद्ध हो सकता है:

1. स्वास्थ्य पर पड़ने वाले दुष्प्रभाव (Ill Effects on their Health)

बालकों का मोटापा उन्हें बहुत सी बीमारियों तथा शारीरिक अस्वस्थता का शिकार होने या आगे जाकर आसानी से शिकार हो जाने की परिस्थिति में ला देता है। इस प्रकार जिन बीमारियों का शिकार होने की सम्भावनाएँ उनके मोटापे के कारण प्रकाश में आ सकती हैं, वे बीमारियाँ तथा अस्वस्थता निम्न प्रकार की हो सकती है:

- हृदय रोग (Cardiovascular diseases)
- उच्च रक्त चाप (High Blood Pressure)
- डायबिटीज टाइप-2 (Type 2 Diabetes)
- विभिन्न प्रकार के कैंसर (Many types of cancer)
- अस्थमा एवं श्वास रोग (Asthma and respiratory diseases)
- निद्रा विकार (Sleep Disorders)
- अस्थि तथा जोड़ समस्याएँ (Bone and Joint problems)
- समय से पहले मासिक धर्म होना (Early puberty or Menstruation)
- त्वचा रोग एवं समस्याएँ (Skin diseases and problems such as heat rash, fungal infection and acne)

2. शारीरिक रचना या बनावट पर पड़ने वाले दुष्प्रभाव (Effect on Somatic Structure)

मोटापे से शरीर की बनावट तथा ऊपरी ढाँचे में अजीब सा परिवर्तन लक्षित होता है। शरीर के अंग-प्रत्यंगों मे सुडौलता का अभाव दिखता है। शरीर गोल-मटोल, अस्थिर प्रकृति का हो जाता है। तोंद का बाहर निकलना तथा शरीर के अंगों में अधिक चर्बी की उपस्थिति तथा भारीपन दिखाई देने लगता है। परिणामस्वरूप व्यक्ति की शारीरिक बनावट तथा ऊपरी ढाँचे में असामान्यताएँ झलकने लगती हैं और बालक भी दूसरे सामान्य बालकों से अलग पहचान बनाने लगता है।

3. शारीरिक क्रिया तथा दिनचर्या पर पड़ने वाले दुष्प्रभाव (Ill Effects on Physical Activity and Day to Day Functioning)

मोटापे से बालकों की शारीरिक क्षमता शारीरिक रूप से सक्रिय रहने की आदत तथा प्रवृत्ति तथा शारीरिक क्रियाओं से जुड़ी हुई गतिविधियों में भाग लेने की रुचि और सक्रियता पर काफी प्रतिकूल प्रभाव पड़ता है। उन्हें जल्दी तथा बार-बार उठने-बैठने और शारीरिक अंगों को उपयोग में लाने में परेशानी होती है और इस वजह से उन्हें सभी प्रकार के ऐसे कार्यों से अरुचि हो जाती है जिनमें उनके शरीर के अंगों की चुस्ती एवं फुर्ती की अधिक आवश्यकता हो। उन्हें वे कार्य और खेल पसन्द आते हैं जिन्हें एक जगह बैठकर किया और खेला जा सके। दौड़ना-भगना, व्यायाम करना तथा ऐसे कोई भी दिन प्रतिदिन के काम करना जिनमें शरीर की चुस्ती-फुर्ती आवश्यक हो ऐसी बातें उनकी दिनचर्या का अंग नहीं बन पातीं और वे विद्यालय में भी ऐसे सभी कार्यों से दूर रहने का प्रयत्न करते हैं जिनमें अंग प्रत्यंगों की स्फूर्ति तथा चुस्ती की आवश्यकता हो। एक तरह से उनकी जीवनशैली उनके मोटापे के कारण एक ऐसे रूप में परिवर्तित हो जाती है जो उन्हें अधिक निष्क्रिय रहने, आराम तथा निद्रा प्रेमी बनने तथा शारीरिक कार्यों के संपादन से अधिक से अधिक दूर रहने की ओर ले जाए और फलस्वरूप वे अधिक से अधिक मोटापे से ग्रस्त होते रहें।

4. मनोवैज्ञानिक रूप से पड़ने वाले दुष्प्रभाव (Ill Effects Related to Psychological Well-Being)

बालकों का मोटापा उनके लिए मनोवैज्ञानिक रूप से भी काफी घातक सिद्ध हो सकता है। मुख्य रूप से इस सम्बन्ध में निम्न बातें उभर कर सामने आ सकती हैं:

(i) बालक जब अपने मोटे शरीर तथा उसके बेडौलेपन तथा अस्थिरता की अन्य सामान्य बालकों से तुलना करते हैं तो उनमें अपने शरीर की बनावट को लेकर हीनता घर कर सकती है।

(ii) अपने मोटेपन के कारण वे बहुत सी ऐसी सामाजिक खेलकूद, सांस्कृतिक तथा शैक्षिक क्रियाओं में भाग नहीं ले पाते जिनसे उनके साथी अच्छी तरह करते हुए यश और कीर्ति के भागी बन रहे होते हैं। इस बात को लेकर

उनमें निराशा, हीनता तथा अपराध बोध आदि प्रतिकूल मनोवैज्ञानिक भाव घर कर जाते हैं जिनसे उनके मानसिक स्वास्थ्य पर असर पड़ सकता है और वे अपने साथियों से अलग-थलग पड़ सकते हैं।

(iii) उनका मोटापा उन्हें अपने साथियों से अलग किस्म का बालक चित्रित होने के लिए उत्तरदायी बनाता है। दूसरे बालक उन्हें उनके शरीर की बनावट, मोटापे तथा शारीरिक क्रियाओं में भाग नहीं ले सकने की प्रवृत्ति और मजबूरी के कारण उपहास का पात्र बना लेते हैं। उनकी तरह-तरह से खिल्ली उड़ाने या अपमानित करने के प्रयत्न भी साथियों द्वारा किए जा सकते हैं। ऐसी सभी बातें उनको मनोवैज्ञानिक रूप से काफी क्षति पहुँचाती रहती हैं और परिणामस्वरूप उनके स्वस्थ एवं सन्तुलित विकास में बाधा आती है।

मोटापे से ग्रस्त होने सम्बन्धी कारण (Causes Related to Obesity)

बालकों के मोटापे से ग्रस्त होने के पीछे क्या कारण और बातें कार्य कर सकती हैं, इस सम्बन्ध में मुख्य रूप से निम्न कारण कार्य करते हुए पाये जा सकते हैं:

1. आनुवंशिक कारण (Genetic Factors)

प्रायः मोटे होने का चलन खानदानी और परिवारजन्य होता हुआ पाया जाता है। मोटे बालकों के परिवार में भी अधिकतर सदस्य जैसे माँ-बाप, भाई-बहन मोटे ही होते हैं। ऐसा परिवार में जो जिन्दगी जीने के लिए जीवनशैली, खान-पान, कार्य करने सम्बन्धी आदतें अपनाई जा रही होती हैं उनके प्रभाव स्वरूप ऐसा हो सकता है। परन्तु इसके साथ-साथ जो एक बात अनुसंधानों के फलस्वरूप अच्छी तरह उभर कर सामने आई है वह यह है कि बालकों में मोटापे से सम्बन्धित बातों को जन्म देने में माता-पिता द्वारा बालकों को हस्तान्तरित किए जाने वाले क्रोमोसोम्स तथा जीन्स (Chromosomes and Genes) का पर्याप्त योगदान रहता है। इनके द्वारा विरासत में इस प्रकार की शारीरिक संरचना और कार्यप्रणाली बालकों को प्राप्त होती है जिनसे मोटापे को पोषण मिलता है।

2. खान-पान सम्बन्धी अनुचित आदतें (Improper Dietary Habits)

बालकों में मोटापे के लिए जो बात स्पष्ट रूप से ठोस कारण बन कर उभरती है वह है उनकी खान-पान की अनुचित आदतें। इस प्रकार की आदतों के उदाहरण स्वरूप हम निम्न का विशेष रूप से उल्लेख कर सकते हैं:

(i) आजकल बच्चे छोटे आयु से ही ऐसे पदार्थों के खान-पान की आदतें डाल लेते हैं जिनसे मोटापे को बढ़ावा मिलता है। विभिन्न प्रकार के फास्ड फूड, जंक फूड, कुरकुरे, चिप्स, चॉकलेट, कोल्ड ड्रिंक्स, आइसक्रीम, पीजा, बरगर आदि ऐसे अनेक व्यंजन तथा पेय पदार्थ हैं जो अधिक कैलोरी, वसा आदि प्रदान कर मोटापे का कारण बनते हैं।

(ii) कुछ बच्चे आवश्यकता से अधिक खाने और असमय बार-बार खाते रहने की अपनी आदत के कारण मोटापे का शिकार बनते नजर आ सकते हैं।

(iii) टेलीविजन देखते हुए खाना खाने की आदत ने भी बालकों में बिना सोचे समझे काफी देर तक खाते रहने का चलन प्रारम्भ कर दिया है और परिणामस्वरूप यह बात उनके मोटापे में वृद्धि से जुड़ी हुई पाई गई है।

(iv) छोटी आयु से ही चाय, काफी पेय पदार्थों के अधिक सेवन की आदत भी मोटापे में बढ़ोत्तरी के लिए उत्तरदायी मानी गई है।

(v) परिवार के सदस्यों (बड़े भाई-बहन तथा परिवार के अन्य जिम्मेदार व्यक्ति) समाज में व्याप्त खान-पान की आदतें, व्यावसायिक दुनिया द्वारा अपने खान-पान, व्यंजनों तथा पेय पदार्थों को लोकप्रिय बनाने की होड़ तथा प्रचार सामग्री सभी ने मिलकर एक ऐसे वातावरण का निर्माण कर दिया है कि इस अन्धानुकरण तथा फैशन के ग्रस्त नई पीढ़ी खान-पान की अनुचित आदतों का शिकार बनती जा रही है और फलस्वरूप आज हम बालकों के मोटापे में आए दिन नई वृद्धि देख रहे हैं।

3. शारीरिक क्रियाओं तथा खेल-कूद का अभाव (Lack of Physical and Sports activities)

एक ओर तो बालकों में खान-पान की अनुचित आदतें पनप रही हैं तो दूसरी ओर उनके दिनचर्या में शारीरिक श्रम तथा क्रियाओं का अभाव उनके मोटापे को बढ़ाने में आग में घी डालने वाली बात कर रहा है। अधिक कैलोरी और वसा युक्त भोजन को अपने उचित पाचन हेतु अच्छी मात्रा में शारीरिक क्रियाएँ तथा शारीरिक श्रम चाहिए, आजकल की दिनचर्या में बालकों को ये सुलभ नहीं है और न इसके प्रति आकर्षित होने अथवा इसके क्रियान्वयन हेतु उपयुक्त परिस्थितियाँ तथा सुविधाएँ उन्हें अच्छी तरह उपलब्ध हैं। परिणामस्वरूप उनकी दिनचर्या ऐसी बनती जा रही है जिसमें खेल-कूद तथा शारीरिक क्रियाओं का नितान्त अभाव ही रहता है और यह बात उनके मोटापे का एक बड़ा कारण बन रही है। ऐसा होने के पीछे हम निम्न बातों को उत्तरदायी मान सकते हैं:

1. बालक बड़ों का अनुकरण करते हैं। पैदल चलने की या सीढ़ियाँ चढ़ने की आदत समाप्त हो रही है इनका स्थान वाहनों के इस्तेमाल तथा लिफ्ट प्रणाली ने ले लिया है। बालकों को भी ये बातें विरासत में प्राप्त हो रही हैं।
2. समृद्ध परिवारों में नौकरों पर आश्रितता अपने आप काम करने की आदत समाप्त कर रही है तथा साथ ही मशीनीकरण के इस युग ने शारीरिक श्रम को लगभग समाप्त-सा ही कर दिया है। अतः बालकों को शुरू से ही कोई शारीरिक श्रम तथा शारीरिक क्रियाएँ करने के अवसर प्राप्त नहीं होते जो पहले दिन प्रतिदिन के कार्यों में परिवार का हाथ बँटाने से प्राप्त होते रहते थे।
3. विद्यालयों में दिए जाने वाले अधिक गृह कार्य तथा प्रोजेक्ट कार्य आदि करने तथा प्रतियोगिता की अंधी दौड़ में लगातार पढ़ने-लिखने में लगे रहने के लिए बालकों को मजबूर कर दिया है। अतः उन्हें खेलकूद तथा शारीरिक गतिविधियों में भाग लेने का समय और अवसर नहीं मिल पाता।
4. जो कुछ समय बचता है उसमें टेलीविजन, स्मार्टफोन, इन्टरनेट-वीडियो गेम से चिपके रहने की जो अनुचित आदत बालकों में घर कर गई है उससे उन्हें किसी भी प्रकार की खेलकूद तथा शारीरिक क्रियाओं से युक्त गतिविधियों में भाग लेने की बात मन में नहीं आती और परिणामस्वरूप उनकी यह निष्क्रियता उनके मोटापे का एक बड़ा कारण बनती जा रही है।
5. विद्यालयों में भी शारीरिक क्रियाओं तथा खेलकूद पर कोई विशेष ध्यान नहीं दिया जाता। अगर वहाँ सुविधाएँ हैं भी तो बालकों में उनका उपयोग करने की कोई रुचि नहीं दिखाई देती। विद्यालय और घर के बीच की दूरी भी कई बार इसका कारण बनती है और कई बार विद्यालय द्वारा इसके प्रति व्यक्त की गई विमुखता बालकों को इसके लिए निरुत्साहित करती है।

4. मनोवैज्ञानिक कारण (Psychological Causes)

बहुत सी परिस्थितियों में बालकों के मोटापे के पीछे विविध प्रकार के मनोवैज्ञानिक कारक कार्य कर रहे होते हैं। अनुसंधानों के आधार पर यह पाया गया है कि जो बालक किसी कारणवश हीनता की भावना से ग्रस्त होते हैं, उनमें आत्म प्रतिष्ठा की कमी और ग्लानिबोध रहता है। जो किसी प्रकार से अशान्त, बेचैन तथा चिन्तायुक्त रहते हैं, जिनमें आत्म-विश्वास की कमी रहती है और जो अधिकतर तनावग्रस्त, निराशापूर्ण या अवसादपूर्ण स्थिति में देखे जाते हैं, उनमें अपनी इन मानसिक परेशानियों तथा नकारात्मक परिस्थितियों से उभरने के लिए बेवजह अधिक खाते-पीते रहने की आदत विकसित हो जाती है और यही बात मोटापे को न्योता देने वाली बन जाती है।

मोटापे की रोकथाम एवं उपचार (Prevention and Treatment of Obesity)

मोटापे के लिए उत्तरदायी जिन कारकों के ऊपर हमने चर्चा की है अगर उन्हें नहीं पनपने देने पर ध्यान दिया जाए तो मोटापे से छुटकारा पाने में बालकों की आवश्यक मदद की जा सकती है। इन कारणों में जहाँ तक आनुवंशिक कारकों की

बात है, इन पर नियन्त्रण पाना वश की बात नहीं है परन्तु और अन्य कारकों पर यथेष्ट नियन्त्रण पाने में निम्न रूप से कारगर प्रयत्न किए जा सकते हैं:

(a) मनोवैज्ञानिक कारकों से जिन बालकों में बिना जरूरत के बार-बार खाने या अधिक खाने की आदत पड़ती है, उन कारकों पर मनोवैज्ञानिक उपचारों से पर्याप्त नियन्त्रण पाया जा सकता है। व्यक्तिगत तथा सामूहिक परामर्श तथा अन्य मनोवैज्ञानिक पद्धतियों से बालकों को उनके मानसिक तनाव, अवसाद, हीन भावना, अपराध बोध, दुश्चिन्ताओं, आत्म-विश्वास और आत्म प्रतिष्ठा में कमी आदि बातों से उबारा जा सकता है।

(b) बालकों में मोटापे के लिए उनकी अनुचित जीवनशैली, खान-पान सम्बन्धी आदतों तथा शारीरिक गतिविधियों की कमी को बहुत कुछ सीमा तक उत्तरदायी माना जाता है। अतः अगर इन पर शुरू में ही माता-पिता, अध्यापकों, विद्यालय, अधिकारियों तथा समाज के उत्तरदायी सदस्यों के द्वारा ध्यान दिया जाए तो बालकों को एक ऐसी जीवनशैली अपनाने की और प्रेरित किया जा सकता है जो उन्हें मोटापे का शिकार होने से अच्छी तरह बचा सके। इस सम्बन्ध में कुछ निम्न बातों की अनुपालना काफी हितकारी सिद्ध हो सकती है:

1. माता-पिता तथा घर के बड़े लोगों को चाहिए कि वे बालकों के सामने स्वस्थ खान-पान सम्बन्धी आदतों को विकसित करने हेतु अनुकरणीय आदर्श बनें। घर में खान-पान की ऐसी व्यवस्था तथा ऐसी स्वस्थ आदतों को अपनाया जाना चाहिए जिनमें बालकों को पौष्टिक और रुचिकर खान-पान प्राप्त होता रहे तथा उनमें नियमबद्ध रूप से उचित मात्रा में खान-पान की अच्छी आदतें विकसित होने में पर्याप्त मदद मिले।
2. खान-पान की अच्छी आदतें डालने में अपनी सार्थक भूमिका निभाने के साथ परिवार के सदस्यों को शारीरिक क्रियाओं की सक्रियता सम्बन्धी उदाहरण भी प्रस्तुत करने चाहिए। पैदल चलने, सीढ़ियाँ चढ़ने, घर के काम-काज करने तथा शारीरिक व्यायाम आदि रुचि और सक्रियता प्रदर्शन करने के उदाहरण भी बालकों के सामने रखने चाहिए।
3. इस बात का विशेष ध्यान रखना चाहिए कि उनमें खान-पान सम्बन्धी स्वस्थ आदतें ही विकसित हों जैसे:
   (i) समय पर खाना और उनकी विकास आवश्यकताओं के अनुसार ही उचित मात्रा में भोजन करना।
   (ii) हर समय बिना भूख के भी कुछ न कुछ खाते पीते नहीं रहना।
   (iii) फास्ड फूड तथा जंक फूड के स्थान पर सन्तुलित स्वस्थ भोजन की आदत डालना।
   (iv) कोल्ड ड्रिंक, चाय आदि के अधिक सेवन से परहेज करना तथा दिन में कई बार उचित मात्रा में पानी पीना।
   (v) टेलीविजन देखते हुए खाना खाने की आदत का शिकार नहीं होना तथा परिवार के सदस्यों के साथ मिलकर भोजन करना।
4. शारीरिक श्रम, गतिविधियाँ तथा व्यायाम को अपनी रोजाना की जिन्दगी का अभिन्न अंग बनाने में बालकों की पूरी सहायता की जानी चाहिए। इसके लिए कुछ निम्न अच्छी आदतों को विकसित करने के प्रयत्न किए जाने चाहिए:
   (i) बालक घर में अपने कार्य स्वयं करने का प्रयत्न करें तथा परिवार के सदस्यों को घर के काम-काज में हाथ बटाएं।
   (ii) पैदल चलने की आदत डालें। साईकिल का प्रयोग करें तथा मशीनी वाहकों जैसे स्कूटर, मोटर साईकिल, कार आदि की सवारी आवश्यकतानुसार ही करें।
   (iii) टेलीविजन, कम्प्यूटर तथा स्मार्टफोन पर कितना समय बिताना है इसकी मात्रा का उचित निर्धारण करें।

(iv) विद्यालय में खेल-कूद तथा शारीरिक गतिविधियों में अपनी भागीदारी निभाएँ तथा कम से कम एक तरह की खेल-कूद गतिविंधि में नियमित भाग लेने का प्रयत्न करें। ड्रिल, शारीरिक व्यायाम, योगासन, प्राणायाम को भी अपनी दिनचर्या का अंग बनाएं।

(v) समय का इस तरह प्रबंधन करें कि खेलकूद और व्यायाम के लिए रोजाना नियमित रूप से समय निकाल सकें।

5. मोटापे से बचने और उस पर नियन्त्रण रखने के सभी निरोधात्मक उपाय या सावधानियाँ बरतने के पश्चात भी अगर वजन में अनावश्यक वृद्धि होती दिखाई दे तो फिर डाक्टरी सलाह लेने में देर नहीं की जानी चाहिए। कुशल चिकित्सक बालक की अच्छी तरह जाँच करके ऐसे सुधारात्मक उपाय बता सकते हैं जिनसे मोटापा कम करने में आवश्यक मदद मिल सकती है। मामले की गंभीरता के हिसाब से वे जीवनशैली में अनुकूल परिवर्तन लाने, खान-पान और व्यायाम आदि के बारे में उचित सलाह देने, औषधियों को उपयोग में लाने तथा कुछ मामलों में सर्जरी कराने की सलाह दे सकते हैं। आवश्यकतानुसार उनकी इस सलाह पर अमल करके मोटापे जैसी गंभीर बुराई से छुटकारा प्राप्त करने में सहायता मिल सकती है। अतः अंतिम विकल्प के रूप में ऐसा भी किया जाना चाहिए।

खेलकूद क्रियाओं तथा योग साधना से मोटापे की रोकथाम (Prevention and Treatment through Sports Activities and Yoga)

मोटापे की रोकथाम एवं उपचार में खेलकूद क्रियाओं का संपादन एवं योग साधना में वर्णित विशेष रूप से सहायक सिद्ध हो सकती हैं। आगे हम इसी पर विचार करना चाहेंगे।

खेलकूद क्रियाओं से मोटापे की रोकथाम एवं उपचार (Prevention and Treatment of Obesity through Sports Activities)

विद्यालयों में बालकों को ऐसी विभिन्न खेलकूद क्रियाओं में भाग लेने के बहुमूल्य अवसर प्राप्त होते हैं जिन्हें शारीरिक शिक्षा अध्यापकों तथा निर्देशकों द्वारा नियमित रूप से विद्यालयों में संगठित किया जाता है। इनमें जहाँ इनडोर गेम्स जैसे शतरंज, कैरम इत्यादि मानसिक व्यायाम तथा मनोरंजन सम्बन्धी उद्देश्य को ठीक तरह पूरा करते हैं वहीं ऐसी खेलकूद क्रियाएँ जिनसे ऐसी शारीरिक चेष्टाओं तथा गतिविधियों का समावेश रहता है जिनसे अधिक परिश्रम और पसीना बहाना पड़े, मोटापे से ग्रस्त बालकों को अतिरिक्त कैलोरी खर्च करते हुए शरीर में बढ़ी हुई चर्बी को कम करने में काफी सहायक हो सकती है। मोटापे की रोकथाम में सहायक इस प्रकार की खेलकूद क्रियाओं के रूप में यहाँ हम निम्न का उल्लेख अच्छी तरह कर सकते हैं:

(i) हॉकी, फुटबाल, वॉलीबाल, क्रिकेट, बास्केट बाल आदि

(ii) देशी खेल जैसे कबड्डी, खो-खो आदि

(iii) बैडमिन्टन, टेबल टैनिस, ग्राउन्ड टैनिस, स्क्वेश आदि

(iv) कम तथा अधिक दूरी की दौड़ें, तैरने तथा साइकल चलाने की प्रतिस्पर्धा आदि।

उपरोक्त वर्णित सभी प्रकार की खेल-कूद क्रियाएँ बालकों में मौटापे पर नियन्त्रण स्थापित करने में अच्छी तरह कारगर सिद्ध होती पाई जाती हैं। उनमें ऐसी समर्थता के पीछे प्रायः निम्न बातें कार्य करती देखी जाती हैं:

1. खेल-कूद क्रियाओं में भाग लेने से बालकों को शारीरिक परिश्रम करने तथा पसीना बहाने का अवसर मिलता है। इससे उनके शरीर में कैलोरी का व्यय बढ़ जाता है जो चर्बी को कम करने तथा वजन घटाने में काफी सहायक होता है।

2. बहुत सी ऐसी खेल-कूद क्रियाएँ होती हैं जिनके संपादन में बालकों को इस प्रकार का शारीरिक श्रम और प्रयास करना होता है जिसकी वजह से उनके कमर के चारों और जमा चर्बी को घटाने में काफी मदद मिलती है और फलस्वरूप उन्हें अपनी बढ़ी हुई तोंद यानी पेट के चारों और स्थित मोटापे को घटाने में उचित मदद मिल सकती है।
3. भारोत्तोलन, कुश्ती, बॉक्सिंग, साईकल दौड़, तैराकी प्रतिस्पर्धा आदि ऐसी खेलकूद क्रियाएं हैं जिनसे माँसपेशियों के ऐसे संचालन तथा गठन में सहायता मिलती है जिनसे कैलोरी के रूप में शक्ति व्यय करने में अधिक उपयुक्त अवसर मिलते हैं और यही कारण है जिसकी वजह से इन क्रियाओं को नियमित रूप से करने वाले बालकों को अपने मोटापे को भलीभांति नियंत्रित करते हुए पाया जा सकता है।
4. खेलकूद क्रियाओं में भाग लेने के दौरान बालकों को काफी शारीरिक व्यायाम तथा श्रम करना होता है और यही बात उन्हें विभिन्न प्रकार की मानसिक व्यथाओं से मुक्ति दिलाने में काफी सहायक सिद्ध हो सकती है। बालक जब इन क्रियाओं में व्यस्त रहकर अपना पसीना बहा रहे होते हैं तो यह बात उन्हें ऐसी व्यर्थ की चिन्ताओं, परेशानियों, अवसाद, निराशा, तनाव आदि से दूर रखने में मदद करती है जो उसके मानसिक स्वास्थ्य से वर्तमान में प्रतिकूल ढंग से प्रभावित कर रहे हों। इसके फलस्वरूप बालकों को उन सभी मनोवैज्ञानिक कारणों का ठीक तरह सामना करने का अवसर मिलता है जिन्हें बहुधा उसके मोटापे के लिए उत्तरदायी माना जाता है।

इस प्रकार से भलीभाँति अब यह कहा जा सकता है कि बालकों को खेल-कूद क्रियाओं में नियमित रूप से भाग लेना उन्हें अपने मोटापे पर नियन्त्रण रखने में काफी प्रभावी भूमिका निभा सकता है।

योग साधना द्वारा मोटापे से बचाव एवं उपचार
(Prevention and Treatment of Obesity through Yoga Sadhna or Practices)

खेलकूद क्रियाओं में उचित रूप से भाग लेने के अतिरिक्त योग साधना सम्बन्धी आचार विचार योग क्रियाओं का नियमित उचित संपादन भी बालकों को मोटापे से बचने और मोटापे सम्बन्धी गड़बड़ियों परेशानियों को ठीक करने में काफी प्रभावशाली भूमिका निभा सकता है। जैसे:

1. योग साधना में वर्णित विविध प्रकार के प्राणायाम जैसे भस्त्रिका, कपाल भाति, सूर्य भेदन आदि प्राणायाम बालकों को अपने मोटापे पर नियन्त्रण करने में उचित सहायता कर सकते हैं।
2. हठ योग क्रियाएँ (जिन्हें षटकर्म या आंतरिक सफाई करने की तकनीकों के रूप में जाना जाता है) जैसे शंख प्रक्षालन (आहार नली से सफाई में सहायक), कुंजल (पेट की सफाई में सहायक) और नेती (नासिका मार्ग की सफाई में सहायक) आदि क्रियाएं वह नियमित रूप से की जाती हैं तो बालकों को इनके संपादन में मानसिक एवं शारीरिक रूप से ऐसा आभास होता है कि उनके शरीर को अतिरिक्त भार/चर्बी से मुक्ति मिल रही है। इसके अतिरिक्त प्रायोगिक रूप से यह बात भी सिद्ध हो चुकी है कि इन हठ क्रियाओं का संपादन शरीर के मोटापे से सम्बन्धित बहुत सी समस्याओं से छुटकारा दिलाने में काफी मदद करता है।
3. योग साधना में रत होने के लिए साधकों को योगाहार लेना होता है जो अपनी प्रकृति अनुसार सदैव सात्विक ही होता है। ऐसे हल्के-फुल्के स्वास्थ्यप्रद भोजन को ग्रहण सम्बन्धी आदतों का विकास स्वतः ही फिर बालकों को मोटापे से दूर रखने में उचित सहायता कर सकता है।
4. योगासनों की अभ्यास सम्बन्धी योग साधना बालकों को मोटापे से बचने और उसका उपचार करने में काफी महत्त्वपूर्ण भूमिका निभा सकती है जैसे:
    (i) पवन मुक्तासन (वायु निष्कासन मुद्रा), उत्तानपादासन (टाँगे ऊपर उठाने की स्थिति), चक्र पादासन (टाँगे घुमाना) इत्यादि आसनों का नियमित रूप से अभ्यास पेट, जाँघों तथा कूल्हों से अतिरिक्त चर्बी समाप्त करने में प्रभावी भूमिका निभाता है।

(ii) धनुरासन (धनुष मुद्रा) का अभ्यास शरीर पर जमा अत्यधिक चर्बी से मुक्ति पाने में सहायता करता है।

(iii) सर्वांगासन (कंधों के बल खड़ा होने सम्बन्धी मुद्रा) का अभ्यास थायराइड ग्रन्थियों की क्षमता में वृद्धि करते हुए शरीर के भार को सामान्य बनाए रखने में मदद करता है।

(iv) पदहस्तासन (आगे झुकने सम्बन्धी मुद्रा) का अभ्यास शरीर की चयापचक प्रक्रिया (metabolic process) में सुधार लाते हुऐ मोटापे पर नियन्त्रण करने में सहायता करता है।

(v) पश्चिमोत्तासन (कमर को फैलाने/ताने सम्बन्धी मुद्रा) का अभ्यास उदर भाग में जमा अतिरिक्त चर्बी को दूर करने में मदद करता है।

(vi) भुजंगासन (सर्प मुद्रा) का अभ्यास उदर अंगों (abdominal organs) की मालिश करने, रीढ़ की हड्डी के लचीलेपन में वृद्धि करने तथा थायराइड ग्रन्थियों को नियमित करने सम्बन्धी अपनी क्षमता की वजह से बालकों के मोटापे की रोकथाम और इलाज में काफी सहायक होता है।

(vii) विपरीतकर्णी का अभ्यास बालकों को मोटापे से छुटकारा दिलाने में इसलिए लाभदायक रहता है क्योंकि इससे उन्हें थायराइड तथा पैराथायराइड ग्रन्थियों से सम्बन्धित गड़बड़ियों में आराम मिलता है।

(viii) वज्रासन (वज्र मुद्रा), सिंहासन (सिंह मुद्रा), शशांकासन (चन्द्र मुद्रा), उष्ट्रासन (ऊँट जैसी मुद्रा) आदि आसनों का अभ्यास पाचन तथा नलिका विहीन ग्रन्थियों को सशक्तता प्रदान कर मोटापे पर नियन्त्रण स्थापित करने में मदद करता है।

(ix) गत्यात्मक मेरु वक्रासन (गत्यात्मक मेरु मोड़) तथा चक्रासन का अभ्यास पेट के अंगों की मालिश कर उसके चारों ओर एकत्रित चर्बी से छुटकारा दिलाकर मोटापे के नियन्त्रण में काफी सहायक सिद्ध होता है।

(x) हलासन तथा मत्स्यासन का सूर्य नमस्कार सहित नियमित अभ्यास बालकों को विभिन्न प्रकार की मोटापे सम्बन्धी समस्याओं से राहत दिलाने में काफी लाभदायक सिद्ध होता है।

5. उपरोक्त विभिन्न प्रकार के योगासनों के अभ्यास के अलावा सूर्यनमस्कार नाम से प्रसिद्ध योग साधना मोटापे तथा उससे जुड़ी हुई समस्याओं से निजात दिलाने में काफी कारगर सिद्ध होती है। वास्तव में देखा जाए तो सूर्य नमस्कार अपने आप में एक काफी पूर्ण योगाभ्यास तथा योग साधना है क्योंकि इसमें आसन, प्राणायाम, साथ ही होता है। सूर्य नमस्कार का नियमित अभ्यास बालकों को मोटापे से बचाने और मोटापा ग्रस्त बालकों को उपचार करने में काफी सहायक सिद्ध होता है क्योंकि इससे नलिका विहीन ग्रन्थियों तथा स्नायुतन्त्र को नियमित करने तथा चयापचय असन्तुलन (Metabolic Imbalance) में सुधार लाने सम्बन्धी महत्त्वपूर्ण कार्य किए जा सकते हैं।

इस प्रकार से योग साधनों से संबंधित क्रियाएँ अपने विभिन्न रूपों में वृद्धि को प्राप्त हो रहे बालकों को मोटापे से बचाने तथा इसका उपचार करने के कार्य में विशेष रूप से सहायक सिद्ध हो सकती हैं।

सार-संक्षेप (Summary)

सामान्यतः बालकों के पाये जाने वाले मोटापे से अभिप्रायः उनके शरीर की उस अवस्था से है जिसमें उनके शरीर में विद्यमान चर्बी (fats) की मात्रा इतनी अधिक होती है कि इससे उनका स्वास्थ्य नकारात्मक रूप में प्रभावित होता है और उनकी दिनचर्या तथा कार्यशैली भी नकारात्मक रूप से प्रभावित होकर उनके विकास तथा प्रगति को बाधित करती नजर आती है। यद्धपि उनके शरीर की बनावट तथा कार्यशैली ही उनके मोटापे की ओर इशारा करती दिखाई देती है परन्तु औपचारिक तथा वैज्ञानिक ढ़ंग से बालकों में मोटापे का निदान करने हेतु उनके (i) बी.एम.आई. यानी बॉडी मास इन्डेक्स, (ii) कमर-ऊँचाई अनुपात तथा (iii) कमर-नितम्ब अनुपात की गणना की जाती है। इन तीनों के गणना कार्य हेतु निम्न सूत्रों का उपयोग किया जाता है:

(i) बालक की बी.एम.आई $= \dfrac{\text{बालका का भार (किलाग्राम में)}}{(\text{बालक की ऊँचाई मीटर में})^2} = \dfrac{W}{h^2}$

(ii) कमर-ऊँचाई अनुपात $(WH_tR) = \dfrac{\text{बालक की कमर की परिधि की लम्बाई}}{\text{बालक की ऊँचाई}}$

(iii) कमर-नितम्ब अनुपात $(WHR) = \dfrac{\text{बालक की कमर की परिधि की लम्बाई}}{\text{बालक के नितम्बों की परिधि की लम्बाई}}$

- बी.एम.आई. की व्याख्या हेतु उन परसेन्टाइलों का उपयोग किया जाता है जिनकी गणना बालकों की आयु और लिंग के हिसाब से की जाती है। जिन बालकों का बी.एम.आई. स्कोर 85वें तथा 95वें परसेन्टाइल के बीच होता है उन सभी को सामान्य से अधिक भार वाला माना जाता है। इसी तरह कमर-ऊँचाई अनुपात का 0.5 से अधिक होना तथा कमर-नितम्ब अनुपात का पुरुषों में 0.90 तथा स्त्रियों में 0.85 से अधिक होना उनके मोटापे से ग्रस्त होने का संकेत देता है।
- मोटापे के दुष्प्रभावों तथा खतरनाक नतीजों के अनुरूप जिनकी प्रमुख रूप से चर्चा की जा सकती है वे हैं (i) स्वास्थ्य पर पड़ने वाले गंभीर दुष्परिणाम जैसे हृदय रोग, उच्च रक्तचाप, डायबिटीज टाइप-2, श्वास रोग आदि से ग्रस्त होना, (ii) शरीर की बनावट तथा दिखावट को बदसूरत तथा अस्थिर प्रकृति का बना देना, (iii) शारीरिक गतिविधियों तथा कार्यशैली को नकारात्मक रूप से प्रभावित करना तथा (iv) मनोवैज्ञानिक रूप से घातक और अनिष्टकारी सिद्ध होना आदि।
- बालकों के मोटापे से ग्रस्त होने सम्बन्धी कारणों में जिनकी विशेष रूप से गिनती होती है वे हैं (i) मोटापे के लिये उत्तरदायी एक विशेष प्रकार की शारीरिक संरचना और कार्यप्रणाली को माँ-बाप से आनुवंशिक धरोहर के रूप में उपलब्ध करना, (ii) खान-पान सम्बन्धी अनुचित आदतें तथा (iii) शारीरिक क्रियाओं तथा खेलकूद गतिविधियों का अभाव एवं (iv) तनाव, नैराश्य तथा अवसाद पूर्ण स्थितियों से घिरे रहना आदि।
- मोटापे की रोकथाम और उपचारात्मक उपायों के संदर्भ में यह तो अच्छी तरह से कहा जा सकता है इसके लिये उत्तरदायी वंशानुगत कारकों पर कोई वश नहीं चलता परन्तु अन्य सम्बन्धित कारणों के नियंत्रण तथा उपचार हेतु उचित कदम अवश्य उठाये जा सकते हैं जैसे (i) विकासशील बालकों में खान-पान सम्बन्धी उचित आदतें डालना, (ii) बालकों की समायोजन तथा मनोवैज्ञानिक समस्याओं से निपटने हेतु उन्हें उचित निर्देशन एवं परामर्श सेवायें उपलब्ध कराना तथा (iii) बालकों को शारीरिक कार्य, गतिविधियों, व्यायाम, खेलकूद तथा योग क्रियाओं में प्रतिभागी बनने सम्बन्धी अच्छी आदतें विकसित करना आदि।

संदर्भित एवं विशेष अध्ययन ग्रन्थ (References and Suggested Readings)

Altman, Myra and Wilfley, Denise E., "Evidence Update on the Treatment of Overweight and Obesity in Children and Adolescents", *Journal of Clinical Child and Adolescent Psychology*, **44**(4), 521–537, 2015.

Breslow, Lester (Ed.), *Encyclopedia of Public Health* (*L-R*), Macmillian Reference USA/Gale Group Thomson Learning, New York, 2002.

Global Strategy on Diet, Physical Activity and Health, World Health Organization, Geneva, 2004.

Golden, N.H., Schneider, M., and Wood, C., "Preventing Obesity and Eating Disorders in Adolescents". *Pediatrics*, **138**(3), August 2016.

Kopelman, Peter G., *Clinical Obesity in Adults and Children*, Blackwell Publishing, London, 2005.

ठीक-ठाक होना–अवधारणा, आयाम तथा प्रभावित करने वाले कारक (Concept, Dimensions and Factors Affecting Wellbeing)

ठीक-ठाक होने सम्बन्धी अवधारणा (Concept of Wellbeing)

आंग्ल भाषा में प्रयुक्त वैलबीईंग (Wellbeing) शब्द के शब्दकोषों (ऑनलाइन तथा मुद्रित) में जो अर्थ प्राप्त होते हैं वे हैं:—भलाई, कल्याण, हित, स्वास्थ्य तन्दुरुस्ती, भलाचंगा होना, ठीक-ठाक होना तथा समृद्धि और सुख शान्तिमय स्थिति। इन्हीं विभिन्न अर्थों में इसे हमारे द्वारा अपने दैनिक जीवन के प्रयोग में लाया जाता रहता है। यथा: हम अपने बालकों की भलाई, कल्याण तथा हितसंपादन (Wellbeing) को ध्यान में रखते हुए वह सब कुछ करने का प्रयत्न करते हैं जिससे यह कार्य पूरा हो सके। हम अपने मित्र तथा सम्बन्धियों के घर जाकर या टेलीफोन पर उनके स्वास्थ्य (Wellbeing) के बारे में जानना चाहते हैं। सुख और समृद्धि (Wellbeing) की प्राप्ति हेतु ही लोगों द्वारा कठिन परिश्रम किया जाता है। किसी समाज या राष्ट्र की समृद्धि ओर प्रगति (Wellbeing) की पहचान उसकी विकास दर तथा नागरिकों की आर्थिक स्थिति से होती है। विकलांग तथा विशेष आवश्यकताओं से युक्त बालकों की भलाई तथा हितसंपादन (Wellbeing) हेतु ही हम समेकित शिक्षा व्यवस्था की बात करते हैं। विद्यालय में जो कुछ किया जाता है वह विद्यार्थियों के कल्याण (Wellbeing) हेतु ही किया जाना चाहिये इत्यादि-इत्यादि।

इस तरह आंग्ल भाषा में प्रयुक्त पद बैलबीईंग (Wellbeing) तथा हिन्दी में इसके रूपान्तरण हेतु प्रयुक्त पद ठीक-ठाक होने को हमारे द्वारा स्वास्थ्य, खुशी, आर्थिक और भौतिक समृद्धि आवश्यकतापूर्ति उद्देश्य प्राप्ति, समायोजन तथा सन्तुष्टि की स्थिति या स्तर को ऑकने सम्बन्धी पैमाने के रूप में काम में लाया जाता रहता है। बैलवीईंग या 'ठीक-ठाक होने' पद को इस प्रकार के विभिन्न अर्थों में प्रयोग में लाने की बात की पुष्टि मुद्रित तथा ऑनलाइन उपलब्ध साहित्य के आधार पर भी अच्छी तरह की जा सकती है। उदाहरणार्थ यहाँ हम कुछ उपलब्ध परिभाषाओं की प्रस्तुति कर रहे हैं।

1. बैलबीईंग (Wellbeing) या 'ठीक-ठाक होने' से तात्पर्य स्वास्थ्य, खुशी और/या समृद्धि की सन्तुष्टिप्रद स्थिति से है।
2. बैलबीईंग (Wellbeing) या ठीक-ठाक होने से तात्पर्य दूसरों के साथ इस तरह रहने या समायोजित होने की स्थिति से है जिसमें बुनियादी आवश्यकताओं की पूर्ति हो रही हो।
3. बैलबीईंग (Wellbeing) या ठीक-ठाक होने से तात्पर्य व्यक्ति विशेष की उस स्थिति से है जिसमें उसे अपने उद्देश्यों की प्राप्ति हेतु ठीक तरह से प्रयत्न करते हुये तथा सन्तोषप्रद बेहतर जिन्दगी जीते हुये पाया जाता है।
4. बैलबीईंग (Wellbeing) या ठीक-ठाक होने से तात्पर्य उस स्थिति से है जिसमें व्यक्ति को सन्तोषप्रद जीवन जीते हुये समाज तथा समाज के सदस्यों की भलाई करते हुये पाया जाता है।
5. बैलबीईंग (Wellbeing) या ठीक-ठाक होने से तात्पर्य व्यक्ति विशेष के अच्छे स्वास्थ्य तथा अच्छा जीवन जीने से है।
6. बैलबीईंग (Wellbeing) तथा वंचन (Deprivation) एक ही सिक्के के दो विपरीत पहलू हैं।

इस प्रकार से बैलबीईंग (Wellbeing) तथा हिन्दी भाषा में इसके लिये हमारे द्वारा प्रयुक्त 'ठीक-ठाक होना', व्यक्ति विशेष की उस स्थिति का परिचायक है जिसमें हमें यह जानने में मदद मिलती है कि उसका स्वास्थ्य (शारीरिक तथा मानसिक) कैसा है, जीवन से वह कितना सन्तुष्ट है तथा उसके या समाज विशेष के जीवनयापन का क्या स्तर है? इत्यादि-इत्यादि। इस स्थिति के मापन हेतु यानी कौन कितना ठीक-ठाक है यह पता लगाने हेतु दो प्रकार की तकनीकों को काम में लाया जा सकता है। पहली वस्तुगत तकनीकें या बाह्य रूप से स्पष्ट दिखाई देने वाली बातें जैसे घर-परिवार की आय, सामाजिक-सांस्कृतिक स्तर, परिवार का ढाँचा, शैक्षणिक उपलब्धि, स्वास्थ्य का स्तर आदि तथा दूसरी व्यक्तिगत तकनीकें जिसमें यह देखा जाता है कि व्यक्ति विशेष अपने आप में कैसा महसूस करता है, उसकी अपने स्वास्थ्य, खुशहाली तथा आवश्यकताओं की पूर्ति से सन्तुष्ट रहने या न रहने सम्बन्धी कैसी धारणायें हैं।

बैलबीईंग या ठीक-ठाक होने सम्बन्धी अवधारणा को प्रयोग में लाने के सन्दर्भ में अगर ऐतिहासिक दृष्टि से सोचा जाये तो हम यह पा सकते हैं कि परम्परागत रूप में इस अवधारणा का उपयोग हैल्थ यानी स्वास्थ्य के पर्याप्त के रूप में नीरोग रहकर अच्छा स्वास्थ्यप्रद जीवन जीने के रूप में किया जाता रहा है। परन्तु समय के साथ-साथ इसमें परिवर्तन आया है। विश्व स्वास्थ्य संगठन (WHO, 1976) द्वारा सुझाई गई हैल्थ (Health) पद की परिभाषा यह स्पष्ट करती है कि व्यक्ति विशेष के स्वास्थ्य से तात्पर्य मात्र नीरोग रहने से नहीं बल्कि उसके शारीरिक, मानसिक तथा सामाजिक रूप से पूर्ण स्वस्थ एवं ठीक-ठाक होने से है। स्वास्थ्य पद की अवधारणा में इस प्रकार की व्यापकता आने से बैलबीईंग (Wellbeing) पद यानी ठीक-ठाक होने की अवधारणा में पर्याप्त व्यापकता आ गई है। अब ठीक-ठाक होने से तात्पर्य जैसा रीज तथा अन्य (Rees, et al. 2010) का मत है: मात्र शारीरिक और मानसिक रूप से स्वस्थ और नीरोग रहने से नहीं बल्कि जीवन को सभी तरह से अच्छे ढंग से जीने की स्थिति से है व्यक्ति विशेष की बैलबीईंग (Wellbeing) यानी ठीक-ठाक स्थिति से यहाँ तात्पर्य जैसा कि (Govt Office for Science Foresight Report 2008) में कहा गया है। "व्यक्ति विशेष की उस परिस्थिति तथा समयानुसार बदलती स्थिति से है जिसमें वह अपने आपसे तथा अपने वातावरण के साथ समायोजन के प्रयत्न करने में दूसरों के साथ अंत:क्रिया करते हुए सुखी एवं सन्तोषप्रद जीवनयापन करते हुये पाया जाता है।"

इस सम्बन्ध में जब हम बालकों के बैलबीईंग यानी उन्हें ठीक-ठाक स्थिति या हाल में रखने के लिये प्रयत्न करते हुए दिखाई देते हैं तो हमारा उद्देश्य उन्हें ऐसी स्थिति में पहुंचाने से होता है जिसमें वे:

(i) अच्छे मानसिक एवं शारीरिक स्वास्थ्य का उपभोग कर सकें।

(ii) आवश्यक खुशी एवं सन्तुष्टि का अनुभव कर सकें।

(iii) अपनी शारीरिक तथा मनोसामाजिक आवश्यकताओं की पूर्ति के सन्दर्भ में अपने आप से तथा अपने वातावरण के साथ समायोजित अनुभव कर सकें।

(iv) किसी ऐसे वंचन या उपेक्षा का शिकार होते हुये नहीं पाये जायें जिससे उनकी प्रगति ओर विकास की राह में बाधायें खडी हों।

(v) अपनी महत्वाकांक्षा तथा स्वप्नों को साकार करते हुए एक बेहतर व्यक्तिगत एवं सामाजिक जीवन जीते हुये पाये जायें।

इस प्रकार से बैलबीईंग या ठीक-ठाक होने सम्बन्धी अवधारणा स्पष्ट रूप से यह संकेत करती है कि एक बालक के किसी परिस्थिति या समय विशेष में ठीक-ठाक होने से तात्पर्य मात्र शारीरिक एवं मानसिक रूप से स्वस्थ रहने से ही नहीं बल्कि उसकी ऐसी स्थिति से है जिसमें उसे अपनी योग्यताओं और क्षमताओं के अनुरूप (बिना किसी भेदभाव तथा हस्तक्षेप के) अपने सर्वांगीण विकास, समायोजन तथा शिक्षा हेतु उपयुक्त अवसरों की प्राप्ति होती रहे।

बैलबीईंग यानी ठीक-ठाक होने सम्बन्धी आयाम (Dimensions of Wellbeing)

बैलबीईंग यानी ठीक-ठाक होने सम्बन्धी अवधारणा जैसी कि ऊपर चर्चा की गई है अपने आप में काफी विशद और व्यापक है। इससे सम्बन्धित विभिन्न आयामों का उल्लेख और वर्णन संक्षिप्त रूप में निम्न प्रकार किया जा सकता है:

1. **शारीरिक रूप से ठीक-ठाक होना** (Physical Wellbeing)—इसका सम्बन्ध व्यक्ति विशेष के शारीरिक विकास एवं स्वास्थ्य सम्बन्धी दशा, स्थिति और स्तर से होता है। बालकों के ठीक-ठाक रहने सम्बन्धी इस आयाम के सन्दर्भ में बालकों की सहायता करने हेतु हमारे द्वारा जो प्रयत्न किए जाने आवश्यक हैं, वे हैं:

(i) उनके शारीरिक एवं गामिक विकास हेतु सभी अपेक्षित प्रयत्न करना।

(ii) उन्हें नीरोग रहकर अच्छा शारीरिक स्वास्थ्य जीने में मदद करना।

(iii) अपनी शारीरिक बनावट, रंगरूप तथा स्वास्थ्य सम्बन्धी हालातों से अपेक्षित रूप से सन्तुष्टि अनुभव करना।

2. **मानसिक रूप से ठीक-ठाक होना** (Mental Wellbeing)—इसका सम्बन्ध व्यक्ति विशेष के मानसिक विकास एवं स्वास्थ्य सम्बन्धी दशा, स्थिति और स्तर से होता है। जब हम किसी बालक को उसकी अपनी विकास अवस्था या आयु के हिसाब से अपेक्षित बौद्धिक या मानसिक विकास स्तर का प्रदर्शन करते हुए देखते हैं और साथ ही उसे अनावश्यक चिंताओं, भग्नाशाओं तथा मानसिक बीमारियों से मुक्त रहते हुए एक अच्छे मानसिक स्वास्थ्य का आनन्द उठाते हुए देखते हैं तब हम निश्चित रूप से यह कह सकते हैं कि वह मानसिक रूप से ठीक-ठाक और उपयुक्त रूप से क्रियाशील है।

3. **सामाजिक रूप से ठीक-ठाक होना** (Social Wellbeing)—एक बालक को सामाजिक रूप से ठीक-ठाक रहने की स्थिति या अवस्था में तब पाया जाता है जब—(i) वह सामाजिकता की दृष्टि से उचित सम्मान प्राप्त करता हुआ दिखाई देता है, (ii) उसे किसी प्रकार के अनावश्यक सामाजिक या सांस्कृतिक वंचन का शिकार नहीं होना पड़ता, (iii) पालन पोषण, शिक्षा, देखभाल तथा सामाजिक अन्तःक्रिया के सम्बन्ध में उसे किसी प्रकार के भेदभाव से पीड़ित नहीं होना पड़ता, (iv) वह अपने विकास स्तर और आयु के हिसाब से अपने सामाजिक, सांस्कृतिक विकास में अपेक्षित प्रगति का प्रदर्शन करता है और (v) उपलब्ध सामाजिक परिस्थितियों और वातावरण में अपने आपको ठीक प्रकार से समायोजित अनुभव करता है।

4. **संवेगात्मक रूप से ठीक-ठाक होना** (Emotional Wellbeing)—एक बालक को संवेगात्मक रूप से स्वस्थ एवं ठीक-ठाक तब कहा जाता है जब उसे अपने विकास काल तथा आयु के हिसाब से (i) वांछित संवेगात्मक बुद्धि से युक्त पाया जाता है, (ii) वह किसी प्रकार के मनोवैज्ञानिक या संवेगात्मक वंचन का शिकार नहीं होता, (iii) संवेगात्मक परिपक्वता के वांछित स्तर का प्रर्दशन करते हुये अपने तथा अपने वातावरण से ठीक प्रकार समायोजित रहता है तथा (iv) वह आवश्यक रूप से विविध प्रकार की संवेगात्मक समस्याओं, संवेगात्मक असन्तुलन तथा गड़बड़ियों का शिकार नहीं होता।

5. **नैतिक रूप से ठीक-ठाक होना** (Moral Wellbeing)—एक बालक को नैतिक रूप से ठीक-ठाक रहने की स्थिति में तब पाया जाता है, जब वह:

(i) अपनी विकास अवस्था और आयु के हिसाब से अपने सामाजिक और सांस्कृतिक व्यवहार में नैतिकता के एक अपेक्षित स्तर का प्रदर्शन करता है।

(ii) परिवार, विद्यालय तथा समाज के द्वारा निर्धारित नैतिक आचार संहिता की अपेक्षित रूप से, अनुपालना करता है।

(iii) जब अनावश्यक रूप से नैतिक अन्तःद्वन्द्वों, अन्तःविरोधों तथा व्यवहार सम्बन्धी समस्याओं, जो उसे कुसमायोजन तथा अनैतिकता की ओर ले जाती हों, उनका शिकार नहीं होता है।

6. **आर्थिक या भौतिक रूप से ठीक-ठाक होना** (Economic or Material Wellbeing)—इसका सम्बन्ध बालक की ठीक-ठाक रहने की उस स्थिति से होता है, जिसमें वह आर्थिक और भौतिक सुख सुविधाओं की उपलब्धता को लेकर अपेक्षित रूप से सन्तुष्टि अनुभव करे। आर्थिक और भौतिक सुख सुविधाओं से सम्बन्धित ये बाते निम्न प्रकार की हो सकती है:

(i) घर परिवार की आर्थिक स्थिति

(ii) माता-पिता की निरक्षरता, अज्ञानता एवं निर्धनता के कारण बालक को मिलने वाली आर्थिक, सामाजिक तथा शैक्षिक सुविधाओं का अभाव

(iii) घर, परिवार, विद्यालय तथा समाज द्वारा प्राप्त होने वाली सुविधाओं को लेकर बालकों की सन्तुष्टि तथा समायोजन का स्तर।

7. **शैक्षणिक रूप से ठीक-ठाक होना** (Educational Wellbeing)—इस आयाम का सम्बन्ध बालकों को मिलने वाली शिक्षा की गुणवत्ता तथा विद्यार्थी को उससे मिलने वाली सन्तुष्टि से होता है। उन्हें जिस प्रकार की शिक्षा घर परिवार, विद्यालय तथा समाज में प्राप्त अधिगम अनुभवों (औपचारिक तथा अनौपचारिक) के रूप में प्राप्त होती है, उन्हें जिस प्रकार के शैक्षिक प्रोत्साहन अथवा वंचन का शिकार होना पड़ता है, अधिगम परिणामों के रूप में उनकी जिस प्रकार की उपलब्धि और निष्पत्ति रहती हो और जिस अनुपात में उन्हें अपनी योग्यताओं और क्षमताओं के सन्दर्भ में विकास और प्रगति के अवसर प्राप्त शिक्षा के आधार पर सुलभ होते हैं और वे इस प्रकार के शैक्षिक परिवेश में जिस प्रकार की सन्तुष्टि और समायोजन का अनुभव करते हैं, उसी के हिसाब से उन्हें शैक्षिक रूप से ठीक-ठाक रहने की स्थिति में पाया जाता है।

8. **परिवेशजन्य ठीक-ठाक होना** (Environmental Wellbeing)—बालकों के ठीक-ठाक रहने सम्बन्धी इस आयाम का सम्बन्ध बालकों को मिलने वाली उन वातावरणजन्य सुविधाओं एवं परिस्थितियों से होता है जिनकी आवश्यकता उनके उचित विकास और बेहतर स्वास्थ्य, समायोजन, प्रगति एवं समृद्धि के लिए रहती है। जिस प्रकार का प्रेरणा दायक और सहयोगी वातावरण या इसके विपरीत उपेक्षापूर्ण और वंचनात्मक वातावरण बालक को घर, परिवार विद्यालय और सामाजिक परिवेश में प्राप्त होता है, उसी के अनुरूप उसे उपलब्ध वातावरण और परिस्थितियों में ठीक-ठाक रहते हुए पाया जाता है। उसकी मनोस्थिति तथा वैयक्तिकता भी इस सम्बन्ध में अपनी भूमिका निभाती है। वह अपनी सोच और भावनाओं के हिसाब से उपलब्ध वातावरणीय परिस्थितियों के साथ जिस प्रकार की सन्तुष्टि और असन्तुष्टि का अनुभव करता है, उसी अनुपात में उसका परिवेशजन्य ठीक-ठाक रहना निर्भर करता है।

बालकों के ठीक-ठाक रहने को प्रभावित करने वाले कारक
(Factors Affecting the Wellbeing of the Children)

बालकों के स्वस्थ, प्रसन्न एवं ठीक-ठाक रूप से क्रियाशील रह कर प्रगति पथ पर आरूढ़ रहने में जो कारक या निर्धारक कार्य करते हुये नजर आते हैं उन्हें मुख्य रूप से तीन भागों में बांटा जा सकता है :

(A) आनुवांशिकता से जुड़े कारक (Genetic Factor)

(B) वातावरणजन्य कारक (Environmental Factors) तथा

(C) व्यक्तिगत कारक (Personal Factors)

A. आनुवंशिकता से जुड़े कारक (Genetic Factors)—स्वास्थ्य, खुशी, विकास, समायोजन तथा शिक्षा आदि बातों को लेकर कौन बालक कितना ठीक-ठाक है इसके निर्धारण में बालक की आनुवंशिकता से जुड़े कारकों तथा तत्वों की भी काफी महत्त्वपूर्ण भूमिका रहती है। आनुवंशिकता का जो योगदान उचित रूप से जीवन यात्रा आरम्भ करने हेतु बालक को मिलता है उसका उपयोग वह वातावरणीय शक्तियों से प्राप्त अवसरों का सदुपयोग करने में अच्छी तरह कर सकता है और फलस्वरूप विकास तथा समायोजन की उचित उपलब्धि कर पर्याप्त सन्तुष्टि तथा खुशी की अनुभूति करने में उसे पर्याप्त सफलता मिल सकती है। इसके विपरीत आनुवंशिकता के योगदान में अगर उसे त्रुटिपूर्ण जीन्स (genes) तथा क्रोमोसोम की प्राप्ति होती है तो बालक को विभिन्न प्रकार की अक्षमताओं कमियों, दोषों तथा बीमारियों की मार झेलने को मजबूर होना पड़ता है तथा आगे जाकर उसके ठीक-ठाक रहने (Wellbeing) में सभी तरह की बाधायें और समस्यायें खड़ी होती रहती हैं।

B. वातावरणीय कारक (Environmental Factors)—बालकों के ठीक-ठाक रहने (Wellbeing) को प्रभावित करने वाले वातावरणीय कारकों को प्रमुख रूप से दो भागों में विभाजित किया जा सकता है। (i) भौतिक वातावरणीय कारक तथा (ii) सामाजिक-सांस्कृतिक वातावरणीय कारक।

(i) **भौतिक वातावरणीय कारक** (Physical Environment Related Factors)—बालक के गर्भाधान के तुरन्त बाद ही भौतिक वातावरण में उपलब्ध परिस्थितियों तथा कारकों की उसके स्वास्थ्य, विकास तथा ठीक-ठाक रहने सम्बन्धी अन्य बातों को अनुकूल या प्रतिकूल दशा प्रदान करने की कहानी शुरू हो जाती है। भौतिक वातावरण से

जुड़े इन कारकों में जहाँ बालक की जीवन लीला प्रारम्भ हो रही है उस स्थान की जलवायु रहन सहन आदि से सम्बन्धित बातों का समावेश रहता है। जलवायु, प्रकाश किस रूप में विद्यमान है, मिट्टी, पहाड़ नदियों, समुद्र तथा जलाशयों की क्या स्थिति है ? इलाका मैदानी है या पहाड़ी, रेगिस्तानी है या दलदली। प्रदूषण की किस प्रकार की स्थिति है, शहरीकरण तथा औद्योगिकीकरण का किस तरह का प्रभाव है ? बिजली, पानी, सड़कें आने जाने के रास्तों की क्या स्थिति है ? इस प्रकार की भौतिक आवश्यकताओं तथा रहन सहन से जुड़ी सभी बातें बालकों के सभी प्रकार से ठीक-ठाक रहने को विभिन्न ढंगों से प्रभावित करती रहती हैं। सकारात्मक कारकों का बालक के विकास स्वास्थ्य और समायोजन पर सकारात्मक प्रभाव पड़ता है जबकि नकारात्मक कारक जैसे रेडियों धर्मिता की उपस्थिति, प्रदूषण का कुप्रभाव, भूचाल, भूकम्प ज्वालामुखी प्रस्फुटन, बाढ़, सुनामी तथा अन्य प्रकार की सड़क, वायु तथा जलमार्गीय दुर्घटनाओं का प्रकोप बालकों को व्यक्तिगत तथा सामाजिक रूप से काफी क्षति पहुंचा कर उनके ठीक-ठाक रहने की दिशा ओर दशा को बुरी तरह अवरुद्ध कर सकता है। बालकों को बेसहारा, अपंग तथा अशक्त बनाने के साथ-साथ इस प्रकार की बातें उनके खुशहाल तथा ठीक-ठाक रहने सम्बन्धी विविध बातों के लिये सदैव प्रश्न खड़े करने वाली ही सिद्ध होती हैं। इस तरह बालकों को अपने विकासकाल के दौरान जिस प्रकार की भौगोलिक तथा भौतिक वातावरणजन्य परिस्थितियों तथा हालातों का सामना करना पड़ता है उनके अनुकूल तथा प्रतिकूल प्रभावों के माध्यम से उनके ठीक-ठाक रहने या न रहने सम्बन्धी बातों का निर्धारण होता रहता है।

(ii) **सामाजिक-सांस्कृतिक वातावरणीय कारक** (Socio-cultural Environment Related Factors)—बालकों को अपने सामाजिक-सांस्कृतिक वातावरण में घर-परिवार, पास पड़ोस, विद्यालय, संगी साथी, समुदाय तथा समाज के सदस्यों तथा होने वाली सामाजिक तथा सांस्कृतिक घटनाओं, संपर्क तथा अन्तःक्रियाओं के माध्यम से जो भी अनुभव प्राप्त होते हैं उन सबका प्रभाव उसके विकास, स्वास्थ्य, समायोजन, शिक्षा तथा प्रगति को अनुकूल तथा प्रतिकूल दशा प्रदान करने में अनवरत रूप से पड़ता रहता है और फलस्वरूप वह अपने विकासकाल के किस मोड़ पर समय और परिस्थितियों के हिसाब से कितना ठीक-ठाक रहेगा या महसूस करेगा यह बात भी उसी अनुपात में निर्धारित होती रहती है। जब भी उसे अपने इस वातावरण में प्रेरणादायक तथा सहयोगी तत्वों तथा परिस्थितियों का सहयोग मिलता है उसके ठीक-ठाक बने रहने (Wellbeing) की सम्भावनायें बढ़ती हैं परन्तु जैसे ही उसके इस सामाजिक-सांस्कृतिक वातावरणीय प्रभाव का स्वरूप असहयोगी, वंचनात्मक (Deprivational) तथा अनिष्टकारी होता जाता है उसका अधिगम और विकासपथ कष्टों से भर जाता है और फिर उसके ठीक-ठाक बने रहने (Wellbeing) पर भी पूरी तरह प्रश्न चिन्ह लग जाता है। इस प्रकार की प्रतिकूल परिस्थितियों तथा नकारात्मक कारकों के उदाहरणों के रूप में निम्न का उल्लेख किया जा सकता है:

- घर-परिवार की निर्धनता, सामाजिक-आर्थिक स्तर का कम होना तथा सांस्कृतिक रूप से पिछड़ापन।
- घर परिवार में होने वाले झगड़े, अशांति, माँ बाप के बीच अनबन, एक दूसरे से अलग होने तथा तलाक लेने की बातें या माँ बाप अथवा दोनों का असमय निधन आदि।
- बालक के साथ माता-पिता/परिजनों/बड़े भाई-बहिनों/अध्यापकों/वरिष्ट साथियों तथा विद्यालय छात्रों/समुदाय का समाज के उत्तरदायी सदस्यों द्वारा किये जाने वाला पक्षपात और द्वेषपूर्ण अनुचित व्यवहार एवं अन्याय।
- घर परिवार तथा विद्यालय में बालकों पर लगाया गया अनावश्यक अंकुश तथा अनुशासन के नाम पर उनकी वैयक्तिक स्वतन्त्रता तथा अभिव्यक्ति का अनुचित हनन।
- घर और विद्यालय में उनके पालन पोषण देखरेख तथा शिक्षा-दीक्षा में रहने वाले दोष तथा कमियाँ।
- पास पड़ोस, समाज तथा समुदाय में व्याप्त ऐसी नकारात्मक बातें, परिस्थितियाँ तथा घटनायें जिसमें बालकों के कुसमायोजन तथा व्यवहार समस्याओं से ग्रस्त होने का रास्ता बने तथा उनके ठीक-ठाक बने रहने पर प्रश्न चिन्ह लग जाये।

- जाति धर्म, लिंग, वर्ण, भाषा, प्रान्त क्षमता-अक्षमता तथा नागरिकता को लेकर घर परिवार पड़ोस विद्यालय समाज, समुदाय, प्रान्त तथा देश में बालक विशेषों के साथ होने वाला अलगाववादी, उपेक्षा एवं तिरस्कृत, रुढ़िबद्ध एवं हाँशिया कृत (Marginatzed) व्यवहार।

C. व्यक्तिगत कारक (Personal Factors)—बालकों के ठीक-ठाक रहने या अनुभव करने (Wellbeing) में उनके स्वयं से सम्बन्धित बातों या कारकों की भी महत्त्वपूर्ण भूमिका रहती है। बालकों में निहित ऐसी व्यक्तिगत बातें या कारक उदाहरण स्वरूप निम्न प्रकार की हो सकती हैं:

- उनके मानसिक तथा शारीरिक स्वास्थ्य की स्थिति और स्तर
- उनके संवेगों, संवेगात्मक परिपक्वता तथा स्वभावगत विशेषतायें एवं मनोदशाओं का स्वरूप
- उनके सामाजिक विकास, सामाजिकता तथा दूसरों के साथ मेल जोल रखने सम्बन्धी बातों का स्तर और स्वरूप
- उनके अपने तथा अपने वातावरण के साथ समायोजन करने सम्बन्धी क्षमता का स्तर
- मूलभूत आवश्यकताओं की सन्तुष्टि की प्रकृति एवं स्तर
- उपलब्धि अभिप्रेरणा, महत्त्वाकांक्षा तथा जीवन लक्ष्यों की प्रकृति और स्तर
- उनकी व्यक्तिगत आदतें तथा जीवन जीने की अपनी शैली।

बालक विशेष में सब कुछ ठीक-ठाक है (all is well) या नहीं इससे सम्बन्धित दशा और दिशा तय करने में बाह्य शक्तियों से भी ज्यादा बड़ा हाथ बालक में निहित व्यक्तिगत बातों (जिनका ऊपर अभी हमने उल्लेख किया है) का होता है। किसी परिस्थिति और समय विशेष में कोई कैसा अनुभव कर रहा है वह इस बात पर निर्भर करता है कि उसमें व्यक्तिगत स्तर पर परिस्थिति को समझने तथा झेलने की कितनी क्षमता है, वह उस अवस्था में कितना सन्तुष्ट है या असन्तुष्ट, उसका अपने पर कितना विश्वास है तथा आगे अपने से कितनी आशायें हैं आदि-आदि। कुछ लोग असफलताओं को भी अवसर में बदलने की क्षमता रखते हैं जबकि कई सफलताओं को अपने लिये मुसीबत बना लेते हैं। इस तरह ठीक-ठाक होना या रहना (Wellbeing) व्यक्ति विशेष किसी बात या परिस्थिति को किस नजर से देखता है इस बात पर काफी कुछ निर्भर करता है। बालक अपने स्वास्थ्य, विकास, समायोजन, शिक्षा, मिलने वाली सुविधाओं तथा पूरी और न पूरी होने वाली आवश्यकताओं के बारे में जिस प्रकार की सोच रखता है उनका अनुभव करता है इसी से इस बात का निर्धारण होता है कि उसके साथ पूरी तरह या आंशिक रूप से कितना कुछ ठीक-ठाक है। इस तरह बालक विशेष के ठीक-ठाक रहने और दिखने (Wellbeing) में उसकी अपनी व्यक्तिगत बातों तथा कारकों का भी काफी महत्त्वपूर्ण योगदान देखने को मिल सकता है।

सार-संक्षेप (Summary)

बालकों को ठीक-ठाक या भले चंगे रहने हेतु केवल मात्र उनके स्वास्थ्य और उनकी मूल आवश्यकताओं की पूर्ति पर ध्यान देना ही काफी नहीं रहता परन्तु इसके अतिरिक्त अन्य बहुत सी महत्त्वपूर्ण बातों को ध्यान रखना आवश्यक होता है जैसे उनके सर्वांगीण विकास, उनके स्वयं के तथा वातावरण के साथ होने वाले समायोजन, उनकी योग्यता एवं क्षमताओं के अनुकूल उनकी शैक्षिक प्रगति तथा उनके वैयक्तिक एवं सामाजिक कल्याण हेतु अवरोध मुक्त समेकित एवं प्रेरणात्मक वातावरण उपलब्ध कराना आदि।

अपने विस्तृत एवं सर्वांगरूप में ठीक-ठाक या भला चंगा होना पद जिन विभिन्न आयामों तथा पक्षों को अपने अंदर आत्मसात करता हुआ पाया जाता है, वे हैं (i) शारीरिक रूप से ठीक-ठाक होना, (ii) मानसिक रूप से ठीक-ठाक होना, (iii) सामाजिक रूप से ठीक-ठाक होना, (iv) संवेगात्मक रूप में ठीक-ठाक होना, (v) नैतिक रूप में ठीक-ठाक होना, (vi) भौतिक एवं आर्थिक दृष्टि से ठीक-ठाक होना, (vii) शैक्षणिक दृष्टि से ठीक-ठाक होना तथा (viii) अपने वातावरण या परिवेश से समायोजित होने के सम्बन्ध में ठीक-ठाक होना आदि। बालकों का भला चंगा होना या ठीक-ठाक रहना

जिन कारकों पर निर्भर रहता हुआ या प्रभावित होता हुआ पाया जाता है, वे हैं (i) अपनी जीवन यात्रा शुरू करने हेतु आनुवांशिकता की धरोहर के रूप में उपलब्ध उचित या दोषपूर्ण जीन्स एवं क्रोमोसोम, (ii) अपने भौतिक एवं सामाजिक सांस्कृतिक परिवेश में उपलब्ध वे सभी बातें जो उन्हें उनके जीवन सफर में सहयोगी सिद्ध होती हैं, (iii) उनमें स्वयं में निहित विभिन्न बातों जैसे शारीरिक, मानसिक, सामाजिक, नैतिक, संवेगात्मक तथा आध्यात्मिक स्वास्थ्य तथा समायोजन, उद्देश्य एवं लक्ष्य, उपलब्धियाँ तथा असफलतायें, रुचि, अभिप्रेरणा तथा महत्वाकांक्षायें, अभिवृतियों, अभिरुचियों, आदतों, स्वभाव एवं अन्य व्यक्तित्व गुणों आदि की उपस्थिति और उनकी अच्छी-बुरी प्रकृति।

व्यक्ति विशेष के लिये सब कुछ भला-चंगा या ठीक-ठाक है इसके बारे में अंतिम निर्णय व्यक्ति के स्वयं का होता है। वह चीजों और घटनाओं को किस रूप में लेता है तथा परिस्थिति विशेष में किस प्रकार की संतुष्टि या असंतुष्टि का अनुभव करता है यही बात मुख्य रूप से उसे परिस्थिति विशेष में ठीक-ठीक या भला-चंगा होने की अनुभूति कराती हुई देखी जा सकती है।

संदर्भित एवं विशेष अध्ययन ग्रन्थ (References and Suggested Readings)

Colette, McAuley and Wendy, Rose (Eds.), *Child Well-being: Understanding Children's Lives*, Jessica Kingsley Publishers, London, 2011.

"Foresight Mental Capital and Wellbeing Project", Final Project Report, Government Office for Science, London, 2008.

Ormrod, J.E., *Educational Psychology: Developing Learners*, 4th ed., Prentice-Hall, Upper Saddle River, NJ, 2003.

Reeg, G., Brandshaw, J., Goswami, H., and Keung, H., *Understanding Children's Well-being: A National Survey of Young People's Well-being,* The Children's Society, London, 2010.

Rees, Gwyther, *Children's Views on Their Lives and Well-being*, Springer, New York, 2017.

अनुक्रमणिका (Index)